国家出版基金项目
NATIONAL PUBLICATION FOUNDATION

ZHONGGUO MINZU XUEKE
FAZHAN 70 NIAN

中国民族学科发展 70 年

◎ 主编　戴庆厦　朱艳华

中国民族语言研究

（1949.10—2019.10）

70
年

中央民族大学出版社
China Minzu University Press

图书在版编目（CIP）数据

中国民族语言研究 70 年 / 戴庆厦，朱艳华主编 . —北京：中央民族
大学出版社，2024.1

（中国民族学科发展70年丛书）

ISBN 978-7-5660-1917-2

Ⅰ．①中…　Ⅱ．①戴…　②朱…　Ⅲ．①少数民族—民族语—研
究—中国　Ⅳ．① H2

中国版本图书馆 CIP 数据核字（2021）第 021360 号

中国民族语言研究 70 年

主　　编	戴庆厦　朱艳华
总 策 划	赵秀琴　李苏幸
责任编辑	戴佩丽
封面设计	舒刚卫
出版发行	中央民族大学出版社
	北京市海淀区中关村南大街 27 号　　邮编：100081
	电话：（010）68472815（发行部）　传真：（010）68933757（发行部）
	（010）68932218（总编室）　　　　（010）68932447（办公室）
经 销 者	全国各地新华书店
印 刷 厂	北京鑫宇图源印刷科技有限公司
开　　本	787×1092　1/16　印张：60
字　　数	1242 千字
版　　次	2024 年 1 月第 1 版　2024 年 1 月第 1 次印刷
书　　号	ISBN 978-7-5660-1917-2
定　　价	288.00 元

《中国民族语言研究 70 年》
编写组

主　编：戴庆厦

编写组：戴庆厦　朱艳华　张　军

作　者（按姓名音序排列）：

敖特根其其格　　陈国庆　戴庆厦　迪拉娜　丁石庆

范丽君　高　娃　林新宇　刘　岩　孟德腾　石德富

王　蓓　王　锋　王国旭　韦景云　杨　梅　闫晓东

余成林　余金枝　张　军　赵敏兰　赵小兵　朱艳华

修订说明

  《中国少数民族语言研究60年》自2009年出版后，得到广大读者的欢迎，效果很好，已成为少数民族语言研究领域的一本重要参考书。但不知不觉又过了十年，这十年是我们国家飞快发展的十年，是语言学不断进步的十年，少数民族语言研究成果不断增多，有待增补，为此，我们进行了修订工作。修订版书名改为《中国民族语言研究70年》，作为新中国成立70年的献礼。

  参加这次修订工作的作者及其负责的章节内容如下（按章节顺序排列）：

  王洪秀：第一章、第二章第一节

  次林央珍：第二章第二节之"藏语支"

  王保锋：第二章第二节之"羌语支"

  赵勇：第二章第二节之"景颇语支"

  朱艳华、刘敏：第二章第二节之"缅彝语支"

  蓝盛、潘红交、伦静、石丽菊：第二章第三节

  石德富、蒋仁龙：第二章第四节

  斯琴：第三章第一节

  艾丽菲热：第三章第二节

  胡艳霞、白云竹：第三章第三节

  杨梅：第四章

  陈国庆：第五章

  崔桂荣：第六章

  王锋：第七章

  胡淇妍：第八章

  刘岩：第九章

  丁石庆、孟德腾：第十章

  王国旭：第十一章

  范丽君：第十二章

戴庆厦、朱艳华

目 录

第一章　绪论[①]

中国是统一的多民族国家，各民族在长期历史发展中形成了中华民族共同体，创造出灿烂多彩的文化。这种多样统一性同样体现在语言文字上。我国除了全国通用的现代汉语普通话和规范汉字外，少数民族还使用着不同的民族语言，有的民族还有用来记录自己语言的文字。多语言、多文字是我国的基本国情，也是我们的一笔宝贵财富。但是在中华人民共和国成立前，民族语文事业十分薄弱。中华人民共和国成立后，国家实行各民族平等团结、共同发展的大政方针，少数民族享有了使用和发展自己的语言文字的自由，全社会大力发展民族语文事业。经过70年的不懈努力，我国的民族语文工作取得了丰硕的成果，少数民族语言文字的科学研究也有了巨大进步。在中国特色社会主义新时代，充分认识我国少数民族语言的客观实际，梳理总结70年来民族语言研究的成就与经验，不仅彰显了新中国民族工作的四个自信，对我们做好今后的民族语文工作也是有益的，而且是必要的。

第一节　中国少数民族语言概况

语言是人们用来交流思想、传达情感、传承文化的符号系统和工具载体。对语言的认识可以有两种角度：一种是内视的，考察语言自身的情况，就是通常所说的语言本体研究；另一种是外视的，要调查研究语言在现实生活中的使用情况。中华人民共和国成立以后，经过语文工作者的调查研究，对我国少数民族语言（包括文字）本身及其使用情况已经有了一定的认识。目前已识别的少数民族语言有130

[①]　本节内容写作时综合参考了以下几种论著：戴庆厦主编《二十世纪中国少数民族语言研究》（书海出版社，1998年），孙宏开《二十世纪的中国少数民族语言文字研究》（载刘坚主编《二十世纪的中国语言学》，北京大学出版社，1998年），黄行《少数民族语言研究的现状与发展》（载许嘉璐、王福祥、刘润清主编《中国语言学现状与展望》，外语教学与研究出版社，1996年）。为了行文简便，引用的部分材料和观点不再一一随文标注。

多种①。这些语言之间既有共性又有个性。目前有22个少数民族使用着28种民族文字，它们产生或创制的时间有长有短，使用人口有多有少，文字类型多种多样。我国少数民族在区域分布、使用人口、功能范围等方面表现出的特征，显现出少数民族语言生活的丰富性和复杂性。

一、少数民族语言的系属分类

语言从发生学上说有亲属与非亲属的分别。亲属语言通常在词汇、语音甚至语法形态上都具有内在联系，这些联系是由源头的亲缘关系决定的。人们认为，亲属语言是原始共同语分化而来的。亲属语言之间依据亲疏远近的不同形成了语系、语族、语支等多个层次的谱系关系。目前人们对中国语言的谱系分类还存在分歧。早在1937年李方桂就提出一套中国语言系属分类的框架，在学术界产生了广泛影响。② 中华人民共和国成立后，人们不断深化对国内少数民族语言文字状况的认识。1951年3月，罗常培在《人民日报》上发表文章介绍国内少数民族语言系属和文字情况。1954年罗常培、傅懋勣又在《国内少数民族语言文字概况》一文中介绍了我国少数民族语言文字的系属分类和使用状况。③ 至此，对国内少数民族语言的亲属关系与类型特征有了一个基本认识。1988年《中国大百科全书·语言文字卷》就是按照这种分类办法，将中国境内的语言分为汉藏、阿尔泰、南亚、南岛和印欧五个语系。下面，根据以往对中国语言系属的分类意见，归纳出以下的分类框架：

1. 汉藏语系（Sino-Tibetan Family）

中国境内的汉藏语系语言分布广泛，包括汉语和藏缅语族、壮侗语族、苗瑶语族的70多种语言。

（1）汉语（Chinese）：现代汉语分为官话、晋语、吴语、徽语、赣语、湘语、闽语、粤语、平话、客家话等十个方言区。④ 其中官话方言分布地域最大、使用人

---

① 关于中国境内语言的数量，随着语言调查研究的深入开展而不断增多。20世纪50年代民族语言大调查识别了60多种，在《少数民族语言简志》丛书中已描写了59种；1988年《中国大百科全书·语言文字卷》吸收了新的语言调查数据，认为"中国有55个少数民族，使用80多种语言"。之后民族语文工作者又陆续发现了数十种语言。新近出版的大型语言国情报告《中国的语言》（商务印书馆，2007年）一书收集了包括5种混合语在内的129种民族语言的基本资料。新编《中国语言地图集》反映了130种少数民族语言的分布状况（参见熊正辉、张振兴、黄行为图集中"中国语言分布图"所写的文字说明《中国的语言》，载《方言》2008年第3期）。

② 详见李方桂1937年为英文版《中国年鉴》（Chinese Yearbook）撰写的"Languages（and Dialects）"一节（第59-65页）。他在1973年美国《中国语言学报》（Journal of Chinese Linguistics，VOL1，1，P1-13）的同名文章（Languages and dialects of China）重申了这一观点，中译文《中国的语言和方言》（梁敏译），载《民族译丛》1980年1期。

③ 载《中国语文》1954年第3期。

④ 对汉语方言的分区，另有七大区、八大区、九大区等不同分法。本文采取李荣在《中国语言地图集》中的分类方法。

口最多。除了汉族使用汉语外，回族、满族已经整体转用汉语，畲族、土家族的大部分人也使用汉语。现代汉语普通话还是全国的通用语。

（2）藏缅语族（Tibetan–Burman Group）：主要分布在西藏、四川、云南、贵州、青海、甘肃、湖南、湖北、广西等省区。该语族又分为4个语支。

① 藏语支：包括藏语，门巴族使用的门巴语和仓洛语，四川川北藏族说的白马语等。

② 羌语支：包括羌语、普米语，以及四川部分地区藏族使用的嘉戎语、木雅语、尔龚语（道孚语）、尔苏语、纳木依语、史兴语、扎坝语、贵琼语、拉坞（戎）语、却域语等。

③ 缅彝语支：又分两个语组，即缅语组和彝语组。缅语组包括阿昌族使用的阿昌语和仙岛语，还有景颇族使用的载瓦语、浪速语、勒期语、波拉语等。彝语组包括彝语、哈尼语、傈僳语、拉祜语、基诺语、纳西语、怒苏语，还有部分彝族使用的末昂语，部分哈尼族使用的桑孔语，部分怒族使用的柔若语，云南蒙古族使用的卡卓语，以及云南部分地区使用的堂郎语、毕苏语等。此外，还有与以上两个语组差异较大的两种语言——土家语、白语。

④ 景颇语支：包括景颇语、独龙语、阿侬语（怒族），珞巴族使用的崩尼—博嘎尔语、苏龙语、义都语、崩如语，以及西藏自治区察隅县的僜人使用的格曼语和达让语等。

（3）壮侗语族（Zhuang–Dong group）：主要分布在广西、云南、贵州、湖南、广东、海南等省区，包含4个语支。

① 壮傣语支：包括壮语、傣语、布依语，以及海南省临高县部分汉族使用的临高话等。

② 侗水语支：包括侗语、水语、仫佬语、毛南语，贵州部分布依族使用的莫语，部分瑶族使用的拉珈语，以及贵州部分地区使用的佯僙语、茶洞语，广东怀集等地汉族使用的标话等。

③ 黎语支：包括黎语，以及海南省西部部分汉族说的村语等。

④ 仡央语支：包括仡佬语，贵州省黔东南、黔南两州部分仫佬族使用的木老语，云南壮族、广西瑶族的部分人说的布央语，云南部分彝族使用的拉基语、布干语、普标语等。

（4）苗瑶语族（Miao–Yao Group）：主要分布在贵州、湖南、广西、云南、广东等省区，共有2个语支。

① 苗语支：包括苗语，湖南部分苗族使用的巴那语，以及部分瑶族使用的布努语、巴哼语、炯奈语等。

② 瑶语支：勉语、畲语等。

2. 阿尔泰语系（Altaic Family）

我国境内的阿尔泰语系语言主要分布在西北、东北和内蒙古地区，包括3个语族的22种语言。

（1）突厥语族（Turkic Group）：主要分布在新疆维吾尔自治区以及甘肃省的部分地区，含2个语支。

① 东匈语支：包括柯尔克孜语、西部裕固语，以及新疆部分蒙古族使用的图瓦语等。

② 西匈语支：包括维吾尔语、撒拉语、乌孜别克语、哈萨克语、塔塔尔语，新疆天山北部部分乌孜别克族使用的土尔克语等。

（2）蒙古语族（Mongolian Group）：主要分布在内蒙古、甘肃、青海、新疆等省区以及东北地区。包括蒙古语、达斡尔语、东乡语、东部裕固语、土族语、保安语，以及青海省尖扎县的部分回族使用的康家语等。

（3）满—通古斯语族（Manchu-Tungusic Group）：在我国境内主要分布在内蒙古、新疆和东北地区。包括2个语支。

① 满语支：满语、锡伯语、赫哲语等。

② 通古斯语支：鄂温克语、鄂伦春语等。

朝鲜语的系属至今没有定论。其语言结构接近通古斯语族语言。有人认为它与阿尔泰语系诸语言有发生学关系，而另有人认为它保留有南岛语的底层。但大多认为它属于阿尔泰语系。

3. 南岛语系（Austronesian Family）

南岛语系又称马来—波利尼西亚语系（Malayo-Polynesian Family），中国境内的南岛语主要是台湾高山族使用的语言，属于南岛语系的印度尼西亚语族（Indonesian Group），又可分为台湾语支和菲律宾巴丹语支，台湾语支下又有三个分支（有时也称为语组）。① 具体分类为：

（1）台湾语支：包括3个分支的14种语言。

① 泰耶尔分支：泰耶尔语、赛德语、巴则海语等。

② 邹语分支：包括邹语、沙阿鲁阿语、卡那卡那布语等。

③ 排湾分支：包括排湾语、阿美语、布农语、鲁凯语、赛夏语、卑南语、邵语、噶玛兰语等。

（2）巴丹语支：雅美语。

此外，海南省三亚市回辉乡和回新乡的部分回族（约10000人）说的回辉语，一般认为属于印度尼西亚语族。

4. 南亚语系（Austro-Asiatic Family）

中国境内的南亚语系语言主要分布在云南省的思茅、缅宁和保山等地区，有分属于两个语族的7种语言。

---

① 陈康：《台湾高山族语言》，中央民族学院出版社，1992年。另见孙宏开等主编《中国的语言》第四编"南岛语"的相关介绍。

（1）孟高棉语族（Mon-Khmer Group）：包括属于佤—德昂语支的佤语、德昂语、布朗语，以及属于格木语支的克木语、克蔑语、布兴语（云南西双版纳傣族自治州勐腊县、景洪市等地的部分傣族使用）。

（2）越芒语族（Viet-Muong Group）：包括属于越芒语支的京语、莽语（云南省红河哈尼族彝族自治州的金平县使用），属于巴琉语支的俫语（广西隆林一带的仡佬族和云南广南的部分彝族使用）。

5. 印欧语系（Indo-European Family）

中国境内使用印欧语系语言的民族有塔吉克族和俄罗斯族，前者除了使用维吾尔语外，还使用属于印欧语系伊朗语族的萨里库勒语和瓦罕语（一般统称为塔吉克语），后者则使用属于斯拉夫语族的俄罗斯语。

当前，我国有22个民族使用着自己的民族文字，有的民族因为语言或方言的差别较大，所使用的民族文字不止一种。如：蒙古族使用传统的胡都木蒙古文和以蒙古语卫拉特方言为基础的托忒蒙古文；苗族使用以四种方言为基础的黔东苗文、湘西苗文、川黔滇苗文和滇东北苗文；傣族的傣仂文和傣哪文分别以傣语西双版纳方言和德宏方言为基础；景颇族的景颇文和载瓦文分别是景颇语和载瓦语的书写文字。在现行的28种民族文字中，有的是沿用的传统文字，如蒙古文、藏文、朝鲜文等；有的则是中华人民共和国成立后新创制的文字，如拉祜文、哈尼文、土文、侗文等；羌文是在1993年制定的。还有一些是对原有文字进行改革、修订而成的，如规范彝文、维吾尔文、哈萨克文等。传统民族文字的字母形式有阿拉伯字母（维吾尔文、哈萨克文、柯尔克孜文等），叙利亚字母（胡都木蒙古文、托忒蒙古文、锡伯文等），印度字母（藏文、傣仂文、傣哪文等）。新创制的文字都是以拉丁字母为书写符号的拼音文字。朝鲜文和规范彝文则保留了本民族文字的自源性特征。

二、少数民族语言的使用状况

我国幅员辽阔，民族众多，各民族在长期发展交往中形成了大杂居、小聚居的局面。2009年9月27日国务院新闻办发表的《中国的民族政策与各民族共同繁荣发展》白皮书指出："目前，我国少数民族约有6000万人使用本民族语言，占少数民族总人口的60%以上；约有3000万人使用本民族文字。"我国各少数民族通常都有自己的民族语言，有的民族内部还使用着几种不同语言，各个语言在使用范围、社会功能、保存状态等方面存在差别。种种因素决定了少数民族语言在语言群体、语言关系、社会功能等方面表现出丰富、复杂的状况。

1. 语言群体

语言是民族的重要特征，也是民族识别的重要依据。我国民族的划分与少数民族语言的划分密切联系，语言与民族基本对应。55个少数民族除回族、满族使用汉语外基本上都有自己的民族语言。其中蒙古、藏、维吾尔、苗、彝、壮、布依、朝鲜、侗、白、哈尼、哈萨克、傣、黎、傈僳、佤、拉祜、水、东乡、纳西、土、达翰尔、仫佬、羌、布朗、撒拉、毛南、阿昌、普米、塔吉克、鄂温克、德昂、保安、京、独龙、珞巴和基诺等37个民族都以本族语为母语或第一语言。① "大多数民族的语言界限同民族界限是一致的,即同一民族使用同一语言,不同民族使用不同语言。"② 这是我国少数民族语言使用状况的基本方面。但同时,也存在民族群体与语言群体不完全对应的情况。所谓语言群体(linguistic community),就是比较稳定地使用某种语言的人群。我国少数民族的语言群体与民族群体的不对应情况,反映了语言使用状况的丰富多样性。具体有以下几种情况:

第一,一个民族内部使用两种或两种以上不同的语言,即是说,有些民族是由不同的语言群体组成。有的民族内部使用的语言差别较大,属于不同语支、语族甚至语系。比如,景颇族除了使用景颇语外,还使用属于缅语支的载瓦、浪速、勒期、波拉等语言。裕固族使用的两种语言,分别属于突厥语族和蒙古语族。瑶族使用的语言有属于侗台语族的拉珈语,有属于苗瑶语族苗语支的布努语,也有属于苗瑶语族瑶语支的勉语。怒族使用的怒苏语和柔若语属缅彝语支,阿侬语属于景颇语支。台湾的高山族使用阿眉斯、布农、排湾等15种语言。这种"一族多语"的状况是有其特定的历史与现实原因的。③ 但语言的不同并没有妨碍人们的民族认同心理和共同生产生活活动。

第二,有的语言为不同民族的人们所使用,语言群体在不同民族之间存在交叉现象。比如回族、满族都以汉语为民族语言或第一语言,一部分畲族、土家族等也使用汉语;羌语是羌族的民族语言,但四川阿坝藏族羌族自治州黑水县的大部分藏族(约4万多人)则以羌语为主,羌语群体兼有羌族和藏族的人群。"不同的民族使用相同的语言也是由社会条件决定的,主要取决于不同的民族长期生活在一起,在政治经济文化等方面发生了密切的关系,没有这个条件,使用一种共同的语言是不可能的。"④

第三,我国有的少数民族语言在境外也有分布,成为跨境语言(languages across borders)。⑤ 我国的少数民族语言中有蒙古语、藏语、维吾尔语、苗语、傣语、壮语、朝鲜语等30多种语言是跨境语言。分布在不同国家的跨境语言,在语言本体和语言使用的特点上有可能存在差别,这是语言学、民族学需要研究的课题。⑥

---

① 周庆生:《语言与人类》,中央民族大学出版社,2000年。

② 戴庆厦、成燕燕、傅爱兰、何俊芳:《中国少数民族语言文字应用研究》,云南民族出版社,1999年。

③ 孙宏开:《语言识别与民族》,载《民族语文》1988年第2期。

④ 马学良、戴庆厦:《语言和民族》,载《民族研究》1983年第1期。

⑤ 戴庆厦主编:《社会语言学概论》,商务印书馆,2004年。

⑥ 戴庆厦、傅爱兰:《论"跨境语言"》,载戴庆厦《语言和民族》,中央民族大学出版社,1994年。

此外，我国许多少数民族的语言内部都存在方言变体。"使用同一方言的人们一般要比不同方言的人们（特别是这些方言之上没有超方言的标准语）有更多的共同的交际行为和认同感，因此更接近语言群体。"① 在我国，北方阿尔泰语系的各民族语言内部方言分歧一般较小；而南方各少数民族语言大多差异较大，方言之间通话程度比较低。

2. 语言关系

语言关系（language relationship）是指不同民族之间由于社会、文化的相互接触、影响，而在语言上出现的种种关系。② 我国各民族在长期的交往交流中，彼此的语言有着不同程度的接触和影响，不仅发生了你中有我、我中有你的结构变化，而且在语言使用功能上形成各种语言关系。从总体上看，我国各民族之间语言的影响是相互的、双向的，语言关系是和谐的、稳定的，一般表现为语言保持、语言兼用和语言转用等关系。

语言保持（language maintenance）是语言规划的一个术语，但也可以用来说明语言之间的一种关系状态。有的语言虽然在与别的语言的接触中受到了一些影响，但它的基本方面和结构特点并没有改变，只是吸收了少量的借词或表达成分。从语言使用上看，它的功能和活力也没有受到明显的削弱，语言使用者的语言态度和心理认同依然强烈。这种语言关系就是语言保持。在我国，那些使用人口较多、使用范围广泛、有书写文字的少数民族语言一般都比较稳定，语言保持得比较充分，如维吾尔语、藏语、蒙古语等。但在这些民族的部分人群、局部地区，还可能存在着语言兼用的现象。

语言兼用是指一个民族除了使用自己的民族母语外，还同时使用着另一民族的语言。语言兼用是语言接触的产物，是语言在使用功能上的分化和变化，是社会需求在语言使用数量上的反映。对一个民族的发展来说，语言兼用是语言生活进步的表现。语言兼用就是通常所说的双（多）语现象，包括个人双（多）语人和群体双（多）语（也叫双语社区）。我国的双语群体比较多，大多数少数民族中都有相当数量的人兼用汉语，特别是在民族杂居地区的人们；有些少数民族语言之间也有兼用现象，如新疆的蒙古族兼用维吾尔语或哈萨克语，内蒙古的鄂温克族兼用蒙古语；在少数民族聚居地区的汉族也有兼用当地民族语的情况，如广西操平话的汉族一般都兼通壮语。有些民族还兼用多种语言，如分布在我国新疆的锡伯族，大部分人除了使用本民族的母语 —— 锡伯语外，还能兼用汉语、维吾尔语、哈萨克语等。双（多）语社区的增多是我国各民族之间交往交流不断深入，民族和语言关系保持和谐的结果。

语言关系的另一种情况是语言转用，即一个民族或族群全部或部分放弃使用自

---

① 黄行：《我国的语言和语言群体》，载《民族研究》2002年第1期。

② 戴庆厦：《社会语言学教程》，中央民族大学出版社，1993年。

己的母语，转而使用另一语言的现象，又称"语言替换""语言替代"。语言转用也是由语言接触引起的，是语言使用功能的一种变化。不同的语言在相互接触过程中，必然会出现语言功能的互补与竞争，而在语言功能的竞争中若兼用语的功能占了绝对优势，或处于压倒的地位，双语人就有可能逐步放弃自己的母语而转用兼用语。我国回族除了海南三亚市的部分人还使用自己的语言（回辉话）并兼用当地汉语外，其他均已转用了汉语。畲族约有 70 余万人，现除了广东惠来等县尚有数千人还使用畲语外，均已转用当地汉语。语言转用反映出语言功能和活力的消长态势，被放弃使用的母语（本族语）通常会走向濒危或消亡，另一方面转用的语言会在使用人口和范围上进一步扩张。

3. 语言功能

从社会交际的角度看，不同语言在使用功能上存在着差异，表现在使用人口的多少、使用范围的大小、规范程度的高低等方面。语言的使用功能还会随着社会条件的变化而发生改变，比如有的语言可以由一个民族内部的交际语发展成为族际交际语或地区通用语，而有的语言会因为语言活力的降低甚至出现濒危的趋势。由于受各种社会或自然因素的影响，我国少数民族语言在使用功能上存在方方面面的差异。

首先，我国各少数民族语言的使用人口多少不一，有的差别很大。根据第七次全国人口普查（2020 年）的统计数据，我国大陆各少数民族人口为 12547 万人，占 8.89%[①]；至 2017 年台湾少数民族人口为 56.5 万[②]。因为存在一个民族使用几种语言、有的民族转用其他语言等情况，少数民族语言的实际使用人口要少于民族人口总数。据大致估计，我国少数民族语言的使用人口能占到人口总数的一半左右。目前对我国各少数民族语言的使用人口还没有最新的统计数字。壮语的使用人口最多，超过 1500 万；使用人口超过百万的还有维吾尔语、苗语、彝语、藏语、蒙古语、布依语、朝鲜语、侗语、哈尼语、白语等十数种语言。而像畲、仡佬、保安、布朗、乌孜别克、塔塔尔、鄂伦春等民族的语言使用人口还不足一万，赫哲语、满语的使用者仅有几百人。[③] 使用人口较少的语言一般在范围和功能上呈现收缩的态势。

其次，我国少数民族语言在功能和领域上存在差别。语言的社会功能主要是指语言在社会生活中所发挥的作用。[④] 语言的功能层次通常区分为国家语言（或国家通用语言）、官方工作语言、区域（或族际）通用语和民族共同语等类别，这些分类有时候存在交叉，有的语言在多个层次上行使功能。普通话是全国通用语

---

① 该数据来自中华人民共和国国家统计局"第七次全国人口普查主要数据情况"：http：//www.stats.gov.cn/ztjc/zdtjgz/zgrkpc/dqcrkpc/ggl/202105/t20210519_1817693.html。

② 该数据来自"中华民国统计年鉴 2019"。

③ 金星华主编：《中国民族语文工作》，民族出版社，2005 年。

④ 李宇明：《语言功能规划刍议》，载《语言文字应用》2008 年第 1 期。

言，也是我国政府的官方工作语言。我国在召开全国人民代表大会、中国人民政治协商会议等各民族代表参加的重要会议时，还使用蒙古、藏、维吾尔、哈萨克、朝鲜、彝、壮等七种少数民族语言文字为工作语言。在少数民族自治地方（包括自治区、自治州、自治县等），主体民族的语言往往是该地区在生活、工作中通用的语言，如内蒙古自治区牧区的蒙古语，壮族自治区西部和南部的壮语，新疆维吾尔自治区的维吾尔语，西藏自治区以及青海玉树、四川甘孜等藏族自治州的藏语等。所以《中华人民共和国宪法》第121条规定："民族自治地方的自治机关在执行职务的时候，依照本民族自治地方自治条例的规定，使用当地通用的一种或者几种语言文字"。自治地方通用的民族语言一般也是当地的官方工作语言。一些使用人口较多的民族语言有时会成为当地不同民族之间的交际用语。与此相对，有些民族语使用范围比较有限，只在本民族内部使用，如基诺语；有些走向濒危的语言甚至只能在部分山寨村落中或家庭内部使用，如仡佬语、赫哲语。[①] 少数民族语言在教育教学、大众传媒、公共服务等社会行业或领域的使用状况也存在差别，蒙古语、藏语、维吾尔语、壮语等有文字的民族语言，在学校、出版物、广播电视媒体、公共生活等领域的使用比较广泛。

语言的使用功能是动态发展、不断变化的。每个语言在不同的历史阶段，都存在着功能消长、升降的变化。有的语言的功能在总体上或局部上或则扩大、增强，或则缩小、削弱。在功能缩小、削弱的语言中，最甚者会丧失交际功能，成为濒危语言。所谓濒危语言，实际上就是指在交际过程中使用功能或活性趋于衰退并面临消亡的语言。濒危语言的进一步衰退，则可能导致语言完全失去交际的作用，不再为人们所使用，最终走向消亡。濒危语言是语言功能变化过程中的一种变异现象，是一种语言走向消亡前的临界状态。目前对我国濒危语言的认识还不是很清楚。戴庆厦等通过考察与语言功能相关的诸种因素，建立了一个包括使用人口、使用功能、使用范围、使用频率等因素的判定濒危语言的多项综合指标体系。根据这个多项综合指标来衡量，我国的土家、畲、赫哲、仡佬、满等语言应界定为濒危语言。在经济全球化和世界一体化进程中，使用人数较少的语言的功能衰退及至走向消亡在某种程度上是无法避免的，但一种语言的消亡就意味着一种文化样式和知识系统的消失，是人类精神财富的损失。对濒危语言的研究和保护是我国民族语言研究的一个紧迫的新课题。

---

① 戴庆厦主编:《中国濒危语言个案研究》，民族出版社，2004年。

第二节　70年来中国少数民族语言研究回顾

我国众多的少数民族语言是进行语言科学研究的宝贵资源。但是在1949年中华人民共和国成立之前，这一领域的研究十分贫乏，自然谈不上学科发展。少数学者出于个人兴趣、凭借一己之力对个别少数民族语言进行调查研究，获得了一些重要研究成果。

李方桂从1930年至1942年调查了云南、广西、贵州等地的壮、布依、傣、侗、水、羊黄（佯僙）、莫等约20种语言（方言），出版了《龙州土话》（1940）、《莫话记略》（1943）等著作，发表了《原始台语①中系列先喉塞辅音的拟测》（1943）、《水话中声母和声调的分布》（1948）等文章。赵元任对广西瑶族调查写成《广西瑶歌记音》（1930年）。傅懋勣调查了纳西、彝、羌等少数民族语言后，发表了《论四川萝卜寨羌语音系》（1943，与闻宥合写）、《维西麼些语研究》（1940—1943）等成果。闻宥调查过彝语、嘉戎语、白语、纳西语等，写成《川西羌语文初步分析》（1944）、《记西昌彝语的元音》（1948）等文章。此外，罗常培、袁家骅、马学良、高华年、邢公畹等都曾在西南地区进行过民族语言调查，他们对少数民族语言的实地调查，为中国少数民族语言研究奠定了基础，开创了民族语言研究的先河。但总体上说，中华人民共和国成立前的少数民族语言研究是比较落后的，"一是对于少数民族语言有研究的专家少；二是大多数民族语言从来没有人研究过；三是大多数民族从来没有文字，少数有文字的民族，尽管文献资料有多有少，但从文献的时代来看，连续的，特别是早期的，能用作语言历史研究的资料，是不够多的，而且也很少有人进行研究"。②相应的研究成果也比较少，有人初步统计，中华人民共和国成立前发表的研究少数民族语言文字的文章不到200篇，出版的著作仅10来部。中华人民共和国成立以后，国家十分重视少数民族语文事业，少数民族语言研究与其他民族语文工作一起蓬勃发展。中华人民共和国成立后，国家陆续成立了各级专门研究少数民族语言的学术机构，在中央和地方民族院校建立了少数民族语言文学系科，先后召开了三次少数民族语言文字科学会议，不断培养专业人才、壮大研究队伍，少数民族语言研究作为一项科学事业迅速建立和发展起来。70年来，中国的少数民族语言研究一方面紧密结合中国民族工作的实际，为民族地区各项事业发展服务，一方面系统学习现代语言学的理论和方法，特别是借鉴汉语的研究经验，取得了显著成就。

---

① 本书中的"台语""台语支"指壮侗语族下属的壮语、傣语、布依语、泰语、老挝语等壮傣语支语言。

② 王均：《中国少数民族语言研究情况》，载《民族语文研究文集》，青海民族出版社，1982年。

一、为解决民族语文问题开展少数民族语言调查研究

中国的少数民族语言研究从一开始就与国家的民族语文工作及民族工作紧密联系在一起。少数民族语言研究既是中国语言研究的分支学科，同时也是我国民族语文工作的组成部分，具有社会实践性与科学实证性统一的特点。70年来我国少数民族语言调查研究大体上经历了三个阶段，即20世纪50年代开展的民族语言大调查，改革开放后进行的少数民族语言使用情况调查，以及在21世纪前后展开的语言资源和语言国情调查。这些调查都与各个历史时期的民族语文工作的目标和任务紧密联系。

中华人民共和国成立初期，为了做好民族工作，了解少数民族的状况和要求，中央多次派遣访问团到民族地区进行慰问和调查，中国科学院语言研究所等单位的语言工作者参加了访问团，并调查了西南、西北、中南、东北等地区少数民族语言的一般情况。1951年2月中央决定"在政务院文化教育委员会内设民族文字指导委员会，指导和组织关于少数民族语言文字的研究工作，帮助尚无文字的民族创立文字，帮助文字不完备的民族逐渐充实其文字。"① 语言研究所在此后的三年中先后派遣七个工作组分赴四川、云南、广西、贵州等省区进行语言摸底调查，为创制文字开展准备工作。1954年5月政务院责成中国科学院语言研究所等单位帮助无文字的少数民族创制文字。1955年12月，首届民族语文科学讨论会在北京召开，会议制定了少数民族语文工作的第一个五年计划和12年远景规划，并计划安排在两年（1956—1957）之内普遍调查少数民族语言，两三年（1956—1958）内为少数民族创立、改进或改革文字确定方案。中国科学院根据中央的指示，会同民族事务委员会和中央民族学院于1956年专门组建了少数民族语言研究所，全面负责组织和协调少数民族语言普查和文字创制改革工作。1956年春，在中央民族事务委员会和中国科学院领导下，700多名少数民族语言研究者和工作者，分成7个调查队奔赴民族地区进行语言普查。这次调查取得了丰硕成果，到1959年共调查了仫佬、苗、瑶、畲、藏、羌、彝、土家、白、哈尼、傈僳、拉祜、纳西、景颇、阿昌、仡佬、佤、蒙古、达斡尔、东乡、土族、保安、维吾尔、哈萨克、柯尔克孜、乌孜别克、塔塔尔、撒拉、裕固、锡伯、赫哲、鄂温克、鄂伦春、塔吉克、京等42个民族的语言，收集了1500多个调查点的语言资料，基本上摸清了少数民族语言（包括方言）的分布与使用状况，了解了各民族的文字使用情况和要求意见。在语言大调查的基础上，为壮、布依、黎、侗、苗、彝、哈尼、傈僳、佤、纳西等10个民族创制了14种文字，为景颇、傣、拉祜等民族改革了原有文字。这次调查的直接成果是后来陆续发表的中国少数民族语言概况系列文章，以及在20世纪60年代和80年代出版的描写59种少数民族语言的《中国少数民族语言简志丛书》，此外还有一些民族语言研究论著和民汉/汉民语词典。1958年民族语言大普查结束后，对个

① 《中央人民政府政务院关于民族事务的几项规定》，《人民日报》1951年3月22日。

别语言的补充调查还一直在进行。"20世纪50年代的民族语言普查和民族文字的创制改革工作表明，我国少数民族语文研究事业从开创之初，就紧密地与我国少数民族语言文字的社会现实以及国家的语文规划工作联系在一起。学科的建立和发展具有强烈的本地化特点。"[①]

1976年后，民族工作重新开展起来，少数民族语言调查研究也进入了新的阶段。1976年中国科学院派出西藏少数民族综合考察队，调查了中印边境地区的门巴族、珞巴族的语言状况。1978年国家民委提出新的民族识别任务后，语言学研究者和工作者积极配合，调查发现了白马语、尔苏语、史兴语、纳木义语等多种语言。1979年在昆明召开的全国民族科学规划会议提出了调查中国空白语言（指过去少数民族语言普查时尚未调查或调查不深入的民族语言）的任务，民族语文工作者结合语言识别工作深入调查，先后发现了一些新语言。改革开放后随着国家工作重点的转移，民族语文工作把服务于社会主义现代化建设作为指导方针，对少数民族语言文字使用情况的调查成为工作的重点。1980年1月在北京召开了第三次全国民族语文科学讨论会，总结了中华人民共和国成立以来特别是1958年第二次全国民族语文科学讨论会以来民族语文工作的经验教训，分析研究新时期出现的新情况和新问题，修订、落实民族语文重点研究规划。傅懋勣和王均在讨论会上做了《重视少数民族语言文字的使用和发展，使民族语文工作更好地为四个现代化服务》的报告，强调要研究新形势下民族语文的使用和发展问题。1983年到1985年，中国社会科学院民族研究所对广西、贵州、云南、海南等部分南方少数民族语言文字进行了调查；1985年该所与国家民委共同组织、承担了"中国少数民族语言使用情况和文字问题调查研究"项目（国家社科基金七五规划重点项目），用3年时间对5个自治区的30个自治州（盟）、113个自治旗县使用的65种语言和30种文字进行实地调查，形成了《中国少数民族语言使用情况》《中国少数民族文字》和《中国少数民族语言文字使用和发展问题》等成果。新时期对少数民族语言文字使用情况的调查得到了加强。

20世纪90年代以来，我国民族关系和民族工作保持稳定、健康、协调的发展，民族语文工作和民族语文研究也日趋深入和规范。1991年在北京召开的第一次全国民族语文工作会议，对新时期民族语文工作做了部署，提出了当前和今后一个时期民族语文工作的指导思想和基本方针，重申民族语文工作要为民族地区的社会发展服务，强调在民族语文工作中要贯彻落实"实事求是、分类指导"的原则。这一时期的少数民族语言调查研究呈现出多领域、多元化的特点。首先，对语言文字使用情况的调查继续进行。中国社科院民族所联合国家民委及地方民族语文机构，于1993—1995年对我国新创和改进少数民族文字的试用推行情况进行了调查；中央民族大学戴庆厦等完成了"新时期民族语文使用的变化及其对策"研究（1996年国家社科基金项目），对少数民族语言文字特别是双语问题进行了调查分析。另

---

① 黄行：《我国民族语言研究事业的繁荣与发展》，载《民族研究》1998年第5期。

外，各地方也开展了一批关于少数民族语文教学调研的项目研究。其次，从语言资源角度进行的语言国情调查得到重视。我国许多少数民族使用着不止一种语言，有的语言内部还存在较大的方言分歧。这些语言和方言都是宝贵的社会和文化资源。随着语言资源观念的树立，对少数民族语言和方言的调查研究不断深入、细化。1992年中国社科院民族研究所依托中国社科院重点项目和国家社科基金项目，组织力量进行"中国新发现语言调查研究"，目前已出版30多部调查成果。与此同时，"中国少数民族语言方言研究"项目也启动，有十多种语言的方言研究成果已经问世。语言衰退和语言濒危是语言资源的流失。濒危语言成为21世纪第一个十年少数民族语言调查研究的热点，"中国新发现语言研究丛书"中就有一部分是对濒危语言的调查和描写成果；戴庆厦等对满语、赫哲语、土家语、仡佬语和仙岛语等5种濒危语言进行了细致调查，出版了《中国濒危语言个案研究》（2004）一书；徐世璇出版了《濒危语言研究》（2001）专著，此外还有许多调研报告和学术论文在这一时期出版发表。

随着语言资源观念的深入，2015年5月，教育部、国家语委印发了《关于启动中国语言资源保护工程的通知》[①]，并组织了全国范围的语言资源调查，标志着继20世纪50年代中国政府进行境内汉语方言与少数民族语言普查之后又一次大规模语言调查工作的全面展开。中国语言资源保护工程（以下简称"语保工程"）是由国家财政立项，教育部、国家语委领导实施的一项大型语言文化工程，是迄今为止世界上规模最大的语言资源保护项目。语保工程的实施，使"科学保护各民族语言文字"的国策更加深入人心，进一步推动了我国语言文字工作的开展，并强化了全民珍爱母语和语言资源保护意识，极大地提升了母语群体的民族自豪感与历史使命感。截至2019年底，语保工程第一期顺利收官，立项调查点共计430个，其中，汉藏语系语言点共计318个，阿尔泰语系75个，南亚语系20个，南岛语系3个，印欧语系5个，其他9个[②]。作为21世纪以来规模最大的语言调查工程，语言资源保护的调查和研究将为少数民族语言的描写研究提供新的发展机遇。2018年9月在湖南省长沙市召开了首届世界语言资源保护大会[③]，大会通过的《岳麓宣言》，标志着语保工程已产生了广泛的国际影响力。

---

① 教育部国家语言文字工作委员会文件（教语信〔2015〕2号）：《教育部 国家语委关于启动中国语言资源保护工程的通知》，2015年5月14日。

② "其他"语言点包括朝鲜语语言点3个，混合语语言点6个。

③ 本届世界语保大会由联合国教科文组织、中华人民共和国教育部、中国联合国教科文组织全国委员会、国家语言文字工作委员会、湖南省人民政府联合主办，湖南省语言文字工作委员会、湖南省教育厅、长沙市人民政府、北京语言大学、湖南大学共同承办，主题为"语言多样性对于构建人类命运共同体的作用：语言资源保护、应用和推广"。大会通过的《岳麓宣言（草案）》也是联合国2019年"国际本土语言年"的基础性文件。2019年2月21日（国际母语日），中华人民共和国教育部、联合国教科文组织驻华代表处、中国联合国教科文组织全国委员会、国家语言文字工作委员会在京共同举行发布会，正式发布了联合国教科文组织首个以"保护语言多样性"为主题的重要永久性文件——《保护和促进世界语言多样性 岳麓宣言》。

　　长期广泛的语言调查不仅加深了对我国少数民族语言文字状况的认识和了解，培养了少数民族语言研究的人才队伍，而且获得了语言研究的第一手资料，积累了语言田野调查的经验和知识，对语言研究的理论和方法有更进一步的认识和总结。1956年傅懋勣、马学良、王辅世、罗季光等多位语言学家在语言调查训练班上的讲座，后来被中华书局汇总为《语言调查常识》出版，成为我国第一本讨论民族语言调查研究的专业著作。傅懋勣根据自己田野调查的经验，在《民族语文》（1983年第4期至1988年第2期）连续发表《民族语言调查研究讲话》，后于1998年结集出版为《论民族语言调查研究》，是一部关于语言调查理论和方法的优秀成果。高华年等编著的《少数民族语言调查研究教程》（1990）和陈其光编著的《语言调查》（1998）。戴庆厦总结自己的田野调查经验及汉藏语研究方法，于2013年出版了《语言调查教程》。

二、围绕少数民族语言学科建设进行民族语言研究

　　少数民族语言研究是我国语言学的一个分支学科，是具有中国特色语言科学的重要组成部分。中华人民共和国成立以来，国家积极扶持少数民族语言研究事业，设立各级研究机构，壮大研究队伍，培育学科体系，建设具有中国民族特色的语言学科。我国少数民族语言研究工作主要是由各级民族语文研究机构和民族院校的民族语文系科来承担的。20世纪50年代以来，从中央到地方，陆续建立了中国科学院少数民族语言研究所等专门的民族语文研究机构，成立了设有少数民族语文系科专业的中央和地方民族院校。1950年中国科学院语言研究所成立，其任务之一就是研究国内少数民族语言文字；1952年该所下设少数民族语言研究组，成为最早的少数民族语言研究机构。1950年11月政务院批准的《培养少数民族干部试行方案》规定："中央民族学院及其分院应设立关于少数民族问题的研究室，中央民族学院并应负责研究少数民族语言文字"。1952年中央民族学院设立少数民族语文系。另外西北民族学院、广西民族学院等地方民族院校也成立了民族语文系。1956年中国科学院还在其语言研究所之外专门建立了少数民族语言研究所，显示出少数民族语言研究在学科地位上的重要性和独特性。与此同时，各民族地区也陆续成立了专门的语文研究机构。少数民族语言学科的鲜明特色还体现在其自成体系的研究理论和方法上。在李方桂、罗常培、傅懋勣、马学良等老一辈语言学家的开创和建设下，我国少数民族语言科学研究立足于中国的民族语言实际，引进、消化了西方现代语言学的共时描写、历史比较、对比研究等理论方法，形成了自己的学科体系，并注重解决现实的语言文字问题。70年来，少数民族语言学科建设在语言的调查描写、历史比较和类型研究等方面取得了显著成绩。

1. 描写语言学研究成果丰硕

我国绝大多数少数民族语言缺乏文献记录，因此语言调查和描写就成为语言研

究的首要基础。中华人民共和国成立以来的几次语言调查，特别是20世纪50年代的少数民族语言大普查后产生了一批非常有价值的描写语言学的论著，主要有描写59种少数民族语言的《中国少数民族语言简志丛书》，反映100多种少数民族语言基本情况的"中国少数民族语言概况"系列文章（先后在《中国语文》和《民族语文》上发表，增补部分语言的内容后以《中国的语言》由商务印书馆2007年汇总出版），描写30多种少数民族语言的《中国新发现语言研究丛书》，已出版10多部的《中国少数民族语言方言研究丛书》。还有中央民族大学出版的"中国少数民族语言研究丛书"，台湾出版的"台湾南岛语言"系列参考语法，戴庆厦主编的"中国少数民族语言系列参考语法"，江荻主编的"中国民族语言语法标注文本丛书"，等等。这些丛书或系列成果虽然详略不一，但都是对某些少数民族语言或方言的整体性描写，分量大，描写细，一般都有比较统一的调查规划和描写框架，体现出集体研究力量和团队协作优势。马学良主编的《汉藏语概论》（北京大学出版社，1991年）是一部对国内汉藏语给予全景式描写的重要著作。倪大白的《侗台语概论》（1990）和李增祥的《突厥语概论》（1992）也主要对语族内的各语言进行了较为具体的描写。各个时期都不断有语言研究者刊布、发表少数民族语言调查和描写的研究成果，如马学良的《撒尼彝语研究》（1951），袁家骅的《阿细民歌及其语言》（1953），高华年的《扬武哈尼语初探》（1955），金鹏《藏语拉萨日喀则昌都话的比较研究》（1958），孙宏开等的《门巴珞巴僜人的语言》（1980），那斯如拉《现代维吾尔语》（1980），瞿霭堂和谭克让《阿里藏语》（1983），李树兰等的《锡伯语口语研究》（1984），戴庆厦等的《藏缅语十五种》（1991），陈康《台湾高山族语言》（1992），张济民《仡佬语研究》（1993），林向荣《嘉戎语研究》（1993），了椿寿《彝语通论》（1993），李锦芳和周国炎《仡央语言探索》（1999），胡增益《鄂伦春语研究》（2001），胡毅《中国柯尔克孜语南部方言研究》（2001），陈康和许进来《台湾赛德克语》（2001），李锦芳《侗台语言与文化》（2002），张伟权《土家语探微》（2004），戴庆厦等的《仙岛语研究》（2005），朝克《现代锡伯语口语研究》（2006），戴庆厦和李洁的《勒期语研究》（2007），曲木铁西《彝语义诺话研究》（2010），等等。

少数民族语言的语音、词汇、语法描写也取得了丰硕成果。在语音方面，傅懋勣等的《云南省西双版纳允景洪傣语的音位系统》（1956）[①] 是少数民族语言语音描写和音系研究的典范论文。张均如编写出版了《壮语音系汇编》（1961）。更多的研究者对少数民族语音的某些语音现象如声调、松紧元音、复辅音等进行了集中、深入的描写，如王尧《藏语的声调》（1956），程默《载瓦语的声调》（1956），瞿霭堂《藏语的声调》（1981），戴庆厦的《景颇语的声调》（1985）和《载瓦语声调研究》（1989），谭克让《夏尔巴藏语的声调系统》（1987），傅爱兰《怒语的声调》（1993），罗季光和马学良《我国汉藏语系元音的长短》（1962），胡坦、戴庆

---

① 载《语言研究》1956年第1期。

厦《哈尼语元音的松紧》（1964），瞿霭堂《藏语的复辅音》（1965），萧家成《景颇语的弱化音节》（1979），道布《蒙古语中的吸气音》（1980），金有景《拉祜语的紧元音》（1988），张均如《拉珈语的鼻化韵》（1992），易斌《现代维吾尔语的元音和谐形式及其特点》（2006），戴庆厦等《景颇语弱化音节语音性质的实验研究》（2014）等。

语法研究一直是少数民族语言描写的重点，成果最多，如高华年《彝语语法研究》（1955），喻世长《布依语语法研究》（1956），刘璐和恩昆腊《景颇语语法纲要》（1959），徐琳、木玉璋和欧益之的《傈僳语语法纲要》（1959），张济民的《苗语语法纲要》（1963），清格尔泰《现代蒙语语法》（1980），崔允甲《朝鲜语语法》（1980），格桑居冕《藏文文法教程》（1981），格拉吉丁和欧斯满《简明哈萨克语语法》（1982），李民和马明《凉山彝话语法》（1982），韦庆稳《壮语语法研究》（1985），王春德《苗语语法（黔东方言）》（1986），李永隧《哈尼语语法》（1990），戴庆厦和徐悉艰《景颇语语法》（1992），宣德五《朝鲜语基础语法》（1994），陈康和巫达《彝语语法（诺苏话）》（1998）等。对各种语法现象的描写性研究论文更是不胜枚举。随着语言学理论、方法的更新和充实，再加上计算语言学、语言教学等应用学科对语言研究不断提出新要求，语言的调查描写面临着进一步系统化、深入化的任务。语言学家普遍认识到，要深入了解语言的特点和规律，就必须对每个具体的语言进行比较全面、深入系统的描写。在这种认识的驱动下，进入21世纪第二个十年，少数民族语法研究中的"参考语法"成果渐丰。依托戴庆厦主持的国家社会科学基金重点项目"中国少数民族语言系列参考语法"，出版了22种民族语言参考语法。参考语法系列著作产生了重要的学术影响，也有积极的应用价值。除此之外，也有一些零星的参考语法类著作，如《布依语参考语法》（周国炎、刘朝华，2018）《昆格语参考语法》（蒋光友、时建，2016）等。

从2010年开始，中国社会科学院民族学与人类学研究所开展"中国民族语言语法标注文本"研究，在建立适合中国民族语言的涵盖整个语法系统的语法标注集的基础上，对数十种少数民族语言进行创新范式的描写研究。2016年出版的"中国民族语言语法标注文本丛书"共包含《藏语拉萨话语法标注文本》等在内的10本专著。该研究成果除了语法标注文本外，还包括中国民族语言语法信息电子词典和中国民族语言语法标注集。作为语保工程的成果之一，同时也作为中华人民共和国成立70周年献礼成果，2019年出版的"中国濒危语言志"丛书第一辑收录了20种少数民族语言，成为濒危语言调查和描写的重要成果。

少数民族语言的词汇和词汇学研究也产生了一些重要成果。中央民族学院苗瑶语研究室编写的《苗瑶语方言词汇集》、壮侗语研究室编写的《壮侗语族语言词汇集》（1985）、藏缅语研究室编写的《藏缅语族语言词汇》（1992）在比较方言词汇上有参考价值；戴庆厦和徐悉艰《景颇语词汇学》（1995）和成燕燕《现代哈萨克语词汇学研究》（2000）是少数民族语言词汇研究的重要著作，李泽然《哈尼语词汇学》（2013）丰富了民族语词汇研究的成果。

词典编写既是词汇调查研究的重要内容，也是语言规范化和语言翻译的基础性工作，一直受到民族语言工作者的重视。有书写文字和历史文献的民族语言的规范性辞书较多，如内蒙古大学蒙古语文研究室编的《蒙汉辞典》（1977），新疆人民出版社辞书编辑组编的《汉维简明词典》（1963），新疆大学中国语文系编的《维汉词典》（1982），北京大学东语系朝鲜语教研室编的《朝汉词典》（1978）。兼具描写性和规范性的词典有岳相昆、戴庆厦等编的《汉景词典》（1981）和《景汉词典》（1983），颜其香、周植志等编的《佤汉简明辞典》（1981）。1992年以来仅中国社会科学院民族研究所主编的"中国少数民族语言系列词典丛书"就包括《黎汉词典》《汉苗词典》《白汉词典》《临高汉词典》《汉载词典》等15种。

这些成果从各个方面描写和揭示了我国少数民族语言的特点，深化了对各语言的本体研究，丰富了中国少数民族语言科学的理论内涵和研究方法。在语音方面，不仅发现和描写了少数民族语言中的一些普遍性的语音现象，如汉藏语系语言中的复辅音、送气擦音、长短元音、松紧元音、声调等，阿尔泰语系语言中的元音和谐现象，而且认识到具体语言的语音特点，如蒙古语的吸气音和弱化音、朝鲜语的紧辅音、阿昌语的清鼻音、白语的声门混合擦音、裕固语的带擦元音、拉珈语的鼻化元音，景颇语、独龙语中的弱化音节，藏语的减缩音节等。少数民族语言语法描写通常是具体语言描写的主要内容，一般包括了词法和句法的基本方面。对特定语法现象的专题性虽然起步较晚，但在20世纪80年代以后得到重视，并取得很大进展，涉及语法的方方面面。汉藏语系藏缅语族语言的形态比较发达，为语法探索的有利条件。人们描写了藏缅语的许多语法特性和范畴，如动词的代词化现象（即动词一致关系）、使动范畴、互动范畴、情态范畴、趋向范畴等，个体量词的起源和类型问题，名词的数范畴和人称领属问题，人称代词的"格"问题，结构助词的语法作用等问题。苗瑶语中存在的一些特殊的语法现象，如词类重叠问题，名词的前定语和后定语，动词的前状语和后状语问题，"形容词＋体词"的句式问题等，都受到研究者的广泛关注和讨论。壮侗语的语序也是语法研究的热点。阿尔泰语系语言的词类、词法和句法结构的形态标志比较明显，并且有比较丰富的历史文献，语法研究成果突出。既有使用传统语法研究方法对阿尔泰语系的名词范畴（如数范畴、格范畴、领属范畴、反身范畴），后置词，形容词、数词、代词等的特点，动词的祈使式以及时、体、态、人称等范畴，形动词、副动词、助动词、副词等特点的详细描写，也有些运用当代句法学进行描写和解释的研究成果，如高莉琴的《维吾尔语语法结构分析》（1987），力提甫·托乎提的《论现代维吾尔语中的共同阿尔泰语动词附加成分》《生成语法框架内的维吾尔语句法》（2004）等。南岛语的动词居首的语序首先成为语法研究的对象，此外像名词、代词的格位系统、动词的"焦点"（格标记）变化等语法现象也得到充分描写。

2. 历史语言学研究不断深入

历史比较是语言研究的重要领域，从某种意义上说是历史比较语言学开启了语言科学的现代史。传统的历史比较语言学是在印欧语研究的背景下产生和成熟起来的，与我国少数民族语言自身的特点和研究的条件有很大不同，所以学者们在借鉴这一研究理论和方法的同时，不断探索能够切合中国语言实际的历史语言学研究路数。中华人民共和国成立以来特别是近 30 年来，人们不断加强对国内少数民族语言的历史比较研究，取得了可喜的成就。总体上说，这些研究主要集中在语言的谱系分类和亲属语言共同特点的构拟两方面。

对于国内少数民族语言系属的分类，最早是由李方桂在 1937 年为英文版《中国年鉴》撰写 "Languages（and Dialects）" 时提出的一个框架，并于 1973 年在美国的《中国语言学报》上重新发表为 Languages and dialects of China（《中国的语言和方言》），显示了他 30 多年来对中国语言系属分类的基本看法。他把中国的语言分为印—支（汉藏）、南—亚、阿尔泰等语系，汉藏语系又包括汉语、侗—台语族、苗—瑶语族和藏—缅语族（早先将汉藏语系分为汉台语和藏缅语两大类，汉台语包括汉语、台语和苗瑶语三族，1973 年调整为一语三族的分类格局）。① 李方桂对汉藏语分类产生深远的影响，特别是在国内成为主流的分类办法，所以也称为传统分类法。1954 年罗常培、傅懋勣在《国内少数民族语言文字概况》② 中沿用并发扬了这种分类思想，将国内少数民族语言分为汉藏、阿尔泰、南亚、南岛和印欧五个语系。此后马学良、戴庆厦以及《中国大百科全书·语言文字卷》都遵守这个分类框架，只是不断地补充新的语言或进行局部微调。这种分类办法主要依据了语言的音节、声调、语序等类型方面的特点，在国外受到一些学者的怀疑，特别是关于汉藏语系的处理，认为是一个 "无所不包的印支语群"，"大致是根据语音学和形态学的特征（单音节和区辨词义的声调）把汉语、藏缅语以及侗—台语、苗—瑶语都糅合到这个语群里去了"。③ 而国外白保罗等人主张把苗瑶语和侗台语从汉藏语系分割出去，另成立澳泰语系；法国学者沙加尔则认为汉语与南岛语有发生学关系，这些论争引发了国内对少数民族语言进行历史比较的新思索④，推动了少数民族语言系属分类的研究。人们不仅在语系和语族层面上讨论汉藏与南岛、南亚的分合，汉语与壮侗、苗瑶的远近关系，如罗美珍《试论台语的系属问题》（1983）和《有关建

① 李方桂（Fanggui Li）：Languages（and Dialects）. In Chinese Yearbook（1937），Shanghai. And Languages and dialects of China Reprinted in Journal of Chinese Linguistics（1973，1，pp 1-13），梁敏的中译文载《民族译丛》1980 年 1 期。

② 载《中国语文》1954 年第 3 期。

③ [美]J.A. 马提索夫：《对李方桂〈中国的语言和方言〉一文的评论》，梁敏译，载《民族语文研究情报资料集》1985 年第 6 期。

④ 这些论争主要集中在壮侗语、苗瑶语与其他汉藏语有无发生学关系上，由此延伸到汉藏语与南亚语、南岛语的关系，详细情况可参阅游汝杰《中国语言系属研究述评》（载《云梦学刊》1996 年第 3 期）及孙宏开、江荻《汉藏语言系属分类之争及其源流》（载《当代语言学》1999 年第 2 期）。

立汉藏语系的几个认识问题》（1996），戴庆厦《关于汉藏语分类的思考》（1997）和《从藏缅语看壮侗语与汉语的关系 —— 一种角度的观察》（1998），邢公畹《关于汉语南岛语的发生学关系》（1991）和《汉藏语系研究和中国考古学》（1996），倪大白《中国的壮侗语与南岛语》（1988）、《南岛语与百越诸语言的关系》（1994）和《汉藏语系语言的系属问题》（1995），孙宏开《关于汉藏语分类研究中的一些问题》（1995），潘悟云的《汉藏语、南亚语和南岛语 —— 一个更大的语言联盟》（1995），吴安其《从汉印尼几组同的对应看汉南岛语的关系》（1995），陈保亚《从核心词分布看汉语和侗台语的语源关系》（1995），等等。也有的在语族和语支内部讨论语言归属问题，如林莲云《撒拉语裕固语分类问题质疑》（1979）、贺嘉善《仡佬语的系属》（1982）、盖兴之《试论缅彝语言的谱系分类》（1983）、王辅世《苗瑶语的系属问题》（1986）、孙宏开《羌语支属问题初探》（1983）和《试论中国境内藏缅语的谱系分类》（1988）、赵衍荪《白语的系属问题》（1983）、巴达荣嘎的《达斡尔语与蒙古语异同比较 —— 兼谈达斡尔语的系属》（1988）、倪大白《海南岛三亚回族语言的系属》（1988）、戴庆厦、刘菊黄、傅爱兰《关于我国藏缅语族系属的分类问题》（1989）、张均如《标语与壮侗语族语言的比较》（1989）、傅爱兰《怒语（怒苏）系属研究 —— 兼论缅彝语系属划分问题》（1989）、梁敏《仡央语群的系属问题》（1990）、张济民《拉基语与仡佬语的关系》（1992）、吴宏伟《突厥语族语言的分类》（1992）、石林《侗台语比较研究》（1997）、李锦芳《布干语和俅语关系初探》（1997）、陈保亚、何方《略说汉藏语系的基本谱系结构》（2004）等。在经过广泛而热烈的讨论之后，人们开始认识到，建立在印欧语系基础上的历史比较法对汉藏语系的适应性较差，汉藏语系的历史比较研究目前并不成熟；在没有找到新方法之前，汉藏语系的比较研究至少在现阶段也许只能在较低的层次上进行，例如构拟一种方言、语言或语族的原始语。汉藏语系的历史语言学应充分注意语言的借用、交融、底层、类型、演变等问题。①

经典的历史比较语言学是通过比较语言间的基本词汇寻找是否存在系统的语音对应规律，以此确定其有无发生学上的关系，并进一步拟测原始共同语的特征。国内少数民族语言在形态特征和历史文献两方面并不具有历史比较研究的优势，所以在确定同源词、建立语音对应规律、构拟原始形式的研究时，学者们对历史比较语言学的理论和方法进行了一定的探索和改造，利用丰富的活语言（方言）材料，在语支、语族、语系等不同层次上考论了语言的同源词、拟测了原始形式。李方桂集多年的语言调查研究之收获，在《台语比较手册》（1977年）中构拟了原始台语的声调、辅音和元音系统，成为历史比较研究的典范之作。此外，陈其光、李永燧的《汉语苗瑶语同源例证》（1981），喻世长的《论蒙古语族的形成和发展》（1983），王辅世、毛宗武的《苗瑶语古音构拟》（1995），颜其香、周植志的《中国孟高棉

---

① 游汝杰:《中国语言系属研究述评》，载《云梦学刊》1996年第3期。

语族语言与南亚语系》（1995），梁敏、张均如的《侗台语族概论》（1996），朝克的《满通古斯诸语比较研究》（1997），吴安其《汉藏语同源研究》（2002）等著作，都对部分国内语言的同源关系进行了探索。由于中国少数民族诸语言在历史上有过广泛而长期的接触，各个时期的借词普遍存在并且可能存在某种语音上的联系，所以同源词与借词的有效区分成了确定同源关系的难题，这一问题在汉藏语系历史比较中尤为突出。为此，学者们试图探索出一些研究汉藏语同源关系的理论和方法，如词族比较研究（严学宭）、深层语义对应研究（邢公畹）、关系词词阶分析法（陈保亚）、词汇扩散理论等。邢公畹1999年出版的《汉台语比较手册》，正是使用语义学比较法论证了汉语和侗台语的发生学关系。他先后还发表了一系列论述和运用"深层语义对应"方法考察汉语与侗台语的同源关系的文章①。此外，还有一些文章对于语言构拟特别是汉藏语系语言的比较研究提出了新思考，如王辅世的《苗语古音构拟问题》（1988），马学良的《汉藏语系研究的理论和方法问题》（1996），孙宏开的《原始藏缅语构拟中的一些问题——以"马"为例》（1989）、《汉藏语研究方法之我见》（2007），黄行的《确定汉藏语同源词的几个原则》（2001），邢凯《关于语义学比较法的理论问题》（2002）等。

进入21世纪，历史比较语言学的理论和方法得到创新，语言学研究获得前所未有的进展，并为追寻和探索语言和人类自身的语言科学研究贡献力量。21世纪的语言学、人类学、考古学、生物学、地理学以及计算机科学可以为了同一个目标融合、汇聚到一起。2019年张梦翰等在nature杂志上发表的关于汉藏语系历史源流的论文《语言谱系证据支持汉藏语系在新石器时代晚期起源于中国北方》，正是历史比较语言学与分子人类学等学科结合的成果，引起了国际性的学术反响。

3. 语言类型学研究逐渐得到发展

我国少数民族语言语种丰富，类型多样，是语言类型学研究得天独厚的条件。类型学研究采用的是跨语言（方言）的对比研究，不同于历史比较的方法。傅懋勣一直提倡对我国少数民族语言类型的对比研究，认为"任何两种或几种语言，不管这些语言在历史上有没有亲属关系，都可以放在一起进行语言之间的对比研究，语音、语法、构词、词义等方面都可以进行这种比较"。② 这种类型学研究不局限于形态或语序，是广义的类型比较，不仅涉及语音、语法、词汇、语义等各方面的结构类型，还可以与历史语言学的方法结合起来研究亲属语言结构类型的历史演变。类型对比研究首先在语音方面取得了突破。戴庆厦对藏缅语（包括其内的彝缅

---

① 主要有：《论汉语台语"关系字"的研究》（载《民族语文》1989年第1期），《台语 –am，–ap韵里的汉语"关系字"研究》（载《民族语文》1990年第2期），《汉台语比较研究中的深层对应》（载《民族语文》1993年第5期），《汉台语舌根音声母字深层对应例证》（载《民族语文》1995年第1期），《汉苗语语义学比较法试探研究》（载《民族语文》1995年第6期），《说"深层对应"——答丁邦新、聂鸿音两位先生》（载《民族语文》2002年第6期），《论"汉台苗语"调类的分化和再分化》（载《语言研究》2003年第1期）等。

② 傅懋勣：《全面开展民族语言研究》，《民族语文》1979年第1期。

语）的语音特征和结构类型进行了深入研究，揭示了其在松紧元音、弱化音节、声母、声调等方面的共时特征与发展演变①。对汉藏语语音类型的研究还有很多，如孙宏开的《藏缅语若干音变探源》（1983）、《藏缅语复辅音的结构特点及其演变方式》（1985）等，黄布凡的《藏缅语声母对韵母演变的影响》（1991），张均如的《原始台语声母类别探索》（1980）、《侗台语族轻唇音的产生和发展》（1995），李钊样的《现代侗台诸语言声调和韵尾的对应规律》（1982），郑贻青的《原始台语声类在靖西壮话里的反映》（1987），王德温的《原始侗台语声母系统中的ʔmb和ʔnd》（1985），倪大白的《侗台语复辅音声母的来源及演变》（1996），陈其光的《苗瑶语入声的发展》（1979）、《苗瑶语浊声母的演变》（1985）、《苗瑶语鼻音韵尾的演变》（1988）、《苗瑶语族语言的几种调变》（1989）、《古苗瑶语鼻冠塞音在现代方言中反映形式的类型》（1984），张琨的《古苗瑶语鼻音声母字在现代苗语方言中的演变》（1995）。对阿尔泰语系的语音类型的研究涉及重音、元音和谐、长元音及辅音等，如吴宏伟的《突厥语族语言的词重音问题》（1995）、《论突厥语族语言的长元音》（1996）、《突厥语族语言元音和谐的类型》（1991）、《关于突厥语族一些语言部分词首辅音演变的几个问题》（1992）等，呼格吉勒图的《蒙古语族语言基本元音的比较》（1982），包力高的《关于蒙古语族诸语言的长元音和复合元音》（1982），森格的《蒙古语族语言辅音比较》（1982），马学良、乌拉熙春的《满语支语言中的送气清擦音》（1993），赵杰的《锡伯语、满语语音演变的比较研究》（1988），江荻的《汉藏语言演化的历史音变模型》（2002）等。

语法类型的研究也是近年来的一个热点，研究者首先关注的是各少数民族语言在语法范畴上表现出来的类型特征。孙宏开对藏缅语族语言的人称范畴、领属范畴、互动范畴、量范畴、疑问范畴都进行了广泛考察，并分析了藏缅语语法形式的类型和历史演变等问题。② 这样的研究还有黄布凡的《藏缅语的情态范畴》（1991）和《藏缅语动词的趋向范畴》（1994）等，戴庆厦的《载瓦语使动范畴的形

① 主要有：《我国藏缅语族松紧元音来源初探》（载《民族语文》1979年第1期），《藏缅语族某些语言弱化音节探源》（载《民族语文》1984年第2期），《藏缅语族某些语言的音节搭配律》（载《民族语文》1988年第5期），《彝缅语鼻冠声母的来源及发展——兼论彝缅语语音演变的"整化"作用》（载《民族语文》1992年第1期），《关于纳西语的松紧元音问题——兼论彝缅语语音历史演变的研究方法》（载《民族语文》1993年第1期），《藏缅语的声调》（载《藏缅语新论》，中央民族学院出版社，1994年）等。

② 主要成果有《我国藏缅语动词的人称范畴》（载《民族语文》1983年第2期），《藏缅语动词的互动范畴》（载《民族语文》1984年第4期），《我国部分藏缅语中名词的人称领属范畴》（载《中央民族学院学报》1984年第1期），《藏缅语量词用法比较——兼论量词发展的阶段层次》（载《中国语言学报》1989年第2期），《论藏缅语语法结构类型的历史演变》（载《民族语文》1992年第5、6期），《再论藏缅语中动词的人称范畴》（载《民族语文》1994年第4期），《藏缅语中的代词化问题》（载《国外语言学》1994年第3期），《试论藏缅语中的反身代词》（载《民族语文》1993年第6期），《藏缅语疑问方式试析——兼论汉语、藏缅语特指问句的构成和来源》（载《民族语文》1995年第5期），《藏缅语人称代词格范畴研究》（载《民族语文》1995年第2期），《论藏缅语的语法形式》（载《民族语文》1996年第2期），《论藏缅语中的命令式》（载《民族语文》1997年第6期）等。

态变化》（《民族语文》1981 年第 4 期）和《藏缅语个体量词研究》（1994），李永燧的《汉语藏缅语人称代词探源》（1984）和《藏缅语名词的数量形式》（1988），陈其光的《苗瑶语前缀》（1993），梁敏的《壮侗诸语言表示领属关系的方式及其演变过程》（1989），曹广衢的《壮侗语趋向补语的起源和发展》（1994），薄文泽的《侗台语的判断词和判断式》（1995），赵明鸣的《突厥语族语言与格类型比较研究》（1993），陈乃雄的《中国蒙古语族语言的构词附加成分》（1985），呼和巴尔的《蒙古语族语言名词的人称领属形式》（1986），王鹏林的《蒙古语族"格附加成分"的问题》（1983），李树兰、胡增益的《满—通古斯语言语法范畴中的确定/非确定意义》（1988）等。近年来国外的当代类型学方法对我国少数民族语言研究产生了较大影响，学者们深化了对少数民族语言的类型学研究。戴庆厦从载瓦语、景颇语等具体语言入手，在语言类型比较的框架内，研究了部分藏缅语的使动、被动、话题、述补、述宾以及修饰等语法结构的类型特征，并注重揭示它们的类型学价值，概括进行少数民族语言对比研究的理论与方法。① 类似的研究还有黄布凡的《藏缅语"指代→名"偏正结构语序》（1994），梁敏的《壮侗语族诸语言名词性修饰词组的词序》（1985），洪波的《台语施事成分的语序分布及其原则》（1994），刘丹青的《汉藏语言的若干语序类型学课题》（2002），许伊娜《阿尔泰诸语句法类型及副动词范畴》（2001），李永燧的《论藏缅语黏着语素与语言类型学》（2002），王远新的《哈萨克语名词修饰语的语序特点》（2003），王锋的《试论白语的三种基本语序》（2004），赵燕珍、李云兵《论白语的话题结构与基本语序类型》（2005），盛益民《中国境内语言人称包括性问题的类型学研究》（2017），戴庆厦等《藏缅语人称代词格范畴的类型分析》（2019）等。李云兵的《中国南方民族语言语序类型研究》（2008）对我国境内南方诸民族语言的语序类型进行了详细的描写和归纳，具有开创性意义。

---

① 戴庆厦的这类研究文章主要有《景颇语动词与藏缅语语法范畴》（载《中央民族大学学报》1994 年第 3 期），《再论景颇语的句尾词》（载《民族语文》1996 年第 4 期），《景颇语名词的类称范畴》（载《民族语文》1999 年第 6 期），《景颇语重叠式的特点及其成因》（载《语言研究》2000 年第 1 期），《景颇语的话题》（载《语言研究》2001 年第 1 期），《藏缅语的述宾结构——兼与汉语比较》（载《方言》2001 年第 4 期），《景颇语"形修名"两种语序对比》（载《民族语文》2002 年第 4 期），《藏缅语的形修名语序》（载《中国语文》2002 年第 4 期），《景颇语句尾词形成的结构机制》（载《中央民族大学学报》2003 年第 2 期），《藏缅语的述补结构——兼反观汉语的述补结构的特点》（载《宁夏大学学报》2004 年第 4 期），《景颇语的述补结构》（载《民族语文》2004 年第 6 期），《论藏缅语的反响型名量词》（载《中央民族大学学报》2005 年第 2 期）《景颇语四音格词产生的机制及其类型学特征》（载《中国语文》2005 年第 5 期），《藏缅语的强调式施动句——兼与汉语被动句对比》（载《语言研究》2005 年第 3 期），《从藏缅语族语言反观汉语的被动句》（载《云南师范大学学报》2006 年第 3 期），《汉藏语被动句的类型学分析》（载《中央民族大学学报》2007 年第 1 期），《OV 型藏缅语连动结构的类型学特征》（载《汉语学报》2008 年第 2 期），《关于汉藏语法比较研究的一些理论方法问题》（载《中央民族大学学报》2002 年第 2 期），《语法比较的几点思考》（载《语言与翻译》2006 年第 1 期）等。

三、针对少数民族语言生活进行社会语言学研究

在我国各民族平等团结的大家庭中，少数民族语言文字发挥着重要作用，语言生活是社会生活的组成部分。但语言多、分歧大、文字少的客观条件在许多方面又限制了民族语言的使用和发展，所以协调和改善少数民族语言生活既是我国民族语文工作的主要目标，也是中国少数民族语言研究的重要对象。针对少数民族语言生活中的社会语言学问题进行的研究属于社会语言学的范畴，其中既包括语言规划、文字创制和改革、语言政策、语言与民族的关系等宏观层面的研究，也包括语言变异、语言影响、语言态度等微观层面的研究。总体看来，中华人民共和国成立初期宏观语言问题的研究多一些，近年来对于语言生活的微观、细部的研究得到重视和加强。

20世纪50年代开始，在少数民族创制新文字、改革已有文字的工作中，语文工作者进行了大量的社会语言学调查和研究，并取得显著的成绩。在语言大调查中，不但掌握了语言和方言的基本情况，还调查了语言和文字的使用状况，特别是了解到了少数民族群众对创制自己文字的迫切需求，为国家制订关于少数民族文字"创、改、选"的方针提供了科学依据。1957年中国科学院少数民族语言研究所提出了《关于少数民族文字方案中设计字母的几项原则》并获得国务院的批准。在这些原则指导下，到1959年底已为壮、黎、布依、苗、侗、彝、纳西、傈僳、哈尼、佤等10个民族创制了14种拉丁字母形式的拼音文字，为景颇、拉祜、傣等民族改进了文字。到20世纪80年代又为土、白、独龙、土家、羌、瑶等民族设计了拼音文字方案。除此以外，中华人民共和国成立以来开展的大量民族语文研究工作，如语言规范、标准语的确立、语言政策的制定，以及新词术语的研究、双语教学、民汉语言翻译等等，都与社会语言学研究有关。这方面傅懋勣开展了大量开创性的研究。他在1955年首届全国民族语文科学讨论会上所作的报告《帮助少数民族创制、改进和改革文字工作的情况和问题》[①] 中，对民族语言调查、选择基础方言和标准音、拟订文字方案、语言影响和语言学习等问题进行论述和解答；在《关于少数民族语言中新词术语的问题》（1957）和《关于少数民族语言中新词术语问题的几点意见》（1962）中提出了解决少数民族语言中新词术语问题的办法。他还在《民族语言研究需要进一步加强的三个方面》[②] 中明确提出要"加强社会语言学的研究"。王均从社会语言学的语言功能分类的角度，论述了我国各民族语言的功能类型，并以此作为语言规划和语言政策的科学根据。[③] 中国社会科学院民族学与人类学研究所对中国少数民族语言生活进行了持续的关注和研究，近十几年来以集体力量完

---

① 载《语言研究》1956年第1期。

② 载《民族语文》1982年第4期。

③ 王均：《我国语言的功能分类和语言政策》，载《语文研究》1988年第2期。

成了一系列研究课题，如《我国少数民族语言使用情况和文字问题调查研究》（社科基金"七五"国家重点研究课题）、《我国新创与改进少数民族文字试验推行经验总结和理论研究》（社科基金"八五"国家重点研究课题）、《世界的书面语：使用程度和使用方式概况（中国卷）》（与加拿大合作项目）、《世界各国民族语言政策比较研究》（社科基金"九五"国家重点研究课题）、《中国少数民族语言文字立法研究》（全国人大、国家民委委托项目）等。这些项目不仅深入广泛地调查、研究了少数民族语言生活中的各种现象，推动了对民族语言的社会语言学研究，还为政府的语文工作和语文规划提供了科学依据和具体建议。此外，黄行从我国各少数民族语言群体的语言能力和语言运用的状况与水平研究了"语言活力"问题，[①] 周庆生从语言状况、语言文化、语言传播、语言规划与语言政策、双语教育等方面对中华民族的语言生活进行社会语言学"扫描和透视"。[②] 中央民族大学对新时期中国少数民族语言使用情况进行了长期的调查研究，二十世纪九十年代完成了国家社科基金项目"新时期民族语文使用的变化及其对策"研究课题并出版了研究成果（即《中国少数民族语言文字应用研究》，云南民族出版社，2000年），后来又对基诺族、阿昌族、云南蒙古族喀卓人等的语言使用情况进行了深入的个案研究，出版了详细的语言调研成果。[③]

近年来对少数民族语言生活的研究更加深入，表现在研究对象更加具体、研究方法更加科学、研究目的更加多样，社会语言学的微观研究、统计研究、实证研究得到发展。戴庆厦一直对研究少数民族语言生活用力较多，成果丰富，他不仅对语言与民族的关系、民族语文工作、语言国情、濒危语言等宏观层面的问题有全局性的研究，而且注重对特定民族语言的个案研究，重视对语言变异现象的分析，并在理论上多有创新和发展。[④] 丁石庆主编的《社区语言与家庭语言》（民族出版社，2007年）对北京地区的满、回、蒙古、藏、维吾尔、哈萨克、朝鲜等少数民族社区与家庭的语言、文字使用情况、语言态度、族群认同等问题进行了调查研究。仅《民族语文》杂志在其开设的"社会语言学与双语教学"栏目中就发表了许多关于少数民族的语言使用情况、语言接触和语言影响、人名地名和亲属称谓等的研究文章。

针对中国少数民族语言生活进行的社会语言学研究具有明显的实践性和应用性特征，与应用语言学的研究范围多有交叉重叠。戴庆厦曾提出建立少数民族语言文字应用学（简称"民族语用学"）的主张，并把少数民族地区的语文教学、语言翻

① 黄行：《中国少数民族语言活力研究》，中央民族大学出版社，2000年。

② 周庆生：《语言与人类——中华民族社会语言透视》，中央民族大学出版社，2000年。

③ 该系列丛书由戴庆厦主编，商务印书馆出版，已出版《基诺族语言使用现状及其演变》（2007）、《阿昌族语言使用现状及其演变》（2008）、《云南蒙古族喀卓人语言使用现状及其演变》（2008）三种。

④ 参见戴庆厦著《社会语言学教程》（中央民族大学出版社，1993年）、《语言和民族》（中央民族大学出版社，1994年）和戴庆厦主编《社会语言学概论》（商务印书馆，2004年）。

译等作为其研究内容。少数民族语文教学包括民族母语教学和汉语教学，但最主要的形式是少数民族语言和汉语的双语教学。改革开放以来各民族地方大力发展民汉双语教育，双语生活成为少数民族语言生活的一种普遍现象，对此进行的研究广泛而深入。马学良对民族地区的双语现象特别是双语教学有深刻的体会和研究，发表了一系列有理论意义和应用价值的文章①，还担任了中国少数民族双语教学研究会（原全国民族院校汉语教学研究会）的首任理事长。双语教学研究会定期召开学术研讨会，交流双语教学和研究的经验，讨论双语教学中存在的问题，先后编辑出版了《双语教学研究专集》（1989年《民族教育》专刊）、《中国少数民族双语研究论文集》（民族出版社，1990）等文集。各地都实施了关于双语教育教学的研究项目，如戴庆厦等人的"少数民族地区双语教育研究"（八五全国教育科学规划项目），余惠邦等人的"四川民族地区'双语制'问题研究"（国家社会科学基金项目），木哈白提·哈斯木等人的"新疆维吾尔中小学双语教学研究"（国家社会科学基金资助项目），云南省教委、民语委、云南民院联合课题组的"云南少数民族双语教学研究"，关辛秋的"跨境民族（景颇族、朝鲜族）民汉双语教学对比研究"（国家社科规划项目）等，仅在九五全国教育科学规划项目中，就有廖泽余的"新疆多民族多语地区双语教学类型研究"、曹纯承担的"藏汉双语数学教育研究"；内蒙古自治区赤峰市的"蒙古族双语教学不同类型教学效果的比较与研究"、李定仁的"我国少数民族双语教学的理论基础与实践效果研究"等课题项目。在这些项目的带动下产生了一批研究成果，如余惠邦主编的《双语研究》（四川大学出版社，1995年）、云南少数民族双语教学研究课题组主编的《云南少数民族双语教学研究》（云南民族出版社，1995年）、盖兴之的《双语教育原理》（云南教育出版社，1998）等。关于双语教学的论文也很多。如严学宭的《中国的双语现象》（1986）和《双语制的合理性》（1990），戴庆厦和董艳的《中国国情与双语教育》（1996）、戴庆厦和何俊芳的《论"双语学"》（1997）等。

进入21世纪，少数民族语言使用和发展出现了很多新情况、新特点，学者们从语言资源和语言生活角度积极探索研究，形成了具有中国特色的社会语言学新学派——语言生活派，教育部自2006年开始按年度发布的《中国语言生活状况报告》（绿皮书）成为该学派快速发展的契机与研究平台。

基于少数民族语言生活的研究大有可为。语言和谐备受学者们关注。周庆生（2005）论述了语言和谐思想，戴庆厦（2006、2008、2011、2013、2014）深入阐释了语言和谐的内涵、构建语言和谐关系的途径和手段等理论问题，他还与其他学者对一些语言关系和谐的少数民族语言社区进行了个案研究，陆续出版了"新时期

---

① 马学良对此发表的文章有《关于少数民族学汉语和汉族学少数民族语言的问题》（载《中央民族大学学报》1981年第2期，与罗安源等合写），《应该重视"双语"问题的研究》（载《汉语学习》1981年第5期），《我国民族地区双语研究中的几个问题》（载《民族研究》1984年第4期，与戴庆厦合写），《论双语与双语教学》（载《民族语文》1986年第6期）等。

中国少数民族语言使用情况研究丛书"。语言认同是语言心理与语言态度的表现，王远新对少数民族语言态度特别是语言认同情况进行了长时间、多样本的调查研究，基于田野调查出版了一系列的《语言田野调查实录》（第一卷始于 2007，持续至当前，基本保持每年一卷）。濒危语言现象是当前语言学研究的一个热点。徐世璇 2001 年出版了专著《濒危语言研究》，并持续研究国内外濒危语言研究进程、濒危语言产生的原因、濒危语言文献记录的理论方法等。戴庆厦、孙宏开、黄行、李锦芳、范俊军等对濒危语言研究的理论与方法、濒危语言调查的个案与经验、濒危语言保护的政策与技术手段等都有深入研究。

四、面向信息时代进行少数民族语文现代化研究

中华人民共和国成立后，各民族迈上了建设现代化国家的征途。语文现代化是民族和国家现代化进程的一个方面，同时也是建设现代文明社会的重要条件，特别是在当今信息化时代里，语言文字的作为信息传递的载体已成为社会发展的重要助推力。民族语文现代化是民族语文工作的一部分，主要包括民族语文规范化、标准化和信息化处理。这一工作在不同时期的工作重点有所不同，且各地区各语言的发展水平存在差别。总体上说，改革开放之前在语言文字规范化方面的进展较大，新时期则比较重视民族语文的标准化与信息化工作；使用传统民族文字的民族和地区，其语言文字的规范化、标准化和信息处理的进展比较快，而使用新创和改进文字或小范围使用传统文字的民族，其语言文字在这方面的进展比较慢。1991 年国家把"搞好民族语文的规范化、标准化和信息处理"作为新时期民族语文工作的主要任务之一，民族语文现代化的研究工作也进入了新阶段。

民族语文的规范化主要是新词术语和社会用字的规范化。我国蒙古、藏、维吾尔、哈萨克、朝鲜等民族语文，已有专门从事名词术语和文字规范的机构，负责组织专家研究制定名词术语和社会用字的统一规范，规范后由语文工作部门公布执行。多年来，已编纂出版了许多少数民族语文词典、字典和教科书，对规范名词术语和社会用字起到了积极的作用。语言工作者对文字方案和新词术语借用等问题进行了研究。傅懋勣在《我国少数民族创造和改革文字的问题》[①] 中不仅论述了创造和改革文字的工作步骤、拼音文字方案的设计中选择基础方言和标准音、设计文字方案的原则等问题，还专门从语音、语法、词汇和书写几个方面分析了语言规范问题。对于少数民族语文中新词术语的表达傅懋勣提出了的几种方式：（1）用已有的语言材料创造，（2）旧词赋予新义，（3）意译，（4）音译，（5）半意译半音译，（6）音译加本民族语言的通名。[②] 他认为新词术语中存在的问题，要发挥本族语言

① 载《民族研究》1979 年第 1 期。

② 傅懋勣：《关于少数民族语言中新词术语的问题》（载《中国语文》，1957 年 10 月号），《关于少数民族语言中新词术语问题的几点意见》（载《民族团结》1962 年第 3 期）

固有词汇的作用，增强构词能力，各民族语言也要相互吸收一些借词，特别是少数民族语言吸收一些汉语借词是很自然的现象。至于新词术语中存在的混乱现象，应该征求各方面的意见，根据准确、易懂、便利群众的原则，及时确定规范。

中华人民共和国成立初期的语文标准化工作主要是语音的标准化，即民族共同语的基础方言和标准音的研究和确立。新时期民族语文的标准化已开展了术语标准化、信息技术标准化和文献标准化等几方面的工作。1995年，全国术语标准化技术委员会少数民族语特别分委员会在北京成立，并先后建立了蒙古、藏、维吾尔、哈萨克、柯尔克孜、朝鲜等语种工作组。目前各有关机构正在组织制定有关语种的基础性术语标准。在各地民语委、各专业机构和专家学者的共同努力下，少数民族语言文字规范标准建设取得了显著成果。先后制定发布了蒙古、藏、维吾尔、哈萨克、朝鲜、彝、傣等语言文字的计算机文字编码、字体字形、术语等方面的标准。"维吾尔语人名汉字音译转写规则"已在新疆实施，对维吾尔语人名汉字音译转写进行规范，取得了良好的社会效果。研制了"少数民族人名汉字音译转写规范基本原则"等标准。还有30多项民语标准正在研制中，如：蒙古语人名汉字音译转写规范、藏语人名汉字音译转写规范、藏文拉丁转写国际标准、蒙古文标点符号应用规范、彝语人名汉字音译转写规范等。信息技术标准化工作，主要是制定字符集、键盘和字模标准。目前，我国已有蒙古文、藏文、彝文、维吾尔文、哈萨克文、柯尔克孜文等文种制定了字符集、键盘和字模的国家标准，而且藏文、蒙古文的字符集标准已通过了国际标准化组织的审定，成为国际标准。民族语文文献标准化工作，主要是制定文字、人名、地名、民族名称、报刊名称等的罗马字母的转写标准（拼音转写标准）。目前，我国已制定了民族名称的转写标准，对少数民族的地名的拼写标准也作了有关规定。同时，有关部门正在组织专家研制蒙古文的罗马字母转写标准（国际标准）。这些成果都属于应用性的研究领域。

在研制信息技术标准的同时，我国也着手研究和开发民族文字信息处理技术，并于20世纪90年代初陆续推出了蒙古、藏、维吾尔、哈萨克、朝鲜、彝、壮、柯尔克孜和锡伯等民族的文字处理系统，开发了一批民族文字的操作应用系统、排版系统，建立了一批民族语文的数据库，使民族语文在新技术领域中发挥了积极的作用。1998年，教育部、国家语委负责少数民族语言文字的规范化及信息化管理工作后，规划了工作的指导思想和总体设想，开展了有关工作。加强了少数民族语言文字应用科学研究，特别是信息处理应用研究。2004年编制下发了《民族语言文字规范标准建设与信息化课题指南》，分批启动了93项科研项目，主要包括少数民族文字的字符集及平台建设、民族语言文字规范标准建设、民族语言文字资源库建设、语言保护与应用等，取得了很大的成果。如"中国少数民族文字字符总集"收集了我国古今非拉丁字母的少数民族文字38种，是迄今国内外收录中国少数民族文字文种最多、字符最全的字符集；"基于ISO10646的维、哈、柯、傣文电子出版系统研发"，基本解决了维、哈、柯、傣文电子出版领域长期存在的信息共享难的问题；2006年11月获首届钱伟长中文信息科学技术奖，2007年11月获得第三届王选新闻科学技术奖王选新闻科学技术一等奖；"统一平台上少数民族文字识别系统研发"是国内外独创的具有自主知识产权的少数民族文字识别系统，支持蒙古文、藏文、维吾尔文、哈萨克文、柯尔克孜文、朝鲜文及阿拉伯文等多文种文档识别，该项目产品已在民族地区推广使用，该项目成果入选"2007年中国少数民族十大新闻"。① 2005年，召开了全国民族语言文字规范标准建设及信息化工作会议。2007年与国家民委文宣司共同举办了"中国少数民族语言文字工作成就展暨民族语文国际学术研讨会"。与此同时，关于语文现代化的基础性、理论性的研究一直在进行，1998年7月，国家民委和中国社会科学院民族研究所在北京联合召开了"全国民族语文现代化规划会议"，提交会议讨论的50余篇论文结集出版为《中国少数民族语言文字现代化文集》（李晋有主编，民族出版社，1999）。于文仕《关于民族语文信息化工作的一些思考》② 从民族语文信息化基础工作和民族语文的信息处理与传播技术的研究两方面论述了信息化的策略。信息技术对少数民族语言研究的另一个巨大促进是在语料库研究方面。目前中国社会科学院民族学与人类学研究所已建立了藏缅、苗瑶、壮侗3个语族语言的词汇语音数据库，收录了100多种语言或方言的数十万条词项数据，这些研究项目提高了语言结构分析的自动化程度，改进了传统语言描写和比较的研究方法，扩大了语言研究的范围，为进行大范围语言结构属性和关系属性的量化分析提供了方便。中国社会科学院民族研究所研制的藏语拉萨话的文—语合成系统，是在建立了拉萨话的语音声学参数数据库的基础上，采用共振峰参数合成的方式，完成了拉萨话语音系统全部733个有调音节（单字词）的合成，达到了比较自然、真实的较好效果。该研究所还开发了少数民族语言的多媒体系统，设计了语音工作站和数字录音设备相连接的，能用于语音声学分析、建立声学参数数据库、进行语音合成和开发少数民族语言学习系统的工作平台。

70年来少数民族语言研究工作还在辞书、翻译、古文字文献、语言与文化等领域深入进行。有些内容在本书的有关章节有专门的介绍。限于篇幅，这里就不能一一列举了。总之，中华人民共和国成立以来我国少数民族语言研究工作在几代人的努力下，取得了丰硕的成果，为中国的民族语文科学事业奠定了坚实的基础、搭建了学科架构。

参考文献

[1] 罗常培等：《国内少数民族语言文字的概况》，中华书局，1954年。

[2] 喻世长：《论蒙古语族的形成和发展》，民族出版社，1984年。

[3] 傅懋勣：《傅懋勣先生民族语文论集》，中国社会科学出版社，1995年。

---

① 部分资料来自《改革开放30年语言文字规范化和信息化有关情况》，载于教育部网站http：//www.moe.edu.cn/edoas/website18/28/info1223634889203328.htm。

② 载《民族语文》2003年第4期。

[4] 马学良:《马学良民族语言研究文集》,中央民族大学出版社,1999年。

[5] 马学良主编:《汉藏语概论》,北京大学出版社,1991年。

[6] 金鹏:《金鹏民族研究文集》,民族出版社,2001年。

[7] 戴庆厦、徐悉艰:《景颇语词汇学》,中央民族学院出版社,1995年。

[8] 戴庆厦:《社会语言学教程》,中央民族大学出版社,1993年。

[9] 戴庆厦:《语言和民族》,中央民族大学出版社,1994年。

[10] 戴庆厦等著:《中国少数民族语言文字应用研究》,云南民族出版社,1999年。

[11] 戴庆厦主编:《二十世纪的中国少数民族语言研究》,书海出版社,1998年。

[12] 戴庆厦主编:《中国濒危语言个案研究》,民族出版社,2004年。

[13] 梁敏、张均如:《侗台语族概论》,中国社会科学出版社,1996年。

[14] 孙宏开等著:《门巴、珞巴、僜人的语言》,中国社会科学出版社,1980年。

[15] 孙宏开、胡增益、黄行主编:《中国的语言》,商务印书馆,2008年。

[16] 王辅世、毛宗武:《苗瑶语古音构拟》,中国社会科学出版社,1995年。

[17] 江荻:《汉藏语言演化的历史音变模型》,民族出版社,2002年。

[18] 黄行:《中国少数民族语言活力研究》,中央民族大学出版社,2000年。

[19] 金星华主编:《中国民族语文工作》,民族出版社,2005年。

[20] 周庆生:《语言与人类》,中央民族大学出版社,2000年。

[21] 中国社会科学院民族所、国家民族事务委员会文化宣传司:《中国少数民族语言使用情况》,中国藏学出版社,1993年。

[22] "中国少数民族语言简志"丛书:

安俊编著:《赫哲语简志》,民族出版社,1986年。

布和、刘照雄编著:《保安语简志》,民族出版社,1982年。

常竑恩主编:《拉祜语简志》,民族出版社,1986年。

陈康、马戎生编著:《高山族语言简志》,民族出版社,1986年。

陈士林、边仕明、李秀清编著:《彝语简志》,民族出版社,1985年。

陈相木、王敬骝、赖永良编著:《德昂语简志》,民族出版社,1986年。

陈宗振、雷选春编著:《西部裕固语简志》,民族出版社,1985年。

陈宗振、伊里千编著:《塔塔尔语简志》,民族出版社,1986年。

程适良、阿不都热合曼编著:《乌兹别克语简志》,民族出版社,1987年。

戴庆厦、崔志超编著:《阿昌语简志》,民族出版社,1985年。

道布编著:《蒙古语简志》,民族出版社,1983年。

盖兴之编著:《基诺语简志》,民族出版社,1986年。

高尔锵编著:《塔吉克语简志》,民族出版社,1985年。

耿世民、李增祥编著:《哈萨克语简志》,民族出版社,1985年。

何汝芬、曾思奇等编著:《高山族语言简志(阿眉斯语)》,民族出版社,1986年。

何汝芬、曾思奇等编著:《高山族语言简志(布嫩语)》,民族出版社,1986年。

和即仁、姜竹仪编著:《纳西语简志》,民族出版社,1986年。

贺嘉善编著:《仡佬语简志》,民族出版社,1983年。

胡增益、朝克编著:《鄂温克语简志》,民族出版社,1986年。

胡增益编著:《鄂伦春语简志》,民族出版社,1986年。

胡振华编著:《柯尔克孜语简志》,民族出版社,1986年。

金鹏主编:《藏语简志》,民族出版社,1983年。

李道勇、聂锡珍、邱鹗锋编著:《布朗语简志》,民族出版社,1986年。

李树兰、仲谦编著:《锡伯语简志》,民族出版社,1986年。

李永燧、王尔松编著:《哈尼语简志》,民族出版社,1986年。

梁敏编著:《侗语简志》,民族出版社,1980年。

梁敏编著:《毛南语简志》,民族出版社,1980年。

林莲云编著:《撒拉语简志》,民族出版社,1985年。

刘璐编著:《景颇族语言简志(景颇语)》,民族出版社,1984年。

刘照雄编著:《东乡语简志》,民族出版社,1981年。

陆绍尊编著:《错那门巴语简志》,民族出版社,1986年。

陆绍尊编著:《普米语简志》,民族出版社,1983年。

毛宗武、蒙朝吉、郑宗泽编著:《瑶族语言简志》,民族出版社,1982年。

毛宗武、蒙朝吉编著:《畲语简志》,民族出版社,1986年。

欧阳觉亚、程方、喻翠容编著:《京语简志》,民族出版社,1984年。

欧阳觉亚、郑贻青编著:《黎语简志》,民族出版社,1980年。

欧阳觉亚编著:《珞巴族语言简志》,民族出版社,1985年。

孙宏开、刘璐编著:《怒族语言简志(怒苏语)》,民族出版社,1986年。

孙宏开编著:《独龙语简志》,民族出版社,1982年。

孙宏开编著:《羌语简志》,民族出版社,1981年。

田德生、何天贞等编著:《土家语简志》,民族出版社,1986年。

王辅世主编:《苗语简志》,民族出版社,1985年。

王均、郑国乔编著:《仫佬语简志》,民族出版社,1980年。

韦庆稳、覃国生编著:《壮语简志》,民族出版社,1980年。

徐琳、木玉璋、盖兴之编著:《傈僳语简志》,民族出版社,1986年。

徐琳、赵衍荪编著:《白语简志》,民族出版社,1984年。

徐悉艰、徐桂珍编著:《景颇族语言简志(载瓦语)》,民族出版社,1984年。

宣德五、金祥元、赵习编著:《朝鲜语简志》,民族出版社,1985年。

喻翠容、罗美珍编著:《傣语简志》,民族出版社,1980年。

喻翠容编著:《布依语简志》,民族出版社,1980年。

张济川编著:《仓洛门巴语简志》,民族出版社,1986年。

张均如编著:《水语简志》,民族出版社,1980年。

赵相如、朱志宁编著:《维吾尔语简志》,民族出版社,1985年。

照那斯图编著:《东部裕固语简志》,民族出版社,1981年。

照那斯图编著:《土族语简志》,民族出版社,1981年。

仲素纯编著:《达斡尔语简志》,民族出版社,1982年。

周植志、颜其香编著:《佤语简志》,民族出版社,1984年。

[23] 孙宏开主编"中国新发现语言研究"丛书:

薄文泽著:《木佬语研究》,民族出版社,2002年。

薄文泽著:《佯僙语研究》,上海远东出版社,1997年。

陈国庆著:《克蔑语研究》,民族出版社,2005年。

陈国庆著:《克木语研究》,民族出版社,2002年。

戴庆厦著:《浪速语研究》,民族出版社,2005年。

高永奇著:《布兴语研究》,民族出版社,2004年。

高永奇著:《莽语研究》,民族出版社,2002年。

龚群虎著:《扎巴语研究》,民族出版社,2007年。

江荻著:《义都语研究》,民族出版社,2005年。

李大勤著:《格曼语研究》,民族出版社,2002年。

李大勤著:《苏龙语研究》,民族出版社,2004年。

李锦芳著:《布央语研究》,中央民族大学出版社,1999年。

李旭练著:《倈语研究》,中央民族大学出版社,1999年。

李永燧著:《桑孔语研究》,中央民族大学出版社,2002年。

李云兵著:《布赓语研究》,民族出版社,2005年。

李云兵著:《拉基语研究》,中央民族大学出版社,2000年。

梁敏、张均如著:《标话研究》,中央民族大学出版社,2002年。

梁敏、张均如、李云兵著:《普标语研究》,民族出版社,2007年。

梁敏、张均如著:《临高语研究》,上海远东出版社,1997年。

毛宗武、李云兵著:《巴哼语研究》,上海远东出版社,1997年。

毛宗武、李云兵著:《炯奈语研究》,中央民族大学出版社,2002年。

毛宗武、李云兵著:《优诺语研究》,民族出版社,2007年。

木仕华著:《卡卓语研究》,民族出版社,2002年。

欧阳觉亚著:《村语研究》,上海远东出版社,1998年。

斯钦朝克图著:《康家语研究》,上海远东出版社,1999年。

孙宏开、刘光坤著:《阿侬语研究》,民族出版社,2005年。

孙宏开、齐卡佳、刘光坤著:《白马语研究》,民族出版社,2006年。

孙宏开等著:《柔若语研究》,中央民族大学出版社,2002年。

吴宏伟著:《图瓦语研究》,上海远东出版社,1999年。

徐世璇著:《毕苏语研究》,上海远东出版社,1998年。

杨通银著:《莫语研究》,中央民族大学出版社,2000年。

意西微萨·阿错著:《倒话研究》,民族出版社,2004年。

郑贻青著:《回辉话研究》,上海远东出版社,1997年

[24] "中国少数民族语言方言研究" 丛书:

曹道巴特尔著:《喀拉沁蒙古语研究》,民族出版社,2005年。

黄成龙著:《蒲溪羌语研究》,民族出版社,2006年。

纪嘉发等著:《彝语方言研究》,民族出版社,2005年。

刘光坤著:《麻窝羌语研究》,四川民族出版社,1998年。

陆绍尊著:《门巴语方言研究》,民族出版社,2002年。

陆绍尊著:《普米语方言研究》,民族出版社,2001年。

毛宗武著:《瑶族勉语方言研究》,民族出版社,2004年。

蒙朝吉著:《瑶族布努语方言研究》,民族出版社,2001年。

木玉璋等著:《傈僳语方言研究》,民族出版社,2005年。

向日征著:《吉卫苗语研究》,四川民族出版社,1999年。

尹蔚彬著:《业隆拉坞戎语研究》,民族出版社,2007年。

张均如等著:《壮语方言研究》,四川民族出版社,1999年。

周毛草著:《玛曲藏语研究》,民族出版社,2003年。

周耀文、罗美珍著:《傣语方言研究》,民族出版社,2001年。

周植志、颜其香、陈国庆著:《佤语方言研究》,民族出版社,2004年。

[25] 丁邦新、孙宏开主编"汉藏语同源词研究"丛书:

孙宏开、江荻、潘悟云、吴安其等著:《汉藏语同源词研究(一):汉藏语研究的历史回顾》,广西民族出版社,2000年。

邢公畹、陈其光等著:《汉藏语同源词研究(二):汉藏、苗瑶同源词专题研究》,广西民族出版社,2002年。

黄行、陈保亚、邢凯、江荻等著:《汉藏语同源词研究(三):汉藏语研究的方法论探索》,广西民族出版社,2004年。

[26] 戴庆厦主编"新时期中国少数民族语言使用情况研究"丛书:

戴庆厦等:《基诺族语言使用现状及其演变》,商务印书馆,2007年。

戴庆厦等:《阿昌族语言使用现状及其演变》,商务印书馆,2008。

戴庆厦等:《云南蒙古族喀卓人语言使用现状及其演变》,商务印书馆,2008年。

[27] 戴庆厦主编"中国少数民族语言参考语法研究系列"丛书

戴庆厦著:《景颇语参考语法》,中国社会科学出版社,2012年。

蒋颖:《大羊普米语参考语法》,中国社会科学出版社,2015年。

经典:《墨江碧约哈尼语参考语法》,中国社会科学出版社,2015年。

李春风:《邦朵拉祜语参考语法》,中国社会科学出版社,2014年。

朱艳华、勒排早扎:《遮放载瓦语参考语法》,中国社会科学出版社,2013年。

康忠德:《居都仡佬语参考语法》,中国社会科学出版社,2011年。

银莎格:《银村仫佬语参考语法》,中国社会科学出版社,2014年。

蒋光友:《基诺语参考语法》,中国社会科学出版社,2010年。

赵燕珍:《赵庄白语参考语法》,中国社会科学出版社,2012年。

莫海文:《荣屯布央语参考语法》,中国社会科学出版社,2016年。

常俊之:《元江苦聪话参考语法》,中国社会科学出版社,2011年。

时建:《梁河阿昌语参考语法》,中国社会科学出版社,2009年。

力提甫·托平提:《现代维吾尔语参考语法》,中国社会科学出版社,2012年。

韦景云:《燕齐壮语参考语法》,中国社会科学出版社,2011年。

[28] 江荻主编"中国民族语言语法标注文本"丛书

江荻:《藏语拉萨话语法标注文本》,社会科学文献出版社,2016年。

白碧波、许鲜明、邵丹:《哈尼语语法标注文本》,社会科学文献出版社,2016年。

徐世璇、周纯禄、鲁美艳:《土家语语法标注文本》,社会科学文献出版社,2016年。

李大勤、郭晓、宗晓哲:《义都语语法标注文本》,社会科学文献出版社,2016年。

王锋:《白语语法标注文本》,社会科学文献出版社,2016年。

燕海雄、江荻:《藏语甘孜话语法标注文本》,社会科学文献出版社,2016年。

林幼菁:《嘉戎语卓克基话语法标注文本》,社会科学文献出版社,2016年。

蓝利国:《壮语语法标注文本》,社会科学文献出版社,2016年。

尹蔚彬:《纳木兹语语法标注文本》,社会科学文献出版社,2016年。

韦学纯:《水语语法标注文本》,社会科学文献出版社,2016年。

王海波、阿力木江·托平提:《维吾尔语语法标注文本》,社会科学文献出版社,2016年。

刘宾、孟佳仪、李大勤:《达让语语法标注文本》,社会科学文献出版社,2016年。

第二章　汉藏语系语言研究

第一节　汉藏语系语言研究概况

汉藏语系（Sino–Tibetan family）语言（简称汉藏语）的系属假设最早是西方学者在19世纪初期提出的，其时"印欧语发生学关系的建立，鼓励人们去设想印度北部、缅甸、泰国、老挝、越南北部和中国（包括西藏）的一些语言之间也存在类似个关系，这些语言被认为是'汉藏语系'。"[①] 早期使用的术语有"印度支那语系"（Indio–Chinese family）或"藏汉语系"（Tibetan–Chinese family）等。由于人们对汉藏语系的具体分类办法还未能取得共识，同时对有关语言的调查还未最后完成，目前汉藏语的数量还不确定，一般估计在300种以上。中国是汉藏语的故乡，也是主要使用地区。但除汉语、藏语等少数几种语言外，国内对汉藏语的研究特别是比较研究起步较晚。20世纪三四十年代李方桂、赵元任、罗常培等语言学家对中国少数民族语言的调查研究，开启了国内汉藏语的研究门径。中华人民共和国成立以来，中国少数民族语言学研究取得了长足的发展，其中汉藏语系语言研究成就尤为突出。这些研究成果，既有对汉藏语系语言的系属分类、总体特征、历史演变等宏观问题的研究，也有对具体语言中语音、词汇、语法等方面的微观问题的研究；既有对比较语言学、描写语言学、语言类型学等现代语言学理论方法的引入和运用，也有联系汉藏语实际、针对具体语言现象进行的理论探索和方法创新。这里仅就70年来汉藏语的系属分类和基本特征方面的研究作一概述。

[①]　Kun Chang, *the Tibetan Role in Sino-Tibetan Comparative Linguistics*，载《中央研究院（中华人民共和国台湾地区）历史语言研究所集刊》（台北）第48本第1分册。中译文《藏语在汉藏语系比较语言学中的作用》（黄布凡译），载《民族语文研究》，中央民族学院少数民族语言研究所编著，四川民族出版社，1984年。

一、关于汉藏语的系属分类

（一）主要分类框架

从发生学的角度对语言进行系属分类是历史比较语言学的旨趣和目标，这种研究在西方有着深厚的学术传统。19世纪后期以来，西方学者就不断尝试对包括汉藏语在内的亚洲东南部地区的语言进行分类，如缪勒（M.Müller，1854），孔好古（A.Conrady，1896、1916、1922），科诺（S.Konow，1909），马伯乐（H.Maspero，1911、1934），谢飞（R.Shafer，1955），白保罗（P.K.Benedict，1942、1972），沙加尔（L.Sagart，1990）等。[①] 在他们的影响和推动下，中国学者对国内对汉藏语的系属分类形成了几种不同的框架。

1. 李方桂开创的主流分类框架

1909年科诺（S. Konow）在介绍藏缅语的文章里，将汉藏语系分为汉台语和藏缅语，前者又包括汉语和台语，但他的分类中没有包括苗瑶语。[②] 最早立足于中国语言状况对汉藏语进行分类的是李方桂，他在1937年发表的《中国的语言和方言》中将汉藏语系分为汉台语和藏缅语两大类，汉台语又包括汉语、台语和苗瑶语三族。[③] 李方桂还在1973年美国出版的《中国语言学报》上再次发表了缩写修订的同名文章，坚持了自己的分类办法，只是在语系之下调整为汉语族、侗台语族、苗瑶语族和藏缅语族四族并列。[④] "这个分类对中国汉藏语言系属研究具有开拓性和奠基性，长期以来一直是中国汉藏语言系属研究的主流观点"。[⑤] 1951年3月罗常培在《人民日报》等上发表文章介绍国内少数民族语言文字情况时，正是依据了这种分类办法。1954年罗常培、傅懋勣又在《国内少数民族语言文字概况》一文中利用国内少数民族语言新材料完善了李方桂的分类框架，形成了汉藏语分类的主流模式（如下）：[⑥]

---

① 详见孙宏开、江荻《汉藏语言系属分类之争及其源流》，《当代语言学》1999年第2期。

② Konow, Sten, *The Tibetan-Barman family*. Linguistic Survey of India1909, Vol.3：1–31.

③ Fanggui Li，*Languages（and Dialects）*. In Chinese Yearbook《中国年鉴》, 1937, Shanghai.

④ Fanggui Li, *Languages and dialects of China*. in Journal of Chinese Linguistics, 1973, vol1. 中译文《中国的语言和方言》（梁敏译）载《民族译丛》1980年1期。

⑤ 瞿霭堂：《汉藏语言的系属研究和问题》，载《薪火篇》，山西高校校联合出版社，1996年。

⑥ 载《中国语文》1954年第3期。

汉藏语系	汉语		
	侗台语族	壮傣语支:	壮语、布依语、傣语等
		侗水语支:	侗语、水语（毛南语、莫语、佯僙语等）
		黎语支:	黎语
	藏缅语族	藏语支:	藏语、嘉戎语、羌语、西蕃语、僜语、怒语等
		彝语支:	彝语、傈僳语、纳西语、哈尼语、拉祜语、阿昌语、白语
		景颇语支:	景颇语
		缅语支:	缅语、载瓦语、浪速语
	苗瑶语族	苗语支:	苗语
		瑶语支:	瑶语
汉藏语的系属分类（罗常培、傅懋勣，1954年）			

马学良、戴庆厦在为《中国大百科全书》所写作的"汉藏语系"条目沿用了这个分类办法，但进行了局部的补充和修正。

在这个"一语三族"的汉藏语框架之下，国内的学者们根据语言调查研究的新进展、新成果，不断给以丰富和完善。孙宏开在20世纪60年代提出在藏缅语族中建立羌语支的观点，并先后将羌语、嘉戎语、普米语、尔苏语、纳木义语、史兴语、贵琼语、却域语、扎坝语、木雅语、尔龚语（道孚语）、拉坞戎语以及文献语言西夏语归于其下。[1] 黄布凡在《汉藏语概论》中也对羌语支语言有深入的分析。[2] 土家语在汉藏语系中一直不能确定其归属，戴庆厦等在细化的分类层次的基础上，将土家语列为藏缅语族南部语群下属的土家语支，与缅彝语支、白语支并列。[3] 苗瑶语族的语言后来增加了布努语、勉语（取代瑶语）、畲语、巴哼语、优诺语、炯奈语、巴那语等，王辅世和毛宗武在《苗瑶语古音构拟》中将苗瑶语族分为苗、瑶、畲三个语支，其中瑶语支只有勉语、畲语支只有畲语。[4] 20世纪中期以后调查发现了一些属于壮侗语族的新语言，有些归入壮傣、侗水或黎语支中，而仡佬语被认

---

① 关于羌语支分类的文章主要有：孙宏开《羌语概况》（载《中国语文》1962年12月号），《羌语支属问题初探》（载《民族语文研究文集》，青海民族出版社，1982年），《论藏缅语族中的羌语支语言》（载台北《语言暨语言学》2001年第1期），以及刘光坤《藏缅语族中的羌语支试析》（载《西南民族学院学报》，1989年第3期）等。

② 马学良主编：《汉藏语概论》，北京大学出版社，1991年。

③ 戴庆厦、傅爱兰、刘菊黄：《关于我国藏缅语的系属分类》，载《藏缅语新论》，中央民族学院出版社，1994年。

④ 王辅世、毛宗武：《苗瑶语古音构拟》，中国社会科学出版社，1995年。

为属于一个新语支——仡佬语支，[①] 也与拉基、普标、布央等语言一起被称为"仡央语群"，李锦芳在《布央语研究》中主张在壮侗语族新独立一个仡央语支[②]。李方桂开创的汉藏语系分类框架在20世纪后期受到了国外新的分类方法的挑战，但在国内依然处于主流地位，2007年出版的大型语言国情报告《中国的语言》依然采用这个框架，对国内120多种语言进行分类介绍。

2. 白保罗的"狭义汉藏语系"分类

研究亚洲语言的美国学者白保罗于1942年发表了《台语、卡岱语和印度尼西亚语——东南亚一个新的联盟》一文，将传统上的壮侗语和苗瑶语清理出汉藏语系。他把黎语和仡佬语等合称为卡岱语（Kadai），作为联系台语与印尼语的中间环节，从而构成"台语—卡岱语—印尼语"这样一个"东南亚新的语言联盟"。[③]白保罗在1972年出版了写于1942年的《汉藏语概论》[④]，提出了一个全新的汉藏语系分类方法：汉藏语系分为汉语和藏—克伦语两类，藏—克伦语下面分为藏缅语和克伦语两类；苗瑶语和壮侗语不属于汉藏语系，而与南岛语一起属于他后来提出的澳泰语系（Austro-Tai）。白保罗的观点在西方语言学界得到普遍响应，美国的藏缅语专家马提索夫（James A. Matisoff）把对汉藏语的这种分类法称为"狭义的观点"，以区别于李方桂等的"广义的观点"。[⑤]白保罗之后，在西方语言学界所理解的汉藏语系一般只包括汉语和藏缅语两大语族，如杜冠明（G. Thurgood）在《汉藏语的谱系》指出，"汉语和藏缅语是汉藏语系两个主要的语族，尽管有些资深学者认为它们之间的亲缘关系还没有完全被证实。汉语同台—卡岱语（Tai-Kadai）和苗瑶语之间的广泛联系目前被认为是长期接触的结果。"[⑥]在他与罗仁地（Randy LaPolla）主编的《汉藏语系语言》（The Sino-Tibetan Languages）一书中就是采用了这个分类框架。

国内最早对汉语与壮侗语的亲属关系提出怀疑的是闻宥，他在《"台"语与汉语》中通过词汇比较后，"达到一个初步的结论，便是台语和汉语没有史的亲缘。"[⑦]20世纪80年代白保罗的分类思想在国内引发了关于汉藏语系分类的新论争。学者们一般都不否认白保罗所发现的台语与南岛语之间的发生学关系，并补充了它们之

---

① 贺嘉善编著：《仡佬语简志》，民族出版社，1983年。

② 李锦芳：《布央语研究》，中央民族大学出版社，1999年。

③ Benedict, Paul K.1942. *Thai: Kadai and Indonesian: a new alignment in Southeastern Asia*. American Anthropologist, Vol. 44, pp.576-601. 中译文《台语、卡岱语和印度尼西亚语——东南亚一个新的联盟》（罗美珍译）载中国社会科学院民族所编译的《汉藏语系语言论文选译》，1980年。

④ Benedict, Paul K. *Sino-Tibetan: A Conspectus*. Cambridge University Press. 1972. 中译本《汉藏语概论》（乐赛月、罗美珍译），中国社会科学院民族所语言室，1984年。

⑤ Matisoff, J. A. 1991. *Sino-Tibetan linguistics: Present state and future prospects*. Annual Review of Anthropology , vol. 20. 中译文《汉藏语语言学的现状和未来》（傅爱兰译），载《国外语言学》1994年。

⑥ 杜冠明：《汉藏语言的谱系》，载《民族语文》2008年第2期。

⑦ 闻宥：《"台"语与汉语》，载《中国民族问题研究集刊》1957年第6辑。

间的同源词例，但对汉藏语系属分类上又有自己的见解。罗美珍不仅翻译了白保罗的重要论著，还发表论述台语系属的系列文章①，认为台语先民原来说的是原始马来语，后来逐渐为操汉藏母语的人所同化，放弃了原始马来语，使用汉藏母语，原始马来语只是作为一种残存现象或者作为"底层"在地区性的汉藏母语中保存下来。汉藏母语分化后，这种地区性的汉藏母语即发展成为现今的台语诸语言，因此台语应归入汉藏语系。这样既解释了侗台语与南岛语的同源词现象（底层同源），又维持了汉语与侗台语的类型同构问题（语言接触导致的亲缘关系）。倪大白则用"类型转换"来解释侗台语与南岛语和汉语的关系，认为"对壮侗语族诸语言来说，目前比较科学的提法，可以称为 Malayo–sino 语（马来–支那语），'Malayo' 指语系（family），而 'sino' 指的是体系（system）。"② 这其实是一种类型分类和发生学分类的折中办法。陈保亚则部分支持白保罗的分类框架，认为"汉越（侗台）之间有极强的同构关系，但根据核心关系词阶的分布（上升）我们把汉越关系看成是联盟关系而不是谱系关系"，但不否认苗瑶语与汉藏语的发生学关系，③ 认为"汉藏语系包括汉语、藏缅语、苗瑶语三个语族，苗瑶语最早从汉藏语系中分化出来，然后汉语和藏缅语分开。"④ 对于戴维斯（H．R．Davies）、白保罗等国外学者将苗瑶语划出汉藏语系的观点，王辅世逐一予以批驳，认为苗瑶语除去和汉语有相当数量的同源词以外，还有一些语音、语法、词汇上的特征和汉语相同，应当归入汉藏语系。⑤ 持论相同的还有陈其光、毛宗武等。总之，中国学者只是部分地接收了白保罗的观点，在对汉藏语系的理解上还是倾向于主流框架。

3. 沙加尔影响下的大语系分类框架

1990 年法国学者沙加尔（L. Sagart）发表文章，认为南岛语和汉语之间有众多对应规整的同源词，南岛语末音节与汉语字音对应，它的不同韵尾分别对应汉语的不同声调，而且原始南岛语的中缀对应上古汉语的介音，以此证明汉语与南岛语有发生学关系。⑥ 他的观点得到邢公畹、潘悟云、郑张尚芳等中国学者的响应。邢公畹补充了汉语与南岛语的同源词例，认为"汉藏语"和南岛语是由原始共同语分化而来的。⑦ 潘悟云、郑张尚芳则补充了沙加尔认为"汉语和藏缅语的发生学关系即使是真实的，但也是久远的、非唯一的"的看法，在肯定汉藏语"一语三族"框架

---

① 罗美珍：《试论台语的系属问题》，载《民族语文》1983 年第 2 期；《二论台语的系属问题——与本尼迪克特博士商榷》（英文，*A Second Discussion of the Genetic Classification of the Kam-Tai Languages*：*A Reply to Benedict*，"Papers on Tai Languages，Linguistics and Literatures"，In Honor of William J. Gedey on his 77th Birthday，1992）；《三论合语的系属问题》，载《民族语文》1994 年第 6 期。

② 倪大白：《中国的壮侗语与南岛语》，载《中央民族学院学报》1988 年第 3 期。

③ 陈保亚：《论语言接触与语言联盟》，语文出版社，1996 年。

④ 陈保亚、何方：《略说汉藏语系的基本谱系结构》，《云南民族大学学报》2004 年第 1 期。

⑤ 王辅世：《苗瑶语的系属问题初探》，载《民族语文》，1986 年第 1 期。

⑥ Sagart, Laurent，1990. Chinese and Austronesian are genetically related. Paper of 23rd ICSTLL.

⑦ 邢公畹：《关于汉语南岛语的发生学关系问题》，载《民族语文》1991 年第 3 期。

的前提下，吸收南亚语、南岛语组成一个更大的语系："汉藏语、南亚语、南岛语都有共同起源，应属于一个大的华澳语系。既然这样，侗台、苗瑶语跟汉语的关系又特别密切，就没有必要把它们划出汉藏语系，另建澳泰语系"。① "在研究东南亚语言亲缘关系的时候，侗台语几乎是起着桥梁的作用。"② 但汉语南岛语同源说受到台湾南岛语专家李壬癸的批评，他通过比较二者的核心词语后说，"十分清楚，可以证明有共同来源的同源词很少"。③ 游汝杰则质疑超级语系分类的实际意义，"华澳语系在更大的范围内将各种语言联系在一起，似乎可以调和各家的矛盾，但是当深入到下位分类问题时，矛盾仍然是不可避免的，即仍然要解决各种语言的亲疏关系和低一层次的系属关系问题。例如，如果华澳语系包括汉藏语族、南岛语族和南亚语族，那么人们仍然要问传统的壮侗语族和南岛语族的系属关系如何？"④

从总的情况看，对汉藏语系的分类，白保罗和马提索夫提倡的狭义分类法在国外影响较大，而在国内人们还是遵从李方桂、罗常培、傅懋勣等建立的分类体系。对于汉藏语各语族内部的语支分类和语言归属，人们的研究更加具体、深入，产生的成果也更为丰富。这些内容将在分语族的相应内容里介绍。

（二）分类的方法和依据

国内外在汉藏语分类上的差异，一个主要原因在于比较研究的原则方法与依据材料上的差异。六十年来，中国学者对汉藏语系属分类的理论方法、标准依据等进行了探索，反映了汉藏语研究的不断深入与创新。

李方桂用来进行汉藏语系分类的标准主要有："这个语系的一个特征是单音节趋向。""形成声调系统的趋向是这个语系的另一特征。""这个语系诸语言的另一个共同的语音发展趋向是原来的浊音声母的清化，但并非所有的方言都发生这种变化。……原来浊音声母的痕迹现在只保留在声调的性质中。""当然，除了这些之外，在这个语系中还有着许多共同的词汇，可是，严格的语音对应规律还没有搞出来。"⑤（李方桂1973）。罗常培和傅懋勣增加了类别词和语序方面的作用。单音节和声调一致性被当作是汉藏语系分类的主要标准，陈保亚把这种着眼于结构类型的

---

① 郑张尚芳：《汉语与亲属语同源词根及附缀成分比较上的择对问题》，载《中国语言学报》单刊8号：*The Ancestry of the Chinese Language*，edited by W.S-Y Wang，1995第8卷。

② 潘悟云：《对华澳语系假说的若干支持材料》，载《中国语言学报》单刊8号：*The Ancestry of the Chinese Language*，edited by W.S-Y Wang，1995第8卷。

③ 李壬癸：《汉语和南岛语有发生学关系吗？》，李锦芳译，载《中国民族语言论丛（二）》，云南民族出版社，1997年。

④ 游汝杰：《中国语言系属研究述评》，载《云梦学刊》1996年第3期。

⑤ Fanggui Li, *Languages and dialects of China*. in Journal of Chinese Linguistics, 1973, vol1, pp 1–13. 中译文《中国的语言和方言》（梁敏译）载《民族译丛》1980年1期。

原则称为"同构标准"。①

白保罗所用的标准既有语言学的同源词比较，还有考古学、民族学等方面的知识。他和马提索夫等批评中国学者在确定汉藏诸语言的系属关系时没有严格区分发生学标准和类型学标准，认为中国学者把侗台语、苗瑶语归入汉藏语系所依赖的声调、单音节、量词、语序等类型学标准，不足以证明同源关系，侗语、苗瑶语和汉语在类型上的相似是借用的结果。其实，对于同源词在历史比较中的重要性，中国学者是有自己的认识和体会的。作为涉猎广博、学养深厚的语言学家，李方桂不仅深入调查研究了多个侗台语，在《台语比较手册》中全面构拟了原始台语的声韵调系统，而且在《汉语和台语》（1976）一文中将构拟的上古汉语词跟台语和藏语材料进行比较，列举了 140 多个汉语、台语和藏语里有关系的词项。张琨明确主张"我们建立汉藏语系的成败与否主要取决于我们能够找出的同源词的数量"，并认为同源词必须有严格的语音对应，且在所比较的语言中都有广泛的分布。他还对"针"和"铁"这两个词进行了深入考论。② 俞敏早在 1949 年就开始了从古汉语的韵部入手寻找汉藏同源词的工作，发表了《汉语的"其"跟藏语的 gji》一文，40年后又详细补正为包括 600 个左右的汉藏同源字谱。③ 但由于汉藏语系语言文献少，情况复杂，语言之间的接触、影响十分久远而深刻，因此在确定同源词和借词方面存在很大困难。有鉴于此，中国学者除了使用传统的历史比较法外，还积极探索适合于汉藏语系同源关系的研究方法，特别是在区分语言间"可比较对词"或"关系词"的性质方面。严学宭等提出了"词族比较"法。这种方法首先确定语言内部的同族词（由同一词核派生出的一组词），然后比较不同语言中词族之间的对应关系，他们找出了 13 组符合语音对应规律的侗台语—汉语同源词。④ 邢公畹则提出了"深层语义对应"的比较方法，并在《论汉语台语"关系字"的研究》（1989）、《汉台语比较研究中的深层对应》（1993）、《汉台语比较手册》（1999）等论著中，列出了 900 多组汉台语关系字、19 组"深层对应"的例证来证明汉台语的亲属关系。实际上同族词对应和深层对应分别是从语义和语音两个角度来求证对应关系。和一般的对应相比更能排除偶然对应。"同族词对应和深层对应是我国学者对历史比较语言学理论的新探索，补充了历史比较语言学的理论和方法。"⑤ 陈保亚从语言接触的

---

① 徐通锵、陈保亚：《二十世纪的中国历史语言学》，载刘坚主编《二十世纪的中国语言学》，北京大学出版社，1998 年。

② 张琨：《汉藏语系的"针"字》和《汉藏语系的"铁"*QULEKS 字》，张莲生译，载中国社会科学院民族研究所语言研究室编《汉藏语系语言学论文选译》，1980 年。

③ 俞敏《汉语的"其"跟藏语的 gji》（1949），《汉藏同源字谱稿》（1989），两文都收入《俞敏语言学论文集》（黑龙江人民出版社，1989 年）。

④ 严学宭：《谈汉藏语系同源词和借词》，载《江汉语言学丛刊》，1979 年第 1 期；《论汉语同族词内部屈折的变换模式》，载《中国语文》1979 年第 2 期；董为光、曹广衢、严学宭：《汉语和侗台语的亲属关系》，ComputationalAnalyses of Asian&African Languages，No.22，1984。

⑤ 陈保亚：《20 世纪中国语言学方法论：1898 — 1998》，山东教育出版社，1999 年。

角度提出了"无界有阶论",把核心词分成不同的阶,并用大量材料来论证这种分阶对区分同源和接触关系的可行性。通过对核心词的分阶比较,认为汉语与傣语不具有发生学关系,汉傣语是由接触形成的语言联盟。[①] 虽然陈保亚认为"区分同源和接触关系时更重要的问题不在于核心词本身,而在于不同等级的核心词的分布差异",但大多数研究者都把选择基本词汇、比较同源关系作为研究汉藏语系属关系的基本途径,只是在关系词的择对上有不同原则方法。比如李壬癸(1995)用来反驳沙加尔等"汉—南岛同源论"时,就认为后者在比较择对时存在同源词语义对应松散、同源词中基本词汇太少等6方面的问题。对此,郑张尚芳回应了关于同源词比较的"择同"问题,认为在汉语与亲属语言比较时应必须选择核心词根来进行比较,特别关注同族词系和共行词系的比较。[②] 黄行在《确定汉藏语同源词的几个原则》[③] 中探讨了汉藏语比较研究中的语音对应规律的概率论原则、同源词的语值变异和集合原则、构拟的非线性原则和构拟无标记项优先原则等几个比较隐性的原则问题。吴安其的《汉藏语同源研究》[④] 兼收并蓄且独辟蹊径,从历史文化背景、古音构拟、同源词比较以及语言结构(包括语序)的历时演变等多个方面分析论证了汉语、藏缅语、侗台语、苗瑶的亲缘关系。不论具体方法如何,中国学者在汉藏语系属分类问题上进行着自己的探索和尝试。

2019年张梦翰等在《自然》杂志上发表了《语言谱系证据支持汉藏语系在新石器时代晚期起源于中国北方》[⑤] 通过系统发生学(phylogenesis)和贝叶斯计算方法,重构汉藏语系汉语与藏缅语各分支的亲缘关系,推算出汉藏语系起源于新石器时期的中国北方,大约是5900年前的黄河上游,与马家窑文化和仰韶文化密切相关。该文以计算方法为汉藏语系语言起源于中国北方和约在5900年前开始分化为不同语族的观点提供了证据。

二、关于汉藏语的基本特征

随着对汉藏语调查研究的不断深入,人们对这个语系语言的主要特点有了较为全面的认识。一般认为,汉藏语系诸语言以单音节词根居多,但嘉戎语、景颇语等有较多的多音节单纯词(根词);大多数语言的音节都有固定的声调,主要用来区别词汇意义,有的还表达某些语法意义,但有的语言声调还处于萌芽阶段;汉藏语的元音有松紧或长短的区分,前者以藏缅语居多,后者在壮侗语中较为普遍;人们

---

① 陈保亚:《论语言接触与语言联盟》,语文出版社,1996年。

② 郑张尚芳:《汉语与亲属语言比较的方法问题》,载《南开语言学刊》2003年第1期。

③ 载《民族语文》2001年第4期。

④ 中央民族大学出版社,2002年

⑤ Menghan Zhang, Shi Yan, Wuyun Pan & Li Jin. Phylogenetic evidence for Sino–Tibetan origin in northern China in the Late Neolithic[J].Nature,2019,(569).

相信原始汉藏语具有复辅音声母，因为许多语言还保留有这一特征。在语法方面，大多数汉藏语都有量词，但在功能和分布上并不平衡；语序和虚词是汉藏语表达语法意义的重要手段。其中声调、复辅音、语序、虚词等方面的研究较为充分。

（一）语音：声调、复辅音、松紧元音

汉藏语在语音上最明显的一个特征，就是大多数语言都有反映音高变化的声调。声调曾被认为是汉藏语在发生学上的一个联系，特别是汉语、壮侗语、苗瑶语不仅声调发达，而且语言（方言）之间声调的对应关系比较明显。随着研究的不断深入，人们认识到原始汉藏语可能没有声调。但"形成声调系统的趋向"（李方桂语）依然是认识汉藏语特征的一个重要方面。张琨在1947年发表的《苗瑶语声调问题》[①]奠定了苗瑶语声调研究的基础，并推测古苗瑶语的八类声调与声母的清浊有关。后来他进一步探讨了苗瑶语声调的发展与声母有密切关系，认为声母的清浊对立、送气与否、前置喉塞音和前置鼻音等条件变化是苗瑶语声调分化的原因，他还为原始苗瑶语构拟了声母系统。[②] 李方桂在其《台语比较手册》中专章论述了声调问题，他设想原始侗台语已有A、B、C、D四个声调，"在历史发展过程中，它们受声母清浊的影响而产生分化，变成八个调类，即原来的每个调子都分化为高低不同的两类"。[③] 藏缅语的声调多寡不同，对应松散，人们首先考察了具体语言的声调特点。[④] 另一方面，声调的不平衡性为研究藏缅语声调的产生和发展提供了有利条件。例如，通过藏语方言的比较和古藏文材料，胡坦、瞿霭堂、张济川、黄布凡等学者探讨了藏语（方言）声调的产生机制与分化条件，一般认为与声母清浊对立消失、前缀辅音脱落以及辅音韵尾的简化等因素有关。[⑤] 刘光坤的《论羌语声调的产生和发展》[⑥]从方言同源词的对应情况分析认为羌语声调的产生与韵尾的脱落、

---

① 载《中央研究院（中华民国时期）历史语言研究所集刊》第16本，1947年。

② 张琨：《原始苗瑶语声调的构拟》，张铁山译，中国社会科学院民族所语言室《民族语文研究情报资料集》，1983年第1期。

③ 李方桂：《原始台语的声调系统》，张铁山译，中国社会科学院民族所语言室《民族语文研究情报资料集》，1986年第7期。

④ 这方面的专题研究主要有王尧的《藏语的声调》（载《中国语文》1956年第6期），程默的《载瓦语的声调》（载《中国语文》1956年第4期），瞿霭堂《藏语的声调》（载《民族语文》1981年第4期），戴庆厦的《景颇语的声调》（载《中央民族学院学报》1985年第3期）和《载瓦语声调研究》（载《中央民族学院学报》1989年第1期），谭克让《夏尔巴藏语的声调系统》（载《民族语文》1987年第2期），刘菊黄的《独龙语声调研究》（载《中央民族学院学报》1989年第5期），傅爱兰《怒语的声调》（载《藏缅语新论》，中央民族学院出版社，1993年）等。

⑤ 胡坦《藏语（拉萨话）声调研究》，载《民族语文》1980年第1期；瞿霭堂《藏语的声调及其发展》，载《语言研究》1981年第1期；张济川《藏语拉萨话声调分化的条件》，载《民族语文》1981年第3期；黄布凡《藏语方言声调的发生和分化条件》，《民族语文》1994年第3期。

⑥ 载《民族语文》1998年第2期。

复辅音的简化和消失有密切关系。李永燧在《缅彝语言声调比较研究》① 中，通过对缅彝语10多种语言声调的研究，并结合古缅文材料，探讨了缅彝语的声调系统及其源流，认为古缅彝语已有四个声调，四声因声母的清浊和元音长短以及辅音韵尾的制约发生分化。戴庆厦的《藏缅语族语言声调研究》是探讨藏缅语声调起源和发展问题的综合性研究，文章通过对不同语言（包括方言）进行比较后认为，原始藏缅语还没有声调，促使声调产生的主要因素是声母、韵母的简化和多音节词向单音节词发展，影响藏缅语声调分化的普遍性条件是韵母的舒促和声母的清浊，以及声母的送气不送气。② 侗台语的声调发展演变也在语言比较中被揭示出来，特别是海南岛的黎语和回辉话对研究壮侗语的声调颇有启发。罗美珍的《黎语声调刍议》③ 通过与其他壮侗语比较，认为三千多年前黎语还在大陆时，侗—台语只有不分阴阳的平、上、入三声，而去声是后来发展。郑贻青在《论回辉话声调的形成与发展》④ 中分析了回辉话的声调从无到有的类型转变过程，认为是两类不同声母（浊塞音与非浊塞音）使黎语的音节产生中平、低平两个音调，又由于辅音韵尾的脱落和元音的长短产生了另外几个声调。倪大白则认为回语（回辉话）的声调是在音节简化过程中产生的，是由浊声母变清、韵尾辅音去留和韵尾辅音性质等几种因素决定，他进而认为"壮侗语的声调是在南岛语的多音节词演变为单音节词的过程中作为补偿手段而出现的"。⑤ 苗瑶语的声调发展充分，对应严整，学者们较早就研究了其分化的条件和规律。李永燧、陈克炯、陈其光的《苗语声母和声调中的几个问题》⑥ 通过方言比较分析了苗语的四声、八调、十二调之间的对应与分化条件。陈其光的《苗瑶语入声的发展》⑦ 一文以勉语为例，说明部分苗瑶语由于韵母的元音长短促使入声进一步分化为长入和短入，形成15类声调的复杂系统。李云兵的《苗瑶语声调问题》⑧ 把苗瑶语声调的发展概括为分化、合并和裂变几种过程，并区分了线性和非线性的分化方式。在语言、语支、语族等不同层次声调情况的研究基础上，人们对汉藏语系声调的发生与发展进行了探索。袁家骅写于20世纪60年代的文章认为，共同汉藏语还没有固定的声调系统，但在分化过程中却逐渐形成了声调的两大类型：汉语、苗瑶语、壮侗语和越南语属于所谓"四声"类型；藏缅语属于"高低"或"阴阳"类型。共同汉藏语元音分松紧，松元音构成的音节声调较低，紧元音构成的音节声调较高，声调是伴随着元音的松紧而自然产生的。汉藏语声调

---

① 载《民族语文》1992年第6期。

② 载《中央民族学院学术论文集》，中央民族学院出版社，1991年。

③ 载《民族语文》1986年第3期。

④ 载《民族语文》1996年第3期。

⑤ 倪大白：《侗台语声调的起源》，载《中央民族学院学报》1991年第4期。

⑥ 载《语言研究》1959年第4期。

⑦ 载《民族语文》1979年第1期。

⑧ 载《语言暨语言研究》2003年第4期，台北。

从无到有、从少到多的最初形成过程可能是：首先舒声和促声（后者音节以塞音收尾）二类对立；随后，舒声因元音的松紧分化为二或三，分化为二的体现在藏缅语，分化为三的体现在汉语、壮侗语、苗瑶语和越南语。[1] 瞿霭堂《论汉藏语言的声调》[2] 也认为汉藏共同语没有声调，汉藏语言的声调是作为语音演变（声韵母发展）补偿手段的一种产物。陈其光在《汉藏语声调探源》[3] 认为汉藏语声调产生于辅音韵尾，首先是流音韵尾消失导致平上声调对立，然后擦音尾消失代之以去声，最后塞音尾消失产生入声。徐通锵则认为韵尾的消失和变化对声调的起源和发展一般不会产生直接的影响，制约声调起源的关键因素是声母位置上辅音语音特征的变化。[4] 江荻认为人类嗓音发声特征的变迁是声调起源的根本原因和内在因素，而与不同嗓音造成的音高相联系的成系统的音段或音段特征的变化则是促成声调产生的必要外因条件。[5] 戴庆厦和刘岩在更大范围内考察声调问题，认为亚洲语言的声调在起源上是多源的，声调是语音变化的补偿手段，与声韵系统变化相关；声调分化的条件有韵尾舒促、声母清浊、元音松紧等。[6] 此外，国外欧德里古尔、马提索夫、西田龙雄等学者对汉藏语声调问题的探索，也推动了这一领域的研究水平。总之，声调作为汉藏语的一种语音结构、形态手段和类型特征，70 年来学者们给予了广泛关注和深入研究，但与之相关的问题目前还不能得到完全解决。

部分汉藏语的音节中存在复辅音声母，有的语言中复辅音声母多达 200 个左右。学者们不仅描写了具体语言的复辅音系统，而且在共同语的构拟中拟测了大量复辅音声类，如王辅世、毛宗武为共同苗瑶语构拟了 194 个复辅音声类（《苗瑶语古音构拟》，1995 年），梁敏、张均如为原始侗台语构拟了 122 个复辅音声类（《侗台语族概论》，1996 年）。复辅音声母的历时演变成为汉藏语研究的热点。瞿霭堂《藏语的复辅音》[7] 从古藏文和现代藏语的比较中归纳出藏语复辅音类合、合并、脱落三种演变方式。孙宏开认为"藏缅语族各语言里的复辅音演变的总趋势是简化、消失，复辅音声母演变主要有脱落、融合、分化、替代、换位几种方式"[8]。他还提出要区分原始汉藏语中的前缀音与复辅音（后者属于词根的音节结构），并构拟了原始汉藏语的复辅音系统。[9] 戴庆厦在研究彝缅语鼻冠声母的来源时发现，古藏缅

① 袁家骅：《汉藏语声调的起源和演变》，载《语文研究》1981 年第 2 辑。

② 载《民族语文》1993 年第 6 期、1994 年第 1 期。

③ 载《民族语文》1994 年第 6 期。

④ 徐通锵：《声母语音特征的变化和声调的起源》，载《民族语文》1998 年第 1 期。

⑤ 江荻：《论声调的起源和声调的发生机制》，载《民族语文》1998 年第 5 期。

⑥ 戴庆厦、刘岩《从藏缅语、孟高棉语看亚洲语言声调的起源及演变》，载《中国民族语言论丛》（二），云南民族出版社，1997 年。

⑦ 载《中国语文》1965 年第 6 期。

⑧ 孙宏开：《藏缅语复辅音的结构特点及其演变方式》，载《中国语文》1985 年第 6 期。

⑨ 孙宏开：《原始汉藏语的复辅音问题 —— 关于原始汉藏语音节结构构拟的理论思考之一》，载《民族语文》1999 年第 6 期。

语的前置复辅音声母经过"整化"机制后成为鼻冠音声母。① 他还认为藏缅语的弱化音节是复辅音声母向单辅音声母发展的一个中介阶段。② 这些研究都极富开创意义，并对上古汉语的研究提供了启迪。

汉藏语音节在韵母上也颇有特色。马学良在中华人民共和国成立前就调查发现彝语中元音有紧喉与非紧喉的音位对立。③ 后来学者们调查证实大多数藏缅语中具有松紧元音现象。这一发现不仅正确认识描写了汉藏语的语音特征，丰富了普通语音学和音系学的内容，还为汉藏语的历史研究提供了一个独特的角度。戴庆厦在《藏缅语族松紧元音来源初探》④ 中，通过亲属语言比较，揭示了松紧元音的两个来源路径：一是来源于过去舒促韵母对立，舒声韵转为松元音韵母，促声韵随着塞音韵尾的丢失转为紧元音韵母。二是来源于过去的清浊声母对立，清声母音节转为紧元音音节，浊声母音节转为松元音音节。他还在《藏缅语松紧元音研究》⑤ 中进一步指出藏缅语中松紧元音对立消失的趋势，认为紧元音松化的途径"目前能看到的主要有两种：一是松紧对立消失后变为舌位的差别，即转化为舌位高低不同的元音，另一种是松紧对立消失后引起声调的分化"。汉藏语中还存在长短元音对立的现象。马学良、罗季光在《我国汉藏语系语言元音的长短》⑥ 一文中对此总体的论述。壮侗语中长短元音较为普遍，并且通常与辅音韵尾相联系。罗美珍⑦ 分析了傣语方言中长短元音与–m、–n、–、–p、–t、–k等韵尾的搭配及变化情况。她认为侗台语的长短元音来源于多音节的单音节化。⑧ 有些藏缅语的长短元音是用来区别语法意义的，如独龙语的长短元音对立出现在动词上，勒期语的还出现在作谓语的形容词上，戴庆厦等认为这可能是谓语形态简化或句子韵律和谐引起的。⑨ 罗美珍的《汉藏语言的韵母研究》从松紧元音、长短元音以及辅音韵尾等方面综合分析了汉藏语韵母的简化趋势。⑩

孙宏开等主编的《汉藏语语音和词汇（上、下册）》（2017年）⑪，共三部分，第一部分，汉藏语系语言背景介绍，第二部分，汉藏语系语言音系介绍，第三部

---

① 戴庆厦：《彝缅语鼻冠声母的来源及发展》，载《民族语文》1992年第1期。

② 戴庆厦：《藏缅语族某些语言弱化音节探源》，载《民族语言》1984年第2期。

③ 马学良：《保文〈作祭献药供牲经〉译注》，载《中央研究院（中华民国时期）历史语言研究所集刊》第20本，1948年。

④ 载《民族语文》1979年第1期。

⑤ 载《藏缅语族语言研究》，云南民族出版社，1990年。

⑥ 载《中国语文》1962年第5期。

⑦ 罗美珍：《傣语长短元音和辅音韵尾的变化》，载《民族语文》1984年第4期。

⑧ 罗美珍：《台语长短元音探源一得》，载《语言论文集》，商务印书馆，1985年。

⑨ 详见戴庆厦、刘菊黄《独龙语力木王话的长短元音》，载《中央民族学院学报》1986年第3期；戴庆厦《勒期语的长短元音》，载《东亚语言和历史》1988年第3期。

⑩ 载《民族语文论文集》，中央民族学院出版社，1993年。

⑪ 民族出版社，2017年。

分，汉藏语系语言词表。这些词汇集在词汇、语义以及比较方言词汇上有比较重要的参考价值。

（二）语法：语序、虚词、量词

大多数汉藏语缺乏形态特征，语序和虚词是表达语法意义的主要手段。比较来说，藏缅语特别是北部语群的藏语支、羌语支、景颇语支用以表达语法意义的附加成分、屈折形态、助词比较多。戴庆厦、孙宏开、黄布凡等学者各自研究了藏缅语族语言动词的人称、方向、使动、互动、命令等语法范畴及其形态表达。孙宏开还分析了藏缅语的语法形式，认为藏缅语的语法结构类型经历了一个"黏着型→屈折型（不十分典型）→分析型"的演变过程。有关藏缅语形态研究的详细情况在下文的相关部分有详细介绍。

国内汉藏语的基本语序主要有两种类型，藏缅语（除白语外）是"主—宾—谓"（SOV）型，汉语、壮侗语、苗瑶语基本上是"主—谓—宾"（SVO）型。但基本语序蕴含下的其他语序特征并不整齐一致。这为当代语序类型学的研究提供了广阔的天地。黄布凡分析了藏缅语"指代→名"偏正结构语序类型并探讨其历史发展阶段，认为"前置型"是最为原始藏缅语的遗存形式。[①] 戴庆厦、傅爱兰全面考察了藏缅语形修名语序，得出了一些非常有价值的结论。[②] 刘丹青的《汉藏语言的若干语序类型学课题》对汉藏语的语序特征研究具有提纲性、指导性作用。[③] 李云兵的《中国南方民族语言语序类型研究》对包括汉藏语在内的南方诸民族语言进行了大范围、全方位的概括描写，是语序研究的重要成果。与语序问题相关的还有虚词（主要是格助词）的研究，一般来说，语序相对自由的藏缅语中格助词比较丰富、有一定系统性和对应关系。戴庆厦在第22届国际汉藏语言学会议上提交的《缅彝语的结构助词》[④] 一文指出了缅彝语结构助词在句法和语用上的作用，并认为它们是在古藏缅语分化为不同语支后才逐渐发展出来的，是对语言形态简化脱落的一种补偿。黄布凡在马学良主编的《汉藏语概论》的相关章节中对羌语支语言的格助词进行了分类和比较。马忠建在研究西夏语时全面比较了其与藏缅语族各语支语言格助词的异同。[⑤] 对于汉藏语中的句尾助词、体貌助词等虚词的研究，一般在针对具体语言的语法研究论著中都有涉及。

量词（类别词）被认为是汉藏语词类的一个重要特征。一般来说，汉语、壮侗语、苗瑶语的量词比较丰富，功用充分，藏缅语特别是形态比较丰富的藏语、景颇

---

① 黄布凡：《藏缅语"指代→名"偏正结构语序》，载《藏缅语研究》，四川民族出版社，1997年。

② 戴庆厦、傅爱兰《藏缅语的形修名语序》，载《中国语文》2002年第4期。

③ 载《民族语文》2002年第5期。

④ 载《藏缅语族语言研究》，云南民族出版社，1990年。

⑤ 详见李范文主编《西夏语比较研究》之"第三章：语法比较 —— 从语法比较看西夏语的支属问题"，宁夏人民出版社，1999年。

语量词发展较慢，有的还处于萌芽阶段。梁敏认为壮侗语族诸语言量词的产生至少已有两千多年的历史，在某些语言中的还发展重叠、词头化等特殊用法。[①] 徐悉艰的《彝缅语量词的产生和发展》[②] 从共时分析和亲属语言比较两个方面揭示了彝缅语名量词的产生和发展，并初步探讨了名量词由少到多的演变层次。戴庆厦的《藏缅语个体量词研究》[③] 独辟蹊径，从语音角度考察了藏缅语量词的特点，认为其产生发展与数词的音节数量及量词与数词音节的搭配状况有关。孙宏开认为藏缅语量词和名词关系疏密程度存在的差别，直接反映了量词发展阶段的不同层次，并归纳了量词形成阶段、发展阶段和丰富阶段各层次的主要特征。[④] 蒋颖的博士论文《汉藏语系名量词研究》[⑤] 主要根据类型学理论和历史比较语言学理论，通过汉藏语各语言名量词的比较，梳理汉藏语名量词的特点，描述不同语言名量词发达程度的不同类型，进而揭示制约名量词发达或不发达的机制，探讨名量词产生、发展、成熟的演变过程。2004年11月中央民族大学召开了关于汉藏语量词的专题研讨会，结集出版的会议论文《汉藏语系量词研究》[⑥] 是对汉藏语量词的多角度、多层面的研究。

（三）词汇：双音节化、四音格词、a词头

词汇的调查研究在70年来的汉藏语研究中居于重要位置，各语言简志等描写著作都对词汇有或详或略的记录。在单语描写的基础上，还产生了语族层面上的词汇比较成果，如《壮侗语族语言词汇集》（1985）、《苗瑶语方言词汇集》（1987）、《藏缅语语音和词汇》（1991）、《藏缅语族语言词汇》（1992）等。这些成果对于汉藏语比较研究具有重要的参考价值，比如《藏缅语语音和词汇》虽然只汇集、对照了国内34种藏缅语常用词汇中的1000多个根词，但这些词汇对于藏缅语的同源词研究有重要价值。词汇比较是汉藏语历史研究和系属分类的一个主要途径，其中的关键在于如何区分汉藏语间关系词（同源词和借词）的性质和层次。这方面的成果如曾晓渝的《汉语水语关系词研究》（1994）、黄勇的《汉语侗语关系词研究》（2002）、龚群虎的《汉泰关系词的时间层次》（2002）、蓝庆元的《壮汉关系词的历史层次》（2005）等。对词汇的聚类研究不仅有助于认识语言中词汇发展的机制，如徐悉艰《景颇语的同族词》[⑦] 揭示了景颇语通过声韵调的变化衍生出语音

① 梁敏：《壮侗语族量词的产生和发展》，载《民族语文》1983年第3期。

② 载《语言研究》，1994年第1期。

③ 载《彝缅语研究》，四川民族出版社，1997年。

④ 孙宏开：《藏缅语量词用法比较 —— 兼论量词发展的阶段层次》，载《中国语言学报》1988年第3期。

⑤ 中央民族大学博士学位论文，2006年。

⑥ 李锦芳、胡素华主编，中央民族大学出版社，2005年。

⑦ 载《民族语文论文集》，中央民族学院出版社，1993年。

相近、意义关联的同族词，而且可以作为研究语言间同源词的一种方法，比如蓝庆元研究了汉语与侗台语中几个具有成组对应关系的词族，以此探究这些语言间的同源关系①，类似的研究还有宋金兰的《汉藏语"日""月"语源考》（2004）、江荻的《汉藏语"冰雪"类词的音变及关系溯源》（2007）等。在词汇研究中，人们还引入了现代词汇学、语义学里的一些理论方法，对部分汉藏语的某些词汇 — 语义范畴进行专门研究，如戴庆厦的《景颇语亲属称谓的语义分析》（1991）、戴庆厦和曲木铁西的《彝语义诺话动物名词的语义分析》（1992）、傅爱兰和李泽然的《哈尼语动物名词的语义分析》（1996）等，特别是戴庆厦和徐悉艰的《景颇语词汇学》（1995），从词义、语素、义素、义位等多个层次系统地分析了景颇语词汇的特点，是藏缅语词汇学系统研究的首部著作。汉藏语词汇方面的特点主要体现在双音节化、四音格词以及a–等构词语素等方面。

除了嘉戎语、景颇语等少数藏缅语外，其他汉藏语的词汇主要由单音节的单纯词和多音节（主要是双音节）的合成词组成。人们普遍相信原始汉藏语是单音节语言。从单音节发展为多音节，既有语音演变的原因，也是词汇双音节化的结果。对景颇语、独龙语等的弱化音节的研究揭示了汉藏语单音节词汇的某种发展机制。戴庆厦通过亲属语言比较发现，藏缅语"在复辅音向单辅音转化的过程中，出现弱化音节是重要的一步。在复辅音声母出现单辅音化趋势的开始阶段，大约是前一辅音与后一辅音的结合逐渐松弛，最后分离出来变为独立的音节。这种音节起初是弱化的，弱化以后，又进一步丢失，终于变为只有单辅音声母的单音节词。"② 这一类弱化音节与藏缅语的音节结构变化（复辅音的单化）以及语法形态演变有密切关系。藏缅语中的另一些弱化音节则是由非弱化音节变化而来的，是词汇双音节化的一种形式。研究表明，景颇语双音节词的一个重要语音特点是前弱后强，即前一个音节读为弱化音节。③ 这种弱化音节是由其他的构词或构形语素弱读而来的。但羌语的弱化音节多出现在末音节位置上，因此导致了其音节脱落、单化以及辅音韵尾增多等现象。④ 类似的音节缩减现象在藏语等中也存在。这又可能使双音节词进一步发展为单音节的语素，丰富了词汇的语义表达和构词能力。

汉藏语中普遍存在着一种特殊的词汇现象 —— 四音格词，对此各种描写著作中都有介绍。对景颇语四音格词的研究具有典型的个案意义。徐悉艰首先从语音结构、构词特点和语法功能等方面对其进行了详细分析，区分了它的类型和作用。⑤ 戴庆厦和孙艳进一步探讨了景颇语四音格词的性质及其类型学特征，认为双音节化

① 蓝庆元：《汉语与侗台语的几个词族》，载《广西社会科学》2004年第11期。

② 戴庆厦：《藏缅语族某些语言弱化音节探源》，载《民族语文》1984年第2期。

③ 戴庆厦：《景颇语词双音节化对语法的影响》，载《民族语文》1997年第6期。

④ 黄成龙：《羌语音节弱化现象》，载《民族语文》1998年第3期。

⑤ 徐悉艰：《景颇语的四音格词》，载《民族语文论集》，中国社会科学出版社，1981年。

韵律机制是四音格词产生的基本模式。① 孙艳的《汉藏语四音格词研究》② 对四音格词进行了全面研究，指出重叠、音变等构词中的韵律和谐和词汇的双音节化是汉藏语四音格词能产的类型学动因。可见，四音格词的存在与汉藏语的音节结构类型是有关系的。

汉藏语特别是藏缅语中都有一些带有 a 音节的词，而且 a 多出现在双音节词首位置，所以也称为 a−词头。学者们对傈僳语、彝语（凉山）、哈尼语、西夏语等的 a−词头进行过专门的描写和分析。③ 汪大年通过对造词功能和构形作用的分析、亲属语言的对比研究，认为 a−作为藏缅语中一种普遍使用的"附加构词法"除了表示感情、代词等外，可能还有"由前置辅音或前置音节变化而来""由表示否定的副词演变而来"等来源。④ 傅爱兰在广泛统计比较的基础上，认为藏缅语的 a−是一个具有多功能的语素，它虽然不是原始藏缅语的共同成分，但藏缅语双音节化倾向是产生 a 音节的重要条件。⑤ a 音节还被认为是汉藏语词汇双音节化的构词材料。

辞书编纂是汉藏语词汇研究的重要内容。这方面的成果在下文将有具体介绍。

总体而言，中华人民共和国成立 70 年来，汉藏语研究从单一描写到比较多元化研究，尤其是系属问题、语音比较、词汇比较、形态比较和句法比较等方面成果显著。研究手段不断革新，从纸笔记录到描写分析；从数字技术手段到大范围的比较研究。研究方法不断更新，从定性研究到定量与定性相结合，语言学与其他学科相结合，不断推进汉藏语研究。

由于汉藏语系语言比较研究的历史不及印欧语系语言那么长，相比之下，对某些核心观点的研究也都还处在尚未确定的阶段，正如汉藏语系语言的起源等议题。张梦翰等的研究从众多学科中收集了有关汉藏语系语言及其使用者的证据，包括发生学、计算生物学、语言学、考古学以及人类学等，同时还考虑到了农耕文化发展进程及其在特定区域内对人类移民的影响，然后运用概率测试法对建立于上述证据的语言谱系树进行了评定。他们在诸多方面都有着显著的重要性在于对汉藏语起源这一关键性问题做出了更牢靠的解释，在此基础上其他研究者可更为深入地探讨汉藏语系语言的历史关系。同时，该研究还帮助建立了语言学研究与其他学科之间的联系，比如考古学和历史学等。在深入调查研究的基础上，汉藏语系语言研究通过大数据、跨学科合作等技术和方法，进行计量语言学、语言类型学、地理语言学、

---

① 戴庆厦、孙艳：《景颇语四音格词产生的机制及其类型学特征》，载《中国语文》2005 年第 5 期。

② 民族出版社，2005 年。

③ 木玉璋《傈僳语的 a 音节》，载《民族语文》1982 年第 2 期；朱建新《试论凉山彝语词头 a−》，载《民族语文》1984 年第 6 期；马忠建《关于西夏语的词头 ʔa》，载《中央民族大学学报》1995 年第 1 期；傅爱兰、李泽然《哈尼语的 a 音节》，载《中央民族大学学报》1995 年第 6 期。

④ 汪大年：《藏缅语"A —"词头探源》，载《彝缅语研究》，四川民族出版社，1992 年。

⑤ 傅爱兰：《藏缅语的 a 音节》，载《民族语文》1996 年第 3 期。

历史语言学等领域的研究，可进一步推进汉藏语系语言研究的深度。

参考文献

[1] 本尼迪克特:《汉藏语概论》，乐赛月、罗美珍译，中国社会科学院民族所语言室，1984年。

[2] 本尼迪克特:《台语、卡岱语和印度尼西亚语 —— 东南亚一个新的联盟》，罗美珍译，中国社会科学院民族所编译，《汉藏语系语言论文选译》，1980年。

[3] 陈保亚、何方:《略说汉藏语系的基本谱系结构》，《云南民族大学学报》2004年第1期。

[4] 陈保亚:《20世纪中国语言学方法论:1898 - 1998》，山东教育出版社，I999年。

[5] 陈保亚:《论语言接触与语言联盟》，语文出版社，1996年。

[6] 陈其光:《汉藏语声调探源》，《民族语文》1994年第6期。

[7] 陈其光:《苗瑶语入声的发展》，《民族语文》1979年第1期。

[8] 程默:《载瓦语的声调》，《中国语文》1956年第4期。

[9] 戴庆厦、傅爱兰、刘菊黄:《关于我国藏缅语的系属分类》，《藏缅语新论》，中央民族学院出版社，1994年。

[10] 戴庆厦、傅爱兰:《藏缅语的形修名语序》，《中国语文》2002年第4期。

[11] 戴庆厦、刘菊黄:《独龙语力木王话的长短元音》，《中央民族学院学报》1986年第3期。

[12] 戴庆厦、刘岩:《从藏缅语、孟高棉语看亚洲语言声调的起源及演变》，《中国民族语言论丛》(二)，云南民族出版社，1997年。

[13] 戴庆厦、孙艳:《景颇语四音格词产生的机制及其类型学特征》，《中国语文》2005年第5期。

[14] 戴庆厦:《藏缅语个体量词研究》，《彝缅语研究》，四川民族出版社，1997年。

[15] 戴庆厦:《藏缅语松紧元音研究》，《藏缅语族语言研究》，云南民族出版社，1990年。

[16] 戴庆厦:《藏缅语族某些语言弱化音节探源》，《民族语文》1984年第2期。

[17] 戴庆厦:《藏缅语族松紧元音来源初探》，《民族语文》1979年第1期。

[18] 戴庆厦:《藏缅语族语言声调研究》，《中央民族学院学术论文集》，中央民族学院出版社，1991年。

[19] 戴庆厦:《景颇语词双音节化对语法的影响》，《民族语文》1997年第6期。

[20] 戴庆厦:《景颇语的声调》，《中央民族学院学报》1985年第3期。

[21] 戴庆厦:《缅彝语的结构助词》，《藏缅语族语言研究》，云南民族出版社，1990年。

[22] 戴庆厦:《彝缅语鼻冠声母的来源及发展》,《民族语文》1992年第1期。

[23] 戴庆厦:《载瓦语声调研究》,《中央民族学院学报》1989年第1期。

[24] 戴庆厦《勒期语的长短元音》,《东亚语言和历史》1988年第3期。

[25] 董为光、曹广衢、严学宭:《汉语和侗台语的亲属关系》, Computational Analyses of Asian&African Languages, 1984, 22。

[26] 杜冠明:《汉藏语言的谱系》,《民族语文》2008年第2期。

[27] 傅爱兰、李泽然:《哈尼语的a音节》,《中央民族大学学报》1995年第6期。

[28] 傅爱兰:《藏缅语的a音节》,《民族语文》1996年第3期。

[29] 傅爱兰:《怒语的声调》,《藏缅语新论》,中央民族学院出版社,1993年。

[30] 贺嘉善编著:《仡佬语简志》,民族出版社,1983年。

[31] 胡坦:《藏语(拉萨话)声调研究》,《民族语文》1980年第1期。

[32] 黄布凡:《藏缅语"指代→名"偏正结构语序》,《藏缅语研究》,四川民族出版社,1997年。

[33] 黄布凡:《藏语方言声调的发生和分化条件》,《民族语文》1994年第3期。

[34] 黄成龙:《羌语音节弱化现象》,《民族语文》1998年第3期。

[35] 黄行在:《确定汉藏语同源词的几个原则》,《民族语文》2001年第4期。

[36] 江荻:《论声调的起源和声调的发生机制》,《民族语文》1998年第5期。

[37] 蒋颖:《汉藏语系名量词研究》,中央民族大学博士学位论文,2006年。

[38] 蓝庆元:《汉语与侗台语的几个词族》,《广西社会科学》2004年第11期。

[39] 李范文主编:《西夏语比较研究》,宁夏人民出版社,1999年。

[40] 李方桂:《原始台语的声调系统》,张铁山译,中国社会科学院民族所语言室:《民族语文研究情报资料集》,1986年第7期。

[41] 李方桂:《中国的语言和方言》,梁敏译,《民族译丛》1980年1期。

[42] 李锦芳、胡素华主编:《汉藏语系量词研究》,中央民族大学出版社,2005年。

[43] 李锦芳:《布央语研究》,中央民族大学出版社,1999年。

[44] 李壬癸:《汉语和南岛语有发生学关系吗?》,李锦芳译,《中国民族语言论丛(二)》,云南民族出版社,1997年。

[45] 李永燧、陈克炯、陈其光:《苗语声母和声调中的几个问题》,《语言研究》1959年第4期。

[46] 李永燧:《缅彝语言声调比较研究》,《民族语文》1992年第6期。

[47] 李云兵的《苗瑶语声调问题》,《语言暨语言研究》2003年第4期。

[48] 梁敏:《壮侗语族量词的产生和发展》,《民族语文》1983年第3期。

[49] 刘丹青:《汉藏语言的若干语序类型学课题》,《民族语文》2002年第5期。

[50] 刘光坤:《藏缅语族中的羌语支试析》,《西南民族学院学报》1989年第3期。

[51] 刘光坤：《论羌语声调的产生和发展》，《民族语文》1998 年第 2 期。

[52] 刘菊黄：《独龙语声调研究》，《中央民族学院学报》1989 年第 5 期。

[53] 罗常培、傅懋勣：《国内少数民族语言文字概况》，《中国语文》1954 年第 3 期。

[54] 罗美珍：《傣语长短元音和辅音韵尾的变化》，《民族语文》1984 年第 4 期。

[55] 罗美珍：《汉藏语言的韵母研究》，《民族语文论文集》，中央民族学院出版社，1993 年。

[56] 罗美珍：《黎语声调刍议》，《民族语文》1986 年第 3 期。

[57] 罗美珍：《三论合语的系属问题》，《民族语文》1994 年第 6 期。

[58] 罗美珍：《试论合语的系属问题》，《民族语文》1983 年第 2 期。

[59] 罗美珍：《台语长短元音探源一得》，《语言论文集》，商务印书馆，1985 年。

[60] 马提索夫：《汉藏语语言学的现状和未来》，傅爱兰译，《国外语言学》1993 第 4 期。

[61] 马学良、罗季光：《我国汉藏语系语言元音的长短》，《中国语文》1962 年第 5 期。

[62] 马学良：《倮文〈作祭献药供牲经〉译注》，"中央研究院"（中华民国时期）《历史语言研究所集刊》第 20 本，1948 年。

[63] 马学良主编：《汉藏语概论》，北京大学出版社，1991 年。

[64] 马忠建：《关于西夏语的词头 ʔa》，《中央民族大学学报》1995 年第 1 期。

[65] 木玉璋：《傈僳语的 a 音节》，《民族语文》1982 年第 2 期。

[66] 倪大白：《侗台语声调的起源》，《中央民族学院学报》1991 年第 4 期。

[67] 倪大白：《中国的壮侗语与南岛语》，《中央民族学院学报》1988 年第 3 期。

[68] 潘悟云：《对华澳语系假说的若干支持材料》，《中国语言学报》1995 第 8 卷。

[69] 瞿霭堂：《藏语的复辅音》，《中国语文》1965 年第 6 期。

[70] 瞿霭堂：《藏语的声调》，《民族语文》1981 年第 4 期。

[71] 瞿霭堂：《藏语的声调及其发展》，《语言研究》1981 年第 1 期。

[72] 瞿霭堂：《汉藏语言的系属研究和问题》，《薪火篇》，山西高校校联合出版社，1996 年。

[73] 瞿霭堂：《论汉藏语言的声调》，《民族语文》1993 年第 6 期、1994 年第 1 期。

[74] 孙宏开、江荻：《汉藏语言系属分类之争及其源流》，《当代语言学》1999 年第 2 期。

[75] 孙宏开：《藏缅语复辅音的结构特点及其演变方式》，《中国语文》1985 年第 6 期。

[76] 孙宏开：《藏缅语量词用法比较 —— 兼论量词发展的阶段层次》，《中国语言学报》1988 年第 3 期。

[77] 孙宏开:《论藏缅语族中的羌语支语言》,《语言暨语言学》2001年第1期。

[78] 孙宏开:《羌语概况》,《中国语文》1962年12月号。

[79] 孙宏开:《羌语支属问题初探》,《民族语文研究文集》, 青海民族出版社, 1982年。

[80] 孙宏开:《原始汉藏语的复辅音问题 —— 关于原始汉藏语音节结构构拟的理论思考之一》,《民族语文》1999年第6期。

[81] 孙宏开等:《汉藏语语音和词汇》(上、下册), 民族出版社, 2017年。

[82] 孙艳:《汉藏语四音格词研究》, 民族出版社, 2005年。

[83] 谭克让:《夏尔巴藏语的声调系统》,《民族语文》1987年第2期。

[84] 汪大年:《藏缅语"A—"词头探源》,《彝缅语研究》, 四川民族出版社, 1992年。

[85] 王辅世、毛宗武:《苗瑶语古音构拟》, 中国社会科学出版社, 1995年。

[86] 王辅世:《苗瑶语的系属问题初探》,《民族语文》, 1986年第1期。

[87] 王尧:《藏语的声调》,《中国语文》1956年第6期。

[88] 闻宥:《"台"语与汉语》,《中国民族问题研究集刊》1957年第6辑。

[89] 吴安其:《汉藏语同源研究》, 中央民族大学出版社, 2002年

[90] 邢公畹:《关于汉语南岛语的发生学关系问题》,《民族语文》1991年第3期。

[91] 徐通锵、陈保亚:《二十世纪的中国历史语言学》, 刘坚主编:《二十世纪的中国语言学》, 北京大学出版社, I998年。

[92] 徐通锵:《声母语音特征的变化和声调的起源》,《民族语文》1998年第1期。

[93] 徐悉艰:《景颇语的四音格词》,《民族语文论集》, 中国社会科学出版社, 1981年。

[94] 徐悉艰:《景颇语的同族词》,《民族语文论文集》, 中央民族学院出版社, 1993年。

[95] 徐悉艰:《彝缅语量词的产生和发展》,《语言研究》, 1994年第1期。

[96] 严学宭:《论汉语同族词内部屈折的变换模式》,《中国语文》1979年第2期。

[97] 严学宭:《谈汉藏语系同源词和借词》,《江汉语言学丛刊》, 1979年第1期。

[98] 游汝杰:《中国语言系属研究述评》,《云梦学刊》1996年第3期。

[99] 俞敏:《汉藏同源字谱稿》,《俞敏语言学论文集》, 黑龙江人民出版社, 1989年。

[100] 俞敏:《汉语的"其"跟藏语的gji》,《俞敏语言学论文集》, 黑龙江人民出版社, 1989年。

[101] 袁家骅:《汉藏语声调的起源和演变》,《语文研究》1981年第2辑。

[102] 张济川:《藏语拉萨话声调分化的条件》,《民族语文》1981年第3期。

[103] 张琨:《汉藏语系的"铁"*QULEKS字》,张莲生译,中国社会科学院民族研究所语言研究室编:《汉藏语系语言学论文选译》,1980年。

[104] 张琨:《汉藏语系的"针"字》,张莲生译,中国社会科学院民族研究所语言研究室编:《汉藏语系语言学论文选译》,1980年。

[105] 张琨:《苗瑶语声调问题》,《"中央研究院"(中华民国时期)历史语言研究所集刊》第16本,1947年。

[106] 张琨:《原始苗瑶语声调的构拟》,张铁山译,中国社会科学院民族所语言室:《民族语文研究情报资料集》,1983年第1期。

[107] 张琨著:《藏语在汉藏语系比较语言学中的作用》,黄布凡译,中央民族学院少数民族语言研究所编著,《民族语文研究》,四川民族出版社,1984年。

[108] 郑贻青:《论回辉话声调的形成与发展》,《民族语文》1996年第3期。

[109] 郑张尚芳:《汉语与亲属语同源词根及附缀成分比较上的择对问题》,《中国语言学报》1995年第8卷。

[110] 郑张尚芳:《汉语与亲属语言比较的方法问题》,《南开语言学刊》2003年第1期。

[111] 朱建新:《试论凉山彝语词头a-》,《民族语文》1984年第6期。

[112] Benedict, Paul K. *Thai*, *Kadai and Indonesian*: *a new alignment in Southeastern Asia*. American Anthropologist, 1942, 44: 576–601.

[113] Konow, Sten, *The Tibetan-Barman family*. Linguistic Survey of India1909, Vol.3: 1–31.

[114] Li Fanggui, *Languages*(*and Dialects*). In Chinese Yearbook《中国年鉴》, 1937, Shanghai.

[115] Matisoff, J. A.. *Sino-Tibetan linguistics*: *Present state and future prospects*. Annual Review of Anthropology, 1991, 20.

[116] Sagart, Laurent. Chinese and Austronesian are genetically related. ICSTLL, 1990.

[117] Zhang M H, Yan S, PanW, et al. Phylogenetic evidence for Sino–Tibetan origin in northern China in the Late Neolithic[J].Nature, 2019,(569).

第二节　藏缅语族语言研究

藏缅语族（Tibeto-Burman group）（以下简称藏缅语）是汉藏语系中分布最广、语种最多、特点最丰富的一个语族。而且学术界一致认为它与汉语有亲缘关系。藏缅语的研究，无论是对汉藏语的历史比较研究，还是对语言学的理论建设都有其特殊的价值。

一、藏缅语族语言研究概况

藏缅语主要分布在亚洲的中国、缅甸、泰国、越南、孟加拉、老挝、印度、尼泊尔、不丹、锡金等国。在中国，藏缅语族主要分布在西藏、青海、甘肃、云南、四川、贵州、广西、湖南、湖北等省、自治区。藏缅语族确切的语言数目，国内外学者说法不一，一般认为在100~300种之间。《中国的语言》[①] 一书确认的中国境内的藏缅语族语言有以下46种：藏、门巴、白马、仓洛、彝、傈僳、拉祜、哈尼、基诺、纳西、堂郎、末昂、桑孔、毕苏、卡卓、柔若、怒苏、土家、白、景颇、独龙、格曼、达让、阿侬、义都、崩尼-博嘎尔、苏龙、崩如、阿昌、载瓦、浪速、仙岛、波拉、勒期、羌、普米、嘉戎、木雅、尔龚、尔苏、纳木依、史兴、扎巴、贵琼、拉坞、却域。这是一个还不十分准确的数字，有待今后进一步确认。

对于藏缅语的分类，目前国内外学者还未取得一致意见。这主要有以下原因：一是藏缅语语种多，语言间关系复杂；二是对现代藏缅语的调查研究还不充分；三是语言分类体系还不完善。中国学者对藏缅语的分类法主要有以下几种：第一，李方桂在1937年和1973年的同名论文《中国的语言和方言》（1937、1973）[②] 中把藏缅语族分为藏语群、波多-那加-克钦语（景颇语）、缅语群、彝语群四个语群。第二，罗常培、傅懋勣在《国内少数民族语言文字概况》（1954）[③] 一文中把藏缅语族分为藏语支、彝语支、景颇语支、缅语支四个语支。其后，马学良、戴庆厦在《中国大百科全书·民族卷》的《汉藏语系》条目中也基本沿用了这一分类框架。第三，孙宏开在《试论中国境内藏缅语的谱系分类》（1988）[④] 一文中把中国境内的38种藏缅语分为藏语支、羌语支、彝语支、缅语支、景颇语支5个语支，5个语支并不在同一个层次上。第四，戴庆厦、傅爱兰、刘菊黄的《我国藏缅语族系属

---

① 孙宏开、胡增益、黄行主编，商务印书馆，2007年。

② 载《中国年鉴》（1937）；美国《中国语言学报》创刊号，1980年。

③ 载《中国语文》1954年第3期。

④ 载 Languages and History in East Asia，Kyoto/Shokado，1988.

分类问题》（1989）① 一文把藏缅语族分为北部和南部两个语群；北部语群下又分嘉戎·独龙语支、僜语支、藏语支、景颇语支，南部语群下又分缅彝语支、白语支、土家语支。国外学者的分类中比较有影响的是美国学者谢飞（Shafer Robert）和白保罗（P.K.Benedict）。谢飞1955年在《汉藏语分类》② 中提出的分类表，把藏缅语分为缅、藏、克伦三个语族，与汉语族、台语族并列。白保罗在《汉藏语概要》（1972）③ 中，把汉藏语系分为汉语和藏–克伦语两大类，又在藏–克伦语下面分藏缅语和克伦语两类。藏缅语以景颇语为中心，向周边其他语言辐射。

尽管藏缅语的许多特点不同于汉语，但藏缅语和汉语的亲缘关系却是明确的，得到了国内外学者的认同。由于藏缅语与汉语存在同源关系，研究汉语的学者纷纷把目光投向保留了较多原始汉藏语特点的藏缅语，从而大大推动了汉语的研究。

中华人民共和国成立70年来，中国藏缅语的调查研究大致经历了以下两个阶段：

（一）20世纪五六十年代的奠基阶段

中华人民共和国成立以后，在为少数民族创制、改革文字以及民族识别这两大任务的带动下，1956年，中国科学院少数民族研究所、中央民族学院联合举办少数民族语言调查训练班，组织700多人的7个语言调查队，分赴有少数民族语言的16个省区调查少数民族语言。这次大规模的普查共调查、记录了20多种藏缅语。取得的成绩主要有：1.收集了大量的语言材料，对各个语言的结构、语言亲属关系、语言之间的相互影响，有了比较全面的了解，大体弄清了中国境内藏缅语的主要情况。这次调查的成果主要以调查报告、语法纲要的形式发表，同时也有一批专题论文。这次调查所收集的语言素材还成为20世纪80年代以后编写的《中国少数民族语言简志丛书》以及各类词典、语法著作的基础。2.帮助要求创制文字的民族，设计出拼音文字方案。如：载瓦文、拉祜文、白文等。3.在调查研究的实践中和专家的指导下，一批藏缅语研究科研人员得到锻炼，逐步成长起来。

（二）20世纪70年代至今的深入阶段

这一时期，藏缅语研究逐步深入，进入了一个新的历史发展阶段。藏缅语成为汉藏语系中除汉语之外研究人员最多、研究成果最丰富的一个语族。这一阶段的成就主要体现在以下方面：

1. 共时描写研究的深化、细化

这一阶段的描写性论文或论著与50、60年代相比，一个显著的区别就是描写

---

① 载《云南民族学院学报》1989年第3期。

② Classification of Sino–Tibetan Languages，in Word 11：94.Ⅲ.

③ Sino–Tibetan：A Conspectus，Cambridge University Press，1972.

得更细致、更深入。

具体表现在：一是出现了一些藏缅语共时描写的专著，如：孙宏开等的《门巴珞巴僜人的语言》（1980），瞿霭堂和谭克让的《阿里藏语》（1983），戴庆厦等的《藏缅语十五种》（1991），戴庆厦、徐悉艰的《景颇语语法》（1992），林向荣的《嘉戎语研究》（1993），丁椿寿的《彝语通论》（1993），傅爱兰的《普米语动词的语法范畴》（1998），胡素华的《彝语结构助词研究》（2002），张伟权的《土家语探微》（2004），戴庆厦等的《仙岛语研究》（2005），黄布凡、周发成的《羌语研究》（2006），戴庆厦、李洁的《勒期语研究》（2007），黄布凡的《拉坞戎语研究》（2007），黄成龙《蒲溪羌语研究》（2007），普忠良《纳苏彝语语法研究》（2017）等等。此外，还有以戴庆厦《景颇语参考语法》（2012）为代表的"中国少数民族语言系列参考语法"收入的关于藏缅语的研究著作。这些专著，或就某一语言的全貌作全面、系统的描写，或对某一语言现象进行细致入微的分析。

二是发表了大量的专题论文，对藏缅语的一些语言现象进行了细致、深入的描写分析。专题研究主要涉及以下内容：

（1）声调：既有对单一语言声调特点的描写，也有对藏缅语声调的综合研究。胡坦的《藏语（拉萨话）声调研究》（1980）、谭克让的《夏尔巴藏语的声调系统》（1987）等探讨了藏语声调的产生和演变规律。戴庆厦的《藏缅语的声调研究》（1998）[①] 对藏缅语的声调特点进行了综合性的描写分析，总结了藏缅语声调的特点：一是"从数量上看，藏缅语声调的数量普遍较少，大多是三至四个，超过四个的很少。"二是"声调在藏缅语中主要起区别词汇意义的作用。""有些语言，还使用声调区别语法意义。"三是"藏缅语声调发展很不平衡，从无声调到有声调，从声调不发达到声调比较发达，各种类型都有。"该文把藏缅语的声调类型分为发达型、不发达型、萌芽型、无调型4种。此外，通过藏缅语内部诸语言的比较，该文认为"藏缅语不同语支之间在声调上找不到调类关系，看不到声调上严格的对应关系。"

（2）松紧元音：戴庆厦的《藏缅语族松紧元音研究》（1990）[②] 一文系统地分析了松紧元音的发音特征："松紧元音的发音特征是喉头紧缩与不紧缩，这是构成松紧对立的主要标志。但由于松紧元音总是同声母、声调等语音要素结合在一起而存在的，所以松紧的差别往往也造成声母、声调、舌位等方面的一些差别。"随着实验语音学的兴起，不少学者通过声学实验来分析松紧元音的音质。如：孔江平的《哈尼语发声类型声学研究及音质概念的讨论》（1996）[③]、《凉山彝语松紧元音的

---

① 载《藏缅语族语言研究》，云南民族出版社，1998年。
② 载《藏缅语族语言研究》，云南民族出版社，1990年。
③ 载《民族语文》1996年第1期。

声学研究》（1997）①、《阿细彝语嗓音声学研究》（1997）②，石锋、周德才的《南部彝语松紧元音的声学表现》（2005）③，朱晓农、周学文的《嘎裂化：哈尼语紧元音》（2008）④ 等。这些论文使人们对松紧元音的性质、特点有了科学、深入的认识。

（3）量词：量词是藏缅语研究中的一个热点，出现了不少研究单一语言量词的论文，此外，也有一些对藏缅语量词进行综合研究的成果。如戴庆厦、蒋颖的《论藏缅语的反响型名量词》（2005）⑤ 一文研究了反响型名量词的分布和分类，把藏缅语中的反响型名量词分为"发达型""半发达型""不发达型"三种。并把藏缅语反响型名量词的特点归纳为三点：一是具有能产性；二是语法功能超过语义功能；三是具有中介性。其他相关研究还有：张雨江的《拉祜语量词研究》（2010）⑥，杨娟和刘云的《彝族语言中的量词分析》（2015）⑦ 等。

（4）语法范畴：藏缅语具有丰富的语法范畴，因而这一领域成为藏缅语研究的沃土，取得了丰硕的成果。1）动词的人称范畴：孙宏开的《我国藏缅语动词的人称范畴》（1983）⑧ 一文以独龙语为代表，描写分析了藏缅语动词人称范畴的表达方式，认为"动词人称范畴往往用添加前缀或后缀的方式表达"。并在描写动词人称范畴的特点，以及比较各语言动词人称范畴异同情况的基础上，深入探讨了动词人称范畴与人称代词、动词人称范畴与时间、从动词人称范畴看语言关系等问题。1994年，孙宏开又发表《再论藏缅语动词的人称范畴》（1994）⑨ 一文，提出若干新认识：人称一致关系的表达有3种基本形式，即用人称代词的声母作前后缀，用韵母作前后缀，及用整个代词作前后缀；人称前后缀不仅表现在陈述句中，同时还表现在命令句中；代词化现象不仅包括动词的人称一致关系，也应包括名词的人称领属形式。孙宏开的《藏缅语中的代词化问题》（1994）⑩ 一文，对藏缅语代词化问题的研究进行了总结评述，指出国内外在这一问题上的分歧有四：人称一致关系的分布问题、人称标记是怎样来的、人称标记产生的时代、什么样的人称标记形式最古老。该文认为对于代词化现象的探讨有着深刻的意义，并预测"藏缅语研究将以从同源词语音构拟为中心，逐步转向以语法 —— 形态为中心的轨道上来。"2）动词的互动范畴：孙宏开的《藏缅语动词的互动范畴》（1984）⑪ 对藏缅语动词的互动范

---

① 载《彝缅语研究》，四川民族出版社，1997年6月。

② 载《中国民族语言论丛》，云南民族出版社，1997年。

③ 载《语言研究》2005年3月第25卷第1期。

④ 载《民族语文》2008年第4期。

⑤ 载《中央民族大学学报》2005年第2期。

⑥ 载《云南民族大学学报》2010年第3期。

⑦ 载《贵州民族大学学报》2015年第4期。

⑧ 载《民族语文》1983年第2期。

⑨ 载《民族语文》1994年第4期。

⑩ 载《国外语言学》1994年第3期。

⑪ 载《民族语文》1984年第4期。

畴在不同语言中的表现形式和语法意义进行了系统的描写，认为"互动范畴仅出现在部分自主的及物动词中，在不及物动词和不自主动词中则很少出现。""互动范畴采用动词词根的重叠形式表达。"3）动词的使动范畴：孙宏开的《论藏缅语动词的使动语法范畴》（1998）① 分析了藏缅语不同语言中，动词使动范畴的三种不同表达方式：粘着形式、屈折形式、分析形式。

关于藏缅语语法范畴的论文还有孙宏开的《我国部分藏缅语中名词的人称领属范畴》（1984）② 、李永燧的《藏缅语名词的数量形式》（1988）③ 、黄布凡的《藏缅语的情态范畴》（1991）④ 、《藏缅语动词的趋向范畴》（1994）⑤ 、孙宏开的《藏缅语人称代词格范畴研究》（1995）⑥ 、《论藏缅语中动词的命令式》（1997）⑦ ，李大勤的《藏缅语人称代词和名词的"数" —— 藏缅语"数"范畴研究之一》（2001）⑧ ，黄成龙《羌语名词短语的词序》（2003）等。

（5）语序：随着当代语言类型学的兴起，语序问题引起了一些藏缅语学者的研究兴趣。黄布凡的《藏缅语"指代→名"偏正结构语序》（1994）⑨ 一文通过对多种藏缅语的研究发现，藏缅语指示代词修饰名词中心语的语序类型有四种：前置型，后置型，前置后置两可型，前置、后置、前后并置三可型。该文认为"在这几种类型中，前置型可能是原始藏缅语的遗留格式，后置型可能形成较晚，代表了一种演变趋势。前置、后置两可型以及前置、后置和前后并置三可型前置型向后置型演变的过渡形式。"戴庆厦、傅爱兰的《藏缅语的形修名语序》（2002）⑩ 一文采用类型学跨语言比较的方法，对10种藏缅语的形修名语序进行了研究。该文指出，藏缅语的复合词和短语的形修名结构既有一致性也有差异性；形容词定语前置与后置于核心名词在形式及功能上面都存在差别。此外，该文还分析了形容词定语和指示词定语、数量定语共同修饰名词时可能出现的语序，以及影响等级系列的条件。杨将领的《藏缅语数量短语从 CN 到 NC 型的演变机制》（2005）⑪ 一文运用认知语言学原型范畴理论，探讨了藏缅语数量短语从 CN（量词＋数词）型向 NC（数词＋量词）型的演变机制。

（6）语法结构：孙宏开的《藏缅语疑问方式试析 —— 兼论汉语、藏缅语特指

---

① 载《民族语文》1998年第6期。
② 载《中央民族学院学报》1984年第1期。
③ 载《民族语文》1988年第5期。
④ 载《民族语文》1991年第2期。
⑤ 载《藏缅语新论》，中央民族学院出版社，1994年。
⑥ 载《民族语文》1995年第2期。
⑦ 载《民族语文》1997年第6期。
⑧ 载《民族语文》2001年第5期。
⑨ 载《藏缅语新论》，中央民族学院出版社，1994年。
⑩ 载《中国语文》2002年第4期。
⑪ 载《汉藏语系量词研究》，中央民族大学出版社，2005年。

问句的构成和来源》① 一文介绍了藏缅语中7种疑问方式的构成及特点，并对藏缅语中的特指问句和谓语特指问句的构成、来源进行了初步分析。该文指出，汉语书面语中及汉语方言中特指问句的形式和来源与藏缅语同出一源，而且汉语和藏缅语构成特指问句的疑问语素在发生学上有同源关系。戴庆厦、傅爱兰的《藏缅语的述宾结构 —— 兼与汉语比较》（2001）② 一文，在描写藏、普米、独龙、景颇、载瓦、哈尼、纳西、彝等8种藏缅语述宾结构主要特点的基础上，重点分析了诸如形态、格助词、语序等语法标记及其优先等级。戴庆厦、傅爱兰的《藏缅语形修名语序》（2002）一文采用类型学比较方法，对十种藏缅语的形修名语序进行研究，指出藏缅语的复合词和短语在形修名结构既有一致性有差异，形容词定语前置和后置于和新名词在形式及功能上都有差别。戴庆厦、黎意的《藏缅语的述补结构 —— 兼反观汉语的述补结构的特点》（2004）③ 一文，认为藏缅语述补结构的特点有三：发展不平衡，呈现出不同的层次类型；结构方式有黏着型（无标记）和分析型（有标记）两种，二者比例因不同的语言而不同；补语不同程度地出现语法化的趋势。戴庆厦、李洁的《藏缅语的强调式施动句 —— 兼与汉语被动句对比》（2005）④ 一文，从跨语言的比较中，剖析了彝缅语支强调式施动句的性质、特点及类型学特征，并探讨了这一句式的成因。戴庆厦、邱月的《OV型藏缅语连动结构的类型学特征》（2008）⑤ 一文，通过对藏缅语的分析、比较，认为连动结构是藏缅语句法结构中的一个独立的单位，它能够大面积地存在是由OV型语序内部机制决定的。该文还认为藏缅语连动结构的词序先后与认知特点有关，但无绝对的蕴涵关系。

（7）语法形式：孙宏开的《论藏缅语的语法形式》⑥ 一文分析了现存于藏缅语族语言中的粘着、屈折、分析、重叠等语法形式，指出了各类语法形式的特点、它们之间的联系和区别，以及正确认识各类语法形式对建立藏缅语族各语言的语法体系的意义和作用。此外，黄成龙《羌语动词的前缀》（1997）、戴庆厦《景颇语"形修名"的两种语序对比》（2002）、戴庆厦等《景颇语的述补结构》（2004）等论文都是研究藏缅语语法形式的重要成果。

2. 历时研究有了较大的进展

语言的共时差异往往反映了语言历史发展的不同阶段，因而很多学者通过对语言的共时差异的比较，来探讨一些语言现象的来源和发展演变情况。主要涉及以下内容：

---

① 载《民族语文》1995年第5期。
② 载《方言》2001年第4期。
③ 载《语言研究》2004年第4期。
④ 载《语言研究》2005年第3期。
⑤ 载《汉语学报》2008年第2期。
⑥ 载《民族语文》1996年第2期。

（1）语音方面

戴庆厦的《我国藏缅语族松紧元音来源初探》（1979）[1] 一文论述了我国藏缅语元音松紧对立形成的两条渠道：1）声母清浊对立，2）韵母的舒促对立。并对其演变的过程进行了分析。

孙宏开的《藏缅语若干音变探源》（1983）[2] 一文根据藏文、缅文及藏缅语族诸语言和方言的材料，探讨藏缅语中若干语音变化的过程。如复辅音声母逐渐减少的途径，单辅音声母不断分化的历史证据，复元音韵母的发展，元音的长短与松紧现象的性质及其来源，韵尾脱落与增添两种不同的变化趋势及其对韵母的影响等。

戴庆厦的《藏缅语族某些语言弱化音节探源》（1984）[3] 探讨了藏缅语族语言弱化音节的形成问题，认为至少有两个不同的来源：一是来源于非弱化音节，二是来源于古代复辅音声母的前一辅音。

孙宏开的《藏缅语复辅音的结构特点及其演变方式》（1985）[4] 一文根据藏文、缅文和各藏缅语中存在的数量不等的复辅音，研究复辅音的演变方式和趋势。他认为复辅音演变的方式为脱落、融合、分化、替代和换位，演变的总的趋势是简化和消失。

谢志礼、苏连科的《藏缅语清化鼻音、边音的来源》（1990）[5] 一文通过藏文、缅文、彝语方言以及同语族其他语言或方言的比较，论证了藏缅语清化鼻音、边音来源于带前置辅音 s– 的声母。

戴庆厦的《藏缅语的声调》（1994）[6]、《藏缅语族语言声调研究》（1998）[7] 两文分别论述了藏缅语声调产生的原因和分化的条件。认为"促使声调产生的因素主要是声母、韵母的简化和多音节词向单音节词发展"；而"影响藏缅语声调分化的条件带有普遍性的，是韵母的舒促和声母的清浊，二者是最早影响声调分化的条件，即二者是影响声调第一、二次大分化的条件。其次，是声母的送气不送气。此外，变调、语言影响、表示语法意义等也是藏缅语产生新调的条件。"

黄布凡的《藏缅语声母对韵母演变的影响》（1994）[8] 一文，通过亲属语言的比较，对部分藏缅语声母影响韵母元音紧化、卷舌化、鼻化和单元音复元音化等几类现象进行了探讨。

[1]　载《民族语文》1979年第1期。
[2]　载《中国语言学报》第1期，1983年。
[3]　载《民族语文》1984年第2期。
[4]　载《中国语文》1985年第6期。
[5]　载《民族语文》1990年第4期。
[6]　载《藏缅语新论》，中央民族学院出版社，1994年。
[7]　载《藏缅语族语言研究》，云南民族出版社，1998年。
[8]　载《藏缅语新论》，中央民族学院出版社，1994年。

黄布凡的《原始藏缅语动词后缀 *-S 的遗迹》（1997）[①] 一文从 10 多种藏缅语语音形式为 s 或 s（v）的动词后缀或助词、连词的语法作用，推断出原始藏缅语动词曾经有过表示动作行为已进行或已完成的后缀 *-s。

黄布凡的《原始藏缅语动词使动前缀 *s- 的遗迹》（2004）[②] 一文指出，藏缅语表示使动范畴的手段和形式多种多样：有的采用黏着手段，用不成音节的 s-，z-等或成音节的 sə-，ʃə- 等前缀表示；有的采用内部屈折手段，自动和主动的区分靠声调、元音松紧、声母的送气与否及清浊的交替。该文通过对语支内及语支间的同源词的比较、分析，认为各种不同的表使动范畴的手段和形式之间都有一定的对应关系。藏缅语表使动的最早形式可能就是动词前加前缀 *s-，现代藏缅语表使动的形式应该是它的遗存或由它演变来的。

相关研究还有沈向荣，刘博的《汉藏语中的塞尾爆破现象》（2010 年）[③]、郭锦桴的《汉藏语声调的特色》（2012 年）[④]、王艳春《杨福绵汉藏语同源词声母对应比较研究》（2017 年）[⑤]、陈荣泽的《汉藏语中的清鼻音》（2018 年）[⑥] 等。

（2）语法方面

孙宏开的《藏缅语量词用法比较 —— 兼论量词发展的阶段层次》（1988）[⑦] 一文，从藏缅语族各语言量词数量的多少以及量词在句中的组合特点，把不同语言的量词区分为不同的发展层次：形成阶段、发展阶段、丰富阶段。

孙宏开的《论藏缅语语法结构类型的历史演变》（1992）[⑧] 一文比较了藏缅语族文献及数十种口语材料，发现语法结构类型上存在着十分明显的差异。该文指出这种差异反映了一个历史演变过程：黏着型→屈折型（不十分典型）→分析型。该文还分析了一些重要的语法形式从黏着型向屈折型演变的途径和方式，论证了分析型语法成分的来源和发展趋势。该文认为：藏缅语语法结构类型的演变与语音演变有密切关系，如弱化音节、音节减缩、声调产生等，但有其特定的条件和环境，这并不意味着一切黏着型语言都必须经过黏着→屈折→分析这一公式。

李永燧的《汉语藏缅语人称代词探源》（1994）[⑨] 一文通过上古汉语与藏缅语人称代词和人称词缀的比较，探索它们在发生学上的关系。

孙宏开的《藏缅语人称代词格范畴研究》（1995）[⑩] 一文分析了近 20 种藏缅语

---

① 载《民族语文》1997 年第 1 期。
② 载《南开语言学刊》2004 年第 2 期。
③ 载《民族语文》2010 年第 1 期。
④ 载《汉字文化》2012 年第 4 期。
⑤ 载《宁夏社会科学》2017 年第 4 期。
⑥ 载《中央民族大学学报》2018 年第 4 期。
⑦ 载《中国语言学报》第 3 期，1988 年。
⑧ 载《民族语文》1992 年第 5、6 期。
⑨ 载《中国语言学报》1994 年卷二。
⑩ 载《民族语文》1995 年第 2 期。

人称代词表示"格"范畴的手段，并对各种不同屈折形式的来源做了分析，指出了它与格助词的关系，认为目前藏缅语中一些语言不同形式的人称代词可能是历史上格屈折变化的遗存。

孙宏开的《藏缅语疑问方式试析 —— 兼论汉语、藏缅语特指问句的构成和来源》[①] 一文在分析藏缅语7种疑问方式的构成及特点的基础上，把藏缅语疑问语素的原始形式构拟为*ga或*Ga，并认为其演变趋势为"由复合语素向单一语素过渡"。

孙宏开的《论藏缅语动词的使动语法范畴》（1998）[②] 一文提出藏缅语语法形式历史演变过程为粘着→屈折（不典型）→分析。

李永燧的《论藏缅语黏着语素与语言类型学》（2002）[③] 一文，联系原始藏缅语词缀的构拟形式，对现代藏缅语一些语言的黏着语素进行分析，认为一部分黏着形式是由词的形式虚化而来。该文还认为原始藏缅语词根以单音节型为主要特征，早期虽有黏着语素，但它在语言结构中不占统治地位，不属黏着型语言。

戴庆厦、蒋颖的《论藏缅语的反响型名量词》（2005）[④] 一文从语法化、词汇化的角度分析了藏缅语反响型名量词的发展历程，"从整个过程来看，藏缅语个体量词（包括反响型量词）都经历了先词汇化（由虚到实，增添概念意义），再语法化（扩大适用范围，语义泛化）的发展道路。"

杨将领的《藏缅语数量短语从CN到NC型的演变机制》（2005）[⑤] 一文运用认知语言学原型范畴理论，探讨了藏缅语数量短语从CN（量词+数词）型向NC（数词+量词）型的演变机制。

戴庆厦、蒋颖的《从词源关系看藏缅语名量词演变的历史层次》（2006）[⑥] 一文通过词源比较确定藏缅语名量词出现的层次大致是：先有非标准度量衡量词和集体量词，然后才有个体量词。个体量词中，反响型量词出现最早，是个体量词丰富发展的中介，起到了承上启下的作用。此后才有性状量词、类别量词、通用量词。

其他相关的研究成果还有：余成林的《汉藏语系语言存在句研究》（2011）[⑦]，戴宗杰《汉藏语动词重叠式的形式–意义匹配格局》（2016）[⑧] 等。

---

① 载《民族语文》1995年第5期。

② 载《民族语文》1998年第6期。

③ 载《民族语文》2002年第2期。

④ 载《中央民族大学学报》2005年第2期。

⑤ 载《汉藏语系量词研究》，中央民族大学出版社，2005年。

⑥ 载《语言学论丛》总34期，2006年。

⑦ 中央民族大学博士学位论文，2011年。

⑧ 载《中央民族大学学报》2016年第2期。

（3）词源方面

黄布凡的《藏缅语的"马"与古汉语的"騼"》（1989）[1]从比较藏缅语"马"的声母入手，探讨藏缅语的"马"与古汉语"騼"的同源关系。

李永燧的《汉语藏缅语人称代词探源》（1994）[2]通过上古汉语与藏缅语人称代词和人称词缀的比较，探索它们在发生学上的关系。

宋金兰的《汉语和藏缅语住所词的同源关系》（1994）[3]一文运用词族比较法对汉语和藏缅语的住所词进行整体比较，认为汉语和藏缅语的住所词都源于洞穴词和土地词，这些住所词可以归纳成若干个词族系统。在此基础上，该文对这些住所词的音变模式和语音对应关系进行了探讨。

3. 描写与解释相结合，发展现代语言学理论和方法

描写与解释相结合是现代语言学发展的一个趋势，藏缅语的研究也反映了这一趋势。近期，民族语文研究者使用类型学理论和历史比较语言学理论，通过语言比较（包括亲属语言和非亲属语言），力图对语言现象的生成进行科学的解释。这是民族语文研究中的一股值得继续提倡的新气象。

例如：戴庆厦、李洁的《藏缅语的强调式施动句 —— 兼与汉语被动句对比》（2005）[4]一文通过类型学跨语言比较的方法，探讨了藏缅语强调式施动句的形成原因。认为其形成与该语言的分析性特点，包括谓语动词的形态状况、谓语动词与施受者的关系以及语序等因素有密切关系。戴庆厦、黎意的《藏缅语的述补结构 —— 兼反观汉语的述补结构》（2004）[5]一文通过跨语言的比较，对为什么汉语有数量词和介宾短语作补语的类型，而缅彝语等SOV型语言没有这两种补语类型，从语言类型学的观点作出了解释。

4. 发现了一些以前未被人们所认识的语言

1992年以来，中国的民族语文研究者对一批鲜为人知的语言进行了深入、系统、全面的调查研究，研究成果以孙宏开主编的《中国新发现语言研究丛书》的形式出版。在这些新发现的语言中，属于藏缅语的有：《柔若语研究》（2002）[6]、《桑孔语研究》（2002）[7]、《浪速语研究》（2005）[8]、《波拉语研究》（2007）[9]等。

---

[1] 载《中央民族学院学报》1989年第2期。

[2] 载《中国语言学报》1994年卷二。

[3] 载《民族语文》1994年第1期。

[4] 载《语言研究》2005年第3期。

[5] 载《语言研究》2004年12月第24卷第4期。

[6] 孙宏开、黄成龙、周毛草著，中央民族大学出版社，2002年3月。

[7] 李永燧著，中央民族大学出版社，2002年10月。

[8] 戴庆厦著，中央民族大学出版社，2005年1月。

[9] 戴庆厦、蒋颖、孔志恩著，中央民族大学出版社，2007年11月。

参考文献

[1]戴庆厦:《我国藏缅语族松紧元音来源初探》,《民族语文》1979年第1期。

[2]戴庆厦:《藏缅语族某些语言弱化音节探源》,《民族语文》1984年第2期。

[3]戴庆厦、傅爱兰、刘菊黄:《我国藏缅语族系属分类问题》,《云南民族学院学报》1989年第3期。

[4]戴庆厦:《藏缅语族松紧元音研究》,《藏缅语族语言研究》,云南民族出版社,1990年。

[5]戴庆厦:《藏缅语的声调》,《藏缅语新论》,中央民族学院出版社,1994年。

[6]戴庆厦:《藏缅语族语言声调研究》,《藏缅语族语言研究》,云南民族出版社,1998年。

[7]戴庆厦、傅爱兰:《藏缅语的述宾结构 —— 兼与汉语比较》,《方言》2001年第4期。

[8]戴庆厦、傅爱兰:《藏缅语的形修名语序》,《中国语文》2002年第4期。

[9]戴庆厦、黎意:《藏缅语的述补结构 —— 兼反观汉语的述补结构的特点》,《语言研究》2004年第4期。

[10]戴庆厦:《浪速语研究》,中央民族大学出版社,2005年。

[11]戴庆厦、蒋颖:《论藏缅语的反响型名量词》,《中央民族大学学报》2005年第2期。

[12]戴庆厦、李洁:《藏缅语的强调式施动句 —— 兼与汉语被动句对比》,《语言研究》2005年第3期

[13]戴庆厦、蒋颖:《从词源关系看藏缅语名量词演变的历史层次》,北京大学《语言学论丛》总34期,2006年。

[14]戴庆厦、蒋颖、孔志恩:《波拉语研究》,中央民族大学出版社,2007年。

[15]戴庆厦、邱月:《OV型藏缅语连动结构的类型学特征》,《汉语学报》2008年第2期。

[16]黄布凡:《藏缅语的"马"与古汉语的"駃"》,《中央民族学院学报》1989年第2期。

[17]黄布凡:《藏缅语的情态范畴》,《民族语文》1991年第2期。

[18]黄布凡:《藏缅语动词的趋向范畴》,《藏缅语新论》,中央民族学院出版社,1994年。

[19]黄布凡:《藏缅语"指代→名"偏正结构语序》,《藏缅语新论》,中央民族学院出版社,1994年。

[20]黄布凡:《藏缅语声母对韵母演变的影响》,《藏缅语新论》,中央民族学院出版社,1994年。

[21]黄布凡:《原始藏缅语动词后缀*-S的遗迹》,《民族语文》1997年第1期。

[22]黄布凡:《原始藏缅语动词使动前缀*s-的遗迹》,《南开语言学刊》2004年

第2期。

    [23]孔江平:《哈尼语发声类型声学研究及音质概念的讨论》,《民族语文》1996年第1期。

    [24]孔江平:《凉山彝语松紧元音的声学研究》,《彝缅语研究》,四川民族出版社,1997年。

    [25]孔江平:《阿细彝语嗓音声学研究》,《中国民族语言论丛》,云南民族出版社,1997年。

    [26]李大勤:《藏缅语人称代词和名词的"数"——藏缅语"数"范畴研究之一》,《民族语文》2001年第5期。

    [27]李方桂:《中国的语言和方言》,《中国年鉴》,1937年。

    [28]李方桂:《中国的语言和方言》,载美国《中国语言学报》创刊号,1980年。

    [29]李永燧:《藏缅语名词的数量形式》,《民族语文》1988年第5期。

    [30]李永燧:《汉语藏缅语人称代词探源》,《中国语言学报》1994年卷二。

    [31]李永燧:《论藏缅语黏着语素与语言类型学》,《民族语文》2002年第2期。

    [32]李永燧:《桑孔语研究》,中央民族大学出版社,2002年。

    [33]罗常培、傅懋勣:《国内少数民族语言文字概况》,《中国语文》1954年第3期。

    [34]石锋、周德才:《南部彝语松紧元音的声学表现》,《语言研究》2005年3月第25卷第1期。

    [35]宋金兰:《汉语和藏缅语住所词的同源关系》,《民族语文》1994年第1期。

    [36]孙宏开:《藏缅语若干音变探源》,《中国语言学报》第1期,1983年。

    [37]孙宏开:《我国藏缅语动词的人称范畴》,《民族语文》1983年第2期。

    [38]孙宏开:《我国部分藏缅语中名词的人称领属范畴》,《中央民族学院学报》1984年第1期。

    [39]孙宏开:《藏缅语动词的互动范畴》,《民族语文》1984年第4期。

    [40]孙宏开:《藏缅语复辅音的结构特点及其演变方式》,《中国语文》1985年第6期。

    [41]孙宏开:《藏缅语量词用法比较——兼论量词发展的阶段层次》,《中国语言学报》第3期,1988年。

    [42]孙宏开:《试论中国境内藏缅语的谱系分类》,载 Languages and History in East Asia, Kyoto/Shokado, 1988.

    [43]孙宏开:《论藏缅语语法结构类型的历史演变》,《民族语文》1992年第5、6期。

    [44]孙宏开:《藏缅语中的代词化问题》,《国外语言学》1994年第3期。

    [45]孙宏开:《再论藏缅语动词的人称范畴》,《民族语文》1994年第4期。

    [46]孙宏开:《藏缅语人称代词格范畴研究》,《民族语文》1995年第2期。

    [47]孙宏开:《藏缅语疑问方式试析——兼论汉语藏缅语特指问句的构成和来

源》，《民族语文》1995年第5期。

[48]孙宏开：《论藏缅语的语法形式》，《民族语文》1996年第2期。

[49]孙宏开：《论藏缅语动词的使动语法范畴》，《民族语文》1998年第6期。

[50]孙宏开、黄成龙、周毛草：《柔若语研究》，中央民族大学出版社，2002年3月。

[51]朱晓农、周学文：《嘎裂化：哈尼语紧元音》，《民族语文》2008年第4期。

二、藏语支语言研究

藏语由于文字创制年代早，古籍文献数量多，加上方言分布广且内部分歧大，语法特征和历史演化具有一些引人注目的特点，广受国内外重视。中华人民共和国成立70年来，从事藏语研究的藏汉及西方学者越来越多，研究范式和内容呈现出多元化特点。

（一）系属研究

关于藏语的研究历史比较悠久，自从科诺的《印度语言调查》（1909）列出藏语组，其后谢飞（1955）、本尼迪克特（1972）、易嘉乐（1974）、维格林（1977）、马提索夫（1997）等学者在语言系属分类中都单列了藏语组或藏语群。

1937年，李方桂先生在《中国的语言和方言》一文以及36年后的1973年他所发表的同名论文，认为藏语群包括藏语、嘉戎语、独龙语、怒语。

芮逸夫的《西南民族的语言问题》（1943）① 一文把藏语和嘉戎语等语言都放在汉藏语系下边的康藏语群。

罗常培、傅懋勣的《国内少数民族语言文字概况》（1954）② 一文，是国内最早对民族语进行具体分类的文章。该文把我国境内的汉藏语系语言分为三个语族，其中藏缅语族分为藏语支、彝语支、景颇语支和缅语支，藏语支包括藏语、嘉戎语、羌语、西蕃语、俅语和怒语。其后，藏语支这个概念一直被语言学界所沿用。

1970年，日本学者西田龙雄提出了对汉藏语系及藏缅语族的分类，把藏缅语族分为藏语支、嘉戎语支、喜马拉雅语支、羌语支、克钦语支，藏语支包括藏语的五个方言。

孙宏开、陆绍尊、张济川、欧阳觉亚的《门巴、珞巴、僜人的语言》（1980）③ 指出：墨脱门巴和错那门巴"都属于汉藏语系藏缅语族，错那门巴话比墨脱门巴话更接近于藏语"。

我国出版的《大百科全书·民族卷》（1987）中认为藏语支包括藏语、嘉戎语

---

① 载《民族学研究集刊》1943年第3期。

② 载《中国语文》1954年第3期。

③ 中国社会科学出版社，1980年。

和门巴语。

戴庆厦、刘菊黄、傅爱兰的《关于我国藏缅语族系属分类问题》①（1989）一文，认为藏语支仅包括藏语。

马学良主编的《汉藏语概论》（1991、2003）②，认为藏语支包括藏语和门巴语。

孙宏开的《白马语是藏语的一个方言或土语吗?》（2003）③，认为"白马语虽然有不少与藏语相同的特点，但与藏语各方言比较表明，它与藏语的远近关系已远远超出中国境内藏语3大方言之间的差异程度，应该认为是一个不同于藏语但属于藏语支的独立语言。"孙宏开的《我对藏语支语言特点的初步认识》（2004）④ 一文以及其后和黄行、胡增益主编的《中国的语言》（2007）⑤，都认为藏语支包括藏语、门巴语、仓洛语和白马语。孙宏开、齐卡佳、刘光坤的《白马语研究》（2007）⑥ 指出："我们将白马语与藏缅语族其他语言进行比较，发现在同语族中，它还是比较接近于藏语支语言的。因此我们认为，白马语是属于汉藏语系藏缅语族藏语支里的一个语言。"

藏语支语言是根据语言亲缘关系远近进行发生学分类而组成的语言群体，属于汉藏语系藏缅语族。主要分布在中国以及与中国接壤的印度、不丹、尼泊尔、巴基斯坦等国家。中国境内的藏语支语言主要分布在西藏自治区及青海、甘肃、四川、云南等省的部分地区，使用人口约550万左右。其中藏语、白马语是藏族使用的语言，门巴语、仓洛语都是门巴族使用的语言。由于白马语、门巴语、仓洛语是后来新发现的语言，目前研究较少，成果不多，并且这三种语言的系属问题尚有不同的意见；而藏语的研究起步较早，成果比较丰富。因此本文主要介绍藏语的研究成果。

（二）语音研究

藏语语音的共时和历时研究近几十年来取得了比较丰硕的成果。这同我国学者多年来坚持田野调查、注重活语言的研究有关；同时也由于藏文是一种发展较好的拼音文字，有着上千年的历史，留下了丰富的文献，对于上推古音下及今音的探索有许多方便之处。对藏语支语言语音研究成果主要表现在对藏语声调、复辅音声母、韵母、辅音韵尾、音变、元音和谐、语音史、音位等的研究。

1. 声调研究

藏语的声调和藏缅语族其他语言一样，是后起的语音现象。70年来，许多学

---

① 载《云南民族学院学报》1989年第3期。

② 北京大学出版社，1991年，民族出版社，2003年。

③ 载《语言科学》2003年第1期。

④ 载《南开语言学刊》2004年第2期。

⑤ 商务印书馆，2007年。

⑥ 民族出版社，2007年。

者对藏语声调的起源、发展与现状有浓厚兴趣，从多方面进行研究，取得了可喜的成果。

（1）声调的共时特点研究

王尧的《藏语的声调》（1956）① 和《藏语Mig字古读考 — 兼论藏语声调的发生与发展》（1981）②，论述了拉萨话调位的划分与来历。

瞿霭堂在《谈谈声母清浊对声调的影响》（1979）③ 一文中，认为"现代藏语可以说是'标准型'的：即浊声母读得低，清声母读得高。浊声母只出现35、31、13、131四种调值，清声母则只出现53、51、55三种调值。很明显，清声母调值的起点都是五度标调法的最高点，而浊声母的调值的起点则是最低点或处于中间。这两类调在感觉上高低差别是很明显的。"但也有相反情况，"实际上清声母读高调，浊声母读低调的现象在现代藏语中并非划一的现象，有的地方：（一）有的浊声母读高调，（二）有的清声母读低调，（三）有的次浊声母读高调。这就是说，在现代藏语有些话里浊声母、次浊声母、清声母高调低调都读，这就打破了声母清浊同声调'标准'的对当关系。"

胡坦、瞿霭堂、林联合的《藏语（拉萨话）声调实验》（1982）④ 一文，使用电子计算机，分析研究了藏语拉萨话声调的音高、音长、音强的物理性质，测定了准确的调值，并确定了变调的调型和调值。这项研究为藏语声调深入研究提供了必要的基础，也为其他语言的声调声学实验提供了先例。

谭克让的《夏尔巴藏语的声调系统》（1987）⑤ 一文，谈到了夏尔巴人系13世纪左右由康区迁至西藏和尼泊尔境内，其声调系统保留了康方言特点。"夏尔巴藏语的声调系统，分为本调和变调两大类。" 4个本调均为降型，但也受邻近的后藏方言的影响。"夏尔巴藏语的变调调型与本调调型基本一致，只是第一音节由于受高低两大类声调的影响，产生了高平55调和低平11调两个新的调型，这与其他地区藏语声调的变化是一致的，但是当前后两个音节连读后，夏尔巴藏语就形成了一套与其他地区藏语不同的变调形式。"

孔江平的《藏语（拉萨话）声调感知研究》（1995）⑥ 一文，以藏语拉萨话的声调为实验材料，采用现代语音学中音位感知研究的新方法和理论，对藏语拉萨话声调的音高、调形和长短进行了综合研究。研究表明，拉萨话的声调无论在音高及调形还是在长短上，都有明确的感知范畴，属范畴感知。

---

① 载《中国语文》1956年第6期。
② 载《民族语文》1981年第4期。
③ 载《民族语文》1979年第1期。
④ 载《语言研究》1982年第1期。
⑤ 载《民族语文》1987年第2期。
⑥ 载《民族语文》1995年第3期。

青措的《藏语德格话的声调研究》（2015）① 一文，从现代语音学的角度，用声学仪器对藏语康方言德格话的声调进行实验分析，总结了德格话单音节声调和双音节声调的调型和变调规律，还分析了德格话声调的分化条件。

铃木博之的《所谓藏语康方言中的"声调"语音特征》（2015）② 一文，基于作者调查的200多个藏语土话点，来分析声调的音高对立、发声态对立及声域对立三种语音实现，认为仅以具有声调及带声塞音类为依据的"康方言"这一分类，尚不足以区分一个具有共同创新的土话群。

（2）声调的历时演变研究

胡坦在第十二届国际汉藏语言学会议（巴黎，1979）上宣读的《藏语（拉萨话）声调研究》（1980）③ 一文，通过藏文和现代方言的比较，揭示了藏语声调产生与演变的规律。文章认为："藏语声调，产生较晚。一般认为，公元七世纪前后，即藏文创始时期，藏语还是一个没有声调（对立）的语言。那时前缀音和辅音韵尾等比较复杂，字音高低的变化，只是一种伴随特征，并不具备音位功能。此后一千多年，藏语的发展，因地而异。有些方言，在语音演变过程中，逐渐发展出声调系统；有些方言，则至今没有利用声调作为区别语词的手段。藏文创始时期，有许多前缀音。例如：塞音前缀 b‑d‑g‑；鼻音前缀 ɦ/ɴ‑m‑；续音前缀 r‑l‑s‑。它们可以加在词根声母的前头，构成各种辅音群，区别不同的语词。这些前缀音，后来在各地方言中都趋于合并、简化和脱落。从历史文献和现代方言的比较来看，'康藏方言'声调的产生，主要是自身声母和韵尾大量简化的结果。以拉萨话为例，导致声调产生和分化的主要因素有三项：1.声母清浊对立的消失；2.前缀音的脱落；3.辅音韵尾的简化。前两项属于音节'头部'问题，第三项属于音节'尾部'问题。现代藏语拉萨话声调的来历，大都可以从古藏语音节结构的一'头'一'尾'中找到渊源。大体上说，高、低调的对立跟'头'有关，高、低调再分平、降跟'尾'有关"。

张济川的《藏语拉萨话声调分化的条件》（1981）④ 一文认为："拉萨话声调的分化只与辅音有关，与元音无关；元音性质的不同，对声调没有影响。拉萨话一个音节读什么调，要看音节的最两头，取决于声调分化之时起首那个辅音的清浊和音节末尾有无辅音韵尾或者收尾那个辅音韵尾的舒促。音节起首辅音的清浊决定声调起点的高低，收尾辅音韵尾的有无或舒促决定声调的升降。"

冯蒸的《试论藏文韵尾对于藏语方言声调演变的影响》（1984）⑤ 一文也认为："藏文韵尾与各方言声调系统的配合现象，我认为它们就是藏语声调第一次分化的

---

① 西北民族大学，硕士学位论文，2015年。

② 载《南开语言学刊》2015年第1期。

③ 载《民族语文》1980年第1期。

④ 载《民族语文》1981年第3期。

⑤ 载《西藏民族学院学报》1984年第2期。

痕迹，它清楚地表明了某套韵尾具有某套声调，而每套声调又基本上是一种一高一低的二调系统，而这个二调系统与声母的清浊或复声母的第一音素又有着直接的对应关系。而这些显然又是声调的第二次分化的结果。藏语声调产生与分化的这个过程，对于我们进一步探索汉藏语系声调的起源与发展，都有着一定的启发性。"

1988年，胡坦又发表了《有声调藏语和无声调藏语之比较》（1988）[①] 一文，以有声调的西藏拉萨话和无声调的甘肃夏河拉卜楞话做比较，认为："藏语声调是后起的现象。书面语建立初期尚无声调对立之证据。当时声母复杂，韵尾较多，字音高低变化，大约只是一种伴随特征，并不具有音位功能。声调的产生跟声母和韵尾的简化密切相关。"

关于藏语声调的起源和演变到目前为止，取得了以下一些认识：（1）藏语声调起源较晚，是分成不同的语言后才产生的。原始藏语无声调。（2）促使声调产生的因素主要是声母、韵母的简化和多音节词向单音节词发展。这是藏语语音内部调整表达功能的结果，是一种语音手段向另一种语音手段的转换。（3）藏语影响、制约声调分化的条件，比较重要的是韵母的舒促、声母的清浊，此外还有声母的送气不送气、变调、语言影响等。

（3）变调研究

瞿霭堂在《藏语的变调》（1981）[②] 一文中指出藏语变调除前后声调自然影响外，还有类型上的配合要求。"连读变调是藏语声调系统中的一个组成部分。藏语连读变调的特点，不同于汉语连读变调的那种自然结合的趋势，而在连读变调时同时发生简化、类合的现象，使错综复杂的不同声调结合形式变成少量有规律的结合类型，如高型、低型。这种类型取决于一种顺应声音高低的自然趋势，也取决于说话人的心理因素，同时它也受具体话中声调系统的制约。从藏语变调类型的高低升降的趋势来看，同藏语基本声调的调型一致，因为现代藏语声调的基本调型就是平调、升调、降调和升降调四种。藏语的连读变调主要反映在双音词和三音词中。藏语的变调除类型上的合并外，前后音节也发生自然的影响。影响变调的是词内部实词素结合的松紧：结合紧的，组成一个构词单位，声调发生变化；结合得松的，不组成一个构词单位，声调也不发生变化。"

（4）古调值构拟研究

瞿霭堂的《藏语古调值构拟》（1988）[③] 一文，通过藏文、藏语方言之间的比较，并使用语音实验材料，用内部构拟法构拟了藏语的古调值，并说明古调值在现代藏语中的演变情况。

①　载 Languages and History in East Asia，Kyoto/Shokado，1988。

②　载《民族语文》1981年第4期。

③　载《中国语言学报》1988年第3期。

2. 声母研究

藏语声母研究成果中，以复辅音声母研究居多。辅音声母研究成果里，藏文前加字、上加字、下加字所反映的复辅音面貌在藏语的安多方言里基本保留，在藏语康方言和白马语里仅保留了前置鼻冠音，在门巴语、仓洛语里仅仅有下加字的痕迹。

70年来，随着藏语描写语言学的不断进展，人们对藏语复辅音的构造特点已有基本认识。一些学者把兴趣转向探讨复辅音的历史来源及其演变方式，并试图构拟原始藏语复辅音的形式。研究汉语史的学者对藏语的复辅音研究尤感兴趣，因为他们想从藏语复辅音研究中获知上古汉语是否存在复辅音系统的证据。

（1）声母的历时研究

研究复辅音的历史演变过去主要使用古今藏语的比较。

瞿霭堂的《藏语的复辅音》（1965）[①] 一文，通过古藏语（藏文代表的7世纪藏语语音）与现代藏语比较，探讨了藏语复辅音声母的结构和演变，提出了类合、合并、脱落三种复辅音演变的方式以及复辅音声母简化和演变的过程。

李方桂的 "The Chinese Transcription of Tibetan Consonant Clusters"（1979）[②] 一文，专门考察了"唐蕃会盟碑"中藏汉对音（复辅音）问题。

车谦的《从gcig谈起》（1981）[③] 一文，探讨了古藏语中清塞音、塞擦音声母送气不送气是否两套对立音位的问题。根据敦煌历史文书中两套字母常常自由变写而推断出在吐蕃时代二者为自由变体，后因音变才形成两套对立的音位。作者认为："吐蕃时期藏语清塞音、塞擦音送气与不送气自由交替的现象，不仅在双音节词的第二音节上出现，而且也在第一音节，特别是在单音节词上出现。这就说明了它们在当时还不是两个独立的音位，而仅仅是一个音位的自由变体。"

黄布凡的《十二、十三世纪藏语（卫藏）声母探讨》（1983）[④] 一文，通过12、13世纪藏文文献材料与现代方言的比较，推断12、13世纪卫藏地区的藏语"古复辅音声母已大大简化，前置辅音有些已脱落，有些已合并，部分基辅音和后置辅音结合变为新的单辅音。"作者认为此时前置辅音s-、r-、b-、d-、g-在清声母前已脱落，在浊声母前合并为一个或脱落；鼻冠音ɦ-、m-在浊声母前合并，在清声母前并为清化鼻音或脱落；前置辅音l-出现在词首时不发音，部分人读为鼻音；后置辅音-j同双唇基辅音组合已变为舌面音，-r同基辅音组合变为卷舌塞擦音。不带前置辅音的全浊声母已清化，带前置辅音的仍读浊音。文中指出当时的后藏方言中前置辅音尚未脱落，只是部分合并，后置辅音-r仍读音。

---

① 载《中国语文》1965年第6期。

② 台湾BIHP50，1979。

③ 载《民族语文》1981年第2期。

④ 载《民族语文》1983年第3期。

张济川的《藏语声母（lh–）的来源和演变》（1990）① 一文，比较了现代藏语各方言中 lh– 的读音，认为这个声母虽然在藏文中是由两个字母组合而成，但在创制藏文的时代这个合成字母代表的是单辅音 [ɬ]，更早时期可能源于 *khl 和 *thl。

江荻的《藏语复杂声母系统及复杂演化行为》（1996）② 一文，讨论了藏语复杂声母的复杂演化行为。"复杂声母不仅由多个元素构成，形成复杂的结构类型和复杂的结构方式，而且往往具有复杂的演化行为。…… 复杂声母作为非线性现象的演化虽然复杂多样，同一声母在不同时间和不同地域或许会有不同行为和不同形式，但个性中仍蕴含共性，相似的形式自然要构成相同的类。"

江荻的《藏语 db– 音类的演化过程及时间层次》（1997）③ 一文，借助与 db– 音类同构的 sb–、dp–、sp– 等几类声母，以及相关的藏文文献和藏族史料，论述了 db– 音类的历史演化过程及音变的时间层次，为我们初步推断藏语声调产生的时间提供了根据。"zl– 音类和 db– 音类的声调演变特例不仅说明了语音演变的时空有效性以及旁证了本文关于 db– 音类变化的过程及时间，同时也为我们初步推断藏语声调产生的时间提供了根据。"

王双成的《古藏语 –r– 的音变问题》（2011）④ 一文，对古藏语的 –r– 在安多藏语中读 –j– 的主流观点"–r– > –j–"提出质疑，并结合藏语历史文献和方言材料，认为安多藏语中将书面语的 –r– 读为 –j– 的情况并不是后来"–r– > –j–"的体现，而是"–j– > –r–"，只是不同的方言经历了不同的演变，保留的层次不同而已。

丰琨、施向东的《从藏文词族材料看藏文 c 组声母的来源》（2012）⑤ 一文，把《藏汉大辞典》中音义相近甚至相同的词联系到一起，称之为"词族"，根据词族材料认为藏文 C 组声母有舌尖塞音和舌根塞音两方面的来源。

铃木博之的《云南维西藏语的 r 介音语音演变 —— 兼论"儿化"与"紧喉"的交叉关系》（2013）⑥ 一文，以分布在云南省迪庆州维西县的维西塔城小组的四个土话为例，对与藏文含下加字 r 对应的口语形式进行分析。根据一般的藏语语音史，下加字 r 会引起声母的卷舌化，发现维西塔城小组中的土话群中并没有像一般的藏语语音史一样 r 引起声母的卷舌化，在柯那话、英都湾话与永春话中出现了元音的卷舌化，而勺洛话出现了元音的咽化。

王双成的《藏语送气擦音的来源》（2015）⑦ 一文，主要探究藏语安多方言和康方言中存在的送气擦音的历史来源，通过藏语历史文献、口语方言及亲属语言的材

① 载《民族语文》1990 年第 2 期。

② 载《中国藏学》1996 年第 4 期。

③ 载《民族语文》1997 年第 5 期。

④ 载《西藏大学学报》2011 年第 1 期。

⑤ 载《南开语言学刊》2012 年第 1 期。

⑥ 载《东方语言学》2013 年第 1 期。

⑦ 载《语言科学》，2015 年第 5 期。

料佐证，提出送气擦音的重要来源之一是早期的一部分塞音（塞擦音）在历史演变过程中变为了擦音同时又维持了原有的送气特征所致。

王双成的《藏语鼻冠音声母的特点及其来源》（2016）① 一文，认为藏语鼻冠音声母根据基本辅音的清、浊不同，来源也不同，基本辅音为浊音的鼻冠音声母来自不同前置辅音的"整化"或鼻音，而基本辅音为清音的鼻冠音声母一部分是从其他前置辅音的"整化"来的，还有一部分从前一类鼻冠音声母分化出来的，单纯的鼻音同时也能演变为鼻冠音声母。王双成的《清化鼻音》（2018）② 一文，描述了藏语清化鼻音的分布特征，并在声学特征、鼻腔气流、语音信号等几个方面对藏语常态鼻音、清化鼻音做了实验分析，最后对其历史来源及演变特征做了进一步探析。

桑吉杰的《藏语声母后置辅音演变研究》（2018）③ 一文，通过对藏语书面语和口语材料的共时和历时的比较分析，发现藏语声母后置辅音的演变在空间上呈现出一定的差异性或不平衡性，但从历时上看演化方向却有共性和规律。认为后置辅音演化发展的不平衡性是导致现代藏语各方言语音差异的重要原因之一。

（2）声母的共时研究

华侃的《安多藏语声母的几种特殊变化》（1983）④ 一文，详细描述了古藏语的几类声母（*ph–、*mj–、*rmj–、*smj–、*cr–、*sp–、*spr–、*sbr–）在现代安多方言农区、牧区和半农半牧区话中的几种不同变化。文章指出：从安多藏语声母在发展演变中的几种特殊变化，"讨论这种与其他方言不同的现象，探求它的原因和规律，可以从中了解藏语语音一些要素的产生、发展和失落的情况，以及古今音变的一些线索。"

华侃的《甘南夏河、玛曲藏语中复辅音声母比较》（1984）⑤ 一文，通过甘南藏族自治州玛曲牧区话和夏河半农半牧区话的比较指出：复辅音"不论是牧区话或半农半牧区话，简化的趋向是共同的，但简化的方式稍有不同。牧区话中，上加字、前加字读音上完全脱落是很少的，只处于合并或弱化的过程中，这样就使复辅音结合方式上有了简化，复辅音的总数目比半农半牧区话还是多得多。半农半牧区话里的简化是脱落和合并两者兼有，脱落的比重似乎还相当大。复辅音声母除了区别词汇意义外，有的还具有区分自动动词和使动动词的语法功能。牧区话中通过复辅音的不同来表示自动和使动的一部分动词，在半农半牧区话里往往只通过声母本身送气与否来表示。书面语上，动词的不同时态和命令式常通过词根本身的屈折变化来表示。由于原有前置辅音的脱落或合并，早期的形态标志有的消失了，有的简化了。使半农半牧区话中原有三个时态及命令式的一部分动词，现只有两种语音形

---

① 载《语言研究》，2016年第3期。
② 载《民族语文》2018年第2期。
③ 西北民族大学，硕士学位论文，2018年。
④ 载《民族语文》1983年第3期。
⑤ 载《西北民族学院学报》1984年第4期。

式，有的甚至只有一种语音形式。牧区话在不同时态上大多还保留着相异的语音形式。"

王荣德的《天峻藏语复辅音的特殊现象》（1994）[①]一文，指出天峻藏语的一个重要特点是具有一套自身规律的复辅音。这套系列音主要是靠语音的转化和继承形成的。词单说时，前置辅音被发送得比较清晰，词连说时，前置辅音有一套邻接连说细则，在56个连说音对中，只发一个邻接音的约占74%，两个邻接音依次都发的约占24%。发一个邻接音比发两个邻接音轻便，在保持单说清晰的基础上，向着只发一个邻接音的方向发展是天峻藏语复辅音特点的主流。

铃木博之的《尼汝藏语的小舌音声母与其藏文的对应规律》（2014）[②]一文，对云南省迪庆州香格里拉尼汝藏语的声母系统进行了详细描写，并通过与藏文的对比探讨其小舌音的来源，得出小舌音主要来源于藏文不带下加字的k类声母的结论。

土登江措的《藏语玉树话的辅音声学分析》（2017）[③]一文，运用实验语音学的理论和方法较全面地描写了藏语康方言玉树话的语音特征，并通过历史比较分析了其演变规律。

3. 韵母研究

瞿霭堂的《藏语韵母的演变》（1982）[④]一文，通过藏语方言之间的比较以及方言同藏文的比较，研究藏语韵母演变的原因和方式。文章指出："藏语韵母演变总的趋势是简化。藏语韵母各方言简化的程度不同是受声母演变制约的结果，具体来说，是受声母简化'牵制'的（或者说互相'牵制'）：声母简化得快，韵母就简化得慢，换句话说，声母简化得多，韵母就简化得少，反之亦然。藏语声母、韵母都在简化，但成反比例的关系。"

瞿霭堂的《藏语的复元音韵母》（1987）[⑤]一文，具体考察了现代藏语的三个方言，其中，"卫藏方言和康方言有复元音韵母，安多方言没有这类韵母。卫藏方言和康方言中复元音韵母的分布不平衡，有的地方多，有的地方少。"作者最后认为："藏文创制以前更古的藏语原来应无复元音韵母，而是后来由于语音的变化发展起来的。藏语复元音韵母的发生是藏语韵母系统重心转移的结果。藏语复元音韵母主要来源于音节减缩和韵尾影响，都是语音弱化的结果。"

瞿霭堂的《藏语韵母研究》（1991）[⑥]，对藏语韵母演变的总趋势、单元音韵母、复元音韵母和带辅音韵尾的韵母等做了总结并发表了自己的看法。本书对藏语语音的全面研究，对藏缅语族语言以至汉藏语系语言的比较研究，都有参考价值。

---

① 载《青海民族研究》1994年第1期。

② 载《东方语言学》2014年第1期。

③ 西北民族大学，硕士学位论文，2017年。

④ 载《中国语言学报》1982年第1期。

⑤ 载《中央民族学院学报》1987年第1期。

⑥ 青海民族出版社，1991年。

王双成《安多藏语复元音韵母的特点》（2004）① 一文，探讨了藏语安多方言复合元音的问题。藏语中安多方言是一个保留了较多的书面藏语复辅音的方言。一般认为在这种方言中缺少复合元音成分。作者通过对安多方言的牧区话、农区话和半农半牧区话各点的词汇比较，认为在安多方言中也有复合元音存在，不过这种复合元音和卫藏、康方言不同，是一种假性复合元音。假性复合元音实际有两个峰值，要划分音节的话，应该划为两个音节，这和一般复合元音的定义是不同的。

王双成的《安多藏语的复元音韵母》（2005）② 一文，通过和藏语其他方言的比较提出安多藏语有 ua、ui、ue、ya、u 等复元音，但这些复元音的出现频率、分布特征在不同地区的牧区话和农区话中存在着很大的差异，认为安多藏语复元音中的介音 u、y 的来源和藏文的 b 密切相关。

4. 辅音韵尾研究

藏文后加字所反映的韵尾系统，在藏语安多方言里大部分保留，但在康方言里韵尾已经基本消失。

张济川的《古藏语塞音韵尾读音初探》（1982）③ 一文，专门探讨了古藏语塞音韵尾 *-b、*-d、*-g 是否带音的问题。作者认为，从早期藏文语料看，古塞音韵尾在创制藏文初期是带音的，"大约在八世纪末九世纪初由浊变清"，而复辅音韵尾 *-d 由浊变清，进而喉音化乃至脱落的演化时间可能更早些。

谭克让的《藏语擦音韵尾的演变》（1985）④ 一文，探讨了古藏语韵 *-s 在现代藏语各方言中的两种演变情况：一是脱落；二是喉音化。文章认为："*s 韵尾作为单辅音韵尾，脱落后使闭音节韵母变为开音节韵母，或不脱落而发生音变，变为一个新的闭音节韵母；作为复辅音韵尾中的一个构成成分，脱落后使复辅音韵尾变为单辅音韵尾，或不脱落而发生变化，变为一个新的复辅音韵尾。但是在藏语三个方言的大部分地区 *s 韵尾都已脱落，这是 *s 韵尾变化的主流，而演变为塞音韵尾的情况只发生在卫藏方言的拉萨市、山南专区以及日喀则专区的部分地区。"

周瓜克的《藏语辅音韵尾演变研究》（2018）⑤ 一文，以藏语传统文法理论中辅音韵尾的读音和分类作为重点，对藏语的语音历史演变过程中辅音韵尾的读音、分类、特征和演变过程、发展性质和发展趋势进行了较为深入研究。

5. 音变研究

音变就是语音的变化。70 年来，对藏语音变的研究取得了一些成果。

胡坦的《藏语的语素变异和语音变迁》（1984）⑥ 一文，联系语法结构研究语音

① 载《民族语文》2004 年第 3 期。
② 载《西藏研究》2005 年第 3 期。
③ 载《民族语文》1982 年第 6 期。
④ 载《民族语文》1985 年第 4 期。
⑤ 西北民族大学，硕士学位论文，2018 年。
⑥ 载《民族语文》1984 年第 3 期。

的演变。认为音变会引起语素的变异,有时候可以反过来,通过语素的研究去探索语音演变的线索。例如古藏语的复辅音在现代拉萨话里大多变为单辅音,但在某些复合词中常有一种连读增音现象 tɕu(十)+ ɕi(四)→ tɕu⁵⁵pɕi⁵⁴(十四)。从历史上看,这里并非增音,只是在一定条件下保留了某些古复辅音。今日之例外可能是昨日之通则。研究例外和残存现象有助于研究语言的历史变迁。

王青山的《古藏文写本反映的几种语音变化》(1988)[①]一文,从敦煌、新疆的古藏文写本和吐蕃时期的碑铭上的众多异体字推断古代某些语流音变的痕迹,包括同化现象、辅音弱化、连读增音和脱落等现象。这类变化在现代安多方言中仍不同程度地保存下来。

胡坦在《略谈规则与例外》(1993)[②]一文中,进一步从现代拉萨藏语中的不规则读音和不对称分布的两个实例中,说明"今日之例外可能是昨日之通则,甲地之例外可能是乙地之通则"的道理。"规则是成套的,可以类推;例外是零碎的,很难以类相推,只能个案处理,就事论事。"

胡坦的《藏语历史音变的几种类型》(1993)[③]一文,以拉萨藏语为例,从三方面描述了藏语古今的语音变迁:(1)音质音位的变化(新音位的产生,音位合并,音位组合的变化);(2)非音质音位的产生(调位、轻声、时位);(3)不规则的语素音变(复辅音的残留,韵尾的隐现,介辅音的脱落,异读)。历史音变的趋势与结果主要表现在四个方面:(1)声母简化;(2)元音增多;(3)韵尾削减;(4)声调产生。文章指出:"藏语历史音变中,音位有增有减,有分有合。浊音清化属于两套音位合流从而导致音质音位减少的一种变化。经过长期演变,在拉萨话里音质清浊的区别特征逐渐让位于音调高低的区别特征,到现在,全浊辅音声母已完全并入同部位的清辅音声母。规则如下:(1)古无前缀音浊塞音和浊塞擦音变为送气的清塞音和清塞擦音;(2)古有前缀音的浊塞音和浊塞擦音变为不送气的清塞音和清塞擦音;(3)古浊擦音 / z, ʐ / 变为清擦音 / s, ɕ / 。"

江荻、孔江平的《藏语合音现象的词汇扩散分析》(1990)[④]一文,以藏语拉萨话和阿里地区的藏话为语言材料,用词汇扩散的方法,对藏语的合音现象进行了分析和探讨,并考察其历时音变的轨迹。文章认为:"双音节合并为单音节,导致长元音和复元音,并且双音节到单音节的合音现象是在词汇上逐渐展开的,一个个的双音节词在一定条件下,按照一定规律逐渐向单音方向扩散,反映这个过程的是:或读作双音或读作单音的共时变异现象的存在。藏语声调产生且不断发展的同时,清浊辅音对立并没有消失,它仍在起作用;藏语元音系统具有极大的容纳量,辅音的变化导致元音种类的大大增加。语音合并顺应了这个发展,从而产生了长元音和

① 载《西藏民族学院(社会科学)学报》1988年第4期。

② 载《民族语文》1993年第4期。

③ 载《民族语文论集 — 庆祝马学良先生八十寿辰文集》,中央民族学院出版社,1993年。

④ 载《民族语文》1990年第2期。

复元音。"

黄布凡、索南江才、张明慧的《玉树藏语的语音特点和历史演变规律》（1994）[1]一文指出：玉树藏语"声母和韵母的演变都要受语言内部的多种因素制约。还有语言外部因素如方言的影响、书面语的影响等，也都对语音演变起干预作用。相对地说，韵母的变化要比声母的变化大，双音节词的变化要比单音节词的变化大。"

江荻的《藏语 sr– 声类变化的扩散及中断》（1996）[2]一文，通过词汇扩散理论对藏语 sr– 声母字在拉萨话里出现 [tʂ] 和 [s] 两类读音进行了可行性的解释。"sr 声母第一阶段起变是朝塞擦音方向发展。由于 –r 音部位的影响，变音具有舌尖后音的特征；由于 s– 音的影响，–r 音完全清化，变音自然是清音；还由于发音过程中 –r 音对 s– 音具有相对的气流阻塞作用，因而最终形成清塞擦音 [tʂ] 的结局。"

孙天心的《求吉藏语的语音特征》（2003）[3]一文，以求吉乡麻藏村口语为例，扼要介绍求吉藏语音系及其源流。并指出："麻藏话现代音系的突出特点：音节构造简单，发声类型有辨义作用，无音位调。历史音变的突出特点：古不带前置非鼻辅音之全清、全浊声母均读全浊，而带前置非鼻辅音之全浊声母清化后读气嗓音等。"

张琨夫妇的"A Morphophonemic Problem in the Spoken Tibetan of Lhasa"（1965）[4]，描写了拉萨藏话中的几种语素音变现象；《拉萨话元音的和谐》（1983）[5]，分析了拉萨藏话中的元音和谐现象。

完玛冷智的《藏语数词的语音变化》（2006）[6]一文，探讨了藏语数词"十"在复合数词"十五"和"十八"中的音变现象，以及数词"一"在各个现代藏语方言中的古音残留现象。

杨大雪的《藏语若尔盖话历时音变概况》（2018）[7]一文，运用历史比较法将若尔盖话与藏文进行对比，观察并总结其音变规律，发现总体音变趋势是音节结构趋向简化，并出现声调萌芽迹象。

6. 长短元音研究

藏语有长短元音对立。现代藏语长短元音的来源，是由古韵尾的脱落引起的，长短元音对立区别不同词的词汇意义。

谭克让、孔江平的《藏语拉萨话元音、韵母的长短及其与声调的关系》

---

① 载《中国藏学》1994年第2期。

② 载《民族语文》1996年第1期。

③ 载《民族语文》2003年第6期。

④ JAOS85，1965。

⑤ 汉译文载《民族语文研究情报资料集》1983年第1集。

⑥ 载《民族语文》2006年第4期。

⑦ 载《中国民族博览》2018年第8期。

（1991）①，通过声学分析，发现藏语拉萨话元音的长短只反映在开音节中，闭音节中的元音都属短元音。但从韵母来看，长短韵母反映在所有音节中，并与长短声调有着严整的对应关系。过去感知上认识的长短元音的对立，在音位系统中实质上是长短韵母的对立，或者也可说是长短声调的对立。文章指出："藏语拉萨话的韵母结构，感知上认为：开音节和闭音节的元音都分长短，并分别与长短声调相结合。从来源上看：开音节的短元音、短调，来源于古开音节；开音节的长元音、长调，来源于古辅音韵尾的消失和双音节词的减缩；闭音节的短元音、短调，来源于古单辅音韵尾和复辅音韵尾的演变；鼻化长元音、长调，来源于古鼻辅音韵尾的脱落演变。"

陈小莹、陈晨、于洪志、华侃等人的《藏语拉萨话长短元音的声学分析》（2010）②一文，以藏语拉萨话为例，通过对长短元音在发声方法、音质以及基频音长方面的统计分析，比较得出二者的异同，并讨论了元音的长短在音位系统上的作用，认为音位系统的建立，只能在细致的语音分析以后得出，仅凭对立互补关系，并不能全面反映一个语言的真实面貌。

7. 语音史研究

张琨的"Spoken Tibetan Morphophonemic：p"（1967）③，探讨了拉萨藏话中连读增音[p]的现状与来历；"Tibetan Prenasalized Initials"（1977）④指出，藏文前置字"小a"实际上代表一个鼻音。不但现在藏语读音证明这种解释，汉语同源字也支持这种说法。

龚煌城的《古藏文的y及其相关问题》（1977）⑤，探讨了藏文y的腭化作用以及藏文字母ca，cha，ja的来历问题，并进一步指出作为基字的y与下加字的y的关系，匡正了前人的谬谈。

江荻的《藏语语音史研究》（2002）⑥一书，分别从元音、辅音和声调等几个方面对藏语的语音演化进行了探讨，并阐释了藏语语音史上一些特别的音类变化。该著作突破了长期以来国内划分三大藏语方言的局限，将境外的藏语西部方言和南部方言统筹考虑，有助于在阐释中将各种演化现象互相补充，观察和论述比较全面。

韦蕊的《新中国70年藏语方言语音研究》（2019）⑦一文，对中华人民共和国成立70年来的藏语方言语音研究成果进行了综述，指出其不足，并提出了一些相应的对策。

---

① 载《民族语文》1991年第2期。

② 载《第九届中国语音学学术会议论文集》，2010年。

③ 美国LANGUAGE，1967。

④ 台湾BIHP XLⅧ，1977。

⑤ 台湾BIHP 48，1977。

⑥ 民族出版社，2002年。

⑦ 载《西藏科技》2019年第9期。

8. 音位研究

I.N.科马诺娃的《藏语的字素和音位》(1992)① 一文，认为"藏文主要的书写单位是音节符号，它可以有各种不同的结构，不仅可以由简单字素构成还可以由复杂字素以及复杂字素和简单字素的组合体构成。…… 在现代藏语中，字母和语音（音位）之间的相互关系是复杂的，因为字母表中的字母和语音（音位）在数量上不相等，一个简单字素（单字母）以及字素组合或者说多字母（双字母，三字母，四字母，五字母）都只对应一个音位。"

解林清的《汉 — 藏语音位结构分布和组合能力的比较研究》(2014)② 一文，以现代汉语普通话常用2500字和现代藏语拉萨话5190字两个字音库的音位系统作为基本研究对象，以封闭空间和大型平衡语料库为基本范围，基于语言学、音位学和统计学基础理论，对汉语和藏语字音库内的不同类型音位的分布模式、音位的结构、音位之间的组合关系和音位的组合能力进行统计和对比研究，发现汉语和藏语音位系统中两者在音位结构的分布上具有很大的相似性，在总体的频次分布上，汉语和藏语在封闭空间内各音位频次的分布较之其在大型平衡语料库中的分布很是均衡，可见封闭空间系统内汉藏语各音位的分布比较稳定。

宋占峰的《基于语料库的华锐藏语音位结构统计研究》(2018)③ 一文，依据音位学原理，采用了语料标注和统计分析的方法，对华锐藏语进行词汇语音库的建设、音位系统归纳和音位结构搭配这三方面的工作，总结了华锐藏语语音与藏语书面语的对应关系，为今后的华锐藏语研究提供了新的数据和研究思路。

（三）语法研究

藏语语法研究70年来大体上顺着两条路子并行发展。一是沿袭传统文法，在《三十颂》和《性入法》的框架内加以阐述、补充和发挥；另一是力图运用现代语言学原理和方法探索藏语语法的内在规律。前者多以书面语为对象，带有规范语法性质；后者多从现代口语入手分析具体方言的语法特点，属描写语法范围。

中华人民共和国成立后，国家重现人才培养和语言调查，培养了一支强大的藏、汉和其他各民族学者组成的藏语研究队伍，一方面整理出版传统的藏文文法著作，另一方面开展了大规模藏语方言的调查工作，为藏语语言学研究的发展和深化奠定了强有力的基础。

首先是针对传统文法的名著整理和新作发表。整理重印的文法名著有《西藏文法四种合编》(1956)、《藏文文法根本颂色多氏大疏》(1957)、《色都文法详解》(1957)、《藏文虚词使用法》(1978)、《语门文法概要》(1980)、《司都文法

---

① 汉文载《民族语文研究情报资料集》1992年第14集。

② 西北民族大学，硕士学位论文，2014年。

③ 西北民族大学，硕士学位论文，2018年。

详解》（1982）、《嘎列文法释难》（1989）等等。当代藏学家出版的新作有《藏文文法详解》（1954）、《藏文文法简要及动词的用法》（1957）、《藏文文法三十颂》（1959）、《藏文文法讲义》（1959）、《藏文文法难释》（1979）、《藏文文法简编》（1979）、《藏文文法概论》（1979）、《藏文文法》（1980）、《语法明悦》（1980）、《藏文文法知识》（1982）、《三十颂详解》（1987）、《藏语语法论集》（1987）等，这些新作既继承了藏族传统文法的精要，又有一定的新的学术见解。还有一些学者力图以现代语言学理论和方法来构建藏语语法体系或用现代语法学术语予以诠释，如瞿霭堂的《论藏语的语法体系》（1985）① 、格桑居冕的《实用藏文文法》（1987）、胡书津的《简明藏文文法》（上、下册）（1987、1988）等。

还有针对现代藏语口语的调查研究，即脱离传统"声明"框架、采用现代语法学原理与方法描写当代藏语方言语法的作品日渐增多，其中既有全面分析某一具体方言语法的专著，也有就某一语法现象的专题讨论。

韩镜清的《拉萨口语语法》（1958–1959初稿，1978修订）② 对拉萨藏语的词法与句法做了全面分析，第一次指出了动词中有自主和不自主的区别。

周季文的《藏语语法》（1964）③ 是以拉萨口语为对象探讨了藏语中词素、词、词组和句子的区别与联系，十大词类的特点与用法，句法部分以谓语为核心分析了简单句的各种句型，单层复合句与多层复合句的区别等等。

金鹏主编的《藏语简志》（1983）系统地介绍了以藏语拉萨话为代表的语音、词汇、语法，成为藏语研究者的一个重要参考材料。

仁增旺姆的《重叠方式在安多藏语中的运用》（1987）④ 一文，讨论了安多藏语口语中动词、形容词、名词、代词和象声词的重叠问题。

王志敬的《藏语拉萨口语语法》（1994）⑤ 一文，通过长期在拉萨进行藏语教学的机会，收集了丰富的第一手资料，并在此基础上完成了这部专著。从书中可以看到作者力图摆脱藏语传统语法研究的框架，用新的思路来驾驭材料，分析材料，建立自己的语法框架，其中有的章节对拉萨口语有深入细致的描述。特别可贵的是书中所有的例句都用藏文、汉文和国际音标互相对照，对于学习、研究藏语提供了一本重要的参考书。

对于藏语语法专题讨论的文章集中在动词、格助词、形容词、量词、句式和语序等方面。

1. 动词研究

藏语属SOV型语言，动词虽位于句尾，却往往决定着全句的格局。动词本身

---

① 载《藏族学术讨论会论文集》1984年。

② 中央民族学院油印本，1958–1959年初稿，1978年修订。

③ 中央民族学院油印本，1964年。

④ 载《西北民族学院学报》1987年第4期。

⑤ 中央民族学院出版社，1994年。

有一定的形态变化，全句的时体、语气、意志、趋向等范畴，乃至名词语的用格等都同动词的特点及其后附成分有关。藏语的动词在词法、句法中的地位十分重要，动词在句中对其他语法成分有着重要的制约作用，因而动词的研究历来成为藏语语法研究中的一个热点。

金鹏的《论藏语拉萨口语动词的特点与语法结构的关系》（1979）[①] 一文，提出拉萨藏语动词的四个特点：（1）自主不自主的区别；（2）判断动词和存在动词各有一对含有不同语气的词；（3）动词的式、时态和体的表达方式用后附成分表示；（4）动词名物化有标志。

谢广华的《藏语动词语法范畴》（1982）[②] 一文，探讨了拉萨藏话中动词的几种语法范畴：时态、人称、语气、及物不及物、使动等。

黄行的《藏语动词语法范畴的相互制约作用》（1997）[③] 一文，认为自主与否和及物与否是藏语动词的区别性特征，可以决定动词乃至整个句法结构的性质和类别。自动与使动、主语的格标记和时式范畴仅是动词的伴随特征，决定于动词的自主状态和及物状态。

此外，还有张蓓蒂、张琨的《西藏口语中的动词》（1983）、马进武的《藏语动词的三大特征》（1984）、谢广华的《现代藏语汉语动词比较》（1986）、车谦的《试论藏语动词在句子中的核心作用》（1994）、王诗文、胡书津的《试谈藏语动词的结构及其语法范畴》（1995）、江荻的《现代藏语动词的句法语义分类及相关语法句式》（2006）等。除了综合研究某一语言动词特点的论文外，更多的论文是有关动词某一特征的专题研究，主要有使动范畴、体范畴、式范畴、时范畴、自主不自主、动词的名化和动词形态的演变等。

（1）使动范畴研究

藏语有使动范畴，古藏语中相对发达，现代藏语各方言中动词使动范畴的形态已经大量简化。

张琨夫妇的 "The Tibetan Causative：Phonology"（1970）[④] 侧重分析了拉萨藏话的使动范畴与表达方式。格桑居冕的《藏语动词的使动范畴》（1982）[⑤] 一文，指出书面语和口语中使动范畴有两种表达方式：（1）屈折形式，如 NKhol "沸" 与 skol "煮沸"，可称自动与他动范畴；（2）分析形式，如 NKhol par byed "使沸"，skol du bcug "使煮沸"，可称使动结构。文章指出："藏语存在严整的使动范畴。书面语的文献和口语方言材料都足以证明。动词的使动范畴是一种历史现象，它有自身的发展过程。从历史上看，最初存在的是屈折形式，后来又产生了分析形式。现

---

① 载《民族语文》1979 年第 3 期。

② 载《民族语文》1982 年第 4 期。

③ 载《民族语文》1997 年第 6 期。

④ 台湾 BIHP 42，1970。

⑤ 载《民族语文》1982 年第 5 期。

代书面藏语两者并用、相互补充、各有所宜。从发展趋势上看，屈折形式在减少，分析形式在增加。"

谭克让的《藏语动词的自动态与使动态》(1988)[1] 一文指出，自动态与使动态在藏语书面语里主要是依靠声母辅音的不同变化来区分的，并认为"藏语动词自动态与使动态的表达形式，表现为语音交替形式的词形变化，即送气、浊音、低调一般表示自动态；不送气、清音、高调一般表示使动态"。

张济川的《藏语的使动、时式、自主范畴》(1989)[2] 一文指出："藏语有些动词有自动、使动对立的现象。……这种自动、使动对立的现象，在书面藏语中还更多一些，但构成方式与现代拉萨话很不相同。在书面语中，主要是用加不同前缀的方式构成，声韵母的不同，只出现在一部分词中。书面语所反映的古代语音，还没有出现声调，所以完全没有靠声调来区别自动、使动的。……在现代藏语方言中，虽然还有少量动词有自动、使动的对立，但作为使动范畴，可以说经不复存在。"

多杰东智的《藏语安多方言 VP+gə ndzək 句式与自动使动》(2009)[3] 主要描写藏语安多方言动词自动使动的屈折形式和分析形式，揭示其屈折形式和分析形式的主要特点及相互转变的模式和规律。认为 –tɕək 和 ndzək 等动词的语尾成分替代动词的屈折形式不仅是自动使动范畴的屈折形式逐渐消失的表现，更重要的是藏语句式结构 VP+gə ndzək（现在时）或 VP+kə tɕək（过去时）的需要而产生的表现。

（2）体范畴研究

藏语动词都有体语法范畴，体语法范畴往往由将行、已行、进行等不同形式组成。

瞿霭堂的《阿里藏语动词体的构成》(1980)[4] 一文指出，阿里地区的噶尔、普兰、扎达藏话中有现行体、将行体、已行体和即行体四种，日土、革吉、措勒和改则藏话中多一个未行体。"阿里藏语动词体构成的基本特点是动词的减缩变化。同一体的不同表达方式常常不出现于相同的语言环境：发生减缩变化的方式使用于短调开音节动词，不发生减缩变化的相应方式使用于闭音节或长调开音节动词，这两种方式在分布上是互补的。"

江荻的《藏语拉萨话的体貌、示证及自我中心范畴》(2005)[5] 一文，认为"藏语动词的'体'基本可以分为9类，分别是：将行体、即行体、待行体、实现体、持续体、结果体、方过体、已行体、与境体。所有这些语法体都带有形式上的'体'标记。另一方面，藏语体貌范畴总是与示证性和自我中心范畴共享形式标

① 载《民族语文》1988年第6期。

② 载《民族语文》1989年第2期。

③ 载《民族语文》2009年第3期。

④ 载《民族语文》1980年第4期。

⑤ 载《语言科学》2005年第1期。

记。"文章具体分析了每一种体的结构形式及其特点。

（3）式范畴研究

藏语动词都有式，大都采用动词词根曲折变化的方式表达。藏语安多方言、康方言、卫藏方言都是通过元音的曲折变化。总起来说，藏语中动词表命令式的曲折变化的活跃成都分别是藏文 > 安多方言 > 卫藏方言 > 康方言。

金鹏的《藏语拉萨话动词的式及其表达方法》（1983）[①] 一文指出："在藏语拉萨话里，动词有'式'（或'语气'）语法范畴，分特陈式、泛陈式、判断式、推断式、拟测式、命令式和否定式等七种。"文章详细论述了每一种形式的意义和表达方法。

（4）时范畴研究

藏语还有不同的时范畴，时范畴包括现在时、过去时和将来时。

江荻的《藏语拉萨话现在时的标记及功能》（1999）[②] 一文，以动词的内在时间结构特征分类为出发点，讨论现代藏语拉萨话动词现在时标记的功能及其与谓语动词的关系。并认为"通过各种动词不同时间特征分析可以确定不同的动词类别，从而又区分出不同动词充当谓语所带不同标记形式，以及这些标记的功能。"

（5）示证范畴研究

示证范畴表达讯息获取的来源方式，学界一般认为藏语组语言示证范畴是后起的，藏语示证范畴的研究是近年来兴起的一个热点。

江荻的《藏语拉萨话的体貌、示证及自我中心范畴》（2005）[③] 一文，认为藏语拉萨话有 4 类示证，分别是自知示证、亲知示证、新知示证和推知示证。

齐卡佳的《白马语与藏语方言的示证范畴》（2008）[④] 一文，分析了白马语与藏语安多方言和康方言示证范畴的相似性，指出白马语示范证标记的来源、功能和搭配以及与其相对立的完成体标记相当特殊，与其他藏语方言有一定差别。

邵明园的《安多藏语阿柔话的示证范畴》（2014）[⑤] 一文，把安多藏语阿柔话的示证分为亲知、拟测、引述和报道等四类，详细描述每一类示证的标记及来源，还有示证范畴与其他范畴之间的关系。认为示证范畴从无到有的产生是藏语历史语法最显著的变化之一。

曲世锋的《论藏语动词的示证系统》（2015）[⑥] 一文认为藏语的示证范畴、新异范畴和自我中心范畴三者共同构成了藏语示证系统。作者通过对卫藏、安多、康、拉达克、宗卡五大藏语方言示证系统的考查，归纳了藏语示证系统的特点和语法化

① 载《民族语文》1983 年第 1 期。
② 载《民族语文》1999 年第 5 期。
③ 载《语言科学》2005 年第 1 期。
④ 载《民族语文》2008 年第 3 期。
⑤ 南开大学，博士学位论文，2014 年。
⑥ 载《民族语文》2015 年第 4 期。

路径，认为藏语所有方言都有示证范畴，但喜马拉雅山以南的藏语方言还没有完全演化出自我中心范畴。

（6）自主与不自主研究

车谦的《藏语动词的自主与不自主》（1985）[①]一文指出："藏语动词的自主与不自主是根据主语所代表的人或事物对谓语表示的行为动作的控制情况来划分的。所谓自主动词，是指主语能够随意控制和自由支配的行为动作。相反，不能由主语支配和控制的就是不自主动词。……自主动词表示的是主观能动的动作行为，而不自主动词表示的是客观的状态和结果。但是，如果在不自主动词后面加词尾pa（ba）使其名物化，再加上自主动词byed或bzo，可以构成主动·使动式动词。它不但能表示主语使动作行为产生某种结果，而且能使该动词具有主语能动的性质。加…byed的主动·使动式动词可以表示主语本身的动作，也可以表示主语让其他人发出的动作。"

多杰东智的《安多藏语自主非自主动词与格的关系》（2004）[②]一文指出，自主和非自主动词与名词的格有直接的关系，如果谓语动词是非自主的，其主语是通格；如果谓语动词是自主的，其主语是动者格。并认为："当非自主动词充当句子的谓语成分时，其宾语上需要加与格助词；当自主动词充当句子的谓语成分时，有两种情况：一是有规则性变化的自主动词做谓语时，其宾语上必须加与格助词；另一种情况是不规则性变化的自主动词做谓语时，其宾语不需要加任何形式的与格助词。"

在《简析安多藏语动词的自主非自主与使动自动关系》（2008）[③]一文中，多杰东智又指出："在安多藏语中，根据动词和主宾双方的关系，动词可以分为使动词和自动词。根据句子结构中的谓语动词的动作行为能否被行为主体所控制，动词又可以分为自主动词和非自主动词。自主非自主与自动使动各属于动词的两个不同的语法范畴，但也有一部分动词只属于其中一个范畴，而一部分动词又同时属于两个范畴的。这两个不同的语法范畴不是平行而截然分开，而是构成了相互交叉而错综复杂的关系。"

（7）动词的名物化研究

藏语动词名物化有自己的特色。

胡坦的《藏语动词的名词化》（1991）[④]，探讨了藏语动词和名词的区别及其相互转换的方式，侧重描写了现代藏语中动词（语）转化为名词（语）的种种方式。

周毛草的《安多藏语玛曲话动词的名物化》（2006）[⑤]一文，探讨了安多藏语玛

---

① 载《西南民族大学学报》1985年第2期。

② 载《中央民族大学学报》2004年第4期。

③ 载《中央民族大学学报》2008年第1期。

④ 载日本东京外国语大学亚非言语文化研究所学报，第41卷，1991年。

⑤ 载《民族语文》2006年第5期。

曲话动词名物化语素的不同形式，并指出它们合并简化的趋势。认为安多藏语玛曲话活动词名物化不同成分所含意义不同，表人物、地点、工具等，此类成分多由实词虚化而来。

（8）动词的语法化研究

藏语的古今演变十分复杂，其中包括动词的语法化。对藏语动词语法化的研究算是近年来兴起的一个小热点。

江荻的《藏语述说动词小句宾语及其标记》（2007）① 讨论了藏语中的述说动词或者"说"类动词带小句宾语现象，同时论述了小句宾语的标记来源于古代述说类动词 zer 的语法化。

王志敬的《藏语动词语法化研究》（2010）② 讨论了敦煌藏文里三个静态动词和一个动作动词的语法化，指出三个静态动词语法化为施动持续体标记和状态持续体标记，一个动作动词语法化为受动持续体标记和结果体标记。

邵明园有三篇文章接连探讨了藏语的语法化问题。

一是《安多藏语言说动词 zer 和 bzlas 的语法化》（2015）③ 一文，认为现代安多藏语阿柔话言说动词语义和功能发生了虚化，其中 zer 由言说动词语法化为传闻示证标记和引述示证标记，而 bzlas 则语法化为引述示证标记、话题标记和条件从句标记，而 zer 和 bzlas 的实义言说动词的功能在现代藏语安多方言阿柔话中仍旧保存，并未完全虚化。二是《中古藏语系动词》（2016）④ 一文，介绍了古藏语的 yin、lags、red 三个系动词同时还兼做助动词的情况，提出 red 至迟不晚于 14 世纪语法化为系动词，它打破了古藏语 yin 和 lags 表"统称~敬称"的平衡，而使藏语逐步过渡到 yin 和 red 表"向自我~向他者"示证范畴的对立。三是《从趋向动词到示证标记——藏语组语言示证标记 ཐལ 的语法化》（2016）⑤ 一文，对现代藏语组很多语言或方言中作为完成体兼示证标记的 ཐལ 进行了讨论，指出 ཐལ 来自趋向动词"去、往"的语法化，经历了"趋向动词＞趋向补语＞动相补语＞完成体标记＞示证标记"的语法化历程，并进一步解释了隐喻和语用推理是 ཐལ 由趋向动词发展为示证标记的两大动因。

（9）形态演变研究

关于动词本身的形态变化，也有一组文章从各方面加以描写。如黄布凡的《古藏语动词的形态》（1981）、王青山的《青海环海区藏语的动词重叠形式》（1982）、金鹏的《藏语动词表三时的屈折形态简化的两种途径》（1983）、柯蔚南（W.S.Coblin）的《藏语动词的形态变化》（1984）、《藏语口语词的重叠与上加成素》

---

① 载《中文信息学报》2007 年第 4 期。

② 载《西藏大学学报》2010 年第 4 期。

③ 载《语言科学》2015 年第 1 期。

④ 载《民族语文》2016 年第 2 期。

⑤ 载《藏学学刊》2016 年第 1 期。

（1984）、王会银的《藏语拉萨话动词的重叠形式》（1988）、江荻的《藏语动词的历史形态研究》（1991）、多杰东智的《安多藏语动词变化的简化》（2004）等等。

尤其是张琨夫妇的"Perfective and imperfective in spoken Tibetan"①，分析了拉萨话中的完成未完成的对立；"The persistence of present-tense reflexes in modern spoken Tibetan"（1982）②指出，藏文中的动词有现在、完成、未来三种形式。拉萨口语中，有些动词只有完成（perfective）和非完成（Non-perfective）两种形式，二者的区别在于前者本来有一个-s词尾，后者没有。非完成形式跟藏文的现在式相当，偶尔跟未来式相当。另一篇文章"The spoken Tibetan verb KʌP"（1984）③专门探讨了拉萨话中动词KʌP的形式、意义、用法和来历。

瞿霭堂的《藏语动词屈折形态的结构及其演变》（1985）④一文指出："在现代藏语中，由于语音的变化（如形态成分脱落或同词根音素发生减缩或合并）和形态的简化（如不同时、式的合并）等原因，已没有作为形态标志的形态成分，也就是说现代藏语的动词只有词根音素的屈折变化而没有形态成分的曲折变化，形态成分的功能转到词根的声母、韵母乃至声调上。……藏语动词的屈折形态同其他语言要素一样，也是通过量的积累而逐渐演变，由较丰富的屈折形态变成无屈折形态。"

金鹏的《藏语动词屈折形态向粘着形态的转变》（1988）⑤，具体分析了藏语动词屈折形态向粘着形态演变的各种特点。文章指出："古藏语动词的屈折形态在现代口语里仅有一些残存的，屈折形态的体系已瓦解，失去了表达语法的功能。在动词后添加辅助动词和附加成分已成为表达动词各种语法意义的主要手段。"

巴桑卓玛的《巴塘藏语动词屈折形态的分析化》（1990）⑥，分析了藏语巴塘话动词的时、式存在由原来的屈折形态改为由动词后面加成音节的语法成分表示的演变趋势。"在现代藏语方言中动词屈折形态已失去了独立表达语法意义的功能，一般情况是由于动词屈折形态的简化，动词屈折变化已不能独立表示时、式的语法意义，而必须与动词后面成音节的语法成分共同表示。这种现象表明了动词形态分析化的一种过渡状态。巴塘话则已完成了这种过渡状态，属于康方言中动词时、式已完全不发生变化的一类，使用分析手段来表示。"

江荻的《藏语动词屈折现象的统计分析》（1992）⑦，通过对舌尖音的尾动词后缀脱落现象的考察，说明动词自身系统存在的相互制约、相互影响因素是造成形态成分发生变化的原因之一，即非语音原因；而且还论证动词自身系统的各个因素，

---

① 台湾BIHP，51。

② 台湾《清华学报》第14卷第1、2期合刊，1982年。

③ 《匈牙利东方学报》第19卷，1984年。

④ 载《民族语文》1985年第1期。

⑤ 载《中国藏学》1988年第1期。

⑥ 载《民族语文》1990年第5期。

⑦ 载《民族语文》1992年第4期。

如动词属性、后缀隐现等，对词根音变和后缀脱落的影响是一种综合性潜在影响。

2. 格助词研究

格助词又称结构助词，是藏语表达语法意义和句法关系的重要手段。

（1）格助词的共时研究

张琨夫妇的《Eragativity in Spoken Tibetan》（1980）①，分析了藏语中格助词的特点和用法，认为至少现代拉萨藏语不能算是一种作格语言。

谢广华的《论藏语结构助词》（1983）②、胡书律的《藏语书面语同体格助词"de nyid"浅说》（1985）③、《藏语格助词的句法功能 — 兼谈藏语格助词的特点》（1988）④，都从不同角度探讨了藏语格助词的问题。

丹巴嘉措的《藏文文法中 la don 的若干问题》（1978）⑤、车谦胡书津的《藏语的宾语和结构助词 la sgra》（1982）⑥，都对藏语中"位格 / 与格"助词 –la 的特点与用法做了专门阐述。

王志敬的《敦煌藏文与格标记 la 相关句法成分的辨析》（2009）⑦、《从藏语格标记看结构语言学的局限性》（2012）⑧，前文用现代语言学方法对格标记 la 相关句法成分进行分析研究；后文认为在以格标记为核心的名词句中，结构语言学直接成分分析法的局限性明显凸现，而语言逻辑却占有一席之地。

周毛草的《古藏语作格助词在现代方言中的表现》（2011）⑨一文讨论了藏语安多方言玛曲话、康方言德格话和昌都话、卫藏方言日喀则话等方言土语和书面语中藏语作格助词的语音形式、语法功能及其来源等。还有其《安多藏语玛曲话里的ཨ（la）类助词》（2013）⑩通过与藏文比较，来叙述藏语安多方言玛曲话ཨ（la）类格助词的形位变化和语义分化。

（2）格助词的历时研究

龚煌城在《藏缅语的格助词》（1988）⑪一文中提出一种假设，认为属格 * –ʔyi、与格 / 位格 * –a 和对格 * –du 是原始藏缅语的三种格助词，"拿来跟阿尔泰语言的格词尾比较，可以找到形态功能都相似的字。除这些字以外，书面藏语还有表'与格、位格、对格'的格助词 –ru 及 –la，也可以在阿尔泰语言中找到对应的字""这

① 台湾 BIHP，1980。

② 载《中央民族学院学报》1983 年第 3 期。

③ 载《西藏研究》1985 年第 1 期。

④ 载《西南民族学院学报·民族语言文学专辑》，1988 年。

⑤ 甘肃民族出版社，1978 年。

⑥ 载《民族语文研究文集》，青海民族出版社，1982 年。

⑦ 载《西藏大学学报》2009 年第 2 期。

⑧ 载《西藏大学学报》2012 年第 1 期。

⑨ 载《民族语文》2011 年第 2 期。

⑩ 载《民族语文》2013 年第 6 期。

⑪ 台湾《西藏通讯》，1988 年。

些词汇上的一致并非巧合，而是由于藏缅语受了阿尔泰语言的影响，从那里移借过来的"。

马月华的《试析巴塘藏语中的几个结构助词 — 兼谈人称代词的音变现象》（1994）① 一文指出：巴塘语"单数人称代词和指人疑问代词作施事主语时，必须加施格助词，一般不能省略"。"及物动词作谓语句子时，在其受事宾语人物、处所后面必须加表受动意义的结构助词；不及物动词作谓语的句子中，表地点、方位的名词或词组后面也要加宾格助词。"现代藏语中结构助词的语法形式不仅简化了，"随着古藏语中原来比较多的辅音韵尾在现代藏语各方言中逐渐减少或消失，依据不同韵尾添接的格助词的多种变体形式，也逐渐趋于单一。"

3. 形容词和名词研究

（1）形容词研究

藏语形容词的一个共同特点是都有级的语法范畴，级一般都分普通级、比较级和最高级。表达级语法范畴的形式都是后缀，表达不同级语法意义的后缀之间或多或少有一定的同源关系。王会银的《现代藏语拉萨话形容词重叠形式》（1987）② 一文，具体分析了藏语拉萨话形容词重叠的七种形式，"藏语形容词重叠形式连同形容词'级'的考察，对于语言教学、书面语的翻译，特别是对于藏语形态学的研究，都有不可低估的实际意义。巧妙地运用形容词的重叠形式和形容词的'级'，能把思想感情表达得更准确、更严密、更细腻，大大增强语言生动活泼的色彩。"

张济川的《藏语形容词级的范畴》（1996）③ 一文，通过藏语拉萨方言与其他方言的对比分析，指出："形容词的级这一范畴，在藏语方言中的发展是不平衡的，像拉萨话那样发达的不多。这种发展的不平衡，也有助于说明它是后起的。"

江荻、胡鸿雁的《现代藏语形容词谓语的构造及识别方法》（2005）④ 一文，认为现代藏语形容词谓语在句法结构形式上较为独特，一类是形容词后附存在动词转化来的谓语词缀，形式是：形容词+（副词+）谓语词缀（+表语气谓语词缀/语气词），一类是形容词词根后附典型的动词体貌 — 示证标记，形式是：形容词词根+（副词十）体貌 — 示证标记。

（2）名词研究

藏语的名词指称具有自己的特点，有定和无定的表现手段不同且多样。除了动词研究以外，近年来也出现了个别对藏语形容词和名词的专题研究成果。

邵明园的《书面藏语的小称》（2012）⑤ 指出书面藏语具有明显的小称语法现象，这种现象主要分布在名词类中，而且以具体名词为多，其主要语义语法功能为

---

① 载《青海民族学院学报》1994年第4期。

② 载《中央民族学院学报》1987年第6期。

③ 载《民族语文》1996年第6期。

④ 载《语言研究》2005年第2期。

⑤ 载《语言科学》2012年第3期。

"指小"和"构词",且书面藏语的小称经历了一个由"高生命度名词成分（指人名词、动物名词）＞低生命度名词成分（无生名词、抽象名词）"逐步扩展的趋势。

王双成的《藏语名词的指称及其对周边语言的影响》（2016）① 一文，介绍了藏语名词的多种有定和无定的表现手段，且发现藏语的"名＋数"语序及其指称功能对周边语言，即甘青地区的汉语方言、土族语、撒拉语等语言的语序产生了较大影响，使得这些语言的"数＋名"变为"名＋数"语序。

4. 数词和量词研究

藏语数词无论是结构还是功能，都有自己的特点。藏语量词在汉藏语系的发展阶段上处于最原始的阶段，即数量少、作用小、名词可以直接接受数词修饰而不用量词。过去，对藏语数、量词的研究甚显薄弱，近年来相关成果有所增加。

周毛草的《藏语复合数词中的连接成分》（1998）② 一文，介绍了藏语复合数词构成的3种形式：十位数等与个位数直接组合、十位数等与个位数之间加连接成分的组合、百位和个位等两个不相连的位数之间加连接成分的组合。此文重点探讨藏语书面语和部分方言口语中的数词连接成分的构成及形式，通过书面语和口语之间的比较，得出连接成分rtsa来源于实词brtsegs的虚化的结论。

铃木博之的《云南藏语土话中的特殊数词形式：其地理分布与历史来源》（2014）③ 一文，运用地理语言学的方法论，通过语言地图来解说云南藏语62个土话中数词"一""十一""二""十二"的特殊语音对应，认为数词"一"的例外形式大部分可能来源于语音规则上的限制，而"二"可能分别来源于借词或土话内部的异源词。

次林央珍的《东旺藏语数词研究》（2018）一文④，对藏语康方言东旺话数词的结构特征、句法功能、语序类型、接触现象等各方面进行了系统研究，还着重探讨了东旺话中特殊数词"一"和"二"不同形式之间的结构及使用差异，以及合成数词连接成分的构成和动因等现象。

王连芬的《汉语和藏语数量词的对比》（1987）⑤ 一文，通过与汉语对比，分析了藏语量词的有关情况，藏语和汉语都有物量词和动量词，但是藏语的物量词和动量词分别放在名词和动词的后边。

多杰东智的《藏语安多方言中的量词》（2005）⑥ 一文，通过与亲属语言的对比，指出"藏语安多方言中量词不多，与亲属语言相比，量词正处于发展阶段。大部分个体名词计量时不必用量词，名词可以直接与数词结合计量。""藏语是动词居

---

① 载《民族语文》2016年第3期。

② 载《民族语文》1998年第2期。

③ 载《南开语言学刊》2014年第2期。

④ 云南师范大学，硕士毕业论文，2018年。

⑤ 载《民族语文》1987年第1期。

⑥ 载《汉藏语系量词研究》，中央民族大学出版社，2005年。

后型语言，因此，动量词与动词的语序形成了动词居后而动量词居前的局面。"

东巴的《藏语量词研究》（2010）① 一文，认为藏语中量词作为一个独立的词类是存在的，但没有反响型量词。

5.句式、语序研究

藏语句式、语序研究大都围绕着动词特征展开。

（1）句式研究

胡坦的《拉萨藏语中几种动词句式的分析》②（1984）一文，首次运用动词"配价"（或"向"）理论探讨了藏语的几种动词句式，描写了动词的"向"和名词的"格"的复杂关系。"藏语动词句，结构繁简不一，形式多种多样。常见的有三大类型：（1）是字句，（2）有字句，（3）动字句。…… 三类句型有一个共同点：动词都位于句尾，名词语一律放在动词前头。从语言类型上说，藏语跟彝缅语同属'动居句尾'型语言。另一个特点是名词语在句中都带有一定的'格'标志，用以表达名词语在句中的各种语法功能。"

在《论藏语比较句》（1985）③ 一文中，胡坦又专门分析了藏语中"甲比乙如何"句式。"藏语里表示比较的语句有很多样式。从结构上看，有繁式和简式；从方式上看，有明比和暗比；以项目而论，有单项、双项和多项式比较；就内容而言，有比异同，有比高下。此外，比较句还有时代和地域的差异。…… 有的方言里两人相比和两物相比使用不同的格标记。"

在另一篇文章《拉萨藏语中的"是"字句》（1993）④ 中，胡坦专门分析了藏词中"甲是乙"这类判断句型，特别对比了藏语中两个"是"字（yin和red）在用法上的区别、对换和中和现象，以及古今判断句之异同。

谢广华的《拉萨藏语的句法结构》（1985）⑤，根据谓语动词的特点将藏语的基本句式分为四类：（1）以yin为代表的是字句（判断句）；（2）以yod为代表的有字句（存在句）；（3）以tɕhag为代表的断字句（现象句）；（4）以byed为代表的作字句（动作句）。并分析了这四种句式的结构特点及其句法意义。

格桑居冕在《论书面藏语单句的两大部类 — 陈述句与祈使句的结构》（1995）⑥ 一文中，根据句子的用途和语气将藏语句子分为陈述句与祈使句两大类，各有一套语尾助词作为区分标志。这些区分标志古今书面语也不尽相同。在《藏语复句的句式》（1996）⑦ 一文中，格桑居冕又把藏语复句的句式分为三类，每类句式

① 青海师范大学，硕士学位论文，2010年。
② 载《民族语文》1984年第1期。
③ 载《民族语文》1985年第5期。
④ 载《西南民族学院学报》1993年第3期。
⑤ 载《民族语文》1985年第6期。
⑥ 载《中国藏学》1995年第1期。
⑦ 载《中国藏学》1996年第1期。

有其自身的结构特点，用法各有所宜。

格桑央京的《汉语藏语疑问句对比》(2006)① 一文，通过与汉语对比，讨论了藏语疑问句既有与汉语相同的特点，也具有自己独特的个性，尤其是汉语的自问自答格式属于隐性结构，不需要什么关联成分可以直接表义，而藏语的自问自答式属于显性结构，需要一定的关联成分置于问答之间才可以表义。

江荻的《藏语述说动词小句宾语及其标记》(2007)② ，讨论了藏语述说动词管控的句子性小句宾语。小句宾语自身具有谓词性，通常通过添加名词化标记使之名词化。小句宾的标记来自古代述说类动词的类典型 zer 的语法化，而在现代藏语中作为小句标记语音和书写形式上都有多个体。小句宾语内部也有复杂的关系和层次，类似于英语的直接引语与间接引语。小句缺省主语的情况下，动作出者可通过表示体貌、情态的语法词以及上下文来确定。小句的句类包括陈述、疑问、祈使和感叹，可带不同的类语气词。

瞿霭堂、劲松的《藏语多动词谓语句的认知基础和模块化》(2018)③ 一文基于类型学和认知语言学，为藏语多动词谓语句定性定义，并从内容上探讨它的性质、特点和类型，从形式上探讨它的模块化及其语音变化方式，从历史上探讨它的形成和演变，指出古代藏语中没有两个动词直接组合的形式，现代的这种形式是联结成分消失形成的，这不仅是由于句法结构的简化，更因为藏语由于动词形态简化和消失并为了增加表达的需要，使用了大量辅助动词作为标记的结果。

汪岚的《德钦藏语的差比句》(2018)④ ，以藏语康方言德钦话为研究对象，对其差比句的基本语序、否定形式、是非问形式、差比标记及来源四个方面进行了分析，指出不同的句式中语序会有不同的变化：在差比句的肯定形式中典型结构为 St+M+S+A，否定形式与是非问形式的语序分别为 S+St+M+（NEG）A（NEG）与 St+M+S+（INTER）A（INTER），认为差比标记是由古藏语方位词 sgaŋ（上面/在……上面）语法化而来。

（2）语序研究

陈来嘉措的《谈藏语语法中的能所关系》(1986)⑤ ，以书面语为对象分析了动·名组合中的能所关系，以及与之相关的"业格"用法。

胡坦的《藏语中的名·动组合》(1993)⑥ 一文，探讨了名词与动词之间的选择性、语法关系、语义关系、连接方式以及动词配价与名·动组合等问题。"名·动组合是藏语语法的一个核心问题，它从多方面反映出藏语的一些重要特征。就名、

---

① 载《西北民族大学学报》2006年第2期。
② 载《中文信息学报》2007年第4期。
③ 载《民族语文》2018年第5期。
④ 载《语言研究》2018年第3期。
⑤ 甘肃民族出版社，1986年。
⑥ 载《藏缅语新论》，中央民族学院出版社，1993年。

动个体而言，搭配能力有强有弱；从相互关系看，彼此组合的频率有高有低。有些名词和动词经常在一起出现，可称固定组合；有些只随意义所需临时搭配，可称自由组合；还有少数出其不意的搭配，只在一定的上下文里才能理解，可称特殊组合。当然还有许多名词和动词根本不能放在一起。可称'搭配冲突'。"

车谦的《试论藏语动词在句子中的核心作用》（1994）① 一文指出，藏语六种句子成分中除定语外，主、宾、状、补均在某些方面受制于谓语动词。

（四）词汇研究

藏语词汇研究起步较早，成果较为丰富，出版了一些影响比较大的著作或文章，主要体现在词义、词源及构词等方面的研究。

1. 词义、词源研究

要了解藏语的历史演变及与亲属语言的关系，就必须开展词源研究。藏语的词源研究主要是藏语与汉语的词源比较。

（1）词源研究

俞敏的《汉语的"其"和藏语的gji》（1949）、《汉藏两族人和话同源探索》（1980）、《汉藏虚字比较研究》（1984）、《汉藏同源谱稿》（1989）② 是一组系统研究汉藏语亲属关系和同源语词的论文。作者一方面借助藏语同源字窥测汉语上古音，一方面通过确凿的语料和史料论证了汉藏语的亲缘关系。

黄布凡的《敦煌（藏汉对照词语）残卷考辨订误》（1984）③、《敦煌（藏汉对照词语）残卷考辨综录及遗留问题》（1984）④，对现存伦敦大英博物馆藏编号 S2736 和 S1000 中的用藏文注音的汉语词语进行了详细的考辨，订正了前人的若干错译。

郑张尚芳的《补敦煌（藏汉到照词语）残卷考辨订误》（1990）⑤ 一文，对前人的缺释和舛误作了进一步的补解和订正，并对残卷所反映的语言现象作了细致的分析。

胡坦的《藏语时间词探源》（1996）⑥ 一文指出："藏语在表达时间概念和时间信息方面运用多种形式和手段。概括起来说主要有两类：一是用词汇手段，如时间名词，时间副词等；二是用语法手段，集中体现在谓语动词及其后附成分上。……藏语时间语词和语素大都是后起的。…… 大量时间词是由空间 —— 视觉概念的词引申转换而来的。从认识论的角度看，高度抽象的词语往往是后起的，大多源于

---

① 载《民族语文》1994年第5期。

② 分别载《燕京学报》第37期，1949年；《北京师范大学学报》1980年第1期；《中国语文学论文集》，日本东京光生馆，1984年；《民族语文》1989年第1、2期。

③ 载《民族语文》1984年第5期。

④ 载《民族语文论丛》第1集，中央民族学院出版社，1984年。

⑤ 载《民族语文》1990年第6期。

⑥ 载《中央民族大学学报》1996年第5期。

表具体概念的词。"

完代克《从藏语和汉语基本词汇的比较来研究汉藏语同源关系》（2006）[①] 一文，基于藏、汉语基本词汇的历史比较研究，认为藏汉语部分基本词汇有同源关系，且划分藏、汉语为同一语系是具有可信性的。

郑伟的《汉语和藏语的"来"》（2007）[②] 一文，在汉藏同源的设想下，探讨从汉藏共同语继承下来的一组同源词，认为出现在甲骨文里的三种不同用法的"来"，在藏语里都有同源词，来自汉藏共同语。

（2）词义研究

在词义研究方面，藏语也取得了一定的成果。

高丙辰的《藏文藻饰词浅说 — 兼谈藏语的同义词》（1980）[③] 一文，对13世纪后的藏文书面语，特别是文学作品中盛极一时的藻饰词语（mngon brjod）做了分析，认为藻饰语有其生动活泼的一面，也存在着一些应予扬弃的糟粕。

华侃的《藏语中反义词使用情况的初步考察》（1983）[④] 一文，具体分析了藏语反义词的使用情况及其语用效果。

胡书津的《书面藏语连词（zhing）的用法》（1983）[⑤] 一文分析了书面藏语连词（zhing）的用法，文章指出：zhing "是一个具有多种结合能力的连词，它在形成书面藏语复句类型方面起了较大作用。"

胡书津的《藏语 dgu "九"及其文化内涵》（1992）[⑥] 一文指出，藏语 dgu "九"字除表基数外，还有"极多""满数"的含义，认为这同藏族使用的十进位制有关。

（3）词汇与正字问题研究

关于词汇与正字问题的讨论，也有一系列的成果。

王青山的《谈谈古藏文词汇的拼写法》（1981）[⑦] 一文，列举了9世纪藏文厘定前的文献中的词汇歧异、拼写混乱的情况，认为这同语音的历史演变与方言分歧有关。

罗秉芬和安世兴的《浅谈历史上藏文正字法的修订》（1981）[⑧] 一文，介绍了藏文历史上的三次厘定情况。

罗秉芬和周季文的《藏文翻译史上的重要文献 ——（语合）》（1987）[⑨] 一文，

---

① 西北民族大学，硕士学位论文，2006年。

② 载《民族语文》2007年第2期。

③ 载《民族语文》1980年第1期。

④ 载《西北民族学院学报》1983年第2期。

⑤ 载《民族语文》1983年第2期。

⑥ 载《藏学研究论丛》第4辑，西藏人民出版社，1992年。

⑦ 载《民族语文》1981年第4期。

⑧ 载《民族语文》1981年第2期。

⑨ 载《中央民族学院学报》1987年第5期。

介绍了藏文历史上第二次厘定的有关法令以及与正字相关的一些工具书。

周季文的《藏文异体词的整理》(1992)[①]一文，考察了《藏汉大辞典》(1985)[②]（张怡荪主编）中的正字问题，发现异体字1100余个，占总数（5.3万）的2%，提出从今、从简、从俗、从主、照顾方言和同音分化等几项规范原则。

2. 构词法研究

以并列方式构成复合词，是藏语的一个重要特点，在发展过程中有日益增多的趋势。近来经过研究，发现藏语并列复合词组合规则不仅与语义有关，还与语音有关。

（1）四音格词研究

马月华的《藏语里一种特殊的四音组词结构》(1986)[③]一文，讨论了藏语里一种带有紧缩特点的组词格式 —— 四音组词结构，"用这种格式可以造成一类凝固性较强、相当能产的固定格式。…… 在现代藏语里，这种四音组词格式，还在继续产生新的词语。"

胡书津的《藏语 A 'BAB 型的四音格》(1986)[④]一文，专门讨论了藏语八种四音格形式中，A 'BAB 型构造的特色及相关情况。

胡书津的《藏语并列四字格结构初探》(1989)[⑤]一文，将藏语并列四字格的共时变化与历时变化结合起来讨论，为研究汉藏语系亲属语言的同源关系提供一点线索。"藏语的四字格是音节整齐，语调铿锵，组织严密，结构对称，表意巧妙，形象生动，言简意赅，感染力强，能产性大，因而在藏语中，运用这种构词法构成的凝固型短语、固定词组是非常丰富的，它反映了东方文化里和谐美的一种现象。…… 藏语并列四字格的产生，标志着藏语词汇进一步朝多音缀化的方向发展。这种并列四字格构词法是藏族人民在其历史文化发展的进程中所创造和发展起来的。"

（2）复合构词研究

科马诺娃的《现代藏语中的双音节重叠词》(1984年)[⑥]一文指出："藏语双音节重叠词的特点是，它与原派生单位有双重的语义–结构联系。…… 在结构方面，重叠词是原词干的一种派生结构。…… 由于原词干和重叠词词干之间的音位完全相同或部分相同，因而重叠词词干可以是相同的（RR），也可以是发生过音变的（RR1）。…… 原派生单位的意义作为内部形式被派生型的重叠词承受下来，所以派生重叠词的意义与原派生单位在意义上有密切的联系。"

---

① 载《民族语文》1992年第2期。

② 民族出版社，1985年。

③ 载《民族语文》1986年第1期。

④ 载《民族语文》1986年第6期。

⑤ 载《西藏民族学院学报》1989年第4期。

⑥ 汉译文载《民族语文研究情报资料集》，1984年第3集。

胡坦的《藏语并列式复合词的一些特征》（1986）① 一文指出："并列式构词法在藏语里构词能力强，活力经久不衰，由此造成的并列式复合词也日渐增多。"藏语并列复合词的构词特点"第一跟使用这些语言的民族格外讲究结构对称、对偶对仗的构词造句的心理有关；第二同这些语言在历史演变过程中双音节化的倾向有关。"

益西拉姆的《藏语合成词研究》（2017）② 探讨了合成词的定义和分类等方面的问题，并从传统的造词法和现代词汇学的构词法两方面进行对比分析，阐明了造词（造词法）与构词（构词法）之间的区别，介绍了构词法可分为单纯词和合成词两种，合成词又可以分为复合式合成词、附加式合成词和重叠式合成词三种。复合式合成词可分为并列复合词、偏正复合词、主谓复合词、动宾复合词、动补复合词五种；附加式合成词可分为前缀式合成词、中缀式合成词、后缀式合成词三种；重叠式合成词可分为AA式、AAB式、ABB式、AABB式、ABAB式五种。

（五）藏语方言研究

藏语方言分类是藏语方言研究的基本内容之一。二十世纪五十年代乌瑞（G.Uray）分为4个方言，到六十年代又分为5个方言。二十世纪七十年代西田龙雄也分为五个方言，谢飞分为4个方言，李方桂分为3个方言，米勒（R.A.Miller）分为两个方言。1964年，瞿霭堂代表中国科学院民族研究所少数民族语言研究室藏语小组分为3个方言：卫藏方言、康方言和安多方言。1981年又将上述3个方言分为若干土语。各分类情况大同小异，只是每个方言下边包括的具体语言情况不同，有的是概括的分类，有的是更为详细的分类。

1. 藏语方言概况研究

金鹏的专著《藏语拉萨、日喀则、昌都话的比较研究》（1958）③，是藏语普查的第一批成果。作者选择了卫藏方言和康方言中三个有代表性的方言点作为对象，对其语音、词汇和语法做了详细的描写和比较，勾画出两大方言的基本特点，并同书面语进行比较，探索其演变的轨迹。

瞿霭堂的《藏语概况》（1963）④ 一文，以藏语拉萨话（卫藏方言）为代表，最早对藏语的语音、语法特点以及藏语卫藏、安多、康三大方言的情况进行了概括的介绍。

格桑居冕的《藏语方言概要》（1964）⑤，是我国第一部概括介绍藏语三大方言特点的教材。作者选择了卫藏方言的日喀则话、康方言的德格话、安多方言的夏河

---

① 载《民族语文》1986年第6期。

② 中央民族大学，硕士学位论文，2017年。

③ 科学出版社，1958年。

④ 载《中国语文》1963年第6期。

⑤ 中央民族学院油印本，1964年。

（拉卜楞）话作代表，分别从语音、词汇和语法三方面进行描写，并比较三者在结构上的异同。书后附有藏文与方音对照表。

胡坦的《有声调藏语和无声调藏语之比较》（1988）① 一文，提出现代藏语可以从大的方面划分为有声调方言和无声调方言两大类，前者可称"康藏方言"，后者称"安多方言"，下面再细分若干小方言。文中以有声调的拉萨话和无声调的夏河（拉卜楞）话为代表，比较其异同，举出了对两类方言具有普遍意义或影响面较大的八点语音分歧，四点词汇差别，六点语法差异。"从整体的交际功能看，两地人初次接触交谈，相互是难以听懂的。主要障碍是语音，其次是语汇和语法。今日藏语特点之一是书面语统一，口语因地而异。研究活的口语方言，不仅有助于了解现代藏语的全貌，而且对研究藏语的历史也有莫大帮助。"

黄布凡则在《藏语方言声调的发生和分化条件》（1994）② 一文中，使用亲自调查的藏语10个方言点的声调材料，分析了藏语各方言声调的性质。作者认为："藏语有声调方言可能都经过有自然声调阶段，自然声调起源于声母和韵尾的附带特征。音位声调起源于声母和韵尾的演变导致自身辨渝功能的减弱和转移。各方言声调分化并非都是清高浊低，而是条件各异，自成系统"。

黄布凡的《从巴尔蒂话看古藏语语音》（1994）③ 一文，是我国第一篇研究域外藏语方言的文章，作者对通行于巴基斯坦北部地区的巴尔蒂话作了初步调查和描写。这种藏话的特点是一方面保留了较多的古藏语语音结构，如二合辅音、三合辅音，辅音韵尾竟多达16个（–p、–b、–t、–d、–k、–g、–q、–m、–n、–ŋ、–l、–r、–f、–s、–ɕ、–x），另一方面却发展出五个有辨义功能的声调。这在藏语方言中是较罕见的。

周毛草的《藏语方言时态助词研究》（1999）④，通过对分别属于三大方言的拉萨话、夏河话、昌都话的时态助词进行比较，探讨他们的起源问题。"藏语大多数时态助词或其构成成分的来源是一部分语义相近或相关的实词和虚词，同时它们的语音演变符合本音系规律与韵律的规则。它们具有较开放、灵活、使用范围较广、出现频率较高的特点。藏语时态助词既保留有历史的痕迹，又因漫长的时间变迁使三个地方方言各具其地方特点。"

羊忠旦增的《藏语三大方言比较研究》（2013）⑤ 一文，通过比较藏语三大方言间的差异及三大方言与书面语间的差异，着重阐述并试图理清藏语方言的发展历史。其比较内容包括语音、词汇、语法等各方面，提出目前各藏区的词汇亟待统一的必要性，也提出了针对如何统一三大方言词汇的一些看法及建议，对创造共同语的意义和价值作了简单解析。

---

① 载《东亚的语言和历史 — 纪念西田龙雄六十寿辰论文集》，日本京都松香堂，1988年。

② 载《民族语文》1994年第3期。

③ 载《中央民族学院学报》1994年第4期。

④ 载《民族语文》1999年第6期。

⑤ 中央民族大学，硕士学位论文，2013年。

2. 卫藏方言研究

卫藏方言又称为中部方言，主要分布在西藏南部雅鲁藏布江流域，东至林芝，西至日土的狭长地带，包括前藏土语群和后藏土语群。

谭克让的《阿里藏语的复元音》（1980）① 一文指出："藏语卫藏方言复元音的产生和发展，是藏语历史发展上的一种新的、后起的现象。在卫藏方言内部，它们的发展既有共性，也有差异。这种大同小异，正是同一方言不同土语之间的一个特征。"

在《阿里藏语语法形式上的音节缩减现象》（1983）② 一文中，谭克让指出："阿里藏语中的音节减缩现象，在构词中减缩式代替常式的现象比较稳定，在语法形式上，总的来说常式还发挥着重要的作用，但在短调开音节词后，语法形式上的音节减缩已在较大的范围内应用，并使部分闭音节词也发生了类似的变化。……通过对这一特点的探讨，特别是对语言中出现的一些特殊语音现象的分析，可以了解阿里藏语语音的历史演变，并找出演变的规律。这对研究藏语方言、土语的发展，进行方言比较以及确立阿里藏语在整个藏语中的地位，是有重要意义的。"

瞿霭堂和谭克让合著的《阿里藏语》（1983）③ 是一本藏语方言专著。作者选择了西藏阿里地区的七个方言点（噶尔、日土、普兰、札达、革吉、措勒和改则）为对象，整理出各点的语音系统，并对其基本语法结构与常用语汇进行了描写和比较。作者认为阿里藏语应属卫藏方言，只有个别地方（如改则）话应划入康方言。此书填补了 50 年代藏语普查的一个空白点。

瞿霭堂和藏族学者共确、益西、结昂合写的《卫藏方言的新土语 —— 记最近发现的巴松话》（1989）④ 一文，对西藏自治区工布江达县一种特殊土语进行了全面调查与描写，使用这种话的人口约 2500 左右，占全县人口的 13.5%。作者认为这部分人所说的话与周围的藏话差别较大，可能是因为他们原来使用一种与门巴话比较接近的语言，后来换用藏语而留下了一个非藏语的词汇底层。

瞿霭堂的《藏族的语言和文字》（1996）⑤，则是关于藏族语言文字的专著，书中既有概括性的介绍，又有对具体方言（拉萨话）的描写，作者并从现代语言学的角度对传统的文字和文法加以解释和说明。

瞿霭堂、劲松的《藏语卫藏方言研究》（2017）⑥ 一书，基于作者常年田野调查所收集的材料，对藏语卫藏方言的前藏、后藏、阿里、夏尔巴、巴松等五个土语的语音、语法、词汇进行了全面深入的描写，并进一步通过比较，对这些土语进行划

---

① 载《民族语文》1980 年第 3 期。

② 载《民族语文》1983 年第 5 期。

③ 中国社会科学出版社，1983 年。

④ 载《民族语文》1989 年第 3 期。

⑤ 中国藏学出版社，1996 年。

⑥ 中国藏学出版社，2017 年。

分，指出它们的特点。另外，该著还介绍了藏语的两种中介性土语，即改则土语和那曲土语。

3. 康方言研究

康方言又称东部方言，主要分布在四川甘孜州、云南迪庆州、青海玉树州、西藏东部、北部以及甘肃南部的部分县。

格桑居冕的《藏语巴塘话的语音分析》（1985）① 一文全面描写了巴塘藏语的语音特点。"巴塘话在该土语群中具有一定的代表性，因此通过对巴塘话语音的分析，可以了解康方言语音的一般特点。"

泽登孝（tshe batan skyabs）的《浅谈藏语松潘话》（1992）② 一文，对四川省阿坝藏族羌族自治州松潘（zung chu）藏话的语音、词汇、词类、语序以及句子成分等作了简要的描述。

陆绍尊的《云南藏语语音和词汇简介》（1992）③ 一文简述了云南中甸藏话的语音和词汇的主要特点，将其归入康方言南部土语群。还有《藏语中甸话的语音特点》（1990）④ 一文，陆绍尊详细描写了藏语中甸话的语音特点。

Ellen Lynn Bartee 的《东旺藏语语法》（2007）⑤ 从语音、词汇、句法等各方面描写了藏语康方言的东旺话，之后各学者参考的有关东旺话的语音、语法知识点基本出自此论文，可以说为汉藏语学界用东旺话语料进行比较研究奠定了基础，也使东旺话开始得到较多关注。

王诗文的《藏语康方言语法研究：德格话语法》（2013）⑥ 一书，对德格话的各种词类和句法进行了较为详细的描写，还重点介绍了传统文法虚词在德格话中的运用。

于舒满的《藏语康方言的语音描写研究 —— 以玉瓦、寒盼、朋布西、沙贡、洞松、热打为例》（2019）⑦ 一文，以分布在四川省境内的六个藏语语言点为例，并以普里克藏语为参照，归纳古藏语在各个语言点的演变情况，分析其异同且总结其规律，从而力求对藏语康方言的语音有个完整认识。

4. 安多方言研究

安多方言又称东北部方言，主要分布在青海的果洛、黄南、海南、海北、海西各州、海东地区（今海东市）、四川甘孜、阿坝两州的牧区、甘肃甘南和河西走廊的部分县。

---

① 载《民族语文》1985年第2期。

② 载《西南民族学院学报》1992年第2期。

③ 见《藏学研究论丛》第4辑，西藏人民出版社，1992年。

④ 载《语言研究》1990年第2期。

⑤ Los Angeles：Doctoral dissertation of the University of California, Santa Barbara. 2007.

⑥ 民族出版社，2013年。

⑦ 上海师范大学，硕士学位论文，2019年。

周季文和藏族学者宁武甲、玛久、龙智博合作编写的《安多藏语教材》（1952）① 是我国第一部较全面地介绍安多方言夏河话的著述，包括夏河藏话的音位系统、语法特点和常用语汇、语句与长篇材料。

瞿霭堂的《藏语安多方言韵母演变情况提要》（1982）② 一文，通过分析我国青海、甘肃、四川等省境内的藏语安多方言内部诸土语及其与藏文的比较，揭示安多方言韵母演变的原因、过程和规律。文章指出："安多方言韵母演变情况，总的趋势是简化。"

华侃和于振江合写的《迭部藏语的一些语音、语法现象》（1982）③ 和杨士宏撰写的《一河两江流域藏语方言汇要》（1995）④ 都对安多方言区内的"语言孤岛"作了调查研究。前文侧重迭部藏话，后文则在更大范围内进行了调查，包括甘肃省境内洮河下游、白龙江中游和白水江中游一带的六个方言点，作者认为这一带藏话独具特色，在语音上失去了安多牧区话的基本特点，而接近康藏方言，表现在声母单音化、辅音韵尾简化、复合元音增多，特别是出现了声调对立。这项研究填补了藏语方言调查的一个空白。

王双成的《藏语安多方言语音研究》（2012）⑤ 一书，在20多个方言点田野调查的基础上，以安多方言语音为对象，全面讨论了声、韵、调及其历史演变特征，对安多方言内部南北方言、农牧方言之间的差异进行了较为全面、深入的描写，总结了安多方言在语音、词汇、语法方面的主要特点，提出了新的次方言划分的依据和标准。

普华的《日安藏语研究》（2019）⑥ 一文，对藏语安多方言日安话的语音、词汇、语法进行了较为全面系统的描写研究，探讨了日安藏语与藏文正字语音系统之间的历史演变关系。另外，相关成果还有华侃的《安多藏语声母的几种特殊变化》（1983）、《安多藏语（夏河话）中的同音词》（1985），仁增旺姆的《藏语夏河话语音与藏文的语音对应》（1987），玉珍的《现代藏语安多方言（同仁话）语音分析》（1993）、《藏语安多方言同仁话中的汉语借词》（1996），周季文的《安多藏语拼音符号与藏文的安多读音》（1993），周毛草的《玛曲藏语研究》（2003），王双成的《安多藏语的复元音韵母》（2005）、《安多藏语轻重唇音的分化趋势》（2007）等等。

（六）藏汉语比较、接触研究

中华人民共和国成立以来，学界除了单独研究藏语，同样也比较注重汉语和藏

---

① 中央民族学院油印本，1952年。

② 见《民族语文研究文集》，青海民族出版社，1982年。

③ 载《甘肃民族研究》1982年第4期。

④ 甘肃民族出版社，1995年。

⑤ 上海：中西书局，2012年。

⑥ 中央民族大学，博士学位论文，2019年。

语之间的比较研究，尤其是近二十年来，这方面的研究成果不在少数。

韩镜清的《现代藏语和汉语在构词方面的共同点》（1959）①，此文对藏语和汉语的构词特点进行了比较研究。

金鹏的《汉语和藏语的词汇结构以及形态的比较》（1986）②，作者的研究结果认为汉语和藏语的词汇结构特点为：除一部分词是由单音节单独构成外，还有由单音节词素构成的复合词，有由单音节词带有成词的附加成分构成的双音节和多音节词等。关于形态，金鹏先生认为，汉语和藏语都是有形态的语言，它们的词汇的粘着成分为三类：一类是成词的，一类是构词的，一类是构成临时词。

王志敬的《藏汉语词类与句法成分的对应关系与发生学关系》（2007）③ 和《论藏汉语同源持续体标记》（2007）④，前文认为古今藏汉语词类与句法对应关系说明藏汉语在发生学上具有同源关系，后文根据西北方言"给"字时间层次的差异，认为汉语的持续体标记"给"和藏语 bsdad_ 和 bzhag_ 具有同源关系。

梅祖麟美的《上古汉语动词浊清别义的来源 —— 再论原始汉藏语 *s —前缀的使动化构词功用》（2008）⑤，认为上古汉语浊清别义与藏缅语族语言动词依靠语音屈折表自动与使动意义差别手段一致。

意西微萨·阿错的《雅江"倒话"的混合特征》（2002）⑥、《藏、汉语言在倒话中的混合及语言深度接触研究》（2003）⑦ 两文，以及专著《倒话研究》（2004）⑧，介绍了"倒话"词汇来自汉语，构词方式多与藏语相同，语音系统的结构对应于藏语，语法结构主要来自藏语的藏汉语混合特征。意西微萨·阿错是首次对倒话这种特殊的语言从语音、语法、语义、词汇等各方面进行详细报道的学者，他提出的有关于混合语的理论算是这一领域内的重大突破，对不少语言研究领域都具有启示作用。

薛才德《安南水磨房汉语语法的接触变异》（2006）⑨ 一文，发现云南香格里拉的汉语方言水磨房话的语序为 sov 型，跟大多数汉语方言不一样，将它同藏语和纳西语做一些比较，看出安南水磨房汉语语序的特征是由于语言接触造成的民族语言对汉语的影响。

陈荣泽的《藏汉语接触引发的语言演变》（2011）⑩ 介绍了藏汉语接触引发的语

---

① 载《中国语文》1959年第5期。

② 载《民族语文》1986年第3期。

③ 载《西藏大学学报（汉文版）》2007年第1期。

④ 载《语言研究》2007年第3期。

⑤ 载《民族语文》2008年第3期。

⑥ 载《民族语文》2002年第5期。

⑦ 南开大学，博士学位论文，2003年。

⑧ 民族出版社，2004年。

⑨ 载《云南民族大学学报》2006年第5期。

⑩ 载《西藏研究》2011年第3期。

言演变主要有特征的增加、特征的替代，特殊的双语现象和混合语等四种情况。

周洋的《云南水磨房话的格标记及其来源》（2018）① 、《水磨房话判断句的混合特征》（2019）② 两文介绍了云南香格里拉水磨房话的语法因藏汉语接触形成的混合特征。

（七）藏语文应用研究

二十世纪八十年代以来，随着科技进步，数字化和网络技术的发展，关于藏语文应用研究，包括计算语言学与藏语文信息建设、实验语音学、语言政策与规划、语言使用与教学等各方面都得到了广泛的讨论和研究，并取得一定成果。

1. 计算语言学与藏语文信息化建设

吴兵、江荻的《藏文国际码软件的发展与技术应用》（2011）③ 一文梳理了藏文编码产生、修订和发展过程，分析了藏文编码的技术布局、编码细节及技术应用情况，指出目前藏文编码存在混乱现象，应该遵循统一的藏文编码标准。相关研究还可以参阅江荻、龙从军的《藏文字符研究》（2010）④ 和中国标准出版社出版的《信息处理用藏语短语分类与标记规范》（2018）。

江荻编著的《藏文识别原理与应用》（2012）⑤ 是一部介绍文字识别原理和技术、藏文字形结构和统计特征、藏文识别技术和应用书籍，也是目前中国第一部有关藏文识别的专著。

曹晖、于洪志、祁坤钰的《藏文词汇计量统计研究》（2013）⑥ 通过对藏语文教材、主要大众传媒形式中的报纸、网络媒体建立语料库，对其词汇进行计量统计研究。

欧珠和扎西加编著的《藏语计算语言学》（2014）⑦ 结合藏语特点，介绍基于规则的藏语自然语言分析方法、基于统计的分析方法，藏文自动分词及分词规范、分词中歧义消解、未登录词识别、藏文词性标注及标注标准，以及藏文语料库相关知识及算法。

高定国、珠杰编著的《藏文信息处理的原理与应用》（2014）⑧ 介绍了藏文字符编码方式及目前所用几种藏文字符编码，支持藏文处理的 Windows、Linux 系统以及不同系统下藏文字符的键盘、语音、字符识别输入方式，藏文字形设计技术等

---

① 载《方言》2018年第3期。
② 载《语言研究》2019年第2期。
③ 《西南民族大学学报》2011年第8期。
④ 北京：社会科学文献出版社，2010年。
⑤ 商务印书馆，2012年。
⑥ 北京：人民出版社，2013年。
⑦ 西南交通大学出版社，2014年。
⑧ 西南交通大学出版社，2014年。

内容。

龙从军、刘汇丹的《藏文自动分词的理论与方法研究》（2016）^① 阐述了藏语分词问题及处理策略，并有配套的相关语料库和分词软件。

黄鹤鸣、马龙龙、赵维纳的《手写藏文字符识别研究》（2016）^② 介绍了手写藏文字符识别、联机手写藏文字符识别处理。

龙从军、燕海雄主编的《中国民族语言研究与应用》（2016）^③ 汇总了当前学术界藏语研究的最新成果，包括语音、词汇、语法、方言、藏语史等基础研究和藏语计算处理等应用研究成果。

珠杰的《藏文文本自动处理方法研究》（2018）^④ 讨论了藏文排序方法、藏文音节规则和自动拼写算法及藏文停用词自动处理方法、藏文人名识别方法等。

2. 实验语音学研究

实验语音学是语言学的一个重要分支，通常称为语音学，研究语音的产生、编码、传递和感知等，它的研究方法是实验性质的，且有别于语音的音系学和音位学。实验语音学传统上研究主要分两类，一类是基于语言学，另一类是基于言语工程。藏语实验语音学，属于新兴交叉学科，借助仪器仪表、计算机等工具，以藏语语音为研究对象，基于语言学角度研究主要涉及语音的声学、生理和感知，声学角度主要关注藏语语音音节时长、韵律、调域等。相关研究成果不少。

胡坦、瞿霭堂、林联合的《藏语（拉萨话）声调实验》（1982）^⑤ 一文，利用一些早期的计算机仪器，对藏语拉萨话的声调（主要是单音节字调和双普节连读变调）做了一些"抽样"分析，用实验的结果跟语音的系统分析以及本族人的听感相互参证。

谭克让、孔江平的《藏语拉萨话元音、韵母的长短及其与声调的关系》（1991）^⑥ 一文，通过语音实验研究藏语拉萨话元音和韵母音长的性质及其与长短声调的配合关系。实验证明：元音的长短只反映在开音节中，闭音节中的元音都属短元音，与长调相结合的闭音节中的元音，其音长甚至小于开音节中的短元音，这就打破了过去认为长元音与长调、短元音与短调相互对应的关系。但从韵母来看，长短韵母反映在所有音节中，并与长短声调有着严整的对应关系。

王双成、陈忠敏的《安多藏语送气擦音的实验研究》（2010）^⑦ 利用一些现代新型录音设备及语音分析软件，从擦音的发音机制、能量的强弱、能量集中区频率的

---

① 北京：知识产权出版社，2016年。
② 科学出版社，2016年。
③ 中国社会科学出版社，2016年。
④ 西南交通大学出版社，2018年。
⑤ 载《语言研究》1982年第1期。
⑥ 载《民族语文》1991年第2期。
⑦ 载《民族语文》2010年第2期。

高低以及后接元音谐波能量的大小等几个方面对安多藏语的送气擦音进行了分析，从声学的角度进一步证实了安多藏语擦音的送气现象。

李天瑞、格桑多吉、仁青诺布、乔少杰等人的《藏文音节规则模型及应用》（2013）① 一文，主要分析了藏文音节模型在藏文信息处理过程中的应用情况，并讨论了藏文音节的结构、组成成分、拼写规则，借助藏文语法规则，建立了现代藏文音节的简化模型和相应的规则库，并提出规则方法的自动拼写藏文音节算法。

陈小莹的《藏语拉萨话语音合成语料库的研究与建立》（2013）② 一文，介绍了藏语拉萨话语音合成语料库的设计过程，语料的设计考虑了内容上和语义上的完整性，利用 Greed 算法实现对语料的选取，同时按照标准的录音过程对语料进行录制，最后设计了一套韵律标注规则对语料库中的语音数据进行了音段特征和超音段特征的标注，基本完成了藏语拉萨话语音合成语料库的建立。

祁坤钰、杨士宏的《基于词汇语料的白马藏语语音分析研究》（2014）③ 一文，采用语料库方法，构建了一个具有 4500 余词条的白马藏语语音库，并做了音标标注，并依据语音库标注信息，从发音部位和发音方法两方面对白马藏语声母和韵母的音位系统进行了统计分析，获得了白马藏语音系数据。同时，按发音方法归纳了声母与韵母的组合规律及其分布特征，总结了白马藏语语音与藏语书面语的对应关系。

多结仁欠的《藏语元音声学实验分析》（2016）一文，采用基于 Windows 系统下的语音软件，采集了藏语语音声学数据参数和语音数据，建立了藏语语音数据库，并对录音数据进行了语音标注、统计和分析，最终描绘了现代藏语语音的声学实验特征。

相关的研究成果还有孔江平的《藏语（拉萨话）声调感知研究》（1995），艾金勇的《藏语韵律单元的时长与音高研究》（2011），珠杰、欧珠、格桑多吉、扎西加、高红梅等的《藏文音节规则库的建立与应用分析》（2013），陈小莹的《藏语拉萨话双音节词重音的实验研究》（2014），公保才让的《基于声韵母的藏语语音合成研究》（2014），普次仁、顿珠次仁的《基于 LDA — MFCC 的藏语语音特征提取技术研究》（2014），德吉、安见才让的《基于特征识别的藏语语音识别研究》（2014），桑塔的《藏语声调产生的原因探析 —— 以安多天祝话单音节和双音节音调实验为个案》（2015），等等。

3. 语言政策与规划研究

藏语文规划和规范化是语言使用过程中的必然，藏语文规范化是当代藏语文高度使用和巨大活力的体现。胡坦的《藏语科技术语的创造与西藏现代化建设》

① 载《北京大学学报（自然科学版）》2013 年第 1 期。

② 载《科技信息》2013 年第 9 期。

③ 《西藏大学学报》2014 年第 3 期。

（1998）① 一文，鉴于现代科学技术的发展，藏语存在创制大量反映现代科技成果的新词术语的需求，介绍了挖掘固有资源、旧词赋予新义、拟声法构词、意译、仿译、音译、音译＋意译、意译＋音译等多种创制新词的方式，认为创制新词的首要任务是从基础学科的基本概念入手。

杨俊峰的《藏语广播语言规范化之浅见》（1998）一文，分析了藏语广播中存在的问题，认为"广播在使用语言方面应力求谨慎，努力为本民族语言的规范化，为民族语言的健康纯洁的发展，做出榜样。"

周炜的《西藏语言政策的变迁》（2002）② 一文，梳理了近50年来西藏自治区语言政策的变迁和发展过程，认为在语言政策的制定上，必须进一步处理好藏语文和汉语文的关系，必须进一步完善双语政策，使西藏的语言政策既符合《中国通用语言文字法》的精神，又符合西藏的实际，这对于科教兴藏和西部大开发战略的实施将产生深远的意义。

周炜、李永斌的《藏语和藏语规范化问题》（2008）③ 一文，认为藏语的规范化也是西藏等地区语言政策的必然部分，其规范的力度、范围、作用等均取决于人们对藏语规范化的重视程度和语言政策的影响。藏语要实行规范化，语言政策的重视程度是其成功的关键之一。但最终能否得到推行，唯一的决定力量只能是使用藏语的所有人群。

尹蔚彬的《四川省藏区语言生态研究及价值》（2016）④ 认为科学认识四川省藏区复杂的语言生态现状，处理好各个语言之间的关系并顺应其发展，关乎该地区未来的发展。

周炜的《中国少数民族语言权益保护研究 —— 关于西藏语言立法、管理与教育的调查》（2013）⑤、《西藏的语言与社会》（2018）⑥ 等著作是近年来关于藏族聚居区语言政策与实践、语言使用、语言教学等语言生活进行探讨的研究专著，对西藏的语言规划工作及语言政策的实施有着参考价值。

4. 语言使用与教学研究

关于现代藏语文使用的基本情况，在1986 — 1988年做过一次调查，其成果见于《中国少数民族语言文字使用和发展问题》（1991）和《中国少数民族语言使用情况》（1994）两书中有关藏语的部分。

胡书津、王诗文的《藏语标准语 —— 普通话研究》（2000）⑦ 一文，主张建立

---

① 载《中国藏学》1998年第1期。

② 载《西北民族研究》2002年第3期。

③ 载《中国藏学》2008年第2期。

④ 载《中国藏学》2016年第1期。

⑤ 北京：中国藏学出版社，2013年。

⑥ 北京：社会科学文献出版社，2018年。

⑦ 载《西南民族学院学报》2000年第3期。

藏民族共同语，鉴于拉萨属藏区的政治、经济、文化中心，应正式确定为以拉萨语音为标准音，以卫藏方言（西藏话）为基础方言，以典范的现代书面语著作为语法规范的藏语普通话。

王洪玉的《甘南藏汉双语教育历史与发展研究》（2010）① 一文，采用历史学及人类学的理论和研究范式，对甘南地区藏汉双语教育发展的历史演变过程及其特点进行了描述和解释。

姚春林的《藏汉双语社区的语言文化生活 —— 天祝藏族自治县菊花村一组语言使用及语言态度研究》（2012）② 一文，调查了天祝藏族自治县菊花村藏汉双语社区的语言活力、语言使用和语言态度，得出93.5%的被试掌握两种或两种以上的语言变体，藏语和天祝话是社区最重要的语言。

5. 工具书与辞典编纂

1834年，匈牙利人亚里克斯·乔玛·德·克鲁斯编撰了《藏英词典》，这是第一部具有现代意义的藏文辞书。中华人民共和国成立以来，藏语文的辞书编撰进入了一个新的发展时期，相继出版了一批内容充实、材料可靠的工具书和词典。

桑热嘉措编的《正字学》（1953）③ 汇编了藏文常用字、词及词组，按藏文字母顺序检索。

民族出版社整理出版的《汉藏词汇》（1964），共收录词条13000多条，对新词术语进行了规范。

索朗降村的《藏文词典》（1980）④ 收词1.5万余条。

于道泉主编的《藏汉对照拉萨口语词典》（1983）⑤ 共收录词条29000多，除日常用语外，还包括部分新词术语、医药、科技、天文历算等专用词，词条以藏文正字检索，后标有拉丁注音，是国内外收词最丰富的藏语拉萨话口语词典。

张怡荪主编的《藏汉大词典》（1985）⑥ 是中国策一部兼有藏文字典和藏学百科全书性质的综合性藏汉双解大型工具书，历时五十余年，集藏语研究之大成。该辞典收词5.3万余条，除一般词语外，还收入各类专科术语，包括传统的"大五明""小五明"、文学、历史、旧时公文、封建法典、习俗文化等，书后附有"动词变化表"。

土登尼玛主编的《藏汉双解格萨尔词典》（1989）⑦ 是一部对格萨尔史诗中出现的人名、地名、马名等进行诠释的辞书。

---

① 中央民族大学，博士学位论文，2010年。
② 载《中国社会语言学》2012年第2期。
③ 青海民族出版社，1953年。
④ 西藏人民出版社，1980年。
⑤ 民族出版社，1983年。
⑥ 民族出版社，1985年。
⑦ 四川民族出版社，1989年。

《汉藏对照词典》（1991）① 是西藏、北京以及甘、青、川、滇多家出版社与翻译工作者多年收集积累共同协作的成果，收词8万余条。

安世兴的《梵藏汉对照词典》（1991）②，是作者数十年研究古藏文典籍，从中摘录大量梵语借词，再参照朵喀·次仁旺杰的《藏梵词典》等有关辞书，历经十多年的艰苦工作，积累36000多条梵文词语，经过精选、对照、释义、校勘，才编撰而成，填补了我国这类词典的空白。

华侃、龙博甲编的《安多藏语口语词典》（1993）③ 共收词条11000多，词条按藏文字母排序，部分词条有例句。

由索朗多吉、罗旦、斑丹、央宗、赤米等编译的《藏语敬语词典》（1993）④ 收录了敬语5500余条。

此外，还有才旦夏茸的《藏汉词汇》（上册：1955，下册：1957）⑤，格西曲吉扎巴的《藏文辞典》（1957）⑥，阿旺·却太尔的《藏文古词浅释》（1980）⑦，李舞阳、刘大林选编的《格萨尔谚语选》（1984）⑧，李舞阳的《藏族谚语手册》（1992）⑨，哲伦·旺多的《藏英汉对照小辞典》（1994）⑩，等等。

21世纪以来，已有词典根据需要继续再版，新词典以多语对照和图解为特点、行业专科词典为特色。主要有：胡书津的《藏语动词类型释要》（2002）⑪ 一书共收录藏文单音节动词1242个，藏汉英三语对照，所收动词逐一释例，是语言文字工作者学习和研究藏语动词语法的重要参考书。堪布慈诚罗珠主编的《汉藏英常用新词语图解词典》（2007）⑫ 是汉藏英三文对照工具书，一共收集常用新名词术语1900条、彩图1390张。扎西次仁编著的《藏汉英对照信息技术词典》（2007）⑬ 为信息领域专用工具书。詹中宏编译的《汉藏金融词典》（2010）⑭ 是金融行业用工具书。多拉、扎西加编著的《藏文规范音节频率词典》（2015）⑮ 收录目前使用藏文音节

① 民族出版社，1991年。

② 民族出版社，1991年。

③ 甘肃民族出版社，1993年。

④ 民族出版社，1993年。

⑤ 青海人民出版社，1955/1957年。

⑥ 民族出版社，1957年。

⑦ 青海民族出版社，1980年。

⑧ 民族出版社，1984年。

⑨ 民族出版社，1992年。

⑩ 民族出版社，1994年。

⑪ 四川民族出版社，2002年。

⑫ 四川民族出版社，2007年。

⑬ 中国藏学出版社，2007年。

⑭ 民族出版社，2010年。

⑮ 中国社会科学出版社，2015年。

8263 个、梵文转写音节 848 个。

另外，还出版了一系列针对非藏族学习藏语文者的读本。有旦增晋美主编的《藏语广播讲座》（1980）①，中央民族学院少数民族语文系藏语文教研组编的《藏文拼音教材（拉萨音）》（1983）②，胡坦、索南卓噶、罗秉芬合编的《拉萨口语读本》（1989）③，敏生智、耿显宗编写的《安多藏语会话选编》（1989）④，青海师范大学民族部编写的《藏汉对照简易藏文读本》（1990）⑤，土丹旺布、索多和罗秉芬合编的《拉萨口语会话手册》（1995）⑥ 等。

（八）问题与展望

中华人民共和国成立 70 年来，藏语支语言的研究总体来说取得了重大成就，成果多、范围广、程度深。但也呈现出几大不平衡性：1.各个方言间研究的不平衡。拉萨藏语和安多藏语研究成果比较多，而其他藏语方言或土语的研究成果相对较少。2.书面语和现代口语间的不平衡，对藏文的研究多于、深于对现代各方言或土语的研究。3.语音和语法间的不平衡。无论是过去还是现在，研究藏语语音的学者和成果远远多于语法及词汇。4.藏语支语言内部研究不平衡，即对藏语研究居多，而白马语、仓洛语、门巴语则研究的非常少。这四种语言在语音、词汇和语法方面到底有哪些相同和不同的地方，目前也缺乏相关研究成果。

所幸近年来国内外青年学者开始大量出现，专职从事藏语研究的人才越来越多，有望逐渐克服以上不足。未来研究中，我们要从传统文法中挖掘更多古藏语资料，同时需要更多引进现代语言学理论来进行藏语语言学研究，把藏语置于普通语言学角度来进行研究。另外，还要加强对新发现的藏语支语言的研究工作，努力实现语言研究的平衡发展。

参考文献

[1] 鲍怀翘、徐昂、陈嘉献：《藏语拉萨话语音声学参数数据库》，《民族语文》1992 年第 5 期。

[2] 才让加、吉太加：《基于藏语语料库的词类分类方法研究》，《西北民族大学学报（自然科学版）》2005 年第 2 期。

[3] 陈荣泽：《藏汉语接触引发的语言演变》，《西藏研究》2011 年第 3 期。

[4] 车谦：《藏语动词的自主与不自主》，《西南民族大学学报（人文社科版）》

---

① 西藏人民出版社，1980 年。

② 民族出版社，1983 年。

③ 民族出版社，1989 年。

④ 青海民族出版社，1989 年。

⑤ 青海民族出版社，1990 年。

⑥ 中央民族大学出版社，1995 年。

1985年第2期。

[5] 车谦:《试论藏语动词在句子中的核心作用》,《民族语文》1994年第5期。

[6] 多尔吉:《格什扎话复辅音研究》,《中国藏学》1994年第4期。

[7] 多杰东智:《安多藏语动词变化的简化》,《民族语文》1988年第3期。

[8] 多杰东智:《安多藏语自主非自主动词与格的关系》,《中央民族大学学报》2004年第4期。

[9] 冯蒸:《试论藏文韵尾对于藏语方言声调演变的影响 — 兼论藏语声调的起源与发展》,《西南民族学院学报》1984年第2期。

[10] 格桑居冕:《藏语动词的使动范畴》,《民族语文》1982年第5期。

[11] 格桑居冕:《藏语巴塘话的语音分析》,《民族语文》1985年第2期。

[12] 格桑居冕:《藏语复句的句式》,《中国藏学》1996年第1期。

[13] 韩镜清:《现代藏语和汉语在构词方面的共同点》,《中国语文》1959年第5期。

[14] 胡书津:《书面藏语连词（zhing）的用法》,《民族语文》1983年第2期。

[15] 胡书津:《藏语并列四字格结构初探》,《西藏民族学院学报》1989年第4期。

[16] 胡书津:《试析藏语ABB型词的义位特点》,《民族语文》1990年第6期。

[17] 胡坦:《藏语（拉萨话）声调研究》,《民族语文》1980年第1期。

[18] 胡坦:《拉萨藏语中几种动词句式的分析》,《民族语文》1984年第1期。

[19] 胡坦:《藏语的语素变异和语音变迁》,《民族语文》1984年第3期。

[20] 胡坦:《论藏语比较句》,《民族语文》1985年第5期。

[21] 胡坦:《藏语并列复合词的一些特征》,《民族语文》1986年第6期。

[22] 胡坦:《藏语动词的名词化》, 日本东京外国语大学亚非言语文化研究所学报, 1991年第41卷。

[23] 胡坦:《略谈规则与例外》,《民族语文》1993年第4期。

[24] 胡坦:《藏语历史音变的几种类型》,《民族语文论文集 — 庆祝马学良先生八十寿辰文集》,中央民族学院出版社, 1993年。

[25] 胡坦:《拉萨藏语中的"是"字句》,《西南民族学院学报》1993年第3期。

[26] 胡坦:《藏语中的名·动组合》,《藏缅语新论》, 中央民族学院出版社, 1993年。

[27] 胡坦:《藏语时间词探源》,《中央民族大学学报》1996年第5期。

[28] 胡坦、瞿霭堂、林联合:《藏语（拉萨话）声调实验》,《语言研究》1982年第1期。

[29] 华侃:《安多藏语声母的几种特殊变化》,《民族语文》1983年第3期。

[30] 华侃:《甘南夏河、玛曲藏语中复辅音声母比较》,《西北民族学院学报》1984年第4期。

[31] 华侃:《安多藏语（夏河话）中的同音词》,《民族语文》1985年第4期。

[32] 华侃、尕藏他:《藏语松潘话的音系和语音的历史演变》,《中国藏学》1997年第2期。

[33] 黄布凡:《藏语方言声调的发生和分化条件》,《民族语文》1980年第1期。

[34] 黄布凡:《古藏语动词的形态》,《民族语文》1981年第3期。

[35] 黄布凡:《十二、十三世纪藏语（卫藏）声母探讨》,《民族语文》1983年第3期。

[36] 黄布凡:《藏语方言声调的发生和分化条件》,《民族语文》1994年第3期。

[37] 黄布凡:《从巴尔蒂话看古藏语语音》,《中央民族学院学报》1994年第4期。

[38] 黄布凡、索南江才、张明慧:《玉树藏语的语音特点和历史演变规律》,《中国藏学》1994年第2期。

[39] 黄行:《藏语动词语法范畴的相互制约作用》,《民族语文》1997年第6期。

[40] 江荻:《藏语动词的历史形态研究》,《民族语文》1988年第3期。

[41] 江荻:《藏语复杂声母系统及复杂演化行为》,《中国藏学》1996年第4期。

[42] 江荻:《藏语db–音类的演化过程及时间层次》,《民族语文》1997年第5期。

[43] 江荻:《藏语拉萨话现在时的标记及功能》,《民族语文》1999年第5期。

[44] 江荻:《现代藏语组块分词的方法与过程》,《民族语文》2003年第4期。

[45] 江荻:《书面藏语的续连规则及词形变体的自动识别》,《民族语文》2004年第6期。

[46] 江荻:《藏语拉萨话的体貌、示证及自我中心范畴》,《语言科学》2005年第1期。

[47] 江荻:《藏语述说动词小句宾语及其标记》,《中文信息学报》2007年第4期。

[48] 江荻、孔江平:《藏语合音现象的词汇扩散分析》,《民族语文》1990年第2期。

[49] 江荻、胡鸿雁:《现代藏语形容词谓语的构造及识别方法》,《语言研究》2005年第2期。

[50] 金鹏:《藏语拉萨、日喀则、昌都话的比较研究》,科学出版社,1958年。

[51] 金鹏:《论藏语拉萨口语动词的特点与语法结构的关系》,《民族语文》1979年第3期。

[52] 金鹏:《藏语简志》,民族出版社,1983年。

[53] 金鹏:《藏语动词表三时的屈折形态简化的两种途径》,《语言研究》1983年第1期。

[54] 金鹏:《藏语拉萨话动词的式及其表达方法》,《民族语文》1983年第1期。

[55] 金鹏:《藏语动词屈折形态向粘着形态的转变》,《中国藏学》1988年第

1 期。

[56] 孔江平：《道孚藏语双擦音声母的声学分析》，《民族语文》1991年第3期。

[57] 孔江平：《藏语（拉萨话）声调感知研究》，《民族语文》1995年第3期。

[58] 李永宏于洪志：《安多藏语语音合成语料库的设计》，《西北民族大学学报（自然科学版）》2006年第3期。

[59] 铃木博之：《所谓藏语康方言中的"声调"语音特征》，《南开语言学刊》2015年第1期。

[60] 罗秉芬：《古藏语复辅音韵尾中d的演变 —— 从古藏文手卷P. T. 1047看古藏语语音演变》，《民族语文》1991年第3期。

[61] 罗常培 傅懋勣：《国内少数民族语言文字概况》，《中国语文》1954年第3期。

[62] 马月华：《藏语里一种特殊的四音组词结构》，《民族语文》1986年第1期。

[63] 马月华：《试析巴塘藏语中的几个结构助词 — 兼谈人称代词的音变现象》，《青海民族学院学报》1994年第4期。

[64] 瞿霭堂：《卓尼藏语的声调与声韵母的关系》，《中国语文》1962年第7期。

[65] 瞿霭堂：《藏语的复辅音》，《中国语文》1965年第6期。

[66] 瞿霭堂：《谈谈声母清浊对声调的影响》，《民族语文》1979年第1期。

[67] 瞿霭堂：《阿里藏语动词体的构成》，《民族语文》1980年第4期。

[68] 瞿霭堂：《藏语的声调及其发展》，《民族语文》1981年第1期。

[69] 瞿霭堂：《藏语的变调》，《民族语文》1981年第4期。

[70] 瞿霭堂：《藏语安多方言韵母演变情况提要》，《民族语文研究文集》，青海民族出版社，1982年。

[71] 瞿霭堂：《藏语动词屈折形态的结构及其演变》，《民族语文》1985年第1期。

[72] 瞿霭堂：《藏语的复元音韵母》，《中央民族学院学报》1987年第1期。

[73] 瞿霭堂：《藏语古调值构拟》，《中国语言学报》1988年第3期。

[74] 瞿霭堂：《藏语韵母研究》，青海民族出版社，1991年。

[75] 邵明园：《安多藏语阿柔话的示证范畴》，南开大学，博士学位论文，2014年。

[76] 邵明园：《安多藏语言说动词zer和bzlas的语法化》，《语言科学》2015年第1期。

[77] 仁增旺姆：《重叠方式在安多藏语中的运用》，《西北民族学院学报（社科版）》1987年第4期。

[78] 孙宏开：《藏语在藏缅语族语言研究中的历史地位》，《中国藏学》1998年第2期。

[79] 孙宏开：《白马语是藏语的一个方言或土语吗?》，《语言科学》2003年第

1 期。

[80] 孙宏开、陆绍尊、张济川、欧阳觉亚:《门巴、珞巴、僜人的语言》,中国社会科学出版社,1980 年。

[81] 孙宏开、郑玉玲:《计算机进行藏缅语语音相关分析的尝试》,《语言研究》1994 年第 2 期。

[82] 孙天心:Aspects of the Phonology of Amdo Tibetan: Ndzorge Sæme XǒRA Dialect 日本东京外国语大学亚非言语文化研究所,1986 年。

[83] 孙天心:The Typology of Tone in Tibetan 台北中央研究院历史语言研究所(中国台湾地区),1993 年。

[84] 孙天心:《安多藏语的小舌辅音:藏语语音史上朝"立体对立"发展的一个个案研究》,海峡两岸蒙古学藏学研讨会,1995 年。

[85] 孙天心:《求吉藏语的语音特征》,《民族语文》2003 年第 6 期。

[86] 谭克让:《阿里藏语的复元音》,《民族语文》1980 年第 3 期。

[87] 谭克让:《阿里藏语语法形式上的音节缩减现象》,《民族语文》1983 年第 5 期。

[88] 谭克让:《藏语擦音韵尾的演变》,《民族语文》1985 年第 4 期。

[89] 谭克让:《藏语动词的自动态与使动态》《民族语文》1988 年第 6 期。

[90] 王会银:《藏语拉萨话动词的重叠形式》,《民族语文》1988 年第 3 期。

[91] 王诗文:《藏语康方言语法研究:德格话语法》,民族出版社,2013 年。

[92] 王双成:《安多藏语的复元音韵母的特点》,《民族语文》2004 年第 3 期。

[93] 王双成:《安多藏语的复元音韵母》,《西藏研究》2005 年第 3 期。

[94] 王双成:《安多藏语轻重唇音的分化趋势》,《语言研究》2007 年第 1 期。

[95] 王尧:《藏语的声调》,《民族语文》1956 年第 6 期。

[96] 王尧:《藏语 Mig 字古读考 — 兼论藏语声调的发生与发展》,《民族语文》1981 年第 4 期。

[97] 王志敬:《藏语动名词探索》,《民族语文》1987 年第 1 期。

[98] 王志敬:《藏汉语词类与句法成分的对应关系与发生学关系》,《西藏大学学报(汉文版)》2007 年第 1 期

[99] 武光利、于洪志、戴玉刚:《藏语语音合成系统中语音信号的频谱转换与分析》,《西北民族大学学报(自然科学版)》2005 年第 3 期。

[100] 谢广华:《藏语动词语法范畴》,《民族语文》1982 年第 4 期。

[101] 谢广华:《论藏语结构助词》,《中央民族学院学报》1983 年第 3 期。

[102] 谢广华:《拉萨藏语的句法结构》,《民族语文》1985 年第 6 期。

[103] 意西微萨·阿错:《倒话研究》,民族出版社,2004 年 8 月。

[104] 意西微萨·阿错:《雅江"倒话"的混合特征》,《民族语文》2002 年第 5 期。

[105] 尹蔚彬：《藏语文研究70年》，《中国藏学》2019年第4期。

[106] 俞敏：《汉藏同源字谱稿》，《民族语文》1989年第1、2期。

[107] 张济川：《藏语拉萨话声调分化的条件》，《民族语文》1981年第3期。

[108] 张济川：《古藏语塞音韵尾读音初探》，《民族语文》1982年第6期。

[109] 张济川：《藏语的使动、时式、自主范畴》，《民族语文》1989年第2期。

[110] 张济川：《藏语声母（lh–）的来源和演变》，《民族语文》1990年第2期。

[111] 张济川：《对藏语几个后缀的分析》，《中国藏学》1994年第1期。

[112] 张济川：《藏语形容词级的范畴》，《民族语文》1996年第6期。

[113] 张琨：A Morphophonemic Problem in the Spoken Tibetan of Lhasa JAOS85, 1965年。

[114] 张琨：Spoken Tibetan Morphophonemic：p 美国LANGUAGE，43，1967年。

[115] 张琨：The Tibetan Causative：Phonology 台湾BIHP 42，1970年。

[116] 张琨：Tibetan Prenasalized Initials" 台湾BIHP XLⅧ，1977年。

[117] 张琨：The persistence of present–tense reflexes in modern spoken Tibetan，载台湾《清华学报》1982年第14卷第1、2期合刊。

[118] 张琨：《拉萨话元音的和谐》，《民族语文研究情报资料集》1983年第1集。

[119] 张琨：《西藏口语中的动词》，《民族语文研究情报资料集》1983年第2集。

[120] 张琨：The spoken Tibetan verb KΛp，《匈牙利东方学报》1984年第19卷。

[121] 张琨：Perfective and imperfective in spoken Tibetan 台湾BIHP，51。

[122] 郑玉玲：《藏语方言语音量化分析》，《民族语文》1998年第5期。

[123] 周季文：《藏文异体词的整理》，《民族语文》1992年第2期。

[124] 周季文：《安多藏语拼音符号与藏文的安多读音》，《民族语文论文集—庆祝马学良先生八十寿辰文集》，中央民族学院出版社，1993年。

[125] 周毛草：《藏语方言时态助词研究》，《民族语文》1999年第6期。

[126] 周毛草：《安多藏语玛曲话动词的名物化》，《民族语文》2006年第5期。

[127] 周炜、李永斌：《藏语和藏语规范化问题》，《中国藏学》2008年第2期。

[128] 周炜：《西藏语言政策的变迁》，《西北民族研究》，2002年第3期。

[129] 周炜：《西藏的语言与社会》，社会科学文献出版社，2018年。

三、羌语支语言研究

（一）系属划分

1. 系属建立

羌语支语言是20世纪60年代初进行专题研究以后才逐步确立的。现在列入羌语支的语言，过去有的放在藏语支，有的作为语支未定语言，有的是后来新发现的语言。最初只有羌语、嘉戎语、普米语三种语言，现在包括12种语言（不包括文献语言西夏语），即羌语、普米语、史兴语、尔苏语、纳木义（纳木依/兹）语、嘉戎语（嘉戎语）、木雅语、扎巴语、尔龚（道孚）语、贵琼语、却域（却隅）语和拉坞戎语。①

早在20世纪50年代，罗常培、傅懋勣的《国内少数民族语言文字概况》（1954）② 一文认为藏缅语下边的藏语支包括藏语、嘉戎、羌语、西蕃语、俅语和怒语。随着民族语言调查的不断深入，一些学者认为有必要建立羌语支支属。

1956-1958年，中国科学院组织了对全国少数民族语言的调查工作，之后就开始编写各少数民族语言调查报告、语言简志和语言概况。1959年，羌语简志初稿写成。傅懋勣、罗季光、金鹏等先生在审读羌语简志的过程中，都认为羌语很有特点，与藏语有较大差别。

1960年，中国科学院少数民族语言研究所组织了一个小组，开始搜集材料，进行同语族内各语言间的比较研究，先后有十多位研究人员参加工作、提供材料，进行词汇、语音、语法方面的循环比较。经过两年的艰苦工作，于1962年底提出了羌语支属问题的初步意见。这个意见，经傅懋勣、金鹏先生审阅同意，第一次公布在1962年第12期《中国语文》的《羌语概况》一文中。文中写道："羌语的系属问题，经初步研究，属汉藏语系藏缅语族羌语支。在语言特点方面，羌语和普米等语言比较接近，有划入同一语支的可能。"③

孙宏开在修订《羌语简志》稿时，增写了一章"羌语的支属问题"，后因篇幅过大，体例不合，作为单篇论文提供给中国民族语言学会首届年会，并在会上宣读。后刊登在青海民族出版社1982年出版的《民族语文研究文集》上。此文经过与藏语支、彝语支、景颇语支等语言的比较，从语音、词汇、语法三方面论证了羌语支与这三个语支的同源关系。文章指出："在藏缅语族中羌语同普米语、嘉戎语最接近，划为一个语支称为羌语支是符合语言实际情况的。这一结论可与研究羌族史和这一地区民族史的结论互相印证。此外，在川西一带，尚有木雅（弥药）、尔苏（多续）、尔龚、贵琼、纳木义、史兴、扎巴等语言，与羌、普米、嘉戎语比较接近，有可能划为一个语支，由于这些语言刚调查，材料尚未认真整理，所以本文暂不涉及。"④

孙宏开还多次论证了将嘉戎语划属藏缅语族羌语支的合理性。⑤ 1999年，由台湾中研院语言学研究所筹备处主办的藏缅语族羌语支语言及语言学研讨会，下设嘉

① 见孙宏开、黄行、胡增益主编《中国的语言》，商务印书馆，2007年。

② 载《中国语文》1954年第3期。

③ 孙宏开《羌语概况》，载《中国语文》1962年第12期。

④ 参阅孙宏开《羌语支属问题初探》，载《民族语文研究文集》，青海民族出版社，1982年。

⑤ 见孙宏开的《羌语支属问题初探》，载《民族语文研究文集》，青海民族出版社，1982年;《六江流域的民族语言及其系属分类》，载《民族学报》1983年第3期。

戎语组并宣读了三篇相关论文，这说明将嘉戎语划归羌语支得到海内外学者一致认可[①]。

关于普米语的系属，周耀文、戴庆厦在《云南少数民族语言文字概况》（1980）一书中，介绍了云南少数民族语言的系属分类，在汉藏语系分类表中将分布在云南省的普米语列入羌语支[②]。陆绍尊在《普米语概况》（1980）[③]和《普米语简志》（1983）[④]概况部分中，都明确指出普米语属汉藏语系藏缅语族羌语支。

1978–1982年间，结合民族识别工作和空白语言调查任务，民族语文工作者又在四川西部地区进一步调查发现了尔苏、木雅、尔龚、扎巴、纳木义、史兴、贵琼、却隅等羌语支语言。孙宏开的《六江流域的民族语言及其系属分类》[⑤]一文，比较全面地介绍了这些语言的特点，并在前言一节中将中国境内的藏缅语分成藏、彝、羌、景颇、缅五个语支，其中羌语支包括羌语、普米语、嘉戎语、木雅语、尔龚语、史兴语、尔苏语、贵琼语、扎巴语、纳木义语。

1985年，陆绍尊在《扎巴语概况》[⑥]中说："从目前我们所掌握的材料看，扎巴语既不是藏语，也不是木雅语和尔龚语，而是一种独立的语言。它属于汉藏语系藏缅语族，与同语族羌语支的羌语、普米语比较接近，可划为一个语支。"同年，黄布凡在《木雅语概况》[⑦]一文中，对木雅语的系属提出了意见。她说："从基本词汇和语法特征看，木雅语属汉藏语系藏缅语族羌语支。"对这段话，她还加了一个小注："在木雅语支系问题上，本文与孙宏开同志《六江流域的民族语言及其系属分类》一文的看法相同。"

黄布凡的《扎坝语概况》（1990）[⑧]指出："扎坝语与陆绍尊写的《扎巴语概况》介绍的扎巴语差别很大，不是一种语言。该文所说扎巴语的使用者并不自称ndʑapa，他们有几种自称。这种话是我们这里提到的却域语的一种方言。"王天习经过调查，在《却域语》（1991）[⑨]中指出："却域语似乎没有统一的名称。……却域语受藏语影响不小，但绝非藏语方言；跟羌语相比，差距也很大。我们认为是一种独立的语言，属汉藏语系藏缅语族羌语支。"

黄布凡的《道孚语》（1991）[⑩]指出："道孚语是不同于嘉戎语和藏语的独立语言。从深层结构来看，道孚语在语音、词汇、语法诸方面，尤其是在语法上有较多

① 见孙宏开《藏缅语族羌语支语言及语言学研讨会述评》，载《当代语言学》2000年第2期。

② 云南民族出版社，1980年。

③ 载《民族语文》1980年第2期。

④ 民族出版社，1983年。

⑤ 孙宏开《六江流域的民族语言及其系属分类》，载《民族学报》，云南民族出版社，1983年第3期。

⑥ 载《民族语文》1985年第2期。

⑦ 载《民族语文》1985年第3期。

⑧ 载《中央民族学院学报》1990年第4期。

⑨ 见《藏缅语十五种》，北京燕山出版社，1991年。

⑩ 见《藏缅语十五种》，北京燕山出版社，1991年。

特点与羌语支语言相接近，其系属可划入藏缅语族羌语支。"道孚语即尔龚语。

　　黄布凡经过调查，把原来有争论的观音桥话与道孚语、嘉戎语做了比较，得出了新的认识，最后在《拉坞戎语概况》（2003）① 中，认为"观音桥话是不同于道孚语和嘉戎语的独立语言"，归属于羌语支。

　　至此，羌语支的系属已得到国内外学者的认可。1984年9月，在美国奥勒冈州立大学召开的第17届国际汉藏语言与语言学大会上，美国著名语言学家马提索夫在会上所作的题为《汉藏语系的数词和前缀的作用》的学术报告中，再一次确认羌语支在藏缅语族中的地位。孙宏开在《试论中国境内藏缅语的谱系分类》（1988）② 一文中，把中国境内的38种藏缅语分属于5个不同的语支。即藏语、羌语、缅语、彝语、景颇语。并将羌语支的十多种语言进一步以层次表的形式表达了出来：

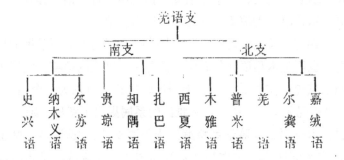

　　马提索夫的《汉藏语语言学的现状和未来（上）》（1993）③ 一文指出："藏缅语研究中最令人鼓舞的新进展是发现了一个完全不为西方学者所知的新语支——四川的羌语支。已搜集到了12种羌语支语言大量的词汇、语法材料。该语支除羌语外，还包括白马语、尔龚语、尔苏语（或妥苏语）、嘉戎语、贵琼语、木雅语、纳木义语、普米语、史兴语、扎坝语。…… 从能看到的有限的材料看来，羌语支语言在共时、历时两方面似乎都有不一般的意义。其特点是有可与书面藏语相比较的复杂的复辅音，有些复辅音显然是双音节复合词简化而成的。羌语支语言有些有声调，有些则无声调，这正如为研究声调发生机制提供了理想的场所。"

　　戴庆厦、刘菊黄、傅爱兰的《关于我国藏缅语族系属分类问题》（1989）④ 一文，把我国的藏缅语族分为北部语群和南部语群，北部语群又分为嘉戎·独龙语支、僜语支、藏语支和景颇语支，嘉戎·独龙语支又分为嘉戎语组、羌语组和独龙语组，嘉戎语组只包括嘉戎语，羌语组包括羌语、尔龚语、尔苏语、史兴语、扎巴语、纳木义语、贵琼语和普米语。

　　由于羌语支不断发现新的语言及研究的不断深入，1999年，由台湾中研院语

　　① 载《民族语文》2003年第3期。

　　② 载 Languages and History in East Asia，Kyoto/Shokado，1988。

　　③ 载《国外语言学》1993年第3期，傅爱兰译。

　　④ 载《云南民族学院学报》1989年第3期。

言学研究所筹备处在台北市中央研究院（中国台湾地区）历史语言研究所主办了藏缅语族羌语支语言及语言学研讨会，应邀出席的海内外学者20余人，会议分综论、西夏语、羌语、嘉戎语组、普米语、羌语支语言的时和体等主题，与会者先后宣读了相关论文16篇。会后，孙宏开在《藏缅语族羌语支语言及语言学研讨会述评》（2000）① 一文中指出："汉藏语系藏缅语族中的羌语支是近若干年才陆续被学术界重视的一个语支，它大体包括羌语、普米语、嘉戎语、木雅语、史兴语、扎巴语、尔苏语、尔龚语（有人称道孚语或霍尔语）、贵琼语、却隅语、纳木义语等（有人主张文献语言西夏语也应该属于羌语支）。前面这12种活的语言（不包括西夏语）大体分布在中国大陆四川省的西部到云南省的西北部的嘉陵江、岷江、大渡河、雅砻江、金沙江等由南到北的狭长地带，使用人口多的有10多万，少的仅2千多人。其中有的语言或方言已经处于消亡的边缘。"

马学良主编的《汉藏语概论》（1991、2003）② 都单独列出了羌语支语言，"就目前所知有11种语言，即：羌语、普米语、嘉戎语、道孚语、却域语、扎坝语、贵琼语、木雅语、尔苏语、纳木义语、史兴语。"（2003：176）

经过近几年的深入研究，孙宏开在《藏缅语族羌语支研究》（2016）③ 一书中，重新把羌语支分成三支，包括南支（史兴语、纳木依语、尔苏语和贵琼语）、中支（木雅语、普米语、羌语、扎坝语和却域语）和北支（嘉戎语、尔龚语和拉坞戎语）的语言及方言、土语。

有些学者对于羌语支某些语言的支属问题也有不同的看法。如瞿霭堂的《嘉戎语概况》（1984）④ 和《嘉戎语的方言 — 方言划分和语言识别》（1990）⑤ 都认为，嘉戎语是我国川北藏族说的一种语言，属汉藏语系藏缅语族藏语支，在语音和词汇上接近藏语，在语法上则与同语支的羌语、普米语以及尼泊尔境内的喜马拉雅语言有共同特点。

2. 各语言的分布

羌语支语言总体分布在我国四川省和云南省的岷江、大渡河、雅砻江、金沙江等四江流域。⑥

（1）羌语分布

羌族分布在四川省阿坝藏族羌族自治州的茂县、汶川、理县、松潘、黑水，此外还有极少部分分布在绵阳市北川羌族自治县西北部和甘孜藏族自治州的丹巴县。

① 载《当代语言学》2000年第2期。

② 民族出版社，2003年。

③ 中国社会科学出版社，2016年。

④ 载《民族语文》1984年第2期。

⑤ 载《民族语文》1990年第4、5期。

⑥ 本节羌、普米、嘉戎、道孚、却域、扎坝、贵琼、木雅、尔苏、纳木义、史兴等语言的分布及人口情况主要参考马学良主编《汉藏语概论》，民族出版社，2003年。

共有人口145000余，其中约有60%居住在茂县。羌语使用人数约有10万左右。羌语分南北两大方言。南部方言主要分布在茂、理、松潘等各县南部和汶川县大部分区乡，可分为大岐山、桃坪、龙溪、绵池和黑虎五个土语。北部方言主要分布在茂县沙坝区洼底乡和赤不苏区以及黑水县大部分地区，可分为芦花、茨木林、麻窝、维古、雅都五个土语。方言土语内部差别较大。

（2）普米语分布

普米族分布在云南省兰坪、宁蒗、永胜、维西、丽江等县（自治县），迪庆藏族自治州的中甸、维西、德钦等县（自治县）也有少数散居，共约22000人。另外，四川省木里藏族自治县、盐源县和九龙县的部分藏族也说普米语，约有25000人。普米语使用人数共有47000人。普米语分南北两个方言，南部方言分布于云南省兰坪、维西、永胜、丽江等县以及宁蒗县的新营盘区，北部方言主要分布在四川省木里、盐源、九龙等县以及云南省宁蒗县的永宁区。方言之间词汇和语音差别较大，语法差别较小。

（3）嘉戎语分布

嘉戎语是川北部分藏族说的一种语言。主要分布在四川省阿坝藏族羌族自治州的马尔康、金川、小金、壤塘、红原、黑水、理、汶川等县以及甘孜藏族自治州的丹巴县和雅安专区宝兴县的部分地区。使用人数有10多万。城镇地区说嘉戎语的藏族群众大多兼通汉语。嘉戎语分东部、北部和西部三个方言。

（4）道孚语（尔龚语）分布

道孚语是四川甘孜藏族自治州的道孚、丹巴、炉霍、新龙、色达等县和阿坝藏族羌族自治州的金川、壤塘等县部分藏族群众所说的一种语言。使用人数约有4万多人。这一地区还分布有两种藏语方言，农区属康方言，牧区属安多方言。说这种语言的人，多数不通藏语，只是道孚县城内有部分人兼通汉语。

（5）却域语分布

却域语是四川甘孜藏族自治州新龙、雅江、理塘等县部分藏族群众所说的一种语言。分布于新龙县下占区的龙拉西乡，理塘县呷哇区和君坝区的两个乡，雅江县的普巴戎乡、团结乡和扎麦区的一个乡。使用人数约7000人。分布于各地的却域语虽然差别较大，但基本可以通话。说这种话的居民普遍兼通藏语康方言，多数兼通汉语。

（6）扎坝语分布

扎语亦称扎坝、扎巴语。操这种语言的人自称"扎"或"扎巴"。扎坝语是四川省甘孜藏族自治州部分藏族居民使用的一种语言。它分布于道孚县扎坝区和雅江县扎麦区，使用人数共有7700余人。两个区的话差别不大，互相可以听懂。扎坝语与道孚语分布地区相毗邻，但不与道孚语相通。扎坝语多在家庭和村内使用，对外多使用藏语康方言。

（7）贵琼语分布

贵琼语是四川甘孜藏族自治州康定县（今康定市）鱼通区前溪、麦崩等乡藏族群众所说的一种语言，使用人数不到3000人。多兼通汉语。

（8）木雅语分布

木雅语是四川省西南部贡嘎山周围藏族居民使用的一种语言。分布在四川省甘孜藏族自治州的康定、九龙及雅安地区的石棉等县，以康定县（今康定市）的沙德区较为集中。使用人数1万多人。木雅语分为东部、西部两个方言区。东部方言区的人自称"木勒"，其受汉语的影响比较大；西部方言区的人自称"木雅"，其受藏语的影响较大。木雅语一般只在家庭或村寨使用，对外交际时，西部方言区居民多使用藏语康方言，东部方言区居民多使用汉语。

（9）尔苏语分布

尔苏语分布在四川省雅安地区的石棉、汉源，凉山彝族自治州的甘洛、越西、冕宁、木里以及甘孜藏族自治州的九龙等县彝族和藏族杂居区内。使用人数约有2万。分东部、中部、西部三个方言。东部方言分布在甘洛、越西、汉源、石棉一带，约有13000人；中部方言分布在冕宁东部地区，约有3000人；西部方言分布在木里、九龙等县，约有4000人。

（10）纳木义语分布

纳木义语主要通行于四川省凉山彝族自治州的冕宁、西昌、木里、盐源和甘孜藏族自治州的九龙等县。中华人民共和国成立前使用这种语言的居民被泛称为"西番"，分布在冕宁、西昌、盐源一带的自称为"纳木依"，分布在木里、九龙一带的自称为"纳木兹"，二者之间未构成方言差别而是土语的差异。纳木义语分东部和西部两个方言，使用人数约有5000人。一般在家庭或村寨内使用纳木义语，出外使用普米语、汉语或彝语。

（11）史兴语分布

史兴语是分布在四川省凉山彝族自治州木里藏族自治县一区。使用人数约有2000人左右。史兴语一般在村内使用，外出时使用普米语或汉语。

（12）拉坞戎语分布

拉坞戎语是四川省河坝藏族羌族自治州大金川河流域藏族居民所说的一种语言，俗称观音桥话。其分布地区，以金川县的观音桥镇为中心，向西顺俄热河（大金川河分支）通向俄热乡的一、二、三、四村；向北沿大金川河上游延伸至观音桥镇下辖的二嘎里乡，壤塘县上寨区蒲西乡斯跃武、蒲西、小伊里等村的杜柯河西岸；向南沿大金川河下游两岸延伸至观音桥镇下辖的太阳河乡麦地沟村和周山区集沐乡的业隆村，沿大金川东岸延伸至马尔康县（今马尔康市）白湾区的木尔宗乡以及白湾乡的年克村和大石凼村。根据通话程度和语音特征，拉坞戎语可初步分为三个方言，即观音桥话、业隆方言和蒲西方言。拉坞戎语使用人数不到1万人。①

（二）语音研究

羌语支有的语言研究起步较早。如早在中华人民共和国成立前，闻宥就发表了《川西羌语之初步分析》（1941）、《汶川瓦寺组羌语音系》（1943）、《理番后二枯羌语音系》（1945），闻宥、傅懋勣发表了《汶川萝卜寨羌语音系》（1943）等研究羌语支语音的文章，为后来对羌语支语言的研究打下了基础。70年来，对羌语支语言语音的研究，除了相关的语言"简志""概况"及一些语言研究专著以外，主要体现在声调、复辅音声母、弱化音节、辅音韵尾、元音和谐及音位分析等专题研究方面。

1. 声调研究

羌语支语言多数有声调，但发展不平衡，有的语言或方言至今没有声调。声调在区别词义和语法意义的作用方面也有差别，有的语言作用大，有的语言作用小。但是各语言声调发展不平衡。羌语支语言的声调研究主要体现在对声调的共时和历时研究两个方面，即对不同语言声调特点及其与相近语言的对比所体现的共性研究，对不同语言的声调来源的探讨。

刘光坤的《藏缅语族中的羌语支试析》（1989）② 一文指出："羌语支语言大多都有声调，但声调在音位系统中的作用比起其他几个语支要小一些，由于羌语支语言较完整地保留了原始藏缅语的清浊音对立状况，因此，它的声调分化的主要条件来自部分复辅音前置辅音的丢失和韵尾的脱落。"

（1）声调的共时研究

对声调的共时研究主要是分析描写了声调的特点及其分布情况。70年来，对羌语支各语言的声调情况及其特点从共时方面进行全面分析介绍的主要是各语言"概况""简志"以及相关的著作③。另外，还有金鹏、谭克让、瞿霭堂、林向荣的

---

① 见黄布凡《拉坞戎语概况》，载《民族语文》2003年第3期。

② 载《西南民族学院学报》1989年第3期。

③ 见孙宏开的《羌语概况》（载《中国语文》1962年第12期），陆绍尊的《普米语概况》（载《民族语文》1980年第4期）、《扎巴语概况》（载《民族语文》1985年第2期），瞿霭堂的《嘉戎语概况》（载《民族语文》1984年第2期）、《嘉戎语的方言 — 方言划分和语言识别》（载《民族语文》1990年第4、5期），黄布凡的《木雅语概况》（载《民族语文》1985年第3期）、《扎坝语概况》（载《中央民族学院学报》1990年第4期）、《拉坞戎语概况》（载《民族语文》2003年第3期），拉玛兹偓的《纳木依语支属研究》（载《民族语文》1994年第1期），刘辉强的《锣锅底纳木依语》（载《语言研究》1996年第2期），瞿霭堂、劲松的《嘉戎语上寨话》（载《民族语文》2007年第5期）等文章，以及孙宏开的《羌语简志》（民族出版社，1981年），陆绍尊的《普米语简志》（民族出版社，1983年）、《普米语方言研究》（民族出版社，1998年），黄布凡、周发成的《羌语研究》（四川人民出版社，2006年），黄布凡的《拉坞戎语研究》（民族出版社，2007年），黄成龙的《蒲溪羌语研究》（民族出版社，2007年），龚群虎的《扎巴语研究》（民族出版社，2007年），（法）向柏霖的《嘉戎语研究》（民族出版社，2008年）。

《嘉戎语梭磨话的语音和形态》（1957，1958）①、林向荣的《关于嘉戎语的声调问题》（1989）②、戴庆厦、严木初的《嘉戎语梭磨话的声调》（1994）③ 等文章，对嘉戎语的声调问题进行了探讨。认为梭磨话虽然已经产生了声调，但声调的发展还很不充分，就其水平来说，只处于声调发展的初级阶段。其中，《嘉戎语梭磨话的声调》（1994）一文指出："梭磨话已出现数十对在声、韵相同的条件下以不同的声调区别意义的词，这当然应该算是声调区别意义的功能。…… 梭磨话每个音节都有固定的声调，尽管声调在大多数词中都不是区别意义的唯一要素，但固定的声调却是区别不同音节的特征（或称要素）之一。由于梭磨话的每个音节都有固定的声调，说这种话的人已有区别声调的语感，因而任何一个音节，如果不按其固有的声调去念，就会出现错义或歧义，至少会被认为不是纯正的梭磨话。我们认为，音节有无固定的声调仍是确定一种语言有无声调的关键因素。因为，音节的声调固定后，声调就已成为不同音节的区别性特征之一，其区别意义的功能将逐渐由弱到强，由少到多。这就是说，音节有了固定的声调之后，这种语言就已完成了由无声调向有声调的过渡。"

黄布凡的《道孚语语音和动词形态变化》（1990）一文④，认为道孚语"在3000多个词中未发现声调对立辨别词义的现象。但每个词的音高有习惯读法，声母为单浊辅音的音节大多读升调，调值约为24；声母为单清辅音或复辅音的音节大多读降调，调值约为53。双音节词大多是前低（33）后高（53–55）。"

丁思聪在《牛窝子普米语的音高–重音系统》（The pitch–accent system of Niuwozi Prinmi）（2001）⑤ 一文对普米语的音高–重音模式进行了探讨。丁思聪在《日语和普米语声调系统之类型学研究 — 重音语言之定义》（A typological study of tonal systems of Japanese and Prinmi：Towards a definition of pitch–accent languages）（2006）⑥ 一文中，不仅对日语和普米语的声调系统做了比较，而且对音高–重音语言的定义进行了界定。

丁思志在《普米语方言声调系统研究中用感知测试：以说话人为中心的语言描写方法》（2007）⑦ 讨论了如何用感知测试普米语声调。

（2）声调的历时研究

对声调的历时研究主要是考察了某些语言声调的来源问题。

---

① 载《语言研究》1957年第2期，1958年第3期。

② 载《中央民族学院学报》1989年第5期。

③ 《藏缅语新论》，中央民族学院出版社，1994年。

④ 载《民族语文》1990年第5期。

⑤ 载《藏缅语区语言学》2001年第2期。

⑥ 载Journal of Universal Language 7, 2006。

⑦ 载Language Documentation and Conservation 1, 2007。

　　林向荣的《关于嘉戎语的声调问题》（1989）[①] 一文对嘉戎语的声调情况进行了介绍，并对声调的起源问题以及声调在嘉戎语中的演变轨迹提出了自己的观点，认为嘉戎语的声调不是固有的，卓克基话声调区别语法意义的功能在逐步减弱。该文还考察了卓克基话的复辅音及其对声调的影响，并认为嘉戎语复辅音有发展的趋势，而声调有消失的迹象。

　　羌语中声调和重音发展的不平衡是非常有趣的现象，对声调起源的研究具有重要的意义。刘光坤的《论羌语声调的产生和发展》（1998）[②] 一文指出："（1）声调在语音系统中的作用往往与复辅音的数量成反比例；（2）声调的出现往往与辅音韵尾有密切的关系；（3）声调的作用往往与词汇中汉语借词的数量成正比例。"作者最后得出几点结论："第一，羌语声调是后起的一种语音现象，它的历史并不悠久，直到现在，羌语北部方言仍然没有声调，但是却有重音。第二，羌语声调的产生从方言同源词的对应可以分析出，是与韵尾的脱落和消失、复辅音的简化和消失有密切关系，少数地区已经出现声母清浊对声调分化的影响，但这种现象仅仅在较小的地区存在，值得对它进行深入研究。第三，羌语声调发展不平衡，即使声调在语音系统中作用最大的地区，它们在构词和构形两个方面都起作用，但总体来说，仍然处在一个低负担量的阶段，换句话说，用声调区别词义的同音词数量并不大。第四，羌语声调的产生与亲属语言中声调的起因有共性，但也有其特殊性的一面，我们现在比较难以确定的事情是，羌语声调第一次分化是韵尾脱落的作用呢，还是复辅音简化的作用，或者二者兼而有之。目前看来，南部方言内部形成统一调类的可能性也不大，当然，这个问题还需要进一步观察、分析和研究。第五，羌语声调的产生和发展是羌语语音系统自身调节的产物，但汉语的影响是羌语声调产生和发展的催化剂。前者是内因，后者是外因，外因通过内因发生了作用。"Evans在《羌语音系和词汇简介：历史与共时》（Introduction to Qiang Phonology and Lexicon：Synchrony and Diachrony）（2001）[③] 和《羌语南部方言接触引发的声调》（Contact-induced tonogenesis in Southern Qiang）（2001）[④] 认为羌语的声调主要是由语言接触引发的（contact-induced tonogenesis）。孙天心的《麻窝羌语音系问题》（Issues in Mawo Qiang phonology）（2002）[⑤]、LaPolla with Huang的《羌语语法：词汇与长篇语料注解》（A Grammar of Qiang, with annotated texts and glossary）（2003）[⑥] 和黄成龙的《蒲溪羌语参考语法》（A Reference Grammar of the Puxi Variety of Qiang）

---

①　载《中央民族大学学报》1989年第5期。

②　载《民族语文》1998年第2期。

③　Tokyo：ILCAA, Tokyo University of Foreign Studies。

④　载《语言暨语言学》2001年第2期。

⑤　载 Journal of Taiwanese Linguistics 1.1：2002。

⑥　Berlin：Mouton de Gruyter, 2003.

（2004）① 认为羌语的重音是不固定的，也就是不可预测的。黄布凡的《拉坞戎语研究》（2007）② 指出："按照一般语言结构的规律，声母和韵母或其中之一比较简单的语言，才会产生声调，声调起着代替因素辨义的作用。但不同的是，声、韵母结构这样复杂的拉坞戎语竟然还有3个有辨义作用的声调。其声调发生的原因，是否与一些汉藏语那样是来源于声母或韵母的历史演变，值得研究。"

从羌语支语言音节组成成分的分析中推论，羌语支多数语言是由于复辅音声母的大量简化，辅音韵尾的脱落，从而使得语音系统中区别手段大大减少，声调作为语音上的一种补偿手段而产生。

2. 复辅音声母研究

羌语支语言都有复辅音，北部语言复辅音相当丰富，南部语言复辅音较少，多的有300多个，少的只有几个。有的语言复辅音已经基本消失。

孙宏开的《试论"邛笼"文化与羌语支语言》（1986）③ 一文指出："羌语支语言的复辅音有其明显的特点：第一，这个语支的某些语言的舌根、小舌塞音同时可以和舌尖前、卷舌、舌叶和舌面等四种发音部位的擦音组合成复辅音，这类复辅音在藏文结构中和目前藏语方言中都是没有的；第二，这个语支的多数语言的双唇塞音同时可和舌尖前、卷舌、舌面等三种发音部位的擦音组合而成复辅音，这类复辅音在藏文和目前藏语方言中也是没有的。"

刘光坤的《藏缅语族中的羌语支试析》（1989）④ 一文指出："羌语支语言都有复辅音，多的有200多，少的有几个。羌语支多数语言保存有三合复辅音，即在复辅音结构中有前置辅音 —— 基本辅音 —— 后置辅音这样的结构形式。在二合复辅音中，羌语支多数语言都有二种结构形式的复辅音，即既有前置辅音加基本辅音构成的复辅音，又有基本辅音加后置辅音构成的复辅音。在前置辅音加基本辅音构成的复辅音中，部分羌语支语言还出现了鼻冠加浊塞音或塞擦音以及鼻冠加清送气塞音或塞擦音对立的情况，这在整个藏缅语族中都是十分少见的现象。多数羌语支语言的双唇塞音均可和舌尖前、卷舌或舌叶、舌面等三套擦音结合成复辅音。"

对羌语支语言复辅音声母的研究主要表现在某些语言复辅音声母的共时特点描写及历史演变的分析。

（1）共时研究方面

除了相关的"简志"和语言"概况"外，黄布凡的《道孚语语音和动词形态变化》（1990）⑤ 一文指出，道孚语"复辅音声母特别多，可能在藏缅语中居首位。不仅有二合复辅音，而且有大量三合复辅音。除含鼻音、边音、颤音和v的复辅音声

① 香港城市大学博士论文，2004年。

② 民族出版社，2007年。

③ 载《民族研究》1986年第2期。

④ 载《西南民族学院学报》1989年第3期。

⑤ 载《民族语文》1990年第5期。

母外，其余复辅音音素的配合都是清配清，浊配浊。做前置辅音的都是续音（鼻音、边音、颤音、擦音），做后置辅音的只有 –v、–r、–l、–j 等。"道孚语有声母300个，其中单辅音声母49个，二合复辅音声母217个，三合复辅音声母34个。

孔江平的《道孚藏语双擦音声母的声学分析》（1991）[1]，以实验语音学的方法和动力语音学的观点，对藏语道孚话的双擦音复辅音声母进行了声学分析，证明双擦音声母虽然可处理成两个独立的单辅音音素音位，但语音上和感知上绝不是单辅音的机械相加。

多尔吉的《格什扎话复辅音研究》（1994）[2] 一文指出，嘉戎语格什扎话"共有242个二合辅音和36个三合辅音。""在格什扎话中，除了靠不同的元音、单辅音来区别词汇意义外，主要靠不同形式的复辅音。除了靠附加前缀和声调（表示形容词比较级、极高级形式）等语法手段来区别不同的语法意义外，主要靠不同类型复辅音或单辅音与复辅音对立形式来表示不同的语法意义。"

黄布凡的《拉坞戎语概况》（2003）[3] 和《拉坞戎语研究》（2007）[4] 分别对拉坞戎语的复辅音特点进行了详细的描写和分析。拉坞戎语可谓是复辅音之最，不仅有复辅音396个，而且二合复辅音231个，三合复辅音147个，四合复辅音17个，五合复辅音1个。

尹蔚彬的《业隆拉坞戎语研究》（2007）[5] 指出："复辅音多是业隆话语音的一个重要特点，共有319个复辅音，其中二合复辅音有236个，三合复辅音有81个，四合复辅音有2个。"

向柏霖的《嘉戎语研究》（2008）[6]，专门用一节的篇幅分析了嘉戎语茶堡话复辅音的结构及其分布特点。

（2）历时研究方面

黄成龙的《羌语复辅音的演变》（1992）[7] 介绍了羌语复辅音的基本情况和复辅音在羌语内部的对应，进而对复辅音的演变方式进行了归纳和解释，并阐述了复辅音的演变对羌语语音系统的影响。通过研究发现羌语的复辅音逐渐在简化、合并或者消失。

刘光坤的《羌语复辅音研究》（1997）[8] 一文，根据羌语方言土语中复辅音之间的对应以及复辅音与单辅音的对应，讨论了复辅音演变的主要规律和演变过程中声

---

[1] 载《民族语文》1991年第3期。
[2] 载《中国藏学》1994年第4期。
[3] 载《民族语文》2003年第3期。
[4] 民族出版社，2007年。
[5] 民族出版社，2007年。
[6] 民族出版社，2008年。
[7] 载《羌族研究》第二辑，1992年。
[8] 载《民族语文》1997年第4期。

母、韵母、声调之间的相互制约关系。文章指出："羌语中有丰富的复辅音。但总体来说，呈简化和消失趋势。羌语分南北两个方言，每个方言又各分5个土语。复辅音在北部方言中数量多，结构复杂；在南部方言中结构简单，部分地区如龙溪一带，复辅音已经全部消失。……北部方言的复辅音，到南部方言部分地区大都变成了单辅音。……北部方言没有声调，随着地域的推移，声调的数量逐渐增多，由2个、4个一直发展到6个，它们基本上是和复辅音的减少成反比例，即复辅音的数量随着地域的推移由北至南越来越少，声调的数量则由北至南越来越多。……羌语中复辅音的演变规律是复杂的，它在演变过程中涉及语音的方方面面，不仅是声母也涉及韵母，甚至涉及声调。"

傅爱兰的《普米语复辅音初探》（1996）[①] 一文指出："普米语的复辅音比较丰富。……复辅音区别意义的功能已远远不如单辅音。"普米语复辅音除了有地区变异外，"从历史发展来看，普米语复辅音也存在复辅音发展的共同规律，经历过复辅音脱落、分化、融合、换位等过程。"

赖云帆的《俄热话的辅音重叠》（2013）[②]，该文介绍拉坞戎语俄热话中最新发现的辅音重叠形式，系统描述辅音重叠形态丰富的音系学变化以及各种用途，并强调这一形态对拉坞戎语音系研究的重要性。

羌语支语言复辅音的演变不仅对一些语言的声母系统发生重大影响，还对韵母系统发生重大影响。其总的演变趋势是逐渐简化。

3. 弱化音节研究

双音节词居前的一个音节弱化称弱化音节。对羌语弱化现象的研究主要是研究羌语弱化现象的特点及其分布。羌语北部方言和部分南部羌语有丰富的音节弱化现象，音节弱化后不仅对音节结构有一定的影响，也对元音、辅音、辅音韵尾有重要的影响。Benedict（白保罗）在《羌语单音节化：循环的第三个阶段》（Qiang monosyllabization: a third phase in the cycle）（1983）[③] 认为音节弱化后多音节词变成单音节词；音节结构发生变化而且有单音节化的趋势。黄成龙在《羌语音节弱化现象》（1998）[④] 一文中，以羌语北部方言荣红话为例，对羌语音节弱化现象进行了分析，得出羌语音节弱化受读音的轻重、快慢，元音的性质以及韵尾的有无等语音条件的制约，并对音节结构有一定影响的论点。文章指出："音节弱化现象是羌语北部方言一个十分重要的语音特点。羌语音节的弱化主要出现在构词和形态变化中，在多音节词中也有少量分布。在羌语里自然元音ə最容易弱化，它弱化后对羌语语音有巨大的影响，使羌语有单音节化的趋势，使羌语音节结构发生变化，音节变长。元音弱化的同时，产生大量的单、复辅音韵尾；产生了部分特殊的复辅音、部

①　见《中国民族语文论丛（一）》，中央民族大学出版社，1996年。

②　载《民族语文》2013年第6期。

③　载《藏缅语区语言学》，1983年第2期。

④　载《民族语文》1998年第3期。

分长元音、部分长卷舌元音和部分复合元音等等一些不同于亲属语言而自身特有的语音现象。"

4. 辅音韵尾研究

羌语支辅音韵尾的研究主要在相关的"简志"和语言"概况"中。

羌语北部方言有复杂的辅音韵尾，这些韵尾是原始羌语的遗存还是音变的结果，引起学者的兴趣。闻宥在《论黑水羌语中之 Final Plosives》（1940）[①] 对黑水羌语辅音韵尾的形式进行了描写，并与周边语言进行比较，概括了黑水羌语辅音韵尾的演变路径。刘光坤在《羌语辅音韵尾研究》（1984）[②] 一文中，通过亲属语言比较，指出羌语的辅音韵尾除少数是由历史上遗留下来的以外，大多数都不是藏缅语固有的，认为这是一种特殊的后起现象，是由于词素演变、借代等因素引起的。

孙宏开的《试论"邛笼"文化与羌语支语言》（1986）[③] 一文指出："羌语支语言基本上没有复辅音韵尾，个别语言有韵尾，但其来源值得研究，与同语族、同语支比较，个别语言带韵尾的词大都属于借用或音变的结果。少数是原始韵尾的遗存。从我国藏缅语族全面情况来看，目前藏语支、景颇语支较多地保留了辅音韵尾，彝语支是比较彻底地丢失了辅音韵尾的。羌语支在这一点上接近彝语支，但也有所区别，彝语支语言塞音韵尾脱落后，用元音松紧来补偿。而鼻音、边音颤音韵尾脱落后，用声调高低来补偿。而羌语支语言这方面的规律则不明显。"

刘光坤的《藏缅语族中的羌语支试析》（1989）[④] 一文指出："羌语支语言的韵尾基本上已经脱落，但演变不很平衡。大多数语言已经没有辅音韵尾，少数语言保留，但不完整。尔龚语保留了鼻音和边音韵尾，嘉戎语虽有韵尾，但大部分词中的韵尾已脱落，韵尾主要保留在藏语借词中，羌语方言中的韵尾是后起的，与原始遗存的韵尾没有关系。因此，我国藏缅语族 5 个语支韵尾演变情况大致处在 4 个不同演变阶段：①彝语支：完全脱落；②羌语支：基本脱落；③缅语支：部分脱落；④景颇语支和藏语支：基本保留，少部分脱落。"

黄布凡在《道孚语语音和动词形态变化》（1990）[⑤] 一文中，考察了道孚语的 58 个韵母中，其中有 35 个是带辅音尾韵母，辅音尾韵母不仅有鼻音尾、塞音尾，还有续音尾 –r、–l。她说："纵观羌语支语言，除嘉戎语和羌语北部方言在构形和构词中兴起和发展大量辅音韵尾外，其固有词中辅音韵尾的发展趋势，有些语言是由多到少，有些语言是从无到有。而羌语的情况则比较特殊，在不同的时期既有简化，又有繁化。这一认识，对了解羌语韵尾的属性及其在亲属语言中的地位有很大

---

① 载《中国文化研究所集刊》第一卷，1940 年。

② 载《民族语文》1984 年第 4 期。

③ 载《民族研究》1986 年第 2 期。

④ 载《西南民族学院学报》1989 年第 3 期。

⑤ 载《民族语文》1990 年第 5 期。

的帮助。"①

5. 元音和谐研究

羌语支语言还残存着元音和谐现象。羌语支语言在元音和谐方面有三种类型：（1）在构形中有严整的元音和谐规律，构词中只有局部元音和谐；（2）元音和谐只表现在构形中，已不够严整或很不严整；（3）无元音和谐现象。属于第一类的有羌语和木雅语。羌语多音节词的各音节主要元音之间存在着唇形（圆、展）和谐与舌位（前、后）和谐现象，因而表示同一种意义的词头或前缀往往因须与词根元音和谐而有几种不同的形式。属于第二种类型的有扎坝、贵琼、普米、尔苏、道孚、却域、嘉戎等语言。这一类语言局部保留了一些和谐现象，不像第一类型那样严整、广泛。属于第三类的有史兴语和纳木义语。它们的前缀或词头的元音一律不变。"从羌语支少数语言构形中存在着严整的元音和谐规律和多数语言局部呈现不严整的元音和谐现象，可以推断羌语支语言在某一历史发展阶段可能有过严整的元音和谐规律，随着语言借贷成分的增多，语音自身的演变，多数语言的元音和谐正朝着松散的方向发展，有的已基本破坏。"②

黄布凡的《木雅语概况》（1985）③一文指出："木雅语在构词中词头与词根元音一般有松紧和谐，如：kʰi³³ndʐæ⁵³（各音节是松元音）'比较'、qʰe̱ ne（³³na³³（各音节是紧元音）'听'。在构形中前缀与词根元音除松紧和谐外，还有舌位（高、低；前、中、后）和唇形（圆、展）和谐。"

戴庆厦、刘菊黄的《藏缅语族某些语言的音节搭配律》（1988）④一文指出："羌语麻窝话、贵琼话的数词'一'与不同的量词结合时，有不同的语音形式，数词元音与量词元音在唇状上保持一致，或都是圆唇的，或都是展唇的。"。

饶敏的《贵琼语的元音和谐研究》（2018）⑤以四川省甘孜州康定县（今康定市）麦崩乡的贵琼语为例，分析了贵琼语的元音和谐现象。认为其元音和谐系统属于复合系统，既有腭和谐，还有舌位高度和谐。

Gates的《尔龚语的元音和谐》（Vowel harmony in Stau）（2018）⑥指出尔龚语有四对元音经历逆元音和谐现象。通过对尔龚语中元音和谐系统的分析，提出了一种测量词素间距离的方法。

6. 音位系统研究

音位系统研究主要是对某些语言音位的特点及其元辅音系统做整体的分析。

张琨的《嘉戎语方言的语音系统》（The phonology of a Gyarong dialect）

---

① 见马学良主编《汉藏语概论》，民族出版社，2003年。

② 见马学良主编《汉藏语概论》，民族出版社，2003年。

③ 载《民族语文》1988年第3期。

④ 载《民族语文》1988年第5期。

⑤ 载《常熟理工学院学报》2018年第4期。

⑥ 载《藏缅语区语言学》2018年第41卷第2期。

（1968）① 对嘉戎语祖塔方言的语音以及分布情况做了较为详细的描写。

黄成龙的《羌语音位系统分析刍议》（1995）② 一文，从羌语语音特点出发，比较元、辅音分析法和声、韵、调分析法的利弊，认为"元、辅音分析法整理出来的羌语音系比声、韵、调分析法整理出来的音系更能说明语音的实质。……元、辅音分析法比声、韵、调分析法少一个层次。如果采用声、韵、调分析法整理羌语音系，就比元、辅音分析法多了声母、韵母这一层，使本来就复杂的羌语音系更加烦琐、冗长。……采用元、辅音分析法整理出来的羌语音系比较精确、简洁，较客观地反映了羌语的语音特点，用它来设计文字方案，比较经济、合理。"

在《羌语语音演变中排斥鼻音的趋势》（1987）③ 一文中，黄布凡发现羌语中排斥鼻音的现象，原始藏缅语的鼻音声母词在羌语中多数词变为非鼻音。

孙天心的《麻窝羌语音系问题》（Issues in Mawo Qiang phonology）（2002）④ 讨论如何具体分析音位。孙天心在《嘉戎语组语言的音高：两个个案研究》（2005）⑤ 一文，作者根据多年调查获得的语料，系统介绍了草登嘉戎方言和蒲西拉坞戎语单音节和多音节音调现象，分别对两种方言中音高的音系功能进行详尽的描述，指出两种重音系统类型虽然不一致，但重音位置、形态语法范畴、标志语法的功能相同。在此基础上对这种现象进行探源，认为草登话和蒲西话虽然关系十分密切，但重音现象并无同源关系，均为独立的音韵创新。

余文生（Evans）的《红岩羌语元音音质》（Vowel Quality in Hongyan Qiang）（2006）⑥ 和《红岩羌语的元音咽化现象的来源》（Origins of Vowel Pharyngealization in Hongyan Qiang）（2006）⑦ 利用实验语音学对红岩羌语的元音音质做过深入的分析，他认为红岩羌语的元音有咽化现象（vowel pharyngealization）。

Aston and Evans 在《基于功能成分混合效应模型的音高分析》（Linguistic pitch analysis using functional principal component mixed effect models）（2010）⑧ 利用基于功能成分混合效应模型分析音高特征。

余文生（Jonathan P.Evans）和孙天心等在《小舌续音作为发音器元音特征》（Uvular approximation as an articulatory vowel feature）（2015）⑨ 一文里，探讨了四

① 原文为英文，载于 *Bulletin of the Institute of History and Philology*, *Academia Sinica*（1968）38，251–275。

② 载《民族语文》1995年第1期。

③ 载《民族语文》1987年第5期。

④ 载 *Journal of Taiwanese Linguistics* 1.1：2002。

⑤ 载《语言研究》2005年第1期。

⑥ 载《语言暨语言学》2006年第4期。

⑦ 载《藏缅语区语言学》2006年第2期。

⑧ 载 *Journal of the Royal Statistical Society*, *Series C*（*Applied Statistics*）. London：Wiley. Vol. 59, Part 2, 2010。

⑨ 载 Journal of the International Phonetic Association，2015（3）。

川省黑水县两个土语中元音系统的小舌化（uvularization）现象。超声成像（一位发音人）证实小舌化的元音有两个舌位音姿（gesture）：先是发音部分向后姿势，接着移动到对应于纯元音的发音部位，以时间顺序排列的声学和发音数据表明发音部分移动到小舌的程度影响声学信号。从小舌化的声学相关关系可以看出最显著的是元音F1升高，F2下降以及F3–F2的差别也在升高。小舌化在音系上反映了元音音位的性质，而元音和谐有助于辨识纯元音与小舌化元音的对立。该文所提供的材料支持修订国际音标所认可的次要发音部位名目。为了在国际音标里包括小舌化音，作者最后提出用 [ʶ] 符号标记续音，而用 [ᵡ] 标记次要小舌擦音。

魏久乔和黄成龙的《松潘小姓羌语语音系统》（2018）[①] 一文通过小姓羌语音位的分析，认为从语音上看小姓羌语与一般意义上的北部羌语相近。

法国学者齐卡佳和米可（Chirkova and Michaud）在《史兴语的韵律系统》（Approaching the Prosodic System of Shixing）[②] 一文中，讨论和分析了史兴语的韵律特征。

7. 语音历史演变研究

语音历史演变研究主要是对某些语言的语音演变情况从历史的角度进行考察。

张琨《羌语南部方言比较研究》（A comparative study of the Southern Ch'iang dialects）（1967）[③] 利用闻宥二十世纪四五十年代发表的羌语材料和孙宏开（1962）发表的桃坪话语料，对南部羌语的声韵系统进行比较，并构拟了原始南部羌语的声韵系统。

张琨、张蓓蒂共同发表的《嘉戎语历史音韵研究》（1975）[④] 一文，通过亲属语言比较，特别是与古代藏语比较，探索嘉戎语声母、韵母的历史演变。作者认为："在嘉戎语的比较研究中，适当地使用藏语，将其作为比较的出发点，是极有意义的。"

1999年11月，在中国台北"中研院"历史语言研究所举行的藏缅语族羌语支语言及语言学研讨会上，美国著名汉藏语研究专家马提索夫的发言，根据大陆已经公布的羌语支语言的词汇资料，以及他长期从事原始藏缅语族构拟的经验，对羌语支的韵母系统进行了初步的构拟。他在提供的论文中使用了267个有同源关系的例证，分列出原始藏缅语的构拟形式作为参照点，用于跟羌语支语言的语音形式进行比较。他发现，羌语支的语音非常复杂，在构拟原始羌语支的韵母形式的时候，有相当多的例外现象无法解释（2000）[⑤]。

Evans的《羌语语音和词汇概论：历史与共时》（Introduction to Qiang Phonology

---

① 载《阿坝师范学院学报》2018年第3期。

② 载《语言暨语言学》2009年第3期。

③ 载 *Monumenta Serica*，XXVI，1967。

④ 载《中央研究院（中国台湾地区）历史语言研究所集刊》第46本第3分册，1975年。

⑤ 见孙宏开《藏缅语族羌语支语言及语言学研讨会述评》，《当代语言学》2000年第2期。

and Lexicon：Synchrony and Diachrony）（2001）① 对南部方言的声韵系统做了比较，并构拟出原始南部羌语的声（initials）韵（rhymes）体系。

经典、李雅雅的《道孚语宗科话复辅音类型演变初探》（2019）② 以四川省阿坝州壤塘县宗科乡为调查对象，认为该语言复辅音具有数量大、形式多、结构不紧密等特点。对比不同年龄段的母语人所使用的复辅音，可以看出宗科话的复辅音有简化的趋势，具体表现在脱落、同化、裂化等方面。造成该趋势可能的原因有声调辨义功能的初显、分析性语法成分的增加以及语言接触的影响等。

（三）语法研究

羌语支各语言在语法上有较多的共同特征，这些语法上的共同特征要比语音、词汇更能显示羌语支语言的相近性。

羌语支语言的词类一般可分为名词、代词、数词、量词、动词、形容词、副词、助词、连词、语气词、感叹词等类。语法范畴主要有数、人称、格、趋向、时、体、式、语态、语气等。这些范畴大多不只属于一个词类，如名词、代词和动词都有数范畴，代词和动词都有人称范畴。语法形式以形态变化、虚词、词序等为主要手段，其中又以形态变化为主。形态变化分附加词缀（包括前缀和后缀）和内部屈折两种形式，两者之中又以附加词缀为主。70年来，对羌语支语言语法的研究除了相关的语言"简志""概况"及一些语言研究专著以外，更多的是表现在动词、名词、形容词、量词、助词、句式等语法专题研究方面。

1. 动词研究

羌语支语言动词研究在语法中占有重要地位。动词有代词化、使动、互动、趋向、人称、数、时、体、语气、式等范畴。这些范畴主要靠附加词缀来表示，有些兼用内部屈折或助词等手段，形态变化比较复杂。对这一领域的研究已取得了较大的成绩，出现了不少有一定深度的研究成果。

（1）使动范畴研究

羌语支多数语言动词都有自动态和使动态的区别。区分自动态和使动态兼用形态变化手段和分析手段。形态变化手段又分为内部屈折（辅音交替、元音交替）和附加或变换词缀等形式，分析手段一般也有几种形式。各语言区分自动态与使动态都不是单纯用一种手段，而是兼用两种以上的手段。分析形式是各种形式中最普遍、最能产、最大量的形式，这种形式可能是后起的。孙宏开的《论藏缅语动词的使动范畴》（1998）③、傅爱兰的《普米语动词的语法范畴》（1998）④、杨将领的《藏

---

① Tokyo：ILCAA, Tokyo University of Foreign Studies.
② 载《广东技术师范学院学报》2019年第4期。
③ 载《民族语文》1998年第1期。
④ 中国文献出版社，1998年。

缅语使动范畴的分析形式》（2003）^①、戴庆厦的《藏缅语族语言使动范畴的历史演变》（2004）^② 等文章，分别对羌语支一些语言的使动范畴特点进行了论述。

向柏霖的《嘉戎语使动前缀的来源及其对构拟原始汉藏语所蕴涵的价值》（The origin of the causative prefix in Rgyalrong languages and its implication for proto-Sino-Tibetan reconstruction）（2015）^③ 一文，在自然话语基础上首次较详细描写了嘉戎语茶堡话的两个使动派生形态，并提出两条语法化的新路径：从去名词化派生到使动以及从使动到能力性。然后根据这两条语法化所蕴含的信息对汉藏语形态的构拟提出假设。

向柏霖在《嘉戎语茶堡话的自发 — 自主受益前缀》（The spontaneous-autobenefactive prefix in Japhug Rgyalrong）（2015）^④ 一文中，讨论了嘉戎语茶堡话的自主受益 — 自发前缀nɯ-的形态句法和语义特征，该前缀具有规则和不规则形态和形态音位交替现象，同时还具有自发、自主受益和连续体三个主要的语义功能。文章最后还讨论了自主受益前缀与其他派生形态，尤其是返回前缀nɯ-以及非致使前缀之间的历史关系。

（2）趋向范畴研究

趋向范畴是羌语支语言动词的重要语法范畴，是这个语支在语法上有别于其他语支最显著的特征，也是这个语支各语言最有共性的语法现象。有关趋向范畴的分析描写多见于相关语言的"简志""概况"。

闻宥在《嘉戎语中动词之方向前置及其羌语中之类似》（1943）^⑤ 一文中，对嘉戎语的趋向范畴和命令式进行了研究，论证了嘉戎语和羌语中的趋向前缀是原始藏缅语的遗存，认为原始藏缅语动词系统中有一个命令式中缀。

孙宏开的《试论"邛笼"文化与羌语支语言》（1986）^⑥ 一文指出："羌语支语言的动词普遍都有趋向范畴，构成趋向范畴是在动词前加表示各种不同语法意义的前加成分。……羌语支语言的趋向范畴，除了表示趋向语法意义外，有时还兼表时间和命令，它在整个语法体系中占有重要地位。由于这一原因，趋向范畴成为羌语支区别其他语支的重要特征之一。"

刘光坤的《藏缅语族中的羌语支试析》（1989）^⑦ 一文指出："羌语支语言动词都有趋向语法范畴，用在动词前加不同的附加成分的形式，表示行为动作朝着不同的方向进行。不同的语言表示趋向的前加成分有多有少，最多的有9个，最少的只

① 载《民族语文》2003年第3期。

② 见《藏缅语族语言研究》（三），云南民族出版社，2004年。

③ 载Folia Linguistica，2015（1）。

④ 载《藏缅语区语言学》2015年第2期。

⑤ 载《中国文化研究所集刊》，1943年。

⑥ 载《民族研究》1986年第2期。

⑦ 载《西南民族学院学报》1989年第3期。

有3个。一般有4—6个。表示相同语法意义的趋向前加成分，大部分相同或在语音上有明显的对应关系。"

孙宏开的《羌语动词的趋向范畴》（1981）① 一文，分析了羌语趋向范畴的语法意义和语法手段，并与羌语支其他语言做了比较。文章指出："羌语中，动词有趋向语法范畴。表现趋向范畴的手段是在动词前加前加成分。羌语分南、北两个方言，分歧比较大。但在动词的趋向范畴方面，两个方言却是基本一致的。"

黄成龙的《羌语动词的前缀》（1997）② 一文，分析了羌语动词前缀的形式和意义以及它们的语法功能。文章指出：荣红话"前缀tə-、ɦə-、nə-、sə-、ə-、hə-、zə-、də-附在动词词根之前，构成动词的'趋向'范畴。它们所表示的语法意义一般是成对的，tə-、ɦə-指山岭或空间的上、下；nə-、sə-指河流或水平方向的上方或下方；ə-、hə-指某一空间的里、外；zə-、də-指溪水或山谷的向心方或离心方。它们既可以粘附在不同的动词上表示不同的语法意义，也可以同时加在一个动词之前，分别表示8种不同的语法意义。"

傅爱兰、和向东在《普米语动词的趋向范畴》（1997）③ 一文中，对普米语七个趋向前缀的语义和句法特点做了描写，并与羌语支其他语言的趋向前缀做了比较。

黄布凡在《羌语的体范畴》（2000）④ 一文的注释中指出："羌语大部分动词可在词根前加趋向前缀，增加表示动作趋向的语义。有些动词趋向前缀固定在词根前，任何情况下不脱落，是为紧型结合趋向前缀；有些动词的趋向前缀仅在已行形式中保留，在进行体和将行体形式中脱落，是为松型结合的趋向前缀。"其后，在《羌语构词词缀的某些特征》（2002）⑤ 一文中，作者通过对羌语构词词缀的观察，进一步认为羌语的使用者对于有形事物习惯于从形状上分类，对于动作行为习惯于从运动方向上分类。文章指出："羌语许多动词由词根加趋向前缀构成。趋向前缀表示动作运动的方向。有一部分动词没有趋向前缀，但其表示已行体、命令式等语法意义的前缀即来源于趋向前缀，只不过这些动词的趋向前缀构词作用已淡化，转化为构形前缀了。……羌语绝大多数动词都附加有趋向前缀或可附加已转换功能的趋向前缀，这反映了羌族的方向概念很强，非常重视动作运动方向的分类。……羌语的使用者对方向的概念的重视以及对方向的划分和方向概念系统的形成是由其长期的社会历史条件和生活条件形成的：从汉代起生活在岷江上游的羌族人民世世代代居住在高山峡谷之中，因而高山的上下、河流的上下游、河谷与山沟的里外成为判断方向的主要标准。在羌语的固有词汇中，没有平原地区民族语常有的'东、西、南、北'等以日出日落作为判断标准的方位词。羌族的生产劳动（如放牧、采

---

① 载《民族语文》1981年第1期。

② 载《民族语文》1997年第2期。

③ 载《中国民族语言论丛》（2），云南民族出版社，1997年。

④ 载《民族语文》2000年第2期。

⑤ 载《民族语文》2002年第6期。

药、种植等）和日常生活（如背水、砍柴等）促使他们常年上上下下于高山之上，来来回回于河流之旁，进进出出于河谷、山沟之中，因而形成了强烈的方向概念，并使之反映在语词上。"

林幼菁、罗尔武的《茶堡嘉戎语大藏话的趋向前缀与动词词干的变化》（2003）①一文，讨论了嘉戎语组语言的趋向前缀和动词词干的变化在大藏话中的表现。文章指出："大藏话的趋向前缀和许多其他嘉戎语组的语言一样，不仅标示趋向，也在语法上担任重要角色。……大藏话的趋向范畴包含六个方位：东、西、上、下、地势高、地势低。其中东、西、上、下的方位概念与四土和四大坝的系统一致，指示东、西两个趋向的标志也应为同源词。惟其他二方言上下游的趋向对立组在大藏话的形式虽与草登嘉戎语上下游的形式相仿（草登嘉戎语：le-'上游'、the-'下游'；大藏话：le-'地势高'、the-'地势低'），但在大藏话中河水流向这个基本标的并没有发挥作用，取而代之的是地势高低的对立。如此概念上的出入应该是由于德尔巴村地处高原边陲、草原与河谷相交的中间地带，没有一般嘉戎藏族在纵谷中沿河而居的典型聚落形态，自然也没有河水流向这样的基本地理标的。"

宋伶俐的《尔苏语动词趋向前缀和体标记》（2006）②一文，分析了尔苏语趋向前缀的不同形式。文章指出："尔苏语的动词趋向前缀共有7个，表示动作朝着7个不同方向进行：上方、下方、水源方或里面、下游方或外面、靠山方或者左边、靠水方或者右边、后方或者返回方向。……这些趋向前缀的来源，一般认为与方位名词密切相关，可能由方位名词虚化而来。尔苏语的方位名词，除了一般语言中具有的上、下、左、右、前、后外，还根据当地山势地理分8个基本方位，每个方位又分泛指、近指、远指、最远指。"

刘丹青的《显赫范畴的典型范例—普米语的趋向范畴》（2013）③，根据作者提出的语言库藏类型学和显赫范畴的观念，讨论普米语（兼及羌语支）主要用前缀表达的趋向范畴。

高扬、饶敏的《木雅语的趋向前缀》（2017）④认为木雅语共有7个表示不同方向的趋向前缀，每个趋向前缀存在多个不同的表层形态，这些表层形态均是从同一种底层形态演变而来，RTR（舌根后缩）元音和谐现象以及具有语法功能的前缀-i或-u的存在，是其主要变体条件。其中，前缀-i为使动前缀；-u为第三人称施者论元标记或为木雅语另一个使动前缀。

黄阳和吴福祥的《扎坝语趋向前缀的语法化》（2018）⑤一文认为扎坝语5个趋向前缀源于方位名词，除了表达动作趋向功能外，还可以充当完整体标记、瞬间体

① 载《民族语文》2003年第4期。
② 载《民族语文》2006年第3期。
③ 载《民族语文》2013年第3期。
④ 载《中央民族大学学报》2017年第6期。
⑤ 载《民族语文》2018年第4期。

标记、状态变化标记、命令式标记、断言式标记。该文还从历时角度构拟了趋向前缀在扎坝语中的语法化路径，认为趋向前缀在羌语支语言中的语法化方向具有一致性。

（3）互动范畴研究

羌语支语言的动词普遍有互动范畴。构成互动范畴的基本形式是采用重叠动词词根的形式，表示行为动作互相进行。不同的语言中表示互动的语法形式虽都用重叠动词词根的方式，但仍存在一些细微的差别，有的是叠音式重叠，有的动词重叠后词根元音要产生异化现象，有的语言除了重叠动词词根的屈折形式外，又增加了分析形式。

孙宏开的《藏缅语动词的互动范畴》（1984）[1]一文，对藏缅语互动范畴的语法意义和语法形式做了初步考察。文章认为："用动词词根的重叠形式表示互动范畴，是羌语支语言动词的一个重要的语法特征。…… 羌语支的十种语言，在语法意义和语法形式上大体一致，可以认为动词的互动范畴是羌语支的一个共同特征。……表达互动范畴既有重叠形式，又有后附形式。从日前看，后附形式是一种补充，但重叠形式已不象其他语言那样活跃，有的动词可以不用重叠形式，而在动词后加 $d\varepsilon^{55}$ 表示互相动作，我们不能排除，在语言不断发展的过程中，重叠形式有可能逐步让位于后附形式。"其后他在《试论"邛笼"文化与羌语支语言》（1986）[2]一文中也指出："羌语支语言的动词普遍有互动态范畴。其语法意义和语法形式都基本相同，而藏语、彝语等都没有这一特点。"

刘光坤的《藏缅语族中的羌语支试析》（1989）[3]一文指出："羌语支语言动词都有互动范畴。构成互动范畴的基本形式是采用重叠的动词词根的形式，表示行为动作互相进行。不同的语言中表示互动的语法形式虽都用重叠动词词根的方式，但仍存在一些细微的差别，有的是叠音式重叠，有的动词重叠后词根元音要产生异化现象，有的语言除了重叠动词词根的屈折形式外，又增加了分析形式。但这是大同中的小异，并不影响动词用重叠形式表示互动这一羌语支语言语法上的重要特点。"

（4）人称范畴研究

动词有人称和数范畴也是羌语支的一个显著特点。动词的人称和数范畴是指动词在句中做谓语时通过词形变化反映出主语或宾语的人称和数。由于它在来源上与主语的人称代词有着密切的一致关系，所以又称动词一致关系（verb agreement）。羌语支语言除贵琼、纳木义、尔苏、史兴等语言外，大多数语言动词都有人称范畴。

闻宥的《论嘉戎语动词之人称尾词》（1944）[4]，金鹏的《嘉戎语（杂古脑方言）

---

① 载《民族语文》1984年第4期。

② 载《民族研究》1986年第2期。

③ 载《西南民族学院学报》1989年第3期。

④ 载《中国文化研究所集刊》第3卷，1944年。

研究》（1949）①，金鹏、思路堂、谭克让、林向荣的《嘉戎语梭磨话的语音和形态（上、下）》（1957、1958）②，孙宏开的《羌语概况》（1962）③，黄布凡的《木雅语》《扎坝语》《道孚语》（1991）④，林向荣的《嘉戎语研究》（1993）⑤。这些成果分别揭示了某一语言人称范畴的具体特征，为人们进一步进行语言比较，认识其来源及演变提供了必要的基础。孙宏开的《试论"邛笼"文化与羌语支语言》（1986）⑥一文指出："羌语支多数语言动词有人称范畴，构成人称范畴是采取在动词前后加人称代词的缩减形式作前后缀。这类前后缀往往第一、第二人称与人称代词的关系比较明显，第三人称则仅有区别性特征。由于构成人称范畴与人称代词的关系密切，因此，各语言表达人称范畴的语法形式明显地有起源上的共同性。"

刘光坤的《藏缅语族中的羌语支试析》（1989）⑦一文指出："羌语支语言有人称—数—时态范畴，其中南支的人称范畴已逐步消失，数和时态范畴基本保留。羌语支的人称—数—时态范畴是历史的遗留，主要采用在动词前、后加附加成分或动词本身用元音、声调的屈折变化等方式表达。目前各语言之间的人称范畴存在着一定的差别，但通过各语言的对比，大致还可以清楚地看出人称范畴与人称代词的缩减形式有关。动词表示人称往往使用人称代词的声母或韵母作前后缀，有的讲音上稍加改变。羌语支语言中的人称—数—时态范畴与景颇语支部分语言中的人称范畴相类似。"

人称范畴的表现手段有附加词缀（包括前缀和后缀）、词根内部屈折、后接助词等。以附加词缀为主要形式的，有嘉戎语和羌语；以词根内部屈折为主要形式的，有道孚、却域、木雅、普米等语言；以词缀内部屈折为主要形式的，有扎坝语。

孙宏开的《羌语简志》（1981）⑧、《我国藏缅语动词的人称范畴》（1983）⑨和刘光坤的《论羌语动词的人称范畴》（1999）⑩分别对羌语南部和北部方言的人称范畴做了较详细的描述。其中，刘文指出："羌语麻窝话动词人称范畴主要是采用添加粘附性后缀表示，…… 动词人称变化时，其人称的表示方法是用在动词后面加附加成分–a或–ɑ表示单数第一人称，用结尾元音卷舌表示多数第一人称，用加后加成分–n表示第二人称，用后加成分–ji表示第三人称。…… 用在动词后面加附加

---

① 法国《汉学》杂志第3、4期合刊，1949年。
② 载《语言研究》，1957年第2期，1958年第3期。
③ 载《民族语文》1962年第12期。
④ 见《藏缅语十五种》，北京燕山出版社，1991年。
⑤ 四川民族出版社，1993年。
⑥ 载《民族研究》1986年第2期。
⑦ 载《西南民族学院学报》1989年第3期。
⑧ 民族出版社，1981年。
⑨ 载《民族语文》1983年第2期。
⑩ 载《民族语文》1999年第1期。

成分–tɕi的方法表示第二和第三人称的多数。……麻窝羌语动词的人称范畴，不仅与主语发生一致关系，而且和宾语、间接宾语、定语都可以发生一致关系。"

尹蔚彬的《拉坞戎语动词的人称范畴》（2013）① 将人称和数称为人称范畴，从及物和不及物动词的角度讨论动词人称范畴形态变化的特点，为全面认识拉坞戎语动词形态变化提供视角。

郑武曦在《龙溪羌语的人称范畴》（2019）② 一文中，介绍了羌语南部方言龙溪话动词人称范畴的特点和用法。与羌语南部方言桃坪话和蒲溪话一样，龙溪羌语的人称也有不同的形式；与桃坪话和蒲溪话的人称范畴不同的是，龙溪话的人称标记除了与体有关以外，还与实然和非实然有关。文章从这个角度，分析龙溪羌语中不同形式的人称标记。另外，与其他接触汉语的羌语方言相比较，龙溪羌语仍然保留了人称的单数，并且没有消失的迹象。

瞿霭堂的《嘉戎语动词的人称范畴》（1983）③ 一文，对嘉戎语动词的人称范畴做了全面分析。文章指出："嘉戎语，其动词有人称范畴。这种人称范畴通过句中动词上所加的前缀或（和）后缀，表示主语或（和）宾语的人称和数，而这种前缀和后缀往往还同人称代词有关。……从保留动词人称范畴的完整性来说，嘉戎语犹如藏缅语言的一块活'化石'，对嘉戎语动词人称范畴的研究，有助于对藏语支共同语以及动词人称范畴已经简化和消失的各亲属语言的研究。……嘉戎语动词人称范畴的发展趋势是由繁而简。这同藏语支其他一些语言中动词人称范畴简化的总趋势是一致的。就嘉戎语内部来说，西部方言简化得多，东部和北部方言简化得少，而且发展的方向也有所不同，不完全是一个简化问题。这可能同受藏语影响的大小有关，西部方言同藏语的关系密切，整个语法结构比东部方言简单。换句话说，西部方言保留嘉戎语的语法特点比东部方言少。就人称范畴的基本结构来说，前缀先脱落，后缀再合并。就所表达的内容来说，首先是动词及物和不及物区别消失，然后是数量差别的消失。就表达体系来说，在有宾语的句子里，从兼表主—宾语人称到只表宾语人称，最后发展到只表主语的人称，与藏语支其他语言的简化趋于一致。"

林向荣的《嘉戎语与藏语的若干语法差异》（1986）④ 一文中指出："嘉戎语动词有人称范畴，在动词词根前后添加前缀或后缀表示人称和数，这些前后缀既表示主语的人称和数，也兼表宾语的人称和数。嘉戎语表示动词人称范畴的后缀是粘缀性的，在开音节后常读作韵尾；在闭音节后如是元音则轻读，如是辅音也读作韵尾，但要与原辅音尾发生许多语音上的变化。如元音后缀和辅音尾之间互相影响而发生一系列的同化作用，或需将后缀插入复辅音尾之间等等。动词加上前、后缀

① 载《民族语文》2013年4期。

② 载《语言科学》2019年第1期。

③ 载《民族语文》1983年第1期。

④ 《中国民族语文论文集》，四川民族出版社，1986年。

时，可以表示三个人称，三种数（单数、复数、双数）。前缀只表示人称，后缀既表示人称也表示数；但无论前缀或后缀都能表示主语或宾语。这些前缀或后缀都是由人称代词的声韵母缩减而成。"

刘菊黄的《独龙语等部分藏缅语动词人称前加成分的来源探索》（1994）① 一文中，通过对比讨论了羌语支羌语、却域语等语言的人称范畴。文章指出："却域语动词有人称和数的范畴，主要表现在，第一、二人称动词元音发生变化，第三人称加前缀p-。"

孙天心在《黑水县沙石多嘉戎语动词人称范畴的特点》（2015）② 一文中，介绍了四川省阿坝州黑水县沙石多乡嘉戎语动词人称范畴双重人称标记、主语式对谐、及与格论元掌控对谐三项醒目特征，并通过亲属语言比较及语意因素辨析，探索其历史源流与类型意义。双重人称标记显系古嘉戎语形态遗留，而主语式对谐及与格论元掌控对谐为朝向附属语加标记语法格局之类型递变，应属受本县主流语言羌语深度接触影响诱发的创新发展。作者指出：动词对谐模式的选择也是检验及物性高低的另一重要类型学参项。

田阡子和孙天心在《格西霍尔语动词词干重叠形式数标记》（2016）③ 一文中，认为格西霍尔语属于汉藏语系羌语支嘉戎语组霍尔语群。格西话动词人称与数的对谐形态已十分简化，但也有以重叠动词词干表达复数对谐主控者的代偿性形态。作者认为以动词词干重叠形式表达复数论元在汉藏语系中极为罕见，对语言类型学以及霍尔语群的谱系分类与历史构拟都有重要的意义。

章舒娅的《从近指/远指标示到数标记：嘉戎语组语言层级标示的重新分析》（From proximate/obviative to number marking：Reanalysis of hierarchical indexation in Rgyalrong languages）（2019）④ 主要讨论四土嘉戎语白湾话的反向标示系统。在白湾话反向系统中，外部互动领域的近指/远指标示被重新分析为数的标示。该文将白湾话反向系统的这一演化作为原型来解释汉藏语系藏缅语族基兰提语支中的人称标示范式。

正如黄布凡在"羌语支"中指出："从羌语支语言人称范畴的几种类型，我们可以窥见本语支动词演变的趋势和大致情况。看来古羌语支语言的人称范畴有整齐而严密的内容，主要手段是在词根上添加词缀。由于形态变化的简化趋势和语音变化的影响，人称范畴中人称与数的区分便慢慢由多到少，由严格到不严格，以致在少数语言中导致人称范畴的消失，在表现手段上也逐渐由粘着型经屈折型而向分析型演变。人称范畴的这种演变趋势也反映在动词其他范畴的演变上。"⑤

---

① 载《语言研究》1994年第2期。
② 载《语言暨语言学》2015年第5期。
③ 载《民族语文》2016年第3期。
④ 载Journal of Chinese Linguistics，2019（1）。
⑤ 见马学良主编《汉藏语概论》。

（5）名物化与关系化研究

孙天心的《草登嘉戎语的名物化形态》（1998）[1] 在文献材料和田野调查的基础上对草登嘉戎语的名物化形态进行了全面细致的描写。孙天心在《草登嘉戎语的关系句》（2006）[2] 一文中，以嘉戎语草登话为例，首次深入探讨了嘉戎语关系句的构造。嘉戎语关系句涉及参数多，形式变化丰富，用法有严格限制。关系句主要以名物化结构为基础，区分为限定和非限定两类。限定关系句又可分为名物化和非名物化两类。关系句结构的主要影响因素是句法关系，牵涉的层面包括关系句动词形态以及关系句型。限定与非限定关系句的选择主要依赖于句法地位、动词语义和语用因素等。非限定关系句名物化前缀的分布也取决于语义角色。

黄成龙的《羌语关系子句的类型》（2007）[3] 一文，从类型学角度分析和描写了羌语中发现的五种关系子句类型，并在此基础上进一步提出前置关系子句是最常用的结构，这种类型与多数动词尾语言关系子句的位置相一致。后置关系子句在结构上是同位结构，但语义上具有限制性功能。中心词内置关系子句是动词尾语言常用的一种结构。双中心词关系子句是类型学中的奇特类型，对类型学研究具有重要意义。无中心词关系子句一般在对话或者长篇语料中出现频率较高，由于中心词可以从情景或语境中推知，因此中心词可以省略，受语用制约最大。黄成龙的《羌语子句的关系化手段》（2008）[4] 一文，集中讨论了羌语子句关系化的主要手段，分析了关系化手段所受的类型制约及关系化手段的类型学意义。"羌语子句的关系化手段与有无中心词、关系子句的中心词的位置有密切的关系。无中心关系子句和中心词外置关系子句（中心词前置关系子句和中心词后置关系子句）通常用留空手段。中心词内置关系子句和双中心词关系子句一般保留完整名词。"黄成龙的《羌语的关系子句》（Relativization in Qiang）（2008）[5] 从类型学的角度详细讨论了不同羌语方言关系子句的关系化手段和形态句法特点。

白井聪子（Satoko Shirai）在《藏缅语的重叠与名物化》（Reduplication and nominalization in Tibeto — Burman）（2014）[6] 一文中，主要描写了 13 种藏缅语及其方言的重叠的名物化功能，并在地图上呈现重叠的地理分布。通过重叠的地理分布证实北部地区藏缅语的明显趋势是重叠的能产性在消失，而东部地区的藏缅语倾向于丧失名物化功能。

赖云帆的《俄热拉坞戎语的关系化与领属化的整合》（Relativisation in Wobzi

---

① 载《中研院历史语言所集刊》第 69 本第 1 分。

② 载《语言暨语言学》2006 年。

③ 载《汉藏语学报》2007 年第 1 期。

④ 载《民族语文》2008 年第 4 期。

⑤ 载《语言暨语言学》2008 年第 4 期。

⑥ 载 Papers from the Second International Conference on Asian Geolinguistics. Thailand：Bangkok，2014。

Khroskyabs and the integration of genitivisation（2018）[①] 聚焦在俄热拉坞戎语关系化的形态句法和语义特点。提出俄热拉坞戎语有个创新关系化策略，即名物化标记与领属化标记都是=ji，这个特点不同于嘉戎语其他方言。

（6）式范畴研究

羌语支语言一般有陈述、命令、禁止、否定、疑问等式。表示式范畴的主要手段是在动词词根上加前缀或后缀，有时兼用元音屈折和变换语调或后加语气助词等。

黄良荣在《嘉戎语前缀ta–tə–ka–kə–的语法作用》（1993）[②] 一文中指出嘉戎语的词大多都有前缀，放在动词、形容词和数词等词根前面的前缀有ka–和kə–，ka–表示自己是主动者，而kə–表示客观的叙述。

和向东的《普米语动词的命令式》（1999）[③] 一文，对472个普米语动词命令式语法形式，包括屈析式和分析式，进行了比较详细的描写，具体分析说明了各种语法形式及其语法意义。指出了由于动词在句中的语法功能不同，因而产生了不同的语法形式。文章指出："普米语动词命令式的语法形式有两种，一是动词词根的屈析变化；二是后加助词。"作者具体分析了这些不同的表现形式。

李山、周发成的《论羌语语法中的否定形式》（2002）[④] 一文，分析了羌语中陈述句、命令句和疑问句中的否定形式，讨论了否定副词前缀在多动词从句的定位，并考察出影响羌语语法中否定形式的因素有："1.动词的否定形式由否定副词前缀mə–或否定命令前缀tɕi–构成，形容词只有在充当谓语时才能由否定副词前缀mə–否定；2.否定副词前缀mə–在独立从句中附加于最后一个动词；3.成分否定形式可以用于被后缀–m名词化的否定形容词中或在'不仅……而且'的结构里；4.要否定情态动词je'能够'，在句中置于此动词前面的成分必须已经被动词后缀–s名词化；5.汉语的否定形式me–te pɑnfɑ'没有办法没有选择'已经在羌语地区广泛使用。"

（7）时、体范畴研究

羌语支语言动词，有的既有时范畴又有体范畴。有的只有体范畴。

黄布凡的《羌语的体范畴》（2000）[⑤] 一文，通过对羌语体范畴的描写和分析，展现体范畴所包含内容的多样性、层级性和复杂性。论证羌语的体范畴是一个在语义上和形式上包含3个子系统、各子系统又分3至4类、共有3个层级的复杂系统。文章指出："羌语的体范畴是指由相应的语法形式所表示的与动作行为进行的阶段、时间和状态有关的语法意义。羌语的体范畴下分3个子系统，即：时体（以

① 载《藏缅语区语言学》2018年第2期。
② 载《民族语文》1993年第3期。
③ 载《民族教育研究》1999年第1期。
④ 载《民族语文》2002年第1期。
⑤ 载《民族语文》2000年第2期。

语境中提供的时间为参照点，划分动作行为进行的不同阶段，区分进行 —— 正在进行、将行 —— 将要进行、已行 —— 已经进行等体）、情体（以说话时间为参照点，表示动作行为进行的不同阶段距离说话时间较近或表示新情况的出现，区分始行 —— 开始进行、即行 —— 即将进行、方行 —— 方才进行和变化 —— 状况的改变等体）、状体（表示动作行为的进行有重复、曾经经历、经常、持续等状态，区分重行 —— 重复进行、曾行 —— 曾经进行、常行 —— 经常进行和续行 —— 持续进行等体）。…… 表现这些体的语法手段有附加词缀（前缀或后缀）、重叠、加辅助动词等。有些体用一种语法成分表示，有些体用几种语法成分结合表示。不同类别的体标志有些可交叉集合于同一个动词谓语上，综合表示几种体的意义。"

　　傅爱兰的《普米语动词的'体'》（1999）[1] 一文指出："普米语是居住在我国西南边疆的普米族所使用的语言，属汉藏语系藏缅语族羌语支。与同语支其他语言一样，形态变化比较丰富，尤其是动词的形态非常复杂，有'趋向''人称''数''量''体''态'等语法范畴。其中，'体'是一个基本的语法范畴。……普米语动词的'体'可分为已行体、进行体、将行体、即行体、完成体、经验体等六种。不同的'体'表现形式不同，并且随'人称''数'的不同而变化。前四种体是通过后缀来表示，除即行体附加重后缀外，其他三个体都后加一个后缀。其中，已行体的元音还发生变化。"

　　1999年11月，在台北中研院历史语言研究所举行的藏缅语族羌语支语言及语言学研讨会上，罗仁地的《羌语北部方言荣红话的时》，孙天心博士的《草登嘉戎语的'时'与'体'系统简介》，丁思志的《牛窝子普米语的时间参照点》等文章，分别从不同的侧面对羌语支不同语言的时与体进行了深入的探讨（2000）[2]。

　　尹蔚彬在《业隆话动词的时、体系统》（2002）[3] 一文中，讨论了业隆话动词的时、体系统，分析了动词的形态，与周边其他藏缅语动词的时、体系统进行了比较研究。

　　梅广在《解析藏缅语的功能范畴体系 —— 以羌语为例》（2004）[4] 一文中以羌语作为个案，提出印欧语与藏缅语的功能范畴体系不同。印欧语对时态比较敏感，所以有"时态"范畴，他把有"时态"范畴的语言称为"时制语言"；相反，藏缅语对"时态"不敏感，所以没有"时态"，他把没有"时态"范畴的语言称为"位制语言"。

　　孙天心的《草登嘉戎语动词的时 —— 体范畴》（2008）[5] 根据多年的调查研究，以四大坝嘉戎方言草登次方言为例对嘉戎语动词的时 —— 体系统进行了介绍，并

---

① 载《民族教育研究》1999年第1期。

② 见孙宏开《藏缅语族羌语支语言及语言学研讨会述评》，《当代语言学》2000年第2期。

③ 载《民族语文》2002年第5期。

④ 载林英津等编《汉藏语研究 —— 龚煌城先生七秩寿庆论文集》，2004年。

⑤ 载《汉藏语学报》2008年第2期。

对"汉藏语无绝对时"的观点提供了反证。

齐卡佳、王德和的《甘洛尔苏话动词的体貌范畴》[①] 通过语法问卷和长篇语料收集到的材料，以甘洛县则拉乡尔苏话为例，对尔苏语体貌系统的主要表达手段及其之间的关系进行了探讨。

田阡子的《格西霍尔语的情境体及转换》（2018）[②] 对中部霍尔语格西话的情境体进行探究，阐述了格西话各类情境体的语义特征及形态句法表现，分析了四类情境体之间的转换规律和转换机制。

田阡子、孙天心的《格西霍尔语动词的时与体》（2019）[③] 详细介绍中部霍尔语格西话动词的时 —— 体范畴。发现格西话动词的时 —— 体系统有以下三类重要的创新：第一，动词词干交替大幅简化，标注时间的功能基本丧失；第二，方向前缀从体标记转成"相对过去时"标记，可通用的相对过去前缀də–开始逐步取代其他前缀，且有聚焦于动作结果的延伸功能；第三，以赘语式造出一般非完整体及"持续体"构造。这些重要的创新既源自内部衍变的机制，也明显受到本地主流藏语的接触影响。

（8）情态范畴研究

黄布凡的《藏缅语的情态范畴》（1991）[④] 一文，通过对藏、羌、景颇语支语言的对比，指出："嘉戎语的情态系统则有自觉与不自觉、现知与早知、亲见与非亲见、过程与结果等类别。以嘉戎语梭磨话为例，其进行体有现知与早知情态。……道孚语和木雅语，有过程与结果、自觉与不自觉等情态。道孚语是体现在已行体中，木雅语是体现在完成体中。……普米语分亲见、闻知、测知三种情态，亲见情态又分亲见·过程情态、亲见·结果情态。……扎坝语分亲见、听说、测知情态，亲见情态又分亲见·过程和亲见·结果两种。……羌语他称的进行体、已行体、完成体都分亲见情态与听说情态，亲见情态又分见过程与见结果二种。自称的已行体和完成体分自觉与不自觉情态。""从部分羌语支语言有些情态概念相同，语法手段和形式也相似（如道孚语用–si，木雅语用–sə³³，普米语用–si³³，表示结果和不自觉情态）的情况来看，其情态范畴似有发生学的关系，说明这些语言在分化之前即可能有情态范畴。"LaPolla将示证范畴与情态范畴区分开来，在《羌语示证范畴》（Evidentiality in Qiang）（2003）一文详细讨论了荣红羌语的示证范畴。

傅爱兰在《普米语动词的体貌系统》（2002）[⑤] 一文中，对普米语体貌的形式和意义做了描写和讨论。

状貌词是以音直接表义，模拟或描写声音、形状、颜色、性质、动作的特殊

---

① 载《语言暨语言学》2017年第3期。

② 载 Bulletin of Chinese Linguistics，2018（10）。

③ 载《语言暨语言学》2019年第3期。

④ 载《民族语文》1991年第2期。

⑤ 载《中国民族语言文学研究论集》（语言专集），民族出版社，2002年。

语词，说话者亦借其表达感官经验或主观态度。孙天心在《草登嘉戎语的状貌词》（2004）① 一文中，以四大坝嘉戎语草登话为例，介绍嘉戎语状貌词在语音、词汇、句法层面上的突出特点，并据此建议将其处理为独立的小词类。

尹蔚彬的《拉坞戎语的态范畴》（2013）② 将拉坞戎语动词的语态分为自动态、使动态、自身态、反身态以及互动态5种形式。文章介绍拉坞戎语业隆方言动词态范畴的表现形式并与嘉戎语方言的态范畴进行比较研究，探寻拉坞戎语态范畴的特点和发展趋势。

尹蔚彬的《拉坞戎语的情态范畴》（2013）③ 根据拉坞戎语业隆方言动词的特点，对拉坞戎语动词的情态范畴进行分类说明并与邻近的嘉戎语进行比较研究，说明情态范畴在嘉戎语组语言内部的一致性。

林幼菁、尹蔚彬、王志的《吕苏语的助动词》（2014）④ 一文，以时体形态分析为基础，探讨冕宁吕苏语助动词的词类划分及演变。通过考察和研究助动词的分布特点与结构性质，认为助动词隶属动词，但另立一个次类。同时，该论文还探讨了两个与助动词相关的语言演变现象。

张四红在《尔苏语知识的表达》（The expression of knowledge in Ersu）（2014）⑤ 一文中，指出尔苏语的知识可通过示证范畴表达，除此之外，信息源也可通过其他手段，诸如词汇动词、示证手段、认识情态、插入语、指示词以及方向术语来传递。作者讨论了尔苏语有多个示证标记，分别表达直接、推断、传闻和引证示证。话语的体裁、言语行为参与者与非参与者与示证范畴之间交叉标记信息源。

道丽恩（Daudey）在《瓦都普米语中的意愿与控制》（Volition and control in in Wǎdū Pǔmǐ）（2014）⑥ 一文中，论证了普米语瓦都话的动词屈折并不像普米语其他土语中证实的那样以施事者一致关系或者人称—数一致关系为基础，而是以与示证范畴和自知范密相连的意愿与控制语用概念为基础，类似于藏语方言的传闻范畴。

田阡子的《格西霍尔语的情貌范畴》（2019）⑦ 深入分析了格西霍尔语情貌范畴的语义及形态句法特征，系统探讨了意愿、认知、能力三类情貌范畴，并与嘉戎语做了比较。

宋伶俐的《贵琼语的几种示证方式》（2018）⑧ 发现贵琼语的示证范畴重在说明信息的可靠程度，而不说明信息的来源。示证标记由系词、存在动词和语气词演化

① 载《民族语文》2004年第5期。

② 载《广西民族大学学报》2013年6期。

③ 载江荻、李大勤主编《纪念孙宏开诞辰八十周年学术论文集》，民族出版社，2013年。

④ 载《民族语文》2014年第2期。

⑤ 载 The Grammar of Knowledge：A cross — linguistic typology. Oxforfd：Oxfrod University Press，2014.

⑥ 载《藏缅语区语言学》2014年第1期。

⑦ 载《汉藏语学报》2019年第11期。

⑧ 载《常熟理工学院学报》2018年第4期。

而来。

蒋颖的《普米语示证范畴地域差异的成因分析》（2019）① 认为普米语北部方言既有亲见非亲见范畴，也有听说非听说范畴，两类子范畴都具有句法上的强制性；南部方言基本没有亲见非亲见范畴，但有非强制性的听说非听说范畴。文章认为自身演变是主要因素，语言地理和语言接触是推动因素。

崔延燕的《新营盘普米语的自我中心标记初探》（2019）② 主要描写自我中心和非自我中心的对立在新营盘话中的分布范围。通过几种亲属语言（安多藏语、加多满都尼瓦里语及凉山彝语）的比较，作者把时间体貌、事件特征等语义因素的影响作为考察重点，同时讨论了自我中心范畴与部分句法、语用条件的互动。此外，还对自我中心标记no（的其他功能，以及no（以外的后缀的基本用法进行了描写。

向柏霖（Guillaume Jacques）的《嘉戎语茶堡话的自知标记与人称标示》（Egophoric marking and person indexation in Japhug）（2019）③ 指出茶堡话与嘉戎语组其他语言一样，有其他语言中罕见的人称标示系统与自知（egophoric）示证范畴。该文描写了茶堡话的自知标记与其他两种对立的示证范畴使成（factual）与感知（sensory）的用法，与此同时，探讨了自知范畴与人称标示之间的相互作用。

（9）存在动词研究

羌语支大多数语言中表示事物存在的动词有类别范畴，也就是用不同的存在动词表示不同客观事物的存在。

刘光坤的《藏缅语族中的羌语支试析》（1989）④ 一文，指出："羌语支语言除嘉绒语外，存在动词都有类别范畴，多的有7–8个，少的有4–5个。存在动词的类别范畴是指分别用不同的语音形式表示有生命物、无生命物等不同类别的客观事物的存在，有时表明事物存在于不同的状态之中。各语言表示相同类别或相同语法意义的存在动词在语音上有明显的对应关系，表明了这些语言之间的同源关系。"

陆绍尊的《普米语两个特殊动词的用法》（1986）⑤ 一文指出："普米语存在动词共有 bõ⁵⁵、ʒø⁵⁵、diɑ̃u¹³、sta⁵⁵、kui⁵⁵、ʂə¹³等六个，均表示'有'或'在'的意义。其中除了 ʂə¹³以外，其余都不能添加后加成分。它们在日常用语中都限于一定的范围，不能随意互换使用。"并分别对这六个存在动词进行了具体的分析。

林向荣的《嘉戎语马尔康话几个特殊动词的用法》（1993）⑥ 一文，具体分析了嘉戎语存在动词ndo"有、在"的用法。文章指出："嘉戎语存在动词也和其他动词一样有人称、数和时的词缀变化。但存在动词后加上人称和数的后缀，主语就不再

---

① 载《云南师范大学学报》2019年3期。

② 载《汉藏语学报》2019年第11期。

③ 载《语言暨语言学》2019年第4期。

④ 载《西南民族学院学报》1989年第3期。

⑤ 见《中国民族语文论文集》，四川民族出版社，1986年。

⑥ 见《民族语文论文集——庆祝马学良先生八十寿辰论文集》，中央民族学院出版社，1993年。

添加主有或存在助词–i。至于'存在'与'有无'指的是具体有生命的人或动物，而不能指无生命的事与物。时间的表示法和所加时态前缀都和其他一般动词一样，唯独叙述第三人称的领有或存在是亲见的，或提出疑问时，存在动词ndo必须发生屈折变化为to。"

黄成龙的《羌语的存在动词》（2000）① 一文，指出："羌语中共有6个存在动词，按照事物存在的不同情况，使用不同的存在动词。羌语的存在动词没有趋向范畴，而有动词的其他范畴。由于受其意义和使用范围的限制，具体使用中与其他动词有一定的差异。""羌语中表示事物存在的动词有类别范畴。由于羌语内部差别较大，各方言土语存在动词的数量及其用法不尽相同。像桃坪话有5个存在动词；麻窝话有7个；荣红话有6个。…… 由于事物的存在多种多样，表示同一事物或现象的存在用不同的存在动词。同一事物或现象使用不同的存在动词时，它们所表达的内容各不相同，这与说话人从不同的角度看待事物以及本民族的习惯有密切的系。…… 存在动词虽然有一些动词的特点，但更多的与形容词有相似的地方。在羌语中，存在动词应属于兼类词，即兼有动词与形容词的某些特点。"

罗仁地和黄成龙（LaPolla and Huang Chenglong）在《羌语的系词和存在动词》（The Copula and Existential Verbs in Qiang）（2007）② 一文中，讨论了羌语系词和存在动词结构。荣红话只有一个系词，可以用于等同、身份、修饰、名字、假分裂结构和领属结构。有5个存在动词，按照事物存在的不同情况，使用不同的存在动词。存在动词能被程度副词修饰，具有静态动词的一些特点，跟形容词接近，但不能直接修饰名词。存在动词重叠形式与静态调查的重叠形式表达的意义不同。

张四红、余成林的《尔苏语的存在类和领有类动词及其类型学启示》（2017）③ 指出尔苏语有4个存在类动词和1个领有类动词，它们从生命度、概念和移动性或活动性三个维度区分指称对象。这些存在类动词可用来表达处所义、存在义和领有义，但各具特色，有的兼有三种语义，有的兼有两种。领有类动词只能表达领有义。日常使用中，它们使用的复杂性正在逐渐简化。

饶敏的《贵琼语的存在动词研究》（2017）④ 一文以四川省甘孜州康定县（今康定市）麦崩乡的藏缅语贵琼语为例，对贵琼语的存在动词进行了探讨。贵琼语有三个存在动词，其使用取决于存在物的生命度。该文讨论贵琼语存在动词的类别及生命度对它的影响，贵琼语存在动词的语法范畴、贵琼语存在动词的否定形式及其对应的"否定存在演化圈"。

---

① 载《民族语文》2000年第4期。
② 载《中国语言学》2007年第1期。
③ 载《民族语文》2017年第3期。
④ 载《重庆工商大学学报》2017年第2期。

（10）动词范畴的综合研究

孙天心的《羌语支语言嘉戎语蒲西话动词词干的屈折变化》（2001）[①] 集中讨论了嘉戎语上寨蒲西话动词词干的屈折变化的四个方面。该文讨论的形态变化机制不仅表明尔龚语与上寨话的亲密关系，也说明了由嘉戎语、拉坞戎语和尔龚-上寨话的共同特征可以构成低层次的原始嘉戎语。

语言行为中，说话者对言谈所涉及的个体（你、我；人、物）认同程度有区别，往往造成语言结构上的差异，形成"认同等第"。嘉戎语的认同等第语法化颇深，对其形态句法有关键性影响。孙天心的《草登嘉戎语与"认同等第"相关的语法现象》（2002）[②] 一文以嘉戎语四大坝方言草登话为对象，探究认同等第所涉及的语意、语用因素，以及认同等第对名词施动格标记、动词人称与"向"范畴、主宾注意顺序等各结构层面所产生之作用。形态句法证据显示，草登话认同等第存在五个等级，等第间强弱有别，对草登话结构制约程度亦有不同：说话者＞听话者＞属人第三者＞其他动物＞非动物。

霍尔语上寨方言致使形态语音变化多样，孙天心的《霍尔语上寨方言的形态使动》（2007）[③] 一文应用嘉戎语霍尔巴方言致使形态的多样变化的现象，考察霍尔语、嘉戎语和拉坞戎语致使结构编码方式选择模式的历史演变。尽管表面变化令人困惑，霍尔语上寨方言的致使形式为前缀s-，添加该前缀会引起一系列语音的变化。过多的同构和限制让致使形态发生了改变，这也就导致了迂回式致使结构作为霍尔语上寨方言的主要致使策略的兴起。相比之下，嘉戎语组的其他语言表达致使的主要模式仍然为派生形态，旧有的使役前缀sa-仍然是成音节的。

孙天心的《嘉戎语非实然范畴》（2007）[④] 为嘉戎语的跨语言语法类型的实然性提供了新的证据，非实然动词形式由一个非过去的动词词根+方向前缀ɐ-+完成体前缀。除了出现在非实然语义的典型语境里，非实然动词还表示普通祈使和将来（虚拟现实）与延迟祈使、祈愿和怀疑（虚拟现实）。该文还探讨了实然动词形式与非实然动词形式共用一个方向前缀ɐ-，用来表示说话者不太肯定的断言。作者指出嘉戎语不同方言之间的相似之处确立了非实然作为一种泛方言形态特征，它在嘉戎语中有很深的渊源。

黄布凡的《道孚语语音和动词形态变化》（1990）[⑤]，全面讨论了道孚语的趋向范畴、语态范畴、人称和数范畴、体和语气范畴以及式范畴。并指出："道孚语动词词法在语法中占有重要地位。动词做谓语时是句子的中心，句子成分的关系和语法意义大多靠动词的形态变化表示。动词有趋向、语态、人称、数、体、语气、式

---

① 载《语言暨语言学》2001年第2期。

② 载《语言暨语言学》2002年第1期。

③ 载《中国语言学集刊》2007年第1期。

④ 载《语言暨语言学》2007年第3期。

⑤ 载《民族语文》1990年第5期。

等范畴。这些范畴主要靠附加词缀来表示,有些兼用内部屈折、重叠或助词等手段。其形态变化的多样性不仅是为了区别语法意义的需要,有许多是由于语音演变的影响造成的(如动词词根元音的不同、是否叠音词、是否带辅音韵尾等决定其人称和数的变化形式不同)。在藏缅语族语言内,道孚语形态变化的丰富程度仅次于嘉戎语。"

傅爱兰的《普米语动词的语法范畴》(1998)①,是一部有深度、有新意、以微观研究藏缅语语法的著作。作者用定量(指所研究对象有量的范围和指标)前提下的穷尽(指对所选词的无例外地、无遗漏地加以调查、描写)描写,结合语音、意义、功能,对语法范畴进行综合系统的研究。揭示出普米语动词的语法范畴主要手段是语音的屈折,其次是词缀,再次才是虚词;普米语动词的语音交替主要是韵母的交替,其次是声母的交替;普米语动词的语法范畴中语法手段具有多功能性,语法范畴具有多形式性,语法意义和语法形式之间具有复杂的交叉特点。特别是在研究方法上,作者着力于语音的分析,从语音变化看语法变化,认为对以屈折型为主的普米语语法的研究,在方法上需要特别强调语音的分析,考察语音的变化是理顺语法规则的突破口。该书对认识藏缅语语法的共识特征和历时特征具有重要的参考价值。

日本学者长野太彦(Yasuhiko Nagano)在《嘉戎语前缀的历史研究》(A note to study of rGyarong initials ang prefixes)(1979)② 一文中对嘉戎语的前缀进行了历时比较研究。在其博士论文的基础上,长野太彦出版了《嘉戎语动词历史研究》(A Historical Study of the rGyarong Verb System)。该书共分导言、描写、比较研究和结论,在描写部分作者对嘉戎语卓克基方言动词短语的结构、形态变化以及句法关系特征进行了详细的描写。在讨论嘉戎语动词短语的结构时,以动词词根为基点对嘉戎语动词前后所带的语法成分进行分析。在论及动词的词缀时,作者将嘉戎语的词缀分为前缀和后缀。代词化是嘉戎语动词的一个特点,在动词短语的形态变化过程中,代词词缀体现施事者与受事者的一致关系,他将代词化理解为词汇在行文中的缩减。作者认为嘉戎语属于不完全作格语言。在比较部分,作者选取诸如动词词根的形式、前缀、代词化词缀、后缀、句法作格标记等具有代表性的语法项目,将嘉戎语与古藏语、原始嘉戎语、古藏缅语、Abor–Miri–Dafla、羌语、独龙语、Bodo–Naga、钦语等进行比较研究。作者认为嘉戎语有很长的复辅音,动词短语有很完善的词缀。作者通过比较研究试图确定嘉戎语的系属问题,尽管嘉戎语的一部分词汇与古藏语词汇很像,但通过比较研究作者仍认为嘉戎语在词根形式上与Abor–Miri–Dafla、古藏语接近,在句法关系上与羌语更近。

---

① 中国文史出版社,1998 年。

② 载《藏缅语区语言学》1979 年。

　　李山、周发成在《论羌语语法中的否定形式》（2002）①一文中，分析了羌语中陈述句、命令句和疑问句中的否定形式，讨论了否定副词前缀在多动词从句的定位，亦对否定副词前缀的非否定用法和汉语的影响做了介绍。

　　黄成龙的《羌语中的生命度等级序列》（2013）②讨论和分析了羌语不同土语中类别词、人称代词的复数、存在动词、施受标记、动词的人称标记以及名物化等范畴中所反映的生命度等级序列。

　　向柏霖在《嘉戎语茶堡话的反被动标记源于名源词缀》（Denominal affixes as sources of antipassive markers in Japhug Rgyalrong）（2014）③一文中认为，在茶堡话中，两种反被动结构（人与非人反被动）是通过两个步骤从动词词干建立的，第一个步骤是名物化为动作名词，第二个步骤为动作名词派生的名源动词化为不及物动词。名物化中和了动词的及物性，通过名源前缀分配新的及物性。作者还提出其他派生结构，尤其是裨益（applicative）结构经历相似的发展路径。

　　向柏霖（Jacques Guillaume）在《嘉戎语茶堡话的主语、宾语与关系化》（2015）④一文里，提出茶堡话有作格格局的格标记，同时在动词上有正向/反向类型的人称范畴。虽然在动词和名词形态上没有主格/宾格格局，但通过对关系句的仔细考察可以证明茶堡话有非常清楚主格/宾格格局的句法枢纽，在这些枢纽的基础上可以提出对"主语"和"宾语"明确不含糊的定义。

　　田阡子和孙天心的《西部霍尔语动词词干交替》（2016）⑤一文，通过分析甘孜州新龙县两种西部霍尔语（尔龚语或称道孚语）动词词干的音韵交替与分布的语境及与北部霍尔语进行比较，辨识出西部霍尔语动词词干形态若干存古特征。

　　向柏霖（Guillaume Jacques）的《嘉戎语茶堡话的补语化》（Complementation in Japhug Gyalrong）（2016）⑥一文，较系统地描写和分析了嘉戎语茶堡话的补语句和补语化手段。通过分析认为嘉戎语茶堡话补语句有多种多样，无法预测，令人困惑，需要对每个带补语的动词逐一进行考察和分析。该文还讨论了类型学上比较罕见的混杂的间接引语结构。

　　张四红、王轩的《越西尔苏语以动词为基式的重叠式研究》（2017）⑦认为尔苏语中以动词为基式的重叠式的构成形式涉及动词前缀、词根和整个词的重叠，语法功能包括减少论元、构成倚变关系句式以及作谓语等，语法意义涵盖了互动、反复、持续、加强、倚变以及表达无奈、不满的情感等。既有汉藏语言的一些共性特

　　①　载《民族语文》2002年第1期。

　　②　载《汉藏语学报》2013年第7期。

　　③　载Lingua，2014（138）．

　　④　载Journal of Chinese Linguistics，2015.

　　⑤　载《云南师范大学学报》2016年第4期。

　　⑥　载《藏缅语区语言学》2016年第2期。

　　⑦　载《中央民族大学学报》2017年第2期。

征，也有其自身独具的特色。

尹蔚彬的《"做"义轻动词的功能和语法化特点 —— 以羌语支语言为例》（2017）① 就"做"义轻动词在羌语支各语言或方言中的表现及功能进行分析，旨在说明其语法功能和特点，认为羌语支语言中存在轻动词词类，且轻动词的语法化有其自身特点。

向柏霖（Guillaume Jacques）的《茶堡嘉戎语与其他跨喜马拉雅语言的双向动词》（Bipartite verbs in Japhug and other Trans-Himalayan languages）（2018）② 提供了茶堡嘉戎语双向动词概貌，描写了该语言复合动词、连动相关的一些结构。提出了揭示这些结构的内在机制和历史发展关系的几个假设。

章舒娅的《四土嘉戎语词干交替》（Stem alternations in the Brag-bar dialect of Situ Rgyalrong）（2018）③ 一文记录了四土嘉戎语白湾话的词干交替，先描写了白湾话不同动词词干的分布与形成机制，然后解释不规则词干 I 与 II 的出现情况和共时面貌。

郑武曦的《龙溪羌语的否定》（Nagation in Longxi Qiang）（2019）④ 指出与其他羌语土语相比较，龙溪羌语的否定呈现区别性特征。龙溪羌语有两个否定前缀 /mí-/ 和 /mì-/，其选择与汶川汉语官话的否定标记"不"pu³¹ 与"没"mei⁵⁵ 相似，pu³¹ 对应于 /mí-/，而 mei⁵⁵ 对应于 /mì-/。此外，汶川汉语方言表示肯定意义的两种否定结构借入龙溪羌语。作者认为龙溪羌语的否定系统与汶川汉语方言相似的发展并不是巧合，语言接触是重要因素。

2. 名词研究

羌语支语言名词都有数范畴，少数语言名词有从属范畴。数范畴一般分为单数和复数，普米、却域、尔苏等语言除分单数、复数外，还有双数。羌语南部方言保留数范畴，北部方言数范畴已消失。各语言复数和双数都用后缀表示。嘉戎语的名词有从属范畴，这是不同于羌语支大多数语言的一个显著特点。尔苏（甘洛）语仅表示亲属称谓的名词有从属范畴。

黄布凡的《木雅语概况》（1985）⑤ 一文指出：木雅语"方位词很丰富，分得很细，单就'上、下'来说，空间、水流、河谷、火垅、楼层等的'上、下'说法都不同。其中空间和水流的上下还有近指和远指的分别。"

刘光坤的《藏缅语族中的羌语支试析》（1989）⑥ 一文指出："羌语支语言的可数名词一般都有复数的语法形式，少数语言还有双数形式。构成复数往往采用附加

① 载《民族语文》2017年第1期。
② 载《藏缅语区语言学》2018年第2期。
③ 载《藏缅语区语言学》2018年第2期。
④ 载《语言暨语言学》2019年第4期。
⑤ 载《民族语文》1988年第3期。
⑥ 载《西南民族学院学报》1989年第3期。

成分或助词的形式，各语言表示复数的附加成分在语音上有一定的同源关系。羌语支语言名词还有指小的语法形式，也是在名词后加后加成分构成，羌语支多数语言表指小的后加成分是同源的。"

林向荣的《嘉戎语与藏语的若干语法差异》（1986）[1]一文指出："客观事物之间的占有和被占有关系，在嘉戎语里由名词的从属关系来表示。…… 嘉戎语名词的从属范畴表示名词的从属关系和所从属的人称和数。它是由人称代词和名词标志性前缀缩减而成的从属前缀来表示的。无标志性前缀的名词，其从属前缀与带标志性前缀tə–的名词的表示法相同。从属前缀的声母与人称代词的声母相同，韵母与标志性前缀的韵母相同。从属前缀只表示单数的三个人称和复数的第一、二人称，复数的第三人称与第二人称复数同音，不表示双数的人称。"

严木初的《嘉戎语梭磨话名词研究》（2014）[2]一文，从语义、形态和句法功能三个方面对嘉戎语梭磨话的名词进行了较为详细的研究。

3. 量词研究

羌语支语言除嘉戎语外，其他语言量词都比较丰富。量词可以分为个体量词、群体量词、度量词、不定量词、临时量词（借用名词作量词）、动量词等类。嘉戎语的量词较少，尤其是个体量词不及其他语言多。

孙宏开的《试论"邛笼"文化与羌语支语言》（1986）[3]一文指出："羌语支语言的量词有三个不同于其他语支的特点：第一，量词较丰富。第二，量词和数词结合的很紧，有的语言数词不能脱离量词使用。第三，它与数词结合使用时，其词序是数词在前，量词在后。"

黄成龙的《羌语的名量词》（2005）[4]一文，对羌语名量词的语义、形态和语用进行了多层面的分析和描写。文章指出："羌语名量词主要做名词的修饰成分，一般出现在名词后面。在特定的语言环境中，名量词可以做名词短语的中心词或句子的核心论元可以作为话题和焦点，有回指或有指功能。…… 名量词的发展呈现出不平衡性和多源性。有些名量词来自原始羌语，有的名量词是自身内部机制发展的结果，有些名量词是来自西南官话。有些名词，如指类名词、物质名词和抽象名词始终不带量词。名量词一般与具体的名词一起出现。名量词不是强制性的，除非说话人通过自身的感知（perception）为了强调事物的某一突出特征（salientproperty），名量词才出现。"

戴庆厦的《藏缅语个体量词研究》（1998）[5]一文，通过与其他语言对比从语音角度考察了羌语支一些语言个体量词的特点，认为个体量词的"产生、发展与数词

---

① 载《中国民族语文论文集》，四川民族出版社，1986年。

② 载《中国藏学》2014年第1期。

③ 载《民族研究》1986年第2期。

④ 载《民族语文》2005年第5期。

⑤ 《藏缅语族语言研究》（二），云南民族出版社，1998年。

音节的多少以及量词与数词音节的搭配状况有关。"其后，他在《从词源关系看藏缅语名量词演变的历史层次》（2006）① 一文中，通过与藏缅语族其他语言的对比，考察了包括羌语支语言在内的整个藏缅语族一些语言名量词的演变机制，即非标准度量衡量词和集体量词→反响型量词→形状、类别、通用量词。

蒋颖在《普米语个体量词及其类型学分析》（2008）② 一文中对普米语个体量词的类型特征做了较为深入的分析。

4. 助词研究

羌语支各语言都有一套格助词。这些格助词用于名词、代词或名词性短语后表示在短语或句子中与其他词或短语的种种关系，其语法意义和作用在各语言里大致相当。

刘光坤的《藏缅语族中的羌语支试析》（1989）③ 一文指出："羌语支语言的结构助词比较丰富，它在句中的语法作用比较大，多数语言都有施动、受动、领属、工具、处所、比较、从由等多类，不少语言还有定指助词。各语言表示相同语法意义的结构助词往往在语音上有对应关系，说明它们之间同源关系比较密切。"

林向荣的《嘉戎语助词的形式及其用法》（1992）④ 一文指出："嘉戎语结构助词中的存在助词 –i 和趋向助词 –s 都是不成音节的音素，它们可以加在各种不同的词后，甚至还可加在词缀后表示几种不同的语法意义，运用比较广泛，因此我们认为这种语法成分属于助词类。若语法功能范围较小，而且一种形态手段所表示的语法意义是单义性的，我们就认为它是形态成分（即词缀）。…… 嘉戎语助词根据它的语法意义和语法作用，可分为结构助词和语气助词两类。它们的数量不多，但应用范围较广泛，用法也较复杂。"

Evans 在《原始羌语动词屈折的重构》（Reconstruction of Proto–Qiang Verb Inflection）（2004）⑤ 一文中，对羌语的形态做了比较，并提出原始羌语动词屈折的形式。

周发成的《简论羌语的格助词》（2007）⑥ 一文指出："羌语是汉藏语系藏缅语族中比较保守而富有特点的语言，在羌语语法中，其格助词具有非常重要的地位和较为复杂丰富的意义与用法，这是羌语的突出特点之一。…… 羌语格助词是用于名词性的词语之后（个别的可用于动词性词语后）用以表示它和其他名词性词语或者动词之间结构关系的虚词。羌语的格助词在形式上约有 14 种。有的形式不是只有一种意义和用法，而是有两种以上的意义和用法。不同的形式之间又有在某些意

① 《藏缅语族语言研究》（四），中央民族大学出版社，2006 年。

② 载《民族语文》2008 年第 5 期。

③ 载《西南民族学院学报》1989 年第 3 期。

④ 载《中央民族学院学报》1992 年第 2 期。

⑤ 载林英津等编《汉藏语研究 —— 龚煌城先生七秩寿庆论文集》，2004 年。

⑥ 载《阿坝师范高等专科学校学报》2007 年第 3 期。

义和用法上相同、相近的情况，同形异义和异形同义的交叉现象较多。有些格助词还与其他虚词（如名化助词、状饰助词、连词）同形异义，因此在语法分析时需要根据语境细细辨认，真可谓丰富而复杂。格助词的各种意义和用法综合起来约有22种。"

黄成龙在《羌语的话题标记》（2008）[①] 一文中，讨论和分析了羌语不同方言土语中话题的标记形式和分布特征。羌语各土语都有一个后置话题标志，但都不是强制性地出现。虽然在会话中，典型词序（无标记词序）一般没有话题标记；但在非典型结构或者在长篇语料中，引入一个新话题或者转到另一个话题时，或者叙述者为了让听者明白他/她叙述的内容，为了强调话题的一些凸现特征，话题标志出现频率较高。但在多数情况下，都可以不用话题标志。南部羌语有些土语除了用后置附缀形式标记话题外，还有一套独特的代词分裂体系标记话题，有的代词形式与话题功能相对应，有些则与非话题有关。作者认为羌语代词的分裂对语言类型学和语言理论的研究具有重要意义。

黄成龙在《羌语与藏语共有的形态》（Shared Morphology in Qiang and Tibetan）（2009）[②] 一文中，对羌语和藏语共有的一些形态进行比较分析，认为这些共有的形态既没有同源关系，也不是借用关系，而是平行发展的。

黄成龙的《羌语施事者及其相关标记》（2010）[③] 一文，在众多羌语方言土语语料的基础上，比较和讨论羌语施事者标记的形式和分布特征，提出施事者标记并不区分主语与宾语；只有为了消除语义上的歧义，即辨别哪个所指是施事者时，才使用施事者标记，也就是类型学上所说的语义基础上的标记。语义基础上的标记是指施事者标记是否出现不受句法功能的限制，主要受语义和语用的限制。同时，施事者标记与其他格标记形式相同，作者还探讨施事者标记与其他格标记的相互关系，以及施事者标记的时间深度。

黄成龙的《羌语非施事者及其相关标记》（2010）[④] 在众多羌语方言土语语料的基础上，比较和讨论羌语非施事者标记的形式和分布特征，试图了解非施事者标记并不区分主语与宾语；只有为了需要消除语义上的歧义，即辨别哪个所指不是施事者时，才使用非施事者标记，也就是所谓的语义基础上的标记。同时，在有的土语中，非施事者标记与其他格标记形式相同，作者还探讨非施事者标记与其他格标记的相互关系，以便更好地理解羌语语言语法结构的内在本质。

王保锋、王蓓的《龙溪羌语施事者标记 le³¹ 的实验研究》（2015）[⑤] 羌语中施事者标记的使用是非强制的，受语义、语用及信息结构的制约。本文通过汉—羌翻译

---

① 载《语言科学》2008年第7卷第6期。

② 载 SENRI ETHNOLOGICAL STUDIES，Vol.75.

③ 载《语言暨语言学》2010年第2期。

④ 载《语言学论丛》2010年第41辑。

⑤ 载《民族语文》2015年第4期。

实验，考察了影响施事者标记使用的四个因素：是否低于受事，施事或受事是否是有定的，施事或受事是否为对比焦点以及语序上施事是否在受事之后。

郑武曦在《由填充词派生而来的多功能：以龙溪羌语的 làmò 为例》（Polyfunction derived from fillers：The case of lamo in Longxi Qiang）（2019）① 一文中，详细讨论了 lamo 的多功能性及其来源。

蒋颖在《论普米语动词的后缀的分析化趋势》（2009）② 一文中对普米语动词后缀从黏着形式到分析形式演变做了探讨。蒋颖在《普米语施受助词的分工互补关系》（2010）③ 和《普米语施受标记系统的关联性》（2010）④ 中对普米语施受标记的互补分布进行了分析，并讨论了施受关系直接非语言本体因素的关联性。

5. 形容词研究

羌语支大多数语言形容词以双音节的居多，多数形容词有词性标志。词性标志有两种：一种是带词头，如道孚语、嘉戎语和史兴语；一种是叠音，除羌语、普米语较少外，大部分语言叠音形容词都很多。

刘光坤的《藏缅语族中的羌语支试析》（1989）⑤ 一文指出："羌语支语言的形容词在句中作谓语时有与动词相类似的语法特点，和动词一样可以加表示数、时态、趋向、式、使动等语法意义的前加成分或后加成分。形容词重叠表示程度的加深。羌语支语言的形容词没有'级'的语法范畴。"

黄成龙在《羌语形容词研究》（1994）⑥ 一文中，认为"羌语形容词的词法比较复杂，句法比较简单。形容词作谓语时与动词一样有人称、数、时、体、态、式等语法范畴，其语法形式与动词基本相同，但由于形容词受词义的制约，故并不是所有的形容词都有这些语法范畴，有的只有一种语法范畴，有的有几种语法范畴，有的却一种语法范畴也没有。除此之外，形容词还可以重叠，重叠后表示几种语法意义，这是形容词区别于动词的一个比较重要的词法标志。"

张四红、孙宏开和王德和的《尔苏语形容词的词类独立性研究》（2018）⑦，认为尔苏语的形容词与名词、动词在形态、附着词和名词词组等层面的特点差异显著，应该是独立的词类。

6. 代词研究

羌语支语言代词分为人称代词、指示代词、反身代词和疑问代词。

羌语支语言人称代词通常有主格（有时与施动格分离）、领格、宾格三种语法

---

① 载 Journal of Pragmatics, 2019（1）.

② 载《中央民族大学学报》2009 年第 5 期。

③ 载《民族语文》2010 年第 4 期。

④ 载《中央民族大学学报》2010 年第 4 期。

⑤ 载《西南民族学院学报》1989 年第 3 期。

⑥ 载《语言研究》1994 年第 2 期。

⑦ 载《语言研究》2018 年第 1 期。

形式。多数语言的格形式采用元音或声调的屈折变化表达，少数语言除了元音屈折变化外，还有辅音（声母）屈折变化的形式。应该认为，辅音屈折变化的形式可能反映了藏缅语更古老的格语法形式。

孙宏开的《试论"邛笼"文化与羌语支语言》（1986）^① 一文中指出："羌语支大多数语言的人称代词有'格'语法范畴，一般分主格、领格和宾格，均采取声母或韵母屈折变化的方式表达。"

刘光坤的《藏缅语族中的羌语支试析》（1989）^② 一文中指出："羌语支语言人称代词都有格的语法范畴，通常有主格、领格、宾格三种语法形式，有的语言主格和施动格的语法形式并不一致。多数语言的格形式采用元音和声调的屈折度变化表达，少数语言除了元音屈折变化外，还有声母屈折变化的形式。"

孙宏开的《藏缅语人称代词格范畴研究》（1995）^③ 一文中，列举了羌语支及其他藏缅语语言近二十种，考察了这些语言人称代词的格语法范畴。文章指出："在不同的语言中，这种范畴的具体表现形式有一定差别。这里所指的格范畴是指人称代词在句子中充当不同角色的时候，它的语音形式发生一定的屈折变化。这种变化有的表现在声母（辅音）方面，有的表现在韵母（元音）方面，有的表现在声调方面。有的语言既表现在声母，又表现在韵母；也有的语言既表现在韵母，又表现在声调。"作者认为羌语、木雅语等语言用声母兼韵母屈折变化表示格语法意义，普米、尔苏、史兴、扎巴等语言用韵母屈折变化表示格语法意义，尔龚语则用韵母屈折变化兼添加粘附性后缀表示格语法意义。

李大勤的《藏缅语人称代词和名词的"数"—藏缅语"数"范畴研究之一》（2001）^④ 一文中，讨论了羌语支及藏缅语族部分语言人称代词"数"范畴的不同类型及表现形式。

刘光坤的《论羌语代词的"格"》（1987）^⑤ 一文中指出："羌语的代词在句子中充当不同的句子成分时，词根出现有规律的语音屈折变化，我们把这种变化称为'格'语法范畴。这里所指的格，不包括各类代词在句中充当不同句子成分时后面所加的格助词，尽管格助词与人称代词格语法范畴的形成有一定的联系，但我们仍不把各类代词后面所加的格助词看作格语法范畴的分析形式。……羌语代词的格主要分布在人称代词和代替人的疑问代词、泛指代词这三个领域。这三类代词的格在内容上虽有差别，但语法意义、形式都有相类似的地方。……羌语代词格语法范畴的研究，使我们对代词在句子中充当不同角色时而发生的各种语音变化有了较为深刻的认识，对于亲属语言中人称代词的不同语音形式提出了一些初步的假设。"

---

① 载《民族研究》1986年第2期。
② 载《西南民族学院学报》1989年第3期。
③ 载《民族语文》1995年第2期。
④ 载《民族语文》2001年第5期。
⑤ 载《民族语文》1987年第4期。

孙天心研究员的《草登嘉戎语泛指人称的标记类型》(Typology of Generic — Person Marking in Tshobdun Rgyalrong)（ 2014 ）① 一文中，提出人类语言都有"泛指人称"，用以宽范围引指"人们"。该文从类型学的角度探讨草登话"泛指人称"，发现草登话主要采用源自名物化成分之动词形态标记"泛指人称"，属于较罕见之跨语言类型。

白井聪子（ Satoko Shirai ）的《四川西部民族走廊少数民族语言基本代词借用的可能性》(The Possibility of Borrowing Basic Pronouns in Minority Languages of the Western Sichuan Ethnic Corridor)（ 2018 ）② 一文中考察了藏语与川西民族走廊语言之间的接触关系，她通过地理语言学方法呈现代词"我""这""谁""什么"的同言线交叠情况断定这几个代词可能是借词。

羌语支语言反身代词多用人称代词的重叠形式表示，但是各语言又有不同。如木雅语、普米语除用重叠形式以外，还用元音、声调屈折构成反身代词，扎坝语还用辅音腭化、元音和声调屈折、异根、增加语素等多种形式构成反身代词。

7. 句式、语序研究

羌语支语言在句式和语序方面有很大的相似性。

黄成龙的《羌语名词短语的词序》（ 2003 ）③ 一文中，通过对羌语基本词序和复合词序的分析，认为词序不是固定不变的。词序不仅受语义和语法的影响，而且受信息结构的影响。文章认为："羌语的基本词序的位置相对固定，大体上所有的修饰成分可出现在被修饰词之后，除数量词外，其他修饰成分也可以出现在中心词之前。……羌语中领属和名词、数量词和名词的顺序很固定，词序越固定，越受语境的影响，说明这几种受语境的制约（ constraint ）很大。词序越不固定，受语境的影响越小，因此，形容词与名词、指示代词与名词和关系子句与名词的顺序，相对说来比较灵活，它们受语境的制约少些。……词序不是固定不变的，在具体语言使用中，词序即受语言内部，如语音、语义和句法的制约；同时，受语言外部，如，语用、心理、认知等方面的制约。"

黄成龙、王术德在《蒲溪羌语的话题 — 评述结构》（ 2007 ）④ 一文中，用信息结构理论介绍和讨论了蒲溪羌语话题 — 评述结构类型及其形态句法特征。通过分析我们发现蒲溪羌语的基本结构主要受语用的制约。任何论元都可以作话题，但施事论元比其他论元更具有话题性。话题标记在长篇语料中出现频率较高，其他情况下出现较低。尽管 S/A 控制动词的一致关系，但受语义的制约很高。蒲溪羌语有独特的代词分裂体系，即话题与非话题分裂。即使施事者通常是话题，为了消除话题

---

① 载 Studies in Chinese and Sino — Tibetan Linguistics：Dialect，phonology，transcription and text（汉语与汉藏语言学研究：方言、音韵与文献），2014 年。

② 载 Tokyo University Linguistic Paper（ TULIP ），2018（ 39 ）.

③ 载《民族语文》2003 年第 2 期。

④ 载《语言暨语言学》2007 年第 2 期。

代词体现的施事者所引起的歧义，仍然需要带施事格标记。这点清楚地证明代词本身不是标记施事者。

郑武曦在《龙溪羌语名词短语的结构》（2015）[①] 一文中，介绍了羌语南部方言龙溪话的名词短语的结构，列举出名词短语可能出现的结构，并对形容词修饰名词的词序做了分析。

高韬、周俊勋的《南部羌语指示词与名词的词序问题》（2018）[②] 一文，认为南部羌语指示词与名词存在 N + Dem、Dem + N + Dem 和 Dem + N 三种语序，这三种语序呈现出一个语法演变的连续统。N + Dem 是羌语原有的语序，Dem + N 是后起的形式，这个演变是接触导致的语法化演变，其语法化的路径是复制汉语语法的路径。Dem + N + Dem 是从 N + Dem 到 Dem + N 的一种话语使用模式，在羌语的语法复制中，为绵篪羌语中的 Dem + N 的产生提供了衍生的土壤。

8. 认知研究

在《羌语中的生命度等级序列》（2013）[③] 一文中，黄成龙讨论和分析了羌语不同土语中类别词、人称代词的复数、存在动词、施受标记、动词的人称标记以及名物化等范畴中所反映的生命度等级序列。通过对羌语的生命度等级的分析，归纳了生命度的特征。生命度的这些特征具有重要的类型学意义。

尹蔚彬的《拉坞戎语的空间范畴》（2014）[④]，通过实例证实拉坞戎语的空间范畴不仅以词汇语义形式体现，还以语法形态变化来体现事物间空间关系的变化。文章以拉坞戎语业隆方言为例，探讨拉坞戎语的空间范畴，认为拉坞戎语的空间认知与其文化存在明显的对应关系。

黄成龙的《羌语的空间范畴》（2015）[⑤] 一文，以 Levinson 的空间框架来分析荣红羌语所呈现有关空间的认知范畴，论证格助词反映三个范畴（以 –ta / –la，–a，–wu 标记；除了 –wu 的用法有点类似汉语的「由」以外，不等同于汉语所反映的空间范畴）；羌语空间概念中没有「东南西北」这样的绝对参照框架，所用的词分别反映内在参照框架和相对（指示）参照框架之分。

黄成龙的《羌语的空间指示系统》（2017）[⑥] 一文，根据羌语长篇语料分析和讨论羌语荣红话中空间指示系统的形式及其组合规则。与此同时，从空间范畴视角讨论指示词的空间基本概念表达及其指示词隐喻引申表达抽象的概念空间距离以及社会空间指示意义和话语指示功能。

Sims and Genetti 的《永和羌语空间的语法编码》（The Grammatical Encoding of

---

① 载《阿坝师范高等专科学校学报》2015年第4期。

② 载《语言科学》2018年第3期。

③ 载《汉藏语学报》2013年第7期。

④ 载《语言科学》2014年3期。

⑤ 载《语言暨语言学》2015年第5期。

⑥ 载《庆祝戴庆厦教80华诞文集》，中国社会科学出版社，2017年。

Space in Yonghe Qiang）（2017）一文，认为永和羌语表达空间概念的语法手段非常丰富，在名词短语内有专门表达物体所处位置的位格标记，同时还有一套以参照框架为基础的处所名词。除此之外，还有五个存在动词，其中四个存在动词表达空间概念，其使用依赖于空间内外与附着与否。永和羌语还有八个动词前缀表达动作进行的方向，八个方向前缀话语中出现频率不同，与动词搭配关系也不同。永和羌语的八个方向前缀与川西其他羌语支语言相比较可以看出方向前缀到完成体再到命令式的语法化路径。

张曦的《色彩与认知 —— 以羌族的色彩词汇为例》（2016）一文，指出在语言的实际运用中，如雅克布森的功能论所揭示的那样，即便是同一语言，在不同的社会场景中，其使用的词汇也存在着差异，实际的羌语的色彩词汇的使用中，呈现出了复杂的样态，既不能以神圣·世俗的二元论分出不同的用法，也不能以冷·暖色调完成色彩的分类。在神圣的空间及时间中，羌语的色彩词汇"白、黑、红"与"白、黑、黄"与博林、凯的BCT一致，在世俗的时间及空间中也呈现出"白、黑、黄"构造。由于羌族文化中民俗信仰尚未能形成独立的制度化宗教，因而圣·俗的交叉，使得"黄"也进入了神圣的空间与时间中。

林幼菁（Lin You — Jing.）的《卓克基嘉戎语语法如何编码空间》（How Grammar Encodes Space in Cogtse R gyalrong）（2017）① 一文，讨论了卓克基嘉戎语表示空间概念的语法系统。她认为卓克基嘉戎语有较为丰富的方向（上/下、东/西、水源/流水）系统，该系统主要在名词、代词、动词、副词上体现。这些方向概念与处所后置词、关系名词、代词一起词汇化为内在（the intrinsic）、相对（the relative）与绝对（the absolute）参照框架（frames of reference）。在话语材料、即兴会话以及诱导式语料中没有出现"左"与"右"空间概念。言者（说话人）倾向于使用绝对参照框架。除此之外，该文还讨论了空间方向概念与社会文化之间的相关性，文化概念超越了地理空间布局。

陈德宁和杰尼替（Sims and Genetti）的《永和羌语空间的语法编码》（The Grammatical Encoding of Space in Yonghe Qiang）（2017）② 一文认为永和羌语表达空间概念的语法手段非常丰富，在名词短语内有专门表达物体所处位置的位格标记，同时还有一套以参照框架为基础的处所名词。除此之外，还有五个存在动词，其中四个存在动词表达空间概念，其使用依赖于空间内外与附着与否。永和羌语还有八个动词前缀表达动作进行的方向，八个方向前缀话语中出现频率不同，与动词搭配关系也不同。永和羌语的八个方向前缀与川西其他羌语支语言相比较可以看出方向前缀到完成体再到命令式的语法化路径。

---

① 载 Himalayan Linguistics，2017（1）.

② 载 Himalayan Linguistics，2017（1）.

黄成龙的《羌语的空间指示系统》（2017）①，根据羌语长篇语料分析和讨论羌语荣红话空间指示系统的形式及其组合规则。与此同时，从空间范畴视角讨论指示词的空间基本概念表达及其指示词隐喻引申表达抽象的概念空间距离以及社会空间指示意义和话语指示功能。

尹蔚彬的《木雅语的空间拓扑关系 —— 以石棉木雅语为例》（2017）② 一文，指出空间拓扑关系是人类认知世界的一种方式。木雅语不仅以词汇语义体现物体的空间关系比如方位词、机构名称等，还用动词的形态变化来体现。通过以木雅语石棉方言为例对木雅语空间拓扑关系的探讨，认为木雅语空间关系与时间概念等存在明显的映射关系。

（四）词汇研究

相对来说，羌语支语言的词汇研究成果较少，特别是词典编纂和语义方面的研究更是薄弱。其中，黄良荣、孙宏开的《汉嘉戎词典》（2002）③，是以四川省阿坝藏族羌族自治州马尔康卓克基话为代表编写的一部词典，由于嘉戎语比较保守，至今没有声调，复辅音比较多，有200多个，因此，这部词典对于汉藏语系的历史比较研究有一定的参考价值。单一语言的词汇研究，在有关"简志""概况"中都有所反映。

1. 语义、词源研究

孙天心、石丹罗的《草登嘉戎语的状貌词》（2004）④，介绍了草登嘉戎语的一个特殊词类 —— 状貌词。文章对草登嘉戎话的状貌词进行了详细的描写，并建议将其处理为一个独立的词类。作者指出："状貌词是以音直接表义，模拟或描写声音、形状、颜色、性质、动作的特殊语词，说话者亦借其表达感官经验或主观态度。…… 草登话的状貌词在语音、形态、句法层面上都具有特殊性，有充分的理由独立成为一个小词类。"

70年来，羌语支语言的词源研究有了一定的起步。要了解羌语支语言的历史演变及与亲属语言的关系，就必须开展词源研究。

谭克让的《嘉戎语甘堡话汉语借词反映在音位系统中的一致情况》⑤ 对嘉戎语中的汉语借词的语音特征进行了说明。

林向荣的《嘉戎语马尔康话中的藏语借词》（1990）⑥ 一文，认为嘉戎语的借词主要源于汉语和藏语，尚未发现有其他语言的大量借词，"嘉戎语中的藏语借词正

---

① 载《庆祝戴庆厦教80华诞文集》，中国社会科学出版社，2017年。
② 载《贵州工程应用技术学院学报》2017年第4期。
③ 民族出版社，2002年。
④ 载《民族语文》2004年第5期。
⑤ 载《民族语言调查通讯》1957年第11期。
⑥ 载《民族语文》1990年第5期。

有逐步减少的趋势，其中有些词将由汉语借词所替代。"

和即仁的《"摩些"与"纳木依"语源考》（1991）① 一文，从历史记载和人们对"摩些"含义的推测以及语言的古今语音演变的历史，考察了"摩些"这个族称与"纳木依"人的自称在语源上的关系。认为"纳西语和纳木依语在历史上很可能同源于一个原始母语。而纳西语的'纳母'与纳木依语的'纳木'同源。……'纳木依'这个称谓的正确含义应译为'纳木的后裔'，决不能简单地理解为'黑人'。'纳木依'人与属于纳西族支系的'纳汝'人之间存在着历史渊源关系。且'纳木依'又称'纳木汝'，正与纳西语的'纳母若'（nɑ³¹mo³³zo³³）相吻合。故摩些（即摩梭）这个称谓疑是'纳母若'的对音。"

赞拉·阿旺措成的《试论嘉戎藏语中古藏语》（1999）②，指出嘉戎话中保留着不少在藏语其他方言中已经消失，而在古代藏文文献上有所记载的古藏文词汇，并认为嘉戎话对古藏语研究有着重要价值。刘光坤在《羌语中的藏语借词》（1981）③一文中描写和分析了羌语中的藏语借词的特点，并提出北部方言因比邻藏区，所以，藏语借词比南部方言多。南部方言因与汉区接壤，因此，汉语借词多。

严木初的《论嘉戎语中的汉语借词》（2013）④ 一文，作者提出现在嘉戎语中的汉语借词已达30%以上，过去旧的汉语借词主要是名词，现在范围已经扩大到动词、形容词、量词等。嘉戎语因受汉语借词的影响，增加了 /f//h//ɚ/ 三个音位和"高平＋中平"的声调模式。但嘉戎语中汉语借词的大量增加并没有造成嘉戎语功能的衰退，更没有造成语言濒危。现在，嘉戎语和汉语在社区中是"各尽其职，相互补充，和谐共存"。因此，可以认为汉语借词丰富发展了嘉戎语，增强了其语言的生命力。

严木初的《论嘉戎语中的藏语借词》（2013）⑤，作者提及在研究藏语和嘉戎语关系词时，不同的专家提出了区分同源词和借词的不同原则。嘉戎语中的藏语借词有它的时间性和规律性。嘉戎语中藏语借词的发展趋势是：越来越少，有的消失了，有的被取代了。

张桂英在《管窥羌语及其与四川方言的接触》（2016）⑥ 一文中，指出汉语中的四川方言与羌语存在广泛的接触，接触中它们在语音、词汇、语法等方面留下了一些痕迹，诸如羌语南部方言声调的产生及其各调类的调值与四川方言的趋同、羌语中有大量的四川方言借词、羌语没有韵母 an 与 ang 的对立对四川方言的反射影响等等。

---

① 载《民族语文》1991年第5期。

② 载《中国藏学》1999年第3期。

③ 载《语文学刊》2016年第1期。

④ 载《阿坝师范高等专科学校学报》2013年第1期。

⑤ 载《四川民族学院学报》2013年第4期。

⑥ 载《语文学刊》2016年第1期。

　　高韬、周俊勋的《羌汉接触的语言多样性与文化传承》（2018）① 一文，指出汶川县所有地名包含有汉语、羌语、藏语等不同的层级，也传承了这些民族的不同文化与认知。pa"坝"体现出古蜀民文化的遗迹；"脚木"体现了藏传佛教文化。在一些地名里保留了羌语的底层，这些底层大体遵循羌族的生活习惯，分别保留了pia"巴、别、壁"、to"夺、多"、kʰu"枯"、kʰua"垮"和ta"达、打、搭"等羌语音译词，这些词分别对应于汉语的"坪""沟/村"和"寨"。

　　日本学者白井聪子的《羌语支语言核心词汇中的双音节借词及其地理分布》（2019）② 指出羌语支语言的核心词中，发现一些从藏语中借来的词汇。该文以"叶子""黄色""绿色""知道"这四个核心词为例，从地理语言学视角考察了藏语借词在羌语支语言中的分布。通过研究，发现藏语借词的地理分布具有两个特征：第一，主要分布在德格和康定之间一带。第二，像火星子一样扩散到周围都是使用固有词汇的地方，譬如马尔康周围。这种分布特征对今后区别固有词汇和借用词汇有很大的意义。

　　2. 构词法研究

　　主要是加词缀、重叠等形式。

　　（1）词缀构词法研究

　　嘉戎语是藏缅语中形态比较丰富的一种语言，构词中使用了许多附加成分（前缀、中缀、后缀）。

　　林向荣的《嘉戎语构词法研究》（1983）③ 一文，对嘉戎语的构词法做了比较全面的分析，对藏缅语构词法研究很有价值。文章指出："嘉戎语是藏缅语族藏语支中形态变化比较丰富的一种语言，它在构词上使用着许多词缀，前缀、中缀、后缀比较丰富多彩，这些词缀给新词增添了附加的词汇意义，因此派生法成了该语言在构词上的一大特点。"

　　黄布凡在《羌语构词词缀的某些特征》（2002）④ 一文中，通过对羌语构词词缀的观察，认为羌语的使用者对于有形事物习惯于从形状上分类，对于动作行为习惯于从运动方向上分类。

　　王保锋在《龙溪羌语的构词法》（2016）⑤ 一文中，认为龙溪羌语词的构成主要包括复合构词法和派生构词法。在复合构词法中，修饰式和支配式是最重要的构词方式，由陈述式和并列式构成的复合词比较少，其组合成分的词类也比较单一。在派生构词法中，附加法是最能产的构词方式。由重叠构成的词比较少，它的能产性不高。龙溪羌语中的汉语借用方式不只表现在汉语的整体输入，还表现在为适应羌

---

　　① 载《贵州民族研究》2018年第1期。

　　② 载铃木博之等编的《东部亚洲地理语言学论文集》，东京：ILCAA，2019年。

　　③ 载《民族语文》1983年第3期。

　　④ 载《民族语文》2002年第6期。

　　⑤ 载《阿坝师范学院学报》2016年第1期。

语词汇系统而进行的构词方式的整合。

　　严木初的《嘉戎语梭磨话前缀研究》（2004）[1] 一文指出："嘉戎语的词缀，不管是在构词中，还是在构形中，都占有重要地位，不可能受其他语言的影响而产生，而是该语言自身固有的。…… 这说明嘉戎语作为一个独立的语言其演变规律是同一般语言演变规律是一致的，其词缀也肯定是由繁至简。通过各大方言的词汇比较发现，西部方言的大部分前缀脱落，有些词留有明显的痕迹，北部方言已发生了类似的变化，只见扩示的词数尚有限。"其后，严木初在《试论嘉戎语梭磨话的后缀》（2005）[2] 一文中指出："梭磨话的后缀在构词中只出现在名词上，即由名词派生名词，或给名词增加词汇意义。…… 嘉戎语梭磨话与众不同的是，凡指人、指物、指牲畜名词后均可加复数后缀，表示名词的复数。在动词上可加前缀或（和）后缀，表示主语或（和）宾语的人称和数，所加的前缀和后缀往往同人称代词有关。其演变轨迹是从兼表主—宾语人称到只表宾语人称后发展到只表主语人称，即从'宾语中心'转变为'主语中心'。梭磨话是保留动词人称范畴最完整的土语，有丰富的词缀，可视为研究藏缅语言的一块活'化石'，嘉戎语作为一个独立的语言，…… 不可能受其他语言的影响而产生，更不可能借自于其他语言。"嘉戎语动词有丰富的形态变化，动词形态变化在语法体系中举足轻重。孙天心的《嘉戎语动词的派生形态》（2006）[3] 一文，引用四大坝嘉戎语草登话和修梧话的一手调查材料，系统介绍了嘉戎语改变词类、调整述语论元结构等二类主要动词派生形态。认为"嘉戎语动词的派生形态尤其变化多端，在语法体系里起着重要作用。……'派生'（derivation）是一种基本构词形态，作用在于从一个词位（lexeme）衍生另一词位，其产物带有新的词汇意义，也常转入不同词类，与原词位属于不同词项（lexical entry）。"

　　（2）重叠构词研究

　　在羌语中，多种结构形式的叠式复合词占很大的比例，这是羌语构词的重要特点。何星俊在《羌族叠式复音词语构成初探》（1992）[4] 一文中，对羌语中的叠式复音词语构形情况进行初步的探讨。

　　傅爱兰的《普米语动词的重叠》（2000）[5] 一文，通过对415个常用动词的调查，在描写动词重叠的6种类型、各自的语音条件、语法功能、语用特点的基础上，初步探讨了普米语动词重叠的性质及其成因。文章指出："普米语动词的重叠是音节的重叠，由于重叠后大都出现语音交替，且表示特定语法意义，所以这种重叠是非常典型的形态。…… 这种重叠本身既表示施事、受事的多数或动作的多次，又可

① 载《中央民族大学学报》2004年第6期。
② 载《西南民族大学学报》2005年第3期。
③ 载《民族语文》2006年第4期。
④ 载《羌族研究》1992年第2辑。
⑤ 载《民族研究》2000年第3期。

表示互动态。通过所叠音韵母的变化还体现出'人称''数'等。"

（五）综述类研究

在朝克、李云兵等著的《中国民族语言文字研究史论》第二卷·南方卷［上］和第三卷·索引卷（2013）[①] 专著中，黄成龙的《羌语言文字研究》《普米语言文字研究》《史兴语研究》《羌语言文字研究论著索引》《普米语言文字研究论著索引》《史兴语研究论著索引》等章节和尹蔚彬的《嘉戎语研究》《尔苏语研究》《木雅语研究》《尔龚语/道孚语研究》《贵琼语研究》《拉坞戎语、却域语研究》《嘉戎语研究论著索引》《尔苏语研究论著索引》《木雅语研究论著索引》《道孚语研究论著索引》《贵琼语研究论著索引》《拉坞戎语、却域语研究论著索引》等章节是迄今为止全面归纳和总结学者们过去对羌语支语言的调查研究和语音、词汇、语法、比较研究以及词汇与长篇语料研究的主要成果。他们引用资料全面扎实，注意史论结合，在对羌语支语言文字研究的历史进行回顾的同时，对民族语言文字发展的理论也做了论述，还详尽地列出了羌语支语言研究的中英文文献，有助于研究者查阅和拓宽视野，是羌语支语言研究重要的参考资料。

自2013年开始，黄成龙每年都要写一篇羌语支语言研究前沿动态。至今已发表七篇：《藏羌彝走廊羌语支语言2013年研究动态》[②] 《2014年羌语支语言研究前沿》[③] 《2015年羌语支语言研究前沿》[④] 《2016年羌语支语言研究前沿》[⑤] 《2017年羌语支语言研究前沿》[⑥] 《2018年羌语支语言研究前沿》[⑦] 《2019年羌语支语言研究前沿》[⑧] 。这一系列文章对2013–2019年国内外学者发表的有关羌语支语言在学术史建构或者调查研究回顾、形态句法方面的研究、语言认知方面的研究、语言文字应用方面的研究、羌语支语言研究专著和国际学术会议前沿报告等方面进行了简要的介绍和总结。这一系列文章的发表，有利于境内外学者的沟通和交流，了解羌语支语言研究的新动态，认识学界前沿领域，引领和推动我国羌语支语言的比较研究，深化羌语支语言研究。作者还清醒地认识到："通过对国内外成果的比较，发现大陆（内地）与境外和港台学者之间差距不断在拉大，如果今后不改变此现状，中国大陆（内地）羌语支语言研究就会断层，甚至没有任何话语权。"

① 中国社会科学出版社，2013年。
② 载《阿坝师范高等专科学校学报》2014年第2期。
③ 载《阿坝师范高等专科学校学报》2015年第1期。
④ 载《阿坝师范学院学报》2016年第1期。
⑤ 载《阿坝师范学院学报》2017年第1期。
⑥ 载《阿坝师范学院学报》2018年第1期。
⑦ 载《阿坝师范学院学报》2019年第1期。
⑧ 载《阿坝师范学院学报》2019年第1期。

孙宏开、刘光坤的《羌语的调查研究》（2014）[①] 一文，从语言结构整体描写和研究、语音研究、语法研究、词汇研究、社会语言学研究、羌语方言研究、羌语历史地位的研究等7个方面简要介绍羌语调查研究的成果。

参考文献

[1] 戴庆厦、黄布凡、傅爱兰等著：《藏缅语十五种》，北京燕山出版社，1990年。

[2] 傅爱兰：《普米语动词的语法范畴》，中国文史出版社，1998年。

[3] 傅爱兰：《普米语动词的"体"》，《民族教育研究》（动词研究专辑）1999年。

[4] 傅爱兰：《普米语动词的重叠》，《民族研究》2000年第3期。

[5] 黄布凡：《羌语语音演变中排斥鼻音的趋势》，《民族语文》1987年第5期。

[6] 黄布凡：《扎坝语概况》，《中央民族学院学报》1990年第4期。

[7] 黄布凡：《道孚语语音和动词形态变化》，《民族语文》1990年第5期。

[8] 黄布凡：《羌语的体范畴》，《民族语义》2000年第2期。

[9] 黄布凡：《羌语构词词缀的某些特征》，《民族语文》2002年第6期。

[10] 黄布凡、周发成：《羌语研究》，四川人民出版社，2006年。

[11] 黄成龙：《羌语复辅音的演变》，《羌族研究》1992年第2期。

[12] 黄成龙：《羌语形容词研究》，《语言研究》1994年第4期。

[13] 黄成龙：《羌语音位系统方法刍议》，《民族语文》1995年第1期。

[14] 黄成龙：《羌语动词的前缀》，《民族语文》1997年第2期。

[15] 黄成龙：《羌语的音节弱化现象》，《民族语文》1998年第3期。

[16] 黄成龙：《羌语的存在动词》，《民族语文》2000年第4期。

[17] 黄成龙：《羌语名词短语的词序》，《民族语文》2003年第2期。

[18] 黄成龙：《羌语的名量词》，《民族语文》2005年第5期。

[19] 黄成龙：《蒲溪羌语研究》，民族出版社，2007年。

[20] 黄成龙、王术德：《蒲溪羌语的话题－评述结构》，《语言暨语言学》2007年第8卷第2期。

[21] 黄成龙、余文生：《羌语关系子句的类型》，《汉藏语学报》2007年第1期。

[22] 黄成龙：《羌语子句的关系化手段》，《民族语文》2008年第4期。

[23] 黄成龙：《羌语的话题标记》，《语言科学》2008年第6期。

[24] 黄成龙：《羌语子句的关系化手段》，《民族语文》2008年第4期。

[25] 黄成龙：《羌语方言土语及其活力》，载张曦主编《持颠扶危：羌族文化灾后重建省思》，中央民族大学出版社，2009年。

[26] 黄成龙：《羌语研究回顾与展望》，张曦主编《持颠扶危：羌族文化灾后重

---

① 载《阿坝师范高等专科学校学报》2014年第3期。

建省思》，中央民族大学出版社，2009年。

[27] 黄成龙：《羌语的施事者及其相关标记》，《语言暨语言学》2010年第2期。

[28] 黄成龙：《羌语的非施事者及其相关标记》，《语言学论丛》2010年第41辑。

[29] 黄成龙：《羌语中的生命度等级序列》，《汉藏语学报》2013年第7期。

[30] 黄成龙：《藏羌彝走廊羌语支语言2013年研究动态》，《阿坝师范高等专科学校学报》2014年第2期。

[31] 黄成龙：《2014年羌语支语言研究前沿》，《阿坝师范高等专科学校学报》2015年第1期。

[32] 黄成龙：《2015年羌语支语言研究前沿》，《阿坝师范学院学报》2016年第1期。

[33] 黄成龙：《羌语的空间范畴》，《语言暨语言学》2015年第5期。

[34] 黄成龙：《2016年羌语支语言研究前沿》，《阿坝师范学院学报》2017年第1期。

[35] 黄成龙：《2017年羌语支语言研究前沿》，《阿坝师范学院学报》2018年第1期。

[36] 黄成龙：《羌语的空间指示系统》，《庆祝戴庆厦教80华诞文集》，中国社会科学出版社，2016年。

[37] 黄成龙：《2018年羌语支语言研究前沿》，《阿坝师范学院学报》2019年第1期。

[38] 金鹏等：《嘉戎语梭磨话的语音和形态（上、下）》，《语言研究》第2-3期，1957年。

[39] 林向荣：《关于嘉戎语的声调问题》，《中央民族大学学报》1989年第5期。

[40] 林向荣：《嘉戎语助词的形式及其用法》，《中央民族学院学报》1992年第2期。

[41] 林向荣：《嘉戎语构词法研究》，《民族语文》1993年第3期。

[42] 刘光坤：《羌语中的藏语借词》，《民族语文》1981年第3期。

[43] 刘光坤：《羌语辅音韵尾研究》，《民族语文》1984年第4期。

[44] 刘光坤：《羌语中的长辅音》，《民族语文》1986年第4期。

[45] 刘光坤：《论羌语代词的"格"》，《民族语文》1987年第4期。

[46] 刘光坤：《羌语复辅音研究》，《民族语文》1997年第4期。

[47] 刘光坤：《麻窝羌语研究》，四川人民出版社，1998年。

[48] 刘光坤：《论羌语声调的产生和发展》，《民族语文》1998年第2期。

[49] 刘光坤：《论羌语动词的人称范畴》，《民族语文》1999年第1期。

[50] 林向荣：《嘉戎语研究》，四川民族出版社，1993年。

[51] 林向荣：《羌语复辅音研究》，《民族语文》1997年第4期。

[52] 林向荣：《论羌语声调的产生和发展》，《民族语文》1998年第2期。

[53] 林向荣:《论羌语动词的人称范畴》,《民族语文》1999 年第 1 期。

[54] 陆绍尊:《普米语简志》,民族出版社,1983 年。

[55] 陆绍尊:《普米语方言研究》,民族出版社,1998 年。

[56] 马学良主编:《藏缅语新论》,中央民族大学出版社,1994 年。

[57] 马学良主编:《汉藏语概论》,民族出版社,2003 年。

[58] 瞿霭堂:《嘉戎语动词的人称范畴》,《民族语文》1983 年第 4 期。

[59] 瞿霭堂、劲松:《嘉戎语上寨话》,《民族语文》2007 年第 5 期。

[60] 孙宏开:《羌语动词的趋向范畴》,《民族语文》1981 年第 1 期。

[61] 孙宏开:《羌语简志》,民族出版社,1981 年。

[62] 孙宏开:《羌语支属问题初探》,《民族语文研究文集》,青海民族出版社,1982 年。

[63] 孙宏开:《六江流域的民族语言及其系属分类》,《民族学报》1983 年第 3 期。

[64] 孙宏开:《藏缅语动词的互动范畴》,《民族语文》1984 年第 4 期。

[65] 孙宏开:《试论中国境内藏缅语的谱系分类》,《东亚语言与历史》,1988 年。

[66] 孙宏开:《论藏缅语动词的使动范畴》,《民族语文》1998 年第 1 期。

[67] 孙宏开:《论藏缅语族中的羌语支》,《语言暨语言学》2001 年第 1 期。

[68] 孙宏开:《藏缅语族羌语支研究》,中国社会科学出版社,2016 年。

[69] 孙宏开、陆绍尊、张济川等:《门巴、珞巴、僜人的语言》,中国社会科学出版社,1980 年。

[70] 孙天心、石丹罗:《草登嘉戎语的状貌词》,《民族语文》2004 年第 5 期。

[71] 谭克让:《嘉戎语甘堡话汉语借词反映在音位系统中的一致情况》,《民族语言调查通讯》1957 年第 11 期。

[72] 闻宥:《论黑水羌语之 final plosives》,《中国文化研究所集刊》第一卷。

[73] 闻宥:《川西羌语之初步分析》,《中国文化研究所集刊》第二卷。闻宥:《汶川瓦寺组羌语音系》,《中国文化研究所集刊》1943 年第 3 卷。

[74] 闻宥:《理番后二枯羌语音系》(IV 组:后二枯方言),《中国文化研究所集刊》1943 年第 4 卷,增刊。

[75] 闻宥:《羌语方言中若干强子音之来源》,《中国文化研究所集刊》1947 年第 6 卷。

[76] 闻宥:《汶州萝卜寨辞汇简编》,《中国文化研究所集刊》1951 年第 10 卷。

[77] 严木初:《嘉戎语梭磨话前缀研究》,《中央民族大学学报》2004 年第 6 期。

[78] Chang kun（张琨）: The phonology of a Gyarong dialect, *Bulletin of the Institute of History and Philology*, *Academia Sinica* Vol. 38, 1968.

[79] Evans, Jonathan（余文生）: Contact-induced tonogenesis in Southern Qiang. *Language and Linguistics* 2.2: 63-100. Taiwan: Academia Sinica, 2001.

[80] Evans, Jonathan, P（余文生）: *Introduction to Qiang Phonology and Lexicon*: *Synchrony and Diachrony*. Tokyo: ILCAA, Tokyo University of Foreign Studies, 2001.

[81] Huang Chenglong（黄成龙）: *A Reference Grammar of the Puxi Variety of Qiang*, 香港城市大学博士论文, 2004。

[82] Huang Chenglong（黄成龙）: Relativization in Qiang, *Language and Linguistics*, Vol. 9.4: 735–768, Taiwan: Academia Sinica, 2008.

[83] Huang Chenglong（黄成龙）: Shared Morphology in Qiang and Tibetan, *Senri Ethnological Studies*, Vol. 75, 2009.

四、景颇语支语言研究

（一）系属划分

藏缅语族景颇语支究竟包括哪些语言，至今尚未有一个受到多数人认可的意见，说明有一定的难度。

早在1909年，美国学者Grierson、Konow（格里森、科诺）在Linguisitics Survey of India《印度语言调查》中，首次把景颇语（又称"克钦语"）作为一个独立语组（或语群）列入印支语言的分类中。李方桂在1937年的《中国的语言和方言》一文中，把景颇语划为"波多 — 那加 — 克钦"语群。36年后的1973年，他在同名论文中又重申了这一分类法。

国内最早提出景颇语支的是罗常培、傅懋勣。他们在《国内少数民族语言文字的概况》（1954）① 一文中，把藏缅语族分为藏语支、彝语支、景颇语支和缅语支。虽然把景颇语独立为一个语支，但没有在这一语支里列出别的语言。此后许多著作及论文都认同景颇语支在藏缅语族中的独立地位。

但后来有的学者又主张把独龙语也放在景颇语支。如孙宏开的《独龙语概况》（1979）② 一文，认为"独龙语属汉藏语系藏缅语族，在同语族的许多语言中，它和景颇语是比较接近的。"后来，他在《独龙语简志》（1982）③ 中又说"独龙语属汉藏语系藏缅语族，经初步研究，它与景颇、僜等语言比较接近，有划为同一语支的可能。"在《藏缅语若干音变探源》（1983）④ 一文中，他又进一步论证了独龙语属于藏缅语族景颇语支。马学良主编的《汉藏语概论》（1991，2003）⑤ 把景颇语支所属语言定为景颇语和独龙语两种。但是书中又指出："在藏缅语族内部，同景颇语

---

① 见《国内少数民族语言文字的概况》，中华书局，1954年。

② 载《民族语文》1979年第4期。

③ 民族出版社，1982年。

④ 载《中国语言学报》1983年第1期。

⑤ 北京大学出版社，1991年；民族出版社，2003年。

比较接近的是独龙语，但二者在一些重要特点上又有差别。我们初步将这两种语言列为一个语支，这一认识是否成立有待今后进一步研究。"

但是也有学者对把独龙语归属于景颇语支提出了相异的观点。如李方桂的《中国的语言和方言》（1937）和罗常培、傅懋勣的《国内少数民族语言文字的概况》（1954）都是把独龙语放在藏语支，1987年我国出版的《大百科全书·民族卷》中的"汉藏语系"条下边的藏缅语族，把独龙语列为语支未定语言。刘菊黄的《独龙语》（1991）[①]一文，也认为"独龙语属汉藏语系藏缅语族，属何语支待定。"（p198）

戴庆厦、刘菊黄、傅爱兰的《关于我国藏缅语族系属分类问题》（1989）[②]一文，认为景颇语支只有景颇语一种语言，而把独龙语放在藏缅语族北部语群嘉戎·独龙语支下边的独龙语组。文章并且指出："关于独龙语、僜语和景颇语，在前人的系属分类中，有一种观点就是把这三种语言归为一类，统一在景颇语支之内。这种看法在一定程度上反映了这三种语言之间的某些共同特点，有一定的道理。比如：独龙语和景颇语同源词比例较高，远高于独龙语与羌、嘉戎语的同源词比例，在某些语音和语法特征上也有一定的相似之处。而我们之所以把二者分开算作不同语支，也就是把独龙语归入嘉戎·独龙语支，更主要的是从语法系统方面考虑，独龙语与景颇语在许多语法特征上不同，反映了它们在历史来源上的差异。"

戴庆厦、傅爱兰的《关于汉藏语系语言的分类问题》（1996）[③]一文指出："景颇语与独龙语，过去认为比较近，可放在一个层次上，现在看来也不是一个层次。二者在动词上有许多不同的特点，属于不同的语法范畴；语音结构也有较大的差异，连声调的产生和演变也不在一个层次上。"

马提索夫的《汉藏语语言学的现状和未来（上）》（1993）[④]一文也指出："像克伦语支一样，景颇语支相对划一，基本上只包括景颇语及其方言。"

由 Graham Thurgood 和 Randy J.Lapolla 主编的《The Sina-Tibetan Languages》（2003）[⑤]一书中说："文献资料常常认为（独龙语）和景颇语有亲属关系，但是我和罗仁地都没有找到确凿的材料来证明这一点。"

20世纪60年代起，中国少数民族语言调查研究广泛进行，发现了一些语言与景颇语有比较密切的关系。因此就有学者认为景颇语支不仅包括景颇语和独龙语，而且还包括一些新发现语言。如孙宏开的《六江流域的民族语言及其系属分类》（1983）[⑥]一文，把我国属于藏缅语族的语言分为五个语支，即：藏语支、彝语支、

---

① 见《藏缅语十五种》，北京燕山出版社，1991年。

② 载《云南民族学院学报》1989年第3期。

③ 载《云南民族学院学报》1996年第2期。

④ 载《国外语言学》1993年第3期，傅爱兰译。

⑤ The Sina-Tibetan Languages, 2003.

⑥ 载《民族学报》总第3期，云南民族出版社，1983年。

羌语支、景颇语支和缅语支，其中景颇语支包括景颇语、独龙语、僜语（两种）、珞巴语。

孙宏开的《义都珞巴话概要》（1983）① 一文，认为"义都珞巴话属汉藏语系藏缅语族，它与达让僜语、格曼僜语、独龙语、景颇语比较接近，可划为一个语支。"

黄布凡主编的《藏缅语族语言词汇》（1992）② 一书，也认为达让僜语、格曼僜语、义都珞巴语属于景颇语支。

在《阿侬语概况》（2000）③ 一文中，孙宏开认为"阿侬语与怒苏语、柔若语差别大，与独龙语差别小，因此拟将阿侬语和独龙语一起，归入景颇语支。"

孙宏开、胡增益、黄行主编的《中国的语言》（2007）④ 一书把景颇语支扩大，包括"阿侬语、独龙语、格曼语、景颇语、达让语、义都语、博嘎尔语、崩如语、苏龙语等语言。"

戴庆厦、崔霞的《从藏缅语语法演变层次看独龙语和景颇语亲缘关系的远近》⑤ 通过考察使动范畴、代词化、量词、重叠现象和结构助词的功能特等多层次的语法性质的差异，认为独龙语和景颇语处在不同的层次上，亲缘关系不是最近的。代词化、重叠、结构助词的发展景颇语处于更高一级的阶段，而使动范畴和量词独龙语处于更高一级的层次。

由于景颇语支语言的支属问题比较复杂，本文主要介绍景颇语和独龙语的研究情况。

（二）景颇语研究

Paul.Benedict（白保罗）在《汉藏语概论》（1972）⑥（Sino-Tibetan: A Conspectus）一书中，提出景颇语是藏缅语的中心语言。他在分类法中说："景颇语处在藏缅语的十字路口，它在语言中的地位也同它在地理上的位置（北缅）相当。景颇语无论在词汇和形态上既同藏语、巴兴语以及北部其他诸语言相联系，也同缅语、博多语、卢舍依语以及南部其他语言联系。从景颇语这个变化多端的语言中心出发，语言变迁的情况是：往东是从怒语到缅-彝语，往西是从孔亚克语或纳克德那加语到博多-加罗语。（p5）"这一观点对藏缅语的系属研究以及历史比较研究都具有一定的价值。戴庆厦同意这一观点，并在《论景颇语在藏缅语中的地位》（2000）⑦ 一文中，从语音、语法、词源等几个方面进一步论述了景颇语在藏缅语中的中心地位。

① 载《民族语文》1983年第6期。

② 中央民族大学出版社，1992年。

③ 载《民族语文》2000年第4期。

④ 商务印书馆，2007年。

⑤ 载《中央民族大学学报》2009年第3期。

⑥ Cambridge at the University Press，1972.

⑦ 载《云南民族学院学报》2000年第1期。

文章指出："白保罗提出的藏缅语分类表，是他根据当时掌握的材料以及他的语言观设计的。其中不乏新意，但也存在值得商榷之处。但不管怎样，这个分类表可以作为一种方案供研究者参考。我也有自己的分类表，其构想不同于白保罗。我对他提出的'中心语言'的思想以及景颇语在藏缅语中具有居中位置的观点是同意的。"下面分专题介绍景颇语的研究情况。

1. 语音研究

景颇语的语音研究主要体现在三个方面：一是对景颇语的语音进行了比较深入的描写，二是揭示了一些语音演变规律，三是专题探讨了一些语音现象。

（1）声调研究

景颇语有4个声调，高平、中平、低降、全降。并且声调能够区别词汇意义和语法意义。70年来，学者们主要揭示了景颇语声调的特点及其发展。

戴庆厦、岳相昆的《景颇语的声调》（1985）[①]一文，对景颇语声调的特点进行了初步分析。文章指出，景颇语"四个调出现的频率不同，其中低降调出现最多，其次是中平调，再次是高平调，最少的是全降调。轻声和弱化音节出现在低降调上最多，其次是高平调，出现在中平调上的最少。……声调在景颇语里主要起区别词汇意义的作用。大量的是区别意义完全不同的词。……少数还起区别词的语法意义和相近的词汇意义（或称区别词的派生意义）的作用。区别语法意义主要有二：一是区别自动词和使动词；另一是表意义相关但词性不同的词。大多表示名词和动词的区别，其他也有些。"这就为我们对景颇语支语言的研究甚至藏缅语族语言的声调问题研究提供了一定的依据。其后，在《论景颇语在藏缅语中的地位》（2000）[②]一文中，戴庆厦进一步指出，景颇语的声调演变在藏缅语中算是比较快的，"属于声调发达型，其特征是每个音节都有固定的声调，已没有自由变读，有大量的词靠不同声调的对立区别意义。"

（2）元音和谐研究

元音和谐，是语音节奏的组成部分。弄清元音和谐，有助于我们认识语言的节奏。戴庆厦的《景颇语并列结构复合词的元音和谐》（1986）[③]一文，认为"元音和谐是区别景颇语并列词组和并列复合词的一种标志。……景颇语里并列结构复合词的元音和谐，是以元音的舌位高低为依据的。居后的元音要比居前的元音舌位低，或相同。这是一种'宽度'的元音和谐。它属于元音不一致的和谐（舌位高低相配），不同于阿尔泰语系元音一致的和谐（或唇状相同，或舌位前后相同）。元音和谐是景颇语并列结构复合词内构词成分搭配的依据，对构词成分的次序起着制约的作用。它又是并列结构复合词区别于非并列结构复合词和并列词组的语法形式

---

① 载《中央民族大学学报》1985年第3期。

② 载《云南民族学院学报》2000年第1期。

③ 载《民族语文》1986年第5期。

之一。可以说，景颇语并列结构复合词内的元音和谐是一种表示构词结构关系的'形态'，这种形态在并列结构词组和并列复句上也有所'扩散'。并列复合词里的词素顺序主要受元音和谐规律的制约，语义服从语音。但元音和谐也已在一定程度上受到语义的冲击，表现为有些词违反和谐原则而出现例外。"

（3）松紧元音研究

所谓松紧元音，就是元音分松元音和紧元音两类对立的音位。紧元音的发音特点是喉头肌肉紧缩，音色较为响亮，喉头不紧缩的就是松元音。景颇语存在松紧元音的对立。70年来，对景颇语松紧元音对立的研究主要从共时特点和历时来源两个方面进行研究。

弄清松紧元音的来源，有助于我们深入研究语言的演变规律。戴庆厦的《我国藏缅语族松紧元音来源初探》（1979）[1] 一文，通过与亲属语言的对比研究，推测"景颇语 …… 的松紧元音对立，看来是从声母的清浊对立转化来的。…… 景颇语 …… 过去声母曾分清浊两类，后来浊声母音节转化为松元音音节，清声母音节转化为紧元音音节，形成现在的松紧对立。"

戴庆厦、杨春燕的《景颇语两个语音特点的统计分析》（1994）[2] 一文，通过大量的数据统计分析，认为景颇语"松紧元音虽是两个对立的语音特征，构成一个对立结构的两个方面，但二者实际运用上是不相等的，松元音的出现频率及其功能大大超过紧元音。这就是说，景颇语的音节只有在一部分音节上有松紧对立，大部分音节只有松元音音节，没有紧元音音节。所以可以认为，在这两个对立的语音特征中，松元音是主要方面，或称主式，紧元音是次要方面，或称从式，二者构成一个不平衡的对立统一体。"

（4）弱化音节研究

二十世纪七十年代末开始，一些学者就开始重视景颇语弱化音节的研究，并取得了一些成果。主要有弱化音节的共时和历时研究。

在共时研究方面，主要是揭示了景颇语弱化音节的特点及其出现规律。肖家成的《景颇语的弱化音节》（1979）[3] 一文，对景颇语弱化音节的共时特征做了比较细致的分析描写。文章分析了景颇语弱化音节的发音特征，与声母的配合关系、表达功能，并发现某些弱化音节来源于非弱化音节，指出从非弱化向弱化方向发展是景颇语语音演变的一种趋势。作者认为："从弱化音节在多音节词中所处的位置看，弱化均不出现在词的最后一个音节，换句话说，弱化音节后面必须紧接另一个或两个非弱化音节。"这是第一篇专门研究弱化音节的论文。

戴庆厦、杨春燕的《景颇语两个语音特点的统计分析》（1994）[4] 一文，通过大

---

[1]　载《民族语文》1979年第1期。

[2]　载《民族语文》1994年第5期。

[3]　载《民族语文》1979年第4期。

[4]　载《民族语文》1994年第5期。

量的数据统计指出：“弱化音节是双音节词的重要组成成分。…… 弱化音节的出现是景颇语双音节化的重要途径，由于出现弱化音节，使景颇语形成了双音节前轻后重的模式，这种模式组成句子时形成一种轻重连续交替的语音节奏；音节弱化不偏重于某些词类上，说明弱化音节不是只出现于某类词上的特殊的语音现象，而是景颇语的普遍的语音现象，是景颇语重要的语音特征；弱化音节的出现及结构特点是同语法、语义相关的，语法、语义的变化必然会影响弱化音节的特点。从量的统计上看到的弱化音节和词类的这种关系，是过去的研究中还没有注意到的问题。”

在历时研究方面，主要是探讨了景颇语弱化音节的来源及演变规律。戴庆厦的《藏缅语族某些语言弱化音节探源》（1984）[1] 一文，通过亲属语言比较，综合研究了藏缅语的弱化音节的特点。文章指出，藏缅语弱化音节的形成至少有两个来源：一是来源于非弱化音节，这是产生弱化音节的主要途径。“景颇语的弱化音节多来自带有 i、a 韵母的非弱化音节。音节弱化后，元音读为 ɿ、ə、u。与舌尖音声母和舌叶音声母结合的读 ɿ，与 w 结合的读 u。其余均读为 ə。少量以 i、a 带辅音韵尾的韵母弱化后脱落辅音尾，元音读为 ɿ 或 ə。有些音节弱化后，不仅韵母的读音变了，声母也发生变化。主要变化有：ŋ→w，n→w，n→l，l→m。”一是来源于古代复辅音的前一辅音。“景颇语里有相当一部分弱化音节，在词里分析不出意义，看不出是由哪个非弱化音节演变来的。但是，这类带弱化音节的双音节词，大多与同语族其他亲属语言里的单音节词对应，而且都是双音节词的后一个非弱化音节与其他语言的单音节词对应。”因为“古代藏语的声母分单辅音和复辅音两类；复辅音比较丰富，不仅有二合的，还有三合、四合的。但现代景颇语的声母只有单辅音，无复辅音。现代景颇语同古代藏语比较，带弱化音节的双音节词多与古代藏语含前置辅音的复辅音声母的词对应。”文章认为：“在复辅音向单辅音转化的过程中，出现弱化音节是重要的一步。在复辅音声母出现单辅音化趋势的开始阶段，大约是前一辅音与后一辅音的结合逐渐松弛，最后分离出来变为独立的音节。这种音节起初是弱化的，弱化以后，又进一步丢失，终于变为只有单辅音声母的单音节词。由此可以说，弱化音节是复辅音声母向单辅音声母发展中属于中介阶段的产物，其出现对于单辅音化具有决定意义的一步。”这就使我们对景颇语甚至藏缅语族语言弱化音节的特点及其起源问题有了清楚的认识。

戴庆厦、王玲的《景颇语弱化音节语音性质的实验研究》（2014）[2] 用语音实验进一步证明了景颇语弱化音节特征的主要参数指标是音长而不是音强，音节弱化使元音央化，弱化印记的声调主要有高（4）、低（2）两类。

---

① 载《民族语文》1984 年第 2 期。

② 载《中央民族大学学报》2014 年第 5 期。

（5）音变研究

戴庆厦的《景颇语双音节词的音节聚合》（1993）① 一文，对景颇语双音节词的音节聚合的现状、来源及其性质进行了探讨。文章认为："景颇语双音节词的音节聚合是语音简化的一种现象，即用较少的语音形式（音节）表示较多的意义，这是景颇语语音简化的内容之一，也是语音类化的一种模式。…… 这种作用是在语音形式从繁到简的过渡阶段出现的一种音变现象，这种音变现象是由景颇语本身的语音特点决定的。景颇语聚合的音节大多存在多种变读，即一个音节有多种读法，这种现象反映了音节聚合的变化过程。从变读现象的多少、有无当中，可以看出不同聚合类别的演变过程和变化的稳定程度。"

戴庆厦的《景颇语单纯词在构词中的变异》（1995）② 一文，对景颇语单纯词在构词中出现变异的现象进行了分析、概括。文章认为"景颇语单纯词构成复合词时，有许多出现变异。变异不仅出现在语音形式上，而且还出现在语义上。……单纯词在复合词中的语音变异，有的在声母上，有的在韵母上，有的二者兼有。单纯词若是双音节的，构成复合词时一般取后一音节，因而语音变异也在后一音节上。单纯词在复合词中，有的还出现变调。"

饶敏、向柏霖的《景颇语边音 *l 的塞音化》（2018）③ 通过分析景颇语与藏语的四个同源词发现景颇语 *l 产生了 *Cl->*Cd->*Cə-d>*Cǎt- 的塞音化演变。景颇语的 *l 塞音化是个条件变体，*l 在塞音之后不会发生塞音化的变化，在 *s、*m 和 *n 会发生塞音化的变化。

2. 语法研究

70 年来，对景颇语语法的研究取得了很大的成就，出版了一些语法专著。如：刘璐的《景颇语语法纲要》（1959）④，是最早研究景颇语的一本专著，作者对景颇语的音位系统和语法特点首次做了详细的描写。戴庆厦、徐悉艰的《景颇语语法》（1992）⑤，是一本描写性的规范语法，是作者几十年从事景颇语语法研究的一个总结。戴庆厦的《景颇语参考语法》（2012）⑥ 是对景颇语语法的系统研究，认为景颇语是兼具形态变化手段和分析手段的语言，现代景颇语正逐渐从形态发达型向分析型转变。在研究景颇语语法时应该注意语音–语法的相互制约关系和词法–句法之间的相互结合。此外，对景颇语动词、量词、名词、结构助词、句尾词、形态变化以及句式语序等方面也有不少研究成果。

---

① 载《语言研究》1993 年第 1 期。

② 载《民族语文》1995 年第 4 期。

③ 载《民族语文》2018 年第 4 期。

④ 科学出版社，1959 年。

⑤ 中央民族学院出版社，1992 年。

⑥ 中国社会出版社，2012 年。

（1）动词研究

动词在词法、句法中的地位十分重要。70年来，景颇语动词的研究取得了比较大的成就，发表了一些比较有影响的文章。包括泛指动词、名词化、代词化、使动范畴、体貌、助动词、泛指动词、系动词、能愿动词以及动词的形态变化等方面的研究。

代词化研究：景颇语的动词作谓语时要体现主语（有的还体现宾语或主语、宾语的定语）的人称、数，其语法形式有加前缀或后缀，或动词本身的语音变化。动词的这种语法特点称代词化（pronominalization）现象。代词化现象在景颇语里是使用句尾词表示的，其特点与其他语言不同。刘璐的《景颇语语法纲要》（1959），戴庆厦、徐悉艰的《景颇语语法》（1992），分别揭示了景颇语代词化的具体特征，为人们进一步认识其来源及演变提供了必要的基础。

戴庆厦的《景颇语谓语人称标记的多选择性》（2008）① 通过对景颇语句尾词的语义、语法特点的系统分析，进一步认为景颇语谓语的人称标记不是与主语之间简单的"一对一"关系，而是为了增强、扩大句子的语言表达功能而生成的语义、句法手段，具有多选择性、多功能性的特点。总的来说，景颇语人称标志的多选择性取决于多种因素，有的与强调重点的差异有关，有的与位于对主语的语义选择有关，有的与说话人附加的主观意图有关，有的与句型有关。景颇语谓语人称标多选择性的成因和条件有以下几点：景颇语谓语语法标记具有多功能性的特点，景颇语谓语人称标记的一致关系从不同方面增强、补充了句子的表现能力，景颇语谓语与主语的一致关系严格来说是述题与话题的一致关系。

名词化研究：张文国的《景颇语动名兼类词的分化》（2007）② 探讨了景颇语的动名兼类词的分化，认为景颇语中一般是保留了动词的意义和用法，把名词分化出去。分化的方式主要为在前面添加一个能够表明所表人或事物的典型特征的语素，使之成为一个新的名词。分化的名词在名动转类词的基础上添加语素，一般与转类词所表示的事物或动作行为有着密切的联系。现代景颇语分化的名词表现出了不同的层次性：大部分已经完全独立出来，只保留动词的用法和意义；有些分化的名词仍然名动两用；有些动名兼类词尚未分化。

使动范畴研究：景颇语有使动范畴，语法形式有屈折式和分析式两种。景颇语的屈折式包括加前缀、语音变化两种，分析式加动词ʃa(³¹ŋun⁵⁵表示。徐悉艰的《景颇语的使动范畴》（1984）③ 一文，把景颇语使动范畴的语法形式归纳为屈折形式和分析形式两类，屈折形式较为丰富，但是，只能用在单音节词后面；而"分析形式比屈折形式使用广泛，不仅能用在单音节动词后面，还能用在多音节词后面。"这

---

① 载《中国语文》2008年第5期。

② 载《民族语文》2007年第2期。

③ 载《民族语文》1984年第1期。

两类不同的形式"在语法意义和语法作用上也不全相同。主要区别是：用屈折形式的句子主语是直接完成'致使'行为的；用分析形式的句子，主语则不直接执行动作，而是'致使'客体去完成。"

刘璐的《景颇族语言简志（景颇族）》（1984）① 指出：景颇语"动词一般用前加成分ʃã–或tʃã–表示使动态；少数动词用内部曲折表示使动态。前加成分用ʃã–还是tʃã–根据词根的声母辅音而定，声母是送气音ph，th，kh，phɹ，khɹ，phj，khj和擦音s，ʃ时前加成分用tʃã–，声母是其他辅音时前加成分一律用ʃã–。"

戴庆厦的《景颇语使动范畴的结构系统和历史演变》（1998）② 一文，运用系统论和认知论的观点和方法，分析了景颇语使动范畴的结构系统，揭示了景颇语的结构层次及其不同的功能。文章还通过亲属语言比较，分析了使动范畴产生的先后及演变规律，论述了使动范畴历史演变与语音、语义的相互制约关系。作者认为："景颇语使动范畴的结构系统是由几种不同的子系统组成的，每个子系统都有自己的形式和意义，各有自己的功能，共同构成一个形式多样化、功能丰富的使动范畴整体。"景颇语使动范畴的形成包括屈折式、音变式、分析式三个层次，这三个层次构成了景颇语使动范畴的结构系统，也反映了其历史演变的层次。

彭国珍的《景颇语致使结构的类型学考察》（2013）③ 将景颇语的致使结构分为带有使动前缀的屈折形式和运用致使义动词ʃã³¹ŋun⁵⁵分析形式。研究发现屈折型致使结构表达直接致使义和协同致使义，分析型致使结构表达间接致使义；非宾格动词和表示事物性状的形容词只能使用屈折型致使结构，一般及物动词只能使用分析型致使结构，不及物动词可以使用两种致使结构。景颇语的致使结构反映出人类语言从简单的词汇性、屈折型致使结构到复杂的分析型致使结构的连续统的发展共性，对应了直接致使义到间接致使义的连续统。

体貌研究：弄清景颇语的体貌范畴，对了解景颇语动词的特点很有必要。戴庆厦的《景颇语的"体"和"貌"》（2004）④ 一文，对景颇语的"体"和"貌"做了共时描写。认为景颇语的动词存在体和貌的对立，这种对立不仅反映在语法意义的不同上，而且各自还有不同的语法形式。体和貌是景颇语动词中使用频率较高的两个语法范畴。文章指出："在语法意义上，体表示动作行为的过程。先区分存在体和变化体，后再区分完成体和未完成体。而貌是表示实现动作行为的方式，即动作行为是以什么状态实现的。貌又分状态貌、强调貌、经常貌三种。在语法形式上，体是用句尾词的形态变化表示的，是屈折手段；而貌既有屈折手段，又有分析手段。其中的状态貌用分析手段表示；经常貌用动词的重叠手段表示；强调貌与'体'相同，用句尾助词的形态变化表示，但语法手段不同，出现的句型也不同。……

---

① 民族出版社，1984年。

② 载《藏缅语族语言研究（二）》，云南民族出版社，1998年。

③ 载《中国语文》2013年第6期。

④ 载《藏缅语族语言研究（三）》，云南民族出版社，2004年。

景颇语语法范畴重体貌而不重时间。'时'在景颇语里主要通过词汇意义表示，无特殊的语法形式；而体和貌则有其独立的语法形式。这就是说，体和貌已完成语法化的抽象，构成一个完整的语法系统。但各自的语法化程度不同，体的语法化程度高于貌。状态貌的语法化程度较低，带有明显的动词虚化痕迹。"

泛指动词研究：泛指动词具有一些别的动词所无法替代的功能。戴庆厦的《景颇语的泛指动词》（2007）[1] 一文，从共时角度分析、描写了景颇语泛指动词的基本特点。泛指动词虽然数量有限，不能单用，但"能够依据不同的语境，产生一系列相近或相关的意义"，所以使用频率很高。文章还探索了泛指动词形成语法化的机制。作者认为："景颇语泛指动词的出现，以及类别划分的特点，是由语用的认知特点和实际交际的需要决定的。…… 景颇语泛指动词的演变趋势是语法化范围不断扩大。语法化的进一步发展，就出现泛指动词的脱落。"

系动词研究：叶彩燕等的《试论景颇语的系动词》（2003）[2] 一文，以景颇语的系动词为切入点，探查其论元结构及相关问题。文章通过跨语言的对比，确认了"景颇语的系动词为一元动词，其功能主要是构成判断句。"

能愿动词研究：李然辉的《景颇语能愿动词与动词的结构关系》（2003）[3] 一文，从生成语法的角度，从构词和句法的两个方向对景颇语中的两个能愿词 chye 与 lu 跟动词结合时所显现的两种不同词序作结构上的分析。文章认为，当能愿词在动词之前，两者组成一个结合较松的复合词作句子中的谓语，并在句法结构中成为一个短语投射的中心语。而当能愿词在动词之后，两者则分别独立存在于不同的短语投射中，而前者也处于一个较高的位置。

动词形态演变研究：戴庆厦、吴和得的《景颇语动词与藏缅语语法范畴》（1994）[4] 一文，从景颇语语法结构的相互关系以及亲属语言的相互比较中分析研究了景颇语动词的语法特点。文章指出："景颇语动词词根大多是单音节的，最基本的动词中也有相当一部分词是单音节的。这就是说，单音节性是景颇语动词的主要特征之一。…… 景颇语动词是以单音节词（词根）为基础的，尽管数量较多的是双音节词。动词以双数作为主要形式，是由动词的古代特点及后来的演变形式所决定。已有的研究成果表明，古代藏缅语有丰富的复辅音声母，后来许多语言出现了单辅音化的趋势，但不同语言所采取的方式各有不同。景颇语采取的方式是单个复辅音声母音节分为两个单辅音声母音节，前一辅音形成弱化音节。此外，单音节动词词根加前缀也是构成双音节动词的一个重要手段。动词以双音节为主，是与句子结构的双音节化的语音和谐存在一定的内在联系。因为动词在语法结构中主要当谓语用，而充当主语的主要是名词，也是双音节词。景颇语动词本身虽有形态变化，

---

① 载《语言科学》2007年第6期。

② 见《现代语言学理论与中国少数民族语言研究》，民族出版社，2003年。

③ 见《现代语言学理论与中国少数民族语言研究》，民族出版社，2003年。

④ 载《中央民族学院学报》1994年第3期。

但不甚丰富。形态变化的形式主要是前缀，还有少量内部屈折（变音、重叠）形式，无后缀。…… 景颇语表示动词语法手段有屈折式和分析式两种，但分析式是主要的。…… 景颇语表示动词语法意义的语法形式已出现简化的趋势，主要表现在表示人称、数的句尾词已区分不甚严格（特别是在青少年中），使用数量逐渐减少。"

　　助动词研究：助动词是在句子中帮助动词完成句法功能。"助动词用在动词（包括兼有动词性质的形容词）的后面，表示动作行为的势态、性质、能愿等，对动词起辅助作用。景颇语的助动词比较丰富，意义和用法比较复杂，有些助动词的意义很抽象。由于助动词在意义和语法特征上不同于一般动词，所以我们不把它看成是动词的附类，而将它单独立为一类。"[1] 对景颇语助动词的研究有助于清楚地认识景颇语的词类问题。戴庆厦、王洪梅的《景颇语助动词形成的途径及条件》（1999）[2]一文，探讨了景颇语助动词形成的具体途径，并指出景颇语的"助动词大多数是由动词抽象、虚化而来的，少数是由状态词演化而成的。在抽象、演化的过程中，只有少数动词、状态词发生了音变，改变了原来的词性和词义，转用为助动词。大多数动词和状态词不改变读音，只改变词性和词义变为助动词，从而成为动词或状态词的兼类词。还有少数几个助动词是通过模拟事物的声音形成的。大部分助动词都是单音节的单纯词，也有几个是通过构词途径构成的双音节的复合助动词。"文章从理论上分析了助动词形成的各种相关条件，指出助动词的形成是与景颇语处于由黏着型向分析型语言过渡、出现实词虚化、双音节化等趋势密切相关。"景颇语助动词的形成，除了语言表达的需要外，还与景颇语语法结构的发展特点密切相关，是种种相关因素互相制约、各自调整、不断平衡的结果。"但戴庆厦在后来的著作中把助动词改为貌词，认为它是一类由动词语法化而成的、表示动词情貌等语法意义的词。

　　（2）量词、数词研究

　　"量词是汉藏语系语言语法上的重要特征之一。认识量词的形成和发展，对语言系统的构造及演变，以及从宏观上认识语系的语法特点都有重要的价值。"[3] 景颇语量词在前，数词在后，量词不是很丰富，量词在语法体系中的作用比较小，在修饰名词或动词的时候，量词一般可以省略，数词可以直接表示客观事物和行为动作的数量。景颇语的量词主要来源于名词或动词。

　　徐悉艰的《景颇语的量词》（1987）[4] 和《景颇语量词的产生和发展》（1990）[5]，全面分析了景颇语量词的分类、语法特征、量词和数量词的重叠等情况以及景颇语

---

①　见戴庆厦、徐悉艰《景颇语语法》，中央民族学院出版社，1992年。

②　载《民族教育研究》1999年第1期。

③　见戴庆厦、蒋颖《论量词的功能与演变 —— 汉语景颇语量词比较》，《藏缅语族语言研究（四）》，中央民族大学出版社，2006年。

④　载《民族语文》1987年第5期。

⑤　载《中央民族学院学报》1990年第2期。

量词产生的两个渠道。作者认为："景颇语的量词经历了从无到有，从少到多的过程。……景颇语量词的产生和发展还处于较原始阶段。"《景颇语量词的产生和发展》（1990）对研究藏缅语族语言量词的产生和发展，有一定的参考价值。

戴庆厦、蒋颖的《萌芽期量词的类型学特征 —— 景颇语量词的个案研究》（2005）① 一文，通过对景颇语量词多层面、多角度的分析和穷尽性的统计，以及与亲属语言的比较，认为："景颇语属于量词不发达型语言，量词在景颇语里属于后起的词类，处于萌芽期阶段。确定景颇语量词处于萌芽期很重要，能够帮助我们从宏观上把握景颇语量词的性质、特点以及认识景颇语量词在类型学研究中的价值。"文章并且研究了制约景颇语量词产生、发展的认知条件和语言机制，进而探讨量词萌芽阶段的类型学特征。"景颇语量词的产生和形成的特点是与景颇族认知心理和景颇语语言机制相一致的，构成了与其他亲属语言相同、相异的类型学特征。"双音化韵律和"名＋量＋数"语序，是景颇语量词处于萌芽期并区别于量词发达型语言的类型学特征，而且前者蕴含了后者。其后，他们在《论量词的功能与演变 —— 汉语景颇语量词比较》（2006）② 一文中，通过景颇语与汉语的共时比较，论述汉藏语量词的功能与演变。认为景颇语与汉语量词的异同属于类型学性质；二者在发展上处于不同的层次，"汉语属于发达型，量词发展比较充分，表义功能较强，语法化程度较高；景颇语属于萌芽型，量词发展比较缓慢，表义功能较弱，语法化程度不高。"语序的不同制约量词产生、演变的不同特点，"名量词在汉语里是'数＋量＋名'语序，在景颇语是'名＋量＋数'语序；动量词在汉语里是'动＋数＋量'语序，构成动补结构，在景颇语是'数＋量＋动'语序，构成状中结构。"

顾阳的《langai、mi 与景颇语数名结构再析》（2009）③ 从景颇语的基数词 langai 和无指标记 mi 的功能及结构特征出发，讨论了一列相关的形态–句法特征，并进一步探索了景颇语在语言演变中数名结构的构建问题。

戴庆厦、彭茹的《景颇语的基数词 —— 兼与汉语等亲属语言比较》（2015）④ 通过对景颇语基数词的系统研究，认为主要特点有：景颇语基数词与其他亲属语言一样属于"十进制"系统，但有一些自身的特点，如有"二十""三十"位数，"一""二"各有两个；景颇语基数词具有开放性特点；与汉语等亲属语言相比，景颇语基数词的构词能力和文化能力较弱；景颇语基数词在句法结构中的语序具有多样性、多层次性等特点，与名量词或名词结合的语序特点不同于与动量词的结合。

（3）名词研究

景颇语名词的研究主要是弄清楚了名词的类称范畴及其形成的条件。方炳翰的

---

① 见《汉藏语系量词研究》，中央民族大学出版社，2005 年。

② 见《藏缅语族语言研究（四）》，中央民族大学出版社，2006 年。

③ 载《语言科学》2009 年第 3 期。

④ 载《民族语文》2015 年第 5 期。

《景颇语复合词中的特殊类》（1990）① 一文，主要提出并论述了景颇语名词中的特殊名词。这类特殊名词既是名词，又不完全具备一般名词的语法特点，某些方面具有形容词的性质。这类名词的构成与其他名词有所不同，它的前缀是在相关的使动词前缀的基础上通过声调异变构成的。文章揭示了这种声调异变的规律，论述了构成此种特殊名词的某些词根的语流变调规律，阐述了构成这类特殊名词的几个前缀在某种条件下的替换关系问题。

戴庆厦的《景颇语名词的类称范畴》（1999）② 一文，指出景颇语名词存在个称名词和类称名词的对立，二者构成类称范畴。类称范畴是景颇语名词的重要特征之一，不仅具有语义特征，而且还存在形态特征。作者着重分析了景颇语类称范畴的现状，指出景颇语名词类称范畴的语法形式、语义内容和句法功能等方面的特征以及其形成的内部条件和外部条件。文章指出，景颇语的类称名词可以做"句子的主语、宾语，并能做修饰语、时间地点状语以及领属性修饰语的中心语"，但是"不能受数量词、指代词、形容词和表示限制性的名词的修饰，是因为它所指示的名词是成类的，概括的，而不是具体的、个别的，与语义的特点有关。""景颇语的名词形成类称范畴是在认识事物的基础上逐渐形成的，…… 带有本民族对客观世界的认识特点。…… 类称范畴的形成有其语音条件。能构成类称名词的主要是双音节名词。单音节和两个音节以上的名词大多不能构成类称名词。只有少数几个单音节名词能构成类称名词。就多数而言，即使是语义上有需要，语音上不合此要求，也构不成类称名词。"

（4）结构助词研究

景颇语有结构助词。结构助词在句子中起指示或强调主语、宾语、状语、定语的作用。结构助词可放在单个词后面，也可放在词组后面。带结构助词的句子成分在句中的位置有一定的灵活性。

徐悉艰的《景颇语的结构助词》（1992）③ 一文，对景颇语结构助词的作用、类别、性质等问题做了初步探讨。文章指出："景颇语结构助词的作用，主要是指明其前面的实词在句中充当什么句子成分，帮助其前后的句子成分组成各种结构关系。它只表示语法意义，没有实在的词汇意义；一般都附于实词、词组或句子后面，不能单独使用；有着稳定的、独立的语音形式，而不是附着在实词后面的形态成分。"作者还把景颇语的结构助词与相近的亲属语言进行了比较，指出："景颇语的结构助词与相近的亲属语言除表示主语的助词由于语音相近可能有同源关系外，大多没有同源关系。这说明景颇语的结构助词是景颇语与这些亲属语言分化后才产生的。"

---

① 载《民族语文》1990年第5期。

② 载《民族语文》1999年第6期。

③ 载《民族语文研究新探》，四川民族出版社，1992年。

戴庆厦的《景颇语的结构助词"的"》（1998）[1] 一文，对景颇语三个结构助词"的"的共时特征进行了分析。文章指出："景颇语表示'的'义的结构助词有 ai³³、a⁷³¹、na⁵⁵ 三个。这三个词在句子里主要当定语助词用，使用频率很高，而且在组词造句上作用很大。……景颇语表示'的'义的三个词，构成一个主要表示定语关系的虚词系统。但三者各有自己的语法形式和语法意义构成互补关系。ai³³ 用在动词、形容词或以动词、形容词为主要成分的短语后面，表示修饰关系；a⁷³¹ 用在名词、代词后面，表示领属关系；na⁵⁵ 也用在名词、代词后，但表示属于某一时间、地点范围的。使用时分工明确，互不相混。……景颇语定语助词的出现，使得语言的表达能力增强了。有了定语助词后，就能凭借定语助词的作用充分发挥定语词组的表达能力。定语词组在句中的广泛运用，无疑能在较大的程度上增强语言的表达能力。因为，没有定语助词，修饰关系的复合词和词组的界限是不清楚的。所以，定语助词的出现，是景颇语语法的一个进步。……景颇语'的'的多样性，正是由其语法形式由屈折型向分析型过渡的特点决定的。景颇语由于形态形式的逐渐减少，助词的功能必然要逐渐扩大。助词功能扩大的重要手段之一是一词多用，即一个词能担负多种功能，这就使得不同助词的功能存在参差不齐的现象。"

戴庆厦、闻静的《景颇语方式范畴的句法形式及其类型学特征》（2016）[2] 将景颇语的方式范畴分为方式状语和方式补语，方式状语主要包括情态、处所和工具状语，方式补语主要包括情态补语、结果补语和属貌性补语。二者有很明显的差异：形式上，方式状语前置于谓语，方式补语后置于谓语；功能上，二者属于既有分工又有互补的关系；等等。

（5）句尾词研究

景颇语有丰富多变的句尾词，它是景颇语语法的一个重要特点。对它的深入研究，有助于清楚认识景颇语以及亲属语言的词源关系。戴庆厦、岳相昆的《景颇语的句尾词》（1990）[3] 一文，全面分析了景颇语句尾词所表示的语法意义及语法形式。文章指出："景颇语的句尾词很丰富，种类多，用法也比较复杂，是虚词中特点比较丰富的一类词，在亲属语言中颇具特色。……句尾词主要表示以下四种语法意义：句子的式（即句子的语气）、主语和宾语的人称和数、谓语的方向。式、人称、数，在每个词上都有体现；只有方向，仅出现在少数词上。……景颇语表示动词语法意义的形式既有分析形式，又有屈折形式。句尾词就整体来说，它以虚词的身份表示动词的语法意义，因而具有分析形式的特点；而就其内部的结构来说，又有各种形态变化，因而具有屈折形式的特点。这一特点，是藏缅语族许多语言所没有的。……句尾词综合表示多种语法意义的特点，是景颇语语法形式聚合

---

[1] 载《语言教学与研究》1998年第4期。

[2] 载《语言研究》2016年第3期。

[3] 载《藏缅语族语言研究》（一），云南民族出版社，1990年。

性的反映，即各种语法形式向一个虚词上聚合。这大约是屈折形式向分析形式发展过程中出现的一种类型。"戴庆厦的《再论景颇语的句尾词》（1996）[①] 一文进一步认为：景颇语句尾词"不但有自己独特的结构系统，而且在句中具有别的词类不能取代的功能。至于它以前是不是动词的后附成分，则是另一个值得探讨的问题。确定句尾词是一个游离于动词之外的虚词，对于认识句尾词的来源及其演变是很有必要的。…… 句尾词和语气助词是用在句子上的，表示整个句子的语法意义或语气的，除少数名词谓语句和省略谓语句外，句子没有句尾词是不成句的。…… 景颇语句尾词经过长期演变，已形成一个严密的系统，表现在各个语法意义配合整齐，而且其语法形式的变化很有规律。比如在语法意义上，各大类、各小类的句尾词，在人称上都有第一、第二、第三等三类人称，在数上都有单数、复数的对立；表示叙述、疑问、测度、惊讶等语气的句尾词，大多有存在与变化的对立；表示命令、商量等语气的句尾词，大多又分一般和强调的不同语气。在语法形式上，单数变复数主要是在词根上加前缀mǎ表示，不同的人称靠变换声母或韵母表示；一般语气与强调语气的对立靠变化声调表示；存在式与变化式靠有无声母或变化声调表示；不同的方向由变化声母、韵母表示。"戴庆厦、傅爱兰的《藏缅语的述宾结构 — 兼与汉语比较》（2002）[②] 一文认为："景颇语主要用句尾助词的形态变化来表示主、宾语的属性。句尾助词在景颇语中非常丰富，所有谓语句都要带句尾助词。…… 与宾语助词相比，句尾助词对宾语的制约不是专用的。句尾助词在句法结构中的功能是属于句子层面的，对动词的不同论元都有制约作用，是谓语句不可缺少的语法手段，既表示主语、宾语的人称、数，又表示谓语的式、体、方向。而宾语助词则是在句子的某一成分层面来标记宾语，只指向宾语，是专用的。"

关于句尾词来源机制的研究，由于它是虚词又具有形态特征，是屈折、黏着型向分析性型转型的过渡特征，在景颇语研究中备受关注。戴庆厦、吴和得的《景颇语动词与藏缅语语法范畴》（1994）[③] 一文指出：景颇语"句尾词的来源，是一个比较复杂的问题。目前可以认为，其来源是多源的：有来自人称代词的，如表示叙述语气，主语是第一人称单数的 $n^{31}\eta ai^{33}$，其中的 ηai^{33} 与 ηai^{33} '我'同音。表示疑问语气，主语是第二人称单数的 $n^{31}ni^{51}$，其中的 n^{31} 是由 $na\eta^{33}$ '你'简化而来。有来自动词的，如表示动词是命令语气，带有等待意义，主语是第二人称单数的 $la^{?31}$，来源于动词 la^{31} '等待'；表示动词是命令语气、去的方向，主语是第二人称单数的 sit^{31}，来源于动词 sit^{31} '移动'。但多数句尾词的来源，现在还弄不清楚。景颇语的句尾词有可能最初是由动词的后缀演变而来的，是后缀从动词上'后移'独立成词的结果。"戴庆厦的《再论景颇语的句尾词》（1996）[④] 一文指出："景颇语句尾

① 载《民族语文》1996年第4期。

② 载《方言》2001年第4期。

③ 载《中央民族大学学报》1994年第3期。

④ 载《民族语文》1996年第4期。

词曾经历了比较充分、系统的发展过程，但到了近期又转入了一个新阶段，出现了简化的趋势。……句尾词的简化，主要是人称、数的简化。比较明显的是，表示第三人称单数的句尾词 sai³³、ai³³ 有逐渐取代第一、二人称单数和各人称复数的趋势。……景颇语的形态变化先聚合在句尾词上，然后句尾词再逐渐简化，是景颇语向分析型演变的一个重要途径。"戴庆厦的《景颇语句尾词形成的结构机制》（2003）① 一文，分析了"现代景颇语句尾词出现的两大特点，即表示代词化的语法形式与动词分离，演变为独立的虚词，代词化的语法形式与表示语气的语法形式结合在一起，这是景颇语自身的语法类型由黏着型向分析型演变的产物"，是动词形态脱落、双音节化和合音等形态韵律变化的结果。

戴庆厦的《景颇语两类句尾词的功能互补》（2016）② 将景颇语的句尾词分为了"尾1"和"尾2"两种类型，二者都是具有独立性的虚词。其中"尾1"景颇语数量最多、成系统的句尾词，表达语气、人称、数、式、体、方向等语法意义，并且有形态变化，与谓语关系和位置都较为紧密；"尾2"是数量相对较少并紧随"尾1"，主要表达"情态"意义，表明信息来源的性质、状态和区分可靠性、确定性等意义，并且没有"尾1"的句法强制性和形态变化。

戴庆厦的《语言转型与词类变化：以景颇语句尾词衰变趋势为例》（2019）③ 通过以景颇语句尾词衰变的案例探讨了语言转型与此类变化的关系。景颇语是句尾词比较丰富的语言，然而也出现了大面积衰退的现象。这种衰退现象主要表现为：句尾词有后缀变为虚词；有的句尾词语法意义减少；数量减少；主要使用双音节或单音节句尾词，逐渐淘汰了三音节以上的句尾词。句尾词区分人称、数的语法功能不断减弱，主要担负区别句子语气的功能。景颇语距为此次逐渐从黏附性向分析性发展。从景颇语句尾词的衰变现象来看，词类共时特征的形成及其演变，可以通过语言类型转变来认识，语言类型的转型可以为研究词类共时特征及其演变提供一个有效的视角。

（6）语法化研究

景颇语的词类有语法化现象。对其研究有一些成果。如：戴庆厦的《景颇语的实词虚化》（1996）④ 具体分析了景颇语实词虚化的不同情况，认为景颇语实词虚化是为了扩大语言表达功能，调整表达词汇意义和语法意义的比例。文章指出："从词类上看，实词能虚化的，只有名词、动词、代词三类。最多的名词，其次是动词、代词。其他实词尚未发现有虚化的。名词虚化的，主要出现在复合词中，其位置多在前一语素上。人称代词虚化的，只限于第一、二人称单数，第三人称及第一、二人称复数未见有虚化的。动词虚化的，大量的是虚化为助动词，此外还虚化

---

① 载《中央民族大学学报》2003 年第 2 期。

② 载《云南师范大学学报》2016 年第 4 期。

③ 载《民族语文》2019 年第 1 期。

④ 载《中央民族大学学报》1996 年第 4 期。

为句尾词、助动词。从语义上看，实词虚化的程度大小不一，大致有以下几个层次：①虚化程度最高的，是人称代词、动词虚化为句尾词。句尾词是表示语法意义的虚词，与实词在语法特点和语义特点上截然不同。②名词在复合词中虚化，由原来的实语素虚化为虚语素。但其中又存在不同的层次，有的虚化程度较高，说话人已感觉不出其原义，而有些还能隐约地感觉出其原义是什么。③动词虚化为泛指动词。泛指动词在有状态词修饰的情况下，动词意义很虚，其动词意义已向状态词上转移；泛指动词单独使用时，动词意义相对较实。④动词虚化为助动词，名词虚化为量词。助动词和量词都有实词意义，但不如名词、动词实在，并包含一定程度的语法意义。"

在《景颇语方位词"里、处"的虚实两重性——兼论景颇语语法分析中的"跨性"原则》（1998）[①]一文中，戴庆厦通过具体实例论述了景颇语的"里、处"既有方位词属性，又有结构助词属性，是虚实两重性的词。文章分析了其出现的两个条件："一是它大多出现在状语与中心语之间，这种位置容易使它兼有表示语法结构关系的功能。景颇语的泛指动词也是由于处在状态词与中心词之间而走向虚化。二是它主要居于名词、代词之后，不论在语法结构或在语义结构上都处于从属的地位（或劣势地位），这就容易使它出现虚化。特别是在语义上，方位词的表义功能在大多数情况下不是必需的，缺了它也不影响意义的表达，这就使它有可能兼任别的功能。"作者认为："景颇语的实词（或实词素）虚化，存在一个逐步扩散的过程，在其过渡阶段（或称中间阶段），虚化的成分有实又有虚，这就具有虚实两重性。虚实两重性的表现多种多样：有的是在有的语境中当实词用，在有的语境中当虚词用；有的语言成分就是半虚半实的；有的以实为主，有的以虚为主，……等等。而当虚化过程完全结束时，'实'的一面便已殆尽，只剩下虚的一面，两重性的特征随之消失。由此可以认为，虚实两重性是实词虚化过程中出现的一种变异，它打破了语言现象的单一属性，而使语言现象具有跨类属性。"

（7）形态变化研究

徐悉艰的《景颇语的前缀》[②]（1986）和戴庆厦、吴和得的《景颇语前缀研究》（1995）[③]都对景颇语前缀的性质、作用和来源等问题做了不同程度的探讨。其中，《景颇语前缀研究》一文，在区分景颇语前缀的不同类别的基础上，通过亲属语言比较，指出前缀的多种来源——有的来自实词，有的来自复辅音声母的前一音节。前缀的不同来源也是语法类型的变化。

在《景颇语词的双音节词化对语法的影响》（1997）[④]一文中，戴庆厦分析了景颇语双音节化对语法的影响，包括抑制某些词类的形成（如量词），改变构词方式、

---

① 载《民族语文》1998年第6期。

② 见《中国民族语文论集》，四川民族出版社，1986年。

③ New Horizons in Tibeto-BumanMorphosyntax，National Museum of Ethnology，Osaka1995.

④ 载《民族语文》1997年第6期。

出现实词虚化、扩大动词的分析形式、大量出现句尾词等。文章认为："语法结构是通过语音形式来表现的。所以语法结构特点必然会受到语音形式的制约，而语音形式的变化也会影响语法结构的变化。语音形式影响语法结构的特点，其广度和深度会因各语言的不同特点而不同，景颇语语音影响语法主要反映在词类特点、构词特点、句法结构特点等几个方面。"

（8）话题结构研究

景颇语是一种具有话题结构的语言。戴庆厦的《景颇语的话题》（2001）① 一文认为："景颇语是一种具有话题结构的语言。话题结构（由话题与述题组成）与句子成分结构（由主语、宾语等句子成分组成）虽有部分交叉，但则是不同的语法结构，所表示的语法关系属于不同的语法范畴。…… 话题结构和句子成分结构在景颇语里是两个独立的系统，各有各的作用，不存在哪个优先，哪个是主体。景颇人在组词造句时，同时使用这两个系统，达到既能突出话题又能组词造句的目的。可以说，景颇语是一种话题结构与句子成分结构并重的语言。这两个不同的系统在语用中融为一体使用。当主语处于话题位置又需要强调时，主语与话题出现叠合。…… 能做话题的，不一定都是主语，宾语、状语也能做话题。受动者当话题使用时，是宾语而不是主语；状语当话题使用时，也不是主语。区分话题结构与句子成分结构，对句子成分的划分会带来一些方便。"景颇语话题的特点是由其语法类型 —— 以分析型为主但又有屈折型特点决定的。戴庆厦、顾阳的《论话题的语法范畴：景颇语话题形态分析》（2003）② 一文，通过对景颇语较为丰富的话题形态的分析，探讨了自然语言话题成分的语法特征。文章通过对子句成分，如定语子句和假设句做话题的分析，进一步确定了话题成分具有名词性的特征。"景颇语非名词性成分作话题时必须经过形态处理，如重叠、加缀，等等，将这些成分衍生为名词性成分。"

（9）句式研究

其中有疑问句、判断句、"给"字句、否定句等方面的研究。戴庆厦的《景颇语的疑问句》（2004）③ 一文，对景颇语的疑问句做了共时描写。认为"景颇语疑问句的标志分主要标志和次要标志两类。主要标志是加疑问助词，绝大多数的疑问句都要在句子的末尾加疑问助词。次要标志是加疑问代词或疑问判断动词，只在一部分疑问句中出现。疑问句有了次要标志，还要再加主要标志，二者可以同时出现在同一个疑问句中。主要标志和次要标志构成景颇语疑问句的语法形式系统。"疑问助词大多有形态变化，区分于其他亲属语言。

张军的《景颇语的判断句》（2004）④ 一文，对景颇语的两个判断词 ʒai⁵⁵ 和 ʒe⁵⁵

① 载《语言研究》2001年第1期。

② 见《现代语言学理论与中国少数民族语言研究》，民族出版社，2003年。

③ 见《藏缅语族语言研究（三）》，云南民族出版社，2004年。

④ 载《中央民族大学学报》2004年第6期。

的语法功能和意义进行了全面分析。文章认为："景颇语有ʒai⁵⁵和ʒe⁵⁵两个判断词，但二者的语法、语用功能不尽相同：ʒai⁵⁵是一个比较典型的动词，具有普通动词的特征；ʒe⁵⁵是一个不典型的动词（称为'系词'更合适）。"用ʒai⁵⁵和ʒe⁵⁵的判断句具有不同的句式特点。"用ʒai⁵⁵的判断句，既能用在事态句中表示对某种'存在'状态的判断，也可用在事件句中表示对'变化'过程的判断，这种区别体现为句尾词是存在式还是变化式。……用ʒe⁵⁵的判断句不能用句尾词，只能带表示特定语气意义的虚词。这种判断句不表示事件或事态，与'存在''变化'等体貌意义无关。这种句式只表示命题意义，表明说话者的一种主观认知性判断。"

戴庆厦、邱月的《景颇语"给"字句的类型学特征》（2008）[①]一文，通过景颇语"给"字句的共时微观分析，以及与亲属语言的比较，探讨了景颇语"给"字句的类型特征。认为：OV型语序决定了"给"和其他动词连用时具有较高的紧密度，容易出现语法化，语法化存在不同的层次；在语义上，同一形式隐含多个义项，包含着"给1""给2""给3"等不同的下位概念，而且还有多个近义的同族词；在词源上，景颇语的"给"与藏缅语的亲属语言、汉语没有同源关系，而藏缅部分亲属语言则与汉语的"畀"有同源关系，可以初步认为景颇语的"给"字是后来自己创造的。

戴庆厦的《景颇语的否定范畴》（2006）[②]一文，主要分析、描写了景颇语否定范畴的共时特征，包括语音、语法、语义、语用等方面的特征。文章指出："景颇语的否定范畴，主要是通过否定词与被否定片语成否定关系，来表达否定意义的语法范畴。否定词是二分的，只有n⁵⁵'不、没'和khum³¹'勿、别、不要'两个。n⁵⁵'不、没'的出现频率比khum³¹'勿、别、不要'高。二者的语法特点存在一些不同的特点，并呈互补关系。……景颇语的否定词n⁵⁵'不、没'已出现浅度语法化趋势，在一定程度上改变了否定词的副词特点，使它成为副词中的特殊的一类。……否定词n⁵⁵'不、没'和khum³¹'勿、别、不要'在句法功能上呈互补。但khum³¹的实词性比n⁵⁵强，未出现语法化。"

（10）句子结构类型研究

其中包括宾动结构、连动式、被动结构、述补结构、"名+形"结构等结构类型。戴庆厦的《景颇语的"宾动"结构》（1998）[③]一文，具体分析了景颇语宾动结构的语法形式和语法意义。文章认为："确定景颇语句中哪个是宾语，主要是根据语法形式，语法意义只能做参考。景颇语确定句子成分的语法形式主要有句尾词、结构助词、语序。其中前两者是主要的。当句尾词、结构助词指示的成分的性质与语序反映的性质发生矛盾时，则以前二者为准。……句尾词的出现，是景颇语的

---

① 载《中国语言学》第1辑，山东教育出版社，2008年。

② 见《藏缅语族语言研究（四）》，中央民族大学出版社，2006年。

③ 见《藏缅语族语言研究（二）》，云南民族出版社，1998年。

语法结构由古代的屈折型转为分析型过程中的产物。句尾词具有曲折的特性，使其对句子成分具有较强的规定性，能成为划分句子成分的主要依据。宾语助词是宾动式语言所需要的一种语法成分，它对区分宾动结构与主谓结构有着重要的作用。它是屈折型向分析型过度的产物。"

戴庆厦的《景颇语的连动式》（1999）① 一文，从系统论的角度，对景颇语连动式的概念、结构、句法功能、形成条件等进行了探讨。文章认为："景颇语的动词是句子结构中功能最大、变化最多的一个词类；连动式则是表现动词语法特点的一个重要语法手段。景颇语属OV型语言，动词都聚合在主语、宾语之后，其连动式使用频率很高，含有丰富的语法、语义内容。……OV型的语序既规定了连动式存在的条件，又为其发展提供了广阔的条件。……景颇语连动式的丰富发展，是景颇语表达功能不断增强的反映，是由景颇语的语法结构特点决定的。"

戴庆厦的《景颇语的"NP＋e³¹"式 —— 与汉语被动结构比较》（2006）② 一文，主要通过与汉语的比较研究，分析了景颇语的"NP＋e³¹"式虽也表示被动义，但在语法形式、语法意义上与汉语的被字式相比，特点很不相同。文章最后认为："景颇语由'NP＋e³¹'式组成的被动句，在语法上、意义上有不同于其他句子的特点，应视为一种独立的句型。但其被动义较弱，并不典型。"景颇语的被动句还不发达，正处于初级阶段。

戴庆厦、顾阳的《对景颇语"名词＋形容词"成分的结构分析》（2003）③ 一文，对景颇语形容词与名词的结构关系进行了重点分析。文章认为："景颇语中大部分形容词既可以作名词修饰语又可以直接作谓语。当形容词作谓语时，在句法上的词序便为'名词组＋形容词'；当形容词修饰名词时，词序亦为'名词组＋形容词'。虽然'名词组＋形容词'成分在表层词序上一致，但它们的结构不尽相同。"

戴庆厦、黎意的《景颇语的述补结构》（2004）④ 一文，通过对景颇语述补结构的共时分析以及与藏缅语亲属语言的比较，描写了景颇语述补结构的主要特征，并试图揭示景颇语述补结构的类型学特征。文章认为，景颇语作补语的助动词语法化程度高，多数是后来发展起来的，亲属语言中找不到共同来源。"景颇语补语在表意上甚至比分析性强的某些语言还要发达。"

（11）语序研究

戴庆厦的《景颇语"形修名"两种语序对比》（2002）⑤ 一文，从语序类型学和语序蕴含共性的角度，在对比景颇语定（形）中（名）结构两种语序的语法结构和制约条件，以及分析语序模式与语法结构之间的互动关系的基础上，认为："景

① 载《民族教育研究 —— 动词研究专辑》，1999年。

② 见《藏缅语族语言研究（四）》，中央民族大学出版社，2006年。

③ 见《现代语言学理论与中国少数民族语言研究》，民族出版社，2003年。

④ 载《民族语文》2004年第6期。

⑤ 载《民族语文》2002年第4期。

颇语形容词修饰名词的定中结构通过前后语序的变换，区分两种不同的语法结构。'名+形'既能构成复合词，又能构成短语，其结构较为紧凑，较为单纯；而'形+名'则基本上只构成短语，其结构大小均可，较前者复杂。'名+形'虽也用来组成短语，但这种短语结构较紧凑，具有复合词的部分特点，不同于'形+名'的短语结构，如不能在形容词前后再加修饰成分或补充成分。'名+形'的短语特点实际上介于复合词与短语之间，可称之为'次短语'或'小短语'。总之，两种语序各有自己的'基地'，各有自己的功能，并且各有自己的结构和语法标记。语法标记的差异除语序外，还出现在语音、语义等方面。"

（12）传讯范畴研究

戴庆厦的《景颇语传讯范畴的类别及性质》（2018）[①]将景颇语的传讯范畴分为转述义、确定义和非确定义三种类型，通过在句尾加上相应标记来实现。传讯词有以下几点特点：单音节性；没有形态变化；游离在句子之外，不是句子结构的组成成分；属于分析性特征。景颇语的传讯词属于自己创新的成分，与亲属语言没有同源关系。

（13）分析性特征研究

戴庆厦的《分析性语言的单音节性与双音节化——以景颇语为例》（2019）[②]系统分析研究和景颇语的单音节性和双音节化之间的关系，认为单音节性和双音节化是景颇语分析性语言的两大特点。景颇语有大量的单音节词，它们主要包括底层的单音节词、词缀脱落后的单音节词、双音节（一个半音节）脱落音节形成的发音节词、复合词脱落某一音节形成的单音节词、借用的单音节词等类型，双音节词主要包括固有的双音节单纯词、复合双音节词、加缀形成的双音节词、有多音节缩减为双音节的词、重叠和四音格词等类型。单音节词双音节化主要有构词、构形和韵律等作用，双音节化主要有组合式、节缩式、重叠式和韵律式四种手段。双音节化是分析性语言增强表达功能的杠杆。

3. 词汇研究

景颇语词汇的研究除了景颇语"简志""概况"和语法专著外，相关研究成果有下列几个方面：

（1）词汇学研究：戴庆厦、徐悉艰的《景颇语词汇学》（1995）[③]，系统地分析了景颇语词汇的特点，包括词的语音特点、语素分析、义素义位分析、词义关系、词与社会文化、词汇系统的构成、与亲属语的词源比较等。这是少数民族语言研究界第一部较全面深入研究一种语言词汇系统的专著。作者在写作中着意词汇同语音和语法的关系，注意联系景颇族的社会、历史、文化探讨反映人文特点的语义特

---

① 载《黔南民族师范学院学报》2018年第5期。

② 载《黔南民族师范学院学报》2019年第5期。

③ 中央民族大学出版社，1995年。

征，还注意从亲属语言的比较中看景颇语的词汇特点。本书的主要特点在于重视语料分析，根据掌握的语料归纳词汇特点，并在此基础上做出了一定的理论概括，是少数民族语言研究领域词汇研究的一部重要著作。

（2）词典编纂：有岳相昆、肖家成、戴庆厦、徐悉艰合编的《汉景词典》（云南民族出版社，1981年）和《景汉词典》（云南民族出版社，1983年），这两部词典是景颇语研究、教学的重要工具书。

（3）语义研究：戴庆厦的《景颇语亲属称谓的语义分析》（1991）[1] 一文，运用语义层次的分析方法，剖析了景颇语称谓的语义特征。"在景颇语的语义体系中，亲属称谓语义范围构成一个独立的语义场。"这个语义场具有丰富性、封闭性和社会性等特点。

（4）构词法研究：徐悉艰的《景颇语的四音格词》（1981）[2] 一文，从语音结构、构词特点和语法功能三个方面，对景颇语的四音格词做了初步分析。"四音格词在景颇语里很丰富，在日常口语里经常出现。四音格词和别的词比较起来，无论在语音上或在语法上都有自己的特点，特别是在修辞方面，它能表达一般的词所不能表达的意义和感情色彩。"文章把景颇语的四音格词分为连绵、复合和单纯词加陪衬的音节三类，并指出四音格词的意义，同其中分解出的词义相比，有的扩大了所指的事物的范围；有的加深了性质、状态的程度；有的对动作、行为起强调和加重的作用等。冯广艺的《景颇语、汉语四音格词比较研究》（1996）[3] 一文，则通过景颇语和汉语的四音格词的对比研究，认为："景颇语四音格词通过声调的巧妙组合，使声音起伏有致，抑扬顿挫，富有声音的错落美。"戴庆厦、孙艳的《景颇语四音格词产生的机制及其类型学特征》（2005）[4] 一文，在梳理、描写景颇语四音格词共识特征的基础上，探讨了景颇语四音格词的性质及其类型学特征。认为语音和谐和并列的结构关系是景颇语四音格词的主要特征，"双音节化韵律机制为大量产生四音格词提供了基本模式"。文章还通过与汉语的比较，进一步认识了景颇语四音格词的特点，"景颇语和汉语虽为亲属语言，但四音格词存在较大差异，似无共同来源，其共同特征是类型学上的一致"。

构词变异研究：戴庆厦的《景颇语单纯词在构词中的变异》（1995）[5] 一文，通过对景颇语单纯词在构词中出现变异的现象进行了分析、概括。认为："由于单纯词在复合词中出现变异，景颇语合成词的结构形式产生了一些新的特点。景颇语合成词的结构主要有'实语素+实语素''前缀+实语素''实语素+后缀'等3种，由于实语素的虚化，'实语素+实语素'这一格式发生了分化，新增了'半实半虚

---

① 载《民族语文》1991年第1期。

② 载《民族语文论集》，中国社会科学出版社，1981年。

③ 载《湖北师范学院学报》1996年第4期。

④ 载《中国语文》2005年第5期。

⑤ 载《民族语文》1995年第4期。

语素+实语素'的构词格式。半实半虚语素，既不像实语素，又不像前缀，介于二者之间。由此可见，实语素的虚化，势必引起构词结构的变化。从发展上看，这些虚化语素有可能进一步虚化而演变成为虚语素。"

重叠式构词研究：戴庆厦的《景颇语重叠式的特点及其成因》（2000）[①]一文，认为"景颇语的重叠式非常丰富，是景颇语一种重要的、常见的语法手段。它具有广泛性、手段多样性、多层次性、多功能性等特点。…… 景颇语之所以有此丰富的重叠式，有其语言结构系统的原因。…… 景颇语是一种以分析性特点为主的语言，而分析性特点则便于景颇语使用重叠手段来增强语言的表达功能。…… 景颇语词的双音节化倾向对语法特点，包括构词方式、语法形式、句法特点等都产生了一定的影响。双音节化是一种韵律，具有语音节奏感。重叠式使单音节词双音节化，符合双音节化倾向；而双音节化倾向又有助于重叠式的发展。"

徐悉艰的《景颇语的重叠式》（1990）[②]一文，在具体分析景颇语各类词重叠特点的基础上，认为"重叠是景颇语中重要的语法手段之一，不仅使用广泛，而且使用频率很高。重叠的语法手段在相当程度上丰富了景颇语的表达能力。…… 重叠的手段不仅能用在实词上，还能用在虚词上，重叠式所起的语法作用有构词和构形两种，除动词、形容词有构词和构形两种作用外，其他各类词只具有构形的作用。…… 重叠式的语法意义和语法作用比较复杂，各词类不尽相同。重叠式的语法意义和作用与被重叠词的词性和重叠后有什么语法功能密切相关。"

戴庆厦的《景颇语词的双音节化对语法的影响》（1997）[③]一文认为："词的双音节化使得景颇语的构词方式增加了。其一，双音节化使得一部分单纯词变为合成词，分出了词根和假前缀，不仅增加了前缀的类别，而且还增加了构词的类别。…… 其二，双音节词的大量增加，加上前一音节由于出现聚合、类化，其实词特点逐渐减弱，变为半实半虚语素，结果在前缀中增加了半实半虚语素，在合成词中增加了'半实半虚语素+词根'的构词格式。这类合成词与'实语素+实语素'的复合词，在性质上已出现差异，应是不同的类别。在语感上，说话人已辨别不出半实半虚语素的实在意义，因此在使用时还可以在其前面加上原来读音的词。这种同义重叠现象说明复合词前一音节的语义已经虚化。"

戴庆厦、傅爱兰的《从语言系统看景颇语动词的重叠》（2001）[④]一文，从语言系统机制分析、解释景颇语动词重叠的语法特点及其成因。文章认为："景颇语动词的重叠不只表示一种意义，而能表示多种意义。…… 这多种意义构成一个语义系统。…… 景颇语重叠形式之丰富、分布之广，在藏缅语中是罕见的，没有一种藏缅语像景颇语那样在11个词类上都出现重叠，这一特点很可能与景颇语格外注

---

① 载《语言研究》2000年第1期。
② 载《民族语文》1990年第3期。
③ 载《民族语文》1997年第5期。
④ 载《汉语学报》2001年第2期。

重韵律有关。韵律是语言的一种和谐现象，具体表现为双声、叠韵、谐韵、声调搭配、双音节化等多种形式。景颇语通过重叠，使单音节词双音节化，使双音节词四音节化，在语言使用中使双音节增多，加强了语言的韵律感。而韵律的加强反过来又促进重叠式的广为使用。"

（5）词汇化研究

戴庆厦的《景颇语词汇化分析》（2009）① 归纳出了景颇语词汇化的三种途径：由复合词融为单纯词或准单纯词，包含古词语素的复合词融为准单纯词，有短语融为复合词。并且词汇化和语法化在有的结构中是同步完成的。景颇语词汇化是由句法结构演变为词法结构范畴的过程，在这一阶段中可以得出以下几点认识：景颇语的词汇化和语法化不是截然对立的，三种词汇化手段中能产性最强的是由短语到复合词的词汇化，词汇化后的词在语义和语法功能上都发生了变化。

4. 语言使用情况研究

蒋颖、朱艳华的《耿马县景颇族和谐的多语生活 —— 语言和谐调查研究理论方法的个案剖析》（2010）② 认为耿马县景颇族的语言生活是一种和谐的多语生活。主要表现为：普遍稳定地使用母语；全民自觉地兼用汉语；部分景颇族能够兼用其他少数民族语言；不同语言功能互补、和谐共存；语言态度开放包容。同时也存在一些问题：母语人词汇使用能力下降；说的能力比听的能力差；熟练使用母语的比例在20岁以下的青少年中有所下降；母语使用范围趋于缩小；母语使用欲望有所下降。对此，她们提出了几点建议：应对小民族、小块地区的语言给予足够的重视，从研究、政策和双语教育等角度加强保护。

黄平、李春风的《论景颇族和谐语言生活的特点和成因》（2012）③ 对德宏州景颇族语言生活的调查研究，认为景颇族有和谐的语言生活。主要特点有：能够自由稳定使用自己的母语，重视语言兼用其他支系语言、汉语和其他民族语言，不同语言的使用互补和谐。形成这和谐语言生活的主要因素有：多民族杂居、社会经济发展、开放的民族性格、和谐的民族关系和国家语言政策的保障。

戴庆厦的《论跨境语言的和谐与冲突 —— 以中缅景颇语个案为例》（2016）④ 认为中缅景颇语之间既存在和谐的关系也存在冲突的一面。中缅景颇族相同的语言文字和文化习俗等语言和谐的重要基础，而由于中缅政治和社会制度也引起了一定的语言冲突。如何科学做到跨境语言和民族的"求同存异"，还需要进一步的思考与研究。

朱艳华的《缅甸克钦族的语言使用现状》（2016）⑤ 通过对缅甸北部的克钦族语

① 载《民族语文》2009年第6期。
② 载《暨南学报》2010年第4期。
③ 载《民族翻译》2012年第1期。
④ 载《语言战略研究》2016年第2期。
⑤ 载《当代语言学》2016年第2期。

言使用情况进行了系统的调查研究，认为克钦族（实际上是多民族融合成的族群）基本上处于既使用自己的母语也同时兼用景颇语和缅甸语等多种语言的民族，这些语言之间存在功能的互补性。其中，克钦族基本上能够使用景颇语，景颇语是克钦族的民族共同语，景颇文的普及和景颇语文在宗教活动中的应用是形成民族共同语的重要基础。

（三）独龙语研究

相对于景颇语来说，独龙语研究成果较少。1942年罗常培对独龙语进行了调查并撰写了调查报告，1952年出版了《贡山俅语初探》[①]，这是独龙语研究的最早成果。

1.语音研究

70年来，独龙语的语音研究取得了一定的成就。

（1）声调研究

独龙语的声调处在已经产生，但在区别词义和语法意义方面的作用还不十分大的阶段。刘菊黄的《独龙语声调研究》（1989）[②] 一文，对独龙语的声调现状及其性质进行了探索。文章认为："独龙语虽有声调，但声调不稳定，区别意义的功能小。从历史发展的角度看，独龙语的声调处于从无到有的过渡阶段，即处于声调发展的初级阶段。因此，观察和研究独龙语的声调，对于研究整个藏缅语声调的起源与发展有着特殊的价值。"

王莉宁的《独龙语巴坡方言的声调》（2015）[③] 对独龙语独龙江方言巴坡次方言的单字调、连续调和语法调进行了系统的描写，并对特殊的声调演变现象进行了分析研究。她把巴坡方言的单字调归纳为53、55、21和5，此外还有专门用于汉语借词的24调。其中5调为短调，与塞尾p、t、ʔ韵音节相配，实际音值接近54；21调的调值不稳定，在词语中有21、221、332、33等多种变体，从音节音长与声调的关联性来看，53调最短，55调次之，21调最长。连续调具有"弱化"特征，与"轻声"相似。巴坡方言主要的连续调以"前变型"为主，因此双音节词具有"前弱后强"的节律特征；"后变型"常见于后缀音节和重叠式音节，多为状态词或反身动词。独龙语的语法调主要出现在动词和形容词的形态变化中，是一种语法手段，可称为"形态调"，动词和形容词的人称、体时等语法范畴的表达可以通过变调来实现。

（2）弱化音节研究

独龙语有弱化音节。戴庆厦、刘菊黄的《独龙语的弱化音节》（1987）[④] 一文，

---

① 北京大学国学季刊第七卷第三期油印本，1952年12月。
② 载《中央民族学院学报》1989年第5期。
③ 载《民族语文》2015年第1期。
④ 载《云南民族学院学报》1987年第1期。

对独龙语弱化音节的现状及来源作了初步分析，认为"独龙语的弱化音节，不仅是构词、构形的重要成分，而且在语音上，对整个语言的语音结构形式都起着一定的制约作用。…… 独龙语弱化音节的来源比较复杂，就现有的材料看，至少有两个：一是由非弱化音节发展而来的弱化音节；二是复辅音声母分化的结果，前一辅音增添元音变成弱化音节。…… 独龙语的弱化音节存在逐步消失的发展趋势。这种趋势具体表现在：许多弱化音节与后一非弱化音节的结合出现松动，弱化音节在词组和句子中可加可不加，其中弱化音节 a^{31}，$aŋ^{31}$ 较为突出，一些不同的弱化音节之间可以自由替换，替换后词义不变。另一方面，某些语法意义的表达，不再是靠加弱化音节表示，而是以声调的高低来表示。"

（3）长短元音研究

独龙语有长短元音对立现象，并且起区别语法意义的作用。

戴庆厦、刘菊黄的《独龙语木力王话的长短元音》（1986）[1] 一文对独龙语的长短元音进行了比较系统的研究。指出："木力王话元音长短的对立，一般不区别词汇意义。长短对立主要出现在动词的形态变化上，与动词的语法意义的变化有密切关系。…… 一般说来，动词的原形是短元音，而在某种人称和数的变化中，或在某种式的句子中，变为长元音。…… 长短元音的变化，在句子结构的位置上，一般都是开头或者结尾。独龙语属 OV 型语言，宾语在前，动词在后。在由一个动词做谓语的句子中，长元音一般出现在这个动词或动词后面的助词上。在一句话中出现两个动词时，一般是位于句尾的那个动词有长短元音的变化，位于句中的动词都是短元音，并且一般不带具有语法意义的词缀。"

杨将领的《独龙语的长元音》（2000）[2] 一文，描述了独龙语长元音的两种功能及其产生的有关因素。文章指出："独龙语的长元音是一种形态音位，有两种功能：一是在谓语动词上表示强调句施事的某些人称和数，使之有不同于一般句的变化。二是标记某些语法成分（强调句的施事和工具名词），起着相当于格助词的作用。…… 独龙语标记强调句施事和工具名词的长元音应该是后起的形式，作用与格助词相同。…… 长元音产生的过程大概是这样：音节的合并导致长元音首先发生在少数人称（如我们、你、他）作施事的句子中，此后，随着强调句式的形式，逐渐扩散到了其他人称（他俩、他们）和名词作施事的强调句动词上，从而形成了不同于一般句的人称变化。此外，长元音的发生过程还可能受到过动词韵尾状况的制约，是分步骤发生的。"

2. 语法研究

（1）动词研究

动词在词法、句法中的地位十分重要，独龙语动词的研究取得了一定的成就，

---

① 载《中央民族学院学报》1986年第3期。

② 载《民族语文》2000年第2期。

发表了一些比较有影响的文章。

①代词化研究

孙宏开的《独龙语概况》（1979）[①]和《独龙语简志》（1982）[②]分别揭示了独龙语代词化的具体特征，为人们进一步进行语言比较，认识其来源及演变提供了必要的基础。

②趋向范畴研究

刘菊黄的《独龙语动词语法形式的历史演变探索》（1988）[③]一文指出："独龙语动词表方向的语法意义是在动词后加方向助词。方向助词的来源是由语义相关的动词虚化而成。…… 动词离心方向语法意义的表达，是动词加助词 di^{31}。…… 方向助词 di^{31} 与动词 di^{53} '走、去'关系密切，助词 di^{31} 是由动词 di^{53} '走、去'发展而来的。…… 由行为动词 di^{53} 变成动词的离心方向语法形式，经历了由实到虚、由独立到不独立或半独立的演变过程。"

杨将领的《独龙语动词趋向范畴研究》（1999）[④]一文指出："独龙语动词的趋向范畴有向心、离心、向上方和向下方4种形式，通过在动词后加不同的后缀来表达。"文章认为："独龙语可能经历了一个趋向动词加在谓语动词之后表示动作方向（趋向补语），后来逐渐演变为后缀的过程，声调也相应地发生了变化。…… 独龙语趋向后缀的产生和形成，正是其以黏着方式为主的语法结构体系进一步发展的结果。"

③使动范畴研究

共时研究方面。傅爱兰、杨将领的《也谈独龙语的使动词》（1997）[⑤]一文认为："独龙语的 $t\vartheta^{31}-$ 和 $d\vartheta^{31}-$ 除了充当使动前缀外，在一些双音节名词或动词中还有一些趋向意义，而且这两个前缀同羌语支语言的趋向前缀有明显的对应。因此，独龙语在历史上很有可能有过前缀式趋向前缀。后来前缀式趋向范畴消失了，趋向前缀转化为一般的前缀，和词根不能分离，有一些趋向前缀（如 $t\vartheta^{31}-$ 和 $d\vartheta^{31}-$）则改变其功能，不能充当构词前缀，而且还被以前缀 $s\vartheta^{31}-$ 为表现手段的使动范畴体系类化为使动前缀。"

其后，杨将领在《独龙语动词的使动范畴》（2001）[⑥]一文中，进一步分析了独龙语使动范畴的共时特征，文章指出："独龙语使动范畴的形态和分析形式在表达语法意义方面具有互补、分工的特点。…… 独龙语使动范畴的形态和分析形式相互制约、互补、分工、并存的关系，正是使动范畴语法形式的演变从形态向分析形

①　载《民族语文》1979年第4期。

②　民族出版社，1982年。

③　载《中央民族学院学报》1988年第2期。

④　载《民族语文》1999年第1期。

⑤　见《中国民族语言论丛（2）》，云南民族出版社，1997年。

⑥　载《民族语文》2001年第4期。

式转化阶段的特点。"

历时研究方面。刘菊黄的《独龙语动词语法形式的历史演变探索》（1988）[1] 一文指出："独龙语动词使动意义的表达方式有几种，其中，以外部屈折形式，即在动词前加附加成分 su³¹- 和动词后加助词 ɕɯ³¹dzɯ π⁵⁵ 的分析形式最普遍。…… 独龙语使动形式的形成，经历了由内部屈折到外部屈折的发展过程，具体说就是由复辅音与单辅音声母的交替表示动词使动与自动，发展为附加成分表使动。"

杨将领的《独龙语使动范畴语法形式的演变发展》（1999）[2] 一文认为："独龙语的使动范畴已经历了一个分析式从无到有的发展过程：使动前缀在形式上除了固有的形式 sə³¹- 以外，又增加了 tə³¹- 和 də³¹ 两种新形式，呈现出了形式的多样性特点；从意义的演变看，既有使动词的转义，出现了一批带有使动标志的一般动词，又有使动范畴对一般动词的类化，产生了一些无形式标志的使动词，表现出词汇意义和语法意义交错性；从屈折式和分析式的关系上看，既有分工、又有互补，处于相互制约、并存的状态。独龙语使动范畴体系这种错综复杂的特点，一方面显示出旧的语法形式的相对稳固性，一方面也正预示着使动范畴语法形式的发展趋势 —— 向分析形式的过渡。"

④情态范畴研究

情态范畴表示说话人与（自身或他身的）动作或事件的感知关系，这种语法范畴属于一种主观的范畴，表示对事件的感知、心理、意愿等关系。

杨将领的《独龙语的情态范畴》（2004）[3] 一文，分析了独龙语的情态范畴。文章认为："独龙语的情态有转述、感觉、亲见与非亲见、不情愿、不自觉、经验等六种，主要采用前缀、后缀或是在动词上同时加前后缀表示。除了个别的类别（亲见与非亲见）与'体'在形式上聚合以外，都有各自独立的形式，与已发展的亲属语言的情况有所不同。"

⑤人称、数范畴研究

刘菊黄的《独龙语动词语法形式的历史演变探索》（1988）[4] 一文指出："独龙语动词人称、数形式是一种后起的语法现象，它是由部分人称代词经过长期发展演变的。作为一种语法形式，动词人称、数总的来说，经历了由繁到简的发展过程。…… 可以认为，早期独龙语动词比较全面地反映主语、宾语的人称、数，其动词形式比现在更复杂，表达系统更完整。在长期发展中，随着动词语法形式的不断变化，整个兼表主、宾语人称、数意义的动词表达系统也在发生变化的，总趋势是从繁到简。在内容上，由兼表主、宾双方的人称、数到只表示其中一方的人称、数；在表达形式上，其附加成分的丢失或转化，使动词的形式不断简化。这一点，

---

① 载《中央民族学院学报》1988年第2期。

② 载《民族教育研究 —— 动词研究专辑》，1999年。

③ 载《民族语文》2004年第4期。

④ 载《中央民族学院学报》1988年第2期。

与藏缅语动词人称、数形式的整体发展趋势是一致的。"

（2）句尾词研究

独龙语也有句尾词，但不及景颇语丰富、多样。

梅广的《独龙语句尾词研究》（1996）[1]一文，根据所调查的资料，并在前人研究的基础上，把独龙语句尾词的出现情况及其用法做了全面的研究，为分析独龙语以至藏缅语的屈折结构打下了基础。文章认为："句尾词在独龙语句法体系中占着中心位置，因为它是现阶段独龙语表现句法范畴的主要手段。"独龙语"有很大一部分句尾词是从动词变过来的。这部分句尾词自然还多多少少保留了动词的性质，……句尾词的屈折行为正是一种残留的动词性质。"

（3）格助词研究

杨将领的《独龙语的施事和工具格标记》（2015）[2]主要对施事格和工具格标记关系及其演变做了细致的探讨研究。他通过独龙语的内部测拟和亲属语言的比较，认为独龙语在施事格和工具格的使用上存在差异性：怒江方言施事格和工具格使用不同的标记；独龙江方言则只使用同样的标记。通过独龙语与亲属语言的比较以及独龙语内部的拟测研究，认为：独龙语的施事格/工具格（–mi^{31}或–te^{31}）应该是后起的，双拉村中二者属于不同的标记成分，而在迪政当村（–te^{31}）、孔当村（–mi^{31}）和巴坡村话（–mi^{31}）中则选择使用同一标记成分来标记施事格和工具格，孔当村话中保留的第一、第二人称代词施事格的屈折变化是原施事格/工具格–i的遗留形成的。

杨将领的《独龙语的向格标记–le^{31}》（2016）[3]通过对独龙语–le^{31}的分布和功能的探究，认为它是一个"向格"标记。–le^{31}主要出现在地点、处所名词、动词即动词短语、人称代词以及疑问代词等之后，表达动作朝向、动作目的以及受动等功能。迪政当话、孔木话只使用–le^{31}向格标记，巴坡话使用–dʑəŋ^{31}，双拉话功能具有差异性的–bə^{31}/–gɑ^{31}。

杨将领的《独龙语孔当话的格标记系统》（2017）[4]将独龙语孔当话的格标记分为施（事）格、工（具）格、领（属）格、向格、位格、从格、经格等七种，认为独龙语的格标记系统比较完整。属于黏着型语言的独龙语孔当话的格主要通过紧附于实词的后缀、实词元音变长和部分通过实词韵尾的音变来表达。此外，他认为藏缅语各语言的现在形成的格系统属于语言分化后各自创新发展出来的产物，不同的语言之间基本上没有同源关系。

———————

① 载《语言研究》1996年第1期。

② 载《民族语文》2015年第1期。

③ 载《民族语文》2016年第5期。

④ 载《民族语文》2017年第4期。

（4）量词研究

杨将领的《独龙语个体量词的产生和发展》（2011）[①] 对独龙语个体量词的产生、发展规律等特征进行了较为系统的研究。他将独龙语的个体量词分为专用量词、反响型量词、通用量词和类别量词四种，类别量词最丰富，专用量词和通用量词极少，并且反响型量词不是典型的个体量词，它只是处于量词的句法位置起着临时性的作用。独龙语的个体量词主要来源于名词，由于有些名词没有相对应的个体量词，于是直接借用名词来填补语法上个体量词的"空缺"。此外，有些名词虽然有对应的个体量词，但是出于语用性的突出、强调作用也会产生反响型量词。反响型量词与个体量词在语法和语用上的"分工"，是导致个体量词不断产生的方式，也是反响型量词向个体量词过渡的阶段特征。不过，反响型量词向个体量词的转变受到部分名词的性状、对事物特征的概括度等因素的制约。

（5）其他

杨将领的《从亲属语看独龙语的异源词》（2009）[②] 对独龙语的一些异源词的来源、成因问题做了探讨。通过独龙语的"鸡""野鸡""蚯蚓""蛔虫""水""饭"和"吃"与亲属语言和方言之间的对比研究，认为藏缅语的异源词来源及成因很多，有的属于藏缅语分化后的"独立创新"，有的则是在不同语言之间不同的演变方式造成的。

杨将领的《独龙语偏正式合成词的中心语位置》（2013）[③] 从词源、词汇构成结构的角度探讨了独龙语的偏正式合成词及其相关问题。独龙语的偏正式合成词主要有"名词+名词"（修饰语+中心语）和"名词+（不及物）动词（形容词）"（中心语+修饰语）两种类型。此外，独龙语还有模糊性结构的偏正式合成词，它的性质介于前文中的两种类型。它主要来源于独龙语"种类名词+部分名词"这一结构，由于后置的部分名词意义的引申，但是它的性质与不及物动词（形容词）后置于中心名词的类型相似。

赵小东的《独龙语的兼语句中N2兼属性质的句法体现》（2016）[④] 系统考察了独龙语兼语句N2的属性特征，认为独龙语可以通过句法手段和格标记手段来体现兼语句的N2的主语和宾语兼属性质。其中，句法手段比较隐含，而通过格标记的手段则较为明确。

杨将领的《独龙语孔当话的状貌词》（2019）[⑤] 描写了独龙语孔当话状貌词的形式类型特征和功能分布，并谈论了状貌词子类划分问题。在形式方面，他将孔当话的状貌词分为A+$\mathrm{ɔ^{31}/lɔ^{31}/dɔ^{31}/tɕhɔ^{31}/mɔ^{31}}$+A式、A+$\mathrm{wɑ^{31}}$式、四音格式、重叠式和不

[①] 载《民族语文》2011年第6期。

[②] 载《民族语文》2009年第4期。

[③] 载《民族语文》2013年第5期。

[④] 载《中央民族大学学报》2016年第5期。

[⑤] 载《民族语文》2019年第5期。

规则式五种；在功能方面，分为直接修饰动词的"状貌词+动词"和间接修饰动词的"状貌词短语+动词"两种类型。独龙语的状貌词或状貌词短语在句法功能上做状语成分，但这不是划分状貌词的唯一标准，形态变化应该也考虑在内。他认为在独龙语中应该区分形容词、"副词"和"状貌词"。

综上所述，景颇语支语言的研究，总体来说不平衡。语音研究方面，弱化音节和元音和谐有成果出现，但是声母和辅音韵尾以及音变的研究只是出现在相关的概况和著作中，尚未有专题性文章。语法研究方面，动词、量词、句尾词、结构助词、句式和语序研究都有相关成果，但是没有形容词、名词、人称代词研究的成果。对于动词的研究，趋向范畴、使动范畴成果较多，但是还没有对时范畴、式范畴、格范畴、数范畴、体范畴的研究成果。

参考文献

[1] 戴庆厦：《藏缅语族某些语言弱化音节探源》，《民族语文》1984第2期。

[2] 戴庆厦：《景颇语并列结构复合词的元音和谐》，《民族语文》1986第5期。

[3] 戴庆厦：《藏缅语族语言研究》（一），云南民族出版社，1990年。

[4] 戴庆厦：《景颇语亲属称谓的语义分析》，《民族语文》1991年第1期。

[5] 戴庆厦：《景颇语双音节词的音节聚合》，《语言研究》1993年第1期。

[6] 戴庆厦：《景颇语单纯词在构词中的变异》，《民族语文》1995年第4期。

[7] 戴庆厦：《景颇语的实词虚化》，《中央民族大学学报》1996年第4期。

[8] 戴庆厦：《再论景颇语的句尾词》，《民族语文》1996年第4期。

[9] 戴庆厦：《景颇语词的双音节词化对语法的影响》，《民族语文》1997第6期。

[10] 戴庆厦：《藏缅语族语言研究（二）》，云南民族出版社，1998年。

[11] 戴庆厦：《景颇语的结构助词"的"》，《语言教学与研究》1998年第4期。

[12] 戴庆厦：《景颇语方位词"里、处"的虚实两重性——兼论景颇语语法分析中的"跨性"原则》，《民族语文》1998年第6期。

[13] 戴庆厦：《景颇语名词的类称范畴》，《民族语文》1999年第6期。

[14] 戴庆厦：《景颇语重叠式的特点及其成因》，《语言研究》2000年第1期。

[15] 戴庆厦：《景颇语的话题》，《语言研究》2001年第1期。

[16] 戴庆厦：《景颇语"形修名"两种语序对比》，《民族语文》2002年第4期。

[17] 戴庆厦：《景颇语句尾词形成的结构机制》，《中央民族大学学报》2003年第2期。

[18] 戴庆厦：《藏缅语族语言研究（三）》，云南民族出版社，2004年。

[19] 戴庆厦：《藏缅语族语言研究（四）》，中央民族大学出版社，2006年。

[20] 戴庆厦：《景颇语的泛指动词》，《语言科学》2007年第6期。

[21] 戴庆厦：《景颇语谓语人称标记的多选择性》，《中国语文》2008年第5期。

[22] 戴庆厦：《景颇语词汇化分析》，《民族语文》2009年第6期。

[23] 戴庆戴编:《景颇语参考语法》,中国社会科学出版社,2012年。

[24] 戴庆厦:《论跨境语言的和谐与冲突 —— 以中缅景颇语个案为例》,《语言战略研究》2016年第1期。

[25] 戴庆厦:《景颇语两类句尾词的功能互补》,《云南师范大学学报》2016年第4期。

[26] 戴庆厦:《景颇语传讯范畴的类别及性质》,《黔南民族师范学院学报》2018年第5期。

[27] 戴庆厦:《语言转型与词类变化:以景颇语句尾词衰变趋势为例》,《民族语文》2019年第1期。

[28] 戴庆厦:《分析性语言的单音节性与双音节化 —— 以景颇语为例》,《黔南民族师范学院学报》2019年第5期。

[29] 戴庆厦 崔霞:《从藏缅语语法演变层次看独龙语和景颇语亲缘关系的远近》,《中央民族大学学报》2009第3期。

[30] 戴庆厦 傅爱兰:《从语言系统看景颇语动词的重叠》,《汉语学报》2001年第2期。

[31] 戴庆厦 顾阳:《对景颇语"名词+形容词"成分的结构分析》,《现代语言学理论与中国少数民族语言研究》,民族出版社,2003年。

[32] 戴庆厦,和智利,杨露:《论边境地区的语言生活 —— 芒海镇吕英村语言生活个案分析》,《贵州民族研究》2015年第4期。

[33] 戴庆厦 蒋颖:《萌芽期量词的类型学特征 —— 景颇语量词的个案研究》,《汉藏语系量词研究》,中央民族大学出版社,2005年。

[34] 戴庆厦 黎意:《景颇语的述补结构》,《民族语文》2004年第6期。

[35] 戴庆厦 刘菊黄:《独龙语木力王话的长短元音》,《中央民族学院学报》1986年第3期。

[36] 戴庆厦 刘菊黄:《独龙语的弱化音节》,《云南民族学院学报》1987年第1期。

[37] 戴庆厦,彭茹:《景颇语的基数词 —— 兼与汉语等亲属语言比较》,《民族语文》2015年第5期。

[38] 戴庆厦 邱月:《景颇语"给"字句的类型学特征》,《中国语言学》第1辑,山东教育出版社,2008年。

[39] 戴庆厦 孙艳:《景颇语四音格词产生的机制及其类型学特征》,《中国语文》2005年第5期。

[40] 戴庆厦,王玲:《景颇语弱化音节语音性质的实验研究》,《中央民族大学学报》2014年第5期。

[41] 戴庆厦,闻静:《景颇语方式范畴的句法形式及其类型学特征》,《语言研究》2016年第3期。

[42] 戴庆厦 吴和得:《景颇语前缀研究》, New Horizons in Tibeto-Buman

Morphosyntax，National Museum of Ethnology，Osaka，1995年。

[43] 戴庆厦 徐悉艰:《景颇语语法》,中央民族学院出版社，1992年。

[44] 戴庆厦 徐悉艰:《景颇语词汇学》,中央民族大学出版社，1995年。

[45] 顾阳:《langai、mi与景颇语数名结构再析》,《语言科学》2009第3期。

[46] 黄平，李春风:《论景颇族和谐语言生活的特点和成因》,《民族翻译》2012年第1期。

[47] 蒋颖，朱艳华:《耿马县景颇族和谐的多语生活——语言和谐调查研究理论方法的个案剖析》,《暨南学报》2010年第4期。

[48] 刘菊黄:《独龙语动词研究》,《语言研究》1988年第1期。

[49] 刘菊黄:《独龙语动词语法形式的历史演变探索》,《中央民族学院学报》1988年第2期。

[50] 刘菊黄:《独龙语声调研究》,《中央民族学院学报》1989年第5期。

[51] 刘菊黄:《独龙语等部分藏缅语动词人称前加成分的来源探索》,《语言研究》1994年第2期。

[52] 刘璐:《景颇语语法纲要》,科学出版社，1959年。

[53] 刘璐:《景颇语概况》,《中国语文》1964年第5期。

[54] 刘璐:《景颇族语言简志》(景颇语),民族出版社，1984年。

[55] 彭国珍:《景颇语致使结构的类型学考察》,《中国语文》2013年第6期。

[56] 饶敏，向柏霖:《景颇语边音*1的塞音化》,《民族语文》2018年第4期。

[57] 孙宏开:《独龙语简志》,民族出版社，1982年。

[58] 孙宏开:《我国藏缅语动词的人称范畴》,《民族语文》1983年第2期。

[59] 孙宏开:《藏缅语动词的互动范畴》,《民族语文》1984年第4期。

[60] 孙宏开:《藏缅语中的代词化问题》,《国外语言学》1994年第3期。

[61] 孙宏开:《藏缅语人称代词格范畴研究》,《民族语文》1995年第2期。

[62] 孙宏开:《论藏缅语动词的使动范畴》,《民族语文》1998年第1期。

[63] 王莉宁:《独龙语巴坡方言的声调》,《民族语文》2015年第1期。

[64] 肖家成:《景颇语的弱化音节》,《民族语文》1979年第4期。

[65] 肖家成:《景颇族的亲属称谓与婚姻制度》,《民族学研究》第5辑,民族出版社，1983年。

[66] 徐悉艰:《景颇语的四音格词》,《民族语文论集》,中国社会科学出版社，1981年。

[67] 徐悉艰:《景颇语的使动范畴》,《民族语文》1984年第1期。

[68] 徐悉艰:《景颇语的前缀》《中国民族语文论集》,四川民族出版社，1986年。

[69] 徐悉艰:《景颇语的量词》,《民族语文》1987年第5期。

[70] 徐悉艰:《景颇语量词的产生和发展》,《中央民族学院学报》1990年第

2 期。

[71] 徐悉艰:《景颇语的重叠式》,《民族语文》1990年第3期。

[72] 徐悉艰:《景颇语的结构助词》,《民族语文研究新探》,四川民族出版社,1992年。

[73] 杨将领:《独龙语动词趋向范畴研究》,《民族语文》1999年第1期。

[74] 杨将领:《独龙语使动范畴语法形式的演变发展》,《民族教育研究 —— 动词研究专辑》1999年。

[75] 杨将领:《独龙语的长元音》,《民族语文》2000年第2期。

[76] 杨将领:《独龙语动词的使动范畴》,《民族语文》2001年第4期。

[77] 杨将领:《独龙语的情态范畴》,《民族语文》2004年第4期。

[78] 杨将领:《从亲属语看独龙语的异源词》,《民族语文》2009第4期。

[79] 杨将领:《独龙语个体量词的产生和发展》,《民族语文》2011第6期。

[80] 杨将领:《独龙语偏正式合成词的中心语位置》,《民族语文》2013年第5期。

[81] 杨将领:《独龙的施事和工具格标记》,《民族语文》2015年第1期。

[82] 杨将领:《独龙语的向格标记 –le³¹[》,《民族语文》2016第5期。

[83] 杨将领:《独龙语孔当话的格标记系统》,《民族语文》2017第4期。

[84] 杨将领:《独龙语孔当话的状貌词》,《民族语文》2019第5期。

[85] 张文国:《景颇语动名兼类词的分化》,《民族语文》2007年第2期。

[86] 张 军:《景颇语的判断句》,《中央民族大学学报》2004年第6期。

[87] 赵小东:《独龙语的兼语句中N2兼属性质的句法体现》,《中央民族大学学报》2016第5期。

[88] 朱艳华:《缅甸克钦族的语言使用现状》,《当代语言学》2016年第2期。

五、缅彝语支语言研究

缅彝语支（也有人称为"彝缅语支"）在藏缅语族中是一个语种较多的语群。在20世纪80年代以前的研究著作中，多是把缅语支、彝语支分开①。1982年，盖兴之在《试论缅彝语言的谱系分类》（1982）②一文中提出将缅语支、彝语支合并为缅彝语支，但他把景颇语也列入这一语支之内。1989年，戴庆厦、傅爱兰、刘菊黄在《我国藏缅语族系属分类问题》（1989）③一文中也把缅语支、彝语支合并为缅彝语支，与藏缅语族南部语群下属的白语支、土家语支并列。此后，不少学者都采纳了这一分类法。1991年在四川凉山州西昌市召开的国际彝缅语学术会议，也

---

① 参阅李方桂:《中国的语言和方言》,载《中国年鉴》,1937年;《中国的语言和方言》,载美国《中国语言学报》创刊号,1980年。罗常培、傅懋勣:《国内少数民族语言文字概况》,载《中国语文》1954年第3期。

② 载《民族语文研究文集》,青海民族出版社,1982年。

③ 载《云南民族学院学报》1989年3期。

使用了这一名称。近年来有的又倾向于把缅语支和彝语支分开，如《中国的语言》
（2007）一书的处理。

中国学术界对缅彝语大规模的调查、研究始于抗日战争时期。当时，一批从
事汉语研究的学者对云南少数民族语言进行了实地调查研究，也包括了缅彝语的
研究。如：闻宥研究彝语、纳西语等语言，发表过《再论倮倮文数字》（1936）[①]、
《么些象形文字之初步研究》（1940）[②]、《记西昌彝语的元音》（1948）[③]；傅懋勣研究
纳西语、彝语等语言，出版过《维西么些语研究》（1940、1941、1943）[④]、《丽江
么些象形文〈古事记〉研究》（1948）[⑤]；马学良以彝语为主要研究对象，发表过论
文《湘黔彝语掇拾》（1938）[⑥]，出版过专著《撒尼彝语研究》（1951）[⑦]；袁家骅调
查过哈尼语、彝语，发表过《窝尼语音系》（1947）[⑧]、《峨山窝尼语初探（语法提
要）》（1947）[⑨]。他以这次调查的材料为基础，后来又出版了《阿细民歌及其语言》
（1953）[⑩]；高华年发表过《彝语语法》（1944）[⑪]。这些成果在缅彝语研究方面具有开
创性，为后来的研究奠定了基础，但是由于条件的限制，这些研究还不是很深入。

中华人民共和国成立后，缅彝语的研究取得了很大的发展，主要表现在：1.开
展了广泛的缅彝语支调查研究，对其中大多数语言和方言的特点有了一定的了解，
并对其总体面貌有了初步的认识。这方面的成果主要反映在各语言简志、语言概况
里。2.对缅彝语支中的一些重要的、独特的语言现象有了比较深入的研究，如松紧
元音、清浊声母、使动范畴、量词等。3.对缅彝语的历史比较做了一些研究，探讨
了某些语言要素的来源及历史演变，并在有的领域取得了新的突破。4.对原始缅彝
语的语音形式做了构拟。

下面分专题进行介绍。

（一）语音研究

70年来，缅彝语支语音研究方面的成就主要有：一、对各语言的语音系统进
行了科学细致地描写、分析，基本弄清了该语支大多数语言的语音系统。二、对缅

---

① 载（天津）大公报（图书副刊115期），1936年第1期。

② 载《民族学研究集刊》第2期，1940年。

③ 载《中国文化研究汇刊》第8卷，1948年。

④ 载《中国文化研究所集刊》1940年第1卷第4期（语音部分）、1941年第2卷（语法部分）、1943
年第3卷（词汇部分）。

⑤ 武昌华中大学出版，1948年。

⑥ 载《西南边疆》，1938年第3期。

⑦ 科学出版社，1951年。

⑧ 载《学原》1947年第1卷第11期。

⑨ 载《边疆人文》1947年第4卷。

⑩ 科学出版社，1953年。

⑪ 载南开大学文科研究所边疆人文研究室《语言人类学专刊》乙集第3种，1944年。

彝语支某些主要的或特殊的语音现象进行了专题研究，深化了对这些语音现象的共时特征、历时演变的认识。

1. 复辅音

缅彝语支部分语言的声母有复辅音，如彝语、基诺语、纳西语、堂郎语等。人们对缅彝语支复辅音声母的研究主要集中在复辅音的共时描写、历史来源及发展演变等方面。

（1）复辅音的共时描写

在复辅音的共时描写方面，有的学者深入研究了复辅音的构造特点，如：李永燧的《彝缅语唇舌音声母研究》（1989）[1]，对彝缅语唇舌音声母的构造特点进行了描写："唇舌音声母是指含有唇音和舌音的声母，这是一类复辅音声母。唇舌复辅音声母中的唇音是双唇塞音或双唇鼻音，有时候是唇齿擦音。前者为重唇音，后者为轻唇音。舌音部分往往是舌尖擦音或流音。"有的学者研究了复辅音的发音特点，如戴庆厦的《彝缅语鼻冠声母的来源及发展 —— 兼论彝缅语语音演变的"整化"作用》（1992）[2] 一文细致地分析了鼻冠声母在发音上的特点："（一）在两个辅音中，鼻音后的辅音是强势，音值强而长，鼻音是弱势，音值短而弱。（二）鼻音与后面的塞音或塞擦音都是同部位的，二者数量相等。（三）二者结合很紧，组成一个音节，共用一个声调。""鼻音后的塞音、塞擦音有三种情况：一是不送气的浊音，如喜德彝语、纳西语；二是不送气清音，如大方彝语；三是送气清音，如武定彝语。"还有学者分析了复辅音在方言及其他语言中的对应情况，如：刘应珍、武自立的《尼苏彝语塞边音在方言和亲属语言中的对应》（1997）[3] 一文介绍了塞边音 tl、tl·h、dl、ndlh 在彝语内部以及同其他语言之间的对应关系。

（2）复辅音的历史来源

语音发展的不平衡性决定了各种语言或方言中或多或少地保留着一些较古的形式。充分重视和利用这些体现古音特点的语音形式，有助于全面深入地进行语言的历史比较。缅彝语大多缺乏历史文献，研究复辅音的来源主要依靠亲属语言的比较。戴庆厦的《彝缅语鼻冠声母的来源及发展 —— 兼论彝缅语语音演变的"整化"作用》（1992）[4] 通过亲属语言、方言的比较，指出彝缅语的鼻冠音有着共同的来源，多与古藏语的复辅音声母对应，其中与带 h、m 前置辅音的复辅音对应的比较多，此外还有带 d、g、b 的复辅音。认为彝缅语鼻冠声母来自古藏缅语的复辅音声母。傅爱兰的《怒苏语的卷舌化声母》（1995）[5] 一文通过与亲属语言的比较，讨论了怒苏语卷舌化声母的历史来源，认为最大可能的来源是复辅音 Cr 或 rC，此外

---

[1] 载《民族语文》1989 年第 3 期。

[2] 载《民族语文》1992 年第 1 期。

[3] 载《民族语文》1997 年第 3 期。

[4] 载《民族语文》1992 年第 1 期。

[5] 载《语言研究》1995 年第 2 期。

还有三种可能的来源：1）来源于复辅音中的舌尖中塞音；2）音节合并的产物；3）是原始藏缅语中Cl–，Cj–，Cw–"合流"的结果。李永燧《彝语先喉塞鼻音声母考察 —— 兼论缅彝共同语鼻音声母的分类》（1996）[①] 通过魏山彝语与同语族其他语言与方言的比较，指出先喉塞鼻音成分有两个来源：一是由原始藏缅语 *s–，*r– 等前缀演化来的；二是鼻音声母古入声消失的补偿。

（3）复辅音的发展演变

朱文旭的《凉山彝语复辅音声母探源》（1989）[②] 一文通过对凉山彝语分音词声母与汉藏语系若干亲属语言有关词语声母的比较研究，提出复辅音声母AB–演化为A–+B–两个单辅音声母的可能性。徐世璇的《缅彝语几种音类的演变》（1991）[③] 认为"缅彝共同语的两组复辅音声类pl、bl、ml和pɹ、bɹ、mɹ由于后置辅音逐渐弱化，都经历了腭化辅音的阶段。然后，或因腭化音脱落，基本辅音保留成为双唇音声母，或因腭化音同基本辅音互相影响而产生发音方法和发音部位的变化，发展为舌面（或舌尖）音声母。这种交叉演变导致两组声类相互合流，重新形成两套单辅音声母。"该文还认为基本辅音为舌根音的复辅音同基本辅音为双唇音的复辅音具有基本一致的演变趋势。王丽梅的《"塞音＋流音"型复辅音在彝语及其亲属语言中的音变分析》（2017）[④] 探讨了"双唇塞音＋流音"型复辅音、"软腭塞音＋流音"型复辅音在彝语及其亲属语言中的演化路径，认为大致可分为三种：弛化脱落为基辅音形式、腭化耦合为常见塞擦音形式、特征投射为周边部位的辅音形式，并且均依清浊、送气与否等特征基本对应成完整序列，在地理分布上也呈现一定的规律性。同时，相同声类在其他缅彝诸语言中的演化形式，还保留了分布较为广泛的"基辅音＋腭介音"形式，在一定程度上反映了历史音变的不同阶段。该文借鉴潘悟云的"从地理视时还原历史真时"的相关理论和方法，联系亲属语言的有关音变，尝试绘制出相关的地理视时图，解释"塞音＋流音"型复辅音声类在缅彝语中的演化情况：

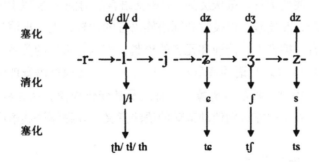

① 载《语言研究》1996年第1期。

② 载《民族语文》1989年第3期。

③ 载《民族语文》1991年第3期。

④ 载《语言研究》2017年第1期。

戴庆厦的《彝缅语鼻冠声母的来源及发展 —— 兼论彝缅语语音演变的"整化"作用》（1992）[①] 指出彝缅语鼻冠声母的形成经历了复辅音"整化"的过程，即前置辅音由多种辅音整化为鼻音，主要辅音由多种发音方法整化为一类。"整化"的结果使彝缅语的声母结构更为整齐、系统；并使一部分词声母主要辅音的清浊向对立面转化，从而出现新的语音配合条例。李子鹤、潘晶晶、戴虎腾的《纳西语与鼻音相关的语音演变》[②] 一文考察了纳西语方言中鼻冠塞音、塞擦音的音变。认为鼻冠塞音、塞擦音存在于原始纳西语时期，后来在部分方言中鼻冠音逐渐丢失变为同部位浊塞音、塞擦音，玛丽玛萨方言又出现了后起的音变，使鼻冠塞音变为同部位鼻音，与鼻冠音变为塞音的变化相互竞争。两项音变都是以词汇扩散的方式进行的。

潘正云的《彝语阿都话唇软颚复辅音声母比较研究》（2001）[③] 将彝语北部方言阿都话唇软颚复辅音声母（舌根音和双唇音结合的复辅音声母）kp、khp、gb、ngb、nm 与彝语其他方言的读法进行比较，认为阿都话唇软颚辅音声母在东部方言、东南部方言、中部方言、西部方言、南部方言中的演变途径主要表现为3个方面：脱落、融合、分化。朱文旭的《彝语部分辅音特殊演化》（2010）[④] 发现凉山彝语的舌根辅音 k、kh、g 和舌尖辅音 t、th、d，在与元音 ɯ、u 结合时出现两读现象，这说明这两类辅音正在向舌面音 tɕ、tɕh、dʑ 演化。此外，这两套辅音在一些方言和亲属语言中与 p、ph、b 相对应，这种对应可能来源于上古 *pk-、*pkh-、*bg-、*pt-、*pth-、*bd- 复辅音声母的演化。

2. 清浊声母

缅彝语支许多语言的声母存在清浊对立，但发展不平衡。有的语言清浊对立既出现在塞音、塞擦音、擦音上，又出现在鼻音、边音上，如缅语、彝语等；有的语言只出现在塞音、塞擦音、擦音上，如哈尼语、傈僳语等；还有的语言只出现在擦音上，如载瓦语。

历时演变也存在不平衡性。因此，人们可以通过亲属语言或方言的比较来探讨清浊声母的发展、演变历程。戴庆厦的《彝语支语言的清浊声母》（1981）[⑤] 一文通过彝语支诸语言的相互比较，以及它和同语族语言的比较，揭示出清浊对立主要出现在塞音、塞擦音、擦音上，清浊和元音的松紧、声调有密切的关系，清浊对立呈现出逐渐消失的趋势。《阿昌语的清鼻音》（1985）[⑥] 一文通过语音现状分析以及和亲属语言的比较，探讨了阿昌语清鼻音的特点及其变化规律。认为鼻音清浊对立，除了区别词汇意义外，还能区别使动范畴的语法意义。在藏缅语族语中，阿昌语的

---

① 载《民族语文》1992年第1期。
② 载《语言研究集刊》第23辑，上海辞书出版社，2019年。
③ 载《民族语文》2001年第2期。
④ 载《语言研究》2010年第4期。
⑤ 载《中央民族学院学报》1981年第2期。
⑥ 载《民族语文》1985年第2期。

清鼻音同其他语言的清鼻音着共同的来源。很可能是由前置清擦音s-的鼻音演变来的。从发展上看，阿昌语的清鼻音呈现出不平衡性，有的方言的清鼻音已消失。谢志礼、苏连科的《藏缅语清化鼻音、边音的来源》（1990）[①] 一文通过藏文、缅文、彝语方言以及同语族其他语言或方言的比较，论证了藏缅语清化鼻音、边音来源于带前置辅音s-的声母。

3. 塞擦音声母

缅彝语支语言的塞擦音声母比较复杂，是造成缅彝语言声母系统差异性的一个很重要的方面，但专门研究塞擦音声母的论文不多。徐世璇的《缅彝语言塞擦音声母初探》（1995）[②] 一文通过中国境内20多种缅彝语言和方言的现代口语、藏文、缅文及缅语的材料，对缅彝语言塞擦音声母的共时面貌、来源演变以及二者之间的有机联系进行了探讨。该文指出："缅彝语言中的塞擦音有较长的历史，在藏缅语阶段已经存在，但在现代缅彝语言中留存下来的早期塞擦音声母十分有限。相对来看，现代塞擦音声母系统在来源、种类上都比较多样。要较为清楚地观察塞擦音声母的演变源流，可以从两个不同的方向分别来看：从早期塞擦音的发展看，塞擦音在演变中发生了分流现象，一部分保存塞擦音性质，一部分演变为擦音声母。从现代塞擦音的来源看，塞擦音声母也有3种不同的源流：一是保存了部分原来的塞擦音；二是在演变过程中同擦音产生了密切的联系；三是来源于复辅音。"

4. 小舌音声母

小舌音声母在缅彝语支语言中的分布很少。彝语支仅拉祜语有小舌塞音q、qh，彝语、傈僳语有小舌擦音h。对小舌音的研究至今涉及很少。徐世璇的《缅彝语几种音类的演变》（1991）[③] 一文，论及缅彝语小舌音的演变轨迹。该文认为"缅彝共同语小舌音声类的演变轨迹比较单纯明确，除在个别语言或方言中仍保留着古音形式外，在大多数语言中，与*kl和*gl声类的演变互相影响，共同形成舌根音声母。"盖兴之、姜竹仪的《彝语支语言的小舌音》（1997）[④] 是仅有的一篇专门讨论小舌音的文章。该文运用彝语支语言的方言材料，描写了彝语支语言小舌音的共时分布特点、彝语支语言小舌音的对应关系，提出两个观点：（1）上古彝语支语言没有小舌音声母；（2）现代彝语支语言的舌根音声母是由小舌音声母衍变来的。

5. 松紧元音

松紧元音是藏缅语族缅彝语支部分语言的一个独特的语音现象。根据目前的研究，有松紧元音区别的语言有彝语、哈尼语、傈僳语、拉祜语、怒语、桑孔语、载瓦语、浪速语、勒期语等语言。由于松紧元音与声母、韵母、声调都有密切的关系，其形成和历史演变制约着整个语音系统，使得这一领域的研究成为缅彝语语音

---

① 载《民族语文》1990年第4期。

② 载《民族语文》1995年第3期。

③ 载《民族语文》1991年第3期。

④ 载《彝缅语研究》，四川民族出版社，1997年。

研究的一项重要内容。

最早揭示松紧元音对立的是马学良先生。1948年，他在《倮文<作祭献药供牲经>译注》（1948）[①]一文中指出："彝文中有紧喉元音，就是发音时，喉头和声带都有点紧缩，我在这类韵母下标－号，以示紧喉。如lu55'虎'，lu̠55'足够'。"这篇文章首次提出松紧元音在彝语中的存在，并描述其发音特征，为松紧元音的研究奠定了基础。据马学良先生回忆，当年他在实地请了他的导师李方桂先生听音，得到李先生的认可[②]。此后，又陆续有相关论述问世，这些文章主要涉及松紧元音的共时特征、历史来源、演变趋势等方面的内容。

（1）松紧元音的共时特征

松紧元音跟其他语音特征有着密切的联系，这一复杂的语音现象，给正确认识、准确描写松紧元音的特征，带来一定的困难。因而，研究松紧元音，首要的就是要认清其共时特征。戴庆厦在《藏缅语族松紧元音研究》（1990）[③]一文中主要根据缅彝语和景颇语系统地分析了松紧元音的发音特征："松紧元音的发音特征是喉头紧缩与不紧缩，这是构成松紧对立的主要标志。但由于松紧元音总是同声母、声调等语音要素结合在一起而存在的，所以松紧的差别往往也造成声母、声调、舌位等方面的一些差别。"对松紧元音音质的分析，孔江平发表了几篇采用声学实验来研究的论文。他的《哈尼语发声类型声学研究及音质概念的讨论》（1996）[④]一文，认为哈尼语的松紧元音是一种超音段特征。该文对哈尼语的松紧元音进行了深入的声学分析和定量研究，"在哈尼语不同发声现象的研究上，过去一直称为松紧元音，从这次研究的结果来看，'紧音'的特征是附在整个音节上。不但元音紧而且辅音也紧，因此它是哈尼语的一种超音段特征。"《凉山彝语松紧元音的声学研究》（1997）[⑤]一文通过对凉山彝语的声学分析，确定松紧元音在音质上的差别以及音质差别对松紧性质的影响，"（1）凉山彝语五对松紧元音的音质（高低）都不相同，松音都比紧音高，……（2）凉山彝语的紧元音后部要比前部紧。（3）凉山彝语的松紧元音不仅声带的紧张程度不同，而且咽腔的大小和舌根的位置也不同。紧音是挤喉音，声带紧张，松音是正常元音，声带较松弛；紧音的舌根靠前，肌肉紧张，因而咽腔大。松音的舌根不靠前，咽腔比较小。因此，凉山彝语的紧元音是一种由声带和舌根及咽腔的共同机制产生的综合性紧元音发声类型。"《阿细彝语噪音声学研究》（1997）[⑥]一文通过阿细彝语松紧元音的声学研究，得出以下结论：（1）阿细彝语的紧元音是由声带紧张形成的一种具有特殊性质的元音，在发声类型上属于紧

---

① 载《中央研究院（中华民国时期）历史语言研究所集刊》第20本，1948年7月。

② 注：那时，马学良先生在西南联大跟随李方桂先生读研究生。

③ 载《藏缅语族语言研究》，云南民族出版社，1990年3月。

④ 载《民族语文》1996年第1期。

⑤ 载《彝缅语研究》，四川民族出版社，1997年，P93–105。

⑥ 载《中国民族语言论丛》，云南民族出版社，1997年。

喉音的一种，而松元音属于正常嗓音；（2）阿细彝语的浊音声母辅音也存在松紧的差别，其松紧和后接元音的松紧性质相同；（3）松紧和调音音色有一定的关系；（4）声调和紧松的关系明确，紧元音要比相应的松元音声调高。采用这一方法研究松紧元音的还有石锋、周德才，他们的《南部彝语松紧元音的声学表现》（2005）① 一文通过对彝语南部方言松紧元音的声学实验，考察了这组对立的元音在声学上的表现。实验表明，松紧元音的对立是发声类型的差异，也就是喉部的松紧状态。彝语南方方言在音高和时长方面的声学表现跟北部彝语的表现是一致的。朱晓农、周学文的《嘎裂化：哈尼语紧元音》（2008）② 对哈尼语哈雅方言绿春县大寨话的"松紧"元音样本进行了声学分析，"在比较了松和紧元音各自的参数以及差值后，我们把哈尼语元音对立从'松紧'这对笼统的名称下分离出来，从语音学、统计学的意义上证明了哈尼语的'松'元音是常态浊声的元音，哈尼语的'紧'元音为嘎裂声化的元音。"唐留芳的《福贡傈僳语的松紧元音》（2018）③ 认为福贡傈僳语的松紧元音实际上是发声态的区别，松元音是气化元音，紧元音是常态元音。松紧对立在降调中比平调更加显著。

由于松紧元音语音特征上的复杂性，在语言研究中怎样正确认识和处理松紧元音就显得尤为重要。对松紧元音的认识，学界存在不小分歧，有的把松紧元音看成是声母清浊的不同，有的看成是带不带喉塞韵尾的区别，有的看成是声调长短的区别。戴庆厦的《藏缅语族松紧元音研究》（1990）④ 一文强调了研究松紧元音时，要分清主要特征和伴随特征，他指出："正确认识松紧元音的特征，分清哪个是主要特征，哪个是伴随特征，能够帮助我们正确认识松紧元音的属性，同时还能使我们从中窥见语音发展的一些线索，对于研究松紧元音的发展变化，以及它同其他语音要素的关系，都会有很大的帮助。"他认为"构成这种音位对立的主要特征是元音的松紧，而不是声调的长短。松紧是决定事物性质的主要特征，而长短则是伴随主要特征的一种次要现象。"

（2）松紧元音的历史来源

藏缅语族多数语言没有文字，因此，在考察松紧元音的历史来源时，学者们多采用与同语族语言进行共时比较的方法。1964年胡坦、戴庆厦的《哈尼语元音的松紧》（1964）⑤ 一文，通过哈尼语方言比较以及与亲属语言比较，第一次提出"彝语支松紧元音的对立可能是 …… 辅音韵尾脱落后，原为舒声韵的元音转化为松元音，原为促声韵的元音转化为紧元音。"1979年戴庆厦又在《我国藏缅语族松紧元

① 载《语言研究》2005年第1期。

② 载《民族语文》2008年第4期。

③ 载《民族语文》2018年第2期。

④ 载《藏缅语族语言研究》，云南民族出版社，1990年。

⑤ 载《中国语文》1964年第1期。

音来源初探》（1979）① 一文中，通过藏缅语族亲属语言藏、缅、景颇、载瓦、哈尼、傈僳、拉祜、苦聪等语言的比较，论述我国藏缅语元音松紧对立的形成是由两条不同的渠道汇合而成的：一条是从声母清浊对立转化来的，清声母音节变为紧元音音节，浊声母音节变为松元音音节（如景颇语、载瓦语）。一条是从韵母的舒促对立转化来的，舒声韵音节变为松元音音节，促声韵音节变为紧元音音节（如彝语支语言）。盖兴之的《藏缅语的松紧元音》②（1994）则认为，藏缅语的松紧元音有着共同的来源，松紧元音与塞音韵尾并不存在互为因果的消长关系，各有自己的演变规律。

（3）松紧元音的演变趋势

戴庆厦的《藏缅语族松紧元音研究》（1990）③ 一文"通过语言和方言比较，我们看到藏缅语族一些语言（或方言）的松紧元音在它的发展过程中出现了紧元音松化的现象，即松紧元音由严整对立演化为不完全对立，再到完全不对立。这种松化的趋势在不同的语言里表现出发展上的不平衡，如有的是全部或大部紧元音音位消失了，有的是消失了一部分紧元音音位，有的是在一些具体词上紧元音特征消失了，或出现可松可紧的现象。"并指出了紧元音松化的两种主要途径："一种是松紧对立消失后变为舌位的差别，即转化为舌位高低不同的元音，另一种是松紧对立消失后引起声调的分化。"

6. 元音的共时描写和历时演变

（1）元音的共时描写

朱文旭的《彝语元音 i 和 ʅ 的对立》（2002）④ 一文对前辈学者关于彝语元音 i 和 ʅ 的处理提出了不同的看法。陈康、巫达等人（1987、1998）⑤ 认为彝语的元音 i 和 ʅ 不构成对立，因而把舌尖前元音 ʅ、ʅw 合并于 i、i。朱文旭考察了凉山彝语辅音声母与 i、ʅw 的结合关系以及这两个元音的辨义作用，认为 i、i 与 ʅ、ʅw 是对立的元音。戴庆厦、曲木铁喜的《彝语义诺话的撮唇音和长重音》（1990）⑥ 描写了彝语义诺话的撮唇与非撮唇元音，指出撮唇元音的发音经历的过程是，先撮双唇，后向所发元音的唇状过渡，与只有一个动程的圆唇元音不同；认为撮唇音的作用主要是区别词义。

————————

① 载《民族语文》1979年第1期。

② 载《民族语文》1994年第5期。

③ 载《藏缅语族语言研究》，云南民族出版社，1990年。

④ 载《民族语文》2002年第1期。

⑤ 陈康：《彝语韵母方音对应研究》，《语言研究》1987年第2期；陈康、巫达：《彝语语法》，中央民族大学出版社，1998年。

⑥ 载《中央民族学院学报》1990年第2期。

（2）元音的历时演变

陈康的《彝语*a、*e的地域推移》（1993）① 一文从彝语韵类*a、*e在方言中颌开度和舌位的变化及其地域分布，研究彝语支语言韵母单元音化演变的特征。该文指出，"彝语*a韵的发展趋势是从东至西，颌开度由大变小，由东端的a向西端的i推移。""彝语*e韵的发展趋势是从东至西，颌开度由小变大，由东端的e向西端的a推移。"江荻的《藏缅语言元音的上移和下移演化》（2001）② 一文讨论元音自身音质属性在历史演变中的作用，认为这是元音演化的根本因素之一。该文依据缅文、藏文记录的古代语言的元音与现代缅语、藏语的元音的比较，同时结合声学实验，提出了"长元音在演化中上移"，"短元音在演化中下移"这两条演化原理。江荻的《缅甸语复合元音的来源》（2002）③ 以缅语为实例，讨论了藏缅语言单元音演化为复合元音的过程。该文借助元音音系空间的周边性元音和非周边性元音演化特性来描绘元音的演化方式，指出长高元音音核随着周边性特征的转变逐步下移并形成复合元音的过程。王朝晖的《仙岛语和阿昌语的元音对应关系》（2005）④ 通过仙岛语与阿昌语开音节和闭音节中元音的比较，探讨仙岛语和阿昌语元音历史演变的轨迹。该文认为，从阿昌 —— 仙岛共同语到仙岛语经历了a>ɔ>o>u的推链式元音转移。

7. 辅音韵尾

缅彝语支缅语组语言大都有带鼻音韵尾和塞音韵尾的韵母，而彝语组除了怒语、哈尼语（少数方言）等有个别带辅音韵尾的韵母外，多数语言没有带辅音韵尾的韵母。

70年来，人们对缅彝语支辅音韵尾的研究主要集中在其演变趋势上，发现了一些普遍性的规律。最重要的是发现缅彝语辅音韵尾呈现出由多到少的发展趋势，有的语言则走完了从有到无的历程。

马学良的《彝语"二十、七十"的音变》（1980）⑤ 一文，通过考察现代彝语数词"十"位于"二""七"之后的特殊音变现象，探讨了彝语支语言塞音韵尾的演变过程：–p、–t、–k韵尾→–ʔ韵尾→紧元音与–ʔ韵尾共存→紧元音。陈康的《彝缅语塞音韵尾演变轨迹》（1993）⑥ 一文认为藏缅语的塞音韵尾到彝缅语阶段，发音部位后移：由双唇、齿→舌根→喉、喉壁。他还指出：喉部闭塞影响音高，产生声调，声调起辨义作用，并进一步分化，形成一条彝缅语塞音韵尾演变轨迹。杨露的

① 载《民族语文论文集》，中央民族学院出版社，1993。
② 载《民族语文》2001年第5期。
③ 载《民族语文》2002年第3期。
④ 载《民族语文》2005年第4期。
⑤ 载《民族语文》1980年第1期。
⑥ 载《民族语文》1993年第1期。

《阿昌语塞音韵尾方言差异的地理语言学分析》[1] 运用地理语言学的研究方法考察阿昌语塞音韵尾 –p、–t、–k、–ʔ的地理分布状况和演变特点。通过语言地图静态的横向地理比较，对阿昌语塞音韵尾简化的程度及路径进行分析，得出阿昌语方言内部塞音韵尾的发展现状由弱及强依次为：梁河方言<芒市方言<陇川方言。认为这种地理分布状态，是历史行政区划、民族聚居融合、地理交通阻隔等因素深刻影响的结果。

徐世璇的《缅彝语几种音类的演变》（1991）[2] 从亲属语言的比较中得出缅彝语鼻音韵尾类趋于简化的一些演变方式：（1）类化（2）脱落（3）鼻化。石林、黄勇在《汉藏语系语言鼻音韵尾的发展演变》（1996）[3] 一文中指出：藏缅语族辅音韵尾的发展趋势多数语言是由多到少、由有到无，但也有个别语言，如浪速话，是由无到有、由少到多。他们还认为鼻音韵尾丢失前要经过元音鼻化阶段后才彻底消失。

8. 声调

缅彝语支的语言都是有声调语言。70年来，缅彝语支声调方面的研究逐步深入，尤论是声调的共时描写，还是声调的产生机制、历时演变规律，都取得了很大的成绩。

（1）声调的共时描写

声调的共时描写主要是对某一语言（或方言）的声调特点做系统的描写、分析。这方面的研究成果多出现在少数民族语言简志、语言概况里面。也有一些专题论文，如程默的《载瓦语的声调》（1956）[4]、戴庆厦的《载瓦语的声调》（1989）[5]、傅爱兰的《怒语的声调》（1993）[6] 等。这些成果揭示了藏缅语族缅彝语支声调方面的如下三个特点：

一是缅彝语声调的基本特点是数目少，调型比较简单，无曲折调。缅彝语的声调多为3—4个，超过4个的很少。从目前掌握的材料来看，声调最多的是7个调，如卡卓语、堂郎语；最少的只有3个调，如哈尼语、载瓦语。二是声调在缅彝语中主要起区别词汇意义的作用。此外，有些语言声调能区别意义相近的词，即词的派生意义，如碧江怒语。有些语言，声调能区别语法意义，如拉祜语用不同的声调区别自动、使动的不同语法意义。三是声调与声母、韵母关系密切，相互制约、相互影响。如载瓦语的促声韵只出现在高平和低降两个调上，舒声韵在三个调上都出现。哈尼语浊的塞音、塞擦音在三个调上都出现，而不送气的清塞音、塞擦音只出现在中平、低降两个调上，不出现在高平调上。

---

① 载《云南师范大学学报》2017年第4期。

② 载《民族语文》1991年第3期。

③ 载《民族语文》1996年第6期。

④ 载《中国语文》1956年第4期。

⑤ 载《中央民族学院学报》1989年第1期。

⑥ 载《藏缅语新论》，中央民族学院出版社，1993年。

（2）声调的产生机制

缅彝语支语言大多缺乏反映古代语音特点的历史文献，因此关于声调的产生，学界主要是通过与亲属语言的比较。戴庆厦的《载瓦语声调研究》（1989）[1] 一文通过载瓦语和缅彝语支语言的比较，发现"载瓦语的声调和同语支的其他语言及彝语支语言，都存在较严整的对应关系。这说明缅语支、彝语支的声调有着共同的来源。"李永燧的《缅彝语言声调比较研究》（1992）[2] 一文认为"缅彝语声调的起源不仅由于辅音韵尾方面的原因，还由于元音的长短，两者同时起作用"。李永燧的《缅彝语调类：历史比较法的运用》（1996）[3] 一文运用历史比较法，描述了缅彝语4个祖调及其子调和次子调在20多种语言或方言中的反映形式。该文认为缅彝语声调的起源和发展变化受声母（如清浊、送气不送气子）和韵母（如元音的长短、松紧、辅音韵尾等）的制约。陈康的《论彝语支声调系统的发生与裂变》（1997）[4] 一文通过缅文、阿昌语、载瓦语与彝语、傈僳语、哈尼语、拉祜语同源词的比较，并参照藏文进行研究，认为藏缅语在发展过程中，韵尾逐渐简化，至彝语支历史阶段，韵尾脱落，从而导致音节的松、紧和音高发生变化，产生了松调和紧调。戴庆厦在《藏缅语族语言声调研究》（1998）[5] 一文中，分析了藏缅语族语言声调产生的机制，认为"声调不是原始藏缅语固有的，而是后来由于语音成分的变化而出现的'代偿物'。促使声调产生的因素主要是声母、韵母的简化和多音节词向单音节词发展，而不是别的因素（如语言影响等）。这是藏缅语语音内部调整表达功能的结果，是一种语音手段向另一种语音手段的转换。"钟智翔的《论缅语声调的起源与发展》（1999）[6] 在分析亲属语言和缅语声调共同关系的基础上，通过对比考察古缅语碑文所反映的语音特征，认为缅语经历了一个由无声调到有声调的发展过程，并从"音响顺序原则"出发，分析出导致缅语声调产生的原因是语音内部发展的不平衡性，指出辅音韵尾的消失所导致的语音变化是缅语声调起源的关键。

（3）声调的历时演变

声调产生后又沿着怎样的路径发展演变呢？陈康在《彝语支调类诠释》（1991）[7] 一文中对此作出了诠释，他认为原始藏缅语发展到彝语支阶段，声调已经历了两次分化。由于韵尾变化的影响发生首次分化，分成了松调和紧调。由于声母清浊发音方式的影响发生了二次分化，分成了松阴调、松阳调、紧阴调、紧阳调。并且可能由于声母的清化，有的彝语支语言已开始了第三次分化，比较明显的

---

[1]　载《中央民族学院学报》1989年第1期。

[2]　载《民族语文》1992年第6期。

[3]　载《民族语文》1996年第5期。

[4]　载《民族语文》1997年第1期。

[5]　载《藏缅语族语言研究》，云南民族出版社，1998。

[6]　载《民族语文》1999年第2期。

[7]　载《民族语文》1991年第3期。

是松阴调已开始分化成松阴一调和松阴二调。戴庆厦的《藏缅语族语言声调研究》
（1998）① 一文分析了影响藏缅语声调分化的条件，认为"影响藏缅语声调分化的条
件带有普遍性的，是韵母的舒促和声母的清浊，二者是最早影响声调分化的条件，
即二者是影响声调第一、二次大分化的条件。其次，是声母的送气不送气。此外，
变调、语言影响、表示语法意义等也是藏缅语产生新调的条件。"钟智翔的《论缅
语声调的起源与发展》（1999）② 认为"古缅语对立的促声韵和舒声韵随着辅音韵尾
的消失而生成对立的声调：促声调和舒声调。这便是缅语声调的第一次演化。……
其后，促声调调型趋于稳定，不再分化。舒声调则由于音核元音分化出长短音，形
成对立，促使其进一步演变，造成缅语声调的再次发展。"

9. 共同缅彝语语音形式的构拟

缅彝语是藏缅语族下属的一个语支，有学者认为"在原始藏缅语分化后的一个
历史时期，可能有过类似'共同语'的形式，或者可以说它们在一个历史时期有过
大体上相同的发展规律。"③ 因此，对共同缅彝语的语音形式进行构拟，成为一些学
者的研究课题。国外对缅彝语做过构拟的学者有伯令、马提索夫、布莱特雷等学
者；国内主要是李永燧，他对共同缅彝语的声、韵、调进行了系统的拟测。

李永燧的《缅彝语言声调比较研究》（1992）④ 一文把传统音韵学和现代音位
学理论结合起来，通过10多种语言的比较研究，提出缅彝语言的声调有*A、*B、
*C、*D四个类调的假说。该文还探讨了缅彝语言*A、*B、*C、*D四个声调的起
源及其发展变化的基本规律，认为缅彝语言声调的起源与古 –h、–ʔ以及 –p、–t、
–k、–s等辅音韵尾以及古元音的长短有关。他的《论缅彝语调类及其在彝南的反
映形式》（1995）⑤ 一文进一步考察了古调类在彝语南部方言的反映，并通过有关例
证检验了缅彝语调类的假说。该文认为彝语南部方言的声调与其他方言或语言的
对应关系较复杂，但是，"如果以声母的清浊性质、元音的松紧和长短以及辅音韵
尾的特征为一定的条件，有层次地逐一归纳，最后乃得出4大类，即古'四声'系
统。"2008年，他又发表了《缅彝语：一种声调祖语》⑥ 一文，指出缅彝语作为一种
声调祖语，舒声有A、B、C三个声调，入声有D调，组成祖调系统。缅彝语支诸
语言在声调上反映出它们的亲缘关系。该文认为，缅彝语支语言与非本语支语言划
界的一个重要依据就是该声调特征。

李永燧的《共同缅彝语声母类别探索》（1996）⑦ 一文通过缅彝语20多种语言

---

① 载《藏缅语族语言研究》，云南民族出版社，1998年。

② 载《民族语文》1999年第2期。

③ 李永燧：《缅彝语言声调比较研究》，载《民族语文》1992年第6期。

④ 载《民族语文》1992年第6期。

⑤ 载《民族语文》1995年第1期。

⑥ 载《民族语文》2008年第3期。

⑦ 载《民族语文》1996年第1期。

或方言的观察和比较，采用四分法，把共同缅彝语声母分为全清、次清、全浊、次浊4类。该文认为原始藏缅语辅音前缀发展到共同缅彝语阶段，已消失或已融到声母之中，故构拟的声母没有辅音前缀。

李永燧的《共同缅彝语韵类当论》(2000)[①] 一文把传统声韵调分析法和现代音系学理论结合起来，在比较分析缅彝语支20多种语言和方言的基础上，把共同缅彝语的韵类构拟为36韵：阴声10韵，阳声12韵，入声14韵，并指出缅彝语古入声韵元音分长短（长入和短入）。该文还分析了各个韵类在各语言中的反映形式，讨论了共同缅彝语韵母发展变化的大致情形。

除了对共同缅彝语语音形式进行构拟之外，也有学者对缅彝语支某些语言的原始语音形式进行了构拟。李子鹤的《原始纳西语的前冠音和*–r–介音》(2018)[②] 建立了6个纳西语方言之间的语音对应，为原始纳西语构拟了前冠音 *C1–、*C2–和介音 *–r–，并参考类型学共性和亲属语言（方言）的音变过程，对所构拟的语音形式的音类选择、音值拟测和音变规律进行推断。

（二）语法研究

70年来，缅彝语的语法研究日益深入，呈现出两个趋势：一是语法研究从单纯的描写向描写与解释相结合转变；二是语法研究从单一角度、单一方法向多角度、多方法转变。下面分不同的专题对70年来缅彝语的语法研究进行介绍。

1. 动词

缅彝语的动词形态比较丰富，有多种语法范畴，对其他语法成分往往有重要的制约作用，在缅彝语的词法、句法中具有重要的地位。因此，动词的研究成为缅彝语研究中的一个热点。

（1）动词的使动范畴

使动范畴在国内有许多不同的称谓，如致使句、致使结构、使役句、使动态等等。缅彝语支语言的使动范畴有独特的语法形式，因而引起了研究者的关注，发表了不少论文。其中，研究彝语使动范畴的成果最多。陈士林的《凉山彝语的使动范畴》(1962)[③] 是最早研究彝语使动范畴的专题论文。该文对喜德圣乍话的使动范畴从语法意义、语法手段、范畴体系等方面进行了分析描写。马学良的《试析彝语语法中的几个问题》(1989)[④] 研究了撒尼彝语中的前加成分 $kv_{,}33$ 与谓词结合表达使动意义的分析形式，并与同语支诸语言进行比较，对 $kv_{,}33$ 的语法性质、语法作用作出了解释。陈康的《彝语自动词与使动词的形态标志及其由来》(1990)[⑤] 细致地

---

① 载《民族语文》2000年第4期。

② 载《民族语文》2018年第1期。

③ 载《中国语文》1962年第8、9期。

④ 载《民族语文》1989年第1期。

⑤ 载《民族语文》1990年第2期。

描写了彝语各地方言以声母清浊交替表示使动范畴的11种不同的变化形式并结合古藏文对彝语使动范畴语音变化的历史来源做出了推测，认为古彝语的某历史阶段自动词可能有过声母为n–类似的音素，后来这样的音素脱落，声母固定为浊音；使动词可能有过声母为s–以及其他类似的音素，后来这样的音素脱落，声母固定为清音。朱文旭、王成有、方虹的《彝语使动范畴前缀词素研究》（1998）① 探讨了彝语某些方言使用前缀词素和后缀词素表示使动范畴的现象，并推测彝语中部分辅音声母为s、k、d、b的动词前缀词素，来源于古彝语使动范畴的动词复辅音声母前置辅音。

此外，还有几篇研究缅彝语支其他语言使动范畴的论文。如：戴庆厦的《载瓦语使动范畴的形态变化》（1981）② 把载瓦语中有形态变化的使动词和同语族其他亲属语言做比较，认为其中有一些同其他亲属语言存在同源关系，而且在语音上存在密切的对应规律。载瓦语使动范畴的多种变换形式，是由语音变化引起的，受语音分化条件的制约。依赖于形态变化的语法范畴，其发展变化往往会受到语音发展变化的影响。木仕华的《论纳西语动词的使动范畴》（1997）③ 一文对纳西语使动范畴的语法手段和语法意义做了分析，并考察了它的属性及发展态势。李春风的《拉祜语动词使动态探析》（2014）④ 指出，拉祜语动词使动态的语法形式主要有屈折式、分析式、屈折与分析兼用式三种。使动态的形态变化已处于衰退阶段。拉祜语的动词大多具有构成自动和使动对立的能力，但有少数只有自动态，没有使动态。这些不具有使动能力的动词主要是：（1）不能通过外力产生使动的、表示与生理现象有关的动作行为，如"做（梦）"只有自动词；（2）表示自然现象的，如mu⁵³tʰo³³"打（雷）"、mɯ³¹"刮（风）"、la³¹"下（雨）"、nɔ³¹"结（果子）"等；（3）动词在民族心理和风俗习惯上不允许构成使动意义的，如te³³"献（鬼）"。李浩的《垤玛哈尼语致使范畴的结构、语义分析》（2019）⑤ 认为垤玛哈尼语的致使结构以分析性致使结构为主，表达手段有词汇手段和半语法化手段。根据使动客体对事件的自控度可将其语义划分为三个类别：客体自控度为零的"致使义"、客体有一定自控度的"致动义"、客体有完全自控度的"役使义"。

孙宏开的《论藏缅语动词的使动语法范畴》（1998）⑥ 结合多种藏缅语综合分析使动范畴。该文分析了动词使动范畴表达方式上的复杂性，梳理出不同表达方式之间的历史联系，提出藏缅语语法形式历史演变过程为黏着→屈折（不典型）→分析。

---

① 载《民族语文》1998年第6期。

② 载《民族语文》1981年第4期。

③ 载《中国民族语言论丛（2）》，云南民族出版社，1997年。

④ 载《民族语文》2014年第3期。

⑤ 载《黔南民族师范学院学报》2019年第5期。

⑥ 载《民族语文》1998年第6期。

黄成龙的《类型学视野中的致使结构》（2014）① 以大量藏缅语以及非汉藏语的语料为例，从类型学的视野出发，介绍了致使结构的分析框架和研究思路。认为要研究致使结构既要从共时跨语言类型的角度分析致使结构的形式类型、语义机制和句法特征，还要从历时类型学的视角讨论致使标记的来源以及致使结构与动词及物性、受益标记、被动结构等语法范畴之间的相互关系。

（2）动词的互动范畴、相互结构

木乃热哈、毕青青的《凉山彝语动词的互动态》（2012）② 提出凉山彝语的动词具有互动态，表示动作是双向（互向）的，动作双方同时发出并作用于双方。互动态的表达形式是在有些动词前加"dʐ̩³³"（相互）构成互动态的形式。丁健的《藏缅语相互结构的类型学考察》（2015）③ 以载瓦语、彝语、哈尼语、阿昌语、拉祜语、柔若语、傈僳语等缅彝语支语言以及其他藏缅语族语言为例，从类型学的角度考察了相互结构的编码特点：藏缅语的相互结构中，交互者通常编码为主语，也可以将其中的两个参与者分别编码为主语和伴随格。交互对象可以空缺，以编码为间接宾语为主，也可以编码为对象格。可以是在动词上添加的词缀或虚词，也可以是动词的重叠形式，还可以是用来替代交互对象的相互代词。

（3）动词的时、体、貌范畴

关于"体"范畴和"貌"范畴在缅彝语里是否应该区分的问题，一些学者进行了探讨。胡素华的《彝语动词的体貌范畴》（2001）④ 从虚化程度、表现形式等方面区分了彝语的体范畴和貌范畴。同样主张"体"和"貌"应该区分开来的。还有李泽然的《哈尼语动词的体和貌》（2004）⑤ 认为哈尼语的体和貌存在对立，两者有不同的语法意义，并各自还有不同的语法形式和语法标志；表示貌的助词大多从动词虚化而来，而体助词却看不出其来源；体范畴一般用体助词表示，而貌范畴则用貌助词、虚化了的动词和动词的重叠形式来表示。

一些学者对缅彝语支语言"时""体"的特征进行了描写。木乃热哈的《彝语动词时态试析》（1999）⑥ 具体分析了彝语动词的6种时态变化：将形态、始行态、进行态、未进行态、完成态、曾行态，并对彝语中表"时态"的词究竟是"属内部屈折变化呢，还是互不相干的不同的词"提出疑问。徐世璇的《毕苏语的"体""时"系统 —— 兼论缅彝语言的有关问题》（2000）⑦ 对毕苏语的"体""时"表达系统进行了全面的分析描写，并探讨了缅彝语"体"范畴的几个共性。主要有：

① 载《民族语文》2014年第5期。

② 载《民族语文》2012年第6期。

③ 载《民族语文》2015年第6期。

④ 载《民族语文》2001年第4期。

⑤ 载《语言研究》2004年6月第24卷第2期。

⑥ 载《民族教育研究》，1999年增刊。

⑦ 载《民族语文》2000年第3期。

1）缅彝语言的"体"不采用词形内部屈折变化的形态手段来表示，而是通过位于谓语主要成分之后自成音节的语法成分做标记；2）在语法构成和表达上存在重"体"轻"时"的共同倾向；3）体标记有时缺位，反映缅彝语的体范畴还不够成熟完备。杨艳、郭华俊的《哈尼语窝尼话"体"的分布及其类型学特征》（2017）[1] 将哈尼语窝尼话的体分为即行体、将行体、起始体、变化体、曾行体、已行体和完成体七种。"体"标记主要来源于动词的语法化和助词，但语法化程度存在不同的层次。通过与汉语、载瓦语、景颇语等亲属语言比较，作者发现，哈尼语的"体"在构成方式、语序特点、来源等方面具有强分析性语言的共性特征。

巫达的《凉山彝语动词的种类及其标记》（2009）[2]，对彝语传统语法研究中被称为"时态助词"或"体貌助词"的后缀的功能提出了新的看法。该文运用角色参照语法中动词语义表征理论，对彝语动词的词汇表征进行研究，认为彝语的某类动词加上某个后缀之后可以转变为另一个种类的动词。这些后缀，在传统的彝语语法里面，往往被简单地冠以"时态助词"（陈士林等，1985）或"体貌助词"（胡素华，2001）的名称。实际上，从角色参照语法的角度考察，这些后缀起着标记动词种类的功能。

（4）动词的语法化

戴庆厦、胡素华的《彝语 ta³³ 的多功能性》（1998）[3] 一文通过对凉山彝语 ta³³ 的共时分析和与方言、亲属语言比较，具体描写了 ta³³ 的多功能性和实词虚化的层次性。认为 ta³³ 是由动词"放置，搁置"沿着两个方向虚化，一个是虚化为助动词，一个是虚化为结构助词。但每个方向内部的虚化存在强弱不同的层次性。戴庆厦、李泽然的《哈尼语的"来、去"》（2000）[4] 一文指出：虚化，是哈尼语"来、去"的一个重要特点，虚化程度的大小与充当什么句子成分有关，凡充当补语的都发生虚化。木仕华的《论纳西语动词的语法化》（2003）[5] 以纳西语动词为研究对象，探讨其动词语法化的模式，并对其中来源于动词的语法成分、体标记、句尾词做分析。该文认为，语法化是纳西语诸多语法标记产出的主要途径，也是语言类型发生转型的动因之一。张雨江的《拉祜语语法化研究》（2007）[6] 一文具体分析了拉祜语 tsɿ³³、to⁵³、zv̩³¹（或 –a³³zv̩³¹）、pi⁵³、pe²¹、ya³³ 等动词的语法化过程，并分析了这些动词语法化的机制，认为拉祜语语法化有4种机制，即隐喻、推理、泛化、类化。而且，4种机制在虚化过程中的作用不同，"隐喻发生于过程的开初阶段，推理贯穿于过程的始终，泛化也适用于实词虚化的全过程，类化只是对泛化过程中一部

① 载《大理大学学报》2017年第5期。

② 载《民族语文》2009年第2期。

③ 载《民族语文》1998年第2期。

④ 载《民族语文》2000年第5期。

⑤ 载《民族语文》2003年第5期。

⑥ 载《民族语文》2007年第2期。

分词的虚化现象的解释，因此或可说类化是泛化中的一部分。在语法化过程中四种机制相互联系、交互作用，它们在不同阶段起着自己的作用。"刘鸿勇、顾阳的《凉山彝语的引语标记和示证标记》（2008）① 一文探讨了凉山彝语引语标记和表示听说的示证标记di³⁴的语法化过程，认为它们都是由动词"说"演变而来。

对于缅彝语语法化研究，今后可以在两个方面深化：一是对单个词汇的语法化历程进行微观的研究；二是从宏观上研究语法化对语言结构带来的影响。

2. 助词、格标记

缅彝语都是分析型语言，各语言都有比较复杂的助词或格标记系统，使用助词或格标记来组织各种句法结构是缅彝语的一个重要特点。因而，助词和格标记研究成为缅彝语研究的一个重点内容，尤其是近十年来，这一领域的研究不断深入，从共时特征的描写到来源与发展的探讨都出现了大量的专题论文。

（1）共时特征

李生福的《彝语助词略谈》（1993）② 将彝语助词分为结构助词、时态助词和语气助词三种，并分别予以阐述。肖淑琼、张蓉兰的《拉祜语的语气助词》（1993）③ 讨论了拉祜语的语气助词在不同句型中的多种用法。

胡素华的《彝语结构助词研究》（2002）④ 一书是研究缅彝语结构助词的唯一一本专著。运用语言系统论的观点，采取多角度、多层面的研究方法，对彝语的33个结构助词逐一进行分析，在大量语料的基础上，研究彝语结构助词的共时特征和历时演变规律。戴庆厦的《缅彝语的结构助词》（1989）⑤ 一文，对缅彝语结构助词的共时特点进行了综合分析，指出"结构助词在句中除了主要起组织句法结构的作用外，还在句中起强调、停顿、间隔的作用。"李批然的《哈尼语结构助词研究》（1994）⑥ 对哈尼语结构助词的功能、类别及性质特点等进行系统的分析描写。胡素华的《彝语与彝语支系属语言的结构助词比较研究》（1999）⑦ 一文，举例分析了彝语与其他同语支语言结构助词的共同点和不同点。

金有景的《拉祜语的主语、宾语、状语助词》（1990）⑧ 一文系统地分析了拉祜语里的主语助词、宾语助词、状语助词系统，并讨论了这个系统里较特殊的两类助词：主宾语助词和主状语助词的用法及出现条件等，认为拉祜语的主宾语（非主非宾，亦主亦宾）和主状语（非主非状，亦主亦状）的处理对汉语中类似的情况有启

① 载《民族语文》2008年第2期。
② 载《云南民族语文》1993年第2期。
③ 载《云南民族语文》1993年第1期。
④ 民族出版社，2002年。
⑤ 载《语言研究》1989年第2期。
⑥ 载《中央民族大学学报》1994年第3期。
⑦ 载《中央民族大学学报》1999年第4期。
⑧ 载《民族语文》1990年第5期。

发作用。戴庆厦、胡素华的《凉山彝语的体词状语助词 —— 兼论彝语语词类中有无介词类问题》（1998）[①] 一文对彝语体词状语助词的基本特征做了分析，根据体助词的来源、主要特征、功能以及划分词类的系统性，认为过去彝语语法研究中将体助词看成是介词值得商榷，并思考了彝语语法研究如何摆脱汉语语法框架的影响，建立适合彝语特点的语法体系的问题。李泽然的《哈尼语的宾语助词》（2005）[②] 通过分析，认为哈尼语的宾语是否带宾语助词与宾语的生命度（生性）、主语和宾语之间的选择性、谓语的语义、句型及句子的长度等有密切关系。李春风的《拉祜语宾格助词 tha^{31}》（2011）[③] 对拉祜语宾格助词 tha^{31} 在句式中的分布、出现条件及其多功能性进行了分析，认为 tha^{31} 的使用受宾语生命度的影响最大。随着拉祜语分析性增强，宾语助词 tha^{31} 逐渐集中于标记高生命度体词性成分和少部分无生性宾语，语序将越来越成为拉祜语述宾结构的重要语法标记。此外，宾格助词 tha^{31} 的句法功能略有缩小，如标记处所宾语时，已趋向使用专门的处所宾语标记 ɔ^{31}。

王跟国的《波拉语空间关系的表达类型及方位体系》（2019）[④] 一文认为，波拉语的方位词不具有处所化的功能，实现处所化功能的是处所助词 mɛ̃^{51} 和方向助词 khja^{55}（二者合称为"方所助词"），方所助词是表达空间关系的必有成分。

李春风的《拉祜语的话题标记》（2015）[⑤] 指出，拉祜语的话题标记包括主话题标记 lɛ^{33} 和准话题标记 qo^{33}，二者语法功能不同。主话题标记 lɛ^{33} 是最显著的话题标记，准话题标记 qo^{33} 在一定条件下才能充当话题标记。二者同现于话题句时，lɛ^{33} 为话题标记，qo^{33} 退位行使其他语法功能。从语法形式层面看，lɛ^{33} 或 qo^{33} 紧跟在话题后面，话题的语序具有"不可移动性"的特点。二者虽有不同，但在一定条件下有交叉。巫达的《凉山彝语的话题及其标记》（2019）[⑥] 采用韩礼德（M.A.K Halliday）系统功能语法当中句子结构的三维概念界定凉山彝语话题标记，介绍了话题标记在彝语中的位置、功能与用法。还采用了主位 — 述位（Theme-Rheme）概念对彝语语法进行了探讨：位于句首位置的成分是主位，主位之后的成分统称为述位。主位可以包括传统语法意义上的"主语"，也可以包括"受事者"或"宾语"。这就可以解释为什么彝语的所谓"宾语"可以出现在句首而成为"宾 — 主 — 谓"语序的问题。主位里的"话题性主位"（Topical Theme），需要用话题标记 nɯ^{33} 和 li^{33} 来标记。

（2）来源与发展

关于缅彝语助词和格标记的来源及发展，学界主要从语法化理论出发进行

[①] 载《语言研究》1998年第1期。

[②] 载《语言研究》2005年第3期。

[③] 载《民族语文》2011年第6期。

[④] 载《民族语文》2019年第6期。

[⑤] 载《民族语文》2015年第5期。

[⑥] 载《汉藏语学报》第11期，商务印书馆，2019年。

研究。

许多学者认识到语法化的层次性。如：胡素华的《彝语结构助词语义虚化的层次》（2000）[①]一文具体分析了彝语结构助词的虚化过程，认为多数结构助词是由实词虚化而来。从实在义到只有语法义的虚化过程不是一次完成的，而是连续渐变的过程，并呈现出层次。不同层次的虚化不仅在语法功能上表现出不同的特点，而且在语义上也有不同点。李泽然的《哈尼语的 ne^{33}》（2003）[②]一文指出哈尼语的 ne^{33} 在语法功能上的多层次性特点，反映了哈尼语虚词演变的不同层次。

戴庆厦、胡素华的《凉山彝语的体词状语助词——兼论彝语语词类中有无介词类问题》（1998）[③]一文认为彝语体词状语助词一部分来自动词，但已失去动词的主要特征，演变为连接状语和中心语的虚词；一部分来源不明。唐黎明的《浅谈凉山彝语的语法化现象》（2005）[④]参照前人判定共时层面语法化程度高低的标准，讨论了凉山彝语中几个结构助词的语法化。认为 mu^{33} 的最初意义是动词"做"，后来逐渐虚化为结构助词，作状语或谓语的语法标记；随着使用频率的增加，虚化了的成分衍变为更虚的成分，不仅可以连接词汇，还能够连接分句。连接补语成分的助词 si^{21}/si^{44} 由动词 si^{21} "拿、牵"语法化而来。状语助词 ta^{33} 由动词 ta^{33} "放、停留"语法化而来。经典的《碧约哈尼语助词 ku^{33} 的多功能性》（2016）[⑤]发现碧约哈尼语助词 ku^{33} 不仅具有较高的使用频率，而且具有丰富的语法功能。作为结构助词使用时，兼有定语助词、补语助词和名物化助词的功能；作为引导从句的标记时，既可以作为定语从句助词，也可以作为主语、宾语、补语从句助词；此外，ku^{33} 还可以作为差比句助词、语气词助词使用。该文还探讨了 ku^{33} 语法功能的演变过程，认为标记领属性定语是其原始的语法功能，然后沿以下路径发展演变：

朱艳华的《载瓦语的差比句》（2011）[⑥]论证了载瓦语差比标记 $tho?^{55}$ 的语法化路径：动词"出"→处所名词"上面"→方位词"之上"→差比标记"之上"。

闻静的《浪速语工具格助词的多功能性及语法化路径》（2018）[⑦]把浪速语的工具格助词分为非容器类工具格助词 $jaŋ^{31}$ 和容器类工具格助词 $mɛ^{55}$，认为二者兼有对

---

① 载《民族语文》2000年第2期。
② 载《中央民族大学学报》2003年第4期。
③ 载《语言研究》1998年第1期。
④ 载《民族语文》2005年第1期。
⑤ 载《民族语文》2016年第2期。
⑥ 载《中央民族大学学报》2011年第2期。
⑦ 载《民族语文》2018年第3期。

地点、从由、施事、方式、承接并列、因果小句等多种事项关系范畴的标记功能。在此基础上，该文将浪速语工具格助词的多功能性及其演化路径以语义地图模型予以呈现。朱艳华的《载瓦语容器工具格标记mai³¹及其功能扩展》（2019）[①]认为载瓦语容器类工具格标记mai³¹具有以下功能扩展路径：工具→空间→时间→先发事件→原因、工具→空间→状态→方式、工具→凭借或依据。mai³¹功能扩展的认知基础是工具与受事之间形成的容纳型空间关系，通过隐喻、转喻等认知机制，形成多种虽有差异但亦具有语义相关性的语法功能。

3. 量词

缅彝语支语言都有丰富的量词，其中名量词较多，动量词较少，相关研究也是以名量词为主，动量词极少。

（1）名量词研究

缅彝语名量词的研究主要包括三个方面：1）对量词的基本特点、类别的研究；2）对量词产生、发展的动因和历史层次的研究；3）在类型学的视野下研究量词。

对量词的基本特点、类别进行研究的成果主要集中在各种语言简志、语言概况以及部分专题论文上，如：李批然的《哈尼语量词研究》（1992）[②]详尽地分析了哈尼语量词的类别、语法功能。李洁的《拉祜语的反响型量词》（2005）[③]一文分析了拉祜语反响型量词的特点，认为其具有单音节性、专用性、强制性等特点，并认为语法性是其本质属性。戴庆厦、蒋颖的《论藏缅语的反响型名量词》（2005）[④]一文研究了反响型名量词的分布和分类，把藏缅语中的反响型名量词分为"发达型""半发达型""不发达型"三种。缅彝语支在三种类型中都有分布，如：哈尼语属"发达型"，缅语、载瓦语、阿昌语等属"半发达型"，彝语属"不发达型"。对于反响型名量词的特点，该文归纳为以下三点：一是具有能产性；二是语法功能超过语义功能；三是具有中介性。胡素华、沙志军的《凉山彝语类别量词的特点》（2005）[⑤]一文描写了凉山彝语类别量词的语义特点以及变调特点和句法特点。经典的《碧约哈尼语反响型名量词的特点及其演变》（2013）[⑥]认为碧约哈尼语反响量词有三个特征：反响型名量词主要反响名词词根、反响型名量词可与其他个体量词替换使用、反响型名量词句法功能有局限性。

关于缅彝语量词的产生和发展的讨论较多，目前已取得一致认识的有：

1）量词是名词、动词等实词语法化的结果。如：木仕华的《论纳西语拷贝型

---

① 载《民族语文》2019年第3期。

② 载《民族语文》1992年第5期。

③ 载《汉藏语系量词研究》，中央民族大学出版社，2005年。

④ 载《中央民族大学学报》2005年第2期。

⑤ 载《中央民族大学学报》2005年第4期。

⑥ 载《民族语文》2013年第6期。

量词的语法化》(2005)[1] 一文指出纳西语中的量词并非固有的语法范畴，量词最初源于名词和动词，"从实词到量词的语义演变和语法功能更新、强化的过程，基本上遵循了Heine等提出的语法化理论框架，即从实词的语义迁移到语义虚化，最终达到完全的语法意义。"

2）量词的发展演变具有层次性。孙宏开的《藏缅语量词用法比较——兼论量词发展的阶段层次》(1988)[2] 一文从藏缅语族各语言量词数量的多少以及量词在句中的组合特点，把不同语言的量词区分为不同的发展层次：形成阶段、发展阶段、丰富阶段。徐悉艰的《彝缅语量词的产生和发展》一文（1994）[3] 从共时分析和亲属语言比较两个方面论述彝缅语量词的产生和发展。认为"彝缅语的量词在原始彝缅语阶段就已产生，但那时的量词数量很少，除了少数几个非标准的表示长度单位的量词、集体量词'双''对'和专用量词'句'外，主要是反响型量词。至于泛称量词和类别、形状量词大多是分化成不同语支后才产生的。"该文还认为"彝缅语的动量词基本上都不同源，说明动量词产生较名量词晚，是在各语支分化为不同语言后才产生的。""彝缅语量词的基本语法模式是在原始彝缅语阶段就已产生。而各语言的绝大部分量词是后来随着称量的需要和为了更细致更形象地表达量的特点而逐渐产生的。"曲木铁西的《试论彝语名量词的起源层次》(1994)[4] 一文通过历史比较和语义分析，以彝语义诺话为例，揭示了彝语名量词的起源层次：最早产生的是表"长短"的单位量词；其次产生的是"集合"类量词；然后是"个体"量词；利用容器制品来表示的量词是后来才产生的。戴庆厦、蒋颖的《论藏缅语的反响型名量词》(2005)[5] 一文从语法化、词汇化的角度分析了藏缅语反响型名量词的发展历程，"反响型名量词曾经历过由'语音语法'结合体向'语义语法'结合体发展的过程。与语法化过程相反，这是一个由虚到实的发展过程，可以称之为'词汇化'过程。语法化是由实到虚，词汇化则由虚到实。从整个过程来看，藏缅语个体量词（包括反响型量词）都经历了先词汇化（由虚到实，增添概念意义），再语法化（扩大适用范围，语义泛化）的发展道路。"

3）反响型量词在量词的产生、发展过程中具有重要的地位。李洁的《拉祜语的反响型量词》(2005)[6] 一文指出："拉祜语反响型量词在拉祜语量词的产生、发展过程中具有极其重要的地位。反响型量词不是所有量词型语言量词产生的一个必经阶段，但反响型量词却是包括拉祜语在内的汉藏语系多数语言个体名量词丰富、发展的一个重要途径。拉祜语反响型量词是现代拉祜语量词格局形成过程中的关键

---

[1]　载《汉藏语系量词研究》，中央民族大学出版社，2005年。

[2]　载《中国语言学报》第3期，1988年。

[3]　载《语言研究》1994年第1期。

[4]　载《民族语文》1994年第2期。

[5]　载《中央民族大学学报》2005年第2期。

[6]　载《汉藏语系量词研究》，中央民族大学出版社，2005年。

性的一步。"戴庆厦、蒋颖的《论藏缅语的反响型名量词》（2005）① 一文指出"反响型量词是研究量词的关键。因为它是个体量词中最早出现的一类，它的形成和发展对其他类别的量词都有一定的影响。特别是典型的反响型量词还保留了个体量词的原始特点，研究它有助于我们探讨量词的发展脉络。"

4）量词的产生、发展受多种因素的制约。戴庆厦的《藏缅语个体量词研究》（1994）② 一文从语音角度考察个体量词的特点，认为它的产生、发展与数词音节的多少以及量词与数词音节的搭配状况有关，"个体量词丰富与否、用与不用，主要与基数词是单音节还是双音节有关。个体量词丰富的语言，基数词是单音节；个体量词不丰富的语言，基数词是双音节或多数是双音节"；"个体量词是否大量出现，主要不是表量的需要，而是语音搭配的需要"。李洁的《拉祜语的反响型量词》（2005）③ 一文认为拉祜语反响型量词产生和发展的最重要的因素是语法和认知因素。"拉祜语的'名＋数＋量'语序为反响型量词的产生提供了固定的语法框架"；"人类认知过程的特点是从具体到抽象。反响型量词取自名词本身，这种'词类的转用'有认知心理上的共同基础"。蒋颖的《从藏缅语反观甲骨文、金文的反响型量词》（2006）④ 一文通过汉语与藏缅语族中的阿昌语、载瓦语等语言的比较，认为汉语与藏缅语反响型量词之所以出现两条不同的发展道路，主要是由语序、句法关系、语音形式等方面的因素决定。

随着语言类型学在我国语言学界的盛行，近10年来，学界把对缅彝语量词的研究跟语言的类型特征结合起来。木仕华的《论纳西语拷贝型量词的语法化》（2005）⑤ 一文指出：量词的产生、发展与纳西语的语言类型特征相关。量词的发展，使纳西语单复数标记的功能较少，这与语言类型共性特征相符，"语言类型学的研究表明，单复数标记和量词之间无法形成共存的格局。量词系统发达的语言，其单复数标记的功能和形式较少。反之，单复数标记丰富的语言，其量词就不甚发达。"张军的《傈僳语 mɑ33 的多功能性与语法化》（2016）⑥ 发现傈僳语的 mɑ33 在共时系统中具有量词（计量和分类）、定指、名词化/关系化标记、定语标记以及话题标记等多种功能。通过分析这些功能之间的内在联系，该文用语义地图模型呈现这一语法化现象的类型特征和语义基础，在此基础上拟测出 mɑ33 在历时层面的语法化路径：量词→定指标记→名词化/关系化标记→定语标记；量词→定指标记→话题标记。

---

① 载《中央民族大学学报》2005年第2期。

② 载《藏缅语新论》，中央民族学院出版社，1994年。

③ 载《汉藏语系量词研究》，中央民族大学出版社，2005年。

④ 载《汉语与少数民族语法比较》，民族出版社，2006年。

⑤ 载《汉藏语系量词研究》，中央民族大学出版社，2005年。

⑥ 载《民族语文》2016年第4期。

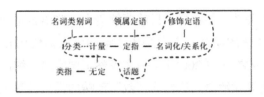

图 1　多功能 mɑ³³ 的语义地图

（2）动量词研究

经典的《碧约哈尼语反响型动量词来源问题初探》（2014）[1] 指出，反响型动量词是碧约哈尼语的一个较为特殊的语法现象。它广泛产生于单音节动词中，语法化程度较低、语义功能单一，句法功能较为丰富。碧约话反响型动量词的产生和发展与语言中的反响型名量词和宾动同形结构有关，反响型名量词的大量存在，为反响型动量词的产生提供了句法位置；宾动同形结构的广泛使用，是碧约话产生反响型动量词的类推机制。戴宗杰的《藏缅语动量词形成的动因和机制》（2015）[2] 认为，藏缅语的动量词起源于原始藏缅语分化为不同语支之后，经历了从无到有，从少到多，从简单到复杂的发展过程。认知与表达的需要是动量词产生和发展的直接动因。类推作用是动量表达句法规则建立的重要机制之一。语言接触也是藏缅语动量词丰富发展的重要途径之一，但其影响仅限于词汇层面，未能引发动量表达的语序等语法规则的改变。

4. 代词

70年来，对缅彝语代词的研究主要集中在以下3个方面：

（1）代词语法范畴的描写、分析

陈康的《彝语人称代词的"数"》（1987）[3] 一文对彝语人称代词"数"范畴丰富多样的表示形式，以及语音上的复杂纷繁的变异现象，进行了细致的分析描写。罗边木果、海勒木呷的《论彝语引述人称代词》（1992）[4] 一文对彝语中独特的引述人称代词进行了分析、研究。该文首先界定了"引述人称代词"的概念，认为"彝语引述人称代词是用语音变化和数的区别等词形变化来表达人称代词在短语和句子中跟其他词发生种种关系的一种语法形式。是一套用来引述他人所表达（表达形式不限，可以是话语，可以是手势、表情等等）的思想感情的专用代词。"在此基础上，对这套人称代词的形式、使用等方面做了详尽的分析描写。孙宏开的《藏缅语人称代词格范畴研究》（1995）[5] 一文分析了彝语、基诺语、哈尼语等近20种藏缅语人称代词表示"格"范畴的手段。该文还对各种不同屈折形式的来源做了分析，

---

① 载《中央民族大学学报》2014年第2期。

② 载《汉藏语学报》第8期，商务印书馆，2015年。

③ 载《民族语文》1987年第3期。

④ 载《民族语文研究新探》，四川民族出版社，1992年。

⑤ 载《民族语文》1995年第2期。

指出了它与格助词的关系，并解释了目前藏缅语中一些语言不同形式的人称代词可能是历史上格屈折变化的遗存。李大勤的《藏缅语人称代词和名词的"数"——藏缅"数"范畴研究之一》(2001)① 一文考察了傈僳语、纳西语、哈尼语、基诺语、阿昌语、载瓦语等藏缅语人称代词"数"范畴的类型及其表达形式，发现藏缅诸语言人称代词"数"表达系统中形式手段的更新与名词"数"系统中形式手段的创新有着极为密切的关系，"在这个过程中，名词'数'表达系统的更新一般来说要先于或快于人称代词'数'表达系统的更新。而先期更新的名词'数'表达系统则可能会不失时机地尝试将自己新的'收获'强加到人称代词之上。"

（2）代词来源和发展演变的探讨

李永燧的《论缅彝语的称代范畴》(1995)② 一文考察了缅彝语群 10 多种语言的人称代词和指示代词，描述它们的基本特征，探讨它们在发生学上的关系。证明了第一、二人称代词各语言同源，并可上溯到原始藏缅语以至原始汉藏语；第三人称代词后起，来源不同。胡素华的《彝语指示代词 ko³³ 的语法化历程》(2003)③ 一文对彝语指示代词 ko³³ 语法化后产生的三种语法功能（一是作为结构助词表示句子成分或分句间的结构关系；二是作为体貌标记，表示动作行为进行或持续的体貌方式；三是跟动词粘得很紧，有点像动词前缀）进行了具体的描写，并分析了其虚化的过程及诱因。

（3）代词类型学特征的分析

张洁的《彝缅语指示代词的类型学特点》(2015)④ 比较了彝缅语 14 种语言的指示代词，认为彝缅语指示代词在类型学上存在共性。第一，这些语言的指示代词的类型主要为三分型，此外还有二分型和多分型。部分语言的指示代词在远指、更远指中还区分高、低。第二，大部分彝缅语指示代词的复数是通过在单数后添加词缀而成。第三，大部分彝缅语指示代词远指或更远指是通过近指转换声韵调得到。第四，大部分彝缅语的指示代词可以单独做句子成分，也可以直接和名词组合做句子成分，语序为"名+指"和"指+名"；还可以直接和量词组合做句子成分，语序为"指+量"；在与数量词、名词组合做句子成分时，语序有"指+数量+名、名+指+数量、指+名+数量"三种。

5. 句法结构

70 年来，缅彝语句法结构的研究呈现出三个趋势：（1）对句法结构的研究逐渐从单一语言的描写向跨语言的比较转变。（2）对句法结构的研究逐渐从以描写为主转向描写与解释相结合。（3）研究角度从语言结构系统内部因素向语言结构内部和语言接触等外部因素相结合的方向转变。几种句法结构的研究情况如下：

---

① 载《民族语文》2001 年第 5 期。

② 载《中国语言学报》1995 年卷七。

③ 载《中央民族大学学报》2003 年第 5 期。

④ 载《齐齐哈尔大学学报》2015 年第 8 期。

（1）述宾结构

袁焱的《阿昌语的述宾结构》（2002）① 在分析阿昌语述宾结构的语义类别、语法标记的基础上，探讨了受汉语影响而产生的新形式。木仕华的《纳西语和汉语双及物结构比较研究》（2006）② 在探讨纳西语格位标记与双及物结构的关系的基础上，对纳西语和汉语的双及物结构的句法特征、话题结构与双及物结构的关系、语序类型与双及物结构的关系、与格与双及物结构的关系等做了比较研究。李泽然的《哈尼语的述宾结构》（2006）③ 一文对哈尼语述宾结构的类型、宾语助词出现的条件进行了描写，并从语序、宾语的类别、语法标记等方面与汉语进行了比较。张雨江的《拉祜语的述宾结构》（2011）④ 将拉祜语的述宾结构分为粘合式、组合式、标记式三类。宾语的语义类型包括受事宾语、施事宾语、方位处所宾语、等同宾语、准宾语（数量宾语）。该文还讨论了宾助助词的来源，认为拉祜语的三个宾语助词中，a^{21} 和 $ɔ^{31}$ 均出自 tha^{21}，而 tha^{21} 则来源于方位词 $ɔ^{31}tha^{21}$ "上面"。

（2）宾动同形短语

朱艳华的《载瓦语宾动同形短语的特征及形成机制》（2013）⑤ 对载瓦语宾动同形短语的特征进行了描写，并探讨了其形成机制。认为宾动同形短语最初是由偶合而成的I型"复合式合成词＋动词（非羡余）"和II型"附加式合成词＋动词"，在韵律机制、语言经济原则、类推机制等的共同作用下，逐步扩散到III型"固有单纯词＋动词"和IV型"借用单纯词＋动词"，并进一步扩散到V型"复合式合成词＋动词（羡余）"。戴庆厦、李浩的《垤玛哈尼语宾谓同形短语的特征及其形成条件》（2019）⑥ 从分析型语言的类型特点入手，对垤玛哈尼语宾谓同形短语的特征及其形成条件进行研究。从音节特点和语素结构两方面对宾谓同形短语进行分类，区分宾语、谓语的"真性"和"假性"，归纳其结合的模式。还对假性同形谓语如何从名词宾语上提取语义做了分析，认为谓语语义的提取主要遵守"常用性"和"专用性"的原则，避免词义选择上的模棱两可和歧义。在共时描写的基础上，该文对宾谓同形短语的形成机制进行了分析，认为分析性类型特征是产生宾谓同形短语的结构条件，词类兼用为宾谓同形提供了词汇生成发展的模式，经济原则和类推手段推动了宾谓同形短语的发展。

（3）述补结构

戴庆厦、黎意的《藏缅语的述补结构——兼反观汉语的述补结构》（2004）⑦

① 载《民族语文》2002年第4期。

② 载《汉语与少数民族语言语法比较》，民族出版社，2006年。

③ 载《汉语与少数民族语言语法比较》，民族出版社，2006年。

④ 载《云南民族大学学报》2011年第3期。

⑤ 载《民族语文》2013年第3期。

⑥ 载《中央民族大学学报》2019年第5期。

⑦ 载《语言研究》2004年第4期。

一文通过跨语言的比较，指出缅彝语的述补结构属于发达型，在此基础上，对为什么汉语有数量词和介宾短语作补语的类型，而缅彝语等SOV型语言没有这两种补语类型，从语言类型学的观点作出了解释。李泽然的《哈尼语的述补结构》（2011）① 从语义关系和句法关系描写和分析了哈尼语述补结构的类型、特点。从语义上看，哈尼语的补语可以表示结果、程度、趋向、时间、处所、可能；从句法上看，可以充当补语的有动词、形容词以及部分副词，其中以动词为主。通过综合考察各种类型的补语，该文归纳了哈尼语述补结构的一些类型学特点。罗自群的《怒苏语的两个"V+死"结构》（2019）② 指出，怒苏语的 ɕi³⁵ "死" 和 saɹ⁴² "杀" 可以单用，位于动词之后，都可以表示"死"义。通过比较"V+ ɕi³⁵"和"V+ saɹ⁴²"这两个结构的异同，该文认为有无外力的介入，一是选择使用哪一种结构的理由，二是区别"V+死"是连动结构还是动补结构的依据。

（4）连动结构

连动结构是缅彝语支语言普遍存在的句法结构，但由于对"连动结构"这一概念的理解有广义和狭义之分，因而这一领域的研究还存在一些分歧。

胡素华的《彝语诺苏话的连动结构》（2010）③ 将"连动结构"定义为：在结构上，一个单句的谓语由两个或三个连用的动词构成，这几个连用的动词具有同一外部论元；在语义上，几个连续的动作无论时间顺序、逻辑顺序和动作行为上都具有相关性；连用的动词共用同一个体、式和极值范畴。该文描写、分析了诺苏彝语连动结构的类型、体、式和否定式，并讨论了连动结构与状谓结构、动补结构之间的关系。李春风的《拉祜语的连谓结构》（2012）④ 指出，连谓结构是拉祜语的一个重要语法形式，其语法化受连用谓词数量多少的制约。语法化的基本过程是：动词→助动词→语法标记/貌助词。连用谓词的排列主要是"主要谓词+次要谓词"，这是由其目标先于背景的认知顺序决定的；有的则按时序原则排列。有的连谓结构呈现封闭的内包含模式。"否定副词+主要谓词+次要谓词"是连谓结构否定式的优势语序。李泽然的《哈尼语的连动结构》（2013）⑤ 描写和分析哈尼语连动结构的类型和语法化现象。认为哈尼语连动结构可分为窄式和宽式两种。窄式连动结构中间不能插入其他成分，宽式连动结构中间可以插入其他成分。连动结构的后一动词，如"来""去""吃""死""看"等作补语时，更易语法化，导致语法结构发生变化。普忠良的《纳苏彝语连动结构研究》（2018）⑥ 指出，纳苏彝语的连动结构是一个以语义语法范畴为链条组成的结构，在形式类型上体现出一个句子可以存在两个以上

① 载《民族语文》2011年第1期。

② 载《黔南民族师范学院学报》2019年第3期。

③ 载《民族语文》2010年第2期。

④ 载《中央民族大学学报》2012年第1期。

⑤ 载《民族语文》2013年第3期。

⑥ 载《红河学院学报》2018年第1期。

连用关系的动词，在意义上都能与同一主语发生主谓关系，即陈述同一主语。连动短语的各动词之间有时间先后、目的、因果、方式、手段等语义关系，这种语义关系具有对称性和非对称性特点。在使用过程中，部分连用的前后动词会出现强弱虚化的语法现象，虚化一般发生在后一个动词上，虚化之后语法结构类型也随之变化。王一君的《片丁纳西语的连动结构》（2019）[1] 讨论了片丁纳西语连动结构动词与论元的映射关系、语法范畴标记和否定形式等形态句法特征，分析了片丁纳西语连动结构对称和非对称的两种语义关系类型，并进一步探讨连动结构的词汇化和语法化现象及其动因。发现，其中由原因—结果型对称连动结构发展为动结式的路径，更倾向于词汇化，而连动结构中处于次要动词地位的趋向动词更易语法化，成为语法范畴标记。

（5）差比句

胡素华的《凉山彝语的差比句》（2005）[2] 一文从语言类型学理论出发，对凉山彝语差比句的结构形式和充当差比句各要素的语法成分进行了分析。她的《彝语的差比句——兼与汉语比较》（2006）[3] 一文在描写和分析凉山彝语差比句句法特征的基础上，对彝语和汉语的差比句进行对比。朱艳华的《载瓦语的差比句》（2011）[4] 将载瓦语差比句的结构模式描写为"比较主体＋比较基准＋比较标记＋比较结果"，并分析了差比句各结构要素隐含或省略的规律。认为比较标记 tho?55 是由动词"出"语法化而来，不是原始汉藏语的固有成分，而是产生于语族分化之后。刘鸿勇、李晓、李胜勋的《凉山彝语差比句的形态句法和语义》（2013）[5] 认为凉山彝语的差比句主要有三种形式：状语式差比句、维度形容词差比句，以及动词差比句，都能表达"张三比李四高"这样的意思。它们之间的差别在于状语式差比句中不允许出现差异短语，而维度形容词差比句和动词差比句中允许出现差异短语。当差异短语为限定词短语的时候，只能用动词差比句。这三类差比句功能上的互补性源于它们在形态句法和语义上的不同。吕珊珊、木艳娟的《纳西语的差比句及 ciə21 字差比句的类型学归属》（2018）[6] 系统地描写纳西语的差比句，并参考 Stassen（1985）、Heine（1997）的类型学框架对以 ciə21 为基准标记的差比句进行归类。考察发现，基准标记 ciə21 从方位词"上面"发展而来，并且语法功能多样化。该文认为 ciə21 的基准标记功能从向格标记功能发展而来；ciə21 字差比句应该归为 Heine 框架下的目标图式；其语法化路径可构拟为：方位词＞向格标记＞基准标记。

---

[1]　载《汉藏语学报》第11期，商务印书馆，2019年。

[2]　载《民族语文》2005年第5期。

[3]　载《汉语与少数民族语言语法比较》，民族出版社，2006年。

[4]　载《中央民族大学学报》2011年第2期。

[5]　载《汉藏语学报》第7期，商务印书馆，2013年。

[6]　载《中国语文》2018年第5期。

木艳娟、吕珊珊的《古城纳西语的kø⁵⁵字优比句》（2018）① 对优比句进行了界定，指出，优级比较句（comparative of superiority），简称优比句，是差比句（comparative of inequality）的一个次类，是指两个实体具有的某种可分级特性在等级量表上一方超过另一方，等级高的一方为比较主体，被超过的一方为比较基准。该文讨论了古城区纳西语的kø⁵⁵字优比句，并参考前人有关优比句的类型，对古城区纳西语的kø⁵⁵字优比句从类型学的角度进行了分类，认为kø⁵⁵字优比句从类型上应归为"位格型"或"位置图式"优比句。

（6）疑问句

张伟的《析拉祜语的疑问句》（1990）② 一文从句子构成方式、疑问语气词、语义三个方面讨论了拉祜语的四种疑问句。陈世良的《彝语疑问句浅析》（1993）③ 一文对贵州大方彝语疑问句的构成方式和类别进行了探讨。戴庆厦、朱艳华的《藏缅语选择疑问范畴句法结构的演变链》（2010）④ 对载瓦、浪速、波拉、勒期、喀卓、彝、哈尼、阿卡、拉祜、纳西等28种藏缅语选择疑问范畴的句法结构进行了研究，将其分为选择问句、正反问句、重叠问句三种类型。文章认为：在共时上这三种类型依次具有蕴含关系，形成等级序列：重叠问句⊃有标记的正反问句⊃有标记的选择问句；在历时上存在一条从选择问句到正反问句再到重叠问句的演变链。并认为其演变受语言内部机制及语言类型特点（屈折性、分析性程度的差异）的制约，语言接触主要造成连词的借用，尚未发现对句法结构的演变产生影响。戴庆厦、朱艳华稍晚发表的另一篇论文《藏缅语、汉语选择疑问句比较研究》（2010）⑤，在前文研究的基础上，通过藏缅语与汉语选择疑问句的比较，指出在句法结构的共时平面上二者同中有异，在句法结构的历时演变上二者的演变链大致相同。从藏缅语反观汉语，汉语选择疑问句的演变链应该可以再向前延伸，其初始形式是无标记的选择问句和无标记的正反问句。如果将汉语方言纳入研究视野，则汉语选择疑问句的演变链还可以向后延伸，有可能发展出重叠问句。

（7）主动句、被动句

李民的《凉山彝语的主动句和被动句》（1984）⑥ 具体地描写分析了凉山彝语的主动句和被动句的两种构成形式：曲折形式和分析形式。朱文旭、张静的《凉山彝语句法中si²¹和ʂu³³有关问题》（2004）⑦ 对凉山彝语的si²¹和ʂu³³是否是被动句标志词这一问题进行了探讨。该文认为，si²¹和ʂu³³在句中都可前加被动标志词kə²¹，说

① 载《民族语文》2018年第4期。
② 载《云南民族语言文学论文集》，云南民族出版社，1990年。
③ 载《彝语文集》，贵州民族出版社，1993年。
④ 载《汉语学报》2010年第2期。
⑤ 载《语言研究》2010年第4期。
⑥ 载《西南民族学院学报》1984年第1期。
⑦ 载《中国民族语言文学研究论集4》，民族出版社，2004年。

明它不是被动句标志词。si²¹和ʂu³³一般与动词构成si²¹+V或V+si²¹，ʂu³³+V或V+ʂu³³动词结构，说明它与古彝语使动范畴动词的形态有关。朱文旭、张静的《彝语被动式研究》（2004）[①] 通过考察彝语被动句在各方言间的不同表现形式，分析彝语被动句式的历史演变过程为："初期主要依靠语序来体现主动与被动关系；然后在此基础上又置入被动标志词，使被动句式更加完型，从彝语各方言间的被动标志词不一致性可以看出它是在不同时期先后产生的；彝语被动句式发展的另一阶段是伴随着次高调的出现而逐渐形成，但从其相当有限的数量比例来看它是后期产生的一种句型雏形。"戴庆厦、李洁的《藏缅语的强调式施动句 —— 兼与汉语被动句对比》（2005）[②] 从跨语言的比较中，剖析了彝缅语支强调式施动句的性质、特点及类型学特征，并探讨了这一句式的成因。李洁的《拉祜语的类被动句 —— 兼与汉语被动表述对比》（2006）[③] 从共时角度对汉语和拉祜语被动句的特点、性质进行比较和剖析。认为拉祜语存在"受事+施事+动词"语序的句型，并且也能表示"被动"义，只不过这种"被动"义较之汉语显得较弱，可将之称为"类被动句"。胡素华的《彝语和汉语被动义的表达方式之比较》（2006）[④] 分析了彝语被动义表达的4种方式：1）通过动词与其后的补语构成动补结构；2）通过主要动词与其前的处置动词构成连动结构；3）通过动词后的进行体助词和情态助词来标示主语为主上的是施事，以区别于被动句；4）用施事格助词表示。该文还特别指出，声调的屈折变化不是彝语被动句或主动句的形态手段，它只是动词与名词性成分间的不同关系，即不同的语义指向在语音和谐上的表现。李泽然的《哈尼语的强调式施动句》（2013）[⑤] 认为哈尼语没有被动态和被动句，但有强调式施动句。根据施受格结构助词的不同使用情况，把强调式施动句分为强调施事型和强调受事型两种类型。在描写和分析哈尼语强调式施动句的语法标记、结构类型的基础上，该文还探讨了哈尼语强调式施动句与汉语被动句的关系。

（8）话题句

李洁的《拉祜语的话题句》（2014）[⑥] 认为，话题句是拉祜语在语用上的一种独立句式。拉祜语话题句的基本结构为"话题+lɛ³³+述题"。依据语义特征，拉祜语的话题可分为论元共指性话题、语域式话题、分句式话题（即复句中的话题）等。话题句常运用于判断句、受事居前施受关系句、拷贝式话题句等多种特殊句型。张鑫的《豪尼哈尼语的话题句》（2014）[⑦] 指出，豪尼哈尼语是一种话题凸显的语言。

---

① 载《语言研究》2004年第3期。

② 载《语言研究》2005年9月第25卷第3期。

③ 载《汉语与少数民族语言语法比较》，民族出版社，2006年。

④ 载《汉语与少数民族语言语法比较》，民族出版社，2006年。

⑤ 载《中央民族大学学报》2013年第4期。

⑥ 载《民族语文》2014年第1期。

⑦ 载《中央民族大学学报》2014年第3期。

话题句使用话题标记来体现话题，话题标记有主副标记之分。能够充当话题的成分有主语、宾语和状语。豪尼哈尼语的话题结构和主谓结构不是同一个范畴，二者自成系统，各有作用。但在语用中，二者又可以合二为一使用，相辅相成。豪尼哈尼语话题句的特点，是由其分析型特点决定的。胡素华、赵镜的《诺苏彝语话题标记的功能及其话题类型》（2015）[①]认为，诺苏彝语是一种话题优先型语，句子结构以话题—述题结构来表达，语序和形态标记是话题的主要标示手段。诺苏彝语有专用的话题标记 li³³ 和 nɯ³³，nɯ³³ 除标示话题外，还可以兼作焦点的标记或提示。除专用话题标记外，诺苏彝语还有兼用的话题标记，如"也"、系词、量词和定指标记。

（9）复句

张鑫的《豪尼哈尼语的因果复句》（2015）[②]对豪尼哈尼语因果复句的句式特点、语义类别、关联标记进行了描写和分析。从语义关系上看，豪尼哈尼语因果复句可区分为说明性因果复句和推论性因果复句两类。其关联标记源自本语或借自汉语，优先语序为居中，具有多功能性。在此基础上，对豪尼哈尼语和汉语因果复句的异同进行了比较。

7. 语序

70年来，缅彝语语序的研究走过了由结构主义理论框架下的分析描写到语言类型学、认知语言学、生成语法学等多种理论框架下的描写与解释相结合的道路。

（1）名词短语的语序

戴庆厦、傅爱兰的《藏缅语的形修名语序》（2002）[③]一文用类型学跨语言比较的方法，对彝语、纳西语、哈尼语等10种藏缅语的形修名语序进行了初步研究，认为形修名复合词与形修名短语的语序既有一致性也有差异性；形容词定语和指示词定语、数量定语共同修饰名词时的语序基本不符合 Greenberg 指出的第20条共性。李泽然的《哈尼语形容词修饰名词的语序》（2003）[④]对哈尼语形容词修饰名词两种不同语序的结构形式从语义、语法角度进行分析，探讨语序形式与语法结构之间的关系。和智利的《大具纳西语的形修名语序》（2017）[⑤]发现，大具纳西语的形修名语序中，有的形容词既可以前置也可以后置。通过对大具纳西语常用的406个名词及78个形容词组合情况的数据统计，发现大具纳西语形修名语序中，无论是复合词还是短语，"名+形"式（即形容词居后）为优势语序。

黄布凡的《藏缅语"指代→名"偏正结构语序》（1997）[⑥]一文讨论藏缅语"指

---

① 载《民族语文》2015年第2期。

② 载《民族语文》2015年第4期。

③ 载《中国语文》2002年第4期。

④ 载《民族语文》2003年第2期。

⑤ 载《民族语文》2017年第2期。

⑥ 载《彝缅语研究》，四川民族出版社，1997年。

代→名"偏正结构语序的类型并探讨其历史发展阶段。该文指出：后置型语序的形成原因是受"名→形"和"名→数"逆修饰语序影响所致，量词发达语言后置的量词也影响指示代词后移。

木仕华的《论纳西语名词短语的语序》（2004）①一文从语序类型学和认知语言学角度分析了纳西语名词短语的语序结构模式，并对语序变异的制约因素作了尝试性的探讨，认为纳西语名词短语的语序结构模式虽有独具的特点，但都可以从功能和认知的角度找到认知—语义上的理据。熊仲儒的《彝语名词短语内部语序》（2005）②一文根据DP假说与谓词短语内部主语假说对彝语名词短语内部的语序进行了研究，发现彝语功能范畴D（su³³）的EPP特征较强，逼迫着其补足语移到其指示语位置，占据D指示语位置的成分，实际上就是其补足语。补足语反映着谓词论元的句法实现，由于彝语谓词在后，所以形容词、动词位于su³³的补足语的末尾；由于领属短语中存在抽象谓词，所以作为抽象谓词外部论元的领有者前于作为内部论元的领有物，构成"名词或代词十中心语"构式。

闻静的《藏缅语标记型关系从句的多元构式及其演变》（2017）③对包括哈尼语、彝语、拉祜语、载瓦语、勒期语、波拉语等在内的45种藏缅语的关系从句的结构进行类型划分，认为藏缅语关系从句的类型与欧亚大陆SOV型语言表现一致，即以从句前置为主。该文在归纳藏缅语标记型关系从句多元构式的对比，揭示藏缅语关系从句的历时发展层次，认为部分藏缅语关系从句后置的现象是更为底层的一种语序形式，在定语前移的过程中实现了高度有标化向无标化的演变。

（2）基本语序

李世康的《彝语的宾语后置式》（1988）④分析了"s—o—v"与"s—v—o—to⁵⁵"两种句型的区别与联系。认为二者的区别在于使用的语境不同，前者适用于一般语境，后者适用于特殊语境。也在于语意的差异，前者表达的重心在主语，后者表达的重心在宾语。彝语的宾语后置式既是语法现象，又是修辞现象，但从本质上说，这种语法现象是由修辞的需要决定的。朱文旭的《彝语句法中的语序问题》（2004）⑤探讨了凉山彝语由"动结式"VP结构（即V代表动词，P代表动词结果补语）担当谓语成分的句子的语序问题，指出，这类句子要将原有的语序"主—宾—谓"改为"宾—主—谓"语序，否则会产生歧义。

胡素华、周廷升的《彝语方言受事格标记及基本语序类型比较》（2018）⑥发现，彝语北部方言（诺苏话）及物句的基本语序（句法性的固有语序）根据谓语是

① 载《中国民族语言文学研究论集4》，民族出版社，2004年。

② 载《民族语文》2005年第4期。

③ 载《中央民族大学学报》2017年第3期。

④ 载《民族语文》1988年第6期。

⑤ 载《民族语文》2004年第4期。

⑥ 载《语言研究》2018年第2期。

否具有结果性和完成性而分为"施事 — 受事 — 动词"APV（SOV）语序和"受事 — 施事 — 动词"PAV（OSV）语序；而西部方言（腊罗话）只有APV（SOV）一种基本语序。此外，两个方言都具有话题突显性特征，故以APV为基本语序的句子也都可以根据信息结构的需要，将受事P移到句首，成为PAV语序。因而，彝语北部方言有两种不同性质的PAV语序，一种是语用性质的，另一种是句法性质的，其中句法性质的PAV语序属于基本语序之一；而西部方言的PAV语序只能是语用性质的，不属于基本语序。这种差异与两个方言是否有受事格标记有关 —— 西部方言有受事格标记；而北部方言没有，格标记和语序的差异也使得两个方言的双及物动词结构用不同的编码，即分别用语序和格标记来表达，凸显出各自物尽其用库藏中的语法手段的策略。

柳俊的《同源抑或区域趋同？ —— 基于藏缅语语序类型参项的判断》（2016）[①]借鉴遗传学量化分析中常用的数学模型来分析藏缅语的历史关系。该文聚焦于藏缅语的基本语序问题，认为在语序上，彝缅语和藏－景颇语相似度较低，以名–数–量（N–Num–CL）语序、动–数–量（V–Num–CL）语序和否定词–形容词（Neg-A）语序为主要分类标准。嘉戎语是过渡语言，相对来说与彝缅语相似度高一些，它们之间以动–数–量（V–Num–CL）语序和否定词–形容词（Neg-A）语序作为主要分类标准。

（3）复句的语序

范丽君的《联系项居中原则在藏缅语假设复句中的分布》（2015）[②]以哈尼语、拉祜语、彝语、白语、毕苏语、载瓦语、土家语等藏缅语为例，分析了藏缅语假设复句关联标记的语序类型。认为在藏缅语假设复句以后置关联标记占优势，这一语序与联系项居中原则相符，也与OV型语言的语序相和谐。但在语言发展演变的过程中，藏缅语一些语言出现了前置关联标记。一些语言的前置关联标记或借用汉语词语，或产自本族语内部，与OV型语言的语序并不和谐，但是分句间的联系项处于中间位置，联系项居中的原则仍在起作用。在藏缅语假设复句中，联系项居中原则比语序和谐性原则起的作用要强。

8. 语法范畴

朱艳华的《载瓦语的示证范畴》（2012）[③]指出载瓦语存在示证范畴，包括感知型示证和报道型示证。前者以词汇手段表达，后者用语法化的形式标记ka⁵¹表示。该文还对示证标记ka⁵¹的多功能性特征及语法化历程进行了梳理和分析，认为示证标记ka⁵¹来源于称说动词ka⁵¹"称、叫、说"，经历了由"实"到"半实半虚"，再到"虚"的语法化过程，即：称说动词→引语标记→示证标记。

---

① 载《语言研究》2016年第2期。

② 载《民族语文》2015年第3期。

③ 载《云南师范大学学报》2012年第5期。

朱艳华的《载瓦语现实和非现实范畴的实证研究》（2017）[①] 载瓦语的句子存在现实范畴和非现实范畴的对立。载瓦语的现实/非现实范畴在语义特征上存在显著差异，现实句一般具有[已然]、[直接感知]、[客观]等特征，而非现实句一般具有[未然]或[已然]、[间接获知]、[主观]等特征。现实和非现实范畴各自拥有不同的语法标记，现实句在句尾加助词 $\mathfrak{z}a^{55}$（主语为单数、第一人称复数、无生名词复数）或 $a^{31}\,k\mathfrak{z}^{51}$（主语为第二、三人称复数、有生名词复数）来表示；非现实句在句尾添加助词 $l\varepsilon^{51}$。现实和非现实标记的使用与时态、情态、文体等存在错综复杂的关系。载瓦语与汉语在现实/非现实范畴上存在诸多共性，可以为缺乏形态手段的汉语在这一领域的研究提供一些参考。

张琪、刘劲荣的《拉祜语名词的类称范畴》（2017）[②] 认为，拉祜语名词中存在个指名词与类指名词对立的类称范畴，这是拉祜语名词的重要特征之一。拉祜语的类指与汉语的类指不同，有其专用的语法形式，即四音格词形式。拉祜语类指名词的句法环境是属性谓语，不能与事件谓语相配，不受数量短语、指示词、单数人称代词、限定性名词的修饰，不能带全量成分。

苏连科、苏虹的《彝语形容词的形态及其语法范畴和功能》（2016）[③] 对彝语形容词的各种形态变化进行了描写和归纳。彝语形容词分为有标记和无标记两类，无标记形容词可以通过附加、重叠、复合等方式转化为有标记形容词。彝语形容词通过不同的形态变化可以表示"级"和"情态"的范畴。

9. 形态

（1）重叠

重叠可分为构词重叠和构形重叠。缅彝语支语言大都有构形重叠，但构词重叠较少。

武自立的《阿细彝语形容词的几个特征》（1981）[④]，李民的《凉山彝语动词、形容词的重叠》（1982）[⑤]，杨焕典的《纳西语形容词的重叠形式》（1984）[⑥]，傅爱兰、胡素华的《凉山彝语谓词的重叠》（2001）[⑦] 等论文对重叠形式的语法意义和语法功能进行了具体的分析描写。傅爱兰、李泽然的《哈尼语的重叠式》（1996）[⑧] 在描写、分析哈尼语重叠式类型、功能的基础上，运用语音结构系统论，对哈尼语重叠的特征和内因作了进一步的分析，认为哈尼语重叠式之所以发达，与哈尼语音节

① 载《民族语文》2017年第5期。

② 载《民族语文》2017年第6期。

③ 载《中央民族大学学报》2016年第3期。

④ 载《民族语文》1981年第3期。

⑤ 载《中央民族学院学报》1982年第2期。

⑥ 载《语言研究》1984年第2期。

⑦ 载《中国民族语言文学研究论集（1）》，民族出版社，2001年。

⑧ 载《语言研究》1996年第1期。

结构相对简单、形态变化贫乏，以及在构词中讲究双数节律等特点有关。孙宏开的《论藏缅语的语法形式》（1996）① 一文分析了现存于藏缅语族语言中的粘着、屈折、分析、重叠等语法形式，认为缅彝语以分析形式和重叠形式为主。

（2）其他形态类型

王莉、苏连科、唐黎明的《凉山彝语形容词构词的有标记和无标记现象》（2008）② 一文运用标记理论，以形态的复杂程度为标准，把凉山彝语的形容词分为无标记形容词和有标记形容词两大类。该文认为无标记形容词可以通过附加、重叠、复合等方式转换为有标记形容词。无标记形容词和有标记形容词句法功能的典型性是渐变的，它们在表达否定、疑问等语法手段上有一定的对立特征。苏连科、苏红的《彝语形容词的形态及其语法范畴和功能》（2016）③ 对彝语形容词的各种形态变化进行深入描写和归纳，发现许多形容词在表达同一性质状态时，通过各种不同的形态变化体现同一词在语法范畴意义上的级差。所以，彝语形容词有"级"范畴，有特定的句法功能、特点和作用。普忠良的《纳苏彝语形容词复合构式类型研究》（2016）④ 认为重叠、加词缀和四音格变式是纳苏彝语形容词比较常用的复合构式类型。纳苏彝语形容词的复合构式是词在语言结构中不同用法的标志，是词的功能和表征，不仅有表示比较程度上量的加强或减弱构形形态，也有表示语法意义"级"的形态范畴。

（三）词汇研究

缅彝语的词汇研究相对语法、语音研究来说，成果较少，主要体现在各种语言简志、语言概况中，也有一些系统研究的专著，如戴庆厦等主编的《彝语词汇学》（1998）⑤ 一书，系统地描写了彝语词汇的语音、构词法、语义等方面的特征，分析了时间、方位、数量在彝语词汇中的表示法，并与亲属语言的词源做了比较。李泽然的《哈尼语词汇学》（2013）⑥ 对哈尼语词汇的语音特征、语素结合、词义关系、语义分析、词汇与文化、词汇系统的构成等进行了描写分析，并从亲属语言的比较中探讨哈尼语的词汇特点。缅彝语词汇研究的内容主要包括语义、构词法、词源、词典编纂等方面。

1. 语义

缅彝语语义方面的研究比较薄弱，相关的专题研究直到20世纪80年代以后才

---

① 载《民族语文》1996年第2期。

② 载《西南民族大学学报》2008年第5期。

③ 载《中央民族大学学报》2016年第3期。

④ 载《贵州民族研究》2016年第11期。

⑤ 中央民族大学出版社，1998年。

⑥ 民族出版社，2013年。

出现。王天佐的《彝语 mo²¹ "女" 词义演变初探》(1986)① 可能是最早的一篇研究缅彝语语义的专题论文。该文以彝文古典长诗《勒俄特依》、抒情长诗《妈妈的女儿》以及凉山喜德彝话口语为依据，通过分析 mo²¹ "女" 词义的演变，论述现代凉山彝语中，由 "名词根 +mo²¹" 或 "动词根 +mo²¹" 所构成的名词里的后缀 –mo²¹，与古语 mo²¹ "女" 在词义上的源流关系。20 世纪 80 年代后期，开始有学者采用现代语义学的理论、方法来研究缅彝语的语义。如：苏连科的《凉山彝族亲属称谓词的语义分析和词源结构研究》(1988)② 一文从义素分析和词源结构分析两方面对凉山彝语的亲属称谓词进行研究。此后又陆续出现了几篇论文，主要有亲属称谓、动植物名词等的语义分析。如：戴庆厦、曲木铁西的《彝语义诺话动物名词的语义分析》(1992)③ 从语义角度分析彝语义诺话动物名词的组成方式及语义特征。段贶乐的《哈尼语亲属称谓的语义分析》(1992)④ 从义素、义位和语义场这几个层次对哈尼语亲属称谓的语义特征进行初步分析。傅爱兰、李泽然的《哈尼语动物名词的语义分析》(1996)⑤ 通过义素、义位的分析及语义组合的描写全面揭示了哈尼语动物名词的语义特征。

2. 构词法

缅彝语的构词法分复合构词和形态构词两种。构词法方面的研究成果，在语言简志、语言概况里都有所反映，也有一些专题研究论文。

（1）四音格词

四音格词是缅彝语构词上的一个特点。巫达的《凉山彝语骈俪词调律探讨》(1995)⑥ 细致地描写了凉山彝语的四音骈俪词的韵律语调。朱文旭、肖雪、张静的《凉山彝语 ABAB 式形容词研究》(2002)⑦ 比较了凉山彝语 ABAB 式形容词与描摹词在语音结构和语用方面的差异；分析了这类词的句法功能及产生的途径，认为凉山彝语 ABAB 式形容词是由两种基本词形成的，一种是在第一音节的形容词基础上扩充而成的，一种是在第一音节的动词基础上扩充而成的。刘劲荣的《拉祜语的四音格词》(2006)⑧ 一文从构词、节律和语义三个角度讨论拉祜语四音格词的特点。刘劲荣的《拉祜语、傈僳语四音格词的比较研究》(2007)⑨ 一文对拉祜语和傈僳语四音格词的构成方式、音韵和谐、语义特点、语用形式等方面进行了分析，揭

---

① 载《民族语文》1986年第1期。

② 载《民族语文》1988年第2期。

③ 载《民族语文研究新探》，四川民族出版社，1992年。

④ 载《云南民族语文》1992年第3期。

⑤ 载《中国民族语言论丛（1）》，中央民族大学出版社，1996年

⑥ 载《民族语文》1995年第2期。

⑦ 载《中央民族大学学报》2002年第6期。

⑧ 载《民族语文》2006年第3期。

⑨ 载《暨南学报》2007年第4期。

示了四音格词的结构类型、韵律特征及其形成与发展的动因。王丽梅的《试析凉山彝语ABAB式四音格的构成特点》① 指出，ABAB式是凉山彝语里使用频率很高的一类四音格，通常与AABB式、ABCB式、ABAC式、ABCD式等其他语音结构类型一同被列为四音连绵构词的重要格式。相对而言，凉山彝语ABAB式四音格的语音连绵关系更为明显。从声韵配置形式的角度看，主要有"交错双声叠韵型"和"交错双声四音叠韵型"两大类。"交错双声叠韵型"绝对数量最多，"交错双声四音叠韵型"最具特色。从语素切分的角度，也可划分为AB成词的和AB不成词的两类，AB成词与否对ABAB式四音格的初始形式会产生一定的影响。

（2）双音节化

缅彝语的词汇在音节上呈现出双音节化的倾向，一些学者对这一趋势进行了分析研究。徐悉艰的《彝缅语名词双音节化研究》（1997）② 通过彝缅语诸语言的比较，讨论名词双音节化的手段和规律。该文认为，彝缅语名词双音节化是适应彝缅语语音和语义的某种需要而产生的，语音上主要是音律的需要，语义上是为了减少同音词，增强区别意义的功能。李泽然的《哈尼语名词的双音节化》（1997）③ 具体分析了哈尼语双音节名词的构成及产生的种种情况。李泽然的《哈尼语实词的双音节化》（2001）④ 通过与亲属语言的比较，提出"双音节化是现代哈尼语实词的发展趋势"，"双音节化的具体途径有加前缀或后缀的，也有在词根前或词根后加修饰语素的"。

（3）a音节

以a音节作为一个语素来构词是缅彝语支许多语言都有的一种构词方式，因而许多学者对这一课题进行了研究。木玉璋的《谈谈傈僳语中的词头a-》（1982）⑤ 一文具体分析了词头a-的用法和语法意义，该文认为"词头a-在汉藏语系语言中有多种语法意义和多种来源。"傅爱兰的《藏缅语的a音节》（1996）⑥ 一文根据20多种藏缅语的对比研究，认为a音节具有多功能性；不同语言中a音节的分布很不一致，很可能不是原始藏缅语阶段便已存在的特征，而是分化为不同语支后由于语音节奏调整的需要、语言的影响而产生的一种新点。涉及这一课题的论文还有朱建新的《试论凉山彝语词头a-》（1984）⑦，王成友的《试论阿哲彝语词头A-》（1994）⑧，

① 载《民族翻译》2017年第4期。

② 载《彝缅语研究》，四川民族出版社，1997年。

③ 载《中国民族语言论丛（2）》，云南民族出版社，1997年。

④ 载《哈尼语研究》，民族出版社，2001年。

⑤ 载《民族语文》1982年第2期。

⑥ 载《民族语文》1996年第2期。

⑦ 载《民族语文》1984年第4期。

⑧ 载《民族语文》1994年第5期。

傅爱兰、李泽然的《哈尼语的a音节》（1995）① 等。和智利的《大具纳西语的词头a–》（2015）② 认为大具纳西语的词头a具有构词、构形、配音三大功能。通过同纳西语西部方言其他土语的比较，该文认为纳西语西部方言的词头a是同源的，并且词头a有弱化为ə的趋势。

（4）派生构词法

马辉、江荻的《彝语派生名词构词法研究》（2012）③ 一文根据Beard所提出的派生类型，将彝语的派生名词分成特征转化值派生、功能性派生、转类派生、表达性派生等类型。认为彝语派生名词的词缀化程度不尽相同，其中前缀的词缀化程度比较彻底，而后缀的词缀化程度不统一。

（5）复合构词法

复合构词法是人们比较关注的一个课题。姜竹仪的《纳西语的几种构词方式》（1981）④ 一文具体分析了纳西语合成词的几种结构方式：联合式、修饰式、支配式、表述式等。欧木几的《彝语宾动式名词》（1994）⑤ 探讨了宾动式名词与同形的宾动式短语的关系，认为这是一种转意——借用现象，"这种通过转意——借用短语所表达的动态属性意象（即包含动词的抽象概括意义和行为过程的动态表象性）和短语的形式来构成宾动式名词的现象反映着彝族人民的思维方式和社会生活。"戴庆厦、李泽然的《哈尼语的并列复合名词》（2000）⑥ 一文分析了哈尼语并列复合名词的特点，指出，"并列复合名词中两个名词的次序孰先孰后，依据语音和语义两个原则。相对而言，语音原则所起的作用更大些。当二者发生矛盾时，大多是依据语音原则而排斥语义原则，但也有少数是依据语义原则而排斥语音原则的。两种原则的并用，是并列复合名词不同层次、不同时间的反映。"李洁的《拉祜语的并列结构复合词》（2004）⑦ 一文在收集、整理拉祜语315个并列复合词的基础上，从构成、词序、语义、语法功能等几个方面对拉祜语并列复合词的特点进行了研究，该文指出，拉祜语并列复合词以四音节和两音节的居多，词素顺序主要受元音"前高后低"制约，同时也受语义等因素的影响。

3. 词源研究

词源研究对于了解一种语言的历史演变及亲缘关系至关重要。缅彝语的词源研究主要有两类：一是缅彝语与汉语的词源比较；二是缅彝语内部诸语言的词源比较。前者是确定缅彝语与汉语亲属关系的主要依据，后者是区分缅彝语内部各语言亲疏

---

① 载《中央民族大学学报》1995年第6期。

② 载《红河学院学报》2015年第2期。

③ 载《民族语文》2012年第3期。

④ 载《民族语文论集》，中国社会科学出版社，1981年。

⑤ 载《民族语文》1994年第6期。

⑥ 载《中国哈尼学》，云南民族出版社，2000年。

⑦ 载《民族语文》2004年第4期。

远近关系的主要依据。此外，这两种词源比较对于构拟缅彝共同语乃至原始汉藏语都是很有必要的。

对词源关系的研究，学界主要从历史、民俗、文化、宗教、语言等方面进行考察。如黄布凡的《藏缅语的"马"与古汉语的"駹"》（1989）[1] 从比较藏缅语"马"的声母入手，探讨藏缅语的"马"与古汉语"駹"的同源关系。王尔松的《哈尼语和汉语关系字初探》（1990）[2] 一文挑选了60多个哈尼语词，从声母、韵母、声调几个方面与古汉语进行比较。陈士林的《〈楚辞〉"女嬃"与彝语 $mo^{21}ŋi^{55}$》（1991）[3] 一文从民俗、宗教、古语文等方面考证了《楚辞》中的"女嬃"与凉山彝语的 $mo^{21}ŋi^{55}$ 之间的关系。他的《〈楚辞〉"兮"字说》（1992）[4] 一文考察了凉山彝语语气助词 $ɕi^{33}$ 的来历，认为楚声、南音与巫风、神曲具体结合，可能是产生以用"兮"为特点的骚体形式特征的基础，从而论证了《楚辞》的"兮"字与凉山彝语的语气助词 $ɕi^{33}$ 的渊源关系。李永燧的《汉语藏缅语人称代词探源》（1994）[5] 通过上古汉语与藏缅语人称代词和人称词缀的比较，探索它们在发生学上的关系。计莲芳的《缅语中的藏缅语对应词辨析》（1997）[6] 一文对10例缅语词与藏缅语其他语言的对应关系从语音、词义上进行了考察。马锦卫的《彝–藏语言同源词识别释例》（2010）[7] 通过彝语和藏语同源词识别释例，指出，彝语在语音上是藏缅语族语言中简化程度较高的一种，通过语音来识别彝语与其他藏缅语的同源词有一定的复杂性。汪锋、魏久乔的《语义演变、语言接触与词汇传播 —— *la "茶"的起源与传播》（2017）[8] 通过语言比较和观察地理分布，梳理了 *la "茶"类词的起源与传播模式。认为彝语中的 la "茶"类词由原始藏缅语的 *s– la "叶子"通过语义创新的内部传递而来，即 *la "茶"起源于藏缅语的 *s-la "叶子" > "茶"，后因语言接触，从彝语传播到傣语，再经由傣语传播到部分孟–高棉语（如布朗语、佤语）。

在词源研究方面，有一些新的理论、方法值得注意。如：宋金兰的《汉语和藏缅语住所词的同源关系》（1994）[9] 一文提出的先建立词族后进行同源比较的方法。该文运用词族比较法对汉语和藏缅语的住所词进行整体比较，认为汉语和藏缅语的住所词都源于洞穴词和土地词，这些住所词可以归纳成若干个词族系统。在此基础上，该文对这些住所词的音变模式和语音对应关系进行了探讨。李永燧的《缅彝

---

① 载《中央民族学院学报》1989年第2期。
② 载《民族语文》1990年第6期。
③ 载《民族语文》1991年第2期。
④ 载《民族语文》1992年第4期。
⑤ 载《中国语言学报》1994年卷二。
⑥ 载《民族语文》1997年第4期。
⑦ 载《民族语文》2010年第2期。
⑧ 载《民族语文》2017年第5期。
⑨ 载《民族语文》1994年第1期。

语语素比较研究》（1994）①一文提出同源语素分布的观点，用语素比较法探讨缅彝语词汇的同源关系。该文通过比较，提供了缅、彝等10多种语言语素异同的大致情况。

4. 词典编纂

缅彝语词典编纂工作起步较晚，20世纪80年代后才有一批内容充实、材料可靠的词典相继出版。如：徐琳、木玉璋等编的《傈汉词典》（1985）②，四川省汉彝词典编译委员会编译的《汉彝词典》（1989）③，朵云拥汤、徐悉艰、穆途端合编的《汉载词典》（1992）④，云南楚雄州民族事务委员会编的《彝汉词典》（1995）⑤，陈士林、李秀清、谢志礼著的《彝汉四音格词典》（1996）⑥，由四川省民族语言文字工作委员会组织编写的《彝语大词典》（1997），⑦王子崇主编的《汉缅大词典（修订本）》（1998）⑧，北京大学东方语言文学系编的《缅汉词典》（2000）⑨，戴庆厦主编的《汉哈尼词典》（2001）⑩等。多数语言至今仍未有词典面世，这对缅彝语研究不能不说是一个很大的缺憾。

（四）系属分类研究

缅彝语的系属分类研究涉及两个不同的层次，一是缅彝语支的设立问题，二是缅彝语支语言的归属及亲疏关系问题。

1. 缅彝语支的设立

自李方桂1937年的论文《中国的语言和方言》（1937）开始探讨汉藏语的系属分类问题以来，缅语和彝语一直都被划归不同的语支。李方桂把藏缅语分为藏语群、景颇语、缅语群、彝语群⑪；罗常培、傅懋勣的《国内少数民族语言文字概况》（1954）⑫一文对藏缅语的分类基本沿用这个框架，把藏缅语分为四个语支：（1）藏语支（2）彝语支（3）景颇语支（4）缅语支。马学良、戴庆厦（1986）⑬提出的藏缅语的分类框架也是分为藏语支、景颇语支、彝语支、缅语支。孙宏开的《试论

---

① 载《民族语文》1994年第3期。

② 云南民族出版社，1985年。

③ 四川民族出版社，1989年。

④ 四川民族出版社，1992年。

⑤ 云南民族出版社，1995年。

⑥ 四川民族出版社，1996年。

⑦ 四川民族出版社，1997年。

⑧ 云南教育出版社，1998年。

⑨ 商务印书馆，2000年。

⑩ 云南民族出版社，2001年。

⑪ 载《中国年鉴》（1937）；美国《中国语言学报》创刊号，1980年。

⑫ 载《中国语文》1954年第3期。

⑬ 参阅《中国大百科全书·民族卷》之《汉藏语系》条目，中国大百科全书出版社，1986年。

中国境内藏缅语的谱系分类》（1988）① 一文，在上述四个语支的基础上增加了羌语支、缅语支、彝语支仍然各自独立。把缅语支和彝语支合并，设立缅彝语支，最初是由盖兴之在《试论缅彝语言的谱系分类》（1982）② 一文中提出。该文从同源词、语音对应规律等方面讨论，将彝语支、缅语支、景颇语支合为缅彝语支。此后，戴庆厦、傅爱兰、刘菊黄在《我国藏缅语族系属分类问题》（1989）③ 一文中从系属分类的层次性观念出发，认为藏缅语可分为语族–语群–语支–语组–语言5个层次。具体是把藏缅语族分北部和南部两个语群，北部语群分为嘉戎–独龙语支、僜语支、藏语支、景颇语支，嘉戎–独龙语支下面又分嘉戎语组、羌语组、独龙语组；南部语群分缅彝语支、白语支和土家语支，缅彝语支下面又分缅语组、怒语组、彝语组。李永燧在《羌缅语群刍议》（1998）④、《论缅彝语》（1999）⑤ 两篇论文里也提出：缅彝语是一个独立的语支，其内部又有缅语（分）支和彝语（分）支。但他认为缅彝语的上位语言是羌缅语，再往上一个层级才是藏缅语。

以上系属分类，依据的标准主要有：语音面貌、语法范畴、词汇系统（同源词的多寡和对应关系的远近）。由于分类标准的不一致、掌握材料的多寡以及采用的理论方法的差异，导致了缅彝语系属分类方面的较大差异，这一问题至今仍未获得一致的看法。

2. 缅彝语支语言归属及亲疏关系

70年来，学界主要探讨了怒语、纳西语、吕苏语、纳木兹语、白语、彝语、仙岛语、末昂语等语言的归属及其与亲属语言间的亲疏关系问题。

傅爱兰的《怒语系属研究》（1989）⑥ 一文，通过亲属语言比较，认为缅彝语支下面应分为缅语组、彝语组、怒语组三个语组；怒语组在语音、语法、词汇等各方面特点上，在缅彝语支中具有中介特点，是一个不同于彝语组、缅语组的独立语组。

盖兴之、姜竹仪的《纳西语在藏缅语言中的地位》（1990）⑦ 一文对纳西语语支归属问题进行了探讨。纳西语东部和西部两个方言的差异造成了纳西语语支归属上的分歧，国内学者认为应归属彝语支，国外学者中有人认为西部方言应归彝语支，东部方言应归西夏语支（或羌语区）。该文把纳西语与彝语、羌语分别做了比较，认为把纳西语归入彝语支是合理的、科学的。在此基础上，作者提出了"语言的方言学的研究应是语言系属研究的前提，系属分类离开了方言学难免带有任意性"的

① 载 Languages and History in East Asia，Kyoto/Shokado，1988.

② 载《民族语文研究文集》，青海民族出版社，1982年。

③ 载《云南民族学院学报》1989年3期。

④ 载《民族语文》1998年第1期。

⑤ 载《民族语文》1999年第2期。

⑥ 载《语言研究》1989年第1期。

⑦ 载《民族语文》1990年第1期。

观点。孙宏开的《纳西语在藏缅语族语言中的历史地位》（2001）① 一文通过对纳西语与部分藏缅语族语言在常用词以及一些重要的语法、语音现象上的比较，讨论它在藏缅语族总体特征中的历史地位。比较发现，"纳西语在语音和词汇方面，与彝语支语言很接近，但在某些重要语法特征方面以及部分词汇方面又和羌语支语言很接近。"由此作者认为，纳西语是介于彝语支和羌语支之间的联系语言（link language）。

黄布凡的《同源词比较词表的选词范围和标准 —— 以藏缅语同源词比较词表的制订为例》（1997）② 一文以吕苏语、纳木兹语为例，讨论了藏缅语同源词比较词表的制订问题。该文认为"比较词表中的词，应根据不同的目的，在不同的比较对象和范围内进行选择。"为此，她提出了三个标准：1）在某一比较范围（如某个语系、语族或语支）内多数语言具有音义相同或相近词根的词。这样的词往往是基本词。2）符合某一比较语群单位原始时期及分化时期历史文化背景的词。3）尽可能挖掘同族词，将同族词编入同一词项。以她所拟定的比较词表来观察，吕苏语、纳木兹语与彝语支语言同源词比值高于与羌语支语言同源词的比值，吕苏语与彝语最接近，纳木兹语与纳西语最接近。

汪锋的《汉藏语言比较的方法与实践 —— 汉、白、彝语比较研究》（2013）③ 一书，在严格语音对应的基础上构拟了原始彝语，利用"还原比较法"分析白语、彝语和汉语三者的亲缘关系。作者采用一套严谨的操作方法来离析有着复杂接触史的汉语、白语和彝语三种语言的历史关系，认为从基本词汇、语音、语义和语法各方面来看，原始白语都和汉语关系更近，三者的关系应该写作：（（原始白语，上古汉语）原始彝语）。范俊军、马海布吉的《会理彝族俚泼话音系及系属》（2019）④ 一文在对会理县俚泼话音系做系统描写的基础上，通过与会理县内彝语聂苏话（北部方言）、纳苏话（东部方言）、倮倮话（中部方言）、云南楚雄州的俚泼话、禄劝傈僳语（自称相同）进行语音特点和同源词的比较，认为从语音特点、同源词、口语互通度来看，会理彝族俚泼话及此前划入彝语中部方言的云南俚泼话都应归入傈僳语。

范俊军的《仙岛话的语言系属和地位问题》（2015）⑤ 一文从语音历史性条件和普遍性条件，对仙岛话和缅语支语言，尤其是阿昌语的几种方言进行比较分析，认为仙岛话和阿昌语陇川、梁河方言相似度高，与潞西方言相似度低；核心词和同源词的比较也证明，仙岛话与陇川方言相似度很高，应并入陇川方言，而不是作为独立的语言。该文还提出，语言学证据是语言和方言划分的核心条件，也是少数民族

---

① 载《语言研究》2001年第1期。

② 载《民族语文》1997年第4期。

③ 北京大学出版社，2013年。

④ 载《贵州民族研究》2019年第3期。

⑤ 载《中国语文》2015年第3期。

语言与方言识别的基本准则。在具体识别和确认语言系属和地位中，应坚持以历史性条件和普遍性条件为主、平面性条件和独特性条件为辅的原则，这样才有助于消除语言学条件运用的随机性。

王战领的《末昂语的系属及其语言接触》（2018）[①] 运用词阶理论探讨末昂语的系属问题。该文通过考察末昂语核心词的辅音韵尾，认为末昂语属于汉藏语系藏缅语族彝语支，是彝语支语言中发展比较缓慢的一种。通过将末昂语的序数词和时间词同周边壮语对比，发现末昂语已与壮语有过深层接触，并且处于濒危状态。

（五）白语研究

白族主要聚居于中国云南省大理白族自治州，人口约185.8万人（2000）。白族人以白语（又名民家语）为主要交际工具，绝大部分兼通汉语。汉语对白语影响深远，白语中有大量词语借自汉语。

最早有关白语的论述出现在法国学者拉古柏里的《汉语以前的中国语言》和英国学者戴维斯的《云南 —— 印度与扬子江的链锁》这两本专著里。但他们只根据少量白语和傣语词汇的对应材料，将白语归为"孟吉蔑语系"。

国内对白语的研究始于20世纪30年代。白族学者赵式铭、张海秋相继在《白文考》《剑属白语在吾国语言学上的地位》中，对白语中的古汉语词进行了考证，提出了"白语是汉语的一种方言变体"的观点。抗日战争时期有不少语言学家，如罗常培、闻宥、袁家骅、张琨等，有机会对白语进行了专门的调查研究。这一时期取得的研究成果有：闻宥的《民家语中同义字之研究》《民家地名的初步分析》，袁家骅的《剑川民家故事记音》，以及罗常培对白语九种方言（兰坪、大理、宾川、邓川、洱源、鹤庆、剑川、云龙、泸水）的调查、描写的成果。这一时期的调查研究虽然还比较粗略，但开创了国内白语研究的先河。

中华人民共和国成立后，在民族识别和为少数民族改革、创制文字这两大任务的带动下，由中国科学院、中央民族学院、云南省民语委和大理白族自治州、怒江州共同参加的白语调查小组，于1957年来到云南，对大理、迪庆、怒江等地的白语进行了较详细的调查。这次调查活动共搜集了43个方言点的语言材料，归纳了近20个点的音位系统。其成果主要是徐琳、赵衍荪著的《白语概况》（1964）[②] 和《白语简志》（1984）[③]。《白语简志》是第一部对白语的语音、词汇、语法、方言及文字进行系统描写的专著，成为以后白语研究的重要参考资料。从这次调查一直到20世纪90年代，对白语的研究基本上停留在对调查资料的整理、挖掘上，没有取得突破性的进展。20世纪90年代后，随着现代语言学理论和实验语音技术的发展，

---

① 载《红河学院学报》2018年第2期。

② 载《中国语文》1964年第4期。

③ 民族出版社，1984年。

白语研究逐步走向深入，特别是语音的研究，取得了显著的成绩。

下面分专题予以介绍。

1. 系属研究

半个多世纪以来，尽管国内外学术界对白语系属有过热烈的讨论，但至今尚未取得一致的意见。分歧的观点主要有五种①：南亚语系孟高棉语族说、澳泰语系说、汉藏语系藏缅语族说、汉语族说、藏缅语和汉语的混合语说。持第一种观点的主要是法国的拉古柏里和英国的戴维斯，他们主张白语属"孟吉蔑语系"。美国的本尼迪克特（1968）认为民家语（白语）可能原来也是澳－泰语系的一种语言，不过它在早期（上古汉语时期）就为汉语所"征服"或"侵袭"。② 国内学者一般认同后三种观点。下面具体介绍后三种观点的研究情况。

（1）汉藏语系藏缅语族说

这是国内民族语学界最通行的看法，但是具体属于藏缅语族哪个语支又有三种不同的观点。

1）白语属于缅彝语支

这个观点最早由李方桂先生1937年在《中国的语言和方言》（1937）③ 里提出。他把白语、倮倮语（彝语）和摩些语（纳西语）合称为"倮倮语群"。此后，罗常培、傅懋𪠠在《国内少数民族语言文字概况》（1954）④ 一文中，也把民家语（白语）归为彝语支。赵衍荪在《白语的系属问题》（1982）⑤ 里明确指出："白语和彝语以及其他彝语支语言之间，在语音、词汇、语法三方面的某些对应现象和同源关系还是比较清楚的。"徐琳和赵衍荪在《白语简志》（1984）⑥ 里，根据白语有元音松紧对立现象、复元音少、缺少闭音节等语音形态和部分同源词的比较将其归入彝语支。吴安其的《藏缅语的分类和白语的归属》（2000）⑦ 一文，从白语语音的历史演变、语序和后缀、核心词、丧葬习俗等方面具体论证了白语应属缅彝语支。

2）白语是藏缅语族的一个独立语支——白语支

这一观点最早由周耀文在《略论白语的系属问题》（1978）⑧ 一文中提出。他

---

① 参阅戴庆厦主编：《二十世纪的中国少数民族语言研究》，书海出版社，1998年；袁明军：《汉白语调查研究》，中国文史出版社，2006年；杨立权：《白语的发生学研究：白语的历史层次分析和异源层次的发生学关系》，云南教育出版社，2007年。

② Austro-Thai and Sino-Tibetan（mimeographed），read at First Conference on Sino-Tibetan，Yale University October 1968. 转引自本尼迪克特1972《汉藏语言概论》，乐塞月、罗美珍译，中国社会科学院民族语言研究室，1984年。

③ 载《中国年鉴》（1937年）。

④ 载《中国语文》1954年第3期。

⑤ 载《民族语文研究文集》，青海民族出版社，1982。

⑥ 民族出版社，1984年。

⑦ 载《民族语文》2000年第1期。

⑧ 载《思想战线》1978年第3期。

认为"现代白语与彝语支语言的共同成分已小于相异成分，它无论在语法、词汇和语音上都已与彝语支语言有着很大的差别。"杨品亮在《关于白语系属的探讨》（1989）① 一文里明确提出"根据白语的历史轨迹及现状，按语言系属的划分标准，白语不属于藏缅语族彝语支，而应单立为白语支。"戴庆厦、傅爱兰、刘菊黄在《关于我国藏缅语的系属分类》（1994）② 里，从语言系属分类的层次性以及系属分类中的语言影响、语言接触等因素出发，认为白语"在语族共同语阶段与缅彝语支还有密切关系，但由于受汉语影响，在许多特征上偏离了南部语言的发展趋势，走了一条独特的发展道路"，因此该文把白语列为藏缅语族南部语群下属的白语支，与缅彝语支、土家语支并列。杨应新的《论大理白语和凉山彝语的异同点》（1997）③ 一文比较了白语和彝语在语音、词汇、语法上的异同，认为从语言类型角度看，白语和彝语存在重大差别。结合白彝两族的历史情况分析，他认为二者在两千年前就开始分化，所以"白语是汉藏语系藏缅语族中和彝语支平行的一个语言，将其列为一个独立的语支即白语支，似乎要更为妥当一些。"和即仁在《谈谈白语的系属问题》（1997）④ 一文里比较了白语和汉语、彝语支语言，并参考了自秦汉以来白族先民的历史情况，认为从发生学的观点来看，白语是藏缅语汉语言中分而未化的一种语言，但从语言相互影响和语言融合的观点来分析，白语又是与汉语融而未合的一种特殊语言。因此，既不能把白语当作汉语的一种方言，也不宜把它简单地归入彝语支，应该是藏缅语族中与彝语支并列的一个语支 —— 白语支。罗自群的《从语言接触看白语的系属问题》（2011）⑤ 认为白语的归属应该根据其来源来定，就先天而言，白语属于藏缅语族；就后天受影响而产生的变化和现状而言，白语可以成为藏缅语族之下的一个独立的语支 —— 白语支。在考察白语这种语言接触程度比较深刻、受汉语影响比较大的语言的系属关系时，应提高语法成分所占的比重。白语是研究语言接触的一个非常典型的个案，借助白语，可以发现在语言接触达到一定程度时，会引起语序的变化；大语序的变化又会领先于小语序的变化；而在众多的小语序中，有些方面变得比较快，有些方面又变得比较慢。

3）白语属藏缅语族中语支未定语言

马学良、戴庆厦在《中国大百科全书·民族卷》（1987）的《汉藏语系》条目中把白语列入语支未定语言。马学良主编的《汉藏语概论》（2003）⑥ 一书也认为"白语既有彝语支的一些特点，也有许多不同于彝语支的特点"，因此仍把白语归为藏缅语族中语支未定的语言。

---

① 载《中央民族学院学报》1989年第6期。

② 载《藏缅语新论》，中央民族学院出版社，1994年。

③ 载《彝缅语研究》，四川民族出版社，1997年。

④ 载《彝缅语研究》，四川民族出版社，1997年。

⑤ 载《中央民族大学学报》2011年第5期。

⑥ 民族出版社，2003年。

（2）汉语族说

白族学者赵式铭在《白文考》① 中检验了443个剑川白语词汇，认为"吾邑言音""无一不同故训"，因而提出白语是一支从古汉语中分化出来的语言，并认为白语与汉语对不上的词汇是从周围藏缅语借入的缘故。在20世纪50年代的"白族起源争论"中，秦凤翔②、徐承俊③ 等人认为现代的白语和汉语是同一系属的语言，是以古楚语为基础，掺有古蜀语的成分，自齐梁以至明初独立发展而成。20世纪90年代后，更多的学者通过用现代白语的读音来训读古汉语词的方法，来论证"汉语说"，如：杨品亮的《现代白语中的古汉语词》（1990）④，汉兴的《白族话中的古汉语词素例考》（1991）⑤，段伶的《试析南诏的语言》（1994）⑥，颜晓云、陆家瑞的《史载白语丛考》（1997）⑦，等等。此后，郑张尚芳在《白语是汉白语族的一支独立语言》（1999）⑧ 一文中认为"白语是汉白语族的一支独立语言"。该文运用汉语历史音韵学方法，将剑川白语方言与汉语古文献（包括拟音）联系起来，整理出"白语同音字汇"，指出"白语几乎完全可以用汉字写出，不过当地用了一些土字和假借字形成民间应用的白文"。袁明军的专著《汉白语调查研究》（2006）⑨ 通过对白语六个方言点的历史比较研究，构拟出了一个比较整齐的白语原始声母系统和原始韵母系统。并以此为基础，运用语义学比较法，拿白语构拟形式和汉语上古音、上古语义进行比较，查检到168组汉语白语深层对应词群，从中确定了一定数量的汉语和白语的同源词，从一个方面论证了白语和汉语的发生学关系。该文认为"从语义系统来看，白语和汉语的深层对应多于白语和藏缅语的深层对应，白语的语义系统和汉语的语义系统更加接近"。

（3）藏缅语、汉语混合语说

"白语是混合语"的观点最早可以追溯到民国初年。大理白族学者李澡在《大理县志稿·卷六·方言》（1916）中提出："洎夫宋元，其固有之语言仍为蛮，所谓'白子国话'是也。嗣有僰（彝）族杂居在苍山西南隅，语言又复混合，两语意绝不通中土"。20世纪40年代初，罗常培先生在《语言学在云南》⑩ 一文中明确提出"白语是混合语"的观点，"关于民家语的系属，有的说属孟吉蔑语，有的说属摆夷，

① 载《新纂云南通志》卷68-70，方志出版社，2007年。

② 见秦凤翔《略论白语的系属问题及白族的形成和发展》《再论白语的系属问题及白族的形成和发展》，载《云南白族的起源和形成文集》，云南人民出版社，1957年。

③ 见徐承俊《试论白语的系属及其他》，《云南白族的起源和形成文集》，云南人民出版社，1957年。

④ 载《民族语文》1990年第4期。

⑤ 载《思想战线》1991年第4期。

⑥ 载《云南民族学院学报》，1994年第4期。

⑦ 载《云南师范大学学报》1997年第2期。

⑧ 载石锋、潘悟云编：《中国语言学的新拓展》，香港城市大学出版社，1999年。

⑨ 中国文史出版社，2006年。

⑩ 载罗常培：《语言与文化》，北京出版社，2004年。

有的说属傈僳，有的说属卡伦，照我看是夷汉混合语，所以掺杂的成分以傈语占多数，差不多百分之七十已经汉化了。"持这一观点的学者还有李绍尼和陈康。李绍尼的《白语基数词与汉语、藏缅语关系初探》（1992）[①] 一文探讨了白语十个基数词与汉语、藏缅语族语言的关系，通过对白语十个基数词的语源分析，认为白语是汉语、藏缅语混合语形态，而且混用的汉语占8/10。陈康的《白语促声考》（1992）[②] 一文探讨了白语促声调（又称紧调）的形成和发展。他认为"白语的8个调是彝、汉语言舒、促融合的产物"，因此，"白语不属彝语支，也不是汉语的一种方言，而是具有其原始彝语底层和汉语成分融合了的一种混合语，这种融合是深层次的，系统上的。"

关于白语的系属问题，在以上5种观点之外，还值得一提的是杨立权的观点。他在《白语的发生学研究：白语的历史层次分析和异源层次的发生学关系》（2007）[③] 一书中，通过对白语历史层次的分析，对白语"多源一流""异源同质化"的特质进行了系统、详尽的论证。

2. 语音研究

白语语音的研究在中华人民共和国成立后至20世纪90年代以前主要是依据二十世纪五六十年代的调查材料所作的概况性地描写研究，成果主要反映在《白语概况》《白语简志》里。20世纪90年代后，在现代语言学理论和实验语音技术的推动下，白语语音研究取得了一定的突破。

（1）送气擦音

白语一些方言有一套独特的送气擦音sh、ɕh、xh、fh，与相应的不送气擦音相对立。

这一特殊的语音现象，引起了一些学者的研究兴趣。奚兴灿、李绍尼在《鹤庆白语的送气擦音》（1997）[④] 一文里分析了鹤庆白语四个送气擦音在声母中的分布、与韵母的搭配情况以及在声调上的表现，得出以下结论："1）送气擦音是鹤庆白语的重要特点之一。它只能跟一定的韵母搭配，并只能出现在一定的声调上。2）鹤庆白语送气擦音的形成受诸多语音因素的影响，它的产生和发展是一个较为复杂的问题。但它反映了古白语与古藏语之间早已存在的亲属语言性质的语源关系。"汪峰的《白语中送气擦音的来源》（2006）[⑤] 一文依据白语方言中存在的音位对立，将送气擦音重构到原始白语系统，然后结合汉藏比较的成果来探讨原始白语送气擦音的来源。该文推测白语送气擦音有三种来源：$*Cv\text{-}s\text{-}\rightarrow h\text{-}s\text{-}\rightarrow s^h\text{-}$，$*sK\text{-}\rightarrow s^h\text{-}$，$*p^h\text{-}\rightarrow f^h\text{-}$。

---

① 载《中央民族学院学报》1992年第1期。

② 载《中央民族学院学报》1992年第5期。

③ 云南教育出版社，2007年。

④ 载《中央民族大学学报》1997年第2期。

⑤ 载《民族语文》2006年第2期。

（2）声调

白语声调研究方面，李绍尼、艾杰瑞从实验语音学的角度来研究白语的声调。他们在《云南剑川白语音质和音调类型——电脑语音实验报告》（1990）[①]一文里使用语音实验仪器，分析了白语音节中四种不同的音质类型，即紧喉音、挤喉音、气化音、普通音，并认为音质类型对白语的声调系统有重大的影响，其中，"音调的升高与紧喉特征有一定的关系，而鼻化现象的产生则与音调高低没有多大关系。"陈康的《白语促声考》（1992）[②]一文则采用汉白语音的历史比较与白彝语音的共时比较来研究白语的促声调。他认为"白语的8个调是彝、汉语言舒、促融合的产物"，白语的44调（促甲调）是彝语支紧甲调（清声母阴促调）和汉语阴入声的混合调；42调（促乙调）是彝语支紧乙调（浊声母阳促调）和汉语阳入声的混合调；21调（促丙调）是借入汉语阳平声，按彝语支紧调特征演变而成的混合调。

（3）松紧元音

白语有松紧元音，而且白语的松紧元音与缅彝语支语言有一些不同的特征。戴庆厦在《藏缅语族松紧元音研究》（1990）[③]一文里指出："白语虽有松紧元音，但同上述语言（指载瓦、哈尼、彝、傈僳等）的松紧元音比较，找不到明显的对应规律，似无共同来源。其特征有些也不同，如白语松紧元音音节出现的声调数量相同，松元音出现在四个调上，紧元音也出现在四个调上。白语的紧元音低降调带浊吐气成分……"李绍尼的《论白语的"声门混合挤擦音"》（1992）[④]认为云南剑川白语有四种音质类型：一是普通音，即松元音类；二是紧音；三是气嗓音；四是"声门混合挤擦音"。该文对白语的"声门混合挤擦音"进行了语音实验分析，指出"声门混合挤擦音"不同于松元音、紧元音的几个特点，进而认为有的语言学家所说的白语"21调紧音"应该是"42调声门混合挤擦音"。戴庆厦、赵富芬在《从电脑统计结果看白语语音特点》（1996）[⑤]利用电脑统计方法分析了云南下关天井村的白语，将其语音特点与藏缅语族其他语言进行比较，发现"白语松元音韵母和紧元音韵母的比例既不同于景颇语，也不同于哈尼语，介于二者之间，这与来源不同于二者有关。据美国白语专家韦倩文博士（Grace Wiersma）研究，白语松紧元音的来源是多渠道的，既与舒促韵母有关，又与清浊声母有关，以上统计的数字倾向于这一观点。"艾杰瑞、艾思麟、李绍尼等人的《论彝语、白语的音质和勺会厌肌带的关系——喉镜案例研究》（2000）[⑥]一文利用医学喉镜来直接观察喉腔中的各种声带的运动状态，为分析彝语、白语的音质提供了一个崭新的描述与解释。通过

① 载《中央民族大学学报》1990年第5期。

② 载《中央民族学院学报》1992年第5期。

③ 载《藏缅语族语言研究》，云南民族出版社，1990年3月。

④ 载《民族语文》1992年第4期。

⑤ 载《电脑辅助汉藏语词汇和语音研究》，中国藏学出版社，1996年。

⑥ 载《民族语文》2000年第6期。

微型喉镜录像观察彝语和白语的发音，发现在发紧音时，除了真声带作用外，还与假声带、勺状会厌肌带和会厌软骨的颤动与缩放功能有关。汪锋的《白语方言中特殊发声类型的来源与演变》（2007）[1] 一文深入探讨了白语松紧元音的来源与演变。该文通过9个白语方言的对比材料以及汉白关系语素的证据，认为白语方言中的松紧元音有两个来源：声母的浊音清化和促声韵母的舒化。杨晓霞、高天俊的《从发声态看白语的紧音》（2016）[2] 从发声态的视角，根据实验语音学分析确认了白语中的一个来自*1b的紧调类在不同方言中有降调和升调两种不同表现形式，降调伴随嘎裂声，升调伴随喉塞尾。作者认为此类特征是在浊声母清化的过程中产生的。

（4）唇齿音

李雪巧的《白语中唇齿音v的特征和历史发展》（2015）[3] 一文分析了白语唇齿音v做声母和韵母的音韵特点，发现唇齿音v作声母是一个唇齿浊擦音，白语三种方言中，唇齿音v声母与u韵母搭配的音节形式最为普遍。v做韵母时实际音质是一个唇齿浊半元音，发音时摩擦较小，声带只是略微震动，剑川方言和碧江方言中，v有与之相应的鼻化元音ṽ。该文还探讨了做声母和做韵母的唇齿音v的不同来源。

3. 语法研究

白语语法研究在《白语简志》出版后的近20年间基本处于停滞状态，研究涉及的语法现象少，缺乏足够的深度和现代语言学理论、方法的指导。2000年后这一局面才有所改观。

（1）量词

白语属量词发达型语言，白语的量词在分布以及与其他词类的结合方面有许多与汉语不同的特点。王锋的《白语名量词及其体词结构》（2002）[4] 分析了白语量词所构成的各种体词结构的类型、特点和句法功能，指出：白语量词可与名词、指示代词、人称代词、数词构成多种体词结构；这些体词结构有各自固定的组合次序和结构关系，量词在这些体词结构中有时能充当中心语。他在《浅谈白语的名+量结构》（2005）[5] 一文中，描述了白语"名+量"结构在结构和功能上的特点，认为"名+量"结构具有以下特点：表示事物的数量为一、兼有指示作用、表达名词的类别特征、一些量词具有名词后缀的功能。该文还列举了多种形式的"名+量"结构，勾勒了白语量词发展的一个大体轨迹。赵燕珍的《白语名量词的语义及结构特征》（2005）[6] 一文探讨了白语名量词的语义特征和结构特征，认为白语名量词具有分类

---

① 载《汉藏语学报》创刊号，商务印书馆，2007年。

② 载《民族语文》2016年第6期。

③ 载《中央民族大学学报》2015年增刊。

④ 载《民族语文》2002年第4期。

⑤ 载《汉藏语系量词研究》，中央民族大学出版社，2005年。

⑥ 载《汉藏语系量词研究》，中央民族大学出版社，2005年。

性、指称性等语义特征，并通过分析名词与量词、指示词与名量词、名词与量词短语的句法结构关系，揭示了名量词的结构特征。

徐琳、博京起的《古白语贝币名和量词的遗存》（2004）① 一文探讨了白语量词的来源，该文根据唐以来几种汉语古籍的记载，比较白语中有关贝币的名称和量词，认为今白语的这些有关名称是古白语的遗存。

（2）动词

段伶的《白语肯定动词和否定动词》（2004）② 一文指出白语的中部方言和南部方言中的一些动词有否定意义，它们与一般动词的词义对立，而且正义与反义之间有着语音上的交替。该文具体描写了肯定动词和否定动词的语音交替变化的方式。罗自群的《白语表示持续意义的tɯ⁴⁴"着"、tso̱⁴²"着"》（2006）③ 探讨了白语持续标记tɯ⁴⁴、tso̱⁴²的来源，认为从白族的历史、白语与汉语的接触以及tɯ⁴⁴、tso̱⁴²与汉语的"着（著）"在语音、语法上的对应关系等方面来分析，白语的这两个表持续义的词应是汉语借词，"它们借自汉语方言，反映了中古以来'着（著）'不同时期的语法功能及语音形式。"

（3）否定词

否定范畴是一种重要的语法意义范畴。王锋的《试论白语的否定词和否定表达形式》（2006）④ 一文认为白语的否定词及其表达形式体现了白语语言结构的复杂性和独特的发展面貌：方言间否定词的意义和用法有较大差别，否定词构词方法经历了从屈折到分析的重大变化，不同来源的否定词并存并用，并逐渐形成优势型否定词及其表达方式。张军的《白语方言否定标记的特征与来源》（2012）⑤ 发现白语各地方言的否定表达存在差异，但都有一个不同于其他藏缅语的三分系统，与中、上古汉语的情形相似。白语方言的否定标记既有来源于原始藏缅语的共同成分，又有历史上借自汉语的否定词，具有一定的历史层次性。白语否定标记对汉藏亲属语言比较、语言类型学以及语言影响等多方面研究具有特殊意义。汪锋、龚希劼的《白语方言中否定变韵的性质和来源》（2016）⑥ 一文将白语方言中否定变韵的生成模式概括为 V（肯定）→uV（否定），认为其中–u–来源于后置否定词*mu。否定变韵的主要功能是情态意义的否定。根据否定变韵在方言中的分布，可以推断变韵是东支白语的创新变化，而不是原始白语的遗存。

（4）语法标记

田静的《白语性别标记的形式、意义和功能 —— 兼论白语和藏缅语、汉语的

---

① 载《民族语文》2004年第6期。

② 载《民族语文》2004年第1期。

③ 载《中央民族大学学报》2006年第3期。

④ 载《大理学院学报》2006年第7期。

⑤ 载《大理学院学报》2012年第7期。

⑥ 载《民族语文》2016年第5期。

关系》（2017）① 一文从词序、语义、词性、来源等方面对白语的性别标记进行了描写和分析，探讨其形式、意义和功能上的类型学特征。从词序上看，部分性别标记在与名词词根组合构词的时候，有前置、后置、前后均可三种词序位置；白语性别标记在是否区分动物和人、是否兼表其他语义等方面也有细微的语义差别；从词性上看，白语的性别标记也包括表示性别意义的词和构词成分两类；从来源上看，白语性别标记主要有三个来源：一是同源关系，二是语言接触和语言影响，三是语言的创新。文章最后还从性别标记的角度讨论了白语和藏缅语、汉语的关系。李蕾、陈前瑞的《白语大理方言 $xɯ^{55}$ 的多功能性研究》（2018）② 一文采用类型学的多功能模式分析白语大理方言的时体标记 $xɯ^{55}$。通过对语料的量化统计发现，$xɯ^{55}$ 的体貌功能包括完结体、完成体、完整体和现在状态，另有结果补语、介词附缀和连接成分等功能。该文还构拟出 $xɯ^{55}$ 从结果补语到介词附缀、从结果补语到完结体、从完结体经完成体到完整体、从完成体到连接成分、从完成体到现在状态等演变路径。赵燕珍的《论白语的话题标记及其语用功能》（2013）③ 一文对白语中的话题标记 $nɯ^{55}$、tsi^{55}、$lɯ^{44}$ 和 na^{55} 进行了描写和分析，发现在标记话题时，四者有共性也有差异。这四个词都能用于标记名词性成分、人称代词、表时间和方所的成分、动词性成分的话题和小句话题，但是它们表达的语义还有细微差别，出现的频率也存在差异。吴福祥的《白语 no^{33} 的多功能模式及演化路径》（2015）④ 一文通过对白语 no^{33} 的多种功能进行考察，发现白语 no^{33} 的诸项语法功能是两种语法演变协同作用的产物，一种是白语内部独立发生的演变，这种演变以方所后置词为枢纽，呈现两条路径：一条是"方所后置词＞指人旁语标记＞间接宾语标记＞直接宾语标记"；另一条是"方所后置词＞属格标记（＞属性标记）＞关系标记＞名词化标记"。方所后置词这一功能本身则是"人体部位词语＞方所名词＞方所后置词"这一演变路径的产物。no^{33} 所发生的另一种演变类型则是接触引发的语法演变，no^{33} 的状语标记和补语标记这两种功能是复制汉语标准语 [tə0]（的、地、得）同音模式的产物。

（5）语序

徐琳、赵衍荪在《白语简志》（1984）里认为，白语除了SVO语序外，还兼有SOV和OSV语序，即白语有SVO、SOV、OSV三种基本语序。王锋的《试论白语的三种基本语序》（2004）⑤ 一文也认为白语兼有SVO、SOV、OSV三种语序，但以SVO语序占优势。该文具体分析了动词、否定词、句子语气对句子成分位置的影响以及三种语序之间的转化所受的条件限制。赵燕珍、李云兵的《论白语的话题

---

① 载《民族语文》2017年第3期。

② 载《民族语文》2018年第4期。

③ 载《中央民族大学学报》2013年第3期。

④ 载《民族语文》2015年第1期。

⑤ 载《中国民族语言文学研究论集4》，民族出版社，2004年。

结构与基本语序类型》(2005)① 一文运用话题结构理论，探讨了话题结构对白语基本语序的影响。该文认为现代白语的基本语序是SVO，SOV、OSV两种语序是句法结构的受事性论元话题化的表现形式，是话题结构。

4. 词汇研究

（1）借词、关系词

白语中存在大量的古汉语借词，而且现代汉语词汇还在不断地进入白语的词汇系统。杨品亮的《现代白语中的古汉语词》(1990)② 一文指出："某些诗经语言仍流传于现代白语中"。该文列举了一些实例，分别从出处、词义及其在现代白语中的延伸情况做了分析。汉兴的《白族话中的古汉语词素例考》(1991)③ 一文也以例证的方式列举了白语中至今仍在沿用的古汉语词素。周锦国的《现代语境下白语词汇的嬗变》(2008)④ 一文通过对白语剑川方言词汇的调查，发现在最近10年间，2000个白语基本词中，有107个词语借用了汉语词汇。借用的特点体现在：1）原有白语词汇不用而转用汉语借词；2）白语中原有汉语借词不用而转用新的汉语借词；3）在白语的汉语借词中出现带鼻韵尾–n的词。

（2）构词法

白语中存在一种独特的语音变化的形态构词方式，段伶的《白语语音变化的构词方式》(2002)⑤ 一文对这一现象进行了分析研究。该文通过实际调查的资料总结出三种白语语音变化的构词方式：一种是通过韵母元音同化的方式构成框架式四音格词，另外两种是通过语音交替变化的方式构成自动词和他动词、肯定动词和否定动词。赵彦婕的《白语四音格词及其构成方式》(2016)⑥ 把白语四音格词的结构形式归纳为并列式、重叠式、固定式和框架式四类，认为并列式是白语四音格词中占优势的构成方式，重叠和韵律也是构成白语四音格词的重要形式。

（六）土家语研究

土家族共有人口958.7732万（2020年），主要分布在湘、鄂、渝、黔四省市交界的湘西、鄂西、渝东南、黔东北毗邻的武陵山区及其临近地带。土家语分南北两大方言，二者语音、词汇差异较大，相互之间不能通话。据有关调查，目前仍使用土家语的人口已不足10万，土家语已成为一种濒危语言。

1. 研究概况

国内对土家语的研究最初是为了进行民族识别。为了确认土家族的民族成分，

---

① 载《民族语文》2005年第6期。

② 载《民族语文》1990年第4期。

③ 载《思想战线》1991年第4期。

④ 载《大理学院学报》2008年第7期。

⑤ 载《大理学院学报》2002年第1期。

⑥ 载《贵州工程应用技术学院学报》2016年第3期。

从1953年开始，中央派出了汪明瑀、潘光旦、严学宭、王静如等一大批著名的民族学家、语言学家深入到湖南湘西进行调查。在深入调查的基础上，潘光旦运用民族志和民族学的方法对土家语进行了调查和研究，指出土家语是土家族的民族语言，它在土家族社会中具有很强的亲和力（1955）[①]。王静如的《关于湘西土家语言的初步意见》（1955）[②] 一文记录了土家语人体、数目、人事、亲属、天象、地理等19个方面的词汇，并与其他民族的语言做了深入细致的比较，得出"湘西土家族，是在汉藏语系中属于藏缅语族，比较接近彝语的语言，甚至可以说是彝语支内的一个独立语言"的结论。这一时期对土家语的调查、研究为以后的土家语系统研究奠定了基础。

1957年秋，中国科学院民族语言工作队第4队到龙山坡脚乡进行土家语言调查。这一时期的调查素材成为后来《土家语简志》（1986）[③] 的基础。《土家语简志》是第一部系统描写土家语的专著，对以后的土家语研究具有一定的指导作用。二十世纪八九十年代，土家语的研究逐步转向对语言中各要素的比较深入的微观研究。谭志满在《近50年来土家语研究述评》（2004）[④] 一文中对这一时期的土家语研究的具体内容做了总结："如语音方面，对土家语形容词叠音特点的研究，对土家语将行体形态音位变化研究，对土家语语流音变的研究，对语音的电脑分析；语法方面，有对土家语名量词的研究，探讨土家语名量词的共时特点及其发展规律；有对土家语动词的研究，分析出一个动作行为，从始动至动作结束共有17个层次，从而分析出土家语中所蕴含的精细的思维。在形容词方面，学者们从不同层面和不同角度进行了探讨，如关于'大'的特点的研究，关于三音格形容词的语音特征和义位特征的研究，关于形容词'级'的研究，等等。"

进入21世纪，土家语作为一种濒危语言，引起了国内外学者的关注，研究其濒危问题的成果大量涌现，这些成果探讨了土家语濒危的成因、土家语的语言活力、语言状态等问题。同时，土家语本体结构的研究也取得了丰硕的成果，出版了一批土家语研究专著，如：李敬忠的《泸溪土家语》（2000），罗安源、田心桃等的《土家人和土家语》（2001），叶德书、向熙勤的《中国土家语地名考订》（2001），张伟权的《土家语探微》（2004），戴庆厦、田静的《仙仁土家语研究》（2005），陈康的《土家语研究》（2006），向魁益的《保靖县土家语实录》（2012），尚立昆、尚立晰的《张家界土家语地名诠释》（2016），徐世璇、周纯禄、鲁美艳的《土家语语法标注文本》（2017）等。

2. 系属研究

土家语属汉藏语系藏缅语族，但其系属问题一直没有定论。主要观点有以下

① 潘光旦：《湘西北的"土家"与古代巴人》，载《中国民族问题研究集刊》第四辑，1955年。

② 载《中国民族问题研究集刊》第四辑，1955年。

③ 田德生、何天贞等编著，民族出版社，1986年。

④ 载《湖北民族学院学报》2004年第1期。

几种：

（1）土家语属独立语言

20世纪50年代初，王静如在《关于湘西土家语言的初步意见》（1955）[①]一文里指出："湘西土家族，是在汉藏语系中属于藏缅语族，比较接近彝语的语言，甚至可以说是彝语支内的一个独立语言"。1986年田德生、何天贞等编著的《土家语简志》（1986）[②]也认为："从句子成分的语序看，土家语为'主＋宾＋谓'（SOV）式语言，并且动词有复杂的'体'范畴，应属于藏缅语族。""从语音体系看，土家语有大量复元音而有别于以单元音为主的藏缅语族语言；土家语浊声母少，元音不分松紧和大量的元音半鼻化而有别于彝语支语言；土家语缺乏韵尾，元音不分长短和有三个（或四个）声调而有别于壮侗、苗瑶语族语言。所以，目前我们暂认为：土家语为汉藏语系藏缅语族中一个独立的语言。"

（2）土家语属语支待定语言

马学良、戴庆厦在《汉藏语概论》（2003）[③]一文中把土家语定位为汉藏语系藏缅语族中语支待定的语言，认为："土家语的系属之所以难以定论，是由于它既有一些与藏缅语族彝语支相同的特点，又有些不同的特点。"

（3）土家语属独立语支

1994年，戴庆厦、傅爱兰、刘菊黄在《关于我国藏缅语的系属分类》（1994）[④]一文中，从语言系属分类的层次性以及系属分类中的语言影响、语言接触等因素出发，认为土家语"在语族共同语阶段与缅彝语支还有密切关系，但由于受汉语影响，在许多特征上偏离了南部语言的发展趋势，走了一条独特的发展道路"，该文因此把土家语列为藏缅语族南部语群下属的土家语支，与缅彝语支、白语支并列。这篇文章首次确立了土家语作为一个独立语支的地位。田恒金在《土家语言历史比较研究》[⑤]（2006）一书中，从同源词、语音对应规律、音系特点、语法特点以及民族渊源等方面对土家语和藏缅语族各语支的共性和差异进行了考察，认为"在藏缅语族内部几个语支当中，土家语跟缅语支语言和彝语支语言在发生学关系上比较接近。……在缅语支和彝语支语言当中，土家语跟缅语支语言的发生学关系又要更近一些。"同时，该文指出，"虽然土家语在藏缅语族内部跟缅语支语言和彝语支语言在发生学关系上要比它跟别的语支近一些，但缅、彝两语支内部各语言在词汇、语音、语法各方面的共同点要远远多于土家语跟它们之间的共同点，它们跟土家语不在同一个分化层次上，应该将土家语看作一个独立的语支。"

① 载《中国民族问题研究集刊》第四辑，1955年。

② 民族出版社，1986年。

③ 民族出版社，2003年。

④ 载《藏缅语新论》，中央民族学院出版社，1994年。

⑤ 河北人民出版社，2006年。

（4）土家语属羌语支

何天贞的《土家语的支属问题》（2003）①一文分析了土家语在语音上不同于藏缅语族其他语言的特点："第一，声母的清浊对立是藏缅语中大部分语言，特别是彝语支语言的重要特征，而土家语的塞音和塞擦音有清无浊。第二，元音分松紧是大部分缅彝语言的明显特点，缅语支和景颇语支有的语言还分长短，土家语的元音既不分松紧，也不分长短。第三，复杂的复辅音系统是古藏语支、古羌语支（其中有大量的二合复辅音、还有一定数量的三合、四合复辅音）区别于现代藏语支、现代羌语支的重要特征，现代土家语只有单辅音。第四，小舌塞音、小舌擦音是羌语支大部分语言的一个重要特征，土家语没有小舌音。第五，丰富的辅音或复辅音韵尾是藏缅语族许多语言的又一共时特征，土家族没有辅音韵尾，仅有鼻化韵。"该文在考察了土家语和藏缅语族5个语支39种语言后提出土家语属于羌语支的观点。

3. 语音研究

土家语分南、北两个方言，北部方言主要分布在湖南省湘西自治州的龙山、保靖、永顺、古丈等县，湖北恩施自治州的来凤、鹤峰等县；南部方言主要集中在湘西泸溪县。南、北方言语音上的差异较大，基本不能通话。

（1）声调

土家语作为一种声调系统比较简单的语言，不同的研究者在描写其声调系统时分歧较大。田德生、何天贞等的《土家语简志》（1986）②所描写的土家语北部方言只有3个声调：55、35、21。其后，多数研究者认为有4个声调。如：陈康在《土家语研究》（2006）③一书中归纳出龙山土语声调系统为高平调55、高降调53、中升调35、低降调21。罗安源在《土家人和土家语》（2001）④中利用电脑软件对"土家第一人"田心桃的发音进行分析，得出4个声调：44、51、21、24。戴庆厦、田静在《仙仁土家语研究》⑤中认为仙仁土家语的基本声调共有4个：高平调55、高降调54、中平调33、中升调35。此外，还有一个31变调。他们认为55调在本语词的单音节词上出现极少，主要出现在双音节、多音节词和变调上。因此55调在早期应是54调的变调。"3个调"和"4个调"这两种观点的区别主要在有无高降调上。熊英的《当代土家语声调问题》（2016）⑥采用"组合音节"实录语音法，并辅以"词汇表"调查法，说明土家语有6个调类。

有些学者对土家语声调的演变进行了探讨。张军的《土汉接触与土家语高调的

① 载《中南民族大学学报》2003年第1期。

② 田德生、何天贞等编著，民族出版社，1986年。

③ 陈康著，中央民族大学出版社，2006年。

④ 罗安源、田心桃、田荆贵、廖乔婧著，民族出版社，2001年。

⑤ 戴庆厦、田静著，中央民族大学出版社，2005年。

⑥ 载《民族语文》2016年第5期。

分化》（2008）① 一文从南北方言的对应出发，认为土家语原本只有一个高调，跟汉语的长期接触加速了声调的演变，土家语的高调逐渐分化成为高平和高降两个辨义的调位。该文指出："北部方言高调的分化，就目前观察到的事实，是一种尚未完成的演变过程，各地的进程不同。最核心的地区（如坡脚乡）高平高降两调的最小对比最少，表明高调的这种分化仅仅在极少数音节上稳定下来，而大部分音节仍处于高平高降摇摆不定的状态之中。"

（2）声母

土家语声母的共时描写研究主要反映在《土家语简志》（1986）②、《泸溪土家语》（2000）③、《土家人和土家语》（2001）④、《仙仁土家语研究》（2005）⑤、《土家语研究》（2006）⑥ 等专著以及田德生的论文《土家语概况》（1982）⑦ 里面，多是一般性的概括描写。历时研究方面，有田恒金的《土家语舌尖擦音声母的来源》（2007）⑧，该文把土家语跟同语族亲属语言进行比较，在本族词的范围内，对土家语舌尖擦音声母 s、z 的来源进行了考查，认为"现代土家语的舌尖擦音 s、z 有三个主要来源：一是原始藏缅母语原生性的舌尖擦音，二是原始藏缅母语 *sk、*sg、*gs、*sm 一类的复声母，三是原始藏缅母语由非舌尖擦音构成的复声母。"徐世璇的《土家语语音的接触性演变》（2010）⑨ 根据土家语南、北两个方言之间的差异考察土家语语音演变的进程和流向，揭示汉语影响在土家语语音演变中的重要作用。该文指出，土家语南部方言和北部方言的语音差异主要表现为浊塞音、塞擦音声母和撮口呼韵母的有无上。其中，两个方言清浊声母的对应不仅存在于汉语借词中，而且也存在于固有词中。土家语两个方言中的清浊声母由古浊声母分化而来符合藏缅语演变的总体趋势，但分化的发生明显又与汉语不同方言的接触和影响有关。撮口呼韵母全部出现在汉语借词中，表明这类韵母是来自汉语的新韵类，是十分典型的由语言接触而引起的外源性演变。在此基础上，该文还解释了汉语借词语音影响土家语语音系统的方式和过程，探讨语言接触性影响和语音接触性演变的普遍意义。瞿建慧的《湘西土家语、苗语与汉语方言浊声母演变》（2012）⑩ 指出，湘西土家语、苗语与汉语方言都有一套完整的浊声母系统。浊声母清化和浊塞擦音擦音化是各自演变的产物。而大量浊声母汉借词的进入强化了湘西土家语、苗语浊声母的

① 载《中国语文》2008年第4期。

② 田德生、何天贞等编著，民族出版社，1986年。

③ 李敬忠著，中央民族大学出版社，2000年。

④ 罗安源、田心桃、田荆贵、廖乔婧著，民族出版社，2001年。

⑤ 戴庆厦、田静著，中央民族大学出版社，2005年。

⑥ 陈康著，中央民族大学出版社，2006年。

⑦ 载《民族语文》1982年第4期。

⑧ 载《湖北民族学院学报》2007年第2期。

⑨ 载《民族语文》2010年第5期。

⑩ 载《民族语文》2012年第3期。

语音特征，延缓了其清化进程。

（3）韵母

对土家语韵母共时特征的研究只在上述几本论著中有一些概括性的描写，缺乏深入、细致的分析研究。历时演变方面，田恒金的《龙山坡脚土家话韵母 oŋ 的一个来源》（2005）[①]一文，以土家语北部方言龙山坡脚话表示"五""借""鼻子""耳朵"等意义的词跟藏缅语族亲属语言中的同源词进行比较分析，并对其中的演变过程作了一些推测，认为原始藏缅语中 CNV 式音节的词，发展到现代土家语龙山坡脚话演变成以 oŋ 充当韵母的零声母音节，成为土家语坡脚话韵母 oŋ 的一个重要来源。他的《坡脚土家语鼻音韵尾的来源》（2008）[②]一文通过与亲属语言的比较，分析出坡脚土家语的 -n、-ŋ 两个鼻音韵尾可以分为原生型、他转型和后起型三种类型。并认为坡脚土家语鼻音韵尾的发展演变跟韵母元音和鼻音声母有密切的关系，同时与汉语之间长时间的频繁接触也对其鼻音韵尾的发展产生影响。向亮的《南部土家语高元音的舌位后移现象——以"i"韵的地域分化为例》（2012）[③]参照北部土家语同源词与南部土家语汉语借词的语音，通过分析"i、i、ɯ"韵在南部土家语三个次方言点的对应分布情况，认为南部土家语可能正经历着高元音舌位"i＞i＞ɯ"的渐变式后移过程。而这种高元音舌位后移现象是其内部语音规律与外部语言环境双重作用下的结果。

（4）音节结构

现代土家语的音节结构比较简单，没有复辅音和塞音韵尾。古代土家语的情况如何呢？田恒金的《土家语多音节词的一个来源》（2006）[④]一文将土家语南北方言中的一些多音节单纯词跟同语族其他语言的单音节词进行比较研究，发现它们之间存在同源关系，并认为土家语的这部分多音词是由原始藏缅语的单音词演变而来的。该文分析了其演变的过程，认为有些源于早期单音词复声母第一个辅音的音节化演变，有些则源于早期单音节词塞音韵尾的音节化演变。在此基础上，该文推断，土家语在其形成发展的某个历史阶段曾经存在过复辅音声母和塞音韵尾。

（5）音变

土家语的语流音变十分丰富，引起了一些学者的研究兴趣。土家族学者叶德书、彭秀模在《土家语的语流音变》（1985）[⑤]一文中全面、系统地描写分析了土家语北部方言的语流音变现象，指出在土家语语音的各个要素（声母、韵母、声调及音节）上都存在音变现象，并归纳出同化、异化、增音、减音、脱落和替换等多种

---

① 载《语文研究》2005年第2期。

② 载《湖北民族学院学报》2008年第1期。

③ 载《民族语文》2012年第2期。

④ 载《语文研究》2006年第2期。

⑤ 载《吉首大学学报》1985年第3期。

规律。徐世璇、鲁美艳在《土家语句子中的选择性语流变调》（2005）① 一文中探讨了土家语句子中的语流变调现象。该文通过对大量语言材料的详细描写，分别从发生变调的语音条件和成分类别进行分析，归纳了句子语流变调的规律，提出土家语句子中的语流变调具有选择性的特点，即在同样的语音条件下，语流变调现象不是强制性的，而是同语法功能和结构成分有密切联系。在对选择性的语法依据进行论证的基础上，指出语音形式同语法系统和句子的表述需要有着密不可分的内在联系，选择性变调既是一种语音现象，又是一种语法现象。田洋、段海凤、李启群的《他砂土家语的变调》（2019）② 从语音和句法两个层面探讨他砂土家语的变调类型及规律。指出，自由变调反映了土家语高平、高降调的分化尚未完成的事实，以及高低抑扬模式的自由变化。条件变调以"后变型"为主，变化的主要规律是前一音节（词）高低升降的趋势制约着后一音节（词）的声调，变调的结果是使繁复的声调组合模式趋于简化。句法变调与土家语形态、人称代词格的屈折等有关。

（6）语音系统

田恒金的《清代〈永顺县志〉中的土家语词》（2004）③ 一文利用清代乾隆十年刻印的《永顺县志》记录的144个土家语词和词组与当地现代土家语方言进行比较，对当时土家语语音系统的面貌作了初步分析，将雍正、乾隆时期永顺土家语的语音系统归纳如下：

声 母：p、ph、m、ts、tsh、s、z、t、th、n、l、tɕ、tɕh、ɕ、ʑ、k、kh、ŋ、x、ɣ、ø。韵 母：a、o、e、i、u、ɿ、ia、ua、ie、ai、ei、uai、uei、ao、iu、an、ian、uan、en、in、aŋ、uaŋ、oŋ。声调：4个。

该文还探讨了《永顺县志》中记录的一些词跟现代土家语读音不同的情况，认为这可能反映了语音的古今变化。

4. 词汇研究

从现有的研究成果来看，对土家语词汇的研究，主要是以客观描写为主，缺乏现代语言学理论指导下的更新、更深入的研究成果。

（1）构词法

土家语有丰富的四音格和三音格词。一些学者对其构成、功能、语法意义等方面进行了分析。如：叶德书、彭秀模的《土家语的四音连绵词》（1986）④ 对土家语四音连绵词的结构、意义和语法功能作了细致的分析。田德生的《土家语四音格分析》（1986）⑤ 用大量的实例分析了土家语四音格词的构成方式、语法意义、语法功

---

① 载《语言科学》2005年第6期。

② 载《语言研究》2019年第4期。

③ 载《民族语文》2004年第2期。

④ 载《吉首大学学报》1986年第3期。

⑤ 载《民族语文》1986年第3期。

能。田洋的《多谷土家语动词 kivkiv 格式及其来源》（2017）[①] 指出，多谷土家语"kɨ v kɨ v"四音格具有较丰富的词形变化和复杂的变调模式，该格式源于"kie²¹la⁵⁵v，ẽ55 kie²¹la⁵⁵v"小句的紧缩及句中处所代词语义的虚化。其形成的原因是多方面的，既有语言内部的原因，如重新分析、省略、类推、格式相似性的影响，也与语言使用习惯有关。叶德书的《土家语三音格形容词的语音结构和义位特征》（1995）[②] 详尽地描写了土家语三音格形容词的语音结构和义位特征。

田德生的《析土家语"小"》（1997）[③] 和田恒金的《土家语北部方言中特殊的名词后缀》（2005）[④]，分别对土家语某个具体词根和词缀的构词情况进行了较为细致、深入的剖析。《析土家语"小"》一文详尽地分析了土家语形容词"小"的构词方式和语法意义。发现"小"的构词方式有四类：单、双、三和四个音节。四音节词又可分为重叠型、衬音型和混合型三种。单音节词一般用于泛指、陈述、指别，而多音节词还可根据事物的体积、形状等，从中选择较为恰当的词来表示其意。《土家语北部方言中特殊的名词后缀》一文探讨了土家语北部方言 tha²¹、la⁵⁵、pu⁵⁵、pi²¹、tsʰʅ²¹、tɕhie³⁵ 六个特殊的名词后缀的使用特点，认为"这类后缀在构词时与别的语素结合构成名词，它们在词中的作用就是标识出所构名词指称对象在外形上的特点。"

（2）借词

向亮的《湘西土家语借词的语音特点》（2011）[⑤] 一文对湘西土家语南北方言借词的语音特点进行了比较分析，从中发现湘西地区语言接触的复杂性，及该地区存在着由于语言接触而导致的"区域共性"现象。徐世璇的《南部土家语中汉语借词的特点》（2014）[⑥] 一文从数量、类别、形式、层次、运用等方面对南部土家语汉语借词的共时特点进行了讨论，认为南部土家语中的汉语借词数量众多，表义范围广，多种不同的形式并存并用，具有层次性，这些特点是长期性、渐进性、多元性语言接触所产生的结果。该文还讨论了濒危语言词汇系统变化的普遍规律和个性特点。张海燕的《土家语汉语借词类别及对词汇系统的影响》（2016）[⑦] 从汉借词的构词类型及其对土家语词汇系统的影响两个方面对土家语北部方言中的汉借词进行了分析，以此为基础探讨语言接触对词汇系统的影响方式和结果。该文认为汉借词给土家语的词汇系统带来了深刻的影响，丰富了土家语词汇，形成了等义词的并存并用，造成词语间的淘汰取代，改变了土家语词的来源类别构成。

---

① 载《民族语文》2017年第4期。

② 载《民族语文》1995年第6期。

③ 载《彝缅语研究》，四川民族出版社，1997年。

④ 载《河北师范大学学报》2005年第2期。

⑤ 载《湖北民族学院学报》2011年第2期。

⑥ 载《百色学院学报》2014年第1期。

⑦ 载《民族语文》2016年第6期。

（3）语义

徐世璇的《土家语空间概念的语法和语义表征》（2013）[1] 从空间概念的类别、位格标记和方位后置词、空间拓扑的表达特点几方面对土家语的空间概念及其特点进行分析，认为土家语对于空间范畴的认知和反映主要通过处所名词和方位名词表现。

（4）词典编纂

张伟权编纂、出版了两部土家语、汉语双语词典。《土家语汉语词典》（2002）[2] 是一部湘西北部方言口头语汇的土家语和汉语对照的词典，所收词语包括词、词组、短语、俗语、人名、地名共4000余条；《汉语土家语词典》（2006）[3] 共计65万字，共收录了土家语、汉语词汇1.7万余条，是目前国内收录土家语词汇最多的工具书。该词典的出版，对永久保存土家语具有重大的现实意义和深远的历史意义；同时，为研究土家语提供了一个崭新的平台。

5. 语法研究

（1）动词

土家语的动词有丰富的时、体范畴，这一突出的特点引起了学者们的关注。陈康、彭秀模、叶德书的《土家语动词的情貌》（1983）[4] 一文认为"情貌范畴从其内涵的语法意义来看，在行为、动作发生前，发生中，以至终止后，围绕着这样的特定时间环境，呈现出持续连绵的种种行为、动作情貌"，该文把土家语动词的情貌归纳为17种，并做了具体的分析描写。何天贞的《土家语动词的"体"及其语素变异》（1987）[5] 一文认为土家语动词有4种"体"、16种"貌"，它们分属于相应的时段。表达"体"范畴的主要语法手段是情貌助词。该文具体描写了表达"体""貌"范畴的各种情貌助词，并通过对情貌助词在语流中音变规律的研究，认为现代土家语完成体的语素变体 au^{55} 和将行体的非音节语素 i，原是自由语素，经过变异，扩散到整个动词词类，成为表达动词"体"范畴的形态手段。

土家语的能愿动词用法较特殊。李启群、鲁美艳的《土家语的能愿动词》（2008）[6] 一文通过土家语与藏缅语族彝语支语言的能愿动词的比较，发现了土家语能愿动词在功能、用法上与彝语支语言的差异，认为"藏缅语族彝语支诸语言中的能愿动词有的可以单说（单独回答问题），从这个角度说，土家语的能愿动词的语法功能较'虚'，但从土家语的能愿动词能带动词宾语以及否定式都有完成态的语音屈折形式等独有的特点看，土家语的能愿动词的语法功能又是较'实'的。"

---

[1]　载《民族语文》2013年第1期。

[2]　贵州民族出版社，2002年11月。

[3]　贵州民族出版社，2006年。

[4]　载《民族语文》1983年6期。

[5]　载《中南民族学院学报》1987年第2期。

[6]　载《吉首大学学报》2008年第6期。

（2）形容词

土家语的形容词有"级"范畴。对形容词"级"范畴的类别、表达手段进行分析研究的论文有：舒志武的《土家语形容词的"级"》（1994）[①] 和张伟权、曹毅的《土家语形容词的"级"简论》（2007）[②] 。这两篇论文概括了土家语形容词"级"范畴的以下特点：1）土家语形容词分四级：原级、较高级、更高级和最高级。2）"级"范畴的表现手段为词根重叠和附加词缀。谭志满的《土家语的颜色词》（2008）[③] 一文专门探讨了土家语的五个颜色词"黑、白、红、黄、绿"，认为土家语的颜色词有3个"级"，即原级、比较级和最高级，汉藏语系藏缅语族其他许多语言的颜色词在程度表达上不及土家语细腻。土家语颜色词的程度表达方式分为重叠式和附加式两种。在附加式中，每一个颜色词各有一个最为常用的程度修饰词与之搭配。该文还认为土家语颜色词可以与大量的叠音词搭配使用，但最常用的却是少数叠音词，说明修饰土家语颜色词的诸多叠音词已经不同程度地被泛化。

（3）量词

土家语属量词发达型语言。土家语的量词与藏缅语族其他语言相比，既有共性，也有自己的个性。邓佑玲的《土家语名量词研究》（2001）[④] 一文分析了土家语名量词的特点、来源、分类和句法功能，并在与亲属语言的比较中，探讨了土家语名量词的共时特点及其发展规律。田静的《语言接触中的土家语量词》（2005）[⑤] 一文从语言接触的角度研究土家语量词。该文根据鼻韵尾和声调两个语音标准划分出土家语量词的历史层次，并揭示了由于与汉语的接触而导致的土家语量词的新特点。

（4）助词

向亮的《土家语助词 εi^{21} 的语法分布及功能》（2016）[⑥] 一文对土家语助词 εi^{21} 的语法分布及其功能进行研究，认为它具有作补语标志、谓词性宾语标记及句末表达多种语气三种语法功能。该文还对 εi^{21} 及其他相关助词 lu^{21}、$liao^{31}$、mo^{21} 的语法功能进行比较分析，发现土家语语法系统虽然受到了汉语的影响，且各要素的语法功能已呈现出地域差异，但就整体而言，其语法分布的互补性仍然存在。

鲁美艳的《土家语多功能虚词 le^{53} 的语法化路径》（2018）[⑦] 从共时角度考察虚词 le^{53} 的多种语法功能及各自的使用条件，然后再从历时角度剖析 le^{53} 的多种用法之间的内在联系及语法化路径。将 le^{53} 的语法化路径构拟为：表动作的趋向→表结

① 载《语言研究》1994年第2期。

② 载《湖北民族学院学报》2007年第3期。

③ 载《中央民族大学学报》2008年第3期。

④ 载《中南民族学院学报》2001年第5期。

⑤ 载《汉藏语系量词研究》，中央民族大学出版社，2005年。

⑥ 载《民族语文》2016年第5期。

⑦ 载《湖北民族学院学报》2018年第4期。

果的实现→表动作发生或性状实现→充当曾行体标记；从表动作发生或性状实现→表动作反复持续或性状程度加深。

鲁美艳的《土家语虚词la³⁵的语法功能和语法性质》（2019）① 考察土家语虚词la³⁵在"施事＋受事＋VP""受事＋施事＋VP"中的分布与使用，并与后置词和结构助词进行了对比分析，认为la³⁵不是后置词和结构助词，而是施事标记，是格助词。

（5）语法形态

土家语表达语法意义的主要手段是语序和虚词，但也存在一些形态变化。陈康的《土家语动词将行体形态音位的变化》（1982）② 一文指出，土家语的动词在表示动作将要进行时，在动词本形（表未完成体）元音后面加附加成分–i，构成动词将行体。该文具体描写了附加形态音位–i而导致的语音变化。张军的《土家语的形态》（2008）③ 一文，讨论了土家语内部与形态相关的三种语音现象：将行体的后缀–I、人称代词的格的声调屈折变化、否定成分声母送气与不送气的交替。作者认为人称代词的变调是人称代词的格屈折的残存，而不是前人所认为的连读变调；否定成分ta³⁵和tau³⁵以及tha⁵⁵和thau³⁵，前人仅仅是将它们看作单独的个体，作者则通过跟藏缅语的比较，用形态方面声母送气与不送气的交替机制将这两种否定形式联系起来，并推测这几种否定形式之间可能还蕴含着将行体和完成体之间的形态屈折。将行体的后缀–I，以往的研究仅仅将其作为一种体的标记成分来分析，未跟形态屈折交替联系起来观察。作者则认为土家语里面可能还有另外一种完成体的标记成分–u，跟将行体的标记–I形成一种屈折现象。徐世璇、鲁美艳的《土家语动词体标记–I的来源和语法化过程》（2014）④ 通过对–I的多种功能和意义进行分析，发现体标记来源于表趋向的动词ɣi³⁵，是实义动词语法化的结果，其语法化过程经历了三个阶段：移位→移位兼将行→将行体标记，在逐渐失去自己独立的词汇身份后，最终从形式到意义完全与动词形成一个句法单位，成为纯粹的体标记。土家语趋向动词演变为将行体标记的过程既在很多方面体现了语法化共同的轨迹，又是自身语法机制变化的结果。田洋的《土家语四音格词缀–i的功能及来源》（2019）⑤ 指出，土家语中存在大量带词缀–i的四音格词，它们的基本语义虽与由同一词根构成的没有词缀–i的词相同，但多有一些附加义：或表即将达到某种程度，或表数量较少，或表时量较短。该文认为词缀–i是土家语将行体标记的残留。将行体标记–I经历了从体标记到貌标记再到词缀的过程，这是在藏缅语族乃至汉藏语系语言中都是罕见的。

---

① 载《民族语文》2019年第5期。
② 载《民族语文》1982年第2期。
③ 载《民族语文》2008年第2期。
④ 载《民族语文》2014年第6期。
⑤ 载《民族语文》2019年第5期。

（6）句法结构

叶德书的《土家语的判断句》（2006）① 一文具体描写了土家语判断句的两种类型：肯定判断和否定判断，并通过对语言事实的分析指出，"我们以往对土家语的判断句所作论断不够全面，应该纠正。《土家语概况》（彭秀模、叶德书，1981）中提出'土家语中无判断词'有片面性。《土家语简志》（田德生、何天贞，1986）也说'现代土家口语里的判断动词是从汉语里吸收的'，从总体上看，这也不符合土家语的语言事实。"

田静的《土家语的述宾结构》②（2006）一文讨论了土家语述宾结构中句法成分与语义成分的配位、述宾结构的语法标记以及土家语的濒危在述宾结构上的反映等问题。该文还通过与汉语的对比，揭示了土家语与汉语述宾结构的类型学特征。该文认为，"土家语和其他藏缅语由于格助词的指示，语义成分之间似乎并没有表现出类似于汉语的连续性和非离散性，它们与句法成分之间是一一对应的关系。"

鲁美艳的《土家语的被动句及其语法化过程》（2016）③ 指出，土家语具有比较典型的被动句，土家语的被动句是语法化的结果，在这一语法化过程中包括实词语法化和构式语法化两种现象，两种形式的语法化演变相互交结、互为因果，交叉影响、交相推进。前一阶段以动词语法化为主线，实义动词to²¹"需要"和tɕiɛ²¹"呼喊"的词义抽象化引起句式结构的变化。后一阶段以构式语法化为主线，在从兼语式演变为被动式的构式语法化过程中，表致使义的动词to²¹和tɕiɛ²¹进一步语法化为介引施事者的介词。以不同形式为主线的阶段性语法化过程，显示出土家语中语法化演变的特点。

李启群、鲁美艳的《土家语的差比句》（2013）④ 把土家语差比句的结构分为肯定和否定两种，固有格式为"乙 + 甲 +A+niɛ⁵⁵"和"乙 + 甲 +A+Ng"。受汉语影响，土家语还产生了"甲 +pi⁵³ 比 + 乙 +A+niɛ⁵⁵"的格式，其特点是语序与汉语趋向一致，从属标注pi⁵³ "比"和核心标注niɛ⁵⁵同现。比较标记niɛ⁵⁵是由副词niɛ⁵⁵ "还"虚化而来的。niɛ⁵⁵在性质上与英语中表比较的后缀"er"更相近，属于比较结构中的次要标记，而非语序类型学所关注的比较标记。

邓巧玲、李福印、贾红霞的《土家语存现句焦点 —— 背景语序关系的认知理据》（2016）⑤ 一文以"焦点 — 背景"理论为基础，实证调查了土家语存现句中焦点 — 背景的分布情况及影响因素，同时与汉语进行了对比分析。研究结果表明：（1）土家语倾向于采用背景先于焦点的语序，与汉语相似，在认知空间关系时，均采用概括扫描的方式，相似的概念化过程体现了认知共性；（2）在表达"里/外"

---

① 载《民族语文》2006年第4期。

② 载《汉语与少数民族语言语法比较》，民族出版社，2006年。

③ 载《中央民族大学学报》2016年第3期。

④ 载《民族语文》2013年第1期。

⑤ 载《中央民族大学学报》2016年第3期。

和"上/下"关系时，背景和焦点的某些突显性特征会影响认知过程和识解方式，当背景具有容器类原型特点和焦点具有生命性特点时，二者分别出现在句首的频率更高；（3）由于受不同视角的影响，在表达"前/后"关系时焦点出现在背景之前的频率明显提高；（4）人在意义的建构中具有主观能动性，空间关系的表征是主客观的统一。

向亮的《土家语三种句式的类型学特征》（2019）① 一文讨论了土家语的判断句、被动句及双宾句的方言差异，揭示了土家语各方言这三种句式的类型学特征。认为它们之间的类型差异呈地域的规律分布之势，无论是从现实语言调查的结果分析来看，还是从土家语文献的记载来看，"南北过渡区类型"方言受汉语影响的程度都要高于"北部地区类型"方言，特别在语法结构方面，"南部地区类型"方言受到汉语影响的程度最高。从这三种句式对助词的使用情况来看，北部土家语总体上具有一定的黏附性特征，南部土家语则没有此类特征，而且土家语各方言的黏附性由南向北总体上呈逐渐增强的趋势，在地域上依次表现为"泸溪（南部地区类型）→保靖、永顺（南北过渡区类型）→龙山（北部地区类型）"的走势。

6. 濒危问题研究

自20世纪80年代起，语言濒危问题受到语言学家、人类学家的极大关注。语言学界对土家语濒危问题的研究比较系统、深入。从相关研究成果的内容来看，主要涉及三个方面：

（1）土家语濒危的成因

对土家语濒危的成因，学界探讨得比较充分，既有宏观的系统分析，也有微观的个案研究。如：戴庆厦、田静的《仙仁土家语濒危现象个案研究》（2004）②、邓佑玲的《土家族转用汉语及土家语濒危的成因》（2004）③、邓佑玲的《土家语是一种濒危语言》（2004）④、刘伦文的《社会变迁中的土家语命运》（2005）⑤、熊英的《从土家人的语言态度看土家语濒危 —— 坡脚土家语个案研究之一》（2005）⑥ 等。其中，邓佑玲的《土家语是一种濒危语言》（2004）一文对土家语濒危的成因做了系统、深入的分析，认为主要有以下几个因素：政治汉化推动语言的汉化过程；经济活动方式的革新扩大了对汉语的需求；汉族的迁入促使"土汉"语言文化交融互动；汉学教育的实施与普及加速了土家族转用汉语的进程；开放的语言文化观念是导致土家语濒危的社会心理因素；土家语濒危是文化间控制和调适的必然结果。从语言本身来看，也有一些促使土家语濒危的因素。如：土家族没有书面文字；土家

① 载《民族语文》2019年第3期。

② 载《中国濒危语言个案研究》，民族出版社，2004年。

③ 载《中央民族大学学报》2004年第4期。

④ 载《中国濒危语言个案研究》，民族出版社，2004年。

⑤ 载《中央民族大学学报》2005年第4期。

⑥ 载《湖北民族学院学报》2005年第4期。

语存在较大的方言差异，没有全民通行的共同语；土家语跟汉语属同一种语言类型——分析型语言，在声、韵、调等方面与汉语较为接近，便于转用汉语。

（2）土家语的使用功能（语言活力）

土家语作为一种濒危语言，其特点主要是语言使用功能或语言活力处于逐渐衰退之中，濒临消亡。研究土家语的语言活力，有助于认识其共时特点及历史演变规律，有利于对其演变趋势作出科学判断。戴庆厦、田静的《濒危语言的语言活力——仙仁土家语个案研究之二》（2003）① 分析了仙仁土家语使用功能上的特点：1）使用人口减少。2）使用范围缩小。3）使用频率降低。4）语言传承的断代。5）第一语言能力与年龄大小成正比。6）语言本体状态呈衰退趋势。邓佑玲的《土家语是一种濒危语言》（2004）② 从土家族的语言使用类型、土家语的使用人口及其年龄特征、土家语使用区域及范围、土家族的语言态度等方面对土家语的使用功能进行了系统地研究，认为"土家语的使用功能已处于衰退趋势，而且，随着社会变迁速度的加快，功能衰退的趋势也正在加速。"谭志满的《土家语交际功能的历时变化——以湘西土家族苗族自治州龙山县坡脚乡为个案》（2004）③ 一文利用有关历史文献，从历时角度考察土家语交际功能的变化，认为与共时平面的使用类型一样，土家语的使用从历时变化来看，也经过了沿用、兼用阶段，目前正处在转用阶段或已经转用。熊英的《从代际差异看土家语濒危——坡脚土家语个案研究之四》（2006）④ 以实地个案语言情况调查为基础，从土家语群体在母语能力、语言态度、语言使用、语言选用方面的代际差异来研究土家语使用功能的衰退。张军的《从母语使用人口锐减看土家语的濒危状态》（2006）⑤ 通过梳理土家语使用人口、使用范围、使用频率以及代际传承状况等方面的情况来探讨土家语的使用功能。李汶璟的《重庆市濒危语言活力研究——重庆市酉阳土家族苗族自治县个案分析》（2016）⑥ 按照联合国教科文组织《语言活力与语言濒危》文件中制定的指标对土家语的语言活力进行了分析，结果表明"总体而言，重庆土家语的活力状况极低。语言的代际传承属于2级（严重濒危型），如果不采取相关措施，二三十年后随着老人们的离世，可能会变成1级（极度濒危型）或者0级（灭绝型）。使用该语言的绝对人口少，在总人口中的比例属于1级（极度濒危）。现存语域的使用趋势属于非常有限的领域（1级），新领域和新媒体的反映不活跃（0级），语言教育资料和读写资料属于1级。语言记录的数量与质量不充足（1级），濒危程度属于严重濒危等级"。

---

① 载《思想战线》2003年第5期。

② 载《中国濒危语言个案研究》，民族出版社，2004年。

③ 载《中南民族大学学报》2004年第2期。

④ 载《湖北民族学院学报》2006年第3期。

⑤ 载《暨南学报》2006年第5期。

⑥ 载《重庆文理学院学报》2016年第4期。

（3）土家语的语言状态

语言状态是指具体语言在语言接触过程中由于语言影响而形成的特点或状态，属语言本体范畴。戴庆厦、田静的《濒危语言的语言状态 —— 仙仁土家语个案分析之一》（2002）[1] 一文从词汇、语音、语法三个方面，分析仙仁土家语受汉语（转用语）影响后在语言状态上呈现出的几个主要特点：汉语影响是全方位的，并已进入核心领域；语言状态呈不稳定性，变读现象多；语言特点向汉语靠拢和趋同；使用本语材料造词能力削弱等。具体而言，土家语的语言结构由于受汉语的影响而产生了以下变化：（1）词汇方面：汉语借词大批借入土家语词汇系统，不少已进入词汇的核心领域；汉语借词已经渗入各个词类，包括各类实词和虚词；汉语借词比本语词多；借词和本语词大量并用，而且大部分借词已处于优势地位；汉语借词在一些方面改变了土家语词汇系统的一致性；词汇的表达出现泛化现象。（2）语音方面：汉语借词数量多，影响部分声母的音值；塞音、塞擦音出现大量送气不送气两读现象；鼻化元音数量多；高平调随汉语借词的进入而建立；土家语的音系与当地汉语方言接近。（3）语法方面：汉语借词"是"出现频率很高；数量词限制名词的语序为"名+数+量"；借词连用的支配结构"宾动"向"动宾"松动；复合句的连词大多使用汉语借词。

邓佑玲的《土家语是一种濒危语言》（2004）[2] 通过汉语借词来考察土家语本体结构受汉语影响而发生的变化。

徐世璇的《论濒危语言结构系统的变化特点 —— 以南部土家语结构变异分析》（2012）[3] 一文以土家语为例，从语音、词汇、语法三个方面观察了语言接触对其结构造成的影响。研究发现"南部土家语在社会功能严重退化的同时，结构系统也发生了多方面的变化：外来的语音形式成为音系中新的音位、甚至新的音类系列，固有的语音形式则因区别性特征丢失而引起音位混淆、合并，从而导致声母、韵母和声调的数量减少；外来词的进入不是对词汇系统起充实作用，而是大范围的替换原有词语，特别是在常用语义范畴中，词语的替换速度比非常用语义范畴的词语替换更快；外来成分在语法系统中常常起连锁型的影响，使与之相结合的成分、相关联的语序发生类化或异变，形成新的语法结构或结合规律，导致固有结构或规律逐渐消解"。该文还探讨了濒危语言在衰变过程中存在的一些共同规律。

（七）问题与展望

中华人民共和国成立70年来，人们对缅彝语的现状及历史演变规律的认识在逐步深入。尽管如此，由于缅彝语语言状况的复杂性，要真正认识它的面貌，还有

---

① 载《语言科学》2002年11月。

② 载《中国濒危语言个案研究》，民族出版社，2004年。

③ 载《云南民族大学学报》2012年第4期。

很长的路要走。在前人研究成果的基础上，今后的缅彝语研究还需要解决以下几方面的问题：

1. 要改变各语言研究不均衡的状态

70 年来，缅彝语的研究在各语言之间表现得不平衡。有些语言，如彝语、哈尼语等语言研究的历史长一些，已见的成果也就多一些；而有些语言研究的历史较短，成果也较少。这种现状不利于缅彝语研究的进一步发展。缅彝语中一些悬而未决的问题，如：系属问题、原始母语的构拟问题等等，都需要对具体语言有更深入的认识之后才能得出一个可靠的结论。

2. 要改变各语言要素研究不均衡的状态

缅彝语各个要素之间的研究也不均衡。相对而言，语音、语法的研究比词汇涉及的范围要广些，研究要深入一些。必须看到，语言的各个要素如语音、语法、词汇之间，乃至语音的声韵调之间，都存在一种密切联系、相互制约的关系。比如声调的产生就是与音节的一"头"（声母）一"尾"（韵尾）密切相关；使动范畴看似一个语法现象，实则与语音、语义密不可分。所以在缅彝语的研究中，必须重视语言各要素之间的均衡发展，重视各要素之间的相互关系，从不同的角度去观察，这样才能科学地认识一个语言现象。

3. 要继续进行田野调查，进一步加强语言的描写研究

缅彝语的研究从中华人民共和国成立以来就一直有着重视实地调查的传统，许多研究成果都是通过田野调查获得的。马提索夫教授提出，调查语言时，最终应交出含有"三件宝"的成绩单，那就是一册大词典（而非简单字表）、一册参考语法，外加一册详细译注的语料文本①。从目前的研究情况看来，虽然我们取得了一些语言描写方面的成果，但还远远不够。今后，我们要在田野调查的基础上，进一步加强语言的描写研究，为语言的历史比较研究、语言类型和语言共性的研究打下坚实的基础。

4. 要重视理论创新，寻找适合缅彝语研究的理论方法

在缅彝语的系属分类研究中一直存在一些疑难问题，如：白语、土家语是否属于缅彝语支。采用传统的谱系树理论恐怕很难解决这些问题，因为谱系树理论是把语言的发展演变放在一个理想化的状态来研究，没有考虑到语言的接触、融合、影响、转用等种种复杂的情况。这一理论显然有它的局限性。国内一些语言学家对系属分类理论进行了可贵的探讨，如：戴庆厦在《关于汉藏语分类的思考》（2004）②一文中提出"考虑语言系属不能只根据源头，还应该根据流向"的观点，认为汉藏语的系属关系实际上包括两种不同的类型：一是由原始母语分化下来的；另一是由语言影响而形成的。缅彝语研究领域究竟如何运用历史比较语言学理论，我们期待

---

① 见孙天心：《藏缅语的调查》，载《语言学论丛》（三十六辑），商务印书馆，2007 年。

② 载《藏缅语族语言研究》，云南民族出版社，2004 年。

更多的理论创新。

参考文献

[1] 艾杰瑞、艾思麟、李绍尼:《论彝语、白语的音质和勺会厌肌带的关系 —— 喉镜案例研究》,《民族语文》2000年第6期。

[2] 陈康:《土家语动词将行体形态音位的变化》,《民族语文》1982年第2期。

[3] 陈康:《彝语韵母方音对应研究》,《语言研究》1987年第2期。

[4] 陈康:《彝语自动词与使动词的形态标志及其由来》,《民族语文》1990年第2期。

[5] 陈康:《彝语支调类诠释》,《民族语文》1991年第3期。

[6] 陈康:《彝缅语塞音韵尾演变轨迹》,《民族语文》1993年第1期。

[7] 陈康:《论彝语支声调系统的发生与裂变》,《民族语文》1997年第1期。

[8] 陈康、巫达:《彝语语法》,中央民族大学出版社,1998年。

[9] 陈康:《土家语研究》,中央民族大学出版社,2006年。

[10] 陈士林:《凉山彝语的使动范畴》,《中国语文》1962年第8、9期。

[11] 陈士林:《〈楚辞〉"兮"字说》,《民族语文》1992年第4期。

[12] 戴庆厦:《彝语支语言的清浊声母》,《中央民族学院学报》1981年第2期。

[13] 戴庆厦:《载瓦语使动范畴的形态变化》,《民族语文》1981年第4期。

[14] 戴庆厦:《阿昌语的清鼻音》,《民族语文》1985年第2期。

[15] 戴庆厦:《缅彝语的结构助词》,《语言研究》1989年第2期。

[16] 戴庆厦、曲木铁西:《彝语义诺话的撮唇音和长重音》,《中央民族学院学报》1990年第2期。

[17] 戴庆厦:《彝缅语鼻冠声母的来源及发展 —— 兼论彝缅语语音演变的"整化"作用》,《民族语文》1992年第1期。

[18] 戴庆厦、曲木铁西:《彝语义诺话动物名词的语义分析》,《民族语文研究新探》,四川民族出版社,1992年。

[19] 戴庆厦、胡素华:《凉山彝语的体词状语助词 —— 兼论彝语语词类中有无介词类问题》,《语言研究》1998年第1期。

[20] 戴庆厦等:《彝语词汇学》,中央民族大学出版社,1998年。

[21] 戴庆厦、胡素华:《彝语ta³³的多功能性》,《民族语文》1998年第2期。

[22] 戴庆厦、李泽然:《哈尼语的"来、去"》,《民族语文》2000年第5期。

[23] 戴庆厦、田静:《濒危语言的语言状态 —— 仙仁土家语个案分析之一》,《语言科学》2002年11月。

[24] 戴庆厦、田静:《仙仁土家语研究》,中央民族大学出版社,2005年。

[25] 戴庆厦、朱艳华:《藏缅语选择疑问范畴句法结构的演变链》,《汉语学报》2010年第2期。

[26] 戴庆厦、朱艳华：《藏缅语、汉语选择疑问句比较研究》，《语言研究》2010年第 4 期。

[27] 戴庆厦、李浩：《垤玛哈尼语宾谓同形短语的特征及其形成条件》，《中央民族大学学报》2019 年第 5 期。

[28] 戴宗杰：《藏缅语动量词形成的动因和机制》，《汉藏语学报》第 8 期，商务印书馆，2015 年。

[29] 邓巧玲、李福印、贾红霞：《土家语存现句焦点 —— 背景语序关系的认知理据》，《中央民族大学学报》2016 年第 3 期。

[30] 丁健：《藏缅语相互结构的类型学考察》，《民族语文》2015 年第 6 期。

[31] 段伶：《白语肯定动词和否定动词》，《民族语文》2004 年第 1 期。

[32] 段贶乐：《哈尼语亲属称谓的语义分析》，《云南民族语文》1992 年第 3 期。

[33] 范丽君：《联系项居中原则在藏缅语假设复句中的分布》，《民族语文》2015 年第 3 期。

[34] 范俊军：《仙岛话的语言系属和地位问题》，《中国语文》2015 年第 3 期。

[35] 范俊军、马海布吉：《会理彝族俚泼话音系及系属》，《贵州民族研究》2019 年第 3 期。

[36] 傅爱兰：《怒语系属研究》，《语言研究》1989 年第 1 期。

[37] 傅爱兰：《怒语的声调》，《藏缅语新论》，中央民族学院出版社，1993 年。

[38] 傅爱兰、李泽然：《哈尼语的 a 音节》，《中央民族大学学报》1995 年第 6 期。

[39] 傅爱兰：《怒苏语的卷舌化声母》，《语言研究》1995 年第 2 期。

[40] 傅爱兰、李泽然：《哈尼语动物名词的语义分析》，《中国民族语言论丛（1）》，中央民族大学出版社，1996 年。

[41] 傅懋勣：《丽江么些象形文〈古事记〉研究》，武昌华中大学出版，1948 年。

[42] 高华年：《彝语语法》，《语言人类学专刊》乙集第 3 种，南开大学文科研究所边疆人文研究室，1944 年。

[43] 盖兴之：《试论缅彝语言的谱系分类》，《民族语文研究文集》，青海民族出版社，1982 年。

[44] 和即仁：《谈谈白语的系属问题》，《彝缅语研究》，四川民族出版社，1997 年。

[45] 和智利：《大具纳西语的词头 a-》，《红河学院学报》2015 年第 2 期。

[46] 和智利：《大具纳西语的形修名语序》，《民族语文》2017 年第 2 期。

[47] 何天贞：《土家语动词的"体"及其语素变异》，《中南民族学院学报》1987 年第 2 期。

[48] 何天贞：《土家语的支属问题》，中南民族大学学报（人文社会科学版），2003 年第 1 期。

[49] 胡素华：《彝语与彝语支系属语言的结构助词比较研究》，《中央民族大学学

报》1999年第4期。

[50] 胡素华:《彝语结构助词语义虚化的层次》,《民族语文》2000年第2期。

[51] 胡素华:《彝语动词的体貌范畴》,《民族语文》2001年第4期。

[52] 胡素华:《彝语结构助词研究》,民族出版社,2002年。

[53] 胡素华:《彝语指示代词ko³³的语法化历程》,《中央民族大学学报(哲社版)》2003年第5期。

[54] 胡素华:《凉山彝语的差比句》,《民族语文》2005年第5期。

[55] 胡素华:《彝语和汉语被动义的表达方式之比较》,《汉语与少数民族语言语法比较》,民族出版社,2006年。

[56] 胡素华:《彝语诺苏话的连动结构》,《民族语文》2010年第2期。

[57] 胡素华、赵镜:《诺苏彝语话题标记的功能及其话题类型》,《民族语文》2015年第2期。

[58] 胡素华、周廷升:《彝语方言受事格标记及基本语序类型比较》,《语言科学》2018年第2期。

[59] 胡坦、戴庆厦:《哈尼语元音的松紧》,《中国语文》1964年第1期。

[60] 黄成龙:《类型学视野中的致使结构》,《民族语文》2014年第5期。

[61] 江荻:《藏缅语言元音的上移和下移演化》,《民族语文》2001年第5期。

[62] 江荻:《缅甸语复合元音的来源》,《民族语文》2002年第3期。

[63] 经典:《碧约哈尼语反响型动量词来源问题初探》,《中央民族大学学报》2014年第2期。

[64] 经典:《碧约哈尼语助词kɯ³³的多功能性》,《民族语文》2016年第2期。

[65] 孔江平:《哈尼语发声类型声学研究及音质概念的讨论》,《民族语文》1996年第1期。

[66] 孔江平:《阿细彝语嗓音声学研究》,《中国民族语言论丛》,云南民族出版社,1997年。

[67] 李春风:《拉祜语宾格助词tha³¹》,《民族语文》2011年第6期。

[68] 李春风:《拉祜语的连谓结构》,《中央民族大学学报》2012年第1期。

[69] 李春风:《拉祜语动词使动态探析》,《民族语文》2014年第3期。

[70] 李春风:《拉祜语的话题标记》,《民族语文》2015年第5期。

[71] 李浩:《垤玛哈尼语致使范畴的结构、语义分析》,《黔南民族师范学院学报》2019年第5期。

[72] 李洁:《拉祜语的类被动句——兼与汉语被动表述对比》,《汉语与少数民族语言语法比较》,民族出版社,2006年。

[73] 李洁:《拉祜语的话题句》,《民族语文》2014年第1期。

[74] 李敬忠:《泸溪土家语》,中央民族大学出版社,2000年。

[75] 李蕾、陈前瑞:《白语大理方言xɯ⁵⁵的多功能性研究》,《民族语文》2018

年第4期。

[76] 李民:《凉山彝语的主动句和被动句》,《西南民族学院学报》,1984年第1期。

[77] 李批然:《哈尼语量词研究》,《民族语文》1992年第5期。

[78] 李批然:《哈尼语结构助词研究》,《中央民族大学学报》1994年第3期。

[79] 李启群、鲁美艳:《土家语的能愿动词》,《吉首大学学报(社会科学版)》2008年11月第29卷第6期。

[80] 李启群、鲁美艳:《土家语的差比句》,《民族语文》2013年第1期。

[81] 李绍尼:《论白语的"声门混合挤擦音"》,《民族语文》1992年第4期。

[82] 李汶璟:《重庆市濒危语言活力研究 —— 重庆市酉阳土家族苗族自治县个案分析》,《重庆文理学院学报》2016年第4期。

[83] 李雪巧:《白语中唇齿音v的特征和历史发展》,《中央民族大学学报》2015年增刊。

[84] 李永燧:《彝缅语唇舌音声母研究》,《民族语文》1989年第3期。

[85] 李永燧:《缅彝语言声调比较研究》,《民族语文》1992年第6期。

[86] 李永燧:《缅彝语语素比较研究》,《民族语文》1994年第3期。

[87] 李永燧:《汉语藏缅语人称代词探源》,《中国语言学报》1994年卷二。

[88] 李永燧:《论缅彝语调类及其在彝南的反映形式》,《民族语文》1995年第1期。

[89] 李永燧:《彝语先喉塞鼻音声母考察 —— 兼论缅彝共同语鼻音声母的分类》,《语言研究》1996年第1期。

[90] 李永燧:《共同缅彝语声母类别探索》,《民族语文》1996年第1期。

[91] 李永燧:《羌缅语群刍议》,《民族语文》1998年第1期。

[92] 李永燧:《论缅彝语》,《民族语文》1999年第2期。

[93] 李永燧:《共同缅彝语韵类当论》,《民族语文》2000年第4期。

[94] 李泽然:《哈尼语名词的双音节化》,《中国民族语言论丛(2)》,云南民族出版社,1997年。

[95] 李泽然:《哈尼语形容词修饰名词的语序》,《民族语文》2003年第2期。

[96] 李泽然:《哈尼语的ne³³》,《中央民族大学学报》2003年第4期。

[97] 李泽然:《哈尼语动词的体和貌》,《语言研究》2004年6月第24卷第2期。

[98] 李泽然:《哈尼语的宾语助词》,《语言研究》2005年9月第25卷第3期。

[99] 李泽然:《哈尼的述补结构》,《民族语文》2011年第1期。

[100] 李泽然:《哈尼语的连动结构》,《民族语文》2013年第3期。

[101] 李泽然:《哈尼语的强调式施动句》,《中央民族大学学报》2013年第4期。

[102] 李泽然:《哈尼语词汇学》,民族出版社,2013年。

[103] 李子鹤:《原始纳西语的前冠音和*–r–介音》,《民族语文》2018年第1期。

[104] 李子鹤、潘晶晶、戴虎腾:《纳西语与鼻音相关的语音演变》,《语言研究集刊》第23辑,上海辞书出版社,2019年。

[105] 刘鸿勇、顾阳:《凉山彝语的引语标记和示证标记》,《民族语文》2008年第2期。

[106] 刘鸿勇、李晓、李胜勋:《凉山彝语差比句的形态句法和语义》,《汉藏语学报》第7期,商务印书馆,2013年。

[107] 刘劲荣:《拉祜语的四音格词》,《民族语文》2006年第3期。

[108] 柳俊:《同源抑或区域趋同? —— 基于藏缅语语序类型参项的判断》,《语言研究》2016年第2期。

[109] 吕珊珊、木艳娟:《纳西语的差比句及ciə²¹字差比句的类型学归属》,《中国语文》2018年第5期。

[110] 鲁美艳:《土家语的被动句及其语法化过程》,《中央民族大学学报》2016年第3期。

[111] 鲁美艳:《土家语多功能虚词le53的语法化路径》,《湖北民族学院学报》2018年第4期。

[112] 鲁美艳:《土家语虚词ko35的语法功能和语法性质》,《民族语文》2019年第5期。

[113] 罗自群:《白语表示持续意义的tɯ⁴⁴"着"、tso̱⁴²"着"》,《中央民族大学学报》2006年第3期。

[114] 罗自群:《从语言接触看白语的系属问题》,《中央民族大学学报》2011年第5期。

[115] 罗自群:《怒苏语的两个"V+死"结构》,《黔南民族师范学院学报》2019年第3期。

[116] 马辉、江荻:《彝语派生名词构词法研究》,《民族语文》2012年第3期。

[117] 马锦卫:《彝–藏语言同源词识别释例》,《民族语文》2010年第2期。

[118] 马学良:《撒尼彝语研究》,科学出版社,1951年。

[119] 马学良:《彝语"二十、七十"的音变》,《民族语文》1980年第1期。

[120] 马学良:《试析彝语语法中的几个问题》,《民族语文》1989年第1期。

[121] 木乃热哈:《彝语动词时态试析》,《民族教育研究》,1999年增刊。

[122] 木仕华:《论纳西语动词的使动范畴》,《中国民族语言论丛（2）》,云南民族出版社,1997年。

[123] 木仕华:《论纳西语拷贝型量词的语法化》,《汉藏语系量词研究》,中央民族大学出版社,2005年12月。

[124] 木乃热哈、毕青青:《凉山彝语动词的互动态》,《民族语文》2012年第6期。

[125] 木艳娟、吕珊珊:《古城纳西语的kø⁵⁵字优比句》,《民族语文》2018年第

4 期。

　　[126] 木玉璋:《谈谈傈僳语中的词头 a–》,《民族语文》1982 年第 2 期。

　　[127] 普忠良:《纳苏彝语连动结构研究》,《红河学院学报》2018 年第 1 期。

　　[128] 瞿建慧:《湘西土家语、苗语与汉语方言浊声母演变》,《民族语文》2012 年第 3 期。

　　[129] 曲木铁西:《试论彝语名量词的起源层次》,《民族语文》1994 年第 2 期。

　　[130] 石锋、周德才:《南部彝语松紧元音的声学表现》,《语言研究》2005 年 3 月第 25 卷第 1 期。

　　[131] 宋金兰:《汉语和藏缅语住所词的同源关系》,《民族语文》1994 年第 1 期。

　　[132] 苏连科:《凉山彝族亲属称谓词的语义分析和词源结构研究》,《民族语文》1988 年第 2 期。

　　[133] 苏连科、苏虹:《彝语形容词的形态及其语法范畴和功能》,《中央民族大学学报》2016 年第 3 期。

　　[134] 孙宏开:《藏缅语量词用法比较 —— 兼论量词发展的阶段层次》,《中国语言学报》第 3 期,1988 年。

　　[135] 孙宏开:《藏缅语人称代词格范畴研究》,《民族语文》1995 年第 2 期。

　　[136] 孙宏开:《论藏缅语动词的使动语法范畴》,《民族语文》1998 年第 6 期。

　　[137] 唐黎明:《浅谈凉山彝语的语法化现象》,《民族语文》2005 年第 1 期。

　　[138] 唐留芳:《福贡傈僳语的松紧元音》,《民族语文》2018 年第 2 期。

　　[139] 谭志满:《土家语交际功能的历时变化 —— 以湘西土家族苗族自治州龙山县坡脚乡为个案》,《中南民族大学学报（人文社会科学版）》2004 年 3 月第 24 卷第 2 期。

　　[140] 谭志满:《土家语的颜色词》,《中央民族大学学报》2008 年第 3 期。

　　[141] 田德生:《土家语四音格分析》,《民族语文》1986 年第 3 期。

　　[142] 田德生、何天贞等:《土家语简志》,民族出版社,1986 年。

　　[143] 田恒金:《土家语舌尖擦音声母的来源》,《湖北民族学院学报》2007 年第 2 期。

　　[144] 田静:《语言接触中的土家语量词》,《汉藏语系量词研究》,中央民族大学出版社,2005 年。

　　[145] 田静:《白语性别标记的形式、意义和功能 —— 兼论白语和藏缅语、汉语的关系》,《民族语文》2017 年第 3 期。

　　[146] 田洋:《多谷土家语动词 kivkiv 格式及其来源》,《民族语文》2017 年第 4 期。

　　[147] 田洋、段海凤、李启群:《他砂土家语的变调》,《语言研究》2019 年第 4 期。

　　[148] 田洋:《土家语四音格词缀 –i 的功能及来源》,《民族语文》2019 年第 5 期。

[149] 王成友:《试论阿哲彝语词头A-》,《民族语文》1994年第5期。

[150] 汪锋:《白语中送气擦音的来源》,《民族语文》2006年第2期。

[151] 汪锋:《白语方言中特殊发声类型的来源与演变》,《汉藏语学报》创刊号,商务印书馆,2007年。

[152] 王锋:《白语名量词及其体词结构》,《民族语文》2002年第4期。

[153] 王锋:《浅谈白语的名+量结构》,《汉藏语系量词研究》,中央民族大学出版社,2005年12月。

[154] 王锋:《试论白语的否定词和否定表达形式》,《大理学院学报》2006年7月第5卷第7期。

[155] 汪锋:《汉藏语言比较的方法与实践 —— 汉、白、彝语比较研究》,北京大学出版社,2013年。

[156] 汪锋、龚希劼:《白语方言中否定变韵的性质和来源》,《民族语文》2016年第5期。

[157] 汪锋、魏久乔:《语义演变、语言接触与词汇传播 —— *la "茶" 的起源与传播》,《民族语文》2017年第5期。

[158] 王跟国:《波拉语空间关系的表达类型及方位体系》,《民族语文》2019年第6期。

[159] 王莉、苏连科、唐黎明:《凉山彝语形容词构词的有标记和无标记现象》,《西南民族大学学报》2008年第5期。

[160] 王丽梅:《"塞音+流音" 型复辅音在彝语及其亲属语言中的音变分析》,《语言研究》2017年第1期。

[161] 王丽梅:《试析凉山彝语ABAB式四音格的构成特点》,《民族翻译》2017年第4期。

[162] 王一君:《片丁纳西语的连动结构》,《汉藏语学报》第11期,商务印书馆,2019年。

[163] 王战领:《末昂语的系属及其语言接触》,《红河学院学报》2018年第2期。

[164] 闻静:《藏缅语标记型关系从句的多元构式及其演变》,《中央民族大学学报》2017年第3期。

[165] 闻静:《浪速语工具格助词的多功能性及语法化路径》,《民族语文》2018年第3期。

[166] 闻宥:《再论倮倮文数字》,载(天津)《大公报》(图书副刊115期)1936年第1期。

[167] 闻宥:《么些象形文字之初步研究》,《民族学研究集刊》第2期,1940年。

[168] 吴安其:《藏缅语的分类和白语的归属》,《民族语文》2000年第1期。

[169] 吴福祥:《白语no33的多功能模式及演化路径》,《民族语文》2015年第1期。

[170] 巫达:《凉山彝语骈俪词调律探讨》,《民族语文》1995年第2期。

[171] 巫达:《凉山彝语动词的种类及其标记》,《民族语文》2009年第2期。

[172] 巫达:《凉山彝语的话题及其标记》(2019),《汉藏语学报》第11期,商务印书馆,2019年。

[173] 武自立:《阿细彝语形容词的几个特征》,《民族语文》1981年第3期。

[174] 谢志礼、苏连科:《藏缅语清化鼻音、边音的来源》,《民族语文》1990年第4期。

[175] 向亮:《湘西土家语借词的语音特点》,《湖北民族学院学报》2011年第2期。

[176] 向亮:《南部土家语高元音的舌位后移现象 —— 以"i"韵的地域分化为例》,《民族语文》2012年第2期。

[177] 向亮:《土家语助词ɕi²¹的语法分布及功能》,《民族语文》2016年第5期。

[178] 向亮:《土家语三种句式的类型学特征》,《民族语文》2019年第3期。

[179] 熊英:《当代土家语声调问题》,《民族语文》2016年第5期。

[180] 徐琳、赵衍荪:《白语简志》,民族出版社,1984年。

[181] 徐琳、傅京起:《古白语贝币名和量词的遗存》,《民族语文》2004年第6期。

[182] 徐世璇:《缅彝语言塞擦音声母初探》,《民族语文》1995年第3期。

[183] 徐世璇:《毕苏语的"体""时"系统 —— 兼论缅彝语言的有关问题》,《民族语文》2000年第3期。

[184] 徐世璇、鲁美艳:《土家语句子中的选择性语流变调》,《语言科学》2005年第6期。

[185] 徐世璇:《土家语语音的接触性演变》,《民族语文》2010年第5期。

[186] 徐世璇:《论濒危语言结构系统的变化特点 —— 以南部土家语结构变异分析》,《云南民族大学学报》2012年第4期。

[187] 徐世濈:《土家语空间概念的语法和语义表征》,《民族语文》2013年第1期。

[188] 徐世璇:《南部土家语中汉语借词的特点》,《百色学院学报》2014年第1期。

[189] 徐世璇、鲁美艳:《土家语动词体标记–I的来源和语法化过程》,《民族语文》2014年第6期。

[190] 徐悉艰:《彝缅语量词的产生和发展》,《语言研究》1994年第1期。

[191] 徐悉艰:《彝缅语名词双音节化研究》,《彝缅语研究》,四川民族出版社,1997年。

[192] 杨焕典:《纳西语形容词的重叠形式》,《语言研究》1984年第2期。

[193] 杨将领:《藏缅语数量短语从CN到NC型的演变机制》,《汉藏语系量词研

究》，中央民族大学出版社，2005年。

[194] 杨露：《阿昌语塞音韵尾方言差异的地理语言学分析》，《云南师范大学学报》2017年第4期。

[195] 杨品亮：《现代白语中的古汉语词》，《民族语文》1990年第4期。

[196] 杨晓霞、高天俊：《从发声态看白语的紧音》，《民族语文》2016年第6期。

[197] 杨艳、郭华俊：《哈尼语窝尼话"体"的分布及其类型学特征》，《大理大学学报》2017年第5期。

[198] 叶德书、彭秀模：《土家语的四音连绵词》，《吉首大学学报》1986年第3期。

[199] 叶德书：《土家语的判断句》，《民族语文》2006年第4期。

[200] 袁家骅：《阿细民歌及其语言》，科学出版社，1953年。

[201] 张海燕：《土家语汉语借词类别及对词汇系统的影响》，《民族语文》2016年第6期。

[202] 张洁：《彝缅语指示代词的类型学特点》，《齐齐哈尔大学学报》2015年第8期。

[203] 张军：《土汉接触与土家语高调的分化》，《中国语文》2008年第4期。

[204] 张军：《白语方言否定标记的特征与来源》，《大理学院学报》2012年第7期。

[205] 张军：《傈僳语 mɑ³³ 的多功能性与语法化》，《民族语文》2016年第4期。

[206] 张琪、刘劲荣：《拉祜语名词的类称范畴》，《民族语文》2017年第6期。

[207] 张鑫：《豪尼哈尼语的话题句》，《中央民族大学学报》2014年第3期。

[208] 张鑫：《豪尼哈尼语的因果复句》，《民族语文》2015年第4期。

[209] 张雨江：《拉祜语的述宾结构》，《云南民族大学学报》2011年第3期。

[210] 赵衍荪：《白语的系属问题》，《民族语文研究文集》，青海民族出版社，1982。

[211] 赵彦婕：《白语四音格词及其构成方式》，《贵州工程应用技术学院学报》2016年第3期。

[212] 赵燕珍：《白语名量词的语义及结构特征》，《汉藏语系量词研究》，中央民族大学出版社，2005年。

[213] 赵燕珍、李云兵：《论白语的话题结构与基本语序类型》，《民族语文》2005年第6期。

[214] 赵燕珍：《论白语的话题标记及其语用功能》，《中央民族大学学报》2013年第3期。

[215] 郑张尚芳：《白语是汉白语族的一支独立语言》，《中国语言学的新拓展》，香港城市大学出版社，1999年。

[216] 钟智翔：《论缅语声调的起源与发展》，《民族语文》1999年第2期。

[217] 周耀文：《略论白语的系属问题》，《思想战线》1978年第3期。

[218] 朱建新：《试论凉山彝语词头 a-》，《民族语文》1984年第4期。

[219] 朱晓农、周学文：《嘎裂化：哈尼语紧元音》，《民族语文》2008年第4期。

[220] 朱文旭：《凉山彝语复辅音声母探源》，《民族语文》1989年第3期。

[221] 朱文旭：《彝语元音 i 和 ʅ 的对立》，《民族语文》2002年第1期。

[222] 朱文旭：《彝语句法中的语序问题》，《民族语文》2004年第4期。

[223] 朱文旭、张静：《凉山彝语句法中 si²¹ 和 ʂu³³ 有关问题》，《中国民族语言文学研究论集4》，民族出版社，2004年。

[224] 朱文旭、张静：《彝语被动式研究》，《语言研究》2004年第3期。

[225] 朱文旭：《彝语部分辅音特殊演化》，《语言研究》2010年第4期。

[226] 朱艳华：《载瓦语的差比句》，《中央民族大学学报》2011年第2期。

[227] 朱艳华：《载瓦语的示证范畴》，《云南师范大学学报》2012年第5期。

[228] 朱艳华：《载瓦语宾动同形短语的特征及形成机制》，《民族语文》2013年第3期。

[229] 朱艳华：《载瓦语现实和非现实范畴的实证研究》，《民族语文》2017年第5期。

[230] 朱艳华：《载瓦语容器工具格标记 mai31 及其功能扩展》，《民族语文》2019年第3期。

第三节　壮侗语族语言研究

一、概述

壮侗语族也称"侗台语族"，国外一般称Kam-Tai Languages。Kam为侗族自称，代表侗水语支，Tai代表自称为jai、thai、tai等的壮傣人，有的学者将这些自称译写为"台"。美国学者Pau. K. Benedict（白保罗）称壮侗语为卡岱语（Kadai stock），Ka是仡佬、普标等的自称，Dai为黎族的一种自称。也有人把李方桂建立的侗台语纳入卡岱语。后来比较流行的说法是"台-卡岱"语（Tai-Kadai）。但更多学者继续用Kam-Tai（侗台）这一传统称呼。还有人称之为Kra-Dai语。在中国，还有侗傣语族、侗泰语族等称法。

壮侗语族语言（以下简称"壮侗语"）分布在我国华南和东南亚地区，东起我国广东的西北部，西至印度东北部的阿萨姆邦，跨度较大，中间有越南、老挝、泰国、缅甸，呈东西向月牙形，在马来西亚、柬埔寨也有少数分布。使用壮侗语的人口总数不少于6000万人。在我国境内，说壮侗语的有壮族、布依族、傣族、侗族、仫佬族、水族、毛南族、黎族及仡佬族等9个民族，另有说临高话、村话、拉珈语、佯僙话、莫话等其他几个民族群体语言，人口约2500万（1990年）。主要分布在华南、西南地区的广西、广东、海南、湖南、贵州、云南、四川七个省市自治区。境外属于壮侗语的有泰语、老挝语、掸语，还有越南北部的岱侬语、黑泰、白泰、土语等，以及印度阿萨姆邦的阿含语（已基本消亡）。

我国学者根据语言的亲属关系把壮侗语分为四个语支：

壮傣语支：

北部：石语（Sak）、布依语、北部壮语、临高话

中部：岱语、侬语、高栏南部壮语

南部：泰语、傣语、老挝语、掸语、黑泰语、白泰语、阿含语

侗水语支：侗语、仫佬语、拉珈语、标话、水语、毛南语、莫话、佯僙话、甲姆话

黎语支：黎语、村话

仡央语支：拉基语、仡佬语、木老语、布央语、普标语

我国学者对壮侗语的研究始于20世纪30、40年代。主要研究者是当时在昆明西南联大的李方桂、罗常培、邢公畹等学者。李方桂调查了广西龙州、武鸣等地的壮语，贵州荔波的水语、莫话和惠水的佯僙话等，先后出版了《武鸣壮语》《水话研究》和《莫话记略》等专著，以及有关壮侗语的专题论文和语言报告若干篇。最具代表性的成果当是《台语比较手册》（1977）。他用暹罗语（泰语）、龙州话、剥隘话作代表，参照了二十几种有关的语言和方言材料，构拟了原始台语的音韵系统。这是一部研究台语语音的力作，材料丰富，方法严谨，对台语研究具有划时代的意义。罗常培调查了云南大理的莲山傣语，与邢公畹合著，出版了《莲山摆夷语文初探》（1950）。邢公畹先生调查了云南新平磨沙傣语和贵州惠水远羊寨布依语、罗平县的侬语等，这些调查研究工作都是开创性的。

中华人民共和国成立后，壮侗语研究飞速发展，大致经历了两个阶段：

（一）语言研究的基础阶段

20世纪50年代初期，我国各项事业百废待兴，文化教育事业受到了高度重视，特别是少数民族地区的文化教育事业更是备受国家的关怀。为了少数民族创制文字以及民族识别，中国科学院研究所、中央民族学院先后多次组织广西、贵州、云南等地有关少数民族语言和方言调查队，对壮侗语的壮语、布依语、侗语等开展了较大规模的普查、记录。这时期的工作主要表现在两个方面：一是收集了大量的壮侗语材料，基本弄清了壮侗语的基本情况，黎语也是这时期归入壮侗语的（罗常培，1954）。一些民族语的语言和方言调查报告、语言文字概况及一些专业论文陆续发表。如《布依语调查报告》（1959）这样的优秀著作，以及《壮汉词汇》《汉布依简明词典》《布依汉简明词典》《侗汉简明词典》《汉侗简明词典》等辞书，为壮侗语研究积累了许多宝贵材料。二是帮助尚无文字的壮族、布依族、侗族等民族创立了

新文字，帮助已有文字但不完备的傣族等民族充实和完善其文字。如创制了壮语文、布依语文、侗语文等，并培养了一批从事壮侗语教学研究的专门人才，为建立如壮语言文学、侗语言文学等学科打下了坚实的基础，其中不少学者成长为该学科的带头人和学术骨干。同时，还发现了木老语、拉基语等一些新的语言和方言。

（二）语言研究繁荣阶段

20世纪70年代后期至今，壮侗语研究进入了一个新的发展阶段。中央民族大学、广西民族大学等院校都开设了壮侗语专业，培养本科生、硕士生、博士生等多层次专业人才，并逐渐形成了一支具有专业特长的从事壮侗语教学、研究的队伍。研究的视野、资料、开展的课题都前所不及，新人辈出，研究成果显著。这时期，壮侗语研究领域主要集中在以下三个方面：

1. 语言共时描写研究

在20世纪50年代语言大普查积累的基础上，壮侗语的田野调查取得了重大收获，有关综合性研究专著陆续公开发表。20世纪80年代先后出版了壮、布依、傣、侗、水、仫佬、毛南、黎、仡佬语等近10种语言简志，以及王均等编著的《壮侗语族语言简志》（1984）、欧阳觉亚《黎语调查研究》（1983）、张元生《海南临高话》（1985）等著作。此后，壮侗语的田野调查仍在继续，出现源源不断的成果，出版了一批著作。如邢公畹的《三江侗语》（1985）、《红水河上游傣雅语》（1989）、倪大白《侗台语概论》（1990）、张均如《壮语方言研究》（1999）、苑中树《黎语语法纲要》（1994）等。尤其是在仡央语支方面，许多调查研究填补了过去的空缺，出版了描写专著如李锦芳的《仡央语言探索》（1999）、《布央语研究》（1999）等。

词典编写是词汇研究和语言规范化研究的重要内容和工作。在词典编纂方面，壮侗语已经取得一定成果，出版了内容充实、语料可靠的词典。如《壮汉词汇》（1984），《汉壮词汇》（1984），《现代汉壮词汇》（2013），《壮汉英词典》（2005），德宏傣语的《汉傣词典》（1991）和《傣汉词典》（2007），《傣仂汉词典》（2004），《黎汉词典》（1993），《临高汉词典》（2000），《布依汉词典》（2002），《布依-汉词典》（2011），《侗汉词典》（2004），《侗汉常用词典》（2008），《汉水词典》（1996）。

在专题研究方面，也出现了一些重要成果。专题研究的论文数量较多。语音方面有：马学良、罗季光《我国汉藏语言元音的长短》（1962），邢公畹《调类在汉台语比较研究上的重要性》（1962），袁家骅《壮语的/r/方音对应》（1963），喻世长、罗美珍《侗水、泰壮两语支单元音的对应》（1987），傅懋勣《云南省西双版纳允景洪傣语的音位系统》（1956），刀世勋《西双版纳老傣文声韵系统初探》（1982），罗美珍《傣语长短元音和辅音韵尾的变化》（1984），倪大白《谈水语全浊声母b和d的来源》（1980）、《侗台语复辅音声母的来源及演变》（1996），巫凌云《西双版纳古傣文塞音声母考》（1979），张均如《侗台语轻唇音的产生和发展》（1995），杨光远《十三世纪傣泰语言的语音系统研究》（2007）、蔡荣男《傣语的声调格局和元音》（2003）等。语法方面有：袁家骅的《壮语的体词向心结构》（1979），梁敏的《壮侗语族名词性修饰词组的词序》（1986）、《壮侗语族量词的产生和发展》（1983），张元生《武鸣壮语的名量词》（1979），张公瑾《傣语德宏方言中动词和形容词的后附成分》（1979），喻翠容的《说傣语的ma²（来）和pai¹（去）》（1984），邢公畹《汉语和台语里的助词"了"和"着"》（1979），倪大白《水语中一类句法通性结构的生成分析》（1983），石林《报京侗语代词的词缀mjin⁶》（1985），郑贻青《黎语的形补词组》（1984），曹广衢《壮侗语趋向补语的起源和发展》（1994）、《布依语的dai³¹和汉语的"得"》（1982），梁敏的《壮侗语族诸语言名词性修饰词组的词序》（1985），洪波的《台语施事成分的语序分布及其原则》（1994），覃晓航《壮语中的古汉语特殊语法现象》（1991），刀承华《试论傣语间接表达形式》（2004），杨光远《台语"给"的用法》（2006），刀洁《傣语多项定语的体词向心结构》《傣语歧义结构分析》（2006），闻静《壮侗语族"的"字结构的类型学特征》（2013），陈娥《布依语否定词mi11（不）和fi33（未）的语义和语法功能》（2013）。

以壮侗语为研究对象的专题论著研究，也取得了一定成果，如喻世长《布依语语法研究》（1956），韦庆稳《壮语语法研究》（1985），巫凌云《傣语语法》（1993），吴东海《傣语四音格研究》（2005），保明所《西双版纳傣语中的巴利语借词研究》（2005），韦景云《燕齐壮语参考语法》（2011），韦茂繁《下坳壮语参考语法》（2012），张雷《黎语志强话参考语法》（2013），岩温罕《西双版纳傣泐语参考语法》（2018）等。

2. 语言历史比较与系属研究

许多学者在注重壮侗语进行田野调查描写的同时，把较多的精力投入到了历史比较研究上，取得了丰硕成果。

《侗台语族概论》（梁敏、张均如，1996）是语族内部比较这方面研究的代表。《勾践"维甲"令中之古越语的解读》（郑张尚芳，1999）的古越语与现代壮侗语关系的探索拓宽了壮侗语研究范围。《广西中南部地区壮语中的老借词源于汉语古"平话"考》（张均如，1982）、《壮语中古汉语借词及汉越语与平话的关系》（蓝庆元，2001）、《客家话跟苗瑶壮侗语关系问题》（邓晓华，1999）、《论台语量词在汉语南方方言中的底层遗存》（游汝杰，1982）等对东南地区汉语方言中的一个古壮侗语底层进行了比较研究，引人注目。有关壮侗语的系属问题研究始终是一个热门话题，如《汉台语比较手册》（邢公畹，1999）、《汉藏语同源研究》（吴安其，2002）、《汉语水语关系词研究》（曾晓渝，1994）、《粤语中的壮侗语族语言底层初析》（李锦芳，1990）、《试论台语的系属问题》（罗美珍，1983）、《中国的壮侗语语南岛语》（倪大白，1988）、《语言接触与语言联盟》（陈保亚，1996）等都对壮侗语的系属问题进行了有一定深度的分析研究。《从干支名称看我国德宏傣族同印度阿洪傣族之间的关系》（杨光远，2006）考察了印度的阿洪傣族与德宏傣族之间存在的历史渊源关系。

3. 多学科综合研究

综合利用多学科材料和研究成果，阐释、研究壮侗语族语言相关的交叉学术问题，也取得了引人注目的成果。如《文化语言学发凡》（张公瑾，1998），《壮族文化概论》（梁庭望，2000），《中国稻作起源问题的语言学新证》（李锦芳，1999）、《侗台语言与文化》（李锦芳，2002），《中国壮侗语族群的糯稻，糯食与糯祭文化》（黄桂秋，2016），《西双版纳傣语地名研究》（戴红亮，2004），《壮泰族群的渊源》（覃圣敏，2005）等论著，都有一定的影响。

二、语音研究

壮侗语的音节结构由声母、韵母、声调组成。壮侗语有少数语言有复辅音声母。复辅音声母的第一个成分只有塞音和鼻音两类，第二个成分一般也只有 –l– 和 –r– 两个。腭化音 –j–、–ɣ– 和唇化音 –w– 的实际音值是元音性的，与复辅音的性质有别。在韵母系统中，单元音韵母 6 — 10 个，多数语言的单元音韵母带韵尾时分长短。韵尾有元音尾、鼻音尾和塞音尾三类。声调有舒声调和促声调两类，舒声调一般是 6 个，促声调 2 — 4 个。声母与声调之间有一定的依存关系。多数语言的浊塞音声母，先喉塞声母，送气声母、清化声母，以及大部分清擦音声母的音节，一般只跟单数调结合。经过 60 年来的广泛深入调查研究，我们对壮侗语的一些语音现象有了较为全面的认识。

（一）声调研究

声调的主要功能在于辨义（包括词汇意义和语法意义）。这一点，壮侗语与汉语、藏缅语、苗瑶语等都是一致的。声调是壮侗语语音结构的重要特征之一，在整个音节中跟声母、韵母密不可分。

对壮侗语声调的产生和发展问题，李方桂在其著作《台语比较手册》（1977）中谈到原始壮傣语支语有 A、B、C、D 四个声调。他认为"在历史发展过程中，它们受声母（或字首辅音）的清浊性质而产生分化，变成八个调类，即原来的每个调子都分化为高低不同的两类。第一类 A1、B1、C1、D1 只跟清声母结合，另一类 A2、B2、C2、D2 则同浊声母结合"。"这两套声调起初只是音位变体，后来由于各地方言里的浊辅音声母大部分开始不带音了，于是，原来只是变体的声调成了区别型的声调了"。"这两套声调什么时候形成，不同的语言或方言可能时间不同"。

张均如在《原始台语声母类别探索》（1980）一文中，对原始壮傣语支声调的分化问题提出了看法。她认为"壮傣语支语言声母与声调的关系很密切，声母的性质可以影响调值的变化，导致新的声调的产生或调类的合并。"① 具体是：（1）先喉塞音声母与送气音声母对声调再分化的影响是显著的。这两类声母的发展特点都与喉部肌肉的状态有关。（2）声调的分化跟其他语音变化一样也都是渐变的。就是说，某一类声母中的一部分字先变，然后再扩大到该类声母所有的字；先是一个声调起变化，随后另一个起变化；先是某些地区的声调起变化，然后扩展到邻近的方言或语言。（3）至今，尚未发现壮傣语支任何一个语言的送气音清声母和不送气清声母对声调的二次分化同时发生作用的。这说明原始壮傣语支这两类清塞音声母的对立是客观存在的。目前壮语北部方言和布依语都没有送气清塞音声母（个别除外），这两类声母混同了。可以设想，这两类声母对这些地方声调的二次分化既没有单独起作用，也没有共同起作用。因为原始送气音声母在这些地方的消失是比较早的，还没来得及在声调的二次分化中起作用。（4）一个语言的方言、土语之间声调分化的时间也不可能相同，而是有先后的。如泰文声母分清、浊（低音组）两类正是适应声调一次分化的需要；清声母又分中、高音组，正是适应声调二次分化的需要。

此外，倪大白等学者发现壮侗语声调跟南岛语的词重音和韵尾相对应。倪大白的《侗台语概论》（1990）认为："壮侗语的声调是在南岛语的多音节词演变为单音节词的过程中作为补偿手段而出现的。"② 主要表现在四个方面：（1）他加禄语的词重音在倒数第一个音节上，与壮侗语同源的部分就是这个音节，此时壮侗语表现为A调。（2）南岛语词的倒数第一个音节与壮侗语同源，这个音节如果到塞音尾，壮侗语相对应的也是塞音尾，此时表现为D调。（3）他加禄语的词重音在倒数第二个音节，而与壮侗语同源的部分是倒数第一个音节，即非重音音节，此时壮侗语表现为B调或C调。（4）他加禄语的词重音在倒数第二个音节，与壮侗语同源的就是这个音节，这部分对应词在壮侗语中往往也表现为B、C调。这些材料大致说明了壮侗语的声调具体发展途径："由于词重音的作用，首先形成重音音节和非重音音节两类调子，以后在重音音节的基础上，加上各种韵尾辅音的消失或保留，不断分化，出现新调（塞音韵尾演变为D调）"。"在一代又一代人长期使用的历程中，音节中声母辅音的语音性质（带音不带音，送气不送气，有无先喉塞音等）是声调再次分化，成为目前的'四类八声'（A1、B1、C1、D1，A2、B2、C2、D2）"。

可见，张均如、倪大白等学者对壮侗语声调产生和发展的的研究有异曲同工之处。

（二）先喉塞音 ʔb、ʔd 研究

先喉塞音声母 ʔb、ʔd 在壮侗语中是普遍存在的，但也有不同的变体。壮傣语支的龙州话的声母 ʔb、ʔd 跟剥隘话的 m、n 相对应，如"肩""骂"，两地分别是 ʔba⁵/

---

① 载《民族语文》1980年第2期。

② 中央民族学院出版社，1990年。

ma⁵，ʔda⁵/na⁵。而ʔd声母在傣语、侗语则演变为l。如"飞""得"在傣语西双版纳、德宏两个方言分别是ʔbin¹/men⁶、ʔdai³/lai³。"席子""簸箕"在水语、侗语中分别是ʔbin³/ʔdoŋ³，min³/loŋ³。可见，"先喉塞音声母ʔb、ʔd的演变是一种直接的多线条式的演变"（陈忠敏，1989）：

ʔb→b/m/v（w）ʔd→d/n/l/ʔ

壮语和傣语（西双版纳）的声母跟掸语、村语的ʔɯ对应，一些学者认为也是先喉塞音声母ʔb零化的表现（张均如，1980）。中国科学院少数民族语言研究所编的《布依语调查报告》（1959）[①]中说，布依语除了有ʔb、ʔd声母外，个别地方还有ʔdʑ，也有与之对应的ʔ和ʔj，即声母零化。如"饿"和"步伐"在平塘西凉、安龙乐居、贞丰鲁容三地分别是ʔdʑɯ⁶/dʑam⁶、ʔiɯ⁵/ʔjam⁶、ʔie⁵/ʔjam⁵。陈忠敏的《作为古百越语底层形式的先喉塞音在今汉语南方方言里的表现和分布》（1995）认为"语音对应揭示了ʔdʑ→ʔj的音变：尖音塞音声母腭化为塞擦音ʔdʑ，塞擦音声母进一步弱化就为擦音或半元音，即dj→ʔdʑ→ʔj（z）→ʔ。从强辅音到弱辅音在到半元音，这是很自然的音变"。[②]覃晓航的《从壮语ʔb和ʔd的多元变体看语触音变规律》指出，这是语言接触导致的音变。他认为，从ʔb和ʔd的变化规律中可以看出，"语触音变是因操某一种语言的人在仿读并接受另一种语言中特有的语音成分时发音动作偏位而导致的有规律的语音变化。这种语音变化最终造成两个差异：一个是语音的空间差异，另一个是语音的时间差异。"[③]

（三）复辅音声母研究

壮侗语诸语言中，还有一些语言保存着复辅音声母。如壮语邕北土语区的武鸣、平果等地有pl、ml、kl，贵港有pr、mr、kr，拉珈语有pl、phl、ʔbl、ml，傈僳话有pr，黎语有pl；阿含语也有7个复辅音声母pl、phl、phr、kl、khl、bl、ml；泰语有pl、phl、pr、phr、kl、khl、kr、khr和tr共9个复辅音声母。石语有pl、phl、pr、phr、tl、thl、tr、thr和bl、ml共10个复辅音声母，这是现代壮侗语中复辅音声母最多的语言。从构成上看，壮侗语诸语言的复辅音声母主要是二合的，第一个成分多数是塞音，个别是鼻音，第二个成分是流音性质的 –l– 和 –r–。

李方桂根据现有材料为原始壮傣语支语言构拟了一整套复辅音声母。"属于唇音的有pl、pr、phl/–r、bl、br、ʔbl/r–、ml/r，属于齿音的有tl、tr、thl/ r–、dl、dr、ʔdl/–r–、nl/–r–，属于软腭音的有kl、kr、khl、khr、gl、gr、ŋl/–r–、xr"。这套复辅音声母可以解释壮侗语族诸语言和方言中许多声母的分合和变化。

从现有的语言材料看，壮侗语复辅音声母的演变途径有些脉络是比较清楚的，

---

① 科学出版社，1959年。

② 载《民族语文》1995年第3期。

③ 载《中央民族大学学报》2005年第3期。

张公瑾、倪大白等都对此做过专门论述。如倪大白《侗台语复辅音声母的来源及演变》（1996）一文对照这些复辅音声母在现代壮侗语诸语言中的分布，认为"壮侗语复辅音声母主要有三个层面的演变痕迹"[①]：

（1）pl/pr→pj→p

　　phr→phj→ph

（2）ml $\begin{cases} m \\ l→n、ʔn、th、ɬ \end{cases}$

（3）kl（kr）$\begin{cases} k \\ kj→tɕ、c \end{cases}$

由于壮侗语历史久远，分布地区辽阔，早期的复辅音声母演变迹象如此清晰的只是少数，更多的则是相当纷繁复杂。例如"眼睛"一词，在现代壮侗语各语言和方言中表现得异彩纷呈：壮语 ta¹、tha¹、ha¹、ra¹、ɣa¹、pja¹，泰语、掸语、布依语、傣语、侗语 ta¹，水语、毛南语ʰda¹，临高话、村话、甲姆话ʔda¹，佯僙话ʔdja¹，仫佬语ȵa¹，黎语 tsha¹，拉珈语 pla¹，石语 pra¹。

倪大白认为"复辅音可能不是东亚及东南亚地区许多地区语言声母的最早期形式"。他指出，"汉藏—类语言声母的复辅音形式，在语音上可能属于中间阶段，更早的形式应该是多音节"。

（四）送气音声母研究

壮侗语多数语言的辅音声母都有送气音，只有壮语北部方言、布依语、临高话没有。这一现象引人注目。对于形成这种差别的原因，一些学者提出了两种截然相反的观点：一种观点认为原始壮侗语没有送气音，由于受汉语影响、类化作用以及浊音清化等原因，一些语言的送气音是后来发展起来的；另一种观点正好针锋相对，认为原始壮侗语中原来就有送气音，壮语北部方言等没有送气音是后来演变的结果。因此，壮侗语的送气音问题较为复杂，仍有待进一步的研究。

覃晓航在《壮语南部方言 –p、–t、–k 的来源》（1995）一文中将壮语和汉语进行详细比较分析后，也对壮语南部方言送气音声母 ph、th、kh 的形成进行了探讨，认为"南部壮语 ph、th、kh 的形成主要有三个方面的因素"[②]，具体是：（1）借自汉语送气音词。壮语在历史发展过程中，受汉语的影响很深，它不仅吸收了大量的现代汉语词，而且还保留了数目惊人的古汉语词。他可以推测，"南壮"中的送气音首先始于汉语借词，然后，在这些送气音的影响下，催发了"南壮"本民族词送气音的产生。可以说，汉语借词送气音的影响，是"南壮"送气音产生的外部条件。（2）复辅音的擦音成分导致了送气音的产生。在"南壮"中，有一些复辅音声母是

---

① 载《民族语文》1996年第3期。

② 载《中央民族大学学报》1995年第4期。

以擦音为第二成分的，如 pf、tɣ、kɣ 等中的 f、ɣ。这些擦音由于其发音时所产生的气流是通过狭窄的缝隙挤擦而出的，例如 pf 中的擦音在向双唇音演变过程中，它所产生的强气流也同时对塞音产生影响，使得气流有所增强，从而形成送气成分。这种因素是"南壮"送气音产生的内部条件。（3）地域条件制约壮语南北方言送气音的形成。他指出"壮语送气音声母的产生除了受到语音条件的制约之外，还受到了地域条件的制约。'北壮'之所以没有产生送气音声母，就是因为地域条件的限制，其间的'送气音逆读'规律完全抑制了这一方言区送气音声母的产生，致使壮语在送气音特征上形成了南北差异"。

韦名应的《侗台语送气音难题新探：壮语北部方言视角》（2017）一书，立足于壮语北部方言视角，以壮语北部方言正在兴起中的送气音为个案研究，综合运用实验语音学、历史比较语言学以及社会语言学的理论和方法，探讨侗台语送气音演化的条件和原因。作者研究认为北部壮语送气音产生和演化的原因主要是内部制约和外部影响共同作用的结果，其中内部演化是主导因素，包括声母松紧（主要）、气压大小、初浊时长、接触深浅、音系简繁、音节类型等。作者进一步支持侗台语送气音后起的观点，同时指出重建早期浊音声母的必要性，把侗台语早期双数调浊塞音形式 *b、*d、*g 重建为带气声的 *pɦ、*tɦ、*kɦ，以解释送气音的产生，即气声转化。

作者认为送气音的产生与气声有关。南部侗台语处在北回归线以南的热带、亚热带地区，具有发达的气声或气化发声态，因而具有稳定的送气音来源。同样，侗水语支语言原处南部，也有丰富的气声发生态，并且产生了送气音，后来才北迁的，而北部壮语分布的地区不是典型的热带区，因而气声发生态没有南部的发达，送气音相对少见，且各地对应也没那么整齐。这是目前针对壮侗语送气音起源问题的最新研究成果，但实际情况是否如此，还有待进一步研究和论证。

（五）阴调类再分化研究

梁敏、张均如（1996）指出：阴调类再分化指的是四声由于声母清浊的不同而各分化为阴、阳两类之后，阴调类由于某些声母发音方法的特征而引起不同程度的再次分化，这种现象在本语族多数语言中相当普遍。前人关于侗台语族阴调类再分化的研究主要集中在阴调类声母的类型特点上，如莫话阴调再分化属于第一种类型，毛南语属于第二种类型，文马土语属于第三种类型，侗语南部方言属于第四种类型，壮语南部个别方言属于第五种类型。这些研究更多的是对现象的描写和归纳，没有深入探讨阴调类分化的具体动因，即音变原因。

壮语文马土语送气音声母字在调类上表现出"第 1 调变第 2 调，第 7 短调变第 2 调"的现象。梁敏、张均如（1996）指出，仅由送气音声母 ph、th、kh 等影响而引起阴调分化的现象在台语支语言中属于少见，只是文马土语存在这种现象。韦名应的《文马壮语阴调类再分化的原因》（2014）[①] 对这一语言现象做了进一步分析。作者借助实验语音学方法对文马土语阴调类再分化（即送气音声母音节第1调变读第2调，第7短调变读第8短调）的原因进行考察，并找出了其语音学上发生音变的原因——发声态和声门气压发生了变化，主要表现为"送气—驰声"之间的演化。此外，"阴低阳高"的调头音高和降调调拱为音变发生提供了音法学条件。

邕宁、扶绥、隆安、德保等地的壮语也存在阴调类再分化的现象，主要发生Ⅰ类声母（ʔ、ʔb、ʔd）和Ⅲ类声母（ph、th、kh、tsh）的音节。梁敏、张均如（1996）将其归为第五种类型，并认为这与声母的性质和发音方法的特征有关。韦名应在《邕宁等壮语阴调类再分化的原因》（2017）[②] 一文中对这一现象进行再探讨，并将其原因解释为声母辅音的气化或僵化作用。邕宁、扶绥、隆安、德保壮语的Ⅲ类声母（ph、th、kh）在音变之前实现为送气音，Ⅰ类声母（ʔ、ʔb、ʔd）实现为典型的喉塞和内爆音，它们有着共同特征，即在除阻前声带持续规则变紧，声门上下气压差持续快速增大，并实现很高的声调（阴调类）目标。然而，ph、th、kh的气化使得声带变松变软；ʔb、ʔd、ʔ的僵化使声带僵硬或收缩，从而影响了原先高调目标的实现，出现音高降低、调形改变的现象，进而引起声调的分化派生。

此外，侗台语ʔb、ʔd声母一般只出现在单数调，但毛南语大部分却变成了双数调。梁敏、张均如（1996）认为这是一种声调再分化的现象，并将其归为阴调类再分化的第二种类型。梁敏（2009）进一步指出这是由于先喉塞成分ʔ的弱化而引起的声调下降。韦名应在《毛南语ʔb、ʔd声母与声调》（2015）一文指出，毛南语的阴调类分化出一个派生调与声母内爆音的弱化有关。早期ʔb、ʔd声母在语音学上是典型的内爆音ɓ、ɗ，在演化中出现了带僵化/嘎裂复合发声的变体，导致起音降低，调形发生变化，进而派生新调。派生调与相应阳调类的合流，其音系基础是八调格局，音理上近似于八调以来阳调类相对于阴调类的偏离。此外，作者还进一步强调：在侗台语族中，ʔb、ʔd与前喉塞声母ʔ、ʔm、ʔn、ʔŋ、ʔj、ʔw以及鼻冠音声母mb、nd有着相同的音系学地位，都是【＋高】，其语音学基础都是声带持续规则紧张，声门气压差持续快速增大。

（六）浊塞音研究

李方桂、梁敏、张均如、吴安其诸先生的古音构拟体系中，都为原始台语拟测了两套浊塞音，分别是纯的 *b、*d、*g 和带先喉塞的 *ʔb、*ʔd。其中 *ʔb、*ʔd 在现代台语方言土语中大多都还保留，但 *b、*d、*g 除了文马土语外，基本已清化消失。长期以来，文马土语双数调浊塞音 b、d、g 被认为是早期台语浊塞音 *b、*d、*g 的遗留，同时也是台语古音构拟的一个重要依据。

① 载《民族语文》2014年第6期。

② 载《民族语文》2017年第1期。

韦名应的《壮语文马土语的浊塞音》（2019）一文，在语言田野调查的基础上结合现代实验语音的方法手段，考察原始台语双数调浊塞音在文马土语中的实际音值，发现其内部存在内爆音、普通浊塞音、清音浊流（气声）等变体，它们与单数调的ʔb、ʔd 等可能构成ʔb单～b双以及ʔb单～pɦ双等类型的塞音声母格局。作者认为文马土语的双数调浊塞音 b、d、g 是后起的，来自早期的气声，是气声内爆化并进一步弱化的结果，而不是早期台语浊塞音 *b、*d、*g 的遗留。其音变经历了气声的内爆化、内爆音的弱化两个主要阶段，具体音变过程可细化为：pɦ、tɦ、kɦ>ɓɦ、ɗɦ、ɠɦ>ɓɦ、ɗɦ、ɠɦ>ɓɦ、ɗɦ、ɠɦ> ɓ、ɗ、ɠ > b、d、g。与传统观点不同，作者还提出了“内爆气声”这一新的发声类型，并将其视为气声内爆化的初始关键环节。此外，作者还根据文马土语表现的语音特点对前人拟测的早期台语双数调浊塞音 *b、*d、*g 进行修正，重建为气声 *pɦ、*tɦ、*kɦ。

三、语法研究

（一）量词研究

量词是汉藏语系语言中一个复杂而重要的问题。壮侗语族诸语言除了普遍具有的度量衡词语外，还有相当丰富的数量、范围广泛的单位词。

有的认为，量词是“由普通名词演变而成的，并且它们的语法意义是由它们的本来意义引申的”（张旭，1982）。壮侗语量词产生的途径可能是从量词重说或名词借用开始的。例如泰语 khon^{2}“人”、壮语 re：k^{5}“锅”，既是名词又可以兼作量词。在现代壮侗语中，由名词重说、借用而形成的量词在整个单位系统中的比重不大，多数量词则是专用的，造词途径根据事物的性状类别等因素而定。比如壮语的 tu^{2}“只、头”、pou^{4}“个（人）”、ko^{1}“棵”等。这些专用量词，“从词源上考察，多数也是从名词演变来的”（倪大白，1990）。因此，壮侗语量词的产生、语义结构问题也引起许多学者的兴趣，使壮侗语量词研究更为深入、细致。

韦庆稳《论壮语的量词》（1982）对壮语量词的特点、量词的分类以及在“量名词组”中的地位问题做了具体的分析，澄清了有关壮语量词的误解。他研究发现，壮语量名词组，例如：（so：ŋ^{1}）tu^{2}mou^{1}“（两）头猪”，（ha^{3}）ko^{1}fai^{4}“（五）棵树”，（sa：m）kan^{1}no^{6}“（三）斤肉”等，认为“中心语不是感性和直观中的后面的名词，而是量词本身”。理由有四：

1. 一个修饰词组的语法功能总是等于其中心语的语法功能，因此修饰词受到的某种修饰，其中心语也必然受到这种修饰，不能受到这种修饰的成分就不可能是中心语。用 nei^{4}“这”来分别修饰这些词组和它们的两个成分。如有 tu^{2}mou^{1} nei^{4}“这头猪”，ko^{1}fai^{4} nei^{4}“这棵树”的格式，也有 tu^{2}nei^{4}“这头”，ko^{1} nei^{4}“这棵”的格式。但一般不能说 mou^{1} nei^{4}“这猪”，fai^{4} nei^{4}“这树”。可见，量词 tu^{2}“头”，ko^{1}“棵”

是中心语，名词mou¹"猪"，fai⁴"树"，no⁶"肉"不是中心语。

2.壮语体词性修饰词组的一般语序是"中心语+定语"，但词序不一定都相同。pja¹tam²"塘鱼"和tam² pja¹"鱼塘"，这两个修饰词组语序相同，词序相反，所以前者的中心语是pja¹，后者的中心语是tam²。又如tu²mou¹和mou¹tu²，分别是"猪的一头"和"整头的猪"，如果认为它们的中心语是mou¹，那显然是说不通的。

3.按照直接成分分析法，壮语各类词组的两个直接成分都是各占一边位置，没有一个直接成分分割在另一个直接成分的两边。如果把mou¹"猪"当作tu²mou¹ nei⁴"这头猪"的中心语，则势必要把定语tu²nei⁴"这一头"分割在中心语"mou¹"的两边（因为mou¹ nei⁴"猪这"在壮语中一般这种表达法），而且定语"tu² nei⁴"有时是远远地分割在中心语的两边。例如：

tu²mou¹ jou⁶huŋ¹jou⁶pi²han⁴. 又大又肥的那头猪。

头 猪 又 大 又 肥那

4.壮语的名称一般是通称加专称（或大类名加小类名），是用专称（或小类名）修饰前面的通称（大类名）构成的。如（ko¹）pjak⁷ka：t⁷"芥菜"，（tu²）ma¹ŋan¹"猎狗"，按照壮语语法直译"叫作ka：t⁷的一种菜"和"打猎用的一种狗"。壮语量名词组的修饰关系是与这种情况相同的。量词相当于通称（大类名），名词相当于专称（小类名），是后面的名词修饰前面的量词。

除了韦庆稳外，对壮语量词的研究也有独到见解的还有张元生。张元生《武鸣壮语量词研究》（1979）第一次提出壮语量词有量级的区别。例如："水"的量词"滴"有ʔda：k⁷、ʔde：k⁷、ʔdik⁷，分别代表量词"滴"的不同级别的微妙差异。ʔda：k⁷用于表示"大面积"的"水滴"，ʔdik⁷用于表示"面积最小"的"水滴"，ʔde：k⁷则用于二者之间，中等级别的"水滴"。"树枝"的量词"枝"也有类似的表示法，ŋa¹和ŋe¹分别表示"树枝"的大小，较大的用ŋa¹，较小的用ŋe¹。他指出这类有量级特征与量词的语音（即元音开口度大小）有关。壮语量词的量级特点是语言中元音和谐的例证之一。

张旭《现代汉语和侗语的量词》（1982）分析了侗语量词活用的特点。认为"侗语kəm⁴的用法跟汉语的'个'相同，却又有自己独特的用法"。如tu²khwa：⁴"一只狗"，也可以说kəm⁴ khwa：⁴，tu²kui²"一头水牛"，也可以说kəm⁴kui²。很明显，这种替代"只限于动物（以及无生物）之类，有时也产生强调或贬斥的效果"。例如：

a.koŋ¹məi⁴ta：⁶me²ŋak⁷la：i¹, a⁴.

棵 树 那 有点儿 好啊

b.kəm⁴məi⁴ta：⁶me²ŋak⁷la：i¹, a⁴.

棵 树 那 有点儿 好啊

这两个句子都是说"那棵树不错啊。"但a只表示肯定和赞许，b则还可能隐含否定或讥讽的意思。"kəm⁴替代别的个体量词而产生褒贬二义，是这个量词的特别功能；如果超出它被允许替代的范围，则只有贬斥意义"。"用kəm⁴表示强调，有时是为了提醒对方或者引起对方的同感，有时是通过kəm⁴的强调而引出下文"。

而量词在布依语的"量名词组"中有着弱化的趋势，即名词前边的类别词是一个轻读音节，它可有可无，只具有辨义作用。如布依语"鱼""猪""鸡"可以说pja¹、mu¹、kai⁵，也可以说təˈpja¹、təˈmu¹、təˈkai⁵，意思一样，有没有tə¹不影响意义。但tip⁷"笔"若加上tə¹就成为tə¹ tip⁷"鸭子"，而təˈliŋ⁴"猴子"若去掉tə¹，liŋ⁴的意义不明，这两例中的tə¹却很重要，有辨义作用。而带上数词时，tə¹就成了表示单位的量词。类似的成分为数不少。如何认识这些成分，有人认为这是量词，有人主张看作名词的前缀，两种说法都反映了部分的事实，但都不能概括全貌。倪大白（1990）指出，"看来这些成分最初可能是名词的前缀（即双音节词），后来当这些语言在经历'类型转换'的过程中，产生了大批量词，于是部分前缀性的音节，逐渐成了表示单位的成分了"。

李明的《西双版纳傣语量词研究》（2007）详细介绍西双版纳傣语量词范围的界定，来源、分类、词法和句法功能以及与其他词语之间的相互选择限制，与汉语量词系统进行比较揭示台语量词的特点，探究傣语量词所表现出的傣民族在认知和思维方面的特点。

康忠德的《壮汉语量词对比分析》（2008）将量词按物量词、动量词和复合量词对壮汉语量词进行对比，分析了壮汉语量词类型、语法特征、语法功能以及表意功能上的异同。

龙海燕的《布依语名量词的产生和发展》（2010）认为度量衡量词、集体量词是最早产生的布依语量词，随着度量衡、集体单位词数量的增多和频繁使用，在语法类推机制的作用下，原本名词和数词直接结合的"名数结构"衍生出量词，向"名量数结构"发展，因而个体量词出现。

贾琳瑛的《金平傣语量词研究》（2012）讨论了金平傣语量词前置和量词后置两种语序，并分析形成该种语序类型的原因。程博《壮侗语数量名结构语序探析》（2012）论述了受汉语影响程度的不同，壮侗语数量名结构的演变和变异有三个阶段：临高语名–数–量与数–量–名结构并存，处于"在变"状态，是数量名结构演变中的过渡阶段；而其他多数壮侗语的数–量–名结构则处于"已变"状态，是其与汉语接触发生演变后的产物。

蓝利国的《壮语量词研究的历史回顾及类型学趋向》（2013）从壮语量词的功能、词类地位与内部分类、语义分类、语法功能的共时描写、来源与演变、跨语言比较与个案研究等七个方面对壮语量词的研究进行了系统的梳理，指出当前研究尚存在的问题，提出壮语量词的研究亟须吸收当代语言类型学的研究成果，把相关参项的表现形式与其他分类词语言进行对比分析，揭示壮语分类词的共性与不同。

李梦瑶的《布依语量词研究》（2015）对布依语不同名量词和动量词的语义差异进行探讨，并对其语法特征以及量词短语结构的多元化做了分析。

　　洪波等的《广西部分汉语、壮语方言不定量词兼表处所名词语义模式研究》（2017）指出广西中南部地区的汉语方言中不定量词兼用作处所名词的用法，并不见于与广西汉语方言有亲缘关系的区外方言，却普遍存在于南北壮语方言，是汉语壮语接触的产物，是广西汉语方言复制了壮语不定量词兼表处所名词的用法。同时论证了不定量词与处所名词之间的语义演化方向是从不定量词向处所名词发展。

　　覃凤余的《壮语的量词定语标记》（2019）对北部台语、中部台语、西南台语的量词演变为定语标记的现象及其演变路径进行了探讨，认为壮语处在核心名词与定语之间的量词有两类：一类与名词有搭配关系，设为CL0；另一类与名词没有搭配关系，设为CL00。CL0是兼用定语标记，而CL00则是专用的定语标记。定语标记的功能是从转指功能演变而来的。从壮语推导的演变路径也适用于其他台语。

（二）体词后附音节研究

　　壮侗语乃至汉藏语系诸语言的形容词、动词和某些名词的后面，一般都可以加上一些描绘性的音节来加强原词的意思或增添某些修饰色彩。如壮语的pi²pe：t⁸pe：t⁸"（小孩或小猪等）肥胖可爱"、hou¹sa：ŋ⁵saŋ⁵"臭不可闻"等，这类带后附音节的形容词、动词、名词不仅数量丰富，而且生动活泼。张均如、张公瑾、李锦芳等对壮侗语体词后附音节做了较为深入的研究。经过多年的探索研究，人们对壮侗语中这三类词的后附音节形式已有了相当的共识。下面以张均如《壮语形容词、名词、动词后附音节的研究》（1982）为例，对壮语体词后附音节做如下概述：

　　1.形容词的后附音节。壮侗语几乎所有的单音形容词都可以加上两个重叠的后附音节，以表示其性状程度的加深或给形容词增添某些附加意义和感情色彩。形容词本身和后附音节之间没有语音结构上的必然联系，后附音节也没有固定的意义。形容词的ABB式，可以缩减为只带一个重叠音节的AB式。例如na¹nɯt⁷nɯt⁷"厚厚的"、he：n³ɣɯk⁷ɣɯk⁷"金黄的"、ʔdam¹²da：t⁷⁷da：t⁷"黑乎乎的"可以分别说成na¹nɯt⁷、he：n³ɣɯk⁷、ʔdam¹²da：t⁷。只是AB式形容词的形容性相对于ABB式要减弱一些，即程度较浅、感情色彩较淡。

　　AB式的形容词可以扩展为"四音格"AIAB式，前提是词根和后附音节的声母一致。"四音格"形式以词根重叠为主，嵌入一个声母相同、韵母为i、声调为第六调的音节构成，如ʔdam¹²da：t⁷→ʔdam¹²di⁶ʔdam¹²da：t⁷"黑不溜秋"。这类"四音格"隐含着说话者对所描述事物有着较浓的贬义色彩。武鸣壮语还有一些形容词可带三个后附音节。一般是三个后附音节的韵母相同，声母不同，也叫"三叠韵式"。这种形式通常都表示鄙夷、厌恶的意思。

　　2.动词的后附音节。壮语动词的后附音节结构比较复杂。一般动词，都能带上一个或两个以上的音节。其中最常见的是带两个重叠的音节，即ABB式。例如：pja：i³ŋɯ¹ŋɯ¹"步伐缓慢地走着（无精打采的）"、ɣi：u¹ŋum³ŋum³"笑容可掬（面带笑容，却没有笑出声来）"。这些后附音节大多是绘形的，也有象声的，给动词增添某些附加的意思，并且带有说话者对这些动作行为褒贬的意味。后附音节的表现形式多样，有叠音、双声的，也有叠韵的和其他的形式的，但后附音节的声韵母跟动词的声韵母也没有必然的联系。

同样，除了个别象声词外，ABB 式的动词形式也可以缩减为 AB 式，但是表示的动作行为不是持续的，而是表示短暂的、突然的意思。例如：tai³ŋa¹ŋa¹ "哇哇地哭"→tai³ŋa¹ "哇的一声哭了"，ɣi：u¹ɳum³ɳum³ "一直笑眯眯地"→ɣi：u¹ɳum³ "微笑一下"等。

AB 式动词的词根和后附音节之间可以加上一个固定的音节 tɯk⁷，以表示动作行为的突然性。例如：ʔbin¹pju⁴pju⁴ "卜卜地飞着"→ʔbin¹pju⁴ "卜地飞起"→ʔbin¹tɯk⁷pju⁴ "突然卜的一声飞走"。tɯk⁷ 和这些描绘性的音节还可以构成重叠形式，共同作动词的后附成分，表示有节奏的、连续的动作。例如：ʔbin¹tɯk⁷pju⁴ tɯk⁷pju⁴ "卜卜地飞着"。

此外，壮侗语的动词还有一种较为特殊的固定形式，即 AB 式后附音节的韵母是△a：k 或△e：k，这类动词后附加音节含有"催促的""随意的"意思。后附音节声母与词根的相同，声调随词根本身的声调而变化，即动词是单数调时△a：k 或△e：k 读第七调，动词是双数调时△a：k 或△e：k 读第八调。而且，壮语还可以通过后附音节韵母元音的改变，用△a：k 或△e：k 均可，只是动作行为的力度大小有别，即用△a：k 表示动作力度较大，用△e：k 表示动作力度较小。例如：kɯn¹（吃）→kɯn¹ka：k⁷ / kɯn¹ke：k⁷ "快吃吧！"、na：ŋ⁶（坐）→na：ŋ⁶na：k⁸/ na：ŋ⁶ne：k⁸ "随便坐"。

3.名词后附音节。壮语也有少数名词可以和形容词一样带上两个重叠的后附音节。名词带上这种后附音节就具有形容词的性质和用法，即名词的形容性特征。例如：jou²（油）→jou²ja：p⁸ja：p⁸ "油腻腻的"、pɯn¹（毛）→pɯn¹ɳum¹ɳum¹ "毛茸茸的（有些乱）"。

总之，形容词和它的后附音节结合得非常紧密，不能再接受其他程度副词或否定副词的修饰。除了个别味觉形容词如 ɣa：ŋ¹ "香"、hou¹ "臭"可以插入表示其来源或类别的补语外，一般不能再插入其他成分。二者之间的搭配关系也很固定，每组后附音节所表示的意义往往不同，区别细致，不能随意替换；带表示"随意、催促"意义的后附音节的动词，常常用作句子的谓语或定语，而且都可以带宾语或受其他词类的修饰补充。绘形的音节一般放在动词后面作补语，若动词为及物动词，宾语只能放在动词和后附音节之间。若动词还有其他补语，补语可放在动词和后附音节之间，也可以放在后附音节之后；带后附音节的名词在意义上和用法上都只相当于一个带后附音节的形容词，名词和后附音节之间不能插入其他成分。它们在句子中常作谓语和定语，有时也能作补语。

（三）数词研究

壮侗语数词，从基数到进位的一致性很高，除了黎语外，各语言数词的面貌颇为整齐。我国学者很早就注意了壮侗语数词与汉越语、汉语方言中的粤语、平话数词的关系，发现它们的音义有近似的也有不同之处。在壮侗语数词中，从"三"到"十"，形式与中古汉语相似，是汉借词。而基数"一""二"则显示了壮侗语数词的特点，即各有两套，一套是本民族的，另一套也是汉借词。对数词"一""二"以及黎语数词所表现的独特性，许多学者进行了分析。

学者认为壮侗语的数词"一"和"二"之所以能保留至今，可能有主观因素，也有客观因素。"一"和"二"本身是基数中的基数，是任何语言中的最古老的概念，即使是最简朴的生活，人们也少不了要经常使用这两个概念。覃晓航的《壮侗语数词 deu¹、so：ŋ¹、ha³ 考源》（1993）指出壮侗语中壮傣语支的 ʔde：u "一"有"单独、唯一"的意思，说明"这个数词并不是从一开始就起数词的作用，它的数词意义是从'单独、唯一'发展而来的。作为数词频繁使用，这就使数词'一'得以与民族共存"。[①] 而至于数词"二"，"壮傣语支的 so：ŋ¹/ sɔŋ¹ 是早期壮侗语在缺乏数词的情况下，借用汉语的'双'字"。

倪大白《侗台语概论》（1990）却认为汉语的"双"字不用于数词系统，仅与"单"字相对使用。侗水语支的 ja²、ɣa²、ra²、za² "二"等是早期的民族语，跟汉语的"二""两"没有关系。他指出"壮侗语的本民族数词'一'和'二'应另有其来源"：壮傣语支的 ʔde：u "一"与印尼语 satu 中的 –tu 对应，–tu 来源于原始澳斯特罗语的 ita、əta 中的 –ta。侗水语支的 to² "一"也与这个 –ta/–tu 有关。而仫佬语的"一" ŋa：u³，则与原始巴布亚语 taona 和 tepona 的倒数第一个音节 –na 有关。而侗水语支的"二"，侗语 ja²、莫话 za² 语高山族原始邹语 jusa 中的 –sa 对应，佯僙话的 ra² 语原始马来坦语 ru、rua 有关。水语、仫佬语 ɣa²，则与原始东部欧斯安尼语 duka 中的 –ka 相应。看来，"壮侗语的本民族数词'一'和'二'都是早期南岛语遗留至今"[②]。

黎语数词与壮侗语其他语言迥异，也跟汉语没有联系，却在形式上跟印尼语、高山语比较接近。黎语数词的这一特点，倪大白认为，这可能是黎族先民远在海上，受汉文化的影响要晚得多，也小得多，所以有一套本民族固有的数词。而大陆上的百越后裔，长期与汉人杂居共处，相互交往，年深月久，各方面都受到汉人的影响。特别是在频繁的集贸市场中，离不开计数和计量活动，壮傣语支和侗水语支各语言中的数词和度量衡词就是这样借入的。然而，从"一"和"二"还具有本民族形式这一迹象来看，"可以推想壮侗语各民族早期可能有过一整套自己的基数词"（倪大白，1990）。

---

① 载《中央民族大学学报》1993年第5期。

② 中央民族学院出版社，1990年。

（四）借词层次研究

壮侗语在历史上长期受汉语影响，结果在语言结构上与汉语有许多共同之处：单音节语、有声调、词序为重要的语法手段。这些相似的特征是它们共同受汉语影响的结果，还是它们与汉语有共同的来源，目前也是众说不一。近年来，学者也对壮侗语中的汉借词给予了关注。如刘剑三《临高话的汉语借词研究》（1994），曹广衢《壮侗语中汉语借词的词义及其类别》（1998），陈宗林《壮侗语族各语言汉语借词的横向比较》（1999）等在汉借词研究方面做了较为深入的探讨。陈宗林在其文章中通过找出它们在音节结构、声调、声母和韵母方面的共同特征，并透过壮侗语族诸语言汉语借词声母或韵母的变异现象，追溯汉语语音历史演变的痕迹。

对壮语汉借词的研究，因其使用人口最多，而较壮侗语其他语言的研究要深入得多。李锦芳《壮语汉借词的词义和语法意义变异》（2001）分析了一些上古借词如 pat⁷ "拂、kɯːt⁸ 揭、laːt² 油" 等，认为 "这几个词在两种语言中所表现的不同意义可能是借用变异，也可能是同源词的变异。一种语言的词汇成分被借入另一种语言后可以发生词义变异，变异多由原义引申、扩大或缩小，也可以出现语法性质的变化，主要是词性转换，也有实词虚化成附加成分的。有的词在不同历史时期由汉语借入壮语后表现为不同形式，词义或语法意义也不一定相同。他指出汉借词进入壮语后语音变化不大，词义可以发生与原义有一定关联的或大或小的变异，也可以出现语法变化，完全符合所谓'较可靠的同源词的标准'"。[①] 他的研究理论无疑为我们更深入地认识借词变异问题提供了新思路。

蓝庆元的《壮汉同源词借词研究》（2005）在几代学者的壮汉对应词材料基础上，对壮汉对应词进行了深入研究，目的是找出壮汉对应词；分析这些对应词的时间层次；各层次与汉语语音上的对应关系；哪些层次的对应词可能是借词，哪些可能是同源词。他的做法是：先把壮语和汉语对应词分为现代和古代两大部分。现代层次的对应词与当地的汉语西南官话语音非常接近，很容易分辨。分辨标准有二：一是声调分辨，现代层次借词的调值与当地汉语官话非常接近，调类与中古汉语不对应；古代借词调值与现代官话相差较大，调类与中古汉语有对应关系。二是韵尾分辨，古代汉语借词有 –p、–t、–k、–m 韵尾，而现代借词没有，凡有这几个韵尾的都是古汉语借词。然后，把中古以后的汉借词和上古汉语借词区分开来。根据潘悟云 "在古代的西南地区可能存在一个内部比较一致的汉语方言" 的假设，他认为这个汉语方言是平话的直接母语，汉越语和壮语也可能借用了这个方言。"如果有汉越语和平话作为参照系，就很容易把壮语中的中古以后借词与上古借词区分开来"：凡是与汉越语、平话有类似语音形式的是中古借词。但是，与汉越语不相同的借词有可能是上古层次，也有可能是近代层次，于是他又通过潘悟云构拟的上古音和杨耐思等先生构拟的《中原音韵》音，凡是与《中原音韵》语音相似的是近代

---

① 载《中央民族大学学报》2001年第3期。

层次，与上古音有相近语音形式的是上古层次。根据这样两个研究步骤，蓝庆元分析了壮汉对应词的时间层次和各层次语汉语语音上的对应关系，为壮侗语的汉借词研究，乃至更大范围的语言词汇研究具有很好的借鉴价值。

（五）语言比较研究

壮侗语族内部语言种类繁多，语言特点丰富。壮侗语语法研究注重语族内各语言之间的比较，包括境内外侗台语、语言内部方言之间共时语法特征的比较，以及侗台语与汉语语法之间关系的比较。例如张公瑾《论汉语及壮侗语族诸语言中的单位词》（1978）将国内壮侗语族诸语言以及国外泰语的单位词做比较，确定侗台语单位词的特点，将其与汉语单位词作对比，探讨侗台语单位词的意义、来源、发展趋势。洪波《台语施事成分的语序分布及其原则》（1994）以红河上游傣雅语和龙州壮语这两种台语方言作为主要对象语言来分析台语施事成分相对于谓项的语序分布情况，探讨制约台语施事成分的语序分布规律的各种因素和原则。薄文泽《侗台语的判断词和判断式》（1995）通过泰语、西双版纳傣语、德宏傣语、壮语、布依语的判断词的来源，说明判断词产生的途径，考察判断词在判断句式中的分布状况，从而说明侗台语的判断句式经历过不使用判断词的历史阶段。李锦芳、吴雅萍《关于侗台语的否定句语序》（2008）将郎架布央语、三冲仡央语、大狗仡央语、拉基语的否定句做比较，讨论侗台语的否定语序问题，认为侗台语否定句语序的演变与侗台语谓词和体词修饰、限定成分前移趋势有关，也与语言接触有关。陆天桥《侗台语指示词的语音交替及句法特征》（2013）将壮语、仡佬语、拉伽语、泰语、傣语的指示词进行比较，认为它们具有用语音屈折来区分语法功能的现象。卢勇斌《侗台语r音类研究》（2019）以侗台语中的r音类为研究对象，探索r音类在语族内部和外部语言之间的语音对应关系并揭示它们的语音演变规律。

（六）语法综合研究

21世纪后，壮侗语语法研究涉及语言种类繁多，研究领域与视角扩大，不少研究成果运用了语言类型学、认知语言学、对比语言学、语法化以及构式语法等较前沿理论和方法。这时期出版了一系列综合性研究专著，主要成果有杨通银《莫语研究》（2000），梁敏、张均如《标话研究》（2002），龙耀宏《侗语研究》（2003），薄文泽《木佬语研究》（2003），韦景云、覃晓航的《壮语通论》（2006），罗美珍《傣语方言研究·语法》（2008），陆天桥《毛南语语法》（2008）、《认知与文化视野下的侗台语类别词研究》（2012），杨通银《通道侗语研究》（2009），蓝庆元《拉珈语研究》（2011），李旭练《都安壮语形态变化研究》（2011），覃晓航的《壮侗语族语言研究》（2012），郑贻青的《靖西壮语研究》（2013），梁敢《梁彭壮语体貌范畴研究》（2014），刘朝华《布依语汉语名量词对比研究》（2016），陈娥《布依语副词研究》（2016），康忠德《居都仡佬语参考语法》（2011），韦景云、何霜等《燕齐壮语参考语法》（2011），银莎格《银村仫佬语参考语法》（2014），韦茂繁的《下坳壮语参考语法》（2012），李霞、李锦芳、罗永现《A Grammar of ZouLei：Southwest China》（2014），莫海文《荣屯布央语参考语法》（2016），周国炎、刘朝华《布依语参考语法》（2018），晏姝的《崇左左州壮语参考语法》（2018），温岩罕的《西双版纳傣泐语参考语法》（2018）等等。其中，韦景云等（2011）在概括介绍燕齐壮语音系和词类基础上，着重研究壮语构词法，主要是名词短语、动词短语及其相关成分和句法结构、话语篇章结构的研究。

壮侗语语法专题研究分为词类研究和句法研究。词类研究的主要成果有龙海燕的《布依语名量词的产生与发展》（2010），周国炎等的《布依语名词短语语序研究》（2014），康忠德《居都仫佬语形容词构形法研究》（2010），覃凤余《壮语分类词的类型学性质》（2015），蓝庆元的《侗台语副词"相互"修饰动词的语序》（2016），杨通银等的《侗台语含"一"数量名特殊短语结构研究》（2017），杨通银《侗语形容词和动词重叠的非线性研究》（2017）等等。句法研究涉及差比句、连动结构、致使结构、体范畴等多方面，主要成果有李锦芳《关于侗台语的否定句语序》（2008），房艳平等《侗语差比句类型及其来源初探》（2009），吴福祥《侗台语差比式的语序类型和历史层次》（2012），吴雅萍《比工仫佬语的否定句》（2012），陆天桥《壮语的体标记简析》（2013），潘立慧《上林壮语致使结构》（2014），周国炎、朱德康《布依语连动式研究》（2015），吴艳《黎语"在+NP"结构的语序特征分析》（2016），付妮《壮语连动结构研究》（2016），周国炎、王封霞《布依语致使结构类型分析》（2018）等等。

这一时期，壮侗语语法研究从无到有，从宏观的语法层面到微观语法现象探究，基本上反映出壮侗语语法表达主要依靠虚词和语序，缺乏人称、时态、性、数、格等形态变化，其词缀丰富，名词性短语修饰成分前置于名词中心语等语法大体面貌。

四、语言关系研究

（一）语言底层研究

"语言底层"理论是苏联语言学家建立的。我国的不少学者如游汝杰、陈忠敏、吴安其、李锦芳、邓晓华等运用这一理论，对东南地区汉语方言与壮侗语进行比较研究，认为汉语东南方言中存在一个古壮侗语底层。论证的语料有：

1. 汉语吴方言中的一些特殊现象，如先喉塞音声母ʔb、ʔd，以及不同于北方汉语的一些量词、动植物名词词头，一些特殊语序，还有一些特殊地名如姑苏、余杭等，已有学者指出系古越人语言底层遗留。吴安其《温州方言的壮侗语底层初探》（1986）分析了吴语偏南地段的温州话中的壮侗语言底层问题。他认为"温州所处

的瓯江流域可能是原吴越地区开发较晚的，但至三国时期也得到了迅速发展，这时
'山越'也大量迁出山区与汉民族融合，而此前迁居瓯江流域的汉族必已包含吴越
地区率先汉族融合的成分。温州方言口语中不少词难以找到相应的汉字，而往往可
以找到相对应的壮侗语言语词，这一部分很可能就是汉越民族融合留下的底层"。
他指出"汉越融合的历史格局为自江浙向西南、闽、粤发展，越往西南，汉越融合
史的时间越晚，保留的古越语成分更多。吴语本身自然也是如此，苏南浙北吴语中
的壮侗语底层可能就不如浙南一带明显。"①

2. 赵加的《试探闽方言中的壮侗语底层》（1990）在对汉语闽方言进行研究后
认为，晋永康、永嘉年间（公元4世纪前后）汉越语言必定发生深刻接触，此后"战
败"的越人语言便在闽方言中留下底层。越闽语言接触的历史比较越吴接触距今更
近，闽语中的越语成分可能更丰富，这有待学术界进一步研究。

3. 邓晓华《客家话跟苗瑶壮侗语的关系问题》（1999）认为客家话有"苗瑶壮
侗语底层"。西晋末年，闽粤赣交界地区仍在活跃着许多古越后裔，这其中可能也
包括畲族。由于先来的中原移民已占据了平原肥沃地带，后来的客家人只好定居在
丘陵地区，与少数民族接触的机会更多，这一地区古越后裔较早融入客家及其他
汉族支系。"虽然今客家地区已无壮侗语民族踪迹，但客家话中留下了壮侗语底层，
说明这一地区也经历了历史上的汉越民族碰撞及随后出现的民族融合。"②

4. 粤方言的壮侗语底层似乎更为丰富。比如汉语自上古至今塞音声母仅以浊变
清为发展主线，然而桂东粤西一些粤方言和海南话出现了清塞音p、t浊化成b、d
或ʔb、ʔd的现象。李锦芳《侗台语言与文化》（2002）指出"粤方言的清塞音声母
浊化现象是壮侗语影响所致"。③ 共同特征是"汉语大部分清塞音和浊塞擦音字首
先演变成清塞音声母，然后有排斥原有的清塞音字，使之浊化。其演变过程是端、
定（仄声）字→ʔd→d"。此外，他还对粤方言在语音、语法、词汇上中显现出来
的众多的特点进行了深入的探讨，比如：（1）声调的分化；（2）声母m、n、ŋ、l配
调变化；（3）古心母读ɬ；（4）古塞擦音字塞音化、擦音化；（5）韵母介音消失语元
音a分长短现象等。他说："语音虽然具有较强的稳固性，但当某一些语言遇到外来
因素的渗透时也可能发生变异，产生一些背离该语言发展规律的现象。认真考察粤
方言的语言面貌，不难看出它是古壮侗语的巨大冲击下接受了某些壮侗语语音的特
点，致使原有语音系统发生紊乱，由此产生重组运动，进而发展成今天这样既保留
了古代汉语的许多特点，又具有某些壮侗语语音性质的新的和谐体"。

张均如《壮侗语族语言演变的趋向性、阶段性、渐变性》（1986）也认为汉语
方言清塞音声母浊化这种变化与壮侗语内部的ʔb、ʔd的发展也一致，壮侗语"大多

---

① 载《民族语文》1986年第4期。

② 载《民族语文》1999年第3期。

③ 民族出版社，2002年。

数语言里都保留ˀb、ˀd，但是在某些语言或方言中先喉塞音成分已逐渐弱化或消失，如龙州壮语b、d前的喉塞音成分已经弱化，几乎听不到了"。①

（二）仡央语群地位研究

仡佬语、拉基话、木老话、布央话等属于仡央语群，在类型上与汉语、壮语、苗语、彝语等基本一致，都是以单音节为主的有声调语言，但在语音、词汇、语法等方面有不少特点。如有较多的复辅音声母、紧喉声母，鼻冠音声母也较普遍。如在仡佬语中，鼻音m、n、ŋ可以自成音节，特别是n更是部分名词、动词和形容词的前缀。拉基话也有不少鼻化音。而仡央语群的否定词多在否定句句末，或谓语前边一个，句末一个，前后呼应（如仡佬语）。因此，确定仡央语群的地位，也是少数民族语言研究的重大课题之一。

关于仡央语群语言的系属问题，学术界长期以来意见尚未一致。比如仡佬语，20世纪50年代就有人认为属苗瑶语。20世纪80年代，中国社会科学民族研究所出版的《仡佬语简志》（1983）曾提出仡佬语属于壮侗语族仡佬语支。可后来，梁敏在《仡央语群的系属问题》从基本词汇异同的对比着手，结合语音特点和有关地名的历史分布、来源的传说对仡佬、拉基、普标、布央等语言进行了研究，发现这几种语言跟苗瑶语族的关系比较疏远。他说："这几个民族可能源于我国古代百越民族的其他支系，所以其语言跟侗台语族有较多的共同特点和部分同源词，但它们并没有接近到可以归入侗台语族的程度"。② 因此，他认为"它们应该是与侗台语族平行的，系属上有关的另一个语族，可以称之为仡央语族"。

张济民在长达十年的时间中详细调查了贵州各地的仡佬语，其著作《仡佬语研究》（1993）最初也提出仡佬语属苗瑶语族。以后又补充调查了广西、云南的仡佬语、旁及拉基语、木老话等，还参考了普标话材料，提出建立一个"仡佬语族"，与藏缅语族、壮侗语族、苗瑶语族并列，均属汉藏语系。

梁敏、张均如《侗台语族概论》（1996）一书专立一章《侗台语族的一个新语支》，作者关于仡央语言的系属问题，提出了把仡佬、布央、普标、拉基等语言作为侗台语族一个独立的新语支，称为"仡央语支"的观点。该观点在国内外同行中产生了深远的影响，被学术界广泛接收，成为现在研究仡央语言的重要出发点。

"仡央语支"的提出为壮侗语系属分类翻开了新的篇章，随着研究的不断深入，壮侗语的系属分类也将不会由此止步。李锦芳《布央语研究》（1999）对仡央语支做出了更细的分类，作者把仡央语支再细分为两个次语支——仡基次语支和央标次语支，其中前者包括仡佬、木佬、羿人、拉基等语言，后者包括布央、拉哈、普标等语言。而在《侗台语言与文化》（2002）中作者又对仡央语支内部的次语支有了

---

① 载《民族语文》1986年第1期。

② 载《民族语文》1990年第6期。

新的划分，分为了三个次语支：拉基；仡佬、木佬、羿；布央、侬环、普标、拉哈。这标志着壮侗语系属分类正朝着更细更深的方向发展。同时，他在《仡央语探索》（1999）、《侗台语言与文化》（2002）等著作中主张将仡央语群列入壮侗语族中的一个独立语支，认为"仡央语群是最早从壮侗语母体中分离出去的，导致其与壮侗语其他语言的同源词趋少"。这一学术主张，随后逐渐为学术界所接受。

美国语言学家艾杰瑞《仡央语分类补议》（2011）（莫海文译）运用现代化手段，使用系统发生网络软件SplitsTree4.0对仡央语群的进化历史进行了分析，得出了仡佬语和拉基语组成西部语支，拉哈—巴哈—普标—布央组成东部语支，其中巴哈布央语和普标语的关系比较近，它们与拉哈语的关系比较远的结论。可以说这是对李锦芳在《布央语研究》（1999）中把仡央语支内部再下分为仡基次语支和央标次语支观点的深化。

但是，对于以上仡央语支系属分类也有不赞同的意见。陈保亚、何方的《核心词原则和澳越语的谱系树分类》（2002）从核心词的同源比例角度出发，认为仡佬语、普标、布央、拉基等语言之间同源词的比例比台语内部诸语言之间同源词的比例要低得多，甚至比台语和侗水语之间同源词的比例还要低，因此把仡佬语、普标语、布央语、拉基语等语言视为一个独立的语支得不到核心同源词的支持，它们之间的关系是遥远的，这些语言不能组成侗台语族下属的一个单独语支。

（三）语言系属研究

自从美国学者白保罗（P.K.Benedict）（1942）提出"卡岱语系"说后，壮侗语归属的研究成了热门话题，至今争执不下。目前，关于壮侗语的系属问题的争论，归纳起来主要有以下三种观点：

1. 汉藏语系论

以李方桂、邢公畹为代表的一批中国学者主张壮侗语属于汉藏语系。李方桂《汉—台语考》（1976）将构拟的上古汉语词跟泰语和藏语材料进行比较，证明文章中列举的140多个词，在汉语、泰语和藏语里有同源关系。张元生《壮汉语关系浅谈》[①]（1980）运用语言历史关系比较方法，把壮侗语与汉语中古音进行比较研究。不但阐明了壮侗语与汉语历史上的关系，而且也解决了以前尚未解决的一些重要问题。如"影"母字、复辅音、阳声韵与入声韵整齐相配的问题，为后来研究汉语古音扩大了视野。曾晓瑜在其著作《汉语水语关系词研究》（1994）中构拟了水语的早期声母系统，在此基础上对350例汉水语"关系词"进行了论证，展示了汉水语的早期声韵对应关系，从一个侧面论证了汉、台语的发生学关系。

邢公畹更是一直主张汉语和壮侗语具有亲属关系。他从20世纪80年代起先后发表了一系列著作专门论述汉语和壮侗语的同源关系。在其《论汉语台语"关系字"

---

① 载《中央民族学院学报》1980年第1期。

的研究》(1989)、《汉台语比较研究中的深层对应》(1993)、《汉台语比较手册》(1999)等论著中,他共列出了909组汉台语关系字、19组"深层对应"的例证来证明汉台语的亲属关系。他赞同沙加尔拿原始南岛语和上古汉语有条理地对比,并提出南岛语与汉语有发生学关系这一个崭新的提法。他指出"两种亲缘关系的语言,由于分离日久,不少基本语词使用频率高,磨损太多,弄得面目全非,不藉助古代文献的验证,就看不出它们的同源关系。"

罗美珍也多次撰文支持壮侗语属于汉藏语系。她的《试论台语的系属问题》(1992)主张"操台语的先民属于马来人种,原操一种马来语,后来在汉藏人的强大影响下,语言被融合或替换,现今的台语是在汉藏母语的基础上发展、演变而来,保留在台语中原有的马来语成分,属于原始底层,不足以将台语划出汉藏语系"。[①] 在词汇方面"壮侗语和汉藏语言之间存在大量的同源词。这些同源词既有核心的基本词,也有十分古老的文化词。同源的核心词和古老的汉字相对应,反映了上古的历史层面"。后来,她又在其《三论台语的系属问题》(1994)中以Swadesh根据印欧语所确定的100个核心词做了一个统计,认为"壮侗语的词汇发展趋向于汉藏语言"。[②] 这种比率数和倾斜现象足于说明"壮侗语和南岛语的原有关系已经脱离,已加入新的联盟。"

吴安其也是壮侗语和汉语同源的坚定支持者。他在《汉藏语同源研究》(2002)一书中运用人类学、考古学的材料广泛讨论了汉藏语的来源及其支系的发展脉络,并对汉藏语系各语族的古音乃至原始汉藏语进行了系统构拟。其论证方法是根据各个现存语言构拟语支的古音形式,再根据各个语支的古音形式构拟语族的古音形式,最后根据各个语族的古音形式和汉语上古音构拟原始汉藏语的语音形式。他主张"汉藏语系包括汉语和藏缅、苗瑶、壮侗(台语)诸语族,它们之间具有发生学关系。"[③]

2. 澳泰语系论

"澳泰语系"是白保罗提出的。他在《台语、加岱语和印尼语 —— 东南亚的新联盟》(1942)一文中主张壮侗语和加岱语、印尼语有一种真正发生学的关系,而不是和汉语、藏缅语(汉 — 藏语)有这种关系。他主张壮侗语和印尼语构成"澳泰语系"。他在文章中列出了30个壮侗语、印尼语的"同源词"作为壮侗语和南岛语同源关系的证据。白保罗的这一提法,在西方学者中影响很大,美国的马提索夫、日本的桥本太郎等著名学者赞同他的主张。

国内也有少数学者支持白保罗的主张。如倪大白、蒙斯牧曾撰文讨论南岛语和壮侗语的关系词并认为两者具有同源关系。在倪大白的《中国壮侗语与南岛语》

---

① 载《民族语文》1983年第2期。

② 载《民族语文》1994年第6期。

③ 中央民族大学出版社,2002年。

（1988）、《南岛语与百越诸语的关系》（1994）等论著中，以海南三亚回语从黏着型的南岛语系的壮语演变为单音节、有声调的词根孤立型语言为事实来说明壮侗语与南岛语的关系。根据最近的研究结果，在现存壮侗语的某些语言和方言中，有一部分复辅音声母的词是由南岛语的多音节词（大部分是双音节词）演变来的。他指出"早期南岛语的部分双音节词，在历史演变过程中两个音节合二为一，成为一个声母是复辅音的单音节词，这一发现是壮侗语与南岛语却有亲缘关系的直接证明"。

3. 语言接触论

汉语和壮侗语的"语言接触"关系论是由陈保亚提出的。他在《从核心词分布看汉语和侗台语的语源关系》（1995）及《语言接触与语言联盟》（1996）等论著中，分析了汉语和傣语接触的过程和形态，证实语言间的影响可以深入到语言的"核心词"部分，因而只有根据关系词的"阶曲线"，即第一百"核心词"（第一阶）和第二百"核心词"（第二阶）中关系词的数量变化来判定语言关系的性质：前100词集的关系词多于后100词集为同源关系，后100词集的关系词多于前100词集为联盟关系。根据他的比较分析，壮侗语内部诸语言之间都是前100词集的比例高于后100词集的比例，而在壮侗语诸语言和汉语之间，都是前100词集低于后100词集。他认为这种现象可能不是偶然的，说汉语和壮侗语语源关系是接触关系而不是同源关系更容易解释两者之间的语源关系。他指出："汉越（侗台）之间有极强的同构关系，但根据核心关系词阶的分布（上升）我们把汉越关系看成是联盟关系而不是谱系关系"。① 他的这一说法，在国内学术界中也引起了较大反响，也得到部分学者的支持。

针对陈保亚的"关系词阶"理论和汉语侗台语"异源同构"，曾晓渝在《论壮傣侗水语古汉语借词的调类对应 —— 兼论侗台语汉语的接触及其语源关系》（2003）一文中提出了不同的看法。曾晓渝认为："'关系词阶'方法可以用来帮助判断两种语言之间亲缘关系的远近，或据以肯定有接触关系，但不能据以否定久远的原始同源关系。"② 此外，陈保亚提出汉语侗台语"异源同构"理由有二：（1）汉语侗台语关系词只有三类，而这三类关系词都是侗台语与汉语接触带来的汉借词。并没有发现有一定数量的其语音对应规律层的关系词。（2）侗台语与南岛语同源。对此，曾晓渝给出了三点不同的看法：（1）侗台语中保留了一部分相当古老的、非《切韵》和非西南官话语音对应规律层的汉语关系词，数量不多但不可忽视的。（2）汉语与南岛语、侗台语与南岛语都可能有发生学的关系，说明结构与语源的关系可以是同源异构，也可以同源同构。（3）语言结构类型上的异同，不太适宜作为判断语源关系的标准。所以，汉语与侗台语之间的历史关系应理解为同源 — 分

---

① 语文出版社，1996年。

② 载《民族语文》2003年第1期。

化—接触。同时，曾晓渝也提出了解决汉语与侗台语是否同源问题的思路："层次分析法"。即：从侗台语里的汉语借词入手，充分利用古代典籍及民族历史文化背景资料，以汉语上古、中古、近代构拟音系及现代有关方言为参照，分析出汉语借词的若干历史层次，总结各层次借词与原词的语音对应规律。

除此之外，丁邦新、孙宏开《汉藏语同源词研究》（2000）一书中，戴庆厦采用壮侗语与藏缅语、汉语、印尼语同时比较的方式检验和判断相互之间的关系，并由此分析推论壮侗语与汉语是否具有发生学上的关系。戴文的结论是，从藏缅语与汉语之间的关系来观察、衡量壮侗语的系属，可看出壮侗语与汉语的相似点不是从原始母语继承下来的。因此："古越人使用的语言不会是汉藏语系语言，而是与印尼语有关的南岛语系语言，后来这种语言长时间地、大面积地受到汉语的影响而发生了巨变，但它还保留了原有语言的某些词语及其他特点，逐渐形成为今日的壮侗语。"戴庆厦从藏缅语角度提出汉语、侗台语和南岛语之间关系的视角是独特的，思路合理，值得高度重视。

总的看来，汉语和壮侗语关系问题的研究正走向深入，但远没有形成一致的结论，而且争论仍在继续，也仍将是今后国际语言学界关注的焦点。

（四）语族分化研究

近年来，我国学者除了关注于壮侗语诸语言的语音、语法研究分析外，也有部分学者对语族内部各语支分化和迁徙时间问题进行了很好的讨论。

基本词汇具有较强的稳固性，可能是语言中最不容易变化的部分。欧阳觉亚等《黎语调查研究》（1983）把黎语与壮傣语支和侗水语支比较的基本词汇多达四五百个，得出的结果是：壮傣和侗水两语支的同源率在40%以上，黎和侗水两语支则只有25%的同源率，而跟壮傣的同源比率稍高，达到30–39%。若以美国语言学家Swadesh所选择的被认为是最稳固的200个基本词表来比较，各语支间的同源比率可能更高。梁敏《仡央语群的系属问题》（1996）以Swadesh的200词作为比较用词，计算壮侗语四个语支代表语言间的同源比率，结果是仡央各语言与其他三语支的同源率一般只有25%左右，黎语和壮语同源较高，达30%，而与其他语言同源的也只有25%左右，壮傣和侗水的同源率就较高，达到45–50%。这些基本词汇的比较数据表明仡央语支与其他3语支的关系最疏远，也就说明它可能是最早从壮侗语母体中分化出来的一支，其次是黎语，但它与壮傣、侗水同源的比率也比仡央语支高不了多少，只是与壮语同源的比例稍高，所以它可能也仅仅是比仡央语支稍晚一些分化出来的。壮傣、侗水两语支关系最近，是最后分化的两支，也是最大的两个语支。

至于四个语支从壮侗语母体分化的时间表，部分学者也给予了大致的勾勒，但有些出入。梁敏、张均如的《侗台语族概论》（1996）认为"大概距今五千年的时候，壮侗语族的先民已经初步形成壮傣、侗水和黎三个不同的民族集团"。① "黎族的先民在四千多年前还处在原始社会的时候就从大陆迁往海南岛"。国外学术界倾向于认为壮傣语支最早于2000年前左右分化，壮傣、侗水两语支当源自春秋战国时期岭南的西瓯骆越两个越人支系，他们的分化可能不早于春秋时期。黎语支的分化可能有更早一些，不少人相信在3000年前左右。李锦芳的《侗台语言与文化》（2002）认为"由于仡央语支与壮傣、侗水的基本词汇同源稍少于黎语，因此它的分化又应稍早些，在3500年–4000年前左右"。②

从壮侗语内部的数词可观察壮侗语分化。梁敏、张均如（1996）认为"壮、泰、侗、水诸语言的数词都是从汉语里吸收过来的借词，而不是汉台同源词"。吴安其先生《汉藏语的数词》（2006）除了认同梁、张两先生的意见外，还进一步认为"版纳傣语、侗水语，黎语，通什话、村语，仡佬语贞丰话和布央语峨村语等所代表的不同支系的数词分别有不同的来历。壮傣、侗水共同语的数词多借汉语，黎、村共同语和仡央共同语的数词借自南岛语"。③ 随着调查的深入，符昌忠《村语数词历史层次》④（2009）通过读书音的声调作为层次分析的依据，把村语的数词分为五个层次，即汉藏语层次、村语与黎语共同语层次、早期汉借词层次、读书音层次、现代汉语借词层次共五个层次。通过村语与仡央语做比较，他认为侗台语在这两个语支分离之前就已产生了语族数词系统，而不像梁敏、张均如所认为的那样侗台先民没有自己的数词。我们现在在侗、台语支里看不到"二"以后的固有数词，那是汉语数词系统进入侗台语并覆盖侗台语原有的数词系统的结果。而黎语支民族离开大陆到海南岛居住，与侗台语其他语支的民族分离的时候汉民族还没有南迁，所以黎语支的数词得以成套地完整地保留了下来，并继续发挥作用。今天在南岛语和侗台语族的黎语支、仡央语支中使用着的这套数词系统是上古时期的又一文化层次，也就是说黎语支在上古时期之前已经分化出去了。

而黄兴球侧重于壮侗语壮傣语支内部分化的研究，有助于人们对壮侗语言史的认识和深化。在《壮泰族群分化时间考》（2008）中，他认为壮傣语支在2000年前还生活在我国的岭南地区，没有分化。一方面，他将壮傣语支数词语音形式的相似性，尤其是借自汉语的第二套数词，与平话、粤语这两种汉语方言相比较，发现它们的语音都具有中古汉语的时代特征，说明它们三者都有一个共同的源头——流行于"古代广信地区"的中古汉语方言。壮傣语支"正是在借用了这套中古汉语的数词后才分化的，时间是在唐代末年（9世纪）以前"。⑤ 另一方面，他又通过Swadesh的一百词、二百词对壮语、老挝语、泰语、岱侬语进行同源比较研究，对

① 中国社会科学出版社，1996年。
② 民族出版社，2002年。
③ 载《民族语文》2006年第2期。
④ 载《民族语文》2009年第4期。
⑤ 民族出版社，2008年。

语言分化的年代进行测算，认为壮傣语支中"最早分化的是泰语和壮语，分化时间为 6 世纪。最迟分化的是泰语和老挝语，直到 15 世纪才分化。壮语和岱依语、壮语和老挝语、岱依语和泰语的分化时间都发生在唐宋末年的 9 世纪"。他说"9 世纪这个时间与从考察壮傣语支借自汉语数词的语音的时代特征得出的时间是一致的，而 6 世纪是壮傣语支语言分化最早的时间。"

大致说来，壮傣语支的分化应在 1000 年–1500 年之间。

综上所述，壮侗语系属问题的研究，虽然经过半个多世纪的讨论、争论，有了不少进展，也积累了大量丰富的语料，但由于问题的复杂性，所以未能取得一致的或大多数人首肯的意见，成为今后需要继续研究的重要课题。

参考文献

[1] 艾杰瑞、莫海文：《仡央语分类补议》，《广西民族大学学报》2011 年第 2 期。

[2] 薄文泽：《侗台语的判断词和判断式》，《民族语文》1995 年第 3 期。

[3] 薄文泽：《木佬语研究》，民族出版社，2003 年。

[4] 保明所：《西双版纳傣语中的巴利语借词研究》，博士学位论文，中央民族大学，2005 年。

[5] 陈保亚：《语言接触与语言联盟》，语文出版社，1996 年。

[6] 陈保亚：《从核心词分布看汉语和侗台语的语源关系》，《民族语文》1995 年第 5 期。

[7] 陈保亚、何方：《核心词原则和澳越语的谱系树分类》，《云南民族学院学报》2002 年第 1 期。

[8] 陈忠敏：《作为古百越语底层形式的先喉塞音在今汉语南方方言里的表现和分布》，《民族语文》1995 年第 3 期。

[9] 陈宗林：《壮侗语族语言汉语借词语音系统的比较研究》，《华中师范大学学报》1999 年第 1 期。

[10] 陈娥、周国炎：《布依语否定词 mi11（不）和 fi33（未）的语义和语法功能》，《民族语文》2013 年第 5 期。

[11] 程博：《壮侗语数量名结构语序探析》，《中央民族大学学报》2012 年第 4 期。

[12] 蔡荣男：傣语的声调格局和元音格局，博士学位论文，南开大学，2003 年。

[13] 曹广衢：《布依语的 dai³¹ 和汉语的"得"》，《语言研究》1982 年第 2 期。

[14] 戴红亮：西双版纳傣语地名研究，博士学位论文，中央民族大学，2004 年。

[15] 丁邦新、孙宏开：《汉藏语同源词研究》，广西民族出版社，2000 年。

[16] 邓晓华：《客家话跟苗瑶壮侗语的关系问题》，《民族语文》1999 年第 3 期。

[17] 刀承华：《试论傣语间接表达形式》，《云南民族大学学报》2004 年第 4 期。

[18] 刀世勋：《西双版纳老傣文声韵系统初探》，《民族学报》1982 年第 2 期。

[19] 刀洁:《傣语多项定语的体词向心结构》,《语言科学》2006年第4期。

[20] 刀洁:《傣语歧义结构分析》,《云南民族大学学报》2006年第2期。

[21] 傅懋勣、刀世勋:《云南省西双版纳允景洪傣语的音位系统》,《语言研究》1956年第1期。

[22] 房艳平、高蒙蒙:《侗语差比句类型及其来源初探》,《贵州民族学院学报》2009年第6期。

[23] 付妮:壮语连动结构研究,硕士学位论文,广西民族大学,2016年。

[24] 符昌忠:《村语数词的历史层次》,《民族语文》2009年第4期。

[25] 洪波、郭鑫、覃凤余:《广西部分汉语、壮语方言不定量词兼表处所名词语义模式研究》,《民族语文》2017年第5期。

[26] 洪波:《台语施事成分的语序分布及其原则》,《民族语文》1994年第2期。

[27] 黄兴球:《壮泰族群分化时间考》,民族出版社,2008年。

[28] 黄桂秋:《中国壮侗语族群的糯稻,糯食与糯祭文化》,《广西民族研究》2016年第1期。

[29] 贾琳瑛:金平傣语量词研究,硕士学位论文,云南民族大学,2012年。

[30] 康忠德:《壮汉语量词对比分析》,《湖南科技学院学报》2008年第1期。

[31] 康忠德:《居都仡佬语形容词构形法研究》,《铜仁学院学报》2010年第2期。

[32] 刘剑三:《临高汉词典》,四川民族出版社,2000年。

[33] 刘朝华:《布依语汉语名量词对比研究》,云南民族出版社,2016年。

[34] 蓝庆元:《壮汉同源词借词研究》,中央民族大学出版社,2005年。

[35] 蓝利国:《壮语量词研究的历史回顾及类型学取向》,《广西民族研究》2013年第1期。

[36] 蓝庆元:《拉珈语研究》,广西师范大学出版社,2011年。

[37] 蓝庆元、吴福祥:《侗台语副词"相互"修饰动词的语序》,《民族语文》2016年第6期。

[38] 李锦芳:《关于侗台语的否定句语序》,《民族语文》2008年第2期。

[39] 李锦芳:《侗台语言与文化》,民族出版社,2002年。

[40] 李锦芳、周国炎:《仡央语言探索》,中央民族大学出版社,1999年。

[41] 李锦芳:《布央语研究》,中央民族大学出版社,1999年。

[42] 李锦芳:《从语言学角度探讨仡央语族群的历史来源》,《云南民族学院学报》2000年第2期。

[43] 李锦芳、李霞:《创新与借贷:核心词变异的基本方式 —— 以仡央语言为例》,《中央民族大学学报》2008年第5期。

[44] 李锦芳:《粤语中的壮侗语族语言底层初析》,《中央民族大学学报》1990年第6期。

[45] 李霞、李锦芳、罗永现：《A Grammar of Zoulei：Southwest China》，Peter Lang，2014年。

[46] 李梦瑶：布依语量词研究，硕士学位论文，贵州民族大学，2015年。

[47] 李明：西双版纳傣语量词研究，博士学位论文，中央民族大学，2007年．

[48] 罗常培、邢公畹：《莲山摆夷语文初探》，北京大学出版社，1950年。

[49] 罗美珍：《试论台语的系属问题》，《民族语文》1983年第2期。

[50] 罗美珍：《汉傣同源词辨》，《语言研究与应用》，商务印书馆，1992年。

[51] 罗美珍：《三论台语的系属问题》，《民族语文》，1994年第6期。

[52] 罗美珍：《傣语方言研究·语法》，民族出版社，2008年。

[53] 梁敏：《仡央语群的系属问题》，《民族语文》，1990年第6期。

[54] 梁敏：《壮语形容词、名词、动词后附音节的研究》，《民族语文研究论文集》，青海民族出版社，1982年。

[55] 梁敏、张均如：《侗台语族概论》，中国社会科学出版社，1996年。

[56] 梁敏、张均如：《标话研究》，中央民族大学出版社，2002年。

[57] 梁敏：《毛难语简志》，民族出版社，1980年。

[58] 梁敢：《梁彭壮语体貌范畴研究》，广西人民出版社，2014年。

[59] 龙海燕：《布依语名量词的产生与发展》，《贵州民族研究》2010年第5期。

[60] 龙耀宏：《侗语研究》，贵州民族出版社，2003年。

[61] 陆天桥：《侗台语指示词的语音交替及句法特征》，《民族语文》2013年第3期。

[62] 陆天桥：《壮语的体标记简析》，《百色学院学报》2013年第1期。

[63] 蒙斯牧：《汉语和壮侗语的密切关系及历史文化背景》，《民族语文》1998年第4期。

[64] 倪大白：《侗台语概论》，中央民族学院出版社，1990年。

[65] 倪大白：《侗台语复辅音声母的来源及演变》，《民族语文》1996年第3期。

[66] 倪大白：《中国壮侗语与南岛语》，《中央民族学院学报》1988年第3期。

[67] 倪大白：《南岛语与百越诸语的关系》，《民族语文》1994年第3期。

[68] 倪大白：《三江侗语》，南开大学出版社，1985年。

[69] 倪大白：《红河上游傣雅语》，语文出版社，1989年。

[70] 欧阳觉亚、郑贻青：《黎语调查研究》，中国社会科学出版社，1983年。

[71] 欧亨元：《侗汉词典》，民族出版社，2004年。

[72] 潘永荣、石锦宏：《侗汉常用词典》，贵州民族出版社，2008年。

[73] 潘立慧：《上林壮语致使结构》，《中央民族大学学报》2014年第3期。

[74] 覃晓航：《从壮语ʔb和ʔd的多元变体看语触音变规律》，《中央民族大学学报》2005年第3期。

[75] 覃晓航：《壮语南部方言 –p、–t、–k 的来源》，《中央民族大学学报》1995

年第4期。

[76] 覃晓航:《壮侗语数词 deu¹、so：ŋ¹、a³考源》,《中央民族学院学报》1993年第5期。

[77] 覃晓航:《侗台语族谱系分类史略》,《广西民族学院学报》2005年第1期。

[78] 覃晓航:《壮侗语族语言研究》,民族出版社,2012年。

[79] 覃晓航:《壮语中的古汉语特殊语法现象》,《中央民族学院学报》1991年第5期。

[80] 覃凤余:《壮语的量词定语标记》,《民族语文》2019年第6期。

[81] 覃凤余:《壮语分类词的类型学性质》,《中国语文》2015年第5期。

[82] 韦名应:《侗台语送气音难题新探:壮语北部方言视角》,民族出版社,2017年。

[83] 韦名应:《文马壮语阴调类再分化的原因》,《民族语文》2014年第6期。

[84] 韦名应:《毛南语 ʔb、ʔd 声母与声调》,《民族语文》2015年第6期。

[85] 韦名应:《邕宁等壮语阴调类再分化的原因》,《民族语文》2017年第1期。

[86] 韦名应:《壮语文马土语的浊塞音》,《民族语文》2019年第5期。

[87] 韦庆稳:《论壮语的量词》,《民族语文研究论文集》,青海民族出版社,1982年。

[88] 韦景云、何霜、罗永现:《燕齐壮语参考语法》,中国社会科学出版社,2011年。

[89] 韦景云、覃晓航:《壮语通论》,中央民族大学出版社,2006年。

[90] 韦茂繁:《下坳壮语参考语法》,上海师范大学,2012年。

[91] 吴东海:傣语四音格研究,博士学位论文,中央民族大学,2005年。

[92] 吴安其:《温州方言的壮侗语底层初探》,《民族语文》1986年第4期。

[93] 吴安其:《汉藏语同源研究》,中央民族大学出版社,2002年。

[94] 吴安其:《不同历史层次的侗台语复辅音声母》,《民族语文》2008年2期。

[95] 吴启禄:《布依汉词典》,民族出版社,2002年。

[96] 吴福祥:《侗台语差比式的语序类型和历史层次》,《民族语文》2012年第1期。

[97] 吴雅萍:《比工仡佬语的否定句》,《民族语文》2012年第6期。

[98] 吴艳:《黎语"在+NP"结构的语序特征分析》,《南海学刊》2016年第6期。

[99] 巫凌云、杨光远:《傣语语法》,云南民族出版社,2016年。

[100] 闻静:《壮侗语族"的"字结构的类型学特征》,《语言研究》2013年第1期。

[101] 邢公畹:《论汉语台语"关系字"的研究》,《民族语文》1989年第1期。

[102] 邢公畹:《汉台语比较研究中的深层对应》,《民族语文》1993年第5期。

[103] 邢公畹:《汉台语比较手册》,商务印书馆,1999年。

[104] 岩温罕：西双版纳傣泐语参考语法,博士学位论文,上海师范大学,

2018 年。

[105] 喻翠容:《说傣语的 ma~2（来）和 pai~1（去）》,《语言研究》1984 年第 1 期。

[106] 杨光远:《从干支名称看我国德宏傣族同印度阿洪傣族之间的关系》,《云南民族大学学报》2006 年第 6 期。

[107] 杨光远:《台语"给"的用法》,《民族语文》2007 年第 6 期。

[108] 杨光远:《十三世纪傣泰语言的语音系统研究》, 民族出版社, 2007 年。

[109] 宴姝:崇左左州壮语参考语法, 硕士学位论文, 上海师范大学, 2018 年。

[110] 银莎格:《银村仫佬语参考语法》, 中国社会科学出版社, 2014 年。

[111] 杨通银、郝建微:《侗台语含"一"数量名特殊短语结构研究》,《百色学院学报》2017 年第 3 期。

[112] 杨通银:《莫语研究》, 中央民族大学出版社, 2000 年。

[113] 中国民族语文翻译局编:《现代汉壮词汇》, 广西民族出版社, 2013 年。

[114] 周国炎:《布依汉词典》, 贵州民族出版社, 2011 年。

[115] 周国炎:《仡央语群语言中的借词》,《民族语文》1999 年第 1 期。

[116] 曾晓渝、姚福祥:《汉水词典》, 四川民族出版社, 1996 年。

[117] 曾晓渝:《汉语水语关系词研究》, 重庆出版社, 1994 年。

[118] 曾晓渝:《汉语侗台语接触类型及其变异机制》,《云南师范大学学报》2013 年第 4 期。

[119] 曾晓渝:《论壮傣侗水语古汉语借词的调类对应 —— 兼论侗台语汉语的接触及其语源关系》,《民族语文》2003 年第 1 期。

[120] 曾宝芬:《仡央语言研究新进展与展望》,《百色学院学报》2012 年第 3 期。

[121] 张雷:黎语志强话参考语法, 博士学位论文, 南开大学, 2013 年。

[122] 张济民:《仡佬语研究》, 贵州民族出版社, 1993 年。

[123] 张均如:《原始台语声母类别探索》,《民族语文》1980 年第 2 期。

[124] 张均如:《壮侗语族语言演变的趋向性、阶段性、渐变性》,《民族语文》1986 年第 1 期。

[125] 张均如:《壮语方言研究》, 四川民族出版社, 1999 年。

[126] 赵加:《试探闽方言中的壮侗语底层》,《贵州民族研究》1991 年第 1 期。

[127] 张旭:《现代汉语和侗语的量词》,《民族语文研究论文集》, 青海民族出版社, 1982 年。

[128] 张元生:《武鸣壮语量词研究》,《民族语文》1979 年第 3 期。

[129] Li Fangkuei, A Handbook of Comparative Tai, The University press of Hawaii, 1977.

第四节　苗瑶语族语言研究

现今，说苗瑶语的民族主要是苗族、瑶族和少部分畲族。苗瑶语族的先民在商周时期汉文献称为"蛮"，是苗瑶先民自称"人"的音译。两汉时，苗瑶先民被称为"盘瓠蛮"，又按其分布，下分"长沙蛮""武陵蛮"等。两汉后，"蛮"泛指南方各少数民族，苗瑶民族在唐初的典籍中被称为"苗蛮"和"莫徭蛮"。到南宋末年，"畲民"一词才开始在文献中出现。

苗瑶先民原来生活在长江中游一带，其子孙由于战争、人口增长等原因不断南迁。明清时期，有的已迁至越南、老挝等地。清末时，苗瑶民族的分布格局基本形成。苗族主要分布在湖南湘西、湖北恩施、重庆、贵州、云南、四川和海南等地。海南省的苗族说的是瑶族勉语金门方言。瑶族主要分布在湖南南部、广西、云南、贵州。苗族和瑶族也分布在东南亚的越南、老挝和泰国等国家。1975年以后，有一些东南亚的苗族和瑶族移居美国、加拿大、澳大利亚、法国等国家。畲族主要分布在福建、浙江、安徽、广东、江西等省。

世界各地的苗、瑶、畲三个民族的人口有1000多万。除了绝大部分畲族已转用汉语客家方言以外，大部分都说苗瑶语。苗瑶语族语言包括苗、布努、炯奈、巴哼、优诺、畲和勉等语言。本节简介70年来苗瑶语族的研究成果。以苗瑶语的系属及其内部划分、苗瑶语的历时研究、接触关系、苗语支语言共时研究、勉语支语言共时研究为序，分述如下。

一、苗瑶语系属及其内部划分研究

（一）苗瑶语的系属研究

19世纪以来，对苗瑶语的系属有四种看法：1）属于南亚语系孟高棉语族；2）属于汉藏语系；3）属于澳泰语系；4）是独立的语系。这种争论尚在延续。

美国学者白保罗（Paul K. Benedict）在《汉藏语概论》（1972）① 中仍坚持他1945年的观点，把苗瑶语处理成一个独立的语族，划在他所构建的澳泰语系（Austro-Tai）中。这一观点得到多数西方学者如马提索夫（James A. Matisoff）、罗仁地（Randy

---

① Paul K. Benedict，*Sino-Tibetan：A Conspectus*，Cambridge University Press，1972。参阅中译本《汉藏语言概论》（乐赛月、罗美珍译），中国社会科学院民族研究所语言研究室印，1984年。

J. LaPolla）、布拉德雷（David Bradley）和杜冠明（Graham Thurgood）等的支持①。

1964年第七届国际人类学和民族学会议上，苏联学者谢·叶·雅洪托夫（S. E Yakhontov）提交的《语言年代学和汉藏语系》（1986）②，认为印尼语、侗台语、孟高棉语和苗瑶语之间有关系，都属于他所建立的南方语系，并认为苗瑶语是最晚从孟高棉语支分出来的，推测分化时间是在公元前4-3年之间。

中国学者和华裔学者多数主张苗瑶语属于汉藏语系。李方桂在1937年提出这个观点。罗常培、傅懋勣的《我国少数民族语言文字概况》（1954）③亦从此说，马学良主编的《语言学概论》（1982）④和《汉藏语概论》（1991）⑤，都持这种观点。吴安其的《汉藏语同源研究》（2002）⑥也力主苗瑶语汉语同源，他的《苗瑶语核心词的词源关系》（2002）⑦一文认为"苗瑶语是汉藏语系中的一支，是汉语、侗台语和藏缅语的亲属语。较早时的苗瑶语已是修饰语在后的SVO类语言，与今侗台语、藏缅语中的克伦语同"。陈保亚的《论语言接触与语言联盟》（1996）⑧使用观察阶曲线方法来考察，认为苗瑶语和汉语可能有同源关系。陈保亚、何方的《略说汉藏语系的基本谱系结构》（2004）⑨一文根据语音对应语素的有阶分布，认为汉藏语系包括汉语、藏缅语、苗瑶语三个语族，苗瑶语最早从汉藏语系中分化出来。

学者们通过同源词来论证自己的观点。陈其光、李永燧在《汉语苗瑶语同源词例证》（1981）⑩一文中列举了54个同源词及其语音对应规则；王辅世在《苗瑶语的系属问题初探》（1986）⑪中列举了79个同源词。陈其光又在《苗汉同源字谱》（1990）⑫中举出了258个同源词；在《汉语苗瑶语比较研究》（2001）⑬中总汇了343个"汉苗瑶同源字"。

法国学者沙加尔在《汉语南岛语同源论》（1990）⑭中提出了"汉语南岛语同源"

① 参阅杜冠明：《汉藏语言的谱系》，载《民族语文》2008年第2期。

② 唐作藩、胡双宝编：《汉语史论集》，北京大学出版社，1986年。

③ 载《中国语文》1954年第3期。

④ 华中工学院（现华中科技大学）出版社，1981年。

⑤ 北京大学出版社，1991年。

⑥ 中央民族大学出版社，2002年。

⑦ 载《民族语文》2002年第4期。

⑧ 语文出版社，1996年。

⑨ 载《云南民族大学学报》2004年第1期。

⑩ 载《民族语文》1981年第2期。

⑪ 载《民族语文》1986年第1期。

⑫ 载《中央民族学院学报》1990增刊。

⑬ 丁邦新、孙宏开：《汉藏语同源词研究（二）》，广西民族出版社，2001年。

⑭ L. Sagart：Chinese and Austronesian are Genetically Related, 23rd International Conference on Sino-Tibetan languages and Linguistics，1990，U.S.A.-

的主张。这一观点得到了邢公畹的积极响应，次年连发三文评述补正[①]。之后，邢公畹、郑张尚芳和潘悟云等在坚持侗台和苗瑶语与汉语有更密切关系的基础上，建立了包括汉藏语、南岛语、南亚语的超大的"华澳语系"。郑张尚芳在《汉语与亲属语同源根词及附缀成分比较上的择对问题》（1993）[②]中认为"汉藏语、南亚语、南岛语都有共同起源，应属于一个大的华澳语系。既然这样，侗台、苗瑶语跟汉语的关系又特别密切，就没有必要把它们划出汉藏语系，另建澳泰语系"。邢公畹在《汉苗语语义比较法试探研究》（1995）[③]一文中，用他所创立的语义比较法比较了苗汉两种语言的一些词汇之后，认定"原始汉苗台语就有四声……从汉语窥测，所谓原始，应该断自先秦三代"。8年后，他又在《论"汉台苗语"调类的分化和再分化》（2003）[④]一文为自己的观点提出新的证据。因为汉语、台语、苗瑶语都有同一的四声系统，而且这三种语言的四声系统分化和再分化的发展过程也是一样的，所以从这三种语言中举出许多他认定的同源词，以此证明在汉藏语中"汉泰苗语支"是存在的。潘悟云在《汉藏语、南亚语和南岛语》（1995）[⑤]一文中也表达了类似的观点。袁明军的《汉语苗瑶语阳声韵深层对应试探》（2000）[⑥]一文，应用邢公畹的深层对应方法，论证了汉语和苗瑶语阳声韵存在深层对应。

但也有不同意以上观点的学者。如：李炳泽在《汉藏语系说的主要论据》（1992）[⑦]中对王辅世等的提法以及所列举的同源词提出了质疑。石德富在《汉借词与苗语固有词的语义变化》（2003）[⑧]一文中，把一些被认为是同源词的鉴别为汉语借词；金理新在《借词的形式判别标准——以苗瑶语中的汉语借词为例》（2008）[⑨]一文中也把一些被认为是同源词的判定为汉语借词。金氏认为"尽管借词也有语音对应关系，但是借词构成的语音对应关系是一种不完全语音对应关系，跟同源构成的完全语音对应关系不同。"石、金二人都利用借词在苗瑶语各语言、方言甚至土语中分布的不平衡性这个特点来判断借词。

挪威学者科诺（S. Konow）早在1909年就提出苗瑶语是一个独立的语系，叫"蛮语系"（Man Family）；英国学者格利孙（Grierson G. A.）撰文支持这个观点；法国学者马伯乐（H. Maspero）在1929年也持此说，但名之为"苗瑶语系"

① 参阅《关于汉语南岛语的发生学关系问题—沙加尔〈汉语南岛语同源论〉述评补正》，《汉语南岛语声母的对应——L·沙加尔〈汉语南岛语同源论〉述评补证》，《汉语南岛语声母及韵尾辅音的对应——L·沙加尔〈汉语南岛语同源论〉述评补正》，连载于《民族语文》1991年第3、4、5期。
② 载《中国语言学报》1993年第8期。
③ 载《民族语文》1995年第6期。
④ 载《语言研究》2003年第1期。
⑤ 载《云南民族语文》1995年第1期。
⑥ 载《民族语文》2000年第2期。
⑦ 载戴庆厦主编：《汉语与少数民族语言关系概论》，中央民族大学出版社，1992年。
⑧ 载《民族语文》2003年第5期。
⑨ 载《民族语文》2008年第5期。

（Miao-Yao Family）[①]。但是以上学者把"苗瑶语系/蛮语系"放置在他们所构建的一个更大的"印度支那语系"之下。李炳泽在《汉藏语系说的主要论据》（1992）[②]中倾向于支持苗瑶语是一个独立语系的观点。10多年后，他在《苗语跟周围语言的借词研究》（2003）[③]中明确地说出自己的看法："我们认为把苗瑶语看作单独'苗瑶语系'倒也有其自圆其说的材料和理由"。

绝大部分学者认为，现代苗瑶语的各个语言和方言都是从一个共同的原始苗瑶语分化而来的。李炳泽在《黔东苗语词汇几个问题的研究》（1988）[④]一文中阐述了另外一种观点。他发现苗语各方言之间的同源词很少，于是认为"苗语是由很多氏族语言融合成部落语言后，又互相融合而成的"。"今天操各方言的苗族原来使用的是不同的语言，原来的语言没有与其他语言统一成另一种语言，而是在融合过程中半途而废，只带下来一部分开始融合的词（同流词）"。在《苗语跟周围语言的借词研究》（2003）[⑤]一文中，他再次重申他的观点："我们认为现在的苗语各方言，在很古的时候可能是一些不同的语言。只是因为它们很早有接触，互相借用一些词汇，从而造成它们之间有一批'同源词'。至于它们之间语法上的相同，则完全可以看作是类型学上的关系"。

就目前的情况而言，苗瑶语的系属研究还是比较初步的，远古借词与同源词的鉴别仍然没有找到令人信服的方法和原则，所谓的同源词还有待以后做进一步的科学验证。

（二）苗瑶语的内部划分研究

1. 苗瑶语的语言认定研究

1937年，李方桂把苗瑶语族内部仅划分为苗语支和瑶语支，苗语支只有苗语，瑶语支只有瑶语。法国学者欧德里古尔《苗瑶语历史音韵学导论》（1954）[⑥]指出越南的那峨语属于苗瑶语族的语言。苏联学者谢尔久琴柯《论苗族的语言文字》（1957）[⑦]一文认为所谓的苗语方言，从学术的角度来看实际上都是一种语言。1959年，《中国少数民族语言简志苗瑶语族部分》将苗瑶语族分为两个语支，苗语支包括苗语和布努语两种语言，瑶语支仅有勉语一种语言。

---

① 见李炳泽：《苗语跟周围语言的借词研究》，载戴庆厦、顾阳编：《现代语言学理论与中国少数民族语言研究》，民族出版社，2003年。

② 戴庆厦：《汉语与少数民族语言关系概论》，中央民族大学出版社，1992年。

③ 载戴庆厦、顾阳：《现代语言学理论与中国少数民校语言研究》，民族出版社，2003年。

④ 硕士学位论文（打印稿），中央民族学院，1988年。

⑤ 载戴庆厦、顾阳：《现代语言学理论与中国少数民校语言研究》，民族出版社，2003年。

⑥ 载《法国远东研究院报》第44期。转引自《二十世纪的中国少数民族语言研究》，书海出版社，1998年。

⑦ 《苗族语言文字问题科学讨论会汇刊》，1957年，贵阳。

毛宗武、周祖瑶《瑶族语言概况》（1962）[①]一文提出布努语是独立的语言，并将"巴哼"话、"炯奈"话、"优诺"话归为布努语的方言。《瑶族语言简志》（1982）[②]沿用此说。

毛宗武、蒙朝吉在《博罗畲语概述》（1982）[③]中认为畲语属苗瑶语族的语言。陈其光在《炯奈话在苗瑶语族中的特殊地位》（1986）[④]中认为炯奈语是一种位于苗语支和勉语支之间的语言，但稍微靠近勉语支。

美国语言学家白保罗（P. K. Benedict）的《苗瑶语之谜：那峨语》（1986）[⑤]认为越南北部的那峨语属于苗瑶语，是苗瑶语的第4个语支。D·斯特雷克（David Strecker）的《简评白保罗的"苗瑶语之谜：那峨语"》（1987）[⑥]提出苗瑶语族的语言有十几种。

日本学者新谷忠彦和杨昭的《海南门语》（1990）[⑦]把海南苗族所说的话叫作"门语"。王辅世、毛宗武在《苗瑶语古音构拟》（1995）[⑧]中认为苗瑶语有苗语、布努语、巴哼语、炯奈语、勉语、畲语6种语言。毛宗武、李云兵在《巴哼语研究》（1997）[⑨]中认为苗瑶语有苗语、布努语、巴哼语、优诺语、炯奈语、畲语、勉语7种语言。陈其光的《巴那语概况》（2001）[⑩]认为，湖南城步县自称为pa⁵³na³¹³的苗族人的话应该处理成一种独立的语言，叫巴那语。

2. 苗瑶语内的语言划分研究

苗瑶语内的语言究竟划分成几个语支以及各语言划归哪个语支，学界的认识并不一致。李方桂在20世纪30年代末把苗瑶语族划分为苗语和瑶语两支，每支只有1种语言。罗常培在《国内少数民族语言系属和文字情况》（1951）[⑪]中持同样的观点。1959年编撰的《中国少数民族语言简志·苗瑶语族部分》也分为两个语支，苗语支包括苗语和布努语，瑶语支只有勉语。

美国学者斯特雷克的《简评白保罗的"苗瑶语之谜：那峨语"》（1987）[⑫]将苗瑶语族分为7个语支：苗语支包括黔东苗语、湘西苗语、川黔滇苗语和9个未定的

---

① 载《中国语文》1962年第3期。

② 民族出版社，1982年。

③ 载《民族语文》1982年第1期。

④ 载《中央民族学院学报》1986年"语言文学增刊"。

⑤ 参阅 Paul K Benedict, Miao-Yao Enigma: the Na-é Language, LTBA, Vol. 9：1, 1986.

⑥ 汉文本（乐赛月译），载《民族语文研究情报资料》第14期，1992年。

⑦ 日本东京外国语大学亚非言语文化研究所，1990年；转引自《二十世纪的中国少数民族语言研究》，书海出版社，1998年。

⑧ 中国社会科学出版社，1995年。

⑨ 上海远东出版社，1997年。

⑩ 载《民族语文》2001年第2期。

⑪ 《人民日报》1951年3月13日。

⑫ 汉文本（乐赛月译），载《民族语文研究情报资料》第14期，1992年。

语群；瑶语支包括勉金门语、标交语和藻敏语，巴哼语支包括巴哼语和那峨语，另外还有唔奈语支，炯奈语支、优诺语支、畲语支，把布努语处理成川黔滇苗语之下的方言。

1988年出版的《中国语言地图》将苗瑶语族分为两个语支。苗语支包括苗语（黔东方言、湘西方言、川黔滇方言）、布努语（布瑙方言、巴哼方言、唔奈方言、炯奈方言、优诺方言5个方言）和畲语；瑶语支只有勉语（勉金方言、标交方言、藻敏方言）。

王辅世、毛宗武的《苗瑶语古音构拟》（1995）[1] 认为苗瑶语族分为苗语、瑶语和畲语3个语支。苗语支包括苗语、布努语、巴哼语（优诺在内）和炯奈语，瑶语支只有勉语，畲语支仅有畲语。吴安其《汉藏语同源研究》（2002）[2] 一书中也持相同的观点。毛宗武、李云兵在《巴哼语研究》（1997）[3] 一书中认为苗瑶语族可分为语支、语丛、语言、方言4个层次。苗瑶语族分为苗语支和瑶语支，苗语支下面分为苗语、布努语、巴哼语、优诺语、炯奈语和畲语，其中巴哼语和优诺语为一个语丛，炯奈语和畲语为一个语丛；瑶语支仅有勉语一种语言。陈其光在《二十世纪的中国少数民族语言研究》（1998）[4] 中提出，语族、语支、语言等的分层归类并不能准确地反映语言之间的亲疏远近。如果分出畲语支的话，炯奈语应属畲语支。

在苗瑶语的内部划分中，引起争议最多的，要数畲语的划分。毛宗武、蒙朝吉在《瑶族语言简志》（1982）[5] 中认为畲语属于苗语支，跟"炯奈""巴哼"和"唔奈"等语言很相近。陈其光在《畲语在苗瑶语族中的地位》（1984）[6] 中反对将畲语划归苗语支，认为应该划归瑶语支。次年，毛、蒙二氏在《试论畲语的系属问题》（1985）[7] 中具体阐述他们的观点。1986年由王辅世执笔的《中国大百科全书·苗瑶语族》条目认为畲语语支未定。之后，蒙氏又在《畲语属苗语支补证》（1993）[8] 一文中再次重申自己的观点。文章所提的证据相当有说服力。他首先提出自己的假设："语言在各个历史发展时期所形成的词汇层或词汇圈是不同的；语音的演变规律也不尽一样。"他通过基本词汇和语音的比较发现，畲语除了具有苗语支和瑶语支共同的词汇以外，还有许多跟苗语支相同而跟瑶语支相异的语支词汇圈和语音特点。他列举了相当多的、一对对意义不同而声韵相同、声调也相同或对应的词，称之为"成对的语音相同语义不同的词"来证明自己的观点。以上两派观点的差异是

---

① 中国社会科学出版社，1995年。

② 中央民族大学出版社，2002年。

③ 上海远东出版社，1997年。

④ 书海出版社，1998年。

⑤ 民族出版社，1982年。

⑥ 载《语言研究》1984年第1期。

⑦ 载《中国语言学报》1985年第2期。

⑧ 载《民族语文》1993年第3期。

由于他们的划分标准不一致。毛、蒙主要依据同源词的多少和共享的语音特征来作为划分标准；而陈氏坚持把定语语序作为主要的划分参数。

1995年毛宗武改变自己原先的看法，在王辅世和他共写的《苗瑶语古音构拟》一书中，把畲语处理成独立的语支。吴安其在《汉藏语同源研究》一书中也认为畲语是独立的语支（见上文）。

黄行的《苗瑶语方言亲疏关系的计量分析》（1999）[①] 一文，以王辅世、毛宗武《苗瑶语古音构拟》的同源词为材料，应用计量比较方法，选用13种苗瑶语的方言来研究苗瑶语的亲疏关系。文章不仅得出畲语与苗语关系比与勉语支更亲密的结论，而且还揭示了各语言和方言之间的亲疏关系。当相关系数取值在0.390时，苗瑶语的语言及方言可两分为苗语支和瑶语支，畲语属于苗语支；当取值是0.400时，可分为苗语、畲语和瑶语三支，布努语比湘西苗语更加接近苗语的其他方言，应当划为苗语的一个方言。

王士元、邓晓华的《苗瑶语族语言亲缘关系的计量研究 —— 词源统计分析方法》（2003）[②] 一文提出了苗瑶语内部划分的意见。作者以Swadesh的100词为研究对象（根据苗瑶语的情况，取消了其中的极少数部分，用后200词来进行替补），应用词源统计分析方法研究了12种苗瑶语语言和方言的亲缘关系。他们得出的结论为：1）如果两分，则可以分苗、瑶两大聚类，畲语归苗语支；2）布努语插入苗语三大方言内部，应该视为苗语的一个方言；3）数据表明畲语与布努语最近；4）在苗语支内，布努语跟川黔滇和滇东北苗语关系最近；5）"畲语的表层结构确实较接近瑶语支，畲语的'汉化'过程跟瑶语相似；但深层结构如最常用的基本词汇的形式则较接近苗语支"。畲语应该是在苗语支内相对独立的一支；6）畲语不是距离瑶语支最近的语言，距离瑶语最近的分别是川黔滇方言、黔东方言和布努语，最远的则是优诺语和巴哼语。

3. 苗瑶语各语言的方言土语划分研究

（1）苗语内部的方言土语划分

苗语方言土语的划分经历了三个阶段：20世纪50年代的创立阶段，80年代的定型阶段和21世纪以来的补充完善阶段。定型阶段的代表作是王辅世的《苗语方言划分问题》（1983）[③]，补充完善阶段的代表作是李云兵的《苗语方言划分遗留问题研究》（2000）[④]。1956年10月31日至11月7日在贵阳提交的《苗语方言的划分和文字问题》报告把苗语划分为东部、中部、西部和滇东北四个方言。1957年，前三者分别改称为湘西、黔东、川黔滇方言，后者仍叫滇东北方言。1959年初，黔中南一带的苗语基本上调查完毕。经讨论，划分为9个方言，但有的不一定叫方

① 载《民族语文》1999年第3期。

② 载《中国语文》2003年第3期。

③ 载《民族语文》1983年第5期。

④ 中央民族大学出版社，2000年。

言，可以叫次方言①。

王辅世（1983）依据语音特点作为划分方言的标准，把苗语划分为湘西方言、黔东方言和川黔滇方言三大方言，把原滇东北方言划分为川黔滇的一个次方言。

20世纪50年代，把湘西方言分为西部和东部两个次方言，王氏改为两个土语；杨再彪在《湘西苗语腭化、卷舌、清化成分的来源及演变》（1998）② 一文中主张："湘西苗语（苗语东部方言）较细地划分，可划分为两个次方言及五个土语"，西部次方言有3个土语，东部次方言有2个土语。在他的专著《苗语东部方言土语研究》（2004）③ 中，把西部次方言划分成第一、第二和第三土语，东部次方言划分为第四、第五和第六土语。

王氏（1983）沿用20世纪50年代的分法，把黔东方言分为北部、南部和东部3个土语。当时还没有讨论到"饶家话"。经过实地考察研究，李云兵（2000）认为"饶家话"（饶家人1992年由苗族改为瑶族）属于黔东方言的一个独立土语，叫西南土语。陈其光在《汉藏语概论》（2003）④ 中认为分布在贵州荔波县、从江县西部和广西融水县临近一带的苗语属于黔东方言的一个独立土语，叫西南土语。

王氏（1983）认为川黔滇方言之下又可分为川黔滇、滇东北、贵阳、惠水、麻山、罗泊河、重安江等七个次方言。川黔滇次方言下分为第一和第二土语，李云兵（2000）增加了第三土语。贵阳次方言，王氏分东部、西部、西南3个土语；李氏增加了西北部和中南部土语。惠水次方言，王氏分东部、中部、北部、西南4个土语；麻山次方言，王氏分中部、西部、北部、南部4个土语，李氏增加了西南和东南土语，共有6个土语。

贵州平塘县以及一些黔中南地区的苗族或瑶族所说的语言在苗瑶语中地位问题一直没有得到解决。李云兵（2000）经过几年的调查研究之后，认为应该属于苗语川黔滇方言之下的独立次方言，叫作平塘次方言。该次方言之下再分东、西、南、北4个土语。这样川黔滇方言就有了8个次方言。

（2）苗语支其他语言的方言土语划分

毛宗武、蒙朝吉、郑宗泽的《瑶族语言简志》（1982）⑤ 把布努语划分为5个方言：布-瑙方言、巴哼方言、唔奈方言、炯奈方言和优诺方言。布-瑙方言分5个土语：东努土语、努努土语、布诺土语、瑙格劳土语和努茂土语。但是承认布努语方言之间的差别极大。

毛宗武、李云兵的《巴哼语研究》（1997）⑥ 把巴哼语分为唔奈方言和巴哼

① 参阅《苗语方言划分问题》，载《民族语文》1983年第5期。

② 载《吉首大学学报》1998年第3期。

③ 民族出版社，2004年。

④ 民族出版社，2003年。

⑤ 民族出版社，1982年。

⑥ 上海远东出版社，1997年。

方言，巴哼方言分南部土语和北部土语。李云兵在《炯奈语的方言划分问题》（1998）[①] 一文中把炯奈语划分为长峒方言和六巷方言。但是认为它们的差别不大。

蒙朝吉的《瑶族布努语研究》（2001）[②] 认为巴哼话、唔奈话、炯奈话和优诺话不是从原始布努语分化发展而来的，不是布努语的地方变体，它们和布努语一样都是从原始苗语支分化而来的独立语言。他把布努语划分为布努、包瑙和努茂3个方言。布努方言下分东努、努努和布诺3个土语；包瑙方言不分土语；努茂方言分努茂和冬孟两个土语。

（3）勉语内部的方言土语划分

毛宗武、蒙朝吉、郑宗泽的《瑶族语言简志》（1982）[③] 把勉语分为勉-金、标-交和藻敏3个方言（方言名称来自民族自称）。勉-金方言下分优勉、标蔓和金门3个土语，标-交方言之下再分出标敏和交公敏两个土语，藻敏方言不分土语。

盘承乾在《论瑶语方言》（1988）[④] 中把瑶语（勉语）分为勉、金门、标敏和藻敏4个方言，把原来的勉-金方言划分成两个独立的方言。王辅世、毛宗武的《苗瑶语古音构拟》（1995）[⑤] 沿用其说。勉方言之下分广滇、湘南、罗香和长坪4个土语，标敏方言下分东山和石口2个土语，金门方言和藻敏方言之下不再分土语。毛宗武在《瑶族勉语方言研究》（2004）[⑥] 一书中，在金门方言之下又分滇桂和防海2个土语，标敏方言分东山、石口和牛尾寨3个土语。

通过近70年的不懈努力，苗瑶语语言、方言、次方言和土语的划分研究已经从初创时期的模糊划分迈进了量化划分，已经取得了长足的进步。但是还有一些方言土语还等待着学者做更仔细的田野调查和更深入的研究。

二、苗瑶语的历时研究

关于苗瑶语的历时研究，语音方面的成果很多，但是语法和词汇方面的成果很少。我们把语音方面的研究成果分为演变和古音构拟两个部分，把语法和词汇的研究成果作为一个部分来加以介绍。

（一）语音的演变研究

学者们投入很多精力研究苗瑶语的语音演变，取得了不少的成果。其中，陈其

[①] 载《民族语文》1998年第1期。

[②] 民族出版社，2001年。

[③] 民族出版社，1982年。

[④] 乔健、谢剑、胡起望编：《瑶族研究论文集》，民族出版社，1988年。

[⑤] 中国社会科学出版社，1995年。

[⑥] 民族出版社，2004年。

光在该领域的研究成果尤为丰硕。

1. 声母的演变研究

苗瑶语的声母很复杂。不管是塞音、塞擦音还是连续音（鼻音、边音）都有全清、次清和浊的三分对立。复辅音声母有三种类型：1）鼻冠音＋塞音或塞擦音，2）塞音＋流音或半元音，3）鼻冠音＋塞音或塞擦音＋流音或半元音。

（1）浊声母的演变

陈其光的《畲语在苗瑶语族中的地位》（1984）① 一文归纳了苗语、布努语浊闭塞音声母的演变规律：现代苗语的阳上和阳去字仍读浊音或者带有浊送气成分，布努语读清音。他的《苗瑶语浊声母的演变》（1985）② 一文，是一篇针对苗瑶语浊音声母演变进行探讨的论文。该文通过贵州威宁石门坎、贵州毕节大南山、广西都安梅珠、湖南隆回毛坳等13个点的语言进行比较，认为古纯浊闭塞音声母在现代方言演变为四类读音："一是各阳调字的声母读浊音；二是各阳调字的声母读不送气清音；三是第2、4、6调字的声母读不送气清音，第8调字的声母读送气清音；四是各阳调字的声母都读送气音。"他在《汉藏语概论·苗瑶语篇》（下册）（1991）③ 中也对浊音声母的演化规律做了系统的论述。他在书中总结了纯全浊声母在现代苗瑶语各语言或方言里的演变，归纳成11种读音类型。

（2）鼻闭塞音声母的演变

张谢蓓蒂、张琨在《苗瑶语藏缅语的鼻冠音声母 —— 是扩散的结果呢，还是发生学关系的证据呢?》（1976）④ 一文中，指出古鼻冠音声母在苗语方言中有两种表现形式："一是鼻冠音与其后的清塞音合并为单纯的鼻音；二是浊塞音前的鼻冠音丢失，变为单纯的浊音。"陈其光在《古苗瑶语鼻闭塞音声母在现代方言中反映形式的类型》（1984）⑤ 一文中，根据古全清鼻冠音、古次清鼻冠音、古全浊鼻冠音在现代苗语方言中的读音情况，把古鼻冠闭塞音声母的演变归纳为16种演变公式，由此总结出鼻冠音声母演变的基本规律："古清鼻冠塞音声母容易保留口音，消失鼻音；古浊鼻冠塞音声母容易保留鼻音，消失口音。古清鼻冠塞音声母中次清又比全清容易消失鼻音，保留口音。"

陈其光的《畲语在苗瑶语族中的地位》（1984）⑥ 认为，共同苗–瑶语的鼻音加浊闭塞音声母的演变规律是：苗语和布努语现在都有鼻音成分。其中苗语川黔滇方言是阳上和阳去读浊鼻闭塞音声母，阳平和阳入读清鼻闭塞音；苗语湘西方言和黔

---

① 载《语言研究》1984年第1期。

② 载《语言研究》1985年第2期。

③ 载《汉藏语概论·苗瑶语篇》（下册），北京大学出版社，1991年。

④ 载《史语所集刊》第47本第3分册，1976年；汉译本（王辅世译）见《汉藏语系语言学论文选译》，中国社会科学院民族研究所语言研究室、中国民族语言学术讨论会秘书处，1980年。

⑤ 载《民族语文》1984年第5期。

⑥ 载《语言研究》1984年第1期。

东方言是鼻音；布努语是清鼻闭塞音。古苗瑶语的鼻音加不送气清闭塞音声母的演变规律是：苗语湘西方言、川黔滇方言和布努语现在都有鼻音成分。其中苗语湘西方言是浊闭塞音；川黔滇方言和布努语是不送气清鼻闭塞音；黔东苗语没有鼻音成分，是不送气的清音。古苗瑶语的鼻音加送气清闭塞音声母的演变规律是：苗语湘西方言、川黔滇方言和布努语保留鼻音，演变为鼻音加送气清塞音；苗语黔东方言鼻音消失，演变为清送气音。

陈其光在《苗瑶语浊声母的演变》（1985）[①] 一文中，归纳出古鼻冠全浊声母演变成现代方言的12类读音，同时还分析了鼻冠音和与之相结合的浊口音在演变时的互相影响。这些影响表现在以下三个方面：1）使口音消失，从而使整个声母变成了浊鼻音；2）鼻冠音消失，使浊口音仍然全部或部分保留浊音性质；3）鼻冠音消失，使浊口音的清化程度减弱。他在《汉藏语概论·苗瑶语篇》（下册）（1991）[②] 中，也论述了古鼻冠音的演化规律。

王春德《古苗语声母*mbr在黔东方言的演变》（1992）[③] 一文通过对古苗语*mbr在苗语三大方言以及在黔东方言不同土语点的读音比较，发现古苗语*mbr在黔东方言土语中演变成4类读音：1）消失了闭塞音，保留了鼻冠音和浊连续音nz-；2）保留了鼻冠音，消失了浊连续音n-；3）或保留了浊连续音，消失了鼻冠音z-；4）保留的鼻冠音由舌尖鼻音演化为舌面鼻音ȵ-。李云兵的《苗语方言划分遗留问题研究》（2000）[④] 一文中的材料显示，该声类在"饶家话"（黔东方言西部土语）中读mj。笔者认为这当是黔东方言中最存古的形式。

邓方贵的《现代瑶语浊声母的来源》（1983）[⑤] 一文认为，在勉语中，当鼻音和口音并存时，有的方言使清口音浊化；有的不仅使清口音浊化，而且使声调由阴调变成阳调。当鼻音消失时，有的方言使清口音浊化；有的不仅使清口音浊化，而且使声调由阴调变成阳调。当口音消失时，有的方言使浊鼻音清化。

（3）清声母的演变

清声母分全清、次清两大类。每一类又分口闭塞音、鼻闭塞音和连续音三小类。鼻闭塞音演变的研究成果，上文已经介绍。

邓方贵的《现代瑶语浊声母的来源》（1983）[⑥] 一文认为，在苗瑶语中，全清口闭塞音比较稳定，但勉语的一些方言变成了带喉塞的浊塞音或纯浊塞音。他和陈其光认为这是受侗台语影响的结果。

① 载《语言研究》1985年第2期。

② 载《汉藏语概论·苗瑶语篇》（下册），北京大学出版社，1991年。

③ 载《民族语文》1992年第2期。

④ 中央民族大学大学出版社，2000年。

⑤ 载《民族语文研究》，四川民族出版社，1983年。

⑥ 载《民族语文研究》，四川民族出版社，1983年。

陈其光在《汉藏语概论·苗瑶语篇》(1991；2003)[①]中指出：1) 古苗瑶语的全清连续音最不稳定，除了少数方言土语仍然保持浊连续音带喉塞外，大部分方言土语变成了纯浊连续音了；2) 次清口闭塞音比较稳定，多数方言土语仍然是送气清声母，只有个别方言失去了送气成分，或者送气成分弱化成为浊流；3) 次清连续音比较稳定，多数方言仍然保持读清连续音，有的送气，有的不送气，少数方言土语变成了浊连续音或者浊塞音。

石德富的《排烧苗语的语音特点》(2005)[②]一文认为，在苗语黔东方言的排烧话里，古清连续音已经变成同部位的浊连续音；古苗语的清擦音声母*fʂ，在养蒿读xh、腊乙坪和大南山读ʂ、野鸡坡读s、石门坎读s (f)、摆托读f、甲定读ʂh，绞坨z̧、枫香h、梅珠读h、龙华ŋkh、三角村gj，但在排烧读kh。

王春德的《苗语黔东方言清鼻音声类的口音化》(1984)[③]一文认为，苗语黔东方言北部土语的清送气鼻音声类正在发生口音化现象。有的村50岁以下的人读成ph；有的村60岁以上的读m̥h，50-60岁的读fh，50岁以下的读h。燕宝的《黔东苗语中新出现的音变现象》(1994)[④]一义也发现，黔东苗语的清化送气鼻音声母、清送气边音声母和清送气擦音声母在一些小土语里已经发生或正在发生了类似的变化。

杨再彪的《湘西苗语声母腭化、卷舌、清化成分的来源及演变》(1998)一文，通过比较湘西苗语的5个土语，对湘西苗语声母腭化、卷舌、清化等成分的来源和演变进行了探讨[⑤]。

谭晓平的《苗瑶语塞擦音的来源与演变》(2013)[⑥]分析了苗瑶语的六种塞擦音，其中齿/龈塞擦音为古苗瑶语原生音位，其他五种塞擦音都是后起的。后起塞擦音主要有三个来源：(1) 复辅音声母耦化所形成的腭前塞擦音、边塞擦音与卷舌塞擦音；(2) 齿/龈擦音、塞擦音演变所产生的齿沿塞擦音；(3) 声母简化合并过程中所产生的龈后塞擦音。

王艳红的《古苗瑶语*ts组音的今读类型及其分布和形成》(2017)[⑦]描述了古苗瑶语*ts组音的今读类型：ts型、s型、tθ型、θ型、t型等，并对其今读类型进行了分析，认为这些不同类型，一方面是语音自然演变的结果，另一方面是与其他语言、主要是壮侗语族语言和当地汉语方言的影响有关。

---

① 民族出版社，2003年。

② 载《贵州民族学院学报》2005年第6期。

③ 载《民族语文》1984年第3期。

④ 载《民族语文》1994年第1期。

⑤ 载《吉首大学学报》1998年第3期。

⑥ 载《中央民族大学学报》2013年第1期。

⑦ 载《语言研究》2017年第3期。

石德富、刘文、杨正辉的《推链与养蒿苗语送气清擦音的产生》（2017）① 一文通过苗语同源词的词形比较和对中古汉语借词词形考察，发现养蒿苗语的一套送气清擦音sh、ɕh、fh、xh、ɬh是由同部位的不送气清擦音s、ɕ、x和ɬ演变而来。这是一种非常规的、从无标记音向有标记音的逆向演变，其产生的动因是系统内部的推链作用促成的，是发音的经济原则和音系保持最小对立原则共同作用的结果。

2. 韵母的演变研究

（1）辅音韵尾的合并和消失

盘承乾的《论苗瑶语辅音韵尾的演变问题》（1983）② 就苗瑶语辅音韵尾的演变进行了探索。他发现大坪江的塞音韵尾是保存古音特点最多的系统，下水村次之，然后是双龙，养蒿最少。因此，他认为苗瑶语的塞音韵尾演变的趋势是由多变少。具体来说，首先是–k转化成–p，然后–p变成–t，–t再演变成–ʔ，最后–ʔ消失。塞音韵尾的消失，一般不留下痕迹，但在个别方言（如养蒿苗语）里，有的字却转变成鼻音韵尾。

陈其光的《苗瑶语鼻音韵尾的演变》（1988）③ 讨论了苗瑶语鼻音韵尾的演变情况。虽然勉语的鼻音韵尾比较整齐，但各个方言土语的情况也不一致，也在演变。通过比较发现，首先是–m演变成–n，然后是–n演变成–ŋ。苗语支经过了复杂的交错转化，在大多数语言或方言里，鼻音韵尾–n和–ŋ已经不形成音位对立；有的方言土语如湘西方言，鼻音韵尾已经变成鼻化音，正处于消失阶段，有的方言如石门坎已经全部消失。

陈氏发现，虽然尧告苗语（属黔东方言）也有–m、–n、–ŋ三个韵尾的对立，但是和大坪江勉语之间的对应关系错综复杂：当大坪江为长元音时，尧告为–n；大坪江为短元音时，尧告为–ŋ；大坪江为圆唇短元音时，尧告为–m。鼻音韵尾除了发音部位转化外，还有消失的趋势，一般是长元音后的鼻音先消失，短元音后的鼻音后消失。鼻音韵尾消失后，多数方言不留痕迹，但有的方言如石门坎苗语变成了高元音韵尾–i或–u。陈氏的《汉藏语概论·苗瑶语篇》（2003）④ 中也有相关的论述。

张琨的《古苗瑶语鼻音声母字在现代苗语方言中的演变》（1995）⑤ 一文认为现代瑶语读为阴声韵的字，古苗瑶语应该也是阴声韵；现代瑶语读为阳声韵的字，古苗瑶语也是阳声韵。他发现王辅世《苗语古音构拟》（1995）中的一些韵类在一些方言中读为阳声韵字，但是在瑶语中却读阴声韵字；相反，一些读为阴声韵的字，在瑶语中却读为阳声韵，而这些字都是以鼻音为声母。因此，他认为这些鼻音声母

---

① 载《语言科学》2017年第4期。

② 载《民族语文研究》，四川民族出版社，1983年。

③ 载《民族语文》1988年第6期。

④ 民族出版社，2003年。

⑤ 载《民族语文》1995年第4期。

字的韵母由于异化和同化作用已经发生了阴阳对转。

（2）长短元音的演变研究

由于勉语部分方言带韵尾韵母中的元音分长短对立，所以有学者认为古苗瑶语的元音应该分长短对立。唐纳的《原始苗瑶语构拟中的问题》（1986）[①] 一文认为古苗瑶语的元音带辅音或元音韵尾时有长短音位对立，但是文中也说"原始苗瑶语中长短元音区别的假设是非常危险的，而且要做大量的工作去解决所涉及的问题"。

陈其光《汉藏语概论·苗瑶语篇》（2003）[②] 也认为有长短元音对立。他认为这种对立在苗语、布努语、畲语和勉语的部分方言里已经完全消失，在勉语的另一部分方言里已经部分消失。对立消失得最快的是高元音，其次是次高元音，低元音消失得最慢。长短对立消失时，带塞音韵尾的入声韵分化成不同的韵，带鼻音韵尾的阳声韵和带元音韵尾的阴声韵合并为一个韵。长短对立消失以后，只有少数音节因声母或韵尾的不同，分化成了不同的韵。长短对立消失时，塞音尾的韵和阴声韵的韵尾也消失了，但阳声韵有的消失，有的保留。鼻音韵尾消失时，长元音之后的鼻音比短元音之后的要消失得早消失得多。虽然有以上的认识，但是陈氏在《汉藏、苗瑶同源词专题研究》（2001）[③] 中所构拟的古苗瑶语韵母系统，并没有构拟出长短元音的对立。

吴安其在《汉藏语系同源研究》（2002）[④] 一书发现汉借词在勉语中有的读长元音，有的读短元音。通过对比它们在《广韵》中的分布，他得出这样的结论：这些借词在借入勉语的时候（中古）"应是元音高低的不同，后来才成为长短的不同"，并且勉语只有部分方言带韵尾的元音分长短，无韵尾的元音都不分长短。因此，他认为"原始瑶语应与苗语、畲语一样，元音不分长短"。

3. 声调的演变研究

苗瑶语的声调非常发达，有的方言调类多达15个，调值有12个之多。苗瑶语的声调研究也取得了丰硕的成果。

张琨的《苗瑶语声调问题》（1947）[⑤] 一文已经推测到古苗瑶语有清浊两大类声母，八类声调，清声母音节产生1、3、5、7调，浊声母音节产生2、4、6、8调。

李永燧、陈克炯、陈其光的《苗语声母和声调中的几个问题》（1959）[⑥] 一文根据苗语罗泊河次方言只有4个声调，分别称为A、B、C和D声，并且每个声调均可跟不送气、送气清声母和浊声母相拼，认为是苗瑶语里各语言或方言中现存最古老的声调系统。他们通过四声系统的方言与其他八调系统的语言或方言比较后

---

① 第15届汉藏语言学会议论文，汉文本（向日征译）载《民族语文研究情报资料集》第7集，1986年。

② 中央民族大学出版社，2003年。

③ 《汉藏语同源词研究》，广西民族出版社，2002年。

④ 中央民族大学出版社，2002年。

⑤ 《中央研究院（中华民国时期）历史语言研究所集刊》第16本，1947年。

⑥ 《语言研究》1959年第4期，中国科学院语言研究所。

发现：A声中，清声母音节演变成第1调，浊声母音节演变成第2调；B声中，清声母音节演变成第3调，浊声母音节演变成第4调；C声中，清声母音节演变成第5调，浊声母音节演变成第6调；D声中，清声母音节演变成第7调，浊声母音节演变成第8调。用传统的汉语音韵学术语来说，四声系统就是平、上、去、入；八调系统就是阴平、阳平、阴上、阳上、阴去、阳去、阴入和阳入。有些方言（如宗地苗语）的阴声调又以声母的全清和次清为条件再次分化出4个调来，调类多达12个。他们以甲、乙称之，即阴平甲、阴平乙、阴上甲、阴上乙、阴去甲、阴去乙、阴入甲、阴入乙，或标记为1a、1b、3a、3b、5a、5b、7a、7b。陈其光的《汉藏语概论·苗瑶语篇》（2003）[①] 也做了比较详细的论述。

陈其光的《苗瑶语入声的发展》（1979）[②] 一文认为，勉语韵母元音的长短对立，促使入声在瑶语云南屏边的金门方言（新村）进一步分化出长入和短入。这样，该方言的入声就有6个调值，声调总数多达15类。张琨《瑶语入声字》（1992）[③] 在此基础上又发现，除了屏边金门方言（新村）外，海南金门方言也发生了类似的变化，只不过在短入声中，声母为古全清带喉塞冠音浊连续音的调值和声母为古浊连续音的调值合并成一个调值44。

蒙朝吉的《瑶族布努语1'至4'调的形成和发展》（1983）[④] 一文发现布努语中除了包瑙方言是八调的声调系统以外，努茂方言和布努方言一般都超过8个调值。努茂方言努茂土语有13个调。其中第1、2、3、6、8调各分为二。第1调分为33和422；第2调分为55和425；第3调分成53和24；第6调分为423和31；第8调分为52和32。在布努方言东努土语里，梅珠话8个调类分化为11个调值。其中第1、2、3调，各一分为二。弄京话，8个调类分化为12个调值。其中第1、2、3、4调，各一分为二，分别标为1、1'，2、2'，3、3'，4、4'。分化出来的新调与原调的调型相同，但调值比原调高一到二度。究其原因，他认为有以下几点：1)"从连读变调的调值转变而来的"；2)"由于丢掉词头独立出来的词根，仍保留着变调的调值，逐步形成了1'至4'的调值"；3)通过变调来发展词汇而形成。他的《瑶族布努语方言研究》（2001）[⑤] 一书中亦有比较系统的论述。

苗瑶语大多数同源词素的声调都对应严整，但有少数在个别方言脱离了原来的调类转移到其他调类。陈其光的《苗瑶语族语言的几种调变》（1989）[⑥] 一文总结了前人的成果，对7种调变做了较详细的论述：全清鼻冠闭塞音字变阳调；长入变去；类推调变；变调巩固为调变；同音分化调变；复辅音的不同分化引起调变；适

① 民族出版社，2003年再版。

② 载《民族语文》1979年第1期。

③ 载《民族语文》1992年第3期。

④ 载《民族语文》1983年第2期。

⑤ 民族出版社，2001年。

⑥ 载《民族语文》1989年第5期。

应语音组合规律调变。然后他探讨了调变的原因或条件。他认为声调在其发展过程中，少数字受语音或语义的制约导致语音发生新的类化，因而所形成的声调与原调类不同。

陈其光的《汉藏语声调探源》（1994）[①]一文从黔东苗语并列成分的排列序列的角度，推断原始苗瑶语声调的产生。他认为首先是平上对立，其次是平、上、去对立，最后是平、上、去、入对立。又从藏语等语言的残存韵尾推断，平、上、去、入四声分别是从通音（元音、鼻音）、流音（r、l 等）、擦音（s、h 等）、塞音（p、t、k）四类韵尾消失以后，于是声调由原来的伴随特征上升为音位区别特征。

杨再彪的《现代湘西苗语声调演变的几个规律》（1999）[②]一文拿瑶语和苗语其他方言的有关材料来跟湘西苗语方言进行比较，发现现代湘西苗语声调演变有三条规律：部分阴调发生分化；声调发生阴阳对转较为普遍（即部分阳调变阴调）；入声将先于平、上、去走向消失。

李云兵的《苗瑶语声调问题》（2003）[③]一文认为，"苗瑶语声调发生了分化、合并和裂变。分化又分为线性的和非线性的。线性分化有四个层次。声调分化有四种原因：古声母的清、浊；古声母的全清、次清；入声韵韵母元音长、短的对立；古声母鼻冠音、非鼻冠音性质的差异。苗瑶语声调的合并有两种原因：入声韵尾的全部消失，使入声调调类系统并入舒声调调类系统；入声韵韵尾脱落，特别是 *-k 的脱落，使部分入声调调类并入舒声调调类。苗瑶语声调裂变有三种原因：连读变调及变调后名词前缀脱落，调类转移；连读变调及变调后名词前缀脱落，调类不转移，声调区别词汇意义和词汇语法意义；句法结构和语义特征要求类推变读"。

苗瑶语的声调虽然是四声八调格局，但是各个方言土语的发展并不平衡。油迈瑶族所操的语言只有 5 个调类，6 个调值，其中原始苗瑶语 *B、*C、*D 没有分化，6 个调值中的 21 调为变调调值和现代汉语阳平借词调值。川黔滇苗语平塘次方言南部土语的 *A、*B、*C 也没有分化。在黔东方言的排烧苗话里，古 *C 调也没有分化；鱼粮苗话古 *D 调也没有分化。在苗语湘西方言的矮寨苗话里，*D 调也没有分化，并且与阳入合并成 11 调。

李云兵的《语音变异与音系裂变：对西部苗语的真实时间观察和显像时间观察》（2014）[④]采用真实时间观察和显像时间观察的语言变异研究方法，考察了近三十年来西部苗语的语音变化，发现其呈现出一系列有规则的语音变异并已经导致音系裂变。通过和苗语其他方言土语的比较，认为西部苗语的语音变异是语音变化的方向，将来很可能会形成新的方言土语。

---

① 载《民族语文》1994 年第 6 期。
② 载《贵州民族研究》1999 年第 4 期。
③ 载《语言暨语言研究》2003 年第 4 期，台北。
④ 载《民族语文》2014 年第 6 期。

（二）原始苗瑶语构拟研究

在理清苗瑶语的语音演变的基础上，我国的张琨、王辅世、毛宗武、陈其光以及吴安其等学者对原始苗以及原始苗瑶语进行了构拟，但是原始苗语支和原始勉语支的构拟工作至今尚未展开。

1. 原始苗语声母的构拟

张琨的《原始苗语声母》（1976）[①] 构拟了苗语的原始声母。他构拟的古苗语声母系统共有86个。王辅世《苗语方言声韵母比较》（1980）[②] 一文构拟了121个古苗语声类，并给每个声类和韵类取了名称。李炳泽《苗语方言比较研究中寻找同源词的问题》（1988）[③] 一文补充了王文中所空缺的一些黔东方言同源词，并提出了寻找同源词的方法和原则。王辅世的《苗语古音构拟问题》（1988）[④] 再次讨论该问题。鲜松奎的《苗语同源字探索》（1989）[⑤] 为王文补充了218个同源词，并做了一些修订。王氏又在《苗语补充调查中的新收获》（1988）[⑥] 和《一个苗语字韵类归属的改正》（1991）[⑦] 两篇论文中，根据苗语补充调查中获得的新材料（但是没有考虑李炳泽补充的同源词），对原来的构拟做了两次补充和修改。王氏的《苗语古音构拟》（1994）[⑧] 在以上成果基础上，把古苗语声类增加到130个，同时增加了不少同源词。

吴安其的《汉藏语同源研究》（2002）[⑨] 构拟的古苗语声母系统只有76个。吴氏的系统比张氏和王氏的系统都简略，王氏的最复杂，可见三家的观点和方法有相当大的差异。

金理新的《苗瑶语族的划分与"雷母"的构拟》（2013）[⑩] 依据"雷母"的语音形式，把苗瑶语分为两个语支，苗语支只有一种语言，而瑶语支则有五种语言。"雷母"是苗瑶语族诸语言、方言语音对应关系十分独特的一个声母，并通过语音比较，将其构拟为 *sm-。

2. 原始苗语韵母构拟

G. B. 唐纳《西部苗语的古韵类》（1979）[⑪] 构拟的古西部苗语有19个韵类。王

---

① 译文 载《民族语文研究情报资料集》1983年第2期。

② 第12届汉藏语言学会论文（油印），1979年；又 载《民族语文》1980年第2期。

③ 载《贵州民族研究》1988年第3期。

④ 载《民族语文》1988年第2期。

⑤ 载《贵州民族研究》1988年第2、3期。

⑥ 载《民族语文》1989年第2期。

⑦ 载《民族语文》1991年第2期。

⑧ 日本东京外国语大学亚非言语文化研究所出版，1994年。

⑨ 中央民族大学出版社，2002年。

⑩ 载《民族语文》2013年第2期。

⑪ 第12届汉藏语言学会论文，1979年。

辅世在《苗语方言声韵母比较》（1980）一文中构拟的古苗语有32个韵类，并给每个韵类取名，但没有构拟音值。他的《苗语古音构拟》（1994）把古苗语的韵类减成30个，并调整了顺序和修改了一些名称，增加了拟音。吴安其《汉藏语同源研究》（2002）构拟的古苗语的韵类有35个。

王氏的构拟有17个阴声韵，其中有9个单元音韵，8个双元音韵。吴氏的系统只有6个单元音韵，5个双元音韵，但是却比王氏多出以 *–m、*–p、*–t 和 *–k 结尾的韵类。

王艳红的《从汉借词看几组黔东苗语韵母的构拟》（2016）[①] 以黔东苗语中的养蒿苗语和开觉苗语假摄等汉借词为参照，结合其固有词的历史比较，试构拟了几组古黔东苗语韵母。

3. 勉语的古音构拟

很少有人讨论勉语的古音构拟。吴安其《汉藏语同源研究》（2002）[②] 拟测的古勉语的声母系统有59个。声母有 *phr 、*ŋkhl、*ŋkl、*ŋgl 等复辅音。吴氏虽然没有构拟出古勉语的整个韵母系统，但他认为大坪江勉话的古方言有 *a、*ɛ、*e、*i、*o、*u 6个单元音；古勉语复元音韵有 *ai、*ɛi、*ei、*oi、*ui、*au、*iu、*ieu 8个。

龙国贻的《军寮瑶语 h– 及其历史来源》（2010）[③] 中分析了军寮瑶语 h– 的历史来源，并通过与其他藻敏瑶语的历史比较，证明古瑶语也与苗语一样存在鼻冠塞音声母。

4. 原始苗瑶语的构拟

从事苗瑶语古音构拟的目前有张琨、陈其光、王辅世和毛宗武等。此外，还有一些文章就原始苗瑶语的古音构拟的某一方面进行专题研究。总的来说，构拟原始声母的成果多，韵母的少。

（1）原始苗瑶语声母构拟的研究

张琨的《苗瑶语声调构拟》（1973）[④] 拟测的古苗瑶语声母系统有94个。陈其光《苗瑶语浊声母的演变》（1985）[⑤] 构拟的古苗瑶语声母系统有125个。王辅世、毛宗武的《苗瑶语古音构拟》（1995）[⑥] 比较了23个语言点的材料，应用语音对应差异最小公倍数的方法构拟了古苗瑶语的声类系统。该系统非常复杂，声类多达263个（还认为尚有很多声类没有找到），有很多由4个辅音构成的复辅音声母。

---

① 载《嘉兴学院学报》2016年第5期。

② 中央民族大学出版社，2002年。

③ 载《民族语文》2010年第5期。

④ 汉译本 载《民族语文研究情报资料集》（1），中国社会科学民族研究所语言室印，1983年。

⑤ 载《语言研究》1985年第2期。

⑥ 中国社会科学出版社，1995年。

陈其光《汉语苗瑶语比较研究（二）》（2001）[①] 构拟的古苗瑶语的声母相似有127个。吴安其《汉藏语同源研究》（2002）[②] 构拟的原始苗瑶语声母系统只有39个。他认为苗瑶共同语时期的鼻冠音声母是由原始苗瑶语时期的塞音加流音构成的复辅音声母演变而来的，所以他构拟的原始苗瑶语声母系统就缺少了一系列鼻冠音声类。

在王、毛二氏的《苗瑶语古音构拟》（1995）中，"石头""肝""梨"等词被构拟成*ŋkl、*ŋkhl、*lŋgl。陈其光的《苗瑶语鼻闭塞音声母的构拟问题》（1998）[③] 认为构拟成*ʎ、*ʎ和ʎ更能说明问题。

由于"人"一词涉及苗瑶民族的自称，所以学者们特别关注它的构拟。李永燧《关于苗瑶族的自称 — 兼说"蛮"》（1983）[④] 将"人"构拟为*mlwan；王辅世在《苗语古音构拟》（1994）[⑤] 中把它归入"鸟"母"人"韵，构拟成*nen^A；王辅世、毛宗武在《苗瑶语古音构拟》（1995）[⑥] 中构拟成*mjwnuun；陈其光在《汉语苗瑶语比较研究》（2001）[⑦] 中构拟成*mlən^A；吴安其在《汉藏语同源研究》（2002）[⑧] 中构拟成*mlan-ɣ；石德富在《苗瑶民族的自称及其演变》（2004）[⑨] 中认为"人"一词的声母应该归入古苗语的"听"母，不应归入"鸟"母，并把它构拟成*mrwan^A。

另外，石德富的《黔东苗语帮系三等汉借字的形式》（2008）[⑩] 一文中在前人研究的基础上讨论了相关原始苗瑶语声类的构拟。

（2）原始苗瑶语韵母的构拟研究

王辅世、毛宗武《苗瑶语古音构拟》（1995）[⑪] 构拟的原始苗瑶语韵母系统多达210个，其特点为元音分长短对立。陈其光《汉语苗瑶语比较研究》（2001）[⑫] 一文构拟的原始苗瑶语的韵母系统86个，主要元音有11个，元音不分长短。

王、毛二氏构拟的原始苗瑶语的韵母十分复杂，阴声韵母就构拟了58个。金理新在《苗瑶语的阴声韵母系统》（2007）[⑬] 中通过苗瑶语内部的比较，并把苗瑶语

① 广西民族出版社，2001年。

② 中央民族大学出版社，2002年。

③ 载《民族语文》1998年第3期。

④ 载《民族语文》1983年第6期。

⑤ 国立亚非语言文化研究所，日本东京，1994年。

⑥ 中国社会科学出版社，1995年。

⑦ 载丁邦新、孙宏开主编：《汉藏语同源词研究（二）—— 汉藏、苗瑶同源专题研究》，广西民族出版社，2001年。

⑧ 中央民族大学出版社，2002年。

⑨ 载《民族语文》2004年第6期。

⑩ 载《民族语文》2008年第4期。

⑪ 中国社会科学出版社，1995年。

⑫ 丁邦新、孙宏开主编：《汉藏语同源词研究 —— 汉藏、苗瑶同源词专题研究》，广西民族出版社，2001年。

⑬ 载《语言研究》2007年第3期。

与汉语关系词作为参照，认为原始苗瑶语的阴声韵母其实只有16个，这16个可以分为6类。

（3）原始苗瑶语的声调构拟研究

张琨的《苗瑶语声调构拟》（1973）[①] 构拟的原始苗瑶语有 *A、*B、*C、*D 四个调，相当于汉语的平上去入。陈其光的《汉藏语声调探源》（1994）[②] 认为平声（A调）来源于以通音（元音和鼻音）结尾的音节；上声（B调）来源于以流音（*–r、*–l等）结尾的音节；去声（C调）来源于以擦音（*–s、*–h）结尾的音节；入声（D调）来源于以塞音 *–p、*–t、*–k 结尾的音节。吴安其《汉藏语同源研究》（2002）[③] 认为A调来源于 *–ʌ 和 *–l 结尾的音节，B调来源于以 *–ʔ 和 *–h 结尾的音节；C调来源于开音节和鼻音结尾的音节；D调来源于以 *–p、*–t、*–k 结尾的音节。

（三）词汇、语法演变研究

1. 词汇演变研究

关于词汇演变方面，苗瑶语研究的成果很少。李永燧《关于苗族的自称——兼说"蛮"》（1983）[④] 一文中认为，汉文献中的"蛮"一词是苗瑶民族自称的音译词，古苗瑶语的本义为"人"，并认为现代苗语支民族的自称 m̥oŋ¹（大南山）与勉语支民族的自称 mjen²（江底）都是由"蛮"演变而来的同源词。石德富在《苗瑶民族的自称及其演变》（2004）[⑤] 一文中指出，虽然苗瑶民族的原始自称为 *mrwanᴬ "蛮"，但是后来苗族和苗语支瑶族的自称演变为 *mrwanᴬ m̥reŋᴬ "穿绣纹布的人，文明人"（* m̥reŋᴬ 本义是"刺绣，绣纹，（刺绣的）花"，引申为"文明"）。目前，勉语支瑶族仍沿用原始苗瑶语的自称，苗语支的一些瑶族和黔东方言苗族的自称仍保留 *mrwanᴬ * m̥reŋᴬ，川黔滇和湘西苗族的自称丢失了前面的成分"人"（*mrwanᴬ），且语义也发生了变化。m̥oŋ¹（大南山）与 mjen²（江底）不在一个时间层次，声母性质相异，本义不同，两者不是同源词。

陈其光《苗瑶语词汇发展的一种方式》（2000）[⑥] 发现，苗瑶语里一些基本词分裂成几个不同的词。词分裂以后，原词的语音不变，但是只承担原来意义的一部分，另一部分意义则被新借来语音形式（多为汉语借词）所分担。文章列举了30多个这样例证。赵敏兰《瑶语勉方言里的汉语借词研究》（2004）[⑦] 也观察到苗瑶语之间语义的演化。她认为若能把词义演化的脉络理清楚，对同源词的确认有极大

① 汉译本 载《民族语文研究情报资料集》（1），中国社会科学民族研究所语言室印，1983年。

② 载《民族语文》1994年第6期。

③ 中央民族大学出版社，2002年。

④ 载《民族语文》1983年第6期。

⑤ 载《民族语文》2004年第6期。

⑥ 载《民族语文》2000年第3期。

⑦ 博士学位论文，南开大学，2004年。

帮助。

石德富的《苗瑶语"母亲"源流考》（2010）① 指出现代苗瑶语承载"母亲"义主要有三个系列。*mrip^D"人、动植物之母"是原始形式，后来分化为"人之母"和"动植物之母"，它的反映形式只承载其中之一，另外的意义则由其他的形式来承载。*ma^{C}的本义为"母系社会的世系"，但在一些苗瑶语中已转移来承载"母亲"义。后起的*ʔmjaik^{D}原来只承载"动植物之母"义，后来又扩散到"母亲"义。

石德富的《苗瑶语"妻""夫"源流考》（2011）② 从历史语言学和人类语言学的角度对苗瑶语中"丈夫"和"妻子"这两个亲属称谓的源流进行考察。发现在现代苗瑶语中承载"妻子"义和"丈夫"义的形式具有多源性、兼载性和共存性特点，进而认为在原始苗瑶语时期尚无现代意义上的"妻子"和"丈夫"概念。随着苗瑶民族及其各个支系分开 —— 他们各自的社会发展方向和程度存在差异，加之所接触的族群不同，致使各自的婚姻形态和家庭结构发生了变化，与之相应，亲属称谓系统也发生了变化。文章通过分析认为，是社会因素与语用因素一起导致了承载"妻子"义和"丈夫"义的形式产生了以上的特点。

石德富的《古代苗族母系氏族制的语言学线索》（2013）③ 从历史语言学的角度来看，古苗语的*mrip^{D}是"人、动植物的母亲"也是"首领"；*ma^{C}的本义是"由女人承嗣的世系"；*pra^{B}是"父亲"也是"捆绑、黏合"。从认知语言学的文化模式来看，在苗语的提问和并列结构名词或固定短语中，女性处于无标记地位，男性处于有标记地位，这说明在古代女性被认为比男性更重要；在湘西和黔东苗语里，姨系亲属称谓等同于堂系的亲属称谓，都被认为是兄弟姐妹，并禁止通婚。这些语言学证据和其他社会习俗证据共同构成系统的证据链，证明历史上苗族的确存在过母系氏族制。

石德富的《苗语身体部位词的本义蜕变与词汇链变》（2014）④ 主要讨论苗语身体部位词"肝脏""肠子""头""脚"和"嘴"的本义退化情况，认为这些词的语义发生发展和退化动因是由于通过转喻和隐喻引申出大量新义项而被过度运用，致使新义项不断扩张和本义蜕变，从而留下语义空折，所以其词汇系统通过调整来填补这些空白，在调整过程中，同一语义场的邻近成员又因受到调整的强烈影响而发生链变。

欧阳澜的《瑶语核心词研究》（2016）⑤ 以斯瓦迪士《100核心词表》为纲，采用历史语言的基本研究理论和方法，并以黄树先先生"三级比较法"和"比较词义法"为主要研究方法，系统全面地收集、整理瑶语的核心词。通过收集、对比瑶语

---

① 载《民族语文》2010年第4期。

② 载《语言科学》2011年第3期。

③ 载《中央民族大学学报》2013第1期。

④ 载《民族语文》2014年第4期。

⑤ 博士学位论文，华中科技大学，2016年。

各大方言土语的核心词，讨论这些核心词的基本形式、语义演变；讨论瑶语跟亲属语言的关系，比如瑶语与苗语、汉语、藏缅语、壮侗语、瑶语，以及与南岛语的关系，包括语音面貌，语义表达方式，在此基础上，探讨瑶语的历史发展轨迹。

熊玉有的《苗语判断系词演变探究》（2016）[①] 分析了湘西、黔东和川黔滇三大方言的判断系词，虽然读音不同，但语法功能基本一致，因此苗语三大方言的判断系词同源，并与汉语的"是"存在关系，其中川黔滇方言两个判断系词一个来自汉语，另一个来自彝语，并且正在发生着一些新的变化。

2. 语法演变研究

苗瑶语的前缀比较丰富，后缀很少。对于前缀（关于"前缀"这术语，学界有争议，这里暂时从之），学者们的描写研究比较多，历史演变的研究很少。

苗瑶语前缀的元音和声调由于弱化而不稳定，因而形成各语言和方言之间对应不够严整。对于这种现象，李炳泽在《苗瑶语辅音前缀的音节化和实词化及其变体研究》（1994）[②] 中认为苗瑶语原始前缀的语音形式是单辅音，后来逐渐音节化。由于"音节化"的不平衡，因而造成苗瑶语前缀的语音不很对应。有些方言的辅音前缀在音节化过程中，由于所形成的音节与已经存在的某些实词相近而在意义上向这个实词靠拢，即"实词化"，所以造成"前缀是由实词虚化而来"的假象。

现代苗瑶语的一些语言或方言有丰富的鼻冠音，那么原始苗瑶语是否有鼻冠音？金理新的《构词前缀 *m– 与苗瑶语的鼻冠音》（2003）[③] 根据原始汉藏语没有鼻冠音，有的也只是具有语法形态意义的鼻音前缀，从而推断现代苗瑶语的鼻冠音是后起的，它和藏缅语等语言的鼻冠音一样也来自构词前缀。其原始形式 *m– 由于后来在语流中受到其后面辅音的影响演变成现代苗瑶语的同部鼻冠音。

李一如、黄树先的《黔东苗语 tiu³³ 的语法分析 —— 兼与ɬiə¹ 对比》（2016）[④] 黔东苗语 tiu³³ 是一个比较特殊的语符。tiu³³ 语符原来是一个特殊实词，是一个冠词性质的含有"这/那 …… 范围"意义的特指词，具有修饰、限制功能范畴，经过词汇化后，变成构词语素以致处所格（地理）标记。

三、苗瑶语的语言接触研究

在历史的长河中，苗瑶民族与其他兄弟民族尤其是汉族密切接触。从纵向来看，至少在商周时期，苗瑶先民就和汉族先民接触了。从横向来看，苗瑶畲民族不仅散布于我国南方各个区省市，还零星地分布在印度支那、欧美的一些国家。因此，他们的语言受到不同时期的不同语言或不同方言的多重影响。

① 载《贵州民族研究》2016年第7期。

② 载《中央民族学院学报》1994第5期。

③ 载《语言研究》2003年第3期。

④ 载《语言研究》2016年第3期。

语言影响可以分成表层和深层两种类型。表层影响体现在语音、语法和词汇方面量的借用，深层影响体现在结构系统的变化和表达功能的变化[①]。综观70年来的成果，学者们的研究主要集中在苗瑶语中的汉语借词上，其他方面的研究较少。

（一）苗瑶语的汉语借词研究

1. 关于借词的层次研究

中国科学院少数民族语言研究所瑶语小组在《汉语在瑶族语言丰富发展中的作用》（1961）[②] 一文中指出，勉语和布努语中汉语借词占到了词汇的一半左右。他们把借词分为老借词和新借词。应琳的《苗语中的汉语借词》（1962）[③] 也把汉语借词分为新借词和老借词两个层次。李炳泽的《黔东苗语里的古汉语借词及其文化考察》（2004）[④] 也把汉语借词分为新老借词，"新老借词以14世纪（明代）前后为界，因为新老借词在语音和意义分布上有明显的区别"。

赵敏兰在《瑶语勉方言里汉语借词研究》（2004）[⑤] 一文中，把经过她鉴别和发现的瑶语勉方言中上千个汉语借词分成中古层、近代层和现代层。其中中古层又细分为早期和晚期，现代层又细分为a层和b层。她结合瑶族的迁徙史，推测了各个历史时期瑶族所接触的汉语方言，并根据前人对汉语各个历史时期方言语音特点的研究成果来探讨每一层次借词的各自语音特点。文章列出每一层次的借词表，对暂时不能分层的借词作存疑处理。

龙国贻的《藻敏瑶语汉借词主体层次年代考》（2012）[⑥] 以油岭土语为代表，讨论藻敏瑶语汉借词的主体层次，考证得出其借入之时当为朱翱反切之后与邵雍《皇极经世》之前的年代，即在南唐之后，北宋之前，其借源为当时湖南的某个汉语权威方言。

王艳红、毕谦琦的《养蒿苗语汉借词的声调》（2013）[⑦] 通过全面分析养蒿苗语五百多个汉借词的语音特点，总结了现代汉借词、中古汉借词、上古汉借词的声调与相应时代汉语声调的对应规律，并重点讨论了中古层汉借词的几种例外表现：汉语上声养蒿苗语读为5、6调的现象，汉语阳调类词养蒿苗语读为阴调的现象，汉语阴入养蒿苗语读为1、3、5调的现象。

2. 关于鉴定借词方法的研究

中国科学院少数民族语言研究所瑶语小组《汉语在瑶族语言丰富发展中的作

① 参阅戴庆厦：《汉语与少数民族语言关系概论》，中央民族学院出版社，1992年。

② 载《中国语文》1961年第10–11期。

③ 载《中国语文》1962年第5期。

④ 载戴庆厦：《中国民族语言文学研究论集》，民族出版社，2004年。

⑤ 博士学位论文，南开大学，2004年。

⑥ 载《民族语文》2012年第2期。

⑦ 载《广西民族大学学报》2013第6期。

用》(1961)① 认为新借词以多音节为主，读音接近西南官话；老借词以单音节为主，读音与西南官话有差异。

陈其光在《汉藏语系·苗瑶语篇》(1991)② 中阐述道：借词的读音有两个互相矛盾的要求：一个是力求保持借入语言的音位系统，所以常常将借词的音加以改造；另一个是力求反映贷出语言的读音，从而也时常从贷出语言中引进了少数新的音位和音节。这两个矛盾的要求使借词的声母和韵母与汉语原来的声母、韵母形成了错综复杂的对应关系。但是声调却很有规律，那就是：新借词各地的调值基本相同，但是调类不一致；老借词各地的调类一致，但是调值不同。

石德富在《汉借词与苗语固有词的语义演变》(2003)③ 中提出了判断借词和固有词的原则和标准。在苗语的各个方言和次方言内，如果一个词在某个方言不出现，但是只要它在其他两个以上方言或次方言出现，并且能从中理清其源流关系，那么该词就被认为是固有词；如果一个词在某个方言出现，但是不能在其他两个以上方言或次方言中找到，它就不是固有词，如果它能跟中古汉语有对应关系，那么就可以判断它是来自中古汉语的借词；在方言之下，各土语之间，亦可照此办法来鉴别固有词和同源词。

金理新《借词的形式判别标准 —— 以苗瑶语中的汉语借词为例》(2008)④ 专门阐述和石德富（2003）类似的观点。他认为"语音对应关系是确立借词的必要条件，但不是确立借词的充分条件"。因为"借词构成的语音对应关系是一种不完全语音对应关系，跟同源词构成的完全语音对应关系不同"，借词在语族、语支、语言甚至方言上的分布呈现不平衡的状态。在引进外来词时，借入语往往把贷出语的词的形式进行改造（易容）以适应自己的音位系统，因此形成了贷出语和借入语有一些差异很大的对应关系。

王艳红的《苗语汉借词与苗汉关系词研究》(2013)⑤ 系统研究了养蒿苗语的汉借词，分析这些汉借词相同音类的不同读音类型，划分历史层次，讨论相关苗语史、汉语史问题，在此基础之上，再系统研究了《苗语古音构拟》里的苗语或者苗瑶语共同词，看这些词哪些是可以依据养蒿苗语汉借词的表现纳入汉借词行列的，哪些是不能纳入汉借词，但与汉语存在音义关系，应可判为苗汉关系词。

金理新的《苗瑶语的"手"及相关问题》(2013)⑥ 指出苗瑶语核心词"手"在诸语言、方言有多个彼此不能构成语音对应关系的形式，依照同源词的确定标准，我们无法确定这些形式有共同的来源。多音节语词向单音节语词缩减的过程中，并

---

① 载《中国语文》1961年第10–11期。

② 《汉藏语概论》，北京大学出版社，1991年。

③ 载《民族语文》2003年第5期。

④ 载《民族语文》2008年第5期。

⑤ 博士学位论文，复旦大学，2013年。

⑥ 载《语言研究》2013年第3期。

非只有单纯的起首音节的失落，还存在音节的融合。不同的语言，音节缩减的路径并不相同，这导致了语音对应对象的失落而出现同源词不能构成语音对应关系。

龙国贻的《历史比较中历史层次分析法的作用 —— 以瑶语为例》（2015）[①] 从方法论上探讨了比较法所存在的问题，认为不确定性是经典历史比较法的严重缺陷，可以用历史文献加以弥补。东亚许多民族语虽然缺乏历史文献，但是各个历史时期有丰富的汉语借词，通过对这些汉语借词的历史层次分析，可以起到历史文献的作用。

3. 借词自身演变和引起演变的研究

曹翠云的《黔东苗语的 ti¹³》（1981）[②] 一文认为"苗语的 ti¹³ 就是汉语的'是'"。她根据黔东苗语的判断句中有的不必用系词、有的可用可不用、有的要用的三种情况推断，苗语的判断句最初是没有系词的，后来在汉语的影响下才使用。她从声韵调三个角度分析了 ti¹³ 与汉语"是"的对应关系，并推测苗语 ti¹³ 的使用不到一千年。石德富的《汉借词与苗语固有词的语义演变》（2003）[③] 认为判断动词 ti¹³/ ʈo⁶ 是苗语固有词，是由本义"打中"经过多重引申和语法化，然后演变成为判断动词的。

李炳泽《黔东苗语的天干地支》（2003）[④] 一文认为现代苗语中的天干地支的读音不仅体现出中古汉语的一些痕迹，而且语音的变化除了跟随苗语自身的演变之外，还受到后来当地近代汉语的影响。

陈其光《苗瑶语词汇发展的一种方式》（2000）[⑤] 发现苗瑶语词汇的裂变中，另外的一个词的形式往往是来自汉语借词。

石德富《汉借词与苗语固有词的语义演变》（2003）[⑥] 发现了由于汉语借词的引进而使苗语一系列固有词的语义发生了连锁变化。这是由于强势的外来词被引进时，它和含有相同意义的固有词争夺语言中的语义地位而引起固有词的语义发生转移、引申，而转移或者引申出的新义项的那个固有词又和另一个固有词争夺语义体系中的语义，促使后者的语义又发生转移引申等变化。

谭晓平《勉语早期汉语借词全浊声母探源》（2007）[⑦] 一文认为，勉语早期汉语借词浊声母的数量及其所牵涉的众多古声类颇具特色，它们主要借自汉语塞音与流音 *r– 或 *l–结合的复辅音。借自古汉语清声母的词经历了向鼻冠塞音加清塞音复辅音的转变，鼻冠音使其后清塞音浊化之后消失；借自古汉语浊声母的词则经历了向鼻冠塞音加浊塞音复辅音的转变，鼻冠音的脱落使它们成了纯全浊声母词。

① 载《语言研究》2015年第4期。

② 载《民族语文》1981年第3期。

③ 载《民族语文》2003年第5期。

④ 载《民族语文》2003年第4期。

⑤ 载《民族语文》2000年第3期。

⑥ 载《民族语文》2003年第5期。

⑦ 载《中央民族大学学报》2007年第1期。

石德富的《黔东苗语帮系三等汉借字的形式》（2008）① 发现汉语帮系三等字借入原始黔东苗语后，遵循苗语固有词在各土语和小土语之间演变轨迹：非敷二母变成 fh–，帮并二母变成 ts–/t（–、滂母变成 tsh–/t（h–、明母变成 mj–/nz–/z–/n–/（–，后三者的字都属于重纽字。

此外，张琨《苗瑶语的早期汉语借字（廪笠）》（1999）② 探讨了早期汉语借字"廪""笠"二字的声韵调在现代苗瑶语的表现形式。

王立芝的《＜苗瑶语古音构拟＞*b–类声母中的汉借词》（2011）③ 基于王辅世、毛宗武先生的《苗瑶语古音构拟》一书，对书中拟为 *b–类声母（*b–类声母指拟为 *b– 或者 *b–加唇化音、腭化音的声母）的苗瑶语词中的七个汉语借词做了考证，认为南方的少数民族语言如侗台语、苗瑶语因为很早就和汉语发生接触，此后一直不断地受到汉语的影响，所以这些语言里不可避免地存在着相当数量的汉语借词。

赵敏兰的《标敏瑶语汉借词的韵尾特点》（2011）④ 描述了标敏表语里的 –m 尾消失，部分鼻音韵尾脱落以及部分元音韵尾脱落的现象。

王艳红的《养蒿苗语和开觉苗语见、溪、群母中古汉借词的读音类型及其来源》（2014）⑤ 认为养蒿苗语和开觉苗语中古汉借词见、溪、群母三等主要读 tɕ 类音，来源于 *k、*ɟ；少数读 q 类，来源于 *q。非三等主要读 q 类，来源于 *q；少数读 f，来源于 *qw。苗语主要用 *k、*ɟ 借汉语三等，*q 借非三等，原因是汉语介音产生后，见组三等和非三等有了读音的分别，苗语用最接近的音来借用。

（二）苗瑶语汉语互相影响研究

李炳泽的《雷山苗语对汉语的反渗透》（1990）⑥ 一文从语音、词汇、语法等角度描述了当地汉语的一些变异现象。因为他发现这些变异现象与苗语相同，而与汉族聚居区的汉语相异，所以认为这是受苗语影响而产生的。产生这种现象原因是：当地汉语人口少，双语者不全是与汉族交际时使用汉语，相当多的机会是本民族双语者使用汉语，这样，民族语对汉语的干扰不仅得不到纠正，反而有发展的机会。金美的《黔东南苗语侗语对汉语语音的影响》（1998）⑦ 也注意到黔东苗语对当地汉语语音方面的影响。

邓晓华《客家话与苗瑶语、壮侗语的关系》（1999）⑧ 一文，发现客家话中有 68

---

① 载《民族语文》2008 年第 4 期。

② 载《中央研究院（中国台湾地区）历史语言研究所集刊》第七十一本，第一分，1999 年。

③ 载《民族语文》2011 年第 4 期。

④ 载《民族语文》2011 年第 6 期。

⑤ 载《民族语文》2014 年第 2 期。

⑥ 载《中央民族学院学报》增刊（《汉语与少数民族关系研究》）1990 年。

⑦ 载《贵州民族研究》1998 年第 1 期。

⑧ 载《民族语文》1999 年第 3 期。

个常用词很难从北方汉语中找到对应形式或者从文献中找到来源，但是跟苗瑶语和壮侗语（尤其是前者）有对应关系，因而他认为，客家话的音韵系统虽然属于宋代的中原系统，但是其词汇系统则是北方汉语和南方土著民族语言混合而成。客家话是北方汉人南迁到达闽粤赣交界地区后跟当地土著民族产生文化互动而融合形成的，而并非完全是北方汉语的线性"移植"。

李启群《湘西州汉语与土家语、苗语的相互影响》（2002）① 一文论述了湘西州汉语受到土家与和苗语之间的相互影响。在运用描写比较的方法分析当地汉语与土家语、苗语在语言结构和语言功能方面的变化及规律的基础上，作者认为湘西州汉族、土家族、苗族人民长期接触，语言相互渗透，相互影响。

李炳泽《黔东苗语里的古汉语借词及其文化考察》（2004）② 一文认为"从文化流通的角度来考察借词，可以把这些借词分为物质借词和观念借词。 物质借词的所指对象一般是进入借语社会的事物，而观念借词的所指有的是一些听说的东西。考察黔东苗语中的汉语借词，即可看到古代苗族在吸收汉语文化上的努力和范围"。

赵敏兰的《瑶语勉方言里汉语借词研究》（2004）③ 一文辟出专章探讨了汉语对瑶语词汇系统的影响。文章分别从借入的方式、借词作为构词语素参与构词的方式、汉语对瑶语勉方言词汇发展的影响三个方面进行深入分析。从结构和语素两个要素入手可将借入方式分为全借和半借。借词作为构词语素，可与借语素或固有语素一起构成复合词，还可以作为词根语素或词缀语素参与构成派生词。汉语对瑶语勉方言词汇发展的影响表现在四个方面：双音节化；汉语借词取代固有词；借词促进瑶语语义表达的精细化；产生新词。

李锦平《论苗语和汉语之间的相互影响》（2004）④ 一文认识到苗、汉语之间的相互影响虽然是双向的，但并不是均等的。由于汉民族是我国的主体民族，汉语是我国各民族共同的交际用语，因而汉语对苗语的影响比苗语对汉语的影响要大得多。

李星辉《湘南土话与湘南瑶语的接触和影响》（2004）⑤ 一文以湖南江华县境内的湘南土话梧州话、平地瑶话和湘南瑶语过山瑶话为研究对象，在深入细致的田野调查基础上，运用描写方法、内部和外部的比较、历时和共时的比较、系统归纳它们之间的共同性和差异性，总结出江华湘南土话和湘南瑶语之间接触影响的特点。

李云兵《论语言接触对苗瑶语语序类型的影响》（2005）⑥ 一文运用语言接触变

---

① 载《方言》2002年1期。

② 戴庆厦主编：《中国民族语言文学研究论集》，民族出版社，2004年。

③ 博士学位论文，南开大学，2004年。

④ 载《贵州民族学院学报》2004年第1期。

⑤ 博士学位论文，湖南师范大学，2004年。

⑥ 载《民族语文》2005年第3期。

异理论结合语序类型学的基本理论和方法，探讨了语言接触（尤其是与汉语的接触）对苗瑶语语序类型的干扰。苗瑶语在与汉语长期的接触中，汉语的语序类型对苗瑶语的影响深远，使苗瑶语的一些语言（如勉语、畲语、炯奈语等）的语序类型出现了较大的变异。

孙叶林的《湘南瑶语和汉语方言的接触与影响研究 —— 以衡阳常宁塔山瑶族乡为个案》（2013）① 以湖南省衡阳市唯一的少数民族乡 —— 塔山瑶族乡作为调查点，其所说语言为勉语，属于汉藏语系苗瑶语族瑶语支"勉语"中的"尤勉方言"，为典型的瑶语。塔山勉语长期处于汉语方言的包围之中，受汉语影响广泛而深远。本论文从语言接触的视角，基于大量的田野调查，运用民族语言学、汉语方言学的理论和方法，全面揭示了汉语方言对塔山勉语（当地瑶族人自称他们说的瑶语属于勉话mien³¹ ua²³²）语言结构（语音、词汇、语法）的影响状况；进而运用社会语言学方法调查分析了汉语方言对塔山勉语使用功能的影响；最后从生态语言学的角度分析了塔山勉语的语言生态现状、发展态势，并提出了相关保护措施。

（三）苗瑶语和其他语言互相影响研究

田联刚在《布努语中的外来词》（1987）② 一文中论述了由于说布努语的瑶族长期与壮族杂居，所以布努语里有许多壮语借词。

曹翠云的《语言影响与苗语方言的形成》（1990）③ 一文认为苗语原来是一种语言。后来苗族在迁徙的过程分开到了不同的地方而分别接触了不同的民族（东部主要和土家族、中部主要和侗族以及仫佬族、西部主要和彝族），在长期的接触中，他们的语言分别受到不同语言的影响而产生变异，最终发展成为不同的语言。文章列举苗语不同方言中的异源词，这些词可以从它们各自接触的语言中找到来源。

张济民的《泸溪县达勒寨苗语中的异源词》④ 认为，湖南泸溪一带以前有仡佬族，后来这些仡佬族转用了苗语，因此现在泸溪达寨苗语中有一些仡佬语词，但是这些词的性质是低层的，而不是借贷来的。

陈其光的《汉藏语概论·苗瑶语篇》（2003）⑤ 中都列举了黔东苗语中的一些侗语借词，贵州南部的苗语中一些布依语借词，苗语川黔滇方言中的一些彝语借词。

苗瑶语的系属历来众说纷纭。李炳泽《苗语跟周围语言的借词研究》（2003）⑥ 一文认为"这是由于苗瑶语恰好分布在这些语言的中间，与周围的语言在历史上都发生过接触，相互产生影响。并在苗瑶语中都或多或少的能找到与周围语言相关的

① 博士学位论文，湖南师范大学，2013年。

② 硕士学位论文，中央民族学院，1987年。

③ 载《语言关系与语言工作》，天津古籍出版社，1990年。

④ 载《民族语文论文集》，中央民族学院出版社，1993年。

⑤ 民族出版社，2003年。

⑥ 载戴庆厦、顾阳：《现代语言学理论与中国少数民族语言研究》，民族出版社，2003年。

成分"。文章中他用苗语的一些词汇与南亚语、侗台语、藏缅语等其他语言进行比较而得出以上结论。

赵敏兰的《勉语中的壮侗语借词》（2008）① 发现了瑶语中的一批前人没有注意到的壮侗语借词，其中以源自动词的借词为多。对瑶语中壮侗语借词的分析研究，不仅拓展了学者对壮侗语勉语接触的认识，同时也有助于推动原始苗瑶语构拟工作的开展。

赵敏兰、马骏的《试论中泰两国瑶语的词汇差异》（2008）② 一文认为，瑶族源自五岭地区的湖南、广西、广东，在脱离母体后，泰国瑶语发生了变化。在词汇构成方面，两地瑶语的差异主要体现在：泰国瑶语较多地保留了民族固有词和文化习俗词，而国内瑶语有些固有词已不见于口语，仅存留在歌谣里，大量的文化习俗词也逐渐消失；泰国瑶语中的借词除共有的老汉语借词外，还有泰语以及其他东南亚语言借词，国内瑶语则限于汉语西南官话借词；泰国瑶语新词的借用方式倾向于半音译半意译，国内瑶语则更多地直接搬用；泰国瑶语有一些新创词，创词方式也多用固有词素和语序，国内瑶语则很少有新创词。

四、苗瑶语的综合研究

陈其光的《苗瑶语前缀》（1993）③ 一文综合分析了苗瑶语前缀的语音、分布、作用和演变。他发现"前缀的语音特点是轻读；声母一般是塞音；韵母是单元音，往往与词根和谐；各方言都同源。前缀分布不平衡，除苗语西部方言个别点外，一般而言，音节比较多的方言前缀少，音节比较少的方言前缀多；声母发音部位偏前的前缀出现频率低，发音部位偏后的出现频率高；名词中有前缀的词较多，其他实词中有前缀的词较少，虚词无前缀。前缀的作用除区别词外，主要是做词类的标志。前缀随着语音的演变，特别是阴阳调的分化而趋于消失，其中声母发音部位偏前的先消失，偏后的后消失"。

毛振林的《从现代苗瑶语的共时差异看苗族与瑶族的历史分化》（1988）④ 一文，从现代苗瑶语共时差异的角度探讨了苗族与瑶族的历史分化问题，即古代苗瑶部落集团是在何时分化的。作者根据两种语言之间在声母、韵母、韵尾、词头、数词上的共时差异推断，苗瑶两族的分化时间当早于秦汉时期。但是他认为他称的"苗"与"瑶"是一个音，瑶族的自称"勉"（人）就是汉语的"民"的看法是值得商榷的。

---

① 载《汉藏语学报》2008年第2期。
② 载《暨南学报》2008年第1期。
③ 载《民族语文》1993年1期。
④ 载《贵州民族研究》1988年第3期。

李云兵的《苗瑶语语音的基本理论和现实研究》（2000）①，首先对苗瑶语以往的语音理论作了简要的总结，然后就他在调查和研究过程中运用苗瑶语语音理论指导苗瑶语研究时遇到的一些问题进行了阐释。

李云兵的《苗瑶语的非分析形态及其类型学意义》（2006）② 一文"在归纳了苗瑶诸语的非分析形态，并在此基础上讨论了其类型学上的意义：苗瑶诸语的重叠式、附加词缀形态结构类型与前置词的和谐，与领属定语前置于名词，形容词、指示词后置于名词，比较基准后置于形容词，关系从句后置于名词等参项和谐"。李氏的《论苗瑶语名词范畴化手段的类型》（2007）③ 一文对苗瑶语名词范畴化手段进行考察。他认为"苗瑶语量词属数词分类词，具有类别词的功能，前缀属词汇性分类成分，具有类名词的特征。苗瑶语量词和前缀是名词范畴化手段的两种类型"。

李云兵的《20世纪以来的苗瑶语调查》（2011）④ 首先对苗瑶民族的历史与苗瑶语的系统进行了梳理，并对苗瑶语的分布进行了详细的介绍，其次对20世纪以来苗瑶语的调查进行了详细的介绍，最后讨论了20世纪的苗瑶语调查和存在的问题，进而指出苗瑶语调查尚需进一步做的工作。

李天翼、李锦平的《苗语方言比较研究》（2012）⑤ 从苗语方言的划分，到语音的比较，再到词汇、语法，最后涉及苗语和汉语的相互影响等方面比较全面地进行了描述。

谭晓平的《苗瑶语元音系统的类型学考察》（2016）⑥ 统计出了苗瑶语元音系统以五到十元音型为主，其中七元音型和九元音型最多；元音系统的构型以三角形为主，只有5个点属于四边形；出现频率较高的元音音位是/i a u e o ɔ ɤ ɛ ə ɿ ɯ/；/e o/与前响二合元音的高频出现是苗瑶语显著的类型特点；/ɿ y/成为常见音素，体现了汉语对苗瑶语元音系统的深刻影响。

李云兵的《论苗瑶语的连读变调》（2015）⑦ 对苗瑶语的连读变调进行了系统的描述：左侧音节变调、右侧音节变调、左右侧音节变调、单音节变调等。左侧音节变调（主要为瑶语支语言）、右侧音节变调（主要为苗语支语言）与其名词短语句法结构的语序类型高度一致，而变调与韵律也有一定的相关性，左侧连读变调通常为右重韵律结构，右侧连读变调为通常左重韵律结构。

李云兵的《论苗瑶族群的语言资源及其保存保护问题》（2016）⑧ 先从语言资源

① 载《贵州民族研究》2000年第1期。
② 载《民族语文》2006年第2期。
③ 载《民族语文》2007年第1期。
④ 载《民族翻译》2011年第1期。
⑤ 西南交通大学出版社，2012年。
⑥ 载《语言研究》2016年第4期。
⑦ 载《民族语文》2015年第3期。
⑧ 载《黔南民族师范学院学报》2016年第2期。

观入手，由于其已为学界越来越多的学者认同，所以对语言资源的保存和保护有宏观战略意义。苗瑶族群的语言资源较为丰富并呈现不同的现状，但基于语言资源理念的保存、保护尚未全面启动。文章通过对苗瑶族群语言资源现状及困难进行分析，并对此提出了一些解决困难的建议与对策。

李云兵的《论苗语空间范畴的认知》（2016）[①] 认为苗语对空间范畴的认知以人体部位位置为认知原型，以线性参照框架、源点参照框架为认知理据；对空间位移的认知基于位移体在位置、方位、方向、源点、终点等的认知，不同的空间位移有不同的意象图式。

谭晓平的《苗瑶语塞音系统的类型学考察》（2017）[②] 对苗瑶语塞音系统进行了详细的分析，得出苗瑶语塞音音位几乎高出普遍共性的一倍，而塞音中出现频率最高的是双唇、齿龈、软腭塞音，其次是喉塞音、小舌塞音；小舌与鼻冠塞音的高频出现是其显著的类型特征。

谭晓平的《苗瑶语鼻音系统的类型学考察》（2018）[③] 一文基于40种样本语言考察苗瑶语鼻音系统的类型与共性。苗瑶语鼻音系统调音部位以三到四个为主，其中出现频率最高的是双唇、齿/龈、软腭、龈腭四个调音部位的组合；鼻音调音部位数量在地理分布上呈现由北到南、从西往东逐步递减之势；鼻音系统的结构以清浊两分的格局为主，其次是一套浊鼻音的系统；鼻音音位的平均数目为9.2个，几乎是普遍共性3.33个的三倍；出现频率最高的是双唇、齿/龈、软腭鼻音，其次是龈腭鼻音；弛化鼻音、腭化与唇化鼻音、清鼻音以及龈腭鼻音的高频出现是其显著的类型特征。

李云兵的《苗瑶语比较研究》（2018）[④] 以描写语言学、比较语言学的理论方法为依据，用描写语言学的方法描写和解释苗瑶语及其方言土语的语音、词汇、语法、构词法等呈现的现象，用共时比较语言学的方法对苗瑶语的构词形态、构形形态、语序类型、功能性连读变调等进行跨语言或跨方言的比较研究。通过揭示苗瑶语的语法规律，为进一步确立苗瑶语与亲属语言、非亲属语言的语言关系奠定基础，也为普通语言学和历史语言学的研究提供苗瑶语的实证。

五、苗语支语言研究

（一）语音研究

语音共时研究取得的成果主要有：一、对各方言的语音系统进行了深入的调查

---

① 载《民族语文》2016年第3期。

② 载《中央民族大学学报》2017年第1期。

③ 载《语言研究》2018年第4期。

④ 商务印书馆，2018年。

研究，对方言中土语的语音描写更加细致充分，对不同方言土语之间的语音差异有了进一步的了解。二、通过语音的分析和对比，揭示语音的历时演变规律。

苗语支语言一般是声母多于韵母。苗语有的方言，据王辅世《苗语简志》（1985）①的研究，声母至少是韵母的两倍。因此，研究苗语语音，声母是很重要的一个方面。

1. 鼻冠音声母

鼻冠音声母是指塞音或塞擦音前带同部位的浊鼻音声母，是苗语声母中很重要的类别，也是划分苗语为湘西、黔东、川黔滇三个方言的重要依据。王辅世在《苗语方言划分问题》（1983）②中指出了鼻冠音声母在苗语三个方言中的分布情况："在湘西方言中，只有阴类调的音节带有鼻冠音的闭塞音声母；在黔东方言，根本没有带鼻冠音的闭塞音声母；在川黔滇方言，全部声调的音节都有带鼻冠音的闭塞音声母。"

关于鼻冠音的语音特点，陈其光在《汉藏语概论·苗瑶语篇》（1991）③中概括为："1）鼻冠音各成分所起的作用有主次之分，鼻冠音中的塞音和塞擦音是主要成分，它前面的鼻音是次要成分。2）鼻闭塞音声母与口闭塞音声母成对出现，即语音系统里有一个塞音、塞擦音、塞边音声母，就有一个同部位的鼻闭塞音声母，不成对的情况是极个别的。鼻闭塞音声母在声母系统里占很大的比重。3）鼻闭塞音声母中的鼻音都是浊音，鼻音后面的口闭塞音分别有清音、浊音和清音加浊音（如贵州毕节大南山的mpl）。因此每个鼻闭塞音声母都有浊音成分。4）每一个鼻冠音的发音部位与其后的口闭塞音完全相同。"

关于鼻冠音的标音，观点不一。G.B.Downer在《原始苗瑶语构拟中的问题》④中认为：鼻冠音的发音部位与其后的塞音或塞擦音完全相同，应该把所有的鼻冠音都处理一个音位 [n]。陈其光在《音位音标的几种选择》⑤认为：就整个音位系统来看，把复辅音声母中所有的鼻音合并为一个音位是不合适的。因为有些鼻音单独作声母时是互相对立的，并不互补；鼻冠塞音声母发生变化时，鼻冠音也演变为不同的鼻音。

陈宏的《大兴苗语的鼻冠音》（2013）⑥对隶属苗语东部方言的大兴苗语鼻冠音声母进行了分析，除符合鼻冠音声母音质的三种特点外，大兴苗语的鼻冠音会引发韵母鼻化现象，即当这些语素、语词与前面音节的元音结合时，鼻冠成分常常会与前面的元音相结合，进而使得原来的开音节带上鼻音韵尾，构成韵母鼻化现象。

---

① 载王辅世《苗语简志》，民族出版社，1985年。

② 载《民族语文》1983年第5期。

③ 载《汉藏语概论·苗瑶语篇》（下册），北京大学出版社，1991年。

④ 载《民族语文研究情报资料集》（译文）第7集，1986年。

⑤ 载《中国语文》1994年第4期。

⑥ 载《民族语文》2013年第3期。

2. 浊流声母

浊流声母是指声带震动的塞音、塞擦音声母。关于这种音的性质，学者的意见有分歧，所以有不同的称呼。大多把它称为清声母浊送气或清音浊流。但陈其光在《音位音标的几种选择》① 中把它称为"带擦韵母。"认为"这种音是从浊声母演变而来的，因此传统上习惯于把它看作声母的一种伴随特征。"

孔江平利用声学分析方法对这种音进行了实验分析，在《苗语浊送气的声学研究》（1993）② 一文描述其语音性质："这种浊送气成分，在发声类型上属于气嗓音。其生理表现为声带前约有三分之二振动产生浊音，而后三分之一分开，通过高速气流产生送气摩擦嗓音。"

3. 声调

关于声调的产生和演变的研究成果很多，但共时方面的成果，只集中于研究苗语西部方言和瑶族布努话的连读变调。

西部方言连读变调的研究，主要有王辅世和王德光合的《贵州威宁苗语的声调》（1986）③ 。该文详尽地描述贵州威宁石门坎苗语正常的和特殊的连读变调规则。鲜松奎的《贵州紫云水井平苗语和望谟新寨苗语的连读变调》（1990）④，分析了水井平苗语和望谟新寨苗语这两个土语点的连读变调规律以及连续变调对声母、韵母的影响，并指出连续变调会促使声母和韵母改变从而造成了本方言内部语音系统的差异。王辅世的《威宁苗语量词》（1984）⑤，专门研究威宁苗语量词的变调，指出"一般量词接在数词的后面或接在复量词后面，时常发生变调现象。"文中系统地分析了威宁苗语量词的变调规律。

布努语连读变调研究，有蒙朝吉的《瑶族布努语1'至4'调的形成和发展》（1983）⑥ 。该文指出"弄模瑶族布努话中的1'至4'调是从1、2、3、4调分化出来的。…… 如果让它们跟其他的词或前加成分连读，就能看出1'至4'调的产生跟连读变调有着密切的关系。"文章还揭示了弄模瑶族布努话连读变调的一条主要规律："1至4调紧接1、2调和1'、2'调后面时，1至4调分别变为1'、2'、3'、4'调。"两年后，他发表《瑶族布努语连读变调问题初探》（1985）⑦，继续探讨了弄模布努话产生连读变调的原因。解答"为什么连读时引起1、2、3、4调的调值比原调值提高？而且变调的音节绝大多数都在双音节词或词组的后一个音节？"这一问题。得出的答案是"由于音节重度长期落在后一个音节上，天长日久，不能不对这个音

① 载《中国语文》1994年第4期。

② 载《民族语文》1993年第1期。

③ 载《中国民族语言论文集》，四川民族出版社，1986年。

④ 载《民族语文》1990年第3期。

⑤ 载《语言研究》1984年。

⑥ 载《民族语文》1983年第2期。

⑦ 载《语言研究》1985年第1期。

节的高低变化产生影响，也就是说，有音强引出了声调提高。……这样，在瑶族布努话的声调系统中就有了变调和本调的差别。"

栗华益的《谷撒苗语的声调特点》（2011）[①] 从仅存A、B、C三个声调的谷撒寨苗语入手，认为古浊塞音、浊塞擦音弱化为浊擦音后，声母清浊的区别特征仍然存在，是由于增加了"爆发—非爆发"的发音方法区别特征，这样才使得古苗语调类在谷撒苗语中直接保存下来并有新发展。谷撒苗语的声调特点说明汉语方言在声母保持清浊相区别的前提下有调类存古的可能性。调类存古的条件之一是在声母清浊相区别的基础上增加"爆发—非爆发"区别征，来替换可能出现的音高区别特征；没有增加新区别特征的存古型调类会逐渐分化。

朱晓农、石德富、韦名应的《鱼粮苗语六平调和三域六度标调制》（2012）[②] 认为鱼粮苗语中存在六个平调，而"五度制"无法进行描述，因此需要用"分域四度制"来表达，其中声域由发声态定义，用假声、张声、清声、僵声、带声、气声六大发声态，一共定义高中低三个声域，从而满足描述需要。

中西裕树的《畲语的调类演变与"浊上归去"》（2015）[③] 发现畲语的调类演变中存在一个其他苗瑶语极罕见的 *B2调与 *C2调的合流现象，考虑到语言接触，故而认为它是畲语引进汉语的"浊上归去"这一规律所导致的，并且认为此种音变发生的时间应早于畲语的"浊声母清化"。

刘文、杨正辉、孔江平的《新寨苗语单字调及双字调声学实验研究》（2017）[④] 分析了新寨苗语单字调及双字调的基频模式。结果表明，该方言有八个单字调：五个平调、两个升平调和一个高降调，五平调是新寨苗语的一大特点。另外，双字组合没有发生变调现象，即双字组连读共有 64 种组合形式。五平调在双字组合中没有发生变调亦是一个十分特别的现象。在此基础上，本文建立了一套用于描写新寨苗语单音节和双音节声调的区别特征系统。最后，文章结合苗语其他方言讨论了新寨苗语双字组连读不变调的现象。

4. 语音描写研究

语音研究单篇文章较多，没有专著。因杨再彪《苗语东部方言土语比较》（2004）[⑤] 的研究重点是语音，故在此处一并描述。文章所选的语音点，或较多地保留某类古音；或与其他方言土语相比语音有独特之处；或因语言接触语音受到较大影响。杨的专著侧重于东部方言土语的语音比较。

重在揭示带有古音特点的论文有：李永燧的《罗泊河苗语的音韵特点》

---

① 载《中国语文》2011年第3期。

② 载《民族语文》2012年第4期。

③ 载《南开语言学刊》2015年第1期。

④ 载《民族语文》2017年第2期。

⑤ 民族出版社，2004年。

（1987）①，描写了川黔滇方言罗泊河次方言苗语的音韵系统，并指出其声母和声调的两大特点："完整保留古苗语的全清、次清和全浊；声调部分阴阳，入声并入平声。"李云兵的《黔西县铁石苗语语音研究》（1993）②，描写了铁石苗语的音位系统，分析其语音特点，并深入探讨了其语音来源。燕宝的《黔东苗语中新出现的音变现象》（1994）③，通过比较不同土语点的语音，揭示了黔东苗语语音演变规律："部分清化声母发生分化；部分清化送气声母失去清化或送气特征；小舌音变喉塞音。这个发音特点是由难向易发展。"姬安龙的《苗语台江话的语音及其发展趋势》（1995）④ 一文，把黔东苗语台江土语几个点的声韵调进行对比，分析了几个不同音点的特点，揭示其近代语音的演变趋势。陈其光的《西家苗语》（2007）⑤ 概述了西家苗语的语音、词汇、语法特点，并指出西家苗语与苗语大多数方言的不同之处："还完整地保留古苗语的全清、次浊、全浊三类声母和平、上、去、入四个调类，没有出现浊声母清化和四声分化。"

重在揭示语音特征的论文有：姬安龙的《摆省苗语音系及其语音特点》（1997）⑥ 指出："贵州摆省其音系既有川黔滇苗语的语音特征，又有黔东方言的某些特征。从语音对应关系上看，属于川黔滇方言，但与该方言的次方言、其他土语比较，语音上又有独特之处。"石德富的《排烧苗语的语音特点》（1997）⑦，描写了排烧苗语的语音系统及其语音特点。杨再彪、毕晓玲、吴雪梅、龙杰的《小茅坡营苗语音系与懂马库、吉卫苗语的比较》（2004）⑧ 一文，通过湘西方言的小茅坡营苗语与懂马库、吉卫苗语的比较，初步描写了小茅坡营苗语的音系和语音特点。

重在分析语言接触对语音产生影响的论文有：戴庆厦、余金枝、杨再彪的《小陂流苗语概况》（2005）⑨，描写湖南泸溪小陂流苗语的语音、词汇、语法特征，显示了语言接触对小陂流苗语的深刻影响。

杨再彪在《苗语东部方言土语比较》（2004）⑩ 中，把苗语东部方言划分为6个土语，并对每个语音点的语音特征、语音系统进行了详尽的分析描写。还通过这6个土语点的音系进行比较，揭示了苗语东部方言声母、韵母和声调的演变趋势。

---

① 载《民族语文》1987年第4期。

② 载《民族语文》1993年第6期。

③ 载《民族语文》1994年第1期。

④ 载《民族语文》1995年第5期。

⑤ 载《民族语文》2007年第4期。

⑥ 载《贵州民族研究》1997年第4期。

⑦ 载《贵州民族研究》2005年第6期。

⑧ 载《湖北民族学院》2004年第1期。

⑨ 载《民族语文》2005年第5期。

⑩ 民族出版社，2004年。

（二）语法研究

1. 词类研究

苗语湘西方言、黔东方言、川黔滇方言以及布努语的词类划分有12到15类不等。大多分为13类。分类不同的原因是学者们对某些词应不应该单独归类、应该属于哪一类，观点不一致。下面论述几类有特点的词的研究。

（1）状词

苗语湘西方言、黔东方言、川黔滇方言以及布努语，都有丰富的状词。状词是苗语词类中很有特点的一类。

早期，对状词的归类问题存在分歧。有的学者认为是动词和形容词的后缀，因为它们常是接在动词和形容词的后面，表示状态，不能自由运用去修饰别的动词或形容词。但大多数学者认为应该归为独立的词类，并且因大多表示状态，应该归为状词。如曹翠云的《黔东苗语状词初探》（1961）[1]，认为动词和形容词后面的表示情状的成分是状词，是独立的词类，而不是动词和形容词的附加成分。王辅世的《我对苗语语法上几个问题的看法》（1982）[2] 也认为状词应该是独立的一类词，原因有三点："首先，这样的音节和动词、形容词贴得不是很紧。第二，如果动词后面有宾语，形容词后面有补语，这样的表示状态的音节要放在宾语、补语的后面。第三，这样的表示状态的音节可以接在不同的动词后面。"李云兵的《苗语川黔滇次方言的状词》（1995）[3]，也认为"川黔滇次方言动词后面表示情状的和形容词后面表示性状的成分是独立的词类——状词。"

对状词做系统研究的文章很多。最早研究苗语状词的是曹翠云的《黔东苗语状词初探》（1961）[4]。该文从音节、意义，与动词和形容词结合的松紧度、使用特点、描绘功能等多个角度，系统地分析描写了黔东苗语状词的特征。此后，她又发表了一系列关于苗语和古汉语状词比较的文章。如《从苗语看古汉语的状词——兼释行道迟迟、夏屋渠渠等》（1984）[5]、《再论苗语和古汉语的状词——兼释"怲郁邑""索胡绳之"》（2005）[6]、《诗经特殊语句像苗语新解——兼释明星煌煌、明星晢晢等》（2005）[7] 等文，描述了苗语和古汉语在状词使用上表现出的语音形式、语义功能和语法功能存在高度相似性，并对此进行可能性的解释。

王辅世和王德光的《贵州威宁苗语的状词》（1983）[8]，是关于状词研究很重要

---

① 载《中国语文》1961年第4期。

② 载《民族语文研究文集》，青海民族出版社，1982年。

③ 载《民族语文》1995年第4期。

④ 载《中国语文》1961年第4期。

⑤ 载《贵州民族研究》1984年第3期。

⑥ 中央民族大学出版社，2005年。

⑦ 中央民族大学出版社，2005年。

⑧ 载《语言研究》1983年第2期。

的一篇论文。该文主要从四个方面研究威宁苗语的状词：1）描写了状词的语音特点，特别是声调特点。2）描写了和状词连用的三个助词，它们分别表示指小、加强和减弱等附加意义。3）描写了状词的形态变化。大多数状词有本形和变形两种形式。本形表示动作或性质是规则的、单纯少变的；变形表示动作或性质是不规则的、复杂多变的。4）状词的分类。李云兵的《苗语川黔滇次方言的状词》（1995）①一文，从音节结构、语义特征、元音和谐、组合关系等多个方面分析了川黔滇次方言苗语状词特征。石德富的《黔东南苗语状词及其形义制约》（1997）②揭示了黔东苗语状词的语义受到语音形式尤其是声调的制约。

状词的研究还散见于简志或苗瑶语专著中。如王辅世主编的《苗语简志》③、王春德的《苗语语法》（1986）④、罗安源的《现代湘西苗语语法》（1990）⑤、陈其光撰的《汉藏语概论·苗瑶语篇》（1991）⑥、向日征的《吉卫苗语研究》（1999）⑦、蒙朝吉的《瑶族布努语方言研究》（2001）⑧都对状词进行了分析。

状词重叠的方式主要有AA式和ABAB式。其中以AA式最常用。关于AA式，据王春德的《苗语语法（黔东方言）》（1986）⑨、罗安源的《现代湘西苗语语法》（1990）⑩、陈其光的《汉藏语概论·苗瑶语篇》（1991）⑪和蒙朝吉的《瑶族布努方言研究》（2001）⑫研究，AA式表示的语法意义主要是：程度加深、动作延续。李云兵的《苗语的形态及语义语法范畴》（2003）⑬一文认为AA式的语义特征是"驳杂不纯的、杂乱无章的、普通的形状、颜色、味道的情貌。"

ABAB式，李云兵的《苗语的形态及语义语法范畴》（2003）⑭一文认为其语义特征是"驳杂不纯的、杂乱无章的、普通的形状、颜色、味道的情貌"。

（2）量词

量词的成果除了散见于语言简志、语言概况以外，还有不少专题论文。最早

---

① 载《民族语文》1995年第4期。
② 中央民族大学硕士学位论文，1997年。
③ 民族出版社，1985年。
④ 光明日报出版社，1986年。
⑤ 中央民族大学出版社，1990年。
⑥ 北京大学出版社，1991年。
⑦ 四川民族出版社，1991年。
⑧ 民族出版社，2001年。
⑨ 光明日报出版社，1986年。
⑩ 中央民族大学出版社，1990年。
⑪ 北京大学出版社，1991年。
⑫ 民族出版社，2001年。
⑬ 载《民族语文》2003年第3期。
⑭ 载《民族语文》2003年第3期。

对苗语量词进行全面研究的是王辅世。他的《贵州威宁苗语量词》(1957)[1]，详尽深入地分析了贵州威宁苗语量词与数词和指示词的关系、量词的种类和形态变化、量词的用法及功用。此后，有吴平的《苗语的情状量词初探》(1983)[2]，该文的贡献在于发现了量词中的特殊类别——情状量词，情状量词不仅表示单位，还表示情感或状态。周祖瑶的《瑶族布努话的量词》(1984)[3]，系统地分析了布努话量词的语音、组合关系、句法功能及其来源。王德光的《贵州威宁苗语量词拾遗》(1987)[4]，是对王辅世的《贵州威宁苗语量词》的补充。该文指出贵州威宁苗语还有一类很有特点的量词，这类量词可分为壮美称、普通称和指小称三类。这类量词的选用存在性别差异：男性多用壮美称、普通称和指小称；女性多用普通称和指小称。张永祥、曹翠云的《黔东苗语的名量结构》(1996)[5]，分析量名结构内部关系，认为：苗语的量词较多地保留了名词的特征，既有名词的特征，又有量词的特征。量名结构中的量词，是中心语。余金枝的《湘西苗语量词》(2005)[6]一文，从语义特征、语法特征、量名搭配关系、语言接触等视角分析了湘西苗语量词的特点。杨再彪的《湘西苗语与汉语个体量词"个"用法比较》(2005)[7]一文，比较了汉语个体量词"个"和苗语个体量词 le^{53} 的用法。认为 le^{53} 在苗瑶语中有共同来源，但用"个（一~人）"是，是扩散，而非同源。

从量词来看语言关系是量词研究的新视角。罗安源的《从量词看苗汉两种语言的关系》(2002)[8]一文，通过苗、汉两种语言量词的统计分析，发现湘西苗语的量词与同时代的汉语量词相比，不及汉语发达。从量词的起源和发展上来看，苗语深受汉语的影响，但是很难说两种语言出于同一母语。

随着语言类型学在我国语言学界的盛行，近10年来学界把对苗语量词的研究跟语言的类型特征结合起来。如李云兵的《苗瑶语量词的类型学特征》(2005)[9]一文，利用了类型学的方法对苗瑶语量词的类型学特征进行探讨。

关于量词研究综述的有田铁的《苗语量词研究述评及前瞻》(2007)[10]。该文指出苗语量词研究的现状是："苗语目前的研究主要是对苗语部分方言区的名量词的描写和分析，对苗语动量词的研究则很薄弱，对苗语各方言区的量词也缺少整体上的对比描写和分析。"作者认为："可以把苗语黔东方言、湘西方言、川黔滇方言三

---

[1] 载《语言研究》1957年第2期。

[2] 载《贵州民族研究》1983年第3期。

[3] 载《贵州民族研究》1984年第3期。

[4] 载《民族语文》1987年第5期。

[5] 载《中央民族大学学报》1996年第2期。

[6] 载《汉藏语系量词研究》，民族出版社，2005年。

[7] 载《汉藏语系量词研究》，民族出版社，2005年。

[8] 载《中央民族大学学报》2002年第5期。

[9] 载《汉藏语系量词研究》，中央民族大学出版社，2005年。

[10] 载《贵州民族研究》2007年第3期。

大方言去作为一个整体，全面考察苗语量词，并从类型学的角度出发，对苗、汉量词之间的关系做谱系内的对比研究。"

量词的形态变化主要有语音屈折、重叠、加缀等形式。王辅世的《威宁苗语量词》（1975）① 一文，描述威宁苗语的量词利用元音交替和声调交替来表示褒贬义。据王辅世的《苗语简志》（1985）②、王春德的《苗语语法（黔东方言）》（1986）③、罗安源的《现代湘西苗语语法》（1990）④、陈其光的《汉藏语概论·苗瑶语篇》（1991）⑤、蒙朝吉的《瑶族布努方言研究》（2001）⑥ 研究，苗语所有方言以及瑶族布努语的量词都可以的重叠为AA式。大多数方言表示"逐一"义或"遍指"义，川黔滇方言的石门坎苗话表示"部分"义。并指出威宁苗语量词音变的规律。据李云兵《苗语的形态及语义语法范畴》（2003）⑦ 研究，"苗语大多数方言的量词都有附加前缀成分的形态变化。""这种附加于量词前的附加成分来自名词前缀，……其功能是使量词名词化……"

（3）名词

对名词的研究集中于名词的类别范畴和名词前缀。

最早研究名词类别范畴的是易先培。他的《论湘西苗语名词的类别范畴》（1961）⑧，指出湘西苗语的绝大部分名词都有一种特殊的类别范畴，这些类别范畴都有特定的虚语素来标志。并把这些类别范畴分为五类：1）理智、抽象、静物范畴；2）动物范畴；3）长辈亲属关系范畴；4）晚辈亲属关系范畴；5）质态范畴。其后，李云兵在《论苗瑶语名词范畴化手段的类型》（2007）⑨ 一文中，认为量词和前缀是苗瑶名词范畴化手段的两种类型。

苗语各方言的名词都有前加成分。这些前加成分是冠词还是前缀，学界分歧较大。

有的学者认为是前缀。如易先培在《湘西苗语名词的类别范畴》（1961）⑩ 中，认为湘西苗语的 qo^{35}、ta^{35}、a^{35}、te^{53}、ma^{31} 是前缀，因为它们"既是构词成分，又是构形成分。都不表示任何实体意义，只起一定的语法作用。"陈其光也认为是前缀，他在《苗瑶语前缀》（1993）⑪ 一文中论述了苗语不同方言各种前缀的功能。

① 载《语言研究》1975年第2期。

② 民族出版社，1985年。

③ 光明日报出版社，1986年。

④ 中央民族大学出版社，1990年。

⑤ 北京大学出版社，1991年。

⑥ 民族出版社，2001年。

⑦ 载《民族语文》2003年。

⑧ 载《中国语文》1961年第3期。

⑨ 载《民族语文》2007年第1期。

⑩ 载《中国语文》1961年第3期。

⑪ 载《民族语文》1993年第1期。

李云兵的《论苗语名词前缀的功能》(2002)[①] 一文也把名词的前加成分归为前缀。

有的学者认为是冠词。如罗安源在《贵州松桃苗话的冠词》(1980)[②] 中认为湘西苗语松桃苗话的 qo^{35}、ta^{35}、ma^{31}，其中 qo^{35} 有 qo^{35}（Ⅰ）和 qo^{35}（Ⅱ）两个，qo^{35}（Ⅰ）是"静物冠词"，qo^{35}（Ⅱ）是"静物词素"；ta^{35} 是"动物冠词"；ma^{31} 是"谓冠词"。王辅世在《我对苗语语法上几个问题的看法》(1982)[③] 中也认为这些成分是冠词。因为："它们可有可无，有没有它们，词的意义都不会改变。"

关辛秋的《湘西苗语的 qo^{35}》(2006)[④] 一文，认为 qo^{35} 兼有前加成分和冠词两种功能。

名词的形态变化手段有重叠和语音屈折。重叠分布更广。重叠的形式有 ABAC、ABAB、AABB、AA。这些重叠方式在不同方言的分布不同。其中 ABAC 是优势格式，苗语的三个方言和布努语都有这种重叠格式。ABAC、ABAB、AABB 都可表示增量义或概括义。如潘元恩和曹翠云《黔东苗语的并列四字格》(1958)[⑤]，向日征的《湘西苗语的并列四字结构》(1983)[⑥]、余金枝的《湘西苗语四音格词研究》(2006)[⑦] 都对名词重叠的语音形式、语义意义、语法功能做了分析。李云兵在《苗语的形态及语义语法范畴》(2003)[⑧] 中指出，ABAB 重叠常伴有语音屈折变化，而且只能是带前缀的双音节名词。重叠后的语义特征是"概括"，数量上表示"多数"，语义语法范畴是"数"。AA 重叠只有湘西方言有，《汉藏语概论（下册）》(1991)[⑨] 指出："湘西苗语的名词重叠后，表示增加了'小巧色彩'，属于'称'的语法范畴。"

名词的语音屈折研究，有王辅世的《贵州威宁苗语带前加成分的双音节名词的形态变化》(1996)[⑩]。他分析了贵州威宁苗语带前加成分的双音节名词有本形和变形两种形式。变形是本形的语音变化形式。本形叫肯定形，变形叫不肯定形。两种语音形式用于表示不同的语法意义。

（4）人称代词

人称代词的研究集中在"数"范畴。"数"范畴可以借助语音屈折体现。据陈其光的《汉藏语概论·苗瑶语篇》(1991)[⑪] 研究，黔东苗语和布努语东努方言，运

① 载《民族语文》2002 年第 3 期。
② 载《民族语文》1980 年第 4 期。
③ 载《民族语文研究文集》，青海民族出版社，1982 年。
④ 载《中南民族大学学报》2006 年第 3 期。
⑤ 载《少数民族语文论集》（第一集），中华书局，1958 年。
⑥ 载《民族语文》1983 年第 3 期。
⑦ 载《中央民族大学学报》2006 年第 1 期。
⑧ 载《民族语文》2002 年第 3 期。
⑨ 北京大学出版社，1991 年。
⑩ 载《民族语文》1996 年第 1 期。
⑪ 北京大学出版社，1991 年。

用声调交替和元音交替来表示人称代词的数。李云兵的《苗语的形态及语义语法范畴》（2003）^① 一文也指出："苗语多数方言土语的人称代词都有语音屈折变化，只是有的较为全面，有的存在于个别人称代词中。"

"数"范畴还可以借助"错根"体现。"错根"是指用不同的词表示相同的词汇意义不同的语法意义。"错根"在苗语、布努语里很少用。各方言比较常用的只有第一人称代词的单、复数分别用不同的词表示。在罗安源的《现代湘西苗语》（1990）^② 里提到了另一类错根现象：le³⁵和men²²都是"个"，ne³¹和tsəŋ⁴²都是"人"。但le³⁵和ne³¹只用于一至三的少数，men²²和tsəŋ⁴²用于四以上的多数。

石德富、杨正辉的《黔东苗语人称代词探源》（2014）^③ 发现苗语黔东方言人称代词的单数形式和一些复数形式都是直接继承自原始苗瑶语或原始苗语，双数范畴和一些复数范畴形式是后来创新的，但是各小土语产生的形式和创新的程度和方式有差异。原始苗瑶语甚至原始黔东苗语缺少第三人称复数代词，这正好成了各语言、方言、土语甚至小土语创新的源动力，并由此类推，导致了第二和第一人称复数代词的创新，形成了固有形式和创新形式共存的状态。

（5）方位词和指示词

苗语里表示方位的词和指示空间距离远近的词，学界归类分歧很大。王辅世、王德光在《贵州威宁花苗苗语的方位词》（1982）^④ 中把方位词归为独立的一类。王春德的《苗语语法·黔东方言》（1986）^⑤、陈其光的《汉藏语概论·苗瑶语篇》（1991）^⑥ 和罗安源的《现代湘西苗语语法》（1990）^⑦ 也把指示词单独列类，但所包括的次类不同。王、陈的指示词包括距离指示词、方位指示词、疑问指示词，把方位词和指示词分别归入指示词中的方位指示词和距离指示词中。罗的指示词包括远指和近指指示词、处所指示词、时间指示词，其中的远指和近指指示词即指示词，没有提到方位词的归类问题。张济民的《苗语语法纲要·川黔滇方言》（1963）^⑧ 也把指示词单独列类，但只包括指示距离远近的词，表示方所的词归为名词。三十五年以后，张又撰文《苗语方位词的归类问题》（1998）^⑨，再次重申方位词应是一个独立的词类。向日征的《吉卫苗语语法》（1999）^⑩ 和蒙朝吉的《瑶族布努语方言研

① 载《民族语文》2003年第3期。

② 中央民族大学出版社，1990年。

③ 载《语言科学》2014年第5期。

④ 载《民族语文》1982年第4期。

⑤ 光明日报出版社，1986年。

⑥ 北京大学出版社，1991年。

⑦ 中央民族大学出版社，1990年。

⑧ 贵州民族出版社，1963年。

⑨ 载《贵州民族研究》，1998年。

⑩ 四川民族出版社，1999年。

究》（2001）① 都没有把方位词和指示词单独列类。向把方位词归入名词，指示词归入代词。蒙把指示词归入代词，方位词未见为哪一类。

对方位词进行专门研究的论文，有李云兵的《花苗苗语的方位结构的语义、句法及语序类型特征》（2004）② 。该文运用描写语言学方法结合当代语言学理论，对花苗苗语的方位词及其组合关系、方位结构的语义特征、句法关系和语序类型特征进行了描写。此文还从句法结构和语序类型上，对方位结构进行详尽地分析。石德富的《苗语定指指示词和汉语指示代词比较》（2006）③ 和《黔东苗语的指示词系统》（2007）④ ，对黔东苗语指示词做了深入研究。

个别土语中，苗语的指示词有格的区别。陈其光在《汉藏语概论》（下册）（1991）⑤ 中描述："苗语贵阳次方言用声调和声母的交替来表示指示词的'格'。指示词是主格充当主语时，声母是清音，声调是低升调。指示词是属格时，声母是浊音，声调是中降调。"李云兵的《苗语的形态及语义语法范畴》（2003）⑥ 一文指出："苗语大多数方言有近指和远指的区别。…… 远指通常运用韵母和声调的屈折变化来表示不同的远距离意义。"

唐巧娟、王金元的《从黔东苗语 nangl、jes 看苗族的空间哲学》（2017）⑦ 研究了黔东苗语中的空间词 nangl（下游）、jes（上游）所体现的黔东方言区苗族人对空间的独特认知。nangl 是创世前的原初存在，是不需要创造的自然存在空间，是一切人、事、物的源点，而 jes 则是开拓和改造的空间，是一切事物运动的目的地，二者共同构成苗族生存和实践的基本空间，是他们空间哲学中的"宇宙"。

（6）动词

1）动词的虚化

曹翠云的《苗语动词 tio⁵ 的虚实兼用现象》（1999）⑧ ，论述了黔东苗语动词 tio^5 的可以用作动词，又可以用作借词和助词。石德富的《黔东苗语动词虚化研究》（1999）⑨ 一文，描述了"跟随""比量""拔、扯""粘""汇合"五个动词的虚化途经、虚化的外在条件和内在因素进行探讨。

唐贤清等的《黔东苗语离往义动词 mɤ¹¹ 的语义多功能性》（2018）⑩ 对黔东苗语 mɤ¹¹ 进行了分析，mɤ¹¹ 是一个有确切起点、含有动程的、不限制终点的"离去"

① 民族出版社，2001年。

② 载《语言科学》2004年第4期。

③ 载《汉语与少数民族语言语法比较》，民族出版社，2006年。

④ 载《语言研究》2007年第1期。

⑤ 北京大学出版社，1991年。

⑥ 载《民族与语文》2003年第3期。

⑦ 载《原生态民族文化学刊》2017年第4期。

⑧ 载《民族教育研究》1999年第1期。

⑨ 载《民族教育研究》1999年第1期。

⑩ 载《语言研究》2018年第4期。

义位移动词，其语义呈现出实词和虚词意义上的多功能性，经历了位移动词>趋向补语>结果补语>动相补语>事态助词的语义虚化过程。mɤ¹¹的语义虚化链分为突显"无动程""有动程"两条线平行发展。

2）动词的体貌

石德富的《黔东苗语动词的体范畴》（2003）①，对黔东苗语的体范畴进行了详尽分析。

李云兵的《论坝那语动词的体貌系统》（2017）② 对坝那语动词的体貌系统进行了研究。坝那语动词的体貌系统由词汇语法手段来体现，其中，貌系统由拟声词、摹状词、副词前置于动词或者用动词重叠式来表达声响貌、摹状貌、短时貌、随意貌；体系统由能愿动词、副词和动态助词的词汇语法意义表达将行体、起始体、进行体、持续体、继续体、完成体、实现体、完结体、结果体、经历体。跨语言透视表明，坝那语动词的体貌系统不是语言影响形成的，而是对苗瑶语体貌系统，特别是苗语体貌系统的继承和发展。

李云兵的《论洒普山苗语的体貌系统》（2019）③ 分析了洒普山苗语的体貌系统。洒普山苗语的体貌系统由词汇手段和词汇语义语法手段体现，其中，貌系统由动词重叠式和摹状词表达动作行为或变化、性质性状的随意貌、短时貌、反复貌、不经意貌；体系统由动态助词的词汇语义语法表达惯常体、将行体、起始体、进行体、持续体、继续体、完成体、完结体、结果体、经历体。用作体标记的动态动词是副词、动词语法化的结果，副词语法化为动态助词作体标记时前置于动词，动词语法化为动态助词作体标记时后置于动词。

3）动词的形态变化

苗语形态变化的手段主要有语音屈折、重叠、加缀等三种方式。有时，重叠时也兼有语音变化。动词重叠的形式有AA、AAAB、ABAC、XAXA等。据《汉藏语概论（下册）》（1991）④ 研究，AA式重叠表示动作试探性进行，属于"貌"的范畴。李云兵在《苗语的形态及语义语法范畴》（2003）⑤ 中指出"川黔滇方言的AA式的语义特征在时间和频率上，都显得'短'和'低'，在量上都表示'轻向化'，'矢量减弱'，在'情态'上表示'随意'。"形容词的AA式表示程度加升，属于"级"的语法范畴。李云兵在《苗语的形态及语义语法范畴》（2003）⑥ 中做如下描述：AAAB式是AA式的变形，AAAB式是对AA式语义的加强，表达的是时量更短、更"轻向化"、更随意。潘元恩和曹翠云的《黔东苗语的并列四字格》

① 载《中央民族大学学报》2003年第3期。

② 载《民族与语文》2017年第3期。

③ 载《百色学院学报》2019年第5期。

④ 北京大学出版社，1991年。

⑤ 载《民族语文》2003年第3期。

⑥ 载《民族语文》2003年第3期。

（1958）①、向日征的《湘西苗语的并列四字结构》（1983）②、李云兵的《苗语的形态及语义语法范畴》（2003）③、余金枝的《语言影响与语法的地域共性：吉首矮寨苗汉语的"VaVb"式分析》（2004）④和《吉首苗语四音格词研究——兼与吉首汉语比较》（2007）⑤都对动词的ABAC式做了分析。

苗语单音节动词的可以带一个前加成分。前加成分功能的多少在各方言里不尽相同。如湘西苗语里的动词前缀tɕi⁴⁴可以加在动词或形容词的前面，表示使动态或相互态。向日征在《苗语湘西方言的词头tɕi⁴⁴》（1980）⑥中认为：tɕi⁴⁴本身不具有词汇意义，它与动词或形容词结合以后，构成具有特定意义和用法的动词和形容词。她对tɕi⁴⁴与动词、形容词结合后的用法归纳为以下几条："1）表示相互动作的动词；2）表示在较长时间内才能完成的动作；3）表示动作的意向。"罗安源在《现代湘西苗语语法》（1990）⑦中把带前缀tɕi⁴⁴的动词称为"相向动词"，不带前缀tɕi⁴⁴的称为"单向动词"。黔东苗语也可以加上前缀表示相互态。

陈其光在《二十世纪的中国少数民族语言研究（苗瑶语部分）》（1998）⑧中，比较了苗瑶语各方言的动词，发现单音节动词加前缀后表示动作互及的相当普遍，而且一些单音节形容词也可以有这样的变化。陈其光认为："动词和形容词加上前缀后产生的这种意义变化，是一种形态变化，表示的语法意义属于'态'的范畴，原形动词是'单向态'，带前缀的动词是'交互态'"。

（7）形容词

冀芳的《黔东苗语的特殊重叠构形及其量范畴研究》（2010）⑨分析了黔东苗语的重叠，包括动词、形容词、量词发生语音屈折变化的AA式等，通过对这些构形形式的研究，探究了重叠与量范畴的复杂关系。

石德富、陈雪玉的《黔东苗语形容词在词类中的地位》（2011）⑩通过对比黔东苗语形容词和动词的形态和句法特征，发现两者的体和貌，作谓语和定语的自由度，名物化的手段，动态性等方面没有本质的差别，它们互相容纳，并不排斥，因此可以合并为一类，称之为谓词，由此可以理解为苗语应该属于形—动不分类型的语言。

---

① 载《少数民族语文论集》（第一集），中华书局，1958年。

② 载《民族语文》1983年第3期。

③ 载《民族语文》2003年第3期。

④ 载《双语研究论文集》（二），2004年。

⑤ 湖南师范大学硕士学位论文，2007年。

⑥ 载《民族语文》1980年第3期。

⑦ 中央民族大学出版社，1990年。

⑧ 载《二十世纪的中国少数民族语言研究》，书海出版社，1998年。

⑨ 载《贵州民族研究》2010年第5期。

⑩ 载《中央民族大学学报》2011年第1期。

冀芳的《黔东苗语的颜色词研究》（2012）[1] 指出黔东苗语共有5个核心颜色词，即"黑、白、红、黄、绿"，它们形成一个特定的语义场；黔东苗语颜色词的程度表达主要通过颜色词各种形式的重叠来实现，用来表达颜色的加深，即程度的强化；或颜色的变浅，即程度的弱化。

李旭平等的《湘西苗语中的大称和小称标记》（2016）湘西凤凰勾良苗语中有两组表示"大""小"的语素，即 min^{22} 大 /$t\varepsilon^{214}$ 小和 ljo^{53} 大 /εu^{21}。虽然这两组语素分别都表示"大/小"这两个语义概念，但它们的语法性质迥异。从形态句法角度来看，min^{22} 大 /$t\varepsilon^{214}$ 小是大称和小称词缀，属于形态单位；ljo^{53} 大/ εu^{214} 小是表示大小的维度形容词，在句法上和名词构成修饰和被修饰的关系。从语义上看，min^{22} 大 /$t\varepsilon^{214}$ 小表示主观量的大小，即说话者主观评价的大小意义，而 ljo^{53} 大/ εu^{214} 小表示的是客观量的大小，即物体客观尺寸的大小。虽然主观量的大小往往会映射出客观量的大小，但在一定的语用背景下，会产生主观量的大小和客观量的大小并不一致的情况。在主观量和客观量不一致的语境中，我们能最直观地观察到 min^{22} 大 /$t\varepsilon^{214}$ 小和 ljo^{53} 大/ εu^{214} 小的本质差异。

罗军的《"蒙撒"苗语中"小""大"的使用特点》（2018）[2] 着重分析了"蒙撒"支系苗语中的形容词"小"和"大"，在具体语言环境里，有的能接受副词的修饰，有的不能接受副词的修饰。能接受副词修饰的属于苗语固有的形容词，不能接受副词修饰的，是由名词虚化后近代进入形容词词类的，它不具备形容词的一般特点。

2. 句法研究

（1）"形+体词"结构

关于"形+体词"结构，研究苗语的专家有过三种观点：中补结构、谓主结构、谓宾结构。如王辅世在《苗语简志》（1985）[3] 中认为："能做补语的词有动词、形容词、名词、量词、由数词同量词组成的修饰词组……"。王春德在《苗语名词修饰物量词和名词补足形容词浅释》（1986）[4] 中认为："形容词中心语的语义不完整，需要其后的名词来补充，二者是补足关系。"陈其光在《汉藏语概论·苗瑶语篇》（1991）[5] 中认为："这种结构跟动词后的补语很接近，所以称作'补语'。"向日征在《吉卫苗语语法》（1999）[6] 中认为："能在形容词后面作补充成分的有名词、动词、形容词和量词"。

罗安源一直坚持是"谓语+主语"结构。认为"无论谓语在主语之前，还是在主语之后，主语总是被陈述的对象（或话题），谓语是对主语的陈述（或说明）"。

① 载《贵州民族研究》2012年第6期。

② 载《贵州民族研究》2018年第12期。

③ 民族出版社，1985年。

④ 载《中国民族语言论文集》，四川民族出版社，1986年。

⑤ 北京大学出版社，1991年。

⑥ 四川民族出版社，1999年。

他在《苗语（湘西方言）的"谓 —— 主"结构》（1983）①、《苗语句法成分的可移动性》（1987）②、《现代湘西苗语语法》（1990）③、《苗汉"形后名"序列同形异构说》（1993）④、《松桃苗话描写语法学》（2005）⑤ 等多篇论文和论著里一直坚持这一观点。

认为是"谓宾结构"的以张永祥和曹翠云为代表。他们在《黔东苗语的谓 2 —— 体结构》（1984）⑥ 中认为："苗语的动词和形容词有许多共性，所以合称为'谓词'。动词是谓 1，形容词是谓 2。既然动词后的名词是宾语，那么形容词后的名词也自然是宾语。"余金枝也持类似观点。她在《湘西苗语述宾结构中的一种特殊类别 ——"形容词＋名词"结构分析》（2009）⑦ 中认为："形＋名"和"动＋名"都处于 SVO 语序中的"V＋O"位置，都可以在名词后带体标记 za⁴⁴"了"，形名和动名的语义关系都存在动态性，应该属于述宾结构。但是，形容词对宾语的支配性不及动词对宾语的支配性强，形容词与宾语之间也有一些是陈述与被陈述关系。因此，"形＋宾"是有别于"动＋宾"的述宾结构，是述宾结构中的一种特殊类别。

（2）"量＋名"和"数＋量＋名"结构

大多数学者认为是量词或数量词修饰名词，量词或数量词是前定语，名词是中心语。但王春德认为是量词或数量词受名词修饰，量词或数量词是中心语，名词是后定语。他在《苗语名词修饰物量词和名词补足形容词浅释》（1986）⑧ 和《苗语语法·黔东方言》（1986）⑨ 中认为："1）'量名结构'中名词是修饰语。因为苗语的名词修饰名词，一般是修饰性的名词在被修饰名词的后面。就物量词的来源来讲，都是有名词来的，有的量词还借作名词用。既然物量词是名词性的一类词，物量词与名词连用，依照名词修饰名词时修饰名词在被修饰名词后面的规则，应当是名词修饰物量词。2）'数量名结构'结构也是名词修饰由数量词组。3）用来做度、量、衡计量单位的物量词和名词连用，也是受名词修饰的。"

吴早生的《苗语主观非数量评价性的"NP1 ＋ i³³ ＋ 量 ＋ NP2"》（2014）⑩ 分析了苗语领属结构，认为被领者上无定标记词不仅具有数量和不定指用法，还有非数量、非不定指的主观非数量评价语用意义。这种用法在词汇上表现出被领者与领有者的所属关系具备唯一性或整体唯一性特征，句法语义上表现为可删略性，篇章上

① 载《语言研究》1983 年第 1 期。

② 载《民族语文》1987 年第 3 期。

③ 中央民族大学出版社，1990 年。

④ 载《民族语文论文集 —— 庆祝马学良先生八十寿辰文集》，中央民族大学出版社，1993 年。

⑤ 中央民族大学出版社，2005 年。

⑥ 载《语言研究》1984 年第 2 期。

⑦ 载《语言研究》2009 年第 1 期。

⑧ 载《中国民族语言论文集》，四川民族出版社，1986 年。

⑨ 光明日报出版社，1986 年。

⑩ 载《中央民族大学学报》2014 年第 3 期。

表现出语境的评价性匹配。

李一如的《类型学视野下的黔东苗语量名结构》（2015）[①]从语言类型学的蕴涵共性看，苗瑶、侗台及藏缅各语族的量名结构在语序和类型上表现出极大的相异性，但各语族的语言之间在参数和类型上存在共性，证明汉藏语系各语言存在量名结构的共同特点。

（3）述宾结构

余金枝的《苗汉语述宾结构比较》（2006）[②]一文，系统地分析了苗语湘西方言述宾结构宾语的语义类型、宾语的语法特点、宾语对生命度的要求、述宾结构的信息结构，并与当地方言的述宾结构进行了对比分析，探讨苗、汉语述宾结构的各自特点及其内在联系。

（4）述补结构

黎意的《苗语的述补结构 —— 兼与汉语对比》（2005）[③]一文通过跨语言的比较，指出述补结构在苗语不同方言中的发展大体上分为三个层次：黔东苗语的述补结构属于发达型；湘西苗语的述补结构属于中等发达型；川黔滇苗语属于初等发达型。并对苗语存在差比句补语的原因和名词具有补语特征做出了解释，认为前者的原因与苗语的SVO型和前置词型特征比较典型有关，后者与苗语量词发展程度较高有关。余金枝的《苗语、汉语述补结构相异点的类型学分析》（2006）[④]一文从共时角度对苗语、汉语述补结构的相异点进行对比分析，认为苗、汉语述补结构的相异点主要体现在结构类型、语义搭配以及述补之间的连接词的虚化程度上，这些相异点是由于苗语和汉语分析性程度不同造成的，属于类型学上的差异。

谭晓平的《苗瑶语的动结式》（2011）[⑤]认为苗瑶语动结式结构在句法层面的发展既不平衡，也不充分，受汉语动结式复合词影响，词汇层面已出现"动词性成分+结果补语"的结构。苗瑶语动结式结构是在汉语的影响下，句法层面和词汇层面同时发展的产物。

（5）连动结构

李一如的《黔东苗语的连动结构》（2016）[⑥]以苗族古歌语料及苗语自然口语材料为语言事实，利用语言描写和语法分析的理论与方法对黔东苗语的连动结构进行深入描写与研究，并从语义结构的逻辑分析进行比较，以此对黔东苗语的连动结构的语法性质、语义结构及语法化趋向等作出判断和认识，探析连动结构的语法变化发展动向。

---

① 载《中央民族大学学报》2015年第5期。

② 载《汉语与少数民族语言语法比较》，民族出版社，2006年。

③ 载《中央民族大学学报》2005年第3期。

④ 载《汉语与少数民族语言语法比较》，民族出版社，2006年。

⑤ 载《中央民族大学学报》2011年第4期。

⑥ 载《贵州大学学报》2016年第5期。

余金枝的《湘西苗语的连动结构》（2017）[1] 基于第一手材料，从连动结构与域内论元的制约关系、语义原则、语法化等视角对湘西苗语的连动结构进行分析，揭示了湘西苗语连动结构的几个特点：连动结构不受动词及物性的制约；域内论元共享；连动结构是体现事件时间顺序的句法语义构式；连动结构是动词语法化的重要句法环境。湘西苗语连动结构发达与形态不发达、分析性强相关，连动结构发达与形态缺乏存在倾向性的蕴含共性。

（6）句法语义

李云兵的《苗语动词的句法语义属性研究》（2015）[2] 基于苗语动词多功能数据库，综合采用词汇语法、语义语法、功能语法、格语法、配价语法的理论，从句法、语义、语用相结合的角度，探索和研究了苗语动词的语义分类、动词的重叠式及其语义特征、动词的体貌及其语义范畴、动词的连动结构及其语义特征、动词的动补结构及其语义特征、动词的句法语义属性，认为苗语的自主动词与非自主是动词的语义分类，体貌范畴是动词的客观时间概念和主观感知印象的语义表达，重叠式是动词形态变化的语法手段，连动结构是动词线性序列的体现，动补结构是动词句法结构语义的补充，句法语义属性是动词动核句法结构的说明。

3. 语序

（1）形修名语序

形容词修饰名词存在"名+形"和"形+名"两种语序，这两种语序在语法结构、语义焦点上存在差别。余金枝在《矮寨苗语形修名语序的类型学特征》（2004）[3] 中认为"名+形"和"形+名"的差别有：1）结构上，"名+形"既能构成复合词，又能构成短语，结构较为紧凑；而"形+名"则基本上只构成短语，结构较为松散。2）音节形式上，"名+形"大多是两个音节；而"形+名"不受音节限制，所以双音节是"名+形"结构的重要标志。3）与名物化助词 ma^{31} 的组合上，"名+形"式形容词前一般不带名物化助词 ma^{31}，即不构成"名+ma^{31}+形"式；而"形+名"式则往往加上 ma^{31}，构成"ma^{31}+名+形"式。4）从分布和语用上看，形修名的两种语序互相竞争。但随着汉语借词的大量涌入和汉语句式的不断渗透，与汉语趋同的"形+名"式，呈现竞争优势；而"名+形"式已显封闭态势，只出现在固有词和早期的汉语借词中。5）从表义特点看，"名+形"式和"形+名"式在表义范围上已出现分化趋势，"名+形"式多表示某种具体事物或表意具体简单；"形+名"式多表示复杂抽象的事物或概念。

（2）前状语、后状语和补语

研究苗语的学者根据语序把苗语和布努语的状语分为前状语、后状语两类。但

---

[1] 载《云南师范大学学报》2017年第5期。

[2] 中国社会科学出版社，2015年。

[3] 载《中央民族大学学报》2004年第1期。

在前状语和后状语由哪些成分充当，后状语和补语怎么区分的问题上观点不一。

王辅世在《苗瑶语简志》(1985)① 中认为：认为表示情貌、范围、时间、肯定、否定的副词作状语时在中心语的前面，表示程度的副词多数在中心语的前面，也有少数在中心语后面，表示方式的副词可以在中心语的前面或后面。其他学者的观点也大致如此，只是在充当状语的成分中增加了状词一类。这种观点最大的矛盾在程度副词作状语上。王辅世、罗安源、向日征、蒙朝吉等都把程度副词在中心语的前、后算作状语，这就存在状语与补语怎么区分的问题。如王辅世的《苗瑶语简志》(1985)②、罗安源的《现代湘西苗语语法》(1990)③、向日征的《吉卫苗语语法》(1999)④ 都列举了表示程度义的后状语和补语。后状语和补语的句法位置和语义都相同，难以区分。但是，程度副词居中心语之前的叫状语，居于中心语之后的叫补语，完全依据语序来划分句子成分，势必造成语义相同的程度副词充当的句法成分不同。由此又陷入句子成分划分的标准是句法位置还是语义这个纠缠不清的老问题。但本人还是主张在中心语前的程度副词是状语，在中心语后的程度副词是补语。

4. 句型

（1）被动句

余金枝的《湘西苗语被动句研究》(2009)⑤ 一文，对湘西苗语被动句的句法结构形式和语义特征做了详尽的分析，并认为表被动意义的to²²"着"，来自实义动词，其本义是"（打）中"。后来逐渐虚化，成为表示被动关系的介词。to²²"着"是借自上古汉语的动词"着（著）"，但其被动用法应该是在汉语被动句影响下平行产生的。至于苗、汉两种不同的语言使用相同的语法手段来表示相同的语法意义，这与类型学上的共性有关。

（2）反复疑问句

胡晓东的《白午苗话的反复问句》(2008)⑥ 对黔东南白午苗话的二音节反复疑问句结构进行了分析，认为黔东南白午苗话的二音节反复疑问句结构来源于当地苗话中带有否定词a⁴⁴三音节反复疑问句。

谭晓平的《苗瑶语正反问句的来源》(2014)⑦ 描述了苗瑶语正反问句的六种句法形式"VP-neg-VP、VP-conj/part-neg-VP、VP-neg、VnV、F-VP、VP-conj"。"VP-neg-VP"疑问构式一头连着正反选择问句，另一头连着其省略式"VP-

① 民族出版社，1985年。

② 民族出版社，1985年。

③ 中央民族大学出版社，1990年。

④ 四川民族出版社，1999年。

⑤ 载《中央民族大学学报》2009年第1期。

⑥ 载《民族语文》2008年第2期。

⑦ 载《语言研究》2014年第3期。

neg" "VnV"，是多种问句形式的中枢环节。苗瑶语 "VP-neg-VP" 疑问构式并非源于汉语 "VP不VP" 正反问句的扩散，而是苗瑶语句法结构内部发展的产物。

（3）特殊语句

此处所谓的 "特殊语句" 引自曹翠云的《苗语与古汉语特殊语句比较研究》（2005）① 中的后记，专指 "苗语和《诗经》《楚辞》中都存在难于学习和理解的'特殊语句'"。对这种特殊语句进行专门研究的学者，主要有曹翠云。她的《苗语与古汉语特殊语句比较研究》（2005）② 一书，把苗语的 "动名状格式" "形名状格式" 和《诗经》中的苗语的 "动名状格式" "形名状格式"，苗语中的 "谓状格式" "谓宾定格式" 和《楚辞》中的 "谓宾定格式" "谓宾状格式" 进行比较，古汉语中的上述格式做了新的译解。

（4）处置句

余金枝的《矮寨苗语处置句研究》（2016）③ 对矮寨苗语表示处置义的 "kə⁴⁴+O+VP" 句式进行了分析，这一句式表示说话人认为施事发出某种动作致使受事受到影响而产生变化。kə⁴⁴ 分布的不同句法结构和所表示的不同句式意义形成了以 kə⁴⁴ 为中心的句法语义系统，体现了 kə⁴⁴ 句法地位逐渐弱化和语义逐渐虚化的演变链。矮寨苗语的处置句不发达，是后起的，产生原因与其 SVO 型、前置词型语言等结构特点有关。

（5）差比句

余金枝的《矮寨苗语的差比句》（2012）④ 分析了矮寨苗语的差比句，其典型语序有 "结果+ ŋəŋ²²（和）+基准" 和 "pi⁴⁴（比）+基准+结果" 两类。前者是本语的，后者是借自汉语的。本语的基准标记 ŋəŋ²² "和" 与苗语其他方言的基准标记没有同源关系，由动词 ŋəŋ²² "跟随" 语法化而来。通过苗语三个方言以及跨境苗语的对比发现，基准标记 pi⁴⁴ "比" 是由汉借动词 pi⁴⁴ "比" 语法化而来。pi⁴⁴ "比" 用作苗语差比标记的时间上限是清代。矮寨苗语之所以能够借用汉语的 "pi⁴⁴ 比+基准+结果" 语序，语言接触只是外因，内因是矮寨苗语语言系统具有与之相似的语序。

（三）词汇

1. 构词方式

苗语各方言和布努语的构词法基本一致。都可分为单纯词和合成词两类。合成词又可分为派生词、合成词和叠音词三类。关于构词法的研究主要集中在附加式构词法和并列复合名词方面。

---

① 中央民族大学出版社，2005年。

② 中央民族大学出版社，2005年。

③ 载《民族语文》2016年第5期。

④ 载《中央民族大学学报》2012年第2期。

陈其光在《汉藏语概论·苗瑶语篇》（1991）[①] 中指出："各方言点的派生词比重不平衡，词缀的种类、数目、出现的频率不一样。川黔滇苗语派生词少，布努语、湘西苗语和苗语的一些次方言派生词多。…… 各方言前缀的基本特点有1）语音非常接近，显然它们是同源的；2）这些词缀的声母都是塞音。3）小舌和舌根音声母分布最广。4）叠音词很少，除湘西方言的名词有叠音词外，其他方言的少量叠音词一般是状词和副词。"

附加式构词法主要用于"前缀+词根"构成名词。对附加式构词法的研究也主要集中在名词前缀上。如乐塞月的《贵阳花溪区甲定苗语的前加成分》（1979）[②] 一文，从语音特点、音节结构形式、功用以及与苗语其他方言土语比较等多个角度分析了贵阳花溪区甲定苗语的前加成分。李云兵的《苗语川黔滇此方言的名词前加成分》（1992）[③] 一文，逐一分析了苗语川黔滇次方言15个名词前缀的功能。陈其光在《苗瑶语的前缀》（1993）[④] 中认为："苗瑶语几乎没有构形前缀，构词词缀以前缀居多。前缀的语音特点是轻声，声母一般是塞音；韵母是单元音，往往与词根和谐；各方言都同源。前缀分布不平衡，除了西部苗语个别点以外，一般是音节比较多的方言前缀少，音节比较少的方言前缀多。声母发音部位偏前的前缀出现频率低，声母发音部位偏后的前缀出现频率高。名词中有前缀的多，其他词类少，虚词五前缀。前缀的作用除区别词以外，主要是做词类的标记。前缀随着语音的演变，特别是阴阳调的分化而趋于消失。其中声母发音部位偏前的先消失，发音部位偏后的后消失。石怀信的《再论苗语形态》（1997）[⑤] 分析了苗语东部方言名词前缀的功能。"李云兵的《论苗语名词前缀的功能》（2002）[⑥] 一文，认为："苗语声调越发达，其前缀构词功能越弱；声调越不发达，其前缀构词功能越强。前缀有限制名词语义的功能，数词、量词、动词、形容词加前缀可以名词化。句中名词语义不明确时，前缀对其做出限制，名词语义在有参照对比而且语义明确化时，前缀可有可无。"

并列复合名词方面的专题研究，有余金枝的《吉首矮寨苗语并列复合名词的结构和声调特征》（2004）[⑦]。该文对吉首矮寨苗语并列复合名词的结构和声调特征进行分析，认为制约并列复合名词语素语序的主要因素是声调。

2. 四音格

苗语、布努语都有丰富的四音格结构。这些四音格结构，有的是词，有的是短语，不易区分，所以往往统称"四字格"或"四音格"。

[①]　北京大学出版社，1991年。

[②]　载《民族语文》1979年第3期。

[③]　载《民族语文》1992年第3期。

[④]　载《民族语文》1993年第1期。

[⑤]　载《贵州民族研究》1997年第3期。

[⑥]　载《民族语文》2002年第3期。

[⑦]　载《民族语文》2004年第1期。

　　较早对苗语四音格做专题研究是潘元恩和曹翠云。他们的《黔东苗语的并列四字格》（1958）①一文，把黔东苗语的四音格分为"动—名—动—名""形—名—形—名""名—形—名—形"等12类，并逐一分析每一类的语义和句法特征。向日征的《湘西苗语的并列四字结构》（1983）②从句法功能的角度把湘西苗语的四音格分为"名词性的""动词性的"和"形容词性的"三个大类，并对这三个大类所包含的每一个小类进行了详尽分析。《汉藏语概论·苗瑶语篇》（1991）③概述了苗语、布努语四音格的特点："1）结构特点是'并列同构，不能改易'，即前后两个并列项的结构完全相同，排列位置固定，不能颠倒。2）语义结构是'以例表类，同义对称'。即前后两个并列项分别表示一个具体的事物或现象，而四音格表示的是外延更广的一类事物或现象。两个并列项的语义相同、相近或相反。3）语音特点是整个四音格的声母、韵母重复出现，有抑扬顿挫感。"余金枝的《湘西矮寨苗语四音格词》（2007）④从共时角度描写矮寨苗语四音格词的特征："1）在语音上，以重叠和二、四音节声调的搭配来体现韵律和谐；2）在结构上，注重并列对称；3）在语义上，突出概括、增量；在语法功能上多受限制，一般不带修饰语和宾语，也不作修饰语。……矮寨苗语四音格词的形成机制主要遵循相似、对称、羡余、类推等原则。"

　　从语言对比角度研究四音格词的有余金枝的《吉首苗语四音格词研究——兼与吉首汉语四音格词比较》（2007）⑤。该文运用语言类型学和语言接触理论将湘西吉首苗语四音格词与吉首汉语四音格词进行对比分析，认为吉首苗、汉语四音格词既有共性，又有个性。共性是由于类型学上的相似和语言接触引起的区域共性。

　　3. 词典和词汇集

　　国外编写词典词汇集，始于1870年，英国的艾约瑟（Joseph Edkins）编了《苗语方言词汇》。据陈其光研究⑥，到1974年为止，国外至少出版了苗语或苗英词典6种，苗语方言词汇集3种。新出版的有田口善久的《罗泊河苗语词汇集》（2008）⑦。该词汇集描写了罗泊河苗语的音位系统，收录了词汇、词组和句子，词汇部分注还有英文翻译，对研究罗泊河苗语具有较高的参考价值。

　　国内编写出版苗语的词典、词汇是从20世纪50年代开始的，现在已经有《苗

---

① 载《少数民族语文论集》（第一集），中华书局，1958年。

② 载《民族语文》，1983年第3期。

③ 北京大学出版社，1991年。

④ 湖南师范大学硕士学位论文，2007年。

⑤ 湖南师范大学硕士学位论文，2007年。

⑥ 参见《二十世纪的中国少数民族语言研究·苗瑶语族语言研究》，书海出版社，1998年。

⑦ 东京外国语大学出版，2008年。

汉简明词典·黔东》（1958）①、《苗汉简明词典·川黔滇》（1958）②、《汉苗简明词典·黔东》（1962）③、《苗汉简明词典·滇东北》（1965）④、张永祥、许仕仁主编的《苗汉词典·黔东》（1990）⑤、向日征主编的《汉苗词典·湘西》（1992）⑥、蒙朝吉主编的《汉瑶词典·布努语》（1996）⑦、石如金主编的《苗汉汉苗词典·湘西》（1997）⑧、鲜松奎主编的《新苗汉词典·西部方言》（2000）⑨等9部。释意词汇集有张文编的《苗汉词汇·黔东》（1983）⑩、中央民族大学苗瑶语教研室编的《苗瑶语方言词汇集》（1987）⑪。其中，石如金编的《苗汉汉苗词典·湘西》收录的词条最多，有19400多条。词典不仅收录词，还收录短语和句子。大量的四字格、成语、谚语、习惯语、古语词和地名都收录进来了，提供的语料很丰富。不足之处是文中有的词条重复出现，有一些使用频率不高的新借的短语也收录进来，如"掌舵""长进"等词。张永祥主编的《苗汉词典·黔东方言》收词11000多条，释义、举例比较详尽准确。《苗瑶语方言词汇集》共选取了凯里的养蒿、湘西的吉卫、叙永的枧槽、威宁的石门坎、都安的每株、金秀的镇中、全州的东山等7个点，每个点收录词语3000余条。该书对苗瑶语的比较研究有一定的参考价值。

（四）参考语法

自2010年以来，涌现出一批关于苗瑶语参考语法的博士论文，对所描写语言的语法方面如语音、词汇、词类、短语、句类、句型等的详尽描述。

余金枝的《矮寨苗语参考语法》（2010）⑫以苗语湘西方言的矮寨土语（以下简称"矮寨苗语"）为研究对象，借鉴参考语法的描写分析原理，综合运用现代语言学的基本理论，并兼顾传统语法的研究范式，对矮寨苗语的语法结构及其特点进行了较为全面、系统、深入的共时描写与分析。

姬安龙的《苗语台江话参考语法》（2010）⑬以"参考语法"所倡导的语言描写与研究原则为理论指导，结合语言学基本理论，用"参考语法"的写作范式，同时

---

① 贵州民族出版社，1958年。

② 贵州民族出版社，1958年。

③ 贵州民族出版社，1962年。

④ 贵州民族出版社，1965年。

⑤ 贵州民族出版社，1990年。

⑥ 四川民族出版社，1992年。

⑦ 四川民族出版社，1996年。

⑧ 岳麓书社，1997年。

⑨ 四川民族出版社，2000年。

⑩ 凯里民族事务委员会印，1983年。

⑪ 中央民族大学出版社，1987年。

⑫ 博士学位论文，中央民族大学，2010年。

⑬ 博士学位论文，南开大学，2010年。

借鉴传统语法的描写方法，对苗语台江话的语法结构及其特点进行比较系统、全面和深入的共时描写。

蒙有义的《布努语研究》（2012）① 以龙关布努语为重点，兼及各方言，从共时的角度首先对布努语语音进行了描写和分析，其次是布努语的词汇系统进行考察研究。

熊玉有的《苗族Hmong支系语言研究》（2015）② 从支系的角度，在调查的基础上，对苗语Hmong支系12个点涉及9个亚系的语言材料进行比较和分析，力图找出不同调查点或亚系的语音、词汇和语法差异和特点，揭示其语言变化原因和规律，对一些语言现象做出解释，以帮助人们丰富语言知识，促进语言学科发展。同时，通过比较分析，对本族群语言文字规范提出意见建议，以方便族群交流，提高本族语言文字应用水平，促进语言资源抢救保护等。

杨再彪的《嗰奈语研究》（2016）③ 以语言接触理论和参考语法理论为指导，结合其他传统的语言学理论方法，在田野调查的基础上，对嗰奈语做了较系统的描写和分析。

（五）跨境语言调查研究

余金枝的《中泰苗语的差异分析》（2016）④ 对中泰苗语的语音、词汇、语法的主要差异进行对比分析，指出语音的主要差异是声母系统和声调系统出现了不同程度的简化。从核心词同源词的比例上看，泰国苗语与文山苗语最为亲近，而与台江苗语、矮寨苗语的亲疏度未呈现明显的差距。中泰苗语的总体差异是泰国苗语更多地保留古苗瑶语修饰语后置的语序，中泰苗语的跨境差异小于方言差异。

余金枝的《泰国苗语调查的几个要点》（2017）⑤ 介绍了泰国苗语调查的主要内容：泰国苗族的支系差异及其分布，迁徙的时间和路线，语言使用现状，泰国苗语的本体特点，泰国苗族的文化特征及民族认同和国家认同。泰国苗语调查应抓住"共同性"和"差异性"的矛盾、"稳固性"与"适应性"的矛盾。

余金枝的《老挝苗族语言生活的特点及成因分析》（2017）⑥ 基于作者田野调查的第一手材料，对老挝苗族语言生活进行了系统的描述。指出老挝苗族语言生活的特点有四：母语是老挝苗族族内交际最为重要的语言工具；苗文的活力出现了复苏，其使用已进入媒体和教学层次；苗语口传文学出现代际断裂；兼用国语存在地域差异和代际差异。母语保留的成因与小聚居的分布格局、媒体传播、跨国交流有关，

① 博士学位论文，上海师范大学，2012年。

② 博士学位论文，上海师范大学，2015年。

③ 博士学位论文，湖南师范大学，2016年。

④ 载《当代语言学》2016年第2期。

⑤ 载《百色学院学报》2017年第4期。

⑥ 载《贵州民族研究》2017年第8期。

特殊的社会历史条件促成了老挝苗族的多语生活。还指出"母语-国语-泰语"将成为老挝苗族全民的语言生活类型。

余金枝的《中泰跨境苗语对比研究》（2018）[1] 基于大量的第一手材料，从语言使用、同源词、语音、语法多个视角对泰国难府苗语与中国云南文山苗语、贵州黔东台江苗语、湖南湘西矮寨苗语进行了深入系统的比较，探索了中泰跨境苗语的共性和个性。作者提出中泰跨境苗语研究应该立足于"对比性视角"和"系统性视角"，抓住"稳固性"与"适应性""共同性"与"差异性"两对矛盾。

六、瑶语支语言研究

属于瑶语支的语言只有一种，有的称之为勉语，有的称之为瑶语。这里统称瑶语。

关于瑶语的研究，20世纪50年代之前的成果不多。国外比较重要的成果有法国学者 F.M.Savina 的《法-勉词典》。国内中国学者用音标记录研究瑶语始于20世纪20年代后期，主要有：颜复礼、商承祖的《广西凌云瑶人调查报告》（1929）[2]，书中刊载凌云四种瑶人土语百多个词语、几个句子；赵元任的《广西瑶歌记音》（1930）[3]；李方桂的《广西凌云瑶语》（1930）[4]；黄锡凌的《瑶语语音和声韵 —— 油岭方言描述》（1939）[5]；张琨的《论苗瑶语声调问题》（1947）[6]。这里我们主要叙述20世纪50年代以来的研究成果。

70年的努力取得了一些成果。这些研究成果主要表现在：1）开展了广泛的瑶语调查研究，对其中大多数语言和方言的特点有了一定的了解，并对其总体面貌有了初步的认识；2）对瑶语的一些重要的、独特的特点有了比较深入的研究（如复辅音、长短元音、重叠等）；3）对瑶语的历史比较做了一些研究，探讨了某些语言要素的来源及历史演变。

（一）语音研究

经过半个多世纪的调查研究，瑶语语音研究方面取得了一些成果。主要体现在：第一，对瑶语音系进行了细致的描写分析，弄清了很多区域瑶语的音系。例如，《瑶族勉语方言研究》（2004）[7] 公布了20世纪50年代调查的22个点的瑶语音

①　中国社会科学出版社，2018年。

②　中央研究院（中华民国时期）社会科学研究所，1929年。

③　中央研究院（中华民国时期）历史语言研究所单刊甲种之一，1930年。

④　载《中央研究院（中华民国时期）历史语言研究所集刊》第1本第4分册，1930年。

⑤　载《岭南科学》杂志第18卷第4期，1939年。

⑥　载《中央研究院（中华民国时期）历史语言研究所集刊》第16本，1947年。

⑦　民族出版社，2004年。

系，极大丰富了人们对瑶语语音的认识。有些学者还把目光投向国外，将中泰两国瑶语的音系进行了比较，这方面的成果有李增贵的《中外瑶语音系比较》[①]；第二，对现代瑶语语音的一些特点有了深入的认识。主要体现在以下几个方面。

1. 复辅音声母

瑶语有复辅音声母，类型简单，是塞音后带边音型。主要有两套，即唇边复辅音 pl、p'l、bl 和舌根边复辅音 kl、khl、gl。此外，金门方言还有舌尖边辅音 tl、dl。例如，全州标敏瑶语 pla³⁵ "五"、p'lɛn³³ "抚摸"、blau³¹ "稻子"、klaŋ³³ "脖子"、k'la³³ "耙（扒拉）"、glaŋ¹¹ "塘"，梁子金门瑶语 tlaŋ³⁵ "颈"、dlɔ²² "浑"。

对瑶语复辅音的分布和演变的认识，经学界不懈努力有了进展。长期以来瑶语专家认为，保留复辅音最多的是瑶语标敏方言，其次是金门方言，勉方言的长坪、罗香两个土语有一些，其他勉方言的复辅音声母已经消失。如周祖瑶在《瑶族勉语的复辅音 [pl、kl]》（1986）[②] 一文中提出了这个观点，但经调查，发现勉方言的主体广滇土语有复辅音，多见于中老年人，如广西金秀县长垌乡桂田村的盘瑶语。赵春金的《瑶族勉语复辅音的演变》（1992）[③] 发现广西田林县福达乡的盘瑶语言也发生变化。根据赵敏兰的田野调查（2008）和母语人盘美花反映，广西阳朔县福利镇龙尾村的盘古瑶语和广西贺州的土瑶瑶语也发生相同的变化。预计随着调查的不断深入，还会有新的发现。

瑶语复辅音发展的总趋势是走向消失。已有三篇专门探讨瑶语复辅音演变的论文：赵春金的《瑶族勉语复辅音的演变》、周祖瑶《瑶族勉语的复辅音 [pl、kl]》和盘美花的《也谈瑶语复辅音声母的演变》（1992）[④]。其中盘美花文讨论得最为充分。她检讨了学界关于瑶语复辅音声母演变的三种说法，提出了自己的见解。认为瑶语复辅音的演变因地域的不同分化出两条平行发展的道路，也就是有些地方走了先颚化后单辅音化或舌面化的道路，如桂北、桂西一带，有些地方如桂东、桂中一带走了脱落边音直接向单辅音化的道路。盘美花提出的两个平行发展的演化模式是可信的，但是否仅反映为地域的差异则值得商榷，因为我们可以找到同一地点复辅音保留与两种演化模式并存的例子，而这种差异反映为年龄层次的不同。例如，勉方言罗香土语塞边复辅音在老年人口中常出现，也有一些老年人读作颚化音，而青壮年人大体上是边音消失直接念成塞音。因此，复辅音两种模式在年龄层次和地域上都可体现。

2. 全清闭塞音声母的浊化

在现代瑶语中，与苗语相对应的本应是全清闭塞音的声母，但却是全浊音声母。例如：

① 载《广西民族学院学报》1983年第3期。
② 载《广西民族研究》1986年第1期。
③ 载《民族语文研究新探》，四川民族出版社，1992年。
④ 载《瑶学研究》第2辑，广西民族出版社，1992年。

苗语大南山 to¹	pei¹	qua³	tso⁷	tɕua⁵
苗语养蒿 to¹	pi¹	qa³	so⁵	tɕen⁵
瑶语大坪江 du¹	bwo¹	gai³	dzu⁵	dzja:u⁵

邓方贵在《现代瑶语浊声母的来源》（1983）[①] 中最早讨论这类声母，认为是来源于先喉塞音类型的声母。并认为带先喉塞音的这类声母不是古苗瑶语固有的，而是受壮侗语影响的结果。继而陈其光在《华南一些语言的清浊对转》（1991）[②] 一文中观察到"清音浊化"这种现象在华南地区分布很广。李云兵在《苗瑶语语音的基本理论和现实研究》（2000）[③] 一文中，对瑶语浊声母 g、dz、dʑj、ɖ的来源做了补充说明，"如果说瑶语支语言的 b、d 是壮侗语影响的结果，只是后来先喉塞音脱落了能够成立的话，那么 g、dz、dʑj、ɖ也是受影响的结果，但这种结果不是直接受影响的结果，而只能说是类推的结果，即全清闭塞音 p、t 受壮侗语的影响变成 ʔb、ʔd，进而变成 b、d，全清闭塞音 k、ts 及变体依类推变成 g、dz、dʑj、ɖ"。

邓方贵的《阴阳调假设论据之互补》（1993）[④] 一文认为，瑶语的清音浊化现象能够作为论证苗瑶语阴阳调存在的重要论据，可以作为张琨（1947）论证的补充。因为张琨的论证主要用的是苗语的材料，仅从苗语来说，其论证是全面的；但是从瑶语的角度来看却缺少了一个方面的论据，那就是清音浊化现象。浊音清化和清音浊化现象都是在阴阳两类调形成以后的演变结果，是历史上苗瑶语阴阳两类调分化的有力证明。否认清音浊化的论据就得承认浊声母本身具有八类调，且八类调的形成与声母清浊无关，而全清声母却没有八个调，这就让人怀疑了。

3. 边音

郑宗泽《大坪江勉话边音和边擦音来源》（1990）[⑤] 根据大坪江勉话边音和边擦音声母同另三个方言土语声母的对应，并参考勉语同苗语支语言的声母对应，判定大坪江勉话这两个声母的来源是古勉语边音 *l、*ɬ 和舌根复辅音 *gl、*ŋkl、*ŋkhl 声类。同时，还推断勉语这些字的古舌根复辅音分别与古汉语、壮侗语族语言的同一个字的古声类具有共同历史根源。

田口善久的《勉语边音的来源及其演变》（1997）[⑥]，与郑宗泽的观点有些不同。他发现，勉语（瑶语）现代方言、土语各有一或两组边音，通过方言比较会发现这些边音有三组对应关系，勉语边音声母的来源以及它的演变过程如下：

A组：*l，lr>*l>l

B组：*lj，lrj>*lj>g（j）（梁子，览金）

---

① 载《民族语文研究》，四川民族出版社，1983年。

② 载《民族语文》1991年第6期。

③ 载《贵州民族研究》2000年第1期。

④ 载《瑶学研究》第1辑，广西民族出版社，1993年。

⑤ 载《民族语文》1990年5期。

⑥ 载《瑶学研究》第4辑，广西民族出版社，1997年。

l（j）（其他地点）

C组：*r>l　　　　　　（江底、湘江、东山、三江）

>* χ>g（j）　　　（梁子、览金）

>*z>dz　　　　　（大坪）

与其他学者不同的是，王辅世的《苗瑶语古音构拟》构拟为*ʔnl。作者认为从勉语大部分点的反映形式看来，以构拟单个边音为宜，因为这些词的声母本是单辅音，后受汉语的影响而在个别词里发生了变化。从苗语的反映形式来看，这个古音应属于A组的边音；C组郑宗泽构拟为一些鼻冠舌根复辅音，作者认为鼻冠复辅音变边音或塞音的变化在勉语语音系统里不是系统存在，若构拟了这种鼻冠复辅音会将整个古音构拟工作复杂化，赞同L-Thongkum[①]（1990）的观点构拟为连续音。因为假设这种连续音比较容易说明问题，一般说来，r音很容易变舌擦音或小舌擦音。

4. 长短元音

瑶语韵母里的元音有的有长短对立。例如广西龙胜大坪江的da:t⁵⁵"翅膀"和dat⁵⁵"织"。长短对立的元音以低元音a最常见，其次是次高元音e、o，高元音i、u最少。对立的元音除音长不同外，音色也有差别。一般是低元音和次高元音中的长元音舌位偏低，短元音舌位偏高偏央。相反，高元音中的长元音舌位偏高，短元音舌位偏低、偏央。马学良、罗季光的《我国汉藏语系语言元音的长短》（1962）[②]最早揭示瑶语这种现象。过去这种对立在瑶语中是比较普遍的现象，现在在瑶语四大方言中标敏和藻敏方言的对立已经消失，金门和勉方言虽有长短元音对立，但并非完整无缺，趋于消失。元音分长短是区分词义的一种手段，例如大坪江的na:u²³¹"老鼠"和nau²³¹"舅舅"，除此外，在金门方言里，元音分长短也成为促进声调分化的条件，例如金门方言促声类分化为古全清、古次清之后的再分化，元音长短占有主导的地位。

马学良、罗季光利用瑶语等汉藏语的长短元音的材料讨论了《切韵》纯四等韵的主要元音。《〈切韵〉纯四等韵的主要元音》（1962）[③] 这篇较有影响的文章，把切韵音系的纯四等齐、萧、先、青、添诸韵的主要元音设计为长元音i，为现代汉语方言这些韵字的复杂音读的来龙去脉做了解释，不失为一家之言。

5. 辅音韵尾

瑶语音系鼻音韵尾大多–m、–n、–ŋ齐全，只有勉方言湘南土语和标敏方言特殊，受周边汉语方言的影响，标敏瑶语只有–n、–ŋ尾，湘南土语只有–ŋ尾。塞音韵尾多数是–p、–t、–ʔ，–k出现的频率视具体方言而定，只有被汉语土话包围的勉方言湘南土语和标敏方言塞音尾演化速度快，湖南宁远瑶语–p、–t、–k都已

---

① L-Thongkum: A riew on Proto-mjuenic（yao），Paper presented at the 24th Sino-Tibetan Languages and linguistics, Bangkok, 1991.

② 载《中国语文》1962年第5期。

③ 载《中国语文》1962年第12期。

经合并为的 –ʔ，标敏方言虽有入声调，但没有塞音尾 –p、–t、–k，–p、–t 已演化为 –n，–k 演化为 –ʔ。塞音尾的演化趋势在瑶语里是从舌根音开始的，首先 –k 变为 –ʔ，然后 –p 转化为 –t，–t 再次转化 –ʔ，最后 –ʔ 消失。在个别方言，有些变为鼻韵尾。较早便对瑶语辅音韵尾的演化做精辟分析的是盘承乾的《论苗瑶语辅音韵尾的演变问题》（1983）① 。

6. 声调

现代瑶语一般是 8 个调类 8 个调值。有些方言有调类合并的现象，大体是双数调合并。例如，标敏方言 4 调和 6 调合并，而有些方言有调类分化的现象，大体是单数调分化。例如，金门方言 7 调字以古全清、次清分化之后，还受元音长短的制约再次进行分化。

瑶语各个方言大体都有连读变调，而且一般都是前面的音节变调，只有金门方言和标敏方言牛尾寨土语的一些合成名词变调是最末音节变调。勉方言的变调现象比较有规律（长坪、罗香土语有些例外），除了第 2、第 8 两个调之外，舒声类一律变为第 2 调，促声类变为第 8 调。其他方言则不同。这些变调现象在毛宗武的《瑶族勉语方言研究》（2004）② "语音系统" 部分有描写说明，在其后 "有关语音结构的几点述说和分析" 中也有所归纳分析。卢诒常的《瑶族勉语标敏方言的构词变调与构形变调》（1985）③ 一文，分析了瑶语标敏方言合成名词或名词性的修饰词组的构词变调规律，是一篇揭示标敏方言构词变调的论文。

赵敏兰的《瑶语勉方言罗香土语 5' 调的来源》（2012）④ 认为瑶语勉方言罗香土语念 5' 调的词包括非汉语词、早期汉语借词以及现代汉语借词三个部分。非汉语词、现代汉语借词中的 5' 调并非来自古次清声母字，早期汉语借词中的 5' 调多来自古塞音、塞擦音全清声母上、去声字，而并非早期的 5' 调来自古次清声母字的说法，因此致使瑶语派调形成的原因可能多元化。

7. 其他研究

盘承乾的《瑶语语音初步比较》（1992）⑤，是较早一篇比较不同地域瑶语勉方言语音差异的论文。文中归纳了瑶语三点比较突出的差异和变化：瑶语的声母，有的字在金秀、江华读舌根音，龙胜读舌面音，它们分别从古瑶语根边复辅音分化出来。瑶语的韵母，主要表现在鼻音和塞音韵尾和长短韵的简化或消失（从繁到简）。瑶语的声调与声母、韵母的配合上，有很大的关系。声母和韵母的变化，也势必影响到声调的变化。特别是声调的合并是不可避免的。

---

① 载《民族语文研究》，四川民族出版社，1983 年。

② 民族出版社，2004 年。

③ 载《民族语文》1985 年 6 期。

④ 载《百色学院学报》2012 年 6 期。

⑤ 载《瑶族研究论文集》，广西人民出版社，1992 年。

黄行的《广西龙胜勉语的语音变异》（1990）[①]则采用社会语言学抽样调查的方法研究广西龙胜勉语的语音变异。作者抽取100个样本，观察五组变项 –p ~ –ʔ、–t ~ ʔ–、–m ~ –n、aːu ~ aː、tsj ~ tɕ 的变异情况，发现影响龙胜勉语语音变异的主要社会变项是说话人的年龄和居住地区，认为龙胜勉语音变的过程，可以支持"词汇扩散"的音变理论，其研究成果证实了拉波夫提出的"音变基本机制"的理论。

盘金祥的《云南瑶族勉话发展变化的特点》（1994）[②]指出，云南勉话的演变主要表现在塞音韵尾的消失和长短元音对立的消失，此外金平勉话存在着一些比较特殊的语音现象，主要表现在 i 与 ɨ 对立（如 bi⁵⁴ "糠"与 bɨ⁵⁴ "抽"）、a 与 ɑ 对立（如 a⁵⁴ "闷热"与 ɑ⁵⁴ "鸭子"）、ʉ 与 u 对立（如 tʉ³³ "摸"与 tu³³ "大"）、ə 与 ɤ 对立（如 bə⁵⁴ "稗子"与 bɤ⁵⁴ "松鼠"），鼻音韵尾 –m 在向 –n、–ŋ 韵转化，形成自由变读（如"挑"既能读为 dan³³，又能读为 daŋ³³）。

龙国贻的《藻敏瑶语语音研究》（2016）[③]从概况、语音特点、历史层次概况、汉借词的主借层、汉借词的非主借层及历史音变等方面，详细分析了"八排瑶"这一瑶族支系所使用的语言——藻敏瑶语。

龙国贻、龙国莲的《藻敏瑶语的 j– 声母》（2016）[④]详细描写了藻敏瑶语 j– 声母的四个变体：硬腭无擦通音 j、擦音 ʑ、龈腭塞擦内爆音 ʄz 和龈腭闪音，其中龈腭塞擦内爆音较为罕见，龈腭闪音国际音标表目前没有专门的记录符号。

龙国贻、龙国治的《藻敏瑶语的三种鼻音类型》（2017）[⑤]使用语音实验的手段，讨论了藻敏瑶语中的清鼻音和气鼻音，并论证了清鼻音与气鼻音的共同来源 *hN–，以及它们的发音机制与演变原理。

蒙凤姣的《七百弄壮语 r 类声母和布努语声母 ɣ》（2017）[⑥]描述了七百弄壮语 r 类声母的3个自由变体 [r][ɣ][ð]。由于七百弄是布努瑶族的聚居地，所以当地操壮语的壮族人便认为 r 类声母中的变体 [r] 是壮语本身固有，变体 [ɣ] 和 [ð] 则是受到当地布努语声母 ɣ 的影响。通过对整个布努语的声母系统和壮语的18个方言声母系统材料进行分析，认为七百弄壮语 r 类声母的自由变体 [r][ɣ][ð] 并非受到布努语声母 ɣ 的影响，而是本民族语言所固有。同时，也是壮民族学习本民族语言外来元素的结果。

蒙凤姣的《壮语对瑶语布努土语的影响》（2017）[⑦]通过对瑶族布努土语反身代词及动词"去"用法的不同之处进行分析，说明了瑶语布努土语的反身代词及动词

① 载《民族语文》1990年1期。

② 载《瑶文化研究》，云南人民出版社，1994年。

③ 中西书局，2016年。

④ 载《民族语文》2016年5期。

⑤ 载《民族语文》2017年5期。

⑥ 载《广西民族师范学院学报》2017年1期。

⑦ 载《民族语文》2017年5期。

"去"的用法不同是受到壮语影响的结果。

（二）语法

70年来，瑶语语法的研究成果体现在：第一，对瑶语语法系统有了较深的认识。全面性的语法共时描写，在语言简志、概况、综合性研究的书中得以反映。目前公布的材料，描述勉方言语法的为多，见于《瑶族语言简志》（1982）[①]、《现代瑶语研究》（1993）[②]、《柘山勉话概况》（2004）[③] 等，标敏方言的语法材料主要见于《瑶族勉语方言研究》（2004），藻敏方言的语法材料见于《广东连南油岭八排瑶语言概要》（1990）[④]、《连南八排瑶语》（1989）[⑤]，金门方言的语法材料欠缺。第二，语法专题研究得到重视。

1. 重叠

在瑶语中，标敏方言的重叠现象比较突出，因而受到高度关注。毛宗武的《瑶族标敏话词语重叠的语法功能和语法意义》（1989）[⑥] 是较早讨论瑶语标敏方言重叠的文章。该文主要描述瑶语标敏方言的形容词、动词和量词的重叠现象，动词只有简单重叠，形容词和量词有简单重叠和变调重叠两种，分析了重叠的语法功能和语法意义，认为重叠跟词序、虚词一样是这个方言的主要语法手段。其后，陈其光在《汉藏语概论.苗瑶语编》（1991）[⑦] 中，对苗瑶语的重叠做了系统的综述，并且指明了各种重叠形式所表示的语法范畴，其中涉及瑶语标敏方言。我们根据他的分析归纳为：标敏瑶语的名词和动词属原形重叠（即毛所说的简单重叠），形容词和量词除原形重叠外有变调重叠，名词重叠后表示事物多，属于"数"的范畴，动词重叠后表示动作多次进行，属于"体"的范畴，形容词重叠以后的语法意义表示程度深，属于"级"的范畴，量词原形重叠以后表示所指事物由个体扩大到全体，属于"数"的范畴，量词变调重叠后的语法意义增加了强调的意义，属于"级"的范畴。

2. 词类

瑶语标敏方言动词、形容词等特点突出，单篇讨论的论文较其他方言为多。邓方贵的《瑶语标敏方言动词的特点》（1999）[⑧] 从重叠、受程度副词否定副词修饰、动词加sau³⁵表示动作的方式方法、动词提问的省略形式、动词时态表示法五个方面探讨瑶语标敏方言动词的特点。倪大白的《藏缅、苗瑶、侗泰诸语言及汉语疑问

---

① 民族出版社，1982年。

② 广西民族出版社，1993年。

③ 载《民族语文》2004年第1期。

④ 华东师范大学出版社，1990年。

⑤ 中山大学出版社，1989年。

⑥ 载《民族语文》1989年6期。

⑦ 北京大学出版社，1991年。

⑧ 载《民族教育研究》1999年第1期。

句结构的异同》（1982）① 把标敏方言的动词反复问的省略形式作为几种独特的形式之一，单列出来。

卢诒常的《瑶族勉语标敏方言的构词变调与构形变调》（1985）② 分析了瑶语标敏方言合成名词或名词性的修饰词组的构词变调规律和量词、形容词的构形变调以及构形变调所表达的语法意义。

曹翠云的《汉、苗、瑶语第三人称代词的来源》（1988）③ 认为瑶语勉方言和标敏方言的第三人称代词nin² 来源于名词"人"（对应的是汉语的"人"，而不是瑶语表示人的min²）。

瑶语的数词，除了简志和概况等有介绍外，小赫伯特C·珀内尔、李增贵的《瑶语的数字》（1982）④，舒化龙、肖淑琴的《瑶语数词初探》（1984）⑤ 和李敬忠的《八排瑶的数词》（1988）⑥ 三篇文章也专文对此做了分析，有助于人们认识瑶语的计数方法。瑶语有一套固有数词和一套借自汉语的数词，固有数词和借自汉语的数词有不同的分布，不能互相替换，固有数词一般不用于多位数，在多位数里主要用借自汉语的数词，借自汉语的数词除了用于表示多位数和序数外，还用于表示月份和日子。

3.跨境瑶语语法比较

瑶族在境外有分布。有些学者注意到跨境瑶语语法变异的现象。赵敏兰对中国和泰国的瑶语在语法上进行比较，她的《试论中泰两国瑶语在语法上的差异》（2006）⑦ 发现两者的差异主要体现在：在构词法上，泰国瑶语喜用ABA式和正偏式构词，比中国瑶语更多地保留了瑶语固有的特性；两者的差异还反映在某些词类上，如泰国瑶语有名词AA式重叠，拥有一些富于特色的虚词。在句法上，泰国瑶语采用一些特殊的语气词构成疑问句，判断句有新的判断标志，差比句类型单一，这是有别于中国瑶语的特点。

（三）词汇

舒化龙的《现代瑶语研究》（1992）的词汇部分构建了瑶语词汇研究的框架（他把构词法放在语法部分）：1、瑶语的固有词汇；2、多义词；3、同义词；4、比喻词；5、同音词；6、反义词；7、借词；8、熟语。可惜每一部分多是举例，没有很深入的分析。瑶语词汇的研究比较薄弱，语义学的研究内容几乎是空白，现有的成

---

① 载《语言研究》1982年第1期。
② 载《民族语文》1985年6期。
③ 载《民族语文》1988年第5期。
④ 载《广西民族学院学报》1982年4期。
⑤ 载《广西民族学院学报》1984年2期。
⑥ 载《贵州民族研究》1988年4期。
⑦ 载《广西师范大学学报》2006年第1期。

果主要是构词法、借词等方面的。应加强瑶语造词理据的分析、词的义项分析和词源的探究。

1. 构词法

瑶语构词法的研究成果，在语言简志、语言概况都有反映，也有一些专题研究论文。比较突出的研究有：

（1）构词法的特点

盘承乾、邓方贵在《瑶语构词中的几个特点》（1985）① 一文归纳瑶语的构词法有五个特点：以变调来区别词和词组；以变调来区别AAB式形容词的不同程度；合成词有两种修饰形式，一种是修饰语在前，被修饰语在后，另一种修饰语在后，被修饰语在前；重叠嵌入（ABA）式；在单音名词前可加前加和后加成分。

（2）前缀

苗瑶语几乎没有构形词缀，构词词缀以前缀为多。

李炳泽的《苗瑶语辅音前缀的音节化和实词化及其变体研究》（1994）② 认为苗瑶语的音节前缀是从单纯的辅音演变而来的，其意义有由虚变实的倾向。这有待进一步论证。至少他所举的好几个瑶语例子不能证明这个观点，反倒是可以作为瑶语复合词前音节的前缀化的实例。例如，*p–"（事物）凸出的部位""团状的事物"，这个前缀下列举了9个瑶语词，有5个我们通过方言间的比较能找出它们所源出的词，如pu² kaau²"桃子"，pu²是由piou³"果子"演变来的。

李炳泽的《瑶语复合词前音节的前缀化倾向》（1999）③ 通过方言间的比较发现，瑶语的一些前缀是由复合词的前音节经过固定的变调，加上韵母的类化而变成的。前缀原来许多还是一个"词汇词"，如大坪江的"眼睛"有mu² tsiiŋ¹、mwei⁶⁻²tsiiŋ¹两说，mu²是由 mwei⁸"眼睛"虚化而来的。复合词前音节的前缀化倾向不仅涉及瑶语固有词，而且也涉及汉语借词。瑶语的这种实词虚化跟一般所见到的现象有很大的不同，其他语言的实词虚化是某一个实词的逐渐虚化，变成一个语法词。这个发现为瑶语前缀的来源找到新的解释，也为语法化理论提供鲜活的材料。

李增贵的《中外瑶语的前加成分》（1985）④，比较了中国和泰国瑶语的前缀。

一些汉语研究的学者，进行汉藏语比较研究时，利用了瑶语的构词法材料，如丁崇明的《汉语、藏缅语、侗台语、苗瑶语复合式合成词比较》（2002）⑤。

2. 记载于汉籍的瑶语词汇

目前，历史上被记载于汉籍的瑶语词汇开始受到学者的重视。范俊军的《清代

---

① 载《广西民族学院学报》1985年1期。

② 载《中央民族大学学报》1994年5期。

③ 载《语言研究》1999年1期。

④ 载《广西民族学院学报》1985年1期。

⑤ 载《思想战线》2002年5期。

〈连阳八排风土记〉瑶语词表研究》（2006）[1] 将词表与今八排瑶语比较后发现：一、八排瑶语从康熙朝至今300多年间，音系格局和基本词汇未有根本性变化；二、前清时期粤北湘南交汇地带较为通行的汉语不是粤语或西南官话，而是一种融合湘语特征的早期客方言。

3. 跨境瑶语词汇的比较

赵敏兰的《试论中泰两国瑶语的词汇差异》（2008）[2] 分析了中泰两国瑶语的词汇差异。在词汇构成方面，两地瑶语的差异主要体现在：泰国瑶语较多地保留了民族固有词和文化习俗词，而国内瑶语有些固有词已不见于口语，仅存留在歌谣里，大量的文化习俗词也逐渐消失；泰国瑶语中的借词除共有的老汉语借词外，还有泰语以及其他东南亚语言借词，国内瑶语则限于汉语西南官话借词；泰国瑶语新词的借用方式倾向于半音译半意译，国内瑶语则更多地直接搬用；泰国瑶语有一些新创词，创词方式也多用固有词素和语序，国内瑶语则很少有新创词。

（四）词典和词汇集

国外出版的瑶语词典主要有两种。美国人 Sylvia.Lombard 和 Herbet C.Purnell Jr. 编著的 Yao-English Dictionary（1968），主要记录的是泰国北部瑶语，全书收词丰富，有3234千条主要词目，加上次属词目总计有11000条之多。搜集的范围主要是基本词汇和日常用语，对词语的解释和举例较为明确，记音比较细，是一本不可多得的了解泰国瑶语的工具书，也是研究泰国瑶族其他方面的一份宝贵资料。1985年，该词典经由李增贵翻译，译为《瑶英汉词典》（1985）[3]，由广西民院民族研究所内部油印发行。

新谷忠彦、杨昭编《海南岛门语 —— 分类词汇集》（1990）[4]，收集的是海南岛苗族所说的瑶语金门方言词汇，收词 2500余条，对了解海南岛苗族所说的瑶语金门方言词汇面貌有极高的参考价值。

国内有三本较重要的瑶语词典或词汇集。毛宗武编著的《汉瑶词典》（勉）〈1992）[5] 以龙胜江底大坪江的瑶语为标准音点，收词条和词组6000多条，其中酌情收入部分歌谣语言和老年人用语。词典按词类分目，释义、举例比较详细准确，是国内第一部最为详尽的收集瑶语勉方言词汇的词典，有参考价值。有些词语存在硬译是这本词典微瑕之处。中央民族学院苗瑶语研究室编的《苗瑶语方言词汇集》[6] 共收苗瑶语7个点的材料，每点收词3000多条。其中涉及瑶语的有金秀镇中

---

① 载《广东社会科学》2006年3期。

② 载《暨南学报》2008年第1期。

③ 广西民院民族研究所内部油印，1985年。

④ 东京亚非语言研究所，1990年

⑤ 四川民族出版社，1992年。

⑥ 中央民族学院出版社，1987年。

（勉方言）、全州东山（标敏方言）两个点。毛宗武编著的《瑶族勉语方言研究》一书中列有"方言土语常用词汇对照"一节，共收瑶语10个点的常用词汇1549条，涉及瑶语的四大方言。这是至今为止，20世纪50年代瑶语普查收集到的词汇材料得以第一次大规模的公布，对比较瑶语方言的常用词汇有一定的参考价值。

（五）描写研究

郑宗泽的《江华勉语研究》（2011）① 以江华山区湘江乡庙子源村勉语标音点的本地瑶勉话湘南土语为代表，以两岔河乡水仔坳寨勉话标音点的广西瑶勉话广滇土语为代表，从语音、词汇和语法方面做了详细的介绍。

龙国贻的《藻敏瑶语语音研究》（2011）② 在传统调查描写方法的基础上，采用了田野调查新技术和实验语音的新手段，对藻敏瑶语做出共时层面的语音描写，同时采用历史层次分析法对藻敏瑶语汉借词的历史层次做了详细分析，并结合历史比较法和内部拟测法求出藻敏瑶语的音变规律。

刘鸿勇的《粤北乳源过山瑶勉语研究》（2016）③ 以江华山区湘江乡庙子源村勉语标音点的本地瑶勉话湘南土语为代表，以两岔河乡水仔坳寨勉话标音点的广西瑶勉话广滇土语为代表，从语音、词汇和语法方面做了详细的介绍。

（六）其他研究

瑶族有丰富的口头文学，比如歌谣、师公在宗教仪式中念诵的文本。口头文学中的语言往往跟瑶族日常生活使用的口语有些差异。其中的一部分，除了民间艺人和师公外，一般人不知道。例如，"吃饭"口语为 $\eta i\epsilon n^6$ $\eta a\eta^5$，歌谣语为 $khi?^7$ pen^8，"喝酒"口语为 hop^7 tiu^3，歌谣语为 $i\epsilon m^3$ $tsi\epsilon u^3$，歌谣语把人尊称为"央"，口语没有这种说法。对瑶族口头文学语言的记录，肇始于石声汉，他的《瑶山调查专号》（1928）④ 记录197首今广西金秀罗香坳瑶的歌谣，不过当时的记音是用一种很粗略的罗马字，其中的音类和音值的标法都没有一致，因而后来赵元任把这些歌谣用国际音标再记一遍，发表了《广西瑶歌记音》（1930）。这篇文章除了瑶歌正文外，还讨论了瑶歌的音韵。

郑德宏在湖南用国际音标记录翻译了瑶族重要的经典《盘王大歌》（1987）⑤，不足之处在于书中印刷错误比较多。黄贵权的《瑶族的书面语及其文字初探》（1994）⑥ 一文从书面语的分类、归属、结构形式、书面语与书面语文字等几个方

---

① 民族出版社，2011年。

② 博士学位论文，中央民族大学，2011年。

③ 文化艺术出版社，2016年。

④ 载《国立中山大学语言历史研究所周刊》，1928年。

⑤ 岳麓书社，1987年。

⑥ 载《瑶文化研究》，云南人民出版社，1994年。

面，探讨了云南操瑶语金门方言的瑶族使用的书面语，其中比较有价值的是在谈书面语分类时，分别将它们的词汇与瑶语口语和汉语的词汇做了比较。例子虽只有16个，却让人们能够初步了解云南瑶族书面用语跟口语、汉语的区别和联系。

赵敏兰在《瑶语勉方言里汉语借词研究》（2004）中专列一章，首次对瑶歌中数量众多的汉语借词进行深入的分析。不仅进行了柘山瑶歌汉语借词的研究，将它与口语进行方方面面的比较，而且还比较分析了不同地点的勉方言瑶歌汉语借词（所用材料是盘承乾的《盘王大歌》[①]、赵元任的《广西瑶语记音》），从中发现了它们的一致性和差异点。

盘美花的《试论优勉宗教仪式的传承媒介 —— 宗教语言》（2007）[②] 是第一篇比较深入研究勉瑶还盘王愿仪式中宗教语言的文章。她指出，优勉在还盘王愿仪式中分别使用着两种不同的语言，即"师公语"和"歌谣语"，它们是瑶语宗教文化的两大载体，是师公与神沟通的媒介。"师公语"是一种早期的汉语，与道教有关，用于还愿仪式的"请圣"部分；"歌谣语"则是半瑶半汉的混合语，与道教无关，用于还愿仪式的"请翁"部分。文中探讨了"师公语"和"歌谣语"与口语的关系，并分析了"师公语"和"歌谣语"的语音特点。

不仅国内的研究者关注瑶族口头文学语言的记录和研究，国外的学者也注意到域外瑶族的相关情况。早在20世纪70年代，美国H.C.珀内尔已经注意到泰国优勉瑶语中的日常口语、口头文学语、宗教礼仪语的三种区别，并撰写了《"优勉"瑶民间歌谣的韵律结构》（1988）[③]。越南赵有理的《瑶族使用汉字及改造、创制的汉字》（1993）[④] 虽然其主旨是谈歌谣用字问题，但是牵扯到瑶人的发音、表义是否与汉字的音义统一，文中有记音，也可以看到越南瑶族歌谣语言的一些状貌。

（七）问题与展望

中华人民共和国成立70年来，尽管人们对瑶语的现状与演变规律的认识在逐步深入，但跟苗语支语言或其他语族语言的研究成果相比，还有很大差距。今后瑶语的研究应在以下几个方面加强。

1. 要打破瑶语各方言研究不均衡的局面

瑶语有四大方言，目前研究较多的是勉方言，其他方言的调查研究材料较少。例如，在《瑶族勉语方言研究》（2004）出版以前，我们能见到的有关金门方言的材料很少。黄贵权的《广南那烘村瑶族门话的语音系统》（1994）[⑤] 是其中一篇。对隶属同一方言下的多个土语，研究也不均衡，只是作为代表点的那个土语相对被研

---

① 注：记音材料未公开发表，由盘承乾老师惠赠。这里记录的是流传广西贺州的《盘王大歌》。

② 瑶族非物质文化遗产学术研讨会论文，2007年。

③ 载《瑶族研究论文集》，民族出版社，1988年。

④ 载《瑶学研究》第3辑，广西民族出版社，1993年。

⑤ 载《瑶文化研究》，云南人民出版社，1994年。

究得深入些。例如，标敏方言中，对标敏土语的研究相对好些，而对石口和牛尾寨两个土语关注较少。除了《瑶族勉语方言研究》（2004）公布的材料外，我们也只找到田口善久的《三江史门勉语的音韵特点》[①]。今后应加强对涉足较少的方言或土语的调查和研究。

2. 要打破研究地域不均衡的局面

目前，广西境内瑶语的研究相对较多，词典、词汇集的选点几乎都设在广西，许多论文也以广西瑶语为讨论对象，而湖南、云南、广东、贵州等地的瑶语研究开展得不够。今后应加强对这些区域瑶语的调查和研究。

3. 要改变各语言要素研究不均衡的状态

瑶语各个要素之间的研究也不均衡。相比较而言，语音研究得较多，语法、词汇次之，词汇当中语义研究最为薄弱。而各个要素之间是相互联系的，只有齐头并进，才可能获得研究的新突破。

4. 要重视理论创新，寻找适合瑶语研究的理论方法

目前，在研究方法上，瑶语研究仍以传统的描写分析为多，新理论、方法的吸收运用和创新还非常欠缺。像黄行（1992）运用语言变异的研究方法研究龙胜瑶语的语音变异，唐永亮[②]利用实验语音学的手段分析六冲标曼话的音系，李云兵吸收语言类型学的理论研究分析苗瑶语的形态、语序等的研究还很少。

5. 要继续进行田野调查，进一步加强语言的描写研究

深入的研究和理论创新，都必须以坚实的材料为基础。虽然中华人民共和国成立以来我们对瑶语进行了田野调查，获得了一些材料，但对于分布地域如此之广、与其他语言或方言接触如此频繁的瑶语，是远远不够的。今后仍应脚踏实地做调查，首先把语言事实调查清楚。

参考文献

[1] 曹翠云:《黔东苗语状词初探》,《中国语文》1961年第4期。

[2] 曹翠云:《黔东苗语的 ti¹³》,《民族语文》1981年第3期。

[3] 曹翠云:《汉、苗、瑶语第三人称代词的来源》,《民族语文》1988年第5期。

[4] 曹翠云:《语言影响与苗语方言的形成》,《语言关系与语言工作》,天津古籍出版社,1990年。

[5] 曹翠云:《苗汉语比较》,贵州民族出版社,2001年。

[6] 曹翠云:《苗语与古汉语特殊语句比较研究》,中央民族大学出版社,2005年。

[7] 巢宗祺、余伟文:《连南八排瑶语》,中山大学出版社,1989年。

---

① 载《民族语文》2005年第2期。

② 《瑶族勉语六冲标曼话语音特点和声调实验研究》,载《民族语文》1994年第5期。

[8]巢宗祺:《广东连南油岭八排瑶语言概要》,华东师范大学出版社,1990年。

[9]陈保亚:《论语言接触与语言联盟》,语文出版社社,1996年。

[10]陈保亚、何方:《略说汉藏语系的基本谱系结构》,《云南民族大学学报》2004年第1期。

[11]陈宏:《大兴苗语的鼻冠音》,《民族语文》2013年第3期。

[12]陈其光、李永燧:《汉语苗瑶语同源词例证》,《民族语文》1981年第2期。

[13]陈其光:《二十世纪的中国少数民族语言研究·苗瑶语族语言研究》,书海出版社,1998年。

[14]陈其光:《古苗瑶语鼻闭塞音声母在现代方言中反映形式的类型》,《民族语文》1984年第5期。

[15]陈其光:《汉藏、苗瑶同源词专题研究》,《汉藏语同源词研究(二)》(丁邦新、孙宏开),广西民族出版社,2001年。

[16]陈其光:《炯奈话在苗瑶语族中的特殊地位》,《中央民族学院学报》1986年增刊。

[17]陈其光:《苗汉同源字谱》,《中央民族学院学报》1990增刊。

[18]陈其光:《苗瑶语鼻闭塞音声母的构拟问题》,《民族语文》1998年第3期。

[19]陈其光:《苗瑶语鼻音韵尾的演变》,《民族语文》1988年第6期。

[20]陈其光:《苗瑶语词汇发展的一种方式》,《民族语文》2000年第3期。

[21]陈其光:《苗瑶语前缀》,《民族语文》1993年第1期。

[22]陈其光:《苗瑶语入声的发展》,《民族语文》1979年第1期。

[23]陈其光:《苗瑶语浊声母的演变》,《语言研究》1985年第2期。

[24]陈其光:《苗瑶语族语言的几种调变》,《民族语文》1989年第5期。

[25]邓方贵:《现代瑶语浊声母的来源》,《民族语文研究》,四川民族出版社,1983年。

[26]邓方贵:《瑶语标敏方言动词的特点》,《民族教育研究》1999年第1期。

[27]邓方贵:《阴阳调假设论据之互补》,《瑶学研究》第1辑,广西民族出版社,1993年。

[28]邓晓华:《客家话与苗瑶语、壮侗语的关系》,《民族语文》1999年第3期。

[29]胡晓东:《白午苗话的反复问句》,《民族语文》2008年第2期。

[30]黄行:《广西龙胜勉语的语音变异》,《民族语文》1990年第1期。

[31]黄行:《苗瑶语方言亲疏关系的计量分析》,《民族语文》1999年第3期。

[32]黄锡凌:《瑶语语音和声韵 —— 油岭方言描述》,《岭南科学》第18卷第4期,1939年。

[33]姬安龙:《摆省苗语音系及其语音特点》,《贵州民族研究》,1997年第4期。

[34]姬安龙:《苗语台江话参考语法》,博士学位论文,南开大学,2010年。

[35]姬安龙:《苗语台江话的语音及其发展趋势》,《民族语文》,1995年第5期。

[36]冀芳:《黔东苗语的颜色词研究》,《贵州民族研究》2012年第6期。

[37]金理新:《构词前缀*m–与苗瑶语的鼻冠音》,《语言研究》2003年第3期。

[38]金理新:《借词的形式判别标准 —— 以苗瑶语中的汉语借词为例》,《民族语文》2008年第5期。

[39]金理新:《苗瑶语的"手"及相关问题》,《语言研究》2013年第3期。

[40]金理新:《苗瑶语的阴声韵母系统》,《语言研究》2007年第3期。

[41]金理新:《苗瑶语族的划分与"雷母"的构拟》,《民族语文》2013年第2期。

[42]孔江平:《苗语浊送气的声学研究》,《民族语文》1993年第1期。

[43]乐塞月:《贵阳花溪区甲定苗语的前加成分》,《民族语文》1979年第3期。

[44]黎意:《苗语的述补结构 —— 兼与汉语对比》,《中央民族大学学报》2005年第3期。

[45]李炳泽:《苗瑶语辅音前缀的音节化和实词化及其变体研究》,《中央民族大学学报》1994年第5期。

[46]李炳泽:《苗语方言比较研究中寻找同源词的问题》,《贵州民族研究》1988年第3期。

[47]李炳泽:《黔东苗语里的古汉语借词及其文化考察》,戴庆厦:《中国民族语言文学研究论集》,民族出版社,2004年。

[48]李炳泽:《瑶语复合词前音节的前缀化倾向》,《语言研究》1999年第1期。

[49]李方桂:《广西凌云瑶语》,《中央研究院(中国台湾地区)历史语言研究所集刊》第1本第4分册。

[50]李锦平:《论苗语和汉语之间的相互影响》,《贵州民族学院学报》2004年第1期。

[51]李敬忠:《八排瑶语的数词》,《贵州民族研究》1988年第4期。

[52]李启群:《湘西州汉语与土家语、苗语的相互影响》,《方言》2002年1期。

[53]李星辉:《湘南土话与湘南瑶语的接触和影响》,博士学位论文,湖南师范大学,2004年。

[54]李旭平、刘鸿勇、吴芳:《湘西苗语中的大称和小称标记》,《中国语文》2016年第4期。

[55]李一如、黄树先:《黔东苗语tiu³³的语法分析 —— 兼与ɬiə¹对比》,《语言研究》2016年第3期。

[56]李一如:《类型学视野下的黔东苗语量名结构》,《中央民族大学学报》2015年第5期。

[57]李一如:《黔东苗语的连动结构》,《贵州大学学报》2016年第5期。

[58]李永燧、陈克炯、陈其光:《苗语声母和声调中的几个问题》,《语言研究》1959年第4期,中国科学院语言研究所。

[59]李永燧:《关于苗瑶族的自称 —— 兼说"蛮"》,《民族语文》1983年第6期。

[60]李永燧:《罗泊河苗语的音韵特点》,《民族语文》1987年第4期。

[61]李云兵:《20世纪以来的苗瑶语调查》,《民族翻译》2011年第1期。

[62]李云兵:《花苗苗语的方位结构的语义、句法及语序类型特征》,《语言科学》2004年第4期。

[63]李云兵:《炯奈语的方言划分问题》,《民族语文》1998年第1期。

[64]李云兵:《论坝那语动词的体貌系统》,《民族语文》2017年第3期。

[65]李云兵:《论苗瑶语的连读变调》,《民族语文》2015年第3期。

[66]李云兵:《论苗瑶语名词范畴化手段的类型》,《民族语文》2007年第1期。

[67]李云兵:《论苗瑶族群的语言资源及其保存保护问题》,《黔南民族师范学院学报》2016年第2期。

[68]李云兵:《论苗语空间范畴的认知》,《民族语文》2016年第3期。

[69]李云兵:《论苗语名词前缀的功能》,《民族语文》2002年第3期。

[70]李云兵:《论洒普山苗语的体貌系统》,《百色学院学报》2019年第5期。

[71]李云兵:《论语言接触对苗瑶语语序类型的影响》,《民族语文》2005年第3期。

[72]李云兵:《苗瑶语量词的类型学特征》,《汉藏语系量词研究》,中央民族大学出版社,2005年。

[73]李云兵:《苗瑶语声调问题》,《语言暨语言研究》(台北),2003年第4期。

[74]李云兵:《苗语川黔滇此方言的名词前加成分》,《民族语文》1992年第3期。

[75]李云兵:《苗语川黔滇次方言的状词》,《民族语文》1995年第4期。

[76]李云兵:《黔西县铁石苗语语音研究》,《民族语文》1993年第6期。

[77]李云兵:《语音变异与音系裂变:对西部苗语的真实时间观察和显像时间观察》,《民族语文》2014年第6期。

[78]李云兵:《中国南方民族语言语序类型研究》,北京大学出版社,2008年。

[79]李云兵:《苗语动词的句法语义属性研究》,中国社会科学出版社,2015年。

[80]栗华益:《谷撒苗语的声调特点》,《中国语文》2011年第3期。

[81]刘锋:《〈苗语古音构拟〉补证——以甲定为例》,《贵州民族研究》1998年第4期。

[82]刘鸿勇:《粤北乳源过山瑶勉语研究》,文化艺术出版社,2016年。

[83]刘文、正辉、孔江平:《新寨苗语单字调及双字调声学实验研究》,《民族语文》2017年第2期。

[84]龙国贻、龙国莲:《藻敏瑶语的j-声母》,《民族语文》2016年第5期。

[85]龙国贻、龙国治:《藻敏瑶语的三种鼻音类型》,《民族语文》2017年第5期。

[86]龙国贻:《军寮瑶语h-及其历史来源》,《民族语文》2010年第5期。

[87]龙国贻:《历史比较中历史层次分析法的作用——以瑶语为例》,《语言研究》2015年第4期。

[88]龙国贻:《藻敏瑶语汉借词主体层次年代考》,《民族语文》2012年第2期。

[89]龙国贻:《藻敏瑶语语音研究》,中西书局,2016年。

[90]龙国贻:《藻敏瑶语语音研究》博士学位论文,中央民族大学,2011年。

[91]卢诒常:《瑶族勉语标敏方言的构词变调与构形变调》,《民族语文》1985年第6期。

[92]罗安源:《从量词看苗汉两种语言的关系》,《中央民族大学学报》2002年第5期。

[93]罗安源:《贵州松桃苗话的冠词》,《民族语文》1980年第4期。

[94]罗安源:《苗汉"形后名"序列同形异构说》,《民族语文论文集 —— 庆祝马学良先生八十寿辰文集》,中央民族大学出版社,1993年。

[95]罗安源:《苗语(湘西方言)的"谓 — 主"结构》,《语言研究》1983年第1期。

[96]罗安源:《苗语句法成分的可移动性》,《民族语文》1987年第3期。

[97]罗安源:《松桃苗话描写语法学》,中央民族大学出版社,2005年。

[98]罗安源:《现代湘西苗语》,中央民族大学出版社,1990年。

[99]罗军:《"蒙撒"苗语中"小""大"的使用特点》,《贵州民族研究》2018年第12期。

[100]毛宗武、蒙朝吉:《试论畲语的系属问题》,《中国语言学报》1985年第2期。

[101]毛宗武:《瑶族标敏话词语重叠的语法功能和语法意义》,《民族语文》1989年第6期。

[102]毛宗武:《瑶族勉语方言研究》,民族出版社,2004年。

[103]蒙朝吉:《瑶族布努语1'至4'调的形成和发展》,《民族语文》1983年第2期。

[104]蒙朝吉:《瑶族布努语方言研究》,民族出版社,2001年。

[105]蒙朝吉:《瑶族布努语连读变调问题初探》,《语言研究》1985年第1期。

[106]蒙凤娆:《七百弄壮语r类声母和布努语声母ɣ》,《广西民族师范学院学报》2017年第1期。

[107]蒙凤娆:《壮语对瑶语布努土语的影响》,《民族语文》2017年第5期。

[108]蒙有义:《布努语研究》,博士学位论文,上海师范大学,2012年。

[109]倪大白:《藏缅、苗瑶、侗泰诸语言及汉语疑问句结构的异同》,《语言研究》1982年第1期。

[110]欧阳澜:《瑶语核心词研究》,博士学位论文,华中科技大学,2016年。

[111]潘悟云:《汉藏语、南亚语和南岛语》,《云南民族语文》1995年第1期。

[112]潘元恩、曹翠云:《黔东苗语的并列四字格》,《少数民族语文论集》(第一集),中华书局,1958年。

[113]盘承乾、邓方贵:《从瑶语论证上古汉语复辅音问题》,《民族语文论丛》第1集,中央民族学院少数民族语言研究所,1984年。

[114]盘承乾、邓方贵:《瑶语构词中的几个特点》,《广西民族学院学报》1985年第1期。

[115]盘承乾:《论苗瑶语辅音韵尾的演变问题》,《民族语文研究》,四川民族出版社,1983年。

[116]盘承乾:《论瑶语方言》,乔健、谢剑、胡起望编:《瑶族研究论文集》,民族出版社,1988年。

[117]盘承乾:《瑶语语音初步比较》,《瑶族研究论文集》,广西人民出版社,1992年。

[118]盘美花:《也谈瑶语复辅音声母的演变》,《瑶学研究》第2辑,广西民族出版社,1992年。

[119]石德富,刘文,杨正辉:《推链与养蒿苗语送气清擦音的产生》,《语言科学》2017年第4期。

[120]石德富,杨正辉:《黔东苗语人称代词探源》,《语言科学》2014年第5期。

[121]石德富、陈雪玉:《黔东苗语形容词在词类中的地位》,《中央民族大学学报》2011年第1期。

[122]石德富:《古代苗族母系氏族制的语言学线索》,《中央民族大学学报》2013年第1期。

[123]石德富:《汉借词与苗语固有词的语义演变》,《民族语文》2003年第5期。

[124]石德富:《苗瑶语"母亲"源流考》,《民族语文》2010年第4期。

[125]石德富:《苗瑶语"妻""夫"源流考》,《语言科学》2011年第3期。

[126]石德富:《苗语定指指示词和汉语指示代词比较》,《汉语与少数民族语言语法比较》,民族出版社,2006年。

[127]石德富:《苗语身体部位词的本义蜕变与词汇链变》,《民族语文》2014年第4期。

[128]石德富:《黔东苗语帮系三等汉借字的形式》,《民族语文》2008年第4期。

[129]石德富:《黔东苗语的指示词系统》,《语言研究》2007年第1期。

[130]石德富:《黔东苗语动词的体范畴》,《中央民族大学学报》2003年第3期。

[131]石怀信:《再论苗语形态》,《贵州民族研究》1997年第3期。

[132]石声汉:《瑶山调查专号》,《国立中山大学语言历史研究所周刊》1928年。

[133]舒化龙、肖淑琴:《瑶语数词初探》,《广西民族学院学报》1984年第2期。

[134]舒化龙:《现代瑶语研究》,广西民族出版社,1992年。

[135]孙叶林:《湘南瑶语和汉语方言的接触与影响研究 —— 以衡阳常宁塔山瑶族乡为个案》,博士学位论文,湖南师范大学,2013年。

[136]谭晓平:《勉语早期汉语借词全浊声母探源》,《中央民族大学学报》2007

年第 1 期。

[137]谭晓平:《苗瑶语鼻音系统的类型学考察》,《语言研究》2018 年第 4 期。

[138]谭晓平:《苗瑶语的动结式》,《中央民族大学学报》2011 年第 4 期。

[139]谭晓平:《苗瑶语塞擦音的来源与演变》,《中央民族大学学报》2013 年第 1 期。

[140]谭晓平:《苗瑶语塞音系统的类型学考察》,《中央民族大学学报》2017 年第 1 期。

[141]谭晓平:《苗瑶语元音系统的类型学考察》,《语言研究》2016 年第 4 期。

[142]谭晓平:《苗瑶语正反问句的来源》,《语言研究》2014 年第 3 期。

[143]唐巧娟,王金元:《从黔东苗语 nangl、jes 看苗族的空间哲学》,《原生态民族文化学刊》2017 年第 4 期。

[144]唐巧娟:《黔东苗语空间系统的认知建构》,《贵州民族研究》2017 年第 8 期。

[145]唐贤清,曾丽娟,唐巧娟:《黔东苗语离往义动词 $mɣ^{11}$ 的语义多功能性》,《语言研究》2018 年第 4 期。

[146]唐永亮:《瑶族勉语六冲标曼话语音特点和声调实验研究》,《民族语文》1994 年第 5 期。

[147]田联刚:《布努语中的外来词》,硕士论文,中央民族学院,1987 年。

[148]田铁:《苗语量词研究述评及前瞻》,《贵州民族研究》2007 年第 3 期。

[149]王春德:《古苗语声母 *mbr 在黔东方言的演变》,《民族语文》1992 年第 2 期。

[150]王春德:《苗语黔东方言清鼻音声类的口音化》,《民族语文》1984 年第 3 期。

[151]王春德:《苗语语法（黔东方言）》,光明日报出版社,1986 年。

[152]王德光:《贵州威宁苗语量词拾遗》,《民族语文》1987 年第 5 期。

[153]王辅世、毛宗武:《苗瑶语古音构拟》,中国社会科学出版社,1995 年。

[154]王辅世、王德光:《贵州威宁花苗苗语的方位词》,《民族语文》1982 年第 4 期。

[155]王辅世、王德光:《贵州威宁苗语的声调》,《中国民族语言论文集》,四川民族出版社,1986 年。

[156]王辅世、王德光:《贵州威宁苗语的状词》,《语言研究》1983 年第 2 期。

[157]王辅世:《贵州威宁苗语带前加成分的双音节名词的形态变化》,《民族语文》1996 年第 1 期。

[158]王辅世:《贵州威宁苗语量词》,《语言研究》1957 年第 2 期。

[159]王辅世:《苗瑶语的系属问题初探》,《民族语文》1986 年第 1 期。

[160]王辅世:《苗语方言划分问题》,《民族语文》1983 年第 5 期。

[161]王辅世:《苗语方言声韵母比较》,第12届汉藏语言学会论文（油印），1979年;《民族语文》1980年第2期。

[162]王辅世:《苗语古音构拟》,日本东京外国语大学亚非言语文化研究所出版，1994年。

[163]王辅世:《威宁苗语量词》,《语言研究》，1984年。

[164]王辅世:《一个苗语字韵类归属的改正》,《民族语文》1991年第2期。

[165]王立芝:《〈苗瑶语古音构拟〉*b–类声母中的汉借词》,《民族语文》2011年第4期。

[166]王士元、邓晓华:《苗瑶语族语言亲缘关系的计量研究 —— 词源统计分析方法》,《中国语文》2003年第3期。

[167]王艳红，毕谦琦:《养蒿苗语汉借词的声调》,《广西民族大学学报》2013年第6期。

[168]王艳红:《从汉借词看几组黔东苗语韵母的构拟》,《嘉兴学院学报》2016年第5期。

[169]王艳红:《古苗瑶语*ts组音的今读类型及其分布和形成》,《语言研究》2017年第3期。

[170]王艳红:《苗语汉借词与苗汉关系词研究》,博士学位论文，复旦大学，2013年。

[171]王艳红:《养蒿苗语和开觉苗语见、溪、群母中古汉借词的读音类型及其来源》,《民族语文》2014年第2期。

[172]吴安其:《苗瑶语核心词的词源关系》,《民族语文》2002年第4期

[173]吴平:《苗语的情状量词初探》,《贵州民族研究》1983年第3期。

[174]吴早生:《苗语主观非数量评价性的"NP1 + i³³ + 量 + NP2"》,《中央民族大学学报》2014年第3期。

[175]鲜松奎:《贵州紫云水井平苗语和望谟新寨苗语的连读变调》,《民族语文》1990年第3期。

[176]鲜松奎:《苗语同源字探索》,《贵州民族研究》1988年第2期。

[177]向日征:《吉卫苗语研究》,四川民族出版社，1999年。

[178]向日征:《湘西苗语的并列四字结构》,《民族语文》1983年第3期。

[179]邢公畹:《汉苗语语义比较法试探研究》,《民族语文》1995年第6期。

[180]邢公畹:《论"汉台苗语"调类的分化和再分化》,《语言研究》2003年第1期。

[181]熊玉有:《苗语判断系词演变探究》,《贵州民族研究》2016年第7期。

[182]熊玉有:《苗族Hmong支系语言研究》,博士学位论文，上海师范大学，2015年。

[183]燕宝:《黔东苗语中新出现的音变现象》,《民族语文》1994年第1期。

[184]杨再彪、毕晓玲、吴雪梅、龙杰:《小茅坡营苗语音系与懂马库、吉卫苗语的比较》,《湖北民族学院》2004年第1期。

[185]杨再彪:《苗语东部方言土语研究》,民族出版社,2004年。

[186]杨再彪:《唔奈语研究》,博士学位论文,湖南师范大学,2016年。

[187]杨再彪:《现代湘西苗语声调演变的几个规律》,《贵州民族研究》1999年第4期。

[188]杨再彪:《湘西苗语声母腭化、卷舌、清化成分的来源及演变》,《吉首大学学报》1998年第3期。

[189]杨再彪:《湘西苗语与汉语个体量词"个"用法比较》,《汉藏语系量词研究》,民族出版社,2005年。

[190]易先培:《论湘西苗语名词的类别范畴》,《中国语文》1961年第3期。

[191]应琳:《苗语中的汉语借词》,《中国语文》1962年第5期。

[192]余金枝:《矮寨苗语参考语法》,博士学位论文,中央民族大学,2010年。

[193]余金枝:《矮寨苗语处置句研究》,《民族语文》2016年第5期。

[194]余金枝:《矮寨苗语的差比句》,《中央民族大学学报》2012年第2期。

[195]余金枝:《矮寨苗语形修名语序的类型学特征》,《中央民族大学学报》2004年第1期。

[196]余金枝:《吉首矮寨苗语并列复合名词的结构和声调特征》,《民族语文》2004年第1期。

[197]余金枝:《苗汉语述宾结构比较》,戴庆厦主编:《汉语与少数民族语言语法比较》,民族出版社,2006年。

[198]余金枝:《湘西苗语被动句研究》,《中央民族大学学报》2009年第1期。

[199]余金枝:《湘西苗语的连动结构》,《云南师范大学学报》2017年第5期。

[200]余金枝:《湘西苗语量词》,《汉藏语系量词研究》,民族出版社,2005年。

[201]余金枝:《湘西苗语述宾结构中的一种特殊类别 ——"形容词+名词"结构分析》,《语言研究》2009年第1期。

[202]余金枝:《湘西苗语四音格词研究》,《中央民族大学学报》2006年第1期。

[203]余金枝:《语言影响与语法的地域共性:吉首矮寨苗汉语的"VaVb"式分析》,《双语研究论文集》(二),2004年。

[204]余金枝:《中泰跨境苗语对比研究》,中国社会科学出版社,2018年。

[205]余金枝:《中泰苗语的差异分析》,《当代语言学》2016年第2期。

[206]袁明军:《汉语苗瑶语阳声韵深层对应试探》,《民族语文》2000年第2期。

[207]张琨:《古苗瑶语鼻音声母字在现代苗语方言中的演变》,《民族语文》1995年第4期。

[208]张琨:《苗瑶语的早期汉语借字(廪笠)》,《中央研究院(中国台湾地区)历史语言研究所集刊》第七十一本第一分,1999年。

[209]张琨:《苗瑶语声调问题》,《中央研究院（中华民国时期）历史语言研究所集刊》第16本，1947年。

[210]张琨:《瑶语入声字》,《民族语文》1992年第3期。

[211]张济民:《泸溪县达勒寨苗语中的异源词》,《民族语文论文集》，中央民族学院出版社，1993年。

[212]张济民:《苗语方位词的归类问题》,《贵州民族研究》1998年第1期。

[213]张济民:《苗语语法纲要·川黔滇方言》，贵州民族出版社，1963年。

[214]张谢蓓蒂、张琨:《苗瑶语藏缅语的鼻冠音声母 —— 是扩散的结果呢，还是发生学关系的证据呢?》,《史语所集刊》第47本第3分册，1976年；汉译本（王辅世译）《汉藏语系语言学论文选译》，中国社会科学院民族研究所语言研究室；中国民族语言学术讨论会秘书处，1980年。

[215]张永祥、曹翠云:《苗语与古汉语特殊语句比较研究》，中央民族大学出版社，2005年。

[216]张永祥、曹翠云:《黔东苗语的名量结构》,《中央民族大学学报》1996年第2期。

[217]张永祥、曹翠云:《黔东苗语的谓 — 体结构》,《语言研究》1984年第2期。

[218]赵春金:《瑶族勉语复辅音的演变》,《民族语文研究新探》，四川民族出版社，1992年。

[219]赵敏兰、马骏:《试论中泰两国瑶语的词汇差异》,《暨南学报》2008年1期。

[220]赵敏兰:《标敏瑶语汉借词的韵尾特点》,《民族语文》2011年第6期。

[221]赵敏兰:《勉语中的壮侗语借词》,《汉藏语学报》2008年第2期。

[222]赵敏兰:《试论中泰两国瑶语的词汇差异》,《暨南学报》2008年第1期。

[223]赵敏兰:《瑶语勉方言里的汉语借词研究》,·博士学位论文，南开大学，2004年。

[224]赵敏兰:《瑶语勉方言罗香土语5'调的来源》,《百色学院学报》2012年第6期。

[225]赵敏兰:《柘山勉话概况》,《民族语文》2004年第1期。

[226]赵有理:《瑶族使用汉字及改造、创制的汉字》,《瑶学研究》第3辑，广西民族出版社，1993年。

[227]赵元任:《广西瑶歌记音》，中央研究院（中华民国时期）历史语言研究所单刊甲种之一，1930年。

[228]郑张尚芳:《汉语与亲属语同源根词及附缀成分比较上的择对问题》,《中国语言学报》1993年第8期。

[229]郑宗泽:《大坪江勉话边音和边擦音来源》,《民族语文》1990年第5期。

[230]郑宗泽:《江华勉语研究》，民族出版社，2011年。

[231]中国科学院少数民族语言研究所瑶语小组:《汉语在瑶族语言丰富发展中的作用》,《中国语文》1961年第10-11期。

[232]中西裕树:《畲语的调类演变与"浊上归去"》,《南开语言学刊》2015年第1期。

[233]周祖瑶:《瑶族布努话的量词》,《贵州民族研究》1984年第3期。

[234]周祖瑶:《瑶族勉语的复辅音[pl、kl]》,《广西民族研究》1986年第1期。

[235]朱晓农、石德富、韦名应:《鱼粮苗语六平调和三域六度标调制》,《民族语文》2012年第4期。

第三章　阿尔泰语系语言研究

第一节　蒙古语族语言研究

一、概述

中华人民共和国成立之前的蒙古语族研究包括两个方面：一方面是传统的语文学家，对于蒙古文拼写法的习得与完善上做了大量有益的工作，有了一些著作；另一方面是西方语言学家们运用现代的语言分析方法描写蒙古语，在语音和语法方面有过建树。但是，总的来看，对于中国境内的蒙古语族诸语言和方言一直缺乏全面、系统的研究。进入20世纪50年代，蒙古语族语言研究由传统语文学转向现代语言学。研究重点从书面语转到口语，研究范围从单一的蒙古语扩展到整个蒙古语族。研究的方法引入现代化手段，更加精密和完善，学科的内涵不断得到充实，许多空白领域逐渐得到填补。中国的蒙古语族语言研究形成了众多分支学科互相联系的综合体系。

蒙古语族语言包括蒙古语、布里亚特语、卡尔梅克语、达斡尔语、东乡语、土族语、保安语、东部裕固语和莫戈勒语等语言。使用人口大约有800万人。我国境内的蒙古语族语言主要分布在内蒙古、黑龙江、吉林、辽宁、新疆、青海、甘肃、宁夏、北京、云南、四川、贵州、河南、河北等省、市、自治区。中华人民共和国成立后的70年，蒙古语族语言研究经历了两个黄金时期。一是20世纪50年代到60年代中期以口语为研究对象的语言调查，对蒙古语的语音系统做出了全面的描写，并划分了方言，在蒙古语研究史上具有里程碑意义。二是从20世纪80年代至今，对蒙古语族语言的全方位的研究。蒙古语族语言和阿尔泰语言的比较研究上了新的台阶；语言应用研究方面，蒙古文信息处理、实验语音学方面等领域有重大进展；出版了各类蒙古文词典。清格尔泰主编的《蒙古学百科全书——语言文字卷》[①]（2004），不仅汇集了60年来蒙古语族语言研究的巨大成果，而且是蒙古学语言文

---

① 清格尔泰：《蒙古学百科全书——语言文字卷》，内蒙古人民出版社，2004年。

字学科知识的总汇，概述古今中外蒙古学语言文字学科领域的基本理论、基本概念、基本知识。它对于国内外蒙古语族语言和阿尔泰语系语言研究必将产生深远的影响。

1947年内蒙古军政大学在齐齐哈尔成立并设立了由额尔登陶克陶、清格尔泰、那顺巴雅尔等17人组成的内蒙古第一个蒙古语文研究机构——蒙古语文教研室。这17名教师成为北京、内蒙古地区研究蒙古语言文学的主力军。1953年，在内蒙古自治区首府归绥市（今呼和浩特）组建科研机构——蒙古语文研究会（是成立于1978年11月的内蒙古社科院语言研究所的前身），并成立蒙古语文专科学校。1954年，由该会创办了第一份蒙古文学术杂志《蒙古历史语文》。内蒙古大学自1957年成立以来一直重视蒙古语的教学和科研工作，1962年设立了蒙古语教研室，1982年发展为蒙古语言研究所。内蒙古师范学院（内蒙古师范大学前身）自1952年成立以来也一直重视蒙古语的教学和研究，1979年成立了蒙古语言文学历史研究室，1983年发展为蒙古语言文学研究所。另外，内蒙古的很多盟市高等院校都设立了蒙古语言文学系或相应的教研室等。除内蒙古以外，1952年中央民族学院语文系设立蒙古语言文学专业，1954年发展为蒙古语教研室，1995年发展成为中央民族大学蒙古语言文学系。此外，中国社会科学院民族学人类学研究所、北京大学东方语系，以及新疆、青海、甘肃、辽宁等省的部分高等院校和科研单位都在不同程度地参与蒙古语族语言的研究工作。

二、语言调查、方言划分及其描写研究

中华人民共和国成立以来，中国境内的蒙古语族语言调查，可划分为两个时间段：20世纪50年代中后期和80年代初期。

（一）20世纪50年代中后期的语言调查

1955年6—10月中国科学院语言研究所、中央民族学院、内蒙古自治区蒙古语文研究会60余人分十几个组成立了蒙古语族语言和方言调查队，同行的还有苏联专家托达耶娃。他们对蒙古语、达斡尔语、东乡语、土族语进行田野调查。调查使用统一大纲，音标是以俄文字母为基础制订的。这次田野调查在中国蒙古语族语言研究史上是第一次。通过调查，明确了达斡尔语、东乡语、土族语与蒙古语有很强的一致性、来源上的共同性，属于同一个语族；蒙古语可以划分为中部方言、东部方言、西部方言、卫拉特方言、巴尔虎—布里亚特方言以及各方言还可以划分为若干个土语的意见。这次调查及其初步成果为以后深入开展蒙古语族语言研究积累了经验，奠定了基础。

1955年12月，中国科学院语言研究所和中央民族学院在北京联合召开第一次全国少数民族语言科学研讨会。会议决定在两三年内对全国少数民族语言进行普

查。会后中国科学院、中央民族事务委员会抽调语言研究所、中央民族学院和各地民族语文机构及有关单位的民族语文工作者，经过培训后组成中国少数民族语言调查工作队。其中由清格尔泰担任队长的第五工作队负责进行蒙古语族语言和方言调查。1956 年 7 月至年末第五工作队 70 余人分十几个组开展了蒙古语族语言和方言的普查。

1959 年，中国科学院少数民族语言研究所、内蒙古历史语言文学研究所、内蒙古大学和内蒙古师范学院的蒙古语文专业等单位，又在前两次调查的基础上，做了补充调查。其后，有关单位又多次对蒙古语方言进行调查。

上述各次调查的累积人数达 120 余人，调查点 60 多个，遍及内蒙古、新疆、甘肃、青海、东三省、河北等地蒙古、保安、东乡、裕固、土族居住区。

这一阶段语言调查代表性成果有清格尔泰的《中国蒙古语族语言及蒙古语方言概况》(1957, 1958)[①]，该文分别介绍了蒙古语族语言、蒙古语方言区的人口分布情况以及各方言语音、语法、词汇的特点。"这是中国学者对境内蒙古语族六种语言及蒙古语方言进行全面研究的第一个公开发表的成果，具有划时代的意义。通过这两次大规模调查获得的语言材料，不但在全面性和系统性方面是前所未有的，而且在准确性和可靠性方面也是值得称道的"(1997)[②]。后来，他在大量的第一手资料基础上全面研究了蒙古语方言划分问题，指出要解决语言与方言、方言与土语的界限，就要正确看待由于蒙古各部落互相混合而形成的历史遗存现象和现代语言面貌；正确把握某些语言现象的并存并用、交叉、常用和不常用；正确评价语言现象、方言特点的质与量的关系；正确估量语言特点的分布区域不一致或者说同语线不重合等的问题等。他认为中国境内蒙古语各方言在书面语的影响下日益接近，方言差别不大。中国境内的蒙古语可以划分为五个方言，即：中部方言、东部方言、西部方言、卫拉特方言、巴尔虎—布里亚特方言。对各方言的特点从语音、词汇、语法等方面进行了论述并对各种语言之间的同源关系做了论证。这篇调查报告，对蒙古语族语言的比较研究、蒙古语方言土语的划分、国内蒙古语的基础方言、标准音的确定等都提供了可靠的依据。

此外，有关方言土语的研究论文和调查报告有：确精扎布的《蒙古族语言与一些方言》(1958)[③]、《卫拉特方言的语音系统》(1959)[④]，清格尔泰的《蒙古语巴林土语的语音和词法》(1959)[⑤]，斯钦巴特尔的《关于巴林土语》(1959)[⑥]，哈斯额尔

---

① 参阅《蒙古语文》1957 年第 11、12 期，《蒙古历史语文》1958 年第 1—4、6、7、12 期。

② 道布：《清格尔泰先生与中国蒙古语族语言研究》，载《论文与纪念文集》，内蒙古大学出版社，1997 年。

③ 载《蒙古历史语言》1958 年第 7 期。

④ 载《蒙古历史语言文学》1959 年第 3 期。

⑤ 载《内蒙古大学学报》1959 年第 2 期。

⑥ 载《蒙古历史语言文学》1959 年第 6 期、第 11 期。

敦的《鄂尔多斯土语的特点》(1959)①，照那斯图、李克郁的《土族语民和方言概述》(1982)②，马国良、刘照雄的《东乡语研究》(1988)③等。

(二) 20世纪80年代初期的语言调查

1978年、1980年和1987年，内蒙古自治区有关单位先后组成语言调查组，对区内外许多地区作了进一步的方言调查。其规模较大的为，1980年内蒙古大学蒙古语文研究所的教师们和研究生班的学员分成七个研究组分赴蒙古语族地区进行的调查研究。后来在这些材料的基础上，每个调查组编写了三本书（语法、词汇、长篇语料），共出版20本。

关于我国蒙古语方言的划分问题，在1978年召开的蒙古语基础方言、标准音问题学术讨论会上，学者们提出了如下几种划分意见。1、哈斯额尔敦、那仁巴图等的五分法，即巴尔虎－布利亚特或东北方言；科尔沁、喀喇沁、巴林或东部方言；中部方言；鄂尔多斯或南部方言；卫拉特或西部方言。2、满达夫、阿拉坦巴根、吴俊峰等的四分法，即东部方言中部方言东北部方言西部卫拉特方言。3、图力更等的二分法，即西部卫拉特方言和东部察哈尔方言。4、清格尔泰、确精扎布等的三分法，即卫拉特方言、巴尔虎－布利亚特方言和内蒙古方言。目前多数人赞同三分法。

总之，这两个时期的大规模的语言调查以及个别单位组织的小规模的语言调查，不仅摸清了国内蒙古语族语言的基本情况、获得珍贵的口语材料，而且扩大了研究视野、提高了理论水平，在实践中培养了一批科研骨干，取得了丰硕的成果。

第一批成果是撰写语言概况。有：道布的《蒙古语概况》(1964)、照那斯图的《土族语概况》(1964)、刘照雄的《东乡语概况》(1965)、仲素纯的《达斡尔语概况》(1965)于1964—1965年间先后在《中国语文》杂志上发表。语言概况分别从语音、词汇、语法等方面简要介绍了蒙古语族语言的基本情况。

第二批成果为语言简志的编写。有：刘照雄的《东乡语简志》(1981)，照那斯图的《土族语简志》(1981)、《东部裕固语简志》(1981)，布和、刘照雄的《保安语简志》(1982)、仲素纯的《达斡尔语简志》(1981)、道布的《蒙古语简志》(1983)等六本语言简志于1981—1983年间由民族出版社陆续出版。

第三批成果是"蒙古语族语言方言研究丛书"(1983—1998)由内蒙古人民出版社出版。涉及5种语言和2种方言，分调查报告、词汇集和话语材料，现已出版20部。即：布和等编的《东乡语词汇》(1983)、《东乡语和蒙古语》(1986)、《东乡语话语材料》(1987)，哈斯巴特尔等人的《土族语词汇》(1986)、清格尔泰的

---

① 载《蒙古历史语言文学》1959年第1期。

② 载《民族语文研究文集》，青海民族出版社，1982。

③ 载《东乡语论文集》，甘肃民族出版社，1988年。

《土族语话语材料》（1988）、《土族语和蒙古语》（1991），陈乃雄等人的《保安语词汇》（1896）、《保安语和蒙古语》（1987）、《保安语话语材料》（1987），保朝鲁等人的《东部裕固语词汇》（1985）、《东部裕固语话语材料》（1988）、《东部裕固语和蒙古语》（1991），恩和巴图等人的《达斡尔语话语材料》（1985）、《达斡尔语词汇》（1984）、《达斡尔语和蒙古语》（1988），敖达等人的《巴尔虎土语话语材料》（1984）、《巴尔虎土语词汇》（1985），宝祥、吉仁尼格的《巴尔虎土语》（1995），确精扎布、格日勒图的《卫拉特方言话语材料》（1987）、《卫拉特方言词汇》（1998）。"该丛书的出版为进一步深入开展有关语言、方言的研究以及亲属语言的比较研究提供了系统的资料"①。

第四批成果是未进入上述丛书的有关方言土语的词典以及研究专著。如：恩和巴图的《达汉简明词典》（1983），那木斯来、哈斯额尔德尼的《达斡尔语蒙古语比较》（1983），喻世长的《论蒙古语族的形成和发展》（1984），李克郁的《土汉词典》（1988），甘肃省民族事务委员会少数民族语文办公室和西北民族学院西北少数民族研究所合编的《东乡语论集》（1988），孙竹的《蒙古语族语言词典》（1990），诺尔金、乔丹德尔等编的《方言词典》（1992），伦陶的《卫拉特方言词汇》（1994），额德呼日雅格奇的《蒙古镇土语》（1995），孙竹的《蒙古语族语言研究》（1996），查干哈达的《蒙古语科尔沁土语研究》（1996），布和的《莫戈勒语研究》（1996），白音门德的《巴林土语研究》（1997），孟根格日勒的《奈曼土语》（1998），巴依斯哈勒、策仁敦德布等编的《蒙古青海土语词典》（1998），瓦·斯琴的《蒙古方言研究》（1998），斯琴等《蒙古语方言学》（1998），呼和巴日斯、其木格的《乌朱穆沁土语》（1998），斯琴朝克图的《康家语研究》（1998），巴雅尔门德的《蒙古语方言与蒙古文化》（1999），诺尔金的《标准音 — 察哈尔土语》（2001），马国忠、陈源龙《东乡汉语词典》（2001），哈斯巴根的《蒙古语族语言语音比较研究》（2001），巴音朝克图的《科尔沁土语研究》（2002），齐·斯琴等的《鄂尔多斯土语研究》（2002），斯琴巴特尔的《蒙古语察哈尔土语 ——词法描写》（英文2003），《蒙古语方言学概论》（2005），陶·布力格的《蒙古语卫拉特方言研究》（2005），哈斯额尔德尼、斯琴等的《蒙古口语语法》（2006）等。

上述成果的问世，使蒙古语族语言的比较研究成为可能、使方言土语的研究更加趋于精细化。如：被列入"阿尔泰学丛书"的呼格吉勒图的《蒙古语族语言基本元音比较研究》②，参考和利用前人成果，比较研究了书面蒙古语重读音节短元音和蒙古语族诸语言的短元音，力求阐明其对应规律，探讨其历史语音演变轨迹。德力格玛、波·索德的《蒙古语族语言概论》（2006年）③ 基于前人研究成果，对蒙古语

---

① 王远新:《中国民族语言学史》，中央民族大学出版社。

② 波·索德:《蒙古语族语言概论》，内蒙古教育出版社，2004年。

③ 德力格玛、波·索德:《蒙古语族语言概论》，中央民族大学出版社，2006年。

族语言的语音、语法、词汇进行描写与比较，提出了诸语言之间的语音对应规律和语法形式的异同，以及词汇的构成特点。哈申格日勒的《蒙古语族语言代词研究概况》（2006）①、《蒙古语族语言指示代词比较研究》（2006）②，前文对蒙古语族语言代词研究情况进行了综述，后文就蒙古语族语言指示代词进行比较，找出其异同点及其语音对应关系。波·索德的《蒙古语科尔沁土语中的汉语借词》（2004）③、《关于科尔沁土语特殊词的研究》（2006）④，前文认为汉语对科尔沁土语的影响大于察哈尔土语和书面语。后文指出深入研究科尔沁土语的特殊词，对科尔沁土语的语音研究、科尔沁土语与古代蒙古语关系的研究、科尔沁土语与地域文化的结合研究、科尔沁土语与文学语言关系研究等都具有重要意义。秀花、武·呼格吉勒图的《关于卡尔梅克语非词首音节短元音》（2006）⑤一文，在前人研究成果和实地调查所获语言材料的基础上，对卡尔梅克语非词首音节短元音的性质、作用进行了共时描写。武·呼格吉勒图的《关于鄂伦春语和蒙古语的长元音、复合元音及音组的某些对应关系》（2007）⑥一文通过比较研究阿尔泰语系不同语族的鄂伦春语和蒙古语口语以及书面蒙古语的长元音、复合元音和音组，发现这两种语言的长元音、复合元音和音组之间存在语音对应关系。这为揭示蒙古语族语言和满洲通古斯语族语言较早时期的音组和复合元音发展演变成长元音的发展演变过程和规律提供了有力的语言例证。娜木斯尔的《青海蒙古语语言系统探析》（2009）⑦一文通过对青海蒙古语方言语音与书面语、标准音进行比较，简单描述了青海蒙古语方言语音特点。包满亮的《蒙古语方言、土语的诸复形式及其表现特点》（2009）⑧一文对比分析了蒙古语的内蒙古方言、卫拉特方言、巴尔虎–布里亚特方言与喀儿喀方言的复数形式及其变体的应用情况。

那·贡其格苏荣《阿鲁科尔沁土语中的部分特殊词语解析》（2009）⑨中讲述，阿鲁科尔沁土语虽然属于巴林土语，但在土语词汇方面有其自身的特殊词汇。楚鲁的《海西蒙古语口语短元音音位特点》（2009）⑩从发音方法和发音部位方面说明海西蒙古语口语短元音音位和前化短元音音位特点。森格的《兴安盟蒙古语土话语音特点》（2010）⑪根据1992年对兴安盟47个点（苏木、乡）进行的250个单词的

① 载《内蒙古大学学报》2006年第4期。

② 载《内蒙古师范大学学报》2006年第2期。

③ 载《民族语文》2004年第5期。

④ 载《中国蒙古学》2006年第5期。

⑤ 载《内蒙古大学学报》2006年第6期。

⑥ 载《内蒙古大学学报》2007年第4期。

⑦ 载《内蒙古社会科学》（蒙古文版）2009年第2期。

⑧ 载《蒙古学研究》2009年第2期。

⑨ 载《中国蒙古学》2009年第4期。

⑩ 载《内蒙古社会科学》（蒙古文版）2013年第4期。

⑪ 载《内蒙古大学学报》（蒙古文版）2010年第1期。

语言调查所得材料，以方言地图法描述了兴安盟蒙古语土话的语音特点。包淑兰的《原郭尔罗斯后旗蒙古人方言独特词语的特征》（2010）① 分析原郭尔罗斯蒙古人方言的独特词汇，试图解析出科尔沁方言的内部差异。朝鲁的《科尔沁方言中，[ʃ]音的交替原因》（2010）② 中认为，科尔沁方言中的[ʃ]交替不仅是语音问题，而是达斡尔、哈萨克、维吾尔等民族语言影响的结果，或者是蒙古语影响阿尔泰语系其他语言的结果。那·格日勒图的《阿拉善方言元音特点研究》（2011）③ 一文，对蒙古语方言土语地图的实地调查的基础上将阿拉善土语元音分类为基本元音、形成元音两种，并与传统蒙古文书面语和卫拉特方言进行了比较。钦代木尼、其布日的《阿鲁科尔沁土语与蒙古语标准音短元音比较》（2011）④ 中蒙古语阿鲁科尔沁土语有 10 个短元音，并将其分别与蒙古语标准音 8 个短元音比较，描述了蒙古语阿鲁科尔沁土语短元音之特点。包满亮《蒙古语诸方言动词陈述式形态及其来源》（2013）⑤ 一文分析比较了内蒙古、卫拉特、喀尔喀、巴尔虎-布里亚特和俄罗斯布里亚特方言动词陈述式形态及其来源、差异和个别特性，并考证了其来源。

此外，贾晞儒的《海西蒙古语方言词结构特点拾零》（1998）⑥、扎拉森《阿拉善口语的元音与元音和谐律》（2004）⑦、秀花的《蒙古语库伦土语的动词语法形态》《库伦土语的格范畴》《库伦土语的语音变化》（2004）⑧、其·斯琴的《正蓝旗何日苏台苏木方言调查报告》（2004）⑨、哈斯毕力格的《鄂尔多斯土语中带有代动词特点的某些一般动词》（2004）⑩、嘎拉桑的《关于蒙古贞口语短元音音位》（2007）⑪、乌云其其格的《德格都蒙古土语辅音体系》（2004）⑫、哈斯巴根的《关于察哈尔土语词首辅音交替现象》（2007）⑬、《论青海甘肃的蒙古语族语言》（2007）⑭，包萨仁的《从语言接触探析东乡语元音和谐律弱化的原因》（2007）⑮、宝玉柱、孟和宝音的《蒙古语正蓝旗土语复合元音研究》（2008）⑯、布力格的《蒙古语卫拉特方言的

① 载《内蒙古民族大学学报》（蒙古文版）2010 年第 2 期。

② 载《中国蒙古学》2010 年第 1 期。

③ 载《内蒙古社会科学》（蒙古文版）2011 年第 1 期。

④ 载《蒙古语文》2011 年第 7 期。

⑤ 载《内蒙古社会科学》（蒙古文版）2013 年第 4 期。

⑥ 载《民族语文》1998 年第 4 期。

⑦ 载《蒙古语文》2004 年第 9 期。

⑧ 载《内蒙古大学学报》2004 年第 2 期；《蒙古语言文学》2004 年第 3 期；《蒙古语文》2004 年第 1 期。

⑨ 载《蒙古语言文学》2004 年第 6 期。

⑩ 载《蒙古学研究》2004 年第 3 期。

⑪ 载《蒙古学研究》2007 年第 2 期。

⑫ 载《内蒙古民族大学学报》2004 年第 2 期。

⑬ 载《内蒙古师范大学学报》2007 年第 3 期。

⑭ 载《中国蒙古学》2007 年第 5 期。

⑮ 载《内蒙古大学学报》2007 年第 5 期。

⑯ 载《民族语文》2008 年第 4 期。

土语划分问题》（2008）① 等论文分别就各个方言土语的语音或语法现象以及发展
脉络进行了探讨。还有娜仁陶格图格的《阿拉善、额济纳蒙古语口语中的方位格》
（2009）②，马银亮的《黑龙江省杜尔伯特蒙古语方言的短元音》（2009）③，格根塔娜
的《蒙古语肃北土语复元音系统》（2009）④，王国彬、那日苏的《突泉县蒙古族个
人语言使用情况》（2015）⑤，莫·巴特尔的《蒙古语新词的规范化问题》（2015）⑥，
金双龙的《蒙古贞土语语音演变轨迹》（2016）⑦，秀花的《蒙古语额鲁特土语元音
系统》（2016）⑧，孔春艳的《浅谈蒙古语新巴尔虎口语特征》（2017）⑨，秀花的《额
鲁特土语辅音体系》（2017）⑩ 等等。

（三）关于基础方言和标准音

关于我国蒙古语基础方言、标准音问题，自20世纪50年代至80年代一直是学
界讨论的热点问题。二十世纪五六十年代，学者们研究了内蒙古蒙古语"基础方言
与共同语问题"，认为民族共同语已经形成，因而主张根据内蒙古的语言实际确立
内蒙古蒙古语的基础方言和标准音，并且提出了如下三项原则：（1）在标准音点的
基础上，参照各方言土语确立语音标准。（2）有悠久历史文字的语言，在进行语音
规范时，应适当兼顾与书面读音尽可能取得一致。（3）所确立的标准以易于人们接
受使用为原则，用各地口语的普遍性加以衡量，有普遍性则取，无普遍性则舍。但
是，在基础方言、标准音问题上仍有几种不同意见。1962年内蒙古自治区民族语
文民族教育工作会议通过了以正蓝旗、巴林右旗一带的语音为蒙古语标准音的决
定。并拟订了《内蒙古自治区蒙古语文工作暂行条例》。条例中关于《蒙古语的规
范》的四条内容至今仍有其积极的意义。关于此次标准音方案内容参阅包力高《50
年来内蒙古蒙古语文研究概述》（1997）⑪。

1979年9月在八省区第三次蒙古语文专业会议上，讨论确定了中部方言为我国
蒙古语的基础方言，确定了以内蒙古正蓝旗为代表的察哈尔土语为标准音，并通过
了以拉丁字母为基础的蒙古语标准音方案。1980年3月经内蒙古自治区人民政府批
准实行。不过，对察哈尔土语语音系统中是否有[æ]、[œ] 等元音音位的问题，在

---

① 载《中央民族大学学报》2008年第2期。
② 载《内蒙古民族大学学报》（蒙古文版）2009年第4期。
③ 载《中国蒙古学》2009年第2期。
④ 载《蒙古语文》2009年第11期。
⑤ 载《蒙古语文》2015年第2期。
⑥ 载《蒙古语文》2015年第2期。
⑦ 载《内蒙古社会科学》2016年第2期。
⑧ 载《蒙古语文》2016年第2期。
⑨ 载《蒙古语文》2017年第2期。
⑩ 载《中国蒙古学》2017年第6期。
⑪ 载《蒙古学信息》1997年第4期。

学界仍有不同意见。

在基础方言、规范化问题和标准音研究方面主要有包美容、图力古尔的《前郭尔罗斯蒙古语口语音位特点》（2014）[1] 一文从不同角度分类前郭尔罗斯口语的元音和辅音音位的基础上，将每一个音位与书面语和科尔沁口语中的其他口语对比，描述了该口语的音位特点。乌吉斯古冷、敖敏的《蒙古语标准音四类基本句式语调比较研究》（2014）[2] 一文以"语调格局"思路，语调起伏度的方法在对蒙古语标准音自然焦点陈述句、祈使句、疑问句和感叹句的语调以及其起伏度进行系统定量和定性分析的基础上，研究用语句调域和语句内调/群调域起伏度区别蒙古语四类基本句式的方法。包满亮的《科木吉勒作品的卫拉特方言特征》（2015）[3] 基于新疆蒙古族作家中短篇小说集为语料，划分出不同于现代蒙古语书面语的卫拉特方言特殊词汇、固定词语和语法形式，并对其做出深入的描写。

三、语音研究

蒙古语音研究方面，发表的论文很多，专著很少。下面分不同的专题对 70 年来的蒙古语音研究进行介绍。

（一）元音研究

1. 蒙古语元音系统

在现代蒙古语音系学研究方面，清格尔泰的《蒙古语语音系统》（1963）[4] 以现代口语为依据，结合传统语文学著作中的论述，对蒙古语的元音音位、辅音音位、元音和谐律、辅音结合律进行了深入分析。关于元音音位问题清格尔泰指出，确定元音的性质除普通语音学的三个条件外，元音的松与紧是第四条件。元音的松紧问题历来有所争论，有人认为它是舌位前后的问题，有人认为它是超越语音学的形态学问题。清格尔泰认为它不仅是语音学的问题，而且是蒙古语音的最主要的特点之一，是蒙古语元音和谐律的基础。他指出蒙古语的紧元音，其发音生理特征是咽喉上端肌肉紧张，舌根后缩，因而与相对的松元音比较，开口度稍大，舌位也偏后一些。他认为现代蒙古语标准音中前元音 [i] 有松紧的对立，紧元音 [I] 是独立的音位。清格尔泰、新特克的《关于蒙古语的基本元音》（1959）[5] 一文，运用标准发音人舌位涂药，X 光拍摄等实验语音学的方法理清了蒙古语元音的发音部位，尤其是

---

① 载《中国蒙古学》2014 年第 1 期。

② 载《内蒙古民族大学学报》2015 年第 1 期。

③ 载《中国蒙古学》2015 年第 5 期。

④ 载《内蒙古大学学报》1963 年第 2 期。

⑤ 载《内蒙古大学学报》1959 年第 2 期。

4个圆唇元音发音部位的问题。白音朝克图的《现代蒙古语语音系统》（1978）①、《关于蒙古语词的阴、阳性问题》（1982）②，进一步论证了上述学者们的观点。

2. 前化元音

蒙古语中原先的后元音或央元音受它周围语音条件的影响而前化，最后发展为独立音位的称之为前元音。清格尔泰等在《现代蒙古语》（1964）③论著中，运用音位理论，证明现代蒙古语口语中的[æ]、[œ]、[ɣ]都是独立的音位，并且描述了它们的发展脉络。白音朝克图的《巴林察哈尔土语的前化元音》（1962）④进一步论证了清格尔泰的观点。

3. 弱化元音

清格尔泰在《现代蒙古语语法》（1980）⑤一书中认为蒙古语的"弱化元音"不是能够辨别词义的具有独立音质色彩的音位，而是只有组织语音作用（即构成音节）的、其读音受元音和谐律和前面辅音制约的"依附元音"。孙竹在《现代蒙古语的弱化元音》（1990）⑥一文中认为，蒙古语的"弱化元音"音色不固定，可以把"弱化元音"统括为一个音位"ə"，而把每个"弱化元音"看作是这个音位的变体。道布的《蒙古语巴林土语的复辅音、过渡性元音和音节结构》（1982）⑦一文，通过研究巴林土语材料，探讨现代蒙古语口语的语音结合规律中，对复辅音、过渡性元音和音节结构等问题提出了新的观点。道布通过蒙古文和巴林土语相应词的比较，讨论了过渡性元音出现的条件、规律和与复辅音的联系。认为巴林土语的过渡性元音与原来蒙古文里存在过的第一音节以后的短元音并无对应关系，性质根本不同。过渡性元音的出现、移动、消失、重现的规律是现代口语中一项重要的语音结合规律，是在词的后续音节中元音脱落以后，与复辅音同时形成并互相补充的新起的语音现象。"道布关于现代口语中上述新起语音现象的研究，不仅对认识蒙古书面语与口语之间在语音结合规律上的区别有意义，而且对方言研究和蒙古语言史研究也有价值"（1993）⑧。另外何日莫奇的《试论现代蒙古语短元音的逆同化现象》（1986）⑨一文，也探讨了蒙古语非第一音节短元音的弱化及其与第一音节短元音语音变化的相互关系问题。

———————————

① 载《内蒙古大学学报》（蒙文版）1978年第3期。

② 载《内蒙古大学学报》（蒙文版）1982年第2期。

③ 内蒙古大学中国语言文学系蒙语教研室：《现代蒙古语》内蒙古人民出版社，1964年。又见清格尔泰：《蒙古语语法》，内蒙古人民出版，1991年。

④ 载《内蒙古大学学报》（蒙文版），1962年第1期。

⑤ 清格尔泰：《现代蒙古语语法》，内蒙古人民出版，1980年。

⑥ 参阅呼格吉勒图：《蒙古语音研究述评》，载乌兰察夫、乌力吉图主编：《蒙古学10年（1980-1990）》，内蒙古人民出版社，1990年。

⑦ 载《民族语文研究文集》，青海民族出版社，1982年。

⑧ 参阅王远新：《中国民族语言学史》，中央民族学院出版社，1993年。

⑨ 载《黑龙江民族丛刊》1986年第1期。

4. 长元音和复合元音

确精扎布的《关于蒙古语的长元音和复元音》（1954）[1] 一文，对蒙古语的长元音和复合元音的历史进程进行了分析。呼格吉勒图的《从蒙古语卫拉特方言长元音看蒙古语元音的发展》（2004）[2] 一文，对蒙古语卫拉特方言长元音的部分来源和蒙古语短元音、长元音及复合元音的历史发展进行了分析。包丽江的《青海蒙古语方言中的复合元音》（2006）[3] 一文，理出书面语、标准音中复合元音与青海蒙古土语长元音或复合元音之间的对应关系。此外，白音朝克图的《关于蒙古语长元音的读音问题》（1982）[4]、包力高的《蒙古语长元音的形成与发展》（1984）[5]、田丰的《关于蒙古语长元音的构成》（1983）[6]、乌力吉达来的《现代蒙古语语音屈折法语与语音长化现象》《一般长辅音和超长音的写法问题》（2004）[7] 等论文探讨了蒙古语长元音和复合元音的形成、发展及其特点。姜根兄的《蒙古语长元音的形成及例外现象》（2010）[8] VCV结构中辅音脱落是一种分散语音的变化，辅音脱落之后的长元音形成过程则是一种连续语音的变化。金刚的《蒙古语长元音组合中的尾音研究》（2011）[9] 一文，通过对蒙古语文献中一些词语的结构分析，再度证明了蒙古语长元音组合中的元音历来就是长元音，也是"复合长元音"开始形成的观点。金刚的另一篇论文《蒙古语长元音结构中的前置元音研究》（2011）[10] 对文献中的蒙古语长元音组合的前置元音问题进行深入研究，认为这种情况多数是短元音，与尾音结构合成变成长元音。

5. 元音的多方位研究

哈斯巴特尔的《关于蒙古语以不同语音区别语义功能初探》《蒙古语元音的屈折现象》（2004）[11]，前文指出蒙古语多数一类词存在着元音差别，这些词构成了同义词、近义词，在某些词中这些元音的差别起到了构词的作用。这虽然是语言历史现象，但是该研究对语言类型的变化、词汇的变化与发展，词汇意义的分布以及词源学的研究都具有理论和实践意义。后文指出现代蒙古语中，除人称代词中元音屈折现象仍保留着固有的语法功能外，在其他词类中已经失去语法作用而被词缀取代。确精扎布的《究竟是"monggol"还是"monggul"——试谈现代蒙古语书面

---

① 载《蒙古语文》1954年第2期。

② 载《民族语文》2004年第5期。

③ 载《中国蒙古学》2006年第6期。

④ 载《内蒙古大学学报》1982年第1期。

⑤ 载《蒙古语文》1983年第6期、1984年第1期。

⑥ 载《蒙古语言文学》1983年第3期。

⑦ 载《蒙古语文》2004第8期；载《西北民族学院学报》2004第2期。

⑧ 载《内蒙古大学学报》（蒙古文版）2010年第4期。

⑨ 载《内蒙古大学学报》（蒙古文版）2011年第3期。

⑩ 载《蒙古学研究》2011年第3期。

⑪ 载《内蒙古大学学报》2004年第1期；载《民族语文》2004年第6期。

语非第一音节的圆唇元音》（2007）[1] 一文，作者基于《蒙古秘史》等资料和前人的研究，提出在现代蒙古书面语非第一音节的圆唇元音中应有"o"的观点。

6. 元音和谐律

关于蒙古语的元音和谐问题我国学者曾有不少论及。清格尔泰在《蒙古语音系统》一文中，针对前一音节与后续音节之间元音如何和谐的问题，逐一做了考察。他的《关于元音和谐律》（1983）[2] 一文，研讨了元音和谐的一般性质，把元音和谐概括为词内部前后音节里的元音之间的求同性、限制性、序列性和制约性。喻世长的《元音和谐中的三足鼎立现象》（1981）[3]，着重探讨了元音和谐具体表现形式的不同类型，指出每一种语言或方言的元音和谐都有一定的复杂性。喻氏提出语言的互相影响可能是元音和谐表现形式发生变化的一个原因。道布的《蒙古语的元音和谐与元音音位对立的中和》（1984）[4]，从音系的原理出发，把音位理论的一些基本原则用到比音段音位更高的层次上，考察了蒙古语的元音和谐问题。他指出在元音和谐律作用下，蒙古语中有些元音音位之间的区别性趋于同一，出现元音音位对立的中和现象。从这一结果，归纳出新的语音单位——超音位，建议可建立/A/、/U/、/I/三个超音位。他还指出，音位对立的中和，在蒙古语里并不仅限于元音系统，在辅音系统里也有。元音音位对立的中和，也不仅限于元音和谐有关的范围，在开音节的单音节词里和多音节的最后一个开音节里也有。此文深化了对蒙古语音系的一般认识。

此外，巴音朝克图等一些学者分别就达斡尔语、东部裕固语、东乡语、保安语等蒙古语族语言以及蒙古语科尔沁土语和察哈尔土语的元音和谐问题发表过论文。白音朝格图的《元音和谐律的有关问题》（1981）[5]、哈斯额尔敦的《关于蒙古语元音和谐的逆同化问题》（1980）[6] 都提出了若干新见解，在理论和方法上有所突破。

（二）辅音研究

1. 关于复辅音

清格尔泰在《蒙古语音系统》（1963）[7] 一文中，对各个音位变体的出现条件做出了准确的描述。该文所说的"辅音结合律"，实际上指的是蒙古语口语中的复辅音问题。在书面语中除少量借词有复辅音出现外，一般没有复辅音这种语音结构。清格尔泰认为，现代蒙古语口语中复辅音的形成与重音的位置和"依附元音"规律

---

① 载《内蒙古大学学报》2007年第4期。

② 载《中国语言学报》第1期，商务印书馆，1983年。

③ 载《民族语文》1981年第2期。

④ 载《民族语文》1984年第2期。

⑤ 载《内蒙古大学学报》（蒙文版）1981年第3期。

⑥ 载《蒙古语文》1980年第5期。

⑦ 载《内蒙古大学学报》（蒙文版）1963年第2期。

有关。清格尔泰对蒙古语口语中的复辅音按能否自成音节、结合的紧密程度，分别进行了研究。这是对蒙古语音节结构认识的进一步深化，是蒙古语语音研究方面取得的又一突破性进展。扎拉其夫的《巴林土语的复辅音和长辅音》（1962）① 一文、哈斯额尔敦的《关于语言的三个特征和蒙古语的强弱辅音》（1958）②，其观点与清格尔泰是一致的。哈斯其木格的《蒙古语的复辅音问题》（2006）③ 一文提出，蒙古语的辅音组合，可以分为音节内的复辅音和音节间的辅音串；音节内的复辅音包括音节末的复辅音和独立的复辅音音节，其组合规律比较严整；音节间的辅音组合没有特定的组合规律，随机性和自由度比较大的观点。嘎拉桑、香琴的《蒙古语词首辅音脱节问题分析》（2009）④ 指出词首辅音脱落构建复合词时有完全同化、不完全同化、完全异化、不完全异化等多种现象。确精扎布的《关于蒙古文闭音节结尾辅音"的思考》（2009）⑤ 得出了蒙古文从古至今有十一个结尾辅音和双结尾辅音的结论。

2. 送气音和不送气音

清格尔泰、确精扎布的《关于蒙古语辅音》（1959）⑥ 一文，运用声谱仪等实验语音学的方法对蒙古语辅音 b、d、g 与 p、t、k 的性质进行分析，指出前者的送气强，后者的送气弱，此 3 对辅音的实质差异在于送气与不送气。

道布以笔名荣舟发表的《蒙古语中的吸气音》（2005）⑦ 一文，揭示了蒙古语口语中存在自成音节的吸气音，而且分别构成不同叹词。

宝力巴苏日乐的《论蒙古语的送气辅音 n》（1985）⑧ 一文，指出蒙古语口语中有送气辅音 n^h，并对该辅音出现的条件进行了分析。"这项研究不仅对深化语音描写有启发意义，而且对区分语法中的词素音位也有重要价值"⑨。

3. 音势结构

道布的《蒙古口语中的词首辅音弱化现象》（1981）⑩ 一文属于音势结构研究的范围。他指出词首的强辅音在一定条件下，被发音部位相同或相近的较弱的辅音所替换。强辅音包括清擦音、送气的清擦音和送气的清塞擦音；弱辅音包括浊塞音和不送气的浊塞擦音。有词首辅音弱化现象的口语原本就有弱化辅音存在，所以，有词首辅音弱化现象的口语比没有这种现象的口语在弱辅音总的分布上是不同的，前

---

① 载《内蒙古大学学报》（蒙文版）1962年第1期。

② 载《蒙古语言文学》1958年第9期。

③ 载《民族语文》2006年第3期。

④ 载《中国蒙古学》2009年第6期。

⑤ 载《内蒙古大学学报》（蒙古文版）2009年第4期。

⑥ 载《内蒙古大学学报》（蒙文版）1959年第1期。

⑦ 原载《民族语文》1980年第1期，又见《道布文集》，上海辞书出版社，2005年。

⑧ 载《蒙古语文》1985年第1期。

⑨ 道布：《蒙古族语言研究》，载《二十世纪的中国少数民族语言研究》，书海出版社，1998年。

⑩ 载《民族语文》1981年第1期。

者弱辅音出现的频率比后者大得多。他通过对有无词首辅音弱化现象的口语的比较，用两个公式概括了词首辅音弱化的全部条件。道布在《蒙古语巴林土语的复辅音、过渡性元音和音节结构》一文中，指出巴林土语的复辅音的组合数量相当大，性质也不完全一样，总结出3种主要特点：（1）复辅音结合得较松散；（2）从音节中所处的地位看，复辅音一律不做"声母"。除"韵化"（自成音节的辅音）辅音可自成音节，其余的都只作"韵尾"；（3）复辅音的结合或是拆散，大多由形态变化引起，但只与词的语音形式有关，与语义无直接联系。

清格尔泰的《蒙古语塞音q、k的历史演变》（1989）[1] 和《蒙古语族语言中的音势结构》（1989）[2]，通过语言比较和方言比较提出了蒙古语族语言中存在音势结构规律。音势结构规律是辅音在一个词里的配置规律。他认为根据发音时气流的强弱程度，可以把辅音分为强、中、弱三类。在一个词里，第一个音节的首辅音和第二个音节的首辅音在强弱配置上具有一定规律可循。在不同的语言和不同的方言之间，音势结构有一定的对应关系。"清格尔泰关于音势结构所做的研究提供了一个新的观察角度"[3]。

4. 辅音构拟、辅音腭化以及重音

孟和宝音的《原始蒙古语辅音构拟的基础》（2002）[4] 一文认为突厥语族语言不应该是构拟原始蒙古语辅音的基础，蒙古语族语言及其方言土语和中世纪文献资料是构拟古代蒙古语辅音系统的基础。拟测出来的原始形式一要能合理说明现实语言的歧义，二要符合语音演变规律。

呼和的《蒙古语辅音腭化问题研究》（2005）[5] 一文认为蒙古语察哈尔土语出现在前元音前后的辅音都可以视为腭化变体，以便与出现在央、后元音前后的辅音（非腭化变体）对立。辅音腭化是舌腭接触面积受外来因素影响而有所增加的现象，不能混淆"腭化辅音"和"腭化变体"这两个既有联系又有区别的概念。

宝玉柱的《现代蒙古语正蓝旗土语重音研究》（2007）[6] 一文运用实验语音学的方法，对蒙古语词重音进行能量分布分析，提出不同于以往蒙古语词重音标准位置在词的第一音节，而应该在词的第二音节上的观点。认为蒙古语词重音的位置变异有一定的规律。蒙古语的重音不区别词义，但重音是韵律词的脊梁，有标定词界的作用；重音位置在一定范围内的有规律的变动，为重音在短语、句子、情态和文体层面上的应用提供了可能性。哈斯其木格《蒙古话标准音辅音音姿》（2013）[7] 通过

① 载《民族语文》1989年第1期。

② 载《民族语文》，1989年第3期。

③ 道布：《清格尔泰先生语中国蒙古语族语言研究》，《论文与纪念文集》，内蒙古大学出版社，1997年。

④ 载《中央民族大学学报》2002年第3期。

⑤ 载《民族语文》2005年第2期。

⑥ 载《中央民族大学学报》2007年第6期。

⑦ 载《中央民族大学学报》2013年第5期。

实验语音学的方法说明蒙古语辅音的发音过程由成阻、持阻、除阻三个阶段组成，因辅音发音方法的不同而其每个阶段的舌姿态也不相同。

5. 辅音构拟、辅音腭化以及重音

乌力吉达来的《论狭义语音屈折法和延伸语音法的区别与关系》（2009）[1] 通过对蒙古语狭义语音屈折法和延伸语音法的表现形式及语法意义进行比较，得出结论这两个概念既不是交叉关系，也不是包含关系而是广义的语音曲折上的并列关系。图门吉日嘎拉的《蒙古语族语言音变构词现象研究》（2011）[2] 认为，蒙古语族语言中存在着在语音相近语义有细微差异，表示概括、抽象、整体和虚幻性质的一些词语的词根、词缀是通过元音和辅音的对应衍生出的同源词，这些词汇属同一类词，又有同样的语法范畴。

四、语法研究

（一）语法综合研究

20世纪80年代以前蒙古语语法研究多侧重词法研究，近二十年句法研究有所加强。从成果的内容和数量上看，均显示出新的趋势。

从20世纪50年代末到60年代初，以清格尔泰为首的内蒙古大学的蒙古语言学家，在1955年、1956年进行的蒙古语方言调查的基础上，深入调查了察哈尔和巴林地区的口语，根据现代书面语和口语，对蒙古语的语音、语法、词汇的基本问题进行了深入的专题研究，完成了上下两卷本的《现代蒙古语》（2005）[3]。这是国内第一部全面描写现代蒙古语的著作。该书的语法篇，比起前人更丰富。如在静词部分另立一类"助名词"（后来改称"时位词"），并从语义特点、构词特点、形态变化、句法功能等方面对这个词类进行了比较充分的描述。又如在助词部分，从副词中分出一类描摹运动状态和声响的"状词"作为一个独立的词类，并且对"状词"的构成和派生能力以及"状词"的句法特点都一一做了解说。此外，还把"情态词"作为一个独立的词类区分出来，这对分析句子结构更为灵活、细致。

清格尔泰的《现代蒙古语语法》（1979）[4]，对现代蒙古语语音和语法进行了全面深入的研究，全面阐述了口语和书面语的对应规律，是作者集数十年研究成果之大成的代表作。其后来的《蒙古语语法》（汉文版）（1991）[5]，是在《现代蒙古语语

---

① 载《蒙古语文》2009年第10期。

② 载《内蒙古大学学报》（蒙古文版）2011年第4期。

③ 内蒙古大学中国语言文学系蒙古语教研室:《现代蒙古语》，内蒙古人民出版社，1964年，2005年再版。

④ 清格尔泰:《现代蒙古语语法》，内蒙古人民出版社，1979年，1999年出版蒙古文的修订版。

⑤ 清格尔泰:《蒙古语语法》（汉文版），内蒙古人民出版社，1991年。

法》上进行修订和改写而成的。

那顺巴雅尔等人编写的《现代蒙古语》（1982）[1]是中央民族大学、内蒙古大学、内蒙古师范大学等几所高等院校合编的一部供高等院校使用的较为完整的蒙古语语法教材。本教材全面论述了蒙古语语法基础知识、提出了许多新见解。

图力更主编的《现代蒙古语研究概论》（1988）[2]由语音学、词汇学、句法、语义学、修辞学、词典学和文字学等七章内容构成。该书汇总了蒙古语言学各分支学科的研究状况，分析了重要理论和具体问题，提出了自己的观点。

确精扎布的《蒙古语法研究》（第一册）（1989）[3]一书对蒙古语语法研究中的一些有争议的问题，如词的结构、词类划分、名词的语法范畴及名词、形容词、数词、代词的语法特征等，进行了理据分析。

巴图格日勒《关于蒙古语名词语法义与语法形态的搭配》（2013）[4]一文简述蒙古语名词在句子中呈现出的特点，用实例说明了名词的语法意义和语法形态的搭配问题。

此外，从20世纪70年代陆续出版的蒙古语语法著作还有布赫吉日格勒、恩和的《蒙古语语法》（1977）[5]、哈斯额尔德尼、那仁巴图的《蒙古语基础》（1978）[6]、清格尔泰的《现代蒙古语语法》（1980）[7]、陶高等人的《现代蒙古语》（1993）[8]、诺尔金的《蒙古文原理》（1987）[9]、哈斯额尔德尼等人的《现代蒙古语》的修订本（1996）[10]、纳·格日勒图的《蒙古书面语语法研究》（2001）[11]、嘎日迪等的《现代蒙古语》（2006）[12]，套格敦巴乙拉的语法史研究专著《蒙古语语法化过程研究》（2006）[13]等，反映了蒙古语法研究的新进展。

① 那顺巴雅尔等：《现代蒙古语》，内蒙古教育出版社，1982年。

② 图力更主编：《现代蒙古语研究概论》，内蒙古人民出版社，1988年。

③ 确精扎布：《蒙古语法研究》（第一册），内蒙古大学出版社，1989年。

④ 载《蒙古语文》2013年第1期。

⑤ 布赫吉日格勒、恩和：《蒙古语语法》，内蒙古人民出版社，1977年。

⑥ 哈斯额尔德尼、那仁巴图：《蒙古语基础》，吉林人民出版社，1978年。

⑦ 清格尔泰：《现代蒙古语语法》，内蒙古人民出版社，1980年，修订版1999年。

⑧ 陶高等：《现代蒙古语》，内蒙古少儿出版社，1993年。

⑨ 诺尔金：《蒙古文原理》，内蒙古教育出版社，1987年。

⑩ 哈斯额尔德尼：《现代蒙古语》（修订本），内蒙古教育出版社，1996年。

⑪ 纳·格日勒图：《蒙古书面语语法研究》，内蒙古大学出版社，1998年。

⑫ 嘎日迪等：《现代蒙古语》，内蒙古教育出版社，2001年。

⑬ 套格敦巴乙拉：《蒙古语语法化过程研究》，辽宁民族出版社，2006年。

（二）词法研究

1.词类划分

确精扎布的《论蒙古语词类》（1962）① 既是一篇理论性文章，也是对蒙古语词类进行全面论述的描写性研究成果。作者在比较以往各家划分蒙古语词类的分歧之后，就划分词类的标准进行了讨论。他认为划分词类要综合掌握语义特点、词法特点和句法特点。但是，这三方面的特点在综合掌握时程度可以有所不同。这样，词类也就可以有大小的不同，大词类下面有几个中词类，中词类下面还可以有小词类。他认为蒙古语的词首先可以分成实词、虚词、叹词三大类。与确精扎布持有相同观点的有达瓦达格巴、达西尼码。他们曾在同一刊物上发表《现代蒙古语情态词》《现代蒙古语状词》（1962）②，对这两个词类进行了深入细致的描写。巴图格日勒的《关于蒙古语名词的叙述意义》（2009）③ 指出蒙古语名词除了指称意义以外还有叙述意义。名词除了静态的指称意义以外还有动态的叙述意义。

2.名词的格和数

蒙古语族语言名词的格和数范畴是学者们探讨的热点问题。关于名词格范畴的专著有高·照日格图、额勒森其其格合著的《蒙古语格研究》（2001）④，是蒙古语格专题研究的第一部成果。哈斯巴特尔的《蒙古语族语言领属格和宾格关系及其来源》（2003）⑤ 一文认为领属格和宾格词缀是由早期领宾格一个词缀分化发展而来。据古突厥语 in, n 蒙古语 in, n 和满语 i（< in）的语音形式，认为它们的早期共同词缀形式是 in, n。此外，双福的《ece 与 tece》（1985）⑥，额尔登孟克的《关于鄂尔多斯土语连系格助词 –la：r》（1986）⑦，斯琴的《现代蒙古语格的意义及作用》（1986）⑧，恩和巴图的《达斡尔语格助词》（1987）⑨，达格瓦达瓦的《关于蒙古语主格的几个问题》（1988）⑩，莫·巴特尔的《鄂尔多斯土语的向位格》⑪，呼日勒巴特尔的《关于蒙古语于 — 位格的问题》（1994）⑫，乌力吉布仁的《从 — 比格研究》《蒙古语从 — 比格研究》（2001）⑬，纳·格日勒图的《蒙古语数、格、领属范畴的

① 载《内蒙古大学学报》（蒙文版）1962年第1期。
② 载《内蒙古大学学报》（蒙文版）1962年第1期。
③ 载《西北民族大学学报》（蒙文版）2009年第1期。
④ 高·照日格图、额勒森其其格：《蒙古语格研究》，内蒙古教育出版社，2001年。
⑤ 载《中央民族大学学报》2003年第6期。
⑥ 载《蒙古语》1985年第3期。
⑦ 载《内蒙古大学学报》1986年第3期。
⑧ 载《内蒙古师范大学学报》1986年第4期。
⑨ 载《蒙古语言研究论文集》，内蒙古人民出版社，1987年。
⑩ 载《内蒙古大学学报》1988年第4期~1989年第1期。
⑪ 载《内蒙古师范大学学报》1990第4期。
⑫ 载《蒙古语言文学》1994年第5期。
⑬ 载《蒙古学研究》2001年第1期;《内蒙古大学学报》2001年第4期。

所属词类问题》（2003）①，玉荣的《蒙古语口语属格的结构和意义分析》（2006）②等分别探讨了语族语言和方言土语格的结构、意义以及演变规律。

关于名词数范畴，呼和巴日斯先后发表了《基于蒙古语族语言复数词缀的对比探其来源》（1984）、《蒙古语族语言实体名词复数词缀及其意义》（1985）、《从蒙古语数的词缀和谐存在到消失》（1990）、《关于蒙古语名词的数范畴变化》（2004）③ 等论文，研究了蒙古语数范畴变化形式的语法特点，阐述了数后缀的基本使用规则。哈斯巴特尔的《阿尔泰语系语言文化比较研究》（2006）④ 一书中也探讨了蒙古语族语言复数词缀的分布、复数词缀以及某些词缀的来源等问题。金刚的《蒙古语方位格的层堆积》（2009）⑤ 指出方位副词后缀起源于方位格，而方位格后缀又起源于方位副词词根，这表明方位副词正是蒙古语方位格的层积堆的表现，方位格从起初就有很强的构词功能。

3. 动词

蒙古语的动词形态变化丰富而复杂，除了具有词尾变化以外，还有词干中的形态变化，对其他语法成分往往有重要的制约作用，在语法体系中占有重要地位。因此，动词的研究成为蒙古语研究中的一个热点。清格尔泰的《论蒙古语的动词》（1960）⑥ 一文是蒙古语词法研究领域的代表作。他按语法变化和语法作用将蒙古语动词分为四类：纯动词（也叫式动词）、形动词、副动词、名动词。同时又根据动词的词汇意义和结构功能分为四类：普通动词、代动词、助动词、联系动词。他把动词的陈述式与时间、祈使式与人称相连，并对其语法形式加以分析。关于形动词他收录了前人很少提到的 –maar/–meer 和 –ʊʊʃɛɛ/–uuʃtee 附加成分。关于副动词、动词的体和态范畴的表现形式也进行了较详细的描述。这些研究成果后来都成为他的《现代蒙古语语法》（1979，1991）⑦ 一书的有机组成部分。额尔敦朝格拉的《蒙古语估量式探析》（2009）⑧ 认为蒙古语动词的式范畴除了陈述式和祈使式以外还有"估量式"。包满亮的《蒙古语口语动词祈使形词缀分析 — 关于第二、三人称形式》（2009）⑨ 提出蒙古语口语动词祈使形第二、三人称形式的起源和演变。斯琴朝格图

---

① 载《蒙古语言文学》2003年第1期。

② 载《内蒙古大学学报》2006年第6期。

③ 载《内蒙古师范大学学报》1984年第3期；载《蒙古语文》1985年第6期；载《蒙古语文》1990年第1期；载《蒙古语言文学》2004年第6期。

④ 哈斯巴特尔：《阿尔泰语系语言文化比较研究》，民族出版社，2006年。

⑤ 载《内蒙古社会科学》（蒙古文版）2009年第4期。

⑥ 载《内蒙古大学学报》（蒙古文版）1960年第2期。

⑦ 清格尔泰：《现代蒙古语语法》（蒙古文版），内蒙古人民出版社，1979年；《蒙古语语法》，内蒙古人民出版社，1991年。

⑧ 载《内蒙古社会科学》（蒙古文版）2009年第2期。

⑨ 载《内蒙古社会科学》（蒙古文版）2009年第4期。

的《论蒙古语动词语态的特点》（2011）① 一文指出，蒙古话动词有自身的特点。首先，动词语态古今不同。其次，适用范围、句法结构、组合关系和语义也不同。因此，简单套用印欧语的语法概念不能准确反映蒙古语的特点。

4. 其他词类

关于代词，特图克的《蒙古语代词的几个问题》（1963）②、拿木四来的《蒙古语族语言人称代词比较研究》（1982，1983）③ 是当时较为全面系统研究蒙古语代词的文章。哈斯巴特尔写的有关于代词的系列文章，其中《关于蒙古语人称代词词干变格问题》（2001）④，通过比较阿尔泰语系诸语的人称代词变格，分析蒙古语人称代词的早期形式和变格情况，认为蒙古语人称代词的几种不同变格词干是由词干和格词缀的固定形式中演变而来的。满达的《从词与后缀的联系和区别看 dugar/düger 的特征》（2004）⑤ 一文提出 dugar/düger 不是后缀而是数词的观点。海银花的《蒙古语指示代词的指示与代替功能》（2006）⑥ 一文分析了指示代词的指示作用和代替作用在句子中的表现形式与结构方面的特征。乌兰的《简论蒙古语的语气词》（2018）⑦ 阐明语气词的定义以及分类。

（三）句法研究

1. 词组和句子结构研究

清格尔泰在其《现代蒙古语》（1964，1979）⑧ 的句法部分，以中心词为纲，全面研究了蒙古语的词组结构。此外，关于"总括词""复指""前置""补说""游离成分"的研究也都有新意。他在《现代蒙古语语法》一书中以新方法研究蒙古语句法，从理论上总结出了"多层次的分析法"和新的"图解法"。

20世纪70年代后期学者们突破了传统的"主谓二分"的句法分析方法描写蒙古语句法现象，提出了句法分析以"谓语为中心"的观点。

道布的《蒙古语句子结构分析》（1979）⑨ 一文中，把蒙古语的复句分为并列复句、偏正复句、包孕复句、引语复句四种基本类型，把蒙古语的句子成分分为中心成分和扩展成分两类。中心成分是谓语，扩展成分是状语、补语、主语。定语是句子成分的成分。这就打破了把句子成分划分为主要成分、次要成分两大类，以主语

---

① 载《民族语文》2011年第2期。

② 载《内蒙古大学学报》（蒙文版）1963年第1期。

③ 载《蒙古语文》1982年第9期、1983年第1—2期。

④ 载《民族语文》2001年第3期。

⑤ 载《蒙古语言文学》2004年第4期。

⑥ 载《中国蒙古学》2006年第1期。

⑦ 载《中国蒙古学》2018年第6期。

⑧ 见《现代蒙古语》，内蒙古人民出版社，1964年；清格尔泰：《现代蒙古语语法》（蒙古文版），内蒙古人民出版社，1979年；《蒙古语语法》，内蒙古人民出版社，1991年。

⑨ 载《民族语文》1979年第2期。

和谓语为主要成分的传统观念，认为蒙古语的句子一般是以谓语为支撑点建立起来的。谓语是蒙古句子中不可缺少的成分。谓语作为句子的结构中心，决定整个句型的性质。他把句子成分的结构分为修饰结构、连动结构、并列结构、复指结构和复合结构，认为句子内部的各种结构关系并不都处在相同的平面上，因此，分析结构关系复杂的句子就需要弄清楚结构关系的层次。

刘照雄在《浅谈蒙古语族动词的特点与句法功能》（1982）[①]一文提出以谓语为中心分析句法的具体程序：先确定句子的核心成分——谓语，再分析可能存在的谓语的从属成分，如谓语的表述成分——主语，谓语的支配成分——宾语和补语，谓语的附加成分——限定语。

贾晞儒先后发表《蒙古语并列结构的语义关系》（1983）、《论蒙古语的并列结构》（1983）、《汉译蒙的句子分析》（1984）[②]等文章，从不同角度阐述蒙古语句子的语法和语义关系都是以谓语为中心组成，分析句子首先要弄清楚谓语的性质，才能认清句子的结构特点等观点。

特图克的论文《蒙古语并列复句分析》（1982）、《关于句子的分析方法》（1987）[③]，采用以"结构模式"和"聚合体"这两个概念为基础的新方法来重新研究蒙古语的句法问题，并认为在语法体系中句法占有中心地位。他的《蒙古语句子结构系统》（1999）、《关于蒙古语动词词组问题的思考》（1998）[④]，前文试图构建蒙古语主从关系句子结构系统的理论框架，对句子和句子成分作新的解释，同时探讨了句子"中间类型"的归类问题。后文认为，形动词短语和副动词短语是体述关系动词词组，没有述谓性特点，在句子中不具有表达内容和语调的完整性。其《论现代蒙古语实词配价》（2007）[⑤]一文提出蒙古语中不仅动词有配价特征，名词、形容词也有该特征。它属于句法的语义范畴，语义配价为主和形式配价为辅的两种描写法。

进入21世纪，出现了运用新的语法理论研究蒙古语句法的趋势。额尔登朝鲁的《蒙古语句模研究初探》（2004）、《试谈运用"三个平面"语法理论分析蒙古语句子结构》（2004）[⑥]等系列论文，探讨了运用句法、语义、语用"三个平面"有机结合的语法理论，研究蒙古语句子结构的科学合理性的问题。他的《蒙古语三个配价词"öghü"动述句结构分析》（2007）[⑦]运用配价理论方法对"öghü"动词充当谓语的句结构，从句法、语义、语用等方面进行了详细的分析。与之相关的还有

---

① 载《语言研究》1982年第2期。

② 载《民族语文》1983年第4期；载《蒙古语言文学》1983年第3期；载《蒙古语文》1984年第2期。

③ 载《民族语文》1982年第1期；载《内蒙古民族师院学报》1987年第1期。

④ 载《民族语文》1999年第5期；载《民族语文》1998年第6期。

⑤ 载《内蒙古大学学报》2007年第4期。

⑥ 载《内蒙古大学学报》2004年第3期；载《蒙古语言文学研究》2004第3期。

⑦ 载《内蒙古大学学报》2007年第2期。

额·宝音乌力吉的《论句子的"分离成分"与"缀补成分"》（2006）、《论蒙古语句子成分移位现象的功能 —— 语用分析》（2006）① 等论文。

呼和巴日斯的《蒙古语句法描写方法》（2007）② 一文提倡蒙古语句法研究中可运用生成句法理论。这与力提甫·托乎提的《阿尔泰语言构形成分的句法层次问题》（2002）③ 一文相呼应。力提甫认为用生成语法理论把阿尔泰语言的构形成分作为功能语类处理，传统语法中一直无法说明的句法层次问题就能得到圆满的解释。

德力格尔玛的《论蒙古语构形法归属问题》（2001）④ 一文，审视传统蒙古语语法学将词法划分为构词法和构形法的不合理性，认为蒙古语构形法应属于句法学，应将构形法归入"组词法"部分。巴图格日勒在《浅谈蒙古语名词充当定语的句法功能》（2011）⑤ 一文中认为，语义学视角研究名词充当定语时与相关词汇的关系是很重要的，同时要观察定语的特点以及形态形式、种类、做定语的依据等。阿拉坦苏和《被动句及其语义结构》（2013）⑥ 从认知的实践经验分析被动句的内容特点、构成条件和进展过程能够发现其动词的及物/不及物，甚至能够认知动词涉及的事物。宝音乌力吉的《蒙古语话题与主语的关系》（2018）⑦ 指出话题是话语的主题，话题不等同于谓语，话题具有明确的指向性，一般出现在句首，而谓语没有明确的指向性且可出现在句中任何位置。

五、修辞学研究

蒙古语修辞学研究虽然起步较晚，但从 20 世纪 70 年代起有了明显的进步。乌·那仁巴图、朋斯克、苏雅拉图、德力格尔、嘎拉森等人的成果在学术界得到承认和很好的评价。苏雅拉图在《蒙古语研究概论》（1988）⑧ 的"蒙古语修辞学研究"一节中总结国内蒙古语修辞学研究概况，提出了许多新的见解。乌·那仁巴图的《蒙古语修辞学研究》（1986）⑨ 是国内第一部较全面、系统论述蒙古语修辞学研究的专著。乌·那仁巴图的《蒙古语修辞学》（1992）⑩，在全面分析归纳蒙古语修辞现象的基础上，力图揭示了蒙古语修辞学理论体系。德力格尔编写的《蒙古语修辞

① 载《中国蒙古学》2006 年第 2 期；载《蒙古学研究》2006 年第 3 期。
② 载《中国蒙古学》2007 年第 6 期。
③ 载《中央民族大学学报》2002 年第 6 期。
④ 载《中央民族大学学报》2001 年第 5 期。
⑤ 载《语言与翻译》2011 年第 4 期。
⑥ 载《蒙古学研究》2013 年第 3 期。
⑦ 载《中国蒙古学》（蒙文）2018 年第 6 期。
⑧ 苏雅拉图:《蒙古语研究概论》，内蒙古人民出版社，1988 年。
⑨ 乌·那仁巴图:《蒙古语修辞学研究》，内蒙古人民出版社，1986 年。
⑩ 乌·那仁巴图:《蒙古语修辞学》，内蒙古文化出版社，1992 年。

学》（1994）①是一部高等学校教材。特格希都楞的《蒙古语修辞学研究》（2001）②是一部理论与具体分析相结合的专著。此外，学者们发表多篇论文，从不同角度探讨了蒙古语修辞学的理论问题。如：乌·那仁巴图在《论蒙古语修辞学研究的深入发展》（2006）③一文指出蒙古语修辞学研究概况的同时，对今后值得研究的几个问题提出了指导性的意见。

近几年的修辞学研究成果数量不是很多。代表性的有：南地娜、香琴的《论蒙古语比拟修辞方式的形成原因》（2017）④。

六、词汇研究

几乎所有的蒙古语语法专著和语言志中词汇研究都是独立成篇。有代表性的属清格尔泰的《现代蒙古语》和图力更主编的《蒙古语研究概论》。前文作者在"词汇篇"中提出了比较完整的蒙古语词汇学的范畴体系，建立了基本的理论框架，从语义关系、词汇构成、词源、熟语、新词术词、词汇规范、词典编纂等方面综括了蒙古语词汇学研究的成果，这在中国蒙古学界具有开创意义。后文，作者在"词汇研究"部分解释了语义学理论的某些问题，把"语义"研究从过去的传统"词汇"研究中分离出来，进行了探索性的研究。进入80年代后，词汇研究主要在词汇结构（基本词汇、书面语、口语、敬语、讳言等），词义关系（同义或近义词、反义词等），语义、词源，名词术语以及熟语研究等取得了较显著成果。

（一）词汇学研究

代表性论著有：新特克的《蒙古语词汇研究的历史概况》（1978）⑤、《蒙古语词汇研究》（1991）⑥等论著，文章系统研究了蒙古语词汇学。书中对词的性质做了广泛的解释，增加了词的结构与系统的内容，在构词法等方面提出了许多新见解。陈乃雄的《蒙文同形词》（1982）⑦，对同形词在文字中的消极作用，造成蒙古文同形词的10个原因等问题进行了系统的论述和探索，书中附有1000余组同形词，"是一部很有特色、很有价值的著作，填补了蒙古语词汇研究中的空白"（1998）⑧。另外，

---

① 德力格尔编：《蒙古语修辞学》，辽宁民族出版社，1994年。
② 特格希都楞：《蒙古语修辞学研究》，内蒙古教育出版社，2001年。
③ 载《内蒙古师范大学大学学报》2006年第1期。
④ 载《内蒙古社会科学》2017年第5期。
⑤ 内蒙古大学油印本，1978年，又载《内蒙古大学学报》（蒙文版）1980年第1期。
⑥ 新特克：《蒙古语词汇研究》，内蒙古大学出版社，1991年。
⑦ 陈乃雄：《蒙文同形词》，内蒙古教育出版社，1982年。
⑧ 参阅道布：《蒙古语族语言研究》，载《二十世纪的中国少数民族语言研究》，书海出版社，1998年。

还有巴特尔的《蒙古语词汇研究》(1988)①。

从语义角度进行研究的成果有斯琴、德力格玛的《语义学》(1996)②、德力格玛的《蒙古语语义研究》(2001)③、森格的《关于蒙古语语义的聚合结构》(2004)④等。德力格玛运用现代语义学理论方法，结合传统蒙古语言学研究成果，对蒙古语义现象进行较为全面、系统分析的基础上，力图揭示出现代蒙古语义规则。其《论语义研究在蒙古语言学中的地位》(2006)⑤一文，从语义学与应用语言学、文化语言学的关系出发，阐述了语义研究在蒙古语言学中的重要地位以及进一步深入开展语义研究的重要意义。森格认为语义应从组合和聚合结构方面进行研究。他把聚合结构分为指称义和附加义，并进行了详细的描写分析。德力格尔玛的《论蒙古语词汇反义关系》(2009)⑥中把组成蒙古语词汇反义关系的单位区分为单词、复合词、固定词组，并归纳总结蒙古语词汇反义关系与其意义形式。额·满都拉的《蒙古语熟语种类及其基本特点》(2009)⑦一文分析熟语的结构形式、表述意义和在句子中的应用。沙日娜的《论义位组合关系的制约因素》(2011)⑧一文对义位组合关系的制约因素进行了论述。包格处的《反义词的民族特点探析》(2011)⑨一文中指出蒙古语反义词的民族特点是蒙古语反义词的重要特性之一，并阐述了反义词的不均匀性问题。哈斯格日乐的《现代蒙古语亲属词语的语义特点》(2011)⑩一文用语义学义位分析法，描述了现代蒙古语亲属词语的语义特征。金书包的《简论蒙古语词根相同反义词》(2013)⑪一文认为，蒙古语反义词可以分为同根反义词和非同根反义词。相对于非同根反义词，同根反义词尽管数量少结构较单一，但也应该作为蒙古语反义词的组成部分或研究对象。该文分析研究了同根反义词的表现形式与构成同根反义词的构成条件。德·萨日娜《浅谈蒙古语多义词研究方法》(2013)⑫一文指出蒙古语多义词研究方法有词典学研究方法、词汇学研究方法、词义学研究方法、认知学研究等，该文着重描述了词典学研究方法与核算语言研究方法。德·青格乐图的《关于蒙古语复合词的再认识问题》(2016)⑬一文，从蒙古文信息处理的角度

① 巴特尔:《蒙古语词汇研究》，民族出版社，1988年。

② 德力格玛:《语义学》，内蒙古人民出版社，1996年。

③ 德力格玛:《蒙古语语义研究》，辽宁民族出版社，2001年。

④ 载《内蒙古大学学报》2004年第6期。

⑤ 载《中国蒙古学》2006第3期。

⑥ 载《内蒙古社会科学》(蒙古文版)2009年第5期。

⑦ 载《蒙古语文》2009年第1期。

⑧ 载《蒙古语文》2011年第5期。

⑨ 载《内蒙古社会科学》(蒙古文版)2011年第6期。

⑩ 载《内蒙古民族大学学报》(蒙古文版)2011年第2期。

⑪ 载《西部蒙古论坛》2013年3期。

⑫ 载《蒙古语文》2013年第7期。

⑬ 载《内蒙古师范大学学报》2016年第4期。

重新审视了蒙古语复合名词的特点和结构，阐明其结构实质是语义搭配问题，不是纯粹的语法搭配关系，提出蒙古语复合词的研究应该归属于独立的构词法范畴的观点。粟霞、李丽杰在《蒙古族谚语中的隐喻及文化内涵分析》（2017）① 一文选取蒙古族谚语为研究对象，对其中蕴含的隐喻表达进行分析旨在发现蒙古族谚语中所含隐喻表达背后的认知理据，并探讨谚语所折射的蒙古族文化的特有内涵。金书包的《蒙古语基本词汇特点探析》（2018）② 指出词语的群众性和固化性是语言基本词汇的特征，也是基本词汇和非基本词汇判断标准。

（二）构词法研究

关于构词法，陈乃雄、诺尔金、葆录、格日勒图、恩和巴图、席元麟、伊布拉黑麦、斯琴、特格希都楞等发表过论著。

陈乃雄的《中国蒙古语族语言的构词附加成分》（1985）③ 汇集了土族、保安、东乡、东部裕固和达斡尔语的200多个构词附加成分的300多种用法，与蒙古语进行了比较，并分析了附加成分存在差异的原因。

诺尔金连续发表了几篇论文，《构词法在词汇发展中的作用》（1981）④ 一文认为，蒙古语的词根和构词后缀都具有超词类的抽象性，并探讨了构词后缀的多功能性和语义的抽象性问题。《现代蒙古语构词附加成分》（1981）⑤ 具体分析了二百四十多个构词后缀的语法功能、语义、作用和内部结构等问题。《蒙古语形态理论初探》（1987）⑥ 一文总结了前人有关蒙古语形态学的不同观点，并指出研究构形法的同时更要加强构词法的研究。上述观点，又见其专著《蒙古语构词附加成分总汇》⑦。此外，她的《古今几个词语的语义及结构设想》（2007）⑧ 一文，从词源学角度对蒙古语中的"tayji""yöngsiyebü""harang-a""öbedegsi"等词的来源、读音、意义等做了解释。

葆录的系列论文《蒙古语构词法研究参考》（1979）⑨ 一文较全面概述了蒙古语构词法研究问题。《关于蒙古语的某些构词后缀》（1981）⑩ 一文分析蒙古语中50余对静词和动词词干相同现象，认为该现象应属于构词研究范围。此外，文中罗列了一些前人著述中未提及或提及不够的构词后缀，根据某些后缀跨静词和动词构词的

---

① 载《内蒙古民族大学学报》2017年第5期。

② 载《中国蒙古学》2018年第5期。

③ 载《内蒙古大学学报》1985年第4期。

④ 载《蒙古语言文学》1981年第1期。

⑤ 载《蒙古语文》1981年第5期。

⑥ 载《内蒙古社会科学》（蒙文版）1987年第1期。

⑦ 内蒙古教育出版社，2001年。

⑧ 载《蒙古语文》2007年第3期。

⑨ 载《内蒙古大学学报》（蒙文版）1979年第1、2期合刊。

⑩ 载《民族语文》1981年第3期。

特点，提出了"跨词类后缀"的概念，丰富了对蒙古语构词法的认识。

道布的《蒙古语中的逆构形方法》（1999）[①] 一文介绍逆构形是一种非常规的方法，跟常规的添加词缀的方法相比，操作方向相反。在此基础上分析了《蒙古秘史》中的逆构形宾格形式和现代蒙古书面语中通过逆构形方法产生新词的问题，并且从混沌学的角度作出了解释，为历史比较研究提出了新的思路。

格·还日焊的《蒙古语构词法研究》（1998）[②] 一书，探讨蒙古语词结构分析的相关理论问题的同时，较系统地描写了蒙古语构词附加成分。斯琴的《现代蒙古书面语构词附加成分研究》（2004）[③] 一书，对现代蒙古书面构词附加成分进行了系统的研究。特格希都楞的《蒙古语构词法研究》（2005）[④] 探讨了单词和复合词的构词法，同时介绍了修辞学方法、修辞 — 句法方法、标数法和直译法等。

此外，对其他语支构词进行研究的还有格日勒图的《试论东部裕固语构词附加成分》（1983）[⑤]，恩和巴图的《达斡尔语动词构词附加成分》（1984）[⑥]，席元麟的《土语构词法凡例》（1983）[⑦]，伊布拉黑麦的《东乡语构词法》（1988）、《东乡语构词法补遗》（1987）[⑧]，乐·套格敦白乙拉的《语言的指标本质和命名的产生》（2016）[⑨]，萨仁格日乐的《从语义学发展脉络探究语言多义性特征》（2016）[⑩]，那达木德的《简论蒙古语的构词方法》（2017）[⑪] 等论文。

（三）关于名词术语

对名词术语关注的代表性论文有清格尔泰的《对蒙古语文工作中几个问题的意见》（1959）[⑫]、确精扎布的《对蒙语新词术语问题的几点意见》（1961）[⑬]、宝音图的《关于为何和如何使用外语借词的问题》（1957）[⑭]、仁钦戈瓦的《名词术语成为共同词汇的原因》（1959）[⑮]、索德那木永荣的《蒙古语名词术语的发展道路问题》

① 载《民族语文》1999年第1期。

② 格·还日焊：《蒙古语构词法研究》，内蒙古教育出版社，1998年。

③ 斯琴：《现代蒙古书面语构词附加成分研究》，内蒙古教育出版社，2004年。

④ 特格希都楞：《蒙古语构词法研究》，辽宁民族出版社，原为蒙文版，2005年出版，汉译版2006年出版。

⑤ 载《西北民族学院学报》1983年第4期。

⑥ 载《内蒙古大学学报》（蒙古文版）1984年第4期。

⑦ 载《青海民族学院学报》1983年第1期。

⑧ 载《东乡语论集》，1988年；《甘肃民族研究》1987年第1、2期。

⑨ 载《蒙古语文》2016年第3期。

⑩ 载《内蒙古社会科学》2017年第5期。

⑪ 载《蒙古学研究》2017年第1期。

⑫ 载《内蒙古大学学报》1959年第1期。

⑬ 载《内蒙古大学学报》1961年第1期。

⑭ 载《蒙古语文》1957年第10期。

⑮ 载《蒙古语文》1959年第3期。

（1961）① 等。进入20世纪80年代，内蒙古自治区蒙古语名词术语委员会对新词术语的审定，使蒙古语名词术语的研究向系列化的方向发展。近年来，已研究审定了哲学、文艺、法律、教育心理、语言、历史、地理、体育、生物学等余学科的名词术语达万条词。并配合内蒙古科委电子计算机中心蒙文信息室研制成了《汉蒙对照名词术语编纂系统》，部分名词术语已输入微机，为以后编纂大型名词术语词典奠定了基础（1997）②。

（四）关于词典学、词典编纂

仁赛玛在《现代蒙古语研究概论》（1988）③ 一书中列有《词典学》一节，对历代各种蒙古语辞书做了简明的介绍，并就辞书的分类、辞书编纂法、辞书的基本属性以及辞书工作展望等问题进行了论述。

对各类词典进行总体介绍或研究的有达·巴特尔的《我国蒙语词典概况》（1989）、《蒙古语辞书研究》（1995）、《50年来我国蒙古语辞书的编纂与出版》（1999）、《论蒙古语词典的分类》（2004）④ 和米吉生的《蒙古文字母表与蒙文辞书的音序编排》（1982）⑤、贡其格苏荣的《蒙古语辞书研究新进展》（1993）⑥ 等论著。

对清代编纂的词典进行专题研究的有春花的《清代满蒙文词典研究》（2008）⑦。该书共收满蒙文词187种，根据词典编纂体例分为"分类词典""音序词典""形序词典""时序词典""地序词典""姓序词典""无序词典""词典式丛书"等八类，主要叙述其发展演变概况、特征并附每部词典的内容提要和书影，为研究利用清代满蒙文词典提供了便利条件。

在词典个案专题研究方面，波·斯琴、舍·达兰台的《关于〈蒙古语诠释〉》（1957）⑧ 和确精扎布的《蒙古族大文人嘎拉桑及其卓越著作〈蒙文诠释〉》（1958）⑨ 两篇文章均对词典《蒙文诠释》进行了系统的研究。包祥、罗布桑巴拉登的《华夷译语研究》（1959）⑩ 一文对中世纪蒙古语词典学、文献学做了较为深入的研究。扎·伊兰的《在〈蒙古文正字法词典〉修订版中发现的词结构分析问题》（2006）⑪

----

① 载《内蒙古日报》1961年。

② 参阅包力高：《50年来内蒙古蒙古语文研究概述》，载《蒙古学信息》1997年第4期，第43页。

③ 仁赛玛：《现代蒙古语研究概论》，内蒙古人民出版社，1988年。

④ 载《内蒙古社会科学》1989年第5期；载《蒙古学信息》1995年第1期；载《民族语文》1999年第5期；载《蒙古语言文学》2004年第1期。

⑤ 载《内蒙古师院学报》1982年第1期。

⑥ 载《蒙古学十年》1993年第3期。

⑦ 春花：《清代满蒙文词典研究》，辽宁民族出版社，2008年。

⑧ 载《蒙古语文》1957年第6期。

⑨ 载《蒙古语文》1958年第3期。

⑩ 载《蒙古语文历史》1959年第7期、1961年第1期。

⑪ 载《中国蒙古学》2006年第2期。

一文指出词典中词结构分析方面还有需进一步修改和值得研究的问题，并提出具体的修改意见。此外还有，博·胡伦的《可利用的工具书 ——〈蒙汉合璧词典〉》（1980）①、斯钦朝克图的《论作为近代蒙古文献的第一部注解词典 ——〈二十一卷本〉》（1981）②、金·乌日勒的《〈二十一卷本词典〉的研究概况》（2007）③、金炳喆的《蒙古、突厥、满 —— 通古斯三个语族共有词的探讨 ——〈五体清文鉴〉研究》（1990）④、呼日乐巴特尔的《〈御制满珠蒙古汉字三合切音清文鉴〉蒙古语研究》（2004）⑤、宝力高的《〈蒙古语正字法词典〉首次口语标音随想》（2004）⑥、达·巴特尔的《再论〈蒙古语正字法词典〉》（2004）⑦、吉儒木图《关于〈蒙古语正字法词典〉的商榷》（2004）⑧ 等成果。

中华人民共和国成立以来出版了多种类型的蒙古文辞书。有蒙汉、汉蒙词典，有正字、正音词典，各种专业词典和名词术语词典。其中较有影响的有：内蒙古社会科学院语言文字研究所编纂的《汉蒙词典》及其增订本（1982）⑨；内蒙古大学蒙古语文研究室编纂的《蒙汉词典》及其增订本（1999）⑩；宝力高的《汉蒙成语词典》（1972）⑪；布仁特古斯的《蒙古语正音正字词典》（1977）⑫；那木吉拉玛整理，仁钦戈瓦审校的蒙古语解释辞典《二十一卷本辞典》及其增订本《二十八卷本辞典》（1994）⑬。哈斯额尔敦、乌·那仁巴图、丹森合编的《蒙古语成语简略词典》（1981）⑭；斯琴朝克图、仁钦戈瓦、苏跃拉图的《蒙古语词根词典》（1988）⑮；达·巴特尔的《蒙古语派生词倒序词典》（1988）⑯；色·苏雅拉图的《蒙古语比喻

① 载《蒙古语文》1980年第2期。
② 载《昭乌达蒙古族专科学校学报》1981年第1期。
③ 载《蒙古语文》2007年第7期。
④ 载《民族语文》1990年第4期。
⑤ 载《内蒙古大学学报》2004年第2期。
⑥ 载《蒙古语言文学》2004年第3期。
⑦ 载《蒙古语文》2004年第8期。
⑧ 载《蒙古语言文学》2004年第1期。
⑨ 内蒙古社会科学院语言文字研究所编：《汉蒙词典》，内蒙古人民出版社，1955年，1982年出版其增订本。
⑩ 内蒙古大学蒙古语文研究室编：《蒙汉词典》，内蒙古人民出版社，1977年，由内蒙古大学出版社1999年出版其增订本。
⑪ 宝力高：《汉蒙成语词典》，内蒙古人民出版社，1972年。
⑫ 布仁特古斯：《蒙古语正音正字词典》，内蒙古教育出版社，1977年。
⑬ 那木吉拉玛整理，仁钦戈瓦审校：《二十一卷本辞典》，内蒙古人民出版社，1979年；增订本《二十八卷本辞典》，内蒙古人民出版社，1994年。
⑭ 哈斯额尔敦、乌·那仁巴图、丹森合编：《蒙古语成语简略词典》，内蒙古教育出版社，1981年。
⑮ 斯琴朝克图、仁钦戈瓦、苏跃拉图：《蒙古语词根词典》，内蒙古人民出版社，1988年。
⑯ 达·巴特尔：《蒙古语派生词倒序词典》，内蒙古教育出版社，1988年。

词典》（1989）①；元朝的《蒙古语言学词典》（1992）②；达·巴特尔等编纂的《现代蒙古语词频辞典》（1998）③；拉西色楞编纂的蒙古、汉、梵、藏对照的《明慧宝镜》（1998）④；诺尔金、芒·牧仁等人的《蒙古语辞典》（1999）⑤；苏日格日乐图等编纂的《蒙古文正字法词典》（1999）⑥；拉西董日布的《现代蒙古语简明词典》（2000）⑦，陈·布和、达·巴特尔的《汉蒙新词词典》（2001）⑧，布仁特古斯的《蒙古语辞海》（2001）⑨。额·宝音乌力吉的《汉蒙辞典选词条问题》（2009），《辞书编纂中应合理使用释义法》（2009），德·萨日娜的《如何解释蒙古语辞典中的释义规整化问题》（2017）等。

七、蒙古语族语言比较研究

近十年来学者们对蒙古语族语言的研究和对比研究也逐渐多了起来。主要以论文的形式发表公众。其布尔哈斯的《达斡尔语与蒙古语同源词之词义差别》（2009）⑩对达斡尔语与蒙古语的一部分同源词的词义进行对比后发现它们的精神意义、心理意义、调节意义都有不同的表现。包萨仁的《东乡语是否产生过长元音问题之初探》（2010）⑪指出东乡语没有形成长元音的原因。一是由于音节减少，中古蒙古语的"元音+，+元音"结构在东乡语中因为其中的一个元音音节脱落而导致失去构成长元音的基本条件。二是受汉语的影响东乡语中复合元音数量较多，发音用时缩短等外因促使东乡语失去形成长元音的条件。

恩和巴特尔的《满语、通古斯语和蒙古语巴尔虎布里亚特方言中的"哈拉"一词分析》（2010）⑫中对满语、通古斯语、蒙古语族语言和蒙古语巴尔虎布里亚特方言中的"哈拉"一词进行比较后得出"哈拉"是满语、通古斯语和蒙古语巴尔虎布里亚特方言的同源词。

佟金荣的《蒙古语和锡伯语复数词缀–s比较研究》（2010）⑬中比较和分析蒙

---

① 色·苏雅拉图:《蒙古语比喻词典》，内蒙古教育出版社，1989年。

② 元朝:《蒙古语言学词典》，辽宁民族出版社，1992年。

③ 达·巴特尔等编纂:《现代蒙古语词频辞典》，内蒙古教育出版社，1998年。

④ 拉西色楞编纂:《明慧宝镜》，内蒙古大学出版社，1998年。

⑤ 诺尔金、芒·牧仁:《蒙古语辞典》，内蒙古人民出版社，1999年。

⑥ 苏日格日乐图等编纂:《蒙古文正字法词典》，内蒙古新闻出版局、内蒙古人民出版社，1999年。

⑦ 拉西董日布:《现代蒙古语简明词典》，内蒙古教育出版社，2000年。

⑧ 陈·布和、达·巴特尔:《汉蒙新词词典》，内蒙古人民出版社，2001年。

⑨ 布仁特古斯:《蒙古语辞海》，内蒙古人民出版社，2001年。

⑩ 载《内蒙古社会科学》（蒙古文版）2009年第6期。

⑪ 载《内蒙古大学学报》（蒙古文版）2010年第6期。

⑫ 载《中国蒙古学》2010年第2期。

⑬ 载《满语研究》2010年第1期。

古语和锡伯语名词复数词缀–s的使用方法和语法语义后得出结论，它们之间存在同源关系，是由原始阿尔泰语复数词缀–t演变而来的。阿拉腾苏布达的《东部裕固语格研究》（2011）① 将东部裕固语格形态分类为八种，发现前人未提出的格后缀形式。

图门吉日嘎拉的《用历史比较法研究蒙古语族的构词法》（2012）② 一文认为，蒙古语族词语结构及其词根和附加成分的变化发展是稳定的，其变化发展主要体现在语音、语义方面。因此，我们在研究蒙古语族构词法时不能只研究一种语言的现状或某一种语言某一个词的构成，而应从同源词之间的语音对应规律和语义关联比较研究该语言的历史状况或整个蒙古语族，甚至是整个阿拉泰语族语言构词法。哈申格日勒的《蒙古语族语言第一人称祈使式语义区别》（2013）③ 一文认为，祈使式的第一人称的"ya"与"sugai/ sügei"不但表示蒙古语族语言第一人称祈使式的共性之间还有着词义的区别。

金双龙、高·照日格图《新疆东乡语复数范畴研究》（2013）④ 用田野调查的材料，阐明了新疆东乡语复数范畴、其表现形式和表达的意义。哈斯呼《东部裕固语词首短元音声学分析》（2014）⑤ 一文说明了东部裕固语的使用和分布情况，并用实验语音学的方法说明词首短元音的语音特征。姜根兄的《蒙古语族语言圆唇元音的演变与发展》（2015）⑥ 一文阐明蒙古语族诸语言圆唇元音的分布情况，将其和中古甚至更早时期的蒙古语圆唇元音做比较，说明了圆唇元音的演变与发展情况。

包满亮在《东乡语情态词初探》（2016）⑦ 从语义学和类型学角度分析出东乡语情态词按其含义可分为推断、肯定、显然、必须、强调、允许、可能等，试图揭示该语言情态范畴系统及其表现规律。

其他与蒙古语族语言研究相关的论文还有银凤的《土族语语音演变的主要特点》（2009）⑧，乌兰图雅的《东乡语的语音特点》（2009）⑨，哈斯呼的《东裕固语假定副动词形态探析》（2012）⑩，图兰的《蒙古语民和语音与互助语音的比较》（2012）⑪，其布尔哈斯、马红霞的《词义与词语搭配 — 以蒙古语族语言同源词为

---

① 载《内蒙古大学学报》（蒙古文版）2011年第5期。
② 载《内蒙古大学学报》（蒙古文版）2012年第4期。
③ 载《中国蒙古学》2013年第2期。
④ 载《内蒙古大学学报》（蒙古文版）2013年第2期。
⑤ 载《中国蒙古学》2014年第2期。
⑥ 载《内蒙古社会科学》（蒙古文版）2015年4期。
⑦ 载《中央民族大学学报》2016年第2期。
⑧ 载《蒙古语文》2009年第1期。
⑨ 载《蒙古语文》2009年第2期。
⑩ 载《内蒙古大学学报》（蒙古文版）2012年第4期。
⑪ 载《内蒙古大学学报》（蒙古文版）2012年第5期。

例》（2015）①，哈申格日勒《蒙古语族语言体附加成分》（2015）②，包萨仁《蒙古语族非词首短元音的保留、弱化、脱落原因》（2015）③，德格吉呼的《保安语塞辅音格局研究》（2016）④，阿拉腾苏布达的《锁南坝东乡、积石山保安、民和土族语的复数特征》（2016）⑤ 等。

八、阿尔泰语系语言比较研究

蒙古语族语言，在地理位置和语言特点上，都处于突厥语族和满－通古斯语族语言的中间，所以在论证阿尔泰语系三大语族的各种关系中处于关键地位。在阿尔泰语言比较研究方面呼格吉勒图、照日格图、哈斯巴特尔、力提甫·托乎等写有一系列论文。代表作有：呼格吉勒图的《古突厥语与蒙古语语音比较研究》⑥ 一文在对古突厥文献语言和书面蒙古语进行语音比较研究的基础上，归纳和梳理了它们之间存在的元音和辅音的对应规律。

照日格图的《蒙古语的sayin与突厥语的sag》⑦ 一文根据蒙古语sayin与突厥语sag的意义和形式，比较以这两个词为词根的一组词，提出它们是蒙古语和突厥语的共同词汇。照日格图的又一论文《论蒙古语与突厥语词根中的元音交替现象》⑧ 指出，蒙古语族与突厥语族语言中具有构词功能的元音交替现象，元音交替构成的词不是借词，而是蒙古语族语言和突厥语族语言的同源词。

孟和达来、黄行的《蒙古语族和突厥语族关系词的词阶分布分析》⑨ 一文通过蒙古语族和突厥语族核心词中关系词的词阶分布，考察了语族内部语言之间和语族之间的语言关系。指出关系词在词汇中的分布可以是有阶的，也可以是无阶的，词阶分布理论对证明词汇有阶分布的语言关系有效，但不能说明词汇无阶分布的语言是同源关系还是接触关系。

许伊娜的《阿尔泰诸语句法类型及副动词范畴》⑩ 一文结合一些阿尔泰语言学家的观点，参照新西伯利亚学派语言学家的理论概念，以阿尔泰语系突厥语族中维吾尔语、蒙古语族中蒙古语、满－通古斯语族中鄂温克语为代表语言，简略比较、分析了这3种语言副动词范畴形式的语义功能和句法结构特征，力图从句法结构类

① 载《内蒙古大学学报》（蒙古文版）2015年第4期。

② 载《中国蒙古学》2015年第1期。

③ 载《中国蒙古学》2015年第1期。

④ 载《蒙古语文》2016年第6期。

⑤ 载《内蒙古大学学报》（蒙古文版）2016年第4期。

⑥ 载《民族语文》2002年第1期。

⑦ 载《内蒙古大学学报》2006年第4期。

⑧ 载《中央民族大学学报》（蒙古文版）2010年第6期。

⑨ 载《民族语文》1997年第1期。

⑩ 载《民族语文》2001年第1期。

型特征方面认识这 3 种不同语族语言的异同。

力提甫·托乎提的《阿尔泰语言构形成分的句法层次问题》[①] 一文认为用生成语法理论把阿尔泰语言的构形成分作为功能语类处理时发现，传统语法中一直无法说明的句法层次问题得到了圆满的解释。

德力格玛的《从句义结构看阿尔泰语言的"态"》[②] 一文讨论阿尔泰语言态范畴的特点，认为不同的"态"形式是句义深层结构向表层转化的重要语法手段。

斯钦朝克图的《阿尔泰诸语人体部位名称比较》[③] 一文筛选了三个语族 20 种语言的 150 个人体部位名称进行比较，分析了这些名称在三个语族诸语言中的语音和语义特点。同作者《阿尔泰语言形容词比较级的一种形式》[④] 中指出阿尔泰语系诸语言形容词有较复杂的比较级范畴。其中有一种形式在阿尔泰语系诸语言中比较相似，即蒙古语族语言和满 – 通古斯语族语言的比较级为 –qan/ ken，而突厥语族语言中为 –qina/–kine/–yina/gine。呼和的《基于语音声学模型的阿尔泰语系语言亲属关系初深》[⑤] 提出了用语音声学模型判断语言发生学和类型学的相似性。

关于阿尔泰语言比较研究或两个语族语言比较研究的论著有哈斯巴特尔的《蒙古语和满语研究》[⑥]《阿尔泰语系语言文化比较研究》[⑦]，力提甫·托乎提的《阿尔泰语言学导论》[⑧]《从短语结构到最简方案 —— 阿尔泰语言的句法结构》[⑨]，照日格图的《蒙古语族与突厥语族语言词汇比较研究》[⑩]，孟达来的《阿尔泰诸语言共通性的形成与北方民族的历史接触》[⑪]，高娃的《满语蒙古语比较研究》[⑫]，阿布都热西提·亚库甫等主编的《阿尔泰语系语言传播范畴研究》[⑬] 等。

2004 年 8 月由中国民族语言学会与内蒙古大学蒙古学学院共同举办了中国民族语言学会阿尔泰分会的成立大会。2005 年 2 月在内蒙古大学蒙古学学院举行了由 10 本专著组成的第一批《阿尔泰学丛书》首发式。这套丛书是由呼格吉勒图和双龙主编，2004 年由内蒙古教育出版社出版。这些标志着阿尔泰语系研究工作有了一个

---

① 载《中央民族大学学报》2002 年第 6 期。

② 载《民族语文》2004 年第 2 期。

③ 载《民族语文》2004 年第 2 期。

④ 载《民族语文》2010 年第 2 期。

⑤ 载《民族语文》2013 年第 3 期。

⑥ 哈斯巴特尔：《蒙古语和满语研究》，内蒙古大学出版社，1991 年。

⑦ 哈斯巴特尔：《阿尔泰语系语言文化比较研究》，民族出版社，2006 年。

⑧ 力提甫·托乎提：《阿尔泰语言学导论》，山西教育出版社，2004 年

⑨ 力提甫·托乎提：《从短语结构到最简方案 —— 阿尔泰语言的句法结构》，中央民族大学出版社，2004 年。

⑩ 照日格图：《蒙古语族与突厥语族语言词汇比较研究》，内蒙古教育出版社，2000 年，2005 年再版。

⑪ 孟达来：《阿尔泰诸语言共通性的形成与北方民族的历史接触》，中国社会科学出版社，2001 年。

⑫ 高娃：《满语蒙古语比较研究》，中央民族大学出版社，2005 年。

⑬ 阿布都热西提·亚库甫等主编：《阿尔泰语系语言传播范畴研究》，中央民族大学出版社，2013 年。

良好的开端。

高娃的《关于蒙古语和满语动词形态后缀的起源研究》① 比较蒙古语和满语动词形态后缀从而追溯它们的起源。巴朝鲁的《蒙古语与回鹘语部分词语音对应比较研究》② 通过对蒙古语与回鹘语部分词语音对应比较发现，它们在起源、形态、意义方面都有所不同。还有哈斯巴特尔的《从数词"一"词源谈阿尔泰语系语言比较方法》③ 从同源词角度进行研究发现阿尔泰语系诸语言数词"一"不仅存在同源关系，而且是从共同的发生机理中发展而来的。

德·色仁巴图的《鄂温克语与蒙古语向位格附加成分的比较》④ 一文通过对阿尔泰语系满–通古斯语族语言、蒙古语族语言和突厥语族语言中的向位格附加成分的比较，认为他们是同源的。同作者的《鄂温克语和蒙古语的渊源关系问题——语音及语法范畴比较研究概述》⑤ 比较鄂温克语和蒙古语的语音和名词的一些语法征进，得出它们之间存在语音对应关系，语法相近的结论。李圃的《我国图瓦人语言使用现状研究白哈巴村个案调查》⑥ 调查阿勒泰地区图瓦人最集中的村落之一白哈巴村。调查表明，该村图瓦人图瓦语普遍熟练，母语基本稳固，但母语的功能被限制在较为有限的范围，基本只在图瓦人家庭内部和图瓦人特有的某些节日和集会上使用。图瓦人中双语和多语的人口比例很大，中青年达到了100%，另有一个明显的趋势是近年青少年汉语水平迅速提高。虽然出现了青少年图瓦语水平有所下降的趋势，但暂时还未出现图瓦人转用其他语言的现象。李亮在《满蒙语中的梵语借词》⑦ 中指出蒙古语和满语在历史的演变中不断吸收周边各语族语言词汇，其中以佛教文化为线索引入的梵语借词颇具特色。以往研究认为，满蒙语中引入梵语借词在13世纪蒙古帝国崛起之后。经过笔者整理前人研究成果后研究发现，这一历史过程要提早到8世纪左右。王桂荣的《朝鲜语和蒙古语语音对比分析方法研究》⑧ 提出的共振峰参数t–检验方法能够证实朝鲜语和蒙古语的5对单元音具有声学特征相似性。该文提出的朝鲜语和蒙古语语音对比分析方法不仅对不同语种的语音对比研究提供了一种新的思路，而且对当前存在争议的朝鲜语是否归属阿尔泰语系问题的研究具有一定的借鉴价值。

---

① 载《内蒙古社会科学》（蒙古文版）2009年第6期。

② 载《中国蒙古学》2009年第2期。

③ 载《满语研究》2009年第1期。

④ 载《中国蒙古学》2011年第1期。

⑤ 载《语言与翻译》2013年第2期。

⑥ 载《中央民族大学学报》2017年第2期。

⑦ 载《内蒙古民族大学学报》2017年第2期。

⑧ 载《延边大学》2018年。

九、中世纪蒙古语研究

中世纪蒙古语研究是开展蒙古语族语言比较研究和蒙古语语言史研究不可缺少的重要环节。此项研究在20世纪50年代末逐渐开展起来，从80年代初起有了显著的发展。据不完全统计，到目前为止关于中世纪蒙古语研究方面的成果已超百部[1]。根据成果内容可划分为两类。一是从语言学角度整理、阐释中世纪蒙古文献并对相关问题进行研究；二是从语音、语法、词汇角度对中世纪蒙古文献进行研究。

（一）中世纪蒙古文献的搜集整理和研究

1. 关于《蒙古秘史》

关于13世纪成书的《蒙古秘史》，在中国仅从语言学角度做了整理、翻译、注释的专著就有8部。首先提及巴雅尔的《蒙古秘史》[2]，分一、二、三册。作者把《蒙古秘史》汉字音译本逐行用蒙古文音写的同时转写成书面蒙古语和国际音标，书后附有音译《蒙古秘史》所用的五百多汉字的《注音字典》。该成果为学术界研究《蒙古秘史》以及汉字音译文献的研究提供了可靠的参考资料。亦邻真的《元朝秘史》[3] 是一部对汉字音译本进行畏吾体蒙古文复原的成果。书中不仅拥有大量的文献学和历史语言学的注释，作者还在绪论部分分析了中世纪蒙古文字和语音情况。"此书真正称得上是'秘史学'的突破性成就，具有恒久的学术价值"[4]。双福的《〈蒙古秘史〉还原及研究》[5] 由绪论、畏吾体蒙古文复原、拉丁转写、注释等四部分构成。作者自评该书创新点为"从语言学理论高度进行的拉丁转写更体现了该书原貌"[6]。此外，额尔登泰、阿尔达扎布的《蒙古秘史还原译注》[7]，札奇斯钦的《〈蒙古秘史〉新译并释》[8]，满仓的《新译注释〈蒙古秘史〉》[9]，余大钧的《译注〈蒙古秘史〉》[10]，阿尔达扎布译注的《新译集注〈蒙古秘史〉》[11] 等大部头都涉及了文献语言的词汇注释问题。

① 参阅《蒙古学百科全书—语言文字卷》，内蒙古人民出版社，2004年。
② 巴雅尔：《蒙古秘史》（1-3册），内蒙古人民出版社，1981年。
③ 亦邻真：《元朝秘史》，内蒙古大学出版社，1987年。
④ 陈得芝：《亦邻真蒙古学文集——序一》，内蒙古人民出版社，2001年。
⑤ 双福：《〈蒙古秘史〉还原及研究》，内蒙古人民出版社，2002年。
⑥ 参阅双福《〈蒙古秘史〉还原及研究》，内蒙古人民出版社，2002年。
⑦ 额尔登泰、阿尔达扎布：《蒙古秘史还原译注》，内蒙古教育出版社，1986年。
⑧ 札奇斯钦：《〈蒙古秘史〉新译并释》，联经出版社，1979年。
⑨ 满仓：《新译注释〈蒙古秘史〉》，内蒙古人民出版社，1985年。
⑩ 余大钧：《译注〈蒙古秘史〉》，河北人民出版社，2001年。
⑪ 阿尔达扎布译注：《新译集注〈蒙古秘史〉》，内蒙古大学出版社，2005年。

2. 关于八思巴字蒙古语文献

关于八思巴字蒙古语文献整理、注释、研究方面照那斯图取得了一系列的重要成果。他的成绩集中体现在专著《八思巴字和蒙古语文献》① 中。这部专著由《研究文集》和《文献汇编》两本构成。《研究文集》辑录了18篇论文，涉及八思巴文字以及与八思巴字有关的已有的和新发现文献的复原、校勘和问题研究。"从总体上说，这些论文把八思巴字研究提高到一个新的水平"② 。《文献汇编》收录八思巴字蒙古语文献40种，包括圣旨、懿旨、令旨、宗教功德记、牌符、图书、题记等，并附每种文献的原文照片、题解、拉丁和蒙古文转写以及汉语译文。这部《文献汇编》不论从资料的规模、质量，还是校勘的精细上都是上乘的，给学术界提供了丰富可靠的八思巴字研究资料。近来照氏又发表《关于新发现的妥欢贴睦尔可汗羊年圣旨》《也孙铁木儿皇帝鼠年三月圣旨》③，前文对妥欢贴睦尔可汗下旨于1343年的蒙古八思巴字石刻及其汉译进行比较研究，在对字、词进行辨认的同时做了解释。后文对也孙铁木儿皇帝鼠年三月受赐予藏区朵甘思类乌齐寺和尚的八思巴蒙古语圣旨进行拉丁转写、汉字旁注、汉语翻译、词汇注释，还附原件照片。该圣旨中出现了不少地名、官名等专名，还有一些在八思巴字文献中初次出现的蒙古词语，为语言文字学和历史学提供了一份很有价值的新资料。郝澍民的《八思巴字蒙古语碑文补译》④，此书一大特点是郝氏翻译N·鲍培原书的同时附录元代汉译文本并增添了译注。此外，列入《阿尔泰学丛书》的呼格吉勒图、萨如拉的《八思巴字蒙古语文献汇编》⑤ 标志着中世纪蒙古语研究的最新进展。

3. 关于回鹘式蒙古文和其他文文献

关于中世纪回鹘式蒙古文文献的搜集、整理、研究上贡献最大的当属道布⑥。他的《回鹘式蒙古文文献汇编》⑦ 收录了元、明时期回鹘式蒙古文各类文献22种，刊布了原文照片，在题解中介绍了文献年代、作者、发现及保存情况、并对文献中的古词做了注释。在导言中对有关文献从语言学、文字学、史学和翻译质量等方面进行了论述，并简要介绍了一个世纪以来国内外蒙古学界研究回鹘式蒙古文文献的成就。影印出版回鹘式蒙古文文献原件在国内为首次，"此书的出版为推动我国回鹘式蒙古文和古文文献研究起到了良好的作用"⑧ 。此外，有包祥、罗布桑巴拉登

① 照那斯图：《八思巴字和蒙古语文献》（Ⅰ.Ⅱ），日本东京外国语大学亚非亚语言文化研究所，1991年。

② 参阅武·呼格吉勒图：《〈八思巴字和蒙古语文献评价〉》，载《民族语文》1992年第2期。

③ 载《民族语文》2004年第3期；载《民族语文》2004年第5期。

④ 郝澍民：《八思巴字蒙古语碑文补译》，内蒙古文化出版社，1986年。

⑤ 呼格吉勒图、萨如拉：《八思巴字蒙古语文献汇编》，内蒙古教育出版社，2004年。

⑥ 参阅王远新：《中国民族语言学史》，中央民族学院出版社，1993年。

⑦ 道布：《回鹘式蒙古文文献汇编》，民族出版社，1983年。

⑧ 参阅王远新：《中国民族语言学史》，中央民族学院出版社，1993年。

的《1340年昆明蒙文碑文释读》①、《〈孝经〉研究》②。照那斯图、斯琴朝克图校注的《善说宝藏》③对蒙古文本《善说宝藏》进行校勘、拉丁转写、词汇注释，同时探讨了原文藏文本、蒙译本及其译文等问题，书中还附八思巴文《善说宝藏》残页和藏蒙对照文本的影印件。照那斯图参照该蒙古文校注本补出了八思巴残页的上下文。图力古尔的《〈忻都王碑〉蒙古语文研究》④专著从语言学角度对甘肃省武威市石碑沟界内的忻都碑文进行了研究。哈斯额尔德尼等的《阿尔寨石窟回鹘体蒙古文榜题研究》⑤，以1989年发现的阿尔寨石窟回鹘式蒙古壁文为研究对象，附有壁文照片、蒙古文和拉丁转写。满达夫的《华夷译语》⑥收录了一部分圣旨、奏折、告书等，并对其进行了转写和注释。乌兰的《〈蒙古源流〉研究》⑦中也涉及了628疑难词的注释问题。此外，还有恩和巴图的《清代达呼尔文文献研究》⑧，贾拉森的《缘起南寺》《佛理读物精华编译注释 —— 甘露滴》⑨以及涉及《白史》《黄金史》《阿勒坦汗传》等著作的注释研究等成果。上述研究为中世纪蒙古语言研究奠定了基础，对中世纪语言本体研究具有重要的参考价值。

（二）中世纪蒙古语文献的语言研究

1. 语音研究

从语音角度研究文献的著作有亦邻真的《畏吾体蒙古文和蒙古语语音》⑩、《读1276年龙门禹王庙八思巴字令旨碑》⑪，照那斯图、杨耐思的《〈蒙古字韵〉校本》⑫。亦邻真提出畏吾体蒙古文符号A在表示零声母和元音a、e的同时表示辅音h，以A写h源自畏吾文规则。照那斯图、杨耐思的《〈蒙古字韵〉校本》是以1308年朱宗文所校的《蒙古字韵》本为研究对象，进行全文逐字校对、补失的同时，并对标记汉字读音的八思巴字进行了拉丁转写，这对13 — 14世纪的汉语音系和八思巴文字研究有着极其珍贵的资料价值。此外，较重要的论文还有喻世长的《〈蒙古

---

① 包祥、罗布桑巴拉登:《1340年昆明蒙文碑文释读》，蒙古科学院出版社，乌兰巴托，1962年。

② 包祥、罗布桑巴拉登:《〈孝经〉研究》，蒙古科学院出版社，乌兰巴托，1967年。

③ 照那斯图、斯琴朝克图校注:《善说宝藏》，内蒙古人民出版社，1989年。

④ 图力古尔:《〈忻都王碑〉蒙古语文研究》，内蒙古文化出版社，1992年。

⑤ 哈斯额尔德尼:《阿尔寨石窟回鹘体蒙古文榜题研究》，辽宁民族出版社，1997年。

⑥ 满达夫:《华夷译语》，内蒙古文化出版社，1998年。

⑦ 乌兰:《〈蒙古源流〉研究》，辽宁民族出版社，2000年。

⑧ 恩和巴图:《清代达呼尔文文献研究》，内蒙古大学出版社，2001年。

⑨ 贾拉森:《缘起南寺》，内蒙古大学出版社，2003年;《佛理读物精华编译注释 —— 甘露滴》，内蒙古大学出版社，2007年。

⑩ 载《内蒙古大学学报》1977.第1—2期，1978.第1期;又载《亦邻真蒙古学文集》，内蒙古人民出版社，2001年。

⑪ 载《内蒙古大学学报》1963年第1期;又载《亦邻真蒙古学文集》，内蒙古人民出版社，2001年。

⑫ 照那斯图、杨耐思:《〈蒙古字韵〉校本》，民族出版社，1987年。

秘史〉中圆唇元音的汉字表示法》，^① 呼格吉勒图的《论八思巴文 e 和 ė》《试论中世纪蒙古语元音 e 的音值》《再论巴思巴文 e 和 ė》《试论中世纪蒙古语的圆唇元音》^②，照那斯图的《有关八思巴字母 ė 的几个问题》^③、双福的《〈华夷译语〉中的蒙古语元音系统和特点》^④、嘎尔迪的《中世纪蒙古语中的 g、d/d、t》^⑤、包力高的《蒙古文的擦音 h 和零声母》《蒙古文字母［G］的古代读音及其演变》^⑥、贾拉森的《有关八思巴字与印藏文字关系的几个问题》《八思巴蒙古文文献中的藏语转写》^⑦、正月的《回鹘式蒙古文文献中汉语借词的拼写特征》^⑧ 等。其中呼格吉勒图前三篇系列论文，对《蒙古秘史》转写的汉字进行音韵学分析的基础上使用八思巴文、蒙古书面语和蒙古语族诸语言材料，论证了中世纪蒙古语元音 e 的音值，认为它是次高、展唇前元音 [e]。该文首次论证出八思巴文 e 和 ė 字所表示的元音之间没有音位对立关系，并揭示了创制 ė 字的语音学根据。文章对服部四郎的观点提出异议的同时将 ė 的音值构拟为 [I]。照文从多角度进行考证，认为将八思巴字母 ė 在蒙古语里音值构拟为 [I] 是可成立的。其《八思巴字蒙古语文献的语音系统》^⑨ 一文指出八思巴字文献的蒙古语有 e 和 ė 的区别，前者为 e 和 i 的变体；圆唇元音 o、ö、ü 在一些词中可自由交替；这一时期长元音已形成；小舌清塞音在音节末不送气等观点。兀·呼日勒巴特尔的《满文标写蒙古语语音的特点》^⑩，对 18 世纪满文标记蒙古语音文献进行分析，并指出研究这类文献对蒙古语言史和历史语音学研究具有重要意义。金刚的《古代蒙古语二合元音之析》^⑪，通过分析中世纪蒙古语中二合元音的演变过程，认为词尾音节和非词尾音节上复合元音之间存在内在联系。

　　2. 语法研究

　　部分学者从语法角度探讨了中世纪蒙古语言特点及其演变情况。其中探讨名词的数、格范畴和结构形态变化等热点问题的居多。

　　关于名词数范畴的经典文章有确精扎布的《〈元朝秘史〉语言的数范畴》《关于〈元朝秘史〉语言复数词缀 –n》^⑫。前文，利用计算机，对《元朝秘史》语言的

　　① 载《中国语言学报》1985年第2期。

　　② 载《内蒙古大学学报》1983年第3期；《内蒙古大学学报》1986年第3期；《内蒙古大学学报》1987年第1期；载《内蒙古大学学报》1989年第2期。

　　③ 载《民族语文》1988年第1期。

　　④ 载《内蒙古社会科学》（蒙文版）1985年第6期。

　　⑤ 载《蒙古语言文学》，1987年第3期。

　　⑥ 载《民族语文》1994年第3期；载《民族语文》1996年第2期。

　　⑦ 载《内蒙古大学学报》1988年第3期，1992年第4期。

　　⑧ 载《内蒙古大学学报》2004年第1期。

　　⑨ 载《民族语文》2007年第2期。

　　⑩ 载《内蒙古大学学报》2006年第5期。

　　⑪ 载《内蒙古社会科学》2007年第。

　　⑫ 载《民族语文》1983年第3期；《内蒙古大学学报》1990年第3期。

数范畴从复数词缀、数范畴的内涵、数的一致关系等3方面进行了研究。后文对复数词缀–n的出现条件、频率、意义以及演变情况进行了分析。

探讨格范畴的有哈斯巴特尔的《关于＜元朝秘史＞语言方位格附成分–da/–de~–ta/–te，–a/–e，–tur/–tür~–dur/–dür》①一文，利用计算机，对方位格附加成分的接缀方式及使用频率、接缀范围、语法意义等方面进行了论述。此外，包格的《关于〈蒙古秘史〉语言从 — 比格附加成分的变体–nača/–neče，–yača/yeče》②、呼日勒巴特尔的《古代蒙古语属格 —— 宾格的原始形态及其复原》③、乌力吉陶克套的系列论文《中世纪蒙古语凭借格附加成分–bar、–gar、yar及其变体》《探析原始蒙古语格的表现形式》《关于中世纪蒙古语格范畴》④ 等，都是从具体的格或总括角度探讨中古时期蒙古语格的表现形式、适用范围、意义以及演变情况，这为现代蒙古语族语言数、格范畴的研究奠定了基础。

嘎日迪的《中古蒙古语结构形态研究》⑤ 是对12 — 16世纪蒙古语结构形态变化进行历时研究的专著。作者在书中提出以下观点：蒙古语形态结构在词语的结构中虽属次要成分，但在语言交际中其作用不业于主要成分；从蒙古语形态而言形态变化最为丰富的属名词类和动词类。因此，形态变化在词类划分中是相对重要的；中古蒙古语文献语言的语法意义除词干后缀以构词和构形附加成分的方法表示以外，还可用间接构形法和语音对立的中和等方法。这就像一词多义一样，同一个构形成分及其不同的变体所表示的意义及作用是多样的。把构词和构形成分的多种意义还可划分为主要意义和次要意义、基本意义和分支意义。这种现象在中古蒙古语中尤为明显，到了中世纪有所削弱，在现代蒙古语中基本消失；元音的阴阳和谐贯穿着蒙古语发展的历史全程。

斯琴朝克图的《中世纪蒙古语里的副词jiγ–a》⑥ 一文，根据不同时期诸多文献语言和现代方言土语的使用特点，考证了该词原来的音义及其发展演变情况，认为前人将其转写为niγ–a是错误的。

那顺乌日图的《中世纪蒙古语a–、bü–及其演变》⑦ 一文，通过对不同时期文献语言的考察以及亲属语言间的比较，探讨了在中世纪蒙古语动词体系中起过重要作用的a–、bü–的原始意义、语义差别和演变阶段。

此外，探讨蒙古语形态变化的还有昂儒布的《古代蒙古语的基本词汇和构词

---

① 载《蒙古语言研究论文集》，内蒙古人民出版社，1987年。

② 载《蒙古语言文学》1989年第2期。

③ 载《内蒙古大学学报》1997年第4期。

④ 载《内蒙古师范大学学报》2000年第4期;《内蒙古师范大学学报》2003年第2期;《蒙古语言文学》2003年第3~4期。

⑤ 内蒙古人民出版社，2002年。

⑥ 载《民族语文》1986年第3期。

⑦ 载《民族语文》1990年第4期。

规律》①、白音门德的《中世纪蒙古语形动词形态及其演变》②、白俊瑞的《中世纪蒙古语动词祈使式形态及其演变》③、保朝鲁的《中世纪蒙古语动词形式–qu/–kü在现代语言中的演变》④、哈斯巴根的《中世纪蒙古语构词附加成分的演变》⑤，乌仁其木格的《〈蒙古源流〉语言的动词陈述式》⑥、萨茹拉的《关于八思巴字蒙古语动词变化》⑦等论文。

3. 词汇研究

有关中世纪蒙古语词汇研究重要成果有额尔登泰、乌云达赉、阿萨拉图合著的《蒙古秘史词汇选释》⑧，书中不仅对1000多个词语进行了注释，还涉及了《秘史》中的语音学、形态学和突厥语族语言词汇的问题。

确精扎布和日本学者粟林均合编的《元朝秘史蒙古语全单词·语尾索引》⑨是由四部丛刊本《元朝秘史》的汉字拼写蒙古语的拉丁转写文本，以及根据它编制的词汇、名词词尾和动词词尾索引构成。本书为进一步开展《蒙古秘史》以及中世纪蒙古语研究提供了珍贵资料和便利条件。

乌·满达夫整理校注的《蒙古译语词典》⑩，包括五种译语、汉字的拉丁和蒙古文转写以及一些词的注释。

保朝鲁的《汉译简编穆卡迪玛特蒙古语词典》⑪是基于N·鲍培的俄文版《穆卡迪玛特·阿勒—阿达布蒙古语词典》进行汉译简编而成。学界认为"这是我国蒙古语言学界的一件幸事，必将对中世纪蒙古语的研究产生积极影响"⑫。

此外，乌力吉陶克套的文献语言个案研究成果《蒙古文〈金光明经〉词汇研究》⑬，为中世纪蒙古语研究提供了新材料和新方法。

4. 中世纪蒙古语的综合研究

对中古蒙古语进行较为全面系统描写研究的成果共有五部：嘎日迪的《中古蒙古语研究》⑭以目前发现的13—16世纪的畏吾体蒙古文、八思巴文以及汉字和阿

① 载《蒙古语言文学》1982年第2期。

② 载《内蒙古大学学报》（蒙文版）1986年第1期。

③ 载《内蒙古大学学报》（蒙文版）1986年第2期。

④ 载《内蒙古大学学报》（蒙文版）1989年第2期。

⑤ 载《内蒙古大学学报》1986年第3期。

⑥ 载《内蒙古社会科学》2004年第5期。

⑦ 载《内蒙古大学学报》第5期。

⑧ 额尔登泰、乌云达赉、阿萨拉图：《蒙古秘史词汇选释》，内蒙古人民出版社，1980年。

⑨ 确精扎布、粟林均[日本]合编：《元朝秘史蒙古语全单词·语尾索引》，日本仙台：东北大学东北亚研究中心，东北亚研究中心—刊书，第4号，2001年。

⑩ 乌·满达夫整理校注：《蒙古译语词典》，民族出版社，1995年。

⑪ 保朝鲁：《汉译简编穆卡迪玛特蒙古语词典》，内蒙古大学出版社，2002年。

⑫ 参阅贾拉森：《序》，载保朝鲁的《汉译简编穆卡迪玛特蒙古语词典》，内蒙古大学出版社，2002年。

⑬ 乌力吉陶克套：《蒙古文〈金光明经〉词汇研究》，辽宁民族出版社，2008年。

⑭ 嘎日迪：《中古蒙古语研究》，辽宁民族出版社，2001年（蒙文版），2006年（汉文版）。

拉伯文字标记的蒙古语文献资料为基础进行理论归纳。该书由综合研究和专题研究两部分组成。综合篇涉及中世纪蒙古语口语与书面语、文献汇集及研究等内容；专题篇包括语音与文字、词的结构和词源、词类的划分、语法范畴、句法、词汇问题、书面语祈使式等七章内容。全书以语言的共时研究为主，同时结合了历时的内容。

双福的《古代蒙古语研究》① 从语音、词法、词汇、句法、文字角度全面系统地分析了12 — 17世纪的回鹘式蒙古文、八思巴文、汉字音注以及阿拉伯文音注蒙古语文献语言的特点，是一部语言学共时和历时、理论和实践、语言学与其他语言学科相结合的语言学专著。

哈斯巴根的《中世纪蒙古语研究》② 由绪论、正文、附录三部分组成。绪论部分阐述了蒙古语发展的历史阶段和中世纪蒙古语研究概况；正文语音篇，包括短元音、长元音、复合元音、辅音、元音同化等内容。词法篇，包括名词、形容词、数词、时位词、代词等内容。构词法篇，包括构词附加成分及其相关问题、一些构词附加成分的专题研究、复合词、文献语言中的年月日表示法等内容。附录中辑录了标记畏吾体蒙古文、八思巴文和《蒙古秘史》语言的标音汉字。

乌·满达夫的《中古蒙古语》（1997）③，运用现代语言学的观点，基于不同文种的蒙古语文献，对中古蒙古语语音、词法、句法的一系列问题进行了科学的阐述。绪论中还介绍了文献资料概况、古代蒙古文字、古代蒙古语研究概况以及古代蒙古语概况。该书作为全国高等学校教材，内容系统完整，是学习和了解中古蒙古语的上乘教材。

乌·满达夫的论文集《蒙古语研究》④，辑录了与文献语言相关的13篇论文，内容涉及从元代至清代出版的蒙古语言文字文献及其作者等问题。

此外，从文献语言个案综合研究或方法论问题研究方面还可提及余志鸿的《从〈蒙古秘史〉语言看东乡语》⑤、哈斯额尔德尼的《〈普度明太祖长卷图〉上的第十段回鹘蒙古文研究》《〈普度明太祖长卷图〉上的第四段回鹘蒙古文研究〉》⑥、乌云的《敦煌石窟蒙古文题记的综合研究》⑦、高娃的《〈蒙古秘史〉疑难词及其研究方法探析》⑧ 等成果。

涉及句法研究的有达·宝力高的《〈蒙古秘史〉疑问词"兀"的位置及相关句

① 双福:《古代蒙古语研究》，内蒙古教育出版社，1996年。

② 哈斯巴根:《中世纪蒙古语研究》，内蒙古教育出版社，1996年。

③ 乌·满达夫:《中古蒙古语》，辽宁民族出版社，1997年。

④ 乌·满达夫:《蒙古语研究》（论文集），内蒙古教育出版社，1990年。

⑤ 载《民族语文》1994年第1期。

⑥ 载《中国蒙古学》2007年第6期；载《民族语文》2007年第1期。

⑦ 载《中国蒙古学》2007年第2期。

⑧ 载《中国蒙古学》2007年第4期。

子的意义》一文指出由于疑问词"兀"在句子中所处位置的不同表示的句子意义也不尽相同。兀·呼日勒巴特尔的《〈蒙古秘史〉蒙古语倒装定语研究》[①]，作者利用《蒙古秘史》语言材料，以实例验证了中世纪蒙古语曾存在"倒装定语"的现象。

我国学者研究中世纪蒙古语不同文字的文献和语言的成果，不仅推动了中世纪蒙古语研究的进展，而且对历史、文学等相关学科的研究也起到了举足轻重的作用。

十、小结和展望

纵观蒙古语族语言研究70年，我们看到蒙古语族语言研究在国内学者的共同努力下，自20世纪50年代到21世纪初已经历了两次飞跃，在一些领域取得了举世瞩目的成就。一是从20世纪50年代的田野调查和基础的语音、语法、词汇研究，自80年代起扩展到蒙古语族内许多分支学科；二是从音系描写，发展为从音系学、实验语音学的角度研究蒙古语族语言，探讨了一些前人不曾注意的问题；三是从蒙古书面语与蒙古语族其他语言比较研究，扩展到蒙古语族诸语言比较和阿尔泰语系语族语言比较研究；四是从中古蒙古语文献整理注释，扩展到文献语言的专题研究以及中古蒙古语的综合研究。然而，由于蒙古语族诸语言研究的起始年代不同、研究实力不均，研究成果及方法等极不平衡。蒙古语的研究起步较早，迄今已有七百多年历史。其他语言的研究起步较迟，而且多数语言无文字或创制文字的年代较晚。从70年的研究成绩看，蒙古语研究不论人员、成果的数量和质量、研究的广度和深度，均大大超过过去和其他语言的研究。不过，就蒙古语而言，其不同领域研究的进展快慢有别，研究内容的侧重点也不一。因此，蒙古语族语言研究领域还存在许多空白或研究不够深入或悬而未决的一些问题，仍然值得我们从以下几方面加以重视，使蒙古语族语言研究进一步向纵深发展。

（一）要继续进行大量的田野调查

近70年的实践证明，蒙古语族语言研究成绩是建立在语言调查的基础上。由于口语研究得到了重视，而且研究范围从单一蒙古语扩展到整个蒙古语族，研究的理论方法实现了现代化，从而获得了新的材料，引发出新的观点，促进了语言研究的深化。随着语言学新的理论方法的诞生，研究手段的高科技化，进行不间断的语言调查，将有助于摸清各语言现状，发现新的问题，引发新的观点，将有助于理清语言发展演变的脉络。

---

① 载《内蒙古大学学报》2006年第3期。

（二）加强蒙古语断代语法的研究

目前现代蒙古语的语法著作很多，但是，比较全面地反映《蒙古秘史》成书时期、明末清初时期、尹湛纳希时期语言面貌的断代蒙古语语法著作还没有。而这些研究，在蒙古语的历史研究上是不可或缺的。

（三）要继续加强阿尔泰语言的比较研究

阿尔泰语系理论从诞生之日起就引起了学者们的兴趣和争论。它的根本问题或争论点是阿尔泰语系语言关系是"亲缘关系"还是"类型关系"（接触关系）。这说明阿尔泰语系语言共同性的本质仍没有解释清楚。因此，不论是"亲缘论"学派，还是"接触论"学派，只有令人满意的说明各语言发展的历史，深入地分析说明语音、语法、词汇等方面的演变过程或规律，利用更完善和更令人信服的研究方法和论据来证明各自的学说，才有利于阐明其性质，人们也就自然会接受其观点的。要使我国北方民族语言的研究达到一个更高的，能与国际学术界交相辉映的水平，开创一个新局面，光靠各个语族分头进行的、孤军奋战式的研究是远远不够的。阿尔泰语系比较研究的重大课题需要广大的蒙古语族、突厥语族、满–通古斯语族语言研究工作者的分工合作才可完成。

（四）加强优势学科，获取专业特色课题成果，培养后继人才

应当善于利用本土有利条件，扬长避短，继续发展例如《汉蒙词典》《蒙汉词典》等工具书的编纂工作、继续展开科学语法的研究、继续深入北方文字（如契丹文、女真文、八思巴文）的研究等优势学科，培养后继人才，才能维护国际领先地位。

总之，我国的蒙古语族语言研究取得了显著的成绩，为今后研究奠定了雄厚的基础。今后在正确的理论指导下，坚持基本理论与应用研究相结合，单一学科研究与综合学科研究相结合，传统研究方法与现代科技手段相结合，集体攻关研究与个体特色研究相结合的原则，不久的将来蒙古语族语言研究将会更加辉煌。

参考文献

[1] 巴特尔：《蒙古语词汇研究》，民族出版社，1988年。

[2] 巴雅尔：《蒙古秘史》（上、中、下册），内蒙古人民出版社，1981年。

[3] 包力高：《50年来内蒙古蒙古语文研究概述》，《蒙古学信息》1997年第4期。

[4] 道布：《道布文集》，上海辞书出版社，2005年。

[5] 道布：《蒙古语族语言研究》，《二十世纪的中国少数民族语言研究》，书海出版社，1998年。

[6] 德力格玛、波·索德：《蒙古语族语言概论》，中央民族大学出版社，

2006年。

[7] 嘎日迪:《中古蒙古语研究》，辽宁民族出版社，2001年（蒙文版），2006年（汉文版）。

[8] 高·照日格图、额勒森其其格合著:《蒙古语格研究》，内蒙古教育出版社，2001。

[9] 哈斯巴特尔:《阿尔泰语系语言文化比较研究》，民族出版社，2006年。

[10] 哈斯额尔德尼等:《阿尔寨石窟回鹘体蒙古文榜题研究》，辽宁民族出版社，1997年。

[11] 呼格吉勒图、双龙主编:《阿尔泰学丛书》（1-10），内蒙古教育出版社，2004年。

[12] 力提甫·托乎提:《阿尔泰语言学导论》，山西教育出版社，2004年。

[13] 力提甫·托乎提:《从短语结构到最简方案 —— 阿尔泰语言的句法结构》，中央民族大学出版社，2004年。

[14] 内蒙古社会科学院编:《蒙古学研究年鉴》，2004年、2006年、2007年。

[15] 齐木德道尔吉等编辑:《亦邻真蒙古学文集》，内蒙古人民出版社，2001年。

[16] 清格尔泰:《关于元音和谐律》，《中国语言学报》第1期，商务印书馆，1983年。

[17] 清格尔泰:《蒙古语语法》（汉文版），内蒙古人民出版，1991年。

[18] 清格尔泰主编:《蒙古学百科全书 —— 语言文字卷》，内蒙古人民出版社，2004年。

[19] 确精扎布、粟林均合编:《元朝秘史蒙古语全单词·语尾索引》，日本仙台：东北大学东北亚研究中心，东北亚研究中心 — 刊书，第4号，2001年。

[20] 确精扎布:《蒙古语法研究》（第一册），内蒙古大学出版社，1989年。

[21] 苏雅拉图:《蒙古语研究概论》，内蒙古人民出版社，1988年。

[22] 图力更主编:《现代蒙古语研究概论》，内蒙古人民出版社，1988年。

[23] 王远新:《中国民族语言学史》，中央民族学院出版社，1993年。

[24] 乌·那仁巴图:《蒙古语修辞学》，内蒙古文化出版社，1992年。

[25] 照那斯图:《八思巴字和蒙古语文献》，日本东京外国语大学亚非亚语言文化研究所，Ⅰ.《研究文集》，1990年；Ⅱ.《文献汇集》，1991年。

[26] 照日格图:《蒙古语族与突厥语族语言词汇比较研究》，内蒙古教育出版社，2000年。

第二节　突厥语族语言研究

一、突厥和突厥语

"突厥"是生活在我国北方的一个游牧民族。于公元六世纪中叶兴起于今新疆东北部，后扩大到漠北、漠南及中亚一带，衰于八世纪中叶。"突厥"一词因突厥汗国（公元六世纪中叶至八世纪中叶）而出现在我国汉文史籍里。突厥汗国是以阿史那氏族为统治氏族的众多游牧部落联合体。组成该联合体的各部落使用的是一种相同或大体相同的语言，这种语言被习惯称作"突厥语"，而"突厥"用来通称讲古代突厥语和若干突厥语方言的各游牧部落。

二、突厥语族语言及其分类

"'突厥语'原指古代突厥人的语言。但自从历史比较语言学兴起以后，我国语言学家用'突厥语'这一名称泛指不同历史时期、不同地区有同源关系的多种突厥语，其中包括碑铭、手稿等文献语言和现代几十种不同民族的语言和方言。[①]"

中国操突厥语族语言的，有维吾尔族、哈萨克族、柯尔克孜族、乌孜别克族、裕固族、撒拉族、塔塔尔族等7个民族。除此之外，新疆阿勒泰地区的图瓦人、伊犁的土尔克人、喀什和和田的艾努人和东北的富裕柯尔克孜人的语言也属于突厥语。

突厥语族语言的分类，最初见于我国维吾尔族著名语言学家麻赫穆德·喀什噶里的《突厥语大词典》。他的分类原则为语音-语法特征。20世纪以来，西方学者出于不同的目的和需要，采用了不同的标准和方法对突厥语族的语言进行分类，其中多数学者主要是以语音特点与地理分布为依据进行分类，也有从历史渊源的角度进行分类的。近代对突厥语言进行分类研究的主要是国外学者。主要有：A. N. Samojlovich（1922），Rahmeti Arat（1929，1953），M. Räsänen（1949，1953），G. Ramstedt（1957），Benzing（1959），K. G. Menges（1959，1968），N. A. Baskakov（1962），N. Poppe（1965），G. Doerfer（1985），Talat Tekin（1995）等学者。最近德国学者Klaus Schönig（除了运用语音特征，他还用到了词汇、词法及句法特征），Lars Johanson等人也对现代突厥语进行了分类。但是，学者们也承认，对突厥语言进行分类是有一定困难的。因为使用这些语言的民族长期混居，使

---

① 李增祥：《突厥语概论》，中央民族大学出版社，1992年。

得他们的语言划分很困难。

三、突厥语比较研究

突厥语的比较研究早在11世纪就开始了。麻赫穆德·喀什噶里在《突厥语大词典》中对突厥语诸方言做了比较研究。这种研究是以长期深入的调查为根据的，既是系统的，又是翔实的。这表明，在公元11世纪的比较语言学领域里，麻赫穆德·喀什噶里作出了很大的贡献。

突厥语历史比较研究的真正开展，与阿尔泰比较语言学的发展息息相关。19世纪阿尔泰语言研究处于领先地位，并且涌现出被誉为开创阿尔泰语言比较研究先河的著作《鞑靼语初谈》。俄罗斯及苏联学者凭借他们突厥语言资料上的优势，在突厥语研究方面取得了大量的具体成果，尤其在突厥语历史比较研究方面的成果更为突出。比如苏联的H.K.Dimitryev主编的《突厥语比较语法研究》以及《突厥语词汇的历史发展》等。对突厥语诸语言进行对比研究的先驱者有C. E. Malov, K. Menges，H. A. baskakov，Tenishev等。

我国从20世纪50年代起也有一些突厥语言学家，如李森、哈米提·铁木尔、程适良、耿世民、依布拉音·穆铁依、米尔苏里唐等，对突厥诸语言的历史比较研究作出了显著的成绩。关于这方面的研究专著有李增祥编著的《突厥语概论》和程适良主编的《突厥比较语言学》。

李增祥的《突厥语概论》[①] 是我国第一部系统介绍突厥语的著作；而程适良主编的《突厥比较语言学》[②] 对中国突厥语族8种语言（即：维吾尔语、哈萨克语、柯尔克孜语、乌孜别克语、塔塔尔语、图瓦语、裕固语和撒拉语）的语音、词汇、词法、句法等方面的共性与个性及对应规律进行了共时描写的比较，为深入研究突厥语的共同发展提供了一些科学数据与比较全面的资料。王远新在《突厥历史语言学研究》[③] 一书中，除了主要介绍自己的近期研究心得外，还概括介绍了前人以往的研究结论及研究成果。该专著包括突厥语历史比较与阿尔泰语言学的关系，突厥语的分类及历史分期，突厥语族语言的语音、语法结构、词义及词汇的发展，词源例释，近现代突厥语分化演变的特点等内容。另于2014年出版的《突厥语族语言研究》由哈萨克语、土耳其语、土尔克曼话等语言的共时描写、突厥语族语言比较等内容构成。具体包括哈萨克语、土耳其语、土尔克曼话的各种重叠形式、句序特点、句法特点，以及突厥语族语言的语音比较、亲属关系等。[④]

1990年出版的《中国突厥语族语言词汇集》一书包括维吾尔、哈萨克、柯尔

---

① 李增祥:《突厥语概论》，中央民族大学出版社，1992年。

② 程适良主编:《突厥比较语言学》，新疆人民出版社，1997年。

③ 王远新:《突厥历史语言学研究》，中央民族大学出版社，1995年。

④ 王远新:《突厥语族语言研究》，中央民族大学出版社，2014年。

克孜、乌孜别克、塔塔尔、图瓦、撒拉和西部裕固八种突厥语的四千个常用词。由 Э.Р.捷尼舍夫编辑（苏）编写，沈成明、陈伟编译的《突厥语历史比较语法 —— 语音学》（2014）从历史比较的角度，系统地描述了突厥语族语言的语音情况。此外还有吴宏伟的《突厥语族语言语音比较研究》，赵相如的《突厥语与古汉语关系词对比研究》等。

四、中华人民共和国成立之前的突厥语族诸语言研究

对突厥语研究的重要性，魏萃一曾经指出："我国说突厥语的民族总人口虽然不及世界说突厥诸语言民族总人口的十分之一，但是语种复杂，就各种语言所保存的特点来看，既有保存东部较古老的语言特征的突厥语，又有具有较新的语言特征的突厥语。这是研究突厥语发展的宝贵资料。就语言所处的社会环境看，既有聚居民族的语言，又有杂居区处于双语制中的语言。因此，研究我国的突厥语无论对历史比较语言学或社会语言学都有重要的意义。[①]"

中国是突厥语族语言的发源国之一，又是最早开始突厥语研究的国家。突厥学的鼻祖，麻赫穆德·喀什噶里曾经用十几年的时间，走遍操突厥语的部族和部落，考察其语言和方言。在所搜集的丰富的第一手资料的基础上，于1072 — 1074年间编写了著名的《突厥语大词典》。在该书中，除了有关历史比较语言学（这比欧洲19世纪末才开始进行的比较语言学还要早800余年）、语言的亲属关系及其分类法方面的资料外，还有作者在注释词义的过程中所做的有关语音、形态、句法、词义、词的语法属性、语法功能等的精辟论述。他除了《突厥语大词典》之外，还著有《突厥语语法精义》等书。《突厥语大词典》是我国乃至世界上编纂时间最早、传播范围最广的突厥语研究的巨著。

《高昌馆杂字》和《五体清文鉴》等也是研究突厥语族语言以及相关文化领域，甚至邻近民族的语言文化的重要资料之一。1407年，四夷馆正式设立后，有少卿主事，专门从事国外和国内少数民族语文的翻译工作，又设高昌馆。1644年，四夷馆改名为四译馆。明代高昌馆汇编有《高昌馆杂字》（又称《高昌馆译语》）和《高昌馆课》（又称《高昌馆来文》）是汉语—回鹘语对照分类词汇集。以北京图书馆藏《华夷译语·高昌馆杂字》为底本，校勘了北京图书馆藏的两种版本和中央民族大学图书馆馆藏的另一版本，把以上各种版本的词语汇编而成，包括1002个词语[②]。《高昌馆杂字》对我们研究明代吐鲁番、哈密一带维吾尔族使用的回鹘文字及其语言特点，都是很有帮助的。不仅如此，它还是"研究当时汉语语音的重要参考

---

① 魏萃一：《突厥语族语言的分布及我国诸突厥语的特点》，载中国突厥语研究会编辑组编：《中国突厥语族语言概况》，1983年。

② 胡振华、黄润华整理：《高昌馆杂字》，民族出版社，1984年。

资料，对古汉语音韵研究提供了参考材料。[①]" 清代又编出了满、蒙古、藏、维吾尔、汉5种文字对照的大型工具书《五体清文鉴》，汉、藏、维吾尔、蒙古等语言的对照分类词汇《西域尔雅》，以及有关新疆山川地理的多种语言地名词典《钦西域同文志》等。

除了《突厥语大词典》外，明代高昌馆汇编的汉语—回鹘语对照分类词汇集《高昌馆杂字》（又称《高昌馆译语》）和《高昌馆课》（又称《高昌馆来文》），15世纪的诗人、语文学家艾里希尔·那瓦依撰写的《两种语言之辩》，清代官方主持编纂的《五体清文鉴》等也是研究突厥语族语言以及相关文化领域，甚至邻近民族的语言文化的重要资料。

中华人民共和国成立以后，中国的突厥学才获得了新生。中华人民共和国成立之初，在北京大学东语系、中央民族大学、新疆省（现新疆维吾尔自治区）干部学校、西北民族大学、新疆师范大学等高等院校先后开设了维吾尔、哈萨克和柯尔克孜语言、文学等专业，编写了相关的教材，为我国突厥学学科培养了大批专门人才。1955年，中国科学院、中央民族学院和新疆有关单位合作组成的中国少数民族语言调查队去新疆、甘肃、青海等地对维吾尔、哈萨克、柯尔克孜、乌兹别克、塔塔尔等突厥语民族的语言及其方言进行了普查。20世纪80年代前后，民族语文工作者在全国各地开展了语言识别调查，又在新疆发现了图瓦语。在这一时期，中国社会科学院民族研究所又组织了新的语言或方言调查，其中包括新疆罗布地区的维吾尔语的方言调查。

五、古代突厥语族语言研究

我国汉文古代史籍中曾谈到公元6世纪左右突厥人已有文字。如《周书·突厥传》中说："其书字类胡"。《北齐书·斛律羌举传》中的一段记载也表明当时突厥人似已使用文字："代人刘世清……通四夷语，为当时第一。后主命世清翻《涅槃经》以遗突厥可汗"。但这到底是一种什么文字，其结构如何，19世纪末期以前我们并不知道。直至1889年，《毗伽可汗碑》和《阙特勤碑》被发现并公布于世后，古突厥文字才为人所知。1893年12月15日汤姆森在丹麦皇家科学院会议上报告了他胜利解读古代突厥文的经过。该报告的法文本《鄂尔浑和叶尼塞碑文的解读——初步成果》[②] 于1894年在哥本哈根正式出版。

我国研究突厥碑文是从20世纪初开始的。首先由黄仲琴、乐嘉藻等学者重点介绍了《阙特勤碑》《毗伽可汗碑》及《九姓回鹘可汗碑》等碑铭的汉文部分。我国较早研究古突厥文是师从法国著名汉学家伯希和的韩儒林先生。他在20世纪30

---

① 胡振华、黄润华整理：《高昌馆杂字》，民族出版社，1984年。

② Thomsen，Vilhelm（1893）. Déchiffrement des Inscriptions de l'Orkhon et de l'Iénisséi, Notice préliminaire. Bulletin deAcadémie Royale des Sciences et des Letters de Danemark.

年代，根据国外学者研究的基础，连续在《北平研究院院务汇报》《禹贡》上发表了关于《阙特勤碑》（1935）、《毗伽可汗碑》（1936）、《暾欲谷碑》（1936）等文。之后，国内学术界对三碑的突厥文部分有了全面了解。后有岑仲勉先生根据国外学者的英文译文对上述三碑文作了翻译及相关研究。他发表了《跋突厥文阙特勤碑》①、《〈楚辞〉中的古突厥语》②等论文，对《阙特勤碑》进行了详细的考定，并提出与韩先生不同的一些看法。他们开创了对古突厥碑文深入研究的新局面。随后有朱延丰、王静如等学者也做了相关研究。

中华人民共和国成立后，国内学者逐渐摆脱了依赖外文研究突厥碑文的做法，开始直接研究突厥语原文。1963年冯家升发表了《1960年吐鲁番新发现的古突厥文》。随后，陈宗振、李经纬、林斡、杨富学等学者也发表了相关论文。

20世纪末开始，各族学者从各方面研究突厥语，发表了不少的论文。

古代突厥语研究方面，成绩突出的是耿世民。他于1977年为中央民族学院少数民族语文系古代突厥语班所编写的《古代突厥文献选读》（第一分册）中，在前人研究的基础上并参考近年来这方面新的研究成果，汇刊了古代突厥文主要碑铭，并附有直接根据突厥语文原文翻译的汉译文（汉文译文后又分别刊于林斡的《突厥史》（1988）和林斡、高自厚的《回纥史》1994中）。2005年，他出版了《古代突厥文碑铭研究》一书。书中收录了9个突厥碑铭文献，提供了碑铭原文（转写）、汉文译文、注释。该书还附录有字典，是近年来在这方面研究的新收获，具有较高的学术价值。

国内古代突厥语研究还有两个重要成果。一个是丙传明先生于1998年出版的《古突厥碑铭研究》，另一个是耿世民先生指导的博士论文《鄂尔浑 — 叶尼塞碑铭语言研究》③。后者在语言研究方面有新的进展，是研究古代突厥语的工具书之一。艾尔肯·阿热孜和艾尔汗·阿伊登共同编著的《古突厥文碑铭》一书是在充分参考国内外该领域最新研究成果的基础上编著的一部学术著作，内容分绪论、古突厥文、蒙古发现的古突厥文碑铭、叶尼塞河流域发现的碑铭（在我国首次刊布）、俄属阿尔泰地区发现的碑铭（在我国首次刊布）等④。

新疆社会科学院语言研究所组织编译的《突厥语大词典》、社会科学院文学研究所组织编译的《福乐智慧》的出版，成为我国突厥语族语言研究的里程碑。我国的《突厥语大词典》研究是在20世纪初开始的。但当时的相关研究局限于介绍和赞赏麻赫穆德·喀什噶里。1946年塔城人依斯麻依力大毛拉将《突厥语大词典》第一卷翻译成现代维吾尔语，但他还没来得及翻译完就去世了。中华人民共和国成立以后，喀什的两个兄弟穆汗买提·派孜和艾合买提·孜亚依虽于1955年将三卷

① 岑仲勉：《跋突厥文阙特勤碑》，载《辅仁学志》第6卷第1—2合期，1937年6月。

② 岑仲勉：《〈楚辞〉中的古突厥语》，载《中山大学学报》1961年第2期。

③ 耿世民、阿布都热西提·亚库甫编：《鄂尔浑 — 叶尼塞碑铭语言研究》，新疆大学出版社，1999年。

④ 艾尔肯·阿热孜、艾尔汗·阿伊登：《古突厥文碑铭》，新疆人民出版社，2014年。

《突厥语大词典》翻译成现代维吾尔语，但由于各种原因，没能出版①。现代维吾尔语本《突厥语大词典》（三卷）分别于1980、1983和1984年由新疆人民出版社先后出版发行。这标志着我国的《突厥语大词典》研究正式开始，如陈宗振的《〈突厥语大词典〉中的中古汉语借词》（2014）、《关于〈突厥语大词典〉某些词的长元音问题》（2015），张铁山的《从〈突厥语大词典〉看11世纪突厥语族诸语言的基本特点》（2018）等。

艾尔达勒用英文撰写的新书《古代突厥语法》的出版对有志于学习和研究古代突厥语的学人来说，无疑是个福音。此外还有由马塞尔·厄达尔编写，刘钊翻译的《古突厥语语法》（2017），由A.冯·加班（德）编写，耿世民翻译的《古代突厥语语法》（2010）等译著。

察合台文献大多数是各种手抄本。除此之外，晚期还有铅印本、石印本等。它们形成了丰富的察合台文献体系。察合台语的研究具有很长的历史，早在纳瓦依时期就开始了。纳瓦依是察合台维吾尔语研究的开拓者，他著有《两种语言之辩》一书。1988年，由哈密提·铁木尔和阿不都若夫合著出版。

国内关于察合台语及其文献研究工作是20世纪60年代开始的。但真正的发展，是在80年代以后。1987年，哈密提·铁木尔和阿不都若夫合著出版了《察合台语》一书。米尔苏里唐和哈米提·铁木尔的《我们关于察合台语的看法》②中讨论了察合台语与维吾尔语和乌孜别克语的关系以及察合台语在突厥语中的地位和重要性，并得出察合台语是现代维吾尔语的基础的结论。该论文被认为是察合台语研究的经典之作。2008年，土耳其的Safiye Yılmaz在自己的硕士学位论文中③专门讨论这一文章（并得出同样的结果）。这足以证明这篇文章的重要性。

此外，新疆古籍办公室和新疆维吾尔族古典文学研究会又出版了大量近代维吾尔（察哈台文）文献，如出版了那瓦依的《帕尔哈提—希林》（1991）、《七大游士》（1991）、《莱里与麦吉侬》（1991）、《君子神往》（1991）、《斯坎德尔城》（1991）等，为研究这些文献的语言和文学提供了可靠的文献资料。除此之外，陈宗振于1989年首次研究了现藏中国社会科学院民族研究所、成书于清光绪六年的孙寿昶所编汉维对照词汇集《汉回合璧》。伊斯拉菲尔还与人合作整理出版了察合台文献《阿不都热依木纳扎尔诗集》④等。

阿不都若夫于1990年出版了《察哈台文及其主要特点》一文。他的《察哈台

① 塔依尔江·穆汗买提：《〈突厥语大词典〉在中国的研究情况》，载新疆维吾尔古典文学及十二姆卡木研究会编：《麻赫穆德·喀什噶里与〈突厥语大词典〉》，民族出版社，2008年。

② 米尔苏里唐和：《我们关于察合台语的看法》，载《新疆大学学报》（维文版）1993年第1期。

③ Safiye Yılmaz（2008）.Çağataycanın Türk Dilleri Arasındaki yeri Üzerine Bir Değerlendirme. Yıldız Teknik Üniversitesi Sosyal Bilimler Enstitüsü Türk Dili Ve Edebiyatı Anabilim Dalı Eski Türk Dili Tezli Yüksek Lisans Programı. Istanbul.

④ 民族出版社，1985年。

维吾尔语研究论文集》^① 收录了有关察合台文及其特点的22篇论文。最近他的两部专著《察合台维吾尔语通论》（2004）及《察合台维吾尔语语法》（2007）相继出版，对察合台语的研究做出了重要的贡献。

六、现代突厥语族语言研究

（一）维吾尔语研究

"维吾尔"在汉文史籍中有"袁纥""韦纥""回纥""回鹘""畏吾儿"等不同的名称。维吾尔族在我国突厥语民族中是历史悠久、经济文化相当发达、人口也是最多的一个民族。根据第七次全国人口普查数据，维吾尔族有1177.4538万人，主要居住在新疆各地，绝大部分使用维吾尔语。除此之外，在明、清时期先后移居湖南、北京等地的维吾尔族已经转用汉语。现代维吾尔族使用在察合台文基础上改进的维吾尔文。这种文字是由32字母组成的拼音文字。

根据俄国学者巴斯卡柯夫的分类法，现代维吾尔语属于阿尔泰语系突厥语族西匈语支卡尔鲁克语族。在 L. Johanson 的分类中，维吾尔语与乌孜别克语一同属于东南语支。

维吾尔语的形成，是和维吾尔族的形成紧密联系在一起的。维吾尔语最早的记录，是突厥汗国时期使用古代突厥文（即突厥—鲁尼文或鄂尔浑—叶尼塞文）刻在碑铭上的古代突厥语。当然，这些突厥碑铭文献不只是维吾尔族的，而是整个突厥语诸民族的宝贵财富。这种文字除在突厥汗国使用外，也为西迁的回鹘人所使用。

维吾尔语的发展史一般分为三个阶段：古代维吾尔语、察合台语和现代维吾尔语。"察合台语"一词源于以成吉思汗次子察合台的名字命名的察合台汗国。察合台语是连接古代维吾尔语和现代维吾尔语的桥梁，其主体是古代维吾尔语。察合台语最重要的特点是它受到了阿拉伯语和波斯语的强烈影响。使用这种语言的时间从13～14世纪至19世纪末，使用范围包括我国新疆及中亚地区。它是维吾尔、乌孜别克、哈萨克、柯尔克孜等突厥民族的共同语言。使用察合台语的时期是突厥诸族文化兴旺发达的时期。这一时期出现了许多闻名于世的文学家、科学家、历史学家、宗教学家，如：拉布古孜、花拉兹米、巴布尔等。学者们用察合台语创作或翻译了许多历史、哲学、宗教、医学、天文历法、地理等方面的作品。

依布拉音·穆铁依编著的《维吾尔语语音学》《维吾尔语词法》《维吾尔语句法》等教材于1948年由警官学校翻译训练班铅印出版。中华人民共和国成立前，这些教材被新疆突厥语文界广泛使用。

---

① 阿不都若夫：《察哈台维吾尔语研究论文集》，民族出版社，1993年。

1. 维吾尔语的语音研究

19世纪末，西方学者开始了对维吾尔语音的研究。20世纪初至中华人民共和国成立之前的这一段时间里，阿不都卡德尔、依布拉音·穆铁依、麦如甫等人开始了相关研究。

中华人民共和国成立以后，语音研究有了进步。首先，维吾尔文字中一些只在阿拉伯语、波斯语借词中才出现的语音相对应的字母被除去。20世纪80年代以后，开始了关于音位的研究。

首先是关于元音的研究，如张鸿义的《浅说现代维吾尔语元音/i/及其变体》（1982），张洋的《维吾尔语音位剖析》（1983），阿西木、米海力的《维吾尔口语里的长短元音》（1986），鲍怀翘的《维吾尔语元音声学初步分析》（1988），赵明鸣的《从〈突厥语词典〉看维吾尔语元音的历史演变》（1997）、《论现代维吾尔语元音 i 的音位体现》（1998）。阿不都若夫·普拉提在《现代维吾尔语ɑ、ɛ变为e、i的音变现象及其原因》[①] 一文中探讨了现代维吾尔语中这个现象的历史演变过程。他认为这种现象是维吾尔语语音在长期的演变过程中首先在口语中形成的。维吾尔语语音系统中固有元音ɛ的消失，主重音的改变力和同化力的形成以及元音e的出现是ɑ、ɛ变为e、i的主要原因。古代突厥语发音中有/ï/，但在现代维吾尔语中已不是音位，而是/i/的变体。至于/i/、/ï/合并成一个音位/i/的过程发生在何时的问题，目前我们很难做出确切的回答。耿世民认为这种合并"早在鄂尔浑碑铭时期，已见有这种合并的倾向。[②]"张鸿义在《浅说现代维吾尔语元音/i/及其变体》[③] 中也谈及这个问题。

王昆仑等的《维吾尔语元音的声频特性分析和识别》（2010）[④] 通过对维吾尔语八个元音进行的物理声学分析，在维吾尔语综合语音数据库的实验数据条件下，给出了维吾尔语八个元音的共振峰分布参数和实验分析，同时，通过元音识别实验验证了本次实验结果的正确性。研究发现维吾尔语的八个元音具有比较强的可区分声频特性，在进行语音识别时能够获取很高的识别率。维吾尔语元音研究领域的专著有易斌的《现代维吾尔语元音的实验语音学研究》（2012）[⑤]，这是国内第一部对维吾尔语进行系统的实验语音学研究的专著，结合了语音学与音系学，运用实验语音学的方法对维吾尔语中的八个基本元音逐一做了描写与分析，作者认为舌位和谐是维吾尔语元音和谐的基本和谐特征，层级性是维吾尔语元音和谐的重要形式特点，

---

① 阿不都若夫·普拉提：《现代维吾尔语ɑ、ä变为e、i的音变现象及其原因》，载《民族语文》1995年第1期。

② 耿世民：《古代突厥文碑铭研究》，中央民族大学出版社，2005年。

③ 张鸿义：《浅说现代维吾尔语元音/i/及其变体》，载《民族语文》1982年第5期。

④ 王昆仑，张贯虹，吐尔洪江·阿布都克力木：《维吾尔语元音的声频特性分析和识别》，载《中文信息学报》2010年第2期。

⑤ 易斌：《现代维吾尔语元音的实验语音学研究》，中国社会科学出版社，2012年。

元音在音节层和词音层按不同单位、不同规则的双层面运作是维吾尔语元音和谐得以形成的语音内部机制,元音和谐的层级性与元音格局内部的层级性密切相关。

其次是关于复辅音的研究。张洋的《现代维语复辅音》(1997)[①] 统计了维吾尔语中的复辅音并进行了分类,描述了复辅音出现的位置,归纳了其排列规律。张洋在《从〈突厥语大词典〉看维语复辅音的发展》(2013)[②] 一文中提出复辅音的三个发展特点:辅音始终出现在音节的收音阶段的这个特点还会保持下去;不按响度排列的复辅音有可能增加;组成复辅音的音素有可能再增加。哈妮克孜·伊拉洪等的《维吾尔语单音节词复辅音声学分析》(2009)[③] 运用实验语音学方法对维吾尔语中的复辅音做了声学描写与分析。王文敏、陈忠敏在《维吾尔语的内爆音》[④] 一文中提出维吾尔语中存在内爆音,并归纳其特点:词首塞音内爆音、清不送气塞音和零星的一般浊塞音共存,而在元音之间的浊塞音只有一般浊塞音和少量的内爆音共存,说明维吾尔语的浊塞音处于自由变体阶段,因此维吾尔语词首塞音送气与不送气是最重要的区别性特征,浊音的色彩不是那么重要,而元音之间的塞音清与浊是最重要的区别性特征。

此外,还有关于重音及声调的研究,如徐思益、高莉琴的《关于维吾尔语的重音、声调问题》(1992)[⑤],文中提出,维吾尔语的重音不是音强重音而是音高重音;维吾尔语有声调,但声调比较简单。重音与声调不起区别语义的作用。梁洁、易斌、张卿在《维吾尔语双音节词重音特性分析》(2009)[⑥] 中得出以下基本结论:1.维吾尔语双音节词重音声学分析显示重读音节时长显著长于非重读音节,其音高变化也表现为前者的降幅更大,起点更高;2.音强变化没有表现出区别维吾尔语双音节词重音的功能。江海燕、刘岩、卢莉的《维吾尔语词重音实验研究》(2010)[⑦],运用实验语音学的方法考察了维吾尔语双音节词的音强、音长和音高等声学特征,发现大部分重音音节都表现出音长和音强的双重优势,音长差异大于音强差异,音节越多的词这一倾向越明显,实验还表明维吾尔语的音高与重音无关。

维吾尔语语音研究的专著包括周同春等著的《现代维吾尔语语音声学研究》(维吾尔文)(1992),毛拉尼亚孜·吐尼亚孜著的《现代维吾尔语语音学》(2014),艾则孜·阿不力米提与呼和合著的《维吾尔语语音声学研究》(2019)等。

① 张洋:《现代维语复辅音》,载《新疆大学学报》1997年第1期。
② 张洋:《从〈突厥语大词典〉看维语复辅音的发展》,载《语言与翻译》(汉文版)2001年第3期。
③ 哈妮克孜·伊拉洪、祖丽皮亚·阿曼、艾斯卡尔·艾木都拉:《维吾尔语单音节词复辅音声学分析》,载《中文信息学报》2009年第4期。
④ 王文敏、陈忠敏:《维吾尔语的内爆音》,载《民族语文》2011年第6期。
⑤ 徐思益、高莉琴:《关于维吾尔语的重音、声调问题》,载《语言与翻译》1992年第3期。
⑥ 梁洁、易斌、张卿:《维吾尔语双音节词重音特性分析》,载《中央民族大学学报》2009年第2期。
⑦ 江海燕、刘岩、卢莉:《维吾尔语词重音实验研究》,载《民族语文》2010年第3期。

2. 维吾尔语词汇研究

20世纪80年代，对词素问题的研究逐渐进入维吾尔语研究的视野，许多学者都从不同角度对该问题做出定义并对其进行了分类，如：靳尚怡的《现代维吾尔语语素的种类和词的结构》（1985）[①] 认为语素是词里最小的、有意义的结构单位。现代维吾尔语的语素可以分为四类，即：词根、造词附加成分、转词附加成分和变词附加成分。而高莉琴、阿不都许库尔艾山在《关于维吾尔语的语素》（1986）[②] 对语素的定义是：语言中表示意义的最小单位。定义中的"意义"包括了词汇意义和语法意义。维吾尔语的语素可以分为：自由语素、黏着语素和正在虚化的语素三种。塔西·热合曼的《论维吾尔语语素的历史演变》（1999）[③] 将维吾尔语中的语素按意义和功能分为两大类：词根语素及附加语素。而附加语素又可根据其功能，分为构词附加语素（又叫构词语缀）、构形附加语素（又叫构形语缀）。词根语素一般可以独立成词，而构词附加语素不能独立成词，它只能黏附于某个语素或语素组合。胡毅在《维吾尔语附加语素的分类问题》（1999）[④] 也赞成上述观点。廖泽余在《维吾尔语语素问题新探》（2012）[⑤] 做了更详细的区分，总结如下图：

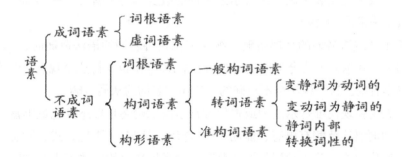

陈宗振在《维吾尔语的特殊词素》[⑥] 一文中提出维吾尔语中的谐音成分、变音成分、古语成分、外来成分，以及某些来源不明的成分是一种特殊词素且都具有构词的功能，应在研究中得到重视。

此外，还有对维吾尔语构词的研究如再娜甫·尼牙孜的《谈维吾尔语中的复合词》（1993），黄晓琴的《维吾尔语的语音构词法》（1999）。著作有赵世杰编写的《维语构词法》（1983）等。

3. 维吾尔语词法研究

现代维吾尔语是黏着语，词的语法意义一般都由词的某种语法形式巩固在词身

---

① 靳尚怡：《现代维吾尔语语素的种类和词的结构》，载《民族语文》1985年第2期。

② 高莉琴、阿不都许库尔艾山：《关于维吾尔语的语素》，载《语言与翻译》1986年第1期。

③ 塔西·热合曼：《论维吾尔语语素的历史演变》，载《语言与翻译》1999年第1期。

④ 胡毅：《维吾尔语附加语素的分类问题》，载《语言与翻译》1999年第4期。

⑤ 廖泽余：《维吾尔语语素问题新探》，载《语言与翻译》2012年第3期。

⑥ 陈宗振：《维吾尔语的特殊词素》，载《民族语文》2010年第1期。

上。维吾尔语研究中词法研究尤为重要，研究相对多。依布拉音·穆铁依编的《维吾尔语词法学》（1948）教材，中华人民共和国成立前被新疆突厥语文界广泛使用。

1981年吐尔迪·艾合买提出版了《现代维吾尔语》（维文）一书。哈米提·铁木耳教授1987年出版的《现代维吾尔语法 — 形态篇》（维吾尔文）一书可以视为维吾尔语词法研究中最经典的著作。他在书中详细介绍了维吾尔语的词法系统。至今这本书已译成英文并在国外发行。程适良等主编的《现代维吾尔语法》[①] 1996年出版。易坤秀、高世杰1998年出版了《维吾尔语语法》[②] 一书。这本书除了介绍维吾尔语词法，还包括了句法。1997年力提甫·托乎提教授发表了《论维吾尔语的形态》一文，对维吾尔语形态系统进行了比较详细的分析，并提出了一些问题。力提甫在该文中把维吾尔语形态分为内部形态、外部形态和零形态三种[③]。

词法研究中，关于名词的格范畴的相关研究较多。但名词的格范畴上还存在着分歧。在以往的语法书上，都认为维吾尔语有六个格，但哈米提·铁木尔先生提出除了原有的六个格外，还有四个格[④]。程试提出过两个新的格[⑤]，但他也证明了维吾尔语格不止六个的可能性。易坤秀、高世杰同意哈米提教授的十个格的说法[⑥]。除此之外，牛汝极还发表《试论维吾尔语名词的数及其历史演变 —— 从语言间的差异性论其历史发展》（1992）。

关于维吾尔语名词的从属范畴，纳斯肉拉在讲名词的语法范畴时认为名词有人称范畴[⑦]，吐尔迪·艾合买提主编的《维吾尔语》里也支持这个观点。但哈米提、力提甫等学者提出这个说法是不正确的，应作"名词的从属范畴"。

动词无论在现代维吾尔语中或古代维吾尔语中始终是形态变化最丰富的词类。维吾尔语动词语法范畴有语态、能动 — 非能动、肯定 — 否定、式、时态，人称，数等形态变化形式。关于动词的语法范畴，哈米提在他的语法书中有详细的描述。其他学者这方面的论文还有：方晓华的《维吾尔语动词的形态分类问题》（1986），高莉琴、阿不都许库尔《维吾尔语里–p副动词＋定式动词形式的分类与划分》（1994）及《维吾尔语动词功能研究》（2008），杨承兴的《维吾尔语形动词形态标记的简化与整合》（2003），夏迪娅·伊布拉音、沈淑花的《维吾尔语持续体及其突显性特征》（2014）等论文及阿布都热依木·热合曼编写的《维吾尔语动词时体范畴研究》（2014），胡传成编写的《维吾尔语词汇语法大纲》（2016）等论著。

---

① 程适良等著：《现代维吾尔语法》，新疆人民出版社，1996年。

② 易坤秀、高世杰：《维吾尔语法》，中央民族大学出版社，1998年。

③ 力提甫·托乎提：《论维吾尔语的形态》，载《突厥语言与文化研究》第二辑，中央民族大学出版社，1997年。

④ 哈米提·铁木耳：《论名词的格位范畴》，《新疆大学学报》（维文版）1980年第2期。

⑤ 程试：《关于维吾尔语的格范畴》，载《新疆大学学报》1978年第3期。

⑥ 易坤秀、高世杰：《维吾尔语法》，中央民族大学出版社，1998年。

⑦ 那斯肉拉：《我对格范畴的看法》，载《新疆大学学报》（维吾尔文）1982年第1期。

除此之外，关于词法比较的还有木哈白提·哈斯木、哈力克·尼亚孜的《现代维吾尔语动词体语缀的重叠与分布》（1997）、许伊娜的《维吾尔语与俄语副动词范畴类型比较》（1999）。

力提甫·托乎提发表的《论维吾尔语动词tur–在语音和语法功能上的发展》（1997）、《维吾尔语动词的分类——试谈动词的句法–语义功能》（1999）、《轻动词理论与维吾尔语动词语态》（2004）、《论维吾尔语体助动词的功能》（2009）等论文，在现代维吾尔语词法研究中占有重要的地位。

其他语类的研究，有靳尚怡《现代维吾尔语的模拟词分析》（1986）、霍盛《试论维吾尔语时间名词和时间副词的区别》（1989）、再娜甫·尼牙孜《现代维吾尔语中的bar和yoq》（1989）、沈利元《有关现代维吾尔语形容词划分范围的几个问题》（1995）、马德元的《维吾尔语形容词分类问题新探》（1996）、夏迪娅·伊布拉音的《维吾尔语形容词配价研究》（2012）、阿力木江·托乎提的《维吾尔语连词的句法特征》（2015）等。

4. 维吾尔语句法研究

维吾尔语中的句法研究相对来说比较少。中华人民共和国成立前，依布拉音·穆铁依编的《维吾尔语句法学》（1948）被新疆突厥语文界广泛使用。中华人民共和国成立后对维吾尔句法的研究比较零散。易坤秀、高世杰1998年出版的《维吾尔语语法》[①] 除了介绍维吾尔语词法外，还包括了句法。马德元在《维吾尔语的向心结构和离心结构》[②] 中提出现代维吾尔语的并列结构、限定结构和支配结构是向心结构；主谓结构一般来说是离心结构，但被包含在更大的句法结构中的、由形容词、形动词、动名词和少数副动词充当谓语的主谓结构具有向心结构的特点；后置词结构是典型的离心结构。还有对短语的句法研究，如木再帕尔的《维吾尔语名词化短语的一些句法特征》（2008）、《维吾尔语的形容词化短语》（2011）、《维吾尔语形容词化短语的特点》（2012）及编著的《维吾尔语的静词化短语》（2014）、力提甫·托乎提的《论维吾尔语的连词短语》（2016）、《论递归性原则与维吾尔语的若干短语结构类型》（2017），阿克里·先木西的《维吾尔语表语系动词结构研究》（2016）等。

2001年，力提甫·托乎提出版了运用乔姆斯基的转换生成语法理论写成的《维吾尔语及其他阿尔泰语言的生成句法研究》一书。这本书是国内首次用该理论写成的语法著作。此后力提甫教授所写的《生成语法框架内的维吾尔语句法》（2005）、《论维吾尔语功能语类格》（2010）、《重新认识阿尔泰语功能类的句法属性》、（2015）《语段理论与维吾尔语的语段》（2018）等论文以及所著的《最简方案——阿尔泰语言的句法结构》（2017）、《现代维吾尔语参考语法》（2012）都是在生成

---

① 易坤秀、高世杰：《维吾尔语语法》，中央民族大学出版社，1998年。

② 马德元：《维吾尔语的向心结构和离心结构》，载《语言与翻译》2002年第1期。

语法的框架内对维吾尔语句法的重新审视与突破。

5. 方言研究

现代维吾尔语是维吾尔民族共同使用的语言，在漫长的历史发展过程中，维吾尔语形成了明显的方言差异。语言学界较一致的看法是，现代维吾尔语可以划分为中心方言、和田方言和罗布方言三大方言。

对维吾尔语方言进行调查和研究开始于 20 世纪 60 年代。最早调查和研究维吾尔语方言的是俄罗斯喀山大学教授伊利明斯基。后来俄罗斯与其他欧洲国家的学者搜集、整理、发表了关于维吾尔语方言的资料。我国对维吾尔语方言的调查和研究是 1955 年开始的。紧接着 1956 — 1957 年组织的中国科学院少数民族语言调查第六工作队对维吾尔语进行的调查是迄今为止最大规模的调查。调查队在天山南北东起哈密，西到喀什，南自和田，北到伊犁的各个维吾尔族地区进行了广泛深入的调查，记录了 53 个调查点的材料，为全面科学地划分维吾尔语方言和土语提供了宝贵的材料。发表的论文有：李森《维吾尔语中心方言及其特点》、阿米娜`·阿帕鲁娃《论现代维吾尔语方言及民族文学语言的基础方言和标准》（1980）等。后来发表的专题研究成果有：乌拉提·吾普尔《现代维吾尔语方言词汇》、陈宗振《维吾尔语且末方言土语的方言词》、买提热依木·沙依提《维吾尔语和田方言必须式》等①。方言研究中米尔苏里唐·吾斯曼诺夫先生先后发表的维吾尔方言著作有：《现代维吾尔语言诸方言》（1990），《维吾尔语哈密土语》（1997），《现代维吾尔语罗布泊方言》（1999），《现代维吾尔语和田方言》（2004）等。还有傅懋勣主编的《维吾尔语罗布话研究》（2000），高士杰编写的《维吾尔语方言与方言调查》，米娜瓦尔·艾比不拉编写的《维吾尔语方言和语言调查》（2004），米海里主编的《维吾尔语喀什话研究》，木再帕尔编写的《维吾尔语乌什话研究》（2017）等著作。

著作主要有《现代维吾尔语方言》②，《现代维吾尔语罗布方言简介》③，《民族语文研究文集》，《维吾尔语方言与方言调查》④，《现代维吾尔语方言学》⑤，《维吾尔语方言和语言调查》⑥，《维吾尔语罗布话研究》（1、2集）⑦，《现代维吾尔语哈密土语》⑧，《维吾尔语喀什话研究》⑨，《简明维吾尔语方言词典》⑩，《现代维吾尔语方言

① 参见米娜瓦尔·艾比不拉：《维吾尔语方言和语言调查》，民族出版社，2004 年。

② 米尔苏里唐·乌斯曼诺夫：《现代维吾尔语方言》（维吾尔文），新疆青少年出版社，1990 年。

③ 米尔苏里唐·乌斯曼诺夫：《维吾尔语罗布方言简介》，载《民族语文研究文集》，青海人民出版社，1982 年。

④ 高士杰：《维吾尔语方言与方言调查》，中央民族大学出版社，1994 年。

⑤ 米尔苏里唐·乌斯曼诺夫：《现代维吾尔语方言学》，新疆青少年出版社，1989 年。

⑥ 米娜瓦尔·艾比不拉：《维吾尔语方言和语言调查》，民族出版社，2004 年。

⑦ 傅娥勃等：《维吾尔语罗布话研究》（1、2集），中央民族大学出版社，2001 年。

⑧ 哈密土语调查组：《现代维吾尔语哈密土语》，新疆青少年出版社，1997 年。

⑨ 米海力：《维吾尔语喀什话研究》，喀什维吾尔出版社，1997 年。

⑩ 吾拉木·吾甫尔编：《简明维吾尔语方言词典》，民族出版社，1986 年。

词汇研究》①，《现代维吾尔语方言土语词典》②《现代维吾尔语方言语音、语法、词汇比较研究》③ 等。除此之外，关于维吾尔语方言至今发表的论文也有很多。

6. 其他研究

力提甫·托乎提在《电脑处理维吾尔语音和谐的可能性》④ 一文中，根据维吾尔语的语音和谐律，探讨用电脑处理多变体附加成分与词干结合时自动选择其中最合适的变体的可能性。2006年，阿依克孜·卡德尔、开沙尔·卡德尔吐尔根·依布拉音的《面向自然语言信息处理的维吾尔语名词形态分析研究》一文发表。此外还有王海波、阿力木江·托乎提编写的《维吾尔语语法标注文本》（2016）一书。

（二）哈萨克语研究

新疆的哈萨克族有151.05万人。目前主要居住在新疆北部。甘肃阿克塞哈萨克自治县、青海海西地区也有一部分哈萨克族。大部分哈萨克族使用哈萨克语。在新疆，主要分布在新疆维吾尔自治区北部伊犁哈萨克自治州所属的伊犁、塔城和阿勒泰三个专区和木垒哈萨克自治县以及巴里坤哈萨克自治县，少数分布在甘肃省阿克塞哈萨克自治县和青海省等地。巴斯卡柯夫将哈萨克语分在阿尔泰语系突厥语族西匈语支克普恰克语族。

中国的哈萨克族使用由33个字母构成的阿拉伯字母式的拼音文字。我国的哈萨克族于1954年对以阿拉伯字母为基础的哈萨克文字（俗称老文字）进行了改进。1959年创制了以拉丁字母为基础的文字（俗称新文字），并于1965年开始推行。因全面使用新文字的条件尚不成熟，1982年经新疆维吾尔自治区人大常委会批准，自治区人民政府决定恢复使用以阿拉伯字母为基础的老文字，将拉丁字母为基础的新文字作为音标保留。

中华人民共和国成立前，我国哈萨克语的研究基础十分薄弱。直到1940年，才有一批学者提出应使用f、h、q等字母的建议。到1954年，安尼瓦尔·库克依等学者编写出了《哈萨克文字简明写法》。

早在20世纪50年代，在北京就成立了民族语文翻译局，哈萨克语文是翻译局五种工作语种之一。这一时期，伊犁哈萨克自治州成立了州语言文字工作委员会，协调州内哈萨克语文的使用问题。20世纪60年代，在新疆乌鲁木齐成立了新疆维吾尔自治区少数民族语言文字工作委员会，管理自治区境内各少数民族语言文字。现在哈萨克语的研究机构除中国社会科学院民族研究所语言研究室配备有哈萨克语文的研究人员外，中央民族大学、新疆大学、新疆社会科学院、自治区语委、自治

① 木哈拜提·哈斯木等：《现代维吾尔语方言词汇研究》，新疆人民出版社，2006年。

② 新疆维吾尔自治区社会科学院语言研究所编：《现代维吾尔语方言土语词典》，民族出版社，2007年。

③ 木哈拜提·哈斯木：《现代维吾尔语方言语音、语法、词汇比较研究》，民族出版社，2014年。

④ 力提甫·托乎提：《电脑处理维吾尔语音和谐的可能性》，载《中央民族大学学报》2004年第5期。

州语委、伊犁师范学院等单位也都有专门研究人员从事哈萨克语文的研究。

中华人民共和国成立以来，出版的哈萨克语文方面的著作和论文，涉及哈萨克语的语音、词法、句法、词汇、方言等各个方面，从而极大地促进了哈萨克语文的研究工作。如：耿世民的《哈萨克语文及其研究》（1958），李增祥、努尔别克的《哈萨克语概况》（1980），王远新的《从现代哈萨克语看突厥语动词条件式的发展过程》（1982）、《哈萨克语土耳其语辅音对应特点——兼论语音对应与语言影响的关系》（1994），程适良的《哈萨克语与乌孜别克语音位比较研究》（1995），陈晓云的《〈突厥语词典〉与现代哈萨克语元音和谐比较研究》（1998）等论文。

耿世民、李增祥编著的《哈萨克语简志》①从语音、词法、句法、词汇、方言、文字六个部分对我国的哈萨克语做了简要介绍。耿世民的《现代哈萨克语语法》（汉文本）②的初稿曾于1963年作为当时中央民族学院少数民族语文系哈萨克语专业教材的油印本。该书包括对哈萨克语语法、文字、方言等方面的研究。

为满足哈萨克语研究和高等院校哈语教学的需要，新疆维吾尔自治区语委会于1986年召开了《现代哈萨克语》一书的筹备会。但因经费等原因，这项工作曾一度中断。直到1993年，才被定为自治区"八五"重点研究课题，并于2002年出版发行③。该书对哈萨克语言和文字的发展演变做了历史的、科学的论述。

杨凌的《现代哈萨克语结构研究》④一书运用结构主义语言学和社会语言学的理论与方法，对哈萨克语特点进行了系统的分析。作者认为，哈萨克语有补语，并在句子成分中确立了补语成分。

张定京在《哈萨克语的虚词》⑤一书中，对现代哈萨克语中的219个虚词进行系统梳理和描写研究，展现了虚词系统的全貌，对传统语法中的薄弱环节有所突破。他在《现代哈萨克语实用语法》⑥中，主要针对汉族学生学习哈萨克语的特点和难点，对现代哈萨克语语法进行全面细致的描写。黄中祥在他的著作《哈萨克词汇与文化》⑦中，从哈萨克语词汇与文化的关系入手，揭示了哈萨克族草原文化的丰富内涵。不论是在丰富哈萨克语词汇学方面，还是在研究哈萨克族文化方面都有一定的价值。

2006年，《简明哈萨克族语言史》⑧一书出版。作者对古代突厥碑铭文献、《突厥语大词典》《库曼语词汇集》等历史文献的语言从历史比较语言学的角度进行了

① 耿世民、李增祥编著：《哈萨克语简志》，民族出版社，1985年。
② 耿世民：《现代哈萨克语语法》，中央民族出版社，1989年。
③ 新疆维吾尔自治区语委会：《现代哈萨克语》，新疆人民出版社，2002年。
④ 杨凌：《现代哈萨克语结构研究》，新疆大学出版社，2002年。
⑤ 张定京：《哈萨克语的虚词》，民族出版社，2003年。
⑥ 张定京：《现代哈萨克语实用语法》，中央民族大学出版社，2004年。
⑦ 黄中祥：《哈萨克词汇与文化》，中国社会科学出版社，2005年。
⑧ 阿里木·朱玛什等：《简明哈萨克族语言史》，民族出版社，2006年。

分析，并描述了哈萨克语及语音的历史演变过程，弥补了这一研究领域的空白。

哈萨克语的方言问题是哈萨克语领域中长期争论不休的问题之一。哈萨克语方言学领域的奠基人S·阿曼觉洛夫提出有三大方言，即：南部方言、西部方言和北部方言。J·多斯哈拉也夫则提出分两大类。我国的哈萨克语比较统一。西起伊犁，东至巴里坤及甘肃的阿克塞，南自天山，北到阿勒泰山，哈萨克族彼此之间可以无障碍沟通。根据过去进行的几次田野调查，耿世民提出国内哈萨克语方言可划分为西南和东北两个方言[①]。两个方言之间的差别也就是部落语言的差别。属于西南方言的是阿勒班和苏万两个部落，属于东北方言的是克列依、乃蛮和黑宰部落。从地域上区分，西南方言区主要是伊犁地区的特克斯县，察布查尔锡伯自治县，伊宁县和霍城县；东北方言区主要是上述各县以外的县。东北方言包括的地区较广，人口也较多，是我国哈萨克语言形成的基础，属于该方言的地区有伊犁哈萨克自治州的阿勒泰专区、塔城专区，新源县和尼勒克县两个直属县以及自治州境外的博尔塔拉蒙古自治县、乌鲁木齐县、木垒哈萨克自治县、巴里坤哈萨克自治县和甘肃省阿克塞哈萨克自治县等；属于西南方言有伊犁哈萨克自治州的阿克斯县，察布查尔县，霍城县和伊宁县。值得注意的是，我国哈萨克语在方言上的差别，与哈萨克民族的部落结构有密切关系。

（三）其他几个语种的研究

1. 柯尔克孜语研究

柯尔克孜语分为两个方言。两个方言区基本上以克孜勒苏河为界。北方方言区包括的人口及地区都大于南方方言区，柯尔克孜族文学语言就是北部方言为基础发展起来的。

巴斯卡柯夫将柯尔克孜语归为阿尔泰语系突厥语族东匈语支吉尔吉斯－克普恰克语族。柯尔克孜语虽然与东匈语支的阿尔泰语有一些关系，但也有西匈语支克普恰克语族语言的特点。所以很多学者将柯尔克孜语与哈萨克语划归同一个语族。如：拉德洛夫（1882年）、萨莫依洛维奇（1922）、本青（1959）等学者都将柯尔克孜语和哈萨克语分在同一语族里。

柯尔克孜语的研究成果主要有：胡振华的《柯尔克孜语简志》，胡振华和法国学者格·伊玛尔特合著的《柯尔克孜读本》（英文），胡毅的《柯尔克孜语南部的方言》，苗冬露的《汉柯语对比研究》，玛克列克·玉买尔拜的《柯尔克孜语正字词典》及由他主编的《柯汉大词典》，努劳孜·玉散因的《现代柯尔克孜语》，阿曼吐尔·阿不都热苏尔的《柯汉词典》，级勒德孜·阿曼吐尔的《柯尔克孜语言学词典》等。此外，还有其他研究人员发表的有关柯尔克孜语语音、语法、词汇、新词术语等方面的许多论文。

---

① 耿世民:《试论中国哈萨克语方言的划分》，载《民族语文》2005年第5期。

2. 东北柯尔克孜语研究

黑龙江省的柯尔克孜族，是清雍正十一年（公元1733年）四月由叶尼塞河流域特斯河畔迁入到嫩江草原乌裕尔河边的齐齐哈尔地区，并编入满洲八旗，享受旗人待遇一直到清末。现在的黑龙江省富裕县柯尔克孜族人是他们的后裔。"富裕县的柯族固有的语言与新疆各地柯语之间差别较大。富裕县柯族的语言不应看作是新疆柯语的一种方言，而是单独的一种突厥语。[①]"

东北柯尔克孜语的研究，有胡振华的《黑龙江富裕县的柯尔克孜族及其语言特点》（1983）和《东北柯尔克孜语语音概述》（1983）等论文。

3. 塔塔尔语研究

成果主要有：由陈宗振和毅里千编著的《塔塔尔语简志》，作为《中国少数民族语言简志丛书》之一，简要论述了我国塔塔尔语的语音、词汇和语法。伊里千的《塔塔尔语》一文，刊于《中国少数民族语言》，介绍了塔塔尔语的语音、语法特点。陈宗振等编著的《中国突厥语族语言词汇集》，收录塔塔尔语词约4000条，反映了塔塔尔语词汇的概貌。此外，还有周建华的《塔塔尔语变异现象探析》《塔塔尔人的语言使用概况》，以及热娜、阿克姆纳、周建华合作撰写的《新疆塔塔尔语的分布》（塔塔尔文）等论文。

4. 撒拉语研究

撒拉语内部比较一致，根据语音和词汇的某些差异可划分为街子和孟达两个土语。街子土语分布较广。

撒拉语研究方面的成果主要有：杨涤新《撒拉人语文习俗之调查》（1943），林莲云、韩建业《撒拉语概况》（1962），米娜瓦尔《撒拉语与土库曼语的关系 —— 兼论撒拉语发展简史》（2000）、《撒拉语词汇探析》（2002）、《撒拉语元音的特点》（2005）、《撒拉语动词陈述式研究》（2008），马伟《撒拉语形态研究》（2015）、《撒拉语语音的内部变化》（2017）、《土库曼语与撒拉语比较研究》（2019）等。

5. 裕固语研究

裕固族是我国人口较少的少数民族之一，据2020年全国人口普查资料，共有14706人。而他们的语言情况比较特殊，一部分人说属于阿尔泰语系蒙古语族的东部裕固语，一部分人说属于阿尔泰语系突厥语族的西部裕固语，同时他们也都会说汉语；另一部分人已经不会本民族语言，完全使用汉语。[②]

西部裕固语是我国独有的少数民族语言之一，从19世纪末期就引起国外学术界的注意。在国内，中华人民共和国成立前只有戈定邦于1940年发表的《河西之

---

① 胡振华：《黑龙江省富裕县的柯尔克孜族及其语言特点》，载《中央民族学院学报》1983年第2期。
② 陈宗振：《西部裕固语研究》，中国民族摄影艺术出版社，2004年。

民族语言与宗教》① 一文，涉及裕固语言。1957年，中国科学院少数民族语言调查工作队完成了裕固语的调查。这次调查的成果出现在由陈宗振执笔，于1960年写成的《西部裕固语简志》中，但由于种种原因，长期没有正式出版。后陈宗振还发表过《裕固语的特点》（1957）、《裕固族及其语言》（1977）。他的《裕固族及其语言》② 是我国首次公开发表的西部裕固语研究论文。之后，他还发表了《西部裕固语概况》（1982）、《论西部裕固语的带擦元音》（1986）、《西部裕固语中的早期汉语借词》（1985）、《〈突厥语词典〉中保留在西部裕固语里的一些古老词语》（1992）、《再论〈突厥语词典〉中保留在西部裕固语里的一些古老词语》（1993）、《试释裕固族宗教和婚丧习俗的某些用语》（1994）、《试释西部裕固语中关于服饰的某些词语》（1998）、《西部裕固语系动词的口气》（1998）、《西部裕固语某些词的文化底蕴》（2016）③ 等论文。2004年，陈宗振的《西部裕固语研究》④ 一书出版。这本专著除了包括语言研究外，还包括话语材料。

陈宗振和雷选春共同编著的《西部裕固语简志》，⑤ 简要地论述了西部裕固语的语音、词汇和语法，并附有1200多常用词，是我国关于西部裕固语描写研究的第一本著作。雷选春参考国内外研究成果，编著出版了《西部裕固汉词典》⑥。此书包括词语的不同语音变体，并在一定程度上表明了不同地区间词义的差别，书后附有常用地名表、常见构词附加成分表和语法纲要。此外，某些词条的汉文释文中附有关于裕固族文化的解说，可谓为这本词典的特点之一。1992年雷选春发表了《西部裕固语与维吾尔语词汇之比较》一文。此外，与西部裕固语有关的论文和著作还有林莲云的《撒拉语裕固语分类问题质疑》（1979）、董文义的《裕固族操两种语言问题的初探》（1983）、苗东霞的《甘肃肃南西部裕固语》（2019）等等。

钟进文发表了《"西至哈至"考略》（1992）、《简述裕固族族称与突厥语地名的关系》（1992）、《西部裕固语使动态的主要特点》（2012）等论文。除此之外，他还主编了《中国裕固族研究集成》（2002）及《西部裕固语描写研究》（2009）。

6. 图瓦语研究

图瓦是我国固有的讲突厥语族语言的古老民族之一，史称"都播""都波""秃巴思"等。我国境内的图瓦人主要居住在新疆维吾尔自治区阿勒泰地区的布尔津、哈巴河、富蕴和阿勒泰四县，约有2600人（2000）年。俄罗斯联邦以及蒙古人民共和国的北部地区也有图瓦人居住。由于社会的需要和语言环境的影响，图瓦人在使用自己语言的同时，还使用哈萨克语或蒙古语卫拉特方言的土城巴特土语。

---

① 戈定邦：《河西之民族语言与宗教》，载《甘肃科学教育馆学报》1940年第2期。

② 陈宗振：《裕固族及其语言》，载《新疆大学学报》1977年第3-4期。

③ 陈宗振：《西部裕固语某些词的文化底蕴》，载《青海民族研究》2016年第2期。

④ 陈宗振：《西部裕固语研究》，中国民族摄影艺术出版社，2004年。

⑤ 陈宗振、雷选春编著：《西部裕固语简志》，民族出版社，1985年。

⑥ 雷选春：《西部裕固汉词典》，四川民族出版社，1992年。

图瓦语的研究起步较晚，方言划分，尤其是我国境内与国外图瓦语之间的关系、发展变化等问题没有得到充分的研究。研究成果有宋正纯的《图瓦语概况》（1981）、《我国土瓦语音系初探》（1982）和《图瓦语和图瓦人的多语生活》（2015），吴宏伟的《图瓦语研究》（1999），李圃的《我国图瓦人语言使用现状研究 —— 白哈巴村个案调查》（2017），巴图欧其尔·吾再的《中国境内图瓦语谚语及其语言学分析》（2019）等。

7. 土尔克语研究

土尔克人散居于我国新疆维吾尔自治区天山北部广阔的伊犁草原，主要分布在伊犁哈萨克自治州境内的尼勒克、新源、特克斯、巩留、昭苏等县的广大牧业区。极少数散居在伊宁市和昌吉回族自治州的玛纳斯县。

"土尔克"是这部分居民的自称。当地的维吾尔、哈萨克、柯尔克孜、乌孜别克、蒙古等民族也都称他们为"土尔克人"。"土尔克"这一名称与古代突厥文碑铭中的"türk"和汉文史籍中的译名"突厥"都是根源相同的称谓。据1982年初步统计，只有31户，200多人。

长期以来人们把从安集延移入我国新疆的这部分土尔克人误认为乌孜别克族。直到1982年第三次全国人口普查时，各地人民政府虽已按这部分居民的自称做了改正，以示区别于乌孜别克族，但是对我国这部分居民精确的人口数字统计，还未深入调查。

关于土尔克人的语言，早在1956年，中国科学院少数民族语言调查第六工作队，就曾记录过一些土尔克语的材料。近年来，新疆的学术界也曾了解过有关土尔克语的情况。但是，尚未看到国内学术界有关土尔克语方面的专著问世。

1982年夏，阿希木一行学者对散居在尼勒克县的乌增乡，特克斯县的乔拉克铁热克乡，新源县的则克台镇、别斯托别乡、塔勒德乡和喀拉苏乡等牧业区的土尔克人及其语言进行了调查，证明了土尔克人的语言跟我国的维吾尔语、哈萨克语、柯尔克孜语、乌孜别克语等十分接近。在语言上受到哈萨克语和维吾尔语的强烈影响。现在只有极少数老年人和中年人能使用土尔克语进行交谈。

从土尔克语的发展趋势来看，它正处于逐渐消亡的过程中。我们对土尔克语本身原有的性质及特点的认识还很不够，尤其是对土尔克语在突厥语族语言中应居于什么样的地位，目前更难于说得准确。土尔克语是正在消亡过程中的语种之一。但是，土尔克语在突厥语族语言中占有非常重要的位置，并有自己独具的语言特征。

相关研究有：赵相如、阿西木的《新疆伊犁地区土尔克话的特点》（1985），程试、胡毅的《从土尔克话的演变看语言的融合》（1990），赵相如与国外学者 Reinhard F. Hahn 合作发表的《伊犁土尔克人及其语言》（1989）及 Reinhard F.Hahn 的《伊犁土尔克语详解例子》（1991）等。

8. 艾努语研究

"所谓'艾努人'是分布在我国新疆维吾尔自治区天山南麓的和田、洛浦、墨玉、莎车、英吉沙和疏勒等县一部分居民的自称。当地的维吾尔和其他兄弟民族称他们为'阿卜达尔人'。这部分居民与外界交际时使用维吾尔语，对内却讲一种为外人所不易懂的语言。关于艾努人的这种语言，1976年，赵相如、阿西木曾在和田县烽火公社'格窝孜'村进行了初步调查。这个自然村里约有一千左右艾努人。他们主要从事农业生产及园艺、畜牧、手工业等副业。小部分人在城镇市集上从事草药买卖等。艾努人自己说，他们的祖先是很多年以前从伊朗迁徙到格窝孜。[①]"

根据《新疆艾努人的语言》[②]（1982），艾努语的音节结构有六种形式（Y代表元音，F代表辅音）：Y、YF、FY、FYF、YFF、FYFF。这六种结构形式与维吾尔语完全相同。艾努语中还保留着大量与波斯语同源的词。这些词仍然是艾努语词汇的主要组成部分，在交际中广泛使用，并且是构成新词的基础。论文中作者选用4200个常用词进行比较，结果是：艾努语和当地维吾尔语不同的词有1200个，占比较词数的35％；相同的词约有3000个，占总数的65％，但其中包括维吾尔语、艾努语、波斯语三种语言相同的词391个，维吾尔语、艾努语、阿拉伯语三种语言相同的词622个。二者合计占相同词的33.7％，占比较词总数的23.9％。因此，严格来说，艾努语中的维吾尔语词只占比较词总数的41％。尽管艾努语中吸收了不少维吾尔语词，并且采用维吾尔语的构词附加成分，构成各种合成词或派生词，可是，彼此完全不同的语词还有三分之一以上。这个事实说明：艾努语至今仍然保持其自己词汇特点的本质部分，尤其是生命力最强的基本词汇，它的发展变化远远比语音、语法的发展要缓慢得多，更具有稳固性。由于艾努人长期使用艾-维双语制，艾努语吸收了大量的维吾尔语词，进一步影响了艾努语语法的变化，使它逐渐改变原来屈折语类型的语法形式，逐渐吸收维吾尔语的属于黏着语类型的语法手段，以至现在在语法结构上变成与维吾尔语基本相同的另一种语言，这不能不说是一个质变。

艾努语（阿布达里语）语法近似维吾尔语等突厥语言，但主要词语来自伊朗语支，所以有些语言学者界定阿布达里语为混合语；但有些语言学者并不认为它有足够条件被界定为混合语。

关于艾努语的相关研究有赵相如、阿西木的《艾努语的数词 —— 兼论艾努语的性质》（1981）、《新疆艾努人的语言》（1982）、《中国新发现语言研究丛书 —— 艾努语研究》（2011）。还有艾力·吾甫尔《阿布达里人名称问题研究 —— 新疆阿布达里人系列研究之一》（2005）和《新疆阿布达里人渊源考》（2006），阿米娜木·买买提明的《艾努语的社会语言学考察》（2019）等。

国外学者Toro Hayashi认为，根据语码转换理论，艾努语应该是维吾尔语方言。因为它的句法是维吾尔语句法，词汇是波斯语或其他未知语的词汇。他

---

① 赵相如、阿西木：《新疆艾努人的语言》，载《语言研究》1982年第1期。

② 赵相如、阿西木：《新疆艾努人的语言》，载《语言研究》1982年第1期。

的相关研究包括:《谢依赫勒词汇》①、《突厥语中的词汇复制》②。除此之外，还有AndreasTietze 和 Otto Ladstätter 的《新疆的阿布达里人》③ 一文。

七、问题与展望

1.不同语言的研究存在不均衡。如国内维吾尔语的研究相对来说较多，而对乌孜别克语、塔塔尔语等的研究则少之甚少。

2.应全面调查突厥语族语言的方言，描写各方言及土语等。现代维吾尔语中比较特殊的柯砰土语就没有得到很好的研究。应加强对东北柯尔克孜语、土尔克语等濒危语言的记录和研究。

3.虽然大部分突厥民族尤其维吾尔族的基本典籍整理、翻译和出版取得了一定的成绩，但还不够。

4.应加强对突厥语族语言对比研究及语言接触的研究。

参考文献

[1]阿西木、米海力:《维吾尔口语里的长短元音》,《民族语文》1986年第3期，第39-43页。

[2]艾则孜·阿不力米提、呼和:《维吾尔语语音声学研究》，社会科学文献出版社，2019年。

[3]阿布都热依木·热合曼:《维吾尔语动词时体范畴研究》，新疆大学出版社，2014年。

[4]阿力木江·托平提:《维吾尔语连词的句法特征》,《民族语文》2015年第5期，第66-72页。

[5]阿克里·先木西:《维吾尔语表语系动词结构研究》，民族出版社，2016年。

[6]艾尔肯·阿热孜、艾尔汗·阿伊登:《古突厥文碑铭》，新疆人民出版社，2014年。

[7]阿米娜木·买买提明:《艾努语的社会语言学考察》,《民族语文》2019第6期，第90-95页。

---

① Hayasi, tooru. A Šäyxil vocabulary : a preliminary report of linguistic research in Šäyxil Village, southwestern Xinjiang. Kyoto：Faculty of Letters，Kyoto University.

② Hayasi, Tooru. Lexical copying in Turkic：The case of Eynu. In：Asli Göksel – Celia Kerslake（eds.）：Studies on Turkish and Turkic languages.Proceedings of the Ninth International Conference on Turkish Linguistics, Oxford, 1998. Turcologica 46. Wiesbaden：Harrassowitz.

③ Tietze, Andreas & Ladstätter, Otto.Die Abdal（Äynu）in Xinjiang. Österreichische Akademie der Wissenschaften. Philosophisch–historische Klasse. Sitzungsberichte 604.Wien：Verlag der Österreichischen Akademie der Wissenschaften.

[8]巴图欧其尔·吾再:《中国境内图瓦语谚语及其语言学分析》(图瓦语、汉文、蒙文版),民族出版社,2019年。

[9]陈宗振:《维吾尔语的特殊词素》,《民族语文》2010第1期,第49-58页。

[10]程适良:《哈萨克语与乌孜别克语音位比较研究》,《中央民族大学学报》1995第3期,第82-91页。

[11]陈宗振:《〈突厥语大词典〉中的中古汉语借词》,《民族语文》2014第1期,第56-64页。

[12]陈宗振:《西部裕固语某些词的文化底蕴》,《青海民族研究》2016年第2期,第190-194页。

[13]陈宗振:《关于〈突厥语大词典〉某些词的长元音问题》,《民族语文》2015第4期,第27-35页。

[14]耿世民、魏萃一:《古代突厥语语法》,中央民族大学出版社,2010年。

[15]高莉琴、阿不都许库尔艾山:《关于维吾尔语的语素》,《语言与翻译》1986年第1期,第34页。

[16]高莉琴:《维吾尔语动词功能研究》,《民族语文》2008年第1期,第58-63页。

[17]哈妮克孜·伊拉洪、祖丽皮亚·阿曼、艾斯卡尔·艾木都拉:《维吾尔语单音节词复辅音声学分析》,《中文信息学报》2009年第4期,第103-106页。

[18]胡毅:《维吾尔语附加语素的分类问题》,《语言与翻译》1999年第4期,第19-21页。

[19]黄晓琴:《维吾尔语的语音构词法》,《语言与翻译》1999第3期,第35-37页、第73页。

[20]胡传成编著:《维吾尔语词汇语法大纲》,民族出版社,2016年。

[21]苏联科学院语言学研究所编;(苏)Э.Р.捷尼舍夫编辑;沈成明、陈伟编译:《突厥语历史比较语法:语音学》,中国社会科学出版社,2014年。

[22]江海燕、刘岩、卢莉:《维吾尔语词重音实验研究》,《民族语文》2010年第3期,第67-71页。

[23]靳尚怡:《现代维吾尔语语素的种类和词的结构》,《民族语文》1985年第2期,第31-40页。

[24]梁洁、易斌、张卿:《维吾尔语双音节词重音特性分析》,《中央民族大学学报》2009年第2期,第115-119页。

[25]廖泽余:《维吾尔语语素问题新探》,《语言与翻译》2012年第3期,第22-25页。

[26]力提甫·托乎提:《论维吾尔语的连词短语》,《民族语文》2016年第1期,第40-49页。

[27]力提甫·托乎提:《论递归性原则与维吾尔语的若干短语结构类型》,《民族

语文》2017年第2期，第56–68页。

[28]力提甫·托乎提:《生成语法框架内的维吾尔语句法》,《民族语文》2005年第6期，第35–43页。

[29]力提甫·托乎提:《论维吾尔语功能语类格(K)的句法特性》,《民族语文》2010年第4期，第3–12页。

[30]力提甫·托乎提:《重新认识阿尔泰语功能类的句法属性》,《民族语文》2015年第2期，第36–54页。

[31]力提甫·托乎提:《语段理论与维吾尔语的语段》,《民族语文》2018年第6期，第47–53页。

[32]力提甫·托乎提:《最简方案：阿尔泰语言的句法结构》,中央民族大学出版社，2017年。

[33]力提甫·托乎提:《现代维吾尔语参考语法》,中国社会科学出版社，2012年。

[34]李圃:《我国图瓦人语言使用现状研究 —— 白哈巴村个案调查》,《中央民族大学学报》2017年第2期，第155–162页。

[35]毛拉尼亚孜·吐尼亚孜:《现代维吾尔语语音学》,中央民族大学出版社，2014年。

[36]马德元:《维吾尔语形容词分类问题新探》,《语言与翻译》1996年第2期，第7–11页。

[37]马德元:《维吾尔语的向心结构和离心结构》,《语言与翻译》2002年第1期，第20–23页。

[38]木再帕尔·阿布都茹苏里:《维吾尔语名词化短语的一些句法特征》,《民族语文》2008年第4期，第76–81页。

[39]木再帕尔:《维吾尔语的形容词化短语》,《满语研究》2011年第16期，第53–58页。

[40]木再帕尔、高莲花:《维吾尔语形容词化短语的特点》,《满语研究》2012年第2期，第40–47页。

[41]木再帕尔:《维吾尔语的静词化短语》,民族出版社，2014年。

[42]木再帕尔:《维吾尔语乌什话研究》,中国社会科学出版社，2017年。

[43]木哈拜提·哈斯木:《现代维吾尔语方言语音、语法、词汇比较研究》,民族出版社，2014年。

[44]马伟:《土库曼语与撒拉语比较研究》,《青海民族大学学报》2019年第2期，第38–45页。

[45]马伟:《撒拉语语音的内部变化》,《民族语文》2017年第4期，第17–23页。

[46]马伟:《撒拉语形态研究》,中国社会科学出版社，2015年。

[47]苗东霞:《甘肃肃南西部裕固语》,商务印书馆，2019年。

[48]（土）马塞尔·厄达尔著，刘钊译:《古突厥语语法》，民族出版社，2017年。

[49]舍秀存:《撒拉语语音研究》，上海大学出版社，2015年。

[50]宋正纯:《图瓦语和图瓦人的多语生活》，中国社会科学出版社，2015年。

[51]塔西·热合曼:《论维吾尔语语素的历史演变》，《语言与翻译》1999年第1期，第20–23页。

[52]王远新:《突厥语族语言研究》，中央民族大学出版社，2014页。

[53]王昆仑、张贯虹、吐尔洪江·阿布都克力木:《维吾尔语元音的声频特性分析和识别》，《中文信息学报》2010年第2期，第122–128页。

[54]王文敏、陈忠敏:《维吾尔语的内爆音》，《民族语文》2011年第6期，第63–68页。

[55]吴宏伟:《突厥语族语言语音比较研究》，中央民族大学出版社，2011年。

[56]王海波、阿力木江·托乎提:《维吾尔语语法标注文本》，社会科学文献出版社，2016年。

[57]徐思益、高莉琴:《关于维吾尔语的重音、声调问题》，《语言与翻译》1992年第3期，第12–15页。

[58]夏迪娅·伊布拉音、沈淑花:《维吾尔语持续体及其突显性特征》，《民族语文》2014年第2期，第67–70页。

[59]夏迪娅·伊布拉音:《维吾尔语形容词配价研究》，《民族语文》2012年第2期，第68–70页。

[60]易斌编:《现代维吾尔语元音的实验语音学研究》，中国社会科学出版社，2012年。

[61]赵明鸣:《从〈突厥语词典〉看维吾尔语元音的历史演变》，《民族语文》1997年第6期，第68–77页。

[62]赵明鸣:《论现代维吾尔语元音i的音位体现》，《民族语文》1998年第3期，第18–27页。

[63]张洋:《现代维语复辅音》，《新疆大学学报》1997年第1期，第106–108页。

[64]张洋:《从〈突厥语大词典〉看维语复辅音的发展》，《语言与翻译》2001年第3期，第11–13页。

[65]再娜甫·尼牙孜:《谈维吾尔语中的复合词》，《中央民族大学学报》1993年第4期，第93–96页。

[66]赵世杰编著:《维语构词法》，新疆人民出版社，1983年。

[67]赵相如:《突厥语与古汉语关系词对比研究》，社会科学文献出版社，2012年。

[68]钟进文:《西部裕固语使动态的主要特点》，《民族语文》2012年第3期，第75–77页。

[69]钟进文:《西部裕固语描写研究》,民族出版社,2009年。

[70]赵相如、阿西木:《艾努语研究》,民族出版社,2011年。

[71]张铁山:《从〈突厥语大词典〉看11世纪突厥语族诸语言的基本特点》,《民族语文》2018年第4期,第76-81页。

第三节　满－通古斯语族语言研究

满－通古斯语族在阿尔泰语系中是语种最少的一个语群。分为两个语支:满语支和通古斯语支,中国境内的满语支有满语、锡伯语和赫哲语,通古斯语支有鄂温克语、鄂伦春语。在中国历史上还有女真人使用的女真语,属于满－通古斯语族。满语和女真语的研究开始最早,明代的《女真夷语》杂字部分收录的是女真语词汇,清代满语研究取得了很大成绩,出版了百多种辞书。其中最有名的是《清文鉴》,先后有六部问世,收词数量多、多种语言词汇对照,是研究满语以及阿尔泰语言的宝贵资料。清代满语语法的研究主要集中在"虚字"的解释上,比如《清文启蒙》《清文指要》等等。辛亥革命之后,满－通古斯语族语言的研究主要集中在满语的研究上,为清史研究而考释满语及满族文化是这一阶段的特点。老满文档案的发现促进了这一阶段的老满文研究。除此之外,凌纯声的《松花江下游的赫哲族》[1] 收录了近1000个词语,并对民间故事中出现的赫哲词语进行了标注和解释。这是我国见于文献的关于赫哲语的最早记录。

中华人民共和国成立后,满－通古斯语族的研究取得了很大的成绩。主要表现在:1.开展了广泛的语言调查,编写了各语言简志和语言概况。2.对各语言的语音、语法和词汇等层面的诸多问题都有了研究。研究的广度和深度都是空前的,在各层面上都有突破。如:对濒危语言进行抢救性调查,建立语言材料数据库;采用实验语音学研究方法,对民族语言及其方言的语音系统进行专题研究;从语言类型学视角,对民族语言及其方言的语音、词汇和语法进行系统研究等。3.历史比较的研究也在不同的范围内进行了研究。涉及阿尔泰语系比较、满－通古斯语族内的比较和同一种语言书面语和口语之间的比较等。4.文献语言研究得到重视。如对女真文、满文文献的挖掘、整理、翻译研究,以及对清代辞书、满文教材的点校再版等。5.关注口头传承文化,如对满族萨满神歌文本、赫哲族伊玛堪的研究。

一、语音研究

70年来,满－通古斯语族语音方面的成果主要有:一、对各语言的语音系统进

---

[1]　载《中央研究院(中华民国时期)历史语言所单刊》甲种之十四,1935年。

行了详细的描写和分析，基本弄清了该语族语言的语音系统。二、基于现代科技资源库的支撑，采用实验语音学的方法，关注各民族语言及其方言的特殊语音现象，对某些主要的或特殊的语音现象进行了专题研究。

（一）语音系统的共时描写

语言简志是中华人民共和国成立后对我国语言进行简明而系统描写的著作。其中包括各个语言的语音系统。满－通古斯语族的简志有：李淑兰、仲谦的《锡伯语简志》①，胡增益的《鄂伦春语简志》②，安俊的《赫哲语简志》③，胡增益、朝克的《鄂温克语简志》④。在此之前，曾在有关刊物上介绍了这些语言的概况，如：李淑兰的《鄂伦春语概况》⑤和《锡伯语概况》⑥、胡增益的《鄂温克语概况》⑦、王庆丰的《爱辉满语概况》⑧、安俊的《赫哲语概况》⑨。

清格尔泰的"满洲语口语语音"⑩一文，对三家子屯满语的音位系统作了细致的描写，共归纳出33个音位，其中9个元音音位，24个辅音音位。季永海等的《满语语法》⑪、乌拉熙春的《满语语法》⑫也都系统地介绍了满语语音系统。赵杰的《现代满语研究》⑬以黑龙江省泰来县依布气村的满语为描写对象，归纳出8个元音音位，24个辅音音位。他在《泰来满语音位解析》⑭中也认为，泰来满语有8个单元音，8个复元音，24个单辅音。刘景宪等的《满语研究通论》⑮描写了6个基本元音和22个基本辅音。王庆丰的《满语研究》⑯一书的语音部分归纳了爱辉五大家子满语的语音系统：元音包括单元音8个；复元音18个；辅音音位包括单辅音24个。作者在书中提出"紧喉辅音"这一概念，认为五大家子满语存在紧喉辅音，"尽管从数量来看不算很多，但这些词在发音时却表现得十分明显可往往被忽视"⑰。清格

① 民族出版社，1986年。
② 民族出版社，1986年。
③ 民族出版社，1986年。
④ 民族出版社，1986年。
⑤ 载《中国语文》1965年第1期。
⑥ 载《民族语文》1979年第3期。
⑦ 载《民族语文》1984年第1期。
⑧ 载《民族语文》1984年第5期。
⑨ 载《民族语文》1984年第6期。
⑩ 载《内蒙古大学纪念校庆二十五周年学术论文集》，1982年。
⑪ 民族出版社，1986年。
⑫ 内蒙古人民出版社，1983年。
⑬ 民族出版社，1989年。
⑭ 载《满语研究》1987年第1期。
⑮ 黑龙江朝鲜民族出版社，1997年。
⑯ 民族出版社，2005年11月。
⑰ 载《满语研究》，民族出版社，2005年。

尔泰的《满洲语口语语音》①（1982）一文，是根据对三家子屯的满语进行调查时所搜集的材料编写的。该文对三家子屯满语的音位系统作了细致的描写。共归纳出33个音位，其中9个元音音位，24个辅音音位。图奇春、杨震远合著的《锡伯语语法》（1987）②认为，锡伯语有5个元音，22个辅音，9个特定辅音。这36个音位用40个字母表示。李树兰等的《锡伯语口语研究》③把锡伯语元音分为单元音和复元音两种，其中单元音8个、复元音18个；辅音分为单辅音、腭化辅音和唇化辅音，其中单辅音28个、腭化辅音4个、唇化辅音5个。朝克在《现代锡伯语口语研究》④的语音部分，在总结前人对锡伯语元辅音的研究基础上，提出锡伯语单元音可分为8个，单辅音分为21个，并对这些音进行了详细的描写。王小虹、郭美兰的《锡伯语语音位系统》⑤一文，对锡伯语8个基础元音和22个基础辅音进行了描写。安成山等的《简论锡伯语口语语音》⑥一文，把锡伯语口语元音音位分为8个，辅音音位分为28个，并对这些音进行了描写。张泰镐（韩国）的《新疆锡伯语口语音位系统》⑦，认为现代锡伯语口语有29个音位，其中9个元音音位，20个辅音音位。元音按发音部位分为4个前元音和5个后元音，按高低分为4个高元音，4个中元音和一个低元音，按圆展分为4个圆唇元音和5个非圆唇元音，复元音为5个。辅音按发音部位分为5种，即双唇音、唇齿音、齿龈音、卷舌音。这是近年来对锡伯语语音系统进行的较为详细、细致的描写。胡增益的《鄂伦春与研究》⑧一书，把鄂伦春语的元音分为短元音和长元音，其中短元音9个，长元音19个。辅音共有19个。尤志贤等编著的《简明赫哲语汉语对照读本》中把赫哲语元音分为单元音和复元音，其中单元音6个、复元音15个；辅音共有22个，该书对这些音分别举了例子，但没有进行描写。何学娟的《赫哲语语音系统》⑨一文，把赫哲语元音分为短元音、长元音、弱化元音和复合元音等四种元音，其中短元音10个，并对其进行了分类。长元音7个；弱化元音5个；鼻化元音8个；复合元音26个，辅音一共22个。该文对元音辅音进行了细致的描写。朝克的《鄂温克语各方言的语音关系》⑩，在对比鄂温克语各方言语音的基础上归纳了鄂温克语各方言的语音系统。他在《鄂温克语研究》⑪一书中，将鄂温克语元音分为8个短元音和8个长元音，将辅音分为单辅音和

---

① 载《内蒙古大学纪念校庆25周年学术论文集》，1982年。

② 新疆人民出版社，1987年。

③ 民族出版社，1984年。

④ 民族出版社，2006年。

⑤ 载《满语研究》1985年第1期。

⑥ 载《语言与翻译》1999年第4期。

⑦ 载《民族语文》2003年第5期。

⑧ 民族出版社，2001年8月。

⑨ 载《黑龙江民族丛刊》，1988年第4期。

⑩ 载《中央民族学院学报》1985年第4期。

⑪ 民族出版社，1995年。

复辅音，其中单辅音18个，复辅音12个。哈斯巴特尔的《关于鄂温克语语音》①，认为鄂温克语有8个短元音，22个辅音。

哈斯巴特尔的专著《敖鲁古雅方言研究》（2016）②，对鄂温克语敖鲁古雅方言的10个短元音、10个长元音、少量的复合元音及28个辅音进行了描写分析。指出敖鲁古雅方言的语音变化主要体现在：短元音出现了前化元音，复元音与长元音之间存在互补关系，辅音发音部位有后移、腭化、同化等。哈斯巴特尔的《鄂温克语敖鲁古雅方言的元音》（2015）③一文，认为鄂温克语敖鲁古雅方言除了10个短元音和与其对应的长元音之外，还有 ɑi、ɑu；əi、ʊe；i；iu、iɑ；ʮæ；等复合元音。敖鲁古雅方言长元音正处于向音位发展的过程中；复合元音分布不平衡，性质也不稳定，部分复元音仅出现于借词当中。

戴光宇的专著《三家子满语语音研究》（2012）④，以三家子满语的辅音音位系统为切入点，对三家子满语元音辅音音位进行了系统研究，对满语支诸语言语流音变的形成原因做了分析。郑仲桦的《察布查尔锡伯语五乡口音初探》（2019）⑤一文，认为在察布查尔锡伯语中，"五乡口音"具有四个语音特点：–n词尾、–a/–i词尾不弱化、更严谨的元音和谐、无清鼻音等。

中国语言资源保护工程"中国濒危语言志"系列丛书出版，其中乌日格喜乐图的《内蒙古敖鲁古雅鄂温克语》（2019）⑥一书，利用第一手田野调查语料，从语音、词汇、语法、句法角度详细描写了敖鲁古雅鄂温克语的语言面貌；金莉娜、程亚恒的《黑龙江同江赫哲语》（2019）⑦一书，从结构主义语言学角度描写了赫哲语的语法特征、结构特点。

（二）专题研究

1. 对元音的研究

满语的圆唇元音历来是人们所关注的，王庆丰的《试论满语的元音 o u ū》⑧一文，认为由于满文是在蒙古文的基础上成立的，字母会受到蒙古文的影响，每个字母代表的音值也同样受影响，通过满文和蒙文的比较以及与锡伯语口语的比较，提出这三个元音受其前面小舌辅音和舌根辅音的影响会有所变化，其音值也会随之改

---

① 载《满语研究》2006年第1期。

② 民族出版社，2016年。

③ 载《满语研究》2015年第1期。

④ 北京大学出版社，2012年。

⑤ 载《满语研究》2019年第1期。

⑥ 商务印书馆，2019年。

⑦ 商务印书馆，2019年。

⑧ 载《满语研究》1986年第1期。

变，从而形成互补。季永海在《有关满语语音的几个问题》①的论文中提到了 o、ū 的读音上存在分歧的问题，作者依据《清文启蒙》等文献记载，提出这两个是有所区别的观点。关辛秋在《关于满文元音字母 o、ū 的读音》②一文中，仍主要以《清文启蒙》为主要依据，并结合清代英文、朝鲜文对满文的注音材料，提出 o 的读音为 o，包括 o、Aʊ 两个变体，ū 的音位读音为 ɔ，包括 ɔ、Aʊ、u 三个变体的观点。关辛秋的《满文元音 e 的清代读音》③，以《清文启蒙》、《清语老乞大》（朝鲜文注音）等文献为依据，结合同时代的韵书，并在分析国外学者的相关看法的基础上提出，e 有三个条件变体，即：ə、uə、e，在不同辅音后其读音就有所改变。爱新觉罗·乌拉熙春的《满洲语语音研究》④（日本京都玄都文社，1992 年）前半部分是对黑龙江、嫩江满语口语语音的描写。元音以第一音节和重读音节的元音为主，归纳出 8 个元音音位。在一部分词首元音前有喉塞音。

基于"中国少数民族语言语音声学参数统一平台""鄂温克语语音声学参数数据库"等数据平台，学者们进行了一系列专题研究。如：呼和、乌日格喜乐图的《鄂伦春语词首音节短元音声学分析》（2010）⑤一文，首次对鄂伦春语词首音节短元音进行声学分析，认为鄂伦春语词首音节中有 8 个短元音。乌日格喜乐图、哈斯其木格、呼和的《鄂温克语短元音声学分析》（2010）⑥一文，在对鄂温克语词首和非词首音节短元音的第一、第二共振峰（F1、F2）进行统计分析并绘出其声学元音图的基础上，对鄂温克语短元音特点进行详细描述并提出了它们的分布格局。实验得出鄂温克语非词首音节短元音比词首音节短元音有明显央化现象。呼和的《鄂温克语词首音节短元音声学分析》（2016）⑦、《语音声学空间分布类型初探》（2019）⑧等论文，在分别比较蒙古语、维吾尔语和鄂温克语三种语言词首音节短元音系统的声学空间分布模式图之间的相似度基础上，提出了"语音声学空间分布类型"概念，并确定了鄂温克语词首音节短元音音位及其变体的数量和音质问题。乌日格喜乐图的《鄂温克语前高元音声学分析》（2014）⑨、《鄂温克语元音音长研究》（2014）⑩等论文，在绘出声学元音图的基础上，确定鄂温克语前高元音的分布格局和音位归属，认为鄂温克语前高元音有 6 个，可归纳为 4 个音位，它们具有较明显的阴阳对立关系。同时认为，鄂温克语元音音长受所处音节类型，音节个数的影响

① 载《民族语文》2008 年第 5 期。

② 载《中央民族大学学报》2008 年第 5 期。

③ 载《民族语文》2008 年第 3 期。

④ 转引自《二十世纪的中国少数民族语言研究》，书海出版社，1998 年。

⑤ 载《第九届中国语音学学术会议论文集》2010 年。

⑥ 载《满语研究》2010 年第 2 期。

⑦ 载《中央民族大学学报》2016 年第 5 期。

⑧ 载《民族语文》2019 年第 4 期。

⑨ 载《民族语文》2014 年第 5 期。

⑩ 载《第十一届中国语音学学术会议论文集》2014 年。

而发生变化，随着音节个数的增多其音长呈现缩短现象。乌日格喜乐图的另一篇论文《鄂温克语辉方言词末短元音实验研究》（2017）[①]，认为鄂温克语 ɐ、ɔ、ʊ、u、ə、i、ɪ 等7个短元音可出现在词末位置，随着音节个数的增加，词末位置出现的短元音个数和类型也减少，其中 ɐ、i、u 等3个短元音最为活跃。词末位置部分短元音比较词首位置短元音，其舌位有央化趋势。音强最高峰值出现在倒数第二音位置节上，音高峰值受词末音节类型和元音性质呈现不同分布模式，词末位置短元音具有音长自由延长趋势，但时长短于词末位置长元音音长。

对元音系统、元音格局、发音机制进行的研究，如：丛珊、谢郴伟的《鄂伦春语的元音格局及其高元音的声学分析》（2017）[②]一文，将7个声学高度概括为两个音系高度，确定了鄂伦春语元音的音系格局。认为鄂伦春语元音系统有18个元音，高元音包括两组前高元音和两组后高元音。多丽梅的《通古斯鄂温克语的元音系统》（2014）[③]一文，用具体例词阐述了通古斯鄂温克语的6个短元音音素和6个长元音音素的使用原理及其不同程度的使用频率。于鹏翔、许淑杰的《试论双元音的发音机制及满语双元音的成因》（2011）[④]一文，对满语的双元音形成机制进行了分析。

对元音音值进行专题的研究，如：尹铁超、张力的《满语元音 a 音值研究》（2016）[⑤]一文，通过满语书面语及方言土语元音 a 的共振峰值测试研究，认为满语元音 a 应该为低、不圆唇元音 [a]，在舌位上，比 [ɑ] 靠前、略低。黄彩玉的《满语元音 ū 实验语音学考察》（2018）[⑥]一文，认为满语元音格局中 o、u、ū 都有自己独立的声学空间，音位读音区别明显。声学实验辅助确定满语元音格局中元音 ū 独立的音位地位以及变体：元音音位 ū 读音为 ʊ，有 ʊ 和 o 两个音位变体，与辅音 [q]、[qʰ]，[χ]、[tʰ] 相拼时读 ʊ，处于词头时读 o，这两个变体共振峰各自取点范围集中，上下分布，音色接近。郑仲桦的《试论满语方言的小舌音》（2015）[⑦]一文，通过对规范满语（满文）、爱辉县大五家子方言、泰来县依布气方言、富裕县三家子方言、京语方言以及锡伯语中小舌音出现的语音环境进行分析，探讨现代方言中元音和谐律解体对小舌音分布所产生的影响，认为满语小舌音的消失以及元音和谐律的解体都与语言接触有关。王娣的博士学位论文《黑河地区满语元音实验研究》（2019）[⑧]，对黑河地区满语元音，特别是复合元音和元音格局进行了系统研究。

① 载《满语研究》2017年第2期。
② 载《中央民族大学学报》2017年第6期。
③ 载《满族研究》2014年第2期。
④ 载《吉林师范大学学报》（人文社会科学版）2011年第5期。
⑤ 载《满语研究》2016年第2期。
⑥ 载《满语研究》2018年第1期。
⑦ 载《语言与翻译》2015年第3期。
⑧ 黑龙江大学博士学位论文，2019年。

2. 关于辅音的研究

马学良、乌拉熙春在《满语支语言的送气清擦音》[①] 一文中提出满语支语言的 f、s、ş、ʃ、x 五个擦音有送气特征，这是前人未曾提出的新观点。认为"送气清擦音经常受重音和位置的制约，在特定场合不带送气的清擦音则是送气清擦音的条件变体。因此，在满语和锡伯语中，擦音系统表现为送气的清擦音和不送气的浊擦音的对立，即送气与否成为擦音的主要分野；而清或浊则降为次要分野。"[②] 爱新觉罗·乌拉熙春的《满洲语语音研究》归纳出送气辅音和不送气辅音两套对立的音位，作者认为送气或不送气是区别一个音位的首要标志。送气音中有送气塞音、送气塞擦音、送气擦音，前两者有送气不送气的对立，而后一个没有送气与不送气的对立，只有清浊的对立。

哈斯巴特尔的《满语辅音 c/j 探源》[③]，从历史比较语言学的角度，通过分析满语和蒙古语语音对应关系，提出 c/j 的部分来源是由于 *d、*t、*g、*q（*k）等辅音腭化的结果这一观点，并认为满语塞辅音在历史上经历过腭化的阶段。季永海的《有关满语语音的几个问题》[④] 的有关辅音分歧部分提出 j/c/š 的实际音值的问题，认为 tʂ、tʂh、ʂ 是用北京话的音对满文这三个音的标注，而不是其真正音值，真正音值应该是 [tʃ/tʃh/ʃ]。关新秋在《关于满文辅音字母读音的探讨》（上、下）[⑤] 中依据清代汉文、朝鲜文以及英文对满文的注音，对 j/c/š；k/g/h；b/d/g；r/l；w 共 12 个辅音的读音进行了研究，提出 j/c/š 的读音应为 [tʃ/tʃh/ʃ]；k/g/h 出现在 [a/o/ɔ] 前时读音为 [qh/q/χ]；r/l 在结尾位置应为 [r/l]；w 读作 [w]。

满文元音 ū 的音值是什么，在学术界还是一个有待解决的问题。清格尔泰的《关于满洲文字母第六元音的读音》[⑥]，认为其读音为 ω 与 o，它俩是互补的，因此用一个字母。该问题仍在讨论之中。

周学文的《鄂温克语重叠辅音及协同发音研究》（2010）[⑦] 一文，认为鄂温克语中存在一种称为重叠辅音的现象，在语音声学特征上主要体现在音长的对立，但不同类别的辅音的音长差别很大，而且不同的重叠辅音对后接元音和前音节元音的音长、音高、音强、音色也有不同影响。

李兵的《通古斯语言长辅音的共时特点与历时形成机制》（2013）[⑧] 一文，认为通古斯语言的长辅音呈现三个显著的共时特点：分布上局限于词干中位置，音节归

① 载《民族语文》1993 年第 6 期。
② 载《民族语文》1993 年第 6 期。
③ 载《满语研究》2005 年第 2 期。
④ 载《满语研究》2005 年第 2 期。
⑤ 载《满语研究》2007 年第 2 期、2008 年第 1 期。
⑥ 载《满语研究》1985 年创刊号。
⑦ 载《第九届中国语音学学术会议论文集》2010 年。
⑧ 载《民族语文》2013 年第 4 期。

属不确定，不受弱化过程的作用（即具有不变性）。长辅音的特点源于短辅音和音节成分之间的偶向映射关系。长辅音发展过程涉及的音系机制包括辅音之间的同化，辅音音段的脱落和音段的补偿性变长。

程烨、赵杰的《满语辅音字母 k、g、h 区别性特征分析》（2019）[①] 一文，认为区别性特征理论可以解释满文创制时辅音字母 k、g、h 所代表的小舌音和舌面后软腭音与元音结合构成两组拼合规律的原因。满语辅音字母 k、g、h 语音的历时演变发展与特定字母 k'、g'、h' 有合流的关系。

郑仲桦的《满-韩语辅音音系与语音特征比较研究》（2017）[②] 一文，认为满语和韩语在辅音音系上的差异，主要在于小舌音、紧音，以及唇齿擦音这三个（组）语音上，满语和韩语共同具有一个区域性的语音特征是送气擦音。

3. 复合音的研究

爱新觉罗·乌拉熙春的《满洲语语音研究》把复元音处理为元音带有过渡音，认为应属于元音音变现象。赵杰在《现代满语研究》中认为，复合元音 εɛ 是 əæ 逐渐高化的结果。满语书面语的 ω，在泰来满语为 [o ω]，是复元音而不是单元音。刘景宪、赵阿平的《满语音节拼读现象和复合元音的产生》[③] 论证了满语复合元音。文中指出 11 种开音节和 7 种闭音节的拼读是产生复合元音的主要原因。比如文中对 VV 型音节拼读所产生的复合元音是这么描述的：在结构为 vv 型的音节中出现了 ai[ai]、ei[ei]、oi[oi/oi]、ui[ui]、eo[ʊɤ]、oo[ɔʊ]、io[io/io] 等 7 个二合复元音，但像 oi、io 的读音各有两个[④]。

4. 重音的研究

满-通古斯语族是有重音的语言，但对重音还未有系统的研究。郭庆的《浅论锡伯语重音现象及其规律》[⑤] 前者对锡伯语重音的一般规律进行了归纳：1. 动词的重音一般都在词尾 -mbi 前的音节上；2. 凡是以辅音 n 结尾的词，重音都在 n 辅音前的一个音节上；3. 模拟词词尾凡是以辅音 r 结尾的，重音必定落在 r 前的音节上；4. 以元音 i 结尾的词，重音一般落在词尾音节上。黄锡惠在《满语口语研究的重音问题》[⑥] 中提出早在清朝雍正年间舞格寿平就提出满语重音具有区别词义的作用[⑦]。后来只有赵杰在《现代满语研究》一书中对满语口语的重音进行过分析。作者根据自己对泰来县依布气村满语进行的调查进一步补充了赵杰的观点。并将俄罗斯人对俄罗斯境内通古斯语的记录作为旁证，说明满语口语重音存在以及重音区别

---

① 载《北方民族大学学报》2019 年第 4 期。
② 载《满族研究》2017 年第 4 期。
③ 载《民族语文》1997 年第 5 期。
④ 载《民族语文》1997 年第 5 期。
⑤ 载《语言与翻译》1996 年第 4 期。
⑥ 载《满语研究》2001 年第 1 期。
⑦ 载《满语研究》2001 年第 1 期。

词义的功能等语言现象，最后认为应该对这一现象进行研究和探讨。

爱新觉罗·乌拉熙春的《满洲语语音研究》谈到，重读音节除了音值清晰之外，它的特征是音节末带有辅音或其他伴随的语音现象。非重读音节的元音和辅音都出现程度不等的弱化，特别是非第一音节的辅音，在音节末没有辅音或伴随的语音现象，只是辅音摩擦和送气程度的减弱。在体词中重音有向词首方向移动的趋势，在动词中重音位置的变动是受语法环境的限制。

李兵对鄂伦春语重音进行了系统、深入的研究，如：李兵、李文欣的《鄂伦春语白银纳方言双音节词重音的实验语音学分析》（2010）①、《鄂伦春双音节词重音实验语音学报告》（2011）② 等论文，从时长、音强和音高等方面对鄂伦春语白银纳方言双音节词的重音表现和分布进行了研究，认为鄂伦春语白银纳方言双音节词重音最显著的语音表现是音高方面的变化，其重音存在两种模式，A模式音高最高点出现在第二音节、B模式音高最高点出现在第一音节。两种音高模式分布与音节结构相关联。同时还认为，鄂伦春双音节词重音的主要声学对应物是音高，重音所在音节的音高曲线呈现为一个稳定的低平调，多数情况下双音节词的第一音节承载重音；第二音节音高曲线通常为降调。第二音节弱化时，音高曲线呈低降调。鄂伦春语词重音的语音学特点为音高显突。

李兵对满语重音进行的研究，如：李兵、胡伟的《现代满语大五家子方言动词重音分布的声学分析》（2010）③ 一文，对五大家子满语九类形态结构的动词进行实验语音学分析，从音强、音高、时长三个方面对 304 个样本词的逾千个音节进行详细的声学量化、统计和比照，确认这九类动词的重音分布和重音的主要声学特点。认为现代满语的词重音属于音强重音；时长与音高在区分轻、重读音节时作用不明显，音高的变化是划分词干、词缀等形态单位的语音标记；词缀的性质对重音分布可能有影响。

李兵对锡伯语重音进行的研究，如：李兵的《锡伯语双音节词重音实验语音学研究》（2012）④ 一文，以锡伯族口语为研究对象，对双音节词重音可能的语音表征（音高、时长、音强）进行分析，认为锡伯语双音节词第一音节呈稳定的低平曲线；第二音节音高线随音节结构的不同而不同，音节末是响音时，音高曲线呈高峰；音节末是阻塞音时，音高曲线呈高平。第一、二音节的音高曲线呈前低后高。双音节的第一音节是词重音的位置；词重音属于音高显突型，稳定的低调域平调是重音显著和主要的语音表征。李兵、贺俊杰、汪朋的《锡伯语三音节词重音的实验语音学研究》（2014）⑤ 一文，对锡伯语三音节词各音节韵部的音高、时长和音强进行提取

---

① 载《第九届中国语音学学术会议论文集》2010年。
② 载《民族语文》2011年第3期。
③ 载《第九届中国语音学学术会议论文集》2010年。
④ 载《民族语文》2012年第2期。
⑤ 载《民族语文》2014年第2期。

和分析，认为在三音节词里，第二和第三音节趋于弱化并导致元音脱落，锡伯语词第一音节为重音位置。

5. 元音和谐律的研究

元音和谐是满通古斯语语音中的一个重要现象，但过去没有做过全面的研究。季永海的《论满语的元音和谐 —— 兼论元音和谐不同于语音同化》①，比较全面地讨论了满语的元音和谐。并归纳了元音和谐的特点：词根和词干内部比较严整；阳性词中有唇状，但不太严整；构词和构型附加成分的和谐不太规则；尤其是有中性元音构成的阴性词的附加成分，更为复杂。在某些固定的构词和构形附加成分中不存在元音和谐。还论述了元音和谐不同于语音同化②。爱新觉罗·乌拉熙春的《满洲语语音研究》③一书中，在谈到元音和谐时，通过对体词元音和谐的研究，认为现代满语不存在前后舌位的和谐规律，只表现出选择关系，主要元音的后面可能出现某几个元音或不能出现某几个元音。动词方面，在词干和附加成分之间只有在部分词中，其和谐还有规律可循，而大部分已显示不出来。赵杰的《现代满语研究》④一书认为，元音和谐已经在重音和语音繁化的影响下解体，汉语借词对元音和谐的解体也有影响。刘景宪的《论满语元音和谐律》⑤前者主要探讨了书面满语的元音和谐律，对书面满语元音进行了分类。还概括了元音和谐律：同性同一元音和谐；同性异元音和谐；异性元音和谐。最后探讨了元音和谐律在接续构词附加成分和语法附加成分时的功用。他在《关于满语中性元音和谐问题的探讨》⑥一文中，主要分析了满语中性元音在动词接续某些语法附加成分时对附加成分的限定功能。即：词根或词干各音节都含有中性元音的有形态变化动词构成现在 — 将来时动名词或形动词时，应在其词根或词干上缀以语法附加成分 –re；词根或词干各音节都含有中性元音的有形态变化动词构成动词"一般过去时"时则根据元音和谐律在该动词的词根或词干上缀以语法附加成分 –ka/–ha、–ke/–he。

深入研究满–通古斯语族元音和谐问题的当属李兵。他从1992年至2002年先后在《民族语文》等学术刊物上发表多篇论文，从不同角度对满–通古斯语族的元音和谐进行了探讨，在理论上推进了一大步。在《鄂伦春语的元音和谐 —— 兼论元音和谐不属于同化范畴》⑦一文中，他认为元音和谐基本上是松紧元音的对立，所谓阴阳性元音是松紧的对立，有中性音 i、ii。在松紧和谐的基础上还有圆唇和谐，叫作双重和谐。附加成分与词干内部的和谐不如词干内的和谐严格，说明附加

①　《民族语文研究》，四川人民出版社，1983年。

②　转引自《二十世纪的中国少数民族语言研究》，书海出版社，1998年。

③　日本京都玄都文社，1992年。

④　民族出版社，1989年。

⑤　载《满语研究》1995年第2期。

⑥　载《满语研究》1997年第2期。

⑦　载《民族语文》1992年第6期。

成分与词干的关系松散。认为元音和谐不同于元音同化。在《论通古斯语言元音和谐的语音学基础》① 一文中，以鄂伦春语白银纳方言、拉穆特语奥拉方言和鄂温克语海拉尔方言为对象，从发音生理机制、声道形状和声学特征进行分析，得出满通古斯语言元音和谐的语音学基础是舌根后缩（简称RTR）这一结论。李兵认为舌根后缩使舌位只区分高元音和低元音，满通古斯语言元音系统的结构分析变得简单明了。在《通古斯语言元音和谐与书面满语元音系统》② 一文中，认为元音和谐的表现形式同元音系统的结构有着直接关系，其主要体现为元音系统结构决定着元音和谐的形式特征。因此，元音和谐为确立书面满语元音音位的对立关系提供了直接依据。在《舌根后缩元音和谐系统中性元音的可透性》③ 一文中，以鄂伦春语舌根后缩元音和谐的语言事实为依据，解释了中性元音可透性之所以存在的原因。作者认为主要原因是标记类特征同现制约条件在起着主要作用，并运用优选论原理对标记类特征制约条件进行了细致的阐释，提出标记类特征制约条件有可能成为语言系统的组成部分。在《通古斯语言唇状和谐的形式特点与比较》④ 一文中，概括了其唇状和谐的形式特点。认为：满通古斯语言的唇状和谐属于寄生性和谐，就是和谐特征只有满足了音段结构的条件下才会扩散。舌根后缩型和谐易于保持，而唇状和谐易于解体可能与唇状和谐的寄生性有关。唇状和谐的差异表明了语言发展的不平衡性。在《锡伯语唇状和谐的从属音系学分析》⑤ 一文中，把锡伯语的唇状和谐分为三种类型：ɔ — 定向式；y — 定向式；u — 定向式。运用从属音系学理论的音段结构理论和方法剖析了这三种唇状和谐产生的原因。

李兵的专著《阿尔泰语言元音和谐研究》（2013）⑥，采用生成音系学的非线性方法分析阿尔泰语言元音和谐的形式和特点，集中讨论了通古斯-满语族的语言和突厥语族的语言圆唇和谐的不同形式特点、部位和谐系统中性元音的可透性等国际音系学前沿领域里热点和难点问题，对阿尔泰语系一些语言的元音和谐现象，例如鄂伦春语、满语和锡伯语的元音和谐，做了全面细致的描写分析。

乌日格喜乐图的《鄂温克语元音和谐律研究》（2014）⑦ 一文，认为鄂温克语有阴阳和谐和唇型和谐两种元音和谐规律。鄂温克语元音和谐主规则是阴阳和谐，在部分条件下还出现唇型和谐。鄂温克语的唇型和谐是以阴阳和谐为前提的一种补充和谐。

① 载《民族语文》1998年第3期。
② 载《满语研究》1998年第1期。
③ 载《民族语文》2002年第2期。
④ 载《民族语文》2000年第3期。
⑤ 载《新疆师范大学学报》1999年第1期。
⑥ 商务印书馆，2013年。
⑦ 载《中央民族大学学报》2014年第5期。

赵莹的《论满–通古斯语族的元音和谐》（2010）① 一文，讨论了满语支三种语言和通古斯语支两种语言的元音和谐律，总结出元音和谐律包括完全和谐、部分和谐两种和谐规律，其中部分和谐还包括同类元音和谐和半和谐现象。

长山、季永海的《满语元音交替构词法》（2017）② 一文，根据发音部位和发音方法，将元音交替构词分为不同类型，认为语音对称、语义相关是元音交替构词的显著特点。除满语外，阿尔泰语系其他语言中，以元音交替派生的词语也比较常见。

6. 形态语音的研究

满通古斯语言是形态丰富的语言。但过去对形态语音研究非常少。朝克的《关于鄂温克语以派生词尾元音音位为中心的形态语音结构类型》③，根据派生词尾所包含的可变元音音位的数量划分了形态语音的结构类型，并具体讨论了每个类型的分类形式及条件。

尹铁超、方香玉的《满–通古斯语塞音类型研究》（2017）④ 一文，认为在满通古斯语中，塞音具有不同的类型，有些塞音与其后接的辅音特征无关，如爆破音、擦音、塞擦音等；有些塞音与其后接的辅音特征有关，如鼻音之间相邻会产生少许逆同化。因此，满–通古斯语塞音可以分为完全塞音（爆破音、舌侧音）、半塞音（闪音）、不完全塞音（鼻音、擦音、塞擦音）。王国庆的《满–通古斯语族诸语言同源词元音的音变律》（2017）⑤ 一文，对中俄境内九种满通古斯语言的同源词进行了比较研究，认为满–通古斯语族诸语言的元音演变呈现出长元音向短元音变化，元音的逐渐高化、前化，多音节复元音向单音节单元音变化等。元音的演变既有语言接触的原因也和元音自身的特点密切相关。

7. 音变的研究

乌拉熙春的《满洲语语音研究》⑥ 谈到满语语音演变的规律。《满语元音的演变》⑦ 一文，用黑龙江、嫩江和锡伯语的材料同满语书面语相对照，研究满语元音的演变。赵杰的《锡伯语满语语音演变的比较》⑧，举出8种音变类型。从共同心理机制的制约，语音演变的普遍性规律，发音生理原则的支配以及满语发音简化的趋势等方面做了分析。认为锡伯语的语音发展最慢，黑龙江满语出于中期阶段，嫩

① 黑龙江大学硕士学位论文，2010年。

② 载《民族语文》2017年第4期。

③ 载《满语研究》2003年第1期。

④ 载《满语研究》2017年第1期。

⑤ 载《黑龙江社会科学》2017年第1期。

⑥ 日本京都玄都文社，1992年。

⑦ 载《民族语文》1990年第4期。

⑧ 载《民族语文》1988年第1期。

江满语发展速度最快，代表后期阶段。穆晔俊的《阿勒楚喀满语语音简论》①，主要针对阿勒楚喀满语语音与书面满语存在的差异，探讨了阿勒楚喀满语的音变规则，区别出习惯性音变、简化语音变、固定语音变、黏合语音变、非固定语音变、借入语音变六种音变现象。穆晔俊的《拉林满语语音概论》②，列出360多个拉林满语与书面满语形式，从语流音变（单词语流音变、入句语流音变、混音语流音变）、固定语音变（分为固定音节、固定词尾）、习惯语音变（分为单词和音节两个层面）三个方面探讨了拉林满语与书面满语之间的差异。刘厚生的《满语语流音变刍议》③，主要从语音同化、弱化和语音脱落等方面对满语语流音变进行了分析。朝克的《满-通古斯诸语的音变规则》④把满-通古斯语族常见的音变规则分为16种，并逐一做了介绍。乌拉熙春的《满语支语言中的过渡音》⑤，发现在整个满语支的语言里存在过渡音。作者认为过渡音的来源有两种：一种是来自相邻音节的语音，另一种是来自原始长元音的分裂。认为过渡音在首音节里有两种发展方式：转移和扩张。所谓转移是从主要音节后面转向主要元音前面，扩张指的是过渡音发展为主要元音，原来的主要元音变为伴随现象。在两种发展方式中主要元音都有可能发生变化。作者列举了女真语、书面满语、锡伯语、赫哲语的例子论证了上述观点。最后提出过渡音在语音演变中起着重要的历史作用的观点。安成山的《浅析现代锡伯语元音音变》⑥通过对近万个词语的考察，发现口语发音与书面语的规范音相同的不足10%，这说明口语中存在大量的音变现象。元音和谐、语流缓急、重音移动、习惯性发音、元音的同化、弱化、脱落，辅音的唇化、腭化，音节的脱落等等都属于音变的因素。该文主要探讨了单元音音变现象。哈斯巴特尔的《初论满语元音屈折现象》⑦，是在满通古斯语言研究领域探讨元音屈折的首篇论文。类型学上满语属于黏着语，主要靠接续词缀的方式表达语法意义。但作者在文中提出除了词缀手段以外还存在着元音屈折现象，元音屈折包括元音交替和元音屈折。李兵的《满-通古斯语言的最小韵律词》⑧运用韵律结构层级理论，在满通古斯语言范围内讨论最小韵律词，提出音变必须符合最小韵律词原理的观点。根据韵律结构层级理论，韵律结构单位包括韵律词、音步、音节、韵素等。韵素构成音节的韵部，音节的韵部可由一个韵素构成，也可由两个韵素构成，由一个韵素构成的叫轻音节，由两个韵素构成的叫重音节。音步由音节组成，至少包括一个重音节或两个轻音节，音

① 载《满语研究》1985年第1期。
② 载《满语研究》1986年第2期。
③ 载《满语研究》1986年第1期。
④ 载《满语研究》1996年第2期。
⑤ 载《民族语文》1997年第1期。
⑥ 载《新疆大学学报》1993年第3期。
⑦ 载《满语研究》2004年第2期。
⑧ 载《满语研究》2005年第1期。

步构成韵律词。据这一理论，所谓的最小韵律词在满通古斯语言里是CVV、CVC、CVVC、CVCC等可以构成单音节的最小韵律词。而CV型音节不是最小韵律词。作者列举了鄂伦春语、锡伯语口语的事实。并提出书面满语也是同样一种情况的假设，通过五大家子满语和三家子满语的例子证实了自己的观点。

赵杰的《清代满文的文字特色及音韵、音变特点》（2011）[①]一文，认为新满文的音韵严格遵守元音和谐律和元辅音的发音协同规律，并能将满语当时的实际语音真实地转写出来。满文的音变表现出的特点有：元音和谐律的松式化音变，"切韵清字"的连续省略式音变，入关定鼎后重音前移的弱化、脱落式音变。赵杰的另一篇论文《论泰来满语口语的语音变化特点 —— 与清代满文音之比较》（2016）[②]，通过对泰来满语口语音与清代满文音的历史比较分析，从其音节简化、辅音前化、元音高化、清辅音浊化（半元音化）的全面梳理中发现了清代满语到现代满语几百年来的一些音变规律，以及塞音擦音化、鼻音鼻化等少量音变规律，认为一些音变规律是汉语借词融入的结果。

李文欣的《锡伯语"增音"的描述与分析》（2016）[③]一文，采用生成音系理论对锡伯语"增音"现象进行了分析。刘宇的《论女真语双唇音的唇齿化现象》（2019）[④]一文，认为《金史·国语解》部分以双唇音声母汉字注音的女真语词语在《女真译语》中以唇齿音声母汉字注音，这些声母亦对应于清代满语唇齿音。李基文、孙伯君据此认为，女真语曾发生过双唇音到唇齿音的演变。在"清文鉴"系列辞书音译汉语借词当中存在这种演变，结合汉语方言材料就可发现，此现象属于双唇音在o/u前出现的唇齿化，并不是真正演变为唇齿音。

二、语法研究

70年来，满-通古斯语族语言的语法研究，呈现出如下特点：有以单纯的描写为主的，也有描写与解释相结合的；语法研究的方法更趋丰富。下面分不同的专题对70年来满-通古斯语族语言的语法研究进行介绍。

（一）形态构词研究

满-通古斯语族语言的构词成分包括词根、词尾以及词缀（或附加成分，或形态）。

吴宝柱的《满语附加成分的分类及其特点》[⑤]，通过对满语附加成分的具体分

---

① 载《满族研究》2011年第1期。
② 载《北方语言论丛（第四辑）》2016年。
③ 载《南开语言学刊》2015年第2期。
④ 载《满语研究》2019年第2期。
⑤ 载《满语研究》1992年第2期。

析，认为满语附加成分可分为三类：一是构词附加成分。其特点是：不能单独使用；附加在词干后产生具有含义的新词，可归入到某类词性，新词就失去词根原有词性的特点。构词附加成分可分为动词附加成分和静词附加成分。两者都可能构成动词和静词。二是转词附加成分。其特点是：不能单独使用；构词后产生的新词具有新的语法功能；新词兼有词根所属的词性和新词的词性。转词附加成分可分为与动词结合的和与静词结合的两种。与动词结合转词附加成分构成具有名词性语法功能的词、形容词性语法功能的词和副词性语法功能的词。与静词结合的转词附加成分构成名词性语法功能的词、形容词性语法功能的词。三是构形附加成分。其特点是：不能单独使用；附加在词干后不改变原来词根的词性特征和语义。也分为与静词结合的和与动词结合的两种，与静词结合构成名词的复数和形容词的比较级，与动词结合构成动词的时、式、态等。论文对三种附加成分的排列顺序进行分析后得出，离词根越近的词汇意义越清晰，离词根越远的语法意义越强。吴宝柱的《满语方位词附加成分的辨析》① 对满语的三组方位词，即 –rgi、–la/–le/–lo、–si 的语法功能和词源进行了探讨。王庆丰的《论满语动词的形态变化》② 一文，从态（主动态、被动态、使动态、相互态、共同态、方向态）、体（完成体、进行体、未完成体）、式（陈述式、祈使式、允许式）、连动形式、副动形式、形动形式、动名形式、否定形式等几个方面进行了分析。

吴宝柱的《满语方位词词根辨析》③ 一文认为满语方位词具有黏着特征，由表示方位意义的词根和含有某种语法意义的附加成分结合而构成。作者举了 8 个方位词对这一观点进行了论证。满语动词的词尾形式有 30 来种。安双成的《动词词尾谈》④，对其中八种形式的接续方法、语法意义进行了描写。吉特格勒图的《论鄂温克语动词与人称的关系》⑤ 讨论的是人称词尾的问题。认为鄂温克语句子里的人称不完全借助代词表达，而是接续表示人称的附加成分表达。首先，动词陈述式附加成分同时也表示人称，亦即表达动作发出者是谁。其次，动词祈使式附加成分也表示人称，而且主要是第二和第三人称，表示说话人的愿望、请求、尊敬等意思。另外，动词的自动态附加成分同时表达第一人称行为动作，形动词附加成分同时表达第三人称过去时，副动词、助动词附加成分同时表达各类人称。戴广宇的《论赫哲语的钝音加 se/te 词尾》⑥ 一文，通过比较赫哲语、女真语、书面满语、书面蒙古语、锡伯语和鄂伦春语，认为赫哲语的钝音加 se/te 词尾的形式对应于满通古斯语的以钝音起首的词尾和蒙古语的 –su 词尾，在赫哲语中这类词大多数是对外部大世界和

① 载《满语研究》1996 年第 2 期。

② 载《满语研究》1987 年第 1 期。

③ 载《满语研究》1994 年第 2 期。

④ 载《满语研究》1986 年第 2 期。

⑤ 载《民族教育研究》1999 年第 1 期。

⑥ 载《内蒙古民族大学学报》2007 年第 2 期。

生物体小世界的生命物质的表达。

满–通古斯语族语言有着极为丰富的词缀，这方面的研究成果也颇多。常山的《满语方位词词缀–la/–le/lo探源》①，对–la/–le/lo的接续方法和语法功能进行了探讨，三个形式互为变体，依据元音和谐律接续在词干后，缀有–la/–le/lo的方位词可单独使用或在某种静词后表示事情发生的时间或人和事物所处的场所。在已经接续了–la/–le/lo的方位词后不能再接续方位格的形式。带有–la/–le/lo的方位词在句中做状语。在满通古斯语言里–la/–le/lo形式属于构词词缀和格词缀，作者认为满语的方位词词缀–la/–le/lo与同语族其他语言中的形式有着同源关系，通过比较认为–la/–le/lo最早的形式为*–ru/*–rü。

戴光宇的《三家子满语口语集合数词词缀–vɛli考》②，依据对三家子满语口语调查材料，对附加在数词后的–vɛli做了初步的考察，发现–vɛli用在"二"以上的数词后表示集合。该文还从历史比较语言学的角度将–vɛli与蒙古语族、突厥语族的表示集合语义的形式进行了初步的比较。

赵志强的《满语动词的连用形式和副动形式》③一文，认为满语有形态变化的动词附加各种形态后表示时、式、态等语法范畴。还有连用形式和副动形式，并对连用形式和副动形式进行了具体的分析，认为副动形式除表示语法意义外，还具有表意功能；连用形式作为分句的谓语，表示并列和顺序关系。

哈斯巴特尔的《关于满语–mbi词缀》④一文，分析了–mbi的用法，认为–mbi表示陈述式的现在–将来时和经常性的行为动作等语法意义，是判断句的动词结尾形式，也可作为构词词缀使用。该文还对–mbi的来源进行了探讨，认为它表示"体词词干+有、存在"的语义，并且与–bi的语义基本相同；语音上，–m属于以–n结尾的词干附加以–b开头的词缀时出现的增音；分布上，–mbi与–bi出现的位置相同。满语中–bi使用广泛，具有逐步虚化的倾向，而–mbi就是在逐渐完全变成词缀的演变过程中。

陈潮华、关忠宝的《试探锡伯口语附加成分–mak》一文，对–mak的用法进行了描写：接在名词后表示手段、方式和使用的工具以及表示与主体协同动作的人或事，作为动词词缀表示在句中接续在两个动词的前一个动词后表示两个动作依次发生或两个动作伴随出现，在表示持续性动作的动词后表示持续时间较长。在–tu后表示"那么"的意思。在此基础上，对–mak的成因进行了分析，认为一是由于锡伯语的简约化趋势；二是受周围其他语言的影响。

唐均的《满语判断标记词及其句法功能》⑤一文，认为判断标记词包括内插型

① 载《满语研究》2008年第1期。

② 载《满语研究》2003年第1期。

③ 载《满语研究》2000年第1期。

④ 载《满语研究》2001年第1期。

⑤ 载《满语研究》2005年第1期。

的判断标记词、后置型的判断标记词、能够标示判断意味的动词、判断标记词的复合形态。这些标记词具有将判断句中的某一成分提升为句子的主题的功能。王小虹的《谈满语动词后缀 –ci》[①] 一文通过对 –ci 的语法属性的分析，把它归纳到动词式范畴中，属于假定式和引发式；其句法功能主要是在假设复句和承接复句中起到连接前后分句的作用。

和希格的《试论满语动词的副动形式》[②] 认为满语动词的副动形式具有动词的形态和副词的功能，在句子中不能单独使用，必须依附于谓语动词，对该动词所表示的动作行为加以修饰和补充说明。

赵志强的《满语动词过去时新解》[③] 一文认为满语动词过去时可分为一般过去时、过去完成时和过去进行时三种。其中一般过去时的构成方式是动词词干上附加 –ha/–ka、–he/–ke、–ho/–ko；过去完成时的构成方式是一般过去时后续连接动词 bimbi 的一般过去时形式 bihe；过去进行时的构成方式是动词词尾后续附加成分 –he，与动词过去时经常连用的附加成分有 –ci/–me/–cibe/–bi 等。

赵志忠的《谈满语动词 arambi》[④] 一文认为 arambi 不仅能够单独充当动词，还可以与其他词一起构成述宾结构充当句子成分，还可以构成固定结构表达一个完整的意思。刘景宪的《论动词 sembi、ombi、bimbi 的语法功能》[⑤] 对三个动词的用法及功能进行了细致的分析。王小虹的《谈谈满语 sembi、hendumbi、gisurembi 三个"说"字的区别》[⑥] 对"说"的不同用法进行了分析。

朝克的专著《鄂温克语名词形态论》(2017)[⑦]、《鄂温克语动词形态论》(2017)[⑧]，提出名词形态论学术范畴的数形态论、格形态论、领属形态论、级形态论等全新理论观点，并首次在我国阿尔泰语系语言里提出了动词类词这一分类理论和研究框架，以及动词形态论学术观点，科学阐述了名词类词词组及句子成分的结构关系与功能作用，并对动词、形动词、副动词、助动词等动词类词的态、体、式、时、人称、形动、副动、助动等的形态变化现象。朝克的《鄂温克语名词数的形态变化》(2009)[⑨] 一文，认为现代鄂温克语里名词类词缀接复数形态标记的现象有逐渐减少的趋势，取而代之的是用单数形式的重叠来表示复数，这是鄂温克语名词类词错综复杂的复数标记不断简化的一个重要迹象。

---

① 载《满语研究》2005年第1期。
② 载《满语研究》2002年第1期。
③ 载《满语研究》2002年第1期。
④ 载《满语研究》2002年第1期。
⑤ 载《满语研究》1997年第1期。
⑥ 载《满语研究》2004年第1期。
⑦ 中国社会科学出版社，2017年。
⑧ 中国社会科学出版社，2017年。
⑨ 载《民族语文》2009年第4期。

　　长山以满语动词的语法化过程为主题进行研究，发表了一系列论文。如：《满语动词bi的语法化》（2012）、《满语动词akū的语法化》（2012）、《满语动词jimbi和genembi的语法化》（2012）以及长山、刘婧怡的《论满语动词o–语法功能》（2014）等论文，从语法功能、语义特点等方面对满语动词的语法化模式进行了系统研究。

　　刘婧怡的《满语动词se–语法功能探究》（2014）① 一文认为，在满语中se–的使用频率较高，表达语义较多，除了一般动词之外，还具有助动词、联系动词、语气助词和连词等功能。张成的《浅析满语连词及所连接分句间的关系》（2013）② 一文，认为满语既有屈折语的特征，又有黏着语的特征，且受汉语的影响很大。满语句子中起连接作用的连词属于虚词的范畴。满语动词 se– 在特定句法结构中词义呈虚化的趋势，在不同句法结构中有多种语法功能。秦平的《锡伯语动词sindambi "放"的语法化过程探析》（2017）③ 一文，从锡伯语书面语和口语两方面分析动词sindambi的语法化过程。宋菲菲的《满 — 通古斯语言语法关系标记手段考察 —— 以满语和鄂伦春语为例》④ 一文，认为语法关系的三种标记手段在满 — 通古斯语言中都发挥着作用，这显示了语言的类型特征是处在动态的发展中，某种类型的语言为充分发挥其交际功能可以产生多种语法标记手段。杜佳烜、吴长安的《类型学视野下看满语bi的显赫性及其动因》（2019）⑤ 一文，从语言库藏类型学的角度对清代满语bi的形式和功能进行了考察。研究发现，bi不仅是满语中的显赫范畴，也是阿尔泰语系诸语言中一个具有跨语言共性的显赫范畴。满语bi的语法化与其显赫性密不可分，其由实词到虚词的演变过程，是其语义特征要素逐渐脱落，同时语义不断泛化的结果。

　　（二）词类研究

　　朝克的《鄂温克语的代词特征》⑥ 具体描写了鄂温克语的代词。《论鄂温克语的动词》⑦ 对鄂温克语动词的态、体、式以及助动词和副动词进行了描写和论述。

　　副动词是满–通古斯语族乃至整个阿尔泰语系语言的研究中普遍使用的一个概念，但是近年来对副动词的有无问题有学者已经提出异议，但是人们仍然在使用着副动词这一术语。副动词主要位于谓语动词前起到辅助、修饰谓语动词的作用，在句中它有不同位置选择。副动词是动词的一种呢还是动词的形式呢，这是需要区分

---

① 载《满语研究》2014年第1期。

② 载《长春师范学院学报》（自然科学版）2013年第6期。

③ 载《黑龙江社会科学》2017年第1期。

④ 载《东方论坛》2015年第5期。

⑤ 载《南开语言学刊》2019年第2期。

⑥ 载《满语研究》2001年第2期。

⑦ 载《内蒙古师大学报》1986年第3期。

的，如果是动词的一个类型，那么称为副动词是可行的，如果指的是附加成分，那么副动词这一叫法是有待推敲和商榷的。江桥的《论满语的复合谓语、副动词做状语及连动式》① 就是专门论述上述三种情况的论文，所谓的连动式指的是副动词处在分句的位置时所接续的附加成分的形式。赵令志的《满语副动词 fi 和 pi 浅析》② 是以副动词处在分句位置时所接续的附加成分的形式 fi、pi 为分析对象的。

李林静的《关于赫哲语副动词 –m、–re、–biren 的搭配关系》对三个形式的语法意义以及 –m biren+动词和 –re biren+动词两种搭配当中的动词具体的限定范围进行了分析。佟永功、季永海的《从满文文献看满语的形动词》③ 一文，对满文文献中出现的形动词构形形态进行了归纳与解释。李树兰的《论锡伯语助动词》④ 对锡伯语助动词的定义、用法以及功能进行了分析。李树兰的《锡伯语的状词》⑤ 论文分析了状词的构成，有由一个词素构成的，也有由两个、四个词素构成的。两个词素组成的状词，除小部分外，第二个词素是用重叠第一个词素或与第一个词素相和谐的方式生成的，因此第一个词素在构成状词上是关键。词素大部分都是以辅音或复辅音结尾的。从形态结构看，一部分可以分析，一部分不可分析。状词有本身的词汇、语法特点，不同于象声词或叹词，也不同于副词和形容词。把重叠形容词词首的方式称为"临时状词"。李树兰的《锡伯语的藻饰词》⑥、《满文藻饰词研究》⑦ 中所谈到的"藻饰词"是指语言中一部分用修辞手段构成的复合词，具有形象性的特点。修辞手段有比喻式、比况式、描写式、借代式、模拟式等五种。

穆晔俊的《阿勒楚喀满语的数词与格助词》⑧，分析了满语口语的基数词和序数词。文章还对格助词的语流音变进行了解析。朝克的《鄂温克语助词结构》⑨ 对鄂温克语的泛指助词、疑问助词、意愿助词、强调助词和判断助词进行了描写分析。安双成的《满语虚字 be、de、i、ci、deri 的用法》⑩，对这几个格助词的用法和功能进行了探讨。法里春的《论满语的后置词》⑪，认为满语后置词在名词、代词和动词后表示动作行为的时间、处所、方向、目的、范围、对象和方式等语法意义。并对后置词的用法进行了归类。朝克的《鄂温克语的后置词》⑫ 把鄂温克语的后置词分

---

① 载《满语研究》1986 年第 1 期。
② 载《满语研究》2006 年第 1 期。
③ 载《中央民族学院学院》1985 年第 3 期。
④ 载《民族语文》1988 年第 6 期。
⑤ 载《民族语文》1985 年第 5 期。
⑥ 载《民族语文》1991 年第 1 期。
⑦ 《中国民族古文字研究 第 3 辑》，天津古籍出版社，1991 年。
⑧ 载《满语研究》1986 年第 2 期。
⑨ 载《中央民族学院学报》1992 年第 4 期。
⑩ 载《满语研究》1991 年第 2 期。
⑪ 载《满语研究》1985 年第 1 期。
⑫ 载《民族语文》1986 年第 6 期。

为时间、方向位置、方式、目的、原因、假定 — 让步、比较、限定和程度后置词等九种，并一一进行了分析。

王敌非的《满语后置词研究》（2010）① 一文，对满语的时间后置词和范围后置词进行了研究。长山的《满语时位词的特点》（2011）② 一文，认为满语时位词既有实词特点，又有虚词特点，是一种特殊的词类，除了单独形式以外，还以与其他词的组合形式充当句子成分。在句子中满语时位词以词干及变格的形式与其他词相组合构成词组。完颜雯洁的《论满文中的满汉合成词以及形成原因》（2011）、《满文中的满汉合成词研究》（2011）等论文，对满文中的满汉合成词进行了分析研究。贾越的《满语形容词比较级词缀解析》（2014）③、《清代书面满语名物化方式初探》（2017）④ 等论文，对满语形容词比较级词缀类别，清代书面满语名物化成分有动词、形容词、数词，清代书面满语动词短语名物化的论元结构进行了分析研究。魏巧燕的《满语虚词研究》（2016）⑤、《论满语助动词 bi–》（2017）⑥ 等论文，分别对满语助动词、后置词、连词、联系动词、语气词的语法意义、语法功能和使用方法，以及满语动词 bi–等进行了详细分析研究。赵丽丽的《〈满文老档〉中不相邻数词的语义》（2014）⑦ 一文，认为数词连用是满语概数表达的主要方式之一。一般情况下，多以相邻数词连用的方式来表达概数，而不相邻数词表达概数的情况在满语数词的应用中十分少见，反映了早期满语数词的特殊用法。

晓春以《择翻聊斋志异》为例，对满语拟声、拟态词进行研究，发表了系列论文。如《与笑、哭有关满语拟声拟态词研究 —— 以〈择翻聊斋志异〉为例》（2019）⑧、《〈择翻聊斋志异〉满语拟声词研究 —— 以 sar/ser/sir/sor/sur 为例》（2019）⑨、《"š" 词首的满语拟声、拟态词研究 —— 以〈择翻聊斋志异〉为例》（2019）⑩ 等论文，认为满语的模拟声音、状态的拟声、拟态词丰富，其使用方法及所描述的声音和状态不同，但具有一定的内在联系和相同之处，在句子中，多做状语、定语、谓语等成分。

刘建全的《赫哲语名词研究》（2017）⑪ 一文，着重对赫哲语中能够反映民族特

① 载《黑龙江民族丛刊》2010年第4期。

② 载《赤峰学院学报》（汉文哲学社会科学版）2011年第6期。

③ 载《满语研究》2014年第2期。

④ 载《黑龙江民族丛刊》2017年第2期。

⑤ 黑龙江大学博士学位论文，2016年。

⑥ 载《满语研究》2017年第2期。

⑦ 载《满语研究》2014年第1期。

⑧ 载《满族研究》2019年第1期。

⑨ 载《满语研究》2019年第1期。

⑩ 载《吉林师范大学学报》2019年第9期。

⑪ 牡丹江师范学院硕士学位论文，2017年。

色的名词进行了语言学分析。殷树林的《赫哲语的副动词》（2019）①一文，提出赫哲语副动词有八类：联合副动词（–mi/m）、顺序副动词（–rə）、紧接副动词（–mitu）、条件副动词（–kʰi+人称）、前行副动词（– kʰtʂʰə）、延续副动词（–rtəm/rnəm）、目的/原因副动词（–nəmi）和当时副动词（–ituni/itui）。其中，联合副动词还有较丰富的时体和情态功能，并从类型和功能两个角度对满语支三种语言的副动词进行了比较研究。

（三）语法范畴的研究

1. 格的研究

季永海、刘景宪的《满语中的格位范畴》②对满语的格进行了系统的分析。满语的格，包括主格、生格（属格）、与格、对格、位格、以格、从格、经格等类型。论文还对格的表现形式和语法功能进行了归纳。朝克的《鄂温克语词格》③对鄂温克语的15种格的形式、用法等做了详细的分析。卡丽娜的《论满通古斯诸语的格形态及功能》④对满通古斯语言共同存在的9种格的形式及其功能进行了描写。恩和巴图的《论满语口语格形态及其意义》⑤对8种格的形式及其表达的意义进行了分析，其中"界限格"和"凭借格"不同于满语格的分类中惯用的名称，所谓的界限格表示"从……"的含义，凭借格表示动作行为凭借的工具、手段和方式方法等。

赵展的《论满语格助词的重要性》（2014）⑥一文，认为满语书面语言是由"主要成分"和"次要成分"构成的句子，格助词在句中起到极为重要的作用。应按功能来进行划分满语的格助词i、ni、de、be、ci、deri。贾越的《满语格标记–i形态结构语法功能详析》（2015）⑦一文，认为满语格标记–i可以标记在名词、形容词、数量词、代词和动词上，构成"前接词 + –i"形态结构参与句法功能，主要表达主格、属格的工具格关系，对其语法功能和语法意义进行分析及描写研究，可以从语言表层观察满语格的句法 — 语义互动关系。韩旭的《满语增音n初探 —— 以格助词为例》（2013）⑧一文，认为满语人称代词和名词在变格时存在增加辅音n的现象，产生原因是人们在连续发音时受语音环境影响产生不同的音位变化。

丛珊的论文《托河路鄂伦春语的格范畴》（2018）⑨、《语言类型学视角下的鄂伦

① 载《绥化学院学报》2019年第9期。
② 载《中央民族学院学报》1983年第3期。
③ 载《满语研究》1985年第1期。
④ 载《满语研究》1995年第2期。
⑤ 载《满语研究》1997年第2期。
⑥ 载《满族研究》2014年第3期。
⑦ 载《满语研究》2015年第2期。
⑧ 载《满语研究》2013年第2期。
⑨ 载《南开语言学刊》2018年第2期。

春语语法关系探析》（2019）①，将托河路鄂伦春语的格范畴归纳为10种，并对格标记的句法功能和语义角色进行了分析，认为鄂伦春语濒危程度的加深是其格范畴内部变化的主要原因之一，鄂伦春语的格系统核心格标记表现为主宾格模式，并可以改变论元结构的配置，可以标记句中核心论元与谓语动词的语法关系。宋菲菲的《满 — 通古斯语言语法关系标记手段考察 —— 以满语和鄂伦春语为例》（2015）②一文，认为格、一致关系和语序这三种标记手段在满 — 通古斯语言中都发挥着作用，这显示了语言的类型特征是处在动态的发展中，某种类型的语言为充分发挥其交际功能可以产生多种语法标记手段。

翁建敏的《论敖鲁古雅鄂温克语名词格形态结构》（2011）③一文，论述了敖鲁古雅鄂温克语格形态变化的不同表现形式和语法功能。娜佳的《论杜拉尔鄂温克语格形态变化现象》（2015）④一文，认为杜拉尔鄂温克语名词类词和动词的搭配使用与格形态变化及其语法词缀的使用有密切的内在联系，其格形态变化现象中，除主格外的12种格形态变化均用固定的语法词缀来表现。部分形态变化语法词缀有元音和谐现象，还存在比格和从格的形态变化语法词缀相互借用的情况。

2. 领属范畴的研究

满–通古斯语族的大部分语言里存在领属范畴，领属范畴的有无是划分语支的标准之一（苏尼克，1977），无领属范畴的属于满语支，如满语、女真语和锡伯语。但是李树兰在调查锡伯语时发现，锡伯语里存在着领属范畴。她在《锡伯语的领属范畴》⑤就重点探讨了锡伯语的领属范畴。锡伯语的领属范畴的特点是：只有人称领属，而无反身领属，第一、第二人称领属附加成分用得少，但附加成分表示的语法意义比较实在，第三人称领属附加成分用得多，但附加成分表示的语法意义有实的一面，也有虚的一面。第一、第二人称领属分单、复数，第三人称领属不分单复数。在各种语法成分出现在一个词干后的情况下，领属附加成分位于复数和格的附加成分之后。在谓语名词后不出现领属附加成分。领属附加成分一般表示领属关系，有时这种领属关系存在于更广的范围，不指具体属于谁，而只表示带有附加成分的名词所指的事物与参与谈话的某一方存在某种性质的联系等等。该篇论文对领属附加成分的论述相当细致，是篇有价值的关于领属范畴的重要研究成果。

高娃的《蒙古语领属范畴在满语中的表现形式》（2010）⑥一文，基于满蒙汉合璧文献，探讨蒙古语领属范畴在满语中的表现形式以及在汉语中的表达方式，并阐释了满语领属范畴的语法形式的特点及其用法。

---

① 载《满语研究》2019年第2期。

② 载《东方论坛》2015年第5期。

③ 载《中国社会科学院研究生院学报》2011年第3期。

④ 载《满语研究》2015年第2期。

⑤ 载《民族语文》1982年第5期。

⑥ 载《中国民族语言学会第10届学术讨论会摘要集》2010年。

丛珊的《鄂伦春语示证范畴的类型学考察》（2018）① 认为鄂伦春语的示证范畴包括拟测信息和报道信息，其系统内部示证标记的来源丰富，符合类型学的共性。拟测信息标记 =tʃəə / = tʃaa、pitʃəən 是示证策略语法化的结果。附缀 =tʃəə / = tʃaa 来源于陈述式将来时的时附加成分 –tʃəʃ/ –tʃaa/–ccʃ/–tʃoo，pitʃaan 由系词结构演化而来；报道信息标记 unən 来自言说动词 un–"说、称、叫"的语法化。

3. 数范畴的研究

季永海、刘景宪的《满语中指人名词的复数范畴和表达法》② 论述了满语中指人名词两种类型的复数附加成分。刘景宪、赵阿平、吴宝柱等的《关于满语名词复数的研究》③ 讨论的也是指人名词的复数范畴的一些特点，并从音韵学、语义学、民俗学角度进行了探讨。

娜佳的《满 — 通古斯语族语言复数形态变化现象》（2017）④ 一文，通过对满 — 通古斯语族语言复数形态变化语法词缀 s，复数形态变化语法词缀 r，复数形态变化语法词缀 1，复数形态变化语法词缀 sal、səl，复数形态变化语法词缀 hal、həl，复数形态变化语法词缀 tʃal、tʃəl 的分析，认为满 — 通古斯语族语言复数形态变化现象错综复杂，有自成体系且使用规范表示复数概念的语法词缀。满 — 通古斯语族语言名词类复数形态变化现象在其语法意义的表述方面发挥着不可忽视的重要作用。

佟金荣的《蒙古语和锡伯语复数词缀 –s 比较研究》（2010）⑤ 一文，对蒙古语和锡伯语共有名词复数词缀 –s 的接用方法和语法语义进行研究，认为它们之间存在同源关系，系由原始阿尔泰语复数词缀 ＊ –t 演变而来。

4. 时、式、态的研究

李树兰、胡增益在《满通古斯语言语法范畴中的确定/非确定意义》⑥ 一文中提出满通古斯语中存在确定/非确定的语法范畴。它们相互对立、相互伴随。在宾格中表现为说话人对动作所及对象是特指和泛指；在方向格中表现为说话人对动作进行的方向肯定和不肯定；在领属中表现为说话人对事物的指定和不指定；在动词陈述式中表现为说话人对动作、状态是亲知和非亲知。认为确定/非确定是贯穿在一些语法范畴的语言现象。这为阿尔泰语共同性的问题提供了材料。⑦ 在《锡伯语简志》中也曾提出了同样的观点。

---

① 载《中央民族大学学报》2018 年第 5 期。

② 载《民族语文》1982 年第 3 期。

③ 载《民族语文》1993 年第 4 期。

④ 载《满语研究》2017 年第 1 期。

⑤ 载《满语研究》2010 年第 1 期。

⑥ 载《民族语文》1998 年第 4 期。

⑦ 转引自《二十世纪的中国少数民族语言研究》，书海出版社，1998 年 7 月。

赵金纯的《初探三家子满语中动词"时"的表示法》①，认为三家子满语动词时范畴有三种形式：现在时、过去时和过去进行时，前两种形式又可分为若干形式。金焘方的《满语动词的时体范畴》②认为满语动词的时范畴包括过去时、过去进行时、现在时、现在进行时、过去完成时、现在完成时。体范畴包括进行体、完成体、持续体和存续体。在谈到时和体的关系时，作者认为时和体都与陈述式有关。时主要表现在助动词词缀上，体表现在副动词词缀上。论文还对各个时态及体态的具体形式逐一举例说明。栗振复的《满语动词的句中时态》③对满语现在时和过去时的构成、意义以及在句子中的运用等等进行了举例分析，尽管没有对满语的时态进行全部分析，但是对现在时和过去时的描写还是较为细致的。

朝克的《论赫哲语动词陈述式》④，把赫哲语分为：现在时、现在将来时、将来时和过去时等形式，并举例进行了说明。李树兰的《锡伯语动词陈述式的亲知口气和非亲知口气》⑤认为，锡伯语动词分过去时、过去进行时、过去未完成时、过去完成时、现在—将来进行时、现在—将来时、现在将来完成时等7种。除去后两种以外，锡伯语的其他5种陈述式在语法意义上都具有在亲身经历、直接得知、亲眼看见/非亲身经历、非直接得知、非亲眼看见这两种口气的对立。这是一种新的观点，在满–通古斯语族语言的研究中有着理论意义。

专门论述态范畴的论文并不多。赵盛利的《辨析满语的主动态、被动态和使动态》⑥对满语的这三个态的具体内容进行了描写。

朝克的《论满—通古斯语族语言动词态与体形态变化语法现象》（2017）⑦一文，对满通古斯语言动词的5种态形态变化、16种体形态变化语法现象使用原理进行研究，分析其结构特征、语用关系和语法功能。杜佳烜、吴长安的《国内外满语时体研究回顾》（2019）⑧一文，对国外满语时体研究进行了回顾。

邓彦、武金峰的《试析锡伯语动词词缀–bu》（2010）⑨、邓彦的《锡伯语动词使动态被动态后缀的书面语与口语形式对比分析》（2011）⑩等论文，对锡伯语动词词缀–bu的接用方法、语法功能等问题进行研究，认为锡伯语动词的使动态和被动态是通过词干加后缀–bu来实现的，在口语中–bu音变为[və]。孙明的《锡伯语口

---

① 载《满语研究》1986年第1期。
② 载《满语研究》1988年第2期。
③ 载《满语研究》1990年第1期。
④ 载《满语研究》1997年第1期。
⑤ 载《民族语文》1984年第6期。
⑥ 载《满语研究》1989年第1期。
⑦ 载《满语研究》2017年第2期。
⑧ 载《延边大学学报》2019年第3期。
⑨ 载《满语研究》2010年第2期。
⑩ 载《语言与翻译》2011年第4期。

语中动词变化的特点》（2013）① 一文，主要讨论了锡伯语口语中动词时、态、式的变化特点。

丛珊的《鄂伦春语致使结构标记的语法化过程》（2018）② 一文，认为鄂伦春语致使结构标记的语法化路径阶段具有跨语言的普遍类型特征，鄂伦春语濒危程度的加深是导致致使结构标记简化的重要原因之一。

赵冰的《满语动词体研究》（2012）③ 一文，认为满语动词的体可分为普通体、持续体、重复体和进行体，其表达形式有词干形式、词缀形式、复合形式等几种。满语动词的体和态、体和时语法范畴之间虽然存在一定的联系，但是它们各属不同的语法范畴，具有不同的语法语义。鄂雅娜的《满语动词的式范畴探析》（2017）④ 一文，认为满语动词的式是谓语结束句子的主要形式，表示说话人对行为动作的态度。满语动词的式可以分为两种，即陈述式与祈使式。陈述式具有时间范畴，祈使式没有人称范畴。王磊的《情状类型与满语的情状类型标志》（2019）⑤ 一文，运用万德勒（1967）的时间图示理论，对满语传统语法中的持续体，直至副动词、极尽副动词和延伸副动词进行了考察，指出这四种附加成分，本质上是情状类型的标记，并根据史密斯（1991）提出，对满语体范畴的研究要区分词汇体和语法体。持续体，直至副动词、极尽副动词、延伸副动词都有可以改变动词情状类型的能力，根据史密斯的分类，它们就是一种词汇体的标记。

（四）句法研究

有短语、句子成分、语序、句型等方面的研究。

朝克的《论鄂温克语的词组结构》⑥ 一文把鄂温克语的词组分为8种类型：并列式、支配式、表述式、修饰式、补充式、限定式、否定式及判断式。在类型划分的基础上，还探讨了语法意义。他在《论鄂温克语句子结构》⑦ 一文中，还系统探讨了鄂温克语句子结构中的句子成分，论述了这些句子成分具体由哪些词的什么形式充当。黎艳平的《论满语句子的特殊成分》⑧，着重介绍了同位语、插入语和呼应语等成分，其中对插入语的论述最为详尽。指出插入语表达总括和补充、推测和判断、表示传闻、谦虚和感叹。充当插入语的一般是动词、副词和一些词组。

---

① 载《民族语文》2015年第1期。
② 载《满语研究》2018年第1期。
③ 载《满语研究》2012年第2期。
④ 载《满语研究》2017年第2期。
⑤ 载《满族研究》2019年第2期。
⑥ 载《满语研究》1991年第1期。
⑦ 载《满语研究》1989年第2期。
⑧ 载《满语研究》1990年第1期。

嵩克的《满语句子成分的位置》①，认为满语主语的位置是不固定的。谓语是句子的核心部分，其位置一般是固定于句末的。宾语的位置一般在谓语前，区分直接宾语和间接宾语，两者同时出现时其位置可在先或在后。补语的位置是不固定的，但是补语由于有带形态标记，考形态标记可辨别出补语。定语是主语和宾语的修饰成分，因此定语始终在主语或宾语之前。状语的位置最复杂，但是也有其规律可循：表示时间和地点的状语可以位于句首，副动词充当状语时必须位于谓语动词前，一个句子中有多个状语时其位置是不固定的，个别副词充当状语时位于谓语动词之后。

安成山的《锡伯语语序》②认为锡伯语的句子结构中谓语是其核心部分，始终处于句末，当一个句子的谓语没出现前是无法判断整个句义的。锡伯语的语序是：（定语）主语——（定语）宾语——（补语）（状语）谓语。论文通过将锡伯语的语序和汉语语序进行对照，对每一个成分所出现的位置都进行了具体的分析。

吴元丰的《论满语复句》③一文，把复句分为一般复句和多重复句两种。一般复句包括联合复句和偏正复句。联合复句中有并列、递进、选择、连贯等类型；偏正复句有转折、因果、条件、假设、取舍等类型。多重复句包括二重复句和三重复句。

赵盛利的《论满语的多重复句》④一文，把满语多重复句的表达分为九种，即：含有并列句的多重复句，含有并列句、主从句的多重复句，含有主从句、补语句的多重复句，含有原因从句、补语从句的多重复句，含有并列句和让步、条件从句的多重复句，含有补语句、主从句的多重复句。该文还通过实例，分析了这些多重复句的辨别方法。

黎冉的《试析满语分句的连接关系及连接手段》⑤，认为满语分句的连接关系包括并列关系（平行连接型、递进连接型）、对立关系（转折连接型、取舍连接型）、机缘关系（假设连接型、条件连接型、顺承连接型、时间连接型、地点连接型、范围连接型）、因果关系（因果连接型、目的连接型）、包孕关系（主语式包孕句、谓语式包孕句、定语式包孕句、宾语式包孕句、补语式包孕句）等。连接手段分使用连接词和不使用连接词两种，充当连接词的主要有代词、后置词、连词、副词、副动词、助词和惯用词组，表示并列关系时一般不使用连接词。

沈原的《论满语判断句》⑥重点论述了判断句的表现形式、特点，其中肯定判断句包括六种，否定判断句包括两种表现形式。其特点有判断句的谓语由名词、名

① 载《满语研究》1992年第1期。
② 载《语言与翻译》1994年第4期。
③ 载《满语研究》1989年第1期。
④ 载《满语研究》1989年第2期。
⑤ 载《满语研究》1992年第2期。
⑥ 载《满语研究》1989年第1期。

词性词组和动名词充当，判断句由主语和谓语两部分构成。

张玉的《论满语祈使句》① 认为满语祈使句可分为祈请语气和命令语气两大类。祈请语气包括意念、希望、祝愿、请求、恭敬等语气。命令语气包括直接承令、间接承令、禁止命令等三种语气。作者对每一种语气都举例做了说明。

赵阿平的《论满语疑问句的构成方式》② 认为满语疑问句的构成方式有两种：词汇方式和语法方式。词汇方式里包括用疑问语气词、用疑问代词、用动词肯定和否定结合的方式（即正反问句）等方式。语法方式包括用表示疑问的附加成分构成疑问句、用动词不同疑问式的并列形式构成句。

从珊运用语言类型学相关理论考察了鄂伦春语的一些形态句法范畴，如:《鄂伦春语的并列结构及类型特征》（2019）③ 一文，认为鄂伦春语并列结构的连接类型丰富，无连接词标记为主要连接手段，其三种并列语义类型的选择和表现各有特点，伴随性连接和总结性连接是鄂伦春语的两种并列连接策略，其伴随标记有向名词性并列标记演化的趋势。

贾越的《论类型学框架下的满语并列结构》（2018）④ 一文，认为满语并列标记策略以零策略为主，词汇策略为连词标记和后置词标记，标记模式既有单标标记也有双标标记和四种标记位置。满语并列结构表达合取并列、析取并列和转折并列三种语义类型。贾越的另一篇论文《满语比较结构认知图式的建构研究》（2019）⑤，认为满语比较结构来源于八种认知事象图式：行为图式、起点图式、位置图式、目标图式、对极图式、类似图式、连续图式、主题图式。陈辰的《满语中的条件句式》（2016）⑥ 一文，从形态句法、语义与语用的角度研究清代满语书面语中的条件句式。在定义"条件句式"时采用了原型理论，根据形态句法与语义的标准收集语料并归类。研究认定了满语条件句式的原型，分析了各种非原型句式，并从多个层次探讨条件关系的展现方式，以及原型句式与非原型之间的联系。

陈新义的专著《中国北方阿尔泰语言语序类型研究》（2015）⑦，研究内容涉及突厥语族、蒙古语族和满-通古斯语族语言，认为阿尔泰语系句子语序类型包括差比句句式的语序类型和双向物句式的语序类型两种，句型有 SOV 及其变体 OSV、OVS 三种。在研究其句法上的语序共性基础上，从不同角度解释了产生不同语序类型的语义、结构机制。

---

① 载《满语研究》1990 年第 1 期。
② 载《满语研究》1990 年第 2 期。
③ 载《西北民族大学学报》2019 年第 6 期。
④ 载《满语研究》2018 年第 2 期。
⑤ 载《满语研究》2019 年第 2 期。
⑥ 载《华西语文学刊》第十三辑。
⑦ 中国社会科学出版社，2015 年。

此外，季永海的《满语语法（修订版）》（2011）① 一书，是在1986年版《满语语法》基础上修订再版的。全书分为语音、词法和句法三大部分，附录有满汉文对照文选。语音部分对满语的元音、辅音、特定字母、音节连读、元音和谐律与辅音和谐、音节和重音做了较为详细的分析。词法部分将满语词分为十三类，并对动词的时态式、名词和代词的格、形容词的比较级以及无形态变化词的句中连接方式进行了深入细致的分析。句法部分对满语词组、句子成分、语序、句型、复句关系等进行了分析。语音方面，确定了满语书面语的两个元音和三个辅音的音值。

余吐肯的《锡伯语语法通论（锡伯文、汉文）》（2009）② 一书，分导论、语音、词法、句法几部分内容，并附录有词汇表。该书对锡伯语的元音和谐律、重音问题，以及锡伯语书面语与口语关系问题进行了分析阐述。萨蒙、伊尔罕芝、郭向阳、谢薇的《锡伯语通论》（2010）一书 ③，提出了全套察布查尔锡伯话的拼音方案，对锡伯口语的语音、词汇、词法、句型、句法以及锡伯文字的识读等方面进行了全面的研究与探讨。

三、词汇研究

满–通古斯语族语言的词汇研究成果，主要出现在各语言简志和语言概况中，也有在语法论著中。

（一）词汇特点分析

张嘉宾的《赫哲语词汇初析》④，以尤志贤和傅万金编写的《简明赫哲语汉语对照读本》为分析对象，主要从词汇所反映的赫哲文化和赫哲语中的借词两个方面进行了论述。词汇所反映的赫哲文化有亲属称谓制度、渔猎经济、原始宗教崇拜、计数、社会组织等方面。赵阿平的《论满语词汇的特点》⑤ 从五个方面论述了满语词汇的特点：渔猎、畜牧、骑射等方面的词丰富；有大量的多义词和同音词；构词性强，附加成分多；动词量大且形态变化丰富；有大量的借词。恩和巴图的《三家子满语词汇》⑥，以作者1961年8月到三家子满族村进行调查所获得的语言材料为基础，对所记录的3000条词进行分析。包括和书面语相同的词，词根与书面语相同而附加成分不同的词、新创词、书面语没有的汉语借词，三家子满语特有词。指出三家子满语词汇演变最大的特点是有大量的汉语借词，不仅仅是实词，也借用了虚

---

① 中央民族大学出版社，2011年。

② 新疆人民出版社，2009年。

③ 新疆人民出版社，2010年。

④ 载《黑龙江民族丛刊》1987年第2期。

⑤ 载《满语研究》1990年第1期。

⑥ 载《民族语文》1992年第3期。

词，有些固有词被汉语词所代替，新词术语借用得更多。

（二）构词法研究

朝克的《鄂温克语的构词方式》①，认为鄂温克语的构词方式可分为两种：派生法和合成法。派生法构成的词有名词、动词、形容词、副词。合成法构成的词中词素之间的关系包括并列、修饰、表述和重叠等。敖特根其其格的《满语复合名词的构词特点》②，依据"御制五体清文鉴"的复合名词，分析了满语复合名词的特点。复合名词可分为三种：完全复合型，是词与词结合并不发生音变，仍然保持词根形式的复合词；简略复合型，是词与词结合时发生音变，根据词的音变特点还可分为若干种类型；简略融合型，是指词与词结合时都发生音变的复合词。

朝克的《敖鲁古雅鄂温克语表示程度的后缀》（2015）③一文，认为敖鲁古雅鄂温克语以层级分明而自成体系的词缀 man、manna、mangar 表示较高级程度的区分，tʃala、kan、tʃalakan、kankantʃala 表示较低级程度的区分。朝克的《论满—通古斯语族语言十位基数词构成原理》（2018）④一文，认为满—通古斯语族语言十位基数词可分为原生性结构类型、非原生性结构类型和双重结构特征类型等 3 种类型，其中部分十位基数词构成原理、结构类型及音变规律与个位基数词之间具有较多的相同特点。赵志强的《锡伯族民歌"雅琪那"疑难词语解读》（2017）⑤一文，认为锡伯族民歌"雅琪那"中存有大量紧缩形式"词语"。这种形式是或在创作之初即已采用，或在传唱过程中逐渐形成，通过民歌整体语句的语义分析，可揭示紧缩形式"词语"的来源。

赵杰《清代满语派生动词中缀分类微探》（2015）⑥一文，认为清代满语派生动词常常会因为词干与附加成分的不同而有不同的变体。置于满语词根与词尾之间的中缀，在结构上具有非独立性的特点，有着一定的语法意义。中缀的使用，不仅是元音和谐的要求，也是语法意义和语言表达的要求。翁博、赵杰的《满语派生动词几种特殊中缀概说》（2015）⑦一文，认为满语动词是形态构成较为丰富的一类词，满语派生动词在构成过程中存在增音现象，增加了满语的词汇构成方式。赵志强的《满语传据范畴初探》（2015）⑧一文，对满语的传据范畴及传据手段进行了考察，认为满语是依靠词汇手段表达传据语义的语言，其表达方式有零方式和词语方

---

① 载《民族语文》1984 年第 1 期。
② 载《满语研究》2005 年第 2 期。
③ 载《民族语文》2015 年第 5 期。
④ 载《满语研究》2018 年第 1 期。
⑤ 载《满语研究》2017 年第 2 期。
⑥ 载《北方民族大学学报》2015 年第 1 期。
⑦ 载《满语研究》2015 年第 2 期。
⑧ 载《满语研究》2015 年第 1 期。

式。付勇注述、孔．伊克坦校勘的《清文助语虚字注述》（2019）①，对清雍正八年（1730）出版的《满汉字清文启蒙》卷三《清文助语虚字》的全部满文进行标注，并集中整理了满文词缀（附加成分）。

（三）词的来源、用法及其解释

李书的《谈满语中的be》②，be充当名词时是多义词，表示禽鸟的食物、车辕的横木和伯爵等意思。充当人称代词时表示第一人称主格形式。充当语气词时表示肯定判断。充当格助词时属于宾格和经格。长山、文化的《满语方位词dergi、wargi词源考证》③一文从三个方面考证了满语方位词dergi、wargi的词源。该文首先阐释了这两个词（dergi是东、wargi是西）的文化内涵，指出阿尔泰语系民族都有把日出方向视为东、日落方向视为西的观念。其次，该文分析了dergi、wargi的构词方式，指出–rgi是词缀，de、wa是词根，并列举了诸多由de和wa派生的词族。最后还分析了dergi、wargi的语义，认为dergi、wargi的语义反映了阿尔泰民族特定的观念、文化。邓晶的《满语格助词–de的语义及其翻译》④认为，格助词–de表达位置、方向和工具。吴碧宇的《满语疑问标记分类及其功能研究》⑤对满语疑问句进行分类，并对其表达方式、功能、疑问标记进行了研究。认为满文之所以没有"？"符号和明显的语序倒装标记（英语的疑问方式），是因为满语有丰富的疑问标记。

朝克的专著《满–通古斯语族语言词源研究》（2014）⑥，从词源学的理论视角，对我国境内满语、锡伯语、鄂温克语、鄂伦春语、赫哲语五种语言三千余条基本词汇及历史上的女真语有关词汇，从语音结构、语音形式、语音接触、语音影响、语音演变等方面，对同源名词、代词、数量词、形容词、副词、虚词进行了系统分析。王国庆的专著《满–通古斯语族同源词研究》（2015）⑦，研究了满–通古斯语族九种语言（埃文基语、埃文语、涅吉达尔语、满语、乌利奇语、奥罗克语、那乃语、奥罗奇语和乌德盖语）的同源词，并比较各语言的异同点，将其划分为若干语群，得出各语言演变的规律及其亲疏关系。

朝克的《满–通古斯语族语言词汇及其研究价值》（2019）⑧一文，认为在满–通古斯语族语言基本词汇语言内部保存有数量可观的同源词，这些词汇在语音形式和词义结构方面保存了较强的一致性。满–通古斯语族语言的基本词汇中，也存在

①　中国社会科学出版社，2019年。
②　载《满语研究》1986年第1期。
③　载《满语研究》2008年第2期。
④　载《满语研究》2008年第2期。
⑤　载《满语研究》2008年第2期。
⑥　中国社会科学出版社，2014年。
⑦　阳光出版社，2015年。
⑧　载《满语研究》2019年第1期。

各自属于不同语支语言的词汇结构系统，一种是满语支语言同源词汇系统，另一种是通古斯语支语言同源词汇系统，这亦是该语族语言被划分为两大语支的根本依据。朝克的《通古斯诸语中的 bugada》（2013）① 一文，认为通古斯诸语的 bugada 及其语义，与后人将成吉思汗称为 bugada han、bugada ədʒən "天之骄" "天之主" 中的 bugada、bugda 有渊源关系，应属同根同源。双山的《论满语中的 "lorin" 一词》（2012）② 一文，认为满语书面语 lorin 的词义为 "骡子"，该词主要出现在清代编纂的《御制增订清文鉴》《五体清文鉴》等辞书和现代满－通古斯语族个别语言材料里，但在清代第一部大型满汉对照词典《大清全书》和明代四夷馆在永乐年间编的《华夷译语》中的《女真馆杂字、来文》（简称《女真译语》）以及我国境内满－通古斯语族多数语言口语材料中都未找到。由此可见，该词很可能为一个古老的词语。长山的专著《满语词源及文化研究》（2014）③，从政治制度词词源考证、方位词词源考证、语法化与动词词缀来源考证以及满语中的蒙古语借词、汉语借词、梵语借词等方面进行了研究。此外，长山还发表了一系列论文：《满语方位词词缀 –si 探源》（2010）、《满语口语 dərgi、vergi 来源探析》（2010）、《〈五体清文鉴〉满语词汇中的蒙古语借词 —— 以 "马匹类·第一" 为例》（2010）、《蒙古语 el 的来源》（2011）、《论满语 gurun》（2011）、《论满语 irgen》（2012）、《〈蒙古秘史〉语 "赤出阿" 探源》（2013）等，从词源学视角，探讨分析了语音对应、语义相通、具有同源关系的词汇，及其词汇语义发展的过程。王敌非的《满语 giyai 词源发微》（2013）、《三家子满语口语 kiɑkʰ 来源探析》（2014），时妍的《满语 "locha" 和 "oros" 的由来探析》（2013），田鹏的《满蒙语 "镜" 一词的文化渊源与认知模式》（2018）等论文，对相关专有词汇进行了词源探析。

（四）语义研究

对满语词汇语义的研究成果丰硕。

晓春的《满语否定动词 "akuu" 的语义起源》④ 一文探讨了 "akuu" 的语法化问题。指出 "akuu" 做动词时在句中充当谓语；做助动词时与其前面的词一起充当谓语，还可以连接某些词缀，本身也会作为词缀使用。该文认为 "akuu" 一词语法化的路径是：体词 —— 虚词 —— 词缀。此外，该文还探讨了 "akuu" 的形态变化，以及 "akuu" 与蒙古语相同语义的词之间的同源关系。吴宝柱的《满语附加成分的语义结构分析》⑤ 对 81 个附加成分的语义进行了逐一的解释。黎艳平的《论满

---

① 载《民族语文》2013 年第 6 期。
② 载《满族研究》2012 年第 1 期。
③ 社会科学文献出版社，2014 年。
④ 载《中央民族大学学报》2002 年第 6 期。
⑤ 载《满语研究》1991 年第 1 期。

语词的借代义和比喻义》①，首先探讨了满语词的借代义，包括构词借代义，引申借代义。比喻义主要运用明喻和暗喻表达词的意义，除此之外，满语还用借喻的方式表达意思。

赵阿平的《满语情态动词语义研究》（2012）② 一文，分析了情态动词ombi（可以）、acambi（应该）、mutembi（能）、bahanambi（会）等词的语义及用法。赵阿平的另一篇论文《民族语颜色词文化语义比较探析》（2016）③，对语言中最基本的颜色词之一"白色"的一些民族文化语义进行诠释、探讨、分析、比较。江桥的《满文词语探微 —— 以"茶"为例》（2014）④、《满语词义变化分析 —— 以buren为例》（2015）⑤ 等论文，分别对乾隆朝《御制增订清文鉴》和康熙朝《御制清文鉴》收词情况，以及《满文老档》《清实录》《清文鉴》《大清全书》《清文汇书》等文献中满语buren语义的演变和发展过程进行分析，认为在特定历史时间点的特殊语用形式，是满语词语的语义变化受到诸多因素的影响的结果。吴雪娟的《满语地名"兴安"及其语义辨析》（2012）⑥、《〈同文广汇全书〉满语俗语研究》（2013）⑦等论文，分别对满语中地名hinggan"兴安"一词以及对清康熙年间刊刻的汉满分类词典《同文广汇全书》辑录的 43 条满语俗语喻义进行了解释。綦中明的《清代"巴图鲁"封号及其文化内涵》（2011）、《从满语名号看满族先民的狩猎文化》（2015）、《从满语名号看清入关前后的文化倾向》（2015）、《清代满语年号及其文化内涵》（2016）等论文，认为满语封号、名号、年号的释义反映了满族的天命观与信仰，体现了其对历代汉语年号的"宪象"以及清代统治者对政治稳定、天下太平的企盼。时妍的《满族经济形态变迁的词汇语义探析》（2013）、《满语方位词汇文化语义探析》（2015）、《满语多义词的共性与个性特征探析》（2015）、《满语同音词的来源及其与多义词的辨别》（2015），刘鹏朋的《满语说唱"空古鲁哈哈济"词义探析》（2012），程烨的《从认知视角看满语mangga的多义现象及语义演变》（2018）等论文，分别从词汇语义学的角度，对满语相关词汇进行了专题研究。哈申格日乐的《试析满语亲属称谓》（2013）⑧ 一文，认为满语亲属称谓的文化内涵充分体现了满族所拥有严谨的家族观念、长幼排序、伦理道德意识，反映了家族及其家庭成员之间的阶层概念、辈分等级制度。吴雪娟、罗盛吉的《部族名称"乌拉

① 载《满语研究》1992年第2期。

② 载《北方语言论丛》（第二辑）2012年。

③ 载《文化学刊》2016年第3期。

④ 载《满语研究》2014年第2期。

⑤ 载《满语研究》2015年第1期。

⑥ 载《满语研究》2012年第2期。

⑦ 载《满语研究》2013年第2期。

⑧ 载《满族研究》2013年第4期。

齐" 考释》（2017）^① 与张建的《释 "乌拉齐"》（2018）^② 等论文，对清代文献里 "乌拉齐" ulaci 进行了考察分析。陆晨的《满语能愿动词语义浅析 —— 以《清文启蒙》为例》（2018）^③ 一文对满语中存在四个助动词可与其他动词搭配作能愿动词使用，即 bahanambi "会"，mutembi "能"，ombi "可以" 和 aqambi "应该" 的语义差别和特征作出描述及分类。乌日乌特的《鄂温克语地名文化内涵探析》（2019）^④ 一文，根据语义特点，将鄂温克语地名分为几种类型。通过其语义分析，可窥视鄂温克族狩猎经济、氏族制度、宗教信仰、生产生活、思维认知等物质、制度及精神文化的痕迹。

此外，从满语词语的义项出发，结合语言历史文化背景，联系满语中音义相通的词，探寻词汇语义发展演变和文化内涵，研究成果主要有黑龙江大学满族语言文化研究中心的硕士、博士学位论文：张殿典的博士学位论文《满语词语与萨满教文化关系研究》（2012）、綦中明的博士学位论文《满语名号研究》（2013）、尹鹏阁的博士学位论文《满语饮食服饰词语文化语义研究》（2018）、吴双的博士学位论文《满语同义词研究》（2019）以及庞志宇的硕士学位论文《满族的饮食词语与文化研究》（2011）、韩晓梅的硕士学位论文《满语社会制度词语语义演变研究 —— 从满文老档谈起》（2012）、栾郑的硕士学位论文《满语生育词语文化语义研究》（2018）、包维鹏的硕士学位论文《满语反义词研究》（2019）分别从不同的视角、不同专题，对满语词汇语义进行了专题研究。在学位论文研究的基础上，出版专著、公开发表论文，主要成果有：崔宝莹的论文《满语渔猎词汇特点的语义场考察》（2016）^⑤，对满－古斯诸语狩猎词构词形态变化、词汇特点以及深层文化内涵进行了研究。魏巧燕的专著《〈清文指要〉整理研究》（2017）^⑥，以满文会话体文献《清文指要》为整理研究的对象，展现了满族独特的修辞方法和语言风格，探寻满族丰富的文化内涵。时妍的专著《满语词汇的多义性研究》（2017）^⑦，对满语词汇语义研究的历史与现状、共时与历时研究、满语词汇多义性的认知语义研究和满语词汇多义性的应用研究进行了全方位的分析与研究。相关论文还有佟颖的《〈皇清职贡图〉满语词汇分析》（2010），贾越的《满语颜色词 "白" 词源探析》（2011），綦中明、刘丽华的《满语摹声词及其文化内涵》（2012），鄂雅娜的《满语谚语的文化内涵及其翻译》（2013）、《锡伯语谚语的文化内涵及其语言特征》（2013），孙浩洵的《浅析八旗制度 "niru"、"jalan"、"gūsa" 的文化含义》（2013），鹏阁《满

---

① 载《满语研究》2017 年第 2 期。

② 载《历史研究》2018 年第 6 期。

③ 载《河北民族师范学院学报》2018 年第 3 期。

④ 载《满语研究》2019 年第 1 期。

⑤ 载《满族研究》2016 年第 4 期。

⑥ 黑龙江大学出版社，2017 年。

⑦ 黑龙江人民出版社，2017 年。

语酒类词语文化语义探析》（2013）、《努尔哈赤与满洲"aidagan"文化》（2014），吴双的《满语人体五官词"angga"、"yasay"语义初探》（2014）、《满语动词sindambi初探》（2017）、《满语人体词相貌隐喻初探》（2015）、《汉语多义词"气"满语翻译初探》（2016），石文蕴的《满语"efen"的文化语义探析》（2015），魏巧燕的《满语"fergetun"的文化语义分析》（2013）、《满文本《尸语故事》修辞研究》（2018），栾郑的《满语生育词文化语义初探》（2017），张殿典、程烨的《原始宗教习俗中的禁忌文化与满语相关同族词》（2018），曹正博的《满语动物词文化语义研究》（2019）等，分别从不同主题，不同视角探寻满族丰富的文化内涵，对满语词汇语义进行了专题研究。

（五）辞典编纂及研究

1. 辞典编纂

1994年以前的辞书编纂情况在《二十世纪的中国少数民族语言研究》一书中已经有详细叙述。这里主要介绍1994年以来的辞书编纂情况：

刘厚生等编著的《汉满词典》①是用汉语文释读满语文的一部词典，对于掌握满语文有着重要的工具书价值。朝克的《现代锡伯语口语研究》后附锡伯语基本词汇共约1010个。

安双城主编的《满汉大辞典（修订版）》（2018）②，在1993年《满汉大辞典》版本基础上进行修订，收词近50000条，200万字，内容涵盖了清代政治、经济、军事、外交、民族、文化等诸方面的条目以及清代档案术语和典章制度方面的用语。修订版对原有版式、编纂体例进行了调整，并在原有辞典的基础上，增改了千余条的满文词条，编订了新的检索索引。敖拉·毕力格、乌兰托亚的《满蒙汉词典》（2013）③，在民族出版社出版的《五体清文鉴》（1957）基础上，在天文、地理、动植物、衣食住行等方面用满、蒙古、汉文重新进行了整理和编撰。

清代辞书系列，主要有：额尔木图整理的《钦定西域同文志》（2015）④，《钦定西域同文志》（傅恒等〈撰〉著）是一部满文、汉文、蒙古文、藏文、维吾尔文、托忒蒙古文等6种文字的人名、地名的对译辞书。首列满文，次列汉文，并详注词义。用汉文三合切音字标满文标准音，再依此排列蒙古文、藏文、托忒蒙古文、维吾尔文等，各注译语、对音。额尔木图整理的《御制满珠蒙古汉字三合切音清文鉴》（2016）⑤、《御制满珠蒙古汉字三合切音清文鉴》是清代第一部皇帝敕修满、蒙古、汉三体合璧辞典，包括满、蒙古、汉三种文字对译词及其互注切音字、对音字

---

① 民族出版社，2005年。

② 辽宁民族出版社，2018年。

③ 民族出版社，2013年。

④ 内蒙古人民出版社，2015年。

⑤ 内蒙古人民出版社，2016年。

等共11项，其类目及词语编排顺序等均与《御制增订清文鉴》接近，共36部、288类，约收13870条词语。额尔木图整理的《御制满蒙文鉴》（2017）①，对清乾隆八年（1717）武英殿刻本影印出版。

汪亚平编著的《女真满汉文通译》（2019）②，以女真文字为主，以音序排列，同时给出其汉字注音。共收入女真文1454个，词例2200余条，在编纂的过程中纠正了通行的《女真文辞典》中的错误300余处。本书共两函二十四册。第一函为女真文、满文、汉语对照检索表。第二函为详细女真文、满文文字及词条、释义、词例等。刘凤翥、张少珊、李春敏主编的《女真译语校补和女真字典》（2019）③，《女真译语》是明朝四夷馆为方便代笔书写女真字的奏文所编写的一部工具书。此次以罗福成类次本《女真译语》为底本，校以柏林本和东洋文库本，然后再以国内外研究女真文字的成果对罗福成类次本《女真译语》进行补充，从而形成《女真译语校补》。同时又把《女真译语校补》中出现的女真字全部整理并编号，编撰成《女真字典》。

孙亚强主编的《简明赫哲语词典》（2017）④，分为上部、中部、下部。上部包括赫哲语语音、语法、词汇，中部包括赫哲族日常生活词汇及莫日根中摘编的词汇，下部为赫哲语常用会话700句以及课文。董兴业、董晓佳主编的《赫哲语语法功能词典》（2018）⑤，对内部出版的《简明赫哲语汉语对照》《赫哲语汉语日常生活用语对照》《赫哲语汉语日常会话对照》三本书稿进行了汇编。

韩有峰、孟淑贤主编《鄂伦春语汉语词典》（2019）⑥，收入词条共计37000余条，包括基本词条、不同区域的方言词条、外来借用词条。词典后附有附录，包括中国各民族名称、中国各民族人口及分布表、鄂伦春语方言差别、鄂伦春语研究概况及鄂伦春语法常识等。阿荔惠主编的《鄂伦春语常用语发音词典》（2019）⑦，记录了815个单字、16000个词、2985个短语、2200个整句，通过现代技术手段采录鄂伦春语使用者语言发音，使用最新国际音标对鄂伦春语进行标注，以辞书形式排版，同时辅以有声电子版发音。何青花、莫日根布库的《鄂伦春语释译》（2011）⑧，收集了近30000个鄂伦春语词条，完整地保留整理了狩猎环境下原生态的鄂伦春民族语言。

---

① 内蒙古人民出版社，2017年。
② 文物出版社，2019年。
③ 中西书局，2019年。
④ 黑龙江人民出版社，2017年。
⑤ 黑龙江人民出版社，2018年。
⑥ 北方文艺出版社，2019年。
⑦ 民族出版社，2019年。
⑧ 紫禁城出版社，2011年。

　　杜·道尔基主编的《鄂蒙词典（蒙文版）》（2014）①，在《鄂汉词典》（1998）的基础上整理而成。以索伦方言为主，兼收其他两种方言，共收词25000余条，组成词组20000余条。用拉丁字母拼写鄂温克语词条，并以国际音标注音，用蒙古语释义。内容包括语言、历史、政治、经济等方面，还收录了鄂温克族姓氏和部分地名。何海青、何岸主编的《敖鲁古雅使鹿部落鄂温克语言（词汇）》（2019）②，分为日常用语、商业用语、饮食用语、单位用语、一些词汇用语，涵盖人称、亲属称呼、在商场购物、饮食、餐具、在医院、自然、时间、空间等内容，以符合实际运用为主。

　　《汉锡名词术语规范词典》（2014）③，由新疆维吾尔自治区民族语言名词术语规范审定委员会锡伯语专业组、伊犁师范学院中国锡伯语言文化研究中心主编，收录规范审定锡伯语新词术语共10000余条。郭秀昌主编的《满语锡伯语同义词近义词词典》（2019）④，共有条目904条，收入的主词条及派生词达4800余条。词汇源于清代满文辞书、文献，锡伯文文献及锡伯语日常俗语。贺忠德主编的《汉锡词典》（2016）⑤，是锡伯语译义汉语，以汉字查找锡伯字的大型双语工具书。条目的安排遵守商务印书馆《现代汉语词典》（2005）的排列顺序，所收条目分单字条目和多字条目，包括字、词、词组、熟语、成语、术语等，约60000条。本词典以汉锡对照（对等）的形式，词汇以业经规范的现代锡伯语（含与满语通用的常用词汇）书面语词汇为主，以约定俗成的口语和外来语借词为辅。

　　2. 相关研究

　　在辞典专题研究方面，春花的《论清代满蒙文"形序词典"的发展演变》（2010）⑥、《论三体及四体合璧〈大藏全咒〉的编纂和刊行》（2014）⑦、《〈御制五体清文鉴〉编者及编纂年代考》（2014）⑧等论文，对清代编纂的相关满蒙文词典及编排方式，清代乾隆皇帝敕修、刊刻的满、汉、蒙古、藏佛经及三、四体合璧佛经，《御制五体清文鉴》编者及编纂年代等、编排方式、编纂体例、编纂始末等进行了研究。晓春、春花的《再论〈满蒙藏嘉戎维五体字书〉》（2013）⑨一文，对《满蒙藏嘉戎维五体字书》编者及成书年代考、词语内容及价值等进行了研究。晓春的《乾隆帝敕修民族语文辞书及对民族语言发展方面的作为》（2016）⑩、《〈一学三贯

　　① 民族出版社，2014年。

　　② 远方出版社，2019年。

　　③ 新疆人民出版社，2014年。

　　④ 辽宁民族出版社，2019年。

　　⑤ 新疆人民出版社，2016年。

　　⑥ 载《沈阳故宫博物院院刊》2010年第2期。

　　⑦ 载《故宫博物院院刊》2014年第5期。

　　⑧ 载《满语研究》2014年第1期。

　　⑨ 载《满学论丛（第三辑）》2013年。

　　⑩ 载《满语研究》2016年第1期。

清文鉴〉与〈满蒙汉—学三贯〉比较研究》（2018）① 等论文，对乾隆帝敕修辞书及乾隆年间编撰的满汉合璧分类辞书《一学三贯清文鉴》不同版本、类目编排、内容特点等方面进行了分析研究。江桥的专著《〈御制五体清文鉴〉研究》（2017）②，研究对比康熙朝《御制清文鉴》、乾隆朝《御制增订清文鉴》和《御制五体清文鉴》的分类，对康熙朝与乾隆朝满文词语的变化进行对比分析，做出不同时期部分满文词语变化表，呈现中国两大主要语系 —— 汉藏、阿尔泰中主要文字藏文、汉文、满文、蒙古文、维吾尔文的音义对比图。江桥的《"清文鉴"类目名称用语考》（2013）③、《清代满文辞书中同义概念的表达方式》（2016）④ 等论文，认为康熙朝《御制清文鉴》至乾隆朝《御制五体清文鉴》，7 种御制"清文鉴"在基本保持康熙朝分类体系基础上，类目名称用语发生了变化。张春阳的《光绪朝满汉合璧本〈衙署名目〉探析》（2019）⑤ 一文，对光绪朝满汉合璧本对照辞书《衙署名目》与《御制增订清文鉴》（1771）中相关类目的内容对比进行了研究。

河内良弘著，赵阿平译《〈满洲语辞典〉的编纂出版及学术价值》（2017）⑥ 一文，对《满洲语辞典》进行了介绍。该辞典收录的满语词条达 4 0000 条，为日本国内满语辞典的最高纪录。关笑晶的《清代满蒙辞书"序"研究》（2011）⑦ 一文，认为清代编纂的满蒙辞书"序"记载了编纂者及其对满语文的态度和编纂过程等，从中可以窥视清政府大量编纂多文种辞书的目的及清代旗人的语言态度。刘宇、张松的《〈通古斯 — 满语比较词典〉的编纂和启示》（2013）⑧ 一文，认为《通古斯 — 满语比较词典》是俄国二百余年满 — 通古斯语调查的总结性著作；编纂一部大型的《中国满 — 通古斯语比较词典》，可与前部词典形成互补，反映出满 — 通古斯语的整体面貌。

四、其他研究

（一）濒危语言与语言数据库建设

1. 濒危语言研究
主要对濒危的通古斯诸语及其方言土语进行全面系统研究，涉及口语资料、语

---

① 载《满语研究》2018 年第 1 期。
② 北京燕山出版社，2017 年。
③ 载《满语研究》2013 年第 2 期。
④ 载《满语研究》2016 年第 1 期。
⑤ 载《满族研究》2019 年第 3 期。
⑥ 载《辽宁师范大学学报》2017 年第 1 期。
⑦ 载《满语研究》2011 年第 1 期。
⑧ 载《黑龙江民族丛刊》2013 年第 3 期。

言资源、语言原生态的保护保存等内容。

　　朝克的国家社科基金重大委托项目"鄂温克族濒危语言文化抢救性研究"，对鄂温克族濒危或严重濒危的语言文化现象进行分析研究，出版了一系列学术专著。分别是：朝克、塔米尔、那敏的《鄂温克族社会历史文化》（2018）①，《鄂温克族濒危语言文化抢救性研究（四卷本）》（2017）②，包括：朝克的《鄂温克族三大方言词汇比较》，朝克、卡佳的《讷河鄂温克语基本词汇》，朝克、卡丽娜的《阿荣鄂温克语》，娜佳的《杜拉尔鄂温克语研究》共4册，清晰地勾勒了鄂温克语的基本情况，以及三大鄂温克语方言的异同。朝克主编的《察布查尔锡伯自治县锡伯语言文字使用现状调查》（2011）③，对满通古斯语鄂温克语、满语、锡伯语的变迁进行了研究，对语言变迁现状及原因进行了分析。朝克主编的《鄂温克族濒危语言文化抢救性研究（十卷本）》（2016）④，包括：《通古斯鄂温克语研究》（多丽梅、朝克著），《通古斯鄂温克语会话》（朝克、卡佳著），《通古斯鄂温克族社会历史》（宇·蒙赫达赉、呼格吉乐玛著），《索伦鄂温克语基本词汇》（朝克著），《索伦鄂温克语会话》（朝克、卡佳著），《敖鲁古雅鄂温克语研究》（翁建敏、朝克著），《敖鲁古雅鄂温克语会话》（朝克、斯仁巴图著），《鄂温克语谚语》（朝克、卡丽娜著），《鄂温克族民歌歌词》（朝克、汪丽珍著），《鄂温克语教程》（朝克著）等。鄂温克族濒危语言文化抢救性研究对于鄂温克族濒危或严重濒危语言文化的抢救保护、永久保存和第一手资料的搜集整理以及科学研究具有极其重要的学术价值和资料价值。

　　赵阿平、郭孟秀、何学娟的专著《濒危语言：满语、赫哲语共时研究》（2013）⑤，在收集语音、语义、词汇、语法方面语言材料的基础上，对满语和赫哲语的濒危过程以及语法形态中的格形态和时形态进行了比较分析。赵阿平的《满语、赫哲语、锡伯语及文化现状调研报告》（2018）⑥一文，认为对濒危语言的记录、保存和研究具有抢救人类濒危文化资源的重要价值与意义。季永海的论文集《从辉煌走向濒危：季永海满学论文自选集》（2013）⑦，相关论文对满语濒危过程进行了系统研究。郭孟秀的《现代语境下满语保护与传承的反思》（2017）⑧一文，认为目前满语的母语连续性已经断裂，我们应该从历史发展的角度，理性认识满语现状，制定行之有效的保护传承政策。苗嘉芮、阿拉腾的《三家子村濒危满语调查分

---

① 社会科学文献出版社，2018年。

② 社会科学文献出版社，2017年。

③ 方志出版社，2011年。

④ 社会科学文献出版社，2016年。

⑤ 社会科学文献出版社，2013年。

⑥ 载《西北民族研究》2018年第3期。

⑦ 辽宁民族出版社，2013年。

⑧ 载《满语研究》2017年第1期。

析》（2016），杜秀丽的《锡伯语濒危与传承研究》（2016），赵辑的《濒危语言保护政策与实践中的语言观——以"满语保护"为例的分析》（2016），曹萌、张剑钊的《当代满语文濒危与保护抢救情况》（2017）、《满语文保护抢救综述与满语文实验社区建构》（2016）等论文，从不同视角对濒危语言的现状与保护政策进行了探讨。吴春娟的专著《黑龙江沿岸濒危满语及其活力》（2019）①、吴春娟的论文《话语现场：濒危满语调查的尝试》（2018）②，以现场即席话语录制方式获取黑龙江沿岸濒危满语语料，从历史的角度分析了满语口语会话及其历史文化内涵。

对鄂伦春语言濒危进行的研究，相关论文还有丛珊的《托河路鄂伦春语濒危现状调查研究》（2018）、金洪臣的《鄂伦春语濒危的社会因素分析》（2016）、乌日乌特和何其迪的《濒危语言现状研究——以南木鄂伦春民族乡为例》（2017）等，对鄂伦春语的使用现状进行调研分析，认为现存鄂伦春语已经处于濒危状态，导致鄂伦春语濒危的原因具有多样性特征。

作为中国语言资源保护工程的重要标志性成果，"中国濒危语言志"系列丛书已经出版系列少数民族濒危语言志，其中包括：乌日格喜乐图的专著《内蒙古敖鲁古雅鄂温克语》（2019）③，利用第一手田野调查语料，从语音、词汇、语法、句法角度详细描写了敖鲁古雅鄂温克语的语言面貌，同时介绍了语言系属、语言使用及濒危现状等内容。金莉娜、程亚恒的专著《黑龙江同江赫哲语》（2019）④，从结构主义语言学角度描写了赫哲语的语言结构特点及使用现状，为濒危赫哲语研究提供了宝贵的共时材料。

金莉娜主编的《黑龙江省世居少数民族濒危语言研究》（2017）⑤一书，重点分析了赫哲语、满语、鄂伦春语、柯尔克孜语等濒危语言的使用现状、保护现状及传承现状，探讨了濒危语言的语音、词汇、语法等内部结构问题。金莉娜的《我国濒危赫哲语语音研究现状分析》（2015）、《黑龙江省赫哲语的衰变过程及衰变原因》（2016）等论文，主要对赫哲语濒危现象进行了分析研究。史春颖的《非遗传承与濒危语言保护——以赫哲族史诗伊玛堪说唱的保护经验为例》（2019）、高晓梅的《濒危语言赫哲语的语言变迁研究》（2013）等论文，分别对赫哲语现状进行了分析，探讨了赫哲语的濒危过程，并提出相应的对策。

2. 语言数据库建设

教育部于2015年开始实施中国语言资源保护工程，在为期5年的一期建设中，进行了广泛的语言调查，对濒危语言及有代表性特征的语言进行抢救性调查，获得语音、词汇、语法、方言土语的口语资料，按照科学标准进行数据库建设。其中，

---

① 黑龙江教育出版社，2019年。
② 载《满语研究》2018年第1期。
③ 商务印书馆，2019年。
④ 商务印书馆，2019年。
⑤ 黑龙江朝鲜民族出版社，2017年。

中国语言资源保护工程项目一期工程满－通古斯语族共设立10个调查点，分别是满语1个、鄂温克语3个、锡伯语3个、鄂伦春语2个、赫哲语1个调查点。濒危或严重濒危的通古斯诸语及其方言土语的全面系统全范围研究，对于这些语言的口语资料、语言资源、语言原生态的保护保存，以及科学认识和把握产生了重要的学术影响。

赵阿平的《中国满通古斯语言语料数据库建设及研究》（2019）[①] 强调应加强满通古斯诸族语言文化遗产抢救与语料数据库建设，进行全面科学系统的综合研究。张晓、丽娜的《EXMARa LDA在濒危语言语料库建设中的应用》（2017）[②] 一文，以锡伯语为例说明语料库建设的主要过程，将 EXMARa LDA 用于锡伯语语料库的建设，对 EXMARa LDA 各套件进行功能介绍，并给出最终网页输出形式。

何荣伟主编的《锡伯语、满语田野影像资料：日常生活语言（影像资料16小时）》（2019）[③]，采集了20世纪90年代以来黑龙江三家子、黑河卡伦山、蓝旗屯、爱辉、坤河，新疆乌鲁木齐市、塔城市、巩留市、伊宁市、察布查尔锡伯自治县、霍城县伊车嘎善乡等地区的锡伯语、满语活态资料，形成"婚礼语言""萨满语言""念说语言""学校语言""锡伯语日常生活语言""满语日常生活语言"等六个部分的田野影像资料，为满通古斯语言学术研究提供了必不可少的语言资料。

随着国家社科基金重大项目及一系列的国家社科基金一般项目、青年项目、濒危项目、冷门绝学项目和不同类别的项目获得资助立项，产生了一系列重要的科研成果。如国家社科基金重大项目"濒危鄂温克语言文化抢救性研究"（2010）、"中国少数民族语言文化研究"（2012）、"锡伯语（满语）基础语料库建设与研究"（2015）、"中国满通古斯语言语料数据库建设及研究"（2018）等项目的实施，在自然语言文本的采集、存储、检索、统计、语法标注、句法语义分析，对语言濒危研究以及学科建设、学术理论创新、人才队伍培养等方面都将产生重要影响。

（二）语言教学与文化传承研究

1. 语言教学与研究

满语文学习教材主要有：双山、格根哈斯主编的《满文初级教程（蒙文版）》（2010）[④]，朝克主编的《满语366句会话句》[⑤]，何荣伟、张丹卉主编的《满语（一）》

---

① 载《广西民族大学学报》2019年第5期。

② 载《伊犁师范学院学报》（自然科学版）2017年第3期。

③ 辽宁民族出版社，2019年。

④ 辽宁民族出版社，2010年。

⑤ 科学文献出版社，2014年。

（2016）①、《满语（二）》（2017）②，张春阳主编的《初级实用满语教程》（2017）③、《初级实用满语词汇》（2019）④，白文阁主编的《满族历史文化与语言文字（本溪满族自治县小学高年级校本教材）》（2011）⑤ 等教材，内容涵盖了满文语音、文字、语法和词汇基本知识和阅读课文等。安双成主编的《精选满文读本》（2019）⑥ 丛书（共5册），分别为《精选满文读本–成语篇》《精选满文读本–史料篇》《精选满文读本–寓言篇》《精选满文读本–诗歌篇》《精选满文读本–古文篇》，作为满汉对照会话类读本，书中所记录的清代满语、汉语对于我们了解当时满汉语言状况具有重要的意义。王庆丰编著的《克敬之满蒙汉语教学手稿》（2018）⑦，对克敬之先生满蒙汉语教学手稿进行收集整理，内容包括满蒙文语音教学、满文语法教学、满文词汇教学、满汉教学翻译手稿。此外，满文口语教学材料，还有爱新觉罗·瀛生著，郑再帅、殷芳、辛格非整理的《满语口语音典》（2014）⑧，关利、黎刚、瓜尔佳塔娜主编的《现代满语口1200句》（2014）⑨ 等，分别从不同视角、不同专题对满语口语进行了分析研究。

其他民族语言教材，主要有：朝克主编的《赫哲语366句会话句》⑩《鄂伦春语366句会话句》⑪《鄂温克语366句会话句》⑫《锡伯语366句会话句》⑬，何荣伟主编的《锡伯语365句》（2013）⑭，董兴业主编的《赫哲语》（2016）⑮，杜鲁基尔·锡阿番–杜拉尔·宝罗日瓦主编的《鄂温克语》（2019）⑯，斯仁巴图主编的《鄂温克语教程》（2011）⑰ 等。锡伯语自编教材有新疆的察布查尔锡伯自治县语委会组织编写的《锡伯文双语速成课本（初级、中级、高级）》（2012）、《锡汉双语对照读本》（2013）、《锡伯族俗语、格言、谚语集》（2013），以及哈苏台、钮建鸣主编的《sibe manju gisuni minggan meyen（锡伯语、满语会话手册）》（2013，察布查尔锡伯自治县爱

① 辽宁民族出版社，2016年。
② 辽宁民族出版社，2017年。
③ 辽宁教育出版社，2017年。
④ 中央民族大学出版社，2019年。
⑤ 吉林电子出版社，2011年。
⑥ 辽宁民族出版社，2019年。
⑦ 社会科学文献出版社，2018年。
⑧ 华艺出版社，2014年。
⑨ 黑龙江教育出版社，2014年。
⑩ 科学文献出版社，2014年。
⑪ 科学文献出版社，2014年。
⑫ 科学文献出版社，2014年。
⑬ 科学文献出版社，2014年。
⑭ 新疆人民出版社，2013年。
⑮ 黑龙江人民出版社，2016年。
⑯ 内蒙古科学技术出版社，2019年。
⑰ 内蒙古人民出版社，2011年。

新舍里镇图书馆）等。

语言教学相关的研究论文主要有：关辛秋的《汉语虚字研究对满语语法研究的影响》（2013）① 一文，认为在清代满语语法教材编写者、讲授者和学习者看来，满语的各种语法现象均如同汉语的虚字。清代满语语法研究者已能区分实词和虚词概念，且重要汉语虚词著作对清代满语语法类文献的编撰影响至深。林毅的《清代满汉双语会话书研究》（2011），长山的《清代满语文教育与黑龙江地区的满语》（2012），张松的《近代东北地区的满汉文传统教学》（2016），吴智嘉的《清代满文教学体制的变迁及满文教科本的发展》（2018），曹萌、丛淑洋的《清朝的满语文保护措施与新中国满语文教育教学》（2016）等论文，对清代满语文教学体制、教学内容及变迁进行了研究。

2.语言文化传承研究

（1）满族说部研究

学者们在多年萨满文化田野调查和文本研究的基础上，对满族说部的口承传统做了溯源性考察，为满族说部研究规划了基本的理论框架，出版了一系列研究成果。如"满族说部研究丛书"包括：朱立春等编著的《满族说部文本研究》（2016）②，杨春风、苏静、李克编著的《满族说部英雄主题研究》（2016）③，王卓、邵丽坤编著的《满族说部概论》（2014）④，刘信君、王卓、朱立春编著的《满族传统说部论集（第二辑）》（2016）⑤，朱立春、编著的《满族说部口头传统研究》（2016）⑥，富育光主编的《满族说部乌勒本概论》《乌布西奔妈妈》《莉坤珠逃婚记》《奥克敦妈妈》（2019）⑦ 等。在长期从事传承、讲述、采录、抢救满族说部乌勒本工作并占有大量资料基础上，高荷红的专著《满族说部传承研究》（2011）⑧、《口述与书写：满族说部传承研究》（2018）⑨、《满族说部"窝车库乌勒本"研究》（2019）⑩ 相继出版，对满族说部进行了系统的研究。

《尼山萨满》是用满文记录下来并流传至今的著名的满族传说，国外学者称《尼山萨满》为"满族史诗""全世界最完整和最珍贵的藏品之一"。赵志忠的专著《〈尼山萨满〉全译》（2014）⑪，荆文礼、富育光主编的《尼山萨满转（上、下）》

① 载《满语研究》2013年第1期。

② 长春出版社，2016年。

③ 长春出版社，2016年。

④ 长春出版社，2014年。

⑤ 长春出版社，2016年。

⑥ 长春出版社，2016年。

⑦ 吉林人民出版社，2019年。

⑧ 中国社会科学出版社，2011年。

⑨ 暨南大学出版社，2018年。

⑩ 中国社会科学出版社，2019年。

⑪ 民族出版社，2014年。

（2019）①，分别对《尼山萨满》进行了系统研究。邱冬梅的论文《〈尼山萨满〉满文本与鄂温克口承本〈尼山萨满〉的比较研究》（2015）② 和田春燕、徐毅、解威、郭淑云的论文《满族典籍平行语料库对齐方法与评价 —— 以〈尼山萨满〉为例》（2018）③，研究内容对构建满族典籍平行语料库及其他同类型的少数民族语料库构建提供了参考。此外，对满族萨满文化、萨满神歌进行的系统研究，成果主要有：富育光、赵志忠主编的《满族萨满文化遗存调查》（2010）④，赵志忠的专著《满族萨满神歌研究》（2010）⑤、《满族萨满神歌研究》（2012）⑥、《满族萨满文化的消失与遗存》（2012）⑦，傅英仁的专著《宁古塔满族萨满神话》（2014）⑧，张丽红的专著《满族说部的萨满女神神话研究》（2016）⑨，富育光、张学慧编著的《满族民间萨满神书集成（上下卷）》（2016）⑩，富育光、于敏主编的《萨大人转》（2019）⑪ 以及吴雪娟的论文《舒舒瓜尔佳氏满文神歌〈神坛〉翻译研究》（2015）⑫ 等，研究注重在萨满神歌原始语料基础上还原文化语境，挖掘满族独特的语言文化价值。

　　文本译注是萨满口头文化传承的重要研究内容。宋和平的《满族石姓萨满文本译注与满语复原（上下册）》（2018）⑬，在《满族萨满文本研究》《满族萨满神歌译注》两部著作的基础上，进行了补充和完善，并增加了满语复原这一工作，将满族石姓家族萨满文化的概貌完整呈现。宋和平主编的《满族民间文化论文集》（2018）⑭，也对相关问题进行了探讨。此外，尹郁山、聂有财的专著《满族关佟二氏萨满神歌与祭祖规则比较研究》（2011）⑮，尹郁山、孙明、王姝的专著《满族杨姓萨满祭祀神歌比较研究》（2011）⑯，尹郁山、杨永旭的专著《满族萨满神辞用语口语比较研究》（2014）⑰ 等，对多个满族世家萨满祭用文本进行研究，为民族口头文化传承提供了可资借鉴的个案依据和理论支撑。

---

① 吉林人民出版社，2019年。

② 载《满族研究》2015年第3期。

③ 载《大连民族大学学报》2018年第3期。

④ 民族出版社，2010年。

⑤ 民族出版社，2010年。

⑥ 载《长春师范学院学报》（人文社会科学版）2012年第8期。

⑦ 载《满族研究》2012年第4期。

⑧ 黑龙江人民出版社，2014年。

⑨ 中国社会科学出版社，2016年。

⑩ 吉林人民出版社，2016年。

⑪ 吉林人民出版社，2019年。

⑫ 载《满语研究》2015年第2期。

⑬ 中国社会科学出版社，2018年。

⑭ 中国社会科学出版社，2018年。

⑮ 吉林文史出版社，2011年。

⑯ 吉林文史出版社，2011年。

⑰ 吉林文史出版社，2014年。

（2）赫哲族伊玛堪研究

伊玛堪是赫哲族独有的口耳相授、世代传承的古老民间说唱艺术。

黄任远主编的《赫哲族卷–黑龙江流域少数民族英雄叙事诗》（2012）①，精选了四位著名赫哲族伊玛堪歌手葛德胜、吴连贵、尤金良说唱的八部英雄叙事诗作品，分别用罗马字母注音、汉语直译和意译。黄任远编著的《伊玛堪田野研究报告 —— 对赫哲族歌手吴连贵的调查》（2016）②，是作者在1975 — 1980年间，对伊玛堪歌手吴连贵长期田野采录调查所得大量的第一手资料的基础上梳理研究而写成的，其中包括伊玛堪名称和形式、传承和价值研究；伊玛堪歌手吴连贵口述史的研究；伊玛堪情节模式、艺术形象和艺术特色的研究；伊玛堪传承和曲调的研究。另外附录有歌手吴连贵生平和其绝唱伊玛堪作品。

金莉娜的《赫哲族"伊玛堪"语篇的萨满词语文化简析 —— 以〈希尔达鲁莫日根〉为蓝本》（2016）③、《从伊玛堪〈希尔达鲁莫日根〉渔猎相关词汇看赫哲族的渔猎文化》（2017）④ 等论文，通过分析口传语篇中保留的词语，描述和阐释其中所蕴含的赫哲族的萨满文化、渔猎文化现象和含义。

（3）家谱研究

何晓芳主编的《清代满族家谱选辑（上下）》（2016）⑤，选录106份保留于民间的满族家谱进行研究。研究内容以满族祭祀为例，所收录的部分满族家谱不同程度地记载了祭祀仪式过程中出现的跳萨满和满文记载萨满祭祀使用的用语和唱词（萨满神谕或萨满神歌），留下了珍贵的研究范本。何晓芳、张德玉主编《满族历史资料集成·民间祭祀卷》（2016）⑥ 一书，将散落民间的满族祭祀资料加以搜集整理，共收录1949年之前编撰的佛满洲祭祀文本40篇。何晓芳、张德玉主编的《满族姓氏与家谱研究论丛》（2016）⑦ 论文集，分为姓氏研究、家谱研究综论、家谱研究、家谱人物研究、祖居地考证、附录等内容。吕萍、何晓芳、张德玉主编的《佛满洲家谱精选（三卷本）》（2017）⑧，对珍贵的陈满洲家谱进行了全部收编，并尽可能地收录了《八旗满洲世族通谱》《清史稿》等有载录的佛满洲家谱，或地方满洲名人家谱以及高校图书馆没有收藏的满洲家谱等，共约70部。姜小莉、刘厚生主编的《吉林打牲乌拉佛满洲镶蓝旗伊尔根觉罗赵氏家族》（2016）⑨，介绍了伊尔

---

① 黑龙江人民出版社，2012年。

② 中国社会科学出版社，2016年。

③ 载《西北民族大学学报》2016年第2期。

④ 载《佳木斯大学社会科学学报》2017年第1期。

⑤ 辽宁民族出版社，2016年。

⑥ 辽宁民族出版社，2016年。

⑦ 白山出版社，2016年。

⑧ 人民出版社，2017年。

⑨ 吉林文史出版社，2016年。

根觉罗氏（赵氏）家族的族源、族谱以及满文墓碑，反映了吉林打牲乌拉地区满族历史和文化的侧面。

论文方面的研究成果主要有：张杰的《黑龙江富察哈拉满文家谱述论》（2010），吴雪娟的《清代八旗户口档与家谱整理研究 —— 以瑷珲满族扎库塔氏为例》（2011），韩晓梅的《马佳氏满文家谱研究》（2011），王敌非的《〈沙金傅察氏家谱小引序〉初探》（2012）、《黑龙江民间满族家谱现状与研究》（2013），张杰、李秀莲、杨勇、彭赞超的《黑河市富察哈拉满文家谱调查 —— 江东六十四屯后人叙事缩影》（2013），张杰、李秀莲的《黑龙江苏完瓜尔佳哈拉满文谱书初探》（2013），王立的《东北地区八旗满洲诸姓家谱研究》（2017）等，主要关注满文官方户口档和民间家谱及满洲姓氏源流及相关专题，并进行系统的整理、翻译及文本研究。

此外，还有对语言文化变迁进行的研究。如：范立君、齐英男的论文《清代吉林地区满语的使用及其衰微》（2014）[①]，范立君、杜春杰《满语使用及其衰微研究 —— 以清代黑龙江地区为例》（2015）[②] 论文，分别对吉林和黑龙江地区满语文衰微过程进行了分析，认为吉林地区的满语作为底层语言保留在东北地名和方言中，黑龙江地区满语在清末民初已基本被汉语所取代。郭孟秀的《试论清代满族文化的变迁》（2012）、《试论满族文化的生存维度》（2014），戴克良的《清代满语文及其历史影响研究》（2013），赵阿平的《满–通古斯语族语言文化研究新发展》（2014）等论文，围绕满语文的历史演变及相关问题及清代的"国语"政策及满语文的兴衰历程等问题展开研究。

（三）文献搜集与整理研究

1. 女真文文献研究

孙伯君的专著《金代女真语》（2016）[③]，《金代女真语》采用音韵分析法，对金史、宋元史籍中一批女真语汉字记音资料进行严格的音韵分析，然后参照《蒙古字韵》《元朝秘史》这些经典的与女真语具有类型学和发生学关系的蒙古语写音资料，对汉字所代表的女真语音进行调整、归纳、分析，从而获得女真语的语音系统和音节搭配规律。

刁丽伟、赵哲夫的《黑龙江省宁安市出土女真文残碑考释》（2016）[④] 一文，对黑龙江省宁安市建设村出土一块刻有女真文石质残碑的出土具体情况、地理环境、碑文及其内容等进行了初步阐释。认为该残碑是迄今发现的少有的、女真文字数较多的、语义表达比较完整的文字碑之一，具有重要的文物价值和历史价值。

① 载《满族研究》2014年第3期。

② 载《贵州民族研究》2014年第11期。

③ 中国社会科学出版社，2016年。

④ 载《北方文物》2016年第1期。

綦岩的《永宁寺记碑的女真碑文——兼谈明代女真语与满语的关系》（2016）[①]，将《永宁寺记》碑的女真碑文对译为与明代女真语相近的清代建州地区满语，回译碑文中并未识别出的女真文，探究明代女真语与清代建州地区满语的关系，揭示永宁寺建立的职能与性质。

景永时的《女真文字符集的研制与女真文文献数据库的构建》（2011）[②]一文，认为适时地研制女真文字符集和文献数据库建设，通过网络通信技术方便快捷地满足人们对文献的需求，对及时保存文献具有重要意义。李盖提著、聂鸿音译编的《女真小字初探》（2019）[③]一文，认为准确识别女真字读音的首要条件是解决汉语历史音韵问题，学界必须彻底深入研究与女真语亲属关系最近的语言，即满–通古斯语族南语支的那乃语、撒马尔语、乌利奇语和鄂罗克语等。女真字可以分为两组，第一组字记录无形态变化的词和词根，第二组字仅记录后缀和音节，学界只了解第一组字在明代的读音，而第二组字的读音可从明代上溯至金代。

滕绍箴编著的《明代女真与满洲文史论集》（2012）[④]，内容涵盖8个专题，共收入论文30篇，涉及女真文、满语言文字等研究内容，主要切入点是侧重研究以女真、满洲为代表的"打牲民族文化"与以汉族为代表的"农业民族文化"之间，在明、清两朝相互碰撞、交融、浸透以及形成的社会特点，演变的阶段性等。

2. 民族文献整理、翻译、注释研究

满文文献的整理、翻译、注释研究工作成就显著。

中国第一历史档案馆主编的《内阁藏本满文老档（全20卷）》（2010）[⑤]、《清前期理藩院满蒙文题本》（2010）[⑥]、《清宫珍藏杀虎口右卫右玉县御批奏折汇编》（2010）[⑦]、《清代军机处满文熬茶档》（2010）[⑧]、《清代新疆满文档案汇编》（2012）[⑨]，以及中国历史第一档案馆、故宫博物院主编的《清宫内务府奏销档（全300册）》（2014）[⑩]，故宫博物院主编的《满文古籍》（2014）[⑪]、《故宫博物院藏版清乾隆版满文大藏经（全109册）》（2018）[⑫]，国家图书馆古籍馆主编的《国家图

① 载《北方文物》2016年第1期。

② 载《北方语言论丛》2011年。

③ 载《满语研究》2019年第1期。

④ 辽宁民族出版社，2012年。

⑤ 辽宁民族出版社，2010年。

⑥ 内蒙古人民出版社，2010年。

⑦ 中华书局出版社，2010年。

⑧ 上海古籍出版社，2010年。

⑨ 广西师范大学出版社，2012年。

⑩ 故宫出版社，2014年。

⑪ 故宫出版社，2014年。

⑫ 故宫出版社，2018年。

书馆藏满汉文合璧古籍珍本丛书（25 册）》（2018）①，吴元丰主编的《北京地区满文碑刻拓片及其编目》（2016）②、《大清太祖武皇帝实录》（2016）③，吴元丰整理的《御制盛京赋（满文、汉文）（10 册）》（2019）④ 等，将中国第一历史档案馆馆藏满文档案、国内外图书馆馆藏满文古籍文献公开影印、编译出版，为满族语言与历史文化研究提供了大量新鲜第一手满文文献资料。

清代盛京总管内务府衙门形成的满汉文档案，内容丰富，十分珍贵。辽宁省档案馆主编的《满洲实录（两册）》（2012）⑤、《盛京内务府档 —— 顺康雍朝》（2019）⑥、《黑图档》（2015 — 2018）相继整理出版，以及黄润华主编的《国家图书馆藏满文文献图录》（2010）⑦、大连图书馆主编的《大连图书馆藏清代内务府档案（全 22 册）》（2010）⑧、吉林省档案馆主编的《吉林省档案馆藏清代档案史料选编》（2012）⑨、北京市民族古籍整理出版规划小组办公室满文编辑部主编的《北京地区满文碑刻拓片总目》（2015）⑩、吉林省少数民族古籍整理出版规划办公室主编的《吉林省少数民族古籍总目提要·满族卷》（2015）⑪、吴忠良、赵洪祥主编的《清代伯都讷满汉文档案选辑》（2018）⑫、编委会主编的《陈巴尔虎部落满文历史档案（3 册）》（2017）⑬ 等一系列地方满文档案文献的整理编译出版，对中国第一历史档案馆存清代满文档案文献进行了必要的补充和完善。此外，吴忠良、赵洪祥、高大鹏的论文《清代伯都讷满汉文档案概述》（2018）⑭，蔡宏、李爱华、孙世红的论文《吉林大学图书馆馆藏稀见满文文献述略》（2012）⑮，马明霞、路保安的论文《台湾现存清代档案文献史料述略》（2010）⑯，对相关区域所藏满文文献也进行了介绍。

赵令志、鲍洪飞、刘军主编的《雍和宫满文档案译编（上下册）》（2016）⑰，

---

① 学苑出版社，2018 年。

② 载《满语研究》2016 年第 2 期。

③ 民族出版社，2016 年。

④ 民族出版社，2019 年。

⑤ 辽宁教育出版社，2012 年。

⑥ 辽宁民族出版社，2019 年。

⑦ 国家图书馆出版社，2010 年。

⑧ 国家图书馆，2010 年。

⑨ 国家图书馆出版社，2012 年。

⑩ 辽宁民族出版社，2015 年。

⑪ 吉林文史出版社，2015 年。

⑫ 中国社会科学出版社，2018 年。

⑬ 远方出版社，2017 年。

⑭ 载《满语研究》2018 年第 2 期。

⑮ 载《满族研究》2012 年第 2 期。

⑯ 载《山西档案》2010 年第 1 期。

⑰ 北京出版社，2016 年。

赵令志、关康编译的《〈闲窗录梦〉译编（上下册）》（2011）①，祁美琴、强光美编译的《满文〈满洲实录〉译编》（2015）②，安双成编译的《清初西洋传教士满文档案译本》（2015）③，佟永功、关嘉禄编著的《满汉合璧档案精选释读》（2018）④，阿拉腾奥其尔著《清朝图理琛使团与〈异域录〉研究》（2015）⑤等满文文献译著，以及徐莉的《清代满汉文圣训版本研究》（2011），秀云的《〈三国演义〉满文翻译研究》（2013），袁理的《清代北京天坛匾额及其满文考》（2016），赵志强的《论满文〈无圈点档〉》（2019），吴雪娟的《论满文〈黑龙江流域图〉的命名》（2019），李琮的《北京地区现存满文匾额情况研究》（2019），张杰的《清代北京地区满文诰封、谕祭碑用词特点初探》（2019）、《满文哈哈纳碑述论》（2019）等论文，从不同视角对满语文文献进行了释读与研究。

多文种文献研究，主要成果有：高娃的《清代多语言文字合璧文献研究：蒙古文汉文满文》（2019）⑥、斯琴高娃的《十七世纪前半叶满蒙关系文书研究（蒙）》（2019）⑦、敖拉的《清初满蒙关系史料比较研究——〈旧档〉史料在〈实录〉〈老档〉中的流传》（2019）⑧等专著，以及额尔木图整理的《蒙译清朝前期理藩院满文题本–顺治、康熙（蒙文）》（2013）⑨、《满蒙合璧三字经注解》（2014）⑩、《御制蒙汉合璧书经》（2014）⑪、《御制蒙汉合璧诗经》（2015）⑫、《蒙译满文原档（1–5）》（2017、2019）⑬，乌云毕力格主编的《满文档案与清代边疆和民族研究》（2013）⑭、《满文文献研究论集（第1辑）》（2018）⑮，黑龙的论文《清内阁满蒙文合璧文书的形成流程、书写格式及语文特征》（2016）⑯等，关注多文种档案的翻译利用，从语文学视角对满蒙汉文合璧文书进行语料分析，并重视使用满文文献原件进行相关研究。

除此之外，学者们还将中国古典文献、传统国学古籍进行整理翻译，将满文文

---

① 中央民族大学出版社，2011年。

② 中国人民大学出版社，2015年。

③ 大象出版社，2015年。

④ 辽宁民族出版社，2018年。

⑤ 广西师范大学出版社，2015年。

⑥ 民族出版社，2019年。

⑦ 辽宁民族出版社，2019年。

⑧ 民族出版社，2019年。

⑨ 内蒙古人民出版社，2013年。

⑩ 内蒙古人民出版社，2014年。

⑪ 内蒙古人民出版社，2014年。

⑫ 内蒙古人民出版社，2015年。

⑬ 内蒙古人民出版社，2017年、2019年。

⑭ 社会科学文献出版社，2013年。

⑮ 商务印书馆，2018年。

⑯ 载《民族研究》2016年第4期。

献编译点校出版。如：贺灵主编的锡伯族民间传录《清代满文古籍译著辑存（上下）》（2010）①，收录清代至民国初年锡伯族民间翻译的汉文古典名著98余部，进行全面系统的整理和影印出版。贺灵主编的汉语锡伯语对照典籍系列丛书"中国古典文献译丛（第一辑）"（2012）②、"中国古典文献译丛（第二辑）"（2014）③、"中国古典文献译丛（第三辑）"（2015）④，将中国古典文献翻译成锡伯文字出版。贺灵主编的还有《锡伯族濒危朱伦文化遗产（1–4卷）》（2011）⑤、《中国新疆历史文化古籍文献资料译编：锡伯族》（2016）⑥、《中国新疆历史文化古籍文献资料译编：满族》（2016）⑦ 等。吴元丰主编的《清代满汉合璧国学丛书（共5册）》（2019）⑧，包括《书经》《四书（上下）》《小学（上中下）》《三字经·弟子规·朱子家训》《孙子兵法》，吴元丰在《满文古籍整理出版的新探索 —— 谈〈清代满汉合璧国学丛书〉辑录图书出版》（2019）⑨ 一文中对丛书进行了介绍。此外，"早期北京话珍本典籍校释与研究"系列丛书出版，包括：王硕、刘云、陈晓主编的《清代满汉合璧文献萃编》（2018）⑩，王硕主编的《满汉成语对待（1–3卷）》（2018）、《清话问答四十条》（2018）、《清文旨要（1–2卷）》（2018）、《清文启蒙（1–2卷）》（2018）、《清文接字·字法举一歌》（2018）、《续编兼汉清文举要》（2018）、《庸言知旨（1–2卷）》（2018）、《一百条·清语易言（1–2卷）》（2018）、《重刻清文虚字指南编（1–2卷）》（2018）等，对清代满文文献进行点校整理，为弘扬中华民族优秀传统文化做出了积极的贡献。

（四）语言比较研究

从语言类型学、语言接触学、历史比较语言学等理论视角，对满–通古斯语族语言与其他民族语言进行了系统的比较研究。

朝克的《满–通古斯语族语言研究史论》（2014）⑪、《满–通古斯语族语言词源研究》（2014）⑫、《满–通古斯语族语言词汇比较》（2014）⑬ 等专著，对中国的满

① 新疆人民出版社，2010年。
② 新疆人民出版社，2012年。
③ 新疆人民出版社，2014年。
④ 新疆人民出版社，2015年。
⑤ 新疆人民出版社，2011年。
⑥ 克孜勒苏柯尔克孜文出版社，2016年。
⑦ 克孜勒苏柯尔克孜文出版社，2016年。
⑧ 辽宁民族出版社，2019年。
⑨ 载《满族研究》2019年第3期。
⑩ 北京大学出版社，2018年。
⑪ 中国社会科学出版社，2014年。
⑫ 中国社会科学出版社，2014年。
⑬ 中国社会科学出版社，2014年。

语、锡伯语、鄂温克语、鄂伦春语、赫哲语、女真语六种语言以及女真文、满文、锡伯文三种文字的研究成果与资料，包括该语族语言古今中外的历史文献与原始语言资料等进行全面、系统、科学分析；首次对中国的满语、锡伯语、鄂温克语、鄂伦春语、赫哲语以及女真语的5000条基本词汇做了全面比较研究；从词源学理论角度，首次对中国满－通古斯语族的满语、锡伯语、鄂温克语、鄂伦春语、赫哲语以及女真语的3000条基本词汇的来源及其词源关系做了严格意义上的科学分析，对阿尔泰语言的语音、词汇以及语法形态变化进行了比较研究，其中语法形态变化主要有名词类格形态语法变化现象、动词态形态变化语法现象。此外，朝克、曹道巴特尔、陈宗振的专著《北方民族语言变迁研究》（2012）[①]、朝克主编的《"一带一路"倡议及东北亚研究》（2016）[②]论文集，都涉及满－通古斯语族诸民族及与其密切相关的蒙古语族诸民族、突厥语族诸民族语言文字比较等研究内容。朝克的《论满语同其他语言的比较研究及其学术价值》（2017）[③]一文，认为对满语同本语族语言、满语同蒙古语族语言间进行比较研究，关系到满语口语和书面语，也关系到语音、词汇、语法等方面内容。

尹铁超的专著《朝鲜语与通古斯语关系研究》（2018）[④]，对朝鲜语和通古斯语同源性以及语音、音节结构、超音段特征、语法结构等进行比较，研究内容还涉及了朝鲜语与通古斯语言年代学等。郑仲桦的《满－韩语辅音音系与语音特征比较研究》（2017）[⑤]一文，认为满语和韩语在辅音音系上的差异，主要在于小舌音、紧音，以及唇齿擦音这三个（组）语音上，满语和韩语共同具有一个区域性的语音特征，即送气擦音。赵华、赵杰的《朝鲜语元音和谐律松化与朝鲜语语系归属》（2018）[⑥]一文认为，认为中世纪朝鲜语中残存了很多阿尔泰语系的语言结构特征，说明朝鲜语与阿尔泰语系诸语言之间存在历史渊源，深入挖掘这些语言结构，找出共性结构，可以为朝鲜语语系归属研究提供直接的参考依据。戴光宇的《高句丽语和满语的系属关系探析》（2019）[⑦]通过考察语言之间的对应关系，认为发源于我国东北腹地的夫余－高句丽语同满语的底层关系密切，却和起源于东北亚沿海及半岛南部的韩语关系疏远。谢士华的《韩国燕行文献中的满语词研究》（2016）[⑧]一文，认为韩国燕行文献记录了一些满语词，多是与清朝官制有关的名词。王敌非的

---

① 中国社会科学出版社，2012年。

② 科学文献出版社，2016年。

③ 载《满族研究》2017年第2期。

④ 社会科学文献出版社，2018年。

⑤ 载《满族研究》2017年第4期。

⑥ 载《北方民族大学学报》2018年第5期。

⑦ 载《四川大学学报》2019年第6期。

⑧ 载《满族研究》2016年第2期。

《论〈老乞大〉的满译本》（2012）[1]、《〈清语老乞大〉版本考略》（2013）[2]、《〈清语老乞大〉满朝对音研究》（2013）[3]等论文，对满文读本会话类文献朝鲜王朝司译院用来进行满语教学的教材《清语老乞大》进行了研究。认为《清语老乞大》的口语化在朝鲜文对音中仍有体现。

北京话与满语关系的研究，成果有：魏兆惠的《清代北京官话特殊副词"白"来源于满语的若干旁证》（2017）[4]一文，认为清代北京官话中比较特殊的副词"白"应该是满语借词。王为民的《满文文献与尖团音问题》（2017）[5]、《从满汉文献对比看北京话前后中元音合并的年代》（2017）[6]等论文，通过满文文献考察了北京话中尖团音问题，考证了北京话前后中元音合并的年代。陈晓的《从满（蒙）汉合璧等文献管窥清代北京话的语法特征》（2015）[7]一文，通过清代满（蒙）汉合璧文献等20种反映北京话的典型文献资料的考察，说明有异于现代北京话的清代北京话的一些特殊语法现象，对这些语法现象的历史发展脉络进行了梳理解释。仇佳欣的《谈常瀛生对满语与北京话之间关系的研究》（2015）[8]一文，对瀛生详细论述的北京话与北方民族语在长期历史发展过程中的相互融合，满语对北京话在语音、词汇、语法等方面的影响进行了梳理。戴昭铭的《"满式汉语"和京腔口音》（2016）[9]一文，认为清代"满式汉语"是一种客观存在，是清代中期满族在双语阶段使用的一种皮钦式汉语，在历史上曾经发挥过"过渡语"作用。"京腔口音"是北京内城旗人的权势身份符号，其兴衰以及北京官话区的形成是满汉语言接触所达到的深度和满语对汉语巨大影响的见证。季永海的《"满式汉语"及其他——答戴昭铭先生之一》（2018）[10]、《"满式汉语"及其他——答戴昭铭先生之二》（2018）[11]等论文，对戴昭铭的"满语对北京话影响不大"以及"不同意北京话中存在满语的底层"等内容，以及与赵杰的"清代满语对北京话的影响较大""在北京话中有 800 个满语底层成分"等观点进行商榷。通过北京话和清代满语对比研究，认为现代北京话中既没有"满式汉语"，也没有"满汉融合词"，即北京话中没有这种"满语底层成分"。

东北方言与满语关系的研究，成果有：许秋华的《从子弟书看早期东北方言

---

① 载《满语研究》2012年第2期。

② 载《伊犁师范学院学报》2013年第4期。

③ 载《黑龙江民族丛刊》2013年第6期。

④ 载《中央民族大学学报》2017年第4期。

⑤ 载《中国语文》2017年第3期。

⑥ 载《吉林大学社会科学学报》2017年第4期。

⑦ 载《民族语文》2015年第5期。

⑧ 载《语文学刊》2015年23。

⑨ 载《满语研究》2016年第2期。

⑩ 载《满语研究》2018年第1期。

⑪ 载《满语研究》2018年第2期。

满语词》（2012）① 一文，对子弟书中保存的早期东北方言满语词进行了研究。胡艳霞、贾瑞光的《三家子满语中的汉语借词类型及其特点研究》（2010）② 一文，对三家子村汉语借词产生的原因、途径、类型、特点进行了研究。胡艳霞的《清代满族与东北少救民族语言关系研究》（2012）③ 一文，对清代满族与东北少数民族语言关系进行了探讨与分析。此外，王世凯的《辽宁地区满语资源及其管理》（2013）④、王雁的《辽宁满语文和满族历史文化研究》⑤、鲍明的《辽宁满汉混合语调查研究》（2013）⑥ 等专著，分别对满语资源管理及满语与东北方言的关系进行了研究。

通过满文文献考察满语和汉语的关系，相关论文还有于慧、赵杰的《略论清代满语译借汉语词汇语言学改造之特点》（2012）⑦、《清代汉语"见"组字声母特点 —— 从满语中的汉语借词谈起》（2013）⑧ 等，对清代满语译借汉语词汇的历史、语言背景，满语译借汉语词汇的语音改造、构词改造、词法组合改造等进行探讨，同时对清代以音译方式借至满语的大量汉语团音字进行了研究。张美兰、綦晋的《从〈清文指要〉满汉文本用词的变化看满文特征的消失》（2016）⑨ 等论文，对满汉合璧《清文旨要》用词及满语句式在汉译本中对应的表达形式，尤其是受事成分在汉译不同文本及其改编本中的句式位置以及标记的使用情况进行了研究。竹越孝、陈晓的《满语助词dabala与汉语句末助词"罢了/罢咧"相关关系研究》（2016）⑩ 一文，通过调查清代满汉合璧文献及明清以来的白话小说，分析梳理了"罢了/罢咧"的发展脉络，以及与满语助词dabala的关系。王继红、李聪聪、陈前瑞的《清代满汉合璧语料中双"了"句的用法研究》（2018）⑪ 一文，利用《清文启蒙》《清话问答四十条》《清文指要》（百章）等满汉合璧材料，考察双"了"句在清中前期旗人汉语中的特点及使用情况，认为清代满汉合璧文献中双"了"句丰富的用法相当程度上来自满语多种对应形式的完成体功能的不同用法。孙明、汪丽的《从清代满汉合璧语音资料看满汉对音规律及作用》（2018）⑫ 一文，以乾隆朝编纂的《钦定清汉对音字式》为例，通过满汉对音范围的选择，音节与音素的对应关系等内容，揭示了满汉语言对音规律和特点。赵昕、龙国富的《试论〈音韵逢源〉汉

① 载《满族研究》2012年第2期。
② 载《大连民族学院学报》2010年第7期。
③ 中央民族大学博士学位论文，2012年。
④ 辽宁民族出版社，2013年。
⑤ 沈阳出版社，2017年。
⑥ 北京师范大学出版社，2013年。
⑦ 载《民族翻译》2012年第4期。
⑧ 载《满语研究》2013年第2期。
⑨ 载《中国语文》2016年第5期。
⑩ 载《民族语文》2016年第6期。
⑪ 载《语言学论丛（第五十八辑）》2018年。
⑫ 载《中央民族大学学报》2018年第3期。

语音节满文标记法》（2018）① 一文，对清代汉语韵图《音韵逢源》中汉语音节的满文标记方法进行了系统归纳，对异常的标记现象从满文拼写规则、语音发展等角度进行了解释。此外，孙明的《关于汉语满语量词的比较研究》（2010）② 一文，就汉语、满语量词的表现形式，句中所处位置、功能，以及省略、借用等情况进行了比较研究。

长山的《〈五体清文鉴〉满语词汇特点》（2010）③、《满语中梵语借词研究》（2014）④、《满语中汉语借词特点分析》（2014）⑤、《满语中蒙古语借词的特点分析》（2015）⑥、《满语中汉语借词的演变轨迹考察》（2016）⑦ 等论文，对满语中的梵语借词、汉语借词、蒙古语借词进行了考察和分析，并在分析基础上探讨了清代满语中借词的演变轨迹。晓春的《从〈大清全书〉看满语中的汉语借词》（2017）⑧ 一文，认为《大清全书》编写于满语规范之前，收入的官名、衙署名、植物名、器具名、纺织品名等汉语借词，一些已成为满语的基础词汇，另有一些在乾隆年间被翻译成满语。欧阳伟的《新疆汉语方言中的满语词研究》（2012）⑨ 从语言接触视角，对相关借词进行了研究。内玛才让的《试述清代满文文献中的藏语词汇》（2019）⑩ 一文，对清代满文文献中出现的藏语职官制度词汇、地名术语词汇、宗教术语词汇、人名词汇等略加梳理，兼论藏族族称在清代满文史料中的不同表述。

戴光宇的《女真语和汉语音变趋同现象初探》（2012）⑪、《试论鲜卑语、契丹语和满语的关系》（2014）⑫、《满语中的上古汉语借词研究》（2016）⑬ 等论文，认为金代文献中以汉字标音记录女真语词语，其标音汉字的读音处于从中古音向近代音的过渡阶段，上古汉语对东北地区民族语言尤其是满语的影响比较深远。张儒婷的论文《女真文与满文发展比较的启示》（2015）⑭，张庆威、张文馨的论文《金代女真语文与现代满语文的比较》（2017）⑮，将女真文字资料与满语文进行语言对比，从

---

① 载《满族研究》2018 年第 2 期。
② 载《民族翻译研究》2010 年第 1 期。
③ 载《满语研究》2010 年第 1 期。
④ 载《满语研究》2014 年第 1 期。
⑤ 载《满语研究》2014 年第 2 期。
⑥ 载《满族研究》2015 年第 1 期。
⑦ 载《满语研究》2016 年第 1 期。
⑧ 载《满语研究》2017 年第 2 期。
⑨ 载《语言与翻译》2012 年第 4 期。
⑩ 载《青海师范大学学报》2019 年第 6 期。
⑪ 载《满语研究》2012 年第 1 期。
⑫ 载《满语研究》2014 年第 2 期。
⑬ 载《满语研究》2016 年第 2 期。
⑭ 载《满族研究》2015 年第 4 期。
⑮ 载《河北民族师范学院学报》2017 年第 1 期。

语音系统、符号系统、词汇系统和语法系统四个方面论述二者之间的传承关系，证明了满语确实源于古女真语，是古女真语的再生与延续。

对满—通古斯语族和蒙古语族语言的语法特征和亲缘关系进行比较研究的成果，主要有：卡佳的《论满语和蒙古语共有名词及其音变规律》（2017）①一文，认为满–通古斯语族语言和蒙古语族语言中共有成分较多，且体现在词汇、语音、语法和形态变化等诸多方面。李亮的《满蒙语中的梵语借词》（2017）②，认为满蒙语中引入梵语借词这一历史过程要更早至8世纪左右。程烨、赵杰的《满蒙人称名词构词后缀的比较分析》（2019）③一文，从满语和蒙古语的构词后缀出发，比较分析满蒙人称名词构词后缀的构词特点、语法和语义功能、语义范围、构成新词的人称分类以及词义项的变化。锡莉的《从清代公文书看蒙古语文与满语文的接触——以蒙古国地区公文书为例》（2017）④一文，通过对蒙满文两种公文书的比较研究，详细分析蒙古文公文书中出现的爵位职官名称、满文书写方式、满文批示等实例，认为清代蒙古国地区蒙文公文书，在一些固定名词的借用、个别书写方式以及签字批示等方面，均受到来自满文公文书的影响。佟金荣的《蒙古语和满语静词语法范畴比较研究》（2015）⑤一文，对蒙古语和满语的名词的数范畴、格范畴、领属范畴、性属、泛指等范畴进行了全面系统的分析和论述。在此基础上，对满语和蒙古语名词上述范畴之间在语音形式和语法意义方面所表现出来的相近和对应关系进行了比较研究，对其发展演变规律作了探索。田鹏的《满语与蒙古语副词比较研究》（2019）⑥一文，从词汇意义、结构特征、句法功能、词源关系等不同角度，对满语和蒙古语副词进行了比较研究。

高娃的《鄂伦春语与蒙古语静词诸语法形态比较研究》（2011）⑦一文，比较研究了在鄂伦春语和蒙古语的名词"格""数""领属"以及形容词"比较级"等语法范畴中的语法意义和语音形式相似的成分，并且进一步研究了相关附加成分的渊源关系。斯仁巴图的专著《鄂温克语和蒙古语比较研究——语音及语法范畴（蒙古文版）》（2018）⑧、《蒙古与鄂温克语言文化研究》（2019）⑨，对鄂温克语和蒙古语的语音、名词语法范畴以及满语、达斡尔语和鄂伦春语进行了比较研究，阐明鄂温克语和蒙古语内在关联，确定了两种语言的渊源关系。龚海荣《鄂伦春语亲属称谓

① 载《满语研究》2017年第2期。

② 载《内蒙古民族大学学报》2017年第3期。

③ 载《黑龙江民族丛刊》2019年第2期。

④ 载《满族研究》2017年第3期。

⑤ 内蒙古大学博士学位论文，2015年。

⑥ 黑龙江大学博士学位论文，2019年。

⑦ 内蒙古大学博士学位论文，2011年。

⑧ 民族出版社，2018年。

⑨ 中央民族大学出版社，2019年。

研究》（2013）① 一文，认为鄂伦春语亲属称谓不仅与同属满-通古斯语族的鄂温克语、赫哲语、满语、锡伯语共有一些称谓，与不同语族的突厥语族（维吾尔语、哈萨克语）、蒙古语族（蒙古语、达斡尔语）中也有共有称谓元素。这一语言事实解释了文化融合带给语言接触的影响。桂芳的《锡伯语与蒙古语语音、名词语法范畴比较研究》（2013）② 对锡伯语和蒙古语之间的语音对应规律和名词语法形态进行比较研究，对其发展演变规律及亲缘关系做了探索。李云霞的《锡伯语与满语关系探源》（2011）③ 一文，从锡伯语的源流、锡伯文的创制、锡伯语中的借词、锡伯语的变迁等方面进行了研究。韩金海的《维吾尔语和锡伯语的语言关系的探讨》（2012）④ 一文，通过对突厥语族中的维吾尔语和满-通古斯语族中的锡伯语词汇进行比较，探讨了这几种语言之间的关系。崔宝莹的《论满-通古斯语族语言天干词的语音对应现象及其规律》（2018）⑤ 一文，认为满-通古斯语族语言天干词在满语和锡伯语中产生的辅音对应现象最多，满-通古斯语族语言天干词的辅音对应现象较为复杂，元音对应现象较为简单。郭俊灵的《锡伯语书面语与口语之间的差异性研究》（2019）⑥ 一文，认为锡伯语分书面语与口语之间的差异性较大，从语音、词汇、语法三个方面来具体比较论证锡伯语书面语与口语之间的差异性及造成差异性的原因。王国庆的论文《关于那乃语的系属定位研究》（2013）⑦，综述了国内外关于那乃语的系属定位的研究现状，指出那乃语（俄罗斯境内）和赫哲语（中国境内）的亲缘关系，认为二者都应归入通古斯南语支中。王国庆和赵杰的《从词阶理论看满-通古斯语族的语支分类》（2016）⑧ 一文，通过词阶对比，将那乃语（赫哲语）归为通古斯南语支。陈伟主编的《阿尔泰语言学译文集》（2011）⑨，汇集了译者数年来翻译的有关阿尔泰语言学方面的国外论文，涉及阿尔泰语的词汇研究、词源研究、内部结构以及不同语族语言的比较研究。不仅对中国境内满通古斯语言与其他民族语言关系进行研究，还对跨境语言进行了研究。

　　学者们还以学术会议为平台，出版学术论文集，发表系列研究成果。如：赵志强主编的《满学论丛（第1–8辑）》（2011–2019）⑩，共8辑，第1辑至第8辑分别于2011–2019年出版（每年出版1辑），共载论文175篇。此外，还有何晓芳主编的

① 中央民族大学博士学位论文，2013年。

② 内蒙古大学博士学位论文，2013年。

③ 载《沈阳故宫博物院院刊（第11辑）》2011年。

④ 新疆师范大学硕士学位论文，2012年。

⑤ 载《黑龙江民族丛刊》2018年第2期。

⑥ 伊犁师范大学硕士学位论文，2019年。

⑦ 载《北方语言论丛（第二辑）》，2013年。

⑧ 载《北方民族大学学报》，2016年第3期。

⑨ 社会科学文献出版社，2011年。

⑩ 辽宁民族出版社，2011–2019年。

《满族研究论要（四卷）》（2014）①、《满学研究（1–2期）》（2018–2019）②，何晓芳、张德玉主编的《辽宁省少数民族民间文化遗产丛书：满文卷（上下）》（2016）③，吕萍主编的《中国满学（第一辑）》（2010）④、《中国满学（第二辑）》（2013）⑤，新疆人民出版社锡伯文编辑室主编的锡伯文、汉文版本《锡伯文化（总第43–50期）》（2010–2017）⑥，李阳、王焯、董丽娟主编的学术研究文集《锡伯族文化》（2011）⑦，富裕县民族宗教事务局主编的《中国·三家子满族语言文化论坛文集》（2011）⑧ 等，以上论文集为传承、保护、弘扬满–通古斯语族语言文化，推进满–通古斯语族语言研究的发展，促进与国际学术界的交流，做出了贡献。

综上所述，70年来中国满通古斯语言研究的领域不断拓展，研究内容越来越全面、越来越系统，体现出如下特点：运用最新语言学理论和研究方法，借鉴相关学科理论方法进行语言本体研究；重视语言调查，结合多媒体互联网技术和资料库建设进行专题研究；重视语文学研究，如多文种文献的综合利用以及对语言文献资料进行挖掘、整理、翻译研究；重视学科建设，培养后继人才等。相信在学者们的努力下，将会涌现出更多高水平的研究成果，不断推动满通古斯语言研究发展。

参考文献

[1] 爱新觉罗·乌拉熙春：《满洲语语音研究》，日本京都玄都文社，1992年。

[2] 爱新觉罗瀛生：《满语口语音典》，华艺出版社，2014年。

[3] 安成山等：《简论锡伯语口语语音》，《语言与翻译》1999年第4期。

[4] 安成山：《浅析现代锡伯语元音音变》，《新疆大学学报》1993年第3期。

[5] 安成山：《锡伯语语序》，《语言与翻译》1994年第4期。

[6] 安俊：《赫哲语简志》，民族出版社，1986。

[7] 安俊的《赫哲语概况》，《民族语文》1984年第6期。

[8] 安双成的《动词词尾谈》，《满语研究》1986年第2期。

[9] 安双成的《满语虚字 be、de、i、ci、deri 的用法》，《满语研究》1991年第2期。

[10] 教特根其其格的《满语复合名词的构词特点》，《满语研究》2005年第2期。

[11] 朝克：《现代锡伯语口语研究》，民族出版社，2006。

[12] 朝克：《鄂温克语各方言的语音关系》，《中央民族学院学报》1985年第

---

① 白山出版社，2014年。

② 民族出版社，2018–2019年。

③ 辽宁民族出版社，2016年。

④ 吉林文史出版社，2010年。

⑤ 东北师范大学出版社，2013年。

⑥ 新疆人民出版社，2010–2017年。

⑦ 辽宁民族出版社，2011年。

⑧ 北方文艺出版社，2011年。

4 期。

　　[13] 朝克:《鄂温克语研究》，民族出版社，1995。

　　[14] 朝克:《关于鄂温克语以派生词尾元音音位为中心的形态语音结构类型》，《满语研究》2003 年第 1 期。

　　[15] 朝克:《满通古斯诸语的音变规则》，《满语研究》1996 年第 2 期。

　　[16] 常山:《满语方位词词缀 –la/–le/lo 探源》，《满语研究》2008 年第 1 期。

　　[17] 朝克:《鄂温克语的代词特征》，《满语研究》2001 年第 2 期。

　　[18] 朝克:《论鄂温克语的动词》，《内蒙古师大学报》1986 年第 3 期。

　　[19] 朝克:《鄂温克语助词结构》，《中央民族学院学报》1992 年第 4 期。

　　[20] 朝克:《鄂温克语的后置词》，《民族语文》1986 年第 6 期。

　　[21] 朝克:《论赫哲语动词陈述式》，《满语研究》1997 年第 1 期。

　　[22] 朝克:《论鄂温克语的词组结构》，《满语研究》1991 年第 1 期。

　　[23] 朝克:《论鄂温克语句子结构》，《满语研究》1989 年第 2 期。

　　[24] 朝克:《鄂温克语的构词方式》《民族语文》1984 年第 1 期。

　　[25] 朝克等:《北方民族语言变迁研究》，中国社会科学出版社，2012 年。

　　[26] 朝克，李云兵等:《中国民族语言文字研究史论》(第三卷索引卷)，中国社会科学出版社，2013 年。

　　[27] 朝克:《满–通古斯语族语言研究史论》，中国社会科学出版社，2014 年。

　　[28] 朝克:《满–通古斯语族语言词源研究》，中国社会科学出版社，2014 年。

　　[29] 朝克:《满语 366 句会话句》，社会科学文献出版社，2014 年。

　　[30] 朝克:《锡伯语 366 句会话句》，社会科学文献出版社，2014 年。

　　[31] 朝克:《赫哲语 366 句会话句》，社会科学文献出版社，2014 年。

　　[32] 朝克:《鄂温克语 366 句会话句》，社会科学文献出版社，2014 年。

　　[33] 朝克:《鄂伦春语 366 句会话句》，社会科学文献出版社，2014 年。

　　[34] 朝克:《满–通古斯语族语言词汇比较》，中国社会科学出版社，2014 年。

　　[35] 朝克等:《鄂温克族三大方言词汇比较》(四卷本)，社会科学文献出版社，2017 年。

　　[36] 朝克:《鄂温克语动词形态论》，中国社会科学出版社，2017 年。

　　[37] 朝克:《鄂温克语名词形态论》，中国社会科学出版社，2017 年。

　　[38] 朝克:《鄂温克语民间故事》，社会科学文献出版社，2017 年。

　　[39] 朝克等:《杜拉尔鄂温克语词汇》(2 册)，社会科学文献出版社，2019 年。

　　[40] 长山:《满语词源及文化研究》，社会科学文献出版社，2014 年。

　　[41] 陈新义:《中国北方阿尔泰语言语序类型研究》，中国社会科学出版社，2015 年。

　　[42] 戴光宇:《论赫哲语的钝音加 se/te 词尾》，《内蒙古民族大学学报》2007 年第 2 期。

[43] 戴光宇:《三家子满语口语集合数词词缀 —— vεli考》,《满语研究》2003年第1期。

[44] 戴庆厦:《二十世纪的中国少数民族语言研究》,书海出版社,1998。

[45] 戴光宇:《三家子满语语音研究》,北京大学出版社,2012年。

[46] 邓晶:《满语格助词–de的语义及其翻译》,《满语研究》2008年第2期。

[47] 恩和巴图:《论满语口语格形态及其意义》,《满语研究》1997年第2期。

[48] 恩和巴图:《三家子满语词汇》,《民族语文》1992年第3期。

[49] 法里春:《论满语的后置词》,《满语研究》1985年第1期。

[50] 关辛秋:《关于满文元音字母o、ū的读音》,《中央民族大学学报》2008年第5期。

[51] 关辛秋:《满文元音e的清代读音》,《民族语文》2008年第3期。

[52] 关新秋:《关于满文辅音字母读音的探讨》(上、下),《满语研究》2007年第2期、2008年第1期。

[53] 郭庆:《浅论锡伯语重音现象及其规律》,《语言与翻译》1996年第4期。

[54] 哈斯巴特尔:《关于鄂温克语语音》,《满语研究》2006年第1期。

[55] 哈斯巴特尔:《满语辅音c/j探源》,《满语研究》2005年第2期。

[56] 哈斯巴特尔:《初论满语元音屈折现象》,《满语研究》2004年第2期。

[57] 哈斯巴特尔:《关于满语–mbi词缀》,《满语研究》2001年第1期。

[58] 何学娟:《赫哲语语音系统》,《黑龙江民族丛刊》1988年第4期。

[59] 何荣伟:《锡伯语365句》,新疆人民出版社,2013年。

[60] 何荣伟等:《满语》(第一册),辽宁民族出版社,2016年。

[61] 何荣伟等:《满语》(第二册),辽宁民族出版社,2017年。

[62] 何晓芳:《清代满族家谱选辑》,辽宁民族出版社,2016年。

[63] 何晓芳:《满学研究》(1-2),民族出版社,2018-2019年。

[64] 和希格:《试论满语动词的副动形式》,《满语研究》2002年第1期。

[65] 胡增益:《鄂伦春语简志》,民族出版社,1986。

[66] 胡增益、朝克:《鄂温克语简志》,民族出版社,1986。

[67] 胡增益:《鄂温克语概况》,《民族语文》1984年第1期。

[68] 胡增益:《鄂伦春语研究》,民族出版社,2001。

[69] 黄锡惠:《满语口语研究的重音问题》,《满语研究》2001年第1期。

[70] 尹铁超:《朝鲜语与通古斯语关系研究》,社会科学文献出版社,2018年。

[71] 吉特格勒图:《论鄂温克语动词与人称的关系》,《民族教育研究》199年s1期。

[72] 季永海等:《满语语法》,民族出版社,1986。

[73] 季永海:《有关满语语音的几个问题》,《民族语文》2008年第5期。

[74] 季永海:《有关满语语音的几个问题》,《满语研究》2005年第2期。

[75] 季永海:《论满语的元音和谐 —— 兼论元音和谐不同于语音同化》,《民族语文研究》,四川人民出版社,1983。

[76] 季永海、刘景宪:《满语中的格位范畴》,《中央民族学院学报》1983 年第 3 期。

[77] 季永海、刘景宪:《满语中指人名词的复数范畴和表达法》,《民族语文》1982 年第 3 期。

[78] 江桥:《论满语的复合谓语、副动词做状语及连动式》,《满语研究》1986 年第 1 期。

[79] 金焘方:《满语动词的时体范畴》,《满语研究》1988 年第 2 期。

[80] 卡丽娜:《论满通古斯诸语的格形态及功能》,《满语研究》1995 年第 2 期。

[81] 黎冉:《试析满语分句的连接关系及连接手段》,《满语研究》1992 年第 2 期。

[82] 黎艳平:《论满语句子的特殊成分》,《满语研究》1990 年第 1 期。

[83] 黎艳平:《论满语词的借代义和比喻义》,《满语研究》1992 年第 2 期。

[84] 李兵:《鄂伦春语的元音和谐 —— 兼论元音和谐不属于同化范畴》,《民族语文》1992 年第 6 期。

[85] 李兵:《论通古斯语言元音和谐的语音学基础》,《民族语文》1998 年第 3 期。

[86] 李兵:《通古斯语言元音和谐与书面满语元音系统》,《满语研究》1998 年第 1 期。

[87] 李兵:《舌根后缩元音和谐系统中性元音的可透性》,《民族语文》2002 年第 2 期。

[88] 李兵:《通古斯语言唇状和谐的形式特点与比较》,《民族语文》2000 年第 3 期。

[89] 李兵:《锡伯语唇状和谐的从属音系学分析》,《新疆师范大学学报》1999 年第 1 期。

[90] 李兵:《满通古斯语言的最小韵律词》,《满语研究》2005 年第 1 期。

[91] 李书:《谈满语中的 be》,《满语研究》1986 年第 1 期。

[92] 长山、文化:《满语方位词 dergi、wargi 词源考证》,《满语研究》2008 年第 2 期。

[93] 李淑兰、仲谦:《锡伯语简志》,民族出版社,1986 年。

[94] 李淑兰:《鄂伦春语概况》,《中国语文》1965 年第 1 期。

[95] 李淑兰:《锡伯语概况》,《民族语文》1979 年第 3 期。

[96] 李树兰等:《锡伯语口语研究》,民族出版社,1984 年。

[97] 李树兰:《论锡伯语助动词》,《民族语文》1988 年第 6 期。

[98] 李树兰:《锡伯语的状词》,《民族语文》1985 年第 5 期。

[99] 李树兰:《锡伯语的藻饰词》,《民族语文》1991年第1期。

[100] 李树兰:《满文藻饰词研究》,《中国民族古文字研究 第3辑》,天津古籍出版社,1991。

[101] 李树兰:《锡伯语的领属范畴》,《民族语文》1982年第5期。

[102] 李树兰、胡增益:《满通古斯语言语法范畴中的确定/非确定意义》,《民族语文》1998年第4期。

[103] 李树兰:《锡伯语动词陈述式的亲知口气和非亲知口气》,《民族语文》1984年第6期。

[104] 李树新:《达斡尔族、鄂温克族、鄂伦春族谚语文化研究》,商务印书馆,2019年。

[105] 李兵:《阿尔泰语言元音和谐研究》,商务印书馆,2013年。

[106] 李肖含:《满通古斯民族语言研究 —— 朝克学术思想评论》,学苑出版社,2017年。

[107] 栗振复:《满语动词的句中时态》,《满语研究》1990年第1期。

[108] 凌纯声:《松花江下游的赫哲族》,《中央研究院（中华民国时期）历史语言所单刊》甲种之十四,1935年。

[109] 刘厚生:《满语语流音变刍议》,《满语研究》1986年第1期。

[110] 刘厚生等编著:《汉满词典》,民族出版社,2005年。

[111] 刘景宪等:《满语研究通论》,黑龙江朝鲜民族出版社,1997。

[112] 刘景宪、赵阿平:《满语音节拼读现象和复合元音的产生》,《民族语文》1997年第5期。

[113] 刘景宪:《论满语元音和谐律》,《满语研究》1995年第2期。

[114] 刘景宪:《关于满语中性元音和谐问题的探讨》,《满语研究》1997年第2期。

[115] 刘景宪、赵阿平、吴宝柱等:《关于满语名词复数的研究》,《民族语文》1993年第4期。

[116] 吕萍:《中国满学》（第1辑）,吉林文史出版社,2010年。

[117] 吕萍:《中国满学》（第2辑）,东北师范大学出版社,2013年。

[118] 吕萍等:《佛满洲家谱精选》（三卷本）,人民出版社,2017年。

[119] 马学良、乌拉熙春:《满语支语言的送气清擦音》,《民族语文》1993年第6期。

[120] 穆晔俊:《阿勒楚喀满语语音简论》,《满语研究》1985年第1期。

[121] 穆晔俊:《拉林满语语音概论》,《满语研究》1986年第2期。

[122] 穆晔俊:《阿勒楚喀满语的数词与格助词》,《满语研究》1986年第2期。

[123] 清格尔泰:《满洲语口语语音》,《内蒙古大学纪念校庆二十五周年学术论文集》1982年。

[124] 清格尔泰:《关于满洲文字母第六元音的读音》,《满语研究》1985 年创刊号。

[125] 綦中明:《满语名号研究》, 中国社会科学出版社, 2017 年。

[126] 沈原:《论满语判断句》,《满语研究》1989 年第 1 期。

[127] 萨蒙等:《锡伯语通论》, 新疆人民出版社, 2010 年。

[128] 斯仁巴图:《鄂温克和蒙古语比较研究 —— 语音及语法范畴》(蒙古文), 民族出版社, 2018 年。

[129] 斯仁巴图:《蒙古与鄂温克语言文化研究》(蒙古文), 中央民族大学出版社, 2019 年。

[130] 嵩克:《满语句子成分的位置》,《满语研究》1992 年第 1 期。

[131] 唐均:《满语判断标记词及其句法功能》,《满语研究》2005 年第 1 期。

[132] 佟永功、季永海:《从满文文献看满语的形动词》,《中央民族学院学院》1985 年第 3 期。

[133] 佟加·庆夫:《锡伯语文规范化与信息化研究》, 新疆人民出版社, 2018 年

[134] 图奇春、杨震远合著:《锡伯语语法》, 新疆人民出版社, 1987。

[135] 王庆丰:《爱辉满语概况》,《民族语文》1984 年第 5 期。

[136] 王庆丰:《满语研究》, 民族出版社, 2005 年。

[137] 王庆丰:《论满语动词的形态变化》,《满语研究》1987 年第 1 期。

[138] 王庆丰:《试论满语的元音 o u ū》,《满语研究》1986 年第 1 期。

[139] 王小虹、郭美兰:《锡伯语语音位系统》,《满语研究》1985 年第 1 期。

[140] 王小虹:《谈满语动词后缀 –ci》,《满语研究》2005 年第 1 期。

[141] 王小虹:《谈谈满语 sembi、hendumbi、gisurembi 三个 "说" 字的区别》,《满语研究》2004 年第 1 期。

[142] 王世凯:《辽宁地区满语资源及其管理》, 辽宁民族出版社, 2012 年。

[143] 王雁:《辽宁满语文和满族历史文化研究》, 沈阳出版社, 2017 年。

[144] 乌拉熙春:《满语语法》, 内蒙古人民出版社, 1983 年。

[145] 乌拉熙春:《满语元音的演变》,《民族语文》1990 年第 4 期。

[146] 乌拉熙春:《满语支语言中的过渡音》,《民族语文》1997 年第 1 期。

[147] 吴宝柱:《满语附加成分的分类及其特点》,《满语研究》1992 年第 2 期。

[148] 吴宝柱:《满语方位词附加成分的辨析》,《满语研究》1996 年第 2 期。

[149] 吴宝柱:《满语方位词词根辨析》,《满语研究》1994 年第 2 期。

[150] 吴宝柱:《满语附加成分的语义结构分析》,《满语研究》1991 年第 1 期。

[151] 吴碧宇:《满语疑问标记分类及其功能研究》,《满语研究》2008 年第 2 期。

[152] 吴元丰:《论满语复句》,《满语研究》1989 年第 1 期。

[153] 乌日格喜乐图等:《鄂温克语语音声学研究》, 社会科学文献出版社,

2018年。

[154] 晓春:《满语否定动词"akuu"的语义起源》,《中央民族大学学报》2002年第6期。

[155] 张嘉宾:《赫哲语词汇初析》,《黑龙江民族丛刊》1987年第2期。

[156] 张泰镐（韩国）:《新疆锡伯语口语音位系统》,《民族语文》2003年第5期。

[157] 张玉:《论满语祈使句》,《满语研究》1990年第1期。

[158] 赵阿平:《论满语疑问句的构成方式》,《满语研究》1990年第2期。

[159] 赵阿平:《论满语词汇的特点》,《满语研究》1990年第1期。

[160] 赵金纯:《初探三家子满语中动词"时"的表示法》,《满语研究》1986年第1期。

[161] 赵杰:《现代满语研究》,民族出版社,1989年5月。

[162] 赵杰:《泰来满语音位解析》,《满语研究》1987年第1期。

[163] 赵杰:《现代满语研究》,民族出版社,1989年。

[164] 赵杰:《锡伯语满语语音演变的比较》,《民族语文》1988年第1期。

[165] 赵令志:《满语副动词fi和pi浅析》,《满语研究》2006年第1期。

[166] 赵盛利:《辨析满语的主动态、被动态和使动态》,《满语研究》1989年第1期。

[167] 赵盛利:《论满语的多重复句》,《满语研究》1989年第2期。

[168] 赵志强:《满语动词的连用形式和副动形式》,《满语研究》2000年第1期。

[169] 赵志强:《满语动词过去时新解》,《满语研究》2002年第1期。

[170] 赵志忠:《谈满语动词arambi》,《满语研究》2002年第1期。

[171] 赵志忠:《满族萨满神歌研究》,民族出版社,2010年。

[172] 赵阿平等:《濒危语言——满语、赫哲语共时研究》,社会科学文献出版社,2013年。

[173] 赵志强:《满学论丛》（1–8辑）,辽宁民族出版社,2011–2019年。

第四章 南岛语系语言研究

第一节 南岛语系语言研究概况

南岛语系（Austronesian Famliy）又称马来–波利尼西亚语系（Malayo–Polynesian Family），主要分布在太平洋、印度洋的2万多个岛屿与两个半岛上。目前的语言调查尚未能确定南岛语的具体数量，有人认为有300多种，有人认为有500多种，也有数据称有1262种（360百科），使用人口约在2.5亿左右。我国台湾地区是南岛语系分布的最北端，居住在台湾地区的南岛语民族称为高山族，使用的语言包括泰雅语、赛德克语、太鲁阁语、邹语、卡那卡那富语、沙阿鲁阿语、鲁凯语、布农语、排湾语、卑南语、赛夏语、阿美语、撒奇莱雅语、达悟语（也称雅美语）、邵语、噶玛兰语等，使用人口约45万。另外，海南省三亚市回辉、回新村的回族使用的回辉话也是一种南岛语，使用人口近万人（据三亚市政府2008年统计数字有9037人）。

我国对南岛语的研究，可上溯到20世纪50年代。1954年，中国科学院少数民族语言研究所王辅世先生参考多种日文资料写成《台湾高山族语言概况》发表，这是中国大陆第一篇关于分布在我国的南岛语研究的学术论文，因而被评价为高山族语言研究的"发轫之作"。同年，中央民族学院设立高山族语言教研室，何汝芬（蒙古族）、田中山（阿美）、林登仙（阿美）、林太（布农）、马荣生（排湾）、陈玉舜、邱顺兴、李长信、陈荣福（卑南）成为最早的一批教学科研人员。自1959年起招收高山族语言本科专业，高山族语言教研室编写了阿眉斯语（即阿美语）、布嫩语（即布农语）、百宛语（即排湾语）等油印本教材。也是在这一时期，李壬癸、丁邦新、郑恒雄、何大安、杨秀芳、梅广等对16种南岛语20多种方言进行语言田野调查。其中，李壬癸负责鲁凯、赛夏、邵、巴则海、雅美、噶玛兰、邹、泰雅、阿美等9种语言共20种方言，并设法找到发音人对濒危的平埔语言进行调查；丁邦新负责调查沙阿鲁阿语和卑南语，郑恒雄负责调查布农语和雅美语（即达悟语），何大安负责调查排湾语，郑再发与杨秀芳负责调查赛德克语，梅广负责调查卡那卡那富语，赵荣琅调查赛夏语东河方言。这一较大规模的语言调查一直持续到20世纪80年代。

20世纪70年代中后期，形成了一批以某一具体语言或方言的某一结构要素为专题的描写性成果，邹语、邵语、赛夏语、布农语及赛德克语、阿美语方言率先在语音、词汇、语法的专题研究上取得成果，如何大安的《邹语音韵》(1976)①、李壬癸的《邵语音韵》(1976)②、杨秀芳的《赛德语雾社方言的音韵结构》(1976)③、王旭的《阿美语马太安方言的音节结构》(1976)④、李壬癸的《邹语比较》(1972)⑤和《赛夏语方言的比较词汇》(1978)⑥、郑恒雄的《布农语的主题、主语与动词》(1977)⑦以及郭青华的《雾台方言的补语结构》(1979)⑧等，文中所总结的音韵规律与语法规律，随着后来对这些语言研究的深入，很多被证明是准确的。

　　进入21世纪以来，我国南岛语研究有了长足的发展，成果颇丰，主要表现在：1.利用历史比较语言学或结合考古人类学、分子人类学方法来验证南岛民族起源假说，或探讨南岛语系与汉藏语系、南亚语系的关系，以及确定回辉话的性质等方面，都有一定程度的突破。2.我国南岛语的语言结构描写研究一直持续推进，从语音、词汇、语法等方面描写各语言基本面貌的论文、专著持续问世，并在相关领域都取得不同程度的进展。此外，硕士、博士学位论文选取南岛语为研究对象的比重有所增加，选题从语音、词汇、语法到语义、语用均有涉猎。方言、词典编纂、语料库、书写符号系统研究起步稍晚，但也有了零的突破。3.我国南岛语学者通过田野调查，依据具体语言事实，运用优选理论、制图理论等理论和方法，对语音方面如滑音的形成机制与音韵模式、韵尾辅音、元音增删、词重音和语调、回辉话声调形成的机制，以及共时音变规律与历时语音演变规律；词汇方面如词类、一般词汇及词汇的语义、语用等；语法方面如派生构词法、重叠构词法、焦点系统、短语结构、语序、句法成分与句类等问题，取得了丰富的研究成果。下面将对七十年来我国南岛语研究的主要情况进行简要概述。

---

① 载中央研究院（中国台湾地区）《历史语言研究所集刊》47.2：245–274，1976.

② Thao Phonology，载Bulletin of the Institute of History and Philology 47.2：219–244，1976.

③ 载中央研究院（中国台湾地区）《历史语言研究所集刊》47.4：611–706，1976年12月。赛德语即赛德克语，下同。

④ The Syllable Structures of Fataan Amis，Taipei：National Taiwan University MA thesis. 1976.

⑤ On Comparative Tsou，载Bulletin of the Institute of History and Philology 44.2：311–338，1972.

⑥ A Comparative Vocabulary of Saisiyat，载Bulletin of the Institute of History and Philology 49.2：133–199，1978.

⑦ Topic and Focus in Bunun，Taipei：Academia Sinica.（University of Hawaii at Manoa Ph. D. dissertation）1977.

⑧ Rukai Complementation，Taipei：Fu Jen Catholic University MA thesis.1979.

一、南岛语的历时研究

（一）南岛语系属研究

关于南岛语系的系属问题，最早的研究可上溯到18世纪末。李艳的《南岛语言谱系分类研究》（2014）① 一文，综合中外南岛语谱系问题研究文献，将南岛语系的系属研究分成前科学时期、科学时期和当代研究三个阶段。

文章认为，前科学时期主要是从18世纪初至19世纪末期间，特点是通过对航海家或传教士游历地方收集到的词汇表的直观观察，试图建立起印度洋、太平洋诸岛屿上土著的种族与语言间的某种联系，先后提出"马来–波利尼西亚""南岛"等假说。例如1706年，荷兰学者H.莱兰特（Hadrian Reland）曾假定有一种叫"马来语"的语言从马达加斯加岛穿过爪哇、婆罗洲和马鲁古群岛及科科斯岛（Cocos），一直向东。1787年，西班牙传教士洛文佐（Lorenzo Hervasy Panduro）提出"马来–波利尼西亚"这一概念，认为太平洋地带远至复活节岛的语言与马达加斯加岛、马来半岛、巽他群岛、马鲁古群岛和菲律宾群岛的语言同源。1800年，洛文佐出版《语言目录》，继续论证马来语和波利尼西亚语之间的发生学关系。1834年，英国历史学家马斯顿（Marsden）在《波利尼西亚语或东部岛屿语言》中创立二元划分法，将印度尼西亚群岛的语言称为"近处波利尼西亚语"，将太平洋一带的语言称为"远处波利尼西亚语"。1838年，德国的洪堡特（Wilhelm von Humboldt）在《论爪哇岛上的卡维语》（1836–1839）里仔细研究了马来半岛和波利尼西亚一带9种语言的词汇表后，认为爪哇语、马来语和马达加斯加语之间均与波利尼西亚语具有发生学关系，从而将这些语言同置于马来–波利尼西亚语系（Malayo–Polynesian family）之下。1899年，德国的威廉·施密特（W.Schmidt，1868–1954）在《孟高棉人群——中亚人和南岛人之间的连接》正式用"南岛语"（Austronesischen Sprachen）一词来取代"马–波语系"，他将南岛语系分为四组：即印度尼西亚语、波利尼西亚语、美拉尼西亚语和密克罗尼西亚语。在这篇论文中，施密特还通过对照南亚语和南岛语词汇，提出南亚语和南岛语同源的假说。由于这一时期很多学者在假定语言关系时总是与种族联系在一起，因此很长一段时间内，不少西方学者否认新几内亚和美拉尼西亚的大量语言属于同一个语系。

19世纪后期，学者使用比较法对不同地区的南岛语语料的语音对应进行比较，确立了科学、系统的研究方法，使得南岛语谱系问题研究发生了质的变化，标志着南岛语研究进入科学时期。如柯恩使用比较法研究斐济语、阿内蒂乌语，他在《斐济语与印度尼西亚和波利尼西亚亲属语的比较》（1886）及《阿内蒂乌语的比较研究》（1906）两部著作中，试图通过辨别出斐济语或阿内甬语与其他南岛语，特别

---

① 载《当代语言学》2014年第2期。

是印尼语的共有词汇。1934-1938年，德国学者谭博夫（Otto Dempwolff，或译作丹波夫）的三卷本著作《南岛语词表的比较音系学研究》出版。他在第一卷（1934）中，通过比较他加禄语、多峇·巴塔克语和爪哇语，构拟原始印尼语的语音系统。在第二卷（1937）中，他使用了三种印度尼西亚语言（马来语、恩加朱·达雅克语、马达加斯加语莫瑞那方言）、两种美拉尼西亚语言（斐济语和萨阿语）、三种波利尼西亚语言（汤加语、坦富语和萨摩亚语）来验证"原始印尼语"的音系规律是否具有普遍性。第三卷（1938）是一部比较词典，包括2215个构拟，并有支持证据，这些证据几乎全部来自第一卷和第二卷检验过的11种语言。这部三卷本著作的出版，标志南岛语比较语言学研究取得了巨大进步。

20世纪60年代，南岛语再分类进入当代研究时期。美国学者戴恩（Iaidore Dyen，1913-2008）把原始南岛语分为西支的赫斯佩拉尼西亚语和东支的大洋洲语，西支下属的台湾南岛语又分为泰雅语群、邹语群和排湾语群，是当代最早对南岛语进行系统分类研究的学者。其后，出现了解释南岛语言间关系的大量的分类假说。白乐思（Robert A. Blust 1978）把马-波语系分为西支和中东支。中东语支又分为中支和东支。东支又分为南哈尔马哈拉-西新几内亚语和大洋洲语。由于这个框架存在很多问题，白乐思（1999，2009）又提出新的分类。现在他把南岛语系分为10个主要语支，即邹语、西部平原语、西北台湾南岛语、泰雅语、东部台湾南岛语、布农语、鲁凯语、卑南语、排湾语和马-波语。

李壬癸在《台湾原住民[①] 文化基本教材》（1998）的导论《台湾南岛语言》一文中总结了西方学者对南岛语分类的四种不同观点。第一种：古南岛民族最先分为北西部与东部两支，分布中国台湾地区的南岛语跟西部南岛语较接近，是西部南岛语群的一个分支。持此观点的学者主要以戴恩（Iaidore Dyen 1971）、土田滋（Tsuchida 1976）等学者为代表。第二种：古南岛民族最先分为北（台湾）、西、东三支，认为分布在中国台湾的南岛语是与西部南岛语、东部南岛语并立的三个分支之一。持此看法的学者主要以欧追古（Haudricourt 1965）为代表。第三种：古南岛民族最先分为北与西东两支，分布在中国台湾的南岛语保存最多古南岛语特征，是整个语族的第一分支。持此观点的学者主要以达尔（Dahl 1976，1981）为代表。第四种：古南岛民族最先分为泰雅语群、邹语群、排湾语群、马来-波利尼西亚语群四支，持此观点的学者主要以白乐思（Robert A. Blust 1977，1982）为代表。中国台湾地区内南岛语学者较倾向白乐思的分类法，认为中国台湾地区的南岛语内部可再分为三个亚群：（一）泰雅语群，包括泰雅语、赛德克语；（二）邹语群，包括北邹（邹语）、南邹（卡那卡那富语和沙阿鲁阿语）两个分支；（三）排湾语群，包括鲁凯语、布农语、排湾语、卑南语、赛夏语、阿美语等。而兰屿岛上的达悟语（也称雅美）则另归菲律宾北部巴丹语群，与台湾岛上的其他南岛语的关系要更

---

① 中国台湾地区的少数民族的总称，下同。

远一些。

吴安其的《南岛语的创新和分类》（2006）[①] 一文，解释了现在通行的将南岛语系分为印度尼西亚、美拉尼西亚、密克罗尼西亚和波利尼西亚语族四支的分法，实则是来自谭博夫（Otto Dempwolff）按照地理分布所做的分类。中国台湾地区内南岛语学者提出"原始台湾南岛语"是南岛语的共同祖先的假说，建议将马来–波利尼西亚语中东部支区分为中马来–波利尼西亚语（支）和东马来–波利尼西亚语（支）两支，将马来–波利尼西亚语西支进一步区分为巴丹语群、北菲律宾语群、巽他语群和苏拉威西语4支。

吴安其的《南岛语分类研究》（2009）[②] 一书，通过南岛语的分布和南岛人的迁徙，追溯了南岛语的分布历史，介绍了白乐思的分类框架，提出了中国台湾地区学者的分类意见，并从诸地区相近南岛语的比较开始，区分南岛语不同历史时期的创新，在不同语支构拟的基础上，把南岛语划分为泰雅–赛夏语、邹–卑南语、美拉尼西亚–密克罗尼西亚和马来–他加禄四个语族。

陈康的《中国的语言·南岛语》（2007）一文在概述我国南岛语总体情况时，沿用将南岛语系分为印度尼西亚语族、密克罗尼西亚语族、美拉尼西亚语族和波利尼西亚语族四个语族的四分法。印度尼西亚语族包括马来–印度尼西亚语支、台湾语支、占语支、巴丹语支等。我国南岛语属印度尼西亚语族，其中分布在台湾本岛的同属台湾语支，内部可分为三大语群：（一）泰雅语群，含泰雅（Atayal）、赛德克（Sediq）、太鲁阁（Truku）语；（二）排湾语群，含排湾（Paiwan）、鲁凯（Rukai）、布农（Bunun）、赛夏（Saisiyat）、阿美（Amis）、撒奇莱雅（Sakizaya）、卑南（Puyuma）语；（三）邹语群，包含邹（Tsou）、卡那卡那富（Kanakanavu）、沙阿鲁阿（Saaroa）语等。另外，分布在兰屿岛的雅美（Yami）语（即达悟语）属菲律宾巴丹语支。此外，分布在海南三亚的回辉话属占语支，于宋元之际从中南半岛迁徙而来。

回辉话是居住在海南省三亚市（旧称"崖县"）凤凰镇回新、回辉两个村的回族使用的语言，早在1937年德国学者史图博在柏林出版的《海南岛的黎族》一书中曾经提到过这种语言，不过当时在国内知道的人很少。1956年，郑贻青等人在海南岛崖县调查黎语方言时，发现这里的回族除了使用汉语（近似当地的"军话"，即西南官话）之外，在他们内部还使用一种另外的语言。郑贻青的《海南岛崖县的回族及其语言》（1981）[③] 一文，介绍了1981年4月调查回辉大队的回族使用的语言的基本情况，包括回辉村回族的一般情况、历史来源和语言，描写了其语言的语音、词汇、语法特点，认为崖县回族应来自越南南部的占城。不过当时未给这种语

---

① 载《语言研究》2006年第3期。

② 商务印书馆，2009年。

③ 载《民族研究》1981年第6期。

言定名。欧阳觉亚、郑贻青的《海南岛崖县回族的回辉话》（1983）①一文，将崖县回族使用的语言称为"回辉话"，文中引述白保罗认为回辉话与占语有关的观点，但笔者认为根据当时的语言学调查结果来看，回辉话和占语的语言特征不同。

郑贻青的《再谈回辉话的地位问题》（1986）②一文，将回辉话与印度尼西亚语族占语支的拉德语（Rhade，也译作"雷德语"）进行比较，认为回辉话与占语支拉德语有亲缘关系。倪大白的《海南岛三亚回族语言的系属》（1988）③一文，则将回辉话与印度尼西亚语进行比较，发现二者在部分同源词之间有规则的语音对应，论证了回辉话声调产生的途径主要是由浊声母清化和韵尾脱落所致。蒙斯牧的《澳泰语发展的三个历史阶段——印尼语、雷德语和回辉语》（1992）④一文，将回辉话与雷德语（Rhade，即拉德语）、印尼语进行比较后，认为单音节的回辉语是由多音节的古南岛语发展而来的，印尼语是南岛语的古代型，雷德语（即拉德语）是过渡型，回辉话是现代型。

郑贻青的《论回辉话声调的形成与发展》（1996）⑤一文，把回辉话与东部占语支的拉德语及原始占语做了比较，为回辉话属于南岛语提供了有力佐证。曾晓渝、尹世玮的《回辉话的性质特点再探讨》（2011）⑥一文，通过100核心词和成篇语料在语音、词汇、语法构成成分分析和统计数据，认为回辉话是由占语与汉语、黎语等长期深度接触而融合形成的一种特殊语言，已蜕变了南岛语的基本类型特点。张会叶的《谱系分类的主要依据——以回辉话为例》（2018）⑦一文，通过回辉话与中南半岛的印尼语、亚齐语、伊班语和原始南岛语的历史比较，确认回辉话是一种南岛语。至此，关于回辉话的系属性质，尽管学者们的表述不尽相同，但一致认为回辉话属于南岛语系，占语是其直接来源之一（欧阳觉亚、郑贻青1983；白保罗1984；倪大白1988；蒙斯牧1995；孙宏开2005）。

关于中国台湾地区西部、北部丘陵平原地区被称为"平埔族"的平埔人使用的南岛语到底包含多少种语言、具体语言的语法体系如何等问题，研究起来比较困难。杨梅的《试析台湾平埔族语言转用问题》（2004）⑧、罗春寒的《台湾平埔族群文化变迁之研究》（2008）⑨等文，认为造成研究难度的主要原因在于语言全面转用和无民族文字文献可依。据汉文献记载，大部分平埔人在清朝末年基本上已转用汉

①　载《民族语文》1983年3月2日。

②　载《民族语文》1986年第6期。

③　载《民族语文》1988年第2期。

④　载《语言研究》1992年第1期。

⑤　载《民族语文》1996年第3期。

⑥　载《民族语文》2011年第3期。

⑦　载《民族语文》2018年第2期。

⑧　载《中央民族大学学报》2004年第2期。

⑨　民族出版社，2008年。

语闽南话或客家话，加上没有民族文字，仅台南附近平埔人中的西拉雅（Siraya）人留下了荷兰殖民时期西方传教士用拉丁字母创制的记录西拉雅语的西拉雅文书残片，平埔人因转用汉语闽南话而导致原先的母语渐渐消亡，如今仅能从日据时期如鸟居龙藏、小川尚义、浅井惠伦、马渊东一、森丑之助等民族学家留下的调查资料里找到数量有限的单字残篇。李壬癸的《台湾土著语言》（1979）、《台湾北部平埔族的分类及其语言根据》（1991）、《台湾平埔族的历史与互动》（1992）和土田滋的《平埔族各语言研究琐记》（1992）、詹素娟与张素玢的《台湾原住民史①·平埔族史篇（北）》（2001）等文综合多学科资料，甄别出平埔人使用的南岛语至少包括噶玛兰（Kavalan）、巴则海（Pazeh）、巴赛（Basay）、邵（Thao）、猴猴（Qauqaut）、凯达格兰（Ketangalan）、雷朗（Luilang）、道卡斯（Taokas）、巴布拉（Papora）、巴布萨（Babuza）②、洪雅（Hoanya，或作"和安雅"）、西拉雅（Siraya）等十多种。到20世纪50年代，除了噶玛兰、邵、巴则海语等语言还有少数人会说，平埔人使用的其他南岛语的交际功能大多萎缩，直至最后完全消亡。

（二）构拟古南岛语

构拟南岛语原始形态、探讨南岛民族起源，是南岛语历史语言学的一个研究旨趣所在，语言学家试图通过对古南岛语的构拟，来探索原始南岛语的分化及南岛语民族起源假说。丁邦新的《古卑南语的构拟》（1978）③一文，针对戴恩（Isidore Dyen）以卑南语 *ʔuʀac > urat（血液）一个例词认为古南岛语中的 *t > t、*C > t 的音变规律在卑南语中有例外的看法，综合卑南语南王、下槟榔、初鹿、建和、利嘉和知本方言的当代田野调查资料，指出戴恩音变规律中的所谓例外在卑南语中并不存在，卑南语不仅遵循了古南岛语 *t > t、*C > t 的语音对应，且南王方言中保留着浊塞音 b、d、ɖ、g，其他几个方言则保留了 ʐ（共有）、β（下槟榔）、v（利嘉、知本）、ð 和 ɦ（下槟榔、建和、知本）等古老音位，古卑南语构拟的辅音音位系统应包括上述浊音在内。

何大安、杨秀芳的《南岛语与台湾南岛语》（2000）④一文，通过比较排湾语与菲律宾他加禄语和美拉尼西亚语族的斐济语的同源词，构拟原始南岛语的语音形式，对现存台湾南岛语中的浊音的历史来源进行分析。原始南岛语中的[*c：*t]、[*ɭ：*n]在马来–波利尼西亚语族中分别合并为[t]和[n]，合并规律为[*c>*t]和[*ɭ>*n]。布农语、噶玛兰语、阿美语、西拉雅语都经历过 *c>*t 的变化，而布农、噶玛兰语还发生了 *ɭ>*n 的创新，从而自成一个新语群。另外，原始南岛语的三类浊音 *d、*ɖ、*j 在大部分马来–波利尼西亚语族中已经消失，但在台湾南岛语中经

---

① 中国台湾地区少数民族的总称。

② 又称"猫雾揀"，荷兰文献中亦称"费弗朗"（Favorlang）。

③ 载中央研究院（中国台湾地区）《历史语言研究所集刊》，1978年。

④ 台湾南岛语言丛书导论，远流出版社，2000年。

历了不同的变化方向。如在排湾、鲁凯（雾台方言和茂林方言）、道卡斯、巴布萨、巴布拉语中的演变形式为*d≠*ḍ≠*j；在邹、卡那卡那富、鲁凯（万山方言）、噶玛兰、邵语中的演变形式为*d=*ḍ=*j；在沙阿鲁阿、布农（郡社方言）、阿美（矶崎方言）中的演变形式为*d=*j；在卑南语中的演变形式为*d=*j；而在泰雅、赛夏、巴则海、布农（卓社方言）、阿美（南部方言）中的演变形式为*d=*ḍ。台湾南岛语保留了很多古老的语音，且各语言不属于一个单一的语群，彼此之间接触、影响的程度很深。

（三）古南岛语的分化

南岛语民族广泛分布在太平洋和印度洋的岛屿和半岛上，多数学者推测他们大约7000年前来自中国大陆东南沿海一带，其原始居留地可能包括台湾。南岛民族要扩散到如此广大的海域，且在移民之后又能在岛屿之间保持一些来往，学者认为南岛民族必须拥有优良的航海技能和舟船工具，因此在古南岛语中应存在丰富的航海与舟船词汇。这种推测在东部的密克罗尼西亚和西部的印尼语、马来语和菲律宾的南岛语得到了印证。然而，据土田滋（1976）、达尔（1981）、白乐思（1990）、戴恩（1990）等学者的研究，在台湾地区的南岛语中未见古南岛语舟船同源词。台湾岛作为太平洋中的一个岛屿，生活着约二十多个使用南岛语的土著居民，为什么在台湾南岛语中普遍缺少有关航海或舟船同源词汇？这是否意味着台湾岛是古南岛民族的原始居留地，航海技术要等到从台湾岛扩散时才开始发展起来，还是台湾南岛语普遍丢失了舟船词汇？为了解释这个疑问，李壬癸的《台湾南岛语的舟船同源词》（1992）[①]一文，根据泰雅语、赛德克语、邹语、卡那卡那富语、沙阿鲁阿语、布农语、排湾语、卑南语、赛夏语、阿美语中普遍表示"漂流、被水冲走"的词形，构拟了古南岛语的*qan'ud（漂流）；又根据卡那卡那富语"转方向"的词形构拟了古南岛语的*haliq（转方向）。然后以巴赛语、泰雅语、排湾语的"帆"以及其他台湾南岛语中的"独木舟"的词形，构拟了*layaɣ（帆）、*baŋkaʔ（独木舟）、*qabaŋ（船、独木舟）3个舟船工具同源词，证明台湾南岛语言中确实有关于航海和舟船的同源词，只不过由于台湾地区的南岛语较早失去舟船文化，导致舟船同源词数量远少于其他地区。

李壬癸的《东部台湾南岛语群的起源：以巴赛语、凯达格兰语、阿美语和西拉雅语为例》（2004）[②]一文，聚焦于世居大台北地区的巴赛、兰阳平原的噶玛兰、现在仍在花东纵谷平原的阿美以及在西南部平原的西拉雅等语言，根据四种语言共有，且仅见于四种语言的一个共同音变规律：古南岛语的*j跟*n合并，同时巴赛语和噶玛兰语均可见（1）古南岛语的*j、*n、*N的合并，（2）古南岛语的*k在*a

---

① 载《民族语文》1992年第2期。

② 载《语言暨语言学》2004年第2期。

元音之前分化为k和q，但这两种音变不见于阿美语或西拉雅语的现象，加上前两种语言都含有一些相似的词汇形式的特殊变化等语言现象，推断巴赛语与噶玛兰语关系密切，证据相当确凿。但阿美语跟西拉雅语是否关系较密切，现有语言学调查暂未见明显证据支持。

（四）南岛语与汉藏语的关系研究

20世纪初，康拉德（A.Conrady）、吴克德（K.Wulff）等学者先后编写过泰语与南岛语、藏缅语与南岛语对比词汇表，他们认为，对比词汇表证明在澳斯特利语（Austric，孟高棉语＋南岛语）和汉藏语（汉泰语＋藏缅语）之间有发生学关系。吴克德（1942：4）还提出，比起汉泰语和藏缅语的关系，南岛语和汉泰语之间的关系更为密切。1944年，白保罗（P.K.Benedict）在《台语、加岱语和印尼语 —— 东南亚的一个新联盟》一文提出"澳泰语系"，该语系包括侗台语和南岛语，因此应重新划分汉藏语系。此后，学界关于侗台语与汉藏语、南岛语的关系的争论迄今未有定论。

其中一种较谨慎的观点认为，侗台语与南岛语历史上应有过较为密切的关系，但是否为发生学关系尚需找到更多语言学证据。倪大白的《中国的壮侗语与南岛语》（1988）① 一文，选用壮傣、侗水、黎语支中的几个主要语言与南岛语系的印尼语、阿美语、布农语和回辉话进行同源词比较，认为侗台语中与南岛语相通的同源词应源自南岛语，但这种相通性究竟是出自同源，还是接触引起的，尚待谨慎判断。

蒙斯牧的《印尼语和侗泰语的关系词》（1990）② 一文，通过对280多个印尼语、泰语、侗语、黎语和普标语关系词的比较，发现在印尼语和侗泰语的这些关系词上存在声母、韵母对应规律，说明南岛语和侗泰语有过密切的关系，但至于二者间是否存在发生学关系，多音节语言是如何变成单音节语言的问题，有待继续研究。蒙斯牧的《澳泰语发展的三个历史阶段 —— 印尼语、雷德语和回辉语》（1992）③ 一文，认为侗泰语的祖语是古代百越民族的越语，与古印尼语同源。侗泰语和回辉语都经历了从多音节语言转变为单音节、有声调语言的发展过程。其后，蒙斯牧的《侗泰语与南岛语的历时比较研究》（1995）④ 一文，总结了侗泰语与南岛语300个关系词的6种发展方式，认为印尼语是古南岛语分化的第一阶段，占语支雷德语代表了侗泰语从古南岛语发展而来的中间阶段，侗泰语处于发展的第三个阶段。就这一点而论，侗泰语跟回辉话居于相同的发展阶段。

---

① 载《中央民族学院学报》1988年第3期。
② 载《民族语文》1990年第6期。
③ 载《语言学研究》1992年第1期。
④ 载《贵州民族研究》1992年第2期。

吴安其的《侗台语中的南岛语词》（2004）① 一文，认为侗台语是汉藏语的一支，但侗台语中的一些词，分别与不同历史层次的南岛语有不同的对应关系，应是侗台语与南岛语不同历史时期的接触造成的。论文从侗台共同语的南岛语词和不同语支中的南岛语词两个方面入手，得出南岛语词的两种分类：一类是南岛语词的侗台共同语形式与较早时南岛语的形式相同或相近，另一类词对应的是南岛语的后起形式，与原始南岛语的形式没有直接的对应关系。

吴安其的《台湾原住民② 的语言及其历史 —— 兼论南岛语数词反映的南岛语史》（2004）③ 一文，结合白乐思构拟的原始南岛语数词，对比了印度尼西亚语族与其他三个语族的基数词之后，认为南岛语的十进位数词是后起的，部分南岛语中的"六"是"三"的派生词、"八"是"四"的派生词，南岛语的不同语言中产生不同的十进位数词，较早分布在中国大陆东南沿海地区和马来半岛的南岛语就有十进位数词，十进位数词后来又被借入汤加语、拉巴努依语等的原始语言中。研究发现，侗台语族黎语支和仡央语支中的"五""六""七""十"应是从古南岛语借入，表明这些语言与南岛语在大陆曾有过密切的接触。

吴安其的《史前华南地区的语言接触》（2008）④ 一文，认为汉藏语、南岛语和南亚语的某些基本词有对应关系，这只能表明这些语言曾分布在某一共同地区、但并不能作为彼此同源的证据。史前汉藏语先北上、后南下，新石器晚期开始，南下的藏缅语、侗台语和苗瑶语与华南地区的其他语言接触，拥有新的底层。如泰雅语独特的核心词有的是早期华南地区语言的遗存。史前的语言接触造成词的扩散，如栽培稻起源于末次冰期后的华南地区，不同语系语言中的相近说法是早期传播的结果。

另一种观点则认为南岛语与汉藏语同源。持此观点的学者，如 L.沙加尔、邢公畹、邓晓华等。1990 年，L.沙加尔在美国得克萨斯州举行的第 23 届汉藏语会上宣读了一篇题为《汉语南岛语同源论》（Chinese and Aus-tronesian are genetically related）的论文，引起学者们对汉藏语系与南岛语系关系的讨论。邢公畹 1991 年在《民族语文》上连发三篇论文《关于汉语南岛语的发生学关系问题 —— L.沙加尔〈汉语南岛语同源论〉述评补证》《汉语南岛语声母的对应 —— L.沙加尔〈汉语南岛语同源论〉》《汉语南岛语声母及韵尾辅音的对应 —— L.沙加尔〈汉语南岛语同源论〉述评补正》，同意沙加尔的观点，认为"汉语和南岛语是从一个共同的祖语 —— 原始汉澳语（Proto-Sino-Austronesian）衍生下来的"。

邓晓华的《从语言推论壮侗语族与南岛语系的史前文化关系 —— 谨以此文悼

---

① 载《南开语言学刊》2004 年 10 月 15 日。

② 中国台湾地区少数民族的总称。

③ 载《世界民族》2004 年第 5 期。

④ 载《民族语文》2008 年第 3 期。

念恩师严学宭教授》（1992）① 一文，认为壮侗语和南岛语共有的原南岛语文化底层词证据可以证明壮侗语族与南岛语系确实有过同源关系。

倪大白的《南岛语与百越诸语的关系》（1994）② 一文，以南岛语的菲律宾他加禄语、马来语、高山语、回辉话与侗台语族的泰语、壮语、傣语、侗语、水语、黎语的部分基本词汇对照，加上考古资料、人文史的对比，认为可得出侗台语与南岛语同出一源的结论。

邓晓华的《南方汉语中的古南岛语成分》（1994）③ 一文，通过首次发现的一批闽、客家等汉语方言与南岛语的同源词，认为南方汉语中有不少古南岛语成分，闽、客家等南方汉语方言的形成是中原汉文化区与南岛文化区长期交互作用的结果。

经过多年很多学者的分头研究，侗台语与南岛语有同源关系的观点获得了更多的支持者。陈保亚、何方的《核心词原则和澳越语的谱系树分类》（2002）④ 一文，认为可以把由原始南岛语和原始百越语（侗台语为百越语最主要的一支）以及与二者有同源关系的语言所构成的语系称之为澳越语系，由于澳越语与汉藏语、南亚语、苗瑶语群的同源关系还未最终得到证明，因此澳越语系不包括这些语群。通过100核心词中关系词的比例，可以确定同源语言亲缘关系的远近，再用数学算法可画出澳越语系的基本谱系树。该研究认为南岛语和百越语最早从澳越语系分化出来，然后百越语中的黎语率先分化出来，台语（Tai）和侗水语是最后才分开的两支。

邓晓华、邓晓玲的《论壮侗语和南岛语的发生学关系》（2011）⑤ 一文，进一步通过基本核心词来论证壮侗语和南岛语存在发生学关系，通过分子人类学方法以及词源统计分析法得到树形图，并计算壮侗语族与南岛语系的分离年代。

关于南岛语和南亚语的关系，武忠定的《越南语中的南岛语底层词新探》（2012）⑥ 一文，梳理了对越南语中的南岛语底层词，鉴于在南岛语诸语言中找到可与之在语义上对等、在语音上相同或相近的对应词汇，证明这部分越南语词来自南岛语，可定性为"底层词"，越南语的形成是南亚文化区与南岛文化区长期交互作用的结果。

关于南岛语与其他语系的关系，吴安其的《论朝鲜语中的南岛语基本成分》（1994）⑦ 一文，选取高山族语言、印尼语、他加禄语、毛利语、夏威夷语、汤加

---

① 载《语言研究》1992年第1期。

② 载《民族语文》1994年第3期。

③ 载《民族语文》1994年第3期。

④ 载《云南民族学院学报》2002年第1期。

⑤ 载《语言研究》2011年第4期。

⑥ 载《现代语文（学术综合版）》2012年第5期。

⑦ 载《民族语文》1994年第1期。

语、斐济语、莫图语，与朝鲜语中表示身体部位、天地日月、日常生产生活物品、动植物名称、颜色、基本动作、性质状态等意义的固有词和代词、数词以及语法范畴进行比较，发现朝鲜语有关水稻文化的词与南岛语同类词存在对应关系，朝鲜语有南岛语的语法框架，朝鲜语中的南岛语成分不是一般意义上的底层问题。

二、我国南岛语的共时研究

（一）概论性研究

我国现有的17种南岛语的概论性描写研究表现出阶段性特点。20世纪60—70年代，语言田野调查的第一批成果陆续出版，主要有李方桂等人的《邵语记略》（1956）[①]、董同龢的《邹语研究》（1964）[②]、李壬癸的《鲁凯语结构》（1973）[③]等专著。20世纪80—90年代以来，部分南岛语语言简志、语法书和论文相继出版或发表，有何汝芬、曾思奇等的《高山族语言简志（阿眉斯语）》（1986）[④]；何汝芬、曾思奇等的《高山族语言简志（布嫩语）》（1986）[⑤]；曾思奇、田中山的《阿眉斯语概况》（1988）[⑥]；曾思奇的《台湾阿眉斯语语法》（1991）[⑦]；陈荣福、李杰、曾思奇、阿霞的《台湾卑南语》（1992）[⑧]、郑贻青的《回辉话》（1997）[⑨]、陈康的《赛德克语概况》（2000）[⑩]、曾思奇的《噶玛兰语概况》[⑪]（2003）、潘家荣的《沙阿鲁阿语概况》（2014）[⑫]等。2000年出版了吴静兰的《阿美语参考语法》、黄美金的《泰雅语参考语法》和《邵语参考语法》、张永利的《赛德克语参考语法》和《噶玛兰语参考语法》、齐莉莎的《布农语参考语法》和《鲁凯语参考语法》及《邹语参考语法》、张秀娟的《排湾语参考语法》、叶美利的《赛夏语参考语法》、张郁慧的《雅美语参考语法》、林英津的《巴则海语》等专著。2018年"台湾南岛语言丛书"共16册出版，有黄美金和吴新生的《泰雅语语法概论》、宋丽梅的《赛德克语语法概论》

① 载 Bulletin of the Dept. of Archaeology and Anthropology 7：23–51, 1956.

② 载中央研究院（中国台湾地区）《历史语言研究所专刊》之四十八，1964年。

③ Rukai Structure，载 Institute of History and Philology, Academia Sinica, Special Publications No.64. Taipei，1973.

④ 民族出版社，1986年。阿眉斯语即阿美语，全文同。

⑤ 民族出版社，1986年。布嫩语即布农语，全文同。

⑥ 载《高山族语言文学》，中央民族大学出版社，1988年。

⑦ 中央民族大学出版社，1991年。

⑧ 载《中央民族学院学报》1992年第6期。

⑨ 上海远东出版社，1997年。

⑩ 载《民族语文》2000年第5期。

⑪ 载《民族语文》2003年第6期。

⑫ 载《民族语文》2014年第5期。

和《卡那卡那富语语法概论》、李佩容和许韦晟的《太鲁阁语语法概论》、吴静兰的《阿美语语法概论》、沈文琦的《撒奇莱雅语语法概论》、邓芳青的《卑南语语法概论》、叶美利的《赛夏语语法概论》、张秀娟的《排湾语语法概论》、齐莉莎的《鲁凯语语法概论》、黄慧娟和施朝凯的《布农语语法概论》、何德华和董玛女的《达悟语语法概论》、张永利和潘家荣的《邹语语法概论》、潘家荣的《拉哇鲁阿语语法概论》、简史朗的《邵语语法概论》、谢富惠的《噶玛兰语语法概论》等专著①，较之 2000 年的 13 册台湾南岛语参考语法书，"台湾南岛语言丛书"补全了 16 种台湾南岛语，语法描写更趋完整、精确。

（二）方言研究

台湾南岛语方言种类众多，泰雅语有泽敖列和赛考利克两个方言；赛德克语原分雾社、春阳、太鲁阁三个方言，后太鲁阁方言从赛德克语中分出，升格为太鲁阁语；阿美语原先分撒奇莱雅方言、北部方言（南势阿美）、太巴塱-马太安方言（秀姑峦阿美的太巴塱、马太安部落）、中部方言（海岸阿美和秀姑峦阿美）、南部方言（马兰阿美和恒春阿美），后撒奇莱雅方言从阿美语中分出，升格为撒奇莱雅语；布农语有三个方言：北部方言（卓社群、卡社群）、中部方言（峦社群、丹社群）和南部方言（郡社群）；赛夏语分南部方言（东河方言）和北部方言（大隘方言）；排湾语分东南部方言（含太麻里、狮子、来义、土坂四个土语）和西北部方言（含三地、筏湾两个土语）；鲁凯语有茂林、万山、多纳、雾台、大武和大南等方言；邹语分久美、特富野、达邦三个方言；达悟语有四个方言：红头（红头、渔人社）、椰油、东清（东清、野银社）、朗岛方言。

小川尚义、浅井惠仑的《原语料台湾高砂族传说集》（1935）一书，可视为较早的记录台湾南岛语方言分类的现代民族学文献，书中记录了各语言或方言词汇表，还对语音现象做过初步描写和整理。20 世纪 70、80 年代的台湾南岛语田野调查调查了不少台湾南岛语方言，然而纵观我国南岛语方言研究现状，无论是涉及的方言种类、还是研究成果，总体而言尚有很大发展空间。

以排湾语方言研究为例，何大安的《五种排湾方言的初步比较》（1978）一文便是沿用小川尚义时代的地理分类法，将排湾语分为五个方言。近年来学者对排湾语方言的研究试图根据新的语言调查语料所观察到的共时语音特征和语音历时变化特征为准，重新对排湾语方言进行分类。郑仲桦的《排湾语方言分类》（2012）② 一文，创新使用主要特征、次要特征、区域特征和部落特征四个层级的语音特征作为区分方言的主要根据，按 tj、dj 两个音位的读音差异将排湾语分为北部方言（读塞音）、南部方言（读塞擦音）。北部方言又可分为"缺 q 型方言""筏湾型方言"（不

---

① 台北市："原住民族（中国台湾地区少数民族的总称）委员会"，2018 年。
② 2012 年演化语言学国际研讨会论文集，2012 年 11 月 9 日。

缺q型方言）；南部方言又可分为"力里型方言"（V型方言）、"来义型方言"（缺k型方言）、牡丹－古楼型方言。

有不少学位论文选取台湾南岛语的方言为研究对象，使得方言的语法系统描写性研究得到前所未有的发展。例如姜懿娟的《卡社布农语语法概略》（2012）[①] 一文研究了布农语北部方言卡社布农语的语音系统，发现卡社布农语的元音应有5个，而非以前认为的3个；将数词分成7类；时间词有特定时间表达和指示表达两种语义；卡社布农语共有两个格位标记，分别为标示主格的（C）a和斜格的（C）i；卡社布农语共有五个焦点标记，而非四个，第五个焦点标记为受惠者标记ʔis……an。此外，论文还讨论了状语句、交互句、疑问句与否定句四种句型。

林莳慧的《从重叠构词检视撒奇莱雅语与南势阿美语的异同》（2012）[②] 一文，采用萨丕尔（1921）对重叠构词的语法意义分类理论，从分布、复数、重复、动量频率、扩大范围、增加强度、持续性等方面，通过对比撒奇莱雅语和南势阿美语（阿美语北部方言）在重叠构词上的差异，意欲证实撒奇莱雅语与南势阿美语之间的差异并非出于同一语言的地域差异，而是语言层面的不同。

第二节　语音研究

一、语音系统研究

（一）语音系统描写

尽管在各类概论性论文或专著里，已有对各台湾南岛语的语音系统描写，但专文研究各语言或方言语音系统，还是单独形成语音学研究的一个专题研究方向。何大安的《排湾语丹路方言的音韵系统》（1977）、李莎莉的《阿美语南华方言的音韵系统》（1982）、林英津的《卑南语南王方言的音韵》（1984）、林修旭的《布农语东埔方言音韵研究》（1995）、黄慧娟的《布农语的语音及音韵研究》（2000）与《布农语卓社与郡社方言共时音韵之比较》（2001）、卢郁安的《泰雅语汶水方言音韵研究：以 –um–加缀为例》（2005）等文均属此类研究。李佩容的《（赛德克）太鲁阁语音韵研究》（2010）[③] 一文，描写了花莲县秀荣乡崇德村及万荣乡西村太鲁阁语的音位系统，并分析音段分布及排列限制、音节结构、重音设置、音韵规则以及

①　新竹清华大学语言学研究所学位论文。

②　2012年演化语言学国际研讨会宣读论文。

③　载《台湾原住民族（中国台湾地区少数民族的总称）研究》（季刊）2010年第3期。

词音位转换规则等音韵结构特点。

（二）音韵结构特征

1. 多音节词滑音形成机制

构成台湾南岛语音节的基本单位共4种组合模式：V、CV、VC、CVC，元音是每一个音节的核心，称为"韵核"。在多音节词中，当前后两个音节的韵核相连并列时，为了区分音节界线，在两个相连的韵核之间，或者会自动增加一个与前音节韵核同部位的半元音，或者增加一个弱化喉塞音，或者两个元音中的一个变成半元音。这样的音被称为"中介音"或"滑音"。由于滑音的出现受制于韵核相连这一特定语音条件，因此滑音潜在地存在于语音的深层结构；当满足特定语音条件时，则显现在语音表层结构，从而可以避免错把分别属于两个音节的韵核当作复合元音的可能性。这一原则，称为"起始原则"。起始原则基本上能解释大部分台湾南岛语滑音的形成机制。对布农语、泰雅语和排湾语滑音的研究，集中于解释制约滑音形成的原则及形式化分析。

黄慧娟的《卓社布农语的滑音形成规律》（2002）[①]一文，在检视卓社布农语滑音的形成是否完全由起始原则控制的过程中，发现当为了满足实词必须是双音节韵律词的要求时，以及以元音结尾的词干后面附加以元音结尾的后缀时，前后两个音节的元音相连时出现例外。在优选理论框架内，论文对起始原则的必要条件、重音、词的最小值之间的交互作用做了形式化描写，认为约束交互作用在解释语音泛化的典型例外的性质时更有说服力。

黄慧娟的《布农语郡社方言韵核前滑音的状况》（2005）[②]一文，运用优选理论分析布农语郡社方言的韵核前滑音，认为韵核前滑音在结构上属声或属韵并不能由与音节首辅音的组合形态得知，但是重音规则显示韵核前滑音应带音拍，因此在结构上应与韵核较为接近。由郡社方言的情况，可以推想布农语虽然在元音前可以有辅音后接滑音的音串、元音后允许滑音与辅音的组合，但实际上声母及韵尾均最多只容纳一个音段。

叶诗绮的《排湾语元音和滑音的音位对比》（2011）[③]一文，以音节划分及重叠词为新证据，重新分析重音分布与词素音位交替现象，认为在牡丹排湾语中滑音并非是并列元音序列里的潜在音位，而是与元音对立的实际音位。通过厘清底层滑音和派生滑音在表层形式所造成的混淆，进一步分析元音和滑音在音节内部结构的归属及在音段分布上的差异，发现排湾语的底层滑音显现辅音的特质，而派生滑音则表现出元音的特性。

---

① 载新竹清华大学《清华学报》，2002年。

② 载Concetric：Study in Lingus，2005.

③ 载新竹清华大学《清华学报》，2011年。

黄慧娟的《泰雅语赛考列克方言韵核前滑音的音韵模式》（2014）① 一文，针对在用台湾南岛语书写符号记录泰雅语赛考利克方言时，辅音后接滑音的音串在发音上常产生混淆的现象，研究了赛考利克方言的滑音类别后，认为泰雅语滑音可分为音位滑音与从元音派生而来的滑音两类。检视含滑音词汇的构词相关形式后发现，赛考利克方言之所以滑音复杂，主要同滑音形成规律、弱元音删略规律与音节重整同时作用有关，致使音位滑音与元音性滑音的分布产生了交叠性。

2. 辅音研究

Richard Albert Wright 的《邹语辅音群和线索保存》（1996）② 一文，用实验语音学方法分析邹语的词首辅音群，旨在解释听觉要求是决定说话者的说话策略的基本因素。如在"塞音＋塞音""塞音＋鼻音"这两种词首辅音群中，通过仪器检测发现由于两个辅音间的紧缩高峰没有重叠，因此第一个辅音除阻是可以明显听到的；而处于词中元音间的辅音群，由于这些辅音间的重叠有增加的倾向，因此两个辅音均无除阻爆破现象。另外，当辅音群中的第一个辅音有内部线索时，会产生听觉上的证据，同时说明词首和词中辅音群之间有重叠存在。

寸熙、朱晓农的《回辉话的内爆音：对音法类型学和演化音法学的意义》（2017）③ 一文，描写并讨论回辉话两个内爆音双唇ɓ和舌尖中ɗ的语音性质及其变异情况。通过测量口腔气流、口内气压、VOT、VTT、基频和振幅的变化，认为回辉话的内爆音属于强内爆音类型中的1a型，跟海南话的内爆音属于同一种语音类型。受年龄差异、儿童语言习得错误、语流等原因的影响，回辉话内爆音产生了几种随机共时变异：前喉塞清爆音、喉塞音、张裂声。这样的变异使得建立张声的内部交替、张声与僵声的交替以及张声与清振演化圈的连接成为可能。

3. 重音研究

台湾南岛语的词汇以多音节词为优势，多音节词有重音，但词重音不区别意义，有些语言的重音落在最后一个音节上，有些语言的重音落在倒数第二个音节上。台湾南岛语重音的两种位置模式：（1）位于多音节词的词尾音节，（2）在倒数第二个音节。属第一类型的有阿美、泰雅、卑南、鲁凯、赛夏、达悟、巴则海语等，属第二类型的有赛德克、排湾、布农、邹、卡那卡那富、沙阿鲁阿、邵、噶玛兰语等。在用附加法构词过程中，词重音的位置随着词缀的增加出现移动，移动时依然遵循词尾末重音或倒数第二音节重音的规律。

词重音常作为概论性语言研究中的一个部分被加以描写，对词重音的形成机制的解释性研究，江芳梅的《赛夏语韵律研究》（2004）④ 一文，利用实验语音学的技术和仪器，通过实验得出了"赛夏语区别重音节与非重音节时主要依靠音高，音节

---

① 载《语言暨语言学》2014年第6期。

② Consonant Clusters and Cue Preservation in Tsou, Los Angeles: UCLA Ph.D. dissertation. 1996.

③ 载《民族语文》2017年第5期。

④ The Study of Prosody in Saisiyat. 台湾大学硕士学位论文，2004年。

当中音高的变化范围较大，且音高的最高点多落在音节前半段（以塞音结尾的音节除外），音节的长度（duration）和能量（intensity）对重音的影响微乎其微"的结论。

陈春美的《雾台鲁凯语接触衍生韵律的语音实证》（2011）[①] 一文，研究了雾台鲁凯语重音韵律除了固有的对比重音，因长年受排湾语影响，已出现倾向于转为排湾语形态重音的趋势，即在三音节及更长的韵律词中，韵律接触形态已由倒数第三音节转移至倒数第二音节重音形态。

二、共时音变规律

（一）词尾辅音送气化

台湾南岛语的塞音、塞擦音都不送气，无论是出现在词首、词中或词尾，一般情况下均不除阻，但阿美语和赛德克语出于强化词尾重音音节的需要，当塞音、塞擦音出现在词终音节尾时，会发生轻微送气。曾思奇的《台湾阿眉斯语语法》（1991）一书，指出阿美语 p、t、k、ʔ、ts 出现在词尾时送气，读作 pʰ、tʰ、kʰ、ʔʰ、tsʰ，如 lutuk（山）读作 [lutukʰ]，ʔitsəp（槟榔）读作 [ʔitsəpʰ]。杨秀芳的《赛德语雾社方言的音韵结构》（1976）[②] 一文，指出赛德克语雾社方言 k、q、ts 出现在词尾要除阻送气，如 utsik[utsikʰ]（辣椒）。只有在后加成分连读的情况下，才恢复原音值，如 utsik-qapan（姜）读作 [utsik qapan]。张永利的《赛德克语参考语法》（2000）[③] 一书，增补了 p 和 t 出现在词尾时不仅送气、且发音部位发生异化的情形，即 p > kʰ，如 atap（剪）读作 [atakʰ]；t 送气的同时发音部位前移成 tsʰ，即 t > tsʰ。

（二）增音

增音在台湾南岛语中较常见，音节中高元音 i 或 u 与舌面元音、小舌音、声门音组合时，需增加中介音或半元音。如 i、u 在 q、r、ʔ 前后，或 i、u 与 h、ħ 相邻并同处音节时，要分别增加 [ə]、[e]、[o] 为中介；u 与 a 相邻，中间分别增加 [j]、[w] 过渡。过去，语言学家常只举阿美、赛德克、鲁凯语作增音的例证。如曾思奇的《台湾阿眉斯语语法》（1991）一书，总结阿美语元音 i 的增音规律如下：当 i 出现在词尾喉塞音之前时，后面增加 e，读作 [ie]。杨秀芳的《赛德语雾社方言的音韵结构》（1976）[④] 一文，发现赛德克语有词尾辅音有增音现象，但仅限于 ts、s、k、x、q、ħ 六个辅音作词尾时，如 pariħ（小锄头）读作 [parieħe]，utux（灵魂）读作 [utuxu]。李壬癸《鲁凯语结构》（1973）一书，指出鲁凯语除半元音之外的词尾辅音都伴随

---

① 载 Concentric：Study in Lingus，2011.
② 载中央研究院（中国台湾地区）《历史语言研究所集刊》47.4：611–706，1976 年 12 月。
③ 远流出版社，2000 年。
④ 载中央研究院（中国台湾地区）《历史语言研究所集刊》47.4：611–706，1976 年 12 月。

回响元音，其音值与前面音节的元音类似。这些回响元音，只有后加含有首元音a
的成分时，才会消失，否则，任何后加成分都不影响它的出现。

关于所增加的中介音，语言学家一致认为，回响元音是任意性短元音，它们不
构成音节。在《中国的语言》（2008）一书中，陈康指出，排湾语u与q组合时增
加o，若u在q之前，读作[ou]；若u在q之后，读作[uo]。曾思奇指出，阿美语u出
现在词尾声门音ʔ、h之前时，后面增加元音[o]，成为[uo]，如falutsuʔ（心）读作
[falutsuoʔ]，fukəluh（石头）读作[fukəluoh]。吴安其对鲁凯语能增加回响元音的词
尾辅音的特点做了补充，提出非塞音类辅音是增加回响元音的主要类别，且增加的
元音要弱读。如bukul（脊椎骨）读作[bukulu]，增加[u]作回响元音；ḷaiḷ（箭）读
作[ḷaiḷi]，增加[i]作回响元音。此外，齐莉莎的《布农语参考语法》（2000）① 一书
提出，布农语的一些词缀与词根结合时，会增加元音a，如mapu-（词缀）+dahu（祭
祀，词根）→mapu-a-dahu（司祭者）。

（三）同化

李壬癸的《台湾南岛语的词音位转换研究》（1977）② 一文，指出赛德克语、沙
阿鲁阿语、鲁凯语马加方言中有同化现象。陈怡洁《泰雅语万大方言中加缀引起的
音韵变化》（2012）③ 一文，发现泰雅语万大方言在派生词构成过程中，加前缀及加
后缀时，主事焦点前缀um-在辅音前会因鼻音部位同化变成un-，因此um-还有另
一个变体uŋ-。而当词以喉塞音结尾时，加缀之后会发生跨喉塞音的元音同化，在
赛德克语中也存在相似的元音同化。

（四）异化

20世纪70年代，语言学家在排湾语、邹语和达悟语中发现异化现象。浅井惠
伦在《兰屿雅美语研究》（1936）指出雅美语边音l出现在元音i前时，异化为浊边
擦音ɮ。排湾语中缀-əm-插入词根音节时，若词首为双唇音或唇齿音，-əm- 中的
m异化为n，如p-əm-aidz（扇扇子）读作[pənaidz]，v-əm-aḷi（刮风）读作[vənaḷi]。
何大安的《邹语音韵》（1976）④ 一文，指出邹语喉塞音h在擦音后异化为舌面后塞
音，如masə+hu→masəku（十）。

后来在卑南语和噶玛兰语中也发现了异化现象。陈荣福等的《台湾卑南语》
（1992）⑤ 一文，指出卑南语中缀-əm-插入词首为p、b的词根音节时，-əm- 中的m

① 远流出版社，2000年。

② Morphophonemic Alternations of Formosan Languages.载中央研究院《历史语言研究所集刊》48.3：
375-413，1977.

③ Affixation Induced Phonological Variations in Plngawan Atayal，新竹清华大学语言学研究所硕士论文。

④ Tsou Phonology. 载中央研究院（中国台湾地区）《历史语言研究所集刊》47.2：245-274，1976.

⑤ 载《中央民族学院学报》1992年第6期。

被异化为 n，如 p-əm-arəsis（扩散）读作 [pənarəsis]。较特殊的是，如果卑南语中缀 –əm– 插入的词根后续部分出现两个舌尖后辅音，第二个舌尖后辅音异化为舌尖中音，如 d-əm-aʅudaʅus（滑行）读作 [dəmaʅudalus]。张永利的《噶玛兰语参考语法》（2000）① 一书，认为噶玛兰语的双唇鼻音与双唇塞音相邻时，位置在前的双唇鼻音被异化为舌尖中鼻音，如 sum-pa（要尿尿）读作 [sunpa]。

李佩容的《（赛德克）太鲁阁语舌腭辅音和谐》（2009）② 一文，运用对比层次（contrastive hierarchy）模式和特征标记（feature specification）分析太鲁阁语舌根音 k 异化变读为小舌音 q 的规律，发现受非局部对应（non-local correspondence）规则的制约，小舌音 /q/ 在这个规则中同时具有口腔音及咽喉音的双重优势（McCarthy 1994），从而促使不同语素中的 k 变成 q 以减轻发音上的困难。这一舌腭辅音和谐律在不同语素间的转变牵涉到派生及屈折词缀，其运作的方向性表现为固定地从右至左。泰雅语赛考利克方言也存在类似的异化现象。随后，李佩容的《排湾语和赛德克语的 /w/ 音段与对比阶层》（2012）③ 一文，重新检视排湾语中的 /w/~/v/ 的词音位转换与唇音异化，发现当唇音居于第二音节词干时，唇音不发生异化。而在赛德克语都达方言中，/g-/ 与 /-w/ 是一组历时对应音位。

（五）弱化

李壬癸的《台湾南岛语的词音位转换研究》（1977）④ 一文，指出非重音音节的元音非常容易弱化甚至脱落，特别是词尾元音极有可能经过弱化后央化或者脱落，词尾辅音清化也是一种轻度的弱化现象。21 世纪以来，随着台湾南岛语语音研究的深入，关于弱化的语音机制的解释，也有了新的认识。黄慧娟（2007）指出泰雅语赛考列克、泰雅语泽敖利及赛德克语中普遍存在重音前元音弱化的现象，而泰雅语汶水方言通常被认为是缺乏重音前元音弱化的少数几个土语之一，但经过田野调查，发现汶水方言可能亦有元音弱化，只是弱化产生的条件不同：元音弱化受音节形态制约，非韵步音节中（即倒数第二音节之前）常见元音弱化。此外，前缀元音在派生词根单音节时，倒数第二音节元音亦会弱化。

陈金结的《阿美语词形表层现象与底层结构研究兼论正词法》（2012）⑤ 一文，分析阿美语多音节词中元音 ə 的弱化以及 i 与 u 的半元音化原因，认为二者均与喉塞音 ʔ 有关。喉塞音在音节前占据领导位置时，其向后链接过渡至元音时，会引起 ə 的弱化乃至消失。而当重喉塞音由后中的位置向前移动时，高元音 i 与 u 自然往下

① 远流出版社，2000年。

② 载《语言暨语言学》2009年第3期。

③ 载 Concentric：Study in Lingus，2012.

④ Morphophonemic Alternations of Formosan Languages. 载中央研究院（中国台湾地区）《历史语言研究所集刊》48.3：375–413，1977.

⑤ 载 Nephron Clinical Practice，2012.

位移分别变读为半元音 j、w。

（六）合音

陈银玲的《宜兰县泰雅语音韵研究》（2011）① 一文，运用优选理论（McCarthy and Price 1993）分析宜兰县泰雅语南山、四季及武塔土语的音韵规律，讨论了辅音的分布限制、滑音、音节韵步之外的弱元音的形成原因，提出韵步之外的弱元音来自元音弱化，而非辅音串之间的语音表现，其制约排序为：*Complex ＞＞ Foot-Bin ＞＞ *Full Vowel（Foot）（不可有完整元音在韵步之外）＞＞ Parse-Syllable ＞＞ *（ə）（不可有弱元音在韵步之内）。论文还探讨了元音融合（即合音）及音节删除。（1）元音融合。在多音节词内，高元音结尾的词干可能会进行滑音化或融合，而低元音结尾的词干在武塔土语中出现元音融合。为了避免复杂的元音串，四季土语有辅音保留（或辅音加插）现象。南山土语介于武塔土语与四季如遇之间，采用多元方式以避免零声母的音韵结构。武塔土语进一步将 aj、aw 变成 ej、ow，是因为该土语对于韵核中的结构要求更严格。（2）音节删除。音节删除则是制约重新排序的结果：Parse-Syl ＞＞ Max-OO。主导制约重新排序的原因有声母及韵核之间的响度距离、声母的语音显著度及声母的发音部位。虽然并非每个倒数第三音节及其之前的音节都会被删除，被删除的音节却都出现在韵步之外，显示韵步划分之后，音韵位置也主导了音节的保护或删除。

（七）腭化

腭化常见舌尖塞擦音、擦音、舌尖中鼻音与元音 i 组合时腭化为舌面前或舌叶音的表现形式。李壬癸的《台湾土著语言的词音位转换》（1977）② 、杨秀芳的《赛德语雾社方言的音韵结构》（1976）③ 对此一现象均做过论述。经过多年研究，腭化现象得到更为细致的梳理。陈康的《论台湾南岛语的语流音变》（1994）④ 及 2000 年出版的 13 种台湾南岛语参考语法，将腭化类型总结为：（1）布农语 t 在元音 i 前面时腭化为 [ts]，如 titipsi（包头巾）读作 [tsitsipʃi]。（2）泰雅语、邹语、沙阿鲁阿语、卡那卡那富语、赛德克语的 ts、s 在元音 i 前时，分别腭化为舌叶音 [tʃ]、[ʃ]，如邹语：tsivətsi（尾巴）读作 [tʃivətʃi]，sifu（尿）读作 [ʃifʊ]；赛德克语：qusia（水）读作 [qʊʃia]，tsiyak（黄瓜）读作 [tʃijakʰ]。阿美语 ts、s 出现在元音 i 前时，分别腭化为舌面前音 [tɕ]、[ɕ]，如 tsimaʔ（谁）读作 [tɕimaʔ]，siwa（九）读作 [ɕiwa]。（3）雅美语 n、ʂ 出现在元音 i 前时，分别腭化为舌面前音 [ɲ]、[ɕ]，如 ʂiku（手肘）

---

① Issues in the Phonology of Ilan Atayal，新竹清华大学语言学研究所博士论文。

② Morphophonemic Alternations of Formosan Languages. 载中央研究院（中国台湾地区）历史语言研究所集刊 48.3：375–413，1977.

③ 载中央研究院（中国台湾地区）《历史语言研究所集刊》47.4：611–706，1976 年 12 月。

④ 收录于《台湾少数民族研究论丛第 3 卷》，商务印书馆，2006 年。

读作[ɕiku]。（4）泰雅语舌尖前浊擦音z出现在元音i前时腭化为舌叶音[ʒ]。舌尖清擦音s在元音i前时，巴则海语腭化为舌面前音[ɕ]，如siatu（衣服）读作[ɕiatu]；噶玛兰语、布农语、卑南语腭化为舌叶音[ʃ]，如噶玛兰语：tisin（配偶）读作[tiʃin]；布农语：simsi（先生，老师）读作[ʃimʃi]；卑南语：siak（南瓜）读作[ʃijakʰ]；赛夏语、邵语s在元音i前面腭化为[ʃ]，现在，这个腭化音已演变为与[s]对立的新音位。

（八）语音交替

李壬癸的《台湾土著语言的词音位转换》（1977）[①] 一文，总结了邹语、布农语、邵语、卑南语词音位交替的不同类型。如邹语的换位发生在动词形态的变化中，主要有op→po、ots→tso、ja→aj三种方式，如t-m-opsɯ（写，主事）→tpos-i（写，受事），b-otsio（知道，主事）→tsohiv-i（知道，受事），m-ajo（有，主事）→ja-a（有，受事）。卑南语有些词根在形态变化中出现元音a与i的交替，如ka-（将来体）+ainaba（词根）→kaianaba（会变好起来）。布农语有元音a与i、u与a交替两种，如paka-（词缀）+ima（手，词根）+-an（词缀）→paki-ama-an（袖子），buan（月亮，词根）+-an（词缀）→baun-an（出月亮）。泰雅语动词词干附加态范畴的词缀构成被动态形式时，通过语音交替的手段完成，分辅音交替和元音交替两类：辅音交替有p→b，w→g，j→r，j→r，t→ts等5种，元音交替有ɔ→a，u→i，ɛ→i，u→ɔ等4种。

钱玉章的《浅谈泰雅语的音韵规律 —— 以Squilq方言为例》（2001）[②] 一文，发现泰雅语赛考利克方言有一类特殊的词音位交替现象：音素交替后词义不变，如"木炭"bagah：[βaɣah]=[ɣaβah]，"鹅"guru'：[ɣuruʔ]=[ruɣuʔ]。

三、语音的历时演变研究

我国南岛语辅音的塞音和擦音，大多为不送气清音，但在有的语言或方言里，依然保留对应的浊音形式，部分方言中甚至并存浊音与清音之间的过渡形式。找出浊音清化及清浊对立的规律，是南岛语历时研究的主要课题。

（一）浊音清化的形式

李壬癸的《台湾土著语言的词音位转换》（1977）[③] 一文，在归纳泰雅语、赛德克语、邹语、卡那卡那富语、沙阿鲁阿语、布农语、排湾语、鲁凯语、巴则海语、

---

① Morphophonemic Alternations of Formosan Languages. 载中央研究院（中国台湾地区）《历史语言研究所集刊》48.3：375–413，1977.

② 载新竹师范学院《语文学报》7期，2001年1月。

③ Morphophonemic Alternations of Formosan Languages. 载中央研究院（中国台湾地区）《历史语言研究所集刊》48.3：375–413，1977.

赛夏语和邵语等11种语言的词音位转换规则时发现，泰雅语、巴则海语词尾的浊塞音b、d发生音位交替时出现了词尾浊音b＞p、d＞t的清化现象。李壬癸的《泰雅方言的音韵律》（1980）[①]一文，发现泰雅语泽敖利方言中的大兴方言，其动词词干附加词缀变成被动态或祈使式时，存在g＞s的清化规律。

丁邦新的《古卑南语构拟》（1978）[②]一文，发现南王村卑南语的四个浊塞音b、d、ɖ、g在卑南语其他方言分别演变为浊擦音或清擦音，即b＞β、v，d＞ð，ɖ＞ʐ，g＞x、h，而且β、v、ð、ʐ作词尾时分别清化为ɸ、f、θ、ʂ，即β＞ɸ、v＞f、ð＞θ、ʐ＞ʂ。后来发现，布农语也存在清化现象。李壬癸的《布农语方言之比较研究》（1988）[③]一文，指出布农语浊擦音清化有v＞f、z，ð＞θ；南部方言甚至有浊边音l清化为清边擦音ɬ的情形。

陈康的《论台湾南岛语言的语流音变》（1994）[④]一文，将台湾南岛语清化现象总结为词尾浊塞音清化、浊擦音清化与边通音清化等类，如噶玛兰语有词尾或词首ʁ→x、词尾β→f清化两种，进而指出："浊音清化是台湾南岛语的发展趋势，至今阿美、泰雅、卡那卡那富、沙阿鲁阿、赛夏、噶玛兰等语言已正失去浊塞音。语流中的擦音化、腭化、弱化等现象都促使浊音向清音转换。此外，布农、卑南、噶玛兰、巴则海语等存在词尾浊辅音清化的趋向。"

林蒨慧的《撒奇莱雅语描述语法计划书》（2006）中指出撒奇莱雅语浊塞音b在北部阿美语中演变为ð、v，在中部和南部阿美语中清化为f；撒奇莱雅语d在北部阿美语中演化为ð、ʐ，在中部、南部阿美语中清化为ɬ。

（二）清浊对立的分布

关于台湾南岛语塞音、擦音保留清浊对立的语言种类，过去很少做统计比较，各语言简志或参考语法一般只在各自的语言体系内描写清浊对立的现象，缺乏综合比较的成果，对清浊塞音、擦音在各语言中的分布比重了解不足。曾思奇的《二十世纪的中国少数民族语言》（1998）[⑤]的"南岛语系语言研究"一文，在整理了所有台湾南岛语后，总结有清浊对立塞音、擦音的语言种类如下：（1）赛德克语、太鲁阁语和巴则海语的[p]：[b]、[t]：[d]、[k]：[g]；（2）邹语的[p]：[b]、[t]：[d]、[f]：[v]、[s]：[z]；（3）卡那卡那富语、沙阿鲁阿语和赛夏语的[f]：[v]；（4）排湾语的[p]：[b]、[t]：[d]、[f]：[v]、[ʈ]：[ɖ]、[k]：[g]；（5）鲁凯语的[p]：[b]、[t]：[d]、[f]：[v]、[k]：[g]、

① The Phonological rules of Atayal Dialects. 载中央研究院（中国台湾地区）《历史语言研究所集刊》51.2：349–405，1980.

② 载中央研究院（中国台湾地区）《历史语言研究所集刊》49，1978年。

③ A Comparative Study of Bunun Dialects. 载中央研究院（中国台湾地区）《历史语言研究所集刊》59.2：479–508，1988.

④ 载《台湾少数民族研究论丛第3卷》，2006年。原载《台湾南岛民族母语研讨会论文集》，1994年。

⑤ 书海出版社，1998年。

[θ]：[ð]；（6）布农语的 [p]：[b]、[t]：[d]、[f]：[v]、[θ]：[ð]；（7）撒奇莱雅语的 [p]：[b]、[t]：[d]、[s]：[z]；（8）卑南语的 [p]：[b]、[t]：[d]、[k]：[g]、[t]：[d]；（9）邵语的 [p]：[b]、[t]：[d]、[θ]：[ð]；（10）雅美语的 [p]：[b]、[f]：[v]、[k]：[g]。

（三）回辉话声调的产生及历时演变

回辉话研究起步于 20 世纪 80 年代，经过 40 余年的努力，学者对回辉话的语音特征有了比较一致的认识。回辉话属占语支，本应是一种多音节、无声调、靠在词根上附加成分构成新词的南岛语，然而，回辉话与汉语近一千年的长期接触，不仅产生了声调，且音节结构逐渐从多音节演变成单音节，变成了一种汉语型词根语，倪大白的《海南岛三亚回语 —— 语言类型转换的活标本》（1991）[①] 一文将这种现象称作"语言的类型转换"。

郑贻青的《论回辉话声调的形成与发展》（1996）[②] 一文，分析了回辉话由无声调语言发展为有声调语言的内外原因。外因：受汉语影响；内因：回辉话本身有两类不同的声母，使它产生两个不同的音调，同时又由于辅音尾的脱落而产生另两类声调。

倪大白的《二十世纪的中国少数民族语言研究》之《汉藏语系语言研究》之《侗台语族（壮侗语族）语言研究》（1998）[③] 一文，对回辉话 5 个声调的历时演变进行了探讨，研究表明回辉话的这 5 个声调演变自南岛语：（1）南岛语的浊塞音声母，在回辉话中变成送气清音，此时产生低调，调值 11。（2）南岛语词尾的塞音 –t、–k 在回辉话中脱落，产生升调，调值 24。（3）南岛语词尾的 –h 在回辉话里脱落，产生高调，调值 55。（4）南岛语词尾的 –r 在回辉话里脱落，产生中平调，调值 33。（5）南岛语的尾音、在回辉话部分词保留，与此相应的是降调，调值 42。回辉话中大量的单音节词主要来源于南岛语多音节词中的最后一个音节，这个音节一般是重音所在的音节；少数同源词与南岛语词首浊塞音清化、送气化有关，还有一些双音节词，如 tiŋ³³ta³³（眼睛）、u¹¹tʰuŋ¹¹（鼻子）、lə¹¹ŋa³³（耳朵）等基本词汇保留了南岛语多音节的特色。

郑贻青在《中国的语言》中的《回辉语》（2008）一章，将回辉话的声调归纳为 7 个舒声调，调值分别是：55、33、11、24、42、32、21，例如：sa⁵⁵（湿）、sa³³（一）、sa¹¹（茶）、sa²⁴（熟）、sa⁴²（梯子）、sa：i³²（砌）、sa：i²¹（胖）；2 个入声调，调值分别是：45、53，例如：tsat⁴⁵（矮）、tsat⁵³（层）。其中，21 调出现在 ia、iə、io、ua、oi、ui 等韵母音节时，韵尾增读喉塞音ʔ；32 调和 21 调的音节末尾增读喉塞音ʔ；53 调出现在单元音音节或有 ua、oi、ia、iə 等韵母的音节时，

---

① 载《中央民族学院建校 40 周年学术论文集》，1991 年。

② 载《民族语文》1996 年第 3 期。

③ 书海出版社，1998 年。

音节末尾要增加喉塞音？。

四、书写符号系统

台湾南岛语历史上没有形成民族文字，直到1992年5月，才形成由语言学家制订的《台湾南岛语言的语音符号系统》颁行作为各语言的书写符号。截至2005年，泰雅语、赛德克语、巴则海语、排湾语、阿美语、鲁凯语、卑南语、布农语、赛夏语、邵语、噶玛兰语、邹语、沙阿鲁阿语、卡那卡那富语、达悟语、太鲁阁语、撒奇莱雅语都有了各自的书写符号系统，跨出了台湾南岛语文字化的一大步。然而，该书写系统仍存在不少使用上的争议。李佩容的《从音韵学观点探讨检视（赛德克）太鲁阁语书写符号系统》（2013）① 一文，通过实地田野调查，检视太鲁阁语目前所使用的书写符号系统与口语之间的独特之处，对太鲁阁语现行书写符号系统作出修正，提出新增喉塞音符号" ' "、删除元音符号o、增加书写位于重音音节中的央元音e/ə/、增加ey及ow符号等建议。

第三节 词汇研究

一、词类研究

我国南岛语词类主要有名词、动词、形容词、数词、代词（人称代词、指示代词、疑问代词）、副词（程度副词、否定副词、疑问副词）、副动词、助词（结构助词、情态助词、格位助词）、连词、语气词等小类，词类研究在传统研究词的语法功能、形态功能和组合功能的同时，也从词源角度研究词类，或者运用标记理论、优选理论、制图理论等方法解释词类的句法分布特征与焦点系统选择的关联性，有些研究还尝试将词类作为分析我国南岛语的类型分类的一个切入点。

叶美利的《赛夏语动词的语意与语法研究》（2003）② 一文，运用认知功能语法理论分析赛夏语焦点的形式与语义，探讨构成动词的重叠、使动与互惠标记的形式与语义对应关系，焦点与名物化的关系及划分赛夏语动词名词的问题。

李文甦的《排湾语形容词述略》（1990）③ 一文，从形态结构、构词能力以及语法功能三方面，分析排湾语形容词的形态特征、派生能力和语法功能。根据形态

---

① 载《台湾原住民族（中国台湾地区少数民族的总称）研究》（季刊），2013年。

② 台湾师范大学英语研究所博士论文。

③ 载《中央民族学院学报》1990年第4期。

特征，排湾语形容词可分原形形容词（核心词）和派生形容词（ma-+词根）两类。形容词用附加法派生新词的能力小于名词、动词，能与形容词组合的词级最多有8-9种，所构成的新派生词主要是动词和名词。但形容词用重叠法构词的能力较活跃，有完全重叠和部分重叠两种方式，部分重叠的形式较复杂多样。形容词有级范畴（原级、同等级、比较级、最高级），在句中主要作谓语与否定语，此外也作主语、宾语等，可接受否定、程度副词修饰。

潘家荣的《沙阿鲁阿语和邹语的形容词》（2014）[1] 一文，通过标记理论考察高山族沙阿鲁阿语和邹语的形容词，发现形容词在邹语中不是一个独立的词类，其构词和句法的表现和动词一致，邹语属于形动不分类型的语言。沙阿鲁阿语的形容词和动词的语法差异较大，沙阿鲁阿语属于形动区分类型的语言。

苏美娟的《泰雅语桃山方言否定词研究》（2004）[2] 一文，以新竹县五峰乡泰雅语桃山土语的否定词ini'、iyat、laxiy、ka、ungat、baliy和kana为研究对象，探讨否定词的分布、语义、词类划分、形式、各否定词与其后谓语的连用限制以及否定词对其后动词焦点系统的选择。

张裕龙的《中部阿美语的否定词研究》（2007）[3] 一文，以花莲县玉里镇中部阿美语观音社区嘟喀尔（tukal）土语的ca/ca'ay/ca'ay-ay、aka、awa、na'ay、tati'ih、ma-fukil等七个否定词为研究对象，探讨它们在否定句中的分布、句法行为、语义表现及否定句中焦点系统的变化情形。

蓝艳芬的《卡那卡那富语否定词研究》（2012）[4] 一文，以高雄市那玛夏区达喀尔努瓦里部落的卡那卡那富语的ka'an、ku、akun、namune、akia以及an等否定词为研究对象，分析它们的分布、词类划分、语义表现，运用描述性功能语法理论，检视否定词在焦点系统中的变化，以及否定词对其后动词焦点的选择和连用限制等。

陈诚甫、宋丽梅的《好茶鲁凯语疑问词的无定用法》（2005）[5] 一文，探讨雾台鲁凯语好茶土语疑问词的无定用法，通过测试句法、形态和词组层次的无定许可的因素，发现在特定的形态语境里，疑问词作为无定成分许可出现且可视为无定疑问词。其中，无定许可有两种类型，第一种类型有明显的触发性，第二种则没有明显的触发性。

林姣君的《泰雅语赛考立克方言之疑问词研究》（2006）[6] 一文，探讨新竹县尖石乡泰雅语赛考立克方言的疑问词小类及句法分布，在分析无定疑问词句型时，以

① 载《南开语言学刊》2014年第2期。

② 新竹师范学院硕士论文。

③ 新竹教育大学硕士论文。

④ 高雄师范大学硕士论文。

⑤ 载Concentric：Study in Lingus，2005.

⑥ 新竹清华大学硕士论文。

Rizzi（1997，1999）的理论来建构泰雅语赛考立克方言疑问句的左缘结构。赛考立克方言的疑问词可分为名词性、状语性、动词性及形容词性等四类，状语性疑问词knwan "何时" 的分布最为自由，违反主语优势理论；形容词性疑问词可担任中心语，也可担任修饰语；hmswa/swa "为什么" 和swa m'lu "怎么" 的相对位置受左缘结构制约，swa m'lu "怎么" 的相对位置高于hmswa/swa "为什么"。无定疑问句型包括条件句、否定句、是非问句、情态句、直述句等小类，在无定用法上与日语型和汉语型相似。

魏廷冀的《阿美语疑问词研究》（2009）[1]一文，在普遍语法的理论框架内剖析阿美语疑问词的句法表现，以区辨阿美语是 "疑问词移位" 型，还是 "疑问词在位" 型语言。借助孤岛效应、疑问成分、主语优势原则与多项疑问、无定用法及疑问助词等指标综合考量，分析结果均指向阿美语为 "疑问词在位" 型语言。在 "疑问词在位" 的前提下，延伸探讨阿美语的切割结构，发现阿美语因 "疑问词在位" 的特性，其疑问词早已基底衍生于句首谓语位置，之后再经由删减产生切割结构。由此推论，阿美语切割结构有别于汉语与英语。

刘淑琴的《初鹿卑南语之疑问词研究》（2015）[2]一文，采用文献分析法和田野调查法，描写初鹿卑南语的名词性疑问词（eman谁；ema-eman什么/哪些；iyan哪一个人或物/哪里；kemudakuda哪一种/怎样的；aydan何时；papida/pidaya/manueman多少）、动词性疑问词（kuda如何/怎么样的；taw-za-eman/man为什么）的句法分布以及疑问词在疑问词分裂疑问句、是非问句、选择问句中的语法特征，将初鹿卑南语疑问词的无定用法归纳为五种：第一，名词性疑问词重叠，可以表示对持续性的动作以及习惯的提问或使疑问词成为表示泛指的否极词项，例如eman（什么）重叠成ema-eman后就变成表示 "任何人/事"。第二，疑问词在全称让步句中原形形式表泛指，例如aydan（何时）在全称让步句的回答中以原形来表示泛指全部的时间的 "无论何时"。第三，在条件句中，在疑问词前加上表示假设语气的 "nu"（如果；假如），就构成表示泛指意义的无定用法。例如 "trau"（人）的前面加上 "nu ulra a trau" 就变成 "如果有谁" 的泛指意义。第四，疑问词在情态句中以原形形式表示无定。第五，疑问词在承前省略主语的复句中以原形表示泛指意义。

打亥·伊斯南冠·夌拉菲的《郡群布农语疑问词研究》（2017）[3]一文，探讨高雄市那玛夏区、桃源区布农语sima "谁"、isa "哪里"、maaz "什么"、pia "多少"、-kua "如何" 等特殊疑问词的词性变化及选用条件，以及疑问助词mavia tu i "为什么" 及 "tu" 在特殊问句中的用法。

---

[1] 载《语言暨语言学》2009年第2期。
[2] 高雄师范大学硕士论文。
[3] 高雄师范大学硕士论文。

叶美利的《赛夏语疑问词及其疑问范畴研究》(2018)① 一文,透过构词分析探讨赛夏语疑问词所表达的语义范畴,含基本语义范畴涵盖哪些以及范畴间的关联性为何。研究发现赛夏语的基本疑问范畴包含人、物、空间、动作与数量。表空间概念的处所疑问词除了能与不同表路径与静态空间概念的词汇前缀结合表达更细致的处所疑问之外,还能透过加缀衍生时间疑问词与方式疑问词,选择疑问词亦是以空间为本透过语用推论(pragmatic inference)延伸而来。疑问动词在世界语言少见(Hagège 2008),凸显动作疑问这个概念鲜以单纯词表示,但赛夏语存有询问动作的疑问词powa',且表示原因与目的的疑问词皆是由此动作疑问词经由隐喻或转喻发展而来。动作这个概念在赛夏语的独立性亦展现在数量的疑问:赛夏语以黏着疑问词 –pilaz 询问与动作相关的数概念。

汤志真的《台湾南岛语指示词和指示词组结构》(2006)② 一文,旨在解答四个疑问:台湾南岛语中(A)名词组中的词序变化是否都能为Kayne(1994)的"抗对称性"条件所诠释,(B)指示词、属格名词和词是否都得分析为由名词转变而的动词,(C)名词组中的修饰语是否都得分析为关系子句,以及(D)指示词的语意属性是否都是定指。通过排湾语语料的佐证,发现台湾南岛语(A)指示词,属格名词和词的形式和分布并没有一致,(B)述语成分仍具有名词性,(C)"属性修饰"和"述语修饰"有句法上的区分,以及(D)指涉属性有格位上的区分。

戴智伟的《布农语丹社群方言时间指示词的位置与语法变体》(2013)③ 一文,通过分析丹社群布农语中最常用于表示时间性处所的四个词dip(然后)、qabas(以前)、laupa(现在)和haip(今天)的位置和相关的语法变化,发现丹社群布农语时间词的位置变化是出于语法性需要而非偶然变化的结果。

郑奕扬的《汶水泰雅语情态词研究》(2012)④ 一文,运用语义地图模型,将汶水泰雅语的模态表达分为事件模态范畴和属于命题模态范畴两种类型。发现编码多种情态语义域的多重功能在汶水泰雅语中只存在于一种模态表达中,表现出从一个模态意义到另一个模态意义的语义扩展贫乏。此外,个体模态表达具有事件模态意义和命题模态意义的倾向在泰雅语中没有出现。

余信贤的《情态词与语气助词研究:以汉语与汶水泰雅语为例》(2015)⑤ 一文,从制图理论出发,分析汶水泰雅语情态词与语气助词内部的阶层性结构关系,情态词阶层结构为:示证性>认知性>义务性。语气助词所衍生的位置高度彼此不同,分布于大句子(CP)之中。根据大句子分裂假说(Split–CP Hypothesis, Cinque 1999, Rizzi 2004),位于高位的情态词阻挡相对低位的语气助词的向上移动,形

---

① 载新竹清华大学《清华学报》,2018年。

② 载《语言暨语言学》2006年第4期。

③ 载《语言暨语言学》2013年第6期。

④ 新竹教育大学硕士论文。

⑤ 新竹清华大学博士论文。

成干涉效应并阻断问句的衍生过程。汉语的"应该""听说"以及汶水泰雅语的asi
与tal-an等示证性词汇均使问句不合语法。汉语的"是不是"问句及汶水泰雅语中
以pisa'形成的问句则因位处高位而不受相对低位的示证性词汇影响。

二、词汇研究

20世纪80年代初，李壬癸在调查泰雅语汶水方言时，发现汶水方言中男性和
女性会使用不同的词汇形式，这些词大约有120多个，被称为"男女语词"。它们
在构词上呈现出系统性的差异，通过附加、辅音脱落、辅音交替、异根等手段，形
成有规律的男女语词对应。进入21世纪以来，我国南岛语一般词汇的研究成果，
有借词、地名词、颜色词、空间词等方面，一些硕博论文也研究了修辞造词及文化
词的特点。

李壬癸的《泰雅语汶水方言男女语词研究》（1980）[①]、《泰雅语汶水方言男性
词汇衍生类型》（1983）[②] 及《两性语言的差异及其起源问题》（1983）[③] 等文，探讨
了汶水方言的男女语词的演变对应关系，特别是《两性语言的差异及其起源问题》
（1983）一文，将汶水方言男女语词总结为五种类型：1.男性语形在词干上加上某
种词尾，再加或不加某种变化；2.男性语形加某种中缀在词干最后音节的元音或最
后辅音之前；3.男性语形删除词干中的一个辅音；4.男性语形取代词干中的一个（或
一个以上）辅音；5.采取不同的词形（完全不同或几乎完全不同）。李壬癸还发现，
"汶水方言的男女语形，部分似乎显示不同方言的混合：其中一个方言（女性）较
为保守，变化较慢，而一方言（男性）较前进，变化较快。"男性语词的词根里的
辅音g、r或h已经消失，而有些辅音的演变方向表现为（女）p>（男）ʔ、（女）l>（男）
h、（女）b>（男）h，也有极个别词的演变方向正好相反，（女）h>（男）l。李壬
癸进一步发现，"男性语言代表的是语音变化较快的方言，它却又是保存各种附加
成分的方言，这些附加成分女性语都已经丢失了。因此，同一方言（男性语）同时
拥有语音变化较快以及保存附加成分这两种不很调和的性质。更进一步说，讲一种
方言的男人都清一色地娶了讲另一种方言的女人，而没有反方向的嫁娶，这实在是
令人难以置信的现象"[④]。

---

① 参阅李壬癸：《台湾南岛语言论文选集第二册》，（台北）中央研究院（中国台湾地区）语言学研究所，
2004年。

② 载中央研究院（中国台湾地区）《历史语言研究所集刊》54.3：1–18，1983。

③ 参阅李壬癸：《台湾南岛语言论文选集第二册》，（台北）中央研究院（中国台湾地区）语言学研究所，
2004年。

④ 李壬癸：《台湾南岛语言论文选集第二册》，（台北）中央研究院（中国台湾地区）语言学研究所，
2004年。

郑裕霖的《布农语卓社方言（Takituduh）的借词研究》（2004）① 一文，将布农语卓社方言的借词方式归纳为借字（loan word）、借译（loan translation）、意义引申（semantic extension）三种，借词进入布农语卓社方言后，在音节结构和韵律上都表现出一定的变化规律。吴岢芯的《泰雅语语言接触与借词》（2014）② 一文，通过对109个日语借词的分析，探讨泰雅语中的日语借词的分类、借词音韵适应性特点，发现泰雅语中的日语借词主要有（1）现代世界（64.14%），（2）宗教与信仰（17.65%），（3）衣着与装饰（13.24%），（4）血族关系（13.43%）以及（5）饮食（13.24%）等5类。借词进入泰雅语后发生的音韵适应性变化有：（1）元音的前后位置比上下转移较为重要。（2）日语中浊塞音[−延续性]辨音特征转换为[+延续性]。原日语擦音进入泰雅语后发音部位改变，但发音方法不变。（3）出现长辅音单音化及鼻音化现象。（4）日语原词的音拍在借入泰雅语时，依音节数量的多少，会系统的改变重音位置。（5）名词类借词远远多于其他各类借词。（6）参照Thomason（2001）的借用等级，日语和泰雅语接触关系属于第一级的偶然接触（the casual contact）。

詹森的《泰雅语颜色词探讨 —— 以新竹县五峰乡为例》（2014）③ 一文，在分析新竹县五峰乡泰雅语桃山方言的黑、白、红、黄、青五个颜色词的颜色向度、构词方式与句法功能时，将颜色向度归纳为balay（原型色）、smyax（亮）、mnkum（暗）、mekura（偏向）、may（略带−色）、cikay（一些）等类别，颜色词作谓语时具有完整的焦点系统与时貌态（TAM）变化，此外颜色词还能构造特殊句式。

素伊·多夕的《从inlungan看复兴乡赛考列克泰雅语的隐喻》（2014）④ 一文，发现复兴乡泰雅语赛考列克方言inlungan（表示人的思维、心性特质与情绪等抽象意义）所表示的意义有别于其他地方泰雅语里的inlungan（指具体的"心脏"或"心"）。在复兴乡赛考利克泰雅语里，"心脏"是tucing，inlungan可能来自inglung（想）。论文先梳理了inlungan、tucing（心脏）、tunux（头）之间的语义区分，然后依据Lakoff&Johnson（1980）的概念隐喻理论以及泰雅人的身体经验为依据，从一般物质隐喻、特殊物质隐喻、方位性隐喻等三个方面归纳inlungan的隐喻意义类型。分析后发现，一些普通的物质概念，经过inlungan的隐喻之后，可以用来描述具体的人格特质与个性，也可以用于描述人的情绪与心理活动状态，甚至可以描述人的思维活动。

① 载《语文学报》2004年。
② 新竹清华大学（中国台湾地区）硕士论文。
③ 新竹教育大学硕士论文。
④ 新竹教育大学硕士论文。

三、语义研究

谢富卉的《台湾南岛语中的受格》(2006)① 一文,认为除了鲁凯语之外的其他台湾南岛语表现出较显著的不区分主语(Subject)/受事者(Patient),只单独标记出主格(Agent)即主事者的特点,属于作格型语言(Ergative language)。最新的调查发现赛夏语、泰雅语及阿美语存在受格(Accusative Case),不区分主语(Subject)/主格(Agent),但区分主语(主格主语S/A)及受事者(Patient),属于受格型语言(Accusative language)。因而得出台湾南岛语不是全部都是纯粹的作格(Ergative)语言,受格(Accusative Case)应有其合法的语法地位的结论。

张永利的《邹语的三元述语》(2011)② 一文,根据Levin(1993)的及物和双及物变换句型理论,将邹语三元述语的论元特点归纳为5个方面:(1)邹语没有双宾结构——三个论元其中有一个必须以斜格方式出现;(2)邹语为一个活用结构发达的语言——三元述语通常出现在活用结构,边缘性论元如受惠者及工具通常以活用结构引介,甚至三元述语的客体也是采活用标记;(3)邹语为作格语言——及物句的宾语和不及物句的主语的格位标记相同;(4)邹语基本上是一个不对称宾语的语言——一个域内论元只有其中一个可以提升;(5)在三元述语结构,源论元如果没有提升则必须以属格方式出现,而非以斜格方式出现。

魏廷冀的《台湾南岛语论元省略:人称代名词词汇结构与言谈主题》(2016)③ 一文,为了检验Neeleman & Szendri(2007)提出的"激进论元省略"(radical pro drop)的合理性,以六种台湾南岛语的人称代名词词汇结构为研究对象进行检测,结果显示阿美语、排湾语、卑南语、布农语以及泰雅语两个方言中的论元省略,与Neeleman & Szendri的预测互相矛盾。论文认为如果换用Huang(1984a,1984b,1987,1989)以及Sato(2011)的主题式语言类型分析理论来诠释各种论元属性及其与主题的关系,反而能更好地解释论元省略现象。

四、词典编纂

台湾南岛语种类繁多,方言分歧复杂,小川尚义的《排湾语集》(1930)、《泰雅语集》(1931)、《阿美语集》(1933)等是较早时期记录台湾南岛语方言的词表。规范的词典编纂成果,自20世纪70年代后相继问世,如郑恒雄编的《布农语-英语词典》(油印本,1971)、易家乐编的《泰耶尔-英语辞典》(1978)④、费罗礼编

---

① 载《大同大学通识教育年报》,2006年。

② 载《语言暨语言学》,2011年。

③ 载新竹清华大学《清华学报》,2016年。

④ 载Scandinavian Institute of Asian Studies, Monograph Series No.35, Curzon Press, First published 1980.

的《Paiwan Dictionary》（排湾语词典，1982）[①]、聂甫斯基（俄）编的《台湾邹族语典》（1993）[②]、林生安与陈约翰合编的《阿美语图解实用字典》（1995）[③]、周重德编的《布农字典》（1999）[④]。进入21世纪以来，又有廖英助编的《泰雅尔语辞典》（2003）[⑤]、林正二编的《阿美族语字典》（2001）[⑥]、李壬癸与土田滋合编的《巴宰语词典》（2001）[⑦]、白乐思编的《邵语词典》（Thao Dictionary，2003）[⑧]以及李壬癸编的《噶玛兰语词典》（2006）[⑨]等出版。

李壬癸的《台湾南岛语言的词典编纂技术检讨——兼评介现有的几部词典》（1995）[⑩]一文，对易家乐编的《泰耶尔–英语辞典》、费罗礼编《排湾语词典》以及方敏英编的《阿美语字典》作了评述。其中，易家乐编的《泰耶尔–英语辞典》以泰雅语赛考利克方言为对象，每个词项和词缀都有英文解释，重要的词项和词缀都有许多例子，例子取自编者田野调查所记录的长篇语料或例句，材料翔实可靠，并对由同一个词根派生出来的各种变化形式加以记载和说明。书后附有英文索引，查询非常方便。费罗礼编的《排湾语词典》以古楼（Kulalao）方言为准，收录了3000个词根，各词根下列举各种变化或派生的词形，并用英文解释，记音准确，资料丰富。书前有长达48页的说明，包括语言、方言、音韵、构词、句法、数词、对古南岛语的反映等。书后附有100多页的英文索引，查询也很方便。方敏英编的《阿美语字典》共449页，以中部阿美语为准，收录3000多词根，有些词根给出例句，有中英译文；有些单字、特别是表示传统农具的词附有图画说明，虽然语料没有涵盖所有阿美语，而且部分标音方式和印刷上尚有待订正之处，但书前有导论和字典用法指引，书后除参考书目外，还附有数十张器物图片，是珍贵的文物资料，仍不失为学习、查阅阿美语的有价值的参考资料。

五、语料库建设

随着台湾南岛语语言生态的变化，语言流失成为当代台湾南岛语面临的严重问题之一，建立语料库的紧迫性日益凸显。语料库成果主要有中国台北南港"中央研究院"的台湾南岛语数位典藏计划，林太、李文甦、林圣贤合著的布农语长篇口碑

---

① 载 Pacific Linguistics C–73. Canberra：Australian National University, 1982.

② 吴氏经销商，1993年。

③ 台北县政府，1995年。

④ 玛利诺会馆，1999年。

⑤ 油印本，南投市，2003年。本文注：泰雅尔即泰雅。

⑥ 台湾新兴原住民（中国台湾地区少数民族的总称）文化发展协会，2001年。

⑦ 《语言暨语言学》专刊甲种之二，2001年。"巴宰"即巴则海。下同。

⑧ （台北）中央研究院（中国台湾地区）语言学研究所，2003年。

⑨ （台北）中央研究院（中国台湾地区）语言学研究所，2006年。

⑩ 参阅李壬癸、林英津主编：《台湾南岛民族母语研究论文集》，1995年。

文学语料汇编《走过时空的月亮》（1998）①，李壬癸的《鲁凯语料》（1975）②，田中山的《台湾Amis语话语汇编》（2005）③ 以及曾思奇的《台湾Amis语常用词缀与动词词根手册》（2008）④、李文甦的《台湾布农语词及词结构分解汇编》（2018）⑤ 等。

曾思奇的《台湾Amis语常用词缀与动词词根手册》（2008）一书，以通行台东地区的阿美语南部方言为主要语料，兼收通行花莲、台东等地的北部方言、中部方言的部分词语，共收录词目10908条，包括阿美语常用词汇的词根及派生词根以及少数具有构词条件的虚词，如副词sawni、叹词hay等。手册的编撰原则，系以动词为核心和重点，偏重解析动词所具有的"施动/非施动（受动）"范畴、时态及其结构。

关于语料库理论方面的研究，胡震伟的《赛德克语太鲁阁方言多媒体超文本刍议》（2003）⑥、林哲民《微型语料库的自动处理：赛夏语词性标记、部分剖析及其应用》（2005）⑦ 等文，分别从多媒体超文本、微型语料库建设特别是台湾大学南岛语语料库建设实践中遇到的难点加以阐述，并提出了积极的解决方案。

台湾大学南岛语多媒体语料库是以收录台湾南岛语为主要内容的在线语料库，它是以计算机信息技术运用为支撑，以语言数据典藏及后设数据为标准，以系统地收集、转写、保存弥足珍贵的台湾南岛语的自然语料为目标。林哲民的《微型语料库的自动处理：赛夏语词性标记、部分剖析及其应用》（2005）一文，梳理了基于语调（intonation unit）建立的台湾大学南岛语微型语料库中的赛夏语语料库建设词性标记及部分剖析技术现状。针对微型语料库由于规模太小，不能使用统计式自然语言处理方案的难点，提出以新设计的切合赛夏语语言事实的标记集用于词性标记。结果显示使用新标记集之后，语料库的词汇法从田野调查记录中抽取语法信息时，得到约75%的正确率。之后再利用基于转换的错误驱动学习（TBL）算则，进一步将正确率提升至85%。其次，基于部分剖析可以为抽取名词词组和一些其他应用创造条件，在赛夏语的二位部分剖析技术上，引入了基于Kullback–Leibler分歧值的最短路径和TBL法，前者在小句长度加长时，正确率就会快速下降，而且需要大量的计算时间，而后者约达70%的正确率，符合预先设定的需求。以前述研究为基础，提出建立在线多媒体语料库整合平台的设想，通过提供标记过的语料库语料，满足语言学研究者、母语者及语言学习者对于语料的不同层次需求。

---

① 晨星出版社，1998年。

② Institute of History and Philology, Academia Sinica Special Publications, No. 64–2.1975.

③ 民族出版社，2005年。

④ 民族出版社，2008年。

⑤ 民族出版社，2018年。

⑥ 辅仁大学语言学研究所硕士论文，2003年。

⑦ 台湾大学硕士论文，2005年。

第四节　语法研究

我国南岛语传统语法研究的主要方向是语法系统的描写与建构，这类研究一直以来都被统一置于同一概述性语言结构的研究框架内，早期缺少专门针对语法学中的构词法、短语、句法和语法范畴做的研究。不过这种局面在 20 世纪 90 年代后得到很大程度的改变。黄美金的《台湾南岛语言学研究的回顾与展望》（2000）① 一文，统计过一个数据：1990 年至 1999 年十年间 55 篇研究台湾南岛语的硕博论文中，以语法为研究对象的有 29 篇，占总量的 52.73%。各语言研究力度在比重上略有差异，其中要数阿美语的最多，数量 8 篇；其次是邹语，数量 7 篇；再次是赛德克语和鲁凯语，数量分别是 6 篇；泰雅语、排湾语、达悟语等则在 4 篇以下。历经 70 多年的努力，我国南岛语语法专题研究在构词法、短语、语序、"焦点"系统、句法成分、语法范畴方面的解释性研究，进展很大。

一、构词法

台湾南岛语以附加法和重叠法为主要构词、构形手段，复合词不是南岛语词汇系统的主要类型，历来各类台湾南岛语的语言简志、参考语法对构词法的研究，多以附加法和重叠法为主流，积累了丰富、翔实的对词缀的类别、词缀的词汇意义和语法意义以及词缀的构词能力以及重叠类型等方面的描写性成果。近年来不少硕博学位论文则试图运用新的语法理论来分析、解释构词法中的词缀与焦点系统的关系以及重叠同音节划分、语义表现、句法功能和形态变化之间的关系。

（一）派生法研究

台湾南岛语词汇最显著的特点是以派生词为词汇系统的主体，构成派生词的手段主要是附加法，通过在词根上附加词缀构成新词或表示语法意义。这个特点最早在日本学者调查台湾南岛语时即已被发现。此后，研究附加法中词缀的类型及其语义、功能便成为台湾南岛语词汇研究的核心与重心，每一部关于台湾南岛语语言结构的通论著作基本上都是按照结构主义理论和方法研究词缀，语言学家们总是竭尽全力地描写所研究的语言中的每一种词缀的构词、构形用法。

曾思奇、李文甦的《布茨努克村排湾语概况》（1988）② 一文，归纳排湾语有 27 种前缀，2 种中缀，以前缀为主体的复合缀 11 种，中后复合缀 1 种。中后缀的构词

---

① 载《汉学研究》第 18 卷特刊。

② 收录于《高山族语言文学》，中央民族学院出版社，1988 年。

能力主要是通过与前缀互补性组合的形式完成。

　　李文甦、玛哈桑·达和的《高山族布农语语素–an的构词功能》（1990）①一文，描写布农语后缀–an的词汇意义类别，–an能表示事物、部位、时间、处所、地点等意义，可与多达20种前缀（含复合前缀）共同构成前后缀合成式，附加在名词性词根、动词性词根、形容词性词根、数词词根上之后，构成新的派生词。

　　曾思奇的《台湾阿眉斯语语法》（1991）一书，将阿美语附加构词法的模式归纳为"词缀+词根"，一个词根可以附加不同的词缀，一个词缀也可以与不同的词根结合，派生数量可观的新词。词根绝大多数是实词，尤以名词、动词为多，附加所派生的词类也以动词、名词为主，其次是形容词。曾文指出，附加的词缀，一般是单一语义类型的词缀，也可以多次复合累加多重词缀，可总结为两条规律：（1）附加成分+词根>派生词；（2）附加成分+词根>派生词根，附加成分+派生词根>派生词。这不仅是阿美语的构词特点，也是台湾南岛语普遍存在的共同点。当然，在附加的具体方式、语义的组合上，会因具体语言的不同而表现出各自独特的规律来。据黄美金《台湾南岛语言学研究的回顾与展望》（2000）②一文引介，施玉勉的《雅美语构词》（1996）③一文采用Bybee的相关原则（relevance principle）研究雅美语词缀以及词缀与词根的结合模式，分析词缀间的时（tense）、体（aspect）、焦点（focus）、语态（mood）等语法范畴的层次关系（hierarchical relations），提出雅美语词缀间存在"时>语态>焦点>派生词缀>体 — 动词词根（verb root）"的规律。

　　曾思奇的《二十世纪的中国少数民族语言研究》之《南岛语系语言研究》（1998）④一文，分析台湾南岛语的词缀包括前缀、中缀与后缀的构词能力。在词根前附加前缀是构成派生词的主导模式，前缀不但种类多，数量上占绝对优势，且其自身的派生能力以及与其他词缀组合的能力都极为活跃。相形之下，中缀和后缀无论是数量、还是派生能力都远逊于前缀。据粗略统计，中后缀不过20种左右，这个数量远低于前缀的数量，如阿美语有142种词缀，其中中缀仅2种、后缀6种、中后缀与前缀组合的复合缀51种⑤。台湾南岛语的大部分词缀，特别是动词性词缀兼备构词、构形作用，通常在附加词根派生新词的同时，也表达某种语法意义。如阿美语nanum（水，词根）前加ni–变成ni–nanum（喝水），是动词主动态一般体；附加ni–……–an变成ni–nanum–an（把水喝了、喝了的水），已具有处置态完成体和名物化的语法特点。曾文综合各家论著成果，归纳出22种词缀的语义类型，

---

①　载《民族语文》1990年第4期。

②　载《汉学研究》18卷（特刊），2000年。

③　Taichung：Providence University MA thesis，1996.

④　以下简称曾文，本节系参阅曾思奇《二十世纪的中国少数民族语言研究》之《南岛语系语言研究》整理而成，其他凡未注明出处者均引自曾先生成果。

⑤　参阅曾思奇：《台湾阿眉斯语语法》，中央民族学院出版社，1991年。

包括施事、受事、状态、自动、使动、完成或结果、演变、合作与互相、趋向、愿望和比量、命令祈使、比较级、序数、多数反复、即行、经历、未来、工具手段、场所部位、类别、对象、族属世系等主要类型。此外，还有的词缀可以表示包含、周到、均分、增强、延续、素质、抽象等意义。

林太、曾思奇的《Isbukun 布农语构词法研究》(2001)[①] 一书，以结构主义理论与方法研究布农语的构词体系，特别是对附加法的结构、语义及功能，做了比较深入的分析研究。总结布农语常用词缀共 165 个，其中前缀 73 个，以前缀为主体的复合缀 82 个，而中缀仅 2 个、后缀 6 个、其他复合缀 2 个。

石德富的《卑南语中缀和后缀的语义》(2006)[②] 一文，归纳卑南语南王方言的中缀 –em– 和 –in– 的变体形式，–em– 表 [行为][主动][一般体] 等语义特征，可构成表行为的派生动词；–in– 表 [及物][被动][完成体/经历体][名物化] 等语义特征，所构成的派生动词或动名词常含被动义。名词化后缀 –an 具有 [类化/抽象化][名词性][处所/地方][工具][方法][方式/样子] 等语义特征，被动后缀有 –an、–aw、–aj、–anaj、–u 和 –i 等六个。

吴新生的《尖石泰雅语词缀研究》(2008)[③] 一文，以尖石乡赛考列克泰雅语为研究对象，描写了前缀 t–、s–、k–、p–、c[ts]–、'[?]–、l–、pk–、lk–、cin[tsin]、pin– 的语义，将其构词功能概括为动词化、动词词缀、名词化、名词标记等。各前缀在主事焦点系统方面的表现各有不同，另外对比了语义相同的前缀之间、寄主词根相同的前缀之间的构词能力，还归纳了复合词缀的结构模式。

(二) 重叠法研究

曾思奇的《二十世纪的中国少数民族语言研究》之《南岛语系语言研究》(1998) 一文，指出重叠实质上是音位的重新组合，结构方式因语言而异。多年研究的成果表明，台湾南岛语单音节词的重叠方式较简单，多数语言的重叠规律与鲁凯语第 4 条同；多音节词的重叠规律一般以词根后两个音节为基式进行重叠，有 3 种结构方式：(1) 全部音节依次重叠；(2) 部分音节重叠；(3) 混合重叠。部分重叠具体又有 6 种形式：(1) 词根后两个音节依次重叠，但词尾辅音不重叠。(2) 重叠词根首音节的首辅音和元音。(3) 重叠词根辅音首加低元音 a。(4) 元音开头的词根，重叠首元音，或前加元音 a。(5) 元音开头的词根，重叠头两个音素，即元音首与第二音节的辅音首，作为重叠词的开头音节。(6) 部分音节交错重叠。混合重叠有 3 种方式：(1) 词根先完全重叠，再重叠词首元音。(2) 词根先完全重叠或部分重叠，后重叠辅音首加元音 a。(3) 词根先完全重叠或部分重叠，后在词首加

---

① 读册文化事业有限公司，2001 年。

② 载《民族语文》2006 年第 1 期。

③ 新竹教育大学硕士论文。

元音a。

语言学家大致同意台湾南岛语重叠构词有两种基本方式：一种是由词根重叠直接构成新词，一种是结构性重叠构成派生词根。关于词根重叠直接构成新词的研究，李壬癸的《鲁凯语结构》（1973）一文，总结鲁凯语的词根重叠直接构成新词的规律有：（1）重叠比附加更带有词根的特性，此外，只有词根能重叠，附加成分永不能重叠。（2）词根重叠既有完全的，又有部分的。即使在完全的重叠中，词根的最后辅音也是不重叠的。（3）部分重叠只是词根头两个音素的重叠。（4）如果是词根开头的辅音与元音重叠，重叠的元音总是低元音；如果是元音开头，那么，重叠的元音不变。并且上述规律之间无内在联系，是"分离的"；选择什么规律由词的结构来决定。关于结构性重叠构成派生词根的研究，曾思奇的《二十世纪的中国少数民族语言研究》之《南岛语系语言研究》（1998）一文，总结各家观点后认为，在重叠派生词根上附加词缀构成新词，与单纯的附加法和重叠法均不相同，具有如下特点：（1）重叠派生词根后加 –an，一般名词化，表示动作行为的时间、处所、对象等意义。（2）重叠派生词根前加 ma–、mu– 等词缀，一般动词化、形容词化，主要突出动作、行为、状态、程度等意义。（3）重叠派生词根加中缀 –əm–，表示动作进行体。

曾思奇、李文甦的《阿眉斯语、排湾语、布农语重叠构词比较研究》（1988）[①]一文，归纳三种语言的重叠方式分完全重叠与部分重叠两种，完全重叠的模式可描写为 C1V1·C2V2>C1V1C2V2·C1V1C2V2 和 C1V1C·C2V2 [C]…>C1V1 [C]·C2V2 [C]·C1V1 [C]C2V2 [C]…，部分重叠的模式可描写为 CVC…C1V1·C2V2C3>CVC…C1V1·C2V2·C1V1C2V2C3 和 CV[C]…C1V1 [C]·C2V2 [C]>CV[C]…C1V1·C1V1 [C]·C2V2 [C]。重叠所表示的基本意义是"多"，它使词义发生变化，首先是词义扩大，表现为由个别概念变成集合概念，或者表示动作行为的经常、持续与反复，也能表示性质、状态的加强与深化；其次是词义的缩小与转移，如排湾语的"羊"sidzi 重叠后是 sidzisidzi，词义缩小为"山羊"，"敌人"qala 重叠后是 qalaqala，词义转移为"客人"。

叶诗绮的《阿美语音节划分与重叠词之研究》（2002）[②]一文，运用优选理论探讨阿美语的音节划分与重叠词之间的关联性。关于在多音节词中元音ə会随着说话速率的不同任意出现或消失在辅音丛之间的现象，论文运用加插分析和删略分析原则进行解释多音节词中的表层辅音串现象。其次，论文运用样板制约（templatic constraint）将重叠词分为Ca–（注：C指辅音）重叠和后缀重叠两类，Ca–重叠原则为复制词干最左缘的辅音再加上固定不变的元音a构成重叠音节。

---

① 收录于《高山族语言文学》，中央民族学院出版社，1988年。
② 新竹清华大学硕士论文。

吕顺结的《从优选理论分析台湾南岛语重叠词》（2003）① 一文，运用优选理论分析巴则海语、阿美语、排湾语、邵语重叠词的重叠形式。四种语言均采用 Ca-（注：C 指辅音）重叠及右向重叠，重叠音节中的固定元音 a 应是"预先指明"（pre-specification）的结果，a 作为潜在底层形式，在重叠前已与重叠成分音节的韵母产生连接，只要重叠发生，a 就会显现出来。不过，四种语言的右向重叠形态各有不同：巴则海语常见 -CV.CV- 型一种，阿美语有 -C.CV- 和 -C.CV- 型两种，排湾语和邵语则有 -CV.CV-、-C.CV-、-CV- 三种类型。除了上述两种重叠类型，巴则海语还有一种特有重叠形式：当 CV：- 中的元音有延长或双音节前缀重叠时，按照 CVCV- 的形式进行重叠。邵语也有一种独特的重叠形式，即重叠成分总是出现在词根倒数第二音节上的 CV- 重叠。

叶宛萦的《泰雅语方言母音加插与重叠词之分析》（2004）② 一文，运用优选理论分析泰雅语方言元音加插与重叠词之间的关联性。为了避免表层结构的辅音群，泰雅语方言会采用元音加插的方式解决音节界线划分问题。重叠词还使用元音加插规则构建重叠音节，不过赛考利克方言加插的元音为 ə，泽敖列方言则加插的是 a，根据加插元音的不同，会影响重叠之后表面的音节形态。元音加插的数目，制约着重叠词中韵尾的转换，因而用非样板制约与非样板理论，加上与元音加插之制约的互动，可预测出重叠之后的音节形态与正确值。

何德华、董玛女的《雅美（达悟）语重叠现象》（2005）③ 一文，运用语素重叠理论探讨达悟语重叠法，发现达悟语基本上呈现两种主要重叠模式："整体重叠"和"部分重叠"。依此理论，"Ca- 重叠"可归入部分重叠，而"向右重叠"属于整体重叠。其次，重叠现象还可依词音位变化形式，分成"中缀式重叠"和"前缀式重叠"。大部分重叠现象发生于词干，但亦有少例子发生于词缀。达悟语由重叠现象所产生的核心语义，大致可分为逐步语义（包括复数、集合、分布、重复、延续、进行、态、习惯、反问义）、累积语义（包括强化、比较、弱化义）和非象形语义（包括稍微、假装义）等三类。

林惠珊的《郡社布农语的"三叠式"》（2018）④ 一文，发现在郡社群布农语中存在一种之前没有被发现过的"三叠式"重叠。"三叠式"与另一种重叠——"音步重叠"一样，都是复制词汇的重音音步，不过，相较于只复制重音音步一次的"音步重叠"，"三叠式"则会复制重音音步两次。与"音步重叠"不同，"三叠式"并不能复制所有类型的重音音步，"三叠式"仅能复制单音节音步，而无法复制由双音节组成的音步。造成这一现象的原因，在于受制于语言普遍不允许双音节结构复制的音韵规律所致。

---

① 政治大学硕士论文。

② 新竹清华大学硕士论文。

③ 载 Concentric Study of Lingus，2005.

④ 载《台湾语文研究》2018。

（三）构词法综合研究

石德富的《卑南语构词法》（2008）① 一书，系统地描写卑南语派生法与重叠法构词的类型。关于卑南语派生法，指出复合缀不仅数量庞大，而且构词能力最为活跃，复合缀基本结构模式共六种，有前缀+前缀、前缀+前缀+前缀、中缀+后缀、前缀+后缀、前缀+前缀+后缀、前缀+中缀+后缀。复合缀派生新词是有序的，一般都由内向外逐层地派生。各个词缀所处的层次是由派生过程中的先后顺序决定的，与其空间分布无关。在派生词内的各个词缀的顺序序列中，某个词缀的语义辖域、语法意义的分量与其同词根所处的层次成正比，越是处在外层，词缀的语义辖域越大，语法意义分量越大；某个词缀和词根语义的紧密度跟它与词根所处的层次成反比，越是处在外层，它与词根的语义关系的紧密度就越小。书中将卑南语重叠模式分为第一式、第二式和混合式三种，分析了动词根重叠第一式、第二式的语义特征，重叠形式能被前缀、双重前缀、中缀、后缀以及各种复合词缀所附加，派生出大量的新词。这些派生词的意义都是由词根意义、重叠形式的语义特征和所有参与派生的词缀的语义特征叠加整合而成。在派生词内的词缀顺序序列中，重叠形式一般都比词缀处于外层。

姜莉芳的《从阿美语词汇的直译看阿美族的传统文化》（2009）② 一文，选取阿美语的 ni-、ma-、pa-、sa-、li-、ta-、ci-、tada-、mu- 9个前缀和 -an、-ay 2个后缀，通过分析渔猎采集和初级农耕词、物质文化词、时间词、方位词和亲属称谓词及新词的词缀语素与词根语素结合前后的意义对比，认为词缀和词根的直译意义能帮助人们更直观地认识阿美人传统生产生活方式、自然环境与认知方式对阿美语造词方式的影响。

林成远的《汶水泰雅语的词汇结构》（2012）③ 一文，从形式与意义的互动关系来描写汶水泰雅语派生法、重叠法、复合法及混合构词法。派生法重点探讨词根语素与词缀语素的语义特征，重叠法将重叠的语法意义类别归纳为（1）逐步语义（consecutive）：包括复数（plurality）如集合（collectivity）、量化（quantification）、分布、复数参与者（pluality of participants）、重复（repetition）以及延续（continuation）；（2）渐增语义（cumulative）：包括强化（intensification）；（3）减缩语义（diminutive）等。复合法从形式、结构和类别及语义角度，按形式标准，将带有连词的词归为典型复合词，没有连词的复合词只有数词复合词一种；按照结构标准，汶水泰雅语复合词有同心结构和异心结构两种；按照词类标准，有名词+名词，名词+动词，形容词+名词以及动词+名词等类；按语义标准，含有连词 na' 的复合词常命名下述层词汇。

---

① 中央民族大学出版社，2008年。

② 载《民族翻译》2009年第1期。

③ 新竹教育大学硕士论文。

许韦晟的《太鲁阁语构词法研究》(2008)① 一文，探讨花莲县秀林乡铜门部落与崇德部落太鲁阁语的复合构词法、派生构词法、重叠构词法和功能转换（functional shift）四种构词法。运用认知语义学的"角色摄取"和"突显原则"两个概念来解释太鲁阁语复合词的形式、种类和语义现象。研究发现复合构词法的使用大都用来表示新事物或新概念，主要以名词居多。此外，部分的复合词和文化都存有密切的关联。太鲁阁语词缀的数量呈现前缀＞后缀＞中缀的递减态势，从形式和语义的关系来解释词缀之间的分工、互动以及多义现象。论文将太鲁阁语的重叠分为CV–和CVCV–两类，重叠的派生语义不多，常见有名物化和动词化两种，前者仅表工具和方法，后者仅表全体动作产生。至于所谓功能转换法，实际上指的在语义的历时演变过程中，通过借代、比喻、特指、泛指等四种方式引申出新意义而造成新词的手段。

黄维晨的《佳兴排湾语动词构词研究》(2012)② 一文，以佳兴排湾语动词为研究对象，首先根据不同动词在诱发"形素转换"的环境时所呈现的构词特征，将佳兴排湾语动词分为静态动词和非静态动词两类。静态动词指呈现ma–/ka–转换的动词和呈现Ø/ka–转换的动词；非静态动词则指呈现–em–/Ø转换的动词、呈现m/p转换的动词和没有显著形素转换的动词。论文对比了直述句主事者语态形式与其相对应的转换形式之间在句法、语义方面的差异后发现，两者均可出现在句子结构中的体词性成分的位置上，动词的主事者语态形式通常表示具有主事性（agentivity）或主动性（activity）的语义，而其转换形式则通常表示非主事性或非主动性的语义。特别是由于中缀–em–还可以用来派生某些已作为主事者语态动词使用的派生动词，因此–em–的主要功能应是标记主事性或主动性而非一般认为的"主事者语态"。论文还描写了佳兴排湾语120种词缀的形式及构词功能。最后讨论了动词的重叠构词类型，认为完全重叠法在佳兴排湾语中的主要功能是构词而非构形，而Ca–（注：C指辅音）重叠因具有标记非静态动词词根的"分布"或"相互"义素而可以用来作为动词分类的依据，应可视为兼具构词、构形功能。

叶美利的《赛夏语指示词的句法、构词与语意初探》(2014)③ 一文，依形态特征，将赛夏语有指示词可分成两组，第一组为带前缀'isa–的'isa: a'"那（里）"、'isaza"那（里）"、'isani"这里"、'isaso:"那（里）"；第二组为带前缀hi–或ha–的 hini"这"、hiza"那"、hita"那边"、hani"这里"、hato"那边"、hison"这边"、hason"那边"。发现在句法层面，多数指示词具有代名词与限定符的用法，带前缀'isa–的四个指示词表现出与副词相当的性质，有些指示词已发展出连贯句子的功能。在构词形式与语义的对应关系上，赛夏语指示词表现出以ni–、

---

① 新竹教育大学硕士论文。

② 新竹清华大学硕士论文。

③ 载《台湾语文研究》2014/03/01.

-za 区分距离远近、以 hi- 或 ha- 区分可见性（visibility）的特点。

彭淑芳的《汶水泰雅语动词构词研究》（2016）[1] 一文，运用角色指称语法理论（Robe and Reference Grammar）分析汶水泰雅语的动词分类、焦点标记和动词词缀的语义及形态句法特征。根据动词分类系统（Aktionsart tests），可将动词的时貌语义特征分析为静态性、动态性、终点性及瞬间性四种，据此可将汶水泰雅语动词分为五类：第一类为带有动态但无终点性及瞬间性的活动动词，第二类为带有静态性但无终点性及瞬间性的静态动词，第三类为带有动态性、终点性及瞬间性的瞬成动词，第四类为带有终点性但无瞬间性的成就动词，第五类为带有瞬间性但无终点性的瞬实动词。汶水泰雅语动词焦点标记有 m-、-un、-an 和 si-，分布限制条件表现出三个特点：第一，有特定终点或具体量词的活动动词会转为活动成就动词，而当活动动词转为活动成就动词后会偏好出现在 -un 或 -an 句子。第二，有关心理状态的静态动词通常出现在 -un、-an 或 si- 句子，若出现在 m- 的句子时，则有臆断的诠释。第三，前四类动词（除了第五类瞬实动词外）可和使役动词词缀 pa- 结合衍生出使役动词，而且通常出现在 -un 句子。在汶水泰雅语中，m-、-un、-an 和 si- 等词缀同时兼具焦点标记、动词标记及表示时貌范畴等特点。汶水泰雅中另有 ma-/pa-、atag（a）-、mas-、ta-/ti-、maki- 和 mag（a）-等动词派生词缀，派生构词方式表现为（1）从名词词干衍生出活动动词；（2）从活动动词词干衍生出静态动词；（3）从静态动词词干衍生出成就动词。

二、短语研究

传统语法研究认为台湾南岛语复杂句结构在句法功能上与短语相当，短语内部结构关系常见并列、修饰、领有和支配关系。并列关系常用结构助词或并列连词将两个相同、相近或相反的成分组合起来；修饰关系用结构助词将修饰成分和中心语组合起来，修饰成分在中心语之前；领有关系用属格助词连接中心语和修饰成分，中心语在修饰成分之前；支配关系则用受格助词连接动词与被支配的对象，动词在被支配对象之前。20世纪90年代以来，也有学者将短语与关系子句（relative clause）、副词子句（adverbial clause）等"复杂句结构"对等看待。吴静兰的《阿美语复杂句结构探究》（1994）[2]、《阿美语参考语法》（2000）[3] 均认为阿美语复杂句结构有补语结构（complementation）、修饰结构（modification）和对等结构（coordination）等三类，其中，补语结构从语义关系和语法表征的角度可分为连动结构（serial verb construction）、枢纽结构（pivotal construction）、认知结构

---

① 新竹清华大学硕士论文。

② Complex Sentences in Amis. Taibei : National Normal University MA thesis, 1994.

③ 远流出版社，2000年。

（cognition construction）和述说结构（utterance construction）等四种类型。阿美语的关系子句和副词子句在语义关系上均表现为紧密–松散关系。

刘恩馨的《阿美语的并列结构与修饰语结构》（2002）① 一文，探讨阿美语的并列结构、修饰语结构及两者之间的语法关系。对等连接词a不但可以用来连接/并列两个名词短语，还可以出现在名词短语修饰（特别是名前修饰）和动词短语修饰的结构中。名词短语修饰结构类似汉语的结果补语句，表示结果与描述的部分通常由动词词根加上主事者或非主事者语态（voice）形成，而整个句型是它们之一与所修饰的动词以a相连接。动词性短语修饰结构指一个动作的样貌，表示样貌的部分在阿美语是以动词词根加上词缀sa– …… –sa或 –sa形成，而整个句型也是表示样貌的成分与其所修饰的动词以a相连接。这一结构过去常被称为连动结构或连谓结构。表示结果/描述的句子和表示动作样貌的句子在早期是以并列结构的原貌形成；也就是对等连接词a连接两个动词组成分，其一是表示结果/描述或是动作的样貌，另一个则表示被修饰的动词。就表示结果/描述的句子而言，可以把表示结果/描述成分的动词分析成主要动词，而其后由a所引介的句子分析成控制附加语结构。此结构中原来的对等连接词a也因为语法化的因素而演变成一个补语连词的成分。至于表示动作样貌的句子，论文认为a在这个结构和在前述的结构一样产生同步虚化的现象，成为一个用来引介状语甚至是定语的修饰语标记。因此表示动作样貌的句子在a语法化的情形之下形成一个从属句的结构，其中在a左边表示动作样貌的成分可以分析为从属句，而在a右边被修饰的动词则是主句的中心语。

黄美金、吴新生的《泰雅语赛考利克方言的并列和伴同》（2011）② 一文，探讨泰雅语赛考利克方言中表达"并列"及"伴同"的连接词ru'及ki'的语法功能及语义异同性。根据Stassen（2000）的AND–及WITH–语言分类框架，认为泰雅语赛考利克方言可归为AND–型语言。

汤志真的《排湾语的伴同与并列结构》（2011）③ 一文，以排湾语均可表"共同"语义的伴同介词ka、伴同格位标志kati/katua以及并列连词kati/katua为研究对象，分析伴同结构与并列结构的差异。发现凡是能被ti与tua所标示的词，都具有名词性质，而非格位划分；独具"共同"语义的伴同介词及伴同格位标志与兼具"各自"/"共同"语义的并列连词，分别具有不同的词汇句法行为。非并列连词manu与并列连词kati/katua都只能后接不具格位标志的限定名词组论元，唯独并列连词kati/katua只可以连接名词性的句法成分。论文指出卑南语的伴同/并列结构也表现出与排湾语类似的对比特征。

李佩容的《（赛德克）太鲁阁语的伴同与并列结构》（2011）④ 一文，指出与太

① 新竹清华大学硕士论文。
② 载《语言暨语言学》2011年第1期。
③ 载《语言暨语言学》2011年第1期。
④ 载《语言暨语言学》2011年第1期。

鲁阁语的伴同结构与并列结构相关的成分，有前置词deha、伴同格位标记ka及对等并列连接词ni三个。其中，deha既是伴同结构关系词，也是前置词和数词"二"（可作动词）的同形形式。在包含式结构中的deha是数词，作为前置词的deha与伴同格位标记ka在句法上呈互补分布，ka在主词为附着代名词时出现。前置词deha与连接词ni在分布上，连接词ni可以出现在所连接的名词之间或只出现在最后连接的名词之前，连接词在名词组中的位置属于[A co][B]类型。依据Stassen（2000）对并列名词组所做的分类框架，太鲁阁语属于AND-型语言。

吴静兰的《阿美语名词组的连接结构》（2011）[①] 一文，探讨阿美语名词组的连接结构，特别是连接词atu和aci所构成的连接结构句型的异同。认为应将连接词atu视为单一成分，而非如先前文献（如Tsai & Zeng 1997和E. Liu 2003）所提出是连接词a加上格位标记tu组合而成。此外，也应将aci视为单一成分，不过aci中的ci还保有人称专有名词标记的功能。aci构成的连接名词组有无格位标记，取决于表示两个连结名词组之间的语义紧密度。从角色指称语法的观点出发，可以认为这两种不同的连结结构句型分别对应两种不同结构关系：atu连接结构对应名词组层次的并列结构，aci连接结构则与名词组层次的复并结构对应。

邓芳青的《卑南语三种方言中的名词组连接》（2011）[②] 一文，探讨南王、知本、泰安三村卑南语的名词组连接结构。在三个方言中，各有一个策略是仅用于名词组连接，如南王方言的kay，知本方言的za+i/na，以及泰安方言的包含式代名词，而另有一个策略是不限于用在名词组连接，亦可用于子句或句子的连接。根据在相互及非相互结构中这两个策略所表现出来不相称的特质，南王方言的kay及知本方言的za+i/na原本是用于标记伴同结构，因经历了语法化的过程，现在也可用来标记并列结构。另一方面，南王方言的aw及知本、泰安方言的zi被用于名词组连接则有不同的起因。借由比较不同种类的篇章语料与它们出现的比例，aw跟zi原是用来连接子句，它们被用于名词组连接，是为因应现代卑南语文字化的需要而有的后起发展。

蔡维天的《谈古汉语和台湾南岛语中的并列衰减现象》（2008）[③] 一文，以古汉语的并列衰减为基准点来检验邹语、阿美语、泰雅语中的相关现象，发现并列结构普遍经历了一个语法化过程，演化沿两个主要方向演进：一为"状语化"，即前一个并列项从述语转为状语，而连接词不是失落就是变成状语标记；另一个方向则为"补语化"，即后一个并列项从述语转为补语，连接词则演化成补语连词来引介补语句。这一跨语言的现象显示：南岛语的祖语很可能是一个并列结构强势，具有许多语义层次的并列关系都直接反映在句法结构之上的特征。

---

① 载《语言暨语言学》2011年第1期。

② 载《语言暨语言学》2011年第1期。

③ 载《东方语言学》2008年第1期。

吴俊明、蔡维天的《并列衰减之制图理论分析：两个台湾南岛语的个案研究》（2016）① 一文，以汶水泰雅语和南排湾语连系词（linker）结构为研究对象，探讨连系词语法化和并列衰减（conjunctive reduction）之间的关联。在制图理论（cartographic approach）的架构下，解析两种语言在层系结构上所展现的共性与个性，发现连系词的并列衰减多倾向于补语化，在层系分布上也有着截然不同的表现：汶水泰雅语的连系词只出现于标句词层（complementizer layer）和词汇层（lexical layer），并占据左缘结构（left periphery）的中心语位置；相对而言，南排湾语连系词的分布则较为广泛，其中出现于屈折层（inflectional layer）的 a 同时具有补语化特征和状语换位的特性，这正凸显了南排湾语并列衰减结构的独特性。

黄美金的《汶水泰雅语的名物化结构》（2002）② 一文，探讨汶水泰雅语名物化结构的类型和功能。文中指出，如同许多南岛语言一样，汶水泰雅语的名物化结构发生在词汇和子句各层面，不过汶水泰雅语除了利用焦点符号和时态语气标记外，并没有再利用其他词缀机制以标示名物化结构。因此汶水泰雅语的名物化形式与动词形式极为相似。此外，名物化结构的语法功能常见标示事件或状态，也可以标示如主事者、受事者、处所或工具等事件论元。

张雅音的《邹语的名物化》（2002）③ 一文，认为邹语的名物化结构分为派生名物化结构和动名词组两种。邹语派生名物化结构显示名词性的内部结构，动名词组则呈现了动词性的特质，并指出易与名物化结构混淆的在位关系子句（internal head relative clause）属于句法层面。

张永利、李佩容的《噶玛兰语的名物化》（2002）④ 一文，探讨噶玛兰语名物化的构词、句法和语义。文中指出，所谓名物化其中只有一类才是真正的名物化结构，而另外一种则是带主要语的关系子句。真正的名物化结构和带主要语的关系子句在构词、句法和语义上都有明显区别：前者由后缀 -an 标示，后者则由寄生词 -ay 标记；前者可以和直接宾语搭配，后者则不可以；前者的语义角色为题元，后者则是修饰语。同时，动态动词和静态动词的名物化标记不同：前者由后缀 -an 标记，后者则主要由前缀 qena- 标记。前缀 qena- 事实上是由前缀 qa- 加上中缀 -en- 所组成，其中 qa- 相当于其他台湾南岛语静态动词的前缀 ka-，而 -en- 则相当于动貌标记 -in-。值得注意的是，在许多台湾南岛语中，前缀 ka- 为起动标记，有清楚的词汇意义，但噶玛兰语的 qa- 则纯粹只是一个语法标记。从这点可以看出，静态动词的前缀已经开始逐步语法化。另外，词汇层次的名物化和语法层次的名物化（如英语的动名词）在噶玛兰语的构词上并没有差别，都是用后缀 -an 标记。

---

① 载《语言研究集刊》，2016年。

② 载《语言暨语言学》2002年第2期。

③ 载《语言暨语言学》2002年第2期。

④ 载《语言暨语言学》2002年第2期。

三、句法研究

（一）焦点系统

20世纪90年代前后，受西方语言学焦点理论启发，不少学者借用"焦点"（focus）一词来指动词与句中某一成分之间所形成的语义关系的标记。焦点系统可以理解为句子中的文法主词（即焦点名词词组）同动词之间所呈现的呼应系统。台湾南岛语谓语居于句首的语序特点使得谓语成为句法结构中最关键的要素，特别是当谓语是动词的时候，动词决定着其他句法成分的形态选择甚至语序排列，因此过去语言学家主要从语法范畴即时貌（语气）系统的角度来分析台湾南岛语的句法结构，认为句法结构的第一层次是"式范畴"，在这个层次上，句子一般被分成陈述式、命令式与愿望式等大类；在"式范畴"之下，是"态范畴"，在这个层次上，句子被分为主动态、被动态、处置态等类；第三个层次是"体范畴"。几乎大部分的句法研究都参照这一体系来分析句法，如曾思奇的《台湾阿眉斯语语法》（1991）。但是，纯粹参照时貌（语气）系统来分析句法时，无法解释同标记异构句。有鉴于此，现在很多语言学家倾向于将时貌（语气）系统单独当作语法范畴特点来分析，而另外使用"焦点"来解释句法结构的深层结构关系。

台湾南岛语的"焦点"包括主事/非主事两个大类，非主事又包括受事、处所、工具/受惠三类。"焦点"动词在句法上要求选择一个名词作主语，保持呼应一致的格位关系。"焦点"名词分主事者/非主事者两类，二者的选择具有排他性，即主事焦点动词选择主事者名词作主语，而排斥非主事者名词；非主事焦点动词也只选择非主事者做主语。另外，焦点的格位标志与对象之间具有共存对应关系。也就是说，无论是主事者还是非主事者焦点名词作主语，都前加主格助词标记；而在非主事焦点动词句子中，主事者焦点名词以属格形式放在焦点动词之后，受事者以主格助词为标志。李佩容的《噶玛兰语的格位与焦点系统》（1996）[①]、何大安等编著的台湾南岛语参考语法13种等均从具体语言事实检验了"焦点"动词与名词的上述语法特性。其后的《汶水泰雅语焦点系统：语法，语意及语用研究》（黄美金：2001）、《邹语与赛德克语焦点系统的语用研究》（黄淑芳：2002）、《卡那卡那富语焦点系统之语意及言谈功能》（刘星辰：2014，台湾大学硕士论文）等文则从语义、语用等角度深入探讨了焦点系统。

（二）语序

语言学家很早就注意到了台湾南岛语独特的语序，即大多数语言的动词必须优先置于句首，其他句法成分因有格位标记或格位助词而位置相对自由。随着研究的

---

① 新竹清华大学（中国台湾地区）语言学研究所硕士论文，1996年。

深入，20世纪末，语言学家归纳出台湾南岛语语序的几种主要类型，一致认为动词优先是台湾南岛语语序类型的显著特点，同时对在少数南岛语中发现的主语出现在句首的特殊语序的成因进行了分析解释。

曾思奇的《二十世纪的中国少数民族语言研究》之《南岛语系语言研究》（1998）一文，总结台湾南岛语语序有3个特点："第一，动词居句首，不但标志动词谓语的句法地位，而其体现它在句法功能方面的主导性；第二，动词以形态变化表示句法行为，对其他句子成分发挥制约作用，形成彼此间的格位关系。尤其是主语成分与动词的格位关系必须始终保持一致；第三，在VOS或VSO的框架内，其他句子成分的次序是：宾语在动词之后，定语在名词中心语的前、后，状语在动词或形容词的前、后，补语在动词中心语之后。这些语法关系主要依赖格位助词、指示代词结构，有的依靠语序，如宾语用同一助词结构，为避免混淆，间接宾语的位置放在直接宾语之前。"①

李壬癸的《台湾南岛语言》（1998）② 一文认为，大多数南岛语的句子主要动词都出现在句首，主语、宾语和其他补助性成分大多位于动词之后。若以V代表动词，S代表主语，X代表宾语及其他片语，各种台湾南岛语语序大致如下：泰雅语：V-S-X，V-X-S；赛德克语：V-S-X，V-X-S；邹语：V-X-S；鲁凯语：V-S-X，V-X-S；布农语：V-S-X；阿美语：主动式：V-X-S，V-S-X；被动式：V-X-S；赛夏语：不及物动词的句子是动词在前，主语在后，但及物动词的句子却是主语在动词之前，即：V-S，S-V-X；噶玛兰语：V-X-S；巴则海语：V-X-S，S-V-X；邵语：V-S-X，S-V-X；排湾语：V-S-X，V-X-S；卑南语：V-S-X。

潘家荣的《台湾南岛语语序类型特征》（2017）③ 一文，根据M.S.Dryer（2007）对于VO型语言语序共性的总结，选取拉阿鲁哇语、邹语、噶玛兰、撒奇莱雅语、赛夏语和邵语六个极度濒危的台湾南岛语，探讨台湾南岛语是否符合语序类型共性。研究结果发现台湾南岛语整体的语序类型符合VO型语言的共性，呈现和谐的现象。唯一的例外是"动词+方式副词"的组合。撒奇莱雅语和邵语是两个最不符合典型VO型语言语序类型特征的台湾南岛语，它们各自有两个或三个语序特征违反了通见的语序类型。

潘家荣、杜佳煊的《阿里山邹语语序初探》（2019）④ 一文，根据M.S. Dryer（2007）对于VO型语言语序共性的总结，选取田野调查的一手邹语语料，探讨邹语是否符合语序共性现象。研究结果发现邹语整体的语序类型是符合VO型语言的共性，呈现和谐的现象。唯一的例外是"动词+方式副词"的组合。在邹语中，方

---

① 书海出版社，1998年。

② 参阅李壬癸：《台湾南岛语言论文选集第一册》，（台北）中央研究院（中国台湾地区）语言学研究所，2004年。原载《台湾原住民（中国台湾地区少数民族的总称）文化基本教材 — 导论》，1998年。

③ 载《民族语文》2017年第6期。

④ 载《汉藏语学报》2019年第11期。

式副词必须前置于动词，邹语没有方式副词后置于动词的情况。

对于影响台湾南岛语形成动词优先的语序的原因，早在20世纪90年代就有人进行了专门研究，目前比较一致的看法认为，主要是由于大多数台湾南岛语属于"作格语言"而致。何月玲的《雅美语结构》（1990）① 一文，通过分析雅美语（即达悟语，下同）名词前的格位助词、人称代词上的格位标记、动词词缀标记等的特点，提出雅美语是作格语言的观点。作格语言要求动词居句首，表现为"受事 — 主事"的句法行为。李壬癸的《宜兰县南岛民族与语言》（1996）② 一文指出："台湾南岛语除了鲁凯语是宾格语言（accusative language）以外，其他大都可以说是作格语言（ergative language）"。张永利的《赛德克语和噶玛兰语的语态、格位与呼应》（1997）③ 一文，分析赛德克语和噶玛兰语的疑问词提前和句子分裂等句法行为后发现，只有受语态词缀所指定的名词片语才必须接受语态的制约，即句首成分的性质并非主语感应（subject sensitive），而是语态感应（voice sensitive）的结果，因而主张台湾南岛语应是"语态显著"（voice prominent）语言，而非"主语显著"（subject prominent）语言，从而呼应了台湾南岛语是一种作格语言的观点。

李绮的《来源于非现实句型的南岛语作格性》（2016）④ 一文，以探寻南岛语言作格性（焦点系统）的来源为目标，在假设原始南岛语言是宾格语言（没有焦点系统），并假设现代鲁凯语保持了原始南岛语的宾格性的前提下，发现大部分台湾南岛语言的作格性源于古南岛语的另外一个创新。论文认为，台湾南岛语的作格格局先是出现在原始南岛语言的子语原始作格南岛语中，源自非现实句型中的宾语用主格标记的结果，换言之，是因为原始南岛语言中非现实句型中的轻动词v没有赋予宾格的能力。然而，原始南岛语言非现实句型中的宾语一定要带介词，并且通过介词得到格，因此作格南岛语支的主要创新是介词并入动词。介词并入导致了非现实句型中的宾语失去了格的来源。由于轻动词没有赋予宾格的能力，宾语只能由T赋予主格，后来就演化出了台湾南岛语的作格格局。

对于一些语言出现S-V-X语序的原因的解释性研究，早在20世纪70年代就引起了语言学家的研究兴趣，其中以郑恒雄的《布农语的主题、主语与动词》（1977）⑤ 一文的探讨较具代表性。郑恒雄在形式语言学理论中加入语义、功能的方法，建立一套词组律（phrase structure rules）来分析布农语句子的基层结构（underlying representations），从语义、语法与语音等方面论证了布农语主题与主语的区别，认为主题化是主语"话题化"的结果，为要导引后面核心句的某种谈论。近年来，又有一些成果陆续形成。曾思奇的《二十世纪的中国少数民族语言研究》

① 新竹清华大学语言学研究所硕士论文。

② 宜兰县：宜兰县政府，1996年。

③ 新竹清华大学语言学研究所博士论文。

④ 载《语言暨语言学》2016年第1期。

⑤ Topic and Focus in Bunun. Manoa：University of Hawaii Ph. D dissertation，1977.

之《南岛语系语言研究》（1998）^① 一文，认为台湾南岛语 S–V–X 语序的出现，应同主语成分"主题化"有关，即当主语需要被"着重"、被"强调"时，会因主题化而提到动词前面去。曾思奇的《中国的语言》之《布农语》（2008）^② 一文，指出布农语还有 V–X–S 和 S–V–X 的语序，主语提前的语序属特殊语序，同样与主语的主题化有关，提前的主语后加 hai 提示；他又在同书之《巴则海语》（2008）^③ 中指出，巴则海语的主语、宾语、状语甚至短语结构均可主题化而提前到句首，后加助词 ka 为语法标记，表示主事者、受事者、时间与场所、等同、条件、某种语用成分等语义。

李云兵的《中国南方民族语言差比句的语序类型》（2007）^④ 一文，探讨中国南方民族语言包括藏缅语、侗台语、苗瑶语、仡央语、南亚语、南岛语近百种语言差比句的语序类型，指出南方民族语言句法结构的基本语序为 SOV、SVO、VSO 三种类型，差比句的语序类型分别为 St+m+A、A+m+St、A+St，基本遵循 SOV、SVO、VSO 各自所具有的语言共性。除分布于台湾的南岛语外，藏缅语、侗台语、苗瑶语、仡央语、南亚语在汉语的影响下都共同衍生出用介引比较基准且语序类型为 m+St+A 的差比句。藏缅语的 SOV、Pos、St+m+A 与侗台语、苗瑶语、仡央语、南亚语的 SVO、Pre、A+m+St 属两种不同的类型，也与南岛语的 VSO、Pre、A+St、A+m+St 属两种不同的类型，而侗台语、苗瑶语、仡央语、南亚语的 SVO、Pre、A+m+St 与南岛语的 VSO、Pre、A+St、A+m+St 具有一定的共性。

（三）句法成分

台湾南岛语的句法成分有主语、谓语、宾语（直接宾语和间接宾语）、状语、定语、补语等，各句法成分均有特定的格位助词为标记。谓语主要由动词充当，一般出现在句首，此外，形容词、名词、代词、数词以及片语也可作谓语出现在句首。主语通常出现在谓语的后面，由名词、代词、数词、形容词、动词和短语充当，前加主格助词表示；宾语、状语、定语、补语等成分通常用受格助词标记。

萧伊玲的《泰雅语赛考立克方言之状语研究》（2004）^⑤ 一文，在分析新竹县尖石乡泰雅语赛考立克方言的状语时，将泰雅语赛考立克方言状语分为述语型（Predicate-like）和附加语型（Adjunct-like）。其中述语型又分为两种表现方式，一类带有语态标记（voice marker），如 m–k'ial "狠狠地"（主事者语态）/ pk'ial–un（受事者语态）；另一类则由 si 所引介，不带语态标记，如 si p'siang "安静地"。根据 Rizzi（1997）的结构阶层理论，参照情态词组（ModalP）的定位，发现四种

---

① 书海出版社，1998年。
② 商务印书馆，2008年。
③ 商务印书馆，2008年。
④ 载《东方语言学》2007年第1期。
⑤ 新竹清华大学语言学研究所硕士论文。

状语在句子结构的分布具有层级性。

苏奕帆的《卓社布农语状语研究》（2008）[1] 一文，探讨卓社群布农语状语中的修饰性状语的语法实现途径。研究发现，认知状语（如"可能"）在句法投射中可能以情态动词的形式出现，方式状语（如"很快地"）则可能出现在比P语态（voiceP）低的位置，修饰范围越广的状语通常占据较高的结构位置，卓社群布农语状语的语法行为在很大程度上受到语义功能的限制，由此可推知语言的语义层面和句法层面之间存在很强的相关性。针对状语结构中的两类例外现象，一类是缺乏论证结构的时间状语可以用受动者焦点为中心的标记，另一类是在一些单句、从句的状语结构中，动词中心语可以用工具/受益焦点标记，论文认为可以用H. Chang（2008）的P语态分裂（split VoiceP）假说来解释其成因，这可能是由于卓社群布农语非施动焦点系统（non-actor focus construction）由语态（voice）和应用（application）两层投映组成，而其施动焦点（actor focus）对应缺少应用投射（application projection）所致。

（四）句类研究

传统句法研究较偏向纯粹的句法结构描写，通常按结构将台湾南岛语句子分成简单句、复句两个大类，简单句又分成肯定句、否定句、祈使句、疑问句、感叹句等小类，少有从语义、功能等角度专题研究的论文。20世纪90年代以来，疑问句结构及疑问词移位现象受到重视，一些研究生论文在不同的理论框架下探讨各语言疑问句在语义、词汇、语法等层面的特点和深层结构关系。黄美金的《台湾南岛语言学研究的回顾与展望》（2000）[2] 一文，介绍了几篇句类研究的论文，如张雅音的《邹语疑问词结构与疑问词移位现象之探讨》（1998）[3] 一文，参照原则与参数理论归纳邹语有四种疑问结构，指出由于邹语不遵守承接条件（subjectency）和岛屿限制（island constraints），其疑问词没有移位现象，邹语疑问词的依存关系（wh-dependency）主要是靠概化控制（generalized control）与无择约束（unselective binding）的共同运作而实现。陈承甫的《鲁凯语疑问词用法》（1999）[4] 一文，探讨鲁凯语疑问词在句法、构词和词组三个层面的无定用法，通过比较，指出名词性、副词性和动词性三类可出现在非对等句主语位置的鲁凯语疑问词与英语、日语疑问词的无定用法相似，却与噶玛兰语、邹语和赛德克语的疑问词无定用法不同。

周一铭的《赛夏语疑问词问句及其左缘结构之研究》（2008）[5] 一文，将赛夏语疑问词分为名词性、状语性两类。名词性疑问词可以被格位标记修饰，也可以在等

---

[1] 新竹清华大学语言学研究所硕士论文。

[2] 载《汉学研究》18卷（特刊），2000年。

[3] 新竹清华大学硕士论文。

[4] 台湾大学硕士论文。

[5] 新竹清华大学硕士论文。

同结构中做谓语。尽管违反了主语优势理论，但状语性疑问词的分布具有自由性是不争的事实。状语性疑问词 nak 'ino'（怎么）和 'am powa'（为什么）会因所处结构位置的不同而产生不同语义。经过词序、主语限制（subjectivity restriction）、干涉作用（intervention effects）、范域互动、无论–结构、句子补语、多重疑问结构的综合检测，论文认为"致使–怎么"和"原因–为什么"位于句子左缘（left periphery），构成整个句子的运符。"方法–怎么""工具–怎么""目的–为什么"则占据轻动词组左缘（vP periphery），作为事件谓语。"方法–怎么"为副词性状语，具有量化特征，必须进行逻辑位移（LF–movement）。"结果–怎么"作为论元，出现在动词组的补语位置，受动词管辖。

刘安婷的《卡那卡那富语疑问句探究》（2014）① 一文，将卡那卡那富语的疑问句分为名词性疑问句、状语性疑问词和动词性疑问句三类。每一类的疑问句各有各自的句法分布方式和特点。从分布上看，名词性疑问词必须出现在论点位置上，在等式结构中，名词性疑问词做名词性谓词时，要与句子的起始位置相连。状语性疑问词与指示性状语类似，能够出现在句子中的不同位置。动词性疑问词通常出现在谓语位置，允许有体范畴变化，并要与代词格位一致。从句法特点上看，根据疑问句的形态可分析性，疑问句的谓语可分为不可分析疑问句动词、可分析疑问句复合动词两类。动词疑问句与普通动词的分布相同，当动词疑问句出现在动词系列中，它们的作用类似于动词的状语修饰词。动词疑问句的这种状语功能可以用副词动词结构（avc）来很好地解释，这是一种类型学上罕见的台湾南岛语句法模式（Chang 2009，2010）。

刘彩秀的《阿美语分裂结构》（1999）② 一文，运用管束句法学和原则与参数理论，探讨阿美语的三种分裂结构：分裂句、准分裂句和分裂变句中的疑问词移位问题，指出阿美语分裂句结构、疑问词问句、关系子句中的疑问词移位是发生在深层结构上，而主题句结构的疑问词移位则发生在表层结构上。

刘昆龙的《论赛考列克泰雅语关系子句》（2004）③ 一文，从派生句法学的角度，依据子句在词序、接应代词、时间状语和专有名词上的不同，将尖石乡泰雅语赛考列克方言的关系子句分为带有连系词 ka? 的关系子句和不带有连系词的关系子句两类。前者结构上为外在型关系子句，语义上为限制性关系子句，呈现出孤岛效应上的论元–附加语不对称，以及关系化上的主宾语不对称；而后者结构上为内在型关系子句，语义上为非限制性关系子句。通过分析证明连系词 ka? 为补语标记，并非关系代名词或是格位标记。

沈文琦的《撒奇莱雅语句法结构初探》（2008）④ 一文，以撒奇莱雅语的否定

---

① 台湾大学语言学研究所硕士论文。

② 台湾大学硕士论文。

③ 新竹清华大学语言学研究所硕士论文。

④ 台湾大学语言学研究所硕士论文。

句、疑问句和致使句为研究对象，在描写撒奇莱雅语句法结构概貌的目标引领下，通过归纳上述三种句型在形态、格位标记和语义角色上的特征，厘清撒奇莱雅语与阿美语中部方言之间的差异。研究表明，在否定句中，除了用在陈述句中的ca'ay一个否定词相同，撒奇莱雅语和阿美语的其他否定词都不一样。撒奇莱雅语疑问句分是非疑问句、选择疑问句和特殊疑问句三类。致使句中，致使语篇前置会引起整个句子意义及句法性质的变化，除了由事实标记–ay标记的致使谓语可能出现在主动态结构中外，致使谓语通常出现在由属格标记的非主动态结构中，而使役价数和互惠价数则取决于价态变化和格关系。

郭政淳的《阿美语的比较句结构》（2008）[①]一文，将阿美语的比较句结构分为四类：（1）并列比较级，即使用带有对比命题的平行子句；（2）名词性比较级，其比较级通过等式结构占据了名词性谓词的位置；（3）–ki–比较级，使用特定中缀–ki–，表示"超越"之意，由于–ki–具有及物性，因而允许不同的焦点表达（例如AF和PF）；（4）ikaka/isafa比较词，词根来源于一组亲属称谓词"年长者/年幼者"。在所有比较结构中，除并置比较词外，其他所有负责被比较事件的行为词都须经历一个去动词化过程。

郭政淳、宋丽梅的《论阿美语比较句结构的句法》（2010）[②]一文，探讨阿美语比较句结构的构词及句法特征，将阿美语比较句分为四种小类，区分了"对象比较"及"事件比较"的区别性特征，指出在"事件比较"上，除了并置类型（juxtaposition type）以外，所有的比较结构中都需要将表示事件的动作词进行去动词化。据Klein（1991）的类型学特征，按原型理论和标记理论的标准，阿美语属于N[AV]语言，而英语可被称为具备完全NAV清单的语言。

魏廷冀的《阿美语切割结构之平行研究》（2011）[③]一文，针对无法用严格的句法平行限制来解释阿美语切割句实际所表现出来的词汇与句法之间不对称的现象，提出利用语义同形及焦点删略（Merchant 2001）的概念，可以较好地解释这种因IP/VP–删除所造成的不平行现象。借助准分裂切割句的IP–删除及连谓切割句的VP–删除原则，可将阿美语的切割结构统称为一种句法上先主题化再删除的句式，认为阿美语切割结构在语义上完全遵守e–GIVENness的相互蕴涵原则以及焦点条的删除原则，并可排除所谓词汇、句法折中方案的分析（Chung 2005a）。

吴俊明的《汶水泰雅语与牡丹排湾语连系结构研究》（2013）[④]一文，运用最简原则与制图理论，探讨汶水泰雅语与牡丹排湾语的连系词结构。指出连系词在句法结构里可分为高位、中位和低位三个阶次。在汶水泰雅语中，高位阶连系词指不带移位性质（EPP）的补语连词，能阻挡包蕴句中成分往外移位。中位阶连系词为具

---

① 台湾大学语言学研究所硕士论文。

② 载Concentric：Study in Lingus，2010.

③ 载Concentric：Study in Lingus，2011.

④ 新竹清华大学语言学研究所硕士论文。

有移位性质的补语连词，允许包蕴句中成分往外移位。低位阶连系词可再分为两类：A 类低位阶连系词占连系词组中心语位置，B 类为音韵形式，不占句法结构位置。牡丹排湾语表现出与汶水泰雅语相似的分类状况，不同的是，牡丹排湾语中的 A 类低位阶连系词"a"可存在于时制层。这类低位阶连系词占修饰语词组中心语位置，保有对等连系词特性。连系词结构的这些句法特点，主要与三类句法运作有关：第一类为论元提升，第二类为论文提升与控制混合型操作，第三类为论元控制与运符移位。副动词结构主要采取论元提升的句法运作，控制结构主要采取论元提升与控制混合型操作模式，中间句结构以及困难句结构则涉及论元控制与运符移位。

郑惠文的《汶水泰雅语之非限定句研究：以制图理论分析》（2015）[1] 一文，运用最简原则和制图理论，分析苗栗县泰安乡泰雅语汶水方言的非限定句的句法结构。根据主要动词的不同类别，汶水泰雅语非限定句可分为控制结构、目的子句、结构重整、直接感官动词、难字结构与心理动词等六类。所有的非限定句均以不同的连系词（包括' i'、'ru'、'cu' 和 ku'）跟主句连接。汶水泰雅语的非限定句有两个特征：无独立的主语、无独立时态，这一句型特征暗示非限定句很可能是由原本两个连接的独立子句慢慢合并为一个复杂句而形成。根据 Huang（1995a）与 C.Wu（2013）的观点，再经由不同的语法限制和语法测试，发现非限定句可表现为 CP、AspP、VoiceP 与名物化的 DP 等大小不同的句法结构。此外，汶水泰雅语中完整的限定句也以连系词和主句连接。有些连系词和引介非限定句的连系词同音同形，表明连系词能分布在句法结构的不同阶级，也从一个侧面说明了连系词语法化的过程。

吴晓虹的《布农语郡社群方言关联子句的句法》（2016）[2] 一文，以布农语郡社群方言的关联结构为研究对象，发现关联子句及其关联的回指成分在派生的任何一个基点上都不构成成分。基于岛屿不敏感、条件 C 效应的缺失和非关联事实的证据，认为关联子句与名词性关联子句之间的句法关系是由基底生成的附加结构派生出来的。此外，广义量词的关联子句绑定了矩阵子句中的名义关联短语，而矩阵子句被解释为绑定变量，而定量绑定视图进一步显示，布农语的卓社群方言的捕获类型的关联型短语允许彼此相关。

郑柏荣的《赛考利克泰雅语存在句型之句法研究》（2016）[3] 一文，将复兴乡泰雅语赛考利克方言的存在句分为三类：maki- 型、kya- 型和 cyux 型存在谓语句。maki 和 kya 均为双论元存在谓语，可以带一个名词组及一个处所词论元，若是处所词后又出现另一个完整子句，那么这个子句为一附加语。不同的是，maki 拥有动

---

① 新竹清华大学语言学研究所硕士论文。

② 载 Canadian Journal of Linguistics，2016.

③ 新竹清华大学语言学研究所硕士论文。

词的所有词形变化，在进行连续移动时，在P语态/TP框架下最终会停留在T⁰处。而kya没有动词的词形变化，在进行移位的时候，早已移出P语态/TP的范畴，并且进入了CP的层次。cyux是单一论元谓语，以一个完整子句CP为其论元，缺乏P语态/TP所分派的词形变化，因此也应将cyux移入CP的层次。

　　潘家荣的《邹语和拉阿鲁哇语的祈使结构》（2019）[①]一文，将邹语和拉阿鲁哇语（即沙阿鲁阿语，下同）祈使结构分为肯定祈使和否定祈使。文章指出，邹语的肯定祈使无专属焦点标记，其焦点标记与肯定陈述焦点标记相同；否定祈使的施事焦点标记为/ʔotə/（否定、祈使、施焦），而受事焦点、处所焦点、工具/受惠焦点标记均为/təavʔa/（否定、祈使、非施焦）。与邹语同属南岛语系印度尼西亚语族台湾语支邹语群的拉阿鲁哇语的祈使结构包含肯定祈使和否定祈使两种。肯定祈使有两种形式：一为有标记的典型表达式，主要分礼貌命令式和强烈命令式两类。其中礼貌命令式为V=kia，强烈命令式为/tsuu /V-a//tsuu/=/ma/u V-a=/mau/，二者的施事焦点标记都是um-/<um>/u-/m-/ø-，礼貌命令式没有受事焦点、处所焦点，强烈命令式有受事焦点、处所焦点，二者均为零形式标记。肯定祈使的另一种形式是非祈使形式的命令式，一般采用肯定陈述句的焦点形式标记。此外，文章还讨论了邹语和拉阿鲁哇语祈使结构与人称、体、示证范畴以及与具有[+自主]语义特征的及物动词之间的关系。

四、语法范畴研究

（一）名词和代词的格范畴

　　台湾南岛语有格范畴，通过附加、异根及词汇手段等方式来表示，这三种方式同时为所有的台湾南岛语所借重。用附加表示格范畴的词类，通常是一些特殊的名词；代词，特别是人称代词，常使用异根与附加的手段；普通名词均使用格位助词来表示格范畴。

　　使用附加表示格范畴的名词，主要是专有名词，包括人名词和亲属称谓词，二者有主格、属格、受格形态标志，使用将词缀附加于词干的方式来表示，这些词缀统称为"格位标记"。不过，有些语言的方言使用格位标记的范围较广，不只局限于专有名词，如泰雅语汶水方言的名词都能使用格位标记。这一现象是李壬癸在《泰雅语汶水方言格位系统》（1995）[②]一文发现的。他指出汶水方言句中每一个名词都必须使用格标记，人称代词附着式中的主格、属格各分两套，主格为有定，受格为无定。

---

① 载《黔南民族师范学院学报》2019年第3期。

② The Case-marking System in Mayrinax, Atayal. 载中央研究院（中国台湾地区）《历史语言研究所集刊》66.1：23-52，1995.

一般而言，普通名词没有格范畴的形态标记，当其在句子中作主语、领属性修饰语、宾语时，使用格位助词来表示格位关系。台湾南岛语的格位助词有主格、属格、受格等类，作地点状语时，前加处所格助词。加上格位助词后，可表示主事、受事、受惠、领属、工具（手段、原因）、时间、处所等意义。名词化的动词、形容词、数词等的格位，同样借助格位助词表示。

代词分人称代词、指示代词、疑问代词3类。人称代词有人称、数、格的范畴，通过异根、附加的语法手段来表示。人称分第一人称、第二人称和第三人称，数分单数、复数，格分主格、受格、属格。大多数语言的第一人称单数属格又有基本式和独立式的分别，基本式的位置在被领有物之后，不能单独使用；独立式的位置是在被领有物之前，作定语时需同后面的结构助词联合使用，一般能单独使用或回答问题。第一人称复数分包括式和排除式，即有"我们"和"咱们"的区别。指示代词有远指和近指之分，远指又可以分成看得见的和看不见的两种。指示代词有格范畴，通过异根的语法手段表示，分主格、受格、属格。疑问代词有人称疑问代词和一般疑问代词，人称疑问代词有格范畴，通过异根和附加两种语法手段表示，分主格、受格和属格。

曾思奇的《二十世纪的中国少数民族语言研究》之《南岛语系语言研究》（1998）一文，将泰雅、阿美、排湾、鲁凯、卑南、赛夏、布农等语言的专有名词的格范畴标记系统归类，为历时语言研究提供了一个侧面的条件。现将原文转引如下[①]：

格位 语种	主格	宾格	属格
泰雅	ʔi–	ʔi–/ki–、niʔ–	niʔ–
阿美	1.tsi–（单数） 2.tsa–（复数）	1.tsi–…–an（单数） 2.tsa–…–an（复数）	1.ni–（单数） 2.na–（复数）
排湾	1.ti–（单数） 2.tia–（复数）	1.tɕi–（单数） 2.tɕia–（复数）	1.ni–（单数） 2.nia–（复数）
鲁凯	ku–	ki–	—
卑南	i–	kan–	kan–
赛夏	e–	kan–	ni–
布农	—	—	iʃ–

---

① 书海出版社，1998年。编者注：此文中的宾格即受格。

邓芳青的《卑南语的格位形式融合》（2009）[①]一文，探讨卑南语方言中各种不同模式的格位形式融合。在南王方言中，属格与斜格有形式融合的现象，而在其他几个方言，属格与斜格仍各为彼此独立的形态成分。通过从共时和历时角度对格位形式融合的分析，表明语音较为存古的方言并不一定在构词、句法上的表现也较为存古，南王方言保留着较多的古代形式，但在构词句法上却较为创新。因形式融合所造成的语法模糊，可经由构词句法的其他方法得到弥补。

（二）动词的时体态范畴

动词在台湾南岛语中的地位很重要，其形态范畴对整个句法结构及句法成分的格位有严密的制约作用。所有台湾南岛语动词都有时、体、语态、式的语法范畴，通过附加的语法手段表示。时分现在时、过去时和未来时，体分一般体和未完成体，语态分主动态、被动态和处置态，式有一般式、命令式和愿望式。时、体、态之间交错杂叠，很难完全划分出明确的范畴界线，故语言学家常将三者合并讨论，称为"时貌（语气）系统"。早期的研究论著中，对动词的时、体、态、式范畴的描写比较笼统，缺乏细致的分类。

2000年出版的13种参考语法，对各语言的时貌（语气）系统进行了系统和细致梳理，及至综合后来的各家研究成果，已能全面呈现各语言的语法范畴概貌。2016年出版的系列台湾南岛语法概论，总结泰雅语的时制分为过去式、现在式、未来式；将标志事件发生的状态或样子的语法动态称为"动貌系统"，分完成貌、起始貌、经验貌、非完成貌、持续貌、进行貌等6种；语气分肯定、假设、祈求等3种。时貌（语气）系统常通过词缀、重叠或助动词进行标记。[②]赛德克语的时式与动貌关系密切，有时候很难区分，时式主要是表示时间，分过去/现在/未来、过去/非过去、未来/非未来；动貌着重表示动作发生的状态，分已经完成、经验过、正持续进行或动作刚刚开始等类。时式通过词缀或助动词表示，动貌则由助动词、词缀、副词、格位助词等方式表示。[③]赛夏语的时制与动貌通过四种方式来表示：一是语境（包括时间词），二是情态动词，三是名物化，四是动貌标志。[④]排湾语的时貌（语气）系统分成"现实状"和"非现实状"两种，现实状分完成貌和未完成貌，完成貌指过去发生或已完成的事件，未完成貌指现在正在发生或习惯性的事件，通常用词缀、时间副词、动词的重叠形式或助动词标示。[⑤]布农语的时貌系统，分成实现和非实现两种，其中实现又可分为标示过去发生或已完成的事

---

① 载《语言暨语言学》2009年第4期。

② 参阅黄美金：《泰雅语参考语法》，远流出版社，2000年。

③ 参阅张永利：《赛德克语参考语法》，远流出版社，2000年。

④ 参阅叶美利：《赛夏语参考语法》，远流出版社，2000年。参阅叶美利：《赛夏语结构》，新竹清华大学硕士论文，1991年。

⑤ 参阅张秀娟：《排湾语参考语法》，远流出版社，2000年。

件、正在进行的事件或持续的事件两类；非实现指未来可能会发生的事件。时貌系统通过附加词缀或重叠，以及使用时间副词如habas（从前）、takna?（昨天）、laupakadau?（现在）等来体现。① 邹语的时貌系统分实现式和非实现式，专门借由助动词来标记，如标示实现式的助动词有moso，mo（h），o（h）–和mo，mio，mi–，i–两类；标记非实现式的助动词是tə，ta，təna，ntə和nto（h）–，ntoso两类。②

此外，自20世纪80年代台湾南岛语语法系统研究日趋成熟以来，不少论文也具文探讨动词的时体态范畴，有些成果专门描写语法范畴内部的语法意义类别，有些论文的兴趣则侧重于解释语法范畴同焦点系统的关系、对句法结构的影响以及语法范畴标记的构词特征等方面。

曾思奇的《试谈布嫩语词缀in/i》（1986）③ 一文，分析布农语表时体范畴"过去时完成体"意义的前缀in–、中缀–in–与动词的组合能力及语法意义，发现中缀–in–与主动态动词词根、被动态动词词根缀合时，受词根语素首音节结构模式的制约，当首音节结构是Ca或CaC时，–in–附加于Ca之后，韵尾n脱落，形成–in–的变体形式–i–。此外，前缀in–和中缀–in–可以重叠，表示反复、扩大或强调等语法意义，这在台湾南岛语中是比较少见的。动词性词根语素中插入中缀–in–之后，通常会转化成名词。如pitbu（腌肉）＞p–in–itbu（咸肉）。

曾思奇的《排湾语动词的时态及其语法范畴》（1988）④ 一文，根据动词的不同变化形式，把动词分成"非插入类"与"插入类"，并列举了体（常体、进行体、一般完成体、过去完成体）、时（现在将来时、过去时）、态（主动态，被动态）。

齐莉莎的《再论邹语的时制、动貌、语气系统》（1996）⑤ 一文，指出邹语时貌是用动词来表示时制、动貌与语气，这是邹语与其他台湾南岛语用动词词缀（包括焦点系统）或重叠，或是用时间副词来表示时貌范畴最大的不同之处。邹语的时貌可分为事实和非事实两类。据此，在表事实时貌时，助动词可分为出现在主事者焦点结构（表示非完成貌）和非主事者焦点结构（表示完成貌）两类；在表非事实时貌时，助动词可出现在主事者焦点或非主事者焦点结构，但此时不区分完成貌/非完成貌。

何德华的《达悟语时貌情态构词之形义相似关系》（2005）⑥ 一文，运用Bybee（1985）提出的相似性（iconicity）假设来检验在构词过程中，达悟语时貌情态范畴是否会对相关形态标记在派生词内的位置与附加层次产生影响。通过分析，发现达悟语中表达及物性关系（即焦点）的词缀最接近词根，其次为动貌，最外缘者为情

---

① 参阅齐莉莎：《布农语参考语法》，远流出版社，2000年。

② 参阅齐莉莎：《邹语参考语法》，远流出版社，2000年。

③ 载《中央民族学院学报》1986年第1期。

④ 载《中央民族学院学报》1988年第5期。

⑤ 载中央研究院（中国台湾地区）《历史语言研究所集刊》1996。

⑥ 载Conentric：Study of Lingus，2005.06.01

态。这一特点大致与该假设吻合。此外，由于在达悟语的动词变化系统中，及物性关系和时貌情态词缀紧密互动，在分析词缀与词根的距离关系时，无法将构词词缀与屈折词缀完全分开，所以表完成和未完成貌的焦点词缀为构词词缀，而表祈使和虚拟的焦点词缀为屈折词缀。

赵凡玮的《鲁凯语茂林方言的时制和动貌》（2014）[①] 一文，在描写鲁凯语茂林方言 ma-、u-、nu- 三个时制动貌前缀的语义及分布的基础上，归纳其构词特点如下：（1）ma- 在分布上与其他前缀互补，在否定句中与否定前缀 i- 互补分布，不用于被动句，通常附加在动词性词根之前，而一般不与名词性词根和副词性词根组合。（2）u- 在分布上也与其他前缀互补，在否定句中与否定前缀 i- 互补分布，通常可以附加在动词性词根、名词性词根之前，但一般不与副词性词根组合。（3）nu- 在分布上主要叠加在其他派生词缀之前构成复合词缀，在否定句中要与后缀 -ia 配合，通常可以附加在动词性词根、名词性词根之前，一般不与副词性词根组合。

黄宣范、黄惠如的《邹语实现态标记的地位》（2003）[②] 一文，观察邹语自然言谈语料中，实现（realities）与非实现（ir-realities）事件在不同句法环境下的标记情形。在一般相信应标记为非实现态的很多句法环境下，邹语"非实现态"之助动词并不出现；相反地，实现态与否是由整个句构（construction）标记。因此其所显示的语法功能比较偏向区别时态，而不是作实现态与非实现态的区别。换言之，邹语的"非实现态"助动词是用标记"未"，不应将邹语助动词视为系统性的标记事件的实现与否的句法成分。

林萱的《排湾语的中间语态》（2013）[③] 一文，发现排湾语存在中间语态，中间语态标记为 ki-，并将中间语态分出自然反身动作、间接中间语态动作、身体打理动作、身体动作、非移动式动作、姿势改变动作、自然相互事件、移动式动作、言谈行为、知觉中间语态、自发性事件等小类。排湾语的中间语态具有如下句法特点：（1）中间语态标记音节数量多寡和"事件描写程度"量尺成正比关系。排湾语中间语态标记 ki- 组成音节数量最少，所以在"事件描写程度"量尺的程度也最低。（2）有些相似的动词种类中，有的可以加上 ki- 成为中间语态，但有些却不行。（3）有些动词在排湾语中已经变成一定要加上 ki- 才可以使用。（4）"去及物性"也发生于排湾语中间语态。（5）排湾语中间语态的"受事者"和非中间语态结构的"受事者"所在的位置一样；中间语态的"主事者/受事者"为同一个且以主词的语法关系来呈现；排湾语中间语态呈现长时间广泛性的描写而非短时间动作性描写。受弱化、去语义化、语义扩展、去词性化等条件的影响，中间语态标记 ki- 可能源自"第三人称"kisurimadju 这个字，接下来发展至"反身代名词"，最后成为中间语态

---

① 高雄师范大学台湾历史文化及语言研究所硕士论文。

② 载 Taiwan Journal of Linguistics，2003.

③ 新竹清华大学硕士论文。

标记的用法。

童芳华的《中国南方民族语言的生命度认知范畴》（2019）① 一文，在描写黄河以南的中国境内汉藏语系、南亚语系和南岛语系所涵括的部分语言的认知范畴时，指出南岛语系的部分语言的名词复数、提问"人名"的疑问代词或基数词存在生命范畴的变化形式。指出万山鲁凯语名词复数有生命度标记。阿美语、布农语、泰雅语对"人名"提问时使用疑问代词"谁"，而赛德克语使用的是"什么"。阿美语基数词修饰名词时，除了"一"（/tsətsaj/）之外，当中心名词为生命度较高的"人"或"动物"时，其他基数词必须重叠原词根第一个音节的首音素，若这个音素是辅音，用辅音与元音a结合成一个新音节，添加在原词根前面；若这个音素是元音，直接在原词根前面附加元音a；当中心名词为生命度较低的"非动物"时，基数词不需要做任何变化。布农语基数词也有类似的变化规则，不过布农语的基数词"一"（/tini/）修饰有生命度的名词（[+人]）时，需重叠第一个音节的首辅音后加上元音a变成/tatini/后，才能修饰含有[+人]语义的名词；如果中心名词是非人（[-人]）名词，则用/taʃa/表示数量"一"。

潘家荣的《拉阿鲁哇语和卡那卡那富语的传信与新异方式》（2016）② 一文，探讨未曾被探讨过的高山族拉阿鲁哇语和卡那卡那富语的传信和新异方式，传信范畴是标记信息来源的语法范畴，和信息是如何被获取有关（Aikhenvald 2003，2004，2014）。新异范畴是指和说话者没有准备的大脑知识、非预期的新异信息，与其相伴而来的惊异态度有关（Aikhenvald 2004：195）。研究结果表明，虽然高山族南岛语言的传信系统是个较小且封闭的语法范畴，其语法表现却极为丰富、多样。

参考文献

[1]蔡维天：《谈古汉语和台湾南岛语中的并列衰减现象》,《东方语言学》2008年第1期。

[2]蔡中涵、曾思奇：《阿美语母语语法结构分析》，台北市：台湾原住民（中国台湾地区少数民族的总称）基金会，1997年。

[3]陈保亚、何方：《核心词原则和澳越语的谱系树分类》,《云南民族学院学报》2002年第1期。

[4]陈诚甫、宋丽梅：《好茶鲁凯语疑问词的无定用法》，Concentric:Study in Lingus, 2005.

[5]陈春美：《雾台鲁凯语接触衍生韵律的语音实证》，Concentric :Study in Lingus, 2011.

[6]陈金结：《阿美语词形表层现象与底层结构研究兼论正词法》，Nephron

---

① 载《中央民族大学学报》2019年第2期。

② 载《南开语言学刊》2016年第2期。

Clinical Practice, 2012.

[7]陈康、马荣生:《高山族语言简志（排湾语）》，民族出版社，1986年。

[8]陈康:《台湾高山族语言》，中央民族学院出版社，1992年。

[9]陈康:《赛德克语概况》，《民族语文》2000年第5期。

[10]陈康:《论台湾南岛语言的语流音变》，《台湾少数民族研究论丛（第3卷）》，2006年。

[11]陈荣福、李杰、曾思奇:《台湾卑南语》，《中央民族学院学报》1992年第6期。

[12]陈银玲:《宜兰县泰雅语音韵研究》（Issues in the Phonology of Ilan Atayal），新竹清华大学语言学研究博士学位论文，2011年。

[13]寸熙、朱晓农:《回辉话的内爆音：对音法类型学和演化音法学的意义》，《民族语文》2017年第5期。

[14]打亥·伊斯南冠·犮拉菲:《郡群布农语疑问词研究》，高雄师范大学硕士学位论文，2017年。

[15]戴智伟:《布农语丹社群方言时间指示词的位置与语法变体》，《语言暨语言学》2013年第6期。

[16]邓芳青:《卑南语的格位形式融合》，《语言暨语言学》2009年第4期。

[17]邓芳青:《卑南语语法概论》，原住民族（中国台湾地区少数民族的总称）委员会，2018年5月。

[18]邓芳青:《卑南语三种方言中的名词组连接》，《语言暨语言学》2011年第1期。

[19]邓晓华:《从语言推论壮侗语族与南岛语系的史前文化关系——谨以此文悼念恩师严学宭教授》，《语言研究》1992年第1期。

[20]邓晓华、邓晓玲:《论壮侗语和南岛语的发生学关系》，《语言研究》2011年第4期。

[21]董同龢:《邹语研究》，载中央研究院（中国台湾地区）《历史语言研究所专刊》之四十八，1964年。

[22]丁邦新:《古卑南语构拟》，载中央研究院（中国台湾地区）《历史语言研究所集刊》（49），1978年。

[23]郭政淳:《阿美语的比较句结构》，台湾大学语言学研究所硕士学位论文，2008年。

[24]郭政淳、宋丽梅:《论阿美语比较句结构的句法》，Concentric:Study in Lingus, 2010.

[25]何大安:《邹语音韵》，中央研究院（中国台湾地区）《历史语言研究所集刊》（47），1976年。

[26]何大安:《台湾南岛语的语言关系》，《汉学研究》1998年第2期。

[27]何大安、杨秀芳:《南岛语与台湾南岛语》,《台湾南岛语言 —— 丛书导论》,台北市:远流出版社,2000年。

[28]何德华:《泰雅语法》,台北市:文鹤出版社,1992年。

[29]何德华:《达悟语时貌情态构词之形义相似关系》,Conentric: Study of Lingus, 2005.06.01.

[30]何德华、董玛女:《达悟语语法概论》,原住民族(中国台湾地区少数民族的总称)委员会,2018年5月。

[31]何汝芬、曾思奇、李文甦、林青春:《高山族语言简志(布嫩语)》,民族出版社,1986年。

[32]何汝芬、曾思奇、田中山、林登仙:《高山族语言简志(阿眉斯语)》,民族出版社,1986年。

[33]何月玲:《雅美语结构》,新竹清华大学语言学研究所硕士学位论文,1990年。

[34]黄慧娟:《卓社布农语的滑音形成规律》,《清华学报》32(02),2002年。

[35]黄慧娟:《布农语郡社方言韵核前滑音的状况》,Concetric: Study in Lingus, 2005.

[36]黄慧娟:《泰雅语赛考列克方言韵核前滑音的音韵模式》,《语言暨语言学》2014年第6期。

[37]黄慧娟、施朝凯:《布农语语法概论》,原住民族(中国台湾地区少数民族的总称)委员会,2018年5月。

[38]黄美金:《卑南语参考语法》,台北市:远流出版社,2000年。

[39]黄美金:《邵语参考语法》,台北市:远流出版社,2000年。

[40]黄美金:《台湾南岛语言学研究的回顾与展望》,《汉学研究》(18),2000年。

[41]黄美金:《泰雅语参考语法》,台北市:远流出版社,2000年。

[42]黄美金:《汶水泰雅语的名物化结构》,《语言暨语言学》2002年第2期。

[43]黄美金、吴新生:《泰雅语赛考利克方言的并列和伴同》,《语言暨语言学》2011年第1期。

[44]黄美金、吴新生:《泰雅语语法概论》,原住民族(中国台湾地区少数民族的总称)委员会,2018年5月。

[45]黄天来等:《台湾阿美族的语法》,台北市:伟明印刷有限公司,1988年。

[46]黄维晨:《佳兴排湾语动词构词研究》,新竹清华大学硕士学位论文,2012年。

[47]黄宣范、黄惠如:《邹语实现态标记的地位》,Taiwan Journal of Linguistics, 2003.

[48]简史朗:《邵语语法概论》,原住民族委员会,2018年5月。

[49]姜莉芳:《从阿美语词汇的直译看阿美族的传统文化》,《民族翻译》2009年第1期。

[50]姜懿娟:《卡社布农语语法概略》,新竹清华大学语言学研究所学位论文,2012年。

[51]蓝艳芬:《卡那卡那富语否定词研究》,高雄师范大学硕士学位论文,2012年。

[52]李方桂、陈奇禄、唐美君:《邵语记略》,Bulletin of the Dept. of Archaeology and Anthropology 7:23–51, 1959.

[53]李佩容:《(赛德克)太鲁阁语舌腭辅音和谐》,《语言暨语言学》2009年第3期。

[54]李佩容:《(赛德克)太鲁阁语音韵研究》,《台湾原住民族(中国台湾地区少数民族的总称)研究》2010/09/01.

[55]李佩容:《(赛德克)太鲁阁语的伴同与并列结构》,《语言暨语言学》2011年第1期。

[56]李佩容:《排湾语和赛德克语的/w/音段与对比阶层》,Concentric: Study in Lingus, 2012.

[57]李佩容:《从音韵学观点探讨检视(赛德克)太鲁阁语书写符号系统》,《台湾原住民族(中国台湾地区少数民族的总称)研究》,2013年。

[58]李佩容、许韦晟:《太鲁阁语语法概论》,原住民族(中国台湾地区少数民族的总称)委员会,2018年5月。

[59]李绮:《来源于非现实句型的南岛语作格性》(Ergativity from Subjunctive in Austronesian Languages),《语言暨语言学》2016年第1期。

[60]李壬癸、何月玲:《兰屿雅美语初步调查报告》,刘斌雄等主编《雅美族及雅美文化的发展》,台北市:内政部(中国台湾地区)营建署,1989年。

[61]李壬癸:《台湾南岛语的舟船同源词》,《民族语文》1992年第2期。

[62]李壬癸、林英津:《台湾南岛民族母语研究论文集》,台北市:教育部教育研究委员会,1995年。

[63]李壬癸:《台湾南岛语言研究的现状与展望》,《第一届台湾本土文化学术研讨会论文集》,台北市:台湾师范大学,1995年。

[64]李壬癸:《东部台湾南岛语群的起源:以巴赛语、凯达格兰语、阿美语和西拉雅语为例》,《语言暨语言学》2004年第2期。

[65]李壬癸:《台湾南岛语言论文选集(第1–2册)》,台北市:中央研究院(中国台湾地区)语言学研究所,2004年。

[66]李壬癸:《台湾南岛语言的田野调查》,《语言学论丛(第三十六辑)》,2007年。

[67]李文甦、玛哈桑•达和:《高山族布农语语素–an的构词功能》,《民族语文》

1990年第4期。

[68]李文甦:《排湾语形容词述略》,《中央民族学院学报》1990年第4期。

[69]李文甦:《台湾布农语词及词结构分解汇编》,民族出版社,2018年。

[70]李艳:《南岛语言谱系分类研究》,《当代语言学》2014年第2期。

[71]李云兵:《中国南方民族语言差比句的语序类型》,《东方语言学》2007年第1期。

[72]林成远:《汶水泰雅语的词汇结构》,新竹教育大学硕士学位论文,2012年。

[73]林惠珊:《郡社布农语的"三叠式"》,《台湾语文研究》,2018年。

[74]林蕙美:《中部阿美语方言词汇比较》,东华大学硕士学位论文,2013年。

[75]林姣君:《泰雅语赛考立克方言之疑问词研究》,新竹清华大学硕士学位论文,2006年。

[76]林莳慧:《从重叠构词检视撒奇莱雅语与南势阿美语的异同》,2012年演化语言学国际研讨会宣读论文,中国北京,2012年11月9日。

[77]林太、曾思奇等:《Isbukun布农语构词法研究》,台北市:读册文化事业有限公司,2001年。

[78]林萱:《排湾语的中间语态》,新竹清华大学硕士学位论文,2013年。

[79]林英津:《巴则海语》,台北市:远流出版社,2000年。

[80]刘安婷:《卡那卡那富语疑问句探究》,台湾大学语言学研究所硕士学位论文,2014年。

[81]刘恩馨:《阿美语的并列结构与修饰语结构》,新竹清华大学硕士学位论文,2002年。

[82]刘昆龙:《论赛考列克泰雅语关系子句》,新竹清华大学语言学研究所硕士学位论文,2004年。

[83]刘淑琴:《初鹿卑南语之疑问词研究》,高雄师范大学硕士学位论文,2015年。

[84]罗春寒:《台湾平埔族群文化变迁之研究》,民族出版社,2008年。

[85]吕顺结:《从优选理论分析台湾南岛语重叠词》,政治大学硕士学位论文,2003年。

[86]蒙斯牧:《印尼语和侗泰语的关系词》,《民族语文》1990年第6期。

[87]蒙斯牧:《澳泰语发展的三个历史阶段——印尼语、雷德语和回辉语》,《语言研究》1992年第1期。

[88]蒙斯牧:《侗泰语与南岛语的历时比较研究》,《贵州民族研究》1992年第2期。

[89]倪大白:《海南岛三亚回族语言的系属》,《民族语文》1988年第2期。

[90]倪大白:《中国的壮侗语与南岛》,《中央民族学院学报》1988年第3期。

[91]倪大白:《海南岛三亚回语——语言类型转换的活标本》,《中央民族学院

建校40周年学术论文集》，1991年。

[92]倪大白:《南岛语与百越诸语的关系》,《民族语文》1994年第3期。

[93]潘家荣:《沙阿鲁阿语概况》,《民族语文》2014年第5期。

[94]潘家荣:《沙阿鲁阿语和邹语的形容词》,《南开语言学刊》2014年第2期。

[95]潘家荣:《拉阿鲁哇语和卡那卡那富语的传信与新异方式》,《南开语言学刊》2016年第2期。

[96]潘家荣:《台湾南岛语语序类型特征》,《民族语文》2017年第6期。

[97]潘家荣:《拉哇鲁阿语语法概论》，原住民族（中国台湾地区少数民族的总称）委员会，2018年5月。

[98]潘家荣、杜佳煊:《阿里山邹语语序初探》,《汉藏语学报》2019年第11期。

[99]潘家荣:《邹语和拉阿鲁哇语的祈使结构》,《黔南民族师范学院学报》2019年第3期。

[100]彭淑芳:《汶水泰雅语动词构词研究》，新竹清华大学硕士学位论文，2016年。

[101]齐莉莎:《再论邹语的时制、动貌、语气系统》，中央研究院（中国台湾地区）《历史语言研究所集刊》，1996年。

[102]齐莉莎:《邹语参考语法》，台北市：远流出版社，2000年。

[103]齐莉莎:《布农语参考语法》，台北市：远流出版社，2000年。

[104]齐莉莎:《鲁凯语参考语法》，台北市：远流出版社，2000年。

[105]齐莉莎、刘秋云:《台湾南岛语词类与标记原则》，台北市：中央研究院（中国台湾地区）语言所筹备处，2003年。

[106]齐莉莎:《鲁凯语语法概论》，原住民族（中国台湾地区少数民族的总称）委员会，2018年5月。

[107]沈文琦:《撒奇莱雅语句法结构初探》，台湾大学语言学研究所硕士学位论文，2008年。

[108]沈文琦:《撒奇莱雅语语法概论》，原住民族（中国台湾地区少数民族的总称）委员会，2018年5月。

[109]石德富:《卑南语中缀和后缀的语义》,《民族语文》2006年第1期。

[110]石德富:《卑南语构词法》，中央民族大学出版社，2008年。

[111]宋丽梅:《卡那卡那富语语法概论》，原住民族（中国台湾地区少数民族的总称）委员会，2018年5月。

[112]宋丽梅:《赛德克语语法概论》，原住民族（中国台湾地区少数民族的总称）委员会，2018年5月。

[113]苏美娟:《泰雅语桃山方言否定词研究》，新竹师范学院硕士学位论文，2004年。

[114]苏奕帆:《卓社布农语状语研究》，新竹清华大学语言学研究所硕士学位

论文，2008年。

[115]素伊·多夕:《从inlungan看复兴乡赛考列克泰雅语的隐喻》，新竹教育大学硕士学位论文，2014年。

[116]孙宏开、胡增益、黄行主编:《中国的语言》，商务印书馆，2007年。

[117]汤志真:《台湾南岛语指示词和指示词组结构》，《语言暨语言学》2006年第4期。

[118]汤志真:《排湾语的伴同与并列结构》，《语言暨语言学》2011年第1期。

[119]田中山:《台湾Amis语话语汇编》，民族出版社，2005年。

[120]童芳华:《中国南方民族语言的生命度认知范畴》，《中央民族大学学报》2019年第2期。

[121]魏廷冀:《阿美语切割结构之平行研究》，Concentric: Study in Lingus, 2011.

[122]魏廷冀:《阿美语疑问词研究》，《语言暨语言学》2009年第2期。

[123]魏廷冀:《台湾南岛语论元省略：人称代名词词汇结构与言谈主题》，新竹清华大学《清华学报》，2016年。

[124]吴安其:《从汉印尼几组词的对应看汉南岛的关系》，《民族语文》1994年第4期。

[125]吴安其:《论朝鲜语中的南岛语基本成分》，《民族语文》1994年第1期。

[126]吴安其:《南岛语的创新和分类》，《语言研究》2006年第3期。

[127]吴安其:《台湾原住民（中国台湾地区少数民族的总称）的语言及其历史 —— 兼论南岛语数词反映的南岛语史》，《世界民族》2004年第5期。

[128]吴安其主编:《台湾少数民族研究丛书（第3卷）》，民族出版社，2006年。

[129]吴安其:《南岛语分类研究》，商务印书馆，2009年。

[130]吴静兰:《阿美语参考语法》，台北市：远流出版社，2000年。

[131]吴静兰:《阿美语名词组的连接结构》，《语言暨语言学》2011年第1期。

[132]吴静兰:《阿美语语法概论》，原住民族（中国台湾地区少数民族的总称）委员会，2018年5月。

[133]吴俊明:《汶水泰雅语与牡丹排湾语连系结构研究》，新竹清华大学语言学研究所硕士学位论文，2013年。

[134]吴俊明、蔡维天:《并列衰减之制图理论分析：两个台湾南岛语的个案研究》，《语言学研究集刊》，2016年。

[135]吴岢芯:《泰雅语语言接触与借词》，新竹清华大学硕士学位论文，2014年。

[136]吴晓虹:《布农语郡社群方言关联子句的句法》，Canadian Journal of Linguistics, 2016.

[137]吴新生:《尖石泰雅语词缀研究》，新竹教育大学硕士学位论文，2008年。

[138]武忠定:《越南语中的南岛语底层词新探》，《现代语文（学术综合版）》

2012年第5期。

[139]萧伊玲:《泰雅语赛考立克方言之状语研究》,新竹清华大学语言学研究所硕士学位论文,2004年。

[140]谢富惠:《台湾南岛语中的受格》,《大同大学通识教育年报》,2006年。

[141]谢富惠:《噶玛兰语语法概论》,原住民族(中国台湾地区少数民族的总称)委员会,2018年5月。

[142]许韦晟:《太鲁阁语构词法研究》,新竹教育大学硕士学位论文,2008年。

[143]杨梅:《试析台湾平埔族语言转用问题》,《中央民族大学学报》2004年第2期。

[144]叶美利:《赛夏语参考语法》,台北市:远流出版社,2000年。

[145]叶美利:《赛夏语疑问词及其疑问范畴研究》,新竹清华大学《清华学报》,2018年。

[146]叶美利:《赛夏语语法概论》,原住民族(中国台湾地区少数民族的总称)委员会,2018年5月。

[147]叶诗绮:《阿美语音节划分与重叠词之研究》,新竹清华大学硕士学位论文,2002年。

[148]叶诗绮:《排湾语元音和滑音的音位对比》,新竹清华大学《清华学报》,2011年。

[149]叶宛萦:《泰雅语方言母音加插与重叠词之分析》,新竹清华大学硕士学位论文,2004年。

[150]余信贤:《情态词与语气助词研究:以汉语与汶水泰雅语为例》,新竹清华大学博士学位论文,2015年。

[151]曾思奇:《台湾阿眉斯语语法》,中央民族学院出版社,1991年。

[152]曾思奇:《噶玛兰语概况》,《民族语文》2003年第6期。

[153]曾思奇:《台湾Amis语常用词缀与动词词根手册》,民族出版社,2008年。

[154]曾晓渝、尹世玮:《回辉话的性质特点再探讨》,《民族语文》2011年第3期。

[155]詹森:《泰雅语颜色词探讨 —— 以新竹县五峰乡为例》,新竹教育大学硕士学位论文,2014年。

[156]张郇慧:《雅美语参考语法》,台北市:远流出版社,2000年。

[157]张会叶:《谱系分类的主要依据 —— 以回辉话为例》,《民族语文》2018年。

[158]张秀娟:《排湾语参考语法》,台北市:远流出版社,2000年。

[159]张秀娟:《排湾语语法概论》,原住民族(中国台湾地区少数民族的总称)委员会,2018年5月。

[160]张雅音:《邹语疑问词结构与疑问词移位现象之探讨》,新竹清华大学硕

士学位论文，1998年。

[161]张雅音：《邹语的名物化》,《语言暨语言学》2002年第2期。

[162]张永利：《噶玛兰语参考语法》，台北市：远流出版社，2000年。

[163]张永利：《赛德克语参考语法》，台北市：远流出版社，2000年。

[164]张永利、李佩容：《噶玛兰语的名物化》,《语言暨语言学》2002年第2期。

[165]张永利：《邹语的三元述语》,《语言暨语言学》2011年第4期。

[166]张永利、潘家荣：《邹语语法概论》，原住民族（中国台湾地区少数民族的总称）委员会，2018年5月。

[167]张裕龙：《中部阿美语的否定词研究》，新竹教育大学硕士学位论文，2007年。

[168]赵凡玮：《鲁凯语茂林方言的时制和动貌》，高雄师范大学台湾历史文化及语言研究所硕士学位论文，2014年。

[169]郑柏荣：《赛考利克泰雅语存在句型之句法研究》，新竹清华大学语言学研究所硕士学位论文，2016年。

[170]郑惠文：《汉水泰雅语之非限定句研究：以制图理论分析》，新竹清华大学语言学研究所硕士学位论文，2015年。

[171]郑贻青：《海南岛崖县的回族及其语言》,《民族研究》1981年第6期。

[172]欧阳觉亚、郑贻青：《海南岛崖县回族的回辉话》,《民族语文》1983年第1期。

[173]郑贻青：《再谈回辉话的地位问题》,《民族语文》1986年第6期。

[174]郑贻青：《论回辉话声调的形成与发展》,《民族语文》1996年第3期。

[175]郑贻青：《论回辉话声调的形成与发展》,《民族语文》1996年第3期。

[176]郑贻青：《回辉话研究》，上海远东出版社，1997年。

[177]郑奕扬：《汉水泰雅语情态词研究》，新竹教育大学硕士学位论文，2012年。

[178]郑裕霖：《布农语卓社方言（Takituduh）的借词研究》,《语文学报》2004年。

[179]郑仲桦：《排湾语方言分类》，2012年演化语言学国际研讨会论文，中国北京，2012年11月9日。

[180]周一铭：《赛夏语疑问词问句及其左缘结构之研究》，新竹清华大学硕士学位论文，2008年。

[181]Chang, Hsiou-chuan（张秀娟）. 1992. Causative Constructions in Paiwan（排湾语使动结构）. Hsinchu: National Tsing Hua University MA thesis.

[182]Chang, Melody Ya-yin（张雅音）. 1998. Wh-constructions and the Problem of Wh-movement in Tsou（邹语疑问词结构与疑问词移位现象之探讨）. Hsinchu: National Tsing Hua University MA thesis.

[183]Chang, Yung-li, Chih-chen Jane Tang and Dah-an Ho.1998.A Study of noun-class markers in Kavalan（噶玛兰语的名词标记）. The Tsing Hua Journal of Chinese Studies 28.3:275-298.

[184]Chang, Yung-li（张永利）. 1997. Voice, Case and Agreement in Seedeq and Kavalan（赛德克语和噶玛兰语的语态、格位与呼应）. Hsinchu: National Tsing Hua University Ph.D. dissertation.

[185]Chen, Teresa M（陈蓉）. 1987. Verbal Constructions and Verbal Classification in Nataoran-Amis（阿美语的动词结构与分类）. Canberra: Research School of Pacific Studies, the Australian National University.(University of Hawaii Ph.D. dissertation).

[186]Ho, Arlene Yue-ling（何月玲）. 1990. Yami Structure: A Descriptive Study of the Yami Language（雅美语结构）. Hsinchu: National Tsing Hua University MA thesis.

[187]Ho, Dah-an（何大安）. 1977. The Phonological System of Butanglu: A Paiwan Dialect（排湾语丹路方言的音韵系统）. Taipei:Bulletin of the Institute of History and Philology 48.4:595-618.

[188]Huang Ya-jiun(黄亚君). 1988. Amis Verb Classification(阿美语动词分类). Taipei: Fu Jen Catholic University MA thesis.

[189]Lee, Pei-rong（李佩容）. 1996. The Case-marking and Focus System in Kavalan（噶玛兰语的格位与焦点系统）. Hsinchu: National Tsing Hua University MA thesis.

[190]Li, Paul Jen-kuei（李壬癸）. 1972. On Comparative Tsou（邹语比较）. Taipei: Bulletin of the Institute of History and Philology 44.2:311-338.

[191]Li, Paul Jen-kuei（李壬癸）. 1973. Rukai Structure（鲁凯语结构）. Taipei: Academia Sinica(University of Hawaii at Manoa Ph. D. dissertation).

[192]Li, Paul Jen-kuei（李壬癸）. 1976. Thao Phonology（邵语音韵）. Taipei: Bulletin of the Institute of History and Philology 47.2:219-244.

[193]Li, Paul Jen-kuei（李壬癸）. 1978. A Comparative Vocabulary of Saisiyat（赛夏语方言的比较词汇）. Taipei: Bulletin of the Institute of History and Philology 49.2:133-199.

[194]Li, Paul Jen-kuei（李壬癸）. 1988. A Comparative Study of Bunun Dialects（布农语方言的比较研究）. Taipei: Bulletin of the Institute of History and Philology 59.2:479-508.

[195]Li, Paul Jen-kuei（李壬癸）. 1995. The Case-marking System in Mayrinax,Atayal（泰雅语汶水方言的格位系统）. Taipei: Bulletin of the Institute of History and Philology 66.1:23-52.

[196]Lin, Hsiu-hsu（林修旭）. 1996. Isbukun Phonology: A Study of Its Segments,

Syllable Structure and Phonological Processes（布农语东埔方言音韵研究）. Hsinchu: National Tsing Hua University MA thesis.

[197]Rau, Der-hwa Victoria.（何德华）1992. A Grammar of Atayal.（泰雅语法） Taipei: The Crane Publishing Co. (Cornell University Ph.D. dissertation).

[198]Richard Albert Wright. 1996. Consonant Clusters and Cue Preservation in Tsou（邹语辅音群和线索保存）. Los Angeles: UCLA Ph.D. dissertation.

[199] Shih, Louise（施玉勉）, Jeng, Hengi-hsiung（郑恒雄）.1977. Topic and Focus in Bunun（布农语的主题、主语与动词）. Taipei: Academia Sinica.(University of Hawaii at Manoa Ph. D. dissertation).

[200]Tsuchida, Shigeru（土田滋）. 1976. Reconstruction of Proto-Tsouic Phonology（邹语群的古音韵拟测）. Tokyo: Tokyo Gaikokugo Daigaku(Yale University Ph.D. dissertation).

[201]Wang, Samuel. H（王旭）, Li, Paul Jen-kuei（李壬癸）. 1977. Morphophonemic Alternations of Formosan Languages（台湾土著语言的词音位转换）. Taipei: Bulletin of the Institute of History and Philology 48.3:375-413.

[202]Wu, Joy Jing-lan（吴静兰）. 1994. Complex Sentences in Amis（阿美语复杂句结构探究）. Taipei: Nantional Taiwan University MA thesis.

[203]Yeh, Mei-li（叶美利）. 1991. Saisiyat Structure（赛夏语结构）. Hsinchu: National Tsing Hua University MA thesis.

[204]Zeitoun, Elizabeth（齐莉莎）. 1992. A Syntactic and Semantic Study of Tsou Focus System（邹语焦点与格位标记研究：语法与语意）. Hsinchu: National Tsing Hua University MA thesis.

第五章　南亚语系语言研究

南亚语系（Austro-Asiatic family）这一名称，最早是由德国传教士和人类学家施密特于1907年提出的。主要是指分布于印度、缅甸、马来西亚、泰国、老挝、柬埔寨、越南和我国云南、广西等地的120多种语言。南亚语系分为孟高棉语族、越芒语族、蒙达语族和尼科巴语族等4个语族，使用人口7000万。

中国境内属于南亚语系的语言有佤语、布朗语、德昂语、克木语（格木、克慕）、克蔑语、布兴语（不辛）、莽语、户语（宽语、空格语、昆格）、布赓语（本甘语、布干语）、俫语（巴琉语）、布芒语、京语等12种。在语言分布地域上，除京语、俫语主要分布于广西境内外，其他语言均分布于云南省境内。对于这些语言，学术界目前一般认为佤语、布朗语、德昂语、克木语、克蔑语、布兴语、莽语、户语、布芒语等语言属于南亚语系孟高棉语族；京语、俫语、布赓语等语言属于南亚语系越芒语族。

第一节　孟高棉语族语言研究

一、概论性研究

在19世纪末20世纪初，一些西方学者对我国孟高棉语族的某些语言曾进行过调查。如英国人戴维斯（H.R.Davids）于1894–1900年曾先后多次到云南旅游考察，并撰写了一本名为《云南 —— 印度与扬子江之链锁》（1909）[①] 的著作。戴维斯依据对云南双江县的佤语、云县小箐村的布朗语所调查到的材料，在《云南各夷族》的章节中，将这些语言划入了其所言的"孟高棉语系"。

在我国，对于南亚语系语言的调查研究，20世纪50年代以前，几乎是空白。最早研究南亚语系语言的文章应是罗常培所撰《云南之语言》（1944）[②]，在此文的孟吉蔑语一章中，介绍了云南境内属于孟高棉语的语言有布朗语、佤语和崩龙语

---

① 参阅H.R.Davids：Yun-nan the link between India and the Yangtze，Cambridge University press，1909。

② 载《云南史地辑要》，1944年。

（现称德昂语）。指出这些语言的共同特征是：无声调；以词头、词尾形成语词的变化；语词顺序是主 — 动 — 宾，有 hl、hr、hm、hn、nt、nk 等辅音声母。

中华人民共和国成立后，随着民族语文事业的发展，逐渐对孟高棉语开展了调查研究。1954年，傅懋勣、王辅世等曾对佤语作了一些调查。1956年，中国科学院少数民族语言调查第三工作队佤语组，对佤语进行了全面的调查，1957年初写出了题为《卡瓦语言情况和文字问题》（油印稿）的调查报告，并于同年3月在昆明召开的云南省少数民族语文科学讨论会上进行了讨论，通过了《卡瓦文字方案》（草案）。此报告将我国境内的佤语分为布饶、阿瓦、阿瓦来、佤四大方言，并提出以布饶方言为佤文的基础方言，以布饶方言的艾帅话为标准音的佤文方案。后来，有的学者又将佤语分为巴饶克（布饶）、阿佤（阿瓦）、佤等三大方言。在调查佤语的同时，调查人员还调查了云南境内的布朗语、德昂语，积累了一定的资料。到20世纪60年代前，我国对属于孟高棉语族的佤语、布朗语、德昂语有了大体的了解。20世纪70年代后，开始对克木人、户人、莽人及其语言做了调查，有了初步认识。20世纪80年代后，在前述语言调查研究的基础上，研究者先后发表了有关孟高棉语的语言概况等研究成果，如：邱锷锋、李道勇、聂锡珍《佤语概况》（1980）①，周植志、颜其香《布朗语概况》（1983）②，颜其香《崩龙语概况》（1983）③ 等。同时还编写出版了有关语言的简志，如周植志、颜其香《佤语简志》（1984）④，李道勇、聂锡珍、邱锷锋《布朗语简志》（1986）⑤，陈相木、王敬骝、赖永良《德昂语简志》（1986）⑥。以上所发表的语言概况，简要介绍了有关语言的语音、词汇、语法、方言等一般情况；所出版的语言简志，对这些语言的语音、词汇、语法、方言进行了系统的描写和分析，有文字的语言还介绍了文字情况，正文后各附了千余条常用词语。20世纪80年代至今，民族语言学者对布朗语、德昂语、克木语、克蔑语、布兴语、莽语、户语等语言也做了大量的调查，进行各种专题性的研究，并陆续发表、出版了一些有关孟高棉语研究成果。

如：李道勇的《中国的孟－高棉语族概略》（1984）⑦、《我国南亚语系诸语言特征初探》（1984）⑧ 二文对我国的佤语、布朗语、德昂语、克木语、莽语、户语等语言情况做出概述性的研究，同时阐述了这些语言作为同族语言所具有的一些共同特征。

---

① 载《民族语文》1980年第1期。
② 载《民族语文》1983年第2期。
③ 载《民族语文》1983年第5期。
④ 民族出版社，1984年。
⑤ 民族出版社，1986年。
⑥ 民族出版社，1986年。
⑦ 载《云南民族学院学报》1984年第3期。
⑧ 载《中央民族学院学报》1984年第4期。

赵岩社的《中国孟高棉语研究的现状与展望》（2000）[①] 一文回顾了描写语言学对我国孟高棉语研究的成就，强调了运用声、韵、调分析法分析孟高棉语音位、处理松紧等语音特点的独创性和合理性。

陈国庆的《中国境内南亚语系语言研究不平衡 —— 孟高棉语族成果多 越芒语族成果少》（2015年）[②] 主要对一百多年以来（1909年至2014年）有关中国境内南亚语系语言的研究脉络及成果进行系统的梳理、分析，对中国境内南亚语系语言研究现状进行了综合性的论述，得出融概括性与学术性为一体的分析结论；对中国境内南亚语系语言研究方向与展望，从研究思路、研究手段也做出了规划与建议，有较高的学术指导性。

李艳的《南亚语言同源关系研究的新进展》（2016）[③] 主要对国外南亚语言研究历程与主要学派观点进行梳理，文章认为尽管南亚语言的研究历史不长，但是争议很大。早期研究以词汇比较为主，语言学研究及田野调查资料收集触及南亚语系的大多数支系。现代的研究以Schmidt为核心，论述了孟高棉语和蒙达语、尼科巴语的密切关系，此阶段研究者众多，大量成果涌现。当代研究以Diffloth 和Sidwell为主，研究方法不断更新，语言分类更加多样化。

王育弘、王育珊的《汉语与南亚关系研究百年回顾与展望》（2017）[④] 一文主要对汉语与南亚语的关系进行探讨，文章从两者关系研究的缘起及两者借词关系说、同源关系说、混合关系说三种主要观点的发展以及近期研究动态，回顾了汉语与南亚语关系研究百年来的概况，以期对汉语、南亚语关系的研究有一个全面的认识。

刀洁的《中国南亚语言的分布概况》（2018）[⑤] 一文主要针对中国境内的12种南亚语言分布概况进行分析，在前人研究的基础上，结合自己的实地调查，对中国境内南亚语言的谱系分类、分布情况进行阐述和分析，勾勒出中国南亚语言集"边陲、杂居、跨省、跨境"等特点于一体的"连片"分布格局，这一分布格局对于研究南亚语系民族的迁徙历史、社会文化生活、民族的接触、语言的演变等方面均具有一定的参考意义。

二、系属及分类问题研究

1. 系属问题

学术界一般认为，中国的孟高棉语属南亚语系。近年以来，王敬骝、陈相木等对此有异议，发表了一系列论文，论述南方诸民族语言在语音演变上存在错综复杂

---

① 载《云南民族大学学报》2000年第3期。

② 载《中国社会科学报》2015年1月9日A06版。

③ 载《当代语言学》2016年第1期。

④ 载《百色学院学报》2017年第4期。

⑤ 载《红河学院学报》2018年第6期。

的关系，试图说明孟高棉语与汉藏语（侗台语）可能有同源关系。

王敬骝、陈相木的《西双版纳老傣文五十六字母考释》（1982）① 一文，题为傣文字母考释，主要目的却在于论证孟高棉语跟侗台语的关系非常接近。文章指出在西双版纳老傣文中，其字母所反映出的语音现象，都可在孟高棉语中得到印证；许多在侗台语中找不到解释依据的音变现象，也可在孟高棉语材料的启发下，得到较圆满的解释。通过两个语族语言近千个词的比较，认为它们之间有着严整的语音对应规律，这些词应为同源词。

王敬骝、陈相木的《论孟高棉语与侗台语的"村寨""姓氏""家"的同源关系》（1982）② 一文对孟高棉语与侗台语的"村寨""姓氏""家"这三个词的关系作了探讨。为探求孟高棉语与侗台语之间这些词的同源关系，文章换上另一些词，把其中的有些词另外排列，分为九组加以比较，也发现这些词在语音上存在着明显的对应规律。

王敬骝、陈相木的《傣语声调考》（1983）③ 一文，则将比较的范围进一步扩大到缅语、越南语。文章认为，傣语及其他侗台语的语音结构与缅语、越南语以及孟高棉语言非常相似，其主要表现为：（1）有丰富的前加音；（2）主要音节的声母较复杂，有成套的清浊对立；（3）韵母也较复杂，辅音韵尾除现存的 –p、–t、–k、–m、–n、–ŋ 外，至少还有 –ʔ、–h 等；（4）起初无声调，由于语音的演变，出现了 3 个声调（如将带 –p、–t、–k 尾的促声调分出，则有 4 个声调）。比较调类的去声，是由韵尾和音首的 h 及其等价音演变来的；比较调类的上声，是由韵尾和音首的 ʔ 及其等价音演变来的。

王敬骝的《傣语干支考原》（1995）④ 一文指出，傣语中有汉族农历干支的名称，其中有一些读音和汉语颇为近似，有一些则很难看出傣、汉之间的语音对应关系。文章通过对比汉、傣、越南语的干支名称，认为傣语的干支名称是通过越南语借入的，其借入时间应为汉末三国以后，中唐以前。这一研究给汉语与南方华夏文化圈内各民族语的关系，提出了应予注意的新思考。

此后，王敬骝先后发表了一些词汇考释的文章，主要针对孟高棉语与汉藏语的关系进行专题的论证，其力图验证、揭示孟高棉语同汉藏语的同源关系。在论证过程中，王文除大量使用语言材料外，还广泛利用了有关民族社会、历史、文化的材料为佐证。

这些文章主要有：王敬骝的《佤语"安占"与汉语"阇黎"同源考》（1989）⑤ 一文，文章指出汉语"阇黎"是一个佛教名词，是梵文 acarya 的音译，意译"轨范

① 载《民族学报》1982 年第 2 期。
② 载《民族语文》1982 第 3 期。
③ 载《民族语文丛刊》1983 年第 4 期。
④ 载《中国语言学报》1995 年第 6 期。
⑤ 载《云南民族语文》1989 年第 2 期。

师"。通过对梵语、泰语、佤语的语音对比分析研究，以及泰语、佤语同梵语的相互影响关系，考证出梵语的atcha-rya或acarya原为婆罗门教弟子对师之称，后为佛教沿用；泰语的ʔaˈtsanˈ原是佛教对"轨范师"的称呼，借入佤语后，则为佛教以及其他宗教所袭用，认为佤语的"安占"与汉语的"阇黎"都是源于梵文的atcha-rya或acarya。

王敬骝的《"沽茶""黑国""沙·锡尼"考释》（1990）[①] 一文，运用相关语词材料考释古籍"沽茶""黑国""沙·锡尼"三个名词的原意及其语源。文章指出，前述三个名词都是指"儿茶"。它是中、缅、老、泰边境上一些少数民族古代的发明。

王敬骝的《释"鼎"》（1992）[②] 一文考释在宋、元之际，我国对外贸易中一种重要货品"鼎"的真实含义。文章认为"鼎"是我国固有的叫法，即我国南方以至东南亚许多民族至今尚广泛使用的三足支锅爨具，当地汉语称"三脚"。在越南语和佤、壮、傣等民族语言中的叫法中，实为炊具的鼎锅或鼎，可以称为"陉"，而实为爨具的"三脚"或陉，也可以称为"鼎"。此文引证《说文》《礼记》《岛夷志略》《论语》《广雅》《尔雅》《淮南》等书，引用了佤语、布朗语、傣语、越南语有关词语例证。

王敬骝的《释"苏""茬"》（1993）[③] 一文中，指出汉语古代字书中"苏""茬"二字常常互释，说明它们是方言异称。通过比较孟高棉、壮侗、藏缅三个语族中对"苏子"和"芝麻"的叫法，发现孟高棉语和壮侗语以"苏子"为基本词，"芝麻"是在"苏子"后加一个定语；藏缅语以"芝麻"为基本词，"苏子"是"芝麻"之上加一个定语，认为"苏""茬"不仅是汉语方言对同一植物的不同叫法，还是我国不同民族对同一类植物的不同叫法。

王敬骝的《释"黄"——汉语词考源之一》（1996）[④] 一文认为《说文》对于"黄"字的说解，无论是形，还是义，都不能说明此词本来面貌。文章通过对孟高棉语的研究，认为夏代的雅语当是越语，而且汉语中不少表示颜色的词与越语有关，或者说是来自古越语，于是便有了汉语中的"黄"也一定跟越语有关的猜测。

王敬骝的《论越语（一）》（1997）[⑤] 一文，认为越人是我国和南亚、东南亚地区最古老的人们共同体之一，它的裔胄包括仡佬、高棉等多种民族，他们的语言组成越语族，属于华夏语系。文章从"越"与"濮"的关系认为它们同属于孟高棉语族即越语族，进而分析了越语族与中华民族及其语言的关系。认为汉语是古越语、夷语、羌语以及其他有关人们共同体所使用的语言融合而成的。

---

① 载《民族语文》1990年第6期。

② 载《民族语文》1992年第3期。

③ 载《民族语文论文集》，中央民族学院出版社，1993年。

④ 载《云南民族语文》1996年第4期。

⑤ 载《云南民族语文》1997年第2期。

王敬骝的《说"血"——汉语词考原之一（一）》（1999）[①]一文，针对美国语言学家包拟古对《左传》所记载的表"血"义的"亡血"字"有南亚语的来源"的问题。文章通过具体语言材料论证，认为"亡血"字不会是外借词，的确是一个古越语词，即南亚语词。同时，文章认为"血"字体现着华、夏两系也就是夷、越两语言的两种读音，秦朝时对语文进行了规范，在当时秦王族使用的华（夷）族中，"血"字为正，它原来在夏语中的"四""亡血"语音在历史中被淹没了，文章依据此提出了汉语形成说。

陈保亚在《侗台语和南亚语的语源关系——兼说古代越、濮的族源关系》（1997）[②]一文中指出，侗台语和南亚语之间有很多语音对应的关系词。此文将200核心词按照稳定程度分析，发现越是核心的词集，侗台语和南亚语的关系词越少，由此断定侗台语和南亚语的关系词是接触造成的，两者不是同源关系而是联盟关系。

陈保亚的《台佤关系词的相对有阶分析》（1997）[③]一文，也是讨论侗台语和南亚语之间的语源关系，通过佤语与侗台语的关系词进行比较，发现佤语和台语的高阶关系词低于低阶关系词，由此断定泰佤关系是密切的接触关系。

王敬骝的《华夏语系说》（2006）[④]一文在多年从事南方民族语言研究与古代汉语研究的基础上，经过缜密的思考，对汉语和南方民族语言的系属问题予以重新梳理，联系语言使用群体的历史，进行了具体的考证研究，提出了中华民族的主体——汉族是由古代进入"中国"的越（夏）人、夷（华）人、羌人以及其他出入中原地区的人们共同体融合而成的，认为汉语为一种混合语。基于传统习惯称汉族先民为华夏族，从而提出"华夏语系"学说。

该学说认为"华夏语系"包括越（孟高棉）、夷（侗台语）、苗（苗瑶语）、羌（藏缅语）等语言，这个语言集团包括汉语、藏缅语、苗瑶语、南亚语、侗台语等语言。核心观点认为汉语是由我国古代的越语、夷语、羌语以及其他有关人们共同体所使用的语言融合而成的，汉语跟这些语言之间存有不少同源词，是各民族长期接触、互相交流、交往、交融的结果。

2. 分类问题

20世纪50年代中期，罗常培、傅懋勣在《国内少数民族语言文字概况》（1954）[⑤]一文中，就曾提出了国内孟高棉语的内部分类问题，该文将中国的孟高棉语分为佤—崩龙和布朗两个语支，其中前一语支包括佤语和崩龙语；后一语支只

---

① 载《云南民族语文》1999年第2期。

② 载《云南民族学院学报》1997年第1期。

③ 载《语言研究》1997年第1期。

④ 载《汉藏语言研究——第34届国际汉藏语言暨语言学会议论文集》，民族出版社，2006年，第275—285页。

⑤ 载《中国语文》1954年第3期。

有布朗语。

有关孟高棉语分类问题的讨论，王敬骝、陈相木的《我国的孟高棉语及其研究情况》（1981）① 一文，把中国孟高棉语族语言分为4类，并分别指出了它们的语音特征：1.克慕话、不辛话、芒话。此类语言有丰富的前缀系统，"一般音节"的声母不太复杂，元音通常有9个，大都分长短；辅音韵尾除 –m、–n、–ŋ、–p、–t、–k、–ʔ、–h外，一般还有 –l、–r，但复合元音带声韵不多。2.佤语、布朗语、宽语。此类语言前缀系统简化；"一般音节"的声韵母较复杂；声母中，塞音、塞擦音一般有清的送气与不送气、浊的送气与不送气4套；鼻音、流音等有两、三套；复辅音较多，元音一般也有9个，但不分长短；辅音韵尾一般有8、9个，复合元音带声韵较多；布朗语有声调，佤语的音节则有松紧之分。3.崩龙语（德昂语）。此语言前缀不及第一类语言丰富，但比第二类语言多；"一般音节"的声韵母比第二类语言简单；元音分长短，辅音韵尾一般有9个，无–l韵尾；既无声调，元音也不分松紧。4.克蔑语。此语言语音结构比其他孟高棉语都简单，前缀很少，"一般音节"的声韵母也较简单，有声调。李道勇的《我国南亚语系、诸语言纪略》（1985）② 一文，对我国南亚语系诸语言，根据现有的国内外资料，也进行了初步分类介绍。

三、专题研究

1. 语音研究

高永奇的《略论我国孟高棉语言中的g–、m–对应》（2015）③ 主要讨论孟高棉语言中辅音声母g–、m–之间的语音对应，文中指出原始孟高棉语言中应该存在一个 *mara–形式的原始音，并由它演变为 *mr–，进而 *mr–演变为 *mɣ–，最终分化出 m–、g– 两个系列的声母。

陈国庆的《孟高棉语次要音节结构及其语音演变》（2016）④ 一文对孟高棉语次要音节概念的产生缘由、与次要音节相关联的术语、次要音节的语音结构特点及类型等方面进行考察；运用历史比较语言学方法，揭示孟高棉语次要音节具有简化、脱落、与主要音节合并、与主要音节衍变为两个音节的联绵词等由繁到简的语音演变模式，从语音历史演变层面讨论孟高棉语言之间的亲属关系。

陈国庆的《孟高棉语 *Cl–、*Cr–类复辅音声母》（2016）⑤ 主要考察孟高棉语Cl–、Cr–类复辅音声母，认为其有Cl–/Cr–>l–/r–、Cl–/Cr–>C– 两种演变模式，同时，也对孟高棉语塞擦音等声母形式进行考察，指出它们可能源于原始复辅音声

① 载《云南民族学院学术论文集》，1981年。
② 载《民族研究论文集》第五集，中央民族学院民族研究所编，1985年。
③ 载《语言研究》2015年第4期。
④ 载《百色学院学报》2016年第3期。
⑤ 载《民族语文》2016年第3期。

母。文章结论认为，在孟高棉语言中，既有 *Cr–、*Cl– 型复辅音系统，也有 *C–r–、*C–l– 型复辅音系统，可以确认 *Cr–、*Cl– 型复辅音实为孟高棉语的复辅音系统，而 *C–r–、*C–l– 型复辅音则为孟高棉语特有的音节结构类型"次要音节"。

陈国庆的《孟高棉语 *–h、*–s 辅音韵尾》（2019）① 认为在现代孟高棉语中，因各语言历史演变条件不同，导致孟高棉语在语音结构形式上存在一定的差异性。文章通过考察孟高棉语 –h、–s 辅音韵尾，讨论其分布特征、语音演变规律及其与声调形成的关联性。该文认为孟高棉语声调的产生机制本身就是多源的，其中孟高棉语 –s、–h 韵尾的消失则是孟高棉语声调产生的重要机制之一。

孟高棉语声调是近年来语言学研究中的新课题，有学者在这一领域进行了研究，主要有：戴庆厦、刘岩的《从藏缅语、孟高棉语看亚洲语言声调的起源及演变》（1997）② 一文，主要对藏缅语和孟高棉语的声调进行比较研究，分析讨论了亚洲语言声调起源及演变特点。

刘岩的《孟高棉语声调的发展》（1998）③ 一文，主要讨论孟高棉语声调发展的问题，认为孟高棉语的声调具有发展不平衡，处于不发达阶段；产生声调的原始动力是声韵系统与音节结构的简化，具有多源性的特点。

刘岩的《孟高棉语声调研究》（2006）④ 是一部对孟高棉语声调问题进行研究的专著，书中对孟高棉语声调的现状、历史来源、演变规律进行了系统分析、研究。

2. 词汇研究

高永奇的《几种南亚语的词源统计分析》（2005）⑤ 一文，运用词源统计分析方法对我国的几种南亚语系语言进行分析，并通过无根树和在此基础上生成的有根树的比较分析，讨论这几种语言的系属分类情况及有关的其他问题。

叶晓锋的《上古楚语中的南亚语成分》（2014）⑥ 一文就上古楚语中"观""邛""危""湄""篁""党""凭"等部分词语和南亚语的关系作初步讨论，认为一些上古楚语特征词来自南亚语。文章结论中提出，上古楚语中的"凭"除了和南亚语的 *peŋ"满"存在对应以外，还与部分藏缅语和苗瑶语对应，南亚语的"满"是其固有语词，而上古楚语的"凭"与部分藏缅语和苗瑶语的相似词语可能是来自南亚语借词。

王育弘、王育珊的《汉语的"风"与孟高棉语的"风"》（2015年）⑦ 一文按孟高棉语复辅音演变规律和随韵音变规律，结合汉语"风"的语义，指出孟高

① 载《民族语文》2019年第6期。
② 载《中国民族语言论丛（2）》，云南民族出版社，1997年。
③ 载《中央民族大学学报》1998年第2期。
④ 中央民族大学出版社，2006年。
⑤ 载《民族语文》2005年第1期。
⑥ 载《民族语文》2014年第6期。
⑦ 载《百色学院学报》2015年第2期。

棉语"风"的词族与汉语"风"的词族存在音义对应关系，以高棉语phlom为代表的原始孟高棉语"风"的语音可合理解释汉语"风"字的多音现象以及与"飍""梵""岚""飞廉"及高丽语"字缆"等词的同源关系，为汉语与南亚语关系的研究提供研究参考。

赵云、王育珊的《南诏古城"阳苴咩"地名译音考》（2016）① 主要对南诏古城"阳苴咩"地名译音进行考释，文章从语源、语义、语音三个方面，论证南诏古城地名"阳苴咩"是一个由梵语、孟高棉语等多种民族语言混合的地名，其释义为"缅桂花城"，认为这不仅与前人关于南诏又称"鹤拓""妙香国"等名称的解释相呼应，也与大理历史发展及民族文化传说高度吻合。

叶晓峰的《凤凰考》（2016）② 通过观察汉藏、南亚、达罗毗荼和印欧诸语表示"孔雀"和"风"词语，认为古汉语中的"凤皇"的原形是孔雀，"凰"和孔雀的语源则与南亚语"孔雀"有关。

郑张尚芳的《华澳语言"子、婿"与汉语的对当词根》（2012）③、王育弘的《释"诱""諨""訧"》（2012）④、吴安其的《东亚太平洋诸语言的"月亮"》（2013年）⑤、潘悟云的《同源词语音关系揭示东亚人群起源》⑥、金理新的《苗瑶语的"手"及相关问题》（2013）⑦ 等文章，在对相关语言的核心词或同源词进行历史比较中，也分别讨论了南亚语言的词汇及语音的演变规律，探讨了南亚语与相关语言的同源关系。

3. 语法研究

李云兵的《中国南亚语系语言构词形态的类型学意义》（2007）⑧ 主要讨论中国南亚语系语言构词形态，认为中国南亚语系语言构词形态的语法手段有附加前缀、中缀和声调、声母、韵母、增音等语音屈折变化，具有表达工具、数、格、量、指称、使动、自动、原型等语法范畴。

陈国庆的《孟高棉语言前缀》（2010）⑨ 指出孟高棉语部分词类带有一定前缀，前缀是这些语言构词或构形的主要语法形式和手段，文章通过对克木语、德昂语、莽语、布朗语、佤语、柬埔寨语等语言前缀的语音形式进行考察，找出孟高棉语前缀的语音结构类型；对前缀所具有的词汇意义和语法意义进行比较、分析，找出它

---

① 载《中国边疆史地研究》2016年第4期。
② 载《民族语文》2016年第6期。
③ 载《民族语文》2012年第6期。
④ 载《民族语文》2012年第6期。
⑤ 载《语言研究》2013年第4期。
⑥ 载《中国社会科学报》2012年12月7日第A06版。
⑦ 载《语言研究》2013年第3期。
⑧ 载《中央民族大学学报》2007年第5期。
⑨ 载《语言研究》2010年第1期。

们具有区分词类、区分动词的他动与自动、区分动词的使动范畴、区分动词的单向与交互、区分代词的性或数等语义语法范畴，揭示这些语言之间的语言共性。

4. 专著

颜其香、周植志的《中国孟高棉语族语言与南亚语系》（1995）[1] 一书是对中国孟高棉诸语言进行全面研究的专著。书中核心内容主要是对中国孟高棉语的语音进行全面比较，揭示出它们间的语音对应规律和语音演变轨迹，其中讨论了孟高棉诸语言方言土语中，声调的产生、声调同辅音演变的关系；声调同元音松紧的对应关系；声调同元音长短的对应关系等内容。该书利用现代方言土语的语音对应关系，对古代中国孟高棉语的语音进行探索，构拟了这些语言的古音系统，该书是我国孟高棉语历史比较研究的重要成果，2012 年又修订再版。

王育弘《汉语高棉语同源字研究》（2017）[2] 一书基于学术界对汉藏语诸语言、孟高棉语族语言系属的争议，运用历史比较的方法，对汉语、高棉语之间的语音系统进行比较分析，研究两者语音对应关系，从中找出汉语、高棉语之间的语言共性，揭示汉语在语音方面的历史演变规律，提出高棉语同汉语之间具有"同源"关系。通过比较研究，其摒弃了一般认为汉语是孤立语、单音节语的说法，明确提出了"汉语是混合语"的学术观点，即：中华民族主体汉族所使用的语言是一种混合语，汉语的底层是夏（越）语和华（夷）语，而羌语在汉语的最后形成中起着重要的作用。

陈国庆的《孟高棉语言次要音节研究》（2018）[3] 一书主要对孟高棉语次要音节这一特殊的语音结构做专题性描写分析研究。在东亚语言的历史比较研究中，音节一直处于核心的地位，音节在东亚语言研究中具有无可替代的重要位置。对于语言音节类型的研究，是东亚语言历史比较中的重要研究内容，同时，这些在研究思路上也是一种创新与尝试。

书中首次对次要音节的概念、次要音节相关的研究成果、相关语言次要音节语音结构特点等内容进行详细的分析研究，运用历史语言学、语言类型学等理论方法，归纳整理出孟高棉语次要音节的语音演变规律及语义、语法范畴。书中最后指出，通过对次要音节音韵行为的研究，不仅可以进一步论证孟高棉语之间的亲属关系，同时可以帮助我们解释古汉语谐声、通假字等复杂现象，为构拟上古汉语的语音系统提供一些新的思路和分析材料，进一步讨论孟高棉语与汉藏语之间的语言关系。

5. 文字

在中国，孟高棉语诸民族大都没有自己的传统文字，如布朗族在历史上没有自

---

① 中央民族大学出版社，1995 年。

② 民族出版社，2017 年。

③ 云南民族出版社，2018 年。

己的文字，信仰小乘佛教的布朗族，使用傣文，与当地傣族原用的文字相同；接近汉族地区的多使用汉文，在学校里的教学都是采用统编的汉文课本。

德昂族历史上也没有与自己语言相适应的文字，信仰小乘佛教的德昂族地区都建有佛寺，男孩子从小就进佛寺学傣文，念傣文经书。民间纪事、书信来往，也多用傣文。学校教育都使用全国统编的汉语教材，用汉语文进行教学。

克木人、克蔑人、布兴人、户人、莽人、布芒人也没有自己的传统文字，杂居在傣族聚居的地区的，部分使用傣文，学校教育使用全国统编的汉语教材，用汉语文进行教学。

第二节　佤语研究

一、概论性研究

周植志的《佤语与佤语方言》（1994）① 一文，主要讨论佤语的巴饶克、佤、阿瓦三个方言的语音、词汇、语法特点，并在其内部进行比较分析、研究。

周植志、颜其香、陈国庆的《佤语方言研究》（2005）② 一书，是由从20世纪50年代就开始致力于佤语方言研究的学者所编著，书中的语言材料翔实，内容充实、活泼，并列举有丰富多样的例子，包括词汇、句子、段落等，此书的出版在此领域中具有重要的学术意义。

二、语音研究

由罗季光执笔的《岩帅卡佤语音位系统》（1957）③ 一文，为最早研究佤语语音的文章。此文归纳了岩帅佤语的音位系统。王敬骝、陈相木在《佤语岩帅话的音位系统》（1981）④ 一文中，同意罗文的基本观点，并进一步将佤语的音节分为"一般音节"和"附加音节"两类。指出"一般音节"具有一定的格式，适合用汉藏语系语言通用的声韵调分析法说明其结构；"附加音节"不甚发达，多表现为弱化音节。

1. 辅音、元音、声调

周植志、颜其香的《从现代佤语的方音对应看古代佤语的辅音系统》（1983）⑤

---

①　载《云南民族语文》1994年第2期。

②　民族出版社，2005年。

③　油印稿，1957年。

④　载《民族学报》1981年第1期。

⑤　载《语言研究》1983年第1期。

一文，对佤语的语音从历史发展角度进行了探讨，通过对佤语阿佤、巴饶克和佤三个方言的辅音系统进行分析，逐个讨论了方言间辅音对应规律，把从古代佤语到现代方言的语音变化，按其性质归纳为13条；根据元音松紧的不同对应，探索了辅音系统的演变过程，构拟了古代佤语的辅音系统，文章认为现代佤语方言中的松紧元音是一种后起现象。

周植志、颜其香的《论古代佤语的元音系统》（1985）[①] 一文，是前一篇文章的继续，运用同样的方法，即现代的语音对应关系，构拟了古代佤语的元音系统，并探讨了它们的演变过程。

鲍怀翘、周植志的《佤语浊送气声学特征分析》（1990）[②] 一文，用声学分析方法研究了佤语浊送气辅音的语音特征。实验表明，佤语的浊送气辅音是真实的，与依靠人工记录的音值相符，浊送气段的有无不影响浊辅音本身的时长，发音部位和方法的差异对浊声段的语音特征也不产生影响。

尹巧云《从佤语中的傣语借词看古傣语声母》（2010）[③] 一文通过佤语中的系列傣语借词分析了古傣语的复辅音声母、清化鼻音和边音声母。

2. 实验语音学

朱晓农、龙从军的《弛化：佤语松音节中的元音》（2009年）[④] 一文用实验语音学的方法对佤语松紧音进行考察分析，指出佤语中的"松－紧"元音属于不同的发声类型，紧元音是普通元音，松元音是弛化元音，弛化贯穿整个音节，它的声学特征主要表现在韵母元音上。

杨波、姚彦琳的《佤语马散土语元音松紧对立的声学分析》（2012）[⑤] 文章就记音时出现的佤语马散土语中的"紧元音"进行了研究，采用声学实验的方法对 a–ɑ、ɛ–ɜ、i–i、ɔ–ɒ 等4组元音的区别特征进行了分析，证实了马散土语音点的发音人存在紧元音的例外现象，并通过共振峰的分布验证了语言学家提出的"紧元音舌位略低于松元音"的结论。

和丽华、江涛等《佤语语音语料端点检测算法》（2019）[⑥] 一文主要针对佤语语音语料端点检测算法进行讨论，认为端点检测是语音信号处理的过程中非常重要的一个环节，其准确性直接影响语音信号处理的速度和结果。

杨建香、佘玉梅等《基于自适应变分模态分解的佤语孤立词共振峰估计》（2019）[⑦] 基于变分模态分解算法实现对语音共振峰的提取。文章针对语音共振峰

① 载《语言研究》1985年第1期。
② 载《民族语文》1990年第2期。
③ 载《民族语文》2009年第6期。
④ 载《民族语文》2009年第2期。
⑤ 载《百色学院学报》2012年第1期。
⑥ 载《云南民族大学学报（自然科学版）》2019年第2期。
⑦ 载《云南民族大学学报（自然科学版）》2019年第3期。

存在共振峰合并和虚假峰值2个主要问题，通过对分解模态数、平衡约束参数的分析，提出了自适应变分模态分解法，并从正交性、能量保存度两个方面证明了该方法的可行性，最后利用该方法实现对佤语共振峰的估计。

王翠、王璐等《基于AlexNet模型的佤语语谱图识别》（2019）[①]针对佤语语谱图的识别无须考虑清、浊音的影响这一特征，利用傅立叶变换将佤语转换为对应的语谱图信息，将深度卷积神经网络的AlexNet模型用于佤语语谱图识别，实验表明语谱图识别可以有效解决语音识别过程中清、浊音对实验识别结果的干扰，实验准确率达到96%。

陈绍雄、傅美君、佘玉梅、杨花、潘文林的《基于HTK的佤语非特定孤立词语音识别研究》（2017）[②]对在HTK平台上实现非特定人的佤语孤立词进行语音识别；运用小波去噪原理对原始语音去噪，来提高语音段的信噪比；对有声段预处理、提取MFCC特征参数，通过建立HMM模型库并进行识别，提高了孤立词语音信号的准确性。

过去学术界一般认为，没有声调是我国孟高棉语言语音特征之一，周植志在《佤语细允话声调起源初探》（1988）[③]一文则指出，佤语阿佤方言的细允话存在着声调区别词义的现象，细允话的元音没有松紧对立，但声调区别词义，共有3个声调。文章认为孟高棉语有声调的语言，声调数量不多，一般只有2至4个。声调的形成，与松紧元音密切相关，紧元音音节读高调，松元音音节读低调。还与邻近有声调的语言，如汉语、拉祜语等的影响有关。

3. 语音结构

赵岩社的《佤语的音节》（1990）[④]一文，主要讨论佤语的音节类型和音节结构特点。指出佤语的音节有一般音节和附加音节两大类，一般音节的结构有16种。该文分析了附加音节的语音特征、语音演变规律、来源等问题。

赵岩社的《佤语的前置音》（2001）[⑤]、《佤语音节的配合规律》（2005）[⑥]等文，主要讨论佤语的前置音语音结构的形式和佤语的音节配合规律，认为佤语的音节搭配有双音节化、音节构成四音格、元音和谐、声韵母和谐、音节相连强弱相配等五种模式，支配不同模式的有对称整齐原则、简洁原则、求同原则、求异原则等。

4. 语音演变

罗常培的《云南之语言》（1944）[⑦]一文，把国内的佤语、布朗语、德昂语等跟

① 载《云南民族大学学报（自然科学版）》2019年第4期。

② 载《保山学院学报》2017年第2期。

③ 载《民族语文》1988年第3期。

④ 载《云南民族语言文学论文集》，云南民族出版社，1990年。

⑤ 载《中央民族大学学报》2001年第4期。

⑥ 载《云南民族大学学报》2005年第5期。

⑦ 载《云南史地辑要》1944年。

柬埔寨语、越南语等放在一起，归为孟高棉语族。其言，我国过去对这些语言并无多少研究，他的这种分类主要是根据外国人的说法。中华人民共和国成立后，我国对国内孟高棉语做了大量的研究，取得了不少成绩，对这些语言的研究也有了长足的进步。但是涉及这些语言之间的比较研究，特别是同国外孟高棉语的比较研究仍不多见，因此，我国的孟高棉语同国外相关语言的亲属关系是一个有待验证的问题，有做进一步论证的必要。

陈国庆的《柬埔寨语佤语前置音演变初探》（1999）[①] 是论证柬埔寨语和佤语之间亲属关系的一篇文章。此文首次讨论了柬埔寨语佤语的前置音系统，揭示了柬埔寨语佤语前置音演变规律，指出这两种语言的前置音演变具有简化、脱落、合并、衍化为双音节的连绵词等规律，给这些语言之间关系的研究，提供了分析材料，并为进一步的研究、论证作铺垫工作。陈相木、赵福和、赵岩社的《佤语巴饶方言与阿佤方言比较研究》（1990）[②] 一文，通过对佤语巴饶方言岩帅话、阿佤方言莫窝话的语音进行比较，找出两种方言在语音上的相同点和差异点，揭示它们之间的语音对应规律。

周植志的《佤语语音比较中的几个问题》（1992）[③] 一文，利用历史比较语言学的方法和理论依据，对现代佤语语言事实进行比较研究，从现代佤语的方言对应关系，构拟了原始佤语的语音系统，这个系统包括古代佤语辅音和元音。

王杰《佤语方言土语比较研究》（2012）[④] 该文主要对佤语耿马县勐简大寨话和沧源源县岩帅佤话两个不同的土语进行比较研究，通过对两者的语音系统的比较，描写了两者之间存在的语音系统差异。

三、词汇研究

70年以来，我国孟高棉语的词汇研究工作，主要体现在对佤语词汇的收集与研究工作方面，与其他孟高棉语言词汇的研究相比较，对佤语词汇的调查研究工作，不仅调查点多、调查面广，而且作了反复核实，积累了一定数量、可供研究的词汇材料。

1. 词汇专题研究

词汇的专题研究多与佤语的专有名词和一些特殊词语有关，如：李道勇《释"窝郎"》（1978）[⑤] 一文从词源学角度对"窝郎"一词进行了考证，认为它不是佤语固有词，而是傣语借词。其表达的意义也与傣族"波郎"的本义"土司的家臣"相

---

① 载《民族语文》1999年第4期。

② 载《云南民族语言文学论文集》，云南民族出版社，1990年。

③ 载《云南民族语文》1992年第3期。

④ 载《西江月》2012年3月上旬刊。

⑤ 载《中央民族学院学报》1978年第3期。

似，而不是原始社会的"长者、老者"之义。

王有明的《浅谈佤汉互译中的借词处理》（1987）① 一文认为，沧源佤族自治县的"岩帅、班驮、贺科、南腊、海牙、翁不老、曼阳、忙摆、帕结、戛朵"等10个地名均系佤语地名。

魏其祥的《关于沧源佤族自治县的几个民族语地名》（1988）② 一文则认为，《浅谈佤汉互译中的借词处理》文中的10个地名，除"翁不老"是德昂语地名，"班驮"是布朗语地名外，其余都是傣族地名。

冯嘉曙的《佤语寨名的一般规律及其特点》（1994）③ 一文，主要讨论佤语寨名的命名方式，文章指出佤语寨名的命名方式，概括起来有五个方面的规律及特点。1.以所在地的地理特征命名。2.以周围自然景观、人文景观和动植物命名。3.根据民间传说命名。4.根据社会活动或有特殊意义命名。5.以创立村寨者的名字或寨子头人的名字命名。

肖玉芬、陈愚的《佤语"烟草"语源考》（1994）④ 一文，通过与泰语和越南语的对比研究，对佤语"烟草"sup或suk的语源作了考查，认为佤语的sup或suk同泰语的ja²sup⁹"香烟"和越南语的tʰuok⁷"烟草""药"相对应。

赵富荣、蓝庆元的《佤语中的傣语和汉语借词》（2005）⑤ 一文主要讨论佤语中的借词问题，指出佤语中有相当数量的傣语借词，其中有部分为古汉语借词，这些古汉语借词是通过傣语借入到佤语中的。

王敬骝的《关于佤语人名tʰɔi和ŋa的释义》（1986）⑥ 一文，主要讨论关于佤语人名tʰɔi和ŋa的真实含义。佤语中的这两个人名，从其本身无法得到翔实的解答，通过从有关的民族语言中做相关语言学知识的比较研究，文章认为佤语的tʰɔi，在泰语里意为"下贱"，旧社会对劳动人民的贬称，佤语的ŋa在泰语中意为"王者""魁首"。

田明跃的《佤语的"洗"》（1995）⑦ 一文指出，在佤语中，根据所洗的对象和性质，具有不同的说法。佤语中常用的"洗"字有以下几种：1.kʰuik：用于洗人体的各个部位；2.huɯm：专指洗澡；3.sidaɯʔ：用于洗衣物；4.pʰak：一般用于洗硬的东西，有刷洗、擦洗的意思；5.sigʰrah：洗涤、淘洗，用于洗需要抖开或分开清洗的东西；6.baik：指认真、细致地搓洗、揉洗某种东西；7.laŋ：洗、刷、清洗，指已经洗得差不多了的东西。

---

① 载《云南民族语文》1987年第3期。
② 载《云南民族语文》1988年第2期。
③ 载《云南民族语文》1994年第1期。
④ 载《民族语文》1994年第4期。
⑤ 载《民族语文》2005年第4期。
⑥ 载《云南民族语文》1986年第1期。
⑦ 载《云南民族语文》1995年第4期。

赵富荣的《佤语的"洗""砍"小议》（2002）^①一文，在前文的基础上对佤语中的"洗"加以具体说明，并指出佤语的"砍"，根据所施事的不同对象而有不同的语法意义：1.mok：指砍人、牲畜和爬行动物的行为。2.ko：指用斧头、砍刀砍伐树木。3.tɕit：指砍断人身体上部或动物头部。4.tauk：指用长刀由上往下斜砍的行为。5.fak：与 tauk 的方向相反的行为。6.fiar：指人或事物表现出来的形态。

肖玉芬、王敬骝的《佤族口头文学作品中杂用外来语的情况研究》（1992）^②认为在佤族的民歌、民谚、祝词和民间故事等口头文学作品中，存在着一种颇为奇特的语言现象，即杂用外来语。这些外来语主要为傣语，其次为缅语、汉语，再其次则有孟语、越南语、布朗语、德昂语等。

陈国庆、王学兵的《略谈佤族与茶的历史渊源》（2011）^③在掌握相关的语言学材料基础上，运用历史比较语言学的方法，对佤语中"茶"这一词汇历时与共时的语音形式进行分析，考察了佤族与茶的历史渊源关系。文中指出，语言是文化的重要载体，也是民族的重要特征。一般而言，如果某种东西是本民族首先发现或发明的，则用本民族语言词汇冠之；如果是外面传入的则借用或沿用其他民族的语言词汇，一旦约定成俗，就具有相对的稳定性。在佤语中，至今仍保存"茶"最原始的语音形式，通过与相关语言进行比较，找到它的语音演变轨迹。从语言学的角度可以考察到"茶"一词最早来源于佤、布朗、德昂等民族的先民"百濮"这一古代民族，他们是最先接触到茶树（茶叶）的群体。

袁娥、赵明生的《佤语地名特点研究》（2012）^④运用文化语言学、民族学的理论及方法对佤族地名特点进行专题研究。文中指出：地名不仅是地理名词，而且也是文化的符号，通过地名可以了解一个民族历史上的分布范围和迁徙路线。佤语地名具有以"永""班""耿""达""斯""叶"字为首的六大特点，分析和研究佤语地名，对于人们进一步研究佤族历史及其文化是非常有益的。

庄卉洁的《佤语动植物复音节名词研究》（2016）^⑤对佤语动植物复音节名词做专题研究，研究内容包括佤语动植物复音节名词的分类、佤语复音节植物名词的特点、佤语复音节造词方式、佤语植物名词分类的文化内涵等内容。

李步军、陈秀琴的《佤语语素 [kɔn] 与越南语语素 [kɔn44] 的比较研究》（2016）^⑥对佤语语素 [kɔn] 与越南语语素 [kɔn44] 进行研究，从语音、词义和语法等方面进行比较分析。文章指出它们之间既存有一定的语音对应或一致的特征，同时又有表现用法的差异，文章也指出了 [kɔn] 和 [kɔn44] 异同点，说明二者的同源

---

① 载《民族语文》2002年第4期。

② 载《云南民族语文》1992年第4期。

③ 载《佤族研究（第一辑）》，云南民族出版社，2011年。

④ 载《四川民族学院学报》2012年第1期。

⑤ 载《民族论坛》2016年第5期。

⑥ 载《贵州民族研究》2016年第3期。

关系。

2. 词典等工具书

目前，国内已出版刊印的工具书主要有：颜其香等《佤汉简明词典》（1981）[1]，颜其香等佤、拉丁、汉对照的《动植物名称》（1981）[2]，邱锷锋等《佤汉学生词典》（1987）[3]，云南省少数民族语文指导工作委员会编《汉佤新词术语集》（1990）[4]，这些工具书的刊行，为佤语的教学和科研提供了很好的资料基础。

王敬骝等《佤语熟语汇释》（1992）[5] 一书中，收集整理数千条佤语熟语。佤语熟语是佤语中形式比较固定的短语或句子，包括成语、习用语、谚语、歇后语等。是佤族口头文学作品和口语中广泛使用的一种语言形式。佤语熟语讲究对仗，注意音韵和谐，语言精练，结构严谨。由于佤族过去没有文字，许多有关佤族社会历史、风俗人情、典章制度、道德观念以及生产活动中的情况和经验，为了便于记忆和传诵，都被编成佤语熟语得以传承，是研究佤语不可或缺的重要词汇材料。此书的出版对于研究佤语，研究佤族的历史、文化等亦有参考价值。

《佤汉大词典》编纂组的《佤汉大词典》（2014）[6] 由王敬骝教授暨中外知名佤族语文研究者组成的编纂组编写完成，以记录佤语巴饶方言词汇为主，兼收各方言常用词的大型词典，所收条目包括词、词组、熟语、常用语、部分新词术语、西文字母开头的词语以及《圣经》（新、旧约全书）里面使用的词语等，共计30000余条。词典还收录有佤族的历史事件、历史人物、风土人情、佤族的祝词等人文传统资料；收录有生产生活器具名称、佤山地区动物、植物名称；收录有佤族的计量单位；收录有沧源、耿马、双江、西盟、孟连、澜沧、腾冲及缅甸佤邦等佤族地区的地名等内容。

《佤汉大词典》的出版促进了佤族语言文字的规范化；为保护和传承佤族语言文字；为研究佤族社会、历史、文化提供原始的科学的语言资料为主要目的。同时，《佤汉大词典》不仅供佤族群众和佤族干部学习文化使用，也可供从事佤语文教学、编译和有关科研工作者参考。可以说，它既是一部工具书，同时也是一部佤族社会、历史、语言、文化的百科全书，为中华人民共和国成立后最为完善的一部佤汉词典。具有很高的学术价值及社会效益，是南亚语研究中的一项重要成果。

---

[1] 云南民族出版社，1981年。
[2] 中国社会科学院民族研究所刊印，1981年。
[3] 云南民族出版社，1987年。
[4] 云南民族出版社，1990年。
[5] 云南民族出版社，1992年。
[6] 云南民族出版社，2014年。

四、语法研究

我国孟高棉语的语法研究发展得不太平衡，诸如布朗、德昂等语言，除了语言简志里对其作了一定的分析和描写外，专题论文几乎没有。而佤语的语法不但有全面的描写和分析外，还有不少专题论文。

如赵岩社、赵福和的《佤语语法》（1998）① 一书为较早研究佤语语法的专著，内容涉及了佤语语音、词汇、语法各个方面，对佤语的研究和佤语的实际运用，都具有理论性、科学性和材料性的价值。书中所用材料翔实可靠，既有自己的研究方法和理论认识，同时也吸收了有关佤语研究的成果，形成了佤语语法的基本框架。

1. 词法

王敬骝、陈相木的《佤语词的形态变化》（1984）② 一文，对佤语词的形态形式、功能等做了分析、描述，为最早对佤语的构词形态做出分析研究的文章。

颜其香的《佤语数词的构成和特点》（1986）③ 一文，认为佤语数词由两套构成，一套是固有的，一套是借傣的；文章对两套数词的表示方式、数量词组结合特点和各方言借傣情况等方面进行了论述。

黄同元的《佤语的数词、量词和数量词组》（1991）④ 一文，主要讨论佤语数词、量词和数量词组问题，对佤语数词、量词和数量词组的分类、语法功能等方面作了描写、分析。

颜其香、周植志的《佤语动词的时貌系统》（1994）⑤，对佤语表示动词语法作用的虚词，进行全面的分析。认为动词在句子里所表示的动作、行为，出现在什么时候，动作时间的长短，以及动作是否重复发生等意思，是由一整套附着在动词之前或之后或前后的虚词来表示。这些虚词所表示的时间、情貌（体、方面）的体系，称为动词的时貌系统。

王育弘的《佤语的介词》（1994）⑥ 一文，提出介词是佤语词类中颇有特色的一类词，文章详细分析、介绍了每个介词的用法、介词组成、介词结构及其在句子中的作用。

刘岩的《佤语量词来源初探》（1997）⑦ 主要对佤语量词的分类、语法特点及来源进行讨论。文章指出，佤语量词来源具有多样性，相当一部分是从其他词类转化而来的，部分是从外来语中借用。佤语量词产生得比较早，且有层次性，促使佤语

---

① 云南民族出版社，1998年。

② 载《民族调查研究》1984年第1期，云南民族研究所。

③ 载《中国民族语言论文集》，四川民族出版社，1986年。

④ 载《云南民族语文》1991年第2期。

⑤ 载《云南民族语文》1994年第1期。

⑥ 载《云南民族语文》1994年第2期。

⑦ 载《中国民族语言论丛（2）》，云南民族出版社，1997年。

量词产生的原动力是语义的需要，其产生过程中音律和词序规则共同发生作用，佤语量词目前正处于有了相当发展却仍不很发达的阶段。

另外，也有文章对佤语与相关语言在形态方面进行了历史比较研究，如：陈国庆的《柬埔寨语与佤语的构词形态》（2000）① 一文，首次从构词形态方面对柬埔寨语、佤语之间的亲属关系进行论证，运用历史比较的方法，对柬埔寨语、佤语的构词形态进行比较。通过比较找出相关的关系词，揭示出二种语言之间的对应规律。文章指出柬埔寨语的构词形态主要采用加黏着性的词缀来表现，佤语则结合自身的语言实际，其构词形态一般为屈折和分析的语法形式。通过比较，柬埔寨语、佤语在构词形态方面具有语法形态演变规律的一致性，表现出原始孟高棉语构词形态的历史演变脉络，是由黏着性形式向屈折性和分析性形式过渡，这一现象恰恰与这二种语言的实际相吻合，为进一步论证柬埔寨语、佤语的亲属关系提供了佐证。

陈国庆在《孟高棉语人称代词的形态特征》（2005）② 一文中指出：现代孟高棉语的形态相对贫乏，但在一些词类中仍具有一定的形态，这些形态既有构形形态，也有构词形态，就现代的孟高棉语而言，主要是构词形态为主，构形形态为辅，特别是在人称代词方面尤为明显。文章通过对现代孟高棉语人称代词构词形态的语法手段、语法形式进行分析，指出了其形态变化的语法手段主要表现为语音屈折，有人称、数、性等语义语法范畴内容。

叶黑龙的《析佤语的构词法》（2011）③ 对佤语的构词法进行分析，指出佤语常见的构词法有附加法、复合法和语音交替法等三种方法，其中附加法既可以构成单纯词，也可以构成合成词。较过去对佤语构词研究不同指出，文章所使用的语料是以佤语中阿佤方言马散土语为基础进行分析的。

王俊清、韩林林的《佤语动词的配价分析》（2011）④ 主要对佤语动词在句子中对名词或名词性成分的支配能力进行分析。文中根据句中的核心动词可以直接支配的名词或名词性成分的数量，将佤语动词分为：不能支配名词或名词性成分的动词是零价动词；能跟一个名词性成分组合的是一价动词；能支配两个名词性成分的动词是二价动词；能支配三个名词性成分的动词是三价动词。文章还通过具体的描写来说明佤语动词的支配能力，解释佤语句型内部结构和构成成分之间的句法功能。

卿雪华、王周炎的《佤汉语量词对比探析》（2013）⑤ 主要对佤、汉量词进行讨论，文章指出佤语、汉语分属不同语系，汉语量词发达，佤语量词相对汉语要少很多。二者的量词在类型上、语法特征及语义方面均存在一些共性及差异。类型上都有大致相同的量词小类，不同的是佤语还保留有反响型量词，而汉语没有；汉语有

复合量词，佤语没有。语法特征方面，二者的数量短语都能充当定语、主语、宾语、状语及补语等，但与名词组合的语序存在差异，量词的重叠形式也不一样。语义方面，二者的部分量词都具有一定的形象色彩，但汉语有些量词还具有语体色彩及感情色彩等，佤语没有。汉语量词的语义抽象程度高于佤语，佤语量词语义具象性明显。

叶黑龙的《佤语谐音词的构成及其使用特点》（2014）[1] 主要针对佤语谐音词的构成及其使用特点进行讨论，指出佤语谐音词的构成方式主要有两种：声母相同，变韵母；韵母相同或相似，变声母。在使用特点方面，谐音词是在词根词素的基础上表示"泛指、概称"等意义，同时还带有一些表卑的附加意义，谐音成分本身并不表示任何词汇意义；形容词词素谐音词主要起强化作用，动词词素构成谐音词，具有表名物意义的语法作用。文章最后提到，佤语谐音词在日常口语中通常连用，但在熟语、祭词等口传文学用语中，为了句式工整的需要，常常可以把词根词素和谐音成分拆开使用，但这并不改变谐音成分的依附性。

鲍健昌的《佤语否定 ʔaŋ 与 pɔ 的区别》（2015）[2] 主要讨论佤语否定词 ʔaŋ 与 pɔ 在语用和语法功能上方面的差异；指出在语用上，ʔaŋ 通常适用于陈述句、疑问句和惊讶句等句式中，而 pɔ 一般只能用在祈使句中；在语法功能上，ʔaŋ 所具有的语法功能要强于 pɔ。

韩蔚的《语言接触对佤语数词系统的影响》（2018）[3] 一文指出佤语的数词系统在佤语各方言土语中呈现出很大的差异，主要表现为数词系统中是否有傣借数词。傣语数词对佤语数词系统的影响是不平衡的，这种不平衡性是由语言接触强度的不同导致的，在地域上表现为特点不同的"四大分区"。"四大分区"是根据佤语中数词借用范围的大小划分出来的，其中数词的借用情况各有特点，包括数词的全部转用、部分转用、部分混用、部分兼用和新概念的借用等五种情况。在此基础上，文章结合佤、傣民族的交往史，从语言接触角度归纳出佤语中数词借用的成因主要包括经济、宗教文化、族际婚姻、语言态度、民族分布情况和地理环境等因素。再结合傣、汉语言接触的研究可知，数词的借用其实是一个接续的过程，佤语实际上是通过傣语借入了部分古汉语的数词。

2. 句法、修辞

在佤语句法研究方面，颜其香的《关于佤语词序问题》（1987）[4] 一文认为，在佤语中，"主－谓""谓－主"两种语序并存，但不能完全互换。前一种是佤语固有语序，后一种可能是长期受邻近语言影响产生的，主要在一些疑问句中使用，在其他句式中则一般使用固有的"主－谓"语序。肖则贡的《佤语中的主语和谓语的语

---

① 载《楚雄师范学院学报》2014年第2期。

② 载《语文学刊》2015年第7期。

③ 载《黔南民族师范学院学报》2018年第4期。

④ 载《语言研究》1987年第1期。

序》（1981）① 一文讨论了佤语的主语和谓语的语序问题。文章指出，佤语的主语和谓语，两者不论何者在前或在后，其意义基本不变。主语和谓语语序的不同，有它不同的作用。言者要让听者注意或重视，就使用谓语 —— 主语形式；如果是一般地陈述，就使用主语 —— 谓语形式。如果是强调主语，就把主语放在前面，如果强调谓语，就把谓语放在前面。安晓红的《佤语骈俪语的语言特点》（1990）② 主要是从骈俪语词的搭配、句法、韵律、修辞格的运用等方面来分析讨论骈俪语的语言特点。

王俊清的《佤语的述补结构》（2011）③ 通过对佤语述补结构的共时分析以及与南亚语系孟高棉语族佤 — 德昂语支语言进行比较，分析了佤语述补结构的语法特点和语义特点，指出佤语述补结构具有黏着性和分析性两种类型的特点。

卿雪华的《佤语与基诺语的体范畴对比》（2012）④ 文章认为佤语、基诺语都是分析性语言，语法意义主要是以语序和虚词来表示，但这二种语言都有体范畴，体范畴都有将行体、进行体、完成体、曾行体四种类别，他们的体标记都用助词来表示。同时，文中也指出，佤语与基诺语的体范畴也有一些不同之处，主要表现为二者的体助词的句法位置不同，体助词的语法化程度不一样等。

王俊清的《岩帅土语组合式述补结构补语的语义指向》（2013）⑤ 文章指出：岩帅土语组合式述补结构指的是"P得C"的语法形式（P表示述语谓词，C表示补语），包括两种类型：（N）＋P得C以及N1＋P得C＋N2式。两种形式中，C的语义指向存在指向述语谓词本身、指向体词成分或兼指三种情况，其中N1＋P得C＋N2式中，C的语义指向问题最为复杂。NC形式能够验证岩帅土语组合式述补结构C的语义指向的分析的正确性。

王俊清的《岩帅佤语述补结构的时间范畴》（2015）⑥ 指出佤语述补结构存在粘合式述补结构与组合式述补结构两种形式，每种结构都存有时间范畴，主要表现在时间过程与时间量度两个方面。

王俊清、卿雪华的《佤语述补结构中的致使范畴》（2015）⑦ 认为佤语述补结构具有致使范畴，由致使者、被使者、致使力、致使结果四个要素组成，存在A：N1+使、叫、让＋N2+VP（使令句）、B：N2+（VP/adj）+kah（于/被）+N1（被字句）、C：N1+V+tɔm（得）+N2+VP（得字动结句）、D：S+V1V2+N 四种结构框架。

---

① 载《民族语文》1981年第2期。

② 载《云南民族语言文学论文集》，云南民族出版社，1990年。

③ 载《语文学刊》2011年第3期。

④ 载《民族翻译》2012年第1期。

⑤ 载《民族翻译》2013年第2期。

⑥ 载《民族翻译》2015年第1期。

⑦ 载《民族论坛》2015年第11期。

王俊清的《佤语述补结构的量范畴》（2015）^①分析佤语述补结构的量范畴，指出佤语述补结构有动量补语和时量补语，前者表示动作的频率，后者表示动作或与动作状态本身有关的时间量度。文章认为佤语中述补结构表示时间量度时，时间补语位于述语谓词之后；表示述语动作或状态持续的时间量等时，由时量短语及少量动量短语充当。

王俊清、卿雪华的《岩帅佤语 VC 与 V 得 C 形式的相似性》（2016）^②认为岩帅佤语述补结构可分为 VC 式和 V 得 C 式两种语法形式，VC 式述补结构一般由动词或可以作谓语的形容词来充当述语，能做补语的有动词、形容词、副词、象声词以及数量短语。在 V 得 C 式述补结构中，一般由动词短语或形容词短语、主谓结构来充当补语。

五、新文字创制与翻译

中国孟高棉语诸民族虽然有悠久的历史和本民族语言，但在过去漫长的岁月里，却一直没有本民族的文字。佤族在历史上长期用刻木记事。1912 年，英国传教士永文森（M.Vincent）曾到我国云南阿佤山地区的沧源、澜沧等地传教，并以这两县的安康、艾帅这一带的佤话为基础设计了一套拉丁字母拼写的文字，一般称为"撒拉文"，并用这种文字翻译出版了圣经、经文问答和赞美诗等书籍。但这些书籍发行量很少，也只在信教地区使用。这种"撒拉文"很不完备，不能确切表达佤语。

1957 年，中国科学院少数民族语言调查第三工作队和云南省少数民族指导工作委员会，对佤语进行了普查并做了科学的分析研究，在广泛听取各地代表的意见后，确定以政治、经济、文化较发达，语言普遍性较大，人口较多的巴饶克方言为基础方言，以沧源县艾帅佤话语音为标准音，拟订了以拉丁字母为基础的《卡瓦文字方案（草案）》。1957 年 3 月，在有佤族代表参加的云南省少数民族语言文字科学讨论会上，讨论通过了这个草案。同年 6 月，经上级批准，在佤族地区进行试验推行。1958 年根据试验情况和群众意见，对草案进行了修改。文字方案修改后，在地方党委和政府领导下，先后在佤族聚居区的沧源、澜沧、耿马、西盟等县开办训练班，培训了佤文推行骨干，接着在阿佤山地区开展了佤文扫盲工作。伴随着佤文的试验推行工作，云南民族出版社等机构相继出版了佤文拼音课本、工具书、小学试用课本和一些通俗读物等。佤文的推行，为佤族地区及时培养了相当数量的记分员、会计和干部；为用佤文普及文化教育培训了师资；为佤族的文化艺术繁荣昌盛提供了科学的记录书写工具。

---

① 载《楚雄师范学院学报》2015 年第 12 期。

② 载《文山学院学报》2016 年第 1 期。

有关文字的研究文章主要有：周植志《关于云南民族语言中新词术语的规范问题》（1990）①，陈相木《总结佤文试行经验，促进佤文健康发展 ——《佤文方案》试行三十六年》（1994）②，颜其香《佤文工作的回顾与展望》（1994年）③ 等，主要涉及总结佤文的推行、规范化的问题。陈相木的《佤文拼音法》（1985）④ 一文从教学的角度回顾和总结了佤文教学中的几种拼音方法的优缺点，指出声韵拼音法抓住了佤语音节结构的特点，方便于教学。

有关翻译研究的有习之的《汉佤语文翻译中借词的处理》（1994）⑤。该文以佤语为例，探讨如何处理汉佤语文翻译中的借词问题。李向荣的《民族语地名翻译与地名国际标准化 —— 由佤语地名翻译引起的思考》（1994）⑥ 一文，以佤语地名翻译为例，对民族语言翻译及标准化问题提出了自己的见解。赵岩社的《关于佤族姓名、地名汉译用文的若干问题》（1994）⑦ 指出佤族姓名、地名汉译用字混乱的现象原因和解决的方法。

六、双语教学与教材

陈卫东的《沧源佤族自治县佤汉双语文教学综述》（1992）⑧ 一文，对沧源佤族自治县佤汉双语文教学情况进行了介绍，分析了教学中的过程、教学类型、教学成果，同时也指出了该县在佤汉双语文教学中所存在的问题。

赵福和、陈相木、赵岩社的《佤汉双语教学研究》（1995）⑨ 一文指出，佤汉双语教学的类型有：1.以学习汉语文为主，同时用佤语辅助教学。2.以学习汉语文为主，到高年级加授佤语文。3.学前班或初小阶段主要学习佤语文，到小学中年级转向汉佤双语文教学。在佤汉双语文教学中，佤语文起"拐棍"作用，帮助提高佤族儿童识汉字的能力。

赵秀兰《双语、双文化视野下的佤汉双语教育 —— 对佤族地区小学教师双语培训的总结和思考》（2011）⑩ 一文从双语、双文化的角度对2005年至2008年双语教师培训中的佤汉双语教学情况进行分析总结，并提出相关的思考。文中讨论了双语与双文化视野下的佤汉双语培训内容及方法、影响佤汉双语培训效果的因素、对

① 载《云南民族语文》1990年第1期。
② 载《云南民族语文》1994年第1期。
③ 载《云南民族语文》1994年第1期。
④ 载《民族调查研究》1985年第3期。
⑤ 载《民族语文翻译研究》，云南民族出版社，1994年。
⑥ 载《民族语文翻译研究》，云南民族出版社，1994年。
⑦ 载《云南民族语文》1994年第4期。
⑧ 载《云南民族语文》1992年第4期。
⑨ 载《云南少数民族双语教学研究》，云南民族出版社，1995年。
⑩ 载《思茅师范高等专科学校学报》2011年第2期。

佤族地区双语教师培训的思考和认识等问题。

周建红的《普洱市西盟佤族地区英语教学模式探究 —— 西盟佤语基本句子语序与英语的差异研究》（2012）① 文章通过对佤语语序与英语语序的差异进行比较研究，力图解决在外语教学与学习过程中，母语（佤语）的迁移现象对于英语学习的影响，把佤语对英语学习带来的负迁移影响降到最低程度，促进英语学习的进程，从而提高西盟英语教学质量。

王育弘、王育珊等的《佤语对佤族学生学习汉语普通话的语音迁移》（2014）② 一文主要讨论佤族学生学习汉语普通话过程中，受佤语声母、韵母、无声调特点影响所产生的语音迁移影响。在实践中，佤族学生学习汉语普通话的过程中，所产生的语音迁移主要表现为负迁移往往大于正迁移，造成佤族学生对汉语普通话的学习会造成一定的阻碍作用，最后文章针对佤语语音负迁移提出了一些可参考的学习对策。

王育弘、赵云等的《母语干扰对佤族地区汉语文教学的影响和对策》（2014）③ 该文与前文所讨论的内容大致相同，认为母语干扰是佤族学生汉语普通话习得产生偏误的主要原因。基于教学实践指出母语的干扰是佤族学生学习汉语普通话产生偏误的主要原因，具体表现为：一、语音的干扰，二、词汇的干扰，三、语法的干扰等。

王育珊、王育弘等的《少数民族学生普通话语音习得偏误研究 —— 以佤族学生为例》（2014）④ 运用实验语音学方法，通过对佤族学生汉语普通话语音习得调查研究，归纳了佤族学生普通话语音习得偏误标记，分析了佤语作为母语干扰因素对佤族学生学习普通话语音产生偏误的特点及规律，并提出针对性的教学对策，认为教学中引进实验语音学的方法对于汉语作为第二语言教学具有很好的辅助作用。

白志红、刘佳的《佤汉双语的习得、使用与文化政治 —— 云南沧源新村双语教育实施个案研究》（2016）⑤ 对云南沧源新村双语教育实施现状个案进行分析，指出双语教育对佤族的语言生态环境和语言态度的影响是透视当地文化政治的有效途径，而导致佤语语言生态环境剧变和单语化倾向产生的根源，主要受双语教育政策的实施、汉语的强势、经济发展、社会转型、人口流动及佤族自身的民族意识和主体性等因素影响。

卿雪华、王俊清的《西盟岳宋佤族语言使用现状及成因探析》（2017）⑥ 主要对西盟岳宋佤语调查分析，通过调查岳宋历史沿革；不同场合佤语的使用情况分析了

---

① 载《华中师范大学学报》2012年第2期。

② 载《语文学刊》2014年第1期。

③ 载《语文教学通讯》2014年第2期。

④ 载《云南师范大学学报》（对外汉语教学与研究版）2014年第2期。

⑤ 载《北方民族大学学报》2016年第5期。

⑥ 载《普洱学院学报》2017年第1期。

岳宋佤族的语言使用现状。文章认为岳宋佤语属于稳定使用型,其佤语保存传承得比较好,导致全民稳固使用佤语主要因素是民族高度聚居、地理环境相对封闭、族内婚及高度的母语认同感。

在学校教材方面,有赵岩社《佤语概论》(2006)[①],为云南民族大学教材。赵富荣、陈国庆《佤语基础教程》(2006)[②],为中央民族大学教材。这两本书都涉及佤语语音、词汇、语法、方言、韵律、修辞、文字等内容。

赵富荣、陈国庆《佤语话语材料集》[③]一书以沧源岩帅佤话为研究对象,采用国际音标标注了佤族的司岗里传说及佤语熟语等长篇话语材料,较好地保留、抢救了佤族珍贵的口头非物质文化遗产,具有重要的历史和文化价值,也为佤语语言研究提供了语料素材。

陈国庆的《佤语366句会话句》(2015)[④]一书为民族语言话语读物,主要对佤语366句日常口语采用本民族文字记录下来,用汉语、英语、俄语、日语进行意译,所涉及内容涵盖佤族日常生活各个方面的口语交流,同时,对佤语基本词汇、佤族传统节日文化也进行介绍。该成果对抢救、保护濒危民族语言口语的语言资料、口语历史文献;加大对外宣传佤族语言文化的口语与会话知识的力度起到积极的推动作用。

第三节 其他孟高棉语族语言研究

孟高棉语族除了上述语言外,还有一些语言也有一些人在研究,只是研究的人不多,成果较少。此外,20世纪80代以来,民族语言学者深入到少数民族地区进行语言调查,新发现了一批少数民族语言。这些语言中有的虽然在20世纪50年代的语言大调查期间有所了解,但未能够系统调查记录。1992年,中国社会科学院《中国新发现语言研究》项目主要针对这些语言逐个进行深入的实地调查,每一种语言完成一本描写语言学方面的专著。这些语言在中国属于濒危语言,使用人口少,语言特点独特。对它们的研究,具有一定的理论意义和应用价值。

一、德昂语研究

相对佤语而言,我国对德昂语的研究力度较佤语少而弱,其研究的文章除了简志之外,一般是一些偏重于专题研究的文章,篇数不多,主要有:

---

① 云南大学出版社,2006年。
② 中央民族大学出版社,2006年。
③ 中央民族大学出版社,2010年。
④ 社会科学文献出版社,2015年。

戴庆厦、刘岩的《中国德昂语广卡话声调分析》（1997）① 一文，通过对德昂语广卡话的微观分析，探究其声调历史演变的线索和规律；认为孟高棉语声调经历了从无到有、从少到多、从简单到复杂的过程，这是孟高棉语音系统中一个非常重要的演变规律。

刘岩、杨波的《德昂语广卡话声调实验分析》（2006）② 一文运用语音实验的方法对德昂语广卡话声调的分布和特征进行描写。文章指出广卡话的曲折调、降调的低频部分是不带喉塞音的紧喉嗓音，以长元音丢失为声调产生主要原因之一的曲折调，其调长是三个调中最短的。

刘岩的《德昂语广卡话的双音节名词》（2002）③ 一文，对德昂语广卡话的双音节名词形式做了分析与比较研究，认为孟高棉语的双音节形式在德昂语中得到了进一步的发展。

赵金萍的《德昂语借词的变化》（2005）④ 一文，主要讨论德昂语中的借词，对德昂语词汇变化的类型、特点进行分析，找出德昂语借词的发展趋势。

王玲、王蓓、尹巧云、刘岩的《德昂语布雷方言中焦点的韵律编码方式》（2011）⑤ 主要对德昂语布雷方言中焦点的韵律编码方式进行分析，通过对德昂语布雷方言声学分析，文章认为德昂语布雷方言中焦点词上没有明显的音高提高，也没有焦点后音高骤降和音域变窄的现象；德昂语布雷方言中焦点词的时长增加（10%左右），这一焦点的韵律编码方式不同于汉语普通话以及印欧语系中大部分语言，而与台湾闽南语及粤语等相似。

余成林的《德昂族的语言活力及其成因 —— 以德宏州三台山乡允欠三组语言使用情况为例》（2013）⑥ 认为，德昂族有很强的语言活力，他们不仅几乎全部熟练地掌握自己的母语，而且不同程度地兼用汉语，形成"德昂 — 汉"的双语类型；部分德昂人还学会了景颇语或傣语，形成"德昂 — 汉 — 景颇/傣"的多语使用类型。其形成原因有：1.国家语言政策是德昂族语言活力的保障；2.对自己母语的深厚感情是德昂族保持语言活力的关键；3.地缘优势是德昂族保持语言活力的客观动力；4.民族关系的和谐是德昂族保持语言活力的前提；5.开放包容的语言态度是德昂族保持语言活力的基础；6.九年制义务教育的普及是德昂族保持语言活力的催化剂；7.社会进步、经济发展是促进德昂族语言活力的动力等。

李全敏的《语言采集与德昂族的茶叶世界》（2013）⑦ 指出：语言采集是生态人

---

① 载《语言研究》1997年第1期。
② 载《民族语文》2006年第2期。
③ 载《民族语文》2002年第2期。
④ 载《云南民族大学学报》2005年第5期。
⑤ 载《中央民族大学学报》2011年第2期。
⑥ 载《黔南民族师范学院学报》2013年第2期。
⑦ 载《广西民族大学学报》2013年第2期。

类学常用的研究植物世界的一种重要方法，旨在从当地人的语言来了解植物对人类生存的重要性。以德昂族为例，通过展示该民族语言对茶的分类、认知以及相关的地方性知识，从生态人类学的角度提出语言采集不是对"萨丕尔 — 沃尔夫假说"提出的语言决定论的实践，而是对人类在生存环境中适应和选择方式的探索。

赵云梅的《德昂语名词性短语的词序类型特征》（2015）[1] 一文主要对德昂语形容词、关系从句后置、从句中状语后置的类型特征；人称代词、指示词作定语时的后置；数量词作定语时后置等内容进行分析，并通过与 Greenburg 的语言普遍共性进行对比，揭示德昂语为定语后置的语言类型特征。

赵云梅的《德昂语介词的语法化类型特征》（2016）[2] 指出德昂语介词语法化特征主要体现在介词的虚化，文章归纳出德昂语介词的语法化具体特征表现有：1.方所类名词虚化为介词；2.介词短语的从属标注位置；3.认知的相似性表现为前一动作的结束，后一动作的开始；4.有前置词；5.动词短语中后置，有 V+PP→V+P+NP 的普遍性特征。

赵云梅的《德昂语中指示代词的语用功能》（2016）[3] 指出德昂语有 nei、nen、ka 三个指示代词，表示"这，这个，那，那个"，其基本特征为指称代词，但由于语境的不同，其意义和功能产生了变化。文章对德昂语指示代词具有的信息传达、态度标记、语法标示功能等语用功能也进行讨论。

赵云梅《区域分布差异下德昂语方言的差异性》（2018）[4] 指出德昂语分为布雷、汝买、梁等方言，其方言形式既有相同点也有差异性，受其他民族的影响，其方言形式在不断产生变化并出现不同区域语言的融合现象。文章通过对临沧南伞、保山石梯、芒市三台山、瑞丽南桑等地不同方言区的调查，发现其颜色词发音、数词、人称代词、词序等方面存在差异。受教育程度、强势民族语言、学校语言的单一性等方面的影响，形成了其语言形式不同的区域性词汇和句法表现特征。

二、布朗语研究

布朗语的研究情况同德昂语一样，研究的文章不多，也是以专题性的文章为主，主要有：

1.语音、声调

刘岩的《布朗语关双话声调初探》（1997）[5] 一文，主要讨论布朗语关双话声调问题，指出布朗语关双话的声调正处于发展阶段，关双话有 4 个声调：高平、全

---

① 载《安徽职业技术学院学报》2015年第4期。
② 载《赤峰学院学报》2016年第3期。
③ 载《红河学院学报》2016年第5期。
④ 载《红河学院学报》2018年第4期。
⑤ 载《民族语文》1997年第2期。

降、低升、低降，关双话4个声调与佤语岩帅话元音的松紧、韵尾的舒促有密切的关系。文章认为，声调的产生，内部因素是主导的，外部因素的影响是次要的。

2. 形态、词法与句法

邱锷锋、聂锡珍的《谈谈布朗语的形态变化》（1985）① 一文对布朗语的形态变化作了探讨。

陈娥的《类型学视角下的布朗语名量词研究》（2019）② 从类型学视角对布朗语名量词的特点进行描写与分析，指出布朗语名量词门类齐全、表义比较细致，发展过程中布朗语名量词是在布朗语从孟高棉语言分化时产生的，布朗语名量词保留一定数量的反响型名量词、部分保存了名词指称时不使用量词的古老形式等特点。文章认为布朗语名量词在发展中受傣语、汉语较多影响，语言接触是布朗语名量词结构系统形成和发展的重要因素。

述补结构是布朗语重要的句法结构之一，王俊清《布朗语述补结构语义分析》（2019）③ 主要针对布朗语的述补结构进行讨论，文章认为布朗语补语语义类型丰富，表结果、表数量、表状态、表时地、表趋向、表程度等，分为典型补语和非典型的补语。动结式和动趋式补语表预期结果实现、非理想结果实现、自然结果、预期结果偏离等意义。布朗语补语语义指向存在指向谓词、体词、兼指的特点，并且在此复杂的结构句式中，N为体词性成分，在N1+V1+得+（N2+V2）或者N1+V1+N2+得+V2结构中有N1、N2两个体词性成分，补语指向谁需要具体语义分析。

3. 语言和谐、语言保护及语言使用研究

陈娥、郭云春的《昆罕大寨布朗族经济发展与母语保护》（2016）④ 一文对昆罕大寨经济发展与布朗语母语保护之间的关系进行讨论，对大寨布朗族母语使用现状、大寨母语保留完好的原因分析、经济发展与大寨布朗语保存内在联系等内容进行阐释，指出农村经济变化是大寨布朗族母语未来得以保留和发展的重要因素。

陈娥、次林央珍的《跨境民族语言和谐调查 —— 以缅甸金三角曼囡寨布朗族为例》（2018）⑤ 对缅甸边境村寨曼囡布朗族的多语生活进行了调查，得出以下认识：曼囡布朗族母语保存完整；曼囡布朗族兼用汉语、傣语、泰语和缅甸语，多语功能互补，和谐共处。揭示了曼囡布朗语与境外语言具有跨境民族的语言和谐、跨境婚姻家庭的语言和谐、国门学校的语言和谐、跨境市场的语言和谐等和谐的表现，同时指出和谐的跨境民族关系、境内外共同的信仰、现实的利益、共同的艺术爱好等因素是曼囡布朗族与境外语言关系和谐的主要成因。

① 载《云南省语言学会会刊》第2集，1985年。
② 载《民族语文》2019年第1期。
③ 载《贵州民族研究》2019年第8期。
④ 载《曲靖师范学院学报》2016年第1期。
⑤ 载《百色学院学报》2018年第3期。

陈娥、石丽菊的《母语保存与民族发展 —— 曼山下寨布朗族语言生活个案调查》(2018)[①] 一文对西双版纳州勐海县打洛镇曼山下寨的语言生活进行了描写和分析，得出母语的保存有助于民族和谐与民族发展，有助于与境外同一民族的合作共赢；人口较少民族要保留母语有其特殊条件；在现代化进程中，曼山下寨布朗族将继续保留其母语，母语与通用语构成的双语生活是主流；国家对人口较少民族的母语保留应采取特殊的扶助政策等结论。

陈娥的《多语和谐与民族进步 —— 以昆罕大寨布朗族的双语和谐为例》(2019)[②] 以云南省西双版纳州昆罕大寨布朗族的语言生活为例，论述昆罕大寨的语言和谐促进了民族进步的主题，同时分析了昆罕大寨的语言和谐状况，包括语言和谐的表现、历史渊源，分析了多语和谐对民族经济发展、民族生活改善、民族团结等方面的作用。

陈娥的《语言和谐与边疆团结 —— 以打洛镇曼山下寨为例》(2019)[③] 对西双版纳州勐海县打洛镇曼山下寨和谐的多语生活进行了描写，分析认为，共同的佛教信仰和共同的文化传承促进了跨境民族的来往和交流，加深了跨境民族的感情，有助于跨境民族的和谐；和谐的跨境民族关系促进了跨境民族语言的和谐，提出如此和谐的民族关系是语言和谐的保障，边境民族的语言和谐有利于边疆团结与国家安全。

王仲黎的《布朗族茶文化词汇与茶文化历史变迁》(2016)[④] 一文指出在布朗语中存在一批口语性较强的茶文化词汇，这些词汇语义区分比较细腻，集中反映了布朗族先民传统茶文化产生及其演变；文章从布朗语中茶的命名理据及认知特点、布朗族民族茶文化词汇及其特点、同区域其他民族茶文化词汇的比较分析等方面进行讨论。

三、克木语研究

克木语是分布于云南省西双版纳州勐腊县、景洪市的克木人所使用的一种语言，人口2500人（2010年），自称kəmu^ʔ"格木"，意为"人、人们"，他称为kʰəmu^ʔ"克木""克慕"。克木人的民族成分目前尚未确定，大多以"克木人"来界定。

我国境内使用克木语的人主要分布在勐腊县和景洪市，共有13个自然村，分别是勐腊县磨憨镇的王四龙、南西、曼东养；勐腊乡的曼迈、曼岗；勐捧镇的曼种、曼回吉、曼回散；勐满镇的曼蚌索、曼暖养；景洪市嘎董镇的曼播贺哈、新寨和嘎

---

① 载《语言规划学研究》2018年第2辑。

② 载《贵州民族研究》2019年第5期。

③ 载《曲靖师范学院学报》2019年第1期。

④ 载《农业考古》2016年第5期。

洒乡的曼播。

克木语为跨境语言，国外主要分布于老挝、泰国、越南等地，使用人口约 40 万。国外的克木语在语音、词汇、语法上同我国境内孟高棉语有着密切的关系，保留有孟高棉语言一些共同的语言特征，同属孟高棉语族。我国境内的克木语内部没有方言差别。

对于克木语的综合介绍研究，王敬骝、陈相木的《我国的孟高棉语及其研究情况》（1981）一文，把克木语与布兴语、莽语归在一类，认为此类语言有丰富的前缀系统，"一般音节"的声母不太复杂，元音通常有 9 个，大都分长短；有 –p、–t、–k、–m、–n、–ŋ、–ʔ、–h 等 8 个辅音韵尾外，复合元音带声韵不多。李道勇《我国南亚语系诸语言特征初探》（1984）、《中国的孟–高棉语族概略》（1984）、《我国南亚语系、诸语言纪略》（1985）等文章中，对克木语的语言特点也有所介绍。

关于克木语的专题研究，王敬骝的《克木语调查报告》（1986）[①] 一文，对克木语的语音、词汇、语法等方面进行详细的描写分析，归纳、整理出克木语的语言特点。指出克木语在语音、词汇、语法上同佤语、布朗语、德昂语有着密切的关系。

颜其香的《格木语形态词法浅说》（1994）[②] 一文中，指出格木语（克木语）的形态构词方式，主要有附加法和内部屈折法两种形式，分析了这两种形式的语音特点。

颜其香、周植志的《格木语元音的长短与松紧、声调的关系》（1993）[③] 主要讨论了格木语的元音长短与其他语言的元音松紧、声调高低的关系。指出中国格木语中以清音为首辅音的长短元音音节，与老挝格木语北部方言的高调长短元音相对应；以浊音为首辅音的长短元音音节则与老挝格木语北部方言的低调长短元音音对应；佤语的松元音与格木语长短元音、老挝北部方言低调对应，佤语紧元音与格木语长短元音、老挝北部方言高调对应；布朗语高调与格木语长短元音对应，低调一般与长元音对应，中平调一般与短元音对应。

陈国庆的《克木语概况》（2001）[④]，通过实地调查，对克木语语音、词汇、语法进行描写分析，进一步指出克木语与我国的孟高棉语之间具有亲属关系。

陈国庆的《克木语研究》（2002）[⑤] 是一部对克木语进行综合研究的专著，该书运用结构语言学的方法，对克木语的语音、词汇、语法进行细致的描写，对克木语本体进行全面的分析，揭示了克木语的语言特点及重要规律；通过与南亚语系的相关语言进行比较分析，运用比较语言学的方法论证了克木语的系属归向。书中结论认为克木语在语音、词汇、语法等方面同布朗语、佤语、德昂语、高棉语、越南

① 载《布朗族社会历史调查（三）》，云南民族出版社，1986 年。

② 载《云南民族语文》1994 年第 4 期。

③ 载《民族语文论文集》，中央民族学院出版社，1993 年。

④ 载《民族语文》2001 年第 3 期。

⑤ 民族出版社，2002 年。

语、徕语等语言之间具有发生学的同源关系，同属南亚语系孟高棉语族语言。

余金枝、李春风、张琪《老挝克木族的双语关系 —— 以老挝琅南塔省汇单村为例》（2011）① 一文对老挝境内的克木族人所使用的双语问题进行研究，依据作者在老挝琅南塔省汇单村实地调查的材料，文中指出老挝琅南塔省汇单村的克木族是"克木语–老挝语"的双语群体。该村的双语关系具有全民使用双语，双语的使用水平具有层级性，母语的传承链没有出现明显的代际断裂等特点，造成这种双语关系的成因与民族聚居、移民、族内婚姻、老挝的民族政策等因素有着密切关系。

张宁《克木语使用状况调查研究》（2011）② 一文以田野调查材料为基础，从保护和抢救濒危语言的角度讨论我国境内克木语的使用状况及其保护措施。文章指出克木语是一种跨境语言，在我国境内属于使用人口少、无文字的语言，过去和现在一直局限在克木人家庭和村寨中使用，是一种在使用族群内部保持着活力的语言。近70年来，克木人逐渐由封闭走向开放，双语或多语逐渐成为其语言生活的主流，母语使用领域则相对萎缩，语言活力有所下降，逐渐显露衰退趋势。

黄平《老挝南塔省克木语借词研究》（2012）③ 一文主要讨论老挝南塔省克木语的借词问题，指出南塔省克木语的借词主要来源于老挝语，其语用特点存在老语借词和本语词并用的现象，引入方式有音借和半音借两种方式，借词的引入丰富了克木语的词汇系统，使克木语的表达更加精确、细致。

刘岩、博乔、刘希瑞的《老挝克木仍话四音格词的结构特征》（2016）④ 一文对老挝克木仍话四音格词的结构特征进行讨论，认为其分为 AABB、ABAB、ABAC、ABCB、ABCC 及 ABCD 六大类，其音节排列顺序，有的类型遵从语音原则，有的则完全由语义、语法原则决定。

刘岩、刘希瑞的《老挝克木仍话四音格词韵律的实验语音学研究》（2016）⑤ 一文通过对老挝克木仍话四音格词的音长、音高和音强等声学参数进行提取和实验分析，认为：1.四音格词受其"三维韵律模板"的规定性而呈现出稳定的韵律特征。2.声调和韵尾的舒促形式在四音格词组合配列中没有约束力。3.四音格词呈现出 2＋2 的节奏模式，主要表现在第二、四音节的音长和音高的搭配上以及音节的对应重复上。4.四音格词构成中，前加音节同常态音节一样被视作独立音节。5.四音格词为右重结构，主要表现在音节的长度上，其次是元音响度上等韵律特征。

刘希瑞的《中南半岛跨境克木族群及其语言研究》（2018）⑥ 采用田野调查和文献研究的方法，论述了中南半岛跨境克木族群的历史变迁、支系划分、民族身份、

---

① 载《民族教育研究》2011年第4期。

② 载《云南民族大学学报》2011年第5期。

③ 载《广西民族师范学院学报》2012年第1期。

④ 载《中央民族大学学报》2016年第3期。

⑤ 载《当代语言学》2016年第2期。

⑥ 载《新乡学院学报》2018年第11期。

生产生活、语言使用、宗教信仰和文化习俗等问题，并对克木语两个方言的语音、形态、构词和句法等语言特征进行描写和分析，具有重要的跨学科价值和意义。

戴庆厦、陈国庆等《老挝琅南塔省克木族及其语言》（2011）[①] 一书是中央民族大学"985"工程跨境语言研究项目子课题的最终研究成果，是以研究老挝琅南塔省克木族及其语言为主要内容的一部学术专著。书中主要包括老挝的民族概况；老挝琅南塔省克木族语言使用情况五个个案研究；老挝琅南塔省克木族母语及兼用语的使用现状及其成因；南塔克木语的语音、词汇、语法研究等内容。此书的出版具有重要的理论价值和应用价值，主要表现为：克木族是一个跨境民族，不同国家的克木语相互间存在一种什么关系？克木族在各国都处于非主体民族的地位，其语言在各国强势语言的包围下，语言使用功能是否出现衰退？老挝的克木语在与其他语言的接触中，有怎样的演变规律？在老挝，克木族正走向开放，对外交流不断增多，在这样一个新的社会条件下，其语言生活发生了怎样的变化？老挝的克木族过着既使用自己的母语又兼用国家的通用语 —— 老挝语的双语生活，其双语关系如何，兼用语的习得途径和规律是什么，有哪些经验值得各国借鉴？等等问题，在书中基本能找到初步的答案。

戴庆厦、陈国庆等《勐腊县克木语及其使用现状》（2012）[②] 一书是中央民族大学"985工程"创新基地语言中心"中国少数民族语言国情调查"系列丛书之一，是以研究勐腊县克木语及其使用现状为主要内容的一部学术专著。书中对跨境语言克木语目前的使用现状进行了详实的描写与调查，并解释其在现代化进程中语言使用功能的变化，为读者更好地认识克木人的语言使用问题提供了现实材料，并提出了在我国对于使用人口很少的跨境语言应该采取一个什么样的对策。

书中内容主要包括勐腊县克木人概况；勐腊县克木人语言使用现状中二个村寨个案研究；勐腊县克木人的语言生活小结；勐腊县克木语的语音、词汇、语法研究等内容。该书的出版基本反映出这一地区的克木语状况，为进行跨境克木语调研提供可参照的语言材料。书中的材料大部分都是课题组通过田野调查收集到的第一手材料，书中的观点和分析是基于所调研到的第一手材料而形成的理性认识。

四、克蔑语研究

克蔑语是我国云南省西双版纳州境内的一种民族语言，主要分布于西双版纳州景洪市景洪镇的小曼咪村、大曼咪村、江头曼咪村；嘎东乡的曼咪村；勐养镇的三家村等5个村寨，使用人口1000余人（2010年），族属划归布朗族。使用克蔑语的人当地称之为man[13]met[53]"曼咪人"，为过去傣族领主所赐之名，来源于地名

---

① 中国社会科学出版社，2011年。

② 商务印书馆，2012年。

man¹³met⁵³（曼咪寨）；其内部原自称为kʰə³¹met⁵³"克蔑"或kʰə³¹miŋ³³"克敏"现大都不采用，一般自称为"曼咪"。

在我国，较早介绍克蔑语的文章是王敬骝、陈相木的《我国的孟高棉语及其研究情况》（1981）一文。该文把克蔑语归为第四类，认为克蔑语语音结构比其他孟高棉语简单，前缀很少，"一般音节"的声韵母也较简单；有声调。

在李道勇的《我国南亚语系诸语言特征初探》（1984）、《中国的孟-高棉语族概略》（1984）、《我国南亚语系、诸语言纪略》（1985）等文章中，对克蔑语的语言特点也有所介绍。

陈国庆的《克蔑语概况》（2003）① 一文，主要从语音、词汇、语法对克蔑语进行比较具体的介绍。文章指出，克蔑语在语音、词汇、语法上同我国境内的孟高棉语有密切关系，保留了孟高棉语言一些共同特征，属于孟高棉语族语言。

陈国庆的《克蔑语研究》（2005）② 一书是对克蔑语进行综合研究的专著。书中从语音、词汇、语法等方面同我国境内的佤语、布朗语、克木语、德昂语、布兴语等孟高棉语之间进行比较，指出克蔑语与这些语言之间有着密切关系，主要表现为：保留了孟高棉语的一些共同特征，在语音方面具有严整的语音对应规律；词汇方面有很大比例的关系词；语法方面在语法类型上有着许多一致性。结论认为克蔑语与佤语、布朗语、克木语、德昂语、布兴语等语言之间具有发生学的同源关系，属于南亚语系孟高棉语族语言。

五、布兴语研究

布兴语是分布于云南省西双版纳州勐腊县境内的一种语言，使用人口500多人（2000年），自称puʃiŋ"布兴"或"不辛"，又称kʰabit"伕咪人""伕比人"等。在我国使用布兴语的布兴人，主要分布于勐腊县磨憨镇曼庄村民小组的南欠村；勐腊县勐伴镇回洛村民小组的卡咪村。布兴人的民族成分部分归为"克木人"，部分归为哈尼族。

有关布兴语的研究，较早的是王敬骝、陈相木的《我国的孟高棉语及其研究情况》（1981）。该文把布兴语同克木语、莽语归为一类。认为此类语言有丰富的前缀系统，"一般音节"的声母不太复杂，元音通常有9个，大都分长短；有 –p、–t、–k、–m、–n、–ŋ、–ʔ、–h、–r、–l等10个辅音韵尾，复合元音带声韵不多。

李道勇的《我国南亚语系诸语言特征初探》（1984）、《中国的孟-高棉语族概略》（1984）、《我国南亚语系、诸语言纪略》（1985）等文章中也有所介绍。

---

① 载《民族语文》2003年第2期。

② 民族出版社，2005年。

高永奇的《布兴语的次要音节》（2004）① 一文，主要讨论了布兴语次要音节的构成、性质、来源、与其他亲属语言之间的对应关系等方面的问题，提出了区别次要音节与复辅音的标准，将语音、语法结合在一起，把共时、历时结合在一起，分析布兴语的次要音节，通过比较指出了布兴语次要音节的类型和语音演变规律。

高永奇的《布兴语概况》（2002）② 一文，通过实地对布兴语的调查，描写分析了布兴语的语音、词汇、语法特点，指出布兴语属于南亚语系孟高棉语，与克木语有着密切的关系。

高永奇的《布兴语的构词方式说略》（2002）③ 主要描写、分析了布兴语的构词方式。

高永奇的《布兴语研究》（2004）④ 是一本对布兴语进行全面研究的专著，书中运用有关的语言学理论，对布兴语的语音、词汇、语法特点进行分析研究，书中最后结论认为，布兴语属于南亚语系孟高棉语族中的一个独立语言。

六、莽语研究

莽语是分布于我国云南省金平县境内的莽人所使用的一种语言，莽人自称 $maŋ^{35}$，他称"岔满"。中国境内的莽人约有 651 人（2010 年），主要分布于金平县金水河镇的雷公打牛村、坪河中寨、坪河下寨、南科新寨等四个村寨。莽人的民族成分目前尚未确定，大多以"莽人"来界定。

国内较早提及莽语的文章是王敬骝、陈相木的《我国的孟高棉语及其研究情况》（1981）一文中把莽语与克木语、布兴语等语言归为一类。

王敬骝的《莽语调查报告》（1986）⑤ 一文，主要对莽语的语音、词汇、语法描写、分析，归纳、整理出莽语的音位系统、音节结构，找出其词汇和语法特点。文章指出，莽语属于孟高棉语，是孟高棉语中一种独立的语言。

李道勇的《我国南亚语系诸语言特征初探》（1984）、《中国的孟-高棉语族概略》（1984）、《我国南亚语系、诸语言纪略》（1985）等文章中也先后对莽语做了介绍。

高永奇的《莽语概况》（2001）⑥ 一文，在通过自己对莽语实地调查之后，进一步确定了莽语的语言特点与孟高棉语有着很大相似之处，属于孟高棉语族语言。

① 载《语言科学》2004 年第 4 期。
② 载《民族语文》2002 年第 5 期。
③ 载《语言研究》2002 年第 3 期。
④ 民族出版社，2004 年。
⑤ 载《民族调查研究》1986 年第 4 期。
⑥ 载《民族语文》2001 年第 4 期。

　　高永奇的《莽语研究》（2003）[①] 是一本对莽语进行全面研究的专著，对莽语的系属地位进行了讨论，书中最后结论认为，莽语是孟高棉语族中一种独立的语言。

　　费晓辉、马慧、佘惠仙等的《莽人语言资源有声数据库的建设》（2014）[②] 一文主要针对莽人语言资源有声数据库的建设规划、意义以及所存在的问题进行讨论。

七、户语研究

　　户语分布于云南省西双版纳景洪市勐养镇，使用人口约1800人（2010年），自称 xu^{755} "户"，他称有 "宽""欢""空格"，具体分布于勐养镇昆格村委会的曼蚌汤村、纳回帕村、曼巴老村、曼巴约村、纳版一组村、纳版二组村；曼纳庄村委会曼戈龙村共计七个村寨，"户人""空格人"的民族成分目前尚未确定，大多以"户人"或"空格人"来界定。

　　国内较早提及户语（宽语）的文章是王敬骝、陈相木的《我国的孟高棉语及其研究情况》（1981）一文。该文把户语与佤语、布朗语等语言归为一类，指出此类语言前缀系统简化。"一般音节"的声韵母较复杂；声母中，塞音、塞擦音一般有清的送气与不送气、浊的送气与不送气4套；鼻音、流音等有两、三套；复辅音较多，元音一般也有9个，但不分长短；辅音韵尾一般有8、9个，复合元音带声韵较多；

　　李道勇在《我国南亚语系诸语言特征初探》（1984）、《中国的孟-高棉语族概略》（1984）、《我国南亚语系、诸语言纪略》（1985）等文章中，对户语的基本情况也进行了分析、介绍。

　　李锦芳的《户语概况》（2004）[③] 一文对户语的语音、词汇、语法等方面做了仔细的描写，找出了户语的语言大致特点，指出户语具有比较典型的孟高棉语言特色，与布朗语、克蔑语比较接近，属于孟高棉语语言。

　　蒋光友、时建的《昆格人语言使用现状调查》（2013）[④] 文章通过田野调查，首次揭示分布在云南省西双版纳傣族自治州勐养镇昆格山的布朗族支系昆格人的语言使用现状及其母语昆格语的生存状况，认为昆格语保存完整，语言活力顽强；昆格人全民兼用汉语，部分兼用傣语，业已建立起了全民昆-汉双语制与部分昆-汉-傣多语制；昆格语与汉语、傣语在语言功能方面相互竞争、和谐共处。

　　蒋光友、时建的《昆格话音系》（2015）[⑤] 一文以田野调查采集3000基础词汇、350个句子以及若干篇长篇故事语料为基础，归纳描写云南省西双版纳傣族自治州

---

① 民族出版社，2003年。

② 载《学园》2014年第10期。

③ 载《民族语文》2004年第5期。

④ 载《西华师范大学学报》2013年第1期。

⑤ 载《重庆理工大学学报（社会科学）》2015年第8期。

景洪市勐养镇昆格话语音系统，对昆格话的声母、韵母、声调以及音变等方面作了详细介绍。

陈国庆、落艳芳的《户语语音特征及其构词方式》（2018）[①] 一文在对户语语音特征描写分析基础上，从单辅音、复辅音、辅音韵尾、声调等系统，详细考察户语与佤语、布朗语、德昂语、克蔑语、克木语、布兴语等孟高棉语的语音共性特征；通过对户语构词方式及特征进行研究，指出户语在构词方式及特征上同佤语等亲属语言有着密切关系，保留原始孟高棉语言共同特征，同属于孟高棉语族语言。

八、布芒语研究

布芒语是自称 bu²⁴maŋ²⁴ "布芒" 的人所使用的一种语言，分布于云南省红河哈尼族彝族自治州金平县勐拉乡的曼仗上寨和曼仗下寨两个村，有200余人（2010年），族属划归傣族。布芒语仅通行于两寨子内部。年轻人同时又能操当地其他民族的语言。从目前使用的人数及使用情况来看，布芒语是濒危程度较高的语言。

布芒语属于新发现语言，刀洁的《布芒语概况》（2006）[②] 一文，通过对布芒语进行实地调查，仔细描写了布芒语的语音、词汇、语法特点。文章认为，布芒语是有声调的SVO型语言，没有复辅音，送气音少，除a外其他元音不分长短，复合元音后可带辅音韵尾。布芒语属于南亚语系语言，借词主要来源于傣语和汉语。

刀洁的《布芒语研究》（2006）[③] 是一本对布芒语进行全面研究的专著，书中运用有关的语言学理论，对布芒语从语音、词汇、语法等方面进行全面研究，对布芒语的系属地位进行了讨论，认为布芒语是孟高棉语族中一种独立的语言。

第四节 越芒语族语言研究

一、京语研究

我国属于越芒语族的语言有京语、俫语、布赓语等，对这些语言的研究，有的研究比较深入，著有一些专著论文，如京语；有的研究则仍处于初级阶段，研究成果不太多见，如俫语、布赓语。

早在1939年秋至1940年夏，王力就曾到越南河内深入研究过"汉越语"，并于1940年秋、1947年分别在西南联大和中山大学文科研究所开设过"汉越语"课。

① 载《黔南民族师范学院学报》2018年第5期。
② 载《民族语文》2006年第2期。
③ 民族出版社，2006年。

后来根据上述材料整理发表了《汉越语研究》（1948）①。文章由小引、越语概况、汉越语的来源及其在越语中的地位、汉越语的声母、汉越语的韵母、汉越语的声调、古汉越语及汉语越化、仿照汉字造成的越字、结语等9部分组成。关于越语的系属，王力通过与南亚语系蒙吉蔑语的比较，认为二者不同源；通过与泰语的比较，认为二者相近。因此王力倾向于越语与泰语有亲属关系的说法。关于传入越南的汉语，他认为可分古汉越语、汉越语、汉语越化3类；主要研究了其中的汉越语，兼及古汉越语、字喃、汉语越化等问题。

中国的京族是15世纪后陆续从越南迁入的，主要分布在广西防城各族自治县，人口有33112人（2020年）。关于京族的谱系分类，在《中国大百科全书·语言文字卷》《京语》条目里，写为"系属未定"，并称京语"与越南语基本相同"。而在《越南语》条目中则明确表明，越南语是"越南的官方语言，属南亚语系孟高棉语族"。颜其香、周植志的《中国孟高棉语族语言与南亚语系》（1995）一书，对越南语做了比较深入的分析和探讨，认为越南语中有大量与南亚语系孟高棉语言同源的基本词汇，而且语法结构与孟高棉语言基本相同，并参考了语言社会历史等情况，提出越南语属于南亚语系越芒语族。

中国学者对境内京语的科学调查是从20世纪50年代末开始进行的，主要的研究文章有：欧阳觉亚、喻翠容、程方的《京语简志》（1984）②，这是我国公开出版的第一部京语描写研究著作。全书分概况、语音、词汇、语法四个部分，除介绍了京族的分布、京语的使用及语言特点外，对其语言结构作了简要系统的描写，书后附有1000余条常用词。此外，王连清《京语概况》（1983）③一文，则简要介绍了京语的语音、词汇、语法的基本特点。

关于京语研究的专题论文主要有王连清的《京语和越南语虚词的比较》（1983）④、程方的《京族双语制考察纪实》（1982）⑤、《京语及其形成过程》（1985）⑥、傅成劼的《汉语和越南语名量词用法比较》（1985）⑦等等。

曾人科的《浅析越语修饰成分的两个问题》（1986）⑧，分析了越南语修饰成分的两个问题：修饰成分与中心词的意念关系、修饰成分的复杂化。

王连清的《三岛京语和河内京语语音初步比较》（1984）⑨一文，对三岛京语与

① 载《岭南学报》9卷1期，1948年。

② 民族出版社，1984年。

③ 载《民族语文》1983年第1期。

④ 载《民族语文》1983年第6期。

⑤ 载《民族语文》1982年第6期。

⑥ 载《民族研究集刊》1985年第1期。

⑦ 载《民族语文》1985年第5期。

⑧ 载《广西民族学院学报》1986年第1期。

⑨ 载《语言研究》1984年第2期。

河内京语语音作了初步比较，有些地方和越南语的其他方言做了一些对照。认为三岛京语同越南中圻南部方言比较接近。

洪绍强的《越南语补语初探》（1983）[①] 一文主要讨论越南语的补语，认为越南语的补语不一定位于中心词之后，也可前置。

肖淑琴、舒化龙、盘美花的《京语》（2000）[②] 以㵲尾的京语为记音点，从语音、词汇、语法、语言关系等方面简要记述了京语的情况。

韦家朝、韦盛年的《京族语言使用与教育情况调查报告》（2003）[③] 对京族三岛四所中小学的100多位学生及其家长进行了问卷调查，调查结果指出：京族成员学历普遍较低，但对孩子受教育程度的期望值较高；汉语粤方言是他们第二重要语言；绝大多数人赞成让学生选学越南语，大概有三分之二的人赞成用越南语代替英语。

王绍辉的《略论广西京族语与汉语及越南语的交流现状》（2005）[④] 一文述及广西京语的概况、京族喃字的演变以及汉语粤方言和普通话在广西京族语中的运用。文章认为，当代京语的变迁大致可分为"京语主体""京、粤双语""京、粤、普三语并行"三个阶段，虽然目前汉语"白话"和普通话在京族地区日益重要，但京语仍有生命力。

韦树关的《中国京语的变异》（2006）[⑤] 一文描述了中国京语在与越南语分离近500年后在语音、词汇、语法等方面所发生的变异情况，以及由于变异所致的京语和越南语在上述三方面的不同；文章认为，京语变异的内部原因是京语自身发展的结果，外部原因是受到周边语言汉语粤方言、普通话、壮语影响的结果。

韦树关的《京语研究》（2009）[⑥] 一书对京语的语音、词汇、语法、系属、喃字、京语发展趋势等进行深入研究，是迄今为止最系统、最全面的一部京语研究著作，代表了京语本体研究的深入程度。该书的主要内容包括：从历史层次角度讨论了越南语的历史发展；提出了越芒–壮侗语族的假说，下设越芒、台（壮傣）、侗水、黎、仡央5个语支。

阮大瞿越的《越南语语源研究百年回顾 —— 越南语、孟高棉语和台语之间的关系》（2012）[⑦] 该文通过对越南语语源问题150年以来的研究成果进行回顾、梳理，探讨越南语的语言发生学关系，力图对越南语的系属问题、系属地位做进一步分析。文中主要从越南语、孟高棉语和台语之间的亲缘关系展开论述，罗列出有关

① 载《广西民族学院学报》1983年第2期。

② 载《广西通志·少数民族语言志》广西人民出版社，2000年。

③ 载《中央民族大学学报》2003年第3期。

④ 载《东南亚纵横》2005年第1期。

⑤ 载《广西民族大学学报》2006年第2期。

⑥ 广西民族出版社，2009年。

⑦ 载《广西民族师范学院学报》2012年第4期。

越南语系属问题的不同研究观点。文章指出在谱系树模式和语言联盟模式的框架下，越南语系属问题研究有了新的思路及方向，即越南语是独立的语言还是一种混合语，是一个非常值得探讨的问题。

李芳兰的《京语研究综述》（2012）① 一文梳理中华人民共和国成立以来京语研究的相关文献，从本体研究和应用研究两方面对京语研究的主要内容进行梳理和总结，分析了京语研究中存在的主要问题和发展前景，以厘清思路，促进京语研究更加深入地开展。

在工具书或教材方面，有傅根深编纂的《越汉新字典》（1955）②，20世纪50年代至今，商务印书馆先后出版过一些词典，如《越汉辞典》《中越辞典》《越汉医学词典》等；北大东语系及其他有关高校曾编写过一些越南语教材。

二、倈语（巴琉语）研究

倈语是"巴琉人" pə²liu¹ 的语言，"倈"为他称，"巴琉"为自称。巴琉人有2400多人（2010年），主要分布在广西隆林县长发乡、克长乡、常么乡等地和西林县普合乡、八大河乡等地，约1400人；云南省的广南县黑支果乡、八宝乡等地，约1000余人。在族属方面，广西的巴琉人划归仡佬族，云南的巴琉人划归彝族。

长期以来，在生产、生活、政治、经济、文化等方面，巴琉人由于同操汉、苗、壮、仡佬、彝等语言的民族进行频繁的交往，使得语言工具逐渐发生了变化。日积月累，这种变化越来越大。现在多数巴琉人会讲汉语西南官话，以及苗、壮、仡佬、彝等一两种民族语言。尽管如此，巴琉人之间仍以巴琉语为主要交际工具。巴琉语内部比较一致，没有方言、土语差别。

梁敏1982年开始调查巴琉语，此后发表了《倈语概况》（1984）③、《关于倈语的系属问题》（1986）④、《倈语元音的长短》（1984）⑤ 等文章。

梁敏的《关于倈语的系属问题》（1990）⑥ 一文，提出了倈语属于南亚语系孟高棉语族的观点。认为从类型学的观点来看，倈语跟壮侗语族诸语言比较接近；倈语已基本完成了从南亚语类型向壮侗语类型的过渡，与南亚诸语言共同的语词也逐渐减少，而增加了自己独有的语词，并从周围的语言吸收了部分借词和语法手段，从而形成了倈语目前的面貌，但从发生学的观点来看，倈语应属于南亚语系。

---

① 载《民族翻译》2012年第4期。

② 万国印务公司，1955年。

③ 载《民族语文》1984年第4期。

④ 载《亚非语言的计数问题》英文版，第26期，1986年。

⑤ 载《语言研究》1984年第2期。

⑥ 载《广西民族研究》1990年第3期。

王敬骝、石锋的《俫语调查报告》（1989）①，通过对俫语的实地调查，对俫语的语音、词汇、语法进行描写分析，通过与相关语言进行比较，文章认为俫语还保留有孟高棉语的一些基本特征，应该是孟高棉语中一种独立的语言。

李旭练的《俫语研究》（2003）② 是一本对俫语进行全面研究的专著，书中对俫语进行分析研究，运用有关的语言学理论，对俫语的系属地位进行了讨论，提出俫语与南亚语系语言之间具有发生学的关系，把俫语与京语归为一个语族，称为"京俫语族"。

三、布赓语研究

"布赓语" pu⁵⁵qeŋ⁴⁴，或称"布干语" pə⁵⁵kan³³、"本甘语" puɯ³³kʌn³³，使用布赓语的人主要分布在云南省文山壮族苗族自治州广南县那洒镇的老挖龙村、新挖龙村、小坪寨、那腊村；篆角乡的九坪村、石碑坡村；西畴县鸡街乡的曼龙村，约500多户人家，2700多人（2010年），族属划归彝族。

武自立的《本甘语初探》（1992）③ 一文中，初步指出布赓语与南亚语有着密切的关系。

李云兵的《布干语人称代词的格范畴》（1999）④ 一文，主要讨论布赓语人称代词的格范畴，指出布赓语人称代词有主格、宾格、领格、所有格的语法范畴。布赓语的格范畴与藏缅语十分相似，通过比较，认为是其自身机制发展起来的一种语法现象。

李锦芳的《布干语概况》（1996）⑤ 一文，对布干语的语音、词汇、语法特点进行分析、介绍，指出形态音位手段是布干语重要的构词方式，修饰成分在中心语之后，基本语序为SOV。初步断定布干语与南亚语言具有发生学关系，其中与俫语的关系尤为密切。布干语原先没有声调，后来由于自身的发展以及周边的汉、侗台、苗瑶、藏缅等语言的影响，进而发展成了一种比较典型的有声调的词根型语言。

李锦芳的《布干语和俫语关系初探》（1997）⑥ 一文认为，布干人和俫人具有诸多的历史文化共性，布干语元音松紧对立，有5个声调，附加前缀及音节内部屈折是其重要的构词手段，它属SOV型语言，修饰成分在中心语以后。布干语与俫语的声母、韵母对应整齐，声调对应不明显，两者核心词同源率为55.9%，语法特征

---

① 载《民族调查研究》1989年专刊，云南民族研究所。
② 民族出版社，2003年。
③ 载《云南民族语文》1992年第2期。
④ 载《民族语文》1999年第3期。
⑤ 载《民族语文》1996年第6期。
⑥ 载《语言研究》1997年第1期。

也大同小异。布干语和佤语应属孟高棉语族的同一语支。

李云兵的《布赓语研究》（2005）① 一书是对布赓语进行全面研究的专著。此书对于布赓语的自称作了核对，认为有关文章中的"布干语""本甘语"的自称与布赓语的实际自称不相吻合，认为标写为"布赓"更贴切。此书按照《中国新发现语言研究》项目所要求的框架对布赓语进行分析研究，材料翔实可靠，采用了比较前沿的语言研究方法和理论，书中结论认为布赓语属于南亚语系越芒语族语言。

结语

纵观国内南亚语言前述研究现状，结合南亚语言实际状况特作如下小结：

1.佤语、布朗、德昂、京语等语言在20世纪50年代较早地进行描写分析研究，对这些语言的语音、词汇、语法等方面进行了较为翔实、具体的描写分析，取得一定程度的研究成果，但由于受当时特殊的研究条件、传统的研究手段所限，并不是每一种语言都已经做到了全面、准确的分析研究。

对于这些语言本体特征进行深入细致的深层描写研究，特别是进行专题性的描写研究与语言历史比较，主要还是在改革开放四十年期间进行与完成；在整个南亚语系语言70年研究历程中，这个时期所产生的研究成果，其学术价值及影响力尤为凸显，具有不可替代的作用。同时，对于南亚语系语言，有进一步深入研究的必要，特别在语音历史比较研究、语法特点深层描写方面，仍处于较肤浅的研究层面，仍需要做出大量的工作。

2.克木语、克蔑语、布兴语、莽语、户语、布赓语、佤语、布芒语等语言，改革开放前，国内对这些语言的研究重视程度不够，研究成果匮乏；加上这些语言的使用人口少，部分语言已经处于濒危状况，对这些语言的描写、分析研究迫在眉睫。

改革开放后四十年，国内对这些新发现南亚语系语言所进行的相关研究及成果，为丰富南亚语言研究领域成果提供了材料上的保障，为进一步研究探讨南亚语系语言的特点和演变，提供了理论层面的支撑；为保留这些濒危语言材料起到了积极的推进作用，具有较高的学术水平与学术价值，在国内外具有较大学术影响力。

在中国南亚语系语言进一步的研究中，有必要在以下方面进行深入讨论与探索：

1.就研究材料看，国内南亚语系语言都属于跨境语言，在与中国接壤的缅甸、老挝、越南都有分布，境外南亚语系语言特点、语言方言分布、使用人口等，都比国内更完整与广泛，研究成果也很丰富。对此，大力开展跨境南亚语系语言比较研究，应该是南亚语系语言未来研究的一个重要走向。

---

① 民族出版社，2005年。

2.有关我国境内的南亚语系语言,同国外柬埔寨语、孟语等语言的亲属关系问题,可以说仍是一个有待验证的问题,有从语言实际材料上做进一步论证的必要,要做到这点必须加强与国外同行合作与沟通,以求达到共赢之学术目标。

3.就研究手段或方法看,此前研究成果大都维系传统的研究手段与方法,在传统语言理论框架下,对南亚语系语言进行分析、研究,因此,在往后研究中,可在有关语音田野调查软件的支撑下,进行南亚语系语言有声语料库的建设,语言数据库的建立不仅可对以往所调查的语料进行修正与规范,同时也有助于南亚语言的语料保存,为南亚语系语言的深入研究提供保障。

参考文献

[1]鲍怀翘、周植志:《佤语浊送气声学特征分析》,《民族语文》1990年第2期。

[2]陈保亚:《侗台语和南亚语的语源关系 —— 兼说古代越、濮的族源关系》,《云南民族学院学报》1997年第1期。

[3]陈保亚:《台佤关系词的相对有阶分析》,《语言研究》1997年第1期。

[4]陈国庆:《柬埔寨语佤语前置音演变初探》,《民族语文》1999年第4期。

[5]陈国庆:《柬埔寨语与佤语的构词形态》,《民族语文》2000年第6期。

[6]陈国庆:《克木语研究》,民族出版社,2002年。

[7]陈国庆:《克蔑语研究》,民族出版社,2005年。

[8]陈国庆:《孟高棉语人称代词的形态特征》,《民族语文》2005年第6期。

[9]陈国庆:《孟高棉语言前缀》,《语言研究》2010年第1期。

[10]陈国庆:《佤语366句会话句》,社会科学文献出版社,2015年。

[11]陈国庆:《孟高棉语次要音节结构及其语音演变》,《百色学院学报》2016年第3期。

[12]陈国庆:《孟高棉语 *Cl–、*Cr–类复辅音声母》,《民族语文》2016年第3期。

[13]陈国庆:《孟高棉语言次要音节研究》,云南民族出版社,2018年。

[14]陈国庆:《孟高棉语 *–h、*–s 辅音韵尾》,《民族语文》2019年第6期。

[15]陈国庆、落艳芳:《户语语音特征及其构词方式》,《黔南民族师范学院学报》2018年第5期。

[16]陈娥:《类型学视角下的布朗语名量词研究》,《民族语文》2019年第1期。

[17]陈娥:《多语和谐与民族进步 —— 以昆罕大寨布朗族的双语和谐为例》,《贵州民族研究》2019年第5期。

[18]陈相木、王敬骝、赖永良:《德昂语简志》,民族出版社,1986年。

[19]陈相木、赵福和、赵岩社:《佤语巴饶方言与阿佤方言比较研究》,《云南民族语言文学论文集》,云南民族出版社,1990年。

[20]程方:《京语及其形成过程》,《民族研究集刊》1985年第1期。

[21]戴庆厦、刘岩:《从藏缅语、孟高棉语看亚洲语言声调的起源及演变》,《中

国民族语言论丛（2）》，云南民族出版社，1997年。

[22]戴庆厦、刘岩：《中国德昂语广卡话声调分析》，《语言研究》1997年第1期。

[23]戴庆厦、陈国庆等：《老挝琅南塔省克木族及其语言》，中国社会科学出版社，2011年。

[24]戴庆厦、陈国庆等：《勐腊县克木语及其使用现状》，商务印书馆，2012年。

[25]刀洁：《布芒语研究》，民族出版社，2006年。

[26]傅成劼：《汉语和越南语名量词用法比较》，《民族语文》1985年第5期。

[27]高永奇：《布兴语的次要音节》，《语言科学》2004年第4期。

[28]高永奇：《布兴语的构词方式说略》，《语言研究》2002年第3期。

[29]高永奇：《几种南亚语的词源统计分析》，《民族语文》2005年第1期。

[30]高永奇：《略论我国孟高棉语言中的g–、m–对应》，《语言研究》2015年第4期。

[31]高永奇：《莽语研究》，民族出版社，2003年。

[32]高永奇：《布兴语研究》，民族出版社，2004年。

[33]黄才贞：《佤语简况》，《中央民族学院学报》1983年第2期。

[34]蒋光友、时建：《昆格人语言使用现状调查》，《西华师范大学学报》2013年第1期。

[35]蒋光友、时建：《昆格话音系》，《重庆理工大学学报（社会科学）》2015年第8期。

[36]李道勇、聂锡珍、邱锷锋：《布朗语简志》，民族出版社，1986年。

[37]李道勇：《我国南亚语系诸语言特征初探》，《中央民族学院学报》1984年第4期。

[38]李道勇：《中国的孟 — 高棉语族概略》，《云南民族学院学报》1984年第3期。

[39]李锦芳：《布干语概况》，《民族语文》1996年第6期。

[40]李锦芳：《布干语和佤语关系初探》，《语言研究》1997年第1期。

[41]李锦芳：《户语概况》，《民族语文》2004年第5期。

[42]李旭练：《佤语研究》，民族出版社，2003年。

[43]李艳：《南亚语言同源关系研究的新进展》，《当代语言学》2016年第1期。

[44]李云兵：《布干语人称代词的格范畴》，《民族语文》1999年第3期。

[45]李云兵：《布赓语研究》，民族出版社，2005年。

[46]利国：《河内语音音位系统的确定》，《东方研究论文集》，北京大学出版社，1987年。

[47]梁敏：《关于佤语的系属问题》，《亚非语言的计数问题》英文版，第26期，1986年

[48]梁敏：《佤语元音的长短》，《语言研究》1984年第2期。

[49]刘岩、杨波:《德昂语广卡话声调实验分析》,《民族语文》2006年第2期。

[50]刘岩:《布朗语关双话声调初探》,《民族语文》1997年第2期。

[51]刘岩:《德昂语广卡话的双音节名词》,《民族语文》2002年第2期。

[52]刘岩:《孟高棉语声调研究》,中央民族大学出版社,2006年。

[53]刘岩、博乔、刘希瑞:《老挝克木伩话四音格词的结构特征》,《中央民族大学学报》2016年第3期。

[54]欧阳觉亚、程方、喻翠容:《京语简志》,民族出版社,1984年。

[55]卿雪华、王周炎:《佤汉语量词对比探析》,《民族翻译》2013年第1期。

[56]王敬骝、陈相木:《傣语声调考》,《民族语文丛刊》1983年第4期,云南民族研究所。

[57]王敬骝、陈相木:《佤语词的形态变化》,《民族调查研究》1984年第1期,云南民族研究所。

[58]王敬骝、陈相木:《佤语岩帅话的音位系统》,《民族学报》1988年第1期,云南民族研究所。

[59]王敬骝、陈相木:《西双版纳老傣文五十六字母考释》,《民族学报》1988年第2期,云南民族研究所。

[60]王敬骝、石锋:《俫语调查报告》,《民族调查研究》1989年第5集,云南民族研究所。

[61]王敬骝:《佤语"安占"与汉语"闍黎"同源考》,《云南民族语文》1989年第2期。

[62]王敬骝:《佤语研究》,云南民族出版社,1994年。

[63]王敬骝:《论越语(一)》,《云南民族语文》1997年第2期。

[64]王敬骝:《克木语调查报告》,《布朗族社会历史调查(三)》,云南民族出版社,1986年。

[65]王敬骝:《说"血"——汉语记号考原之一》,《云南民族语文》1999年第2期。

[66]王敬骝:《莽语调查报告》,《民族调查研究》1986年第4期,云南民族研究所。

[67]王敬骝:《傣语干支考原》,《中国语言学报》1995年第6期。

[68]王敬骝:《释"苏""苲"》,《民族语文论文集》中央民族学院出版社,1993年。

[69]王敬骝:《释"鼎"》,《民族语文》1992年第3期。

[70]王敬骝:《华夏语系说》,《汉藏语言研究——第34届国际汉藏语言暨语言学会议论文集》,第275-285页,民族出版社,2006年。

[71]韦树关:《中国京语的变异》,《广西民族大学学报》2006年第2期。

[72]韦树关:《京语研究》,广西民族出版社,2009年。

[73]王俊清：《岩帅土语组合式述补结构补语的语义指向》，《民族翻译》2013年第2期。

[74]王俊清：《岩帅佤语述补结构的时间范畴》，《民族翻译》2015年第1期。

[75]王俊清：《布朗语述补结构语义分析》，《贵州民族研究》2019年第8期。

[76]王力：《汉越语研究》，《岭南学报》9卷1期，1948年。

[77]王连清：《京语概况》，《民族语文》1983年第1期。

[78]王连清：《京语和越南语虚词的比较》，《民族语文》1983年第6期。

[79]王连清：《三岛京语和河内京语语音初步比较》，《语言研究》1984年第2期。

[80]王玲、王蓓、尹巧云、刘岩：《德昂语布雷方言中焦点的韵律编码方式》，《中央民族大学学报》2011年第2期。

[81]王育弘、王育珊：《汉语的"风"与孟高棉语的"风"》，《百色学院学报》2015年第2期。

[82]王育弘：《汉语高棉语同源字研究》，民族出版社，2017年。

[83]魏其祥：《关于沧源佤族自治县的几个民族语地名》，《云南民族语文》1988年第2期。

[84]肖则贡：《佤语中的主语和谓语的语序》，《民族语文》1981年第2期。

[85]颜其香、周植志：《格木语元音的长短与松紧、声调的关系》，《民族语文论文集》，中央民族学院出版社，1993年。

[86]颜其香、周植志：《佤语动词的时貌系统》，《云南民族语文》1994年第1期。

[87]颜其香、周植志：《佤语简志》，民族出版社，1984年。

[88]颜其香、周植志：《中国孟高棉语族语言与南亚语系》，中央民族大学出版社，1995年。

[89]颜其香：《崩龙语概况》，《民族语文》1983年第5期。

[90]颜其香：《关于佤语词序问题》，《语言研究》1987年第1期。

[91]颜其香：《佤文》，《民族语文》1981年第1期。

[92]颜其香：《佤语数词的构成和特点》，《中国民族语言论文集》，四川民族出版社，1986年。

[93]叶晓锋：《上古楚语中的南亚语成分》，《民族语文》2014年第6期。

[94]叶晓峰：《凤凰考》，《民族语文》2016年第6期。

[95]余成林：《德昂族的语言活力及其成因——以德宏州三台山乡允欠三组语言使用情况为例》，《黔南民族师范学院学报》2013年第2期。

[96]余金枝、李春风、张琪：《老挝克木族的双语关系——以老挝琅南塔省汇单村为例》，《民族教育研究》2011年第4期。

[97]赵富荣、蓝庆元：《佤语中的傣语和汉语借词》，《民族语文》2005年第4期。

[98]赵富荣：《佤语的"洗""砍"小议》，《民族语文》2002年第4期。

[99]赵金萍：《德昂语借词的变化》，《云南民族大学学报》2005年第5期。

[100]赵岩社、赵福和:《佤语语法》，云南民族出版社，1998年。

[101]赵岩社:《佤语的前置音》，《中央民族大学学报》2001年第4期。

[102]赵岩社:《佤语的音节》，《云南民族语言文学论文集》，云南民族出版社，1990年。

[103]赵岩社:《佤语概论》，云南大学出版社，2006年。

[104]赵岩社:《中国孟高棉语研究的现状与展望》，《云南民族大学学报》2000年第3期。

[105]赵云梅:《德昂语名词性短语的词序类型特征》，《安徽职业技术学院学报》2015年第4期。

[106]赵云梅:《德昂语介词的语法化类型特征》，《赤峰学院学报》2016年第3期。

[107]周植志、颜其香、陈国庆:《佤语方言研究》，民族出版社，2005年。

[108]周植志、颜其香:《从现代佤语的方音对应看古代佤语的辅音系统》，《语言研究》1983年第1期。

[109]周植志、颜其香:《论古代佤语的元音系统》，《语言研究》1985年第1期。

[110]周植志:《佤语细允话声调起源初探》，《民族语文》1988年第3期。

[111]周植志:《佤语与佤语方言》，《云南民族语文》1994年第2期。

[112]周植志:《佤语语音比较中的几个问题》，《云南民族语文》1992年第3期。

[113]朱晓农、龙从军:《弛化：佤语松音节中的元音》，《民族语文》2009年第2期。

[114]《佤汉大词典》编纂组:《佤汉大词典》，云南民族出版社，2014年。

第六章　朝鲜语研究

第一节　70年的历程

一、朝鲜族和朝鲜语文概况

朝鲜民族主要分布于朝鲜半岛及中国、美国、日本、加拿大、乌兹别克斯坦、哈萨克斯坦等180多个国家，使用人口约7730万，居世界第十四位。朝鲜语的使用者绝大多数聚居在朝鲜半岛，占全世界朝鲜语使用者的90%以上。朝鲜语也是我国朝鲜族的主要语言，使用人口约170万。

朝鲜族是我国跨境少数民族之一。绝大部分是19世纪中叶至20世纪40年代自朝鲜半岛陆续迁入我国并定居下来的朝鲜人及其后裔。此外，约5000人是17世纪初满族人进关前入侵朝鲜两次掠俘来在贵族农庄中服役的农奴后裔，现居住在河北省青龙县塔沟及辽宁省盖县（今盖州市）朴家沟，于20世纪50年代自愿上报政府改满族为朝鲜族登记[①]。

朝鲜族的形成与发展主要经历三个阶段。第一阶段为初期迁徙流动时期（19世纪中叶至1910年前）。19世纪60年代，朝鲜半岛北部连年遭遇自然灾害的侵扰，当地农民迫于生计，冒着封禁、被捕的风险越境到中国东北地区，主要靠挖山参、狩猎、伐木割草的方式谋生，以"早出晚归""春来秋去"的"候鸟"模式开荒种地。19世纪80年代，随着封禁政策解除，移居相对自由。这一时期大量的朝鲜农民越江到图们江、鸭绿江北岸谋生。1897年桓仁、通化、新宾、宽甸等地的朝鲜农民约3.7万余人；1905年临江、长白、集安等地的朝鲜农民约3.9万余人；1909年延边的朝鲜农民约18.4万余人。第二阶段为快速增长时期（1910年朝鲜沦为日本殖民地至1931年"九一八"事变前）。这一时期众多朝鲜半岛爱国志士到中国大陆进行抗日救国运动，他们兴办夜校、武官学校，进行抗日教育、培养抗日军政人才，进行抗日武装斗争。1910-1912年间，东北地区朝鲜人增加近5万；1910-1920年间，近20万朝鲜人流入图们江、鸭绿江北岸；1930年前后，东北各地朝鲜

---

① 载《跨入21世纪的中国朝鲜族》，延边大学出版社，2002年。

人近80万。第三阶段为朝鲜人持续增长时期（1931年至1945年）。这一时期日本殖民政府制定移民计划，强行招募朝鲜农民移至东北地区开荒种田。至1945年日本战败前夕，我国朝鲜人超过200万。日本投降后，近半数的朝鲜人陆续返回朝鲜半岛，留下者则成为中国的朝鲜族。[①] 1939年，毛泽东在《中国革命与中国共产党》一书中，将居住在中国的朝鲜人列入中国少数民族行列，但朝鲜人真正意义上被承认为"朝鲜族"是在中华人民共和国成立以后。根据1949年制定的"中国人民政治协商会议共同纲领"，1952年，吉林省延边成立了国内最大朝鲜族聚居地——延边朝鲜族自治州[②]。从此，一直以来被称为"朝鲜人""高丽人"或"半岛人"的该民族拥有了"朝鲜族"这一正式族称。1958年，吉林省长白朝鲜族自治县成立。此外，在吉林、黑龙江、辽宁及内蒙古的朝鲜族聚居地先后建立了42个朝鲜族民族乡。

据《2021年中国统计年鉴》，我国朝鲜族现有人口170.2479万人（2020年），主要分布在吉林、黑龙江、辽宁三省和内蒙古自治区等传统聚居地，伴随改革开放，越来越多的朝鲜族移居至京津冀、山东及上海、广东等东南沿海地区。

朝鲜语的发展历经古代朝鲜语（三国时代至935年统一新罗灭亡）、前期中世朝鲜语（高丽建国10世纪至14世纪）、后期中世朝鲜语（朝鲜时代至1592年壬辰倭乱）、近代朝鲜语（17世纪初至1894年甲午更张）以及现代朝鲜语（20世纪初至今）等五个阶段。朝鲜民族在15世纪前以汉字为书写工具，直到朝鲜王朝第四代王世宗大王（1397–1450）于正统八年（1443年）创制训民正音28字，并于正统十一年（1446年农历九月）颁定谚文的解说及用例书《训民正音》（又称《训民正音》解例本），谚文逐步成为朝鲜民族的主要书写工具，并发展为今日的朝鲜文。《训民正音》由两大部分构成，以著作者为基准，前半部是由世宗撰写的"正音篇"，包括世宗大王序文及例义，后半部是由集贤殿8位学士撰写的"训民正音解例篇"，包括制字解、初声解、中声解、终声解、合字解、用字例以及郑麟趾序。训民正音28字包括初声17字和中声11字，终声复用初声。初声字中，5个基本字象形了人体的发音器官，并通过加划形成了9个加划字和3个异体字；中声字中，3个基本字象形了"天、地、人"三才，并通过组合形成了4个初出字和4个再出字。随着朝鲜语音系结构的变化，有四个音消失，现代朝鲜文剩下14个初声字和10个中声字。

二、朝鲜语文研究概况

19世纪末西方的语言学理论开始传入朝鲜，进入20世纪，朝鲜半岛的学者们

---

① 载《北方民族大学学报》2018年第1期。

② 据《延边朝鲜族自治州第七次全国人口普查公报》，截至2020年全州朝鲜族人口59.7426万，占全州总人口的30.77%。

才开始运用现代语言学理论和方法研究朝鲜语，而我国的朝鲜语研究开始于中华人民共和国成立以后，起步更晚。

　　中华人民共和国成立初期，延边大学语文系、北京大学东语系先后成立朝鲜语专业，开设了一系列朝鲜语文课程。中央民族学院民语系汉语文专业于1960年2月开设"现代朝鲜语"课，1972年正式组建朝鲜语教研室，并于同年9月开办朝鲜语专业。此外，北京外国语学院、北京第二外国语学院、洛阳外国语学院、对外经贸大学等高等院校，也开设了朝鲜语专业。特别是中韩建交以来，我国有120余所高等院校开设了朝鲜语专业，积极培养人才，建成了教学科研骨干队伍。自20世纪50年代起，我国陆续向朝鲜民主主义人民共和国派遣留学生（本科生、研究生）和进修生学习研究朝鲜语文。随着朝鲜语文研究队伍的不断扩大，20世纪50年代，中国科学院语言所成立朝鲜语研究组；60年代中期，延边朝鲜族自治州成立延边历史语言研究所，1982年成立延边语言研究所。随着朝鲜语文工作的逐步开展，1977年5月创建了东北三省朝鲜语文工作协作小组①（简称"三协"）并设置办公室作为其办公机构（简称"三协办"），任务是贯彻执行党的民族语文政策，加强规范化工作，推动朝鲜语文的健康发展，促进学术研究。还创办了机关刊物（现名《中国朝鲜语文》）主要职责是协调黑、吉、辽三省朝鲜语文工作，监督并研究民族语文政策的贯彻执行情况，探讨并解决朝鲜语文的规范化问题。为进一步加强学术交流，推进朝鲜语文研究，1981年8月，在沈阳举行中国朝鲜语学会成立大会暨第一次学术讨论会，成立"中国朝鲜语学会"，会址设在延边大学，内设吉林省、黑龙江省、辽宁省、北京市等四个分会。前四次学术讨论会为止，每年召开一次，第五次开始隔一年召开一次。学会定期召开学术讨论会，编辑出版不定期的《朝鲜语学论文集》。

　　中华人民共和国成立后，国家积极培养朝鲜语文的教学和研究人才，逐步建立起一支教学科研的骨干队伍。20世纪50年代中期开始着手编写大学教材和必需的工具书、词典等，为教学和科研服务。为了促进我国朝鲜语文健康发展，加强规范化工作，延边日报社从1957年3月起在《延边日报》开辟专栏进行了为期3个月的朝鲜语规范化专题讨论。同年12月3日，建立了朝鲜语文研究会筹备委员会。中华人民共和国成立初期至20世纪70年代，我国朝鲜语研究虽没有进入全面发展时期，但摆脱了单纯以教育和普及为目的的旧框架，开始思考简历独立体系的新出路。自20世纪80年代起，中国朝鲜语研究突飞猛进，不仅从数量上还是从质量上都取得了前所未有的成果。这一时期朝鲜语研究涉及语法研究、语言史研究、方言研究、词典学研究、修辞学研究、中朝对比研究、双语研究、作为第二语言的朝鲜语教育研究、朝鲜语规范化研究等各个领域。

　　自改革开放以来，随着形势的发展，我国朝鲜语教学科研工作也取得了长足的

---

　　① 1977年根据国务院[1975]49号文件，成立了"东北3省朝鲜语文工作协作小组"。

进步。具体表现在以下这几个方面：

1.培养和建设了一支教学、科研的骨干队伍。朝鲜语科研机构除原有的中国社会科学院民族研究所语言研究室（现为中国少数民族语言研究中心）外，吉林延边于1979年6月恢复了60年代初建立的历史语言研究所，1982年延边语言研究所单独建所，现隶属于延边社会科学院。此外，在北京大学、中央民族大学、对外贸易大学、延边大学、洛阳解放军外语学院等高等院校也都设有朝鲜语教学科研单位。特别是中韩建交以来，我国有近30所大专院校还设立韩国语专业，积极培养人才，建成了教学科研骨干队伍。

2.恢复和新建了一些必要的组织机构和学术团体。1977年5月创建了东北三省朝鲜语文工作协作小组（简称"三协"），并设置办公室作为其办事机构（简称"三协办"），任务是贯彻执行党的民族语文政策，加强规范化工作，推动朝鲜语文的健康发展，促进学术研究，与此同时，创办了机关刊物（现名《中国朝鲜语文》）。《中国朝鲜语文》（双月刊）编委队伍由全国多所高校朝鲜语权威教授及东北三省朝鲜语文专家学者组成，被中央民族大学等10多所高校认定为核心期刊，自2019年起正式加入学术期刊数字出版平台 —— 中国知网（CNKI），实现了期刊重点文章的移动阅读和在线搜索功能。1981年8月，在沈阳举行中国朝鲜语学会成立大会暨第一次学术讨论会，决定学会每年或每两年召开一次学术讨论会，极大地推动了朝鲜语文研究工作的发展。

3.开展了语言调查。1977年7月，延边词典编纂领导小组办公室组织了12人的语言调查组，在东北一些地方调查了语言使用实态。1982年，中国社会科学院民族研究所和"三协办"在国家民族事务委员会的支持下，共同组织了中国朝鲜普查工作队，有延边大学、延边语言研究所、北京大学、中央民族学院（现为中央民族大学）等12个单位共22人参加。他们分三个组于7月至11月分赴东北三省的泰来、五常、哈尔滨、鸡东、蛟河、柳河、敦化、延吉、和龙、珲春、沈阳、盖县（今盖州市）、抚顺等地进行了普遍而有重点的调查。作为其成果，出版了《朝鲜语方言调查报告》（汉文）、《中国朝鲜语实态调查报告》（朝鲜文）和吉林地区方言分布图。2016年，由中央民族大学姜镕泽主持的国家社科基金重点项目《中国朝鲜语方言地图集》正式立项，课题组成员于2017年7月至2019年8月分批完成了黑龙江省22地、吉林省延边朝鲜族自治州22地、吉林省长白朝鲜族自治县2地、吉林省其他朝鲜族散居地区12地、辽宁省11地及内蒙古自治区2地，共71个朝鲜语方言调查点的调研工作，调查方言发音人共计79位，调查内容涉及词汇553项（其中503–553项为社会方言调查项）、音系25项、语法93项（包括体现词根或语尾形态变化的59条曲用、活用项以及体现终结语尾体系的34条叙法项）、访谈条目及自然对话。调查、收集了除济州岛方言以外的五大方言，其中以东北、东南、西北方言为主；西南、中部方言则以"方言岛"形式存在。

4.在科学研究的基础上确立了规范化原则，加强了语言文字的规范化标准化工作。本着"规范化要符合语言的民族性、群众性、科学性的要求"的原则，先后审定了多批规范化词语。陆续出台了《朝鲜语名词术语规范原则》等10余项规范性文件，规范的新词术语累计2.2万余条。

5.汲取了国内外新的语言学理论和研究方法，使语言结构的描写研究进一步深入，并开拓了新的研究领域。这一时期，在语音学和音位学、词汇学和语义学、语法学、修辞学和文体学、方言学、语言的对比研究、双语研究、翻译理论、词典编纂和词典学以及语言发展史等各个方面都发表或出版了一批颇具影响的学术论著，取得了重大的研究成果。

6.加强了国际学术交流。北京大学、延边大学、中央民族大学先后多次主办了国际学术讨论会，我国的朝鲜语学者也多次出国参加学术会议、讲学或进行学术访问。朝鲜语言文学国际学术讨论会于1986年8月18日至22日在北京大学召开。出席会议的有来自朝鲜民主主义人民共和国、日本、美国、加拿大、西德和我国的学者专家近八十人。这是首次在我国召开朝鲜语言文学国际学术讨论会，对加强我国和国际朝鲜语言文字工作者的联系、促进国际间的学术交流、活跃我国朝鲜语言文学的研究工作起到积极的作用。1995年7月27日至29日第一届全国朝鲜语 — 韩国语教学研讨会在延边大学举行。来自中国人民解放军洛阳外语学院、黑龙江大学、吉林大学、辽宁大学、北京语言学院、山东师范学院、烟台大学、青岛大学、天津外语学院、山东大学威海分校、吉林大学、延边大学等12所高等院校的50名专家学者出席了会议，韩国檀国大学的洪允彪先生和韩国国立国语研究院的许哲久先生列席了会议。这一期间还有大批论著在国外刊印或出版。2004年7月韩国开明出版社出版了中国社会科学院民族研究所宣德五研究员撰写的《朝鲜语文论集》一书。该书共收集了作者在不同时期撰写的有关朝鲜语研究的论文，是作者50年来学习、教学和科研工作的结晶。全书共307万字，内容涉及朝鲜语的文字体系、语音体系、语法问题、方言情况、朝鲜语言文字史、朝鲜语中的汉字和汉字词问题以及我国朝鲜族语言使用的实际情况，并概述了20世纪中国、韩国和朝鲜的朝鲜语（韩国语）研究概况及该领域研究所取得的主要成就，对未来研究发展的趋势进行展望。2018年5月25日至27日由中央民族大学朝鲜语言文学系主办的"韩国学教育·研究现状与展望"国际学术研讨会在中央民族大学知行堂召开。本次会议出席了55位国内外韩国学研究学者，其中包括7位著名专家，延边大学金柄珉教授（《中国流亡时期申桂植的作家意识与文学想象》）、延边大学金光洙教授（《中国韩国语文的存在问题与振兴方案》）、中国社会科学院金成玉研究员（《中国视角下的廉相燮文学再考》）、中央民族大学吴相顺教授（《中国朝鲜族文学的现状》）、韩国首尔大学朴镇浩教授（《正反疑问句与数词疑问句》）、韩国高丽大学崔浩哲教授（《韩国语语言特点：缩语、简语、真语》）以及韩国"韩国学中央研究院"金乾坤教授（《崔致远的在唐活动与〈新罗隋夷传〉》）分别进行了精彩的专题学术报告。此外，该研讨会还发表了17篇学术论文，涉及语言、文学、社会/历史等三个研究专题。该会议于我国改革开放 40 周年之际召开，进一步推进了我国韩国学教育、研究的发展，同时也加强了国内外韩国学兄弟院系之间的学术交流，对我国朝鲜语研究工作起到了积极作用。

第二节　语音研究

朝鲜语语音研究长期以来都是朝鲜语研究的重要部分，至今仍保持着这一传统。

20 世纪 20 年代以前，周时经、金枓奉在一些早期语法著作中开始对朝鲜语语音进行了声学特性和生理特点分析，并对音素进行了初步分类。但这些论述还未能严格区分语音和文字、音素和音位。20 世纪 30 年代，朝鲜语研究学者们开始汲取西方的音位学理论对朝鲜语音位系统进行描写研究。德国学者李克鲁，运用声学仪器进行实验语音学的研究，发表了《实验图解朝鲜语语音学》（1947）。此后，朝鲜民主主义人民共和国和大韩民国的语言学者们在研究过程中逐渐认识到语音学是语言研究的基础，语音学开始正式成为一门独立的分支学科。他们利用语图仪等声学仪器进行实验分析，描写了朝鲜语各个音位的音值及其分布和变体、音位的组合、音节结构及其切分、韵律特征以及语音变化规律。朝鲜民主主义人民共和国于 1966 年出版了《朝鲜语语音挂图解说书》，用 17 幅挂图图解、说明辅音元音发音时喉部、口腔、舌唇的发音位置，确立了标准语的音位系统及标准发音法。韩国从 20 世纪 60 年代起引进了西方的区别特征论、生成音位学、形态音位学等理论和方法对语音进行分析研究，目前正在做进一步的探索。他们还和理工学科的学者合作，进行语音识别和语音合成的研究。我国的朝鲜语语音学研究是建立在朝鲜语的传统研究上的，重点在于确立标准语的音位系统，规定规范的标准发音法。

1984 年美国学者塞缪尔·E·马丁发表《朝鲜语音位学》[①]，通过发音成分、听觉特征和区别性对这三条途径分析了朝鲜语的音位，确定了朝鲜标准语共有 16 个区别性发音成分：2 个音高成分，5 个元音成分，9 个辅音成分。

中国学者宣德五、全学锡、金镇容等，自 20 世纪 50 年代起对朝鲜语的语音进行了研究。如：延边大学全学锡在传统的音位学分类基础上，参照区别特征的学说，对朝鲜语各个音位作了区别特征的描述，他把朝鲜语的一套紧喉辅音和一套送气辅音都处理为独立的音位，因此辅音音位数超过了马丁所确立的音位数[②]。他还分析了朝鲜语的韵律特征，认为词的发音是音高、音强、音长三者综合的统一体，具体集中表现在核心音节 —— 元音上。在双音节词中，音高一般落在后一音节，

---

① 载《民族语文研究情报资料集》第 3 期，1984 年。

② 载《朝鲜语的民族特性（1）》，黑龙江民族出版社，1987 年。

在三音节以上的多音节词中音高一般落在倒数第二个音节上。词的首音节通常发为长元音（模拟词则是第二音节或其后的音节发为长元音），而长则低，短则高。词重音通常落在首音节上。除了一部分同形词外，音高、音长、音强都不具有区别词义的功能。在句调中起作用的基本要素是升降调、句重音和停顿。大体上陈述句句尾是降调，疑问句句尾是升调，感叹句句尾是平调。

传统研究认为朝鲜语辅音中的塞音、塞擦音分松、紧、送气三套。中国社科院民族研究所的研究人员对松辅音的音色描述提出了自己的见解，认为松辅音发音时带有明显的浊气流[①]。紧辅音在发音时喉部和有关发音部位的肌肉特别紧张，送气辅音则带有很强的清气流。因此该所研究员陈植藩认为传统上"送气"和"不送气"来区别松辅音和送气音并不确切，朝鲜语的三套辅音应称为浊气音、憋气音和清气音。

《朝鲜语方言调查报告》（1991）中的"语音总论"部分提出了"零音位"及其变体的观点，认为朝鲜语除传统所说的19个辅音外，还有一个零辅音，口语里它在不同的语音环境下有5种变体。零辅音的设定更精确地描述了朝鲜语的音位系统，其意义在于把中间不存在其他辅音的两个元音的音节切分开来，而不致混淆为一个复元音，如"ue（在上面）"，实际口语的发音是两个音节，由此把它与[ue]区别开来。零辅音的设定对朝鲜语音节构成类型的描写有了新意，即把传统根据书写形式确定的首音为元音的开音节和闭音节都归并入以辅音开头的音节类型中。

金镇容对朝鲜语音节做了专题研究，他在《现代朝鲜语音节字研究》（1984）[②]中认为，除去标记外来词的字，朝鲜语音节字数为1906个。他还在《现代朝鲜语音节探析》（1987）[③]一文中以音节为依据，按语音规则确定音节，对实际使用的各种音节结构类型进行定量分析，进一步具体阐明了朝鲜语音节结构的特点。

宣德五在中国语言学会第三届学术讨论会上发表了论文《中古朝鲜语元音[ʌ]的历史演变》。在前人研究的基础上，通过对中古文献、现代书面语和方言材料进行的比较分析，得出了如下论断："随着[ʌ]的消失，原含[ʌ]音的词，其元音[ʌ]沿着两个方向发生了演变：一是归并入同系列，即同属阳性元音的a和o（大部分归入元音a），这主要发生在单音节词和多音节词的第一音节里；二是归并入与它成对的阴性元音ɯ，这主要发生在第二音节。"[④]

李得春在《漫谈朝鲜汉字音舌音的演变》[⑤]一文中认为，"从《训蒙字会》到现代的历史变化过程中可以看到，首先是知彻澄三等字开始实现了塞擦音化，后来是端透定四等字起了变化，变为ts、ts'，并入齿音。"其结论为，"朝鲜汉字音中的舌

---

①　载宣德五、赵习、金淳培：《朝鲜语方言调查报告·语音总论》，延边人民出版社，1991年。

②　载《朝鲜语学习和研究》1984年第4期。

③　载《朝鲜语言学论文集》，延边大学出版社，1987年。

④　载《民族语文》1985年第4期。

⑤　载《延边大学学报》1987年第1期。

音从汉语上古音发源之后，无论是在传统音中，或者是在《东国正音》校正音中，从未发生过分化。直到十七、十八世纪以后，才被朝鲜语内部的语音规律 —— 塞擦音化现象所制约，开始演变为 ʦ、ʦ'，并跟齿音趋于合流。《训蒙字会》以后的变化，是为自身音韵的演进规律而导致的，而不是切韵和近代汉语音影响的结果。这一变化过程是长期的，变化速度是缓慢的，分化是比较保守的。因此，历经几个世纪的演变，到了20世纪才告完成。但在个别方言区里，如平安道等地，也有尚未彻底完成此类变化的。"

黄晓琴的《朝鲜语元音和谐的松化》① 通过现代与中古朝鲜语的比较，讨论朝鲜语元音和谐的现状及由严谨到松化的过程，认为中古朝鲜语语音系统中元音 [ʌ] 的消失分化和汉语的影响是朝鲜语元音和谐律遭到破坏的内因和外因。

于辉以中国境内的朝鲜语为语料，用语音实验的方法对三套塞音的语音进行研究，并对朝鲜语的三套塞音在不同位置的具体表现进行统计和对比。具体内容包括双音节前字、后字音首位置塞音的VOT、后接元音基频和闭塞段的时长测量。通过对实验结果的讨论和分析发现，"在双音节前字首音位置，朝鲜语的三套塞音均为清音。其中松音有一些送气，送气音大量送气，紧音则基本不送气。在双音节后字首音位置，松音和送气音本身的特征有所减弱，松音在后字首音位置（两个浊音之间）浊化，送气音的送气程度则有所减少；而紧音的语音特征则基本没有什么变化。松音的闭塞段相对较短，紧音的闭塞段显著长于松音和送气音，三者在闭塞段上表现出的差异和相对关系与前面所测的VOT值是一致的，说明紧音和松音、送气音在结构维度上具有不同特征。紧音高于送气音，并显著高于松音② 。"

此外，为了更深入地认识朝鲜语语音特点，一些学者还把朝鲜语语音和其他民族语言进行了对比研究。如李得春的《关于标记在朝鲜谚解书中的近代汉语舌尖元音》通过对朝鲜李王朝时期《洪武正韵译训》等汉朝对译韵书和《翻译朴通事》等谚文翻译书中的朝鲜文标音资料的对比和分析，研讨属于现代汉语舌尖元音的汉字及同类止摄开口三等日母字在当时的实际音位，考察近代汉语舌尖元音化的部分过程③ 。

第三节 语法研究

19世纪后半期，来到朝鲜半岛的西方传教士开始了朝鲜语现代语法学的研究。20世纪初，朝鲜本土的学者们开始模仿印欧语法和日语语法撰写了一些早期语法

---

① 载《民族语文》2006年第6期。

② 《朝鲜语塞音的语音实验分析》，载《民族语文》2008年第3期。

③ 载《民族语文》1997年第3期。

著作。1910年周时经的《国语文法》，不再单纯的模仿印欧语法所建立的体系，并开始认识到要立足于朝鲜语本身的语言事实来研究探索。他借鉴A·里德等人的图解法对句子结构进行了图解分析，还按词和句子的特点进行了分类。周时经把朝鲜语复杂的形态分析到语素，这与现代结构主义学派的语言单位分析法是一致的，由此建立了朝鲜语传统语法的一个派别。以后的金枓奉、李奎荣、李长春、金元祐等人继承了他的学说，并在此基础上或多或少地做了修改或补充。

20世纪30年代，朝鲜语的语法研究开始逐步摆脱对西方语法的模仿，进一步探索朝鲜语固有的语法特点。这一时期最具代表性的著作是朴胜彬的《朝鲜语学》（1935）和崔铉培的巨著《朝鲜语语法》（1937）。他们的著作继续保留语音论、品词论、句法论的结构体系，创立了不同于周时经的语法体系。特别是崔铉培的学说，至今对韩国传统语法学仍具有深远影响。

1945年以后，朝鲜半岛的语法研究有了很大的发展。朝鲜民主主义人民共和国成立初期，语法研究深受当时苏联语言理论的影响。到了20世纪60年代，一些语法学家开始尝试建立真正能够说明朝鲜语语法结构特点的语法体系，并致力于建立规范语法体系。先后出版了《朝鲜文化语语法》（1970）、《朝鲜语理论语法》（包括《构词论》《品词论》《形态论》《句法论》等分册），对这一时期的语法研究作了理论上的概括与总结。韩国出现了传统语法、结构主义语法、转换生成语法三大学派并存的局面。

我国朝鲜语学界语法研究的重点是现代朝鲜语语法的描写研究，走的是一条"沿用——模仿——创新"的道路。中华人民共和国成立初期，我国几乎没有专门的朝鲜语语法研究，学校的语法教材直接使用国外的语法著作。1946年10月13日，延吉市各文化团体的代表40多人聚在延吉市中学，召开了《延吉朝鲜文研究会》成立大会，大会决定在各学校设立《朝鲜文研究会分会》，讨论朝鲜文教育所面临的问题。1947年3月24日，延边教育出版社成立，在各学会的朝鲜语文研究和教材研究的基础上，延边教育出版社陆续出版了《朝鲜语文》《算数》《自然》等小学教科书和中学朝鲜语文教科书。1955年翻印了朝鲜民主主义人民共和国学者金寿卿的《朝鲜语语法》作为中学语法教材，延边大学朝文系则以1949年朝鲜语文研究会编写的《朝鲜语语法》为教材。1956年，延边大学朝鲜语教研室开始参考国外的语法著作和崔铉培的《朝鲜语语法》以及苏联学者霍洛道维奇的著作《朝鲜语语法概论》，编写了《现代朝鲜语》（油印本）。该书内容包括语音论、形态论、句法论、词汇论等，分别由李世龙、崔允甲、金学炼等执笔。这是我国学者撰写的第一部朝鲜语语法著作，影响颇大，是当时东北各地中学朝鲜语文教师和工作者的主要参考书。这标志着我国朝鲜语学者开始登上学术论坛。

1950年初，在延边地区从事教育工作的吴凤协先生在《教育通讯杂志》1950年2~6期发表了学术论文《韩文河图起源说》，在国内首次探讨了有关"训民正音"的学术问题，分16章详细介绍了集贤殿学者郑麟趾的象形起源说，并力挺河图起源说。①

20 世纪 50 年代末开始，刚刚兴起的学术之风受到严重打击，朝鲜语研究工作基本处于停滞状态。但延边大学诸位学者和教师并没有停止对朝鲜语研究的热爱与追求。1956 年，李世龙、崔允甲、金学连等先生编写的誊写本《现代朝鲜语语法论》面世；1963 年，方长春、金祥元先生合著的《现代朝鲜语形态论》和金祥元先生独立编撰的《现代朝鲜语句子论》《现代朝鲜语词汇论》等教材投入教学；1964 年，方长春先生独自编写的《现代朝鲜语语音论》由延边大学印刷厂印刷出版。在 1960–1966 年期间，延边大学朝鲜语教研室参考共和国科学院文学研究所编写的《朝鲜语语法》和由金寿卿等撰写的金日成综合大学教材《现代朝鲜语》，编写了《现代朝鲜语》（延边大学印刷厂印刷发行）。此书的理论体系较多地受到了朝鲜的语法理论和语言观的影响。20 世纪 60 年代后期，中国处于与外界隔离的封闭状态，朝鲜语学界开始探索建立自己的体系。当时，一大批热情洋溢的学者和教师将自己的学术研究成果应用于教学实践中，为建立中国朝鲜语的语法体系和规范体系做出了重要贡献。

20 世纪 70 年代后半期开始，我国朝鲜语语法研究进入繁荣期，各种语法专著纷纷问世。延边教育出版社先后于 1972、1973、1974 年出版了朝鲜语语法专著《形态论》（延边大学朝文系朝鲜语教研室）、《语音论》（延边大学中文系朝鲜语教研室）、《句法论》（延边大学中文系朝鲜语教研室）；辽宁出版社先后于 1980、1981 年出版了崔允甲的《朝鲜语语法》、徐永燮的《朝鲜语实用语法》和车光一的《朝鲜语后附成分对比语法》；黑龙江朝鲜民族出版社于 1986 年出版了姜银国的《朝鲜语的民族特性（2）》；延边教育出版社于 1984、1986 年先后出版了该社朝文编辑室编著的《中学生朝鲜语实用语法》和金镇容的《现代朝鲜语》；延边大学出版社于 1987 年出版了姜银国的《现代朝鲜语》；延边人民出版社于 1989 年出版了李贵培的《朝鲜语语法理论》；民族出版社于 1994 年出版了车光一的《历史朝鲜语语法论》等。其中，李贵培（1989）就语法研究中各个主要问题介绍了国内外各家学说，并对朝鲜语语法研究中有争议的理论问题提出了自己的看法。该书附录中还列出了 1897–1983 年间国内外出版的 106 部朝鲜语语法著作。车光一（1994）介绍了朝鲜半岛出版的各个时期具有影响力的语法著作的主要内容，并进行解说和评述，具有重要的资料价值。除上述朝文版的语法著作外，商务印书馆还于 1976、1994 年先后出版了以汉族学生为教学对象的教材，即延大朝语系与北大朝语教研室合编的《朝鲜语实用语法》、宣德五的《朝鲜语基础语法》。这些著作都属于传统语法、教学语法范畴。

这个时期在一些刊物或论文集上还刊登了大量有关语法的学术论文。下面分述朝鲜语法研究的一些成果。

---

① 李得春：《训民正音起源的异说——可图起源说》，载《中国朝鲜语文》1989 年第 5 期。

一、后附成分

朝鲜语是黏着语，各种语法范畴和语法关系主要通过在实词词干后添加附加成分来表示。朝鲜语研究学界对此类后附成分的性质有不同的看法：朝鲜早期语法学家周时经一派将后附成分全部处理为虚词，称之为"分析的体系"。崔铉培一派（包括现今多数韩国语法学家）认为句子中名词能独立运用，附于其后的附加成分有相对独立性，因此是助词，而动词进入句子必须带后附成分，这些后附成分是词尾的性质，被称为"折中的体系"。现在朝鲜民主主义人民共和国和我国的一些学者则认为不带后附成分进入句子的名词形式是零格形式，名词动词的后附成分同属一大类，是词尾。崔允甲的《朝鲜语语法》（1981）和宣德五的《朝鲜语基础语法》（1994）则认为是黏着性的词缀，宣德五在书中指出它与西方语言的词尾不同，称其为"词缀"，以示区别。1985年民族出版社出版的宣德五等所著的《朝鲜语简志》中直接称之为"粘附成分"，这一派称为"综合的体系"。

刘沛霖对后附成分进行了专题研究（1981）[①]，他从形态构成、组合功能和意义特征等各个侧面较细致全面地分析其特点，并阐明了其使用规律。

车光一的《朝鲜语后附成分对比语法》（1982），采用共时对比法，对现代朝鲜语600多个后附成分从意义和用法上做了分析对比，有较大实用价值。

类型学认为黏着语的特点是其后附成分只表示一种语法意义，如需表示多种语法意义，则要按一定顺序在词干后接缀相应的多种后附成分。朝鲜语的后附成分也同样具有这种特点。对此，一些学者提出了异议。李贵培认为朝鲜语一个粘附成分可以在不同语境表示不同的意义，具有"相对多义性"。[②] 刘沛霖认为朝鲜语中存在着历史上是几个形素而现在已融合为一的后附成分，共时研究不必对此再进行分析，因此这些后附成分能同时表达阶称、式、法等不同范畴的语法意义，他称为"绝对多义性"。[③] 金淳培则对上述观点提出批判性意见，他在《朝鲜语语法形式的意义特征》（1986）[④] 一文中指出形素是语法范畴的标志。"作为黏着语的朝鲜语，其语法形态虽然在不同语言环境里，在一定范围内表现出多项意义，但这些义项均属同时表达多种语法范畴，即格范畴，谈不上什么'相对多义性'和'绝对多义性'。因此朝鲜语的形素是单义而非多义，不应混淆语法范畴和它在一定范围内所概括的多项语法意义之间的界限"。针对终止形粘附成分同时表达多种语法范畴问题，刘沛霖提出了共时研究应避免历时分析的看法，金淳培则认为"共时的描写如忽视历时分析，就不能正确认识现代的许多语法现象。从历史演变的观点来看，现在的终止形粘附成分是可以再切分的。"他强调应从共时和历时的结合上来分析语

---

① 载刘沛霖：《朝鲜语后附成分的特点研究》，平壤：金日成综合大学出版社，1981年。

② 李贵培：《朝鲜语的格体系和格形态》，载《朝鲜语学习和研究》1984年第4期。

③ 刘沛霖：《论粘附成分的多义性和单义性》，载《朝鲜语学习和研究》1984年第1期。

④ 金淳培：《朝鲜语语法形式的意义特征》，载《民族语文》1986年第3期。

言现象，并运用 23 个实例说明了切分开的各个形素仍只表示一种语法范畴，论证了朝鲜语语法形态在特定语言环境里只表示一种语法范畴，因而其意义特征是单义性而非多义性。

姜银国在《朝鲜语的民族特性（2）》（1986）一书中也指出阶称、法、式等这几个语法范畴都是由不同粘附成分表达，而刘沛霖所说的已融合为一的粘附成分应该分析为阶称、法、式等几类粘附成分。

许东振的《朝鲜语动词的某些附加成分》[①]（1992）认为切分朝鲜语词根前后的附加成分的界限是明确的，但对加在动词词根后，主要表示使动和被动的 -i、-hi、-ri、-ki、-u、-ku、-tshu 等的语法功能问题，学者们的意见不尽相同。分歧的焦点是：一种意见认为加在动词词根后的 -i 等是表示语法意义的构形词尾，加在形容词后的则是构词的后缀。另一种意见则不提语法范畴，只在动词种类中列举主动词、使动词和被动词，并说明使动词和被动词是借助于后缀 -i 等体现的。许东振的文章分析了 -i 等的语法功能，列举了归属于词尾和归属于后缀的难处。认为"对具有双重功能的 -i 等附加成分要肯定它的后缀功能，又不要否定它的语态词尾功能，所以否定 -i 等语态词尾的地位是不合适的。动词词根后的 -i 等的体系的不完整，是这些形态的语法化过程发展不完善造成的。因此把它们看作是朝鲜语语法形态中的一种特殊类型。"

金淳培的《浅谈朝鲜语的粘附成分 [a]》[②]（1984）通过对粘附成分 [a] 的语法功能分析，探讨如何划清词和词组的界限问题。作者认为，"粘附成分是构形词素，只表语法意义，附加在词根上的词序也不同，其格式是'前缀 + 词根后缀粘 = 词'。如果没有指明条件，就认为 [a] 像构词词素那样可以出现在合成词或派生词的中间，就会模糊词和词组的界限。"作者用了约 30 个语例，通过对"实词根（动、形）+[a]+虚词根（辅助动词）"的分析，指出这种结构与以纯词根合成的词有语义差别。同时指出，"如把 [a] 后面的成分看成后缀，会出现'词根 + 粘 + 后缀 + 粘 = 词'甚至'前缀 + 后缀 + 粘 = 词'的畸形结构，不符合朝鲜语结构规律。因此 [a] 后面的成分是辅助动词，它和前一词根构成的语言单位是词组，而非合成词。"

二、词类的划分

首先对词类划分标准的认识有一个发展过程。朝鲜早期语法学家以词义特征作为划分词类的主要依据，而目前我国朝鲜语学界则比较一致地认为词类的划分应综合考虑词的形态变化、句法功能和词义特征、构词特征。

这种多重划分标准否定了崔铉培所主张的"指定词"和朴胜彬的"存在词"，

---

① 载《民族语文》1992 年第 3 期。

② 载《民族语文》1984 年第 4 期。

确定出朝鲜语的八大词类：名词、数词、代词、动词、形容词、冠形词、副词、感叹词。此外，我国有的学者认为拟声拟态词有独特的句法功能，应从副词中划分出来，而一部分起接续作用的副词也应单独划分为"接续词"。

在词类问题上，崔允甲还提出朝鲜语一部分汉字词在词义上同时具有表事物和表动作性状的意义，在句法功能上既能用作名词也能用作动词或形容词，构成了独特的类型①。这在词类研究方面补充了新的内容。此后姜银国在《朝鲜语的民族特性（2）》（1986）中单辟专章对这一类型的词进行了分析，并指出这是汉语跨类词（如"报道""讨论"等）给予朝鲜语的影响。

三、语法范畴

（一）格范畴

1984年延边人民出版社出版的规范性语法《朝鲜语语法》（东北三省语法编纂小组）的确定为8个格：主格、宾格、属格、与格、位格、用格、同格、呼格。崔允甲《朝鲜语语法》（1981）增设了"比较格"。文昌德在自己的论文中又对这9个格体系作了理论上的说明，指出格的本质特征是表示体词性句法单位在句中的位置，凡具有这种作用的就是格，批判了根据"语法意义范围窄""抽象化程度差"而另设"第二类格"的主张②。

毕玉德的《朝语情态问题研究》③（1997）从格文法观点出发，探讨朝鲜语情态概念及其分类问题，对朝鲜语情态做了大量的分析，并给出了较为详细的说明。"朝鲜语中有些形态主要由一部分词尾加上一些不完全词（辅助词）构成，这些辅助词已经失去了原来的词汇意义。从其表达的语法概念出发，可称为'语法素'。朝鲜语的情态概念中，大部分是由这样的形态来表达完成的。因此，朝鲜语的情态素是由虚词（词尾）以及一部分虚词化的词（辅助词）来表达的。朝鲜语的情态部分直接附着在谓词词干后，从朝鲜语句子的结构角度看属于依存部，而依存部又分为本体依存部（体+样式+否定+尊称和终结依存部）和终结依存部（时称+尊称+传达+语气）。"

（二）态范畴

崔允甲在《延边大学学报》1980年第2期发表《朝鲜语"语态词尾"研究》，否定朝鲜语动词具有态范畴的说法。他认为朝鲜语词尾的结构特点是能附于同一类

① 崔允甲:《朝鲜语汉字词名词和动名词（形名词）》，载《第一次朝鲜学国际学术讨论会论文集》，黑龙江朝鲜民族出版社，1983年。

② 文昌德:《朝鲜语格范畴中的几个问题》，载《朝鲜语言学论文集》，延边大学出版社，1987年。

③ 载《语言工程》，清华大学出版社，1997年。

型的所有词之后，表示某种语法范畴；朝鲜语词尾有相对游离性，不仅能和该词尾所粘附的那个词发生意义上的联系，而且能和与该词地位处于同等的另外的词发生同样关系；很多词尾有语音变体，但不超过3个。而动词的"语态词尾"不具有这些特点，特别是它们只能用于极少一部分动词中，因此它不具有语法形态的共同性、普遍性，不能构成动词的态范畴，只能作为构词后缀构成使动词、被动词。对此也有持不同看法的。例如许东振就认为这些后附成分尽管语音变体多，附加规律也显得无秩序，但不能因此而否定它们表示态意义这一事实，可以把它们处理为语法形态中的特殊类型①。姜银国则认为它们具有构词、构形双重性②。

对于朝鲜语添意词尾的性质，赵新建在《试析朝鲜语添意词尾范畴的伸缩性》③（1999）一文中认为，"利用范畴理论解释添意词尾，可以重新认识添意范畴的本质，也有助于理解其他的词尾范畴。添意词尾作为朝鲜语词尾的重要组成部分，其成员数量仅次于终结词尾与接续词尾，可以作一个语法范畴。但众多成员之间有典型成员与非典型成员之分，并且与相关范畴的边界也不清晰，因此造成了添意词尾范畴边界的伸缩性"。

（三）谓词连体形式所表示的语法范畴

关于谓词连体形所表示的语法范畴尚有一些问题没有得到解决。朝鲜语谓词（动词、形容词）位于体词前起修饰作用时要用连体形，朝鲜语谓词连体形是在谓词词干后面接缀连体形粘附成分构成的。朝鲜语谓词连体形粘附成分有4类。朝鲜和我国朝鲜语工作者都认为它们表示时制范畴④，即4类连体形粘附成分分别表示现在时、过去时、将来时和过去时持续时。但这种观点未能把连体形所表示的语法意义和谓语时制的意义区别开来。为解决这一矛盾，一些朝鲜语语法著作提出了相对时制的理论，认为谓词连体形所表示的时制与谓语时制不同。谓语时制是以说话时间为基准，确定现在、过去和将来。谓词连体形的时制则不是以说话时间为基准，而是以后面谓语所表示的动作、状态发生的时间为基准，与之同时发生的是现在时，在它以前发生的是过去时，在它以后发生的是将来时，这就是所谓相对时制⑤。

宣德五则认为不少用例用相对时制的理论仍然难以解释，而且也说明不了何以同一个形态"–n/–un"用于动词表示过去时而用于形容词表示现在时。他在《朝鲜语谓词连体形的语法范畴浅析》⑥（1986）一文中提出"与其把朝鲜语谓词连体形所

---

① 许东振:《朝鲜语动词的某些附加成分》，载《民族语文》1992年第3期。

② 载《朝鲜语的民族特性（2）》，黑龙江朝鲜民族出版社，1986年。

③ 载《民族语文》1999年第1期。

④ 载东北三省朝鲜语语法编纂小组:《朝鲜语语法》，延边人民出版社，1984年。

⑤ 载崔允甲:《朝鲜语语法》，辽宁人民出版社，1980年。

⑥ 载《中国民族语言论文集》，四川民族出版社，1986年。

表示的语法意义归结为时制范畴，不如归结为体的范畴。因为'体'固然和时间性有关系，但它并不是着重在表示现在、过去和将来，而是表示某个动作、状态或性质处于何种状况。这样，就可以将朝鲜语4类谓词连体形粘附成分解释为'–n/–un'表示进行体（只用于动词），'–n/–un'表示完成体，'–r/–ur'表示将来体，'–ten'表示过去持续体。"

四、句子成分的划分及其排列顺序

语法著作认为朝鲜语句子有主语、谓语、补语（包括宾语）、状语、定语5种句子成分。徐永燮的《朝鲜语实用语法》（1981）从补语中单独划分出引用语。由于补语和状语都位于谓语之前，因此由名词和动词的某些形态所表示的一些补语和状语的界限难以划清，如徐永燮定义的补语中有时间、处所、原因、手段、材料等补语。因此，语法编纂小组则将它们归入状语。为了解决这一矛盾，崔允甲的《朝鲜语语法》（1981）则将它们合并为一类，统称为"修饰语"。但是一些学者并不认为这一问题已得到合理的解决，他们继续撰文进行探讨[①]。许东振提出四项区别标准：（1）补语表示与谓语相关的补充对象，而状语则表示对谓语的修饰和限定；（2）与此相联系，补语由表示对象性的体词性词语充任，而状语往往由副词或副词性词语充任；（3）补语是必需成分，缺少它句子意义和结构不完整，状语是非必需的任意成分；（4）语法形态标志及其与谓语之间的语义联系。

宣德五的《朝鲜语句法结构分析》[②]（1982）在分析朝鲜语各类结构的词组的基础上，对朝鲜语各种句子成分的构成及句子的层次结构进行了分析，并根据各类句子结构的不同特点，对句子进行分类。

姜银国发表专题论文《朝鲜语语序的特点》[③]（1987）研究句子成分排列顺序的问题，文中指出"朝鲜语正常的语序是谓语位于句末，是句子的核心，其他成分均在谓语前，定语则在中心语前。但由于朝鲜语形态丰富，语序相对比较自由。"他独到且全面地论述了各句子成分能自由变换位置的具体条件，对朝鲜语语序的变换作了理论上的说明。

毕玉德、刘吉文的《现代朝鲜语句子语义结构类型研究》[④]（2002）运用配价理论和论元结构理论的基本观点，制定一套等级化、秩序化的论旨角色清单，并以此为依据对朝鲜语动词进行语义分类，探讨朝鲜语核心句的语义结构类型，同时查看

---

①　张寿山：《论朝鲜语句子成分划分的几个问题》，载《朝鲜语言文学国际学术讨论会论文集》，民族出版社，1988年；金美子：《补语和状语的区别特征》，载《中国朝鲜语文》，1988年第5期；许东振：《补语和状语的界限问题》，载《朝鲜学研究》（2），延边大学出版社，1989年。

②　载《民族语文研究文集》，青海民族出版社，1982年。

③　载《朝鲜语言学论文集》，延边大学出版社，1987年。

④　载《民族语文》2002年第5期。

其句法表现形式。

五、单句、复句的划分

朝鲜语语法研究学界对单句、复句的划分问题持有两种意见：传统的看法认为只有一个主谓结构的句子是单句，两个以上主谓结构就构成复句。另一种则是崔允甲、金祥元等人的意见，他们认为应该根据朝鲜语句子结构的特点，确立划分单句复句的标准，而传统按句子有几个主谓结构来区分不符合朝鲜语句法特点。崔允甲在《朝鲜语语法》（1981 年）中指出："作为句子组织核心的谓语只有一个时是单句，具有两个以上句子核心（谓语）的是复句。"朝鲜语字句分主题部和叙述部，也有的只有叙述部。主题部的中心成分是主题语，应和主语区别开来。主语只是叙述部分的一个成分，它和宾语一样，仅补充叙述部的中心成分（谓语）叙述的内容。主题语和整个叙述部发生关系，而主语只和一个谓语发生关系。谓语可带主语，也可不带。不应把带主语的主谓结构看作高一级的单位，即复句中的分句，而把不带主语的谓语看作低一级的单位即句子成分。因此朝鲜语不能根据主谓结构的数目区分单复句。无主句在朝鲜语中大量存在，即使有主语，它们也和补语一样，是补充谓语的成分。朝鲜语的整个句子应该以谓语为中心，不论句子有无主题部，也不论叙述部中的谓语带不带主语，都要以句子的中心 —— 谓语为区分单复句的标准。崔允甲和金祥元还撰写论文从理论上进一步阐述了他们的见解①。

宣德五对朝鲜语单句复句的划分提出了自己的见解②。他认为，"单句在结构上的特征表现为由主语、谓语、补语、定语、状语等成分构成，其主语和谓语是句子的主要成分。一个单句可以由一个主语和一个谓语构成一次表述关系，也可以由一个主语（或两个及两个以上的主语，即复主语）与两个或两个以上的谓语（即复谓语）构成一次表述关系。复句和单句在构造上的区别在于：单句是以句子成分为建筑材料构成的，而复句是以单句为建筑材料构成的。单句和单句通过一定的语法手段互相连接起来，其中一个又不是另一个的某种句子成分，它们彼此间仍保持相对的独立性，组成两次或两次以上的表述关系，这种句子就是复句，组成复句的几个单句叫作分句。复句可划分为并列复句和主从复句两种类型。"此外，南洪洙、张寿山、李贵培等人也在各自的论文中对各类句子结构的特点和单复句的划分提出了

---

① 崔允甲：《复句的特点》，载《延边大学学报》1979 年第 4 期；崔允甲：《朝鲜语单句和复句的区分》，载《民族语文》1982 年第 4 期；金祥元：《从朝汉多谓语句对比中看朝鲜语复句问题》，载《朝鲜语言学论文集》，延边大学出版社，1987 年。

② 宣德五：《朝鲜语句法结构分析》，载《民族语文研究文集》，青海民族出版社，1982 年。

自己的看法①。

朝鲜语语法结构的特点不同于西方语言，要从根本上解决朝鲜语的单句复句划分问题，还要进一步摆脱西方传统语法理论的束缚，根据朝鲜语句子结构的特点来建立自己的句法分析体系。

六、句法研究

在句子分析方面，不少学者认为层次分析法更能揭示朝鲜语句子层次结构的特点。层次分析法虽然把句法分析引入了更深的层次，但也有局限，必须与成分分析法相结合，才能对句子结构做出准确的分析。此外，不仅要对句子进行层次分析，还应对词的层次结构进行分析②。崔允甲在《朝鲜语语法》（1981）中单辟一节对朝鲜语句子结构作了层次分析；宣德五等在《朝鲜语方言调查报告》的"语法总论"部分以句法为中心，分析了句子的层次结构，这些都是层次分析法的具体运用。

姜银国从20世纪80年代开始进行朝鲜语句型研究，先后发表了多篇论文③，并于1993年出版了《朝鲜语句型研究》④，从理论上论述了确定句型的标准，阐明了反映朝鲜语特点的基本句子结构类型。

20世纪80年代后半期，朝鲜语学者开始着手朝鲜语句群分析的研究。全炳善在这方面起了开拓者的作用。他在一系列论文中阐明了句群的概念和确立句群这一语言单位的意义，论述了句群和句子、段落的关系以及句群内部句子和句子之间的逻辑联系和语法关系，探讨了句群的层次结构，为今后进一步开展句群研究奠定了

---

① 南洪洙：《单句和复句，各种复句的区别》，载《朝鲜语学习和研究》1984年第4期；宣德五：《朝鲜语句法结构分析》，载《民族语文研究文集》，青海民族出版社，1982年；张寿山：《关于朝鲜语的复句》，载《第二次朝鲜学国际学术讨论会论文提要》，1988年；李贵培：《关于复句的结构和功能》，载《朝鲜语言文学国际学术讨论会论文集》，民族出版社，1988年。

② 崔允甲：《语言结构的层次性和句子的层次分析》，载《朝鲜语学习和研究》1983年第1期；宣德五：《朝鲜语句子结构分析》，载《民族语文研究文集》，青海民族出版社，1982年；许东振：《句子分析法》，载《朝鲜语学习和研究》1985年第1期；金炳善：《句子的层次分析及其分析法》，载《中国朝鲜语文》1988年第1期；金琪钟：《成分分析法的局限性和现代朝鲜语的句子分析法》，载《延边大学朝鲜学国际学术讨论会论文集》，延边大学出版社，1989年；全凤乐：《必须按层次分析词的构成》，载《朝鲜语学习和研究》1983年第3期。

③ 姜银国：《动词谓语和单句的基本句子结构类型》，载《朝鲜语文硕士论文集》，辽宁民族出版社，1986年；姜银国：《现代朝鲜语形容词和名词谓语句型》，载《朝鲜语言文学国际学术讨论会论文集》，民族出版社，1988年；姜银国：《论句型研究中的几个问题》，载《语言文学学术论文集》，延边人民出版社，1991年。

④ 首尔：曙光学术资料社，1993年。

基础[①]。

  同一时期，我国朝鲜语学者还运用结构主义或转换分析的方法开始对歧义句进行研究，使句法研究进入了更深的层次。各学术刊物先后发表了一些有关这方面的论文[②]，为句法研究增补了新的内容。如高永根的《朝鲜语的深层结构》[③]（1983）运用转换生成语法论述了朝鲜语的深层结构。"认识深层结构对于阐述朝鲜语传统语法具有重要意义：首先有利于立体地掌握句子的生成过程；第二，能从结构上更容易解释多义性句子的意义；第三，使人们有可能对表面上看来不规则的东西作出规律性的解释；第四，能较容易识别语言单位，有助于系统地掌握语言结构。在转换生成语法的指引下，朝鲜语在句法结构的诸多方面有了新的发掘，一些普通的语法现象有了新的解释，特别是在否定法、二重主格、被动使动法、关系冠形化、补语子句化、接续化、文体法等句法结构研究上取得了相当大的成就。"

七、口语语法研究

  以往的朝鲜语语法著作基本上都以书面语为描写对象，因此口语语法研究同样拓宽了语法研究的领域。崔明植在这方面做了较多工作，1985年金日成综合大学出版社出版了《朝鲜语口语研究》，1988年又由辽宁民族出版社出版了《朝鲜语口语语法》。他开创性地从信息论的角度出发，以新旧信息的关系论述句子的构成单位；划分了口语句型，用统计学的方法从各个侧面全面系统地论述了口语的形态和句法的特点，并具体分析了口语中大量存在的"超句体"（句段）的结构特点。

第四节 词汇研究

  我国的朝鲜语词汇研究始于编写供大学使用的教材。1962年，延边大学印刷出版了金祥元编著的《现代朝鲜语（词汇学）》，此书在理论体系上虽深受朝鲜和当时苏联语言理论的影响，但毕竟起到了开辟道路的作用。此后，通过崔应久著《现代朝鲜语词汇学》（1980）、金学锡著《朝鲜语拟声拟态词》（1986）、金琪钟

---

  ① 全炳善：《关于朝鲜语语法中的确立句群这一语法单位的问题》，载《朝鲜语文》1986年第1期；全炳善：《句群及其界限问题》，载《朝鲜语文》增刊，1986年8月；全炳善：《论句子以上的语言单位——句群》，载《朝鲜语研究》（2），黑龙江民族出版社，1988年；全炳善：《论句群》，载《朝鲜学研究》（2），延边大学出版社，1989年。

  ② 许东振：《朝鲜语多义句的几种情况》，载《延边大学学报》（特辑），1982年；金琪钟：《朝鲜语语调—语法多义句》，载《延边大学学报》（增刊），1986年；金琪钟：《朝鲜语语法多义句》，载《朝鲜学研究》（1），延边大学出版社，1989年。

  ③ 载中国社会科学院民族所语言室：《民族语文研究情报资料集》1983年第1期。

著《朝鲜语的民族特性（3）》（1987）、刘银钟著《朝鲜语词汇论》（1991）、《朝鲜语语义学研究》（1996）、《现代朝鲜语词汇学》（1999）等几部概论性著作，初步建立起了朝鲜语词汇学理论体系①。

进入20世纪80年代，还出现了大量属于这一分支学科的专题论著，根据其内容，大致可归纳为以下几个方面。

一、构词法研究

构词法在一般语法著作中均有专章论述，专题论文则主要是从微观角度讨论了一些特殊性问题。刘银钟的论文提出了七条鉴别词根和词缀的标准，并指出结构上的独立性和语义上的抽象化是它们的主要区别标志②。金淳培的论文则针对几部通行的语法书和词典在关于后缀与辅助性动词的区分上存在的问题，指出"后缀与辅助性动词跟其他实词结合时有不同的规律和不同的语法功能，如果把某些辅助性动词划分为后缀，就会出现前缀加后缀构成词的情况，这显然不符合朝鲜语特点，因此应把这些后缀划归辅助性动词③。"他还撰文对朝鲜语中一类特异结构的拟声拟态词首次做了分析④，这一类四音节词由双音节加双音节构成，而前后两个部分结构类似。他用"V"代表元音开头的音节，"C"代表辅音开头的音节，"（C）"代表前后部分中语音相同的音节，而以"[ ]"代表能独立运用的核心部分。作者把这类词划分为四种类型，并进行了具体的考察，其意义在于，这种划分表明了朝鲜语和其他黏着语在类型学上所具有的又一个共同点。郑璟彦的论文就"-ha[ta]"在构词中的结合特点和语义特点进行了分析，把它跟后缀、粘附成分、词根做了比较，得出结论，认为应归属于辅助性的词根⑤。许东振就语音交替法发表了专题论文⑥。他指出语音交替法在形容词和拟声拟态词中是一个极为能产的构词方式，最能表现朝鲜语构词的民族特性。元音的交替与元音和谐有紧密的联系，同部位辅音的交替与三类辅音体系（不送气松音、紧音、送气音）有关，通过语音交替构成的新词必须与原词的音节数相同。

许东振的《谈朝鲜语构词的语音交替法》（1981）⑦结合大量例证探讨了朝鲜语

---

① 崔应久：《现代朝鲜语词汇学》，辽宁人民出版社，1980年；金学锡：《朝鲜语拟声拟态词》，黑龙江朝鲜民族出版社，1986年；金琪钟：《朝鲜语的民族特性（3）》黑龙江朝鲜民族出版社，1987年；刘银钟：《朝鲜语词汇学》，延边大学出版社，1991年；刘银钟：《朝鲜语语义学研究》，辽宁人民出版社，1996年；刘银钟：《现代朝鲜语词汇学》，延边大学出版社，1999年。

② 刘银钟：《朝鲜语词根和词缀的界限》，载《民族语文》1984年第2期。

③ 金淳培：《朝鲜语的后缀与辅助性动词的区别》，载《朝鲜语学习和研究》1984年第3期。

④ 金淳培：《朝鲜语特异结构词浅析》，载《民族语文》1988年第5期。

⑤ 郑璟彦：《论构词语素"-ha（ta）"》，载《朝鲜语研究》（1），黑龙江朝鲜民族出版社，1987年。

⑥ 许东振：《浅谈朝鲜语的语音交替手段》，载《民族语文》1982年第2期。

⑦ 载《延边大学学报》1981年第3期。

的语音交替构词法。"从交替的结构上看是各种不同音节的词，在同音节的范围内发生语音交替，其显著特征表现在拟声拟态词中；可以发生在一个词的各种形态单位中，并体现于形容词里。可分为元音交替、辅音交替。包含阳性元音的词总是表示着和明亮、清澈、轻快以及小、少、细、窄、浅、薄、快、密、脆、软、轻、淡等有联系的事物和现象，有时又表示可爱、稚气以及软弱可憎等意义色彩；阴性元音则表示和暗谈、混浊、忧郁、阴沉以及大、多、粗、宽、深、厚、慢、稀、韧、沉、硬、浓等有联系的事物和现象，还表示讨厌、稳重以及坚定可信等意义色彩的差异。初声辅音的交替是着重从强和弱的角度突出意义色彩的差异特点；终声辅音的交替，其意义色彩差异则有的不显著，有的模糊不清。元音交替法发达的主要条件是朝鲜语元音体系的巧妙排列以及朝鲜语本身的发音位置、发音方式所构成的阳性元音和阴性元音的存在特点分不开的；辅音交替法是由朝鲜语辅音体系固有的特点所产生的结果。"

现代朝鲜语的学者们一般认为，出现在一些词根后的–k，不是构词附加成分，而是词根的一部分。金淳培的《朝鲜语的构词附加成分–k》（1990）[①] 则认为，出现在词根后的–k与其他构词附加成分的功能基本相同，尽管在现代朝鲜语里能产不高，但依旧有一批词是带有–k构词附加成分的。文章列举了动词、形容词、名词、副词词根以及附加成分–m、–n、–r后，带有后加构词成分–k的六类例词。并说明–k与–kak、–k与ki、–k与–ng、–k与h变格体词的关系。同时还对朝鲜语里的–k与维吾尔语–q/–k进行了比较，指出它们不仅在语音上，而且在功能上也基本相同。因此，朝鲜语一部分词里存在的古老的构词附加成分–k，分布于多种词类中，并演化出几种形式。

二、同音词、同义词、反义词、多义词的研究

朝鲜语中固有同音词有3，000余个，汉字同音词则超过20，000个（南广佑，2007）[②] 。从这些数字中可以看出同音词在朝鲜语词汇中占有非常重要的地位。但有关同音词的研究与其他领域的研究深入程度相比较为薄弱。刘银钟的论著《朝鲜语同义词》（1985）主要论述了朝鲜语同义词的类型，并按绝对同义词、风格学同义词、引申义同义词和近义词等几个类型对其词义特征做了较为全面的分析[③] 。崔伦的《反义词的概念及其类型》（1987）从词义和构词两个角度分析了反义词的各个类型[④] 。关于多义词，有全明吉《论词典编纂中多义词和同音异议词的处理问题》

① 载《民族语文》1990年第5期。

② 载《汉字教育》（《蓝汀–南广佑文集4》），韩国语文教育研究会，2007年。

③ 刘银钟：《朝鲜语同义词》，延边人民出版社，1985年；《朝鲜语同义词及其类型分析》，载《朝鲜语文硕士论文集》，辽宁民族出版社，1986年。

④ 崔伦：《反义词的概念及其类型》，载《朝鲜语研究》（1），黑龙江朝鲜民族出版社，1987年。

（1987）和张光军《论朝鲜语多义词的语意系统》（1989）等论文，全文通过一系列实例分析阐明了多义词和同音异义词的界限①。

在朝鲜语复合词、词组以及单词形态中都存在同义叠加现象。吕春燕对此进行了研究和分析②。

三、现代朝鲜语汉字词研究

朝鲜民族生活在"汉字文化圈"内，公元前后就接触汉字，吸收和自创了大量汉字词，形成了庞大的汉字词体系。直至今天，无论是国内还是国外，新的汉字词还在不断增加。因此汉字词研究不能不是朝鲜语研究中的一个重要内容。怎样看待汉字词，应根据什么原则、采取何种方法吸收汉语借词更是我国朝鲜语学界一直关注的研究课题。

自20世纪60年代以来，我国各学术刊物发表了一系列有关汉字词的学术论文，论述了朝鲜语汉字词体系的形成和发展过程、汉字词在朝鲜语里的分布状况、汉字词的语义特点和构词特点、汉字词在朝鲜语里的地位和作用。陈植藩《朝鲜语中的汉字词》（1964）通过大量例证讨论了朝鲜语中的汉字词问题。"汉字词指的是朝鲜语中由汉语词素（汉字）构成，而按朝鲜语传统的汉字音韵读写的词。书面性是汉字词的一个显著特点；与书面性相应的特点是汉字词的规范性。汉字音是指现代朝鲜语书面语规范的汉字字音。朝鲜语里，每个汉字都有相应的固定的读音。朝鲜语的汉字音和汉语的读音自古就不相同，加上历史上各自的变化，现代朝鲜语和现代汉语北方话在汉字的读音上有相当大的距离。但是，两者之间保持着有规律的对应关系。朝鲜语的汉字音系统基本上保存了中古时期汉语的语音特点。固有词表示的意义范围较广（泛指），汉字词表示的范围较窄（专指）；固有词表示具体意义，汉字词表示抽象意义；固有词表示基本概念，汉字词表示带有附加色彩的特殊概念；固有词一般多为普通名词；汉字词则多用作专门术语。③"作者还在文章中列出了朝鲜语、汉语声、韵母关系例表。

关于如何整理和规范汉字词问题，沈希燮的文章指出"应批判一味崇尚汉字词和不加分析地完全排斥汉字词这两种极端倾向，并指出整理汉字词的几条具体标准，简要地说即群众口语中已广泛使用或已超越了书面语范围正在进入口语的汉字词应继续使用；与固有词同义但有不同语义色彩或各有不同侧重面的汉字词应继续使用，只有那些书面语中曾使用过，但未进入口语而今天书面语中已很少使用的汉

---

① 张光军：《论朝鲜语多义词的语义系统》，载《中国朝鲜语文》1989年第1期；全明吉：《论词典编纂中多义词和同音异义词的处理问题》，载《朝鲜语研究》（1），黑龙江朝鲜民族出版社，1987年。

② 吕春燕：《朝鲜语中的同义叠加现象研究》，载《解放军外语学院学报》，1997年第2期。

③ 载《中国语文》1964年第5期。

字词才应加以整理①。"李亿哲的论文提出"从汉语中借用新词术语是我国朝鲜语丰富和发展词汇的一个重要手段。运用这一手段必须坚持民族化、大众化、科学化的原则，从汉语中吸收新词应以传统汉字读音法为主，适当运用意译法，要少用音译（音借）法。"这可以说是吸收汉字词新词术语方面带有总结性的一篇文章②。

李庸周的《朝鲜语汉字词的分布情况》③（1985）选择文教部发布的词汇调查报告作为调查的对象，汉字词的分布则以1956年发行的《朝鲜语词汇使用频率调查》为基础进行调查，探讨了朝鲜语中汉字词的分布情况。通过调查分析作者发现，"汉字词的数量跟非汉字词特别是固有词的比例之差逐渐增大。汉字词的词类分布情况大致按如下顺序排列：名词、动词、形容词、副词、冠词、数词、代词、叹词、其他类。根据使用频率考察的结果是无论是汉字词还是非汉字词，低频率词占绝对优势。汉字词在高频率词里占劣势。从构词成分的种类看，汉字词大部分集中在C型和CK型中。"

李得春的《关于朝鲜语里的汉语借词》④（1986）分析了朝鲜语的近代汉语借词问题，认为"来源于汉语的词可分为音义借入、以汉字的朝鲜读音借入和仿译三种。近代音译汉语借词在演变过程中可分为沿用至今的、音译词被汉字的朝鲜音替代的、音借词被固有词或新的汉字词替代的和作为独立的词不沿用不替代的共4种。近代汉语辅音被借到朝鲜语里表现出明显的对应规律。如16世纪朝鲜语已没有唇轻音，汉语的f改换成p；引进音节首含有l的汉语词时，用r或n替代；在朝鲜语固有词和汉字读音里从无齿音分化，近代汉语中的所有齿音借到朝鲜语里都合并成ts类；近代汉语声母zh借到朝鲜语里表现为zh、ts、'零'三种不同的音位；入声韵在近代汉语已消失，但–m、–p、–t、–k晚一些，而朝鲜语里则保留了包括入声韵在内的所有收尾辅音。在元音方面，表现近代汉语的《中原音韵》元音与中世纪朝鲜语元音在整个数目上相比，汉语多于朝鲜语。汉语共有46个韵母，其中元音音素有26个，比朝鲜语少1个单元音、多4个三合元音，朝鲜语由此发生近代汉语借词的增减现象。"文章还指出研究朝鲜语中的近代汉语借词，除语音对应关系外，还要研究它被吸收到朝鲜语以后的变化和沿革情况。

宣德五的《关于朝鲜语汉字词的几个问题》论述了朝鲜语汉字词在使用过程中的三个现实问题。"1.汉字词的地位和作用。据《大词典》（韩国韩文学会）所收词条的统计，汉字词占53.02%。汉字词分布于各个词类，尤以名词动词为多。当前还在利用汉字语素构成新汉字词。由此作者认为汉字词与固有词同为朝鲜语词汇系统的根干，与固有词在语义上、修饰上、构词上形成了相辅相成的关系，有深厚的社会和文化基础，其积极作用应充分肯定。2.研究汉字词构词法的必要性。作者举

---

① 沈希燮：《关于整理汉字词的问题》，载《朝鲜语研究》（1），黑龙江朝鲜民族出版社，1987年。

② 李亿哲：《朝鲜语从汉语中吸收新词的原则和方法》，载《民族语文》1990年第3期。

③ 载中国社会科学院民族所语言室：《民族语文研究情报资料集》1985年第5期。

④ 载《延边大学学报》1986年第2期。

例指出朝鲜语汉字词构词规律有不同于固有词和现代汉语构词法的特点，对其进行研究对今后构造新汉字词有现实的指导意义。3.汉字词的标记法。① "作者认为，"考虑到文字的群众性和社会性，目前社会上通用的规范书面语以不夹用汉字为宜，但有必要进行朝鲜语汉字和汉字词教育。"上述问题的正确解决有助于朝鲜语规范和健康发展。

汉字词在朝鲜语语言生活中占有举足轻重的地位，是朝鲜语词汇的一个重要组成部分。其中双音节汉字词无论在数量还是在使用率上都占有绝对优势。汉字词的双音化已成为朝鲜语词汇的一个显著特征。梁学薇对此现象产生的原因进行了分析②。

四、成语谚语的研究

成语谚语是词汇构成中重要组成部分，比较集中地反映了一个民族语言的民族特点。这方面一个重要问题是如何区分成语和谚语。刘银钟撰文从内容、来源、功能、形态构造、句法构造和构成要素的语义抽象化等六个方面阐述了两者的区别特征③。他和金琪钟还对谚语作了进一步深入的分析。刘文把谚语语义构成的类型按语义的同质性和相对性划分为比喻型、陈述型、对立型、层次型，并结合具体实例论述了各个类型的特点④。金琪钟的《朝鲜语谚语的特点》（1980）从表现内容、语言特点、表现手法、句子形式、语义分类等五个方面阐明了谚语的特征，又从新谚语的产生、旧谚语的消亡、语义的扩大和转义等方面论述了谚语的发展变化⑤。他还撰写了专著《朝鲜语谚语研究》⑥（1989），从理论上对朝鲜语谚语特点进行概括和总结。刘银钟撰写专题论文《朝鲜语固有成语的语义构成的特性》（1988），论述了成语的语义构成及成语的各个组成部分相结合的语法关系⑦。

《中国朝鲜语文》创刊号（1983年）至2018年第6期共收录了7篇有关成语、谚语、隐语、俗语及谜语的研究成果。韩振乾（1983）分析了朝鲜语谜语的构成方式及其表现特征；金海秀（1985）将源自汉语成语的朝鲜语成语称之为成语汉字词，并归纳出了其语言特点；刘银钟（1990）根据谚语构成要素的抽象化程度，分析了固有词成语的类型；吕春燕（2005）以文化语言学角度探讨了女性歧视相关朝鲜语

---

① 载《民族语文》1992年第1期。

② 梁学薇：《韩国语汉字词的双音化现象》，载《解放军外国语学院学报》2002年第1期。

③ 刘银钟：《成语和谚语的区别特征》，载《第三次朝鲜学国际学术讨论会论文题要》，1990年。

④ 刘银钟：《谚语语义构成的特性》，载《朝鲜学学者国际科学讨论会论文集（语言学分科）》，平壤：朝鲜社会科学出版社，1989年。

⑤ 金琪钟：《朝鲜语谚语的特点》，载《延边大学学报》1980年第1期。

⑥ 金琪钟：《朝鲜语谚语研究》，东北朝鲜民族教育出版社，1989年。

⑦ 刘银钟：《朝鲜语固有成语的语义构成的特性》，载《第二次朝鲜学国际学术讨论会论文提要》，1988年。

谚语；金龙（1992）和崔盛学（2015）分别分析了成语与自由词组、隐语和俗语的差异；杨晓彤（2016）从形态变化、意义变化两个方面对朝鲜语谚语变化的类型进行了系统分类，并分析了其变化的原因、趋势及意义①。

朝鲜民族在历史上长期使用汉字，随着汉文化的输入，大量的汉字词吸收到朝鲜语中。汉字词在朝鲜语词汇系统中占很大比重。朝鲜语汉字成语是汉字词的一个重要的组成部分。全香兰的《谈朝鲜语独有的汉字成语》（1999）② 对《朝鲜语词典》（1962）③ 所收录的 4，108 条四字格汉字成语进行了统计，发现其中朝鲜语中独有的四字格汉字成语为 3，051 条。总结出朝鲜语汉字成语大体上有借用和自造两类。借用汉字成语可再分为直接借用和间接借用两种；间接借用的汉字成语和自造的汉字成语是朝鲜语中所独有的。

五、语义场和义素分析

这方面的研究仍处于起步阶段。金东益的论文将 153 个亲属词划分为自家、外祖家、岳家、婆家四类，确定了"直系、旁系""上辈、下辈、同辈""血亲、姻亲""男、女""长、幼"等七项义素分别列表进行分析解释④。姜宝有的论文则参照柏林和凯（Berlin and Kay）的理论确立了设定基本颜色词的标准，把朝鲜语的颜色词规定为"白、黑、红、青、黄"五个主要范畴和"绿（青+黄）、灰（白+黑）、褐（黑+黄）、紫（红+蓝）、蓝（青+紫）"五个派生范畴组成的基本范畴体系，阐明了朝鲜语颜色词构成的民族特性⑤。这两篇文章首次把现代语义学的研究方法运用于朝鲜语，使语义系统的研究和词义分析开始向纵深发展。

安英姬的《汉朝语亲属称谓词对比》（1985）⑥ 从社会语言学的角度对汉语和朝鲜语的亲属称谓词作了跨语言、跨文化的比较，总结出朝鲜语亲属的词来源有从汉语亲属词中借用来的、借用汉字创造的、朝鲜语中固有的以及由汉字和朝鲜语固有词合成的四种。"朝鲜语亲属词用前附相当于汉语的'亲'、'堂'、'姑从'、'姨从'和'外从'等五个语素或语素群来表示不同的旁系亲属。汉语和朝鲜语旁系亲属词

---

① 韩振乾:《谜语的构成方式及表现特征》，载《中国朝鲜语文》1983 年第 2 期；金海秀:《朝鲜语成语汉字词的特点》，载《中国朝鲜语文》1985 年第 2 期；刘银钟:《谚语的形态结构特性及其功能》，载《中国朝鲜语文》1990 年第 3 期第 4 期；金龙:《成语与自由词组》，载《中国朝鲜语文》1992 年第 1 期；吕春燕:《关于女性歧视的朝鲜语谚语》，载《中国朝鲜语文》2005 年第 5 期；崔盛学:《隐语和俗语的区别》，载《中国朝鲜语文》2015 年第 3 期；杨晓彤:《朝鲜语谚语的变化及其原因》，载《中国朝鲜语文》2016 年第 6 期。

② 载《民族语文》1999 年第 4 期。

③ 载《朝鲜科学院出版社》1962 年第 6 卷。

④ 金东益:《朝鲜语亲属词的义素分析》，载《朝鲜语言文字论文集》，延边大学出版社，1988 年。

⑤ 姜宝有:《朝鲜语颜色词的基本范畴及其构成》，载《延边大学朝鲜学国际学术讨论会论文集》，延边大学出版社，1989 年。

⑥ 载《延边大学学报》1985 年第 2 期。

都有'亲'与'非亲'和'堂'与'非堂'的区别，但汉语中与'堂'对立的是'表'，而朝鲜语与'堂'对立的却是'姑从'、'姨从'和'外从'。汉语的'表'包含'姑表、姨表、舅表'，而朝鲜语直接将'姑从、姨从、外从'三个系统分开表示。朝鲜语用几何学原理来计算亲属间的相互关系的'寸数'都是双向的，没有单向的。"此外作者还对两种语言的兄弟姐妹的配偶、丈夫妻子的兄弟姐妹和兄弟姐妹的子女共4组亲属词义特征的异同做了较为详细的比较。

六、外来词研究

朝鲜语词汇构成中除固有词、汉字词外，还有一定数量的外来词。朝鲜语的外来词使用历史悠久，19世纪末到20世纪初，受欧美文化影响，朝鲜语词汇中出现了越来越多借用外来词的现象，吸收了大量的英语、法语、德语、意大利语、西班牙语、日语等语言作为外来词。

张兴权集中对外来词进行研究，并发表论文就朝鲜语中来自印欧语系诸语言的常用外来语普通名词的来源、借用方式、发音、构词、词义等方面的特点进行了探讨，从中归纳出了若干规律[①]。张兴权还在《现代朝鲜语中的英语外来词》（1985）[②]一文中就现代朝鲜语中源于英语的外来词的借用原因、语音对应关系、词形变化情况和语义改变等问题进行了专题研究。

七、朝鲜语规范化研究

在朝鲜语词汇发展史的研究中，至今还遗留着诸多有待解决的问题，其中有的是语言观念问题，有的是研究视角问题，有的则是语言政策问题。中国朝鲜语的规范化工作大体可分为四个时期：遵循《韩文拼写法统一案》时期、遵循朝鲜的语言规范时期、制定并执行自己的朝鲜语规范时期以及发展并完善自己的朝鲜语规范时期。

1945年以前，全球朝鲜语母语人共同遵循的朝鲜语语言规范是1933年朝鲜语学会制定的《韩文拼写法统一案》。1945年至1954年作为中国朝鲜语规范工作的第一阶段，这一时期仍以《韩文拼写法统一案》作为我国朝鲜语的语言规范，尚未形成独立的语言规范体系。

1955年至1969年作为中国朝鲜语规范工作的第二阶段，这一时期主要是简单照搬朝鲜的语言规范，规范化工作并没有涉及朝鲜语的各个方面，只是针对部分朝鲜语词汇，包括在中国产生的朝鲜语新词和从汉语中借用的新词。1963年6月，延

---

① 张兴权：《朝鲜语中的印欧外来语》，载《民族语文》1981年第2期；《我们语言中的外来语》，载《朝鲜语学习和研究》1983年第2期。

② 载《中央民族学院学报》1985年第3期。

边朝鲜族自治州民族语文历史研究委员会制定了《延边朝鲜族自治州语文工作暂定条例（草案）》《朝鲜语名词、术语制定统一试行方案（草案）》和《汉语借音标记法方案（草案）》；1964年4月3日至3日，在延吉召开了朝鲜语规范化座谈会，讨论了《朝鲜语名词、术语规范化原则（草案）》；同年4月24日，在延吉召开了语文研究委员会第五次会议，讨论了第二次制定的《朝鲜语名词、术语规范方案（草案）》。经过两年来多次的社会调查及规范化方案修订，1966年3月，延边历史语言研究所制定了《朝鲜语名词、术语规范化暂定方案（草案）》和《第一次朝鲜语名词、术语规范意见（草案）》，并发布至延边州各个人民公社。

1970年至1976年作为中国朝鲜语规范工作的第三阶段，是我国开始制定独立的朝鲜语规范时期。1969年规定了朝鲜语书写法规则，并且在"朝鲜族语言问题毛泽东思想学习班"上通过了《朝鲜语隔写法（草案）》，该草案自1970年1月起在我国朝鲜语刊物和出版物中正式实施。此外，还制定、出版了《朝鲜语标准发音法（草案）》（1974年3月）与《朝鲜语拼写法（草案）》（1974年5月）。

1977年至今作为中国朝鲜语规范工作的第四阶段，是中国朝鲜语快速发展的新时期。1977年8月，东北三省朝鲜语文工作第一次业务会议在黑龙江省海林县（今海林市）召开，会议审议并通过了中国朝鲜语"四法（发音法、拼写法、隔写法和标点符号法）"的试行方案；同年11月，东北三省《朝鲜语规范集》执笔小组编辑、出版了《朝鲜语规范集（试行方案）》；1983年8月，在哈尔滨召开的东北三省朝鲜语文工作第六次业务会议上，通过了该规范集的正式本；经进一步修订、完善，1985年1月《朝鲜语规范集》正式出版发行。1978年12月5日，在东北三省朝鲜语文工作第二次业务会议上，审议并通过了《朝鲜语名词、术语的规范化原则》和具体方案，制定了继续使用现有词汇的方案，接受新名词、新术语要符合朝鲜语构词法的规则，以及包括难懂汉字词在内的外来词、外国人名和地名的具体规范细则。1990年2月，中国朝鲜语审定委员会第六次会议审议并通过了《整理词处理细则》，该细则规定了若朝鲜和韩国的既有词汇符合我国语言生活的现实需求且具有科学性，就要积极吸收，反之，暂不吸收的总原则。同年12月，中国朝鲜语审定委员会第七次会议审议并通过了《方言词汇审定原则》，制定了两条基本原则：一是将朝鲜半岛方言词汇中有利于增强朝鲜语表现力、有利于丰富朝鲜语词汇的方言词汇吸收为朝鲜语标准语的原则；二是将在我国广大朝鲜族人民群众中普遍使用，并符合朝鲜语发展规律且具有生命力的方言词汇吸收为朝鲜语标准词汇的原则。2006年10月18日至19日，在青岛召开了中国朝鲜语审定委员会第十九次业务会议，会议修订了1996年版《朝鲜语规范集》中的部分内容，将"四法"改称为"四则"，并修订了"四则"中的部分内容及外来词标记法。①

新词的产生，使语言的词汇更加丰富，在语言的发展中具有重大的意义。沈希

---

① 金永寿：《中国朝鲜语规范化工作的回顾与修订原则思考》，载《延边大学学报》2017年第1期。

燮的《我国朝鲜语中的新词》（1988）① 选取了日常生活中使用频率较高的新词1，320个，对它们做了初步的考察。分析讨论了新中国朝鲜语新词产生的主要原因、主要途径和朝鲜语新词的特点，得出朝鲜语名词术语的变化比动词、形容词、副词等词类更快、更多的结论。

李亿哲《朝鲜语从汉语中吸收新词的原则和方法》（1990）② 指出"从汉语中借用新词术语是中国境内朝鲜语丰富和发展词汇的一个重要手段，运用这一手段应符合规范化原则，即必须坚持民族化、大众化、科学化的原则。文中论述了根据这个原则从汉语中吸收新词时所运用的三种方法：朝鲜语汉字读音法、意译法和音译法，并具体分析了运用上述三种方法的不同要求和应具备的条件。我国朝鲜语从汉语中吸收大量的新词术语，丰富和发展了自己的语言，在我国的条件下，汉语是丰富和发展我国朝鲜语词汇的主要来源。在吸收新词术语时一定要坚持语言的民族化、大众化、科学化原则。在现阶段，吸收新词术语的三种方法（即汉字读音法、意译法、音译法）中，汉字读音法仍然占优势。"

李得春、金基石《关于朝鲜语词汇发展中的若干问题》（2002）③ 从朝鲜语词汇史的角度，围绕语言词汇发展中的若干认识问题，提出了以下三个基本观点：第一，应当正视汉字词的地位和作用；第二，固有词仍然是朝鲜语词汇的主体；第三，新时期外来词的规范应该有"弹性"。

金光洙《中国朝鲜语新名词术语分析》（2008）④ 以延边朝鲜族自治州朝鲜语文工作委员会、延边朝鲜语规范化委员会2006年发行的《朝鲜语新名词术语规范集》中的3400个词汇为基本资料，从形态、意义、起源等方面对中国朝鲜语新名词术语的特征进行了考察研究，并从中得出以下结论："首先，中国的朝鲜语在形态、意义、起源等方面区别于韩国与朝鲜，具有自身的特色。在语言中，变化最多的部分就是词汇，词汇的变化与社会环境具有密切的联系。在中国这个特定的大语言环境中，汉字词汇占据较大比重是必然的，同时，与外国文化频繁接触，致使外来语也越来越多。其次，对中国的朝鲜语进行规范化，对体现党的民族政策的优越性及建设和谐社会具有重大的积极意义，同时对保障中国朝鲜语的发展也有重要意义。因此在中国这个社会环境中必须要建立与韩国、朝鲜不同的具有自身特点的词汇规范 …… 最后，中国朝鲜语新名词术语中，大量词汇在固有词、汉字词、外来语关系中具有同义关系，在使用这些词的过程中应该判断优劣，尽早使这些词汇趋于规范化。"

金永寿《中国朝鲜语规范化工作的回顾与修订原则思考》（2017）围绕朝鲜语规范修订工作首要解决的方向和原则问题，从历代规范工作的内容入手，分析了其

① 载《民族语文》1988年第3期。

② 载《民族语文》1990年第3期。

③ 载《东疆学刊》2002年第4期。

④ 载《东疆学刊》2008年第3期。

特征与存在的问题。该文指出中国朝鲜语规范化工作，在继承民族语的传统、保障民族语的正确使用和健康发展等方面发挥着不可替代的重要作用，并提出了在信息化、全球化背景下，朝鲜语规范也应做出相应的变化与调整，即为了保证朝鲜语规范的正确修订，需要遵循语言规范的原理，增加与朝鲜半岛语言的共同成分，坚持科学性、政策性、延续性和渐进性互相协调的原则。①

第五节　方言研究

关于朝鲜语方言划分问题，以往朝鲜语学术界比较普遍的意见是应划分为六大方言，即西北方言 — 平安南北道、慈江道话；东北方言 — 咸镜南北道、两江道话；中部方言 — 黄海南北道、江原道、京畿道、忠清南北道话；西南方言 — 全罗南北道话；东南方言 — 庆尚南北道话；济州方言 — 济州岛话。

朝鲜语方言研究的奠基作是日本学者小仓进平的《朝鲜语方言研究》（1944），他把朝鲜语划分为庆尚道、全罗道、咸镜道、平安道、京畿道和济州岛六种方言，得到了多数朝鲜语学者的承认。日本学者河野六郎的《朝鲜方言学试考》（1945）利用方言语音材料考察了音韵史方面的现象，也得出与小仓进平一样的结论。1945年朝鲜半岛分裂为二后，全面系统的方言调查受到了极大的限制。而我国境内的朝鲜族由于迁入时间不长，各方言的居民都有自己的聚居点，并且基本上都保持了原方言的特点。因此，除济州岛方言外，朝鲜语其他五大方言在我国东北三省均有分布。在朝鲜半岛分裂的情况下，我国反倒具备了全面调查各个方言的条件。

20世纪60年代，我国曾开展过一次朝鲜语语言调查，但由于各种原因未能把所调查的材料加以整理、归纳和总结。1982年7月，为了解我国朝鲜语方言的分布情况，探索我国朝鲜语研究和使用中存在的问题，并推动科研和规范化工作的开展，在国家民族事务委员会的支持下，由中国社会科学院民族研究所和东北三省朝鲜语文工作协作小组办公室及有关单位共同组织的中国朝鲜语调查工作队赴吉林、黑龙江、辽宁等省，对我国境内的朝鲜语进行一次普遍调查。此次调查记录了20位发音合作人提供的20个方言点的材料。作为这次调查研究成果之一，延边人民出版社1991年出版了宣德五、赵习等合著的《朝鲜语方言调查报告》。这部书的语音部分利用历史比较法，采取列公式的方式，阐明了各调查点的语音对应关系，同时也描写了各调查点的语音系统及其语音特点，并把一些有对应关系的语音现象按发音人的原籍还原到朝鲜半岛的地图上以显示其分布状况；语法部分从形态学的角度比较了各方言的一些各具特点的粘附成分；词汇部分举例论述了方言词的分布状况和各方言所特有的一些方言词；最后通过一幅方言现象综合图阐述了各方言的主

---

① 金永寿：《中国朝鲜语规范化工作的回顾与修订原则思考》，载《延边大学学报》2017年第1期。

要特点及其与其他方言不同而独有的特点，据此提出了把除济州岛以外的半岛上的方言划分为东南方言、西南方言、中北方言、东北方言、西北方言、中部方言的意见。全书共附地图35幅，书末分四类附上了所调查的全部方言材料，具有重要的学术参考价值。这是我国朝鲜语方言研究的初步成果，也是我国学者运用方言地理语言学研究民族语言的一次新的尝试。宣德五、金祥元、赵习合著的《朝鲜语简志》①（1985）在方言部分也利用这次普查材料简明扼要地通过语音、语法、词汇的对比描述了各方言的主要特点。这部书把六镇话称为东北方言，传统上指称的东北方言（除六镇地区）则命名为中北方言，并指明了各个方言在我国东北三省的分布情况。

沈希燮、李允奎通过调查，画出了延边地区朝鲜语方言分布图，并撰写了论文《延边地区的朝鲜方言分布》（1989）② 。

金祥元、全学锡、李允奎等撰写的《中国朝鲜语实态调查》（1993）③ 一书以调查的村名命名方言名称，描述了七种地方话的语音、词汇、语法系统的特点，为朝鲜语规范化提供了材料依据。

黄大华在朝鲜民主主义人民共和国东海岸地区进行为期一个月的田野调查后撰写了《东海岸方言研究》（1986）④ 。分"语音论"和"形态论"对朝鲜民主主义人民共和国东海岸地区方言的异同进行了共时的描写分析，探讨了某些方言现象的历史演变问题，并和标准语进行了比较。此外，黄大华独立出版《朝鲜语方言研究》《朝鲜语东西方言比较研究》等专著，发表论文数十篇对方言的终结形词尾的形成过程做了历史考察。

金显根和金祥元先后于1980、1987年编写的大学用油印本同名教材《朝鲜语方言学》在普及方言学知识、培养方言学研究人才方面做出了贡献。

咸镜道方言是我国朝鲜语的最主要的方言，我国朝鲜语学者集中对此方言进行了研究。咸镜道六镇地区，是朝鲜语的一个特殊方言区。三四百年前，由于屯垦戍边的需要朝鲜半岛全境各地的士兵聚居于此，并由此而逐渐形成了一个由各地方言混合杂糅的特殊方言。赵习、宣德五利用1982年中国朝鲜语普查工作队在东北三省各地记录的朝鲜语方言材料，撰文《朝鲜语六镇话的方言特点》（1986）⑤ 从语音、语法、词汇各方面分析六镇地区的东北方言独特的方言特征，对咸镜道六镇方言的语言结构做了全面的共时描写，认为六镇话在朝鲜语中应确立为一个独立的方言。1993年宣德五应邀赴韩国进行学术访问，在高丽大学、汉城大学的国语学系就朝鲜语六镇方言问题做了学术讲演。韩振乾的《六镇方言研究》（1996）是第一

---

① 民族出版社，1985年。

② 载《朝鲜学研究》（2），延边大学出版社，1989。

③ 民族出版社和辽宁民族出版社，1993年。

④ 平壤：金日成综合大学出版社，1986。

⑤ 载《民族语文》1986年第5期。

部研究六镇方言方面的语言学理论专著，填补了语言学界的一个空白，因而得到了韩国和朝鲜语言学界的广泛重视。

1991 年，全学锡对他在朝鲜民主主义人民共和国会宁、镜城、咸州等地调查的录音材料进行实验分析，认为咸镜道方言的音调分高、低两个调，性质是自由音调，他详述了该方言音调的变化规律，为咸镜道方言的研究填补了新的内容①。

此外，全学锡著《朝鲜语方言学》（延边大学出版社，1997）、《咸镜道方言音调研究》（黑龙江朝鲜民族出版社，1998）、《咸镜北部方言研究》（韩国大学社，2002），黄大华著《朝鲜语东西方言研究》（朝鲜科学百科辞典综合出版社，1998）、《黄海道方言研究》（韩国文化社，2007），黄大华、梁伍镇合著《西北方言的亲属语研究》（韩国 ZIC 出版社，2009）等著作也是中国朝鲜语方言研究领域的重要研究成果。

近年来，关于中国朝鲜语方言研究的学位论文越来越多。国内的学位论文有张成日的《朝鲜语西北方言语音研究》（延边大学博士学位论文，2007），崔惠花《延边地区朝鲜语句末语尾研究》（中央民族大学博士学位论文，2019），李艳丽的《朝鲜慈江道满浦地域语的音韵研究》（南京大学硕士学位论文，2017），李渊浪的《平北方言情态词尾研究》（南京大学硕士学位论文，2018）；国外的学位论文有韩成愚的《义州方言的音韵研究》（首尔大学博士学位论文，2003），郑仁浩的《原平北方言与全南方言的音韵对比研究》（首尔大学博士学位论文，2004），金春子的《咸镜南道三水地域语的音韵研究》（首尔大学博士学位论文，2007），李锦花的《平壤地域语的音韵研究》（首尔大学博士学位论文，2006），郑香兰的《中国延边龙井地区朝鲜语的曲用、活用研究》（仁荷大学博士学位论文，2008），金红实的《平北楚山地域语终结语尾研究》（首尔大学博士学位论文，2009），南明玉的《咸镜北道六镇方言终结语尾研究》（全南大学博士学位论文，2012），李春英的《延边地域语的后缀派生法研究》（首尔大学博士学位论文，2016）等。

第六节　系属问题研究

19 世纪 20 世纪之交，关于朝鲜语系属问题曾提出过许多假说，有的试图把它与乌拉尔-阿尔泰语系、日本语、汉语、虾夷语、达罗毗荼语甚至印欧语系联系起来考虑，其中最有力的是乌拉尔-阿尔泰语系说及朝日语言同系说，在乌拉尔-阿尔泰语系分为两个语系后，发展为阿尔泰语系说。朝鲜语系属问题，学术界尚有争议，但多数意见倾向于属阿尔泰语系。主张朝鲜语属阿尔泰语系的学说在国内外

---

① 载《咸镜道方言的音调研究》，1991 年。

均占主导地位，对这一学说做出最大贡献的是芬兰学者G·J兰司铁[①]和美国学者N·N鲍培[②]，继承他们学说的是韩国语言学家李基文教授。李基文在《朝鲜语的系属》中列举出朝鲜语与阿尔泰各语言的共同特征："有元音和谐；词首辅音群受到限制；有语法的粘着性；不用元音交替和辅音交替表示语法范畴；无关系代词及接续词；有副动词。朝鲜语和阿尔泰各语言不仅具有上述共同的特征，甚至在每个特征的内容上也显示出明显的一致性。阿尔泰共同原始语的元音体系的特点是前后两个元音系列的对立，朝鲜语古代及中世纪也具有这种特点。此外，两者在词汇方面也显示出明显一致。因此确定朝鲜语和阿尔泰语的亲缘关系[③]。"

英国语言学家W·G阿斯顿则于1879年发表论文《日朝两语的比较研究》，提出了日朝语同系说。一些日本学者如金泽庄三郎、白鸟库吉、小仓进平等人也持有同样的看法。

我国自20世纪80年代以来在各学术刊物上也陆续发表了一些有关这方面的论文，这些文章一般都是列举若干新的语言材料来补充论证阿尔泰语系说的。

李得春的《漫谈朝鲜语和满语的共同成分》（1981）利用文献史料和活的语言材料分析了存在于朝鲜语和满语中的共同成分问题。作者认为朝满两种语言中除有大量义音相同或相近的词外，两种语言的语法形态也有相类似的现象，因此，研究满语和朝鲜语中的共同成分，对于朝鲜语系属问题的研究具有重要的意义[④]。

赵杰认为虽然朝鲜语受到了汉藏语系，尤其是汉字词的强烈冲击，但从古代朝鲜语和今天老百姓最常用的土话中，仍然能够看出朝满的同源关系[⑤]。他在《论韩国语、满语元音和谐律松化的共性》（1997）一文中指出"从韩国语、满语单词内和词与词之间构词的元音和谐比较中发现，两种语言元音和谐律松化和解体的音变路径相似，而且引起两种语言元音和谐律变化的原因也基本相同，内因在于：阿尔泰语系的元音和谐律是在多音节单元音的构词大环境中起作用的，而两种语言各自的语词却都在由长音节向短音节简化，复元音增加的趋势使得元音和谐律管辖的音节范围逐渐缩小。外因在于：两种语言都是不断借用汉字音且又深受汉语影响的语言，而比固有词数量还多的阴阳混性汉语借词以及复元音汉语借词对韩、满语固有音系不可能发生潜移默化的渗透。通过分析两种语言元音和谐律固有法则的松化的共同性，论证韩国语和满语同源[⑥]。"

"朝鲜语与维吾尔语语音上存在许多亲属性印迹，即存在许多共性：音节结构的共性，辅音韵尾连音化的共性，双辅音韵尾脱落的共性，元音和谐规律的共性，

---

① 载陈伟、沈成明译：《阿尔泰语言学导论》，中国社会科学出版社，1981年。

② 载N·N鲍培：《阿尔泰语比较语法》，周建奇译，内蒙古大学内蒙古语文研究所油印本，1983年。

③ 载《阿尔泰语文学论文选译》，中国社会科学院民族所语言室，1980年。

④ 载《延边大学学报》1981年第1-2期。

⑤ 赵杰：《满语词与朝鲜语系归属》，载《满语研究》1999年第1期。

⑥ 载《中国民族语言论丛（2）》，云南民族出版社，1997年。

辅音同化的共性，词尾变体的共性。"吾买尔·尼亚孜撰文分析朝鲜语同维吾尔语在语音上的亲属性印迹①。黄晓琴的《朝鲜语与维吾尔语元音和谐比较研究》选取元音和谐这一共同特征为切入点，以阿尔泰语系突厥语族语言维吾尔语为参照坐标，对朝鲜语和维吾尔语的元音和谐现象进行了全方位的共时比较研究，论述了二者元音和谐律的内容、类型、严密程度，以及在语音、词汇、语法系统和特殊语言现象：朝语汉语借词、拟声拟态词、维语谐音词中的具体体现。笔者通过各种历史文献材料，粗略地重现了中古朝鲜语的元音和谐体系，由严密走向衰落的发展过程和原因，以及当时元音和谐现象的广泛存在。证明朝鲜语历史上确实存在过完整的元音和谐体系，更具有阿尔泰语系语言的特征，也说明了朝鲜语与维吾尔语一样，元音和谐现象普遍存在于语言的不同层面中，并与其他语法现象一样，具有很强的稳固性和民族性。论文中一些特殊语言事实，如：某些构词词缀、谐音词与拟声拟态词等，为朝鲜语系属提供了发生学论据②。

黄晓琴还通过朝鲜语与维吾尔语、西部裕固语为代表的突厥语数词的比较，探讨了朝鲜语数词与阿尔泰语系的关系③。

1994年吴安其发表了论文《论朝鲜语中南岛语基本成分》（1994），从水稻文化和若干词语材料考察了朝鲜语与南岛语的渊源关系，并认为朝鲜语中存在的阿尔泰语成分只是后来受周围北方民族语的影响所致④。

第七节　语言文字史研究

进入20世纪80年代以后，我国朝鲜语史相关论著开始陆续出版。最具代表性的两位学者分别是安炳浩和崔允甲。安炳浩的《朝鲜语发展史》（1981）⑤分古代、中古、近代和现代四个时期，从语音、词汇、语法、文字等方面做了系统的论述，他还先后撰写了《鸡林类事里出现的部分高丽词汇及其与其他语言的比较》（1984）⑥、《鸡林类事与高丽时期的朝鲜语》（1985）⑦和《鸡林类事及其研究》（1986）⑧等论文和专著，通过对北宋孙穆《鸡林类事》中的高丽语材料的考察，描

① 吾买尔·尼亚孜：《试论朝鲜语同维吾尔语在语音上的亲属性印迹》，载《延边大学学报》2005年第2期。

② 北京大学东方文学研究中心资料库，2000年。

③ 黄晓琴：《浅析朝鲜语数词与阿尔泰语系的关系》，载《语言与翻译》（韩文）2001年第4期。

④ 载《民族语文》1994年第1期。

⑤ 辽宁人民出版社，1981年。

⑥ 载《朝鲜语言学论文集》，民族出版社，1984年。

⑦ 黑龙江朝鲜民族出版社，1985年。

⑧ 载《北京大学学报》1986年第6期。

述了高丽时期朝鲜语的面貌特征。崔允甲的《朝鲜语史讲座》（1988-1989）[1] 阐述了朝鲜语各个时期的发展特点，起到了普及朝鲜语史的作用。崔允甲还进行了关于断代史的研究，他撰写的《中世朝鲜语语法》（1987）以中世朝鲜语，尤其是15世纪朝鲜语语料为研究依据，全面论述了训民正音的创制、制字原理及其演变过程以及15世纪朝鲜语语言结构的特点及其演变等问题[2]。此外，姜银国的《朝鲜语后缀的历史研究》（1993）则根据大量的历史文献资料和方言材料论述了15-19世纪朝鲜语后缀的生成过程，阐明了实词抽象化、虚化的规律和后缀构词功能的发展[3]。

词汇发展史研究方面的代表学者是李得春和金秉运。李得春的《朝鲜语词汇史》（1988）[4] 全面系统地论述了朝鲜语词汇的历史发展过程，特别是阐明了朝鲜语词汇构成中二元体系（固有词和汉字词）的形成与确立过程。金秉运的《李朝后半期朝鲜语词汇变化的研究》（1990）[5] 依据《倭语类解》《汉清文鉴》等文献资料，探讨了17-19世纪朝鲜语词汇的演变情况。

此外，崔允甲的论文根据汉字上古音考证了三国时期朝鲜语的闭音节结构，否定了三国时期均为开音节的说法[6]。宣德五的论文吸收前人的研究成果，利用方言口语材料，从语言史的角度探讨了训民正音创制以来复杂的元音分化演变过程[7]。李得春的论文论述了语音发展过程中ti>ki的特殊异化现象[8]。廉光虎的论文对吏读《大明律直解》中出现的连接词尾进行分类描述，并阐明了它们的结合功能和用法特点[9]。以上均为朝鲜语史研究中颇具新意的研究成果。

训民正音（谚文）研究是朝鲜语学界的一项热门议题。关于其起源众说纷纭。国外研究界有源于八思巴文说，有源于梵文说，也有象形说。我国学者吴凤协早在解放初期，在《教育通讯杂志》（1950年2~6期）发表了学术论文《韩文河图起源说》，在国内首次探讨了有关"训民正音"的学术问题，分16章详细介绍了集贤殿学者郑麟趾的象形起源说，并力挺河图起源说。[10] 此后，我国学者发表了一系列论

① 载《中国朝鲜语文》1988年第2期 —— 1989年第3期。

② 载《中世朝鲜语语法》，延边大学出版社，1987年。

③ 首尔：曙光学术资料社，1993年。

④ 延边大学出版社，1988年。

⑤ 平壤：金日成大学出版社，1990年。

⑥ 崔允甲：《高句丽语、百济语、新罗语的辅音韵尾》，载《朝鲜学研究》（1），延边大学出版社，1989年。

⑦ 宣德五：《中古朝鲜语元音 [ʌ] 的历史演变》，载《民族语文》1985年第4期。

⑧ 李得春：《历史上的异化现象ti>ki变化》，载《语言文学学术论文集》，延边人民出版社，1991年。

⑨ 廉光虎：《对<大明律直解>吏读连接词尾的分类》，载《朝鲜语言学论文集》，延边大学出版社，1987年。

⑩ 吴凤协：《韩文河图起源论》，载《教育通讯》1950年第2-6期，大众书院。

文，论述了训民正音创制过程、制字原理、普及使用、变迁沿革及其历史地位①。

关于吏读文字，值得一提的是崔允甲的论文。他否定吏读文是记录朝鲜语的书面形式这一传统说法，别具一格地指出吏读与乡札不同，它只是改变汉文，使之适应于朝鲜语，是"汉文词语＋朝鲜语语序＋朝鲜语粘附成分的混合语"②。

李得春的《汉朝语言文字关系史》（1992）③系统论述了汉字在朝鲜传播和使用及其对朝鲜语文所产生的影响、汉字词体系的形成及其发展的历史过程，是客观描述汉朝两个民族语文在历史上的亲密关系的力作。宣德五的论文论述了朝鲜语文在历史发展过程中受到的汉语文的深刻影响④。

用现代语言学的理论方法对朝鲜语汉字音进行研究始自瑞典学者高本汉，这一直是国内外学者关注的问题。关于汉字音源流，存在着不同的看法。日本学者有坂秀世否定高本汉的源于唐初长安音说，认为是以宋代开封音为本⑤。此后，河野六郎又提出本于唐代长安音的说法⑥。国内外学者过去比较一致的看法是源于《切韵》。20世纪80年代，聂鸿音、李得春、崔羲秀等的论著则认为不能把朝鲜汉字音看作一个平面系统，应将其渊源追溯至汉语上古音⑦，这是朝鲜语汉字音研究的一个重大发展。

安炳浩的《朝鲜汉字音体系研究》（1984）⑧通过分析朝鲜语汉字音的史料，得出了10世纪确立了规范的朝鲜汉字音单一体系的结论。还有一些学者如胡明扬、陈植藩等对朝鲜古文献如《四声小考》《四声通解》《训蒙字会》《老乞大谚解》《朴

① 陈植藩：《朝鲜文》，载《民族语文》1979年第3期；崔允甲等：《朝鲜文经历的道路》，载《中国朝鲜语文》1987年第1-6期；宣德五：《朝鲜文字的变迁》，载《中国少数民族古文字研究》，中国社会科学出版社，1984年；《朝鲜文字的创制、发展及其历史意义》，载《朝鲜学学者国际科学讨论会论文集》（语言学分科），平壤：朝鲜社会科学出版社，1986年；《朝鲜文》，载《中国少数民族文字》，中国藏学出版社，1991年。

② 《吏读的产生及其性质》，载《中国朝鲜语文》1990年第6期。

③ 东北朝鲜民族教育出版社，1992年。

④ 《论汉语文对朝鲜语文发展的历史影响》，载《中国语言学报》第5期，1995年。

⑤ 有坂秀世：《论汉字的朝鲜音》，载《方言》第6期，1936年。

⑥ 河野六郎：《朝鲜汉子音研究》，载《河野六郎著作集》Ⅱ，平凡社，1979年。

⑦ 聂鸿音：《〈切韵〉重纽三四等字的朝鲜读音》，载《民族语文》1984年第3期。李得春：《汉语上古音在十六世纪朝鲜汉字音中的遗存》，载《民族语文》1985年第5期；《漫谈朝鲜汉字音舌音的演变》，载《延边大学学报》1987年第1期；《朝鲜语汉字语音研究》，首尔：曙光学术资料社，1994年。崔羲秀：《朝鲜汉字音研究》黑龙江朝鲜民族出版社，1986年。

⑧ 平壤：金日成综合大学出版社，1984年。

通事谚解》等用谚文记载的汉字音进行了颇有学术价值的探讨①。

第八节　修辞研究

　　1963年，延边大学金昌杰参照陈望道的《修辞学发凡》和国外学者郑烈模的论文《论古典作品中修辞学手法和类型》，归纳出朝鲜语中经常使用的几种修辞方式，设课讲授，其讲义已辑入延边大学朝文系朝鲜语教研室编写的《朝鲜语文基础知识》中（1974）②。在此之前，我国的朝鲜语研究并没有这方面的论著。此后，崔应久在《朝鲜语文体学》（1979）③中论述了文体的划分及其特点，各种文体的表现手法、文章的构成及其表达效果，初步确立了朝鲜语文体学的体系；金琪钟的《朝鲜语修辞学》（1983）④则着重分析了消极修辞和积极修辞的各种修辞手法。这是两部具有代表性的通论性著作。

　　金琪钟的《从朝鲜语古典文学作品中考察文体学手法的历史发展》（1983）⑤通过对朝鲜古代诗歌、歌词、民谣、古典小说的考察，分析了文体学手法的构成方式、表达功能、表现形态的变化发展，阐明了新手法的创造、旧手法的消亡、既有手法的完善和系统化的历史过程；另一本《朝鲜语语体学手段和手法的历史演变》（1997）⑥则以古代至19世纪中期的朝鲜语文献为依据，详细考察了朝鲜语语体学手段和手法的演变过程。梁午镇的《模糊语言及其文体学功能》（1987）⑦提出了为过去文体学研究中所忽视的语言模糊性表现手法的新问题，提出文体学除强调准确性、鲜明性、生动性外，语言的模糊性也是一个重要方面，并进而阐述了模糊语言的性质上的特点及其表现效果。文宗学在《论朝鲜语语义模糊性的构成手段》（1992）⑧一文中主要从构词手段、语义变化和修辞手法等三个方面探讨了朝鲜语语义模糊性的构成。研究指出，"从构词上看，有些词单独使用时，其词义外延和内

　　① 胡明扬：《〈老乞大谚解〉和〈朴通事谚解〉中所见的汉语、朝鲜语对音》，载《中国语文》1963年第3期；《〈老乞大谚解〉和〈朴通事谚解〉中所见的〈通考〉对音》，载《语言论集》第1辑，中国人民大学出版社，1980年。陈植藩：《朝鲜语中的汉字词》，载《中国语文》1964年第5期；《论崔世珍在朝鲜语文和汉语研究方面的贡献》，载《民族语文论集》，中国社会科学院出版社，1981年；孙建元：《〈四声通解〉俗音、今俗音的性质》，载《广西师范大学学报》1989年第1期；李得春：《〈四声通解〉今俗音初探》，载《民族语文》1988年第5期。

　　② 延边教育出版社，1974年。

　　③ 辽宁人民出版社，1979年。

　　④ 辽宁人民出版社，1983年。

　　⑤ 平壤：金日成综合大学出版社，1983年。

　　⑥ 黑龙江民族出版社，1997年。

　　⑦ 载《中国朝鲜语文》1987年第1、2期。

　　⑧ 载《解放军外语学院学报》1992年第1期。

涵界线分明，非此即彼，但是在这类词上添加具有模糊性的前缀或后缀后，新产生的词义往往难以确定其边界。从历时的角度看，词义不是固定不变的，随着其所指称事物的变化，其意义也会相应地发生变化，在词义的变迁过程中，词义的转移、扩大都有可能造成词义的模糊性，从修辞上看，不少词义按照词典义来理解时，其内涵和外延界线分明，但是按照修辞义来理解，所表达的意义常常难以确定其精确的内涵和外延。"1996年，辽宁民族出版社出版了刘银钟著《朝鲜语语义学研究》，作者力图确立包括词义、句义、语言行为意义在内的整个语义体系。从作为语言学一分科的语义学的角度，对朝鲜语语义进行了系统的研究，是国内首次问世的朝鲜语语义学研究专著，填补了中国朝鲜语研究一个空白。廉光虎的《十五世纪以前朝鲜语敬语表现形式的考察》（1998）[①] 分析了朝鲜文字创制以前的朝鲜语敬语表现形式，考察了古代朝史书、乡歌、吏读文献中敬语的表现与发展过程。

马会霞、赵新建（2000）认为"从符号学的角度考察颜色词的文化信息，不仅可以囊括传统语义学研究的内容，而且可以在符号的第一层级上增加研究语音、字形、来源、词源等方面所蕴含的文化信息，还可以在第二层级上研究与之有关的通感和约定俗成的相关领域，从而在更高层次上把握颜色符号的文化内涵。"他们撰文在确立符号学分析体系的基础上，从符号学角度研究韩国语（朝鲜语）颜色词，并通过与汉语颜色词相对比，从宏观角度简单总结了韩国语（朝鲜语）颜色词的文化信息[②]。金永寿的《朝鲜中世汉文翻译本的历时考察》（2001）[③] 聚焦长期以来被忽视的中世古文献和汉语原文之间的对比，从语言学史的角度考察了各种语体的汉文翻译本，为了解中文翻译本的语体特点及其历史变化，总结朝汉、汉朝翻译中的不同翻译方法与翻译手段提供了重要依据。吕春燕在《朝鲜语的委婉方式》（2004）[④] 中指出朝鲜语委婉语不仅包括传统的、狭义上的委婉词语，还包括通过语言系统中各种语言手段临时构建起来的具有委婉功能的多种表达方式。笔者认为"除了传统的、狭义上的委婉语，即那些静态备用时含委婉意义的固定的词或短语，还有广义上的委婉语，即除了委婉词之外，还包括通过语言系统中各种语言手段临时构建起来的具有委婉功能的多种表达方式。这类委婉语不仅包括现成的词或词组，更包括临时的组合和句子，甚至可以扩大到段落和语篇层面上。"这一时期的相关论著还有金永寿著《朝鲜中世汉文翻译本的历时考察》（2001），李元吉著《朝鲜语语体论概说》（2002），金琪钟著《现代朝鲜语修辞学》（2005），姜镕泽著《中世朝鲜语语体研究》（2007），金光洙、金哲俊等人合著《朝鲜语语体论》（2010）

① 载《民族语文》1998年第1期。

② 马会霞、赵新建：《从符号学的角度看韩国语颜色词的文化信息》，载《解放军外国语学院学报》2000年第4期。

③ 朝鲜百科辞典出版社，2001年。

④ 载《民族语文》2004年第3期。

等①。

全永根（2018）将刊登在《中国朝鲜语文》的51篇文体学相关研究论文分为"文体学史研究""诗歌文体研究""小说文体研究""口语文体研究""网络聊天语言研究""广告语言研究""修辞法研究""标点符号在修辞学中的活用研究"以及"其他文体研究"等九大主题，对我国朝鲜语文体学研究成果进行了考证与分析。至此，我国朝鲜语文体学研究成果主要涉及修辞学与文体学的变迁史研究、文体学理论研究、语言使用的功能文体研究、关于表达方式的修辞法研究、关于词汇与句子结构的修辞法研究、作者个人写作风格研究以及模糊理论的引入等方面。②

第九节　语言对比研究

语言的比较既可以是统一语言内部的共时比较和历时比较，也可以是不同语言之间的共时比较和历时比较。这些性质和目的不同的比较构成了语言研究中的四个"象限"③。

不同语言的对比研究对深入理解朝鲜语语法结构和民族特性有积极的意义，朝鲜语和汉语、英语、日语等语言之间的对比研究取得了较大的成绩。如崔奉春著的《朝汉语语汇对比》（延边大学出版社，1989），李得春著的《中朝语言文字关系史》（东北朝鲜民族教育出版社，1992），金基石著的《朝鲜韵书所反映的明清音系研究》（天池出版社，1999），柳英绿著的《朝汉语语法对比》（延边大学出版社，1999），李得春著的《朝鲜对音文献标音手册》（黑龙江朝鲜民族出版社，2002），金基石著的《朝鲜韵书所反映的明清音系研究》（中国大百科全书出版社，2002），林成虎著的《朝鲜语和日本语的汉字词比较研究》（北京民族出版社，2005），南成玉著的《韩英时态对比研究》（延边大学出版社，2007）以及金莉娜著的《韩汉句法结构对比研究》（黑龙江朝鲜民族出版社，2011）等④。

――――――――――

① 金永寿：《朝鲜中世汉文翻译本的历时考察》，韩国亦乐出版社，2001年；李元吉：《朝鲜语语体论概说》，北京民族出版社，2002年；金琪钟：《现代朝鲜语修辞学》，黑龙江民族出版社，2005年；姜镕泽著《中世朝鲜语语体研究》，韩国亦乐出版社，2007年；金光洙、金哲俊等：《朝鲜语语体论》，延边大学出版社，2010年。

② 全永根：《在中国朝鲜语文体学研究》，载《中国朝鲜语文》2018年第1期。

③ 许余龙：《对比语言学（第二版）》，上海外语教育出版社，2010年。

④ 崔奉春：《朝汉语语汇对比》，延边大学出版社，1989年；李得春：《中朝语言文字关系史》，东北朝鲜民族教育出版社，1992年；金基石：《朝鲜韵书所反映的明清音系研究》，天池出版社，1999年；柳英绿：《朝汉语语法对比》，延边大学出版社，1999年；李得春：《朝鲜对音文献标音手册》，黑龙江朝鲜民族出版社，2002年；金基石：《朝鲜韵书所反映的明清音系研究》，中国大百科全书出版社，2002年；林成虎：《朝鲜语和日本语的汉字词比较研究》，北京民族出版社，2005年；南成玉：《韩英时态对比研究》，延边大学出版社，2007年；金莉娜：《韩汉句法结构对比研究》，黑龙江朝鲜民族出版社，2011年。

　　由金镇容编写的《现代朝鲜语》（以汉语系朝鲜族学生为对象）和由北京大学、延边大学合编的《朝鲜语实用语法》（汉文本）与宣德五编写的《朝鲜语基础语法》（汉文本，1994）（均以汉族学生为对象），在一些语法项目上进行了朝汉语法的对比描述。此外，还有一些对比研究的专题论著，从朝汉语语序、被动句、动宾结构、"到"字句和"在"字句等各个侧面对比了朝汉语语法结构的不同点和对应形式①。

　　金基石（2013）结合中韩语言对比的现状分析，探讨了中韩对比研究的视角和方法。该文提出了五种关于中韩语言对比的方法，即（1）微观与宏观相结合，关注宏观研究；（2）描写与解释相结合，关注解释；（3）个性与共性相结合，注重共性研究；（4）共时与历时相结合，关注历时研究；（5）定性与定量相结合，关注定量分析。②

第十节　社会语言学研究

　　在社会语言学研究领域，代表性研究成果有金琪钟著《语言和礼节》（1983），崔明植著的《交际语言学》（1990），廉光虎著的《社会语言学》（1990），太平武著的《社会语言学》（1998）等③。其中，太平武先生的《社会语言学》（1998）结合社会学、人类学、民族学、心理学、哲学、地理学、历史学等多个学科，探讨了语言的本质属性，开拓了朝鲜语研究的新领域，具有较高的学术价值。④

　　王国旭（2009）对中华人民共和国成立以来我国朝鲜语社会语言学研究进行了概述，文中指出我国朝鲜语社会语言学研究取得了一定的成就，研究内容主要涉及语言变异与语言文化、语言接触与影响、语言国情、语言规划、双语等研究方面。

---

　　① 太平武：《汉朝语序对比研究》，金日成综合大学出版社，1986 年。金琪钟：《论现代汉语被字句在朝鲜语中的对应形式》，载《延边大学学报》1985 年第 1 期；《谈汉语被动句和朝鲜语被动句对应对比的不同点》，载《延边大学学报》1985 年第 3 期。玄金锡：《汉语的"动+宾"同朝鲜语相应格式的对比》，载《民族语文》1985 年第 6 期。柳英绿：《"到"字句及其相应的朝鲜语句式》，载《延边大学学报》1986 年第 1 期；《朝鲜语（NP+e）（Np+esə）与汉语（在+NP）的对比》，载《延边大学研究生论文集》，1984 年。权奇英：《朝鲜语过去时词尾与汉语助词"了"的比较》，载《延边大学学报》1982 年第 2 期。崔奉春：《谈朝汉语指称表达法的基本特点》，载《延边大学学报》1985 年第 2 期。崔承日：《"rɯr/ɯr"的语法意义及其与汉语的对应形式》，载《中国的韩国语教育（Ⅱ）》，韩国双语学会志第 7 期，1990 年。

　　② 金基石：《关于中韩语言对比的视角与方法》，载《东北亚外语研究》2013 年第 1 期。

　　③ 金琪钟：《语言和礼节》，辽宁人民出版社，1983 年；崔明植：《交际语言学》，延边大学出版社，1990 年；廉光虎：《社会语言学》，延边大学出版社，1990 年；太平武：《社会语言学》，朝鲜科学百科辞典综合出版社，1998 年。

　　④ 金光洙：《解放后（指中华人民共和国成立后）中国的朝鲜语研究及前瞻》，载《东北亚外语研究》2013 年第 2 期。

但同时也存在研究内容单薄、研究方法单一、理论建设和人才培养不能积极跟上等弱点。①

　　申慧淑（2011）以北京朝鲜族为调查对象，论述了大学生、公务员与白领、服务业人员的语言使用现状及语言适应情况，分析了影响语言适应的相关因素，以年龄、性别、方言、居住时间为变量考察了这些变量与语言使用及语言适应情况之间的关系。同时，选取在京8个家庭，考察了儿童语言的语码转换，通过考察父母的语码转换与儿童语码转换之间的相关关系，得出了父母的教养方式、语言态度等因素与儿童母语习得之间的关系，总结了父母的成功语言策略。此外，将语境分为语言语境、情景语境和文化语境，通过交际实例分析了语境在语言适应中的主要功能以及语境的各种要素对语言产生的影响。②

第十一节　应用语言学研究

　　我国朝鲜语的应用语言学研究主要包括第二语言教育研究、计算语言学研究以及朝鲜语词典编纂工作等领域。下面分述各领域的研究现状及研究成果。

一、作为第二语言的朝鲜语教育研究

　　作为第二语言的朝鲜语研究，最初只限于教材编撰，后来逐渐转向教学语法和教学方法的研究上。早期的朝鲜语教育研究成果，有崔吉元、金祥元、方长春等人合著的《朝鲜语简易会话》（延边教育出版社，1965），徐永燮、李得春、许东振等合著的《朝鲜语自习读本（1、2、3）》（延边人民出版社，1974、1975、1980），李得春、金祥元等合著的《朝鲜语广播讲座（1、2、3）》（延边人民出版社，1981、1982、1983）等教材，后期的研究成果主要是以汉族学习者为对象编著的，如由北京大学朝鲜文化研究所编著的《初级韩国语》（民族出版社，2000），崔羲秀、俞春喜合著的《初级韩国语（上、下）》（延边大学出版社，2000、2001），安炳浩、张敏合著的《韩国语中级教程》（北京大学出版社，2003），廉光虎编著的《韩国语听力》（北京大学出版社，2005），李虎编著的《经济贸易韩国语》（上海交通大学出版社，2005）等各种教材。

　　此外，朝鲜语教学语法的研究也取得了一定的成绩。如由北京大学东方语言文学系和延边大学朝鲜语文系合著的《朝鲜语实用语法》（商务印书馆，1976），崔允甲编著的《韩国语语法》（吉林人民出版社，2000），俞春喜编著的《韩国语

　　① 王国旭：《建国（指中华人民共和国成立）以来朝鲜语社会语言学研究概述》，载《延边大学学报》2009年第6期。

　　② 申慧淑：《城市朝鲜族语言适应研究》，中央民族大学博士学位论文，2011年。

教育研究》（中文出版社，2001），李得春、金基石、金永寿合著的《韩国语标准语法》（吉林人民出版社，2002），伟旭升、许东振合著的《新编韩国语实用语法》（外国语教学与研究出版社，2006），全炳善编著的《韩国语概论》（北京民族出版社，2007），崔羲秀、俞春喜合著的《韩国语实用语法》（延边大学出版社，2008），许东振、安国峰合著的《韩国语实用语法字典》（外国语教学与科学研究所，2009）等语法著作对提高作为第二语言的朝鲜语教学效率做出了贡献。

自 1992 年中韩建交以来，作为第二语言的朝鲜语教育快速发展，相关研究成果也层出不穷。《中国朝鲜语文》是目前我国境内唯一朝鲜语核心学术期刊，它为研究该领域的学者和教师提供了相互交流、学习的平台。例如，1998 年李得春的《以外国人为对象的朝鲜语/韩国语教材的语法形式使用比较（1、2）》，2000年李承梅的《关于韩国语教学中的文化因素》，2001 年黄贤玉的《韩国语语法教育中语用论的接近方法之探索》，2004 年金敬花的《关于会话课的语法教学》，2004 年俞春喜的《试论副词使用中的中介语现象》，2004 年金顺女的《作为外语的朝鲜语会话教师需要具备的素质》，2004 年张英美的《韩国语教育中文化教育的地位和有效的教学方法》，2005 年金忠实的《韩国文化教学和韩国文化教材开发方案》，2005年沈贤淑的《辅助动词'보다[pota]'的含义和汉语中的对应形式及错误分析》，2005 年方今淑的《韩国语会话实践活动的目标分类体系和特征》等。这些研究成果涵盖了朝鲜语教学方法，朝鲜语语音、词汇、语法研究及在教学中的应用，中介语现象、教材的编写、学习评价体系等方方面面的内容。[①]

二、计算语言学研究

少数民族语言文字处理是中国语言文字信息处理的重要组成部分。自20世纪80年代以来，少数民族文字处理在各民族科研、产业工作者的共同努力下，在操作系统、输入输出、编辑排版、标准话、语言资源建设、机器翻译、软件平台、人才培养等各个方面取得了长足的进展。

毕玉德（2011）从自然语言处理研究的基础研究、资源建设以及应用性研究和系统开发等几个方面，分别简要综述了中、朝、韩三国的研究现状，并针对中国朝鲜语自然语言处理研究和发展提出了一些建议。该文指出，为推动我国朝鲜语信息处理技术的发展，我国一直致力于朝鲜语信息技术标准话的研究工作。20世纪70年代，在"三协"的指导下，朝鲜语规范委员会先后制定了朝鲜文信息处理领域相关规范原则及朝鲜语规范统一方案，为朝鲜语计算机输入标准化提供了保障。1989年，延边电子信息中心设计完成了国家标准《信息交换用朝鲜文字编码字符

---

① 金光洙：《解放后（指中华人民共和国成立后）中国的朝鲜语研究及前瞻》，载《东北亚外语研究》2013年第2期。

集》（GB12052）的编写任务。此外，中国朝鲜语信息学会同朝鲜及韩国相关机构合作完成了《基于ISO2382标准的英朝韩日信息技术术语词典》。语言资源建设的基础研究主要包括语料的标注、分析和处理，以及用于语言资源建设的各种字表、词表和规范标准。语料库方面，延边大学朝鲜韩国学院在教育部重点项目支持下完成了我国第一个朝鲜语语料库——"中国朝鲜语语料库"的建设。该语料库依据通用性、描述性、实用性和抽样性等四个原则，分别构建了三个语料库，即文本语料库、平行语料库、病句与中介语语料库。同时，借助中国朝鲜族的地域优势，初步构建了"中–朝–韩"三国的语料库资源共享机制。中国人民解放军外国语学院朝鲜语信息处理研究团队在国家社科基金、国家自然科学基金以及本系统基金项目的支持下，面向语言信息处理，深入挖掘语言内在规律，经三个阶段的努力，设计完成了"朝鲜语动词句法语义层次框架"，并构建了规模达5，000个朝鲜语形态动词（19，200余条句法语义项）的"现代朝鲜语动词句法语义信息词典"。此外，还在韩国科学技术院术语工学研究中心与北京大学计算语言学研究所共同研究的国际合作项目"英中韩三国语词汇语义网的构建"基础上，利用CCD（中文概念词典）以及英韩、汉韩等双语词典资源，采用半自动方式构建了"基于WordNet的英中韩多语种词汇语义网"[①]。在应用性研究与实用系统研制方面，东北大学自然语言处理实验室[②]针对朝鲜语信息处理做了不少研究，具体包括中韩多国语机器翻译系统（与韩国浦项工业大学合作，1995~2000）、汉韩机器翻译系统（科学技术部，国家外字[2000]0016）、中英韩多国语机译系统的设计与实现等。文中总结认为我国在朝鲜语自然语言信息处理方面仍属于发展阶段，朝鲜语语言资源建设方面还没有统一的规划和布局，没有相关的系列标准，使得各家资源很难融合，限制了相关研究的进一步深化。从知识产权及夺取信息优势角度来看，中国对朝鲜语信息化建设还未给予足够的重视，其研究深度和广度远远不够，且从事相关研究的科研人员不是很多；从自主创新角度来看，掌握相关信息技术的自主知识产权不仅符合我国未来的政治军事战略需要，且该技术可有效推动相关产业发展，进而创造巨大商业利益。因此，有必要加大对这方面的投入，大理推进我国朝鲜语信息处理建设。[③]

玄龙云等（2018）综述了包括朝鲜语在内的六种少数民族语言文字信息处理的历史、现状及存在问题，并对其未来发展方向进行展望，为我国少数民族语言文字的信息处理提供了参考与借鉴。该文指出，1996年中国朝鲜语术语标准化工作委员会成立，并完成了《朝鲜语术语数据库的一般原则与方法》的编写工作，制定了《朝鲜语术语标准化工作原则与方法》，研制开发出了朝鲜文电脑激光排版印刷系统。2004年起，全国信息技术标准化技术委员会先后成立了蒙维藏彝傣壮朝

---

① 毕玉德、阎艳萍：《一种基于WordNet的多语种词汇语义网半自动构建方法》，载《解放军外国语学院学报》2008年第5期。

② 东北大学自然语言处理实验室（http://www.nlplab.com/groups/MT.htm.）。

③ 中国朝鲜语信息学会、朝鲜教育省计算机教育中心、韩国与信息学会，2002年。

文信息技术工作组，大力推进了民文信息化建设。朝鲜文除了中朝韩三国共同使用的ISO10646韩文（朝鲜文）字符集以外，并没有其他统一的国际标准。2013年朝鲜文信息技术国家标准工作组成立，2015年该工作组完成了两项国家标准的制定，即《信息技术 朝鲜文通用键盘字母数字区的布局》和《信息技术 基于数字键盘的朝鲜文字母布局》，并于2017年11月正式发布；2017年完成了《朝鲜文信息技术术语和定义》《朝鲜文编码字符24点阵字形》等两项吉林省地方标准①。此外，还带领技术团队研发了基于Windows、Linux、Android、IOS平台的四种朝鲜文输入法和十种朝鲜文字形。2014年4月，国家民族事务委员会在延边大学正式成立了"中国朝鲜语言文字信息化基地"（简称"朝鲜文基地"）。在吉林省科技发展计划项目（20140101186JC）、国家语委2015年度科研项目（教语信司函[2015]21号）的支持下，朝鲜文基地研究多语种文本图像中的文字语种辨识方法②，提出了基于主成分分析技术以文字为单位进行文种辨识的方法。该方法在无分割错误的情况下，识别准确率高达99.78%，有效解决了由汉、朝、英三种文字混合构成的文档图像中的文种辨识问题。2016年，朝鲜文基地建设了近1.5亿字中国朝鲜语文本语料库，该语料库主要分为文本语料库（1亿2000万字）、双语（多语）对译语料库（2000万字）、朝鲜语（韩国语）病句语料库（820万字）。同年，朝鲜文基地完成了100小时标准口语音频数据和100小时标准双频数据的收集和140万字正字法转写库、140万字语言撰写语料库、2.7万句对平行语料库的构建。2017年，朝鲜文基地在已有的66万语节的朝鲜语标准口语语料库的基础上，继续按照实际发音进行语音转写，并制作成以语节为单位的"实际发音训练语料库"，目前该语料库规模已达90万语节。此外，还研发了"朝鲜语发音软件"，逐步完善朝鲜语口语实际发音规则库，完成字库与字素库的研制。③

三、词典编纂工作

中华人民共和国成立以来，我国朝鲜语词典编纂工作也取得了重大进展。主要成果有北京大学东方语言系编纂的《朝汉词典》④，延边历史语言研究所编纂的《朝鲜语小词典》⑤，金琪钟主编的《朝鲜语谚语词典》⑥，延边语言研究所编纂的《朝鲜

① 玄龙云、崔荣一：《关于朝鲜文信息技术标准化》，载《中文信息学报》2016年第3期。

② 朴明姬、崔荣一：《多语种文本图像中的文字语种辨识方法的研究》，载《中文信息学报》2017年第2期。

③ 刘连芳、海银花、那顺乌日图、黄家裕、吐尔根·依布拉音、玄龙云：《壮、蒙古、维、哈、柯、朝语信息处理研究进展》，载《广西科学院学报》2018年第1期。

④ 商务印书馆，1978年。

⑤ 民族出版社，1980年。

⑥ 延边人民出版社，1981年。

语反义词词典》①，崔允甲、李世龙等人编纂的《朝鲜语学词典》②，刘银钟、文昌德等人编纂的《同义词、反义词、同音词》③，延边语言研究所编纂的《朝鲜语新词词典》④，延边语言研究所编纂的《朝鲜语词典（1、2、3）》⑤，中国朝鲜语审定委员会编纂的《世界人名翻译词典》⑥，中国朝鲜语审定委员会编纂的《汉朝世界地名录》⑦，金光洙编著的《中朝韩日英生物学术语对比词典》⑧ 等。在各大出版社中，黑龙江朝鲜民族出版社一直致力于朝鲜语的词典编纂和出版工作，且成绩斐然。近年来，由该出版社出版的词典有金成奎编著的《韩国语外来语词典》（2005），姜信道编著的《韩中谚语惯用语词典》（2005），南德贤等编著的《真明中韩词典》（2003）和《真明韩中词典》（2003），高丽语言研究所编著的《朝鲜语成语谚语词典》（2005）和《朝鲜语描写词典》（2005），洪允善、全明吉、崔京男等人编著的《最新韩中常用外来语词典》（2006），高丽语言研究所编著的《朝鲜语古语词典》（2006），《朝鲜语连贯语大辞典》（2007）以及《万字玉篇》（2008） 等。这些词典，是在深入考察中国朝鲜语词汇特点及其使用情况的基础上进行编纂的，不仅整理、收录了当代的中国朝鲜语词汇，而且对规范、普及和发展朝鲜语产生了积极的影响。⑨

第十二节 展望

我国朝鲜语研究走过了七十年的历程，从中华人民共和国成立前的一片空白到今天的成就，离不开老一辈语言文字工作者的辛勤与心血。宣德五、金基石、许东振、金琪钟、安炳浩、李得春、崔羲秀等前辈都为我们做出了典范。中国朝鲜语同朝鲜和韩国的朝鲜语（韩国语）具有密切联系，但作为中国少数民族语言之一，中国朝鲜语又具有自己的特色。因此，今后的中国朝鲜语研究应在立足于本体论研究的基础上，努力构建具有中国特色的朝鲜语研究模式，以解决中国朝鲜语体系所面临的新问题。具体要在以下几个方面继续努力：

1.继承传统的语言结构描写方法与历史语言学研究方法，同时，结合我国实情

---

① 延边人民出版社，1984年。

② 延边人民出版社，1984年。

③ 辽宁人民出版社，1988年。

④ 辽宁人民出版社，1991年。

⑤ 延边人民出版社，1992年、1995年。

⑥ 延边人民出版社，2003年。

⑦ 延边人民出版社，2009年。

⑧ 人民出版社，2012年。

⑨ 金光洙:《解放后(指中华人民共和国成立后)中国的朝鲜语研究及前瞻》，载《东北亚外语研究》2013年第2期。

和国外最新的语言学理论与方法，推出具有中国特色的现代语言学理论与方法，并以此为据进行朝鲜语研究。要利用我国的有利条件，发挥优势，不断吸收朝鲜和韩国两国先进的研究成果，深化朝鲜语语法体系研究，形成具有中国特色的朝鲜语研究成果。

2.要同时抓牢中国朝鲜语的本体研究与作为第二语言的朝鲜语教育研究两大方面。在进行宏观研究的同时，不断完善各分支学科体系，针对诸多具体问题进行深入的微观研究，注重语言事实的描写，促使朝鲜语研究进一步纵向发展。

3.要深入研究中国朝鲜语同其他语言之间的关系，其中，应重点深入探索朝鲜语言文化和汉语言文化之间的对比研究。此外，要继续进行包括但不限于中国朝鲜语使用实态研究、中国朝鲜语方言间的语言接触及影响、朝鲜语与其他民族语的语言接触及影响、朝鲜语在汉语和国外朝鲜语影响下的发展与变化、国内外朝鲜语的研究史等专题研究。

4.要充分利用现代科技的发展成果和先进工具，不断拓展新的交叉学科研究领域，如朝鲜语实验语音学、朝鲜语文信息处理与机器翻译研究等，建立国际化的语言对比文献资料库，努力构建涵盖朝鲜语与汉语、英语、日语及俄语等语言对比的对比文献资料库。

5.目前，有关朝鲜语的研究成果相当一部分是由本民族学者使用朝鲜语发表的，这面临着读者群体过于狭窄的问题。在未来，本民族学者要在使用朝鲜语发表研究成果的同时，致力于使用汉语或英语向学界介绍中国朝鲜语的研究成果。

参考文献

[1]北京朝鲜族青年学会:《中国朝鲜族移民纪实》(朝鲜文)，延边人民出版社，1992年。

[2]毕玉德:《朝鲜语自然语言处理研究管窥》，《中文信息学报》2011年第6期。

[3]毕玉德、刘吉文:《现代朝鲜语句子语义结构类型研究》，《民族语文》2002年第5期。

[4]毕玉德、阎艳萍:《一种基于WordNet的多语种词汇语义网半自动构建方法》，《解放军外国语学院学学报》2008年第5期。

[5]车光一:《朝鲜语词尾分类》，民族出版社，1984年。

[6]崔松虎:《朝鲜语体词重叠形结构特点的统计分析》，《延边大学学报》2017年第6期。

[7]崔允甲:《21世纪中国朝鲜语发展前景》，第11届中国朝鲜语学会宣读论文，1999年8月。

[8]崔宰宇:《朝鲜语的跨境变异》，《跨境语言研究》，中央民族学院出版社，1993年。

[9]方言研究会:《方言学事典》，大学社，2003年。

[10]高永根:《朝鲜语的深层结构》,《民族语文研究情报资料集》1983年第1期。

[11]黄晓琴:《浅析朝鲜语数词与阿尔泰语系的关系》,《语言与翻译》(汉文)2001年第4期。

[12]黄玉花、成善月:《汉朝语同义同形词的语法功能对比》,《中国民族语言论丛(2)》,云南民族出版社,1997年。

[13]姜宝有:《朝鲜语(韩国语)教育研究的现状与未来》,《中国朝鲜语文》2018年第6期。

[14]姜镕泽:《中国朝鲜语方言研究窥探》,《中国朝鲜语文》2017年第6期。

[15]姜镕泽:《改革开放后中国朝鲜语的变化发展情况研究》,韩国学术信息(株),2018年。

[16]金炳镐:《中国民族理论政策与朝鲜族》,中央民族大学出版社,2011年。

[17]金淳培:《朝鲜语语法形式的意义特征》,《民族语文》1986年第3期。

[18]金光洙:《中国朝鲜语新名词术语分析》,《东疆学刊》2008年第3期。

[19]金光洙、李英实:《中国的朝鲜语研究现状与展望》,《中国朝鲜语文》2011年第1期。

[20]金光洙:《解放后(中华人民共和国成立后)中国的朝鲜语研究及前瞻》,《东北亚外语研究》2013年第2期。

[21]金光洙:《朝鲜语在中国变化与发展研究》,《中国朝鲜语文》2015年第6期。

[22]金光洙:《中国朝鲜语历史研究》,《中国朝鲜语文》2019年第3期。

[23]金基石:《明清时期朝鲜韵书中的晓精组字》,《民族语文》1998年第2期。

[24]金基石:《关于中韩语言对比的视角与方法》,《东北亚外语研究》2013年第1期。

[25]金琪钟:《中国朝鲜语的方言词汇规范化工作》,《中国朝鲜语文》2011年第6期。

[26]金日,毕玉德:《有关朝鲜语词类问题上的不同观点评析》,《民族语文》2001年第6期。

[27]金顺女:《中国朝鲜语词汇变化的因素分析》,《延边大学学报》2010年第6期。

[28]金香花、金顺女:《朝鲜语规范化问题探讨》,《延边大学学报》2015年第3期。

[29]金永寿:《汉朝语序排列对比之管见》,《东疆学刊》2000年第2期。

[30]金永寿、金莉娜:《中国境内朝鲜语使用标准研究》,延边大学出版社,2015年。

[31]金永寿:《中国朝鲜语规范化工作的回顾与修订原则思考》,《延边大学学报》2017年第1期。

[32]金哲俊:《中国朝鲜语学术界对音韵学、语用学、篇章语言学之研究》,《中

国朝鲜语文》2019 年第 6 期。

[33]李得春:《漫谈朝鲜语和满语的共同成分》,《延边大学学报》1981 年第 1-2 期。

[34]李得春:《训民正音起源的异说 — 可图起源说》,《中国朝鲜语文》1989 年第 5 期。

[35]李得春《世界中的朝鲜/韩国语和阿尔泰诸语言》,《东疆学刊》2003 年第 3 期。

[36]李根荣:《朝鲜语理论语法（形态论）》,朝鲜科学百科辞典出版社,1985 年。

[37]李贵培:《朝鲜语理论语法》,延边人民出版社,1988 年。

[38]李基文:《朝鲜语的系属》,《阿尔泰语文学论文选译》,中国社会科学院民族所语言室,1980 年。

[39]李敏德:《关于朝鲜语社会语言学研究》,《中国朝鲜语文》2019 年第 5 期。

[40]李相亿:《朝鲜语的语言学特点》,《民族语文研究情报资料集》1985 年第 6 期,中国社会科学院民族所语言室。

[41]李庸周:《朝鲜语汉字词的分布情况》,《民族语文研究情报资料集》1985 年第 5 期,中国社会科学院民族所语言室。

[42]廉光虎:《十五世纪以前朝鲜语敬语表现形式的考察》,《民族语文》1998 年第 1 期。

[43]刘连芳、海银花、那顺乌日图、黄家裕、吐尔根·依布拉音、玄龙云:《壮、蒙古、维、哈、柯、朝语信息处理研究进展》,《广西科学院学报》2018 年第 1 期。

[44]刘银钟:《关于〈中国朝鲜语文〉刊载的语义学与词汇学相关论文》,《中国朝鲜语文》2019 年第 4 期。

[45]吕红波、崔锦实:《英语、汉语、朝鲜语、日语宾语的对比》,《延边大学学报》2002 年第 3 期。

[46]潘龙海、黄有福主编:《跨入 21 世纪的中国朝鲜族》,延边大学出版社,2002 年。

[47]朴明姬、崔荣一:《多语种文本图像中的文字语种辨识方法的研究》,《中文信息学报》2017 年第 2 期。

[48]全永根:《在中国朝鲜语文体学研究》,《中国朝鲜语文》2018 年第 1 期。

[49]申慧淑:《城市朝鲜族语言适应研究》,中央民族大学博士学位论文,2011 年。

[50]沈贤淑:《汉、朝空间维度词的隐喻义对比》,《延边大学学报》2002 年第 1 期。

[51]太平武:《汉韩（朝鲜语）对比关系句中否定句与肯定句的意义分量及其位

置问题 —— 以汉韩语言对比为中心》,《当代韩国》2005年春季号。

[52]王国旭:《建国（中华人民共和国成立后）以来朝鲜语社会语言学研究概述》,《延边大学学报》2009年第6期。

[53]文日焕、王远新:《中国民族语言学基础教程》, 中央民族大学出版社, 2012年。

[54]吴安其:《论朝鲜语中的南岛语基本成分》,《民族语文》1994年第1期。

[55]吾买尔·尼亚孜:《试论朝鲜语同维吾尔语在语音上的亲属性印迹》,《延边大学学报（社会科学版）》2005年第2期。

[56]辛容泰:《朝、日、汉上古音比较研究 —— 探索朝、日、汉共通母语的一种尝试》,《民族语文研究情报资料集》1986年第7期。

[57]许东振:《朝鲜语动词的某些附加成分》,《民族语文》1992年第3期。

[58]许余龙:《对比语言学（第二版）》, 上海外语教育出版社, 2010年。

[59]宣德五:《朝鲜语句法结构分析》,《民族语文研究文集》, 青海民族出版社, 1982年。

[60]宣德五:《朝鲜语谓词连体形的语法范畴浅析》,《中国民族语言论文集》, 四川民族出版社, 1986年。

[61]宣德五:《关于朝鲜语汉字词的几个问题》,《民族语文》1992年第1期。

[62]宣德五:《论汉语文对朝鲜语文发展的历史影响》,《中国语言学报》1995年第5期。

[63]玄龙云、崔荣一:《关于朝鲜文信息技术标准化》,《中文信息学报》2016年第3期。

[64]张承焕:《中国延边地区朝鲜语使用现状的社会语言学研究》, 延边大学博士学位论文, 2015年。

[65]张光军:《韩国语语法语境素》,《解放军外国语学院学报》2000年第6期。

[66]张京华:《英、朝、汉被动句对比分析》,《延边大学学报》2002年第1期。

[67]张兴权:《现代朝鲜语中的英语外来词》,《中央民族学院学报》1985年第3期。

[68]张贞爱:《英朝汉基本句型词序对比》,《延边大学学报》1998年第2期。

[69]赵杰:《满语词与朝鲜语语系归属》,《满语研究》1999年第1期。

[70]赵杰:《论韩国语、满语元音和谐律松化的共性》,《中国民族语言论丛（2）》, 云南民族出版社, 1997年。

[71]赵新建:《试析朝鲜语添意词尾范畴的伸缩性》,《民族语文》1999年第1期。

[72]赵新建:《韩国语体词后补助动词的多义性特征》,《东北亚外语研究》2015年第2期。

[73]赵新建、马会霞:《韩国语属格助词"의（ɰi）"的属性问题（1）》,《东北亚外语研究》2016年第1期。

[74] 赵习:《朝鲜语六镇话的方言特点》,《民族语文》1986 年第 5 期。

[75] 郑信哲:《朝鲜族的跨国流动及其影响研究》,《北方民族大学学报》2018 年第 1 期。

[76] 郑璟彦:《中国朝鲜语的词汇规范化问题》,《中国少数民族语言文字使用和发展问题》,中国藏学出版社,1993 年。

[77] 郑鲜日、李英浩:《英语、朝鲜语塞音的浊音起始时间（VOT）对比》,《延边大学学报》2005 年第 4 期。

[78] 朱成华:《中国朝鲜人移居史》,韩国学术信息（株），2007 年。

第七章　中国民族古文字研究

第一节　中国民族古文字文献概况

中国是一个统一的多民族国家，各民族在不同的历史时期曾创造了本民族的文字，并保存了用这些文字书写的大量历史文献。这些文字和文献，是中华民族珍贵的文化遗产。中国古代各民族在不同历史时期创造和使用的文字，统称为民族古文字，总数在30种以上，按文字形式可以分为四个类型：

（1）图画 — 象形文字，如纳西族东巴文、四川尔苏人（旧称西蕃人）的沙巴文。

（2）音节文字，如纳西族哥巴文、彝文和朝鲜族训民正音文字（朝鲜谚文）。

（3）字母文字，共有十几种，其中来源于阿拉美字母体系的有佉卢字、粟特文、回鹘文、回鹘式蒙古文、满文、锡伯文、突厥文；来源于阿拉伯字母的有察合台文；来源于印度婆罗米字母体系的有焉耆 — 龟兹文、于阗文、藏文、八思巴文和四种傣文。

（4）汉字系民族文字，这类文字共有十几种，古代的有契丹文、女真文、西夏文，沿用到现代的，有水书、白文、方块壮文、侗字、布依文、方块苗文、方块瑶文等。此外，还有纳西族的玛丽玛莎文、纳西族摩梭人的达巴文、阮可人的阮可文等。

上述民族古文字的发展历史、使用特点以及文献情况各不相同。以下按地区分布情况简单说明。

西北地区共有7种古文字。其中，佉卢字的历史最为悠久，公元前就已传入我国，公元2 — 4世纪通行于我国新疆的于阗、鄯善地区，这是一种由音节字母构成的文字，保留至今的佉卢文文献有千余种。粟特文也是古代西域地区一种历史悠久的文字，有佛经体、古叙利亚体、摩尼体等三种字体，保存至今的文献包括公元2 — 11世纪的佛教、景教和摩尼教经典及早期的书信和铭文。焉耆 — 龟兹文的年代比上述两种文字稍晚，有大量公元5 — 8世纪的文献保留至今。焉耆 — 龟兹文剧本《弥勒会见记》和《佛弟子难陀生平》是我国现存最早的古代剧本。用焉耆 — 龟兹文书写的吐火罗语，对于印欧语系语言的比较研究有重要价值。

突厥文是公元7世纪至10世纪突厥等族使用的一种音素、音节混合文字，古代西域的很多王国和民族都曾使用过突厥文，有大量的碑铭文献保留至今。回鹘文是回鹘人8世纪时借用粟特文字母创制的拼音文字，在新疆一带使用时间长达800多年，影响深远，文献以佛教经典为多，另有大量文学、医学、历法等书籍，并有很多碑铭传世。后来伊斯兰教传入新疆一带，新疆各民族转而使用源自阿拉伯字母的察合台文。从13世纪一直沿用到近现代，并逐渐演化为使用现代阿拉伯字母的各种新疆民族文字。这种文字由于使用时间长，其文献种类繁多，数量极为丰富。

北方的少数民族地区，有契丹文、西夏文、女真文、古代蒙古文、八思巴文、满文等多种文字。其中，契丹文、西夏文、女真文都是和汉字关系极其密切的汉字系文字。契丹人于十世纪初分别创制了契丹大字和契丹小字。契丹大字是脱胎于汉字的表意文字，契丹小字则是在大字基础上形成的表音文字。契丹文文献较为少见，且以碑铭为主，释读难度也较大。西夏文创制于公元1036年，共6000多字。西夏文最突出的特点是都用横、竖、撇、捺等汉字基本笔画重新组合而成，但没有借用一个现成的汉字形体。西夏文到明代才成为死文字，使用时间约五百多年，保存文献极其丰富。女真是今天满族的先民，公元12世纪初分别颁行女真大字和女真小字。流传至今的文献只有大字一种。女真文是在汉字基础上进行笔画的增减而形成的。

古代蒙古文也叫回鹘式蒙古文，是借用回鹘文拼写蒙古语的一种竖写文字，创制于公元13世纪初期，流传至今的文献数量不多。八思巴文是元世祖忽必烈即位后命国师八思巴创制的"蒙古新字"，多数字母采自藏文，但自左至右直行书写，它不仅用来拼写蒙古语，还用来译写汉语、藏语、梵语、维吾尔语，元亡以后逐渐废弃，流传至今的文献有碑刻、印章、符牌等，虽然数量不多，但有珍贵的史料价值。满文于1599年以蒙文字母为基础创制而成，称为老满文或无圈点满文。公元1632年做了改进的满文称为新满文或有圈点满文。满文一直使用到清朝灭亡。由于满文一直作为官方文字使用，因此保留下的文献极其丰富，有重要的研究价值。

西南地区的藏族、彝族、纳西族、傣族等都创制过民族文字，并一直沿用至今。古藏文创制于公元7世纪中叶，是现代藏文的前身，在其使用的1300多年中，积累了浩如烟海的古代文献。其中，吐蕃时期的金石文献、写本手卷以及竹木简牍等，更是其文献宝库的珍品。纳西族的东巴文是世所罕见的象形文字，计有1300多字，内容多为东巴教经典。另有一种尔苏沙巴文，属于尚未完善的原始图画文字，仅有少量文献。老彝文史称"爨文"，流传在云、贵、川的彝族地区，代表文献是《西南彝志》，全书37万字，是关于彝族历史、社会发展的重要资料。傣族的老傣文共有四种，即傣仂文、傣纳文、傣绷文和金平傣文。傣族流传至今的500多部长篇叙事诗都是用老傣文书写的，傣文文献中数量最多的当属小乘佛教经典，号称有8万4000卷的傣文贝叶经是小乘佛教经典的精品。

一些南方（包括西南）少数民族在历史上曾使用汉字或将汉字稍做变动来记录本民族的语言，形成了壮文、白文、侗文、布依文、苗文、瑶文、哈尼文、水书等汉字系文字。最典型的如方块壮文，形成时间应在唐代。方块壮文虽然没有发展为正式文字，但有着深厚的群众基础。保留下的文献有史诗、剧本、唱本及宗教经书等，数量极大。白族的白文情况也类似，白文曾用来书写各种历史著作等，但都失传。流传下来的文献多为碑铭文献，最典型的为明代《词记山花·咏苍洱境》碑。白族民间还广泛使用白文书写各种戏曲、民歌唱本等。另外，侗族有方块侗文的大量文献，布依族有用方块布依字书写的古歌、经书、巫词和戏文等。

水书是水族的一种古老文字，也是南方汉字系文字中较为特殊的类型。一般认为水书是由自造的象形字、指事字和汉字符号共同组成的。从目前搜集的材料看，水书共四百多字，并且多为鬼师占卜所用，一般群众掌握水书的不多。但它在中国民族古文字学上有着重要的地位。

另外，一些以前不为人知的民族古文字近年来逐渐被发现，或被确认为独立民族文字，如纳西族的玛丽玛莎文、纳西族摩梭人的达巴文等。

上述的民族古文字及其文献，在中华文化宝库中有着令人瞩目的价值。主要表现在：

1.丰富多彩的民族文字形式，充分展现了各民族杰出的文化创造力。

2.各民族文字古籍是各民族发展历史和文化创造的直接记录和见证。无论是春秋时期壮傣民族的《越人歌》、汉代藏缅民族的《白狼王歌》，还是北朝鲜卑人的《敕勒歌》，都是关于少数民族繁衍生息和文化创造的早期历史档案。后代的蒙文《蒙古秘史》、藏文《青史》《红史》《白史》以及《吐蕃王统世系明鉴》，察合台文《拉西德史》、彝文《西南彝志》等等，其史料价值都弥足珍贵，见证了中华各民族共同缔造统一多民族国家的伟大历史。

3.各民族文字是民族文化继承和发展的重要载体。各民族文字及其古籍是综合了民族文化中各学科的宝库，内容涵盖历史、哲学、文学、宗教、科技、医学、民俗、语言等等，共同构成了各民族文化的总体系，充分反映了民族文字对于民族文化发展的重要作用。

4.各民族文字古籍记载了特定的民族语言，为民族语言的继承和发展发挥了积极的作用，也为民族语言研究提供了丰富可靠的历史材料。各民族文字古籍所记录的古代民族语言，在语言史上的价值难以估量。人们不仅可以凭借古籍了解各民族语言发展的历史，追溯不同语言历史变化的轨迹，还可以借此不断丰富和完善历史比较语言学的研究和认识。

5.各民族文字古籍充分反映了中华民族多民族文化的相互融合和交流。从文字发展史来看，绝大多数的民族文字都是通过文化的传播、交流而形成的。我国的民族文字中，只有少数几种是自源文字，其他大多数文字都是借用其他民族文字发展起来的，是文化交流的重要成果。在文献的内容上，民族文化的交流则更为密切。因此可以说，民族文字及其古籍既是民族文化交流与互动的成果，也是中华文化交融互补、共同繁荣的见证。

第二节　各文种研究情况及评述

一、图画 — 象形文字

所谓象形文字，是指以符号形体描摹词语概念所代表的客观事物具体形态的文字，它是人类文字发展最初阶段的一种字体。历史上一些古老的文字体系大多经历过象形文字的发展阶段。一般来说，象形文字来自图画文字，但和图画文字相比，它的图画性质减弱，象征性增强。作为一种初始阶段的文字形式，象形文字的局限性很大，因为有些实体事物和抽象事物难以用象形方法表示，因此，纯粹的象形文字实质上还是一种不完备的文字，还不能按次序、无遗漏地书写语言，但它在人类文字发展史上的地位仍然是极为重要的。

虽然说象形文字是由图画文字发展而来的，但由于这些字的形体与原始单线条的图画十分接近，所谓"图画"和"象形"的界限实际上很难明确区分，因此，象形文字一般也可以称为"图画 — 象形文字"。

（一）纳西东巴文

东巴文是云南省丽江地区纳西族用来记录纳西语西部方言的古老文字，主要用于书写宗教经书。纳西族中通习宗教经书、执行法事的人称为"东巴"，因而这种文字被称作东巴文。由于东巴文文献没有时间标识，因此其初创时间很难确定，说法较多。一种说法是纳西族的东巴教形成于公元7世纪左右，而据东巴经，东巴文字是东巴教祖"丁巴什罗"创造出来的，因此东巴文的创制也应在公元7世纪；一种说法认为东巴文的产生不晚于11世纪；第三种说法根据明代纳西族《木氏宦谱》中有16世祖"牟保阿宗且制本方文字"的记载，因此推算东巴文字的创制年代大约在12世纪下半叶至13世纪上半叶之间。

东巴文是处于从图画记事符号向象形文字发展过程中的一个中间阶段，是人类文字发展史的一个活化石，具有十分宝贵的价值。由于东巴文与东巴教关系密切，因此其流传使用都很广泛，生命力也很强，并保存了大量的东巴文经书文献，保守估计应在2万册以上，仅北京图书馆、丽江市图书馆、云南东巴文化研究所几处就有8000册以上。在国外以美国收藏最多。东巴文文献不仅有文字学上的重要价值，也是研究纳西族历史文化的重要资料，同时也可从中了解人类思维发展的一些共同特点。

对东巴文的调查和整理和研究始于20世纪30年代。当时主要的工作是对纳西文字典和东巴经进行释读和编目。中华人民共和国成立以后，对纳西文的研究内容和范围都有扩大，研究也更加深入。特别是20世纪80代末以来，随着东巴文的文化价值进一步为人们所了解，东巴文的研究进入了一个活跃时期。概括来看，中华人民共和国成立以来，有关东巴文的研究主要有以下几个方面：

1.关于东巴文文字性质和书写符号结构的研究。早在20世纪30年代，东巴文的文字性质和造字方法等问题已经引起学术界关注。中华人民共和国成立以来，傅懋勣、方国瑜、何志武、周有光、王元鹿、俞遂生等学者先后对此问题做了深入的讨论，推进了对东巴文文字性质的认识。目前学术界对东巴文的文字性质已经有较为一致的意见，即东巴文是一种处于从图画文字向象形文字发展的原始文字形式。

2.东巴经译释。丽江市文化馆于1962、1965年石印了《东巴经二十二种》。1980年以后，云南省社会科学院东巴文化研究室陆续油印了26种东巴经书，并出版三册《纳西东巴古籍译注》。傅懋勣的《纳西族图画文字<白蝙蝠取经记>研究》①，不仅译释了东巴经，还准确指出东巴文是图画文字和象形文字的结合体，处于人类文字从图画向符号过渡的发展阶段，在象形符号中已经发展出表形、表音、指事、假借等书写符号形式，已经初步具有了文字的特征。此外，和志武的《东巴经典选译》②、云南省社会科学院东巴文化研究所出版的100卷《纳西东巴古籍译注全集》（1999），傅懋勣、徐琳的《纳西族<祭风经：迎请洛神>》③等都是东巴经译释的代表性论著。其中，《纳西东巴古籍译注全集》共收集1500多卷东巴古籍，内容按东巴古籍传统的分类法分为祈神、禳鬼、丧葬、占卜及其他（包括舞蹈、杂言、药书）等五大类，采用释读、国际音标、直译、意译四行对照的格式进行译释，对研究纳西族语言文字、历史地理、生产生活、文学艺术、宗教信仰、天文历法、思想意识等方面都具有重要的借鉴价值，荣获第五届"中国国家图书奖"荣誉奖。此外，《中国少数民族古籍总目提要·纳西族卷》作为该大型丛书的首部成果，2003年11月在京首发，其出版为其他各卷的编纂出版工作提供了重要参考和借鉴。

3.东巴文字典和辞书编纂。中华人民共和国成立以后最有代表性的东巴文字典是方国瑜、和志武等编的《纳西象形文字谱》（1981），全书分为18属，收基本字1340个，派生字250个，并对每一个字的音形义三要素都进行了解说，同时收录了582个标音字及2000多个常用词汇，在大部分词下还注有象形文字标号及读音，该书系统推动了纳西东巴古籍文献的整理收集研究。2001年，李霖灿等编纂的《纳西族象形标音文字字典》（2001）在国内出版。这些字典和辞书的编撰标志着东巴文研究在整体上达到了一个新的高度。

4.纳西文和其他文字的比较研究。从20世纪30年代起，方国瑜等就已开始这方面的研究。中华人民共和国成立后，随着东巴文、汉文以及其他兄弟民族文字发掘、研究的深入，东巴文和其他文字的比较研究也有很大的进展。方国瑜、裘锡

---

① 日本东京外国语大学亚非言语文化研究所，1981年。

② 云南人民出版社，1994年。

③ 载《民族语文》1993年第2—5期。

圭、李静生、王元鹿、喻遂生等在这方面都做了很大贡献，有代表性的成果如李静生的《纳西东巴文与甲骨文的比较研究》[1]、王元鹿的《汉古文字与纳西东巴文字比较研究》（1988）等，后者不仅对两种文字的书写符号系统进行了比较研究，还试图通过两种文字形态探讨早期人类造字所反映的认知心理，拓宽了东巴文的研究视野，也促进了对东巴文文字性质和符号系统发展的全面认识。

（二）尔苏沙巴文

尔苏沙巴文是彝族尔苏人中从事宗教活动的巫师（尔苏语称为"沙巴"）使用的一种图画 — 象形文字。尔苏人旧称"西蕃人"，主要散居在四川凉山州、甘孜州和雅安地区。尔苏语属于汉藏语系藏缅语族的羌语支。尔苏沙巴文起源于何时，由谁创制，都无确切记载，民间传说称其有数百年的历史。尔苏沙巴文主要用来书写用于占卜的宗教经书，保存至今的文献只有5种。长期以来尔苏沙巴文不为人知，直至20世纪80年代才有报道和研究。

由于发现较晚，文献数量少，因此尔苏沙巴文的研究成果也不多，主要有孙宏开的《尔苏沙巴文》[2]、《试论尔苏沙巴文字的性质》[3]，王元鹿的《尔苏沙巴文字的特征及其在比较文字学上的认识价值》[4]等。通过初步研究表可知，尔苏沙巴文大约有200个单字。其特点为：文字的形体与它所代表的事物有明显的一致性，可以从单字体推知它所代表的事物；有少量的衍生字和会意字；用不同的颜色表达不同的附加意义，常在文字中配用白、黑、红、蓝、绿、黄色来表示不同的字义；无固定的笔顺和书写格式，但有时为了说明时间顺序，根据内容需要，在一个复杂的图形中，将单字按左下、左上、右上、右下、中间的顺序排列；不能按次序无遗漏的书写语言，一个单字往往需要读成两、三个甚至更多的音节，当一组字组成复杂图形时，需要沙巴们进行发挥和补充，有的字需要用一段话才能解释清楚。因此，尔苏沙巴文字的表达功能系统还很不完备，它还处于由原始图画文字向象形文字过渡的阶段，图画符号的特点还很明显。以上的研究成果还是初步的，作为一种在文字史上地位独特的文字形式，尔苏沙巴文还需要进一步的深入研究。

二、音节文字

（一）纳西哥巴文

哥巴文是云南丽江纳西族使用的一种音节文字。哥巴是纳西语"弟子、徒弟"

---

[1] 载郭大烈、杨世光主编：《东巴文化研究》，云南人民出版社，1985年。

[2] 载《中国民族古文字图录》，中国社会科学出版社，1990年。

[3] 载《中国民族古文字研究》第2辑，天津古籍出版社，1993年。

[4] 载《华东师范大学学报》1990年第6期。

的意思，说明这种文字最初可能是被"东巴"的弟子们所使用的。关于哥巴文的创制年代，一般认为比东巴图画文字晚得多。现存最早的哥巴文文献是明万历四十七年（公元1619年）的丽江上桥头摩崖。

哥巴文主要用来书写宗教经书，其数量比东巴文经书少得多，使用范围也比较小。加上其文字学价值和文化价值显得不如东巴文那么大，因此哥巴文没有受到足够的重视，一般都是把哥巴文作为东巴文或纳西语研究的附属对象，相关的研究成果也比较少。关于哥巴文的论述，多散见于纳西东巴文研究的论著中。已经刊布的专门研究成果主要有中国民族古文字研究会编的《中国民族古文字图录》中关于哥巴文的介绍和图片①，毛远明的《纳西哥巴文性质再认识》② 等。研究成果表明，哥巴文是一种音节文字，其书写符号表示音节。书写符号的构成主要有三个来源：（1）自造了部分带有象形特点的图形符号；（2）选用东巴图画文字中笔画简单的字；（3）借用笔画简单的汉字。因此，哥巴文的书写符号系统是混合性的。作为一种和东巴文性质迥异的音节文字，其文字系统的表音化发展在文字学上很有价值，但目前将其作为东巴文附庸的研究状况还不能令人满意。

（二）彝文

彝文是中国彝族固有的文字，旧称"罗罗文"或"倮文"，史书也有称为"韪书""爨文"的。主要流行于四川、云南和贵州的彝族地区。彝文的性质有不同说法，因其中有部分象形表意字，因此有人认为它属表意文字，但由于彝文字数较少，全靠象形表意字不能适应语言发展的需要，同音假借字数量非常多，因此更多的学者认为彝文已经发展成了一种音节文字。四川的彝文通过二十世纪80年代的规范工作，已经成为一种典型的音节文字。

彝文创自何时，向无定论。贵州大方县明代铜钟铸有彝、汉两种文字，铸于明成化二十一年（公元1485年），是现存最早的有明确纪年的彝文文献。保存至今的彝文文献多为手抄本，刻本很少，内容以宗教祭祀为主，也有部分历史、哲学、文学、医药文献。

关于彝文及其文献的研究，早在19世纪末就已开始，但较为零散。中华人民共和国成立以后，彝文的研究进入了一个新时期。彝文的研究大体可以分为两个方面，一是彝文古籍文献的译释，二是关于彝文自身即彝文性质、彝文起源和发展、彝文的书写系统等方面的研究。彝文古籍文献的整理70年来成就巨大，已经刊布和整理彝文古籍百余种。如罗国义、王兴有翻译的《西南彝志》《水西传》《水西制度》《德施氏史略》《德布氏史略》《六祖纪略》等十余部，罗国义、陈英翻译的《宇宙人文论》（1984），马学良、张兴等人翻译整理的《彝文〈劝善经〉译注》

---

① 《中国民族古文字图录》，中国社会科学出版社，1990年。

② 载《国际东巴文化学术讨论会论文集》，社会科学文献出版社，2002年。

（1986），马学良主编、罗国义校订的《增订爨文丛刻》（上下册）（1986–1988）等，都是彝文文献整理的代表著作，在学术界影响深远。尤其是《增订爨文丛刻》，不仅补足了原版遗漏的重要文献，提高了文献的质量，同时注音规范，译文准确，是彝文翻译和整理工作中具有里程碑意义的成果。其他具有较高学术价值的成果还有彝汉对照的《西南彝志》（1988–2000）6册12卷等。马学良的《彝文和彝文经书》（1981）和黄建明的《彝族古籍文献概要》（1993）是全面了解彝文及其古籍文献的重要论著。

彝文古籍整理工作中值得指出的是《指路经》和《毕摩经》的搜集整理。彝文《指路经》是流传久远且风格独特的彝文文献，在不同方言区有《开路经》《指阴路》《教路经》《阴路指明》等多种名称，但内容大体类似，是在祭奠亡人的仪式上念诵经文，是对彝族历史和迁徙过程的回溯。果吉·宁哈等编译的《彝文＜指路经＞译集》（1993），共整理翻译了云、贵、川三省十八个县十八个彝族家支的《指路经》，采用彝文原文、国际音标注音、汉文直译和意译的四行对照整理，并附有注释和考证，是具有较高学术价值的彝文文献整理研究成果。云贵川百部《彝族毕摩经典译注》是云南省楚雄彝族自治州州委、州政府组织云、贵、川、桂等地彝文文献专家，从2005年开始历时7年完成搜集、整理、译注，由云南民族出版社出版的大型丛书，共106卷，内容涉及彝族传统社会生活的方方面面特别是彝族毕摩文化遗产，具有重大的文献价值和研究价值。

关于彝文本身的研究，主要包括彝文的起源和发展，彝文书写符号系统的构成及性质等方面，在相关的研究中，往往将这些问题联系在一起来进行讨论。相关的研究成果如武自立的《彝文的起源和发展》[1]、陈士林的《试论彝文的起源、类型和造字法原则问题》[2]、马学良的《再论彝文"书同文"的问题——兼论彝文的性质》（1986）、丁椿寿的《彝论》（1993）、黄建明的《彝文文字学》（2003）、孔祥卿的《彝文的源流》（2005）、朱文旭等的《彝文中的借汉字研究》[3] 等，这些成果从各个角度，对彝文的源流类型、书写符号的结构、书写符号的使用情况等做了较为全面的讨论，有力地推动了彝文的相关研究。在相关的研究中，人们已经认识到，彝文创制的初始阶段有象形造字的方法，且象形符号在今天的彝文中仍有保留，但通过同音假借的高度发展，今天的彝文已经具有了音节文字的性质，向音节文字过渡是彝文历史发展的总趋势。至于彝文的初创时期，由于文献无征，目前仍有多种不同的意见，主要有汉代说、唐代说以及数千年说几种，这些意见还需要进一步的检验。

另外，虽然彝文研究成果丰富，但将彝文作为重要语言材料来进行语言学研究

---

[1] 载《凉山彝族奴隶制研究》1981年第1期。

[2] 载傅懋勣等主编：《罗常培纪念论文集》，商务印书馆，1984年。

[3] 载《三月三·少数民族语文》2005年第6辑。

的成果还不多，这方面的研究工作需要大力加强。随着相关的研究成果的不断面世，人们将不断加深对它的认识和了解。

（三）朝鲜训民正音文字（朝鲜谚文）

朝鲜训民正音是朝鲜半岛和我国朝鲜族用来书写朝鲜语的一种兼具音素文字和音节文字特点的民族文字，在创制时称"训民正音"，简称"正音"，又称"谚文"或"反切"，后来改称朝鲜文。朝鲜世宗皇帝李祹命郑麟趾等学者创制了谚文，并于1446年正式颁行《训民正音》。到1895年，谚文与汉字的混合体成为朝鲜的官方文字形式。后来，汉字逐渐减少使用，朝鲜更是由官方废止了汉字，目前国内外朝鲜族基本都用谚文字母书写朝鲜语。

训民正音原来有28个字母，其中辅音字母（又叫"初声字"）17个，元音字母（又叫"中声字"）11个。其字母近似汉字笔画（也有人认为其字母实质上就是从汉字笔画发展而来的），一个音节的字母不做线性排列，而是叠成类似汉字的一个方块形，因此，正音文字既有音素文字的特点，但又具有音节文字的性质。

中华人民共和国成立以来，对朝鲜谚文的研究主要集中在国内朝鲜族的谚文使用情况介绍和分析上，如宣德五《朝鲜文》[①] 等，此外宣德五等编著的《朝鲜语简志》也介绍了朝鲜文。另一个研究重点是朝鲜谚文的创制及其历史发展问题。相关的研究如宣德五的《朝鲜文字变迁》[②] 、周四川的《朝鲜文字改革的历史发展》[③] 、崔允甲的《关于朝鲜文字训民正音的创制》[④] 、李得春的《中韩语言文字关系史研究》[⑤] 等。由于谚文是表音文字，且文献数量众多，对于谚文的历史发展学术界意见比较统一，争论的焦点主要集中在谚文字母的来源上，有人认为是由汉字笔画改造而成，有人认为是受八思巴字的影响而创制的。至于谚文音节写成一个类似汉字的方块形，一般认为是受汉字方块形体的影响。总的来看，由于朝鲜文的研究中心在朝鲜半岛，所以国内的朝鲜文研究相对而言较为零散，数量也比较少。我国民族古文字学界应进一步努力，提高我国朝鲜谚文研究的学术地位。

三、字母（音素）文字

我国各民族的字母文字，共有十几种，这些文字大体都是在借用外来字母系统的基础上发展起来的。按其借用字母系统的不同，可以分为三大类：1. 来源于阿拉美字母体系的有佉卢字、粟特文、回鹘文、蒙古文、满文、锡伯文、突厥文；2. 来

---

① 载《中国少数民族文字》，中国藏学出版社，1992年。

② 载《中国民族古文字研究》，中国社会科学出版社，1984年。

③ 载《语文建设》1986年第4期。

④ 载《朝鲜语言学论文集》，延边大学出版社，1987年。

⑤ 延边教育出版社，2006年。

源于阿拉伯字母的有察合台文；3.来源于印度婆罗米字母体系的有焉耆 — 龟兹文、于阗文、藏文、八思巴文和四种傣文。以下作分别介绍。

（一）阿拉美字母系统文字

1. 佉卢文

佉卢文是一种通用于印度西北部、巴基斯坦、阿富汗一带的古代文字，全名为"佉卢虱吒"，后来又被称为"驴唇书""驴皮书""大夏字""高附字"等。最早发现的佉卢文可追溯至公元前251年，至公元3世纪时就已逐渐消失，但在丝绸之路各地仍被沿用，可能一直到7世纪才彻底被遗弃。

佉卢文使用时期正值佛教的兴盛发展，大量用佉卢文记载的佛经通过丝绸之路向中亚和中国西部流传。至今为止，中国境内出土的佉卢文文献已有上千件，但这些文献大多藏于国外，我国所藏的佉卢文文献数量很少，所以对佉卢文及其文献的研究也开始较晚。中华人民共和国成立以来，我国学者陆续发表了一些专题的佉卢文介绍成果。

研究表明，佉卢文约在公元2世纪传入中国的于阗、鄯善地区，用来记录一种"尼雅方言"或"鄯善俗语"，该种方言可能是与帕拉克利特语相近的一种印度语族方言。关于佉卢文的书写系统，学术界的认识也比较一致。佉卢文字本由阿拉美字母发展演化而来，是一种元音附标文字，由252个不同的符号表示各种辅音和元音的组合，从右向左横向书写，一般用草体书写。在文字性质上，佉卢文最初是一种不标示元音符号的纯粹的音节文字，后来可能是受婆罗米字母的影响，增加了元音符号，佉卢文也因此发展为字母文字。

佉卢文使用时期正值佛教的兴盛发展，大量用佉卢文记载的佛经通过丝绸之路向中亚和中国西部流传。至今为止，中国境内已经出土的佉卢文文献上千件。主要有四种类型的文本，国王的敕令、官方与民间私人的信札、社会经济文书。佉卢文书载体类型多样，有木牍、木简、丝绸、钱币、羊皮、石头等载体，其中较普遍的是木牍和木简。学界一般将佉卢文文书按发现区域分为古于阗国文书、古鄯善国文书、古龟兹国文书和其他文书等类别。

由于已发现的文献大多藏于国外，我国所藏的佉卢文文献数量很少，所以对佉卢文及其文献的研究也开始较晚。中华人民共和国成立以来，我国学者陆续发表了一些专题的佉卢文介绍和考证成果。值得指出的是，由于借助阿拉美字母识读佉卢文的工作早在20世纪前就已完成，所以佉卢文研究的重点不在佉卢文字本身的研究和文献释读上，而是集中在两个方面，一是佉卢文文献的介绍、考证和译释；二是与佉卢文相关的楼兰、鄯善等古代王国历史文化的探讨。

关于佉卢文文献的介绍、考证和译释研究，代表性论著有马雍的《新疆所出佉卢文书的断代问题》①、《古代鄯善、于阗地区佉卢文字资料综考》②、刘文锁的《佉卢文契约文书之特征》（2000），其中林梅村的成果最为丰富，如《再论汉佉二体钱》（1987）、《中国所出佉卢文书研究述论》（1988）；《汉佉二体钱铭文解诂》（1988）、《楼兰新发现的东汉佉卢文考释》（1988）、《新疆尼雅发现的佉卢文契约考释》（1989）、《新疆佉卢文书的语言》（1989）、《新发现的几件佉卢文书》③、《中国所出佉卢文书的流散与收藏》（1992）、《尼雅南城外96A07房址出土佉卢文》（2000）、《新疆文物考古研究所藏佉卢文书译文》④、《新疆营盘古墓出土的一封佉卢文书信》（2001）等。此外还有一些学者对国外的研究成果进行了翻译介绍，如林梅村的《沙海古卷》（1988）对波义耳等的转写进行了汉译。王广智翻译了T·贝利的《新疆出土佉卢文残卷译文集》⑤等，都是内容非常丰富的译文集。

　　基于佉卢文开展的楼兰、鄯善等古代王国的历史文化研究，中国学者做出了较大贡献。相关的成果如林梅村的《佉卢文书及汉佉二体钱所述于阗大王考》（1987）、《洛阳所出东汉佉卢文井阑题记 —— 兼论东汉洛阳的僧团与佛教》（1989）、《新疆佉卢文书释地》（1989）、《佉卢文时代鄯善王朝的世系研究》（1991）、土登班玛的《鄯善佉卢文书所见王号考》（1992）、夏雷鸣的《从佉卢文文书看鄯善国佛教的世俗化》（2006）等，这些研究成果丰富了对古代西域民族历史的认识。随着该领域研究的深入，佉卢文文献的价值必将日益凸显。这些上述的论文和著作可以视为中国学者在20世纪80年代到21世纪初佉卢文文文献研究的代表性成果。

　　段晴、才洛太的《青海藏医药文化博物馆藏佉卢文尺牍》（2016）是国家社科基金重大项目"新疆丝路南道所遗存非汉语文书释读与研究"的系列成果之一，该书对青海藏医药文化博物馆所藏的四件佉卢文木牍进行了转写、定名和内容考察，认为这些尺牍应出自斯坦因定名的尼雅13号遗址，反映了三四世纪时鄯善王国的社会、经济、官制等情况，资料弥足珍贵。这是近年来影响较大的佉卢文研究成果。

　　2. 粟特文

　　粟特文是记录古代西域粟特民族语言的一种音素文字，最早出现于公元2世纪左右，公元6世纪时流行于中亚地区。粟特语言属印欧语系伊朗语族，与焉耆–龟兹语比较接近。由于粟特民族商业发达，粟特语文在中亚地区影响深远。粟特文一度在我国新疆地区广泛使用，到8世纪阿拉伯人灭亡粟特以后，中国境内的丝绸之

---

① 载《文史》第7辑，1979年。

② 载《中国民族古文字研究》第1辑，中国社会科学出版社，1984年。

③ 载《中亚学刊》第3辑，中华书局，1990年。

④ 中日共同尼雅遗迹学术考察队编：《中日共同尼雅遗迹学术考察队调查报告书》第二卷文本编，京都：中村印刷株式会社，1999年，第263–282页。

⑤ 新疆民族研究所内部刊行，收入《尼雅考古资料》，1988年。

路沿线地区仍有人使用粟特语文。后来的回鹘文、回鹘式蒙古文、满文等都是受粟特字母的影响而形成的。

中国国内发现的粟特文文献，包括楼兰至和田古代遗址中发现的粟特商业文书、敦煌藏经洞的粟特文佛教写经、吐鲁番发现的粟特文佛教、摩尼教、景教写经、买卖契约等，在20世纪初期都已被国外的探险者获得并带到国外。

因文献缺乏，我国对粟特文及其文献的研究长期以来比较缺乏。改革开放以后，国内也开始有了一些为数不多的粟特文研究成果。近40年来，关于粟特文的研究主要集中在两个方面，一是对粟特文及其文献的介绍，二是粟特文文献相关问题的研究。对粟特文及其文献的介绍，如黄振华的《粟特文献》①、《粟特文及其文献》②等，较为详尽地介绍了粟特文的文字性质和文献状况。此外，程越《国内粟特研究综述》（1995）、陈海涛《敦煌粟特问题国内外研究综述》（2000）都涉及粟特文文献及其研究的介绍。也论及此专题。粟特文是一种从阿拉美字母演化来的音素文字，由于在记录粟特语词的时候往往只写辅音字母，不写元音，其元音的音值有时要借助其他字母的搭配关系以及在词里的位置来确定，因此又被称为"辅音文字"。粟特文书写时分为佛经、叙利亚和摩尼三种字体，分别应用于佛教、景教和摩尼教文献。

粟特文文献方面的研究，主要有陈国灿的《敦煌所出粟特文信札的书写地点和时间问题》③、王冀青的《斯坦因所获粟特文"二号信札"译注》（1986）、孙福喜的《西安史君墓粟特文汉文双语题铭汉文考释》④等。林梅村和马小鹤的研究成果相对集中，如林梅村《敦煌出土粟特文古文书的断代问题》（1986）、《粟特文买婢契与丝绸之路上的女奴贸易》（1992）、《布古特所出粟特文突厥可汗纪功碑考》（1994）等，马小鹤的《公元8世纪初年的粟特——若干穆格山文书的研究》⑤、《粟特文"tinpi"（肉身）考》⑥、《摩尼教"五种大"新考》（2009）等。

这些成果，虽然数量不多，但在一定程度上提高了中国粟特文研究的国际地位。但总的来说，由于国内粟特文文献缺乏，加上研究人员短缺，因此粟特文及其文献的研究总体还是比较薄弱。

3. 回鹘文

又称"回纥文"，是公元9至13世纪的高昌回鹘王国时期回鹘人所使用的拼音文字，使用区域从吐鲁番盆地一直到中亚楚河流域。历史上回鹘文曾对周围其

---

① 载《中国民族古文字》，天津古籍出版社，1987年。

② 载《中国史研究动态》1981年第9期。

③ 载《魏晋南北朝隋唐史资料》1985年第7期。

④ 载西安文物保护考古所成立十周年纪念《西安文物考古研究》，陕西人民出版社，2004年。

⑤ 载《中亚学刊》第3辑，中华书局，2000年。

⑥ 载《法国汉学》丛书编辑委员会编《粟特人在中国——历史、考古、语言的新探索》，中华书局，2005年。

他民族的文化发展有过很大的影响。元代时，回鹘文为蒙古族所采用，经过若干变化后，形成了现代的蒙古文。16世纪以后，满族又从蒙古族那里接受了这种字母，形成了满文。此外，回鹘文在13—15世纪期间也用作金帐汗国、帖木耳帝国和察合台汗国的官方文字。公元10世纪后，受到伊斯兰教的冲击，回鹘字母在新疆地区逐渐被阿拉伯字母所取代，但回鹘文并未完全停止使用。清康熙二十六年（1687）重抄的《金光明经》回鹘文译本，证明这种文字一直到17世纪仍在使用。

在新疆，回鹘文在吐鲁番、哈密一带一直使用到14、15世纪。19世纪末20世纪初以来，由于新疆吐鲁番和甘肃敦煌等地发现了大量用回鹘文写成的各种内容的文献，形成了世界各国研究回鹘文文献的热潮。现存回鹘文文献包括宗教（佛教、摩尼教、景教、早期伊斯兰教）经典、医学著作、文学作品、公文契约、碑铭等，但多存于欧洲。中国对回鹘文及其文献的研究也较为晚近。中华人民共和国成立以后，研究进入了一个新时期。

在回鹘文的研究方面，由于回鹘文是在草体粟特字母的基础上改制而成，因此，回鹘文字母的使用和发展情况比较清楚。经过对回鹘文献的整理分析，可以知道回鹘文所使用的字母数目各个时期不尽相同，最少为18个，最多达23个。23个字母中有5个字母表示8个元音，18个字母表示22个辅音。其中有的字母是为了书写回鹘语言而新创的。在早期文献中有的字母表示两个以上的语音，在后期文献中才在相应字母左方或右方加一个点或两个点予以区别。字母分词首、词中、词末等形式。

国内回鹘文的研究主要集中在文献所反映的古代回鹘社会、经济、文化等方面。中华人民共和国成立初期，冯家昇先后发表《回鹘文写本菩萨大唐三藏法师传研究报告》（1953）和《回鹘文契约二种》（1960），为新中国的回鹘文研究奠定了一个良好的开端。改革开放以来，以耿世民为代表的一批学者极大地推动了回鹘文的研究，相关的论著有耿世民的《维吾尔族古代文化和文献概论》（1983）、《回鹘文摩尼教寺院文书初释》（1978）、《回鹘文〈玄奘传〉第七卷研究》（1979）、胡振华和黄润华整理的《高昌馆杂字——明代汉文回鹘文分类词汇》（1984）等。

20世纪90年代以来，回鹘文及其文献的研究进入一个新的阶段，新的研究成果不断面世，如牛汝极的《六件9—10世纪回鹘文商务书信研究》（1992）、《七件回鹘文佛教文献研究》（1993）、《五件回鹘文摩尼教文献考释》（1998），李经纬的《吐鲁番回鹘文社会经济文书研究》（1996），李经纬等《高昌回鹘文献语言研究》（2003），李增祥等《回鹘文文献语言简志》（1999），邓浩等《西域敦煌回鹘文献语言研究》（1999），阿不里克木·亚森的《吐鲁番回鹘文世俗文书语言结构研究》（2001），张铁山的《回鹘文献语言的结构与特点》（2005），聂鸿音的《回鹘文〈玄奘传〉中的汉字古音》（2000），张铁山的《三叶回鹘文〈中阿含经〉残卷研究》（2003），杨富学的《吐鲁番出土回鹘文木杵铭文初释》（1991）、《回鹘文源流考辨》（2003）、《回鹘文献与回鹘文化》（2003），杨富学、牛汝极的《安西榆林窟25窟前室东壁回鹘文题记译释》①等。

近10年来，一批青年学者加入回鹘文研究队伍，使得回鹘文及其文献研究进入一个老中青相结合的良好态势。著作有热孜娅·努日的《巴黎藏回鹘文诗体般若文献研究》（2015）、张铁山的《古代维吾尔语诗体故事、忏悔文及碑铭研究》（2015）、阿依达尔·米尔卡马力《回鹘文诗体注疏和新发现敦煌本韵文研究》（2015）、刘戈《回鹘文契约断代研究》（2016），张铁山《回鹘文古籍概览》（2018）、朱国祥和张铁山《回鹘文佛教文献中的汉语借词研究》（2018 年）等；论文有张铁山的《云南大理发现回鹘文墓碑考释》（2017）、张铁山等的《敦煌莫高窟北区 B464 窟回鹘文题记研究报告》（2018）、哈斯巴特尔的《蒙古文与回鹘文<金光明经>关系初探 —— 以"舍身饲虎"故事为中心》（2018）、阿不都热西提·亚库甫的《中国国家图书馆藏回鹘文星占书残片研究》（2018）等，其中，不少论文基于回鹘文文献进行语言研究，如张巧云的《回鹘文汉译佛典中语气词的翻译及其特征和功能》（2018）、张铁山和崔焱等的《回鹘文契约文书参与者称谓考释 —— 兼与敦煌吐鲁番汉文文书比较》（2017）、韩智敏等的《从回鹘文译本典籍中的语法术语看丝路沿线各语言的相互关系》（2016）等。这些研究，从不同角度对回鹘文献进行整理和分析，并力图从中探寻古代回鹘社会文化发展的面貌以及民族文化交流的相关情况，使回鹘文的研究呈现出生机盎然的可喜局面。②

4. 回鹘式蒙古文

回鹘式蒙古文是公元13世纪蒙古民族在回鹘字母基础上创造的民族文字，一般也称为"老蒙文"或"畏吾体蒙文"，其字母读音、拼写规则、行款都跟回鹘文非常相似。到17世纪，蒙文进行了变革，形成了"新蒙文"或"近代蒙文"。此外，蒙古学者咱雅班第达于1648年还在回鹘式蒙文的基础上改制了一套字母来记录蒙语卫拉特方言，这套字母一般称为"托忒文"。不过，古文字学上所说的蒙文，一般专指回鹘式蒙文。根据传世的回鹘式蒙文文献材料可以归纳出19个字母，其中5个表示元音，14个表示辅音。每个字母视其在词里位置的不同，写法略有变化，分词首、词中、词末3种变体。拼写规则不严密，重文别体较常见。

回鹘式蒙古文文献原件保存至今的不多，主要有写本、刻本、碑铭、印文、符牌几大类，现存年代最早的是公元1225年的《也松格碑》。

由于回鹘式蒙古文在回鹘字母基础上创制，因此，通过回鹘文和近代蒙古语的相互参照，可以比较顺利地对回鹘式蒙古文进行识读。回鹘式蒙古文献的研究始于19世纪上半叶，主要集中在欧美国家。中华人民共和国成立以后，中国学者加入了研究队伍，极大地促进了回鹘式蒙古文及其文献的研究。20世纪50年代起，内蒙古历史语言研究所和内蒙古大学开始搜集和整理回鹘式蒙古文文献，之后，中国

---

① 载《中国民族古文字研究》第3辑，天津古籍出版社，1991年。

② 中国社会科学院民族学与人类学研究所米热古丽·黑力力副研究员对"回鹘文"部分亦有贡献。

社会科学院民族研究所、中央民族学院、内蒙古师范大学等单位也开始进行回鹘式蒙古文的研究。20世纪80年代以来，包祥的《蒙古文字学》（1983）、包力高的《蒙古文字简史》（1983）都是蒙古文及其文献的集大成的成果。特别是道布编纂、整理、注释的《回鹘式蒙古文文献汇编》（蒙古文版，1983），汇集了国内外先后刊布的13—16世纪回鹘式蒙古文文献22份，包括碑铭、印文、牌符、通行证件、书信、儒家经典、佛教文献、文学作品、圣旨、奏文等各种文献形式，为学界提供了重要的原始文献资料。此外还有一些概述性的重要成果，如道布的《回鹘式蒙古文及其文献》（1982）、《回鹘式蒙古文研究概况》[①]、《回鹘式蒙古文》[②] 等。

关于回鹘式蒙古文文献的译释研究也取得重要成就，道布的《回鹘式蒙古文〈云南王藏经碑〉考释》1981年发表于《中国社会科学》杂志，产生重要学术影响。此后，随着全国各地一些回鹘式蒙古文文献相继被发现，为蒙古文研究提供了新的材料，陆续催生了一批有价值的学术成果，也从多个角度揭示了蒙元时期的社会、历史和文化，如道布、照那斯图的《河南登封少林寺出土的回鹘式蒙古文和八思巴字圣旨碑考释》（及续一、续二，1993、1994），道布、照那斯图、刘兆鹤的《回鹘式蒙古文只必帖木儿大王令旨释读》（1998），正月的《关于回鹘式蒙古文文献中梵语借词的转写特征》（2001），董永强的《元代铜权上的回鹘式蒙古文铭文》（2007），嘎日迪的《阿尔寨石窟回鹘蒙古文榜题研究》（2010）等。

回鹘式蒙古文文献的研究，有一些是基于文献学的角度，对蒙古族的历史和文化进行研究整理。如乌兰的《〈蒙古源流〉研究》（2000）是对《蒙古源流》这17世纪蒙文蒙古史书的代表作进行科学整理和研究的学术专著，宝力高的《蒙古文佛教文献研究》（2012）运用文献学理论和版本学研究方法，以整个蒙古文佛教文献为研究对象，从不同的角度、不同的侧面进行了比较系统和全面的研究，是回鹘式蒙古文佛教文献研究的代表作。也有不少成果是基于文献对古代蒙古语进行研究，哈斯巴根的《蒙古语历史及文献语言研究》（2014）是其中的代表性著作。

5. 满文

满文是公元17世纪以后满族在回鹘式蒙古文基础上创制的一种拼音文字。满文分两种，一种是公元1599年清太祖努尔哈赤命额尔德尼和噶盖二人参照蒙古文字母创制，俗称无圈点满文或老满文，其字母数目和形体与蒙古文字母大致相同，使用了30余年。另一种是公元1632年清太宗皇太极命达海对老满文加以改进，达海利用在字母旁加圈加点、改变某些字母的形体、增加新字母等方法，表达原来不能区分的语音，规范了词形，并改进了拼写方法，创制了专门拼写外来音的字母。改进后的满文俗称有圈点满文，字母体系和拼写法都比较完善，具有区别于蒙古文字母的明显特征。

① 《中国民族古文字研究》，中国社会科学出版社，1984年。

② 《中国民族古文字图录》，中国社会科学出版社，1990年。

　　老满文由于使用时间较短，因此流传下来的文献很少，其中最为著名的是《满文老档》。新满文则在清代三百年间作为"国书"与汉文并用，直至辛亥革命后才基本上停用，留下了浩如烟海的满文文献，包括各种书写和印刷的书籍、档案材料、碑刻，此外还有大量其他文字文献的满文译本等。

　　由于满文文献数量巨大，堪称我国一笔重要的历史文化遗产。中华人民共和国成立以后，满文及其文献的整理研究受到党和国家的高度重视，周恩来总理多次作出指示批示，中国科学院、中央民族学院和故宫博物院等单位先后专门举办满文班，培养了一批高水平满文研究人才，为满文及其文献整理研究奠定了人才基础。

　　满文及其文献的研究最初主要集中在文献目录的编辑、整理和出版。同时，也对一些重要的满文文献进行译释。这两项工作，国内外学者都用力颇勤，成果比较丰富。中华人民共和国成立以后的主要研究成果有：

　　编目方面如黄润华、屈六生的《北京地区满文图书资料联合目录》（1978）、《全国满文图书资料联合目录》（1991），吴元丰主编的《北京地区少数民族古籍目录丛书之六：北京地区满文碑刻拓片总目》（2015）辑录北京地区图书馆、档案馆、博物馆等7个单位所存满文和满、蒙、汉、藏等多体文字合璧的碑刻拓片，共计764种，比收录拓片最多的《全国满文图书资料联合目录》多出85种。

　　满文文献译释汇编方面，中国人民大学清史研究所和中国第一历史档案馆合作译注《盛京刑部原档》（1985）、季永梅、刘景宪译编《崇德三年满文档案译编》（1988）、中国第一历史档案馆译编的《清初内国史院满文档案译编》（1989，全三册）、中国第一历史档案馆和中国社会科学院历史研究所合作译注《满文老档》（1990）都是新中国满文文献整理的重大成果。中国第一历史档案馆译编《康熙朝满文朱批奏折全译》（1996）、《雍正朝满文朱批奏折全译》（1998）分别收录海峡两岸收藏的满文档案4297件、5434件，文献史料宏富，均系首次翻译刊布。辞典编纂方面成就也很大，如安双成、屈六生的《满汉大辞典》（1994）、胡增益的《新满汉大辞典》（1994），都是满文研究的代表作品。前者以档案文献整理为目，后者则按现代词典编纂理论和方法编写，两部词典互为补充。《新满汉大辞典》共收词三万四千余条，是迄今为止收词最多、最全、最权威的一部满汉对照的满文词典。

　　满文文献中还有大批关于中国边疆史地的重要资料，有关单位也进行了编译整理，如中国社科院民族所与中国第一历史档案馆合作译编《清代满文土尔扈特档案史料选译》（1988）等。中国第一历史档案馆编《清代新疆满文档案汇编》（2012，全283册）涉及时间跨度达250年的近10万件新疆历史资料，为边疆民族史研究提供了重要史料，受到高度重视。满文边疆史料极大地补充了汉文文献的不足，或两者互为印证，推动了清代边疆民族研究。如乌云毕力格主编的《满文档案与清代边疆和民族研究》（2013）就是中国人民大学清史研究所满文文献研究中心直接利用满文档案探讨清代蒙、满、藏等民族史和内蒙古、西藏、东北等边疆地区史的研究成果。

关于满文文字本身的研究成果不多，代表作品如清格尔泰《满文的读音和转写法》（1995）等。

近年来，由于满语濒于消亡，所以满文对于满族文化发展和传承的价值进一步凸显，整理、翻译满文文献，利用满文文献研究满族文化以及清代历史的论著相继涌现，推动了满文和满族历史文化的研究。由于缺乏活语言材料，一些学者还根据满文进行满语的语言学研究，先后发表了多种根据满文文献编写的满语语法书籍等，如屈六生、刘景宪、刘厚生、季永海等学者都先后编写过满文讲义和满语语法读物，乌拉熙春出版了《满语语法》（1983）和《满语读本》（1985）等著作，这对濒于消亡的满语来说都是十分可贵的研究工作。进入21世纪以来，东北三省的一些满族地区兴起了学习满语文的热潮，满文学习的科普著作也有很大的发展。

满文在清代具有官方文字地位，具有特殊的文字属性。自20世纪90年代以来，美国兴起的"新清史"学派，该学派强调利用满文、蒙古文等民族文字文献，强调"满洲"的政治独立性，试图否认中国统一多民族国家的历史事实，需要中国学者坚持正确的历史观、国家观、民族观、文化观，更加充分、系统、全面地开展满文及其文献研究，予以批驳和反对。

6. 锡伯文

锡伯文是我国新疆地区锡伯族使用的用来书写锡伯语的一种拼音文字。锡伯族有2万7000余人聚居于新疆，其余散居东北和内蒙古自治区的少数地区。新疆锡伯族还保留着自己的语言，而东北、内蒙古地区散居的锡伯族已转用汉语文。

锡伯文的字母是1947年由锡伯族语文工作者在满文基础上略加改动而成的。因此，锡伯文在字形结构、字母数目、拼写规则和书写方法等方面都基本与满文相同，两种文字大同小异。锡伯语从创制年代看较为晚近，但它实际上属于满文的一种改进形式，是满文的一种变体。因此，锡伯文不仅可以用来书写锡伯语，对于满族语言文字的研究也有重要作用。

由于锡伯文使用时间较短，文献也不多，因此关于锡伯文的研究文献也比较少，目前关于锡伯文的论文主要集中在对锡伯文的介绍以及锡伯文和满文的相互关系上，如李树兰的《锡伯文》（1981）、佘吐肯的《论锡伯文和满文的源流关系》（2006）等。

7. 突厥文

又称鄂尔浑–叶尼塞文、突厥卢尼、蓝突厥文，是古代突厥、回鹘、黠戛斯等族使用的拼音文字，主要通行于6～10世纪的新疆、甘肃境内，在鄂尔浑河流域、叶尼塞河流域的一些地方也有使用，记录的是突厥汗国、高昌王国的突厥语。

现存的突厥文文献大多是碑铭，另外还有一些写本，主要发现于敦煌和新疆古楼兰废墟和吐鲁番等地，内容包括历史、传记、墓志、宗教文书、行政文件等。1730年，瑞典人P.J.von斯特拉连贝尔格在《欧亚的北部和东部》一书中首次公布了一批用这种文字写成的碑铭。此后，突厥文石碑陆续被发现，尤其是1889年，俄国人 H.M. 雅德林采夫等于蒙古高原鄂尔浑河流域和硕柴达木湖畔发现《厥特勤碑》和《毗伽可汗碑》，两碑都附刻有汉文，为突厥文的释读提供了重要材料。1893年，丹麦人 V.L.P. 汤姆森释读突厥文获得成功，并于1894年刊行《鄂尔浑和叶尼塞碑文的释读——初步成果》。19世纪末期以来，中国学者沈曾植、王国维等也加入了对突厥文的研究，也取得了一批有价值的成果。

突厥文及其文献的研究不仅具有语言文字学上的意义，对于突厥、回纥、黠戛斯、骨利干等古代民族历史与文化的研究也有重要的价值。中华人民共和国成立前，韩儒林著有《突厥文阙特勤碑译注》①、《突厥文芯伽可汗碑译注》②、《突厥文日欲谷碑译文》③、《蒙古之突厥碑文导言》（翻译）④ 等，岑仲勉发表《跋突厥文阙特勤碑》⑤，王静如发表《突厥文回纥英武威远毗伽可汗碑译释》⑥，开启了中国学者对突厥文及其文献的研究。

中华人民共和国成立后，突厥文的研究取得了很大进展。知名学者冯家升、岑仲勉、韩儒林、王静如、耿世民等都对突厥文及其文献的研究做出了重要贡献。其中耿世民的贡献具有系统性。1976年中央民族学院开办首个古代突厥－回鹘语班，耿世民亲自编著古代突厥－回鹘语系列教材，并先后出版《维吾尔古代文化和文献概论》（1983）、《敦煌突厥回鹘文书导论》⑦ 等重要著作，对古代突厥文字母、主要拼写规则及其起源和发现、解读情况做了详尽的阐述。其《古代突厥文碑铭研究》（2005）一书包括引论、文字篇、语音概述、构词法、词法、句法、句子成分、补注等部分，其中文字篇系统介绍了古代突厥文碑铭的发现和解读情况、现存主要碑铭、古代突厥文字母和主要拼写规则等内容，而且对包括《阙特勤碑》在内的九块碑铭的碑文及《占卜书》分别进行了转写、汉译和注释。

关于突厥文的书写符号系统，研究表明，突厥文各种文献中所用字母形体多样，数目也不一致，一般有38～40个，多数表示音素，个别几个表示音节，因此它实际上还不是一种很纯粹的音素文字。突厥文的字母大部分源于阿拉美字母，一部分可能来自突厥的氏族或部族标志，还有一些是表意符号。在书写时，元音字母在一定条件下常被省略。

在突厥文文献的考释研究方面，代表作有冯家昇的《东蒙古鲁尼文碑考》⑧、岑

---

① 《北平研究院院务汇报》第6卷6期，1935年。
② 《禹贡》第6卷6期，1936年。
③ 《禹贡》第6卷7期，1936。
④ 《禹贡》第7卷1期，1937年。
⑤ 《辅仁学志》第6卷第1、2合，期1937年6月。
⑥ 《辅仁学志》1938年第7卷第1、2期合刊。
⑦ 新丰出版公司，1994年。
⑧ 载《苏联民族学》1969年第1期。

仲勉的《西突厥史料补阙及考证》①、韩儒林的《突厥文〈阙特勤碑〉译注》②、库尔班·外力的《吐鲁番出土公元5世纪的古突厥语木牌》（1981）、李经纬的《突厥如尼文〈苏吉碑〉译释》（1982）、林斡的《古突厥文碑铭札记》（1983）、牛汝辰和牛汝极的《古代突厥文〈翁金碑〉译注》（1987）、张铁山和赵永红的《古代突厥文〈占卜书〉译释》（1993）、杨富学的《古代突厥文〈台斯碑〉译释》（1994）、对不同类型的突厥文文献进行了译注、考释研究。陈宗振的《突厥文及其文献》（1981）、张铁山的《我国古代突厥文文献研究现状及其发展设想》（1990）、牛汝极的《突厥文起源新探》（1992）从不同角度对突厥文及其文献的历史及研究进行了阐述。芮传明的《古突厥碑铭研究》（1998）是20世纪末古代突厥文碑铭研究领域的新著。

近20年来，又涌现了一批突厥文及文献的研究新著。如阿不都热西提·亚库甫的《鄂尔浑"翁金碑"译释》（1991）、《鄂尔浑－叶尼塞碑铭语言的语音系统》（维吾尔文）（1992）、张铁山的《关于回鹘文献语言的短元音e[e]》（2003）等，尤其是耿世民的《古代突厥文碑铭研究》（2005）的出版，标志着我国突厥文及其文献的研究达到了一个新的高度。近10年来，随着一批博士研究生的加入，突厥文及其文献的研究注入了新鲜的血液，研究方向和切入点也有新的扩展，如张铁山和李刚《吐鲁番雅尔湖千佛洞5号窟突厥文题记研究》（2015）、王立和张铁山的《从突厥"三大碑"的"互文"现象看其韵律特征》（2016）、李刚的《叶尼塞金石突厥文献研究》（2016）和《试析古代突厥碑铭分词符省略现象》（2016）、陈浩《〈阙特勤碑〉南面铭文的作者与镌刻年代问题》（2017）等。

（二）阿拉伯字母系统文字

我国新疆各民族目前多使用阿拉伯字母系统文字。这些文字的形成和发展，与伊斯兰教在新疆的传播有密切关系。一般认为伊斯兰教是在唐代传入新疆地区的。其后，凭借其巨大的宗教文化力量，新疆的很多突厥部落相继放弃了佛教，转而信仰伊斯兰教，并在文字使用上逐渐放弃了原有的回鹘字母而改用阿拉伯字母。公元13世纪以后的数百年间，回鹘字母和阿拉伯字母曾经并存并用，同时也互相斗争，最后，阿拉伯字母取得了全面胜利，回鹘字母退出了历史舞台。

传入新疆的阿拉伯字母最初被用作察合台汗国的官方文字，被称为察合台文。其后它传播到新疆全境。新疆的各个民族对它进行了适应本民族语言的简单修订，创制了各自的民族文字，因此，今天的维吾尔文、哈萨克文、柯尔克孜文等都是察合台文的后裔文字。

---

① 中华书局，1958年。2004年重印。

② 载《韩儒林文集》，江苏古籍出版社，1985年。

1. 察合台文

察合台文是公元13世纪至19世纪在新疆地区使用的书写突厥语的一种阿拉伯字母拼音文字，得名于最初使用这种文字的察合台汗国，所记录的察合台语属于阿尔泰语系突厥语族。一般认为，察合台语是察合台汗国的突厥人及突厥化的蒙古人使用的书面语言，到19世纪末，它一直是维吾尔、乌孜别克、哈萨克、柯尔克孜、塔塔尔等民族的共同书面语。

察合台文共有32个字母，其中28个借自阿拉伯字母，4个借自波斯字母，没有自己新创的字母。有的字母专用于拼写阿拉伯－波斯语源的词。在书写时，词中的元音往往省略。

察合台文具有超方言的性质。古代突厥民族用察合台文写下了大量的文献，历史上，这些文献在小亚细亚到阿尔泰、印度（莫卧儿王朝）使用突厥语的民族中广为流传，现在主要收藏在中国、乌兹别克斯坦、土耳其和英国，文献的时代多在14世纪至20世纪。除较晚的铅印本外，察合台文献多用阿拉伯字母的"纳斯塔里克体"（正体字）传抄。

察合台文的研究工作主要集中在文献的收集、翻译和介绍方面。国内对察合台文及其文献的整理和研究基本始于中华人民共和国成立以后。改革开放以来，察合台文及文献的整理和研究进一步加快，整理和出版了大量察合台文历史文献，如新疆人民出版社从1950年开始陆续出版维吾尔古典文学丛刊《源泉》，已经出刊20多集。近二十年来又陆续整理出版了《乐师传》《尼札里卡诗集》《则勒力诗集》《世事记》《成吉思汗传》等。对察合台及其文献进行介绍的成果有阿布都鲁甫·甫拉提的《察合台维吾尔文及其主要文献》（2006）和乌买尔·达吾提的《国外察合台文献研究概述》（2006）等，利用察合台文文献对新疆地区以及古代突厥民族的语言、历史、文化进行研究的成果也不断涌现，如赵江民的《察合台文文献<成吉思汗>传中的蒙古人名探析》（2005）、高莉琴的《早期维吾尔语中汉语借词的文化背景透视》（2008）等。

察合台文文献中，契约文书是极具特色的类型。因此，关于察合台文文献的研究，在契约文献方面尤为集中。早期的契约文书研究，视角和方法比较单一，一般就是在文书发现的基础上，对其进行突厥文通用拉丁符号转写和翻译研究。1994年，新疆社科院宗教研究所编印《新疆维吾尔族契约文书资料选编》，收察合台文契约文书共314件，并将契约文书翻译为汉文，又翻译为现代维吾尔文。此后，随着文书文献的积累，大规模的文献整理和深入的研究相继出现，如金玉萍的《清季吐鲁番地区的租佃契约关系 —— 吐鲁番厅察合台文文书研究》（2001）、玛丽亚木·买买提吐尔逊的《从几件房地契约文书看察合台语言特点》[①]。《中国少数民族古籍总目提要·维吾尔族卷》（2009）一书介绍了145件反映18世纪至20世纪初

[①] 载《新疆社会科学》（维吾尔文）2008年第1期。

维吾尔社会经济情况的察合台文契约文书，但只有汉文译文。张世才编著的《维吾尔族契约文书译注》，共收录391件察合台文契约文书，其中165件为清代契约文书，57件为析产文书，每份文书按维吾尔文原件、现代维吾尔文翻译、突厥文通用拉丁符号转写和汉文译文相对照的形式进行译注。这些成果都推动了察合台文的研究，对研究新疆古代民族的社会、历史和文化也有积极的意义。

2. 其他新疆少数民族文字

近代的新疆伊斯兰教民族都借用源自阿拉伯字母的察合台文字母来记录自己的语言，由此产生了同出一源的多种民族文字，包括维吾尔文、哈萨克文、乌兹别克文、柯尔克孜文等。其中，维吾尔文是察合台文的延续，其他几种民族文字则在察合台文基础上有所改动，但改动幅度都不大，因此这些文字大同小异。鉴于这些文字的特点都与察合台文相同，本文不再逐一介绍。

（三）婆罗米字母系统文字

1. 焉耆—龟兹文

焉耆—龟兹文是19世纪末以来陆续在中国新疆焉耆、库车、吐鲁番等地发现的用中亚婆罗米斜体字母书写两种印欧语系古代语言的文字。这两种语言的语音较大差别，但词汇和语法则比较接近，一般认为是一种古代语言的两种方言。今天世界上已经没有任何民族使用这两种语言了。

焉耆—龟兹文最初发现时被定名为吐火罗文，所书写的语言最初也被称为吐火罗语。但后来的研究证明这些文字书写的并不是中亚地区吐火罗人使用的语言，因此学术界逐渐倾向于将吐火罗文改称为"焉耆—龟兹文"。目前我国学者一般将吐鲁番、焉耆、高昌一带文献残卷所代表的语言定名为焉耆语，而将龟兹（今库车）一带发现的文献残卷所代表的语言定名为龟兹语。德国学术界一般仍保留吐火罗语这个名称，将前者称吐火罗语A或东吐火罗语，将后者称为吐火罗语B或西吐火罗语。但记录两种方言所使用的字母没有什么不同，其命名只是根据文献出土地点而定的。

焉耆—龟兹文文献从19世纪末陆续被西方探险家发现。目前发现的焉耆—龟兹文文献的年代约在公元3～9世纪之间。由于焉耆—龟兹文使用的字母是印度婆罗米字母在中亚地区的一种变体，有较长的使用历史，因此文字的识读没有困难。从内容方面来看，焉耆—龟兹文文献残卷的绝大部分都是佛典。龟兹文文献中有一些世俗的残卷。其中的佛典，有的是翻译的，有的是创作的。1975年，在新疆发现了长达88页的残卷《弥勒会见记剧本》，虽然仍是残卷，但却是迄今国内发现的年代最早、篇幅最大的一部。焉耆—龟兹文文献主要收藏于国外，国内只有少量收藏。已发现的焉耆—龟兹文文献均已得到刊布。

我国学者对焉耆—龟兹文及其文献的研究，主要代表人物是季羡林。早在20

世纪40年代他就发表了《吐火罗文本福力太子本生故事》①等有独到贡献的论文。中华人民共和国成立以后，他又发表了一系列相关论文。如:《吐火罗文A中的三十二相》（1982）、《新博本吐火罗文A（焉耆文）〈弥勒会见记剧本〉第十五和十六张译释》②、《吐火罗文〈弥勒会见记剧本〉译文》（1992）等。尤其是1998年出版的《吐火罗文〈弥勒会见记〉译释》③，在我国的焉耆—龟兹文及其文献研究上具有划时代的意义。此外，耿世民的《吐火罗人及其语言》（2004），张平、傅明方的《龟兹文铜钱的类型及相关问题研究》（2004）等论文，也从各自的角度涉及焉耆—龟兹文及其文献的研究，这些研究成果对探讨古代新疆地区的民族历史、社会文化、中外交流等方面都有价值。近年来台湾女学者庆昭蓉作了较多的研究，其成果有《从龟兹语通行许可证看入唐前后之西域交通》④、《从吐火罗B语词汇看龟兹畜牧业》（2013）等。其最新的研究成果是专著《吐火罗语世俗文献与古代龟兹历史》（2017），该书以吐火罗语世俗文献等出土资料为经，传世史籍与佛教典籍为纬，从多方面分析六至八世纪龟兹的历史特征，尤其是佛教传播与地方化现象。该书对吐火罗语世俗文献的出土与收藏情况以及近年国外吐火罗语文献学研究重要进展也做了梳理和概述，并以多种海外所藏吐火罗B语（即龟兹语）世俗文书残片的录文与翻译作为论证根据，其中多件文书系首次在国内刊布。

由于焉耆—龟兹文的研究成果多在国外，对这些国外研究成果的翻译介绍也是一项重要的工作。如彭杰翻译的德国学者史密特著《克孜尔110窟佛传故事画中龟兹文题记的解读》（2004），就是其中的代表。

由于文字的识读工作没有太大困难，除了新发现文献的整理和刊布工作外，焉耆—龟兹文及文献的研究重点主要集中在与之相关的语言学和历史学研究方面。其中关于语言的定名问题是20世纪学术界讨论的热点，此外，从语言流行及文献出土的地域来看，焉耆—龟兹语（吐火罗语）应属于印欧语系东部语群，但是从语言本身来看，它确实属于西部语群。这是印欧语系比较语言学研究中需要解决的主要课题之一，也是我国学者可以做出贡献的理论问题。目前国内专门研究焉耆—龟兹文文献的人才十分短缺，需要加大培养力度，使这门"绝学"在中国继续得到传承和发扬。

2. 于阗文

于阗文是公元5到10世纪新疆于阗地区称为"塞人"的民族使用的一种拼音文字，因此又称于阗塞文。其字母的写法与焉耆—龟兹文没有大的区别，只是因其文献于19 ~ 20世纪之交于新疆和田（古称于阗）发现而得名。它所书写的语言也因此被称为于阗语或于阗塞语，也有人称其为东伊朗语或北雅利安语，属印欧语系

① 载德国《东方学会杂志》，1943年。

② 载《中国文化》，风云时代出版公司（台湾），1989年。

③ 载《季羡林文集》第11卷，南昌：江西教育出版社，1998年。

④ 载《西域文史》第8辑，北京：科学出版社，2013年。

印度－伊朗语族伊朗语支，与今阿富汗境内的瓦罕语相近。

于阗文字母和焉耆—龟兹文一样都源出于印度婆罗米笈多王朝字体，有楷书、草书、行书之别。19世纪末俄国、英国驻中国喀什领事M.彼得洛夫斯基、G.H.马继业等最先在和田地区搜集于阗文文献，1901年德国梵文学家霍恩雷首次刊布。此后英国、法国、美国、日本等国的"探险家"相继获取了大量于阗文文献。现存于阗文文献以佛经居多，也有少量世俗文书和词汇集，其中绝大多数已经由英国学者贝利刊布。中华人民共和国成立以来，在新疆也陆续发现了多批于阗文文献。

由于于阗文的识读问题早已解决，所以对于阗文的研究很少限于文字本身，而是集中在与于阗文文献相关的古代西域的历史地理考证方面，国外学者已经取得较多成果。中华人民共和国成立以来，以岑仲勉、黄盛璋等为代表的国内学者也做出了自己的贡献，主要的有黄振华的《于阗文研究概述》[①]、《于阗文贤劫经千佛名号考证》[②]，黄盛璋的《于阗文〈于阗王尉迟徐拉与沙洲大王曹元忠书〉与西北史地问题》（1983）、《和田塞语七件文书考释》（1983）、《于阗文〈使河西记〉的历史地理研究》[③]、《敦煌于阗文 P.2741、Ch.00296、P.2790 号文书疏证》（1987）、《敦煌于阗文书中河西部族考证》[④]。其他有代表性的研究成果还有林梅村《新疆和田出土汉文于阗文双语文书》（1993）、陈明《印度梵文医典〈药理精华〉及其敦煌于阗文写本》（2000）、《敦煌出土的梵文于阗文双语医典〈耆婆书〉》（2000）等。

段晴对于阗文及其文献的研究作出了突出贡献，其主要研究成果有《于阗语〈出生无边门陀罗尼经〉残片释读》（1993）以及与王炳华合著的《新疆出土于阗文木牍文书研究》（1997）[⑤]等。特别是进入21世纪以来，段晴在对于阗文及其文献以及相关的语言文化进行系统研究，推出多部重要著作，如专著《于阗佛教古卷》（2013）以新发现的梵语、于阗语写本文献作为研究对象，综合运用语言学、宗教学、历史学理论和方法，释读出一批重要梵语、于阗语文献，并对文字传播应用情况及当时社会文化现象多有原创性阐发，对于丰富和深化对我国新疆地区的社会、历史和文化的了解具有重要价值。其《中国国家图书馆藏西域文书——于阗语卷（一）》（2015）一书对国家图书馆所藏西域文书中部分于阗语典籍、案牍等文献进行了释读研究，反映了古代于阗国的社会、生活等多角度的情况，是目前中国学者整理翻译研究于阗文文献的典型成果。

这些科研成果，或刊布新出土于阗文文献，或结合古西域历史、文化探讨于阗文文献，或将于阗文与其他文种进行比较研究，为我国的于阗文研究做出了贡献，代表了我国于阗文及其文献研究的新发展，提高了我国于阗文及文献研究在世界学

① 载《中国民族古文字研究》第1辑，中国社会科学出版社，1984年。

② 载《中国民族古文字研究》第2辑，天津古籍出版社，1993年。

③ 载《敦煌学辑刊》1986年第2期。

④ 载《敦煌学辑刊》1990年第1期。

⑤ 载《敦煌吐鲁番研究》第二卷，北京大学出版社，1997年。

术界的地位。

3. 藏文

藏文是公元7世纪时创制的书写藏语的拼音文字。根据藏文史籍记载，藏文是吐蕃赞普松赞干布命大臣吐弥·桑布扎参照印度的梵文创制的。吐弥·桑布扎仿照梵文"兰扎体"，创制藏文正楷字体，又根据"乌尔都体"创制藏文草书。但也有观点认为，藏文可能早在吐蕃松赞干布时代之前就已产生，并专门用于记录原始宗教经典。藏文创制后，经过三次厘定和规范，一直使用到今天，是我国少数民族中历史较为悠久、文献极为丰富的古老文字。为区别于元代以来的藏文，一般将唐宋时期的藏文称为古藏文。

藏文字形结构均以一个字母为核心，其余字母均以此为基础前后附加和上下叠写。核心字母叫"基字"，其余字母的称谓均根据加在基字的部位而得名，如"前加字""上加字""下加字""后加字""再后加字"或"重后加字"等。从书写符号的性质来说，藏文属于一种"音节–音素文字"，在书写藏语的一个语词时，只有"基字"是表示音节的，其他的字母只代表不带元音的辅音音素。

藏文文献中佛教经典数量最多。此外，保存至今的还有古代的各种金石铭刻、敦煌写本和婼羌、米兰遗址出土的简牍文献。藏文文献主要保存在中国，而敦煌的珍贵写本大多藏于英法两国。由于藏文文献数量众多，内容丰富，20世纪关于藏文的研究成为一门显学，从而形成了一门综合性新学科——"藏学"。可以说，藏文是藏学研究的重要基础，而藏学研究又以藏文文献为主要研究对象。

关于古藏文及其文献的研究，主要集中在以下几个领域：

（1）藏文文献概述汇编

数量庞大、内容丰富的藏文文献是中华文化的重要组成部分，藏文文献的整理是藏学研究最重要的工作。中国学者对藏文文献的收集整理翻译研究工作在1950年代初就开始，西藏和平解放后，西藏、青海、甘肃、四川、云南和北京等地的寺庙印经院、图书馆、档案馆开始对藏文文献进行初步整理、分类并作专题研究。以王尧等为代表的国内学者也加强了这方面的研究。王尧的《藏文古代历史文献》中将藏文历史文献概括为金石铭刻、书籍卷册、文契简牍三大类型，并将这三种类型文献分别对应于奴隶制、分裂割据、封建统一时期三个藏族历史发展阶段。他在《吐蕃文献序录》中按内容、主题、文献材质等要素将藏文历史文献分为佛教典籍、敦煌写卷、金石铭刻、竹木简牍四大类。重要的研究成果有王尧、陈践的《敦煌本吐蕃历史文书》《吐蕃金石录》《敦煌本藏文文献》《敦煌吐蕃文献选》《吐蕃文献选读》《吐蕃碑刻钟铭选》《吐蕃简牍综录》等，对吐蕃古藏文文献作了系统地整理、译释和解读。很多学者和研究机构也做了大量整理工作，产生了丰硕成果，如黄文焕的《河西吐蕃文书简述》（1978），德格印经院和甘孜州编译局编《德格印经院目录大全》，民族图书馆编《藏文典籍目录文集类子目》于1997年完成出版。王尧主编《法藏敦煌藏文文献解题目录》（1999年）、曾雪梅《甘肃省图书馆藏敦煌藏文文献叙录》（2003）、金雅声和郭恩《法国国家图书馆藏敦煌藏文文献》（2006）、马德《甘肃藏敦煌藏文文献概述》（2006）、张延清编《法藏敦煌古藏文抄经题记总录（汉、藏）》（2017）等都是藏文文献整理编目翻译的新成果。

（2）藏文文献的整理、翻译和研究

藏文文献的翻译、整理和研究工作也有很大进展。金石碑刻和敦煌藏文写本、历史宗教文献都有翻译和研究著作问世。其中有代表性的有班钦索南查巴著，黄灏翻译的《新红史》（1984）、蔡巴·贡嘎多吉著，东嘎·洛桑赤列校注，陈庆英与周润年翻译的《红史》（1988），达仓宗巴·班觉桑布著，陈庆英翻译的《汉藏史集》（1986）、黄布凡、马德《敦煌藏文吐蕃史文献译注》（2000）、宋家钰、刘忠的《英国收藏敦煌汉藏文献研究》（2000）等。

佛教文献在藏文文献中占有重要位置，其整理研究工作一直得到党和国家的高度重视。藏文《中华大藏经》《丹珠尔》《甘珠尔》流传久远，有藏族古代社会"百科全书"之称。1987年5月，中国藏学研究中心成立藏文《大藏经》对勘局。1995年初，《中华大藏经·丹珠尔》（藏）对勘本（1-60部）由中国藏学出版社正式出版。2005年8月，《中华大藏经·丹珠尔》（藏文）对勘本124卷正式出版。至2008年，正式出版《中华大藏经·丹珠尔》（藏文）对勘本124卷和《中华大藏经·甘珠尔》（藏文）对勘本108卷，共计232卷，这是中华人民共和国成立以来最重要的藏文文献整理校勘工作。

流失在英、法、美、日、俄等国的古藏文文献内容十分丰富。西北民族大学、上海古籍出版社和英国国家图书馆合作出版《英国国家图书馆藏敦煌西域藏文文献》（1-9册）、《法国国家图书馆藏敦煌藏文文献》（1-23册），这是藏文文献整理研究刊布的重要成果，有利于研究公元8至11世纪吐蕃的历史文化及当时的民族文化交流史。

苯教作为前佛教时期藏族的传统信仰，藏文苯教文献也极为丰富，并日益受到国内学界的重视。2007年，由西藏社科院民族研究所巴桑旺堆主持整理出版的《当许出土古苯教文书合编》（西藏藏文古籍出版社），包括三部苯教仪轨文书和一部苯教医方文书。2011年兰州大学西北少数民族研究中心主持的《甘肃宕昌藏族家藏古藏文苯教文献》由甘肃文化出版社出版。全书共30卷，收录了甘肃陇南藏族世代家藏的31函、560余部古藏文苯教文献。文献多系公元6-10世纪的手写本苯教文书，内容主要涉及苯教法师祈祷经文、禳灾防祸时的咒文、苯教祭祀史料及古象雄时期藏族先民社会生活、民情风俗等，是研究古代藏族苯教信仰及社会生活的第一手资料。2011年，由中央民族大学才让太教授主编的《冈底斯雍仲苯教文献》（民族出版社），集成一百多函珍贵的苯教手抄本和木刻版文献，分为文化、显宗、密宗、大圆满四大部分，对于研究古代藏族语言文字、宗教信仰、医药天文、书法艺术等具有极高的价值。

（3）古藏文词典编纂

赞拉·阿旺措成《古藏文辞典》（民族出版社，1997年）按藏文字母顺序排列，收录古藏文字、词7000余条。每个词条后面均有例句，书后附有载明词条来源的351部藏文古籍目录。土登彭措主编《藏文辞海》（四川民族出版社，2012年）。本辞书是由藏族多位学者历时8年编纂的一部大型藏文辞书。所收词汇8万余条，除收录现有辞书的词条外，还增加了不少近现代出的新词汇。解词简明易懂、准确，是一部不可多得的大型工具书。

（4）基于藏文文献的多学科研究

一些学者则力图通过藏文文献的研究探讨藏族及其他各民族的历史、经济和文化发展。如罗秉芬《敦煌本吐蕃医学文献精要：译注及研究文集》（2002）、冯智的《滇西北吐蕃铁索桥遗址及古藏文石碑考略》（1994）、黄维忠的《从敦煌藏文文献看发愿文的界定》（2006）、赵心愚的《格子藏文碑与吐蕃告身制度的几个问题》（2004）和《敦煌古藏文写卷中的"vjang"》（2006）、金雅声和束锡红的《英法藏敦煌古藏文文献与吐蕃早期文化》（2006）等。

一些学者借助藏文对藏语的语言结构进行了研究。如张济川的《藏文元音a的表示法》（1982），王小甫的《古藏文kog（gog）yul为俱格考》（1992）等。此外值得指出的是，藏文作为创制时间相对较早的表音文字，在汉藏语系历史语言学研究中有重要价值。汉藏语学界通过藏文材料对汉语、藏语乃至整个汉藏语系进行历史比较研究，成就斐然。汉语学界也通过藏文和汉语的比较，推动了古代汉语的研究，代表论著如冯蒸的《藏文sdod与汉语"辍"》（2007）等。随着汉藏语系历史比较语言学的不断深入，藏文作为重要的语言材料，将会有力地促进人们对汉藏语系历史发展的认识，其研究价值将日益受到瞩目。

相比较而言，藏学研究关于藏文本身的研究并不多，主要的讨论集中在历史上藏文的三次"厘定"的问题上。中华人民共和国成立以后，中国学者通过不同时代的藏文文献的对比，以具体的词例为材料，基本阐明了藏文厘定的原则，推动了对藏文书写系统历史发展的深入认识。

4. 八思巴文

八思巴文是元朝忽必烈时期由"国师"八思巴创制的拼音文字，元至元六年（公元1269年）颁行，原名"蒙古新字"，后称"国字"，在中国通行了一个多世纪。八思巴文是古代中国的"国际音标"和"世界语"，其创制目的是为了"译写一切文字"，因此除用来拼写蒙古语之外，还用来拼写汉语、藏语、维吾尔语以及梵语等其他语言。八思巴文在民间没有普遍使用，主要只应用于官方文件。

八思巴拼音文字以藏文字母为基础，另有少数字母借自梵文天城体，也有个别字母是自创的。字母总数为57个，其中书写蒙古语的字母有41个，另外16个是为书写其他民族语言而后加的。

从19世纪30年代起，学术界已经开始八思巴文文献的研究。迄今发现的200

多件八思巴文书籍、碑刻、印玺、圣旨等文献，绝大多数已经刊布。中华人民共和国成立以来，八思巴文及其文献研究成绩巨大，主要有三方面的工作：

一是对八思巴文及文献进行综合整理，成果也非常丰硕，照那斯图、道布、蔡美彪等人做出了重大贡献。其中，照那斯图《元八思巴字篆书官印辑存》① 共收录印章95方，大多为首次发现、释读，为八思巴文文献的政治、历史和文化研究奠定了重要的材料基础。他的《八思巴字和蒙古语文献·Ⅰ研究文集》和《八思巴字和蒙古语文献·Ⅱ文献汇集》② 为集大成之作，是八思巴文文献整理和研究的代表论著。蔡美彪编著《八思巴字碑刻文物集释》（2011）分上、下两编，上编主要是八思巴字音写蒙古语碑文的考释，下编是考释八思巴字音写蒙汉语及其他语言的若干文物。蔡美彪著《元代白话碑集录》初版于1955年，2016年再版，收录的元代白话碑的碑文大都是译自元代蒙古语的公牍，具有史学、宗教学、语言学等多学科研究价值，不仅可以极大地深化学界对元代汉语口语的认识，对元史研究也具有重要意义。

二是对八思巴文文献进行研究译释。主要成果有道布、照那斯图的《天宝宫八思巴字蒙古语圣旨碑》（1984）和《河南登封少林寺出土的回鹘式蒙古文和八思巴字圣旨碑考释》及（续一）（续二）③，道布、照那斯图、刘兆鹤的《阿难答秦王八思巴字蒙古语马年令旨》（1998），照那斯图、朱汝极的《蒙古文–八思巴字〈五守护神大乘经·守护大千国土经〉元代印本残片考释》（2000），正月的《摆腰台吉碑文八思巴文释读》（2005）等。

三是借助八思巴文拼音文字译写汉语的历史文献，来研究元代汉语北方话的音韵系统。由于汉字不能准确表音，因此表音的八思巴文译汉文献成为元代汉语语音研究的重要材料，最为著名的研究成果当属罗常培、蔡美彪合著的《八思巴字与元代汉语》④，该著作不仅汇集了八思巴文的文献，也基于文献对元代汉语进行了深入研究，同时以语言为抓手，把研究领域扩展到历史、文化，深入挖掘了八思巴文的多学科价值。此外，照那斯图、杨耐思的《蒙古字韵校本》（1987），资料翔实，校勘严谨。照那斯图编著的《新编元代八思巴字〈百家姓〉》（2003）以元至顺年间建安书院刻本《事林广记》中的八思巴文百家姓为主要依据，重新书写了标准的八思巴字形式并给每字附加了编号和拉丁转写，还编制了八思巴字索引和汉字索引。其他的成果还有杨耐思的《八思巴字汉语译写中的一个特例》（2004），宋洪民的《八思巴字零形式a译写汉语时引发的问题与策略及其对藏文今后厘定的参考价值》（2007）、《从八思巴字对音看〈蒙古字韵〉的"寒"韵——兼论<中原音韵>的桓欢韵及其在近代汉语中的语音性质》（2007）等。一些学者还通过八思巴

---

① 载《文物资料丛刊》第一辑，文物出版社，1977年。

② 日本东京外国语大学亚非语言文化研究所刊行，1990年、1991年。

③ 分别载《民族语文》1993年第5期、第6期、1994年第1期。

④ 科学出版社1959年版，中国社会科学出版社2004年新版。

文文献研究元代蒙古语的语音系统，代表成果如照那斯图的《八思巴字蒙古语文献的语音系统》（2007）等。

除以上研究外，照那斯图与宣德五合著的《训民正音和八思巴字关系探究——正音字母来源揭示》（2001），认为朝鲜训民正音的字母表渊源于八思巴文，论据充分，在学界引起了深远影响。

目前，八思巴文的研究面临后继乏人的困境。中国社会科学院等单位已将其列为"绝学"项目进行大力扶持。

5. 傣文

傣文是我国云南省傣族使用的拼音文字，总共有四种地方性变体文字，在西双版纳等地通行的称"傣仂文"，又称"西双版纳傣文"；在德宏等地通行的称"傣哪文"，又称"德宏傣文"；在瑞丽、澜沧、耿马等县部分地区使用的称"傣绷文"；在金平县使用的称"金平傣文"，又称"傣端文"。四种傣文都从婆罗米字母演化而来，但形体不尽相同。傣仂文和傣绷文为圆形字母，傣哪文为方形字母，金平傣文方圆兼备，并有一些尖角形字母。傣仂文和金平傣文的辅音字母较多，都分高音和低音两组，各拼三个声调，傣哪文和傣绷文辅音字母较简单，分别为 19 个和 18 个，不分高低音组。

尽管是一种历史悠久、文献众多的民族文字，但傣文及其文献的介绍和研究，到中华人民共和国成立以后才大规模开始。对于傣文及其文字、文献的介绍及文字学研究，中华人民共和国成立初期有罗常培、邢庆兰的《莲山摆彝语文初探》[1]，到 20 世纪 80 年代，无忧的《谈谈我国的傣文佛典》[2]、张公瑾的《傣族文化》[3]，书中对傣文及其文献做了深入的研究，系统介绍了傣文的文字发展情况和文献面貌。研究表明，傣文是在公元 13 — 14 世纪左右随着小乘佛教的传播而在傣族地区先后形成的，傣仂文至少已使用七八百年，傣哪文始用于 14 世纪。这两种文字通行面较广，保存文献资料丰富。傣绷文和金平傣文创制年代尚待考证，使用面较窄，金平傣文文献不多。傣文文献以佛教经典为最多，此外还有政治历史、法律道德、天文历法、农田水利、宗教、占卜、故事唱词以及语文学、军事学等方面的大量文献。傣仂文并有大量贝叶经。四种傣文中，西双版纳傣文的影响最为深远，其文献号称有八万四千卷之多。至今在泰国北部、老挝一带，人们仍将其视为专门书写佛经的"经典文字"。

民族调查过程中搜集的傣文文献及译文从 20 世纪 80 年代以来先后公开出版[4]。其中值得指出的是《泐史》。《泐史》是记载西双版纳傣族历史的傣文史书，历来被

---

[1] 北京大学出版社，1950 年。

[2] 载《现代佛教学术丛刊》，大乘文化（台湾），1980 年。

[3] 吉林教育出版社，1986 年。

[4] 见《傣族社会历史调查》（西双版纳一至四，德宏一至二），云南民族出版社，1983 年；《西双版纳傣族社会综合调查》（一），云南民族出版社，1983 年。

傣族史学界重视。译为汉文的各种《泐史》版本种类繁多。朱德普的《泐史研究》一书研究精深，是傣文史籍研究的代表著作。

关于傣文历史源流的研究，一度是傣文研究的热点问题。如罗美珍的《试论我国傣文和东南亚几种文字的关系》[①]，王敬骝、陈相木的《西双版纳老傣文五十六字母考释》[②]，龚锦文的《关于德宏古傣文的源流问题》[③]，边际的《傣文与巴利文》[④]，岩温扁的《傣族文字文献》[⑤] 等都属于此类成果。由于傣文是表音文字，加上傣文文献众多，因此，通过傣文文献来研究傣族语言是十分便利的。类似的成果如巫凌云的《西双版纳古傣文塞音声母考》[⑥]、张公瑾的《傣文<维先达罗本生经>中的巴利语借词——以〈十愿经〉第一节为例》[⑦] 等。姚珏关注傣族文献中的巴利语，先后发表《西双版纳傣族〈维生达腊本生经·十祝〉"十愿文"研究："十愿文"反映的西双版纳傣族佛教"人间"观念及其在早期佛教思想中的来源》（2011）、《西双版纳傣泐〈出家羯磨〉校释》（2015）、《西双版纳傣族〈维生达腊本生经〉诸本巴利语比较研究》（2016）等论文，分别探讨了七种《维生达腊本生经》写本的巴利语傣族化、地方化的规律和佛教文献研究的体例、方法与规律。戴红亮主要从语言学和文献学角度出发，出版和发表了《基于语料库的现代傣语词汇研究》（2015）、《跨文化视角下的老傣文韵尾拼写法的分合与混同》[⑧]、《西双版纳傣文改革及相关问题思考》[⑨]、《傣语转写巴利语 ɔn 韵变异分析》（2018）等，分别探讨了傣语转写巴利语的方式、老傣文拼写法的分合混同原因及其对老傣文书写和异形词的影响、西双版纳傣文改革对傣族传统文化的传承利弊和傣文转写巴利语一个特殊语音变异以及其对傣族贝叶经巴利语释读的作用等。但总的来看，傣文及其文献的研究缺少语言文字学传统，通过傣文来研究傣语的成果不占多数。

通过傣文文献来考察傣族社会、历史和文化发展的学术成果则比较多，如张公瑾的《傣历中的纪元纪时法》[⑩]、《西双版纳傣族历史上的水利灌溉》[⑪]、张公瑾和秦家华等的《南传佛教与傣文贝叶经》[⑫]、俸俊馨的《试论傣文对傣族民间文学繁荣发

① 载《民族语文》1981年第1期。

② 载《民族学报》1988年第2期。

③ 载《云南民族学院学报》2001年第5期。

④ 载《南亚研究》2003年第2期。

⑤ 载《西南少数民族文字文献》（第9—11卷），兰州大学出版社，2003年。

⑥ 载《民族语文》1979年第4期。

⑦ 载《民族语文》2003年第4期。

⑧ 载《语言能力与语言政策研究》，世界图书出版公司，2017年。

⑨ 载《中国民族语言学学报》，商务印书馆，2018年。

⑩ 载《中央民族学院学报》1979年第3期。

⑪ 载《思想战线》1980年第2期。

⑫ 载《贝叶文化与民族社会发展》，云南大学出版社，2007年。

展的贡献》①、刀永明和刀建民译的《孟连宣抚司法规：汉文·傣文对照》② 等。其中，傣文医药类文献的研究成果近10年来较为丰富，代表性成果有陈海玉著《傣族医药古籍整理与研究》(2016)，该书对我国傣族医药古籍文献的产生与形制、基本特点，收集、整理、保护的现状进行了详细介绍，并提出建立傣族古籍文献数据库。

刻写在贝叶之上傣文贝叶经，是傣族文化的重要成果和象征。对傣文贝叶经的搜集整理，一直是傣文及其文献研究的重要工作。2002年，《中国贝叶经全集》整理项目启动，这是傣族历史上规模最大的傣文文献整理项目。2010年，100卷傣文贝叶经完成整理并出版，这套全集对傣文贝叶经进行了深入、全面、系统的搜集、整理和翻译，具有重要的史料价值和文献意义，堪称中国傣族文化总集，同时也是我国佛教文献整理研究事业的重要成果。

2015年，西双版纳傣族自治州少数民族研究所编辑出版了中型词典《傣汉词典》(云南民族出版社，2015年9月)。这部词典收录傣文词条30000余条。词典一般包括老傣文、国际音标、新傣文、释义、词性、来源、例句等方面的信息，是目前规模最大的西双版纳傣文词典。由于该词典很多词条来源于《中国贝叶经全集》，是《中国贝叶经全集》的衍生品和后续开发成果。字典里面收录了很多专业用语、文化词汇、傣语古语词和巴利语借词，对傣族古籍文本研究具有重要的参考价值，是不可多得的有用参考书。文中附录涉及干支表、黄道十二宫、二十七星宿、生肖属相表、星期对照表、傣族传统年法和傣族传统计时法等内容。这些内容也有助于研读傣族古籍。

随着傣族古籍搜集整理和翻译工作的发展，傣族古籍研究也在前期的基础上出现了编著中型词典、宏观研究和微观文本研究相结合的发展趋势，特别是医药医学类古籍成为研究热点。总体上看，近十多年来，傣族古籍整理出现了较大的进步。但相对于数量庞大的傣文文献来说，研究工作还是较为薄弱。与全国几种有大量文献的文种相比，傣文及其文献的研究和整理工作都比较滞后。傣族古籍研究特别是古籍的文本研究成果还很少，很多古籍整理出来后，后续研究和开发利用很不充分。此外，傣文文献的整理主要着眼于的宗教和文学研究等方面，语言学研究曾有过一段时间的兴盛，但后来研究成果数量不断减少，这与傣语文研究人才，特别是本民族的傣语文研究人才后继乏人有较大关系，需大力进行人才培养，以促进傣文及文献的深入研究。

---

① 载《云南民族学院学报》2001年第6期。

② 云南民族出版社，1986年。

四、汉字系统文字

长期以来，汉字和汉文化一道，传播到中国广大民族地区乃至日本、越南等国，并对这些民族和国家的文化发展起到了深远的影响。这些民族和国家不仅在历史上曾长期使用汉字，还在汉字的基础上创造了十余种汉字系文字。这些汉字系文字的形成和发展，是汉文化和其他民族文化交流的成果，也是这些民族和国家文化史上的重大事件。

汉字系文字大体有类似的发展规律，即最初都是直接借用现成汉字来记录读音相近的本民族语，称为"音读"；此后逐渐开始用"训读"，即借意改音，用民族语语音读汉字的意义。由于借用汉字不能完全表达民族语，或是突出本民族的独特性，一些民族又开始对汉字进行形体上的改造，有的在汉字上增删、改变笔画，有的进行形体变形，有的则用汉字笔画、偏旁重新组合造字，在功能上，则主要是体现了表音化的发展，将汉字符号在不同程度上改造为表音的音节符号或字母，从而造成了与汉字既有联系、又有区别的民族文字符号体系。

我国境内使用或曾经使用的汉字系文字，有的曾在中华民族的历史进程中有过重要的影响，如西夏文、契丹文（包括大字和小字）、女真文。有的只在民间使用，长期不被人们所知，如中国南方一些民族所使用的文字，如壮族的壮文、白族的白文、布依族的布依文、水族的水书，类似的还有哈尼文、苗文、侗文、瑶文等多种。这些文字，类型各异，造字方法多样，共同构成了源远流长、蔚为大观的文字体系。

在这些文字中，西夏文、契丹文（包括大字和小字）、女真文的研究早已开始，研究成果丰硕，至今仍是学术界的研究热点。相比之下，南方民族的汉字系文字由于长期以来只在民间流传使用，文献也较为零散，研究工作大多处于初级阶段，其中个别文种至今仍缺乏研究。因此，汉字系民族文字的研究状况参差不齐，这与各民族文字的发展、使用特点有密切关系。

1. 契丹文

契丹有自己的语言。关于契丹语，目前人们知之甚少。在清代，人们认为契丹语最接近"索伦语"，即达斡尔、鄂温克和鄂伦春语的综合体。现代的学者倾向于认为契丹语最接近蒙古语。如果这一估计不错的话，那么契丹语就是阿尔泰语系蒙古语族的一种语言，在类型学上属于典型的黏着语。由于受汉语的影响，契丹语中有较多的汉语借词。

契丹人在中华人民共和国成立之初，先后仿照汉字设计了两套文字来记录自己的语言，并分别称为"契丹大字"和"契丹小字"。契丹人最初"本无文纪，惟刻木为信"[①]。《新五代史·四夷附录》载："至阿保机，稍并服旁诸小国，而多用汉人。

---

① （宋）王溥《五代会要》卷29，上海古籍出版社，1978年。

汉人教之以隶书之半增损之，作文字数千，以代刻木之约。"① 《辽史·太祖本纪》说："（神册）五年（公元920年）春正月乙丑，始制契丹大字。… 九月 … 大字成，诏颁行之。"② 第二套文字是不久之后由太祖的弟弟耶律迭剌创制的，当时称为"小简字。"史书上没有记载耶律迭剌制字的确切时间，一般估计应该是在公元924年或稍后的几年间。后来人们通常把第一套文字称为"契丹大字"，第二套文字称为"契丹小字。"所谓"大""小"，并不是指两种文字形体有大小之别，而是创制时间的先后之分。

契丹文颁布以后，即在辽国境内使用。由于契丹境内的汉族人都使用汉文，契丹文只通行于契丹民族中。由于契丹上层统治阶级大都通晓汉文，并以汉文为尊，契丹文的使用范围较为有限。另从史书及各种考古材料上分析，契丹大字和小字当时曾一起通用，甚至在辽朝灭亡后还被女真人沿用了半个多世纪，并在女真文创制的过程中起过很大的作用。直到1191年金章宗"诏罢契丹字"后才正式被废止，其使用时间约三百多年。目前发现的年代最为晚近的契丹文献是《金代博州防御史墓志》，志文为小字，年代为金大定十年（公元1170年）。但契丹文此后在民间仍然沿用了较长时间，如在云南省发现的几件清代墓碑上，有零星的契丹小字，估计墓主是元代迁去云南的契丹人的后裔，这说明清代契丹文仍在使用，只是已不能构成完整的句子和段落了，契丹文最终成了一种死文字。契丹文字是我国北方古代民族较早创造的文字之一，它的形成和发展也是我国民族文化史上的重要事件。

20世纪20年代以来，一批契丹文的金石碑刻相继在辽宁、内蒙古、山西、云南等地出土，契丹文的研究工作随之开始。日本学者羽田亨、中国学者罗福成、王静如、厉鼎煃等开展了对契丹文的研究。此后，日本、苏联、法国等国的学者对契丹文字作了较多的研究。但由于现存的契丹文文献太少，且没有相关的文献可供参照比较研究，所以契丹文进展工作缓慢。

中华人民共和国成立以后，1951年出土了《萧孝忠墓志》《大辽大横帐兰陵郡夫人建静安寺碑》等契丹大字文献，契丹文的研究成为学术界关注的热点。但总的来看，迄今发现的契丹大字文献只有10余件，加上契丹大字的表意性质，特别是其造字方法缺乏理据性，文字的释读困难重重。由于契丹小字的表音性质，加上契丹小字的文献相对较为丰富，学术界逐渐认识到，要将小字作为研究重点，在每个字的读音上有所突破，争取对契丹小字进行读音构拟。20世纪80年代以来相继发现一批契丹小字文献，加上研究方法正确，以及契丹小字的表音性质，文字的释读工作也取得了积极进展，其中中国学者做出了开拓性贡献。

20世纪70年代以来，内蒙古大学蒙古语文研究所清格尔泰教授、陈乃雄教授和中国社会科学院刘凤翥研究员、于宝林研究员以及邢复礼等人组成契丹文字研究

---

① 《新五代史》卷72，中华书局标点本。

② 《辽史》卷2，中华书局标点本。

小组，致力于契丹小字的释读攻关，同时也改进了研究方法，研究工作有较大突破，其代表成果是契丹文字研究组《契丹小字研究》（专号）①。其研究方法主要是从解读有汉文对译的契丹小字文献中的人名、地名、官名入手，利用契丹小字的汉语借词进行拟音，同时参照亲属语言语音语法现象探索契丹小字的语法成分，从而构拟出一百多个原字的读音，并解读了300余个单词的词义，分析了20余条语法附加成分，同时，对20世纪80年代以前发现的所有石刻资料进行了细致的辨析和整理，据此厘定原字378个和契丹小字词汇4167个，并对全部原字和契丹小字词汇编制了索引。《契丹小字研究》的发表，极大地推动了契丹文字的研究。

基于《契丹小字研究》的进展，20世纪80年代以来，契丹文字的研究蓬勃发展，据不完全统计，与契丹文相关的论著达到230多种。包括著作和论文集如即实《谜林问径——契丹小字解读新程》（1996）、清格尔泰《契丹小字释读问题》②、刘凤翥《遍访契丹文话拓碑》③、爱新觉罗·乌拉熙春《契丹语言文字研究》④、陈乃雄和包联群《契丹小字研究论文选编》（2006）、吴英喆《契丹小字新发现资料释读问题》⑤ 等，论文有刘凤翥的《建国三十年来我国契丹文字的出土和研究》（1981）、《契丹大字与契丹小字的区别》（1981）、《契丹小字解读再探》（1983），黄振华的《契丹文考》（1981），陈乃雄的《近十年来我国契丹字研究》（1987），即实的《契丹小字字源举隅》（1982）、《浅解三颗契丹文印》（1984），于宝林的《契丹文字制字时借用汉字的初步研究》（1996），石金民和于泽民的《契丹小字〈耶律奴墓志铭〉考释》（2001），刘凤翥和青格勒的《契丹小字〈宋魏国妃墓志铭〉和〈耶律弘用墓志铭〉考释》（2003），孙伯君的《辽金官制与契丹语》（2004）等。

进入21世纪以来，契丹文的研究形成了多种具有系统性的重要研究成果。主要有：

刘浦江、康鹏主编的《契丹小字词汇索引》（2014）一书，完整收录了目前已有契丹小字资料，包括契丹小字石刻总计为33种，另外还有其它零星的契丹小字资料16件。每个词汇均列出其所有出处，以便于使用者查阅。其次，在对国内外有关研究成果进行全面系统梳理的基础之上，将已有的解读结论及其出处逐一列在相关词条之下，据此厘定原字378个和契丹小字词汇4167个，并对全部原字和契丹小字词汇编制了索引。这就不仅为契丹语文研究者提供了极大的便利，也可以供其他学科利用契丹文字资料及其研究成果。同时也纠正了前人在契丹小字字形规范方面存在的若干错误。

刘凤翥的《契丹文字研究类编》（2014年）是中国社会科学院特殊学科（绝学）

① 载《内蒙古大学学报》1977年第4期。

② 清格尔泰：《契丹小字释读问题》，东京：日本东京外国语大学亚非语言文化研究所，2002年。

③ 刘凤翥：《遍访契丹文字话拓碑》，北京：华艺出版社，2004年。

④ 爱新觉罗·乌拉熙春：《契丹语言文字研究》，京都：日本京都大学东亚历史文化研究会，2004年。

⑤ 吴英喆：《契丹小字新发现资料释读问题》，东京：日本东京外国语大学，2012年。

建设项目"契丹文字"的最终成果。全书分三个部分，一是把20世纪20年代以来的契丹文研究成果进行了简单梳理，二是契丹文字新研究，包括21世纪前十年以作者为主所发表的契丹文字碑刻考释成果，以及概括性的研究进展，如"已经释读的契丹大字语词""契丹大字拟音""已经释读的契丹小字语词"和"部分契丹小字的原字音值之构拟"；三是契丹文字资料汇编，涵盖了传世的全部契丹文字碑刻拓本照片和摹本。该成果对契丹文字研究的进一步发展具有重要的基础性意义。

清格尔泰、吴英喆、吉如何的《契丹小字再研究》（2017）是继《契丹小字研究》之后又一部全面系统地总结国内外契丹文字研究的成果，全书共三编。第一编包括契丹小字再研究及资料图版。研究部分从字形、字音、字义三个方面，对契丹小字研究成果进行了梳理和总结，并通过历史比较语言学、比较文字学等研究方法进行了新的探索。字形部分列出了453个契丹小字原字字形和对应同形大字。字音研究列出453个原字及其新旧拟音、对应同音大字及拉丁文转写。字义（词义）部分归纳出3156条解读语词以及契丹语静词、动词附加成分等相关研究。资料图版部分共收图版261张拓片影印件。第二编为契丹小字资料总编，共收录39篇小字碑铭及17件零星资料的电子录文，并对已释读契丹小字进行了词义标注。为便于查阅，还录入了相关汉文资料。第三编为契丹小字词汇索引和契丹小字原字索引，方便读者查阅应用。

研究表明，在符号构成上，契丹大字对汉字作了较多的增删改造，形体有较大变异，但仍以表意为主；而契丹小字则把汉字符号改造成表音的符号，发展成一种"音节—音素"式的拼音文字，其文字性质和汉字已经完全不同。

基于契丹文及其文献，学界对契丹语的语音和语法研究也取得一定的进展，如即实《关于契丹数词读音问题》（1986）、刘浦江《从〈辽史·国语解〉到〈钦定辽史语解〉——契丹语言资料的源流》[1]、孙伯君和聂鸿音的《契丹语语音的历史地位》（2005）等，还归纳了一些重要的规律性认识。如清格尔泰《契丹小字释读工作中运用元音和谐律的问题》[2] 提出契丹小语中存在元音和谐律。吴英喆的《契丹小字拼读方法探索》[3] 认为契丹小字中存在"元音附加法"，即以辅音开头的原字，在具体拼读过程中，其前面可以附加某个元音加以拼读。高路加《契丹小字复数符号探索》（1988）根据古代蒙古语的"数"的和谐现象，提出契丹小字中基数词作定语时，被限定语常常采用复数（但也有单数的）形式。吴英喆《契丹小字"性"语法范畴初探》（2005）、《从带点与不带点的原字论说契丹语"性"语法范畴》（2006）根据契丹语序数词词尾的性差异，认为契丹小字存在"性"语法范畴，等等。

---

① 刘浦江：《从〈辽史·国语解〉到〈钦定辽史语解〉——契丹语言资料的源流》，载《欧亚学刊》第4辑，北京：中华书局，2004年。

② 清格尔泰：《契丹小字释读工作中运用元音和谐律的问题》，《蒙古学集刊》2005年第2期。

③ 吴英喆：《契丹小字拼读方法探索》，《蒙古学集刊》2006年3期。

　　尽管契丹文的研究困难重重，但是目前已经有在原字解读、一批语词和句子的释读获得进展，再加上一些契丹语语音和语法规律的发现，都对进一步深化契丹文字及其文献的研究提供了基础。

　　2. 女真文

　　女真文是公元12—15世纪女真民族使用的文字，所记录的女真语属阿尔泰语系满—通古斯语族。女真文字也有两种。一种是金太祖命希尹于天辅三年（公元1119年）创制并颁行的女真大字，一种是金熙宗（完颜亶）于天眷元年（公元1138年）颁行的女真小字。从各种文献记载看，这两种文字都是在契丹字、汉字的基础上创制而成的。人们推测，女真大字是依仿契丹大字制成，女真小字则依仿契丹小字制成。而传世的女真文仅有一种形制，且与契丹大字关系密切，因此传世的女真文很可能是女真大字，女真小字大概已经失传。这个假设有待于进一步发现资料来研究和证明。

　　公元1234年，蒙古灭金，中原地区的女真不再使用女真文，东北地区的女真人在金亡以后仍一直沿用女真文，到十五世纪中期，女真文才成了无人识读的死文字。从创制到成为死文字，时间约为三百年。在朝鲜半岛，李氏朝鲜王朝设立的外国语学习和翻译专门机构"司译院"可能到16世纪还有少数学者继续学习研究女真文。

　　传世的女真文文献不多，自19世纪以来先后在中国、朝鲜及今俄罗斯境内发现女真文碑刻、摩崖、墨书题记、文书残页以及牌符、铜镜、官印铭文等文献近40种，其中石刻共计12件（包括金代11件、明代1件）。重要文献有金代写本的《女真字书》和明代《女真译语》等，此外还有《大金得胜陀颂》《进士题名碑》《奥屯良弼饯饮题名跋》等女真文碑铭。虽然文献资料较少，但因有《女真译语》等重要工具书传世，为释读女真文提供了重要的线索，所以女真文的释读工作已取得了很大的成就。

　　中华人民共和国成立以后，女真文研究成果较为丰硕。存世的女真文文献大多经过了反复多次的解读和考释，并取得了较为一致的意见。其中，金光平、金启孮的《女真语言文字研究》①（1980）和金启孮的《女真文辞典》（1984）是两部集20世纪研究成果之大成的著作。《女真语言文字研究》是海内外首部全面系统地研究女真语言文字的学术著作，对女真语言文字研究作出了开拓性、基础性贡献，至今仍代表着该领域的最高研究水平。《女真文辞典》首次将女真字仿汉字部首予以排列，并逐字标出字源、字音、字义以及与史互证的例文，虽名为词典，实乃女真语言文字研究的百科全书。以上两部著作的问世，奠定了我国女真语言文字研究在国际上居于领先地位的基础。此后，在《女真文辞典》的基础上，金启孮、乌拉熙春

---

　　① 《内蒙古大学学报》1964年油印本，1980年文物出版社出版。

合著的《女真文大辞典》① 增补了《女真文字书》及现存所有石刻中出现的女真字，总数达到一千三百多字，明确了女真文意字和音字的关系以及由意字向音字发展的脉络。金启孮、乌拉熙春合著《女真语满洲通古斯诸语比较辞典》②，汇总了所有女真语词汇并将其与满洲通古斯诸语进行了全面的比较研究。

由于契丹文与女真文的密切关系，有不少研究论著都是讨论两者的关系问题的，如金光平的《从契丹大小字到女真大小字》（1962）、和希格的《契丹大字与传世的女真文字》（1984）、额尔敦巴特尔的《简论契丹大字和女真文字的比较研究》（1996）等。关于《女真译语》的研究也很多，如道尔吉、和希格的《女真译语研究》③，孙伯君的《<女真译语>中的遇摄三等字》（2001）、《金代女真语》（2004），刘凤翥等的《女真译语校补和女真字典》④ 等。其他有代表性的论著还有金光平的《女真制字方法论》（1980），蔡美彪的《女真字构制初探》（1984），道尔吉的《关于女真大小字问题》（1980），道尔吉、和希格的《女真文<大金得胜陀颂>碑校勘释读》（1984），穆鸿利、孙伯君的《蒙古国女真文、汉文<九峰石壁纪功碑>初释》（2004）等。尽管女真文研究成绩很大，但由于女真文献中有些字不见于《女真译语》，因此这些字的意义目前仍然只能根据上下文进行假设，因此，女真文解读的完全成功还需要进一步努力。

3. 西夏文

西夏文又称"河西字""番文""唐古特文"，是公元11—13世纪期间西夏王朝的文字，记录的是西夏党项族语言。党项语属汉藏语系藏缅语族。西夏文形体特殊，其造字方法并非直接借用汉字，而是借用汉字的点、横、竖、撇、捺、拐、拐钩等笔画，先造成与汉字不同的偏旁，再用这些偏旁合成整字。因此6000多个西夏字，没有一个和汉字形体相同。但其合成的方法则仿造汉字造字理论，如其会意合成字和音意合成字分别类似汉字的会意字和形声字。从文字性质上说，西夏文是一种表意文字。

西夏文创制后被尊为西夏国字，由政府主导推行，用于书写各种文书诰牒，应用范围很广，文献众多。西夏灭亡后，西夏文仍继续使用至明代。随着党项族逐渐融合于其他民族，西夏文后来成了无人可识的死文字。

19世纪初，学术界开始注意到西夏文文献。从20世纪初开始，大量的西夏文文献陆续被发现。1908年到1909年，俄国探险队在内蒙古黑水城遗址发现8000多个编号的西夏文献，这是20世纪以来中国民族古文字文献发现数量最多、价值最高的一次。尤其是其中汉文和西夏文对译字书《番汉合时掌中珠》，在西夏文解读方面起到了非常关键的作用。这批文献的发现，使西夏文解读的工作得以取得突

---

① 日本国文部省国际共同研究项目成果，明善堂，2003年。

② 日本国文部省国际共同研究项目成果，明善堂，2003年。

③ 载《内蒙古大学学报》1983年增刊。

④ 松香堂，2009年；上海：中西书局2019年。

破，从而推动了整个西夏历史和文化的研究工作，西夏学也逐渐成为一门专学。

中华人民共和国成立以来，西夏文及其文献的研究取得了令人瞩目的成就。

一是文献的整理和刊布。中华人民共和国成立以来，特别是二十世纪70年代以来，中国境内又陆续发现了不少西夏文献。这些文献都得到了及时的整理和刊布。[①]

20世纪90年代起，对分藏各国尤其是俄罗斯的黑水城文献的系统收集整理成为西夏文及其文献研究的中心工作。1996年起，由俄罗斯科学院东方文献研究所、中国社会科学院民族学与人类学研究所、上海古籍出版社合编的《俄藏黑水城文献》陆续问世，其中的西夏文世俗部分（第7—14册）、西夏文佛教部分（第15—25册）的出版，是中国少数民族古文字文献刊布的一件盛事。2005年起，西北第二民族学院、英国国家图书馆、上海古籍出版社联合主编《英藏黑水城文献》，涵盖了英国探险家斯坦因1914年从内蒙古黑水城遗址劫取、现藏于英国国家图书馆的以西夏文为主体的写本和刻本，是宋夏元时期宗教、政治、军事、社会生活等各个领域的第一手资料，总量4000多件，这是俄藏黑水城文献的重要补充。2007年由北方民族大学与上海古籍出版社联合出版的《法藏敦煌西夏文文献》，刊布了法国国家图书馆收藏的法国考古学家1908年3月在莫高窟464号窟中发现的各种西夏文写本和印本。

2012年，由宁夏大学、中国国家图书馆、甘肃省古籍整理编译中心等二十多个文博与学术单位整理编辑、编纂，史金波、陈育宁主编的《中国藏西夏文献》按北京、宁夏、甘肃、内蒙古、陕西、金石6篇17卷，分装20册，由甘肃人民出版社与敦煌文艺出版社出版，是迄今最全面、最丰富、规模最大的国内西夏文献搜集整理活动，丛书中收录的多数文献为第一次刊布，填补了西夏学研究领域众多空白。

二是语言文字研究。西夏文是汉字系民族文字中，西夏文的研究最为充分，成绩也最为可观。西夏文的音、形、义，都有深入论著进行讨论。如李新魁的《论西夏文的形体结构和造字方式》（1978）、史金波等的《"文海"研究》（1983）、史金波的《西夏文化》（1986）等。西夏文可以说基本完成了文字解读工作。

其中史金波、白滨整理的《文海研究》（1983）、李范文的《同音研究》（1986）、史金波、黄振华、聂鸿音整理的《番汉合时掌中珠》（1989）、李范文《宋代西北方音——〈番汉合时掌中珠〉对音研究》（1994）、罗福颐的《西夏官印汇考》（1981）、李范文的《西夏陵墓出土残碑粹编》（1984）、罗矛昆等的《圣立义

---

① 参阅王静如：《西夏文木活字版佛经与铜牌》（载《文物》1972年第11期），郑绍宗、王静如：《保定出土明代西夏文石幢》（载《考古学报》1977年年第1期），史金波、白滨：《西夏文及其文献》（载《民族语文》1979年第3期），李范文：《西夏陵墓出土残碑粹编》（文物出版社，1984年），史金波：《额济纳旗绿城新见两夏文物考》（载《文物》1996年第10期），史金波：《敦煌莫高窟北区出土西夏文文献初探》（载《敦煌研究》2000年第3期）等。

海研究》（1995）、陈炳应的《贞观玉镜将研究》（1995）等都是这一时期的代表性著作。

李范文编撰的《夏汉字典》（1997）是目前世界上正式出版的第一部体例完备的西夏文字字典。全书共150万字，从字形、字音、字义和语法各个方面对西夏文字进行了全方位的注释，还用汉、英两种文字进行释义，在西夏语言文化研究史上意义重大。

由于文字的解读工作已近基本完成，促使西夏语的研究也取得了丰硕成果。①除了大陆学者外，中国台湾、香港的学者在西夏语言文字研究方面也有积极建树。台湾"中研院"龚煌城教授的论文集《西夏语文研究论文集》②，收录了西夏语言文字研究的15篇中英文论文，分西夏音韵、西夏文字、汉夏对译及借词研究三大部分，包括《西夏语的浊塞音与浊塞擦音》《西夏韵书<同音>第九类声母的拟测》《西夏语的紧元音及其起源》《西夏语若干韵母转换的起源 —— 重叠复合词》等，在西夏学和汉藏语学界都有重要影响。

三是通过西夏文文献研究西夏社会历史文化。西夏文的解读工作完成后，数量巨大的西夏文文献的社会、历史和文化价值得到了充分的表现。中华人民共和国成立以来，尤其是改革开放以来，整理、翻译西夏文文献，并用以研究西夏社会、历史和文化的成果不断问世，共同形成了西夏学研究的新高潮。重要的论著有史金波等的《文海研究》（1983）、陈炳应的《西夏谚语》（1993），史金波等的《类林研究》（1993），史金波、聂鸿音等的《西夏天盛律令》（1993），《天盛改旧新定律令》（1999），史金波的《西夏经济文书研究》（2017），彭向前的《俄藏西夏历日文献整理研究》（2018）等，此外还有涉及西夏社会文化生活各方面的探讨③，为世人揭示了神秘西夏王国的历史面貌。

---

① 可参阅王静如：《西夏语音系导言》（载《民族语文》1982年第2期），史金波：《西夏语构词中的几个问题》（载《民族语文》1982年2期）、《西夏语中的汉语借词》（载《中央民族学院学报》1982年第4期）、《西夏语的存在动词》（载《语言研究》1984年第1期），黄振华：《文海反切系统的初步研究》（载《文海研究》，中国社会科学出版社，1983年）、《西夏语同义词词源研究刍议》（载《民族语文》2002年第5期），李范文：《同音研究》（宁夏人民出版社，1986年）、《西夏语比较研究》（宁夏人民出版社，1999年），聂鸿音：《西夏语音商榷》（载《民族语文》1985年第3期）、《西夏文藏传〈般若心经〉研究》（载《民族语文》2005年第2期）、《西夏语松紧元音假说评议》（载《民族语文》2006年第5期），孙宏开：《从词汇比较看西夏语与藏缅语族羌语支的关系》（载《民族语文》1991年第2期），马忠建：《西夏语动词的体范畴》（载《宁夏社会科学》2001年第3期），陈庆英：《西夏语同藏语词汇之比较》（载《青海民族学院学报》1992年第4期）等。

② 中研院语言学研究所，语言暨语言学专刊丙種之二（上），2003年。

③ 可参阅黄振华：《西夏天盛廿二年卖地文契考释》（载《中国史研究》1980年第1期），李范文：《西夏皇帝称号考》（载《西夏研究论集》，宁夏人民出版社1983年），陈炳应：《西夏诗歌、谚语所反映的社会历史问题》（载《西夏史论文集》，宁夏人民出版社1984年），白滨：《从西夏文字典〈文海〉看西夏社会》（载《西夏史论文集》宁夏人民出版社，1989年），聂鸿音：《西夏文〈新修太学歌〉考释》（载《宁夏社会科学》1990年第3期），史金波：《现存世界上最早的活字印刷品 — 西夏活字印本考》（载《北京图书馆馆刊》1997年第1期）等。

4. 方块壮文

方块壮文又称古壮字，历史上又被称为"土俗字"，是壮族群众为了书写壮语而仿照汉字创制的民族文字。壮文创制的时代不明确，目前学术界多以唐初永淳元年（公元682年）刻于上林的《六合坚固大宅颂》碑为壮文正式形成的标志，因此壮文在壮族民间至少已经有一千多年的使用历史。

壮文是在汉字基础上形成的一种很有代表性的南方汉字系文字。其书写符号系统主要由假借汉字、用汉字偏旁重新组合造成的仿造字、对汉字进行形体变异改造的变体字构成，此外还有个别象形字。壮文在历史上未经规范统一，书写时往往因人而异，加上壮语方言差别大，各个地方的壮文也因此不尽相同，因此壮文异体字较多。

虽然壮文在历史上为壮族文化的继承和发展发挥了重要作用，并且留下了数量众多的民间文献，但壮文的地位一直较为低下，为上层知识阶层所歧视，壮文也没有能发展成为壮民族的通用文字。对壮文的研究，长期以来重视不够，研究成果数量也不多，中华人民共和国成立以来到20世纪90年代的研究成果主要集中在文字及其文献的介绍和整理方面，如张元生《方块壮字》（1982）、《壮族人民的文化遗产——方块壮字》（1984），黄绍清《壮族方块字的创造和运用》（1982）、《方块壮字的产生及其作用》（1983），陆瑛《浅谈"方块壮字"》（1984），覃国生《关于方块壮字》（1986），郑贻青《靖西方块壮字试析》（1988），黄必庄《古壮字浅说》（1995），陈竹林《论壮族的文字》（1995）。

在文献整理研究方面，张声震主编的《布洛陀经诗译注》（1991）从流传于壮族民间的22种《布洛陀经诗》古壮字手抄本缀辑而成，以版本较古老、内容较完整的本子作为基础本，按照原文、拼音壮文、国际音标、汉直译、汉意译五行对照整理方法编纂。该书是首次对方块壮文民间文献进行系统整理的成果，具有多方面的学术价值。张元生、梁庭望、韦星朗编《古壮字文献选注》（1992）收编了《摩兵布洛陀》《传扬歌》《唱舜儿》《比瑜》《想和盼》等5部古壮歌，除了《比瑜》篇幅较短外，其余都是长篇创世史诗。梁庭望的《古壮字及其文献新探》[①]、《古壮字结出的硕果——对<壮族麽经布洛陀影印译注>的初步研究》（2005）等也是对壮文文献进行研究的重要成果。

一些学者从文字学讨论了壮文书写系统的形成和发展，如黄革的《上林地区壮族方块字的构造》（1982）、《靖西方块壮文浅析》（1988），蓝利国《方块壮字探源》（1995），陆发圆《方块壮字的萌芽和发展》（1999），王彩《方块壮文构造法与理据性新探》（2005）。壮文的流传使用情况也逐渐受到关注，如覃晓航的《方块壮字经久不绝却难成通行文字的原因》（2008），黄南津、唐未平的《壮族民间群体古壮字使用状况的调查与分析》（2008），韦星朗《论推广新方块壮文的必要

---

① 载《中国民族古文字研究》（第3辑），天津古籍出版社，1991年。

性》（1995）等。由于方块壮文与越南字喃的密切关系，对两者的比较研究也是一个重要方向，如李乐毅《方块壮字与喃字的比较研究》（1987）、罗长山《古壮字与字喃的比较研究》（1992）等。

广西壮族自治区少数民族古籍整理出版规划领导小组编纂的《古壮字字典》（1989）是历史上第一部汉字壮文字典，收录正体汉字壮文字4918个，加同形异义字为10700个，是壮文文字学研究的重要成果

近几年，有些学者通过壮文进行语言学分析，代表性论文如黄笑山的《方块壮字的声旁和汉语中古韵母》[1]、林亦的《谈利用古壮字研究广西粤语方音》（2004）等。

随着党和国家对各民族传统文化保护的重视，方块壮文及其文献的保护和研究也进入了一个新阶段。一大批方块壮文古籍被列为各级珍贵古籍，其中列入国家级珍贵古籍的有30多种。方块壮文书写符号的整理和信息化工作也取得积极进展。关于方块壮文符号系统的研究也有极大深化，如覃晓航的《方块壮字研究》（2010）就是代表性成果，该书对前人的研究成果作了详尽的回顾，论述了方块壮文产生的前提条件、时间及其历代发展情况，系统分析了壮字的造字法。另外值得指出的是近年来还涌现出一批以方块壮文研究为题的硕士和博士论文。

总体来说，与壮文重要的历史文化价值以及数量众多的文献相比，壮文的研究还是非常薄弱的，不仅壮文研究的成果不够丰富，而且研究的重点主要集中在文字形体构造的探讨上。学术界需要加大对壮文的研究，进一步挖掘和发扬壮文独特的文字学价值和历史文化价值。此外，壮文作为一种十分重要的壮族语言材料，应大力加强壮文的语言学研究，以促进壮语历史比较研究的发展。

5. 白文

白文，历史上又称为"僰文"。为和中华人民共和国成立后创制的拼音白文相区别，学术界又称其为老白文、古白文或方块白文、汉字白文。白族民间过去多称其为"汉字白读"或"汉字白音"。

白文是在汉字影响下形成的一种汉字系文字。它借用汉字并对其进行改造或重新组合来书写白语，是由假借汉字（包括借词字、音读字、训读字、借形字）和自造字（包括形声字、音意合体字、意义合体字、变体字、省略字、加形字）构成的复合性的书写符号体系。在文字性质上属于一种仿汉表意字。

白文至迟在公元10世纪初就已在白族民间使用，至今已有一千年的历史。由于没有经过规范和统一，它一直没有发展为通用的民族文字。宋、元时期，白文的使用较为广泛。明代实行文化专制，白文文献大多被毁，白文的发展受到很大打击。流传至今的历史文献只有南诏有字瓦、南诏大理国写本佛经、明清白文碑铭等。但白文仍表现出极强的生命力，在今天的白族民间，白文大本曲、本子曲、歌

---

[1] 载《中古近代汉语研究》，上海教育出版社，2000年。

本、祭文等仍在流传使用，起到了继承和发展民族文化的重要作用。

由于白文没有发展成为民族通用文字，且长期不受重视，因此关于白文的研究一直很少，而且对于白文的文字性质也有不同意见，直到20世纪40年代石钟健才开始了对白文的科学研究，并确认了白文的文字性质。中华人民共和国成立以来，白文的研究有所进展，但相对于白文的历史文化价值而言，研究无论在深度还是广度上都还是十分欠缺的，有待大力加强。

总的来看，白文的研究主要集中在四个方面：第一，白文的文字性质问题；第二，白文特点及文字结构；第三，白文文献的整理与释读；第四，白文与白族文化的关系。有代表性的综合论述有石钟健的《论白族的白文》①、赵衍荪的《白文》②、《浅论白族文字》③、杨应新的《方块白文辨析》（1991）、周祜的《白文考证》④、徐琳的《关于白族的方块文字》⑤、王锋的《白文古籍与方块白文的书写系统》⑥和《古白文的文字属性》（2004）等。白文文献的释读是20世纪80年代以来研究的重点，其中，徐琳的《白族〈黄氏女对经〉研究》和《白族〈黄氏女对经〉研究（续）》⑦、徐琳和赵衍荪的《白文〈山花碑〉释读》（1980）是白文文献释读的代表著作，其他学者也发表了一系列释读论著⑧。由于白语文献较少，且明代以来白语发生较大变化，所以白文文献的释读难度较大，一些重点文献的释读还不能令人满意。

关于白文流传使用的分析如王锋的《方块白文的历史发展和现状》⑨，关于白文与白族文化关系的论著如马曜的《论古白文的夭折对白族文化发展的影响》⑩、王锋的《方块白文历史发展中的文化因素》（2002）等。

进入21世纪以来，随着党和国家对少数民族文字文献搜集整理工作的重视，各研究单位和研究人员进一步加大了对白文文献的搜集整理力度。段金录等主编的《大理历代名碑》（2000）、《中国少数民族古籍总目提要·白族卷》（2004）、《大理丛书·大藏经篇》（2008）、《大理丛书·白语篇》（2008）等大型丛书相继刊布了一些新发现的白文文献。2008年，由云南省图书馆选送的南诏大理国手写佛经

① 载《中国民族问题研究集刊》第六辑，中央民族学院研究部，1957年。

② 载《中国民族古文字》，天津古籍出版社，1987年。

③ 载《云南民族语文》1989年第3期。

④ 载《南诏文化论》，云南人民出版社，1991年。

⑤ 载《云南民族语文》1997年第2期。

⑥ 载《民族古籍》2002年第2期。

⑦ 日本东京外国语大学亚非语言文化研究所，1986年、1988年。

⑧ 可参阅徐琳：《明代白文〈故善士杨宗墓志〉译释》（载《罗常培纪念文集》，商务印书馆出版，1984年）、周祜：《明清白文碑漫话》（载《大理文化》1985年第1期）、杨应新：《白语本祖祭文释读》（载《民族语文》1992年第6期）、赵橹：《白文〈山花碑〉译释》（云南民族出版社，1988年）、何一琪：《白文哀辞〈赵坚碑〉之研究》（载《云南民族学院学报》1987年第2期）等。

⑨ 载《中国民族古文字研究》第四辑，天津古籍出版社，1996年。

⑩ 载《云南民族语文》1989年第3期。

《仁王护国般若波罗蜜多经》（5号卷、6号卷）被作为白文文献列入《第一批国家珍贵古籍名录》，这是白文文献搜集整理的重要成就。

随着白文及其文献研究的深入，进入21世纪以来，系统性、集成性的研究成果相继涌现。日本学者甲斐胜二和大理大学张锡禄等主编的《中国白族白文文献释读》（2011）在对白文民间文献进行大规模调查整理的基础上，选录白曲曲本4种（含民歌曲本1种、本子曲曲本3种）、大本曲曲本2种、吹吹腔戏本1种、宗教经文6种、祭文3种，共5类16种，基本涵盖了白文文献的主要门类。译释采用通用的四行标注法，分别标注了白文原文、国际音标、汉语直译、汉语意译，对一批有代表性的白文文献珍品进行了较为科学规范的释读，不仅具有较高的文字和文献学价值，对语言、文学、民俗、宗教等方面的研究也具有重要的资料价值。

近年来，白文及其文献的研究又取得积极进展。韦韧著《〈云龙白曲残本〉文字整理与研究》（2017）以自造字数量最多的白文文献《云龙白曲残本》为基本研究材料，采用"结构—功能"分析法和现代系统论，对白文的文字属性进行研究，主张把白文字符分为借用字和自造拼合字两类。通过构建白文数据库系统，统计分析了白文字符的构件组合、层级数、构件功能、构形模式、平面图示、字频、义项数等文字属性，认为白文不是一个成熟的文字系统。王锋和张锡禄合作编著的《中国少数民族古籍珍品图典：民族古文字古籍整理研究100年通览·白文》（2018）刊布了50种白文文献珍品，并对不同类型的白文文献进行了释读。王锋《白文古籍的版本研究》[1] 对白文文献的版本进行了系统的阐述，《白文读写原则与白文〈山花碑〉释读》[2] 一文基于对白文读写规律的最新认识，对白文重要文献《词记山花·咏苍洱境》碑进行了重新释读。特别值得关注的是，在云南省世居少数民族优秀传统文化保护工程的支持下，云南省民族宗教事务委员会设立《白文大本曲文库》项目，系统搜集白文大本曲文献进行整理释读，该文库目前已经完成6卷本编纂，即将出版，这是白文文献整理研究的最新成果。

白文及其文献的研究虽然取得了一些积极进展，但总的来说，白文的研究长期以来纠缠于文字性质的讨论上，真正从文字学上对白文的书写系统进行讨论，以及通过白文进行白族语言历史发展的研究成果还十分缺乏，这是白文研究今后需重点加强之处。同时，白文及其文献的研究还需要建设一支既精通语言学、文字学，也精通民族文化的研究队伍。

6. 其他仿汉文字

南方仿汉文字除比较典型的壮文、白文外，还有侗字、布依文、方块苗文、方块瑶文、哈尼文等多种。这些文字大体上都在民间使用，没有经过规范，因人而异、因地而异的特点明显。这些文字的书写符号系统具有类似特点，即都以假借汉

---

[1] 载中国民族图书馆编：《中国少数民族文字古籍版本研究》，民族出版社，2018年。

[2] 载张铁山主编：《中国少数民族文字碑铭研究论文集》，民族出版社，2019年。

字为主，并借用汉字及其偏旁仿造了少量的新字，有的文字则基本都是假借汉字。文字性质属表意文字。

长期以来，这些文字不为学术界所知，文献也很零散。对于这些文字的性质过去认识也不尽相同，有人认为只是用汉字书写民族语言，而不是一种独立的文字形式。由于以上原因，对这些文字的重视不够，研究开始得比较晚，研究成果也不多。仅见的一些研究成果多是对相关文字及文献的介绍。

（1）方块侗文

侗族受汉文化影响较深，和内地的经济、文化交流有悠久的历史，特别是清代改土归流以后，汉文化在侗族地区得到广泛传播，因此，侗族的汉文化水平较高。很多侗族人兼通汉语。自明清以来，侗族地区推行汉文教育，并以汉文为官方文字。侗族人不仅借助汉文学习汉文化、书写汉语，还用它来记录自己的民族语言，这样就形成了汉字型侗文。目前发现的最早的侗文文献，时代都在明末清初，主要的有《绥宁县志》载明万历三年（公元1575年）的《尝民册示》、明末《东书少鬼》、乾隆五年（公元1740年）的抄本《古款本》等。侗族民间多用侗文书写侗歌、农书等，如《侗族通书》《侗族款歌》等。由于侗文的发展很不完备，此外也没有经过统一和规范，它没有发展为全民族通用的文字。

侗族的书写符号体系，以假借汉字为主，另有少量的自造字。和其他南方汉字系文字相比，侗文的造字、用字都比较灵活，创造了一些独特的造字和用字法，在文字学上很有价值。

学界关于方块侗文的研究成果很少，比较有代表性的有赵丽明的《方块侗字与汉字侗文》[①]。

（2）方块布依文

布依族聚居地区为中原汉族和西南民族交往的重要通道，布依族先民很早就接触到汉文化。到清代改土归流之后，布依族和内地的社会、经济和文化交往更为频繁，汉语文教育得到大力推广，产生了很多掌握汉文化的民族知识分子，其汉文化水平在当地少数民族中最为突出。"诸苗中仲家 …… 通汉语，知汉书，到处皆有其种。"[②] 汉语文的深远影响，使得汉语文在布依族地区有着深厚的群众基础，这是汉字型布依文产生的必要条件。

在长期使用汉语文的过程中，为了记录故事、民歌等民间文学作品，逐渐形成了汉字型布依文。布依文具体的形成时间很难断定，但从流传下来的布依文材料以及民族历史文化的发展情况分析，其形成时间不会太早，应该是在清代以来发展起来的。和其他的南方汉字型文字一样，它没有交际功能，主要用于民间文学作品的记录，此外还用来书写布依族的传统宗教经书（摩经），没有发展为全民通用的民

---

① 载《中国民族古文字研究》第三辑，天津古籍出版社，1991年。

② （清）陈鼎：《黔游记》，丛书集成本。

族文字。

汉字型布依文大量使用假借汉字，此外还有少量的自造字。由于布依语中有大量的汉语借词，可以直接用汉字来书写，固有词则利用汉字音读和训读来书写。自造字主要包括会意字和形声字两类，形声字最多。

关于布依文的研究成果数量不多。主要的有吴启禄的《布依族古籍中的方块布依字》[①]，周国炎的《"方块布依字"及其在布依族宗教典籍传承过程中的作用》（2002）、《布依族的丧葬经》[②] 等。

21世纪以来，随着国家对民族文献的重视，布依文文献也受到关注，因而产生了一些研究成果，如伍文义的博士论文《布依族<摩经>语言文化研究》（2012）、张凤《试论方块布依文的性质》[③]、何羡坤的《荔波县档案馆藏国家珍贵古籍名录部分布依文古籍简述》[④]、吴文定和杨龙娇的《布依文古籍研究现状及展望》（2016）、毛建军和郑淑玉的《布依族摩经整理、出版与研究综述》（2018）等。特别是基于摩经文字属性，布依文及摩经文献近年来受到较多的关注，产生了多篇硕士、博士论文。

（3）方块苗文

在我国的汉字系文字中，湘西汉字型苗文是最近才发现的。据目前的调查材料，湘西的汉字型苗文共有三种，按其产生和使用地区，分别称为"板塘苗文""老寨苗文""古丈苗文"。这三种苗文都是清末以来苗族文人为记录、整理、创作民歌而创造的汉字型苗文，当地苗族群众称其为"土字""乡字"，其中前两种至今仍在附近数百里苗族地区流传使用，主要用以书写苗歌唱本、剧本等，对保存和发展民族文化起到了独特的作用。

汉字型苗文和其他几种汉字系文字一样，同样通过假借汉字和自造字来书写苗语。自造字以合体字和派声字为主，独体字较少。在造字方法上，创造性地运用形声、会意、象形、双声等手段，其中主要是形声构字，约占自造字的四分之三左右。另外还有一些较为特殊的构字和造字的方法。

关于方块苗文的研究成果不多，而且主要集中在20世纪90年代，如姜永兴的《苗文探究》（1989）、赵丽明和刘自齐的《湘西方块苗文》（1990）、李雨梅的《湘西民间方块苗文的造字哲理》（1991）、魏文栋的《解开城步苗文之谜》[⑤] 等。较为晚近的有杨再彪、罗红源的《湘西苗族民间苗文造字体系》（2008）、龙正海的《渝、湘、鄂酉水流域方块苗文造字法再探》（2012）等。

但值得关注的是，近10年来，计算机和文字处理领域对方块苗文比较关注，

① 载《中国民族古文字研究》第三辑，天津古籍出版社，1991年。

② 载《民族古籍》1990年第1期。

③ 载邓章应主编：《学行堂语言文字论丛》，四川大学出版社，2014年。

④ 载卢云辉、杨昌儒主编：《贵州世居民族文献与文化研究》，上海古籍出版社，2014年。

⑤ 载《贵州文史丛刊》1993年第2期。

先后发表了关于方块苗文编码、字符库、输入法、词形标注等方面的多篇研究成果。这应该和方块苗文书写符号体系相对比较规范有关，与其他民间文字因人而异、因地而异的特点有所不同。

除以上几种文字外，有调查显示瑶族、毛南族、哈尼族等都有汉字系统的文字，也有研究成果发表，如黄贵权的《瑶族的书面语及其文字初探》[①]、王尔松的《方块哈尼文》[②]等。但文献刊布和研究成果总体来说十分缺乏，本文在此不再单独列出并阐述。

总的来看，以上文字作为我国汉字系文字的重要组成部分，同时在历史上也起过民族文化继承、发展的作用，但文字及文献的整理研究非常薄弱。因此，对这些文字的深入研究有待大力加强。首先是要从文字学的角度正确认识这些民族文字，给予其民族文字地位；二是要从文化交流的角度，充分认识到这些文字是民族文化与汉文化交流的重要成果，是各民族重要的文化创造；三是不满足于单文种的研究，需要通过与其他汉字系民族文字的比较研究，深入认识文字书写符号系统的属性及其历史发展的规律性。

7. 水书

水书是水族民间长期以来流传使用的一种古老的文字形式。所记录的水语属汉藏语系壮侗语族。由于水书中有一些字是汉字反写而成，因此当地的汉族又称其为"反书"。近几年来，贵州方面一般改称为"水文"。经调查归纳，水书的字符约有四百多个。如果加上各地的各种异体字，总字数还要多一些。水书的书写符号系统主要由假借汉字、汉字变体字、象形字构成，另有一些指事字和会意字。因此，水书与壮文、白文等文字有较大的区别。另外，水书的发展尚不完备，由于其字数很少，还不能有次序无遗漏地书写水语。

水书的文字功能较为单一，大体只作为巫术用字，流传和使用方面强调"秘传"性质，作为社会交际工具的功能不突出。水书的书写符号笔画简单，形体古朴，有人据此认为水书或可能源于汉字甲骨文，但这种推测目前还没有可靠的证据。

水书文献在国内外都有收藏，据不完全统计，仅贵州水族地区的水书文献就超过2万册。现存的水书文献以宗教类最多，主要用于占卜。不少文献也记载了水族古代天文、地理、历法、农事、民俗、伦理等方面的内容，内容博大精深，至今仍在水族的社会文化生活中应用。2002年，水书被列入"中国档案文献遗产名录"；2006年，水书被列入"国家级非物质文化遗产名录"。

水书及其文献的整理和研究，始于20世纪40年代，岑家梧的《水书与水家来源》、李方桂的《水话研究》等最早对水书做了介绍和研究。

---

① 载《民族学》1990年第2期。

② 载《哈尼族文化研究》，中央民族大学出版社，1994年。

中华人民共和国成立以后，水书逐渐受到学术界的关注，但研究比较零散。20世纪90年代以来，水书研究取得了较大的成绩，并陆续刊布了一些水书文献。其中吴支贤、石尚昭、王国宇等都作了大量的工作。主要的论著有王国宇的《水书与一份水书样品的释读》（1987）、《略论水书与二十八宿》①、《水族古文字考释》②，雷广正、韦快的《〈水书〉古文字探析》（1990），石尚昭、吴支贤的《水族文字研究》③，陈昌槐的《水族文字与〈水书〉》（1991），刘日荣的《水书研究——兼论水书中的汉语借词》④、《〈水书〉中的干支初探》（1994）、《水书评述》（1995）等。水书文献刊布方面，王品魁译注的《水书·正七卷壬辰卷》（1994）是第一部关于水书文献的翻译注释著作，为后来的水书翻译整理研究奠定了学术规范。

进入21世纪以来，水书的文化价值日益受到重视，各级政府加大了对水书文献搜集整理和研究的支持力度，水书研究热潮也随之兴起。近几年来，已经刊布、整理和翻译了一大批水书文献，如王品魁、潘朝霖译注了《水书（丧葬卷）》（2005），中国水书文献系列编委会出版了《水书》八探卷、分割卷、探巨卷、寅申卷、正七卷（2006）等。2007年，贵州省档案局翻译出版了《泐金·纪日卷》、《泐金·纪日卷》英文版、《陆道根源》《贪巨九星歌本》《〈金银卷〉解读》⑤ 等水书文献。2011年，经过近8年的整理研究，"中国水书译注丛书"丛书第一辑《水书·麒麟正七卷》《水书·金用卷》《水书·正五卷》《水书·秘籍卷》《水书·婚嫁卷》出版，全套丛书统一体例，全部按水书原文、国际音标、汉文直译、意译、注释、文后整段再意译的方式进行编排，严谨科学，力求详尽、直白、原汁原味地翻译水书文献内容。2015年，赵丽明等主编的《清华大学馆藏十本水书解读》出版。水书书写符号的整理方面有韦世方的《水书常用字典》（2007）等研究成果。

关于水书及其文献的研究，代表性论著有王元鹿的《"水文"中的数目字与干支字研究》（2003），曾晓渝、孙易的《水族文字新探》（2004）等，以潘朝霖等为代表的本民族学者也相继发表了近百种水书科研成果。一般认为水书文字系统的主体是在汉字基础上发展而成，学术界有时也将其列为汉字系文字的一种。

但由于研究尚不深入，加上水书文字性质的复杂性，它还有许多未解之谜需要人们去继续探讨。通过对水书进行严格的文字学分析和研究，水书这种神秘的古老文字将进一步展示出其独特的文化价值。

---

① 载《中国民族古文字研究》第三辑，天津古籍出版社，1991年。
② 载《中国民族古文字研究》第二辑，天津古籍出版社，1993年。
③ 载《中国民族古文字研究》第二辑，天津古籍出版社，1993年。
④ 载《中央民族大学学报》增刊，1990年。
⑤ 贵州人民出版社，2007年。

五、其他文字

随着调查和研究的进展，以及人们对民族文字性质的不断深化，一些以前不为人知的民族古文字逐渐被发现，一些以前认为不是独立文字的民族文字也有了文字之名。主要有玛丽玛莎文、达巴文、阮可文等。这些文字文献较少，研究也开始得较为晚近，但已经受到学术界的关注。

1. 玛丽玛莎文

玛丽玛莎文是一种仅在云南省维西县塔城乡自称"玛丽玛莎"的百余户纳西族居民使用的文字。据学者调查，玛丽玛莎是在200多年前从木里拉塔（现属四川省盐源县）迁来，"玛丽玛莎"即"木里摩梭"的变读，意思是"从木里那儿迁来的摩梭人"。玛丽玛莎人刚从四川迁来的时候没有文字，后来为了记事、记账、通信等的需要，向纳西族学会了东巴文，并从中选用了一百个左右的符号来记录自己的方言。其绝大多数字符源自东巴文而略有形体变化，亦有取东巴文某字的局部者，极少数字字形与东巴文完全相同；少数字符源自汉字或藏文；还有少数仿东巴文造字法所造的自造字。在使用时，一个符号代表一个音节，但由于字数太少，所以一字多音多义现象普遍，因此，玛丽玛莎文是一种具有象形特征的表词—意音文字。

玛丽玛莎文是我国少数民族古文字中研究最为薄弱的文字形式之一。长期以来，玛丽玛莎文不为学术界所知。中华人民共和国成立后，纳西族学者和即仁、和发源分别于1956年和1953年搜集了玛丽玛莎文的一百余个字符。对玛丽玛莎文的介绍和研究到21世纪才开始，王元鹿等学者做了较多工作，如王元鹿的《玛丽玛莎文两次调查所得单字的比较及其文字学意义》[①]、《玛丽玛莎文字源与结构考》[②]、《东巴文与哥巴文、玛丽玛莎文、达巴文的关系之初步研究》[③] 等。由于目前相关的调查资料多是介绍性的，所以对玛丽玛莎文的系统研究需要在深入调查的基础上进一步展开。

2. 达巴文

达巴文是纳西族摩梭人使用的一种独特文字，主要用来书写其"达巴教"的占卜经书，所记录的语言属于纳西语的东部方言。也称为"摩梭达巴文"或"摩梭文"。从文字性质上看，达巴文是一种极其原始的语段文字。

达巴文早在二十世纪40年代就已发现，但其材料的公开发表都在80年代以后。这些文献材料数量不多，按内容可以分为两类：一为符号式经书，所用符号类似摩梭人木垒子房子上的刻画符号，另一类为象形文字历书。

由于达巴文文字功能单一，使用面窄，没有在摩梭人中使用，加上发现较晚，

---

① 载《中国文字研究》（第四辑），广西教育出版社，2003年。

② 载《华东师范大学学报》2004年第2期。

③ 载《中国文字研究》（第七辑），广西教育出版社，2006年。

文献材料少，所以达巴文及其文献的研究非常薄弱。有代表性的研究成果仅有寥寥几种，如杨学政的《摩梭人达巴卜书及原始符号研究》①、宋兆麟的《摩梭人的象形文字》②、邓章应的《摩梭达巴文初步研究》③等。

3. 阮可文

阮可文又名"若喀字"，它同玛丽玛莎文一样，是东巴文的另一种变体文字。这种文字流行在香格里拉县三坝乡的纳西族支系阮可人中，故称阮可文。阮可人的语言属纳西语东部方言。由于阮可人和当地纳西居民杂居在一起，因此，他们的经济生活和语言文化等方面，与当地纳西人已基本一致。在宗教生活方面，平时就请纳西东巴祭司到阮可人家去做法事，但有人死后的开丧超荐仪式，则必须由阮可自己的东巴祭司主持。用在开丧超荐仪式的《超荐经》共有35本，其主要内容和东巴超荐经相同。但阮可超荐经中还夹杂有少量与东巴文不同的阮可字。

由于阮可文文献数量较少，且一直不为人知，也没有独立文字地位，长期以来没有得到关注和研究。近十年来，学术界才出现相关的研究成果，有代表性的如王元鹿《由若喀字与鲁甸字看纳西东巴文字流播中的发展——兼论这一研究对文字史与普通文字学研究的意义》④等。

4. 尔苏沙巴文

尔苏沙巴文是尔苏人中从事宗教活动的巫师（尔苏语称为"沙巴"）使用的一种图画—象形文字。尔苏人旧称"西蕃人"，主要散居在四川凉山州、甘孜州和雅安地区。尔苏语属于汉藏语系藏缅语族的羌语支。尔苏沙巴文主要用来书写用于占卜的宗教经书，保存至今的文献只有5种。长期以来尔苏沙巴文不为人知，直至20世纪80年代才有报道和研究。

尔苏沙巴文起源于何时，由谁创制，都无确切记载，民间传说称其有数百年的历史。在文字结构上，已知尔苏沙巴文大约有200个单字。其特点为：（1）文字的形体与它所代表的事物有明显的一致性，可以从单字体推知它所代表的事物；（2）有少量的衍生字和会意字；（3）用不同的颜色表达不同的附加意义，常在文字中配用白、黑、红、蓝、绿、黄色来表示不同的字义；（4）无固定的笔顺和书写格式，但有时为了说明时间顺序，根据内容需要，在一个复杂的图形中，将单字按左下、左上、右上、右下、中间的顺序排列；（5）不能按次序无遗漏的书写语言，一个单字往往需要读成两、三个甚至更多的音节，当一组字组成复杂图形时，需要进行发挥和补充，有的字需要用一段话才能解释。因此，尔苏沙巴文处于由原始图画文字向象形文字过渡的阶段，图画符号的特点还很明显。

由于发现时间较晚，文献数量极少，研究成果也十分有限。刘尧汉、宋兆麟

---

① 载《史前研究》1986年第3、4期。

② 载《东南文化》2003年第4期。

③ 载《中国文字研究》（第七辑），广西教育出版社，2006年。

④ 载《华东师范大学学报》2001年第5期。

等《一部罕见的象形文历书——尔苏人的原始文字》[①] 是最早介绍尔苏文的文章。此后，孙宏开《尔苏沙巴图画文字》(1982)、《尔苏沙巴文》[②]、《试论尔苏沙巴文字的性质》[③]，王元鹿《尔苏沙巴文字的特征及其在比较文字学上的认识价值》(1990)，郑飞洲《尔苏沙巴文字字素研究》[④]，宋兆麟《耳苏人的图画巫经》(2003)等相继进行了介绍和研究。

近十年来的一些研究主要有黄建明《濒临绝亡的尔苏沙巴文》(2009)、刘杨翎《尔苏沙巴文与纳西东巴文的关系》(2013)、王德和与王轩等《尔苏沙巴与尔苏沙巴文图画文字文献现状调查报告》(2016)、王轩与王德和等《尔苏沙巴文古籍研究的回顾与展望》(2017)等。有的研究基于沙巴文文献对尔苏人的文化进行探讨，如王德和与王轩的《尔苏沙巴文历书中"虎推地球图"之辨析》(2013)。

作为一种与东巴文比较接近的图画–象形文字，尔苏沙巴文对研究人类文字的起源与发展具有重要价值。

5. 其他新发现文种

进入21世纪以来，学界又陆续在一些民族地区发现了一些新文种。这些文种的文字性质有待进一步确认，学界还有不同的认识。

（1）坡芽歌书和八宝歌书

云南省富宁县剥隘镇壮族村寨坡芽村2006年发现了81个图符的"坡芽歌书"，将当地壮族民歌集的标题用图符绘写于壮族土布上，是迄今为止发现的用图画文字记录民歌歌本类文献，由81个图画文字构成，笔法简洁、形象，每一个图画文字代表一首壮族山歌。引起了地方政府、学界和社会的关注。坡芽歌书的发现填补了壮族自源性古老文字的空白，著名文字改革家周有光先生称之"文字之芽"。王元鹿等文字学家则将之定性为文字。相关的研究成果主要有刘冰山主编的《中国富宁壮族坡芽歌书（壮汉对照）》(2009)和黄凤显主编的《中国富宁壮族坡芽歌书》(2011)。

目前的新发现和研究表明坡芽歌书的分布范围不仅仅局限于富宁一地，在其他壮族地区亦有发现，字符或图符数量远不止于81个。据报道，2009年在离富宁县坡芽村不远的广南县八宝镇壮族村寨发现了发现一批类似"坡芽歌书"的以图形符号记录壮族民歌的民间手绘本，经整理图符共1070个，剔除重复、异体图符共有802个，称为"八宝壮族歌书"，简称八宝歌书。中央民族大学李锦芳团队开展国家社科基金重大招标项目"新发现民族古文字调查研究与数据库建设"对其进行了调研。

---

① 载《中国历史博物馆馆刊》1981年第3期。
② 载中国民族古文字研究会编《中国古民族文字图录》，北京：中国社会科学出版社，1990年。
③ 载中国民族古文字研究会编《中国民族古文字研究（第二辑）》，天津：天津古籍出版社，1993年。
④ 载中国民族古文字研究会编《中国民族古文字研究（第二辑）》，天津：天津古籍出版社，1993年。

（2）甘桑石刻文

广西壮族自治区多年来陆续在各地发现一些刻画符号，近10年来引起各方面重视。这些刻画在石片、动物骨头上的符号常常是数个、数十个甚至上百个单体符号组合，刻画在同一个载体之上，有意见认为属于一种刻画文字，因主要发现于百色市辖平果市郊感桑地区（古称"干桑"），因此称为"干桑石刻文"。

关于干桑石刻文的研究目前才刚刚开始。班弨、肖荣钦的《甘桑石刻文初步研究》（2013）在制作甘桑石刻文摹片和字符的基础上讨论了甘桑石刻文与甲骨文、纳西文、彝文和水书等古文字的关系，初步认为甘桑石刻文是一种表意的古壮侗文。李锦芳、刘铁的《新发现甘桑石刻文的初步分析》（2014）也认为干桑石刻文可能是古代百越民族使用的一种比较成熟的象形文字，与甲骨文、水书、古彝文及古印度哈拉帕文有一些近似字符，并在国家社科基金重大招标项目"新发现民族古文字调查研究与数据库建设"对干桑石刻文进行专门调查研究。

（3）他留铎系文

又称为"他留文"，主要流行于云南省永胜县六德乡的彝族他留人村寨。他留符号也是一种近年发现的早期文字系统。主要由他留人祭司使用。祭司在他留语中称为"铎系"，故称"铎系文"。数量30–100个字符不等。王元鹿《他留文的定性及其对早期文字研究的价值》① 认为其许多性质对于早期文字史的研究有相当启发。王海滨《他留人铎系文图符研究》（2011）、《彝族他留人铎系文献研究》（2017）分别介绍了铎系文的符号系统和文献概况。诸如他留文的"初始阶段的早期文字"对早期文字的研究有着重大价值。

第三节　70年来民族古文字研究的成绩与经验

一、主要成就

中华人民共和国成立以后，随着民族平等政策的贯彻实施，民族语言文字的地位得到切实提高，其文化价值得到充分体现；而随着民族语言大调查工作的开展，各种民族文字资料的流传和使用情况得到系统的调查，民族古文字研究的新一代专业研究人才也随之成长起来，民族古文字文献的整理和研究进入了一个崭新的时期。70年来，中国民族古文字文献的整理和研究工作所取得的成绩是巨大的。主要表现在以下几个方面：

① 《中国文字研究》2013年第1期。

（一）民族古文字古文献的搜集、整理和出版工作成绩显著

中华人民共和国成立以来，尤其是改革开放以来，对少数民族古文字古文献进行了较为全面的搜集和整理，发现和确认了一大批以前不为人知的民族古文字形式。我国的30多种民族古文字，多数都是中华人民共和国成立以后发现和确认的。抢救、整理散藏在民间的少数民族古籍约百万种（部、件、册）（不含馆藏及寺院藏书），并公开出版了5000余种。如《东巴经全集》《水书全集》壮族《布洛陀集释》已相继完成出版，傣族《贝叶经全集》、彝族《毕摩文献全集》编纂工作正在积极进行中。随着国家实力的增强，一些原来流失在外的重要民族古籍如"俄藏黑水城西夏文文献"已得到整理并在国内出版。此外，66卷《中国少数民族古籍总目提要》的编纂出版是改革开放以来全国少数民族古籍搜集、整理的一次全面汇总。2017年出版的《中国少数民族文字珍稀典籍汇编》（28册），收录了纳西东巴文、彝文、藏文、八思巴文、傣文、蒙古文、满文、西夏文、契丹文、女真文、水书、古壮字等少数民族文字珍稀典籍，囊括190余份古籍原件，基本反映了我国少数民族文字典籍的整体面貌。全书首次大规模、系统性地对我国多民族文字古籍原件进行整理出版，是同类文献中的集大成者，荣获第七届中华优秀出版物奖。2018年出版的《中国少数民族古籍珍品图典》以形象、科学的方式向读者展示我国22种民族文字古籍的宝贵财富，总结以往100年来的整理研究成果，为少数民族语言、文字、社会、文化研究提供翔实的资料，是我国改革开放以来民族古籍工作的重要阶段性成果，为今后的整理研究工作奠定较为坚实的基础。通过卓有成效的民族古文字文献搜集和整理工作，大批濒于流失的民族古文字文献得到有效保护，中国民族文字古籍的完整面貌也逐渐清晰起来。

（二）民族古文字文献研究取得丰硕成果

旧中国关于民族古文字与古文献的研究十分薄弱和零散。许多文献流失国外，导致某些文种的国外研究水平远高于国内，形成了"敦煌在中国，但敦煌学在国外"的不正常现象。中华人民共和国成立以后，中国民族古文字研究在理论上、方法上、材料上都取得了令人瞩目的成果。在理论上，主要表现为对民族文字的传播、发展进行了文字学的理论分析，深化了对民族文字书写符号体系和结构功能的认识，对民族文字的价值及其文化属性也有了新的理解。方法上，积极开展多文种的综合研究、对比研究，加强了民族古文字与民族语言的结合研究，把民族古文字研究引向深入。材料上，随着搜集和整理工作的向前推进，更多的古文字文献被发现，一些原来备受冷落的民族文字文献如水书等成为学术界研究的热点，一些原来不为人知的民族文字如玛丽玛莎文等，也开始受到关注。目前，我国古文字学界对一些文种和文献的研究已处于世界领先水平。一些文种的研究原来较为滞后，现在的研究水平也有了很大提高。理论、方法和材料上的进展，有力地提高了中国民族

古文字研究的国际地位。

（三）建立了较为完备的民族古籍工作部门和古文字研究机构

1984年7月，根据国务院批转国家民委《关于抢救、整理少数民族古籍的请示》的精神，成立了全国少数民族古籍整理出版规划小组，下设办公室（1989年改为全国少数民族古籍整理研究室），负责组织、协调、联络和指导全国少数民族古籍整理出版工作。此后，各省、自治区、直辖市逐步建立并完善了少数民族古籍的机构设置。目前，全国已有28个省、自治区、直辖市，百余个州、地、盟（含县）建立了相应的少数民族古籍机构。同时，14个民族建立了省区间协作组织。各民族院校也相继建立了民族古文字古文献研究部门。

1980年，中国民族古文字研究会成立，这是从事中国少数民族古文字及其文献研究的群众性学术团体。研究会现有会员200余人，分布在我国大部分省（区），从事蒙古、藏、维吾尔、哈萨克、朝、满、锡伯、彝、白、纳西、壮、傣、水以及佉卢、焉耆、于阗、突厥、粟特、回鹘、察合台、西夏、契丹、女真、八思巴等文字及其文献的研究。研究会成立近30年来，除积极开展理论探讨之外，还进行了卓有成效的学术组织活动，召开了十余次全国性学术研讨会，编辑出版多种民族古文字研究丛书，举办古文字、文献和书法展览，有力地推动了中国民族古文字研究工作的发展。

（四）少数民族古籍整理和研究的专业人才队伍不断发展壮大

中华人民共和国成立以来，尤其是改革开放以来，国家采取了各种措施保护民族历史文化的传承人，如纳西族的老东巴、彝族的毕摩以及其他民族的民间老艺人等。同时，积极培养少数民族古籍新生力量，加强专业的高素质人才的培养，不断提高少数民族古籍工作的整体水平。中华人民共和国成立以后，中央民族学院等民族院校专门培养了一大批民族古文字古文献研究人才。这批人才在后来的民族文字文献整理、研究过程中发挥了核心作用。此外，通过中国民族古文字研究会、各高等院校研究机构有组织的吸收和带动，新一代的青年科研人员也投身于少数民族古文字古文献研究事业之中，逐步形成了一个薪火相传的专业研究人才队伍。

二、主要经验

中华人民共和国成立70年来，民族古文字与古文献整理研究取得了丰硕成果，但也面临着许多困难。回顾70年的研究工作，需要总结经验，不断改进和加强民族古文字古文献的研究，使民族古文字古文献研究在新的历史时期取得更大的成就。以下是民族古文字古文献研究70年的一些主要经验：

一是高度重视民族文字古籍的抢救和整理工作。中华人民共和国成立后，国家为了发展民族文化，采取多种措施记录、保护、研究、出版、抢救民族古文字与古文献，把这项工作纳入整个国家的文化事业。没有国家的重视，民族古文字古文献研究要取得如此大的成绩是不可能的。

二是必须重视民族古文字古文献研究人才的培养。中华人民共和国成立伊始，中央民族学院等院校专门开设民族语文专业，培养了一批研究人才。这批专业人才在中华人民共和国成立70年来的民族古文字古文献研究方面起到了核心作用。进入新时期，为了解决人才短缺、后继乏人的状况，中国社科院已经实施"特殊学科建设计划"，对八思巴文、东巴文、西夏文、契丹文等一批"绝学"进行资金、人才培养的扶持。

三是必须加强多文种的横向对比研究。这是把民族古文字古文献研究引向深入的一个重要途径。因为只有通过多文种的横向对比研究，才有可能取得具有普遍性、规律性的认识。

四是大力开展科学普及工作，宣传民族古文字和古文献的文化价值。民族古文字研究界不仅要继续加强对民族古文字与古文献本身的研究，还要积极通过各种形式的宣讲、展览以及普及性的研究成果，使社会各界全面深入地了解这些民族文化遗产的价值，形成全社会都来关心民族古文字古文献保护和研究的良好氛围，这样才有利于推动民族古文字古文献的研究工作。

三、研究展望

习近平总书记指出，"加强中华民族大团结，长远和根本的是增强文化认同，建设各民族共有精神家园，积极培养中华民族共同体意识。文化认同是最深层次的认同，是民族团结之根、民族和睦之魂。"加强文化认同，建设中华民族共有精神家园，需要大力发掘和激活各民族的优秀文化，各美其美，美人之美，美美与共。

在中华民族文化宝库中，各少数民族历史上创造了三十多种传统文字及其丰富的文献，与汉字、汉文文献相映生辉，是一笔十分宝贵的财富。首先，类型各异的民族文字本身就是中华各民族的重要文化创造，标志着中华民族多元一体的文化发展。其次，民族文字文献是中华民族发展历史和文化创造的直接记录和见证。如春秋时期壮傣民族《越人歌》、汉代藏缅民族《白狼王歌》、北朝鲜卑人《敕勒歌》，都是关于各民族先民繁衍生息的历史档案。边疆民族地区的史地人文缺乏汉文记载，民族文字文献的价值就更加凸显。如成书于14世纪的藏文《红史》，可与汉文史料相互印证，充分证明了西藏是我国版图不可分割的一部分。丰富的各民族历史文献，雄辩地说明我国的历史和文化是各民族共同创造的，是统一多民族国家发展的共同历史记忆。其三，各少数民族文字文献，也是综合了民族文化中各个学科的宝库，包括历史、哲学、文学、宗教、科技、医学、民俗、语言等等，构成了多姿多彩的民族知识和文化体系。

当前，基于党和国家民族工作的大局，少数民族传统文字文献的研究，要以铸牢中华民族共同体意识为主线，以构建中华民族共有精神家园为目标，以信息化建设为抓手，系统、深入地开展研究，保护好、传承好这一优秀文化遗产。

一是既要深入阐释各民族文字文献的特色和内涵，又要系统展现各民族文化在统一多民族国家发展进程中的交往、交流和交融。以文字载体为例，契丹、西夏、女真以及壮、白、布依、侗等多个少数民族，历史上都在汉字的基础上发展了本民族文字，构成了一个多姿多彩的汉字系文字家族；蒙古文的创制借鉴了回鹘文，而满文的创制又借鉴了蒙古文。文献内容方面，民族文字文献中有相当数量译自汉文著作，如藏文有《大唐西域记》译本，蒙古文有《孝经》译本，彝文有《太上感应经》译本，傣文有《西游记》《儒林外史》译文，满文译本则更是经史子集无所不包。壮、白等民族的歌本、曲本，多基于汉族民间故事发展而成。民族文字文献的发展史，就是中华各民族文化血脉相连的生动写照。

二是需要通过现代科技手段让各民族文字文献"活起来"。要大力开展民族文字的规范化、标准化和信息化工作。以藏文文献为例，全国藏文古籍文献藏量约为200余万函（部），长期以来以传统方式保存利用。经中央统战部批准，中国藏学研究中心藏文文献资源数据中心于不久前成立，为民族文字文献的信息化保护和利用提供了实践范例。

中华各民族文化的密切交流和互动，构成了中华文化蓬勃发展、推陈出新、绵延不绝，至今仍充满生机与活力的内在力量。浩如烟海的各民族文字古籍，使中华文化以特有的多样性与和谐性，屹立于世界民族文化之林。深入挖掘各民族古籍文献资源中具有独特魅力的优秀成果，并进行科学有效的弘扬和利用，使传统文献在信息化条件下鲜活起来，共同构成中华民族共有精神家园的文化百花园，凝聚文化认同，深植民族团结之根，铸就民族和睦之魂。

参考文献

[1] 陈其光:《中国语文概要》，中央民族学院出版社，1990年。

[2] 戴庆厦:《二十世纪的中国少数民族语言研究》，书海出版社，1998年。

[3] 国家民委全国少数民族古籍整理研究室:《中国少数民族古籍总目提要》，中国大百科全书出版社，2010年。

[4] 和希格:《近百年国内外〈女真译语〉研究概况》，《内蒙古社会科学》1982年第3期。

[5] 刘凤翥:《建国三十年来我国契丹文字的出土和研究》，《内蒙古社会科学》1981年第1期。

[6] 聂鸿音:《中国文字概略》，语文出版社，1998年。

[7] 史金波、白滨:《西夏文及其文献》，《民族语文》1979年第3期。

[8] 史金波、黄润华:《中国历代民族古文字文献探幽》，中华书局，2008年。

[9] 王锋:《从汉字到汉字系文字 —— 汉字文化圈民族文字研究》,民族出版社,2003年。

[10] 王均:《民族古文字研究在语言学中的地位》,《中央民族学院学报》1980年第4期。

[11] 王元鹿等:《中国文字家族》,大象出版社,2007年。

[12] 张公瑾:《民族古文献概览》,民族出版社,1997年。

[13] 张公瑾:《文字的文化属性》,《民族语文》1991年第1期。

[14] 张公瑾、黄建明:《中国少数民族古籍珍品图典》,中国社会科学出版社,2018年。

[15] 中国民族古文字研究会:《中国民族古文字》,天津古籍出版社,1987年。

[16] 中国民族古文字研究会:《中国民族古文字图录》,中国社会科学出版社,1990年。

[17] 中国民族古文字研究会:《中国民族古文字研究》,中国社会科学出版社,1984年。

[18] 中国民族古文字研究会:《中国民族古文字研究》第2辑,天津古籍出版社,1993年。

[19] 中国民族古文字研究会:《中国民族古文字研究》第3辑,天津古籍出版社,1991年。

[20] 中国民族古文字研究会:《中国民族古文字研究》第4辑,天津古籍出版社,1994年。

[21] 中央民族大学中国少数民族语言与古籍研究所、国家民委少数民族古籍保护与资料信息中心编,黄建明、张铁山主编:《中国少数民族文字珍稀典籍汇编》,福建人民出版社,2017年。

[22] 周有光:《汉字文化圈文字的历史演变》,《民族语文》1989年第1期。

第八章　计算语言学研究

计算语言学（Computational Linguistics）研究人类使用的自然语言在计算机中的处理方法和过程，其目标是找出自然语言的规律；通过建立数学模型，最终让计算机能够像人类一样分析、理解和处理自然语言。①

计算语言学始于20世纪50年代的美国，是人工智能研究的开端。当时，美国希望能够利用运算又快又准确的计算机，将大量外语资料瞬间翻译成英语。由于应用需求的驱动，目前，计算语言学已发展成为语言学、计算机科学、数学、人工智能、认知学、逻辑学等多学科、多领域的交叉研究学科，研究内容主要包括计算语言学、计算词汇学、计算语法学、计算语义学、语料库语言学、机器自动学习等。计算语言学学科的应用领域广泛，包括自动机器翻译、语音自动识别与生成、信息抽取、自动文摘、自动校对、自然语言理解、情报自动检索（网络自动搜索）、术语数据库、计算机辅助教学等。

计算语言学是语言学的一个分支，它和以往的语言学研究无论在研究目标、内容、方法和手段上都存在差别：（1）传统语言学对语言现象的分析是在理解的基础上进行，而计算语言学对自然语言的理解建立在对语言分析的基础之上。（2）传统的语言学研究一般只关注语言中的不同现象，至于造成这些现象的不同条件则很少关注，其研究采用非形式化的表达形式表述语言的结构规律；而计算语言学的研究是从大规模真实文本中发现语言规律，推动语言处理技术的进步及语言的定量研究。它研究自然语言着眼于语言的整个系统，对自然语言中的语言规律需要以精确化、形式化、可计算的形式加以表示，以便让计算机掌握进行自然语言理解和处理的语言知识。

计算语言学和传统语言学研究相互关联、相互支撑、相互配合、共同发展，已发展成为当今应用语言学的重要分支。

第一节　中国少数民族语言计算语言学应用研究

中国少数民族语言的信息处理是计算语言学的一个分支学科，专门研究民族语

---

①　维基百科http://zh.wikipedia.org/w/index.php。

言文字在计算机中的处理技术，即对少数民族语言（包括书面语和口语）进行输入、输出、存储、传输、转换、分析、识别、合成等加工处理与理解技术。从语言处理涉及语言形式的各个层级，主要包括"字处理""词处理""句处理"及"篇章处理"等几个方面。[①]

一、中国少数民族语言信息处理发展概况

我国少数民族语言文字信息化工作始于二十世纪七十年代末期，在国家及各级政府部门的大力扶持及相关科研机构的共同努力下，30多年来取得了长足的发展。内蒙古、新疆、青海、甘肃、西藏、四川、云南、吉林延边等民族地区及北京、山东等地专家学者在国家和当地政府的扶持下，开发了多种少数民族文字的操作系统与字处理软件，推出了一系列民族语言文字的应用系统。

以北大方正电子有限公司为主研发的《少数民族文字排版系统》，于20世纪90年代初推出，以后逐步扩充发展成为包含蒙古、藏、维吾尔、哈萨克、柯尔克孜、朝鲜、彝、壮、傣等多文种的排版软件。目前，全国人民代表大会、全国政协会议、全国党代会和少数民族地区的报社、出版社、印刷厂、政府机关等单位或部门的少数民族文字的排版印刷输出，广泛地使用了方正排版系统软件产品。

1991年4月由内蒙古电子计算中心完成的"蒙古、藏、维吾尔、哈萨克、朝鲜、满、汉文操作系统V4.0"，支持DOS环境下同时处理民族文字和汉、英等文种处理。[②]

潍坊北大青鸟华光科技股份有限公司于1989年开始逐步与民族地区相关单位合作研发的《青鸟华光少数民族文字处理系统》，可处理蒙古、藏、维吾尔、哈萨克、柯尔克孜、朝鲜、彝、傣、傈僳等文种，其软件包括少数民族文字字库、书报刊排版系统、电子公文系统、新闻综合处理系统、电子书刊制作与发行系统等。

2007年1月以清华大学为主研发的《统一平台民族文字印刷文档自动识别系统》通过鉴定，支持对蒙古、藏、维吾尔、哈萨克、柯尔克孜、朝鲜、日（混排汉、英）等文种的印刷文档的扫描与自动识别；以中科院软件所为主研发的《民文红旗Linux操作系统和办公套装软件》等多语言应用软件系统支持跨平台操作系统和Unicode国际标准编码的蒙藏维大多数民族文字的存储和输出。此外，微软发布Windows Vista™和2007 Office system全面支持藏语、蒙古语、维吾尔语、彝语等少数民族语言、区域设置，中文域名支持、中文分组、增强的微软拼音输入法以及中文语音识别等功能。

目前这些软件已被广泛应用于民族地区的社会各领域，极大地推动了民族地区

---

① 陈昌来主编：《应用语言学导论》，商务印书馆，2007年。

② 该项目是"七五"国家重点科技攻关项目"少数民族文字处理技术开发"的子课题。

的信息化建设水平和当地的经济、文化、教育的发展。以下针对不同语种的各少数民族语言文字信息处理情况进行介绍。

（一）蒙古语言文字信息处理概况

蒙古语言文字信息处理在少数民族语言文字信息处理领域中起步较早、发展领先。

20世纪70年代末至80年代末，是蒙古文信息化处理的学习和探索阶段。1983年内蒙古大学蒙古语文研究所与内蒙古计算中心合作开始了蒙古文信息处理研究。20世纪80年代末，内蒙古计算机中心以CC–DOS2.1为基础研制开发了英汉蒙混合DOS系统；1986年内蒙古电子计算中心与中国航空测试技术公司合作，开发了蒙古文字处理软件和精密照排系统；1987年内蒙古电子计算中心先后完成了《信息处理交换用蒙古文七位和八位编码图形字符集》《信息处理交换用蒙古文字符集的字母区布局》《信息处理交换用蒙古文16×12、16×8、16×4点阵字模集和数据集》和《信息处理交换用蒙古文24点阵字模集和数据集》等国家标准研制工作。

20世纪90年代至21世纪初，蒙古文办公软件得到了快速发展。内蒙古计算中心和内蒙古师范大学先后开发了与蒙古语文研究有关的多语种文字系统"传统蒙古文、回鹘文、托忒文、八思巴文、新蒙古文、布里亚特文等"、蒙古文词类分析研究系统、词典编纂系统、传统蒙古文转译系统、激光排版系统、蒙古作家用语风格分析系统、蒙古文图书管理系统、蒙医诊查系统、电视节目编排系统、汉蒙对照名词术语编纂系统、蒙古文Windows操作系统、蒙古文Truetype、Opentype矢量字库及蒙汉文混排字处理软件、跨平台的蒙古文Unicode拼音输入法、蒙汉英电子词典、蒙古文档案管理系统、蒙汉英多媒体教学软件等二十多种计算机系统及应用管理软件。

20个世纪90年代中期开始，蒙古文词、句、篇章处理软件也得到快速发展。内蒙古大学那顺乌日图、确精扎布和华沙宝先后承担了863项目《面向政府文献的汉蒙机器翻译辅助系统》、国家社科基金项目《蒙古语语料库的短语标注》、国家自然科学基金项目《对蒙古语语料库的词性标注与统计》等项目研究。在蒙古文信息处理基础语料资源建设方面，建立了《蒙古秘史》检索系统、《中世纪蒙古文语料库》和《现代蒙古语数据库》，制定了蒙古文编码国际标准，完成了《蒙古语语法信息词典》框架设计，构建了《蒙古语语言声学参数数据库》；在应用技术方面，研制了《蒙古语言专家系统》《蒙古语自动校对系统》《蒙古文词根词干词尾自动切分系统》《蒙古语词类自动校注系统》，《蒙古文各种编码文本的转写软件》《IMU–1蒙古文排版系统》《蒙汉混排图章计算机辅助设计系统》《蒙古文矢量字库及蒙汉文混合排版系统》《印刷蒙古文字识别的研究》等。此外，蒙古文网络技术日益成熟，2000年至2008年"蒙古文化""蒙汉双语并用的综合性门户网站""蒙古文互联网搜索引擎"正式上线。

（二）藏语言文字信息处理概况

藏语言文字信息处理可分为藏字和藏语信息处理。藏字信息处理包括操作系统的开发、编码字符集构建、输入技术的实现、字形描述与生成、存储、编辑、排版，及字符属性库构建等方面。藏语信息处理涉及机器翻译、文本校对、信息抽取、信息检索、文字和语音识别等。二者相辅相成，藏语信息处理的实现需要以藏字信息处理为基础，要提高藏字信息处理的水平，则依赖藏语信息处理的成果。[①]

我国藏文信息处理开始于20世纪80年代。1981至1983年，张连生开发了藏文排序软件，实现了集输入、显示和打印功能为一体的藏文字处理系统；1984年，俞乐、胡彦发等在微机上实现了藏文字处理系统；1986，俞汝龙、赵晨星等开发了与汉英文兼容的藏文操作系统TCDOS；在此基础上，熊涛、于洪志等开发了藏文轻印刷系统——兰海藏文系统；1992年，尼玛扎西等开发了《TCE藏汉英文信息处理系统》；1998年，西藏大学开发了《基于藏文国际标准的藏文WINDOWS平台》《TCE藏文系统》《网络用藏文系统》《藏文网站》《藏汉英电子词典》《基于藏文编码字符集扩A标准的输入法》和《字处理软件系统》；同年，中国藏学研究中心和航天部701合作研发了《藏文文字处理及激光编辑排版印刷系统》[②]；中国计算机软件与技术服务总公司、民族印刷厂等联合研制推出了《北大方正藏文书版系统》，西南民族大学开发了《SPDOS汉藏文版操作系统》和《WIN95藏文文字平台》等。

20世纪90年代中期以来，基于图形界面的藏文Windows操作系统的研发成为藏字信息处理的核心任务之一。[③]1997年，北大方正推出了基于Windows系列的《藏文维思彩色印刷系统》；2000年，西北民族学院信息所戴玉刚、于洪志等实现了一个基于Windows的藏文字处理软件；青海师范大学开发了基于Windows的班智达藏文字处理软件；2001年，西藏大学尼玛扎西、洛藏等研究者与四川火狐信息技术有限公司合作，开发了一个基于Windows的藏文字处理软件——"火狐"藏文字处理软件。

此外，中国社科院民族学与人类学研究所在藏文的拉丁转写研究和藏语言语料库研究方面取得了丰硕的研究成果。他们制定了藏文转写方案的基本原则，实现了藏文语料的计算机转写处理系统，包括藏文转写基本规则二十二条，转换准确率高达99.99%。[④]

① 陈玉忠、俞士汶：《藏文信息处理技术的研究现状与展望》，载《中国藏学》2003年第4期。
② 该系统后来与潍坊华光公司合作开发了《华光书林藏文排版和激光照排系统》，中国藏学出版社出版的藏文版《中华大藏经》就是用这个系统排版及进行激光照排的。
③ 陈玉忠、俞士汶：《藏文信息处理技术的研究现状与展望》，载《中国藏学》2003年第4期，第100页。
④ 江荻：《藏文的拉丁字母转写方法——兼论藏文语料的计算机转写处理》，载《民族语文》2006年第1期。

（三）维吾尔、哈萨克、柯尔克孜语言文字信息处理概况

从20世纪90年代起，新疆维吾尔自治区提出了"促进信息化技术跨越式发展，推动社会全面进步"的发展目标。自治区语委作为主管部门，牵头组织自治区内以新疆大学为首的高等院校、科研院所等开始民文软件的研究和开发，研制开发了以民文文字处理为主的多种应用软件系统。

20世纪80至90年代，新疆大学相继开发了《维哈文操作系统UKDOS1.0\UHKDOS1.2》《维哈文四通电子打字机W2401》《维哈柯文版的Windows系列操作系统》《维汉声图文一体化信息处理综合系统》《基于多文种操作系统平台的应用软件》等应用软件；① 1995年开始，新疆师范大学陆续开展了《维哈汉俄英多文种计算机操作系统》《华光V型维哈柯文报版软件系统》《新疆民间图案纹样多媒体信息库系统》《新疆多语言文字多媒体技术研究》《多媒体中的信息压缩方法研究》等操作系统和多媒体技术领域研究课题。建立了机器语法语义信息标记的词典、短语规则库、短语库等语言信息库资源，开发了《现代维吾尔语语料库的加工处理系统》，包括句法分析器、短语歧义处理器、短语机器电子语法语义词典的自动维护系统、人机互助短语语料标注处理系统等语言处理工具软件。②

除上述研究外，新疆三立公司研制的《三立书版系统》，山东潍坊青鸟华光电子有限公司的《维、哈、柯、蒙、满文书版、报版、办公自动化排版系统》，新疆人民广播电台与杭州联汇电子有限公司的《民族文字广播文稿系统》，乌鲁木齐维腾创新科技有限公司开发的《"维腾2000"维、哈、柯、阿（拉伯）文输入法》等应用软件系统均得到广泛的推广和应用。中科院新疆理化研究所"西北星信息技术有限公司"近些年开始了多文种信息发布系统、办公套件、电子词典及《永中OFFICE办公套件》的研究。

新疆民语委牵头组织有关单位的专家起草和制定了计算机信息处理维吾尔、哈萨克、柯尔克孜、锡伯等文种的五项国家标准；先后开发了《"新疆2000"多文种图文排版系统、阿拉伯文及多文种混排系统》《Windows操作系统平台及其办公套件》。近年来，新疆大学维吾尔、哈萨克语的研究领域还延伸到了维哈汉文平行语料库的建设及分词标注研究、网络信息提取及信息安全、民族语言资源网站建设等方面。

（四）朝鲜语言文字信息处理概况

20世纪70年代起，朝鲜语规范委员会先后制定了朝鲜文信息处理领域相关的

---

① 吐尔根·依布拉音：《新疆民文信息处理现状综述》，载《第二届少数民族语言青年学术研讨会论文集》，2008年。

② 玉素甫·艾白都拉：《论维语自然语言处理技术进展与资源库建设》，载《第二届少数民族语言青年学术研讨会论文集》，2008年。

规范原则和朝鲜语规范统一方案，制定了国家标准《信息交换用朝鲜文字编码字符集》（GB12052—1989）。延边电子信息中心及延边大学等单位完成了多个朝鲜语信息处理系统的研发。1989年，中央民族大学和航天部开发了朝汉英语处理系统，实现了朝文、汉字、西文的兼容处理；1996年，中国朝鲜语术语标准化工作委员会开发了朝鲜文电脑激光排版印刷系统；2015年至2017年朝鲜文信息技术国家标准工作组制定了2项国家标准《信息技术朝鲜文通用键盘字母数字区的布局》《信息技术基于数字键盘的朝鲜文字母布局》和2项地方标准《朝鲜文信息技术术语和定义》和《朝鲜文编码字符24点阵字型》，研发了基于Windows、Linux、Android、IOS平台的朝鲜文输入法和字型；2015年至2016年间，实现了中国朝鲜语综合分析软件和中国朝鲜语口语语料库开发；2017年，构建了"中国朝鲜文文本自动校对软件"（测试版）及实际发音训练语料库，并开发了"朝鲜语发音软件"。

（五）彝文语言文字信息处理概况

彝文信息处理研究开始于20世纪80年代。1980年国务院批准以四川规范彝文作为我国的彝族文字进入计算机彝文信息处理，至今开发了10多种彝文计算机系统，主要有：《PGYW彝文计算机》《微型计算机彝文处理系统YWCL》《计算机激光彝文/汉文编辑排版系统》《计算机彝文/汉字/西文系统》《CM PT-Ⅱ大键盘彝文系统》《华光Ⅱ型彝文、汉字、西文计算机激光照排系统》《北大方正彝文激光照排系统》《YWPS彝文桌面办公系统》《UCYW彝文系统》《YWWIN彝文系统》等彝文信息处理软件系统。

1988年由四川省民委、民语委、国家电子工业部共同提出《信息交换用彝文编码字符集》，1999年12月《信息交换用彝文编码字符集》被批准收入国际信息标准集2000年版，该标准是根据1980年国务院批准推行的规范彝文制定的，共收录规范彝文字符1165个，包括819个常用字符，345个次高调字符和1个替音符号。同时，《信息交换用15×16彝文点阵字模集及数据集》颁布实施；1997年由国家技术监督局发布《信息交换用彝文24×24点阵字模集及数据集》。经过30多年不断发展，规范彝文也先后完成了"文字编码字符集、字型、键盘及输入法"开发等工作，并获得了国际ISO/IEC 10646标准，在Unicode编码体系中具有唯一编码，实现了与全世界多文种的统一编码、同平台显示。近年来彝文信息处理有了更进一步发展，西南民族大学民族语言文字信息处理研发中心完成的彝语语料库、彝文自动分词与标注系统的研究；2011年西南民族大学构建了彝、汉、英平行语料库开始了彝语句法分析的探索；2019年，西南民族大学民族语言文字信息处理研发中心完成了规范彝语声学参数库的建设。

（六）其他少数民族语言文字信息处理概况

壮文。壮族的文字可分为古壮文和现代壮文，壮文信息处理包括对壮文文字和语言的处理。字处理方面涉及操作系统、字符输入、输出和编辑等研究。从 1990 年开始，广西开展了古壮文造字、编辑、排版工具、释义字典和数据库的研制。1991 年，广西壮族自治区民族古籍办公室与广西科学院计算中心研制了"古壮文处理系统"；2006 年，李弈琳开发了古壮字借音壮字数据库系统；2008 年，南宁市平方软件新技术有限责任公司开发了 Windows 下的一系列处理古壮文的软件；2014 年，广西大学林亦开展了基于开放式数据库的古壮字字符与文献的搜集整理与研究工作。现代壮文创制于 1955 年，目前已有编辑工具、英汉壮释义词典及辅助翻译软件。2008 年，南宁平方软件开发了壮汉英电子词典（单机及网络在线版）；2011 年以来，中国民族语文翻译中心科研处和壮语文室合作开发了"壮文电子词典及辅助翻译软件"和"现代壮文的电子词典"；2017 年，中央民族大学壮侗学研究所、广西壮学学会、广西骆越文化研究会构建了"在线双向汉壮词典"。壮文的研究目前已经基本解决了字符编码、造字、录入、排版、电子词典构建及数据库建设方面的问题，开始了现代壮文与汉语之间的翻译研究。

锡伯文、满文。1995 年，新疆语委课题组研发《锡伯文满文文字处理和轻印刷系统》。期间，信息处理、信息交换用锡伯文三项国家标准制定；2007 年，国家标准化管理委员会批准立项"信息技术、通用多八位锡伯文、满文点阵字型国家标准"；2006–2008 年，开发了锡伯文、满文传媒电子出版系统；2013 年，伊犁师范学院锡伯语言文字研究中心开展"锡伯族语言文化资源有声数据库建设"；2014 年"信息技术，通用多八位锡伯文、满文 TrueType 白体、黑体"国家标准制定；2015 年，吕建春，佟加·庆夫等采用 Open Type 字库技术研制完成的蒙古文、满文和锡伯文字库；2018 年，付勇、郭公提出了锡伯文、满文、传统蒙古文和托忒文的多语种统一字符编码方案。

纳西文。纳西象形文是世界上唯一在使用的象形文字，实现纳西文的信息化有益于民族文化的保护和传承。大连民族学院先后实现了纳西文的计算机处理系统，构建了纳西象形文轮廓字库，实现了纳西文的输入，并构建了纳西文与汉字和英文的互译电子字典。郭海等（2005）通过纳西象形文 Web 植入技术，实现了纳西象形文与汉字、日文、英文、韩文等多种文字的混合显示；郭海、赵晶莹（2007）基于 Windows XP 平台采用 IMM–IME 接口开发了纳西象形文拼音输入法及纳西图形文图元输入法，并采用基于支持向量机的纳西象形文字识别方法，对纳西象形文的识别进行了研究。2019 年，实现对完整的纳西图形文字符的识别仿真。

傣文。傣文现有四种不同形式的文字：西双版纳傣文、傣绷文、德宏傣文和金平傣文。

1997 年，西双版纳新傣文计算机组版系统研制成功；2002 年，西双版纳新、老傣文计算机组版系统研制成功；2004 年，西双版纳新傣文编码字符集国际标准通过；2008 年，西双版纳老傣文编码字符集方案研制成功；截至目前，已经完成共有 6 种不同字体的点阵字型标准研制，建成 5 款德宏傣文字库；2009 年，我国第一个傣文网站"西双版纳傣文新闻网站"开通[①]；2011年殷建民、刀福祥等开展的"西双版纳傣文新闻网站与数字报刊技术研究"介绍了西双版纳傣文新闻网站与数字报刊系统的研究内容与关键技术。

二、计算语言学不同领域的中国少数民族语言研究发展现状

语言信息处理涉及语言形式的各个层次，主要包括"字处理""词处理""句处理"和"文本处理"等几方面。

（一）字处理

少数民族语言信息处理领域的研究在操作系统、文字排版软件和输入法等"字处理"层面的研究起步最早，研究成果最多、应用范围广。涉及的少数民族语种主要有蒙古、藏、维吾尔、哈萨克、柯尔克孜、朝鲜、彝、壮、傣、锡伯、满、纳西等文种。研究内容包括输入法技术、字符编码转换与传输技术、印刷（手写）文字识别、字处理、文字排版或办公套装软件等。

1. 输入法及字符编码转换技术

从1995年到2008年期间，少数民族语言的输入法研究从DOS环境过渡到了Windows及Linux环境下的民族文字的键盘智能化输入方法的研究。

（1）蒙古文

涉及蒙古文输入法研究领域的科研单位和研究成果相比较而言较多，其研究目标是支持不同操作系统环境、编码方式、语言种类的智能输入方法研究，以下研究具有代表性。

《Windows环境下蒙古文外挂输入法的探讨》一文介绍了在中文Windows环境下，通过挂接蒙古文输入法、蒙古文字体和蒙古文显示处理模块实现蒙古文Windows的键盘输入功能。[②]

《蒙古文整词输入法重码词智能化选择输出方法与技术研究进展》介绍了蒙古文的整词智能输入技术，该系统包括蒙古文生成矩阵知识库，具有蒙古文的整词联想输入功能，大大加快了人工蒙古文录入速度，随《蒙古文WPS办公套件》系统广泛地应用于蒙古文的日常办公处理领域中。[③]

《托忒蒙古文读音输入法的设计与实现》实现了回鹘蒙古文、托忒蒙古文、满

---

① 殷建民、刀福祥、唐金宝、玉康龙：《西双版纳傣文新闻网站与数字报刊技术研究》，载《中文信息学报》2011年第4期。

② 敖其尔：《Windows环境下蒙古文外挂输入法的探讨》，载《多种语言信息处理国际学术会议》2000年。

③ S·苏雅拉图：《蒙古文整词输入法重码词智能化选择输出方法与技术研究进展》，载《中国科学基金》2006年2月。

文、锡伯文的 Unicode 国际标准编码的键盘输入。

（2）维吾尔、哈萨克、柯尔克孜文

维、哈、柯文的键盘输入支持跨平台的国际标准 Unicode 编码智能输入，支持跟踪性智能校对、智能词输入、智能插入连接、自动代码转换等，其应用延伸到了手机等领域。例如，岳耀明、师忠孝的《一种智能化维、哈、柯文输入方法的研究》（2007），亚森·艾则孜的《基于 Hook 技术的维吾尔文直接输入法的设计与实现》（2006），热依曼·吐尔逊的《维吾尔文手机输入关键技术研究与实现》（2006），张淑萍的《一种手机数字键盘的维吾尔文字母输入法》（2005），伊力亚尔·加尔木哈买提、古丽拉·阿东别克的《中国哈萨克阿拉伯文与哈萨克斯拉夫文文本转换》（2006），地里木拉提·吐尔逊的《古维吾尔文（察合台文）及转写符号的智能输入法研究》（2007）等。

（3）藏文

目前国内开发的藏文输入法软件，支持跨平台的国际标准 Unicode 编码（小字符集）、国家标准扩 A 字符集（大字符集）、同元藏文编码和班智达藏文编码字符键盘输入，实现了不同字符编码的自动转换，支持藏梵文字符输入和网络应用等技术。例如于洪志的《跨 Windows 和 Linux 平台的藏文输入法研究》（2007），贺胜的《基于藏文编码（基本集）国家暨国际标准的藏文输入法研究》（2007），欧珠的《藏文输入法中快速自适应编码查询算法研究与应用》（2007），高玉军的《藏梵文嵌入式字库、在线输入法在藏文网络信息化中的应用》（2007），江荻的《藏文的拉丁字母转写方法 —— 兼论藏文语料的计算机转写处理》（2006）和柔特、才智杰《班智达藏文词组输入法的设计与实现》（2004）等。

（4）彝文

1984 年，西南民族大学沙马拉毅设计了"沙氏彝文输入法"，包括彝文简拼、全拼和笔画码，实现了规范彝文的输入。之后研究者们相继开发阿才彝文输入法、搜狗及 Vista 系统自带的输入法和楚雄彝文笔画输入法。贵州工程应用技术学彝学研究院（2005）开发了一套古彝文正体字形码输入法；云南民族大学王嘉梅（2016）基于不同的字符集设计了基于自由拆分模式，一对多及数字键的形码编码方案；中国民族语文翻译局（2016）成功研发出可以运用到安卓和 iOS 系统的彝文输入法，有力地推动了彝文信息化发展。

（5）其他少数民族语言文字

郭海等（2005）通过纳西象形文 Web 植入技术，实现了纳西象形文与汉字、日文、英文、韩文等多种文字的混合显示；郭海、赵晶莹（2007）基于 Windows XP 平台下采用 IMM–IME 接口开发了纳西象形文拼音输入法及纳西图形文图元输入法；岳耀明（2005）基于 Windows 平台开展了朝鲜文键盘输入码序列的分析方法研究，并设计了输入法；西双版纳报社和潍坊北大青鸟华光照排有限公司的专家们（2002）开发了"纳鸟傣文输入法""傣音输入法"和"傣文音节输入法"；内蒙古科学院MIT研发中心与"契丹小字再研究"课题组联合开发了"契丹小字数字化平台";白双成、吴英姑（2004）完成了"契丹小字编辑排版"的研究;2010年基于傣文编码字符集国际标准的西双版纳老傣文键盘布局研制完成,并开发了对应的新老傣文输入法。

2. 文字识别

文字识别包括少数民族印刷文字的扫描识别、手写识别研究等。印刷体和手写文字的扫描识别技术已经在少数民族语言的多语种环境中实现并得以广泛应用。例如由清华大学与西北民族大学、新疆大学、内蒙古大学、内蒙古师范大学合作研发的《统一平台民族文字印刷文档自动识别系统》,支持汉、英、藏、蒙古、维吾尔、哈萨克、柯尔克孜、朝鲜、日等语言文字的印刷文字的扫描与自动识别;内蒙古大学计算机学院、中科院软件所、新疆师范大学等单位也进行了印刷文字识别与手写识别的研究与开发。在该研究领域发表的论文主要包括对文字的切分、字形分析与识别、识别后处理的自动校正、手写体笔画识别等内容。例如:王维兰的《印刷体现代藏文识别研究》(2003),李红的《基于神经网络分类器的联机手写藏文识别》(2006),陈万军的《联机手写藏文识别的研究》(2005),吴刚、德熙嘉措的《印刷体藏文识别技术》(2007),玉素甫·艾白都拉、潘伟民的《笔式维吾尔文识别的中的文字切分研究》(2007),包敏娜、华沙宝《蒙古文扫描识别系统自动校正算法设计》(2007),王维兰的《基于笔画特征和MCLRNN模型的联机手写藏文识别》(2008),孙嫣、刘瀚猛、吴健的《藏文联机手写识别概述》(2008),刘赛的《彝文文字识别中的文字切分算法设计与实现》和达吾勒·阿布都哈依尔的《基于ANN的哈萨克文手写文字识别系统的研究》等。

3. 字符输出

字符输出包括民族文字字符的字体制作、文字显示输出技术等。字体制作的相关研究成果如:多杰卓玛的《关于藏文True Type字体》(2004),高定国的《藏文字库设计中OpenType特征标记的应用研究》,乌达巴拉的《蒙古文OpenType字体制作技术》(2005),巩政的《蒙古文OpenType字体解析》(2007),张艳霞的《一种基于OpenType的藏文字库和文字处理方法》(2007),袁保社的《维吾尔文OpenType字库设计与实现》(2008)和苏国平《基于OpenType的维哈柯文自动选型引擎的设计与实现》(2007)等。

关于显示技术的研究论文内容主要是不同操作系统、不同文字、不同显示载体的字符输出显示技术。如:吴兵的《X窗口系统中彝文国标编码与显示》,张华秋、戴玉刚等的《民族古籍文献藏、蒙、维语言信息显示的研究》,肖伟的《藏文LCD显示的嵌入式系统实现》(2008)和杨文霞的《在Qt上实现蒙古文显示的设计与实现》(2005)等。

4. 字处理软件

字处理软件主要包括民族文字的文字编辑、排版软件、办公套装软件等的开发研究。民族语言的字处理软件研究主要有支持不同编码字符的跨平台技术、符合民族语言使用习惯的排版输出技术、支持灵活多变的交互操作和排版功能的输出技术等。如1990年代由内蒙古大学计算机学系研制出的"智能蒙古文排版系统"和内蒙古蒙科立公司推出"蒙古文WPS Office",斯·劳格劳的《基于UNICODE和OpenType字库的MWord的研究》(2006),陈丽娜的《基于OpenOffice.org国际化/本地化框架的藏文办公套件的研究与实现》(2005),赵小兵的《蒙古文Windows字处理软件的设计与实现》(2004)等。

5. 字符传输

近年来,民族语言信息化处理技术应用领域不断延伸,已研究出具有自主知识产权的多语种嵌入式Linux、WinCE等操作系统的嵌入式应用产品。该领域研究包括民族文字的网络应用技术、手机等通信技术研究等。研究论文主要有:李平的《基于GPRS协议的蒙古文短信收发系统》(2007),向迎的《基于Windows CE.net的嵌入式英蒙汉电子词典的研究》(2006),吾守尔·斯拉木、努尔麦麦提的《多文种手机混合输入/输出技术及实现》(2005)等。

(二)词处理

"词处理"层面的信息处理应用研究,主要包括电子词典、自动分词标注、文本自动校对、信息抽取、语音处理技术等。

1. 电子词典

电子词典不仅对辅助词典编撰具有重要意义,而且也是机器翻译、智能输入、文本校对、文字识别的重要基础。涉及该研究领域的少数民族语言语种主要有蒙、藏、维、哈、柯、朝、彝等。代表性词典分述如下:由新疆大学开发的基于国际标准Unicode编码的"多语种(英、汉、维语)多媒体电子大词典",支持英、汉、维三个语种的查询功能及语音、图片、文字三种媒体信息。英汉、汉英、英维、维英、汉维、维汉、汉汉、维维等八种词库;内蒙古大学和文曲星教育研究所联合开发的"蒙古文之星"蒙汉英三向手持电子词典具有蒙、汉、英词汇的三向互译功能,包含词条约32000条;内蒙古大学蒙古学学院和内蒙古明安途互联网技术有限责任公司合作研制《达日罕汉蒙电子词典》,收词18.6万余条,词典中的一个汉语词的不同译文均包含在一个记录中,采用蒙古文编码标准(ISO/IEC10646-2000、GB18030)和蒙古文拉丁转写代码存储;中国科学院少数民族研究所研制的《现代藏语语法信息词典》,收录12万词条,其中3万拉萨口语词条的语法信息词典,带有20余条词法和句法属性信息,部分词语带释义例句;[①] 西北民族大学开发的《藏汉大辞典》,收入34124个词条,目的是进行藏语文本统计;才智杰(2008)设计

---

① JiangDi, LongCongjun, ZhangJichuan. The Verbal Entries and Their Description in a Grammatical Information–Dictionary of Contemporary Tibetan. Natural Language Processing –IJCNLP 2005.

了藏汉英电子词典，可实现在藏汉英三个文种之间的互译、同文种在多个词典里可实现同步查询，具有多词典查询的功能。其他词典还包括青海师范大学《班智达藏汉英电子词典》（2003）、西北民族大学《藏汉英电子词典》、内蒙古大学和内蒙古师范大学《英汉蒙电子词典》《傣泐文—汉文互译有声电子词典》（2016）等。

电子词典领域的研究领域还包括词库的构建与维护技术、屏幕取词与显示技术、词库快速检索技术等。如：吴红英的《"英汉蒙电子词典"的研究与实现》（2007）阐述了"英汉蒙电子词典"的实现方法和相关技术；那日松《英—蒙电子词典的构建和相关技术的研究》（2005），阐述了英蒙电子词典的构建和相关技术，实现了同时对英文词和蒙古文词进行查询和英蒙屏幕取词功能；郭霞《多功能汉彝电子词典的软件设计与实现》（2007）设计了汉彝电子词典，实现彝汉对照词汇检索，词汇互相查询、词汇自定义、自动显示彝语音标，附带彝文文档自动生成等功能；乌仁曹都《汉蒙电子词典开发平台的设计与实现》（2008）开发了一个汉蒙电子词典管理维护工具，并改进了原有的用户界面和屏幕取词；何向真《多语言电子词典构建》（2010）以藏汉英三语电子词典为例，对多语言电子词典的构建进行系统研究；张永才《基于J2ME的维汉双语电子词典的研究与实现》（2010）在WTK平台上使用J2ME技术开发实现了维汉双语电子词典，并实现了手机数字键盘和触摸屏并用的维吾尔语输入方式。

2. 分词标注

分词是按照特定的规范，将语言单位按分词切分的过程，主要有基于词典、规则、统计、规则和统计相结合的方法。[①] 词性标注是给句子中判定每个词的语法范畴，确定词性并加以标注的过程，主要有基于规则、统计、规则和统计相结合及基于转换的错误驱动等词性标注等方法。[②] 分词与词性标注是句法分析、语义分析、语用分析、机器词典等信息处理工作的基础。

（1）藏文分词标注

藏文分词技术的研究方法大体可以分成两类，一类是基于藏文自身的语法特点，先将文本通过标点分成句子，通过格助词再将句子分成组块，最后对组块内部通过匹配等方法将词与词分开；另一类是基于统计的方法，如：最大熵和条件随机场相结合的标注方法、隐马尔科夫模型标注方法、融合语言特征的最大熵词性标注方法、未登录词的词性预测模型、词向量词性标注模型等。[③] 目前，藏文词类分类颁布了国家标准。

江荻（1997）进行了规则分词技术研究，提出藏语最大匹配算法、任意词和句尾词分词匹配校验等设计方案；陈玉忠、李保利的《藏文自动分词系统的设计与实

---

① 吴立德：《大规模中文文本处理》，复旦大学出版社，1997年。

② 刘开瑛：《中文文本自动分词和标注》，商务印书馆，2000年。

③ 洛桑嘎登、杨媛媛、赵小兵：《基于知识融合的CRFs藏文分词系统》，载《中文信息学报》2015年第11期。

现》（2003）① 和《基于格助词和接续特征的书面藏文分词方案》② 介绍了一种基于格助词和接续特征的知识库语法规则的藏语分词系统；才智杰（2009）开发了"班智达藏文分词系统"；才智杰、才让卓玛（2010）给出了分词标注词典库的结构及索引查询算法，并对85万字节藏语实验语料的分词和标注，分词率和标注率达到了较高的水平。

随着汉语分词开始使用各种统计机器学习模型，基于统计的藏语分词研究成果也逐渐多起来。苏俊峰（2010）研究了基于HMM的藏文词性标记方法；史晓东、卢亚军（2011）将统计方法引入藏语分词研究中，实现了藏语的分词标注一体化；刘汇丹、诺明花、赵维纳等（2012）研究了藏文分词中的格助词分块、临界词识别、词频统计、交集型歧义检测和消歧等问题，设计实现了一个藏文分词系统SegT；羊毛卓么（2012）采用基于规则和统计相结合的方法设计和实现了一个藏文词性自动标注系统；于洪志、李亚超等（2013）提出了一种融合藏文形态特征的最大熵藏文词性标注模型；洛桑嘎登、杨媛媛、赵小兵（2015）实现了一种基于CRFs和规则相结合的藏语分词系统；康才峻（2014）提出了基于词位统计的藏语分词方法，实现了一种基于条件随机场的藏语分词标注一体化模型；郑亚楠、珠杰（2017）提出了一种基于词向量模型的词性标注方法和相应算法，较好地解决了未登陆词的词性标注。

（2）蒙古语分词标注

蒙古语的词语切分与词性标注，主要采用基于规则的方法。那顺乌日图（1997）在《蒙古文词根词干词尾的自动切分系统》中首次提出蒙古语形态分析的方法；淑琴（2005）分析和归纳蒙古语构形附加成分的语法属性，建立了构形附加成分的切分和还原规则；胡冠龙、张建等（2007）首次基于转换的错误驱动方法对拉丁蒙古文进行词性标注尝试；富涛、包志红（2008）以规则的方法为主，研究蒙古语的词类构词特征及分词规则；阿红（2008）以规则思维为主，引进概率统计方法，分析出兼类词消解歧义的规则。

统计方法在蒙古语分词和词性标注中也得到了应用。那日松、敖其尔（2004）以最大概率和同现概率方法进行了兼类词自动标注研究；图格木勒（2007）以统计的方法改进了基于附加成分和词干的混合切分方法歧义标注的不足；赵斯琴（2007）采用规则和统计相结合的方法对蒙古语的句子进行分类和词性自动标注；侯宏旭、刘群（2009）通过对蒙古文词切分技术的研究，提出一种规则和统计相结合的蒙古文词切分方法。

此外，面向信息处理的蒙古语规范与标准，也取得了一定的研究进展。巴达玛敖德斯尔《面向信息处理的蒙古语词语分类体系研究》（2004）提出了面向信息处

---

① 陈玉忠、李保利、俞士汶：《藏文自动分词系统的设计与实现》，载《中文信息学报》2003年第3期。

② 陈玉忠、李保利、俞士汶、兰措吉：《基于格助词和接续特征的书面藏文分词方案》，载《语言文字应用》2003年第1期。

理的现代蒙古语词语分类体系及其标记集，并从形态变化、句子成分及短语组合功能方面对分类体系中的15个词类的分布特征进行描述；那日松、淑琴（2009）设计了蒙古语词干还原系统；赵小兵主持的"跨语言社会舆情分析基础理论与关键技术"研究，针对蒙古语的特点，制定了《信息处理用蒙古语词类标记规范》。

（3）维吾尔语分词标注

维吾尔语词性标注始于20世纪末，在维吾尔语词语切分与标注中，基于统计和规则的方法运用较多。陈鹏（2006）采用双向匹配和全切分相结合的方法实现维吾尔语词干的提取，采用概率统计的方法研究了维吾尔语词性标注的问题；买合买提·买卖提（2008）用N-GRAM模型对维吾尔语进行标注；艾则孜·吐尔逊、买合买提·买卖提（2009）基于隐马尔科夫模型的Viterbi算法，对维吾尔文词类进行自动标注。基于规则的研究主要有：古丽拉·阿东别克（2004）提出"词＝词根＋附加成分"的切分方法；赛麦提·麦麦提明（2006）探讨了兼类和同行引起歧义的方法等。目前维吾尔分词和词性标注正从基于规则向基于统计的方法转变。

（4）其他少数民族语言分词标注

陈顺强、沙马拉毅（2011）提出面向信息处理的彝语词语分类体系及其标记集，为彝文信息处理提供科学的彝文词性标记理论；陈顺强、马嘿玛伙（2012）根据彝文的特点，设计了基于隐马尔科夫模型的彝文自动分词软件，取得了良好的分词结果；王成平、金骋（2012）提出了计算机彝文分词规则与分词词表的设计思路，实现了基于既定词表彝文自动分词；阿别木呷（2018）根据彝语的特性及语法特征，在Python环境下实现比较完整的机械分词机制与构架，为后续的彝文分词研究提供了参考。

刘艳（2008）根据哈萨克语的语素特征，采用统计方法，运用Viterbi算法完成了基于统计方法的词性标注，并用哈语规则库对词性标注进行修正，取得了较好的效果；孙瑞娜等（2010）采用基于规则的方法，设计了哈萨克语基本名词短语自动识别系统，实现了对30万词级哈萨克语语料库的基本名词短语标注。金国哲等（2018）开展了朝鲜语词性标注研究。

3. 文本自动校对

自动校对指程序按照一定的算法自动检查文本中的错误并对错误进行纠错或提供纠错建议，是自然语言处理的应用领域之一。[①]

关于少数民族语言文本自动校对研究主要集中在蒙、藏、维等几种少数民族语言文字上。蒙古文文本自动校对方法主要可分为基于词典、规则、统计模型和有限状态自动机的方法。基于词典与规则的方法主要有：华沙宝等（1997）开发的MHAHP蒙古文文本校对系统，对文本中的单词按蒙古文正字法规则进行自动校对；赵军、敖其尔等（2007）研究了基于音节统计的蒙古语校对方法；斯·劳格

---

① 斯·劳格劳:《基于不确定有限自动机的蒙古文校对算法》，载《中文信息学报》2009年第6期。

劳（2009）提出了基于有限状态自动机的校对算法；江布勒等（2014）研究了基于规则的蒙古文文本校对方法。基于有限状态自动机的方法主要有：廉冰（2014）提出了一种基于有限状态自动机的蒙古文同形词校对方法。基于统计模型的方法主要有：郝莉、敖登巴拉等（2010）给出了用贝叶斯算法校正蒙古文单词拼写错误的实现方法；苏传捷、侯宏旭等（2013）提出了一种基于统计翻译框架的传统蒙古文自动拼写校对方法。

藏文文本校对系统主要分为两类。一类是基于语音的文本校对系统，另一类是基于语法、语义分析的校对系统。扎西次仁（1998）实现了以词表、拼写规则、虚词规则为主的藏文拼写检查系统；王维兰等（2002）首次将藏文自动校对应用于藏文文字识别的后期处理，并对识别后所形成文本中的单字进行了次校正；刘香、多杰卓玛、关白等（2009）开展了现代藏文音节、词的自动校对方法研究。珠杰、赵建平等（2014）根据藏文常出现的拼写错误，设计并实现藏文自动校对系统；刘汇丹等（2017）基于大规模网络语料，开展藏文音节拼写错误统计与分析研究。

维吾尔语文本校对主要有：买合木提·木合买提开展的基于音节的维吾尔语文本校对系统研究；米吉提·阿布力米提（2009）开发的多文种环境下的维吾尔语文字校对系统及电子科技大学、新疆大学硕士生设计的维吾尔文词语自动校对系统和基于 Web 服务的校对系统。此外，哈萨克语文本校对研究也有了一定进展，以新疆大学学生开展的《哈萨克文语料库词汇校对研究》及《基于 N-gram 的哈萨克语文本校对系统的设计与实现》为代表。

4. 信息抽取

信息抽取（Information extraction，简称 IE），是以自动化的方式来撷取结构化的资讯的过程。信息抽取的意义在于从大规模非结构化形式的文本中获取有用信息，并使其数量成长。信息抽取的基本任务包含：命名实体辨识、术语撷取等。

少数民族语言信息抽取研究主要以不同语法单位、类型的信息自动抽取规则及抽取方法研究，有关信息抽取和新词、术语、未登录词语等自动识别技术方面。主要有：富涛、包志红（2008）开展的有关蒙古语未登录模拟动词识别方法；华沙宝、达胡白乙拉的《蒙古语宾述短语的自动获取研究》（2005）归纳了一套自动获取规则；龙从军（2005）开展了"藏语三音动词构词分析及自动识别方法"研究，介绍了藏语三音动词的基本规律及其自动识别方法；刘双君、金小峰等（2017）提出了基于基音频率特征的中国朝鲜族语言、朝鲜朝鲜语方言和韩国朝鲜语的自动辨识方法，有效解决了三个地区方言识别的问题；金丹（2018）基于朝鲜语语料库的人名自动识别方法研究，提出了一种人名识别的分级加权筛选模型，利用该模型的识别算法和冲突提出解决策略，实现人名的自动识别；加羊吉、李亚超（2014）提出了一种最大熵和条件随机场相融合的藏文人名识别方法等。

5. 语音处理

少数民族语言语音处理包括语音识别与语音合成技术、文语转换技术研究和语音特点研究、语音语料库研究等内容。少数民族语言的语音识别与合成研究，涉及的语种有蒙古、藏、维吾尔等语言。

蒙古语方面有：和吉雅、田会利（2007）的"基于词干词缀的有限条词的蒙古语语音合成系统的研究"；牧仁高娃（2013）的蒙古语语音识别相关问题研究；赵建东（2014）开展的基于隐马尔科夫模型的蒙古语语音合成技术研究；郭亚娜（2016）设计实现了基于深度神经网络的蒙古文语音识别系统；闫晓斐（2017）开展了基于循环神经网络的蒙古文语言模型研究；王勇和、飞龙（2018）开展了基于TDNN-FSMN的蒙古语语音识别技术研究等。

藏语方面有：李洪波（2006）研究了基于藏文文字特性和音节特点的藏语语音识别基元，以音素为识别基元进行实验，提高了噪音背景下语音识别效率；于洪志等（2007）针对安多藏语单音节的语音声学特征进行了系统的研究；姚徐等（2009）实现了藏语语音识别系统；李冠宇（2012）构建了一个上下文相关的拉萨话藏语大词量连续语音识别声学模型；许彦敏（2015）实现了基于sparseauto-encode的英藏跨语言语音识别系统；王辉、刘晓凤、赵悦、李涛等实现了基于深度特征的藏语语音识别系统；梁宁娜、邓彦实现藏语孤立词语音识别；黄晓辉、李京实现了端到端的藏语语音声学建模。

维吾尔语方面有：王昆仑（2003）开展的维吾尔语音节语音识别与识别基元的研究；库尔班、艾斯卡尔（2007）"基于量化模型的维吾尔语调曲线Fo的合成技术研究"；艾斯卡尔、姑丽加玛丽（2007）开展了"基于音素波形拼接的维吾尔语音合成技术研究"；艾山·吾买尔、吐尔根·依步拉音开展了基于噪声信道的维吾尔语央音原音识别模型研究。

涉及语音语料库的构建及标注方法研究主要还有：王昆仑（2001）"维吾尔语语音数据库的手工标注及软件实现"；那斯尔江、吾守尔（2007）的"维吾尔语大词汇量连续语音识别研究–语音语料库的建立"等。

（三）句处理

"句处理"是构建计算机自然语言理解知识库的重要环节，目前公认的句法依存树包含三个层次的标注信息：词法、句法和语义。我国少数民族语言在"句处理"层面的研究主要从自动句法分析、机器翻译两个领域来介绍。

1. 自动句法分析

句法分析是自然语言处理中的基础性工作，对语义分析、信息检索语抽取、机器翻译和自动问答系统等自然语言处理工作具有重要意义。目前，句法分析研究方法主要分为：基于规则和基于统计的分析方法。基于规则的方法以语法规则为主体，以语言学理论为基础，其句法分析技术有：扩充转移网络、自底向上剖析法、短语结构语法、自顶向下剖析法、依存语法、语义网络等；基于统计的句法分析方法以经验主义方法为主，使用概率或随机的方法来分析语言。①

近年来，国内少数民族句法分析研究日益增多。才藏太、华关加（2004）提出了以动词为中心的句法分析二分法，有效地提高机器翻译语法分析的效率；②斯·劳格劳、华沙宝（2012）等以蒙古语依存树库MDTB为训练和评测数据，实现了一种基于词汇依存概率的蒙古语依存句法分析模型；张建梅（2010）开展了基于语料库的现代蒙古语简单陈述句句型分析研究；完么才让（2014）年开展了基于规则的藏语句法分析研究；华却才让、赵海兴（2013）提出基于判别式的藏语依存句法分析方法；德格加、安见才让（2018）开展了基于Early算法的藏文句法分析研究；扎西吉（2018）基于PCFG的藏语句法分析取得了较好的效果；才华（2018）开展了于格语法的藏语句法语义一体化研究；相毛吉、安见才让（2018）设计实现了基于自顶向下剖析算法的藏语句法分析系统。乌优坛（2019）基于深度学习网络，对蒙古文句法分析做了初步的研究。

2. 机器翻译

机器翻译（MachineTranslation，常简写为MT）也称自动翻译，是研究如何利用计算机把一种源语言转换成另一种目标语言的过程，是自然语言处理、人工智能及计算语言学领域的研究方向之一。根据不同的知识获取方式，机器翻译的类型可以分为基于规则和基于语料库的机器翻译，后者包括基于实例和统计的机器翻译。

自20世纪40年代以来，我国机器翻译研究大体经历了从早期理性主义方法占主导时期（1949–1992）到经验主义方法占主导时期（1993–2016）逐渐过渡到以大规模神经网络为基础的神经机器翻译（NeuralMachineTranslation，NMT）方法占主导时期（2016–至今）三个阶段。③第一阶段从20世纪50年代开始，学者们将通过人工编纂的大规模双语词典和由语言学家总结出来的大规模双语翻译规则去生成源语言到目标语言之间的翻译，统称为基于规则的机器翻译方法（Rule–BasedMachineTranslation，RBMT）。20世纪90年代后，随着互联网技术、大数据和云计算的发展，基于统计特征的机器翻译成为主流模型法（StatisticMachineTranslation，SMT）。2014年以来，端到端及基于注意力机制的神经机器翻译模型得到了迅速发展，端到端的神经机器翻译将机器翻译当作序列到序列的编码 — 解码问题，并采用深度神经网络技术进行机器翻译系统的建模。2013至2015年之间，神经机器翻译有了初步发展框架，但其翻译性能与统计机器翻译相差不远。从2016年开始，NMT得到迅速发展，神经机器翻译在世界20多种语言上的实验效果超过了统计机器翻译。④

---

① 扎西吉：《基于PCFG的藏语句法分析》，青海师范大学硕士学位论文，2018年，第2–3页。

② 才藏太、李延福：《班智达汉藏公文翻译系统中基于二分法的句法分析方法研究》，载《首届中国少数民族语言信息与资源库建设学术研讨会论文集》，2004年4月。

③ 赖文：《低资源语言神经机器翻译关键技术研究》，中央民族大学硕士学位论文，2020年，第1–4页。

④ 刘洋：《神经机器翻译前沿进展》，载《计算机研究与发展》2017年第6期，第1145–1146页。

尽管当前神经机器翻译技术快速发展成为机器翻译研究的主流技术，但由于我国是一个多民族国家，各少数民族语言类型和形态丰富且存在语言类型跨度大、缺乏规范的双语数据源及大规模的平行语料，因而少数民族语言机器翻译研究进展相对缓慢，主要集中在蒙古语、藏语、维吾尔语等语料相对充分的少数几种民族语言中。

（1）蒙古语

蒙古语机器翻译开始于20世纪80年代，基于规则、实例、统计及神经网络机器翻译取得了一系列研究成果。内蒙古大学与北京大学计算语言研究所、中科院自动化研究所（1998）共同承担了自然科学基金支持的项目"面向政府文献的汉蒙机器辅助翻译系统"；敖其尔（1997）主持了自然科学基金项目"英—蒙机器翻译系统研究"，采用了基于规则的英蒙机器翻译研究；内蒙古大学蒙古学学院与中国科学院合肥智能机械研究所（2006）合作，基于统计的策略实现了汉蒙机器翻译；吉日木图（2005）设计实现了一个英蒙机器翻译系统；娜步青（2006）采用了统计机器翻译方法，初步构建了基于统计的蒙汉机器翻译实验系统；王斯日古楞（2009）搭建了一个基于短语的汉蒙统计机器翻译系统，实现了基于混合策略的汉蒙机器翻译系统；苏传捷（2014）通过自动学习同步上下文无关文法实现了一套基于层次短语的蒙汉统计机器翻译系统；乌日力嘎（2015）以短语的统计机器翻译为基础，建立一个面向政府文献和日常用语领域的西里尔蒙古文—汉文的机器翻译系统；宁静（2016）开发了基于树到串的蒙汉统计机器翻译系统；苏依拉（2017）将短语作为翻译的基本单元，搭建了基于短语的蒙汉统计机器翻译系统；申志鹏（2017）改善了一个完整的基于注意力神经网络的蒙汉翻译系统；乌丹牧其尔（2015）实现了蒙古文数词的自动识别与翻译，设计了一个统计与规则相结合的蒙汉机器翻译系统；乌尼尔等（2018）提出一种基于卷积神经网络CNN的蒙–汉机器翻译方法，取得了较好的效果；包乌格德勒、赵小兵（2018）探讨了基于循环神经网络和卷积神经网络的蒙汉神经机器翻译模型；乌云塔那（2018）利用TensorFlow搭建了蒙汉端到端神经机器翻译系统。

（2）藏语

藏语机器翻译研究主要集中在统计机器翻译及藏语分词等相关基础性研究方面。藏文机器翻译最早开始于1994年，青海师范大学陈玉忠、李延福等人在国家863计划支持下开展于汉藏科技机器翻译系统的研究，并于1995年实现了一个基于规则的原型系统；祁坤钰（2004）构造了一个初步适应英藏机器翻译的藏语语义分类体系；董晓芳、曹晖等（2012）构建了基于短语的藏汉统计机器翻译系统；位素东（2015）搭建了基于短语的藏汉在线翻译系统研究，并运用自动评测技术进行了评测；华却才让等（2014）提出基于判别式的藏语依存句法分析方法，完成了基于藏语句法翻译模型的藏语统计机器翻译系统；万福成、于洪志（2015）构建了藏语短语句法树库及树库编辑工具，提出一种融合藏语句法特征的藏汉机器翻译方法；

LiuHuidan（2016）等开展了规则和统计相结合的汉语到藏语机器翻译；臧景才、陈建新等（2019）实现了基于短语统计模型的藏汉在线翻译系统搭建。

近年来，学者们也逐渐将目光转向神经机器翻译研究上来。李亚超、熊德意等（2017）实现了神经网络机器翻译在藏汉翻译上的应用，采用迁移学习方法缓解藏汉双语平行语料匮乏的问题，取得了很好的性能。赖文、赵小兵（2018）探讨了在不同神经网络模型的基础上不同粒度的切分方式对藏汉神经机器翻译的影响；桑杰端珠（2019）开展了稀疏资源条件下的藏汉机器翻译研究。

（3）维吾尔语

由于维吾尔语的形态复杂语言特性及语料资源的匮乏，大多数维吾尔语与汉语之间的机器翻译集中在统计机器翻译研究中。杨攀等（2009）设计了一种基于短语统计翻译的汉维机器翻译系统；衣马木艾山·阿布都力克木等（2010）提出了一种新的基于规则的维吾尔人名汉文机器翻译方法；刘建明（2010）构建一个基于统计机器翻译的汉维词对齐系统；董兴华、周俊林（2011）开展了基于短语的汉维统计机器翻译研究；努尔比亚吐拉甫（2013）研究了基于短语的维汉统计机器翻译，设计了一个基于规则的维汉双向数字时间短语的识别和翻译系统；麦热哈·艾力等（2014）开展了基于实例的维汉机器翻译相关问题的研究；米莉万·雪合来提（2015）提出了一种以维吾尔语为词干词缀粒度的汉维统计机器翻译方法；应志野（2016）开展了基于最大熵的统计机器翻译研究；李钦钦（2019）研究了面向统计机器翻译的汉维词对齐性能提高的方法。

随着神经机器翻译模型的不断推广，越来越多的学者把维吾尔语机器翻译任务转向神经机器翻译模型的研究。哈里旦木等（2017）基于不同的词粒度层面，在维吾尔语-汉语翻译中引入神经机器翻译模型；张金超、艾山·吾买尔等（2018）提出使用多种编码器和解码器结构搭建大规模的维吾尔语-汉语神经机器翻译模型，提升了维吾尔语-汉语机器翻译性能；杨洋（2019）提出了基于 Self-Attention 以及基于双编码器双解码器的翻译模型，实现了一个基于 B/S 架构的维汉神经机器翻译系统；阿依古丽·哈力克（2019）提出基于多编码器多解码器的维吾尔语-汉语量词短语神经机器翻译方法；朱顺乐（2019）提出融合多特征的汉维神经网络机器翻译模型；李毓等（2019）提出了融入词素信息的维吾尔语神经网络语言模型；杨郑鑫等（2019）展开了基于增量训练的维汉神经机器翻译系统研究。

（4）其他少数民族语言

随着机器翻译技术的普及，白语、彝语、纳西语等少数民族的机器翻译也得到了发展。

王正丽（2016）开展了基于句法规则的彝汉双语调序模型研究；毛呷呷、杨宪泽（2016）探讨了彝语的时态转换的匹配规则，句型转换的翻译及汉语句子单词切分时的边界处理算法，对汉彝机器翻译进行了初步尝试。

刘超（2014）搭建了基于树到树的汉语纳西语机器翻译原型系统；杨秀贞

（2014）结合纳西语的特点设计实现汉语纳西双语互译原型系统；李磊（2013）采用基于改进依存树到串翻译模板的翻译方法实现了汉语纳西机器翻译系统；程立（2015）从词汇语义和主题信息两方面研究和分析汉语—纳西语的机器翻译，构建了融入主题相似度模型的短语树到串的汉语—纳西的统计机器翻译原型系统；苏萌（2015）开发了纳西汉语机器翻译原型系统，实现了汉语与纳西句子之间的互译。

（四）篇章处理

自然语言处理的"篇章处理"主要是指"文本挖掘"，有时也被称为文本数据挖掘，即从文本处理过程中通过文本分类和预测产生需要的信息。典型的文本挖掘方法包括文本分类、文本聚类、观点分析、自动文摘和实体关系模型（命名实体之间的关系）等。代表性成果主要有：贺慧、王俊义的《主动支持向量机的研究及其在蒙古文文本分类中的应用》介绍了一种支持向量机的主动学习方法，解决了在机器学习中训练样本获取代价过大带来的问题，在蒙古文文本分类的应用中该算法获得了有效性验证；[①] 权永敏（2019）开展了基于统计学方法的朝鲜语大数据文本挖掘研究；刘汇丹、诺明花等（2015）结合链接分析技术和藏文编码识别技术，使用网络爬虫实现对互联网上藏文文本资源的挖掘，并分析了 Web 藏文文本资源的分布情况。

三、计算机多媒体辅助教学领域的发展情况

在少数民族语言的多媒体及网络远程教学应用方面，近几年产生了众多的应用成果，研究内容主要涉及维吾尔语、蒙古语、藏语、汉语、英语等语言教学，技术研究主要包括多媒体教学课件的制作、教学内容的组织、教与学的交互技术、网络远程的传输与数据维护等。以下分语种介绍该领域的主要研究成果。

（一）维吾尔语

乌鲁木齐金钻电脑公司自主开发的《金钻HSK辅导教学软件》《金钻中小学汉语教学软件》；乌鲁木齐阔特勤电脑有限公司开发《阔特勤丝路2000系统》。这些软件基于Win98系统Word2000、Excel2000、Photoshop、Premiere、Flash等应用环境，使用阿拉伯文代码页实现维吾尔、哈萨克文输入，并配以三维动画、电影剪辑、网页动画等。

新疆大学在1998年制作出版的多媒体教学课件"维文电脑家庭教师"，获得了"民文电脑家庭教师（初中版，高中版）"专利。同时期还有《基于网络的新疆少

① 贺慧、王俊义：《主动支持向量机的研究及其在蒙古文文本分类中的应用》，载《内蒙古大学学报》2006年第5期。

数民族多媒体汉语教学系统》，采用模块化结构，结合维哈柯语信息处理技术与多媒体技术，包含声频、视频信息，实现了网络化的少数民族多媒体汉语教学；新疆大学信息工程学院完成了《维哈柯文少数民族基础汉语教学课件和中学数理化教学课件》，得到了普遍应用。

（二）藏语

藏语多媒体辅助教学方面的成果有：布穷、于洪志等人的《基于网络环境下的藏文多媒体课件脚本设计》（2005）；卢亚军的《藏族教育教学资源库体系结构的设计与实现》《藏文现代远程民族教育网络平台建设研究》《藏文音素拼读法多媒体教学软件的设计与实现》（2006）等。

（三）蒙古语

内蒙古师范大学（2000）承担了"内蒙古自然科学基金"研制的《蒙汉英多媒体教学软件》；和图雅、叶新铭等研究论文《蒙古语现代远程教育平台建设设想》等。

四、网络应用与信息安全技术研究

随着互联网的迅速发展和广泛普及导致网上信息爆炸性增长，如何在庞大的互联网上获得有价值的信息已成为网民日益关注的问题。目前，用户在网上免费下载部分系统软件和应用软件即可浏览蒙古文、藏文、维哈柯文、朝鲜文、彝文等民族语言网页，甚至网上聊天也可以用民族文字，支持不同风格多语种的排版、编辑控件嵌入到网络浏览器中，为多语种电子政务、B/S 应用系统开发提供服务。

（一）少数民族语言网站建设与 Web 技术

目前的少数民族语言网络技术，已能够提供民族语言文字的字符信息发布显示、数据传输等网络服务功能。根据国家语言资源中心少数民族语言分中心最新的少数民族语言网络资源应用情况的调研结果显示，目前我国少数民族语言网站有216个，涉及的少数民族语种包括蒙、藏、维、哈、朝、彝、柯等7种少数民族语言，代表性网站有：中国西藏信息中心、同元藏文网站 Uigur Linux（维文 Linux 中心）、Uighursoft（乌鲁木齐维软公司）、Alamassoft（乌鲁木齐金钻电脑公司）、Lzadinix（探索）、Zaman（时代）、蒙古文华网站等。

初期的少数民族语言网站由于没有完全支持少数民族文字的网络平台，为了信息传播的准确性和完整性，需要将民族文字转换成拉丁字母输入和显示。如新疆大学图书馆按教育部要求将所有图书上网用拉丁字母转写；在少数民族文字没有专用软件和不能直接上网的情况下，有的电脑公司采用间接或转换上网的办法，即在

Windows网络平台的字库里加入少数民族语言字库，实现民族文字的输入和网上显示，或用扫描方式将民族文字制作成图片文件上网。网站建设中解决了多语种数据库的双向链表结构存储、智能检索、查询、排序及多语种浏览器/服务器/数据库三层体系结构以及多语种的浏览器挂钩在线处理技术，.NET组件技术，XML数据库管理技术和数据计算的跨平台操作系统等技术难题，支持多语种的不同风格的信息实时发布与接受、存储与检索、远程监控与对话等功能。这类网络应用研究以民族语言的信息服务和浏览为主要目标。如于洪志的《Web环境下藏文信息处理技术》（2005），李永忠、于积贞等的《Internet网上藏文信息交换技术研究》（2000），胡其吐和策力木格的《基于ActiveX技术实现的蒙科立蒙古文网络技术》，顾林的《网络环境下具有简便造字功能的古壮文系统研究》（2007），图雅的《在ASP.NET中实现蒙古文数据列表控件》（2008），华沙宝的《蒙古文网络信息技术处理的对策》（2002）等。

（二）语言信息检索与搜索引擎技术

随着民族语言文字网站的快速成长，它们所提供的信息量也呈快速膨胀状态，越来越多地为广大民族地区民众提供咨询服务。搜索技术的研究目标就是为网民在互联网的海量数据中快速找到所需要的信息起到导航作用，它以一定的策略在互联网中搜集、发现信息，对信息进行理解、提取、组织和处理，并为用户提供检索服务，智能搜索引擎将使用户可以使用母语搜索非母语的网页，并以母语浏览搜索结果。

民族语言的网络信息快速检索和跨语言检索的需求，驱动了应用研究的发展，主要有新疆维吾尔自治区教育厅项目《维、哈、柯、汉多文种跨语言搜索引擎开发》（2006）、陈丽珍的《基于WEB信息检索系统中维文处理方面的研究》（2005）；金威的《蒙古文信息检索模型的研究》（2009）；岳俊英的《蒙古文信息检索系统中检索单元选取方法的研究》（2011）；巩文婧的《基于语言模型的跨汉蒙信息检索技术研究》（2012）；姜鑫的《跨汉蒙语言信息检索中的查询项翻译方法研究》（2011）；马路佳的《蒙汉跨语言信息检索模型研究》（2018）。

（三）网络与信息安全技术

关于少数民族语言的网络信息安全研究刚刚起步，成果有限。有关网络信息安全方面的项目有新疆大学国家安全中心项目《维吾尔文网络信息安全研究》、西藏大学的教育部科技司支撑计划重点项目《网络文化安全与民族文化数字化关键技术研究与示范》等。

第二节　中国少数民族语言的定量研究

语言的定量研究是计算语言学研究目标的一个重要分支，它采用定量统计分析等方法研究语言现象，发现语言规律。

一、少数民族语言的统计研究

少数民族语言的统计定量研究起步于20世纪90年代初期，通常选择静态的平衡语料库，通过人工分词的方式，对不同语言单位进行统计，寻找语言所特有的语言规律。主要研究成果有江荻的《藏语动词音变现象的统计分析》（1992）和江荻、董颖红的《藏文信息处理属性统计研究》（1995）获得了有关藏语字、词及字母符号、藏字平均字长和字母构词频度的静态统计结果；扎西次仁的《〈中华大藏经·丹珠尔〉藏文对勘本字频统计分析》对1000万字《大藏经》历史文本进行统计，获取平均字符数为2.54，构成句的平均构件数为25个，前15个高频字累积频率达到29.22%；[①] JiangDi《The Phonological Construction of Tibetan Words and Its Frequency Phenomena. WasedaUniversity》（1998）对100万字现代藏语文本字频和结构进行统计，获得藏文不同字形数5581字、藏字结构25类，前40个藏字占全部语料频数的33%，占全部语料用字的0.7%；[②] 新疆师范大学对400万词的维吾尔语真实语料进行统计，发现了24万多条现代维吾尔语的词汇和常用词，发现了常用词尾、常用词根和使用频率最高词汇和最小频率的词汇；西北民族大学卢亚军、马少平等人的《基于大型藏文语料库的藏文字符、部件、音节、词汇频度与通用度统计及其应用研究》（2003）和内蒙古计算中心嘎日迪的《蒙古语百万词统计》等也都针对藏文、蒙古文做过类似的统计工作。

二、藏语文本熵值计算

语言文本的熵值计算可以帮助分析文本内容的信息源属性，如信息冗余度、上下文的关联程度等。目前为止，此类研究主要集中在藏语言，主要涉及藏字字丁、多音节字的熵值计算。如江荻的《书面藏语的熵值及相关问题》（1998），王维兰、陈万军的《藏文字丁、音节频度及其信息熵》，严海林等的《藏文大藏经信息熵研究》，完么扎西、尼玛扎西的《藏文的信息熵与输入法键盘设计》（2016），仁青

---

①　扎西次仁:《〈中华大藏经·丹珠尔〉藏文对勘本字频统计分析》，载《中国藏学》1997年第2期。

②　Jiang，Di. The Phonological Construction of Tibetan Words and Its Frequency Phenomena. WasedaUniversity. Tokyo, 1998.

东主、安见才让的《藏文字母的信息熵》（2017），完么扎西、尼玛扎西的《现代藏文信息熵及其属性》（2017）等。

三、少数民族语言资源监测与语言和谐研究

语言监测是指对选定的真实使用的海量文本语料的词语使用状况进行统计、分析，并进行持续的历时监测的过程。语言监测的主要内容分为两部分，一是语言运用的形式方面的监测，二是透过语言形式实现对语言内容中显现出的舆情的监测。

由教育部语言文字信息管理司、国家民委教育科技司、国家新闻出版总署报纸期刊出版管理司与中央民族大学合作共建的国家语言资源监测与研究中心少数民族语言分中心于2008年6月23日挂牌成立，机构设立在中央民族大学。分中心任务主要包括：

对少数民族语言资源进行收集、整理、建库、加工和处理；

对少数民族语言资源的语言文字应用情况进行调研、统计、监测和客观的描述；

研究民族语言关系，构建和谐语言生活；

对有关民族语言的舆情进行分析研究；

对动态语言监测及语言和谐等相关研究成果进行公开发布；

向国家有关部门提供咨询服务，为其制定少数民族语言信息处理的相关标准和规范及民族政策提供参考和依据；

为少数民族语言的信息化建设提供必要的技术支撑和服务。

2009年1月，国家语言资源监测与研究中心少数民族语言分中心创建的少数民族动态流通语料库语料，主要对所选定少数民族大众媒体文本语料资源进行长期、动态、实时地采集，并依照统一标准加工处理语料，并作为国家语言资源的重要组成部分进入国家语言资源动态流通语料库。并承担了与少数民族语言监测研究及应用密切相关的研究课题，其中，国家科技支撑计划项目1项、国家自然科学基金重点课题等4项、国家社科基金项目1项、国家新闻出版"十一五"重大科研项目1项、国家语委等省部级重点项目4项、国家语委和国家民委等省部级一般项目3项、国家"985"课题和"211"课题及其他各类课题多项。研究内容包括蒙、藏、维、哈、彝等民族语言信息处理相关的基础语料库、知识库构建、编码转换、分词技术等基础信息处理技术研究以及跨语言社会舆情分析研究。

经过十多年的建设与发展，少数民族资源监测中心和各分基地共同协作，取得了一系列阶段性成果。在学科建设、科研队伍培养、基础设施完善等方面均取得了一定成绩。目前形成以"计算语言学"交叉学科为特色，融合跨学科、跨院系的研究团队；建有"国家语言资源监测与研究少数民族语言中心实验室"和"自然语言处理研究室"两个实验室，为少数民族语言智能信息处理和计算语言学科学研究与

人才培养提供了条件。

近年来，清华大学、中央民族大学、西藏大学、内蒙古大学、内蒙古师范大学及西南民族大学等不断开展少数民族自然语言信息处理工作，取得了一系列的研究成果，培养了一批优秀的博士和硕士。计算语言学及语料库语言学的研究方法越来越多的应用到语言学研究的各个领域中，成为当前语言学研究的热点之一。

第三节　中国少数民族语言语料库语言学研究

计算机获取大量语言知识的手段之一是采用"语料库"。语料库一词在语言学上意指大量的文本，通常经过整理，具有既定格式与标记。事实上，语料库英文"text corpus"的涵意即为"body of text"。[①] 语料库是建立在大规模自然语言基础之上，并且按照不同的目标进行不同层次的语言知识标注，提供于计算机的语言应用自动处理需要。语料库的构建同时促进了语料库语言学的发展，该学科是用概率统计的计算方法来研究语言，它的任务主要包括自然语言文本的采集、存储、检索、语料加工统计等，以及为语言信息处理提供语言知识，是当今的自然语言处理的研究热点之一。

一、少数民族语言的语料库与知识库建设

少数民族的语料库建设起于20世纪90年代，主要的语言语料库包括：

（一）藏语

1. 藏语初级平衡语料库（1998）

西北民族大学研制藏语初级平衡语料库，全部语料约500万音节字。语料来源按题材分类，包括文学类：占总语料的61.78%；政史类：占总语料的31.42%；专门类：占总语料的6.80%。

2. 大型藏语平衡语料库数据（2003）

西北民族大学研制的4000万音节字大型藏文语料库。该语料库将语料分为7类，报刊类、文学类、教育类、科技类、佛学类、历史类、传统文化五明类。

3. 中国少数民族语言文字多媒体数据库（1994）

由中国社会科学院民族研究所完成的社科基金项目，包括2000万字以西藏地区为主的口语语料，其中200万标注语料等。

---

① 维基百科 http://zh.wikipedia.org/w/index.php。

（二）维吾尔语

1.《现代维吾尔语真实文本语料库》（2002）

由新疆大学研制的现代维吾尔语真实文本语料库语料来源涉及政治、经济、历史、宗教、法律、文学作品、科技等领域的报纸、小说等文献，规模为200万词级，已进行了初步的分词标注。

2.《面向政府公文的汉维双语对齐语料库》（2001）

新疆大学研制的面向政府公文的汉维双语对齐语料库，是面向政府公文的汉维双语对齐语料库。语料库收集汉维双语句子对齐句子20000句左右，可进行中文和维文关键词检索，查询语料库中的汉维对译句子，汉维句子对比分析研究。

3.《维吾尔语大型语料库、知识库》

由新疆师范大学研制的维吾尔语大型语料库、知识库，目前已经产生了维吾尔文献语料库、短语语料库、词汇歧义规则库、语法语义信息词汇词典和句子树库有句子特征库、句子树库和句子成分特征库、维吾尔语框架语义知识库等15种信息资源库。

（三）蒙古语

1.《蒙古语语法信息词典》

由内蒙古大学蒙古语文研究所研制的蒙古语语法信息词典确定了蒙古语各类词的语法属性字段及其取值规范，包括词干信息词典和附加成分词典《构形附加成分语法信息词典》两个主要部分。词干信息词典收录了25870条蒙古语词汇。词典迄今为止共收录了297条蒙古语附加成分。[①]

其他蒙古语语料库资源还包括内蒙古蒙古语文研究所与内蒙古计算中心1987年合作完成了中世纪蒙古语文数据库；内大蒙古语研究所在1993年完成的100万词级《现代蒙古语文数据库》的基础上，又完成了《500万词级现代蒙古语文数据库》；华沙宝等（2003）建立了蒙古文电子文本语料库《元朝秘史》；包敏娜等（2016）研究了蒙古语传媒语言文本语料库的构建。

2.《蒙古语语义信息词典》

由内蒙古大学蒙古学研究中心那顺乌日图主持建成的收录了"蒙古语语法信息词典"的全部常用单词和附加成分近四万词，并追加部分常用复合词来构成主要词目。

（四）其他少数民族语言语料库

其他少数民族语言语料库还有新疆大学研制的《哈萨克语文献语料库》；广西壮族自治区语委开发的壮语词库；沈向荣（2007）开展了壮语方言词在线语料库建

---

① 那顺乌日图：《蒙古语语义信息词典的设计与实现》，国家自然基金项目，2009–2011。

设工作；辽宁省档案馆和东北大学计算机语言工程研究室共同开发满文档案数据库；中国社会科学院民族研究所从1993年开始的《中国少数民族现状与发展调查》（第一、二期）等重大项目，完成了《中国少数民族分布图集》构建；王成平（2012）研究了彝、汉、英三语的平行语料库建设和对齐的问题；张羽（2016）探讨了壮、汉、英三语平行语料库的构建。

二、少数民族语言的语料库语言学研究

在语料库语言学中，对语料库的研究分成三个方面：工具软件的开发、语料库的标注、基于语料库的语言分析方法。目前，我国少数民族语言的语言分析研究主要涉及自动分词规则及算法研究、语言标注及其标准研究、计算机辅助分词标注系统研究、语言的语法、句法、语义等自动识别与标注研究等。

以计算机自动语法等现象标注为主要目标的研究论文，如德·萨日娜的《蒙古语属格短语的类型分析》（2005）；黄行、孙宏开的《现代藏语名词组块的类型及形式标记特征》（2005）；江荻的《现代藏语动词的句法语义分类及相关语法句式》（2005）；江荻、孔江平主编的《面向机器处理的现代藏语句法规则和词类、组块标注集》介绍了14大类标记；内蒙古大学蒙古学学院《蒙古语语法信息词典》（电子版），已收录现代蒙古语单词近40000条，复合词近10000条，标点等符号近1000条，详细描述了蒙古语词语、复合词、字符、标点符号的属性信息；[①] 青海师范大学完成了教育部骨干教师资助项目《藏语语法信息词典框架设计与实现》（2003）等。

以自动词义标注为目标的研究成果，如江荻的研究论文《现代藏语动词句法语义分类及相关句式》（2006）介绍了性状动词、动作动词、心理动词、感知动词、变化动词、趋向动词、述说动词、关系动词、领有动词、存在动词、互动动词、致使动词的语言特征和自动识别规则；[②] 德·萨日娜、王斯日古楞的《"蒙古语语义词典"的数据库建设》（2007）；内蒙古大学蒙古学学院国家社科基金项目《面向信息处理的蒙古语语义研究》初步进行了面向信息处理的语义分类，并制定了语义标记集等。

以词性标注规范为目标的研究论文，如扎洛、索南仁欠的《语言信息处理的现代藏语词性分类方法研究》（2005）；多拉、扎西加的《信息处理用藏文词类及标记集规范》（2007）；牛洪梅、吐尔根的《维吾尔语的词性标注校对初探》（2006）；其他研究成果还有新疆师范大学《信息处理用现代维吾尔语词性标记集规范 Version 1.0》是维吾尔语词性标注规范研究的成果等。

---

① 江荻、孔江平主编：《面向机器处理的现代藏语句法规则和词类、组块标注集》，载《中国民族语言工程研究新进展》，社会科学文献出版社，2005年。

② 江荻：《现代藏语动词句法语义分类及相关句式》，载《中文信息学报》2006年第1期。

以词形还原为目标的研究论文，如玉素甫、阿不都热依木沙力的《词根现代维语语料库加工处理中的机器词根词典研究》（2005）；淑琴、艳花的《蒙古语构形附加成分重叠使用特征及其模型》（2005）等。

近年来，语料库研究方面还取得了一系列的研究成果：青海师范大学才让加（2009-2011）开展了藏语语料库词语分类体系及标记集，藏语语料库词类描述方法及语料库加工方法的研究，探讨了面向自然语言处理的大规模汉藏（藏汉）双语语料库构建技术，建立面向汉藏机器翻译的大规模汉藏双语对齐语料库；庞伟《基子Web的藏汉双语可比语料库构建技术研究》（2015）借鉴跨语言信息检索的思想，构建了藏汉双语可比语料库；巴桑卓玛（2018）结合国内外双语平行语料库构建方法和藏文本身的特点，提出不同层次对齐的藏汉双语平行语料库构建方法，建立不同层次对齐的藏汉双语平行语料库。赵芳婷、余正涛（2017）整理收集了大量的纳-汉双语语料，构建了"纳-汉双语语料库"等。

第四节　中国少数民族语言的信息化标准规范研究

语言文字是最主要的信息载体，信息处理的主要对象也就是语言文字；对语言文字的处理水平，也就代表着信息化的水平。运用计算机处理语言文字，包括两个主要方面：第一，对语言文字所负载的内容处理；第二，对语言文字本身的处理。这两个方面的信息处理，都需要语言文字规范化。因此，为保证语言文字信息处理顺利进行，除了相关的各种技术之外，加强语言文字的规范化是非常重要的一个方面。

一、国际标准

信息处理应用对字符集提出了多文种、大字量、多用途的要求，国际标准化组织发布了"IS010646通用多八位编码字符集"标准。IS010646将为世界各种主要的语言文字提供一套统一的字符编码标准，以方便各地的电脑用户进行电子通信及资料交换。1993年起，我国的少数民族文字专家、信息化专家和标准化专家开始研究制定IS010646基本多文种平面下的中国少数民族文字的编码字符集标准。截止到2006年底，藏文、蒙古文、满文、锡伯文、维吾尔文、哈萨克文、柯尔克孜文、朝鲜文、彝文、德宏傣文、西双版纳新傣文和八思巴文的编码字符集标准已被收入ISO/IEC 10646：2003及其第一修正案和第二修正案。西双版纳老傣文和纳西东巴文的国际编码标准也在制订中。

二、国家标准

国家语言资源监测与研究中心少数民族语言分中心对已经制定由国家信息标准委员会颁布的少数民族语言标准进行了统计，共19项（见表1），分布情况为蒙古语5项、藏语6项、维语4项、彝语3项、朝鲜语1项。统计结果表明各少数民族语言信息化方面的标准基本处于编码字符集这一阶段。

表1

GB/T 7422.1–1987	信息交换用蒙古文16×12、16×8、16×4点阵字模集	内蒙古电子计算中心
GB/T 7422.2–1987	信息交换用蒙古文16×12、16×8、16×4点阵数据集	内蒙古电子计算中心
GB 8045–1987	信息处理交换用蒙古文七位和八位编码图形字符集	内蒙古电子计算中心
GB/T 8046–1987	信息处理交换用蒙古文字符集键盘的字母区布局	内蒙古电子计算中心
GB/T 12051–1989	信息处理用蒙古文24点阵字模集及数据集	内蒙古电子计算中心
GB 12050–1989	信息交换用维吾尔文编码图形字符集	新疆大学
GB/T 12509–1990	信息交换用维吾尔文16、24点阵字母集及数据集	新疆大学
GB/T 12510–1990	信息处理交换用维吾尔文字符集键盘的字母区布局	新疆大学
GB 21669–2008	信息技术维吾尔文、哈萨克文、柯尔克孜文编码字符集	新疆大学、新疆民语委、新疆质量技术监督局等
GB 12052–1989	信息交换用朝鲜文字编码字符集	延边电子信息中心
GB 13134–1991	信息交换用彝文编码字符集	四川省民委
GB/T 13135–1991	信息交换用彝文字符15×16点阵字模集及数据集	四川省民委
GB/T 16683–1996	信息交换用彝文字符24×24点阵字模集及数据集	西南民族大学
GB 16959–1997	信息交换用藏文编码字符集基本集	西藏自治区藏语委
GB/T 16960.1–1997	藏文编码字符集（基本集）24×48点阵字形白体	西藏自治区藏语委
GB/T 17543–1998	藏文编码字符集（基本集）键盘字母数字区的布局	西藏自治区藏语委

GB/T 22034-2008	信息技术藏文编码字符集键盘字母数字区的布局	西藏自治区藏语委、西藏大学、中国电子技术标准化研究所等
GB 22323-2008	信息技术藏文编码字符集（基本集及扩充集A）24×48点阵字形吾坚琼体	西藏自治区藏语委、西藏大学、中国电子技术标准化研究所等
GB/T 22238-2008	信息技术藏文编码字符集扩充集B	西藏自治区藏语委、西藏大学、中国电子技术标准化研究所等

三、地方标准

2005年在新疆民语委的组织下制定完成的维哈柯文地方标准，主要包括：印刷排版用维吾尔文、哈萨克文、柯尔克孜文字符字形标准，信息技术用维吾尔、哈萨克、柯尔克孜文 TrueType 和 OpenType 字形标准等8种字体标准；信息技术用维、哈、柯文计算机界面菜单、提示信息、符号、术语标准等。

四、特殊语种的信息标准

（一）八思巴文国际编码标准

八思巴文诞生于公元1269年，是元代首任帝师、藏传佛教萨迦派第五代祖师八思巴喇嘛（1235-1280）受元世祖忽必烈之命仿照藏文字母创造的。但与藏文的横写方式不同，八思巴文采用了类似于蒙古文的竖写方式。元朝灭亡之后，八思巴文被逐渐废弃。目前，八思巴文主要用于元史研究、蒙古史研究、古文字研究和其他学术研究领域。2005年9月14日，在吸收了中蒙专家的意见之后，八思巴文编码方案被批准收入1S0/IEC 10646：2003。八思巴文编码字符集国际标准共收入56个字符，编码空间为UA840-UA87F。

（二）纳西东巴文国际编码标准

东巴文是纳西先民创造的一种文字，因其专门被纳西族祭司"东巴"用于书写宗教经书和宗教活动的其他方面，所以称为"东巴文"。东巴文是一种十分原始的图画象形文字，云南丽江东巴文化研究所经过20年的努力，已完成《纳西东巴古籍译注全集》100卷。东巴文的信息化工作还刚刚起步，目前还没有东巴文的编码标准，也未见过这方面的提案，但ISO/IEC JTCI/SC2/WG2已经在IS010646的辅助多文种平面为东巴文预留T编码空间，位置为UIA800-UIAFFF。2005年，国家语委下达了《纳西东巴象形文字编码字符集国际标准》研发任务，由云南省民语委和丽江东巴文化研究所具体承担，目前已完成东巴文基本集的整理工作。

第五节　结语

民族语言文字信息技术的发展，长期以来受到党和政府的高度重视。国务院于2007年2月制定颁布的《少数民族事业"十一五"规划》中，明确提出的十一项工程中包括"民族事务管理信息化工程"和"民族事务服务体系建设工程"；国家语委对"十五"期间语言文字应用研究提出了五项要求：1.社会急需的语言文字规范、标准研制取得突破性进展；2.面向信息处理的语言文字应用研究迈上新的台阶；3.应用语言学的学科体系基本建立；4.社会语言生活状况的跟踪监测与对策研究能够基本满足社会发展的需求；5.研究手段与信息服务手段的现代化进程明显加快。

计算语言学在中国少数民族语言文字上的研究工作在国家及地方政府的大力扶持下，经过近三十年的发展，取得了一系列的研究成果。基本实现了民族文字的计算机编码、输入、输出、显示和打印，制定了多项国家标准和国际标准。少数民族计算语言学应用领域延伸到了文本自动校对、网络跨语言搜索、民族语言文本海量计算、数据挖掘、机器翻译、语料库语言学、语言监测与信息安全等诸多领域。目前，无论是计算语言学的应用领域研究，还是计算的语言学研究都呈现了良好的发展态势，培养了一批专门从事该领域少数民族语言研究的科研团队和技术骨干。

综上所述，中国少数民族语言的计算语言学研究的市场应用不仅带动了地方经济与社会的发展，其间接经济效益更是长远、稳定和无法估量的。该领域的研究与应用，不但提升了少数民族地区的科技、文教领域的民众综合素质，加速了民族地区的经济发展，而且还为缩小民族之间、内地与边疆民族地区之间的差距，增强我国的综合国力发挥了重要作用。

参考文献

[1] 布穷、于洪志、单广荣：《基于网络环境下的藏文多媒体课件脚本设计》，《西北民族大学学报（自然科学版）》2005年第3期。

[2] 包乌格德勒、李娟：《蒙古文文本自动校对研究综述》，《电脑知识与技术》2016年第12期。

[3] 包乌格德勒、赵小兵：《基于RNN和CNN的蒙汉神经机器翻译研究》，《中文信息学报》2018第8期。

[4] 巴桑卓玛：《藏汉双语平行语料库构建方法及关键技术研究》，西藏大学硕士学位论文，2018年。

[5] 陈玉忠、李保利、俞士汶、兰措吉：《基于格助词和接续特征的书面藏文分

词方案》,《语言文字应用》2003年第1期。

[6] 陈玉忠、李保利、俞士汶:《藏文自动分词系统的设计与实现》,《中文信息学报》2003年第3期。

[7] 才藏太、李延福:《班智达汉藏公文翻译系统中基于二分法的句法分析方法研究》,《首届中国少数民族语言信息与资源库建设学术研讨会论文集》,2004年4月,北京。

[8] 才让加:《藏族教育教学资源库体系结构的设计与实现》,《首届全国少数民族青年自然语言学处理学术研讨会论文集》,2004年8月。

[9] 才藏太、华关加:《班智达汉藏公文翻译系统中基于二分法的句法分析方法研究》,《中文信息学报》2005年第6期。

[10] 才让加:《藏语语料库词语分类体系及标记集研究》,《中文信息学报》2009年第4期。

[11] 才智杰、才让卓玛:《班智达藏文标注词典设计》,《中文信息学报》2010年第9期。

[12] 陈顺强、沙马拉毅:《信息处理用彝文词性研究》,《民族语文》2011年第4期。

[13] 戴庆厦:《二十世纪的中国少数民族语言研究》,书海出版社,1998年。

[14] 戴庆厦、赵小兵:《中国少数民族语言文字信息处理研究与发展》,民族出版社,2010年。

[15] 古丽拉·阿东别克、米吉提·阿布力米提:《维吾尔语词切分方法初探》,《中文信息学报》2002年第6期。

[16] 嘎日迪、赛音、张主:《关于我国满文信息处理现代化技术方面的进展》,《满语研究》2002年第2期。

[17] 郭霞:《多功能汉彝电子词典的软件设计与实现》,电子科技大学硕士学位论文,2007年。

[18] 黄湘宁:《藏文音素拼读法多媒体教学软件的设计与实现》,《青海大学学报（自然科学版）》2006年第1期。

[19] 华却才让:《基于树到串藏语机器翻译若干关键技术研究》,陕西师范大学博士学位论文,2014年。

[20] 华却才让、刘群、赵海兴:《判别式藏语文本词性标注研究》,《中文信息学报》2014年第2期。

[21] 哈里旦木·阿布都克里木、刘洋、孙茂松:《神经机器翻译系统在维吾尔语－汉语翻译中的性能对比》,《清华大学学报（自然科学版）》2017年第8期。

[22] 贺慧、王俊义:《主动支持向量机的研究及其在蒙文文本分类中的应用》,《内蒙古大学学报》2006年第5期。

[23] 哈里旦木·阿布都克里木、程勇、刘洋、孙茂松:《基于双向门限递归单

元神经网络的维吾尔语形态切分》,《清华大学学报（自然科学版）》2017年第1期。

[24] 江荻、孔江平主编:《中国民族语言工程研究新进展》,社会科学文献出版社,2005年。

[25] 江荻:《藏文的拉丁字母转写方法 —— 兼论藏文语料的计算机转写处理》,《民族语文》2006年第1期。

[26] 加羊吉、李亚超、宗成庆、于洪志:《最大熵和条件随机场模型相融合的藏文人名识别》,《中文信息学报》2014年第1期。

[27] 康才畯:《藏语分词与词性标注研究》,上海师范大学博士学位论文,2014年。

[28] 龙从军:《藏语三音动词构词分析及自动识别方法》,《全国第八届计算语言学联合学术会议》,2005年。

[29] 卢亚军:《藏文现代远程民族教育网络平台建设研究》,《甘肃高师学报》2006年第3期。

[30] 刘连芳、顾林、黄家裕、温家凯:《壮文与壮文信息处理》,《中文信息学报》2011年第6期。

[31] 李亚超、加羊吉、宗成庆、于洪志:《基于条件随机场的藏语自动分词方法研究与实现》,《中文信息学报》2013年第4期。

[32] 刘超:《某于树到树的汉语 — 纳西语句法统计机器翻译研究》,昆明理工大学硕士学位论文,2014年。

[33] 洛桑嘎登、杨媛媛、赵小兵:《基于知识融合的CRFs藏文分词系统》,《中文信息学报》2015年第6期。

[34] 刘汇丹、诺明花、马龙龙、吴健、贺也平:《Web藏文文本资源挖掘与利用研究》,《中文信息学报》2015年第1期。

[35] 刘晓凤:《藏语语音深度特征提取及语音识别研究》,中央民族大学硕士学位论文,2016年。

[36] 刘洋:《神经机器翻译前沿进展》,《计算机研究与发展》2017年第6期。

[37] 李亚超、熊德意、张民、江静、马宁、殷建民:《藏汉神经网络机器翻译研究》,《中文信息学报》2017年第6期。

[38] 刘连芳、海银花、那顺乌日图、黄家裕、吐尔根·依布拉音、玄龙云:《壮、蒙古、维、哈、柯、朝语信息处理研究进展》,《广西科学院学报》2018年第1期。

[39] 明玉:《基于词典、规则与统计的蒙古文词切分系统的研究》,内蒙古大学硕士学位论文,2011年。

[40] 娜步青:《基于统计的蒙汉机器翻译系统》,内蒙古大学硕士学位论文,2006年。

[41] 南措吉:《基于循环神经网络的藏语语音识别技术研究》,青海师范大学硕

士学位论文，2019年。

[42] 祁坤钰:《信息处理用藏文自动分词研究》,《西北民族大学学报》2006年第4期。

[43] 沙马拉毅:《计算机彝文信息处理》,四川民族出版社,2000年。

[44] 索南当周、华却才让:《班智达汉藏科技翻译系统中的几种句法分析策略探讨》,《首届中国少数民族语言信息与资源库建设学术研讨会论文集》,2004年4月,北京。

[45] 图雅、叶新铭、敖其尔:《蒙古语现代远程教育平台建设设想》,第十届全国少数民族语言文字信息处理学术研讨会,2005年7月。

[46] 苏俊峰、祁坤钰、本太:《基于HMM的藏语语料库词性自动标注研究》,《西北民族大学学报（自然科学版）》2009年第1期。

[47] 苏传捷、侯宏旭、杨萍、员华瑞:《基于统计翻译框架的蒙古文自动拼写校对方法》,《中文信息学报》2013年第6期。

[48] 苏萌:《融合语义角色特征的纳西汉语机器翻译研究》,昆明理工大学硕士学位论文,2015年。

[49] 庞伟:《基于Web的藏汉双语可比语料库构建技术研究》,中央民族大学硕士学位论文,2015年。

[50] 通拉嘎:《基于蒙古文语料库的人名自动识别》,中央民族大学博士学位论文,2013年。

[51] 王斯日古楞、敖其尔:《英蒙机器翻译系统的设计与实现》,《内蒙古师范大学学报》2004年第1期。

[52] 王维兰、陈万军:《藏文字丁、音节频度及其信息熵》,《术语标准化与信息技术》2004年第2期。

[53] 王斯日古楞、斯琴图、那顺乌日图:《基于短语的汉蒙统计机器翻译研究》,第二届全国少数民族青年自然语言处理学术研讨会,2008年10月。

[54] 羊毛卓么:《藏文词性自动标注系统的研究与实现》,西藏大学硕士学位论文,2012年。

[55] 于洪志、李亚超、汪昆、冷本扎西:《融合音节特征的最大熵藏文词性标注研究》,《中文信息学报》2013年第5期。

[56] 尹虎彬、王峰:《新中国民族语言学研究70年》,中国社会科学院研究出版社,2019年。

[57] 杨洋:《基于神经网络的维汉翻译研究与实现》,电子科技大学硕士学位论文,2019年。

[58] 扎西次仁:《一个人机互助的藏文分词和词登录系统的设计》,《中国少数民族语言文字现代化文集》,民族出版社,1999年。

[59] 张国喜:《英藏机器翻译研究》,《首届中国少数民族语言信息与资源库建设

学术研讨会论文集》，2004年4月，北京。

[60] 张国喜:《汉藏机器翻译中人名翻译探究》,《首届全国少数民族青年自然语言处理学术研讨会论文集》，2004年8月，呼和浩特。

[61] 扎西加、珠杰:《面向信息处理的藏文分词规范研究》,《中文信息学报》2009年第3期。

[62] 宗成庆:《统计自然语言处理》，清华大学出版社，2013年。

[63] 珠杰、李天瑞、刘胜久:《藏文文本自动校对方法及系统设计》,《北京大学学报（自然科学版）》2014年第1期。

[64] 郑亚楠、珠杰:《基于词向量的藏文词性标注方法研究》,《中文信息学报》2017年第1期。

第九章　实验语音学研究

实验语音学主要通过实验设计和统计分析研究语言产生及知觉中的语音问题。少数民族语言中传统语音研究相当丰富和系统，而实验语音学研究相对较少。但已有的研究展现出的少数民族语言中语音的多样性，为进一步实验研究打下了坚实的基础。近三十年来，少数民族语音语料库的建立和语音现象的统计分析也取得了相当多重要成果。本章分调音研究、发声态研究、韵律特征研究及语音语料库建设及研究四个部分介绍中华人民共和国成立70年来中国少数民族语言的实验语音学及语音语料库的主要科研成果。

第一节　调音研究

20世纪末以来语言录音和分析技术得到了迅猛发展，大量的研究人员学习并掌握了这些技术，使得少数民族语音的实验研究得到了迅速发展。李锦芳（1996）[①] 从声调、辅音和元音三个方面综述了少数民族语言实验语音研究，总结了有关研究的理论价值，如发现新的元音音质类型，元音音区的划分，声调标识法的新探索，浊送气辅音的发音部位及方法等等。孔江平（1996）将这些以元音和辅音发音部位及发音方法为主要内容的研究归为调音（articulation）的研究。本节从元音和辅音两个方面进行综述。

一、元音

元音的主要声学参数有第一和第二共振峰（F1，F2）、基频（F0）、音长（duration）和音强（intensity）。Joos（1948）[②] 提出，尽管不同的人所发的同一个元音共振峰不同，但是每个人所发的各个元音在声学元音图上的相对位置基本上是

---

① 《汉藏语语音实验研究及其理论贡献》，载《电脑辅助汉藏语词汇和语音研究 》，中央民族大学出版社，1996年。

② AcousticPhonetics, Languague 24,（Suppl.2).

稳定的。Delatre（1951）[1]的研究结果表明，F1 与开口度成正相关，F2 与舌位后缩呈负相关。基于这样的理论，很多研究都是用 F1 和 F2 值分析元音的声学空间。

鲍怀翘和阿西木（1988）[2]对维吾尔语的八个元音进行了研究，控制了元音在多音节词中的位置，分析了两个发音人的元音声学空间，详细讨论了各元音的发音位置，特别是变得最多的元音 /i/，发现"/i/ 的变体表现为圆唇及舌位的下降程度的变化"，并指出"变体的出现主要还是由于前面辅音的不同"。易斌的三篇文章（2005a[3]，2005b[4]，2008[5]）都用实验语音学方法分别对维语的 /o/、/y/ 和 /i/ 三个元音的共振峰进行了测量和分析，所得出的元音声学空间为传统语音学的描述提供了实验的证据。呼和（2016）[6]，韩国君（2016）[7]，德格吉呼、巴图格日勒、金雅声、格根塔娜、郭丹丹（2014）[8]基于相应语言的声学参数库分别分析了鄂温克语词首音节短元音、土族语长元音、保安语短元音的声学特征。古力努尔·艾尔肯、祖丽皮亚·阿曼、地里木拉提·吐尔逊（2015）[9]，古力努尔·艾尔肯、艾斯卡尔·艾木都拉（2014）[10]基于《维吾尔语语音声学参数库》分别考察了维吾尔语中三音节和双音节元音和谐（vowel harmony）的声学特征。

对元音的另一部分重要的研究是长短元音，如在蒙古语、鄂伦春语、藏语和壮语中的一些的研究。

对蒙古察哈尔土语的元音，确精扎布（1989）用语音实验通过 F1 和 F2 值分析了 10 个元音的发音部位，并且和以往的研究进行了对比。蒙古语的元音还可以参考呼和（1999），该项研究的重要发现是"在元音声学空间中非词首的 6 个短元音都表现出腭化趋势，并且平均时长仅有 60ms，发音模糊"。因此呼和提出"它们是一个音位的 6 个变体"。该研究还分析了词首和非词首音节长元音的音色差别、音长对元音音色的影响以及复合元音的特点等问题。伊·达瓦等（1999[11]，2001[12]）也用共振峰的方法比较了蒙古语三个方言区（蒙古国喀尔喀、内蒙古察哈尔及新疆卫拉特托尔格特）按蒙古文和托忒文发七个标准元音的元音图，发现按两个文字发音

---

[1] The Physiological Interpretation of Sound Sectrogram. PLMA，Vol. LXVI（5）.

[2] 《维吾尔语元音声学初步分析》，载《民族语文》1988 年第 5 期。

[3] 《现代维吾尔语元音 o 的声学特征分析》，载《语言与翻译》2005 年第 3 期。

[4] 《维吾尔语元音 /y/ 的声学特征分析》，载《南京师范大学文学院学报》2005 年第 4 期。

[5] 《现代维吾尔语元音 /i/ 的实验分析》，载《语言与翻译》2008 年第 1 期。

[6] 《鄂温克语词首音节短元音声学分析》，载《中央民族大学学报》2016 年第 5 期。

[7] 《土族语长元音声学分析》，载《长江丛刊》2016 年第 6 期。

[8] 《保安语短元音声学特征研究》，载《西北民族大学学报（自然科学版）》2014 年第 4 期。

[9] 《维吾尔语三音节词中元音和谐的声学特征分析》，载《中文信息学报》2015 年第 4 期。

[10] 《维吾尔语双音节词中元音和谐的声学特征》，载《第十一届中国语音学学术会议（PCC2014）论文集》，2014 年。

[11] 《蒙古语 7 个元音声频特性计算机分析》，载《声学学报》1999 年第 1 期。

[12] 《蒙古语主要方言的声学和音律特征分析分类》，载《民族语文》2001 年第 1 期。

得到的元音图有很大差别，"蒙古文发音中有三个元音共振峰频率出现重叠，但托忒文发音中各元音均有较独立的共振峰频率分布"。丛珊和谢郴伟（2017）[1] 以"元音格局"的思路为指导，以托河路鄂伦春语为调查对象，通过声学实验的方法来考察鄂伦春语的元音格局，即长、短元音的声学分布，并在此基础上探讨高元音的分合情况及其影响因素。

Zhang（1996）[2] 系统研究了满—通古斯语族中满语、锡伯语、赫哲语的元音系统，对元音对比（vowel contrasts）、元音融合（vowel mergers）、元音和谐等问题基于录音材料进行了详细的分析和讨论。提出"单一的元音和谐类型，即舌根和谐，是需要重新构建的"。

关于藏语的长短元音的声学分析，那顺（1982）和图力更（1985）（参见确精扎布，1989）、呼和等（2001）、鲍怀翘（1995）[3]、郑玉玲和鲍怀翘（2001）都发现长音要比短音长一倍，而确精扎布（1989）的研究中发现长短元音的时长并不总是2∶1的对应关系，同一元音在不同条件下长短差异可以很大。呼和等（2001）的研究还发现长元音比短元音的音高值和音强都稍高。谭克让和孔江平（1991）的实验结果是，"开音节中长元音的时长基本是短元音的两倍。但是，闭音节中的长短元音时长差异不大，长短韵母与长短声调有着严整的对应关系"。由此他们指出"过去感知上认识的长短元音的对立，在音位系统中实质上是长短韵母的对立，或者也可以说是长短声调的对立"。更全面的关于蒙古语语音分析的研究可参考呼和和确精扎布（1999）[4]。

对于壮语的长短元音，李龙和王建华（2007）[5] 基于语音库研究发现，高元音的短音舌位比长音低，而低元音正好相反，由此他们总结"短元音不管高低，都向央的方向移动"。类似地，在唇形圆展这个维度上，"短音也有向中性变化的趋势"。他们的语音分析还发现，长音的F1表现出明显的上升趋势（舌位下降），F2表现出明显的下降趋势（舌位后移）"，说明"长音[i]以后已经出现了后滑音。但是短音没有后滑音的现象。"

关于南亚语系的长短元音，尹巧云（2011）[6] 对德昂语长短元音的语音特征及其历史演变进行归类、分析，并从德昂语语音演变现象出发深入探讨长短元音的声学特征及其与韵尾和声调等因素的关系。

关于元音松紧的研究，我们将在"发声态研究"中详述。

---

① 《鄂伦春语的元音格局及其高元音的声学分析》，载《中央民族大学学报》2017年第6期。

② *Vowel systems of the Manchu-Tungus languages of China*, Doctoral dissertation, University of Toronto. 1996.

③ 《藏语元音声学分析》，载《中国语言学报》1995年第7期。

④ 《蒙古语语音声学分析》，内蒙古大学出版社，1999年。

⑤ 《武鸣壮语长短元音声学表现及其性质》，载《民族语文》2007年第5期。

⑥ 《德昂语长短元音研究》，中央民族大学出版社，2011年。

近年来还有一些关于民族语言元音感知的研究成果。王璐、孔江平（2019）[①]对德宏傣语中元音韵尾、鼻韵尾、塞音韵尾等三类"元音a+韵尾"组合中长短元音a进行了声学和感知分析，发现前两类韵尾组合中长短元音a在音节中占比不同，组内总音节时长相同，塞音韵尾组合中长元音音节时长长于短元音；共振峰方面，元音韵尾组合中长短元音a共振峰值F1、F2有显著差异，后两类韵尾组合中长短元音a共振峰值F1有显著差异；音高各组组内均无显著差异。基于声学分析结果设计的感知实验研究结果显示，元音韵尾组合中元音的范畴化程度最高、鼻韵尾次之、塞音韵尾最低。

二、辅音

辅音的声学分析主要包含对浊音起始时间（VOT）、送气与不送气、塞音的持阻和除阻、辅音的闭塞段（GAP）、音节界限、擦音能量、协同发音、气流气压等方面的分析，以及鼻冠音、清化鼻音、内爆音等特殊辅音的研究。

1. 塞音和塞擦音

呼和（2005）运用电子腭位仪（EPG）对蒙古语塞音和塞擦音做了声学分析，发现词首塞音和塞擦音都比词尾的长。石锋和冉启斌（2007）[②] 研究了中和水语四套塞音在单音节和双音节词中的VOT，发现不同类别塞音的差异是成系统的，VOT是区分不同类别塞音的一项有效参量。该研究还测量了四类塞音在双音节词中的闭塞段（GAP），详细分析了这四套塞音闭塞段长短。最后，该文还对后接元音的谐波能量差进行了分析。孔江平（1988）[③] 对藏语的双塞音和双擦音进行了声学分析。沈向荣（2010）[④] 对民族语和汉语方言中的几种喉塞音的声门阻抗信号进行分析，得出喉塞音的主要声学表现：喉塞音可以从EGG信号的开相/闭相（开闭比）来观察；带喉塞音的音节在部分或全部时段的声带脉冲周期中闭相大于开相；前喉塞、先喉塞以及喉塞尾都会使开闭比下降，同时各自又有不同的表现。这些特征为喉塞音的判断和记录提供了客观的依据。呼和、周学文（2013）[⑤] 利用言语发声空气动力学系统（Phonatory Aerodynamic System）探讨蒙古语辅音气流气压问题，发现清辅音的气流气压有一定相关，浊辅音几乎不相关。词（或音节）中的位置对辅音本身气流、气压值的影响不太显著，不影响蒙古语辅音气流、气压值的总体分布格局。田洋、赵姣（2018）[⑥] 对毛南语送气声母的研究发现，VOT普遍不长，双

---

① 《德宏傣语长短元音声学及感知研究》，载《中国语音学报》2019年第1期。

② 《中和水语四套塞音的声学考察》，载《民族语文》2007年第2期。

③ 《藏语双塞音和双擦音的声学研究》，中国社会科学院研究生院民族系硕士论文，1988年。

④ 《喉塞音的声学表现》，载《语言研究》2010年第3期。

⑤ 《基于PAS的蒙古语标准话辅音气流气压研究》，载《中央民族大学学报》2013年第2期。

⑥ 《毛南语送气音声母产生发展的原因》，载《语言研究》2018年第1期。

唇、舌尖两组最短，有时会与同部位不送气音混淆，这种现象表明毛南语的送气音声母正处于发生发展的过程中。"气化"是毛南语送气音产生的主要原因，汉语的接触影响推动了送气音声母的发展。

2. 浊音和鼻冠音

鲍怀翘和周植志（1990）研究了佤语浊送气辅音的声学特征，指出浊送气段是一种典型的气噪音，并且浊送气段的有无并不影响浊辅音的时长，发音部位和发音方法的差异对浊送气段的语音特征也不产生影响。

清格尔泰和确精扎布等在20世纪50年代使用浪纹计、示波器和塑料假腭等设备解决了蒙古语辅音的清浊问题。90年代初，呼和和白音门德等对辅音的声学时长、强度、音高和共振频率等进行了研究（参见呼和，2005）。

鼻冠音是很多民族语言中的一个重要特征。关辛秋（1996）[①]研究了湘西苗语中鼻冠音和浊辅音声母，指出了鼻冠音与浊辅音出现的条件。研究利用言语分析器及Ceil Box软件，通过音波图、频谱图等辨析了二者的语音特征。杨波（2005）[②]根据鼻冠音7个不同的发音部位和出现的三种情况选取了湘西苗语和川黔滇苗语的若干词汇，对鼻冠音的构成形式、组合规律等语音特征进行了声学分析，并讨论了鼻冠音声母中鼻冠音与其后声母的声学关系，以及某些方言中音节构成究竟是鼻冠复辅音还是浊辅音等问题。陈宏（2013）[③]分析了大兴苗语鼻冠音声母，认为其特点包括大兴苗语鼻冠音声母构成的音节结构接近一个半音节，并常常使前边的开音韵母鼻化带上鼻音韵尾，形成以鼻音收尾的韵母。

彭春芳（2010）[④]分析了彝语全浊音声母的声学特征，初步结果为，彝语浊音保留比较完整，浊声杠较长，发音清晰；浊音的音强一般高于同部位的清音；浊音对后接元音前过渡第一共振峰有一定影响，其后接元音前过渡第一共振峰一般低于同部位的清音，但浊音对后接元音第一共振峰影响不大。

3. 鼻音与清化鼻音

清化鼻音是东南亚大陆语言的一个典型区域特征。国内对于清化鼻音声学描述和语音分析较少，张梦翰（2011）[⑤]结合Matlab软件，利用短时语音信号处理技术对水语清鼻音语音材料做分析，总结出清鼻音的6条语音特征，并在其他少数民族语言中得到验证。陈荣泽（2018）[⑥]分析了现代汉藏语音节中作基本辅音的清化鼻音及其来源，并指出作为有标记的清鼻音应是无标记的浊鼻音在一定语音条件下发

---

① 《湘西苗语一组声母语音实验分析》，载《电脑辅助汉藏语词汇和语音研究》，中央民族大学出版社，1996年。

② 《现代苗语方言鼻冠音声母声学实验分析》，中央民族大学硕士学位论文，2005年。

③ 《大兴苗语的鼻冠音》，载《民族语文》2013年第3期。

④ 《彝语全浊音的语音分析》，载《民族语文》2010年第2期。

⑤ 《民族语中清鼻音的判断方法》，载《民族语文》2011年第2期。

⑥ 《汉藏语中的清鼻音》，载《中央民族大学学报》2018年第4期。

生变化的结果。因此，将苗瑶语、壮侗语清鼻音的来源构拟为浊鼻音与送气清擦音 h 构成的复辅音比直接构拟为单清鼻音更合理。从形成原因看，汉藏语清鼻音是清擦音在音节内同化浊鼻音的结果。具体说来，藏缅语、汉语中的清鼻音是清擦音顺同化浊鼻音的结果，而苗瑶语、壮侗语中的清鼻音是清擦音逆同化浊鼻音的结果。王双成、沈向荣、张梦翰（2018）[1] 从声学特征、鼻腔气流、语音信号等几个方面对藏语常态鼻音、清化鼻音做了实验分析，并对藏语清化鼻音的历史来源及演变特征做了进一步探析。

4. 内爆音

内爆音是一种非肺部气流机制产生的特殊辅音，多出现于中国南方少数民族语言和汉语方言中。周学文（2010）[2] 对壮语北部方言红水河土语中13对清辅音/内爆音严整对立的单音节词（元音和声调均相同）进行了声学分析，包括声波图表现、语图表现、元音音高和功率等方面的分析。结果显示，内爆音的关键发音机制可能是基于发声时通过下声门的气流和气压增大造成的，而且造成音节内元音强度显著增大，而口腔负气压引起的外围气流被"吸入"等表现仅仅是次要和伴随特征。内爆音与其说是承载于辅音，不如说是承载于整个音节的发音机制。

5. 复辅音

复辅音指的是由两个以上一般辅音结合而成的辅音组合体，是很多少数民族语言里都有的现象，如苗语、壮语、羌语等。但是不包括由 [i]、[u] 介音演变而成的"颚化辅音"和"唇化辅音"（李敬忠，1994）[3]。于辉（2008）[4] 通过语音实验对松音、紧音和送气音三套复辅音进行了研究。孔江平（1991）[5] 用实验语音学的方法对道孚藏语双擦音声母做了实验，对双辅音的音长、频率下限、能量结构、强频带结构、音轨等做了详尽的分析，指出"双擦音声母虽然可以处理成为两个独立的单辅音音位，但在感知上不是两个单辅音相加的结果"。

第二节　发声态研究

实验语音学还研究不同语言中元音和辅音的发声态（phonation）。发声态一般指发声时声带活动的状态。孔江平（1997）[6] 认为发音类型和调音的区别在于，"调音（articulation）是指喉以上的发音器官，以不同的组合方式所产生的语音，而发

---

① 《藏语的清化鼻音》，载《民族语文》2018年第2期。

② 《内爆音发音机理的声学表现 —— 壮语内爆音的声学分析》，载《南开语言学刊》2010年第1期。

③ 《壮语的复辅音》，载《贵州民族研究》1994年第1期。

④ 《朝鲜语塞音的语音实验研究》，载《民族语文》2008年第3期。

⑤ 《道孚藏语双擦音声母的声学分析》，载《民族语文》1991年第3期。

⑥ 《阿细彝语嗓音声学研究》，载《中国民族语言论丛（二）》，1997年。

声（phonation）是指喉头和声带不同的位置和振动方式"。发声态研究跟发声类型研究密切相关。孔江平（2001）① 将语言发声类型按照正常嗓音、气嗓音、气泡音、假声、吸气音、紧嗓音、耳语等类别进行说明。朱晓农（2007）② 认为发声类型分为六种：清声、常态浊声、气声、嘎裂声、假声、耳语声等。

陈宗振（1986）③ 对西部裕固语的带擦元音进行了描写。为探寻其发声特点，姚云、桑塔、孔江平（2016）④ 对其进行了声学和声门阻抗分析。研究发现，西部裕固语中的带擦元音和非带擦元音的元音共振峰并没有明显不同，说明两者的声道形状相似，但是语图中带擦元音的后半段存在乱纹，这说明存在明显的擦音成分。EGG的分析结果发现，带擦元音的发声类型可以分为两段，前半段与非带擦元音相近，均属于正常嗓音，后半段与非带擦元音不同，属于气嗓音，这两种发声类型呈现出一种自然的过渡。基于此，作者指出在方法论上，语音发声类型的研究应该同时采集语音信号和EGG信号，综合考虑语音共振峰、功率谱、基频、开商和速度商数据，只有这样才能较为准确地描写并判断语音的发声类型。

Chen等人（2003）⑤ 对蒙古语、藏语和彝语的发音类型进行了对比研究，每个语言有30个发音人，发两遍持续元音/a/。结果发现在蒙古语中随着基频升高，开商是先升后降；而在藏语和彝语中，开商都随着基频的升高而升高，且藏语中开商的变化更大些。在男女发音人开商和速度商的对比中发现，三个语言中女性发音人的开商比男性的要大。但是速度商的结果显示蒙古语和彝语中女性都要高于男性发音人，藏语的结果是相反的。这表明藏语在发音类型上有着特殊的表现。

松紧元音是很多少数民族语言中的一个重要语音特征。国内最早提出紧元音概念的是马学良（1948）⑥，他在《倮文作祭献药供牲经译注》中认为"彝文中有紧喉元音，就是发音时，喉头和声带都有点紧缩"，并在这类韵母下标"_"号以表示紧喉，为松紧元音的描写奠定了基础。随后胡坦、戴庆厦、杨焕典、盖兴之等许多学者在这一基础上，对哈尼语、彝语等少数民族语言的松紧元音进行了描写研究。

Ladefoged和Maddieson（1996）⑦ 在 "Tense" and "Lax" in four minority languages of China 中对哈尼语、景颇语、东部彝语等的研究中，认为这些语言的松音都是略带气嗓音色彩的发声态。通过实验分析出紧音的第一共振峰F1的值普遍高于松音，发紧音时舌位偏低。而且松紧的差异不仅表现在基频和共振峰上，松音

---

①《论语言发声》，中央民族大学出版社，2011年。

②《证早期上声带假声》，载《中国语文》2007年第2期。

③《论西部裕固语的带擦元音》，载《民族语文》1986年第2期。

④《西部裕固语带擦元音的实验研究》，载《语言学论丛》2016年第2期。

⑤ Study on phonation features of Mongolian, Tibetan and Yi language, In: *Proceedings of 15th ICPhS*, Barcelona.

⑥《倮文作祭献药供牲经译注》，载《中央研究院（中国台湾地区）历史语言研究所集刊》（第十二本），1948年。

⑦ *54The Sounds of the World's Languages*. Blackwell Publishers, 1996.

的第一谐波减第二谐波的差值始终大于紧音，松音的能量衰减速率比紧音的要快。孔江平（2001）在《论语言的发声》中进一步描述了松紧元音的喉部运动机制，并将其与发声类型相对应，通过语音实验的方法论证了国内部分少数民族语言的松紧元音与发声类型之间的具体对应关系，随后孔江平（2015）[①] 在《实验语音学基础教程》中指出中国多种少数民族语言松紧元音对应着不同发声类型。朱晓农（2009）[②] 在《发声态的语言学功能》中指出，在国内汉藏语研究中对于松紧音概念的使用十分混乱，未曾做出过严格的定义，他通过实验语音学的方法认为从喉部的中央和内收紧张度来看，从紧到松依次为嘎裂声、浊声、气声。

彝语的实验研究成果较多。石锋、周德才（2005）[③] 在《南部彝语松紧元音的声学表现》中从三个方面分析了彝语南部方言松紧元音对立在声学上的表现。测量了元音的基频和谐波间的能量差值，结果显示松元音的差值大于紧元音。发紧元音时，喉部紧缩程度较大。声学元音图显示多数紧元音位于对应的松元音的下方，紧元音的开口度较大。还发现在中平调的元音松紧差异不明显，低降调中的松紧差异较显著。邝剑菁、Keating. P.（2012）[④] 通过对彝语松紧元音速度商（SQ）、接触商（CQ）、基频、谐波等数据的测量，从多个参数分析松紧音的差异，进一步说明了紧音的F1值普遍高于松音，且在低元音上的松紧对立更容易受到音质的影响，在低元音上音质发挥的作用可能比发声态更明显。兰正群、吴西愉（2017）[⑤] 在《彝语松紧元音对立的生成机制研究》中使用喉头仪和超声仪对松紧元音发音过程中的声源音和舌头运动进行研究和观测，认为彝语的松紧对立不仅是发声类型的问题，舌位的变化也起到了一定的作用。

松紧元音也出现在其他藏缅语言中。Maddieson 和 Lagefoged（1996）[⑥] 通过实验发现，哈尼语的松音气流和气压之比较大，而紧元音较小。孔江平（1996）[⑦] 用多维噪音分析的方法认为，哈尼语紧音是挤喉音（creaky voice），而松音是正常噪音（nomal voice）。从元音的共振峰分析可以看出，紧元音基本比松元音的F1要小，即开口度大。并且，紧元音的F2大于松元音，即发音部位靠前。声调在松紧元音音节中没有明显的差别，但是松元音时长比紧元音长。朱晓农、周学文《嘎裂化：哈尼语紧元音》（2008）[⑧] 认可松紧元音存在发声类型的差异，紧音是嘎裂声，松音是正常噪音。

---

① 《实验语音学基础教程》，北京大学出版社，2015年。

② 《发声态的语言学功能》，载《语言研究》2009年第3期。

③ 《南部彝语松紧元音的声学表现》，载《语言研究》2005年第1期。

④ Glottal Articulations of Phonation Contrasts and Their Acoustic and Perceptual Consequences（*UCLA Working Papers in Phonetics*），2012, University of California, Los Angeles, America.

⑤ 《彝语松紧元音对立的生成机制研究》，载《民族语文》2017年第4期。

⑥ The sounds of the world's languages, Blackwell Publishers Ltd, 1996.

⑦ 《哈尼语发声类型声学研究及音质概念的讨论》，载《民族语文》1996年第1期。

⑧ 《哈尼语紧元音》，载《民族语文》2008年第4期。

常竑恩（1986）[①] 指出拉祜语中的"促声调是紧元音出现在高降调和低降调时形成的，故这种声调具有短促和紧喉的特色，其本质属于元音松紧"。刘劲荣（2008）[②] 综述了对拉祜语中关于松紧元音是否存在的不同意见，并通过实验方法从共振峰、音高、时长和音强几方面分析孤立朗读的词中松紧元音的差别。结果发现"一些松元音的F1低于相应的紧元音，而另一些则是相反的关系。另外，紧元音的音高低于其对应的松元音，且时长更短。但对于音强，紧元音更大"。娜米（2000）[③] 也对拉祜语的松紧元音进行了系统的研究。朱晓农、刘劲荣、洪英（2011）[④] 通过实验语音学的方法考察表明：拉祜语"松紧"元音实质上是发声态的区别。松元音是普通元音，紧元音则有两类四种不同的表现形式：①僵声类，包括嘎裂声和喉堵态；②张声类，包括喉塞尾，以及复合的张声嘎裂。嘎裂声是比较保守的发音，喉塞尾则是最新派的发音。大部分发音人处于两者之间，有喉堵、嘎裂、喉塞等多种变体。

载瓦语的松紧元音的发声类型也有类似的结论。刘岩、蓝霜莓、韦懿辰（2019）[⑤] 认为，松元音是正常嗓音，只在部分31和51调的塞音和塞擦音音节中有气嗓音现象；紧元音是紧嗓音，在部分31和51调开音节词尾部会出现嘎裂现象。陆尧、孔江平（2019）[⑥] 在《载瓦语声调的声学及感知研究》中，从声调感知的角度发现，基频和发声类型对载瓦语的声调感知都有贡献。

白语松紧元音跟声调的关系比较复杂，李绍尼（1992）[⑦] 指出白语中有普通音、紧音、气嗓音和声门混合挤擦音四种音质类型。杨晓霞、高天俊（2016）[⑧] 对白语的研究发现，紧调类在不同方言中有降调和升调两种不同表现形式，实验语音学分析显示降调伴随嘎裂声，升调伴随喉塞尾。李煊、汪锋在《美坝白语声调的发声变异初探》（2016）[⑨] 中对大理美坝白语的声调进行分析，认为其正处变异过程中，不同的松紧调对立组的变异速度不一样，不同的人采用不同的策略来区分声调，年龄大的多以不同发声类型（开商和速度商）来区分声调，而年龄小的则倾向于用基频来区分声调；女性比男性更多地保持了用不同发声类型来区分声调的策略。刘文、汪锋、孔江平在《北五里桥白语声调的发声及变异研究》（2019）[⑩] 中认为，北五里

① 《拉祜语简志》，民族出版社，1986年。

② 《拉祜语的声调格局及相关问题的研究》，载《第八届中国语音学学术会议论文集》，2008年。

③ 《论拉祜松紧元音》，中央民族大学硕士学位论文，2000年。

④ 《拉祜语紧元音：从嘎裂声到喉塞尾》，载《民族语文》2011年第3期。

⑤ Glottal articulation analysis of the Tense/Lax vowels of the Zaiwa language，载《第25届喜马拉雅语言大会论文集》，澳大利亚悉尼，2019年。

⑥ 《载瓦语声调的声学及感知研究》，载《民族语文》2019年第1期。

⑦ 《论白语的"声门混合挤擦音"》，载《民族语文》1992年第4期。

⑧ 《从发声态看白语的紧音》，载《民族语文》2016年第6期。

⑨ 《美坝白语声调的发声变异初探》，载《语言学论丛》2016年第2期。

⑩ 《北五里桥白语声调的发声及变异研究》，载《当代语言学》2019年第1期。

桥白语六个声调中，T3 中存在高音调嗓音、T6 中存在气嗓音或紧嗓音的现象。

同一语言区域的南亚语中也有元音松紧对立的情况，如：佤语、布干语等，杨波、姚彦琳（2012）① 采用声学实验的方法对佤语马散土语中4组元音的松紧进行了分析，证实了马散土语音点的发音人存在紧元音的例外现象，并通过共振峰的分布验证了语言学家提出的"紧元音舌位略低于松元音"的结论。

阿尔泰语系语言中的"阴阳元音"也被一些学者认为是松紧对立，是否真的有发声类型的对立，这方面的探讨和争论仍在继续。乌拉熙春（1995）② 指出满语中紧元音有四个特点："舌位比松元音的舌位靠后，开口度大；紧元音常常带有伴随现象，如声门摩擦，延长音值，节尾喉塞音等；音节首辅音的送气越强，紧元音就越不显著；一个词内重音一般落在紧元音上"。她进一步指出，"满语支紧元音的松化，主要来自重音、辅音和元音变异三个方面的影响"。鲍怀翘和吕士楠（1993）提取了蒙古语元音的共振峰频率和振幅，计算了元音的声道截面函数，得出了区分松紧元音一个较有价值的特征参量。

紧辅音是朝鲜语的典型特征。宣德五等（1985）③ 对其进行了描写；李英浩、张京花（2016）④ 利用EPG和喉头仪（EGG）对朝鲜语中音位三分对立的塞音和塞擦音的发音生理进行了分析，结果显示，朝鲜语紧、松和送气辅音存在不同的发音生理表征，辅音松紧对立与声带及声门上主发音器官动作的紧张程度密切相关。段海凤、朱晓农（2018）⑤ 以音法学理论为指导，在音节发声态理论框架中，对朝鲜语的硬辅音和软辅音的音法属性和类型学地位进行了探讨，认为朝鲜语软硬辅音实际上不是辅音问题，而是音节发声态问题。硬辅音音节是张声，变体为不送态；软辅音音节以弱送态为主，变体为弱弛、弛声和振声。

阿尔泰语嗓音的研究还见于吕士良、胡阿旭、于洪志（2011）⑥ 对东乡语元音的嗓音特征研究，依米丽姑丽·艾力（2018）⑦ 对维吾尔语元音的嗓音参数对比分析。

从这些语言的实验研究的方法来看，主要的方法是从语音信号、EGG信号和其他语言信号中提取多项参数，然后对这些参数进行综合分析。孔江平等采用的多维嗓音分析、朱晓农采用的语图分析、刘岩等采用的谐波信号和声门阻抗信号分析都属于这一类方法。近年来，喉部快速成像技术、超声波技术也应用于松紧元音

---

① 《佤语马散土语元音松紧对立的声学分析》，载《百色学院学报》2012年第1期。

② 《满语支语言的松紧元音》，载《民族语文》1995年第2期。

③ 《朝鲜语简志》，民族出版社，1985年。

④ 《基于EPG和EGG的朝鲜语塞音和塞擦音发音生理研究》，载《语言学论丛》2016年第2期。

⑤ 《朝鲜语的软硬辅音：从语音数据到音法范畴》，载《民族语文》2018年第3期。

⑥ 《基于语音和嗓音的维吾尔语元音研究》，西北民族大学出版社，2018年。

⑦ 《东乡语元音的嗓音特征研究》，载《西北民族大学学报（自然科学版）》2011年第2期。

研究中。艾杰瑞等（2000）[1] 和 Esling（2002）[2] 利用喉部快速成像技术对彝语松紧元音的发音方式的研究发现，彝语的紧元音是通过喉腔勺会厌肌的缩放（laryngeal arepigoittic sphincter）机制来发音，而相应的松音系列则不用这一机制。他们进一步指出，发紧音时，喉腔往上提升和膨胀，同时会厌根部往后靠。这时，假声带也会靠近并盖住真声带。这三四个连续动作几乎都是同时协作完成的。刘劲荣、何根源、陈彧（2019）[3] 用超声波技术对彝语乌撒土语纳苏话进行分析，认为松紧元音的发音过程中，喉部相关肌肉组织运动趋势是有明显差异的，并使得舌位也有所区别。孟晓红、张梦翰（2017）[4] 运用Meta分析方法等多个统计手段，分别对45种发声态语音声学特征进行了系统分析，采用综合有效值（validity）评估了这些特征在世界9种语言发声态研究中的有效性与普适性。结果表明，常用的谐波差（H1–H2）最能够区分不同语言中的多种发声态，之后依次为第一谐波–振幅差和第一共振峰带宽。学者们正以新的研究技术、新的计算方法和新的理论视角对中国少数民族语言的发声态进行着不断探索。

第三节　韵律研究

韵律特征（prosody）由于与言语交流有着直接的关系，越来越成为现代实验语音学研究的重要内容，主要包括声调、重音、语调、韵律层级结构、韵律语法、韵律焦点、节奏等问题。韵律特征反映出言语的很多内容，如陈述句、疑问句或是命令句，说话者的感情，话语要强调的内容，话语主题的延续或是变换等等。少数民族语言中的韵律研究不断开拓，主要涉及声调、重音和语调等问题。

一、声调

声调是汉藏语系的一个重要特征。各个语言中都有大量涉及声调的研究。一种常用的记录方法是请多位发音人朗读不同声调的孤立字、词、或嵌有目标词的固定的句子，然后对比不同声调的基频、时长和音强等声学参数。声调的实验研究主要包括声学、感知、音段与声调的关系等内容。

罗安源（2006）[5] 用 Speech Analyzer 对四十多个少数民族语言的声调录音进行

---

① 《论彝语、白语的音质和勺会厌肌带的关系—喉镜案例研究》，载《民族语文》2000年第6期。

② The Laryngeal sphincter as an articulator: Tenseness, tongue root and phonation in Yi and Bai. LSA Annual Meeting, San Francisco.

③ 《乌撒彝语松紧元音声门超声实验研究》，载《民族语文》2019年第4期。

④ 《发声态45种声学特征的综合效应分析》，载《南开语言学刊》2017年第2期。

⑤ 《中国语言声调概览》，民族出版社，2006年。

了分析和整理，由此可以对少数民族语言的声调有概括性的了解。

关于藏缅语族语言的研究，包括藏、拉祜、彝语、白语、土家语、哈尼语、缅语、载瓦语等。如胡坦（1980）[1] 对藏语声调做了详细分析，提出四个调类和六条变调规则，指出拉萨话声调的产生是声韵母简化的结果。而瞿霭堂（1981a[2]，1981b[3]）描述了藏语七种调类系统并总结了变调规则。谭克让和孔江平（1991）对拉萨话的元音和韵母的长短及声调关系进行实验语音学研究，实验发现"元音的长短只反映在开音节中，闭音节中的元音都属于短元音"，这反映出长元音并非与长调对应，同样地，短元音也并非与短调对应，由此他们指出"听感上的长调与短调事实上是与韵律的长短相对应的，而与元音长短没有必然联系"。孔江平（1995）[4]对拉萨话进行了声调感知实验，结果表明"拉萨话的声调在音高、调形和长短上都有明显的感知范畴，并且调形在绝对音高和时长所限定的范围内有很大的可塑性"。刘劲荣（2008）研究了彝语支中的拉祜语的声调。孔江平（1996）对哈尼语松紧元音与声调的关系的分析结果表明"声调在松紧元音音节中没有明显的差别，紧元音音节的声调略高一点，31调的尾部较明显一些"，但是"松元音的音节要比紧元音的音节长许多"。李煊、汪锋（2016）[5] 从发声角度研究了美坝白语的声调。该文用半音法来转换基频参数，发现紧调和松调的音调变化幅度有较大差异，紧调中的高音和低音最多相差达11个半音，而松调中的高音和低音最多只相差7个半音。荣华（2019）[6] 从音高和时长两个角度对龙山土家语的单字调和双字调进行声学实验研究，认为龙山土家语有六个声调，五度值分别为：低降21、低平22、中升24、中平33、高降53、高平55。从调域角度来看，存在明显的性别差异和代际差异。从前字和后字看，连读变调均具有较强的规律性。单字调和双字调的调型和时长均有较为密切的关系。陆燕（2002）[7] 用语音实验的方法得出彝语南部方言田房话的单字调为35、33和31。王蓓等研究了彝语中辅音的清浊及送气不送气对声调的影响，结果和 Xu & Xu（2003）[8] 的研究一致，发现辅音不同类型对声调的影响只是在音节前面的过渡段，而随后声调的目标值都是基本实现了的。

关于壮侗语族语言的研究，有壮语、布依语、毛南语、黎语、侗语、水语、仡

① 《藏语（拉萨话）声调研究》，载《民族语文》1980年第1期。

② 《藏语的变调》，载《民族语文》1981年第4期。

③ 《藏语的声调及其发展》，载《语言研究》1981年第1期。

④ 《汉语普通话嗓音特征相关分析》，载《中国声学学会1995年青年学术会议论文集》，西北工业大学出版社，1995年。

⑤ 《美坝白语声调的发声变异初探》，载《语言学论丛》2016年第2期。

⑥ 《龙山土家语声调实验研究》，中南民族大学出版社，2019年。

⑦ 《彝语南部方言田房话声调研究》，载《云南民族学院学报》2002年第5期。

⑧ Effects of Consonant Aspiration on Mandarin Tones. *Journal of the International Phonetic Association*, 33: 165–181.

佬语等。杨峰（2007）[①] 通过声学分析，修正了壮语六个舒声调和两个促声调的调值。李洪彦等（2006）[②] 对壮语龙州话六个舒声和2个促声调的单字调及69种声调组合进行了声学分析，发现"4调和2调的调值和调型上没有差别，但是4调后有喉塞尾，在语图上表现为元音后有多条冲直条。另外，10调和8调也没有差别，可以归为一个调"。其他调的实验结果和以往听辨记音的结果（梁敏、张均如，1999[③]）比较接近，但调值的多少有出入。双字调的结果与有关研究基本结果有比较大的冲突。主要表现为，"后字调不同时，前字调的调值差别比较大，而前字调不同时，后字调在调型上没有太大差别"。壮语的连读变调非常复杂，它与调类配合、元音长短、调值高低（蔡培康，1987）、语法结构（蔡培康，1987；陈忠敏，1992[④]）等多方面因素有关。高玉彩（2008）[⑤] 用声调格局的概念研究了标准壮语的单字调、双字调问题。

钱一凡和孔江平（2008）[⑥] 对黎语单音节声调和双音节组合的声调进行了研究，发现8个调中6个调都与欧德里古尔（1984）[⑦] 描述有很大分歧。

侗语的声调非常发达，石锋等（1988）[⑧] 研究了高坝侗语的9个舒声调和5个促声调在单音节词，以及各声调组合在复音节词和句中的声学参数。对单音节的音高的分析表明，"低调有下降的过渡，高调有上升的过渡"，他们指出，这是"调节喉部肌肉，使声带拉紧或放松"的结果，而中调中就没有这种过渡段。时长和音强的分析表明，五个平调的长度是从低调到高调递减的，音强是逐渐增大的。另外，对促声调的分析发现促声调与舒声调的调值相一致。促声调比相应的舒声调调长少三分之一到四分之一。在音高方面，促声调略高于相应的舒声调。最后，研究对声调组合的分析发现"整个声调曲线在调域中发生上移或下移，但是基本的调型模式并没有改变"，也就是说连读时虽然出现了语音变化，但是"没有发生调位性连读变调"。

毛南语有8个声调，分为6个舒声调和2个促声调（梁敏，1984[⑨]）。通过语音学实验，用T值将基频换算成五度值，杨若晓、孔江平（2007）[⑩] 对8个调的调值做了较正。另外，不同发音人之间的调值还是有比较大的差异，如6调，男生的调值是323，女生却是52。这种情况的出现还有待于更进一步的实验研究。该实验的另

---

① 《武鸣壮语声调声学空间分布的统计分析》，载《河池学院学报》2007年第3期 。

② 《壮语龙州话声调的声学分析》，载《民族语文》2006年第6期。

③ 《壮语方言研究》，四川民族出版社，1999年。

④ 《壮语汉语方言连读变调对比研究》，载《民族语文》1992年第3期。

⑤ 《标准壮语声调声学实验研究》，广西大学硕士论文，2008年。

⑥ 《通什黎语声调的实验研究》，载《第八届中国语音学学术会议会议论文集》，2008年。

⑦ 《海南岛几种语言的声调》，载《民族语文》1984年第4期。

⑧ 《高坝侗语五个平调的实验研究》，载《民族语文》1988年第5期。

⑨ 《毛难语简志》，民族出版社，1984年。

⑩ 《毛南语声调的实验研究》，载《NCMMSC》2007年。

一个有趣的发现是，促声调在双音节中长短元音音节区别不明显。最后，该文总结了毛南语中的变调规则：两个44调连读时第一个变成中平，213调在其他音节前时也常常念低降，另外，51调在其他音节前也常念低降。他们指出，连读变调的很多研究中一个共同的趋势是曲折调在语流中容易发生变化，变成非曲折调。韦名应（2015）[①] 结合声学实验数据考察了毛南语的 /ʔb/、/ʔd/ 与声调的关系，声母读为阳调，原因在于声母辅音内爆音的弱化，进而产生派生调，并与相应的阳调合流。

汪锋、孔江平（2011）[②] 对贵州三洞水语声调在单音节和双音节中的表现做了详细的声学记录与分析，总结了水语单字调系统以及各声调在双音节前字和后字上的表现，结合时长材料的分析认为前字时长短是声调简化的主要原因，还对个人变异以及性别差异做了比较和分析。

苗语声调的声学及感知近年产出了较多的研究，主要见于刘文、杨再彪等学者的研究。刘文、杨正辉、孔江平（2017[③]），刘文（2019[④]）对新寨苗语的声调做了较为系统的研究。第一篇文章以基频和时长两项声学参数为基础分析了新寨苗语单字调及双字调的基频模式。发现五平调在双字组合中没有发生变调亦是一个十分特别的现象。并建立了一套用于描写新寨苗语单音节和双音节声调的区别特征系统。第二篇文章以新寨苗语的五平调作为研究对象，通过声学分析和多维尺度法考察了它的声学特性，发现五平调在母语者的发音音域中可以得到很好的区分。又通过确认实验和区分实验考察了五平调的感知，结果发现母语者在听感上也能够很好地区分这五个平调，并且每一个平调都有自己的感知音域。在此基础上，本文讨论了五平调的发音和感知之间的关系。最后还结合新寨苗语五平调的声学和感知结果讨论了五度标调法的问题。

南亚语系有一部分语言也有声调，这方面的研究主要集中在孟高棉语族的德昂语。戴庆厦和刘岩（1997）[⑤] 通过实验的方法确定了德昂语广卡话有高平（55）、降升（412）和全降（51）三个声调和一个轻声。刘岩和杨波（2006）[⑥] 通过单字调的音高分析，修正得到各调的调值为44、413和41。语图分析的结果还显示广卡话的曲折调和降调中声调中断的部分"不带喉塞特征，而是典型的紧喉嗓音"。该研究另一有趣的发现是，广卡话的曲折调的调长最短，降调稍长，而平调最长。这和汉语及上海话中曲折调比非曲折调长的模式是相反的，还有待进一步研究。

对于孟高棉语族中一些声调处于从萌芽到成熟的发展过程中的语言，刘岩

---

① 《毛南语 ʔb、ʔd 声母与声调》，载《民族语文》2015年第6期。

② 《水语（三洞）声调的声学研究》，载《民族语文》2011年第5期。

③ 《新寨苗语单字调及双字调声学实验研究》，载《民族语文》2017年第2期。

④ 《新寨苗语五平调的声学和感知研究——兼论五度标调法》，载《中国语音学报》2019年第1期。

⑤ 《中国德昂语广卡话声调分析》，载《语言研究》1997年第1期。

⑥ 《德昂语广卡话声调实验分析》，载《民族语文》2006年第2期。

（1997）① 分析了布朗语关双话的四个声调（高平55、全降51、低升13、低降31）在不同词性的词上出现的频次，并发现"在连读变调中前一音节变调出现最多，且基本都是由高平、全降和低升变为低降调"。从结合音节"前弱后重"的节律模式的分析，发现不符合这一规律的词就会出现变调使前音节"变轻"。该文还从借词的声调及声调区别语法意义功能两个角度分析了声调分化过程中，打破声调和声韵严整对应关系的主要因素。

汉语的声调研究成果可以为少数民族语言的研究提供重要的参考。许毅做了大量细致而深入的声调研究，发现后一音节的声调对前一音节的调型和调值都没有明显影响，但是前字调对后字调有很大的影响，表现为后字调的前面大部分调型段因前字调的不同而明显不同（Xu, 1997②, 1999③），这是因为从前字调声调结束点到后字调的目标音高值是需要100ms以上的时间（Xu & Sun, 2002④）。另外，基于大量严格控制的语音实验和深入的数据分析，许毅提出声调的实现是和音节同步的（synchronous），即从辅音开始的音节起始点声调的音高变化就朝着目标调逼近，到音节结束时目标声调是尽可能被实现，无论在当前音节结束时，声调目标是否实现了，从下一个音节开始音高变化又是朝着下一个声调目标逼近（Xu & Liu, 2007⑤；Xu, 2009⑥；Prom-on, et al. 2009⑦）。

二、词重音

词重音是指一个词中被强调的音节。词重音的声学特征主要有音高提高、音强加强、时长更长及元音更为饱满等。但具体词重音对应哪些声学特征，以及不同的声学特征间如何共同影响，这在各语言中差异很大。词重音的实验语音学研究主要聚焦于阿尔泰语系语言，起步于19世纪80年代。突厥语族、蒙古语族、满-通古斯语族等阿尔泰语系的三大语族均有相关研究，如：维吾尔语、哈萨克语、瓦罕塔吉克语、蒙古语、达斡尔语、满语、锡伯语、鄂伦春语等。除阿尔泰语系外，还见于南亚语系的克木语。

突厥语的重音在词尾，附读音包括元音和谐没有重音；蒙古语的重音在词首，

---

① 《布朗语关双话声调初探》，载《民族语文》1997年第2期。

② Contextual tonal variations in Mandarin. *Journal of Phonetics*, 25: 61–83.

③ Effects of tone and focus on the formation and alignment of F0contours. *Journal of Phonetics*, 27, 55–105.

④ Maximum speed of pitch change and how it may relate to speech. *Journal of the Acoustical Soci*

⑤ Determining the temporal interval of segments with the help of F0 contours. *Journal of Phonetics*, 35: 398–420.*ety of America*, 111: 1399–1413.

⑥ Timing and coordination in tone and intonation —— An articulatory-functional perspective. *Lingua*, 119: 906–927.

⑦ Modeling tone and intonation in Mandarin and English as a process of target approximation. *Journal of the Acoustical Society of America*, 125: 405–424.

但如果长音出现在非第一音节时，重音就在这个长音上。

关于维吾尔语的重音问题，一般认为维吾尔语中两音节以上的词中，重读通常落最后一个音节上（赵相如、朱志宁，1985①；刘向晖，2001②）。但当起始音节的辅音脱落时，为了补充其缩减了的音位，起始音节会被重读（帕尔哈提，1985③）。对维吾尔语双音节词的重音模式的三项实验研究中都发现重读音节的音长要长于非重读音节的，且该结论对词首和词末的音节都适用（梁洁、张卿，2008；祖丽皮亚等，2008；江海燕等，2008）。从音强上看，江海燕等（2008）及祖丽皮亚等（2008）的研究中发现音强对重读音节和非重读音节区分没有决定性作用。梁洁和张卿（2008）测量音强最大值也发现，重读与非重读音节没有显著差别。而以上三项研究的分歧点在于如何看待音高对词重音的作用。祖丽皮亚等（2008）及梁洁和张卿（2008）的研究中，重读音节表现为高降调，而非重读音节为低降调。这个研究结果对徐思益和高莉琴（1992）④通过听辨得到的关于维吾尔语第一音节为降升调、第二音节为降调的结论是个实验补充。但是江海燕等人（2008）的实验中，发现大部分的重音音节都表现出音长和音强两方面的双重优势。音长更长是最稳定的因素，音强更强是次稳定因素，重读音节的音色也更清晰和饱满。但重音与音高的高低和升降走势并无对应关系。江海燕、刘岩、卢莉（2010）⑤的研究发现大部分重音音节都表现出音长和音强的双重优势，音高与重音无关。艾则孜·阿不力米提、艾扎木·艾拜都拉（2016）⑥基于"维吾尔语语音参数库"对不同音节的词重音进行了深入的研究。结果表明，音节数量对维吾尔语重音的韵律模式有直接的影响，即在双音节和三音节词中，重音落在最后音节，而在四音节词中，重音落在第一和第四音节，出现双重音的模式。李兵、胡伟、侯典峰（2016）⑦考察了新发现的瓦罕塔吉克语双音节词重音分布。研究发现，在双音节词汇词里，第二音节可视作词重音的位置。词重音与音高相关性显著，与其他声学特征相关性不明显。

刘照熊（1981）⑧指出"东乡语的重音通常在词的最后一个音节上，并且当词干上加附加成分时，重音后移"。

虽然蒙古语的重音没有词汇和形态学意义，但是重音的位置与词的类型（长短音的分布）有着密切的关系，并且有音高、音长和音强等相应的声学线索（呼和，2007）。Harnud（2003）在对蒙古语韵律的研究中指出，"蒙古语非词首音节

① 《维语简志》，民族出版社，1985年。

② 《维语词重音的节律栅及其参数》，载《语言与翻译》2001年第3期。

③ 《维吾尔语的重音》，载《语言与翻译》1985年第1期。

④ 《关于维语的重音、声调问题》，载《语言与翻译》1992年第3期。

⑤ 《维吾尔语词重音实验研究》，载《民族语文》2010年第3期。

⑥ 《基于语音声学参数的维吾尔语词重音研究》，载《语言学论丛》2016年第2期。

⑦ 《瓦罕塔吉克语双音节词重音实验语音学报告》，载《南开语言学刊》2016年第2期。

⑧ 《东乡语简志》，民族出版社，1981年。

短元音虽然有短、央等特点，但并非所有非词首短、央元音都是'轻'"（呼和，2007）。在呼和（2007）的研究中，16位发音人朗读了嵌有291个包含所有结构的双音节和三音节词的句子，声学分析表明词中音节的长度从词首到词尾逐渐变短，呼和指出，这是"由音节音短暂的停延所引起的"。在音高上，两音节词有LH的模式，以短元音起首的三音节词有LHH的音高模式，而以长元音开始的三音节词有HHL的形式。在音强上，以长音起首的词首音节音强最强，而以短音起首的词音强最高点通常在长元音上。并且Harnud（2003）的词重音听辨实验与呼和（2007）的声学分析结果基本一致。呼和（2014）① 对蒙古语词重音问题进行了再审视，并提出蒙古语词重音分绝对重音和相对重音。非词首音节中含有短元音的多音节词的重音为绝对重音；非词首音节中不含短元音的多音节词的重音为相对重音。蒙古语词重音是整个音节语音四要素变化的综合效应；词重音属自由重音，但不完全是自由的，其位置与长元音（或复合元音）有关。此外，哈斯其木格（2017）② 对达斡尔语词重音的研究发现，达斡尔语有音高重音出现在词末音节，主要物理关联项为基频。音高重音无区别词义的功能，但能够起到划分词界的作用，尚无声学数据可证明达斡尔语有着力重音。词首音节虽然不承担音高重音或着力重音，但具有凸显发音的特点，其发音完整，到位。

李兵、汪朋、贺俊杰（2012）③ 等对锡伯语双音节和三音节的词重音进行了系统的实验语音学研究。发现双音节词的第一音节是词重音的位置；词重音属于音高显突型，稳定的低调域平调是重音显著和主要的语音表征。李兵、贺俊杰、汪朋（2014）④ 关于锡伯语三音节的词重音的研究发现，锡伯语三音节词重音的语音表征为音高突显。在三音节词里，第一音节音高呈稳定的低平曲线，第二音节和第三音节分别呈较高的平调和高降调。与第一音节相比，第二和第三音节趋于弱化并导致元音脱落。锡伯语词第一音节可视为重音位置。

刘岩、刘希瑞（2016）⑤ 对老挝克木仡话四音格词韵律的实验研究中，涉及了老挝克木仡话的词重音问题。通过对四音格词的音长、音高和音强等声学参数进行提取和实验分析，发现四音格词呈现出2+2的节奏模式，主要表现在第二、四音节的音长和音高的搭配上以及音节的对应重复上，而非音节间的停顿上。四音格词为右重结构，主要表现在音节的长度上，其次是元音响度上。总体呈现出"弱强－弱强"的拍子。

---

① 《再论蒙古语词重音问题》，载《民族语文》2014年第4期。

② 《达斡尔语词重音实验研究》，载《满语研究》2017年第2期。

③ 《锡伯语双音节词重音实验语音学研究》，载《民族语文》2012年第2期。

④ 《锡伯语三音节词重音的实验语音学研究》，载《民族语文》2014年第2期。

⑤ 《老挝克木仡话四音格词韵律的实验语音学研究》，载《当代语言学》2016年第2期。

三、语调

语调主要是指话语的基频变化。广义的语调还包括话语中的韵律焦点、停顿和节奏特征等。语调对言语交流有着重要的意义，与语法、语义和语用都有着密不可分的关系。如语调可以用来表示疑问或是陈述，可以突显句中相应的内容，可以传达生气或伤心情绪等等。少数民族语言的语调研究只有为数不多的一些。

江海燕等（2008）① 发现维吾尔语疑问语调的声学特征主要体现在句末音节基频升高、音强加大、音长加长等。张淑芹（2008）② 分析了蒙古语的语句重音在各类句式中的声学表现、语句重音与词类之间的关系、语句重音与词组之间的关系和语句重音与句法结构之间的关系等问题，归纳出蒙古语朗读话语中语句重音的特点和分布规律。这项研究有助于蒙古语文语转换（TTS）系统的重音预测。乌吉斯古冷（2011）③、那日苏（2019）④ 分别对蒙古语朗读话语和自然话语的语调进行了实验研究。前者的研究发现语调研究中，音高是一项非常重要的声学参数，但并非是唯一的参数。在分析语调时，还要考虑重音、节奏和句法结构等诸多因素。后者的研究表明，蒙古语自然话语在语境中的语调变化多端，随意性较大。语句重音和边界特征是影响语调基本模式的重要因素之一。蒙古语语句语法重音落在句首位置上，音高线的上拱为主要表现。焦点重音的位置无规律可循，以音高上线的抬高为主要表现，同时音域扩展，音长延长。语句重音的音高凸出受语句语调模式的制约，在不同位置上的表现也不尽相同。随着韵律边界层级的增大，相关声学物的参量有加大趋势，其中韵律词和韵律小短语之间的差异较小，韵律大短语和语调短语之间的差异也不明显，相比之下，韵律小短语和韵律大短语之间的差异较为明显。高层级关系的语句之间呈现低边界调，低层级关系的语句之间呈现高边界调，语义关系对语句边界特征的影响不明显。

语调的研究还见于哈萨克语中表达不同语气的句调实验研究。魏炜（2013）⑤ 以单由句调手段来表达语气意义的现代哈萨克语常用口语体188个单句为研究范围，用实验的方法对现代哈萨克语18种语气意义的句调、时长、强度进行测定与描写，寻找句调形式与语气意义之间的对应规律。

Michau（2006）⑥ 发现纳西语中，一个语调单元内的相同声调的音节音高值差不多高，语调的下倾不是很明显，最后一个音节也有音节时长延长，句末音高下

---

① 《维吾尔语疑问语调的声学特征》，载《清华大学学报（自然科学版）》2008年第S1期。

② 《蒙古语朗读话语语句重音实验研究》，内蒙古大学硕士学位论文，2008年。

③ 《蒙古语标准音朗读语句语调的起伏度研究》，内蒙古大学出版社，2011年。

④ 《蒙古语自然话语语调实验研究》，内蒙古大学出版社，2019年。

⑤ 《现代哈萨克语表达语气意义的句调实验研究》，中央民族大学出版社，2013年。

⑥ Replicating in Naxi（Tibeto-Burman）and experiment designed for Yorùbá: An approach to 'prominence-sensitive prosody' vs. 'calculated prosody'. In: The *Proceedings of Speech Prosody*, 2006, Dresden, Germany.

降。在下一个语调单元首，有音高重置。

关于韵律焦点的实现与感知研究，近十几年来成果丰硕，涉及佤语、德昂语、安多藏语、拉萨藏语、羌语、彝语、瑶语、壮语、黎语、苗语、布依语、纳西语、白语、土家语、京语、锡伯语、哈萨克语、维吾尔语等，主要考察上述语言的韵律焦点是否有"焦点后压缩"（post-focus compression，PFC）现象。Chen，Wang & Xu（2009）的一项研究中发现，汉语和台湾闽南语相比焦点（focus）的韵律编码方式有着显著差别。焦点也就是一句话中最被强调的信息。该项研究的重要发现是，闽南语和广东话一样没有焦点后的音高骤降（post-focus-lowering）。而汉语却和英语、德语等印欧语系中很多一样有焦点后的音高骤降。这些研究在类型学上有重要的意义。中国的语言中，什么地方、什么时间、哪个语言开始不用音高骤降表示焦点的呢？Chen，Wang & Xu（2009）的研究中另一个重要的发现是，闽南语和汉语双语者在说汉语时，其焦点的语调变化方式也更接近闽南语，基于此，台湾地区只会说汉语的单语人在用音高变化表示焦点时，也只表现出很小的焦点后音高骤降，非常接近闽南语的方式。这为语言接触在语调上的影响提供了有力的实验证据。张夏夏、王蓓（2019）[1] 较为全面地总结了十几年来的相关研究，如下所述："焦点韵律编码方式的研究已经涉及近五十种语言和方言，在所考察的这些语言中，普遍的发现是，焦点词表现为音高升高、时长延长和能量加大。其中一些语言有'焦点后压缩'的现象，即语句中焦点后的成分音高下降，音域压缩，能量降低。例如，阿尔泰语系中的土耳其语、维吾尔语等；汉藏语系中的藏语、汉语普通话以及汉语的许多方言，如南昌话、太原话、兰银官话，还有吴语中的上海话、无锡话、苏州话和宁波话。但在中国的很多语言和方言中却不存在'焦点后压缩'，比如彝语、德昂语、佤语、回辉话、黎语、白语、香港粤语、台湾闽南语、台湾'国语'等。"

关于声调和语调的知觉，维吾尔语中有一系列相关的研究。高洁（2005）[2] 发现维吾尔语学生在汉语声调知觉中二声和三声的听辨正确率低，这和刘岩等（2006）[3] 发现维吾尔族学生说准三声最难的结果是一致的。何江（2006）[4] 发现维吾尔族学生对汉语声调的感知不是范畴感知，而是对音高的绝对值更为敏感。Liang & van Heuven（2007）[5] 对比了母语为有声调语言（长沙人和南通人）和无调语言（维吾尔语）者对汉语普通话声调和语调的感知实验。结果发现维吾尔语听音

① 《羌语和"羌—汉"中焦点的韵律实现方式》，载《汉藏语学报》第11期，商务印书馆，2019年。

② 《不同汉语水平的维吾尔族学生对汉语声调的听辨实验》，载《新疆师范大学学报》2005年第4期。

③ 《维吾尔族学生学习汉语声调偏误的实验研究》，载《语言与翻译》2006年第2期。

④ 《汉话学生与维吾尔族学生对普通话声调的范畴感知》，载《新疆师范大学学报》2006年第2期。

⑤ Chinese tone and intonation perceived by L1 and L2 listeners. In：C. Gussenhoven & T. Riad（Eds.），Tones and Tunes，Volume 2：Experimental studies in word and sentence prosody. Vol. 12-2. Phonology and Phonetics. Berlin/New York：Mouton de Gruyter.

人对声调的知觉比有声调语言的两组听音人都差，但是对区分疑问和陈述语调更敏感。他们提出，母语为无声调语言的人对音高的知觉更多的是在句子水平，而有声调语言的人是在音节水平上。

第四节　语音语料库建设及研究

基于大规模语料库的研究，对语料库中语音现象的标注和统计分析为实验语音学研究提供了大量有价值的数据。语音、音像及基于现代生理技术的民族语多模态言语产出数据库也为少数民族语言语音研究、语言教育和保护濒危语言有重要的实践意义。

一、语音语料库的建立

进入 20 世纪 80 年代以后，许多少数民族语言的语料库相继建成。从事研究的单位主要有中央民族大学、中国社会科学研究院、内蒙古大学、新疆师范大学、西北民族大学、上海师范大学、北京大学、复旦大学、南开大学等。基于语料库的研究也有许多重要的研究成果。

中国社会科学院民族学与人类学研究所构建了藏缅语、壮侗语、苗瑶语三大语族的词汇和语音库，其中标注了词汇的声母、介音、韵腹、韵尾、声调等语音成分，可用于语音分析和语言比较，如对不同民族语言词汇进行语音分析，从而推导出语言的原始构拟，从而为谱系分类的语音因素提供证据（孙宏开和郑玉玲，1990[①]）。

中国社会科学院民族学与人类学研究所还建立了《哈萨克语语音声学参数数据库》《藏语拉萨话语音声学参数数据库》《蒙古语语音声学参数数据库》（鲍怀翘主持，20 世纪九十年代完成，2000 年升级改造）。数据库由语音声学参数数据库、语音采样数据集和文本集三部分组成，可方便、高效地服务于语音研究。在此基础上，呼和研究员主持的国家社科基金重大招标项目"中国少数民族语言语音声学参数统一平台建设研究"（项目编号：12&ZD225）立足中国少数民族语言特点，利用目前国内外通用的声学分析软件和仪器设备，用语言学、语音学、声学、计算机科学和统计学的理论方法，对我国少数民族语言语音系统地进行声学研究的基础上，提取有效表征语言语音系统的各种声学特征参数，并把它们集合成一个完整的语音声学参数数据库，用数据库管理软件进行统一管理的平台，即"中国少数民族

---

① 《计算机多语种语料库的设计和实现》，载《民族语文》1990 年第 6 期，第 33–37 页。

语言语音声学参数统计分析统一平台"①。

中央民族大学建设了"中国少数民族濒危语言语音语料库"（刘岩主持，2004-2007）。该语音语料库目的是为记录和保存濒危语言，并为可能的后续研究提供大规模语音资料的查询、检索和统计。包括土家、仡佬、毛南、赫哲等语的词汇、句子和民间故事子库，是用国际音标、汉语、英语记录、整理和多层标注的少数民族多语言语音数据库。

中央民族大学与中国社会科学院语言研究所还合作建设了"藏族人说汉语的中介语语音数据库"（刘岩、李爱军主持，2006-2009）。包括藏语卫藏、安多、康三大方言的语音，从语料文本设计、语音数据录制、语音数据整理、语音数据标注、相关工具开发、语音数据研究等6个方面展开工作。设计了一套专门的语音语料库录制软件。对语音数据进行了噪音段的检测和切除、声音文件完整性以及录音质量的检查、朗读文本与实际读音之间一致性的检查和修改、把录音材料建成数据库、在数据库里实现录音文本所对应的声音文件链接等整理工作，并对西宁、拉萨两个点所有发音人的字、词、句等语音材料进行了音段标注工作。更有意义的是，该项目对藏–汉中介语语音进行了系统的声、韵、调偏误和缺陷方面的研究。该数据库的语音资料和研究成果对面向少数民族说汉语的语音识别及普通话推广有直接的作用。

另外，中央民族大学还出版了一套"中国少数民族语言音档"（原主编戴庆厦，修订版主编李德君、刘岩），为少数民族语言保护和语音研究提供了丰富的资料。包括《中国少数民族语言音系录像》和《中国少数民族语言词汇录音》两大系列，从1990年起，历经10余年积累而成。由于当年音像设备、技术水平和经费等原因，磁带随时间流逝已出现磁粉脱落现象。后经修订、完善和补充，将其全部转为光盘，并加注国际音标和汉字，于2009年出版。

西北民族大学在藏语信息化方面进行了多年的研究，建设了《安多藏语语音数据库》（于鸿志等主持，2005）。建立了反映安多藏语语音结构和特点的安多藏语单音节语音库，用于语音学研究和言语工程研究的声学参数数据库，和声母、韵母、习惯调的基本声学模型。

内蒙古大学建设了《蒙古语语音声学参数数据库》（确精扎布主持，与中国社会科学院民族所合作，见：呼和，1997）和《蒙古语韵律特征声学参数数据库》（呼和主持），为研究蒙古语语音声学特征和言语工程研究打下了坚实的基础。

新疆大学建设了《维吾尔语大词汇量连续语音识别研究的语音语料库》（那斯尔江·吐尔逊主持，2006）。构造了适合维吾尔语语音和语言特征的语音语料库建立和标注规范，并开发了用于建立维吾尔语连续语音识别基础系统的朗读式语音语料库，为开发初步的维吾尔语连续语音识别系统服务。

---

① http://ex.cssn.cn/zx/bwyc/202103/t20210313_5317838.shtml

随着时代和科技的进步，记录有声语言和口传文化的介质、记录形式和记录方法都在不断地改进，包含声波信号、口流、口压、鼻流、声门信号、动态腭位信号、舌位影像信号等的多模态言语数据库应运而生。孔江平（2013）[1] 提出了基于语音多模态的数字化方法记录语言和口传文化的构想，包括语音、嗓音、录像、电子腭位、呼吸、心率、电压等多种信号。前五种信号对于一种有声语言的信息录制、研究和传承都是必不可少的，因为这些信号可以基本建立一种语言的声学和生理模型，从而达到比较精确和全面记录一种有声语言和口传文化的目的。刘婕（2019）[2] 以佤语阿佤方言为例，从方法论的角度说明如何利用现代生理技术探讨建设民族语多模态言语产出数据库。提出民族语多模态数据库的建设用五种模式组合来搭配同步采集语音生理信号数据的设想，分别是语音与嗓音数据的采集，语音嗓音、动态电子腭位数据的采集，构建了佤语语音多模态数据库。

值得一提的是 Xu（2004）[3]，Li（2006）[4] 和 Huang（2008）[5] 得到了英国 HERLP 的重大资助，通过构建语料库的方式记录、描写和保护土家语、纳木义语及仡佬语的两个方言。

二、基于语料库的语音研究

郑玉玲（1998）[6] 对藏语方言的语音特征进行了统计分析，所用的数据库是藏语方言 15 个调查点，3000 至 5000 词的词汇语音数据库。与构词特征有关的统计分析包括词的音节构成、词素分布、单音节词根频次及其构词能力。与语音特征有关的统计包括音位使用频度的统计、音位在语音结构中的组合分析、声母和韵母的类型统计和声调统计。该研究还根据各方言点在音位、声韵母、语音对应关系三方面的相关值，用聚类分析的方法对各方言的亲疏关系进行了量化的研究，发现 10 个调查点可明显地分为两大类。分类结果与传统分类基本一致。聚类分析还比较了用5000 词至 500 词不同词汇量数据库得到的结果，发现 500 词已经基本可以反映出语音对应关系。豆格才让等（2008）[7] 进行了藏语标准音浊声母的发声特征、双音节词第一音节音高模式与声母发声态之间的对应关系等研究，认为"不管是高调音节还是低调音节，送气辅音均为清音；不送气塞音和塞擦音声母出现在低平调时 80%

---

① 《语言文化数字化传承的理论与方法》，载《北京大学学报》2013 年第 3 期。

② 《言语产出多模态数据库建设研究》，上海师范大学硕士学位论文，2019 年。

③ Documentation of the Southern Tujia Language of China. http：//www.hrelp.org/grants/projects/index.php?projid=52

④ Documenation of two Gelao varieties：Zou Lei and A Hou, South West China. http：//www.hrelp.org/grants/projects/index.php?projid=85

⑤ Documentation of the Namuyi Language. http：//www.hrelp.org/grants/projects/index.php?projid=187.

⑥ 《藏语方言语音量化分析》，载《民族语文》1998 年第 5 期。

⑦ 《藏语标准音浊声母的实验研究》，载《第八届中国语音学学术会议论文集》，2008 年。

的声母在持阻段带有时长约为140ms的强浊声，而这些声母出现在高平调音节时均为清音"。实验结果表明藏语标准音中保留着浊辅音，但已经失去音位功能。该研究还发现，词首音节的音高模式有高平调和低平调两种，基本不出现曲折调、降调或升调。并且低调音节的浊声母比例较高。

基于《蒙古语语音声学参数数据库》，郑玉玲和鲍怀翘（2001）[1] 对蒙古语三音节词韵律模式进行了研究，他们量化分析了音高、时长和音强等声学参数。发现同是短元音或长元音的三音节词中，词首音节最长，词中和词末的音节时长差别不大。音强与时长的结果有很好的一致性，两者之音的相关达0.9以上。比较有趣的结果是，以短元音开始的词，音高的最高点在第二音节上，而以长元音开始的词，最高点在第一个音节上。重音听辨实验的结果表明，当第一音节为长元音时，第一音节被听辨为重音；当第一音节为短元音时，第二音节被听辨为重音。这与声学分析的结果是一致的。

孜丽卡木等（2008）[2] 用"维吾尔语语音声学参数数据库"统计分析和归纳了维吾尔语词首音节元音的共振峰模式及其分布格局。

目前，呼和研究员主持的国家社科基金重大招标项目"中国少数民族语言语音声学参数统一平台建设研究"已完成了蒙古语、维吾尔语、鄂温克语、达斡尔语、土族语、东部裕固语、东乡语等7种语言语音声学参数库（6.8G），基本完成保安语、鄂伦春语、图瓦语、哈萨克语等7种语言方言土语语音声学参数库（5G），正在研制锡伯语、布里亚特语、蒙古国喀尔喀方言、蒙古语科尔沁土语和蒙古语巴林土语等13种语言方言土语语音声学参数库（10G），并已经出版了"中国少数民族语言方言实验研究丛书"的《蒙古语语音声学研究》《鄂温克语语音声学研究》和《维吾尔语语音声学研究》等三部专著。此外《达斡尔语语音声学研究》《土族语语音声学研究》《东乡语语音声学研究》《东部裕固语语音声学研究》等5卷书稿已得到中国社会科学院创新工程出版基金的资助，即将出版。截至目前已发表期刊论文共52篇，其中，中文核心期刊论文16篇，在国内外学术会议上宣读论文共38篇，硕博学位论文9篇。[3]

基于戴庆厦主持的白语和景颇语的小型数据库，戴庆厦和赵富芬（1996）[4] 用电脑统计方法分析了白语的语音（包括音节特征、韵母特征、声调特征、声母特征等），并将其与藏缅语族的其他亲属语言进行比较。统计结果表明白语的语音特征既有与亲属语言相同的特点，又有一些显著的不同特点，如松紧的来源、声调的分化等。虽然白语比较接近哈尼语，而与景颇语差异较大，但有一些特征，从统计结

---

① 《蒙古语三音节词韵律模式》，载《第五届现代语音学学术会议论文集》，清华大学出版社，2001年。

② 《维吾尔语词首音节元音声学分析》，载《第八届中国语音学学术会议论文集》，2008年。

③ http://ex.cssn.cn/zx/bwyc/202103/t20210313_5317838.shtml

④ 《从电脑统计结果看白语语音特点》，载《电脑辅助汉藏语词汇和语音研究》，中央民族大学出版社，1996年。

果上特别是一些深层结构特点不同于哈尼语。白语在藏缅语中应列为与哈尼语、景颇语平行的独立语支，其位置稍接近于彝语支。同时指出，确定一个语言的系属，光以语音为标准是不够的，还应考虑词汇、语法以及其他方面的因素，全面衡量。戴庆厦和杨春燕（1994）[1] 对景颇语的松紧元音的统计分析发现，松、紧元音的音节比例为3：1。并且靠松紧元音对立区别音节的占全部音节的36.3%，这种区别特征和送气不送气（28.2%）、腭化非腭化（11.5%）、卷舌非卷舌（17.1%）等对立的语音特征相比，有着更重要的作用。另外，紧元音在中平调上出现频率大，其次是高平调，出现最少的是低降调。

基于刘岩主持的"中国少数民族濒危语言语料库"，倪娜（2007）[2] 对德昂语疑问句语调进行了声学分析，发现德昂语疑问句语调的表现模式因句型、标记而异。疑问语调主要承载对象跟句末节奏单元的非轻声音节无必然联系，往往跟疑问标记自身承载能力和句中位置有关。也就是说，疑问标记或标记前后音节一般是承载语调的主要音节。德昂语疑问语调作用于字调有三种结果：通过抬高字调调域改变调阶；改变基频曲线斜率来使字调调形曲拱发生量变；当德昂语疑问句语调作用力不均衡，字调低点上移速度远远大于高点上移速度时，字调则可能发生类型上的质变。田洋（2009）[3] 系统分析了辅音的声学特征，指出辅音中浊塞音、浊塞擦音有四种不同的表现特征，清化鼻音、边音也表现为清化与送气两种特征。

基于刘岩、李爱军主持的"藏族人说汉语的中介语语音数据库"，刘岩等（2009）对藏族说汉语中介语声调音高模式和音段的偏误情况进行了探讨。"藏族人说普通话的单字调系统研究"对中介语的声调系统进行了统计和声学实验研究，提出了四项具体的参考指标来评价中介语的声调系统：调类的区分性系数和独立性系数、调值的稳定性系数和正确性系数，并提出了每项指标的具体测算方法。"藏族学生说汉语普通话双音节词语的声调研究"发现，来自不同藏语方言区的发音人在说双音节词时表现出来的声调规律各不相同。三个方言区双音节词变调时存在协同发音作用，且顺向作用和逆向作用并存。"阳平调在拉萨藏族学生说汉语普通话四音节词中的音高模式研究"考察了阳平调在拉萨藏族人说汉语普通话四音节词中的音高变化。发现随着在四音节词中位置的不同，拉萨藏族人对阳平调的掌握程度也不同。与标准普通话相比，阳平调在第一音节位置上时掌握得最好，在第四音节位置上掌握得最差。二、三音节位置上掌握得比较差。"拉萨藏族学生说汉语音段偏误实验研究"统计了拉萨藏族在学习普通话过程中声韵母发生偏误的各种情况，并认拉萨藏族说汉语时复合元音韵母有单元音化的倾向，鼻韵母易出现前后鼻音混淆、元音鼻化的现象。这些研究可为中介语声调系统提供较为客观的、量化的数

---

[1] 《景颇语两个语音特点的统计分析》，载《民族语文》1994年第5期。

[2] 《德昂语广卡话疑问句语调研究》，中央民族大学硕士学位论文，2007年。

[3] 《德昂语广卡话声母的声学研究》，中央民族大学硕士学位论文，2009年。

据，揭示学习者发音中存在的声调缺陷和问题，为学习者制定具有针对性的改进方案提供依据。

少数民族语言的实验语音学研究发展迅猛，研究者已不再满足于描述和发现特别的语音现象，而是立足于揭示一个语言现象的深层机制。研究的问题也从对元音、辅音、音节、词等较小发音单元扩大到句子、段落乃至语篇。除言语产生的过程外，研究者对言语的知觉和理解有更多的兴趣。研究的角度从纯粹的语音现象，扩展到了研究语音和语法、语义及语用的关系。另外，喉头仪、鼻流气压计、肌电脑电仪、呼吸带等高端语音设备也为更深入研究发音及语言产生机制提供了基础。少数民族语言语音数据库的建立一方面对语言保护和语言教学有着重要的意义，另一方面也提供了大量的语音资源，是进一步深入研究某一语音现象的基础。

参考文献

[1] 艾则孜·阿不力米提、艾扎木·艾拜都拉:《基于语音声学参数的维吾尔语词重音研究》,《语言学论丛》2016年第2期。

[2] 鲍怀翘、吕士楠:《蒙古语察哈尔话元音松紧的声学分析》,《民族语文》1993年第1期。

[3] 蔡培康:《武鸣壮话的连读变调》,《民族语文》1987年第1期。

[4] 陈宏:《大兴苗语的鼻冠音》,《民族语文》2013年第3期。

[5] 陈康:《彝语的紧调类》,《民族语文》1988年第1期。

[6] 陈荣泽:《汉藏语中的清鼻音》,《中央民族大学学报》2018年第4期。

[7] 丛珊、谢郴伟:《鄂伦春语的元音格局及其高元音的声学分析》,《中央民族大学学报》2017年第6期。

[8] 德格吉呼、巴图格日勒、金雅声、格根塔娜、郭丹丹:《保安语短元音声学特征研究》,《西北民族大学学报（自然科学版）》2014年第4期。

[9] 段海凤、朱晓农:《朝鲜语的软硬辅音：从语音数据到音法范畴》,《民族语文》2018年第3期。

[10] 古力努尔·艾尔肯、祖丽皮亚·阿曼、地里木拉提·吐尔逊:《维吾尔语三音节词中元音和谐的声学特征分析》,《中文信息学报》2015年第4期。

[11] 古力努尔·艾尔肯、艾斯卡尔·艾木都拉.:《维吾尔语双音节词中元音和谐的声学特征》,《第十一届中国语音学学术会议（PCC2014）论文集》,2014年。

[12] 哈斯其木格:《达斡尔语词重音实验研究》,《满语研究》2017年第2期。

[13] 韩国君:《土族语长元音声学分析》,《长江丛刊》2016年第6期。

[14] 呼和:《鄂温克语词首音节短元音声学分析》,《中央民族大学学报》2016年第5期。

[15] 呼和:《再论蒙古语词重音问题》,《民族语文》2014年第4期。

[16] 呼和、周学文:《基于 PAS 的蒙古语标准话辅音气流气压研究》,《中央民族大学学报》2013 年第 2 期。

[17] 呼和:《蒙古语语音声学参数数据库》,《内蒙古大学学报（哲学社会科学汉文版）》1997 年第 5 期。

[18] 呼和:《蒙古语元音的声学分析》,《民族语文》1999 年第 4 期。

[19] 呼和、陈嘉猷等:《蒙古语韵律特征声学参数数据库》,《内蒙古大学学报》2001 年第 33 期。

[20] 呼和:《基于 EPG 的蒙古语塞音、塞擦音研究》,《内蒙古大学学报》2005 年第 3 期。

[21] 呼和:《蒙古语词重音问题》,《民族语文》2007 年第 4 期。

[22] 胡宏伟:《盐源彝语元音声学特征研究》，中央民族大学硕士学位论文，2011 年。

[23] 江海燕、刘岩等:《维吾尔语词重音的实验研究》,《第八届中国语音学学术会议论文集》，2008 年。

[24] 江海燕、刘岩、卢莉:《维吾尔语词重音实验研究》,《民族语文》2010 年第 3 期。

[25] 孔江平:《实验语音学基础教程》，北京大学出版社，2015 年。

[26] 孔江平:《语言文化数字化传承的理论与方法》,《北京大学学报》2013 年第 3 期。

[27] 孔江平: Laryngeal Dynamics and Physiological Model（动态声门与生理模型），北京大学出版社，2007 年。

[28] 孔江平:《论语言发声》，中央民族大学出版社，2001 年。

[29] 孔江平:《凉山彝语松紧元音的声学研究》,《彝缅语研究》，四川人民出版社，1997 年。

[30] 孔江平:《哈尼语发音类型声学研究及音质概念的讨论》,《民族语文》1996 年第 1 期。

[31] 孔江平:《苗语浊送气的声学研究》,《民族语文》1993 年第 1 期。

[32] 兰正群、吴西愉:《彝语松紧元音对立的生成机制研究》,《民族语文》2017 年第 4 期。

[33] 李英浩、张京花:《延边朝鲜语松、紧擦音的语音分析》,《第十四届全国人机语音通讯学术会议（NCMMSC' 2017）论文集》，2017 年。

[34] 李兵、胡伟、侯典峰:《瓦罕塔吉克语双音节词重音实验语音学报告》,《南开语言学刊》2016 年第 2 期。

[35] 李煊、汪锋:《美坝白语声调的发声变异初探》,《语言学论丛》2016 年第 2 期。

[36] 李英浩、张京花:《基于 EPG 和 EGG 的朝鲜语塞音和塞擦音发音生理研

究》,《语言学论丛》2016年第2期。

[37] 李兵、贺俊杰、汪朋:《锡伯语三音节词重音的实验语音学研究》,《民族语文》2014年第2期。

[38] 李兵、汪朋、贺俊杰:《锡伯语双音节词重音实验语音学研究》,《民族语文》2012年第2期。

[39] 李绍尼:《论白语的"声门混合挤擦音"》,《民族语文》1992年第4期。

[40] 梁洁、张卿:《维吾尔语双音节词重音的产出实验研究》,《第八届中国语音学学术会议论文集》,2008年。

[41] 刘婕:《言语产出多模态数据库建设研究》,上海师范大学硕士学位论文,2019年。

[42] 刘劲荣、何根源、陈彧:《乌撒彝语松紧元音声门超声实验研究》,《民族语文》2019年第4期。

[43] 刘文:《新寨苗语五平调的声学和感知研究 —— 兼论五度标调法》,《中国语音学报》2019年第1期。

[44] 刘文、汪锋、孔江平:《北五里桥白语声调的发声及变异研究》,《当代语言学》2019年第1期。

[45] 刘文、杨正辉、孔江平:《新寨苗语单字调及双字调声学实验研究》,《民族语文》2017年第2期。

[46] 刘岩、刘希瑞:《老挝克木仡话四音格词韵律的实验语音学研究》,《当代语言学》2016年第2期。

[47] 刘岩、蓝霜莓、韦懿辰:《Glottal articulation analysis of the Tense/Lax vowels of the Zaiwa language》,第25届喜马拉雅语言大会参会论文,澳大利亚悉尼,2019年。

[48] 刘岩等:《中国无声调少数民族学习汉语声调、语调的实验研究》,中央民族大学出版社,2009年。

[49] 陆尧、孔江平:《载瓦语声调的声学及感知研究》,《民族语文》2019年第1期。

[50] 吕士良、胡阿旭、于洪志:《东乡语元音的嗓音特征研究》,《西北民族大学学报（自然科学版）》2011年第2期。

[51] 马学良:《㑩文作祭献药供牲经译注》,《中央研究院（中华民国时期）历史语言研究所集刊》（第十二本），1948年。

[52] 孟晓红、张梦翰:《发声态45种声学特征的综合效应分析》,《南开语言学刊》2017年第2期。

[53] 那日苏:《蒙古语自然话语语调实验研究》,内蒙古大学出版社,2019年。

[54] 彭春芳:《彝语全浊音的语音分析》,《民族语文》2010年第2期。

[55] 确精扎布:《蒙古语察哈尔土语元音的实验语音学研究》,《民族语文》1989年第4期。

[56] 荣华:《龙山土家语声调实验研究》,中南民族大学出版社,2019年。

[57] 石锋、周德才:《南部彝语松紧元音的声学表现》,《语言研究》2005年第1期。

[58] 唐留芳:《福贡傈僳语的松紧元音》,《民族语文》2018年第2期。

[59] 田洋、赵姣:《毛南语送气音声母产生发展的原因》,《语言研究》2018年第1期。

[60] 沈向荣:《喉塞音的声学表现》,《语言研究》2010年第3期。

[61] 石锋、冉启斌、王萍:《论语音格局》,《南开语言学刊》2010年第1期。

[62] 谭克让、孔江平:《藏语拉萨话元音、韵母的长短及其与声调的关系》,《民族语文》1991年第2期。

[63] 王璐、孔江平:《德宏傣语长短元音声学及感知研究》,《中国语音学报》2019年第1期。

[64] 王双成、沈向荣、张梦翰:《藏语的清化鼻音》,《民族语文》2018年第2期。

[65] 魏炜:《现代哈萨克语表达语气意义的句调实验研究》,中央民族大学出版社,2013年。

[66] 韦名应:《毛南语ʔb、ʔd声母与声调》,《民族语文》2015年第6期。

[67] 乌吉斯古冷:《蒙古语标准音朗读语句语调的起伏度研究》,内蒙古大学出版社,2011年。

[68] 杨波、姚彦琳:《佤语马散土语元音松紧对立的声学分析》,《百色学院学报》2012年第1期。

[69] 杨晓霞、高天俊:《从发声态看白语的紧音》,《民族语文》2016年第6期。

[70] 姚云、桑塔、孔江平:《西部裕固语带擦元音的实验研究》,《语言学论丛》2016年第2期。

[71] 依米丽姑丽·艾力(Hilimigul.Eli):《基于语音和嗓音的维吾尔语元音研究》,西北民族大学出版社,2018年。

[72] 尹巧云:《德昂语长短元音研究》,中央民族大学出版社,2011年。

[73] 张梦翰:《民族语中清鼻音的判断方法》,《民族语文》2011年第2期。

[74] 张夏夏、王蓓:《羌语和"羌—汉"中焦点的韵律实现方式》,《汉藏语学报》第11期,商务印书馆,2019年。

[75] 周学文:《内爆音发音机理的声学表现——壮语内爆音的声学分析》,《南开语言学刊》2010年第1期。

[76] 朱晓农、周学文、嘎裂化:《哈尼语紧元音》,《民族语文》2008年第4期。

[77] 朱晓农:《发声态的语言学功能》,《语言研究》2009年第3期。

[78] 朱晓农、刘劲荣、洪英:《拉祜语紧元音:从嘎裂声到喉塞尾》,《民族语文》2011年第3期。

[79] 祖丽皮亚（阿曼等:《维吾尔语双音节词韵律特征声学分析》,《第八届中国语音学学术会议论文集》, 2008年。

[80] Chen, S.-W., Wang, B. and Xu, Y.（to appear）. Closely related languages, different ways of realizing focus. Pesented at Interspeech 2009, Brighton, UK

[81] Dantsuji,（1982）. An acoustic study on glottalized vowels in the Yi（Lolo）Language. Studia Phonologica.（16）.

[82] Harnud, H. A.（2003）. A basic study of Mongolian Prosody. Department of Phonetics, Unviersity of Helsinki, Series A, 45. Helsinki.

[83] Maddieson, I. & P. Ladefoged.（1987）. "Tense" and "lax" in four minority languages of China. Journal of Phonetics（13）

[84] Ladefoged, P.&I.Maddieson（1996）.The sounds of the world's languages. Blackwell Publishers.

[85] Chen, Wang & Xu（2009）.Replicating in Naxi（Tibeto-Burman）and experiment designed for Yorúbá: An approach to 'prominence-sensitive prosody' vs. 'calculated prosody'. In: The Proceedings of Speech Prosody, 2006, Dresden, Germany.

[86] Kuang, J. J.（2011）. Production and Perception maps of the multidimensional register contrast in Yi UCLAWorking Papers in Phonetics No. 109.

[87] Kuang, J. J., P. Keating（2012）. Glottal Articulations of Phonation Contrasts and Their Acoustic and Perceptual Consequences（UCLA Working Papers in Phonetics）, University of California, Los Angeles, America.

第十章 语言与文化研究

第一节 概述

中国是一个多民族的国家，境内有五大语系，语言数量众多。我国少数民族语言所呈现出的多元性、类型的多样性和深厚的社会人文内涵以及中国丰富的多元一体的文化格局为少数民族语言与文化的研究提供了极大的便利和肥沃的土壤。纵观中华人民共和国成立以来70年中国少数民族语言与文化的研究历程，大致经历了拓荒期、沉寂期、发展期三个主要阶段。

中华人民共和国成立伊始至20世纪50年代是少数民族语言与文化研究的拓荒期，期间少数民族语言与文化相结合的研究成果不多。

1950年罗常培的专著《语言与文化》问世后，被公认为中国文化语言学的开山之作，具有筚路蓝缕之功，奠定了中国文化语言学的基础。该书主动接受萨丕尔、泰勒以及马林诺夫斯基等著名学者的学术思想，着重从词语语义角度出发来论证语言和文化的关系。除中国境外民族的语言和文献材料之外，大部分语言材料都来自少数民族语言。全书共八章，主要内容涵盖六个方面：第一，从词语的语源和变迁看过去文化的遗迹；第二，从造词心理看民族的文化程度；第三，从借字看文化的接触；第四，从地名看民族迁徙的踪迹；第五，从姓氏和别号看民族来源和宗教信仰；第六，从亲属称谓看婚姻制度。这本书结合大量少数民族语言材料进行分析，兼有深度和广度，至今在文化语言学研究领域影响深远，一直受到学者们高度重视。

罗氏《语言与文化》出版后的30多年内，少数民族语言与文化的研究"新路"竟难觅继踵者，形成民族语言与文化研究的断档现象。究其原因，这种断档现象的产生与特定的历史背景有着密切的关系。中华人民共和国成立后至20世纪50年代，少数民族语言研究工作带有明显贯彻党的民族语文政策和国情调查的性质。当时少数民族语言的研究工作主要集中在以下几方面：研究少数民族语言文字的历史和现状，帮助少数民族解决语言文字的使用和发展问题，进行少数民族语言普查，弄清我国少数民族语言的分布情况，为民族识别工作提供客观依据；帮助部分少数民族制订和改进文字方案以及少数民族地区的语文规划工作等。因此，少数民族语言与文化研究缺乏相应成熟的条件，难以提到议事日程上来。

"文化大革命"期间，整个少数民族语言研究工作基本处于停滞状态，少数民族语言与文化研究也随之沉寂，研究成果寥寥无几。

1978年十一届三中全会以后，少数民族语言研究和民族语文工作逐渐恢复并开始迅猛发展。在新的学术环境下成长起来的中国学者，继承前辈治学传统和特色，薪火相传，不少学者开始把研究的目光投到少数民族语言与文化研究上来，在少数民族语言与文化研究中开拓进取，取得显著成就。广大语言工作者纷纷著书立说，大量论著踵相问世，其中不乏开创性的理论成果和各具特色的专题研究，同时也召开了一系列民族语言与文化研讨会。少数民族语言与文化的研究进入了崭新的发展期，越来越显示出蓬勃发展的活力。

少数民族语言与文化研究的兴起和繁荣不是偶然现象，有着背后的诸多原因，概括起来主要有以下几点：

1. 语言学自身发展的趋势

从世界范围看，20世纪中期，语言学开始打破结构主义一统天下的局面，出现了多元化的研究格局。改革开放后，国内学术氛围变得宽松民主，学术界的思想观念和思维方式开始转变，其中最突出的表现之一就是伴随着中西文化研究的不断深入，众多学者对文化产生了浓厚的兴趣，掀起了学术界的"文化热"。在这样的时代背景下，语言学者们开始对《马氏文通》以来的中国语言学研究进行深刻反思，普遍认为语言研究要摆脱西方语言学的窠臼，不能仅仅纠缠于对语言作形式化的结构描写，偏重于纯形式的静态研究，而是需要看到语言的人文属性，重视语言的实际应用和边缘交叉研究，探讨语言的文化特征及其与文化的密切关系，挖掘语言的文化价值和内涵，既要扎实搞好语言的本题研究，又要关注语言的边缘研究。这是语言学自身发展的必然趋势，也是对新时期语言学工作者提出的新要求。

2. 国内文化语言学兴起的影响

1985年游汝杰、周振鹤在《复旦学报》第3期发表了《方言与中国文化》一文，主旨为"在泛文化背景中研究语言的演变"，并进一步提出建立"文化语言学"的设想，迅速得到学术界的积极响应和支持，在国内很快掀起一股文化语言学热潮。在该文的感召和影响下，"把语言学和别的学科结合起来研究，从而彻底改变语言学'不食人间烟火'的现状。"[①] 已经成为当时学界众多学者的共识。申小龙（1987）发表了《历史性的反拨：中国文化语言学》一文[②]，号召对文化语言学进行深入研究。吕叔湘（1988）在《南北朝人名与佛教》[③] 一文中正式肯定了这一门学科。经过20多年的探索与研究，文化语言学取得了丰硕的研究成果，出版了一批专著及论文，形成了文化参照派、文化认同派、社会学派等主要流派。文化语言学的兴

---

① 游汝杰：《中国文化语言学引论》，高等教育出版社，1993年。

② 申小龙：《历史性的反拨：中国文化语言学》，《学习与探索》1987年第3期。

③ 吕叔湘：《南北朝人名与佛教》，《中国语文》1988年第1期。

起，无疑对中国语言学的发展具有很大的推动作用，它进一步突破了长期以来语言研究受结构主义束缚的局限，开拓了一个新的研究领域。20世纪80年代中期，文化语言学思潮的兴起、文化语言学的创建对少数民族语言与文化的研究起到了强大的推波助澜作用，使得少数民族语言与文化研究成为广大语言学工作者的自觉追求。

3. 语言与文化结合研究的历史传统

语言与文化结合起来研究中外古已有之。中国的古代小学研究处在语文学阶段，称不上现代意义上的语言研究，但由于注重"从个体词语（包括它的构词理据与使用意义）的文化内涵考据入手，观察语言与文化关系的种种表现，并从中归纳出带有普遍意义的现象，然后通过对这些现象的解释来寻找语言与文化关系的内在规律" [1]，因而具有较浓的人文主义色彩。例如西汉扬雄《方言》中所调查和记载的方言，就反映了不同地域之间的文化差异；《尔雅·释亲》所记载的亲属关系及其称谓，是了解古代婚姻制度与宗法制度的重要窗口。对语言与文化之间密切关系的思考一直在延续。中华人民共和国成立之前，林耀华的《分析言语意义对于文化研究的贡献》[2]、罗常培的《从语言上看云南的民族分布》[3] 等文章也进行了积极探索。西方梅耶、鲍阿斯、洪堡特、萨丕尔等人的语言学说，也都密切关注语言中的文化因素。上述语言与文化研究的历史传统无疑为中国少数民族语言与文化研究的开展和深入奠定了深厚的基础，提供了丰富的学术渊源和养料。

此外，1979年中国社会科学院民族研究所创办了我国第一份民族语文学术杂志——《民族语文》，成为民族语文研究的主阵地。中华人民共和国成立以来，《民族语文》以及其他刊物为刊出少数民族语言与文化的文章提供了广阔的平台，既填补了少数民族语言与文化研究的诸多空白，也不断展示学术界相关民族语言与文化研究的最新成果。同年我国第一个全国民族语言学会成立，为民族语文研究特别是少数民族语言与文化研究的开展壮大了队伍，增强了学术凝聚力，为少数民族语言与文化的研究提供了非常有利的条件。

中华人民共和国成立以来，在少数民族语言的本体研究扎实推进的基础上，许多学者开始关注少数民族语言与文化的交叉研究。各方学者自觉热心于少数民族语言与文化的研究，或把语言和文化的互动关系作为研究对象，或基于特定民族文化背景去挖掘和阐释民族语言中的文化内涵和文化价值，著书立说，盛况空前，形势喜人，产生了一批比较有影响的研究成果，至今已发表论文数百篇，出版相关著作二十多部，其中不乏理论的创见和有价值的研究成果。

---

① 王宁：《汉语词源的探求与阐释》，载《中国社会科学》1995年第2期。

② 载《民族学研究集刊》1944年第4期。

③ 罗常培（罗莘田）：《从语言上论云南民族的分类》，《边政公论》1942第1卷。

第二节　语言与物质文化

语言与物质文化密切相关。20世纪80年代，游汝杰发表《从语言地理学和历史语言学试论亚洲栽培稻的起源和传布》（1980）[①]，这是一篇较早通过语言探讨民族物质文化的文章，也是较早关于少数民族语言与文化领域的一项研究成果，此后，类似成果不断出现。

张公瑾的《语言与民族物质文化史》（2002）[②]是少数民族语言与文化研究领域的一部重要专著。作者在书中首篇《物质文化史在语言中的积淀》一文明确指出，"语言材料对研究物质文化史的帮助，主要体现在三个方面：第一是某种物质文化的起源；第二是某种物质文化的传播过程；第三是某种物质文化本身的演变或演进的情况。其实，物质文化史就是由这三个方面构成的，而这三个方面都能通过语言进行考察和探讨。"[③]纵观全书，充分体现出从语言学角度进行民族物质文化史研究这一学术理念。该书以专题形式展开，涵盖了南方民族农作物、饮食、建筑、纺织、铸造、地名等物质文化的起源和传播的语言学考证，并进一步从语言资料出发，对北方民族物质文化做了全面深入的阐述。具体内容包括：物质文化史在语言中的积淀，中国稻作的起源和壮侗民族的稻作文化，古越人的谷田文化，农作物的族际传播，竹筒饭和啖鼠文化，蒸馏酒的出现和传播，茶的古称和传播，"橄榄"和"干栏"的语源，地名与古代村寨，南方少数民族的弓弩与枪炮，纺织文化的起源和发展、游牧民族的物质文化、渔猎采集文化的变迁等。该著覆盖面广，注重从第一手语言资料出发，对涉及衣、食、住等传统民族物质文化进行了全方位考察。

吴东海的文章《傣语中的水文化》（2005）[④]在分析西双版纳傣族居住的地理环境特征之后，认为"水"是西双版纳地理环境中一个十分突出的因素，傣族文化中具有十分浓厚的"水"情结。文章进而梳理了傣语词汇、俗语、诗歌中"水"的各种表现，对傣语中的水文化作了更加深入的分析，由此归纳了傣族的民族心理特征。

李锦芳的《中国稻作起源问题的语言学新证》（1999）[⑤]一文通过论证侗台、南岛语"水稻"一词的同源关系来说明侗台语和南岛语"稻"一词对应，认为二者在未分化的六千多年前，侗台、南岛语先民已经在华南地区发展水稻栽培。文章从语言学角度推断华南是中国栽培稻发源地的观点，结论颇具说服力。

---

① 载《中央民族大学学报》1980年第3期。

② 民族出版社，2002年。

③ 民族出版社，2002年。

④ 载《湖北民族学院学报》2005年第1期。

⑤ 载《民族语文》1999年第3期。

　　反映民族经济生活特点的词语往往与该民族的精神文化生活密不可分。赵阿平连续发表涉及《满语中动物词语的文化含义》（上、下）（1995，1996）[①]两篇文章，以"马、狗、猪、鹿"等20多种动物为例，揭示了与满族及其先人经济生产、生活密切相关的动物词语所包含的民族文化含义，折射出满族及其先人在特定自然环境与社会环境下生成的文化心态，挖掘了动物词语所体现的满族民族经济、精神文化和丰富而深厚的文化风情。

　　民族语言的词汇构成与内涵分析，往往是洞察各民族早期历史文化状况的窗口。王远新的《哈萨克语的畜牧业词汇》（1984）[②]通过对哈萨克语畜牧业词汇的观察分析，透视了哈萨克族的社会文化、物质生活、心理素质等方面的特点。刘小萌《从满语词汇考察满族早期的经济生活》（1989）[③]则以康熙朝《清文鉴》为依据，参稽有关史籍，作者紧紧围绕渔猎经济和农业经济两方面，从词汇学的角度对满族及其先民经济生活的基本内容、特点、变化过程做了探索性说明与考察。另外，斯钦朝克图的《蒙古语五种牲畜名称语义分析》（1994）[④]一文借助语义学中的语义场理论，对蒙古语五种牲畜名称作了义素分析，并分析了该语义场的层次，总结了蒙古语五种牲畜名称所反映的民族特点和语言特点，结论中肯可信。

第三节　语言与非物质文化

　　2003年10月通过的《保护非物质文化遗产国际公约》就明确指出语言属于非物质文化遗产。作为各民族人民世代相承的、与群众生活密切相关的各种传统文化表现形式，少数民族语言同样承载着丰厚的非物质文化内涵，对于追溯和揭示族群文化和历史有着重要意义，所以备受学者关注，从不同角度来透视少数民族语言和非物质文化的密切关系，涌现出大批涉及语言与非物质文化关系研究的学术成果。

　　戴庆厦、徐悉艰合著的《景颇语词汇学》（1995）[⑤]是一本专门研究景颇语词汇的著作。该书系统地分析了景颇语词汇的特点，包括词的语音特点、义素义位分析、词与社会文化、词汇系统的构成、与亲属语的词源比较等。全书最大的特色是在论述过程中注意密切联系景颇族的社会、历史、文化探讨反映人文特点的语义特征，重视运用现代语义学的理论与方法对亲属称谓、动植物名词等方面的词汇进行分析，尤其书中第六章集中体现了作者对民族语言与文化关系研究的高度重视。该章分别对婚姻家庭制度在亲属称谓中的反映、宗教对词汇的影响、奴隶制在词汇中

---

① 载《满语研究》1995年第2期，《满语研究》1996年第1期。
② 载《民族语文论丛》，中央民族学院少数民族语言研究所编，1984年。
③ 载《满语研究》1989年第2期。
④ 载《民族语文》1994年第1期。
⑤ 中央民族学院出版社，1995年。

的遗迹、经济特点在词汇中的反映、姓名特点、颜色词、方位词、计量法等八个方面进行系统阐述，全面反映了语言与非物质文化的关系，对少数民族语言与文化研究提供了有益的启迪。

丁石庆所著《达斡尔语言与社会文化》（1998）① 是一部少数民族语言与文化个案研究的力作。该书以中国人口较少的北方少数民族 —— 达斡尔族为特定研究对象，运用文化语言学的相关理论和方法，全面深入地探讨了达斡尔语所反映的达斡尔族文化的基本特征，从婚姻到家庭，从宗教到信仰，从人名地名到文化交往，无不一一涉猎，娓娓道来，为少数民族语言与文化研究注入了新鲜血液，展示出达斡尔族语言和文化的特色。全书材料丰富准确，编排合理清晰，宏观微观紧密结合，总体论述和分项阐释并举，在总体特征的探讨之后进行了深入和详细的微观论证，用大量的实例加以佐证，论证过程具体，结论令人信服。该著作称得上是少数民族语言与文化研究领域中一部精细翔实，独具特色的新著，显示出作者对达斡尔语言与文化的深层次思考以及扎实的理论功底。

《双语族群语言文化的调适与重构 —— 达斡尔族个案研究》（2006）② 是丁石庆2006年推出的又一部关于少数民族语言与文化研究的专著。该书运用历史文献资料和田野调查的二重证据法，充分借鉴描写语言学、对比语言学等学科领域的理论方法，首次将双语族群的语言文化系统划分为母语文化、双语文化和方言文化三个子系统，并将其发展演变历程视作双语族群语言文化的调适与重构过程，而且针对演变过程中所体现出来的浑沌特征给予了全新的文化诠释。"以人为本"的研究理念、对语言文化的深刻解剖、对双语族群的语言文化系统的科学合理划分都成为该著作的亮点。该书的最大贡献是在分析达斡尔语言样本的基础上，构建了极具创新特色的语言文化类型解释模式，把双语族群的语言文化系统大胆纳入原生与次生的文化环境中，对达斡尔族语言文化的特殊性和普遍性作了深刻的论述。张公瑾作序认为，该书对达斡尔族及我国人数较少的少数民族语言文化的保持和发展，对处理各民族之间的文化关系，都有重要的学术价值和实践意义。

另外两部专著也探讨了民族语言和非物质文化之间的关系。杨占武著《回族语言文化》（1996）③ 一书按照语词中的历史、回族伊斯兰教特点的汉语词汇、谚语与文化习俗、回族经堂语等四章内容安排结构，采用回汉对比的方法，对回族语言文化作了细致全面的挖掘。全书讲述全面、系统，具有一定的理论性、科学性及知识性，值得一读。而王渝光、单春樱、崔梅等合著的《汉傣语言文化论》（1996）④ 则重点针对汉傣语言与制度文化、观念文化以及交际文化和旅游文化的关系分别进行了探讨。该著作最明显的特点在于从不同民族语言的角度透视了与之有密切关系的

① 中央民族大学出版社，1998年。

② 中央民族大学出版社，2006年。

③ 宁夏人民出版社，1996年。

④ 云南教育出版社，1996年。

社会文化现象，展现了汉傣民族的整体文化风貌。全书内容丰富，结构浑然一体，既有在细致描写基础上的对照比较，又注重文化对语言要素的影响。

人名姓氏是社会发展到一定阶段的产物，其产生、发展要受自然、社会、文化等方面的影响。一个民族的人名姓氏，常常与一定的血缘关系、个人身份、男女性别、社会地位和社会心理等密切相关，折射出包括社会制度、民族信仰、地理环境、道德传统、风俗习惯等方面的丰富的文化信息。因此，人名姓氏自然成为少数民族语言与非物质文化研究所关注的焦点之一。

1951年丁山在《新建设》第三卷第六期发表《姓与氏》一文，这是中华人民共和国成立以来较早的一篇涉及少数民族人名姓氏的文章。该文是从恩格斯《家庭、私有制和国家起源》中所提出的关于家庭发展的观点出发，全面论述中国的姓与氏。作者认为：姓为母系血统的氏族遗迹，氏为父权时代的氏族组织。这一结论印证而且补充了恩格斯关于家庭发展的规律，具有较高的学术价值。

范玉梅的《我国少数民族的人名》（1981）[①]一文共分六部分，依次为：我国少数民族人名的意义、我国少数民族的姓与名、我国少数民族的连名制、命名的范围、人名中的风俗禁忌、我国少数民族人名的主要特点。作者指出，研究少数民族人名既可以说明我国各族人民之间团结友爱、相互融合、共同进步的民族关系，又可以为研究我国少数民族社会发展提供丰富有力的佐证；既可以了解我国少数民族人民经济、政治、文化生活等诸多方面，又有助于开展我国民族学、历史学、地名学、民俗学等学科的研究工作。全文以大量的少数民族人名作例证，分析细致入微，归纳得当，称得上是一篇成功分析少数民族人名的文章。

在社会历史文献资料和笔者的田野调查资料有机结合的基础上，对具体民族人名的文化功能及其与社会文化关系做深入思考，成为不少学者关于少数民族人名姓氏研究的一个亮点。周庆生《傣族人名的等级结构与社会功能》（1998）[②]就彰显了这一特色。该文分析了公元15世纪至20世纪中叶西双版纳傣族不同社会等级使用的较为典型的人名系统，以"结构、意义和功能"的视角统领全文，分别对乳名、从佛名、还俗名和官名的结构形式、文化内涵和社会功能作了透视，揭示出傣族社会等级制度对人名的制约作用。

东主才让《藏族古代部族与藏族姓名浅谈》（1997）[③]对有关藏族古代部族及藏族姓名的问题进行了条分缕析，包括藏族骨系及古代部族、藏族远古姓氏及部族、藏族姓名等几方面，然后探讨了在图书馆或资料室的工作中进行藏文图书特别是藏文古籍文献的著录问题，对更好更准确地做好图书编目等工作有实践意义。

部分学者针对某个具体的民族姓名作了个案分析，例如刘庆华《满族姓氏述

---

① 载《民族研究》1981年第5期。

② 载《民族语文》1998年第2期。

③ 载《国家图书馆学刊》1997年第1期。

略》（1983）① 通过对东北三省、河北、北京等省市二十余个市县的调查，重点对满族姓氏的特点、渊源、演变等情况，做了探索分析，对研究满族史、清史者都有参考作用。范玉梅发表《裕固人的姓名》（1985）② 一文，专门针对裕固族姓名做了阐述。刘文性《对维吾尔族人名的文化透视》（1990）③ 等文章对了解各民族人名姓氏均有参考价值。陈亚超、李信贤《哈萨克族人名的语言文化内涵》（2014）④ 则从人名的体制、构成、文化三方面对哈萨克族人名的语言文化内涵进行了探讨。

人名姓氏中最值得注意的是"连名制"的研究。"连名制"是一种颇具特色的姓名制度。我国蒙古、彝、哈尼、白、羌、珞巴等20多个少数民族都使用连名制，这些民族的连名制度丰富多彩、各具个性。罗常培先生的《语言与文化》一书中就涉及这个问题。关于"连名制"研究方面的论文主要有：

黄勇《我国少数民族人名"父子连名"制的语言文化分析》（1995）⑤ 一文根据本名和父名在姓名称谓中所处的顺序，把父子连名分为逆行父子连名制和顺行父子连名制，然后以诸多民族的父子连名制为例，对二者的构成模式进行了条理而细致的描写。文章认为，一定的人名系统是一定社会、文化、生活的镜像。文末作者对以长者为尊、父权至上的汉民族伦理道德价值观和执行父子连名制的民族重在凸显长辈与晚辈的相属关系做了比较。文章内容全面，结论可信。毛佑全的《哈尼族父子连名制新探》（1978）⑥ 则以哈尼族父子连名制为研究对象，阐释了其中所蕴含的文化因素。

我国台湾学者在少数民族人名姓氏研究领域也取得了引人注目的成就。例如我国台湾学者杨希枚《连名与姓氏制度的研究》（1957）⑦ 就曾指出："藏缅语族、阿尔泰语系诸族、中国台湾地区的高山族、欧洲、近东和非洲的大多数民族以及巴布亚的人名都是父子连名制"。此外，芮逸夫等台湾学者通过实际调查也撰文论述了我国少数民族的命名形态，出版了《中国民族及其文化论稿》（1972）⑧ 等著述，具有一定的学术价值。

除了上述涉及少数民族语言与人名姓氏的论著之外，还有两部关于人名姓氏的专著值得关注。其中，纳日碧力戈《姓名论》（1997）⑨ 采用文化人类学、语言学、符号学和心理学的视角，论证了人名与文化的关系。书中对姓氏本义、连名制、排

① 载《民族研究》1983年第1期。

② 载《西北民族学院学报》1985年第1期。

③ 载《西北民族学院学报》1990年第4期。

④ 载《伊犁师范学院学报》2014年第1期。

⑤ 载《吉首大学学报》1995年第1期。

⑥ 载《民族学与现代化》1987年第4期。

⑦ 《连名与姓氏制度的研究》，中央研究院（中国台湾地区）《历史语言研究所集刊》第二十八本，1957年，台北。

⑧ 艺文印书馆，1972年。

⑨ 社会科学文献出版社，1997年。

名制、讳名制、生辰名等进行了详尽介绍，同时还从姓名与历史、姓名与心理、姓名与信仰及多名制等方面，分别对姓名文化进行了探讨。作者认为人名往往充满自然崇拜的意蕴，姓名可同时表示血缘和身份，人名具有区分和整合功能，受社会性质和文化特点的制约。该书专论姓名，颇具理论色彩。另外一部是王贵的《藏族人名研究》（1991）①，该书搜集了多达500余个藏族人名，详细阐述了藏族人名的意义类别及结构，包括相当于"姓"的部分和名字的部分以及夹在姓名中的其他各种称呼，此外作者也探讨了藏族人名藏、汉、英三语互译的问题。该书对藏族人名作了全方位的深入考察，具有史料价值。

地名是地理实体的外在因素和表现形式，具有范围极广、历史悠久、稳定性强的特点。通过地名可以窥见许多少数民族的先民早期分布的地域，了解民族形成以及民族关系发展变化以及民族的文化、经济、宗教等内容。因此，地名考释自然也就成为少数民族语言与文化研究的主要课题之一，也出现了较多的研究成果。

韦达《壮语地名的文化色彩》（2001）②一文主要描写了壮语地名的命名特征，论证了壮语地名所反映的壮族先民早期分布的地域和社会生活的特点。钟进文《简述裕固族族称和突厥语地名的关系》（1992）③在分析四种关系说的基础上，进一步提出裕固族族称和突厥语地名有某种关系的观点。其他探讨少数民族地名文化的文章有：贾晞儒《试论青海民族语地名之研究》（1996）④、李锦芳《论百越地名及其文化蕴意》（1995）⑤、巴莫阿依《凉山彝语地名初探》（1987）⑥、牛汝极《新疆地名中的文化透视》（1989）⑦、朱琚元《彝族支地名与中国民族地名学》（1985）⑧等文章分别考察了青海、南海、百越、西双版纳、凉山、新疆等地的地名，探讨了其中所蕴藏的丰富多彩的文化。这些文章的共性是既有翔实的史料作有力支撑，又不乏对民族语言与文化研究的独特思考。

涉及地名与民族文化的专著数量相对较少。其中吴光范《云南地名探源》（1988）⑨是一本关于专门针对云南地名进行分析的著作，值得参考。

亲属称谓是语言词汇系统中重要的组成部分，是人们亲缘关系在语言上的反映，蕴含着各民族丰富多彩的文化观念和文化内涵，对了解各民族的婚姻形态、家庭制度、风俗习惯、宗教信仰等诸多方面有着极其重要的价值，因此亲属称谓一直

---

① 民族出版社，1991年。

② 载《中南民族学院学报》2001年第4期。

③ 载《语言与翻译》1992年第1期。

④ 载《青海民族研究》1996年第3期。

⑤ 载《贵州民族研究》1995年第1期。

⑥ 载《民族研究》1987年第6期。

⑦ 载《语言与翻译》1989年第2期。

⑧ 载《彝族文化研究文集》，云南人民出版社，1985年。

⑨ 云南人民出版社，1988年。

受到学者们的广泛关注和研究。我国《尔雅》《礼记》《仪礼》等则是我国古代关于亲属称谓的最重要的著作。美国摩尔根于1870年出版的《人类家族的血亲和姻亲制度》奠定了研究亲属称谓的理论基础，其后的《古代社会》更进一步论述了古代社会的亲属称谓及亲属制度，影响非常深远。我国学者对少数民族语言中的亲属称谓也进行了广泛深入的探索，产生了大量的学术成果。

傅懋勣《永宁纳西族的母系家庭和亲属称谓》（1980）[①] 是一篇较早探讨少数民族语言中亲属称谓与社会制度的文章。该文在分析了云南丽江宁蒗县永宁纳西族母系家庭特征和婚姻制度的基础上，论证他们语言中的亲属称谓是如何体现母系家庭的特点，并在一定程度上反映了古代血缘家庭的亲属制度，为我们研究家族发展史和语言发展史提供了珍贵而翔实的资料。此外，文章以永宁纳西语称谓中"姑姑""伯伯""叔叔""丈夫""妻子"四个词的产生、变革和发展，具体阐述了母系家庭以及社会的发展对亲属称谓产生的影响。

肖家成的文章《血缘婚新证——从亲属称谓看血缘婚》（1983）[②] 从语言学与民族学相结合的角度，以景颇、纳西族等多个民族的一系列亲属称谓为出发点，得出两个新论点：男呼"姐妹"与通呼"妻子"在景颇族的亲属称谓中具有明显的同源性；"兄弟姐妹"称谓分为两组，是血缘婚曾经存在、后又被禁止的历史进程所留给我们的语言遗迹。全文材料翔实，观点新颖，可读性强。

除了对单个民族语言中的亲属称谓进行研究外，有的学者对不同民族语言和不同支系语言的亲属称谓做了深入的比较分析。如戴庆厦《景颇语亲属称谓的语义分析》[③] 一文分析归纳了景颇族亲属称谓中亲从表同称、血亲姻亲同称、岳父舅父同称以及姐妹、妻子同称等特点，进而挖掘了景颇族亲属称谓之后所蕴藏的文化现象，颇具说服力。肖家成《景颇族各支系亲属称谓比较研究》（1988）[④] 和邹中正《汉族和藏族亲属称谓的比较研究》（2002）[⑤] 等文章分别针对景颇族各支系亲属称谓和汉族和藏族亲属称谓进行了比较研究，揭示了不同民族亲属称谓的异同。

部分学者着力对某个民族作了全方位的亲属称谓个案研究。周庆生曾先后发表多篇文章来探讨傣族亲属称谓。其《傣语亲属称谓变体》（1994）[⑥] 一文从社交语用学和社会语言学的视角切入，将西双版纳称谓变体分成七组逐一描述，详尽地阐述了傣族亲属称谓的引称、对称、排行称等十三种用法。该文对于深化傣汉词典编纂内容和傣语教学实践，构建西双版纳亲属称谓语用模式的框架，均有一定的现实意义。随后，他的文章《亲属称谓等级称与封建领主等级制——以傣族为例》

① 载《民族研究》1980年第3期。
② 载《民族研究》1983年第5期。
③ 载《民族语文》1991年第1期
④ 载《民族语文》1988年第1期。
⑤ 载《西藏研究》2002年第3期。
⑥ 载《民族语文》1994年第4期。

（1997）① 以云南省西双版纳傣语亲属称谓等级称为论述对象，揭示了傣族封建领主社会的等级制对傣语亲属称谓等级称的制约和影响。作者认为，傣语亲属称谓等级称是在傣族封建领主等级制度的基础上产生的，这些等级称具有显示尊卑身份、表明等级认同和维护等级秩序等社会功能。《西双版纳傣语亲属称谓语义成分分析》（1990）② 则针对传统释义方法的局限，运用结构主义原理与方法，引进义位、义素等概念，系统地对西双版纳傣语亲属称谓进行了分析。这几篇文章紧紧围绕傣族亲属称谓来研究，阐释运用语义学研究新方法，视角各异，挖掘较深。

丁石庆《达斡尔族亲属称谓的文化透视》（1998）③ 一文运用文化语言学的理论和研究方法，对达斡尔族的亲属称谓系统、特点及亲属称谓所反映的亲属关系和婚姻家庭制度进行了综合分析和文化透视。崔军民《藏语亲属称谓系统及其文化内涵初探》（2006）④ 认为，藏语称谓系统作为藏文化的重要组成部分，有其产生和发展的社会、历史、文化背景。文章以四川康区的藏族亲属称谓为例，挖掘各种亲属称谓中所折射出的当地藏族的家庭结构及社会习尚。

其他涉及少数民族亲属称谓的文章也多有发表。如郑贻青《黎族的亲属称谓和人名》（1980）⑤、刘龙初《论永宁纳西族"俄"等级的来源及其阶级属性》（1981）⑥、廉光虎《十五世纪以前朝鲜语敬语表现形式的考察》（1998）⑦、巴且日火《凉山彝族非血缘亲属称谓试析》（2000）⑧ 等，或透视婚姻形态，或考察阶级属性，或比较分析，皆有侧重。

总体来看，少数民族亲属称谓研究呈现出如下特点：第一，重视民族语言中亲属称谓的普遍性和独特性，系统地揭示某个民族亲属称谓所蕴含的文化，对民族文化研究提供了有价值的参考和借鉴；第二，有意识地把田野调查和文献资料有机结合起来，注重挖掘亲属称谓背后所蕴藏的各民族生活习俗、宗教信仰、婚姻状况、伦理观念等方面，注意不同语言之间的影响和各种亲属称谓变异现象和动因的探讨；第三，材料丰富，例证翔实，共时描写和历时考察并举。

民族语言文字是认识民族文化的重要途径，也是弘扬和发展民族新文化的重要工具。20世纪80年代中期以后，在《中国少数民族语言简志》丛书的基础上，中国语言学工作者对一批新发现的或者早已发现但未进行过系统调查的语言进行了实地的考察和描写研究，出版了一系列比较全面反映有关少数民族语言的结构面貌和

① 载《语言教学与研究》1997年第3期。
② 载《民族语文》1990年第2期。
③ 载《黑龙江民族论丛》1998年第1期。
④ 载《中央民族大学学报》2006年第2期。
⑤ 载《民族语文》1980年第3期。
⑥ 载《民族研究》1981年第5期。
⑦ 载《民族语文》1998年第1期。
⑧ 载《民族语文》2000年第5期。

类型的著作，这项工作对民族语言与文化的保护传承起到了积极作用。随着全球经济一体化和地区经济发展速度的加快，许多语言面临濒危甚至消失的危险，语言多样和文化多样性受到了前所未有的严重挑战，民族语言与文化的记录保护及传承已经成为一项极其紧迫和重要的任务。新时期如何做好民族语言与文化的记录保护及传承工作，有效推动、抢救和保护民族文化遗产的特殊作用，特别是在全球的濒危语言现象大背景下，保护和利用好我国民族语言文化生态的问题已经引起了学术界诸多有识之士的关注。这方面的文章数量相对较多，反映出我国民族语言工作者对少数民族语言与文化保护和传承的高度责任心和如何积极应对严峻挑战的认真思考。大家撰文一致认为，语言文字不仅仅是一种普通的工具，而且蕴含着丰富的文化价值。研究保护和抢救即将消失的语言文化资源的可行性对策，迅速采取实际步骤，已经成为保存和保护濒危语言和文化的当务之急。

张公瑾的《文化环境与民族语文建设》（1991）[①] 从母语危机入手，指出为了促进民族文化的繁荣，应该大力普及教育，保存和发展民族语言。作者提出"繁荣一个民族的文化，最关键的是普及教育和发展教育事业，而普及教育的最有效途径则是母语教育。"全文对我国20世纪50年代以来文字创制和改革中的认识不足进行了实事求是的总结，颇具启发意义。

在当前席卷全球的现代化浪潮中，少数民族及其语言和文化面临严峻危机和考验。刘宝俊《民族语言与文化生态》（1996）[②] 一文则呼吁现代社会要重视人类文化的生态保护，珍惜处于不同历史层次上的各类文化资源，改善民族文化生存的外部环境。

语言是文化信息的载体，担负着承载民族文化的重要作用。普忠良《从全球的濒危语言现象看我国民族语言文化生态的保护和利用问题》（2001）[③] 一文以语言濒危的全球趋势为背景，着重分析了我国语言濒危的历史与现状，重点就我国语言文化生态的保护和利用问题进行了探讨。文章指出语言濒危现象产生的原因是多方面的，包括社会、经济、历史、文化、语言使用人口以及通信技术等因素等各方面。文章对如何保护和抢救我国民族濒危语言提出了七条切实可行的对策性建议，具有充分的实践意义。此外楼晓悦《浅谈中国少数民族语言与文化及其传承》（2006）[④] 等文章也对少数民族语言与文化的保护传承提出了自己的看法。

孙宏开的《重视少数民族语言与文化的记录和保护》（2006）[⑤] 一文指出：语言是人类最重要的资源和财富，是民族或族群的标志，体现着民族的认知系统。语言伴随着民族的产生和发展，记录着民族的兴衰。语言除了最主要的交际功能外，还

---

① 载《民族语文》1991年第6期。

② 载《中南民族学院学报》1996年第1期。

③ 载《贵州民族研究》2001年第4期。

④ 载《西北第二民族学院学报》2006年第3期。

⑤ 载《满语研究》2006年第1期。

有许多其他职能。我们必须采取实际步骤，保存和保护濒危语言和文化。作者认为当今某些弱势语言逐渐被强势语言所替代是一种不以人们主观意志为转移的客观趋势。我们只有实施正确的语言规划，采取一定措施，延缓濒危语言衰亡的速度。全文既充满忧患意识却又不失理性分析，值得一读。

除上述从宏观视角探索民族语言与文化保护传承的文章外，不少学者也发表了以保护传承某种具体民族语言为主题的论文和专著。马学良《维护母语 发展历史文化》（1998）① 一文以贵州实际为例，分析了台湾南岛民族母语的现状，呼吁有关科研部门大力抢救这些母语的材料，并尽早地解决他们的文字问题。维护母语，发掘民族文化遗产，搞好双语教学，维护台湾南岛民族母语，抢救保留在母语中的口承文化，这是维护母语当务之急。周国炎《仡佬语母语生态研究》（2004）② 是一部专门以仡佬语为个案探讨语言保护和文化传承的专著。该书既有对仡佬族传统文化与习俗的揭示，又从人文生态环境保护的高度对仡佬族母语生态做了阐述。该书注重历时分析，对仡佬语的历史沿流做了详细爬梳，挖掘了仡佬族生态母语危机的成因，然后对症下药，提出了保护仡佬语的具体对策。全书调查材料翔实丰富，理论探讨严谨周密。涉及少数民族语言与文化保护传承的文章还很多，例如祁德川《建设民族文化大省与保护抢救民族语言文字 —— 云南省民族语言文字工作的概述》（2002）③ 、何俊芳《赫哲族语言丢失的社会文化因素分析》（2002）④ 、惠红军、金满骁《贵州少数民族语言资源的保护与利用》（2008）⑤ 、崔军民《语言文化的生态保护研究 —— 兼谈藏语言文化的生态保护》（2005）⑥ 等。这类文章一个共同特点是立足于实际情况，按照提出问题、分析问题和解决问题的思路，进行微观剖析，具有针对性和现实意义。

方言是民族语言和文化的宝库。具体而言，各民族的原始宗教、神话、传说、习俗、禁忌以及人文地理等等文化信息在方言中都有一定程度的折射。目前关于少数民族地区方言与民族文化的成果数量相对较少。可喜的是部分学者充分认识到方言与民族文化的密切关系，开始有意识地打开民族语言的文化视界，从方言着手去挖掘其中所蕴藏的丰富的民族文化。

何守伦的《丽江方言词语的文化内涵透视》（1998）⑦ 这篇文章以具有复合文化积淀特征的丽江地区为例，选取了该地区的八个方言词语，逐一作了细致的文化扫描，反映出云南西北部与其他地区、汉民族与其他少数民族以及相邻地区少数民

---

① 载《贵州民族研究》1998年第1期。

② 民族出版社，2004年。

③ 载《大理师专学报》2002年第1期。

④ 载《中央民族大学学报》2002年第2期。

⑤ 载《贵州民族研究》2008年第5期。

⑥ 载《西北民族大学学报》2005年第2期。

⑦ 载《云南师范大学学报》1998年第5期。

族的文化积淀，揭示该地区民族文化的广厚内容和鲜明特色。张公瑾《傣语两种方言词汇差异的历史文化背景》（1988）① 在简要叙述傣族社会发展的基础上，以云南西双版纳和德宏两地方言词汇比较为切入点，分别从生活复杂化、文化娱乐活动、私有制和等级制度的产生以及外来借词四方面对傣语两种方言词汇的差异作了历史文化背景的深入考察。文末作者又探讨了方言划分问题。全文既有历时的考证，又有共时的分析，不失为一篇关于方言与民族文化方面的力作。

何琼撰写的《略论方言与少数民族文化研究》（2006）② 以方言与贵州地区少数民族文化的关联为出发点，紧密结合众多的方言实例，提出三个鲜明的观点：一是语言的扩散与交换促进了各民族文化的共同发展；二是方言为民族文化史的研究提供佐证；三是方言于民族习俗之中折射出民族文化的深层内涵。脱傲的文章《永登方言的少数民族语言痕迹与文化现象》（2006）③ 则以历史上汉、藏、蒙古、满、回等少数民族长期杂居甘肃永登县的方言为写作对象，从语音、语法以及文化的角度，对当地汉语方言中的少数民族语言文化现象进行了初步探讨。此外还有杨秀斌、石宗庆《试论侗语南北方言内文化的成因及其发展》（1990）④、郭启熹《闽西方言与民族迁徙的关系》（1985）⑤ 等文章也对民族语言和民族历史中的具体问题作了认真思考。

民族语言的多样性必然传达不同的民族文化。文化差异是语言教学必须考虑的重要因素。近年来，一些学者开始关注这个问题，并开始结出硕果。其中比较突出的有黑龙江大学满族语言文化研究中心的赵阿平。赵氏多年来主要致力于满语词汇学、语法学、语义学、满族语言与历史文化的教学与研究，深入系统地对满族语言与历史文化进行了多方位综合研究，拓展了满学研究的新路，受到国内外学术界的高度评价与重视。她依托地域优势和学科优势，撰写了《满语教学与研究中的文化因素问题》（1994）⑥、《满族语言文化教学方略》（2003）⑦ 等一系列文章，着重对满语教学与文化进行了深入探讨。作者认为在满语教学与研究中，必须要对满语形成与使用的文化背景进行分析，对满语所表现的文化内涵进行阐释。作者以满语教学与研究中的元音和谐与语法变化问题为例，说明了如果仅从音韵学与语法规则方面进行探讨分析难以作出充分合理的解释。因此，需要将相关的文化因素考虑进来，才能对其作出全面、深入地分析。文章对满语教学与研究中需要分析阐释的文化因素条分缕析，提出了对涉及的文化因素分析阐释常用的相关分析法、直接阐释法等

---

① 载《民族语文》1988年第5期。

② 载《贵州民族学院学报》2006年第1期。

③ 载《甘肃联合大学学报》2006年第6期。

④ 载《贵州民族研究》1990年第1期。

⑤ 载《龙岩师专学报》1985年第1期。

⑥ 载《中央民族大学学报》1994年第4期。

⑦ 载《满语研究》2003年第3期。

五种方法，对满语研究有较大参考价值。

作为现代文化传承和传播的重要途径，学校教育对民族文化的传承和传播起着非常重要的作用，不可替代。其他一些学者也关注到语言教学与民族文化之间的密切关系。赵平（2009）① 认为，改革开放以来，除了社会经济与文化教育的发展，双语教育的开展也在一定程度上推动了新疆城市维吾尔族语言文化的变迁。安维武、蔡世宏《裕固族语言文化传承，一道待解的难题》（2015）② 一文立足于裕固族语言文化传承现状，指出当前学校教学在传承裕固族语言文化方面仍然面临很多困境，例如裕固族语言文化的传承环境大不如以前，裕固族语言文化教育资源难以满足教学需求。文章对于民族语言文化在学校教育中如何更好地传承这一新课题具有启发性。

民族语文翻译是一项实践性很强的族际跨文化交际活动，如何把民族语言文化和翻译理论结合起来，研究跨文化交际及翻译策略，深刻地揭示翻译的原理与技巧，也引起了部分学者的深入思考。这方面的文章有：

夏迪娅·伊布拉音和乌买尔·阿皮孜合作撰写的《少数民族汉语教学中的文化词语》（2006）③ 一文围绕着少数民族汉语教学中存在的文化词语教学进行了探讨，具有现实意义。谭厚锋《侗族语言文化与翻译浅谈》（2002）④ 则认为翻译工作者应该对两个民族在文化方面的差异高度重视，必须掌握语言以外的文化背景知识，这样才有可能在原文和译文这两种语言之间别样架起一座交流思想、传递信息的桥梁，否则就会翻译不准确甚至错误。文章结合侗语相关实例来论述，说理透彻，脉络清晰，对民族语言的翻译有指导作用。高全孝《试论民族文化差异意识与民族院校英语教学》（2004）⑤ 一文以西藏民族学院为例，通过比较汉民族、少数民族和英美民族之间存在的文化差异，主张通过加强民族文化差异意识的学习与培养来促进民族院校英语的教与学，降低民族院校英语教学的难度。这篇文章对民族院校的英语教学具有一定的实践参考价值。吴正彪的文章《文化适应与民族语文翻译 —— 以对跨境苗族语言文字的学习为例》（2007）⑥ 指出，民族语文翻译是一种为增强各民族之间相互了解的跨文化解读，而从民族语文的翻译中可以窥视到一种文化与周边民族的文化适应过程。文章以跨境苗族语言文字的学习和理解为例，说明了只有注意到语言和文化的密切关系，民族语文翻译才能更加准确。宋丽英《论民族文化特殊词语的特点及翻译方法》（2008）⑦ 一文以云南民族特有事物及特殊词语的翻译

---

① 载《新疆大学学报》2009 年第 4 期。
② 载《中国民族教育》2015 年第 5 期。
③ 载《新疆教育学院学报》2006 年第 9 期。
④ 载《贵州民族学院学报》2002 年第 5 期。
⑤ 载《西藏科技》2004 年第 8 期。
⑥ 载《黔南民族师范学院学报》2007 年第 5 期。
⑦ 载《学术探索》2008 年第 3 期。

为例，对民族文化中的特殊词语的特点以及具体翻译操作中需要注意的问题等从技术层面上作了初步的探讨。作者认为最重要的一点就是翻译者应该成为民族文化的研究者。文章观点鲜明，引人深思。

民族语言往往和宗教有密切的关系。吕叔湘等老一辈语言学家就专门撰文探讨过类似的问题。丁石庆《语言：由"此岸"通向"彼岸"的符号阶梯》（2005）[①] 对宗教与语言之间的关系作了更进一步的考察。作者认为二者的关系可以表述为：语言创造了宗教，宗教发展了语言。作者认为语言是由世俗的世界 ——"此岸"通向神圣的宗教世界 ——"彼岸"之间的阶梯。文章最后倡导，应在宗教学和语言学之间建立宗教语言学或语言宗教学这样一门边缘学科，以沟通这两门学科之间的关系并促进和拓展各学科研究的深度与广度。谭志满《梯玛仪式与土家族语言文化的传承》（2007）[②] 一文探讨了土家族社区语言生活变化的影响特别是在土家族民间宗教信仰的推动下，梯玛仪式中土家语的使用以及土家族语言文化的传承情况。通过调查发现，文章认为梯玛仪式中土家语的使用以及土家族语言文化的传承极其艰难，原因在于土家族语言生活的变化和民间宗教信仰的变迁。此外，刘平《维吾尔文字演变中的宗教承传作用》（2000）[③] 以维吾尔文字为例，考察了少数民族语言演变和宗教传承之间的密切关系。

我国民族众多，民族文字多种多样。文字不仅仅是记录口语的书写符号系统，也是文化的载体，是传递信息和传承文化的媒介。同时文字是一种文化现象，通常被视为文明的重要标志。和汉字文化研究相比，少数民族文字与文化的研究显得非常薄弱，成果还不多。张公瑾的《文字的文化属性》（1991）[④] 认为，文字是一个民族传统文化的组成部分，往往凝聚着本民族的经验和智慧。文章通过汉族的甲骨文、水族的水书、彝文和纳西族东巴经文等例子，得出文字的创造或借用和宗教密切相关的结论，鲜明可信。作者提出，研究文字不能仅仅停留在形音义的层面上，而是要看到文字的凝聚民族文化这样一个更高的层次上来，从而深化对文字的认识。夏之乾《纳西象形文字所反映的纳西族文化习俗》（1994）[⑤] 一文挖掘了纳西象形文字所反映的纳西族文化习俗，对纳西族社会历史的研究具有相当重要的价值和深入地了解纳西族的文化习俗也有一定的参考作用。此外，萨克达·东晟《语言文字与民族特征》（1995）[⑥] 等文章也就民族文字和文化关系做了具体论述。

周国炎、孙华《文字在布依族语言保持和文化传承中的作用》（2014）[⑦] 指出，

---

① 载《西北第二民族学院学报》2005年第3期。

② 载《民间文化论坛》2007年第3期。

③ 载《语言与翻译》2000年第1期。

④ 载《民族语文》1991年第1期。

⑤ 载《民族研究》1994第5期。

⑥ 载《满族研究》1995第1期。

⑦ 载《贵阳学院学报》2014年第3期。

布依族自古没有一套适应本民族语言结构的文字体系，虽曾经借用汉字记录本民族宗教经文并将其传承下来，但掌握的人不多，使用的范围极其狭窄。因此，大量的布依族文化被湮没在历史长河中，而新布依文的创制为布依族语言的保持和文化的传承创造了极为有利的条件，发挥了重要的作用。

语言有口语和书面语两种存在形式。作为口语的书写符号系统，文字无疑对于民族语口语形式的保护传承具有极其重要的稳固作用。有些民族语只有口语，没有相应的文字。因此如何有效保护这类民族语显得更加迫切和重要。董兴业《用文字保存赫哲族语言文化》（2011）① 以赫哲语为例，提出保存赫哲语必须做三件事：一是准确描述赫哲语语言结构，一是尽可能收集语言词汇，一是记录口头文学。黄寒玥、王星、张镨元、赵针妮等《关于西南无文字少数民族语言与文化传承的探究》（2015）② 一文以基诺族、普米族、白族等民族为例，分别从语言文化背景以及提出相关建议和意见几个方面做了介绍和探讨。这方面的文章还不多，今后仍需进一步开展研究。

不同的语言都有自己的颜色系统，各个民族颜色词使用的差异可以反映出不同民族文化心理和审美情趣的差异。语言文化研究领域中，颜色词和数词一直是学者们所关注的对象，汉语言文化研究中出现了大量论著。少数民族语言文化研究过程中，也有不少学者进行了有益的探讨。

姜宝有《朝鲜语颜色词的基本范畴及其构成》（1989）③ 一文以伯林和凯（Berlin and Kay）的理论为参照，在确立设定基本颜色词的标准后，认为朝鲜语的颜色词有"白、黑、红、青、黄"五个主要范畴以及"绿、灰、褐、紫、蓝"五个派生范畴，二者共同组成朝鲜语颜色词的基本范畴体系，阐明了朝鲜语颜色词所表现出来的民族特性。文章成功借鉴国外颜色词理论对朝鲜族颜色词做了深入解析，有创新之处。

胡书津、罗布江村二人合撰《藏语白色颜色词的文化内涵》（1997）。文章认为，在审美心理中，"白色"被藏族视为洁净、诚挚、正直、高尚、忠诚、磊落品德的象征，这种现象体现了藏族独特的思维方式和文化模式。④

除单篇论文，也出版了若干部关于色彩词的专著。朱净宇、李家泉的《从图腾符号到社会符号：少数民族色彩语言揭秘》（1993）⑤ 一书搜集了中国 30 多个少数民族的色彩语言资料，综合应用语言学、符号学和文化人类学的方法，剖析了色彩语言的文化内涵，得出了色彩语言的社会文化意义是由一定民族的伦理道德、宗教文化、社会政治经济结构、婚恋习俗等方面决定的结论。白庚胜的专著《色彩与纳

---

① 载《黑龙江史志》2011 年第 17 期。

② 载《大众文艺》2015 年第 2 期。

③ 载《延边大学朝鲜学国际学术讨论会论文集》，延边大学出版社，1989 年。

④ 载《西南民族学院学报》1997 年第 2 期。

⑤ 云南人民出版社，1993 年。

西族民俗》（2001）① 以纳西族神话、传说、歌谣、故事及民俗中的色彩资料为出发点，采用田野调查、文献考辨、综合分析、比较研究的方法，对纳西族的色彩语言、色彩认知、色彩审美等方面作了细致入微的介绍和分析，描述了纳西族的色彩符号语言及其象征意义，构建了纳西族的色彩文化体系，以动态的眼光把握纳西族色彩文化的历史变化过程，深入探究纳西族色彩文化所发挥的种种社会、文化功能，对制约纳西族色彩文化之发生、发展、演变的因素进行了全面的研究。

此外，张玉萍《维吾尔颜色词语及其文化透视》（2000）② 、蔡崇尧《数字在维吾尔语中的文化内涵和修辞色彩》（2000）③ 、李炳泽《苗语色彩词及其搭配》（1994）④ 、胡书津《藏文数字藻饰词及其文化内涵》（1995）⑤ 、肖可《颜色词"白色"的民族文化内涵义》（1995）⑥ 等一系列文章结合不同民族语言实际对颜色词或数词做了具体分析。

值得一提的是，少数民族语言与文化研究的教材建设也取得了显著成绩。由张公瑾、丁石庆主编的《文化语言学教程》（2004）⑦ 就是一本编写成功的关于少数民族语言与文化的教材。该书是北京市教委2001年立项的高等院校精品教材建设系列项目之一，融基础性、实用性、启发性于一体，反映了语言与文化研究的最新动态。教材旗帜鲜明地提出文化语言学是一门新兴的具有中国特色的语言学分支学科，其核心任务是挖掘各民族语言的文化性质和文化价值，指明了文化语言学的学科发展道路，构建了较为全面的学科理论框架。全书分为两大板块，上编是理论与方法，下编是研究与应用。上编对语言与文化的几个根本问题进行了宏观的理论探讨，主要内容有：学科定位、对文化的认识、语言与文化、语言的人文生态环境、文字的文化属性和方法论；下编则对语言与文化等具体问题做了阐述，包括语言结构和文化结构、语言与物质制度精神文化史、语言与文化交流、方言与亚文化、双语与多元文化等。概言之，本教材特点有二：一是引进浑沌学的理论与方法，注重考察语言系统中的非线性现象，并提供了浑沌学的研究实例和个案分析；二是和其他文化语言学教材相比，书中语例丰富，涵盖仡佬、达斡尔语、傣语、黎语、布依语、侗语、水语、壮语、藏语、彝语等多种少数民族语言，充分凸显了作为少数民族语言与文化教材的鲜明特色。

---

① 社会科学出版社，2001年。

② 载《新疆大学学报》2000年第3期。

③ 载《新疆师范大学学报》2000年第1期。

④ 载《黔东南民族师专学报》1994年第3期。

⑤ 载《民族语文》1995年第2期。

⑥ 载《满语研究》1995年第1期。

⑦ 教育科学出版社，2004年。

第四节　语言与文化史

　　语言具有录传功能，能真实地记下民族早期文化发展的历史痕迹，尤其对没有文字的民族，堪称文化史的"活化石"。曹翠云《从苗语看苗族历史和起源的痕迹》（1983）[①]一文结合苗语中的清化音、复辅音和亲属称谓等现象，从词语的造词心理以及各种实物名称等作为切入点，证明了苗族悠久的历史和苗族的起源，观点可信。文章明确提出语言是探索过去没有文字的民族历史的一个重要途径。语言可以为民族史包括民族发展历程、迁徙轨迹等诸多方面提供证据，甚至还能有助于解决汉文记载中的矛盾。邢公畹《汉藏系语言及其民族史前情况探析》（1984）一文，综合运用历史学、考古学、体质人类学和语言学的材料，论证了汉语、侗台语、苗瑶语和藏缅语的发生学关系。[②]

　　语言可以为民族史包括民族发展历程、迁徙轨迹等诸多方面提供有力的证据。罗美珍《从语言上看傣、泰、壮的族源和迁徙问题》（1981）[③]从语音、语法、词汇三方面入手，全面分析了傣、泰、壮的起源问题。作者分别从发生学、类型学考察了这三个民族的同源关系，并且指出从语言上来探讨族源和迁徙问题往往是一种有力的佐证。后来罗美珍又撰写《从语言角度看傣、泰民族的发展脉络及其文化上的渊源关系》（1992）[④]，进一步论述了现今的傣、泰、布依、黎诸族的文化渊源。文章通过词汇的比较研究，认为傣、泰、布依、黎四族共有过原始村庄的稻作文化，而中国傣族、泰国的泰族之间，在他们迁徙至云南以后进一步共有过封建领主制文化和小乘佛教的文化。

　　邓佑玲的文章《族际交流与民族语言及文化的变迁——以双凤村土家语言的使用现状及其演变为例》（2001）[⑤]根据实地调查材料，从共时的角度描述双凤村土家语的使用现状，从历时的角度阐述其演变及其发展的趋势，并分析了双凤村土家族语言转用的原因，对少数民族语言变迁的研究具备一定参考价值。

　　邓晓华《从语言推论壮侗语族与南岛语系的史前文化》一文则试图用语言材料来解决文化史上的重要问题，同时借鉴考古学文化来证实用语言材料拟测原南岛语文化内容，文章认为现存台湾南岛语是大陆原南岛语的继续，操原南岛语的是古越人，原南岛语的老家是古百越文化区。[⑥]

　　丁石庆《达斡尔渔业词汇与渔业文化历史变迁》（2002）[⑦]一文紧密结合中外历

---

① 载《贵州民族研究》1983 年第 3 期。

② 载《语言研究》1984 年第 2 期。

③ 载《民族研究》1981 年第 4 期。

④ 载《民族语文》1992 年第 6 期。

⑤ 载《西南民族学院学报》2001 年第 8 期。

⑥ 载《语言研究》1992 年第 1 期。

⑦ 载《满语研究》2002 年第 6 期。

史文献，注重从达斡尔口碑文献入手，深入分析了达斡尔语渔业词汇的结构、语义和认知特点，并且与东北渔猎民族渔业词汇进行了比较分析，阐述了达斡尔人渔业生产活动的相关问题。这方面的文章还有彭武一《从语言角度看土家族族源》（1983）[①]、潘其旭等人《从语言上看壮、老、泰的历史文化关系》（1990）[②]、韦树关《从语言看越南族与壮侗语族民族的文化渊源》（1999）[③]、毛振林《从现代苗瑶语的共时差异看苗族与瑶族的历史分化》（1988）[④] 等。

我国民族语言文化的多元一体格局需要学界对不同民族各具特色的文化特征进行不断地深入挖掘，以史料为依据，深入探索各民族的历史沿革、活动区域与迁徙、族名和族源、社会组织以及优秀的传统文化、语言特色、文学艺术、生活习俗等专题，将民族文化的本真全貌全面地展现在读者面前。如杨富学所著《回鹘文献与回鹘文化》（2004）[⑤]，在回鹘历史文献系列专题研究的基础上，对现有回鹘语文本进行了汉文的译释工作，为学界提供了继续研究的文献基础；而且考察了回鹘文化的成长、发展之路，揭示了回鹘文化特质的凝聚与积淀过程。滕绍箴和苏都尔·董瑛合著的《达斡尔族文化研究》[⑥] 一书，以研究达斡尔族历史为线索，以达斡尔族的社会文化生活为纲，兼涉临近的北方民族的相互文化认同，将达斡尔族的相关专题研究向前大大地推进了一步。丁石庆以《达斡尔族文化资源的科学解读》（2019）[⑦] 为题对该著作予以高度评价，"其内容丰富，史事翔实，融学术性、知识性、可读性于一体。"这类反映民族历史文化的"百科全书"对于少数民族语言与文化的研究无疑具有重要意义。随着少数民族语言与文化研究不断深入，相信今后还会有更多类似的专著问世。

"语言，像文化一样，很少是自给自足的。交际的需要使说一种语言的人和说邻近语言的或文化上占优势的语言的人发生直接和间接的接触"。[⑧] 语言关系上的彼此接触、接近往往导致文化关系上的彼此接触、接近。陈忠敏《语言底层残迹与百越民族文化》（1988）[⑨] 一文则以侗台语和相关的东南亚诸语言为参照点，联系史学材料、考古材料论述了古百越语底层残迹、百越民族的性质及其活动范围、百越民族南迁路线、百越民族的来源等几个重要问题。

赵江民撰写的文章《从民汉语言的接触看民汉文化的交流》（2008）[⑩] 紧密结

---

① 载《重庆师范大学学报》1983年第1期。

② 载《学术论坛》1990年第4期。

③ 载《广西民族研究》1999年第4期。

④ 载《贵州民族研究》1988年第3期。

⑤ 民族出版社，2004年。

⑥ 辽宁民族出版社，2014年。

⑦ 载《中国民族报》2019年7月5日。

⑧ 萨丕尔：《语言论 —— 言语研究导论》，陆卓元译，商务印书馆，1985年。

⑨ 载《高校文摘》1988年第6期。

⑩ 载《新疆大学学报》2008年第2期。

合民汉语言接触中产生的部分借词，探讨分析了民汉文化的交流，印证了不同文化间的交流和相互影响在语言上的反映。文章认为无论是物质文化还是精神文化，民族间文化的交流必然以语言作为交流的手段。

中国台湾汉学研究中心主办的《汉学研究通讯》1992年第4期发表了台湾学者李壬癸撰写的《台湾南岛语言的内部与对外关系》。这是一篇通过原始语构拟、同源词考证来了解有关民族原始文化特点的文章。作者指出：台湾南岛语言研究在古南岛语研究方面占有举足轻重的地位，因为和分布在太平洋和印度洋岛屿和半岛上的近千种南岛诸语相比，台湾岛上南岛语的数量上虽不占优势，但却保存了其他地区南岛语所没有的古语特征。尽管古南岛民族没有留下任何文字记录，语言学家却可以根据重建古南岛语的语言资料并对南岛民族的史前文化、生活环境、日常生活等问题做出合理的推测，根据所构拟的同源词推测南岛民族的起源、迁移、生活形态的演变等等。

周国炎的《"越、濮、僚、夷、仲"与现代布依族族称关系试析》（1998）一文指出，汉文史籍中曾以"越""濮""僚""夷""仲"等来指称该民族的先民。直到近现代，布依族民间仍流行"夷家""仲家'等来自汉语的称谓，而同时又以本民族语自称pu4 ʔjai4。该文通过与布依语及其同语族语言进行比较，并参考汉语历史文献记载、民间传说等资料，对"越、濮、僚、夷、仲"等民族称谓与现代布依族本族语自称pu4 ʔjai4之间的关系进行了分析和论证。①

孟盛彬《语言接触与达斡尔族社会文化发展》（2009）② 一文以北方达斡尔族为例，通过考察，认为在长期同兄弟民族的语言接触中，达斡尔语既保留了古老的蒙古语族词汇，也从满语、汉语等语言中吸收了借词，语言表达系统更加完善，充分体现出历史上达斡尔族与各民族在社会经济文化等各方面的交流情况，达斡尔语中的有关借词是研究考察民族发展史的重要材料。

其他类似的文章还有不少，李强《语言接触在民族文化关系中的作用》（2008）③、李炳泽《从苗语词汇看苗族古代文化》（1987）④ 等，也都从语言角度探讨了民族语言和民族史的关系。

第五节　语言与文化相结合的方法论

伴随着20世纪80年代中期以来文化语言学热潮的兴起，许多学者开始深入思考如何把少数民族语言与文化有机结合进行研究，至今这种探索仍没有停止。概言

---

① 载《贵州民族研究》1998年第1期。
② 载《齐齐哈尔大学学报》2009年第1期。
③ 载《云南民族大学学报》2008年第2期。
④ 载《贵州民族研究》1987年第3期。

之，主要集中体现在以下几个方面：

1. 少数民族语言和文化之间的关系探究

语言和文化之间到底有何关系？这个问题是学术界一直热议的焦点。20世纪90年代前后，张公瑾针对少数民族语言与文化的关系问题发表了一系列文章做了深入的理论思考。其中，《社会语言学与中国民族史研究》一文侧重从语言角度来研究民族文化的历史，探讨古老的宇宙观念、考证民族的起源、证明重大历史事件和民族间的交流等；《语言的文化价值》（1989）① 一文就明确提出语言是文化现象的观点，然后从语言表层的文化价值、语言谱系研究的文化价值以及语言结构和文化结构等三方面对语言所包含的文化价值做了具体阐释。1991年他又发表了《文化环境与民族语文建设》（1991）② 和《民族语言与民族文化》（1991）③ 两篇文章，前者再次强调语言是文化现象，为了促进民族的繁荣，应该普及教育，保存和发展民族语言，同时指出除交际功能之外，作为记录口语的符号系统，文字是重要的传统力量，具有文化功能。后者指出，我国各民族在中华人民共和国成立前存在着社会形态和文化环境的差异，透过语言视角看到它们在共时平面上的多样性和历时层面的连续性和差异。《民族语言与民族文化》一文见微知著，以傣语词为例，深入浅出地论证了语言与文化的密切关系，从宏观角度指出语言跟一个民族或一个地区的地理环境和乡土风貌存在一种内在的联系。关于语言与文化的研究，作者主张重点应放在揭示语言的文化性质和语言的文化价值这两个方面，语言的文化价值"是从语言与文化的关系方面来考虑的"，即从民族语言考察文化，语言本身是一种文化现象。文章结合德国语言学家魏斯格贝尔的"中间世界"理论，通过民族语言实例对古代文化进行了考察，说明客观世界通过语言这个中间层次，使得不同民族的人认识上有所不同，体现出民族文化特征。他在另一篇文章《关于文化语言学的几个理论问题》（1992）④ 中，就语言的文化性质和语言的文化价值、文化语言学的学科性质、方法论和学科的客观基础等五个方面做了扼要的阐述。作者主张少数民族语言与文化研究在方法论上要遵守多元互补、"死""活"并重、古今兼顾、科际整合等几条基本原则，富有启发意义。他的另外一篇文章《文化语言学的性质和任务》（1993）中指出，文化语言学是研究语言的文化性质和文化价值的语言学科，具有综合性特点。其中，文化性质指语言本身就是文化，文化价值指语言蕴含着丰富的文化内容，是体现文化和认识文化的一个信息系统。文化语言学的研究对象不是简单划分为语言和文化，而是作为文化符码的语言本身。从本质上看，文化语言学是语言学科，文化语言学不应割裂语言和文化的关系。⑤

① 载《民族语文》1989年第5期。

② 载《民族语文》1991年第6期。

③ 载《汉语学习》1991年第4期。

④ 载《民族语文》1992年第6期。

⑤ 载《语言与文化多学科研究》，北京语言学院出版社，1993年。

1997年，周庆生以《民族语言与民族文化》（1997）^① 为题，从狭义文化的观点出发，以大量少数民族语料为有力依托，深入分析了中国少数民族语言与文化的关系，阐述了中国少数民族语言对一定的自然生态环境、制度文化、行为文化和观念文化的反映。作者认为语言既是社会交际的工具，还能反映一定的社会经济、思维方式和价值观念等文化内涵。文章分析透彻深入，观点鲜明，具有一定的学术价值。

作为一部重要的"发凡"之作，张公瑾专著《文化语言学发凡》（1998）^② 以民族语言为立足点，对"文化"作出了兼具丰富内涵和高度概括力的新定义："文化是各民族对特定环境的适应能力及其适应成果的总和"。基于长期对语言和文化的深刻洞察，作者对少数民族语言的文化语言学研究做了积极的理论建设和方法论探索。该书主要阐述了文化语言学科的要旨和若干关键性问题，以专题的形式解决文化语言学的个案问题，全面论述了语言的文化价值，内容翔实，书中以大量傣族、纳西族、壮侗族等少数民族的丰富语料，对相关论点起到了有力的支撑作用。该著作理论、实践并举，特别是作者提出把浑沌学的相关理论引入少数民族语言与文化的研究之中，重视语言的非线性特点，颇具创新意义。

张公瑾《文化语言学发凡》侧重从宏观角度对民族语言与文化，与之相呼应的是另外一部专门针对单个民族语言文化的"发凡之作"，是胡书津、王诗文合著的《藏语文化语言学发凡》（2008）^③。该书是我国第一部全面论述藏语言与藏文化之间关系的著作。

探讨少数民族语言和文化之间的关系的文章还有纪秀生《语言：民族文化的重要载体》（1996）^④。该文着重探讨民族语言词汇所包容的民族文化的历史内涵。作者认为通过词汇的研究，可以了解人类文化的遗迹，透视不同民族的文化底蕴，从地名可以印证人类分类、迁徙的历史踪迹以及从借词可以反映民族文化间的接触与交流。陶雅光《试论民族语言的文化学意义》（2001）^⑤一文提出民族语言是文化的载体，又是民族文化的表现形式之一，是一定民族的精神创造活动的结果，揭示其潜在的文化内涵，具有十分重要的文化学意义。

另外，刘宝俊《民族语言的文化透视》（1990）^⑥、贾晞儒《民族语言是洞察民族文化历史的窗口》（1991）^⑦、胡增益《语言的历史 —— 文化价值》（1992）^⑧、赵

---

① 载《满语研究》1997年第2期。

② 云南大学出版社，1998年。

③ 四川出版集团、四川民族出版社，2008年。

④ 载《吉林师范学院学报》1996年第4期。

⑤ 载《青海民族研究》2001年第2期。

⑥ 载《中南民族学院学报》1990年第1期。

⑦ 载《青海民族研究》1991年第5期。

⑧ 载《民族语文研究新探》，中国民族语言学会编，四川民族出版社，1992年。

阿平《试论满语语义与文化》（1993）① 、钟如雄《民族语言：民族的标记》（1997）②
和王远新《新疆少数民族语言文化的价值》（2016）③ 等文章也分别就少数民族语
言和文化之间的关系作了探讨。

2. 少数民族语言与文化研究方法的讨论与实践

语言观和方法论是语言研究的两大永恒主题，文化语言学的研究也不例外。只
有正确地运用相关研究方法，才能从异彩纷呈丰富多样的民族语言材料中得出科学
的结论。许多学者非常重视民族语言与文化研究方法的探讨。戴庆厦《正确处理民
族语言研究中的四个关系》（2006）④ 一文高屋建瓴，充满理论色彩。文章主张少
数民族语言研究要实现可持续性发展必须处理好四个关系：语言共时描写研究与历
时比较研究的关系，单一语言研究与不同语言比较研究的关系，模仿与创新的关
系，语言本体研究与非本体研究的关系。特别是论述最后一个关系时，作者结合自
己的研究经历，现身说法，有非常强的说服力。虽然该文并非专论民族语言与文化
研究方法，但对少数民族语言与文化研究同样具有深远的指导意义。

丁石庆撰写的文章《民族语言的文化学研究方法试探》（1997）⑤ 深刻地指出
理论和方法论基础薄弱制约了民族语言与文化的研究总体上的深度，因此对其方法
论的研究就显得特别迫切。文章分别对实地调查法、系统归类法、单元透视法、多
向比较法、溯源考证法等五种最常用实用的方法作了具体阐述，颇具操作上的可行
性和实践价值，体现出作者对少数民族语言与文化研究方法论的深入思考。

张公瑾《文化语言学视野中的民族语言研究》（2005）⑥ 明确提出，通过民族语
言研究各民族文化，可以加深对各种语言的文化属性的认识，也能揭示各民族文化
史上的未知现象，重塑少数民族文化的整体面貌，了解各民族思维方式的特点。作
者主张要从各民族语言的词汇、语音、语法等诸方面全面挖掘丰富的文化内容。作
者指出文化语言学将从民族语言中获得无限的资源和生机，同时也将提高民族语言
研究的社会价值。全文见解深刻，对民族语言与文化研究和20世纪80年代以来兴
起的文化语言学之间的互补关系作了独到分析。

民族语言研究都应归结到揭示语言的本质特点即语言的文化内涵、价值及功能
上来。王远新《中国民族语言学的人文主义方法论》（1994）⑦ 一文就表明了这种
观点。该文从语言历史研究的角度、语言共时描写的角度等七个方面对中国民族语
言学的人文主义方法论作了全方位思考。文章客观地指出：新兴的人文主义研究范

---

① 载《民族语文》1993年第5期。
② 载《西南民族学院学报》1997年第6期。
③ 载《中央民族大学学报》2016年第5期。
④ 载《河北师范大学学报》2006年第2期。
⑤ 载《西南民族学院学报》1997年第4期。
⑥ 载《湖北民族学院学报》2005年第1期。
⑦ 载《云南民族学院学报》1994年第2期。

式也不意味着用"文化语言学"取代其他各种学科；相反，它应当在与其他分支学科的比较中求生存、谋发展，彼此以互补求完整，从而达到繁荣发展语言研究的目的。全文既有对民族语言学的人文主义方法论的深刻剖析，也有对少数民族语言与文化研究的理性思考。

除了上述对少数民族语言与文化研究方法的理论探讨外，许多学者大胆尝试运用借鉴其他学科的方法进行研究，取得了显著的研究成就。例如肖丽萍、刘应捷《民族语言文化的心理探析》（1994）[①] 一文则从心理角度切入，从民族语言文化的心理透视、心理渗透、心理功能以及语言接触与民族文化心理四个方面展开，得出民族语言既是心理文化的载体，也是一种思维方式、价值体系和民族心理结构外化的结论，心理学方法在文中的运用也颇具新意。赵阿平《满－通古斯语言与萨满文化论略》（1996）[②] 则借鉴人类文化语言学、民俗语言学的相关方法，分别从自然崇拜、动物崇拜、祖先崇拜以及萨满祭祀等四个方面在语言中的折射对满－通古斯语言与萨满文化的关系、内涵及其特征进行了探讨。李锦芳著《侗台语言与文化》（2002）[③] 一书对侗台语族语言与文化作了全方位透视，内容涉及民族史、古代社会、农业文化、经济商贸文化、地名及姓名的文化解释等，全面系统地阐释了侗台语民族丰富的文化蕴涵。该书观点鲜明，材料丰富，对了解和研究壮侗语言及其文化习俗有参考价值。韦达的《壮语文化论》（2006）[④]、中央民族大学突厥语言文化系编写的《突厥语言与文化研究》（包括第一辑、第二辑）（1995，1997）[⑤]、邓晓华的《人类文化语言学》（1993）[⑥]、王远新的《中国民族语言学理论与实践》（2002）等都是少数民族语言与文化研究领域的切实可读的各具特色的论著。

通过理论和方法的探讨和实践，学者们达成了以下共识：

语言是一种文化现象。一方面，各种民族语言本身就是多姿多彩的文化；另一方面，民族语言作为民族文化的载体，包含着丰富的民族文化内容，是体现和认识民族文化的一个最佳窗口。少数民族语言文化研究和汉语言文化研究有着极强的互补性，少数民族语言文化的研究是语言学和文化学、民族学等领域必须关注的对象，广大语言学工作者要站在通过少数民族语言与文化的研究去揭示语言的普遍规律上来，把少数民族语言与文化紧密联系起来进行研究，加强学科建设，不断推动语言学和民族学的研究。

---

① 载《中南民族学院学报》1994年第1期。

② 载《民族语文》1996年第3期。

③ 民族出版社，2002年9月。

④ 广西民族出版社，2006年。

⑤ 中央民族大学出版社，1995年，1997年。

⑥ 厦门大学出版社，1993年。

第六节 语言文化的科学保护与浑沌学理论的多维阐释

从中华人民共和国成立初至今70年来,纵向来看,无论广度还是深度,少数民族语言与文化的研究均可圈可点。近年来,少数民族语言与文化研究呈现出两大亮点:一是语言文化的科学保护呼声持续升温;二是浑沌学理论的多维阐释别开生面。

1. 语言文化的科学保护成为研究焦点

从少数民族语言与文化研究发端至今,保护语言与文化的声音一直从未间断。学界积极持续开展研究本身在一定程度上体现出学者们对民族语言和文化强烈的保护意识。从客观情况看,随着社会现代化进程的不断加快,在当今社会融合程度不断提高和全球化趋势不断加强的历史语境下,不少民族语言交际功能正在日益萎缩,使用活力明显降低,有些语言甚至进入濒危状态。语言是一种独特的文化遗产,也是一种不可再生的、能促进人类社会可持续发展的文化资源。在这种情况下,保护语言就是保护文化这一命题促使广大研究者密集发出前所未有的语言文化保护的呼吁声音,折射出学界对于语言文化保护及传承的使命和担当。

2009年7月27日至31日,"国际人类学与民族学联合会第十六届世界大会"在昆明成功召开。大会以"人类、发展与文化多样性"为主题,涉及多学科的广泛内容,其中就包括语言与文化。这次大会后,掀起了学术界对民族语言文化的保护和传承问题的新高潮。

王平《羌族语言与文化的现状、保护与传承》(2010)[1] 以羌族为例,认为羌语和羌文化日渐式微,保护羌族语言文化尤为迫切。特别是2008年"5.12大地震"之后,羌族的语言与文化经受了严峻的考验。如何在灾后做好保护与传承羌族的语言与文化工作,值得学界关注与研究。巴战龙《裕固族语言文化遗产保护问题探究》(2010)[2] 指出,目前西部裕固语和东部裕固语均已成为濒危语言。从发展人类学视角出发,语言是一种独特的文化遗产。文中应摆脱"交际工具论"的束缚,迈向"文化资源论"的观点,确为肯綮之言。杨路塔《抢救布依族语言文字是传承布依族文化的有效载体》(2017)[3] 认为应该大力推行拉丁字母创制的布依文,这是抢救、保护、传承和发展布依语和布依文化的重要基础。陈海宏、谭丽亚《怒族良苏人语言转用的文化人类学思考》(2019)[4] 以怒族的支系良苏人为例,认为当前良苏话的社会功能不断弱化等因素,使良苏人整体转用傈僳语。语言转用对良苏人

---

① 载《社会科学家》2010年第4期。

② 载《暨南学报》2010年第4期。

③ 载《贵州民族报》2017年12月27日。

④ 载《内蒙古民族大学学报》2019年第5期。

的文化认同、民族认同以及传统文化传承有重要影响，保护和传承良苏人的语言文化，既对构建多民族聚居区和谐文化环境具有重要意义，也对构建怒江地区的和谐社会具有重要意义。

在70年的少数民族语言与文化研究历程中，有两件大事值得关注：一是2015年由教育部、国家语委正式启动的中国语言资源保护工程（以下简称"语保工程"）；二是2019年2月21日，中国教育部、联合国教科文组织驻华代表处、中国联合国教科文组织全国委员会、中国国家语言文字工作委员会共同举行发布会正式发布《岳麓宣言》。语保工程让"科学保护各民族语言文字"更加深入全社会，深入民心。

语言是文化的基本特征之一，是记录并传承一个族群、一个地区乃至世界独特文化的主要载体。但是，民族语言与文化的传承和保护光有热情是不够的。近年来学界纷纷撰文，紧密围绕民族语言与文化的传承和保护问题建言献策，展开热烈讨论，其中高频出现的关键词就是"科学性"，反映出学界对于这一问题的冷静思考和理性分析。纪念《语言文字应用》创刊20周年笔谈中，李宇明曾撰文《科学保护各民族语言文字》（2012）①，指出科学保护各民族语言文字，需要注意树立科学的语言生活观、制定科学的语言保护规划、采用科学的语言保护方法以及充分开发语言保护的效益四个问题，对少数民族语言与文化研究有参考作用。古丽米拉·阿不来提、王佳唯、努尔阿依《论塔塔尔语言文化的保护与传承》（2014）② 以实地调研的方式，对大泉塔塔尔乡黑沟村塔塔尔族语言使用现状调查，提出坚持开放吸收与继承传统相结合的原则，增强语言濒危意识，保护塔塔尔族母语生态环境，加强塔塔尔语语料库建设，从文明传承和语言保护的高度建构塔塔尔语未来发展之路。伴随着语保工程的实施，如何科学保护民族语言与文化的讨论也在热烈开展。王锋《新的语言观与科学保护各民族语言文字实践》（2016）③ 指出，随着社会、经济和文化的发展，新的语言观正在形成，其核心是语言资源、语言生态、语言权利。新的语言观是科学保护各民族语言文字的思想基础，也是新时期民族语言文字工作的出发点和动力源泉。丁石庆《少数民族语言保护迫在眉睫》（2016）④ 一文立足于民族语言使用的客观现实，从宏观上重点分析了中国少数民族语言资源保护的现状、机遇与挑战。文章强调了少数民族语言保护的迫切性，对于今后如何提高语言文化保护的科学性和有效性提供了重要参考。丁文楼《双语教育：科学保护各民族语言文字的根本途径》（2017）⑤ 则根据我国多语种多文种的语言国情，提出通过双语教育来科学有效保护少数民族语言的主张。戴庆厦《"科学保护各民族语言文字"

---

① 载《语言文字应用》2012年第2期。

② 载《新疆社会科学》2014年第2期。

③ 载《西北民族大学学报》2016年第2期。

④ 载《光明日报》2016年12月11日。

⑤ 载《中国民族报》2017年8月18日。

的理论与实践》（2017）[1] 对"语言保护"政策实施后五年的实践进行了回顾，认为我国在现代化深入阶段实行"语言保护"政策十分必要，符合多民族的共同利益，是当今解决多民族国家的语言问题的重要举措。五年的经验证明，在"语言保护"的实施中必须处理好强势语言和弱势语言、语言互补和语言竞争、母语使用和通用语兼用、不同语言的共性和个性等关系，必须对症下药，不能简单化。这些原则对于民族语言与文化的传承保护无疑具有重要的指导意义。刘晓春、关小云《鄂伦春族语言文化现状与保护对策》（2019）[2] 一文结合鄂伦春语使用现状，指出在现代化发展进程中以及强势语言的冲击下，鄂伦春语处于严重濒危状态。对此，建立科学、有效的保护措施和开发体系至关重要。

2. 浑沌学理论的多维阐释独树一帜

"它山之石，可以攻玉。"借鉴是学术研究过程中一条行之有效的途径。历史比较语言学、配价语法、认知语言学等交叉学科无一不是借鉴其他学科的产物。在前期研究基础上，如何进一步使新时期的少数民族语言与文化研究进一步焕发出蓬勃的生机，同样成为诸多学者关注和思考的问题。经过长期的深入思考和不断探索，张公瑾率先将非线性和复杂性为核心的浑沌学理论借鉴到少数民族语言与文化领域中，开风气之先，并引领一批学者运用浑沌学理论来研究少数民族语言与文化，给少数民族语言与文化研究带来新气象。

浑沌普遍存在各种宏观及微观系统中，浑沌理论是从研究非线性相互作用系统而逐渐发展起来的。浑沌学已经与其它各门科学互相促进、互相依靠，并派生出许多交叉学科，如浑沌气象学、浑沌经济学、浑沌数学等。2003年12月召开的"语言文化研究理论与方法专题研讨会"会上，张公瑾教授作了"文化语言学的时代课题和浑沌学在语言学中的运用"主旨报告，吹响了浑沌学与语言学研究相结合的号角。研讨会后，参会论文结集出版《浑沌学与语言文化研究》。[3] 张公瑾在序言中指出，"语言的组织是线性的，又是非线性的。线性的特点是既可以叠加，也可以分解，非线性系统就不是这样。观察语言现象，我们可以说，语音对应规律是线性的，语言要素的聚合和组合也是线性的，但语言要素组合之后的整体意义发生变化又是非线性的。"语言的非线性特征正是浑沌理论和文化语言学融为一体的最佳契合点和粘合剂。

以张公瑾《文化语言学的时代课题和浑沌学在语言学中的运用》的主旨报告为里程碑，2003年至今，浑沌学与少数民族语言与文化相结合的研究在理论与方法、应用与信息方面双管齐下，已经实现了比较完善的学术研究框架，累计覆盖蒙古语、京语、达斡尔语、傣语、藏语、越南语、朝鲜语、布依语、彝语等几十个语

---

① 载《贵州民族报》2019年1月15日。

② 载《黑龙江民族丛刊》2019年第3期。

③ 中央民族大学出版社，2000年。

种，研究主题囊括初值敏感性、奇异吸引子、无序和有序、平衡破缺以及自相似性等，体现出该理论在观照民族语言与文化时的多维视角。

少数民族语言与文化的研究实践证明，浑沌理论和文化语言学的结合是卓有成效的。2006年12月，第一届"浑沌学与语言文化专题研讨会"在中央民族大学召开，此后每年召开一届会议，截止到目前，共召开11届"浑沌学与语言文化专题研讨会"，共出版会议论文集7部，译文集1部。值得一提的是，继《浑沌学与语言文化研究》一书之后，这一系列论著书名中均冠以"新"字，折射出以张公瑾为旗手的学术团队在浑沌学与语言文化研究领域中强烈的创新意识和不懈追求。

浑沌理论和文化语言学的结合研究成果丰硕，其中代表性成果有：周国炎《侗台语共时语音系统中无序现象的浑沌学解释》（2008）运用浑沌学理论，探讨了布依语语音系统的浑沌学特性，塞音和塞擦音在布依语分布地区多数没有送气和不送气的区别，个别地区送气音音位经为后起现象，汉语词汇的借入使得布依语增加了一套送气音，从而改变了布依语辅音发展演变的轨迹。外来语辅音音位的借入对于布依语来说属于一种叠加运动。[1] 丁石庆《初始与分叉：达斡尔族姓氏的历史演化》（2009）将达斡尔族世居地的山川河流名称视为达斡尔族姓氏的初始态，是达斡尔族姓氏的主要根源，而满洲化、汉化、借汉姓和无姓氏四种形态则是达斡尔族姓氏的演化态，是达斡尔族姓氏系统在其历史发展过程中出现的4个分叉。[2] 王锋《初值与沿流：语言演变的浑沌性质》（2009）对浑沌学与语言文化研究的理论做了进一步阐释，结合具体语言研究事例，深度阐释语言作为复杂动态系统的特性以及语言演变的内在确定性和随机性的统一。[3] 他的另一篇文章《从浑沌理论看语言的接触和影响》（2011），则从浑沌系统特性、语言接触与超浑沌系统、讨论了白语和汉语的接触和影响，以及语言接触对白语语音格局的影响。[4] 尹蔚彬《业隆话研究的浑沌学拾零》（2008）秉持语言文化同构理念，以浑沌学理论为视角，通过业隆话中时空范畴的二分性，解释业隆话使用群体对自然认知的和思维习惯的自相似性。[5] 戴红亮《傣语双声型摹状词元音交替规律探索》（2009）分析了西双版纳傣语双声型摹状词的元音交替规律，该规律通过类推方式扩散到了部分四音格形式中。从傣语摹状词的分析中可以看到表面的强制性是由平衡破缺引起的，线性现象和非线性现象相互交互，互为因果。[6] 曹道巴特尔的《中国蒙古语言文化变异之探源》（2014）以蒙古语言文化为例，通过大量例证探讨了新技术革命和语言文化接触对语言文化发展变化的决定性作用，分析了其中与初值敏感性密切相关的浑沌现

---

① 载张公瑾、丁石庆主编：《浑沌学与语言文化研究新视野》，中央民族大学出版社，2008年。
② 载张公瑾、丁石庆主编：《浑沌学与语言文化研究新进展》，中央民族大学出版社，2009年。
③ 载张公瑾、丁石庆主编：《浑沌学与语言文化研究新进展》，中央民族大学出版社，2009年。
④ 载张公瑾、丁石庆主编：《浑沌学与语言文化研究新探索》，中央民族大学出版社，2011年。
⑤ 载张公瑾、丁石庆主编：《浑沌学与语言文化研究新视野》，中央民族大学出版社，2008年。
⑥ 载张公瑾、丁石庆主编：《浑沌学与语言文化研究新进展》，中央民族大学出版社，2009年。

象。①

任何一种新型的研究范式，需要在深刻反思中成长，在总结经验中完善。在庆贺张公瑾先生80华诞之际，丁石庆专门撰写文章《新世纪（2000—2013）的浑沌学与语言文化研究：检视与展望》（2015）②，分别从课程建设、教材编写等方面爬梳了浑沌学与语言文化研究的发展历程，并总结反思了文化语言学学科建设的经验得失。该文对于新时期文化语言学学科如何进一步发展具有积极的参考价值。

学术研究要有国际视野，善于吸收借鉴外来成果。张公瑾学术团队积极开展国际浑沌学理论的翻译和介绍工作。作为国外浑沌学与语言学相结合的研究译文集，《浑沌学与语言文化研究新动态》集中翻译和介绍了国外13篇国际学界关于浑沌学研究的论文，内容涉及语言与自组织能力、用复杂性和浑沌学理论解释语言和思维的关系、第二语言习得中的浑沌/复杂性理论以及浑沌理论、超文本及博格斯与马斯洛普解读等，有利于扩大少数民族语言与文化的研究视野。③

第七节　总结与展望

中华人民共和国成立至今70年来，在党、国家和政府的支持和鼓励下，几代学者辛勤耕耘，薪火相传，少数民族语言与文化研究取得了可喜成就，研究队伍持续壮大、研究领域不断拓展、研究对象异常丰富、研究方法日益多样、研究成果斐然丰硕，呈现出生机盎然、异彩纷呈的可喜局面。70年的中国少数民族语言与文化研究历史就是一部勇于探索和创新的历史，也是一部广大研究者对祖国语言文字充满人文情怀的历史。

总结中国少数民族语言与文化70年来研究的发展，主要成就体现在以下四方面：

一是学科体系及学科定位基本确立。中华人民共和国成立初的文化语言学研究尚未形成气候，但改革开放之后，文化语言学研究不断升温，迅速成为学术界的热点，在学者们的共同努力下，文化语言学的学科属性及学科地位逐步得到认可，基于少数民族语言的文化语言学已成为一门系统、全面、特点鲜明的专门之学。语言负载文化以及语言本身就是文化这一理念深入人心，成为学界共识。

二是理论方法及应用实践齐头并进。中华人民共和国成立以来至今70年里，文化语言学研究的理论方法的摸索探讨一直没有间断。在研究过程中，广大学者越来越重视借鉴社会学、民族学、文化人类学等相关学科理论方法，以及多媒体互联

---

① 载张公瑾、丁石庆主编：《浑沌学与语言文化研究新思维》，中央民族大学出版社，2014年。

② 载《从有序到浑沌——庆贺张公瑾教授八十华诞文集》，中央民族大学出版社，2015年。

③ 张公瑾、丁石庆主编：《浑沌学与语言文化研究新动态》，中央民族大学出版社，2011年。

网技术和资料库建设等。特别是20世纪80年代以来，以张公瑾为代表的一大批学者，创造性地将浑沌学理论应用于语言与文化研究，为少数民族语言和文化研究领域带来一股清新的风气，标志着文化语言学进入到崭新的阶段。与此同时，广大学者立足于民族语言与文化实际，积累了大量的少数民族语言与文化的鲜活材料，呈现出多元化和全方位的研究面貌。

三是研究兴趣及研究热情持续高涨。中华人民共和国成立伊始，文化语言学研究尚未形成规模，尤其是研究者寥寥无几，成果不多。随着研究的持续深入，研究队伍开始不断壮大，从成果作者分布情况来看，除大量专业学者之外，在少数民族语言与文化研究所具有的魅力的感召下，在保护传承民族语言文化的责任心驱动下，很多民族地区政府部门的相关工作人员也积极加入文化语言学的研究队伍中。

四是研究格局及研究领域全面覆盖。70年来，学者们坚持文献综合利用和田野调查相结合的研究范式和原则，形成了系统的研究格局和较为完整的研究领域。从研究成果所涉及的语种来看，涉及中国境内汉藏语系、阿尔泰语系、南亚语系、印欧语系、南岛语系五大语系在内的几十种民族语言，所研究的语种和文种数量还在不断攀升，藏语、羌语、木雅语、拉坞戎语、彝语、纳西语、景颇语、白语、傣语、苗语、壮语、布依语、黎语、蒙古语、朝鲜语、满语、达斡尔语、鄂伦春语、维吾尔语、撒拉语等都得到充分关注。

70年来，中国少数民族语言与文化的研究取得了长足的进步，越来越呈现出高歌猛进的兴旺气象。但是，我们应该清醒地看到我国关于少数民族语言与文化方面的研究依然面临着十分艰巨的任务，少数民族语言与文化研究领域仍然存在着理论风气淡薄，研究方法单调，研究视角狭窄，研究中不平衡现象等突出问题。因此，少数民族语言与文化的诸多领域仍然需要更多的语言学工作者去开拓、挖掘，进而推动整个少数民族语言与文化研究不断发展。

展望未来，少数民族语言与文化研究需要在以下三方面继续努力：

一是拓宽研究视角，丰富研究内容。罗常培《语言与文化》中指出，"语言学的研究万不能抱残守缺地局限在语言本身的资料以内，必须要扩大研究范围，让语言现象跟其他社会现象和意识联系起来，才能格外发挥语言的功能，阐扬语言学的原理。"[①] 因此，必须在现有成果的基础上，增强紧迫感，加强对小语种和濒危语言的研究投入，尤其是对一些尚未得到深入研究的语言要尽快展开研究，如西藏察隅素苦话、广东吴川吉兆话、云南勐腊本人话、四川雅江巴德话等语言展开研究。除拓宽语种的研究之外，研究内容也需要进一步拓展，许多诸如反映各民族特色的委婉语、禁忌语、敬语、谦语以及谚语、成语等内容仍游离于少数民族语言与文化研究的边缘地带，需要引起研究者的重视。

二是更新技术手段，面向语言应用。当前，社会发展进程不断加快，信息化和

---

① 罗常培：《语言与文化》，语文出版社，1989年。

智能化已经成为时代潮流。但是，基于现代多语种和多文种资源库的文化语言学研究和丰富的少数民族语言文化资源还不是很匹配，今后需要与时俱进，树立信息化理念，充分借助各种技术手段来获得长足的研究动力，从而激发少数民族语言文化研究的活力。例如，结合语保工程各项成果，寻求新的学术增长点和发力点，构建大规模民族语言数据库，开发各类语言电子词典、搭建少数民族语言文化智能应用平台，建设语言文化博物馆，开发系列文创产品。同时，研究中应该注重应用价值，建设不同少数民族语言文化信息门户与跨语言搜索引擎，开发多民族语言文化知识图谱及智能服务系统、推动信息化条件的语言服务和应用等，推进新时期民族语言文化学科的创新性发展。

三是植根研究传统，增强创新意识。少数民族语言与文化研究取得了丰硕的成果，无论是在理论体系建设还是语言材料积累，无论是在学科研究队伍还是在学术研究方法上，已有的成果为今后少数民族语言与文化的深入研究奠定了坚实的基础。今后研究要不忘本来，植根务实这一优良的研究传统，立足于田野调查，并从已有成果汲取丰富的学术养分；要吸收外来，树立世界眼光，以构建人类命运共同体理念为根本出发点，学习借鉴其他国家的研究经验；要面向未来，少数民族语言与文化研究任重道远，需要大胆创新，大胆拓宽研究思维，转换研究视角，力争产出更多更优秀的学术成果。

参考文献

[1]安维武、蔡世宏:《裕固族语言文化传承，一道待解的难题》,《中国民族教育》2015年第5期。

[2]巴莫阿依:《凉山彝语地名初探》,《民族研究》1987年第6期。

[3]巴战龙:《裕固族语言文化遗产保护问题探究》,《暨南学报》2010年第4期。

[4]白庚胜:《色彩与纳西族民俗》,社会科学出版社，2001年。

[5]曹道巴特尔:《中国蒙古语言文化变异之探源》,载张公瑾、丁石庆主编《浑沌学与语言文化研究新思维》,中央民族大学出版社，2014年。

[6]陈海宏、谭丽亚:《怒族良苏人语言转用的文化人类学思考》,《内蒙古民族大学学报》2019年第5期。

[7]戴红亮:《傣语双声型摹状词元音交替规律探索》,载张公瑾、丁石庆主编《浑沌学与语言文化研究新进展》,中央民族大学出版社，2009年。

[8]戴庆厦、徐悉艰:《景颇语词汇学》,中央民族学院出版社，1995年。

[9]戴庆厦:《"科学保护各民族语言文字"的理论与实践》,《贵州民族报》2019年1月15日。

[10]戴庆厦:《景颇语亲属称谓的语义分析》,《民族语文》1991年第1期。

[11]邓晓华:《人类文化语言学》,厦门大学出版社，1993年。

[12]丁石庆:《初始与分叉:达斡尔族姓氏的历史演化》,载张公瑾、丁石庆主

编:《浑沌学与语言文化研究新进展》,中央民族大学出版社,2009 年。

[13]丁石庆:《达斡尔语言与社会文化》,中央民族大学出版社,1998 年。

[14]丁石庆:《达斡尔族文化资源的科学解读》,《中国民族报》2019 年 7 月 5 日。

[15]丁石庆:《少数民族语言保护迫在眉睫》,《光明日报》2016 年 12 月 11 日。

[16]丁石庆:《双语族群语言文化的调适与重构 —— 达斡尔族个案研究》,中央民族大学出版社,2006 年。

[17]丁石庆:《新世纪（2000 — 2013）的浑沌学与语言文化研究:检视与展望 —— 庆贺恩师张公瑾先生 80 华诞》,《从有序到浑沌 —— 庆贺张公瑾教授八十华诞文集》,中央民族大学出版社,2015 年。

[18]丁文楼:《双语教育:科学保护各民族语言文字的根本途径》,《中国民族报》2017 年 8 月 18 日。

[19]董兴业:《用文字保存赫哲族语言文化》,《黑龙江史志》2011 年第 17 期。

[20]古丽米拉·阿不来提、王佳唯、努尔阿依:《论塔塔尔语言文化的保护与传承》,《新疆社会科学》2014 年第 2 期。

[21]何俊芳:《赫哲族语言丢失的社会文化因素分析》,《中央民族大学学报》2002 年第 2 期。

[22]黄寒玥、王星、张镨元、赵针妮:《关于西南无文字少数民族语言与文化传承的探究》,《大众文艺》2015 年第 2 期。

[23]李强:《语言接触在民族文化关系中的作用》,《云南民族大学学报》2008 年第 2 期。

[24]李锦芳:《侗台语言与文化》,民族出版社,2002 年。

[25]李宇明:《科学保护各民族语言文字》,《语言文字应用》2012 年第 2 期。

[26]刘宝俊:《民族语言的文化透视》,《中南民族学院学报》1990 年第 1 期。

[27]刘晓春、关小云:《鄂伦春族语言文化现状与保护对策》,《黑龙江民族丛刊》2019 年第 3 期。

[28]孟盛彬:《语言接触与达斡尔族社会文化发展》,《齐齐哈尔大学学报》2009 年第 1 期。

[29]纳日碧力戈:《姓名论》,社会科学文献出版社,1997 年。

[30]邵敬敏:《关于中国文化语言学的反思》,《文化语言学中国潮》,语文出版社,1995 年。

[31]斯钦朝克图:《蒙古语五种牲畜名称语义分析》,《民族语文》1994 年第 1 期。

[32]宋永培、端木黎明编著:《中国文化语言学辞典》,四川人民出版社,1993 年。

[33]滕绍箴、苏都尔·董瑛:《达斡尔族文化研究》,辽宁民族出版社,2014 年。

[34]王锋:《初值与沿流:语言演变的浑沌性质》,载张公瑾、丁石庆主编《浑沌学与语言文化研究新进展》,中央民族大学出版社,2009 年。

[35]王锋:《从浑沌理论看语言的接触和影响》,载张公瑾、丁石庆主编《浑沌学与语言文化研究新探索》,中央民族大学出版社,2011年。

[36]王锋:《新的语言观与科学保护各民族语言文字实践》,《西北民族大学学报》2016年第2期。

[37]王宁:《汉语词源的探求与阐释》,《中国社会科学》1995年第2期。

[38]王平:《羌族语言与文化的现状、保护与传承》,《社会科学家》2010年第4期。

[39]王远新:《新疆少数民族语言文化的价值》,《中央民族大学学报》2016年第5期。

[40]王远新:《中国民族语言学的人文主义方法论》,《云南民族学院学报》1994年第2期。

[41]王远新:《中国民族语言学理论与实践》,民族出版社,2002年。

[42]韦达:《壮语文化论》,广西民族出版社,2006年。

[43]夏之乾:《纳西象形文字所反映的纳西族文化习俗》,《民族研究》1994第5期。

[44]肖家成:《景颇族各支系亲属称谓比较研究》,《民族语文》1988年第1期。

[45]杨路塔:《抢救布依族语言文字是传承布依族文化的有效载体》,《贵州民族报》2017年12月27日。

[46]杨占武:《回族语言文化》,宁夏人民出版社,1996年。

[47]尹蔚彬:《业隆话研究的浑沌学拾零》,载张公瑾、丁石庆主编:《浑沌学与语言文化研究新视野》,中央民族大学出版社,2008年。

[48]游汝杰:《中国文化语言学引论》,高等教育出版社,1993年。

[49]张公瑾、丁石庆主编:《浑沌学与语言文化研究》,中央民族大学出版社,2005年。

[50]张公瑾、丁石庆主编:《文化语言学教程》,教育科学出版社,2004年。

[51]张公瑾、丁石庆主编《浑沌学与语言文化研究》,中央民族大学出版社,2000年。

[52]张公瑾、丁石庆主编《浑沌学与语言文化研究新动态》,中央民族大学出版社,2011年。

[53]张公瑾:《文化环境与民族语文建设》,《民族语文》1991年第6期。

[54]张公瑾:《文化语言学发凡》,云南大学出版社,1998年。

[55]张公瑾:《语言的文化价值》,《民族语文》1989年第5期。

[56]张公瑾:《语言与民族物质文化史》,民族出版社,2002年。

[57]赵阿平:《满−通古斯语言与萨满文化论略》,《民族语文》1996年第3期。

[58]赵阿平:《试论满语语义与文化》,《民族语文》1993年第5期。

[59]赵平:《改革开放以来新疆城市维吾尔族语言文化的变迁》,《新疆大学学

报》2009 年第 4 期。

[60] 钟进文:《简述裕固族族称和突厥语地名的关系》,《语言与翻译》1992 年第 1 期。

[61] 钟进文:《民族互动与走廊语言文化的形成》,《中国民族报》2018 年 4 月 20 日。

[62] 周国炎、孙华:《文字在布依族语言保持和文化传承中的作用》,《贵阳学院学报》2014 年第 3 期。

[63] 周国炎:《侗台语共时语音系统中无序现象的浑沌学解释》,载张公瑾、丁石庆主编:《浑沌学与语言文化研究新视野》,中央民族大学出版社,2008 年。

[64] 周国炎:《仡佬语母语生态研究》,民族出版社,2004 年。

[65] 周庆生:《傣语亲属称谓变体》,《民族语文》1994 年第 4 期。

[66] 周庆生:《西双版纳傣语亲属称谓语义成分分析》,《民族语文》1990 年第 2 期。

第十一章　社会语言学研究

第一节　我国少数民族语言社会语言学研究的几个阶段

民族众多、语言文化丰富多样是我国基本的语言国情，社会语言学研究有着天然的资源优势。历史上，民族的迁徙、接触、分化和融合，历史变更，政治经济变革等社会现象对语言发展有深刻的影响。中华人民共和国成立以后，民族语言学界有关社会语言学的研究得到了长足的发展。其间大致经历了三个阶段：中华人民共和国成立以前语言与社会关系研究的萌芽阶段，中华人民共和国成立以后至改革开放前的理论建设阶段，改革开放以来的繁荣发展阶段。

一、历史的回顾

中国传统语言学研究就已意识到语言与社会的共变关系。最早提到少数民族的语言与社会的材料，可以追溯到扬雄的《方言》《尔雅》《说文解字》《广韵》《集韵》《颜氏家训·音辞》，以及一些古代典籍如《诗经》《孟子》《礼记》《楚辞》《说苑》等，此外部分方志、文学传记中也或多或少地有这方面的资料记载。①

《方言》中提到了朝鲜、东瓯、羌狄、东胡等少数民族，对其语言以"楚语"冠之的有190多处。这些词语还能找到与现代侗台语言有明显音义对应关系的词。秦汉两代，中原与北方匈奴及南方百越民族接触频繁，西汉刘向著《说苑·善说》中的《越人歌》，东汉班固著《汉书·匈奴传》中的《匈奴歌》，范晔著《后汉书·西南夷传》中的《白狼歌》，都是用汉字记录的早期少数民族语言。② 至于《诗经》《楚辞》中的一些民歌民谣，一些人认为在词汇、语法里都包含有少数民族语言的成分。③

近现代少数民族语言与社会研究的滥觞则是在20世纪30年代。当时，一批著名的现代语言学家赵元任、罗常培、李方桂、傅懋勣、马学良、袁家骅、邢公畹、

---

① 参阅刘坚主编：《二十世纪的中国语言学》，北京大学出版社，1998年。

② 参阅王远新：《中国民族语言学史》，中央民族学院出版社，1993年。

③ 曹翠云：《从苗语看古代汉语的状词 —— 兼释"行道迟迟、夏屋渠渠"》，载《贵州民族研究》1984年第3期。

王均、高华年、张琨、闻宥、丁文江、杨成志、芮逸夫、王静、张怡孙、于道泉、金鹏等深入到少数民族地区，用现代语言学的方法，对少数民族的语言及其使用、演变进行调查描写，出了一批综合性的论著和调查报告。其中罗常培在20世纪40年代写就、1989年由语文出版社出版的《语言与文化》一书，以少数民族语言词汇为依据，对语言与文化、语言与思维、语言与民族来源、语言与民族迁徙、语言与宗教信仰、语言与婚姻制度等进行了探讨。陈章太认为该书"开拓了我国语言研究的新领域，标志着我国社会语言学进入了预备、草创阶段，其意义是很大的。"[1]

二、中华人民共和国成立至改革开放前

中华人民共和国成立以后，从20世纪50年代开始，在政府的重视下，我国少数民族语言的使用和发展以及语言规划研究得以迅速展开。主要表现在三个方面：第一、1956年由中央民委和中国科学院组织领导的少数民族语言普查工作，所取得的成果为后来展开的民族识别提供了依据。第二、20世纪50年代为了解决我国少数民族的文字使用问题，先后为10个民族创制了14种文字方案，帮助3个少数民族改进了4种文字方案。第三、在确定基础方言和标准音、推广标准语、建立和健全书面语言文字等语言规范化方面做了许多有建设性的工作。纵观这一时期的研究，主要集中在语言规划方面，有较大的实用性。

受历史的局限，这一阶段在语言与社会关系的研究上，虽然学者们在材料的积累和实践工作方面都有一定的成就，但总体上还属于初创阶段，并没有形成比较清晰的研究体系和理论架构。

三、改革开放后大发展时期

20世纪60年代，社会语言学作为一个崭新的独立学科在美国诞生，并在70年代末80年代初传入我国。在我国少数民族语言学界，傅懋勣和王均在《重视少数民族语言文字的使用和发展，使民族语文工作更好地为四个现代化服务》（1980）[2]率先提出了开展社会语言学研究，马学良和戴庆厦在《论"语言民族学"》（1981）[3]则呼吁建立"语言民族学"。

根据我国民族语言学界社会语言学发展的基本情况，我们以戴庆厦《社会语言学教程》（1993年）的出版为界，把这一领域的研究基本上分为两个历史时期：20世纪70年代末到1993年为理论建设阶段，1993年以后为繁荣发展阶段。

---

① 载刘坚主编：《二十世纪的中国语言学》，北京大学出版社，1998年。

② 载《民族语文》1980年第1期。

③ 载戴庆厦：《语言和民族》，中央民族大学出版社，1994年。

　　在我国民族语言学界，社会语言学的兴起除了受国内整个研究气氛（包括对国外论著的翻译介绍，汉语社会语言学研究的丰硕成果）的影响之外，还有其深刻的社会原因和学术背景。主要有：一、中国是一个多民族和多语言的国家，民族文化的多样性和语言使用的复杂性，要求尽快地对这些语言文化的现状进行整理分析。二、改革开放以来，中国社会发生了翻天覆地的变化，对少数民族语言研究提出了新的课题，促使语言与社会关系交叉研究的发展。三、民族语言的社会语言学研究是中国语言研究的重要组成部分，是学科发展的必然。多角度、多层次地对语言现象进行分析解释，能深化和丰富语言学的研究。

第二节　我国少数民族语言社会语言学研究的主要内容

　　中华人民共和国成立以来，结合我国多民族、多语言、语言社会关系复杂的情况，民族语言学界在社会语言学研究方面开展了大量的研究工作，内容非常广泛，取得了丰富的成果。戴庆厦著的《社会语言学教程》（1993年版）共分八章，勾画出社会语言学研究的主要内容。包括：语言和民族，语言和文化，语言关系和民族关系，语言和语言观念，语言和性别、年龄、阶级、行业，语言和国界 —— 跨境语言变异，文字和社会。

　　这一时期，一大批具有影响的论著在各个领域出现。其内容包括语言结构的社会变异研究、语言关系研究、语言活力研究、语言国情研究以及语言规划研究等，下面分专题叙述。

一、语言结构的社会变异研究

　　社会由不同群体的人组成，这些人在语言使用上都会不一样。这些差异是由性别、年龄、阶级、行业、国界等的不同造成的。研究语言结构的社会变异，是社会语言学研究的核心内容。

　　（一）语言的性别变体研究

　　语言使用的性别差异主要与男女所处的社会文化、角色地位、审美心理、社会分工的不同有关。学界对这一领域的探索，不仅描写了不同性别的语音、词汇特征，还探讨了语序上的性别差异。

　　王德光的《贵州威宁苗语量词拾遗》（1992）[①] 提到苗语名量词的使用有性别上的差异，男的用 tsi⁵⁵，女的用 lɯ⁵⁵。认为男人一般使用壮美称、普通称和指小称的

---

　　① 载《贵州民族研究》1992年第2期。

量词，女人多使用普通称和指小称，只有在气愤、激动地情况下才会使用壮美称。王青山的《藏语词汇与性别差异》（1993）[①] 根据《藏汉大词典》和《格西曲扎藏文辞典》中的书面语词以及作者收集到的方言土语，对藏语词汇与性别差异进行分析，发现藏语词汇不仅反映社会上存在性别歧视，还反映男性与女性具有不同的家庭或社会角色。闭克朝的《壮语对横县平话的影响》（1991）[②] 提到"壮语人称量词，有性别和年龄之分，各地方言土语使用也不同。"如老年男子主要用 laux 和 goeng，老年妇女则主要使用 meh 和 naiq，青年男子普遍使用 boux，青年女子的量词习惯使用 dah，中年妇女的量词与老年妇女的量词相同。

覃晓航的《壮侗语性别词的来源和发展趋向》（1995）[③] 认为壮侗语中 po⁶（阳性）和 me⁶（阴性）；ai³（阳性）和 ni⁴（阴性）；pha³（阳性）和 pai³（阴性）三组性别量词的源头分别表示"父亲"和"母亲"之意，它们的演变顺序为："（一）表示'父亲'的名词→表示阳性的性别词→表示阳性的词头和量词；（二）表示'母亲'的名词→表示阴性的性别词→表示阴性的词头和量词。"

艾尔肯·哈的尔《试论现代维吾尔语中的性别歧视》（2008）[④] 认为在现代维吾尔语中，一些形式上没有男性标志的词，人们习惯把它们当作男性词看待。在有关男女的词汇中，词素结构顺序上总是男在前面，女在后面。在实际的使用过程中，在男女取名、社会角色等方面也体现出维吾尔语的性别观念和性别歧视。

田静的《里山彝语名词的性别语义范畴》（2010）[⑤] 和《里山彝语性别词缀的来源与语法化》（2010）[⑥] 提到里山彝语性别语义范畴主要涉及动物名词和部分指人名词，使用词汇和词缀两种语法形式表示。里山彝语的阴性词缀 –mo³¹、阳性词缀 –bo³¹、–phu³³、–pho³¹ 来源于固有词"母亲""父亲"，其中阴性词根通过隐喻、引申、泛化等方式形成阴性词缀，阳性词根通过隐喻的方式形成阳性词缀。对于藏缅语名词性别意义的表达方式，田静（2011）[⑦] 指出每一种藏缅语都有性别后缀，但数量不等，反映出语法化程度的差异，语言类型的特点、名词的语义特征、语言使用者的认知特点对性别意义表达方式的选择和使用有制约作用。

罗兴贵的《论"蒙撒"苗语中量词的性别特征》（2012）[⑧] 举例论述了苗族"蒙撒"支系语言的重要特色之一，是个别表人的计量单位量词除表示计量外，还具有表示性别的特征，表男性的计量单位量词 tɕao⁴³（个，位）和表女性的计量单位量

---

① 载《青海民族学院学报》1993 年第 3 期。
② 载《中南民族大学学报》1991 年第 4 期。
③ 载《广西民族学院学报》1995 年第 2 期。
④ 载《语言与翻译（汉文）》2008 年第 1 期。
⑤ 载《民族语文》2010 年第 2 期。
⑥ 载《中央民族大学学报》2010 年第 6 期。
⑦ 载《中央民族大学学报》2011 年第 4 期。
⑧ 载《贵州民族大学学报》2012 年第 5 期。

词为 len^{31}（个，位）在使用范围与使用条件上有着严格的界定。

沈海英、沈海梅的《社会性别的语言建构 —— 基于云南三个少数民族社会的分析》（2013）[1] 以云南三个民族社会中语言的性别身份建构为例，基于社会性别的文化建构理论讨论了"语言既是性别差异的反映，语言也建构了性别差异"。在语言、个人身份和社会语境的共同作用下，使不平等的社会性别关系得以延续，语言的使用和话语表述把女性固化在不利的地位，固化了男、女间的性别等级秩序，巩固了男性统治。男女性别二元对立结构分析不一定具有普遍性，但该分析方法有助于揭示具体社会情景中的性别权力关系，在当下中国性别关系研究中仍然有存在的意义。

（二）语言的年龄变体研究

语言使用的年龄变体虽然复杂，但有规律可循。不同年龄的人在语音、词汇、语法的使用上都有区别。另外，受外族语言的影响，也会在年龄上出现变异。

黄行的《广西龙胜勉语的语音变异》（1990）[2] 对广西龙胜各族自治县的瑶族语言进行语言变异调查。他得出以下几点结论：第一、龙胜勉语音系的共时变化，不仅每个词在变，而且每个人都在变；第二、龙胜勉语的音变机制符合拉波夫的音变理论，即青少年盘瑶是龙胜语音变异最明显的语言亚群体，在他们的语音变项中，有的词语发生变化，有的则没有，处于不稳定状态。第三、影响龙胜勉语语音发生变异的主要社会变项是年龄和居住地区。

李锦芳的《西林壮语人称代词探析》（1995）[3] 指出广西西林县壮语的人称代词有21种，使用方式复杂。认为"西林壮语第一人称形式多、分工细，有不同的使用场合、范围和对象。""二、三人称各种形式只能在上对下或者同龄、平辈间使用，下对上的对称、他称多用亲属称谓、职业称谓等。第二人称复数 ɬuˡ、ɬuˡlɯəˡ 多在中老年人中使用。其他二、三人称形式各年龄层次都用。"

古丽扎尔·吾守尔的《维吾尔语的亲属称谓》（2003）[4] 发现在具体的语言使用中，维吾尔语称呼语多以年龄为区分点，在不同场合为尊重对方或引起对方注意常在公共场所把比自己大的人称为 aka "大哥"、hɛdɛ "大姐"、bowa "大爷'、tʃoŋapa "大妈"；把比自己小的人称呼为 siŋlim "小妹"，ukam "老弟"等。认为"这种按年龄层次来称呼社会角色是维吾尔亲属称呼的一大特点，是家庭角色社会化的结果。"

马林英的《凉山彝语亲属称谓性别意义探究》（2016）[5] 从性别视角上溯自父、

---

① 载《云南民族大学学报》2013年第4期。

② 载《民族语文》1990年第1期。

③ 载《民族语文》1995年第2期。

④ 载《民族语文》2003年第4期。

⑤ 载《民族语文》2016年第4期。

祖、曾祖三辈和下延至子、孙、曾孙、玄孙四辈的纵向代际范围，发现凉山彝语称谓系统中越往上辈或下辈两端的称谓形式越简单、数量越少，且无性别差异，平辈称谓相对发达，亲属称谓受年龄长幼影响，量的布局呈橄榄球状，中间大而上下小，就称谓中的面称来看，平辈间主要使用雅名，对晚辈则使用正名。

王佳佳、关红英、王婷、张积家的《鄂伦春族的语言使用现状调查及分析》（2019）①通过对鄂伦春人的语言使用现状调查发现，鄂伦春语的掌握程度同年龄与习得时间呈反比，年龄越大，习得时间越早，鄂伦春语掌握得越好，家中长辈是鄂伦春语的主要使用者，鄂伦春人在与不同辈分的人交流时选择不同的语言，在与同辈和晚辈交流时多选用汉语，与长辈交流时较多选择鄂伦春语。

（三）阶级对语言的影响研究

语言并没有阶级之分，已经在语言学界达成共识。但是阶级对语言的影响是存在的，处于不同阶级的人，总会在利用语言传情达意的时候带上自己的烙印，甚至对同一个词产生不同的理解。在我国，部分少数民族的语言存在普通用语和敬语的区别，学界对此进行了分析探讨。

1. 敬语的演变

敬语是过去阶级分化的产物，但现在已经演变成一种全民常用的语言。

罗润仓《敬语是"贵族语言"吗?》（1979）②认为："敬语多半与宗教、官场和生活交往上的特殊需要有关，反映生产活动的敬语比较少见。这表明敬语是阶级影响语言的结果。但是，敬语并不就是'阶级语言'。敬语本身是没有阶级性的。从敬语的使用者来看，不仅统治阶级使用敬语，农奴和奴隶也使用敬语。说明敬语并非某个阶级所专有。从敬语的使用场合来看，也不是只对统治阶级才使用敬语，农奴和奴隶内部彼此都可以使用敬语。"

曹晓燕的《藏语敬语简论》（1994）③中指出"在早期文献中，敬语除与普通形式相对应外，它本身并无级别的变化。随着敬语使用对象和范围的扩大，尤其是在后期西藏封建农奴制度下，严酷的阶级对立，森严的等级观念，给敬语的使用和发展带来了深刻的影响，敬语也因此而出现了一般级和最高级之分。对不同地位、不同身份的人选择使用敬语的级别是不同的，地位越高，就要使用相应的高级形式，有严格的区别。"

白玛措、汪青的《藏语方言敬语对比试析》（1991）④认为"语言的词汇是社会生活的反映，早在藏族社会的王臣时期和政教合一时期，由于等级界线分明，对不同等级的人在交际时必须选择不同的词语。虽然当今社会人人平等，但语言美和对

---

① 载《贵阳学院学报》2019年第3期。
② 载《民族语文》1979年第1期。
③ 载《西藏研究》1994年第3期。
④ 载《西南民族学院学报》1991年第3期。

文明的追求促使人们在交际时仍沿用流传下来的敬语。"

廉光虎的《十五世纪以前朝鲜语敬语表现形式的考察》（1998）① 分析了朝鲜文字创制以前的朝鲜语敬语表现形式，考察了古代朝鲜语史书、乡歌、吏读文献中敬语的表现与发展过程。在史书中，敬语形式主要表现在反映尊敬对象的名词之中，如niskɯm，也有出现在官名后面的后缀，如kan/han，表示官级的后缀ki和hjəŋ，还有一些表示褒义的敬语，如məri，po，əmi/əsi，aki/aji，今天已演变成了后缀；在乡歌中，以词汇形式出现的如əsi，nim，以格词尾出现的如ha，以尊敬词尾出现的分尊敬主体si，尊敬客体sʌp和尊敬听者ji三种，另还有尊敬命令式sjosjə。在吏读文献中，有尊敬主体词尾"赐"，尊敬客体词尾"白"。

2. 敬语的功能

在现代社会，敬语已不再带有阶级烙印，有的学者探讨了敬语在现代社会的交际功能。索南坚赞《藏语敬语词的结构类型探讨》（1990）② 中认为："藏族人民极其广泛经常地使用敬语，因而敬语在藏语中占有很重要的地位。假如一个人不会用敬语，就会遇到想象不到的困难，你将听不懂别人讲的话，虽然你听的是藏语，但似乎听另外一种语言一样，甚至可能闹出误会和笑话；如果你不会说敬语，你说起话来别人感到你为人粗野、不文明，不讲礼貌，缺少语言之美。"

扎西草的《基于信息处理的藏语敬语词研究》（2013）③ 认为藏语敬语词是藏语使用中必不可少的一部分，它承载着藏族的文化传统、社会风情、心理特征及思维习惯，扎西草从藏语敬语词的分类与内部结构、特点及功能角度分析，提出对藏语敬语词的重视研究有助于大大扩展和完善藏文信息处理技术。

李春梅的《论藏语康方言敬语》（2017）④ 指出由于长期以来特殊的历史、地理、政治经济等多方面原因，导致藏语方言区的语言发展不平衡，相比于其他方言区，康方言区较完整地保留有古老的敬语词，数量有限，适用范围单一，所使用到的敬语基本与喇嘛、活佛和宗教活动、宗教用品等有关。语言敬语和非语言敬语的使用都充分体现出了康巴人的尊人卑己、谦恭礼貌的传统美德。

（四）语言的行业变体研究

行业是社会分工的产物，每个行业都有自己的专有术语，形成语言使用的行业变体。中华人民共和国成立以来，学者们对我国少数民族语言中的隐语、买卖语进行了描写分析。

---

① 载《民族语文》1998年第1期。
② 载《西藏研究》1990年第1期。
③ 载《西北民族大学学报（自然科学版）》2013年第4期。
④ 载《四川民族学院学报》2017年第6期。

1. 隐语

王春德的《燕子口苗语的反切语》(1979)[1] 描写了贵州省毕节市燕子口在部分苗族中使用的一种隐语，他们把它叫作 lo²¹ntsen⁵⁵ 或 lo²¹tau ⁵⁵（翻话或隐话）。其构成方式是在正常语的每个音节的前面增加一个音节，新增加的这个音节的声母是 kh，韵母和声调与原音节的韵母和声调相同。如果原音节的韵母是 ɿ 和 ʅ，则这个新增加的音节的韵母为 i。陆桂生的《试论壮语表达的丰富性》(1992)[2] 介绍了壮语中特有的、类似于隐语的翻语。壮话称为 gangj dauq，也称 "gangj vah fan bonj"，意为 "公开的密谈"，与顺语（正常的表达顺序）相对而言，其构成是两个相邻或相近的字相互换韵母。师忠孝的《哈萨克语的切口》(1987)[3] 提到哈萨克民间的一种叫 êjik 的隐语。它用于需要对在场的第三者保密的场合，类似汉语的 "切口"。

王国旭、胡亮节的《新平彝语腊鲁话的隐语分类及文化成因分析》(2016)[4] 列举了新平彝语腊鲁话的三种隐语类别，从族群语言与社会适应性角度分析隐语的文化成因：隐语是自然语言的特殊化，是族群语言适应社会的特殊变异；腊鲁话中的隐语强化了族群内部的身份认同，满足了族群内部的交际认知策略的需要；趋吉避凶和崇神信鬼的语言迷信心理是形成腊鲁隐语的文化基础。因此，可以说腊鲁话的隐语由早期的自我保护行为逐渐上升为一种语言认同的习惯。随着语言的标准化和规范化的提高，隐语的生存势必面临严峻的挑战，对此抢救性的记录整理，成为当务之急。

于琴的《回族民间秘密语与族群认同 —— 以山东曹县回族 "谈语" 为例》(2018)[5] 记录描写当地回民间流传的反切秘密语 "谈语" 的语言结构、拼读规律和族群认同机制。由于长久以来的民族宗教文化和经商文化，"谈语" 在曹县地区的回民生产和生活中使用尤为频繁，内部使用 "谈语" 的回民的受教育程度、性别与年龄存在差异性。在族群认同机制上，主要表现为自我认同的个体层面和群体归属感的群体层面。从历时层面讲，"谈语" 承载着某些群体共同的历史记忆和遭遇，是当地族群认同的重要标志之一。

2. 买卖语

黄中祥的《维吾尔买卖语与其文化》(1993)[6] 根据维吾尔买卖语的使用场合和范围将其分为百货买卖语和活畜买卖语。他对买卖语存在的社会地理因素，宗教文化因素进行了总结。认为 "多数买卖语只能用于买卖交易场合，离开了这个特定的环境，就无法理解其语义了。"

---

① 载《民族语文》1979年第2期。
② 载《广西大学学报》1992年第4期。
③ 载《语言与翻译》1987年第2期。
④ 载《贵州工程应用技术学院学报》2016年第6期。
⑤ 载《湖北民族学院学报》2018年第6期。
⑥ 载《语言与翻译》1993年第2期。

（五）招呼语变体研究

孙峃的《维吾尔语亲属称谓的社会称呼法》（2001）[①] 认为"维吾尔语亲属称谓转化成社会称呼的根本原因是初层权利和义务的扩展和次层感情的扩展。"乌买尔·达吾提的《现代维吾尔语招呼语试探》（1997）[②] 指出"现代维吾尔语中的招呼语在维吾尔语的发展过程中受到历史、宗教、社会和风俗习惯等各种因素的影响，因而不断地形成了这一具有多种文化层次的语言形式。"

（六）跨境语言变体研究

戴庆厦在《论"跨境语言"》（1993）[③] 中指出："跨境语言（language across borders）是指分布在不同国境中的同一种语言（主要是相接壤的不同国家）。"并强调"这里所说的跨境，是指历史上由于民族迁徙、国界的确定而形成的不同国境的成群成片的语言分布。"在我国，跨境语言有5种不同的情况：有的只跨两个国家，有的则跨好几个不同的国家；使用人口不一，有的是境内比境外多，有的则相反；大多数跨界语言名称一致，而少数则不一致，不一致主要表现在他称上和汉字的表达上；跨境的情况不同，大多数民族相邻而居，其语言分布是连续性的，但也有少数是不相邻的，其语言是非连续性的；跨境时间长短不一。

我国的跨境民族有30个[④]，语言使用的情况比较复杂。戴庆厦主编的《跨境语言研究》（1993年）针对一些具体的跨境语言作了个案分析，开了我国研究跨境语言的先河，在理论上和实践上都有一定的价值。戴庆厦《论"跨境语言"》（1993）[⑤] 论述了跨境语言形成的原因。他认为："跨境语言的变异来自两个方面：一是由于地理位置不同，久而久之出现了语言上的变异。这种变异的性质如同方言、土语的差异，不过，由于国界阻隔，其变异比一般方言、土语的变异更快。二是由于社会环境不同而造成的变异，这是社会语言学所要着重研究的内容。"

熊玉有《谈谈我国跨境民族的语言文字问题》（1999）[⑥] 认为我国跨境民族语言文字的主要问题有：在跨境民族语言的借词和创词方面，语言内外（指国内外）有别，影响相互交流。另外，一些跨境民族的文字内外不统一，引发一些矛盾；国内部分跨境民族的语言文字推广应用工作严重滞后，造成一些负面影响。他的《美法泰三国苗语现状考察》（1996）[⑦] 介绍了美法泰三国的苗语基本情况，总结苗语文在三个国家各个领域保持良好的原因，即苗族意识的觉醒；苗语文推行普及持之以

---

① 载《中央民族大学学报》2001年第5期。

② 载《语言与翻译》1997年第1期。

③ 载戴庆厦：《跨境语言研究》，中央民族学院出版社，1993年。

④ 载戴庆厦：《社会语言学教程》，中央民族大学出版社，1993年，第170页。

⑤ 载戴庆厦：《跨境语言研究》，中央民族学院出版社，1993年。

⑥ 载《贵州民族研究》1999年第1期。

⑦ 载《云南民族学院学报》1996年第2期。

恒；读物较为丰富；苗族遍布世界，促进了苗文的传播；世界的开放为苗文的传播创造了条件和机遇；拉丁字母作为文字符号的广泛性及应用的方便有利于苗文的推广。另外，韦树关《壮语与越南岱侬语词汇差异的成因》（2000）①、《越南中越跨境壮侗语族语言的变异》（1999）② 两篇文章对中越跨境壮侗语族语言与中国的壮侗语族语言之间的功能上的差异进行了论述。

杨露、余金枝的《中越边城都龙镇跨境民族的语言和谐》（2016）③ 在调查中发现中越边城都龙镇跨境民族的语言和谐主要体现在全民稳定使用自己的母语、普遍兼用汉语及其他少数民族语言、母语与兼用语和谐并存、功能互补、中越两国跨境民族语言关系和谐，民族关系和睦三个方面。边境语言的和谐共生离不开跨境分布对跨境民族语使用的地理优势、跨境通婚、跨境贸易以及中越两国语言政策同质性的政治保障。母语与兼用语和谐发展将成为都龙镇跨境民族语言生活的基本走向，我国民族语文政策应该考虑跨境语言的特殊性，中越跨境民族语言和谐将为"一带一路"倡议的实施提供语言服务。

戴庆厦、李春风的《语言和谐与边疆稳定 —— 云南省文山州都龙镇各民族语言关系的理论分析》（2017）④ 以地处中越边境的云南文山州马关都龙镇各民族的语言生活为例，论述语言和谐是边疆稳定的重要保证之一，和谐的语言关系与和谐的民族关系相辅相成，共同促进民族之间的团结，实现跨境民族的语言和谐具有重要的战略意义，应把握跨境语言和谐的主流，推动语言和谐的健康发展，研究制定适合具体国情的跨境语言政策，少数民族对母语和通用语的和谐发展共用是我国跨境民族语言生活的最佳模式。在过去，人们对跨境语言的理论问题研究较少，但事实是跨境语言研究蕴含许多理论问题，具有独特的研究价值和战略意义，不同于非跨境地区的语言和谐，应得到更多关注。

周庆生的《论东干语言传承》（2018）⑤ 提出语言传承是指弱势群体一方面能够较好地适应强势语言文化要求，能够跨越语言交际障碍，融入主流语言文化之中；另一方面，能够一代一代不中断地习得母语，保持母语传递畅通。

二、语言关系研究

语言关系的研究在社会语言学中占有重要地位，学界对此关注得比较早，1986年，"语言关系"课题研究会在中央民族学院少数民族语言研究所召开，1988年，由中央民族学院少数民族语言研究所主办了全国性的"语言关系问题学术讨论会"，

---

① 载《广西民族学院学报》2000 年第 3 期。
② 载《广西民族学院学报》1999 年第 2 期。
③ 载《贵州民族研究》2016 年第 12 期。
④ 载《中南民族大学学报》2017 年第 4 期。
⑤ 载《民族语文》2018 年第 2 期。

会后出版了由戴庆厦主编《语言关系与语言工作》（1990）一书，该书对语言关系的定义、内容及我国语言关系的特定进行了论述。就在同一时期，"汉语与少数民族语言相互关系"的课题在中央民族学院少数民族语言研究所展开，另一本相关著作《汉语与少数民族语言关系研究》（1990）问世，书中对一些具体的语言关系现象进行了理论的探讨。另外，戴庆厦主编《汉语与少数民族语言关系概论》（1992）从汉语与少数民族语言的亲属关系；汉语对少数民族语言的影响；少数民族转用汉语；少数民族语言对汉语的影响几个方面介绍了汉语与少数民族语言关系的基本情况。后来，语言关系的研究迅速在学界展开，取得了丰硕的成果。

语言关系的研究包括语言影响、语言兼用、语言转用、语言竞争、语言互补、语言态度的研究。下面分开论述：

（一）语言影响研究

最早提出进行语言影响研究的是喻世长的《应该重视语言互相影响》（1984）[1]比较全面地阐述了语言影响研究的重要性和研究方法。他指出："在一种语言的发展过程中出现的某些结构特征的改变是受了另一种语言的启示，改变的结果在某一点上趋于和另一种语言相近似，出现的某些新要素是从另一种语言吸收进来，造成语言要素的某些增加、减少或代偿。研究这种在语言互相影响下出现的语言要素的增减和语言结构改变的学问就是语言影响学。"

语言影响的研究包括汉语对少数民族的影响的研究、少数民族语言对汉语的影响的研究、少数民族语言之间相互影响的研究、少数民族语言受外来语影响的研究。

1. 汉语对少数民族语言的影响

（1）汉语对同语系语言的影响

郑国乔的《试论汉语对仫佬语的影响》（1980）[2]认为仫佬族是一个双语的民族，大多数仫佬人都兼通汉语，汉语对仫佬语的发展影响巨大。仫佬语的音韵系统由于吸收汉语借词而增加了新的声韵母，词汇中吸收了相当多的汉语借词，包括许多汉语虚词，语序也受到汉语影响。张均如的《广西平话对当地壮侗语族的影响》（1988）[3]指出"平话对广西境内的壮侗语族诸语言曾有过巨大的影响，当时平话是广西各民族之间的主要交际用语，对这些民族语言的发展起了明显的促进作用。但明清以后，平话的社会功能逐渐被西南官话和白话所代替，因而平话使用范围和它的重要性大大缩小。现在广西大多数地区民族语言中的新借词均从西南官话吸收，平话势力进一步削弱。"段贶乐的《论汉语在哈尼语发展中的影响》（1989）[4]

---

[1]　载《民族语文》1984年第2期。

[2]　载《中央民族大学学报》1980年第4期。

[3]　载《民族语文》1988年第3期。

[4]　载《中央民族学院学报》1989年第4期。

指出"哈尼语在发展过程中，不断从汉语借入表示新事物、新概念的语词，同时增加了新的音位和语法形式。"符镇南的《黎语的方言岛 —— 那斗话》（1990）① 对那斗话的声韵调进行了描写分析，认为"那斗话与黎语的关系是十分密切的，无疑属于黎语的一个分支。从语音和词汇看，它比较接近黎语的姜孚方言（西方），但由于其特点远远超出美孚方言，所以又不能归入美孚方言。那斗话处在汉语的包围之中受到汉语强烈的影响，各方面都发生了较大的变化。"李启群的《湘西州汉语与土家语、苗语的相互影响》（2002）② 从湘西州的民族相互杂居的状况出发，描写分析湘西州汉族、土家族、苗族人民长期接触，语言相互兼用，相互渗透，相互影响的情况。认为"汉语对土家语和苗语的结构、功能的影响远远大于后者对前者的影响，尤其是在语言功能方面。"戴庆厦、杨再彪、余金枝的《语言接触与语言演变 —— 小陂流苗语为例》（2005）③ 通过共时分析和亲属方言土语比较，描写了小陂流苗语词汇、语法、语音方面所出现的变异，并从宏观的角度揭示了小陂流苗语的接触演变的几个原因：1）小陂流苗语的汉语影响已经进入到核心领域，应属于深层影响，开放型影响；2）语言影响引起的语言演变已进入与汉语逐步趋同的状态，在词汇、语法、语音等方面都出现了与汉语相同的特点；3）并用、竞争、弱化、泛化是小陂流苗语语言接触出现的几个特征，是我国不同语言之间语言接触的一种类型；4）小陂流苗语受汉语影响有着深层的社会人文条件。班弨、肖荣钦的《连南八排瑶语使用状况与语言接触情况》（2011）④ 根据教科文组织语言活力评估指标说明八排瑶语的语言活力已呈现不足，原因主要是八排瑶语长期受到强势语言汉语的强烈影响，语言系统各个层面都受到了汉语方言的深刻影响，其中，集中表现在对借词与结构的借用。

孙叶林的《从语言接触看常宁塔山汉语对塔山勉语的影响》（2013）⑤ 认为在汉瑶长期的频繁接触和交流中，塔山汉语方言对当地勉语的语音、词汇和语法都产生了较大的影响，语音上主要表现为音位的增加，塞音韵尾的脱落和鼻化现象。词汇上主要表现为大量汉语借词的产生。语法方面主要表现在语序和虚词的使用上。随着语言接触的深入，接触双方的词汇系统必然产生较为显著的影响，针对汉语借词对塔山勉语的影响。

吕嵩崧的《汉语对靖西壮语构词法的影响》（2013）⑥ 认为汉语深深地影响了靖西壮语的词汇系统、语音系统和语法标记。最为显著的是对靖西壮语构词法产生的影响，具体表现在丰富单纯词的类型、产生新的复合式合成词类型，借入词缀等

---

① 载《民族语文》1990年第4期。

② 载《方言》2002年第1期。

③ 载《语言科学》2005年第4期。

④ 载《暨南学报》2011年第2期。

⑤ 载《湖南师范大学社会科学学报》2011年第1期。

⑥ 载《广西民族大学学报》2013年第5期。

等，这些演变的动因仍被视为汉壮语言接触所带来的影响。

王春玲的《论语言接触对苗瑶语指示词的影响》(2018)① 认为苗瑶语指示词由多分形式发展为两分形式，主要是语言接触影响所致，特别是与汉语的接触。历史源流接触造就今苗瑶语和汉语接触方式既有"地缘接触型"，也有"文化接触型"。苗瑶语指示词分级模式的简化是由语法复制机制的接触引发的语法演变，语序的演变属于语法结构复制中的"结构重组（重排）"。

黄静露的《基于壮、汉语言接触的壮语读书音声母系统研究——以广西横县为例》(2019)② 描写分析横县壮语读书音的声母系统与中古汉语、横县平话的语音对应发现：壮语读书音系统的逐渐完善既有语音自身演变的内部因素，也有壮、汉民族长期的语言、文化等方面的历史接触影响的社会因素，找其语音变化的原因，有助于全面地了解横县壮、汉民族的接触、变迁，探索广西早期汉语方言"古平话"的语音面貌的线索，把握壮、汉民族接触发展的动向。

（2）汉语对阿尔泰语系语言的影响

塔娜的《试论汉语对达斡尔语的影响》(1982)③ 认为汉语在达斡尔语的发展中也起了很大的影响，就借词层次上来看达斡尔语汉语借词以五四为界，分为老借词和新借词，老借词多为一些具体事务的名称，包括一些文化词；新借词数量多，借用方式主要为音译。余志鸿的《从<蒙古秘史>语言看东乡语》(1994)④ 提出"东乡族的语言与十三世纪的《蒙古秘史》中使用的古代蒙古语相比，在语音形式和语法功能上十分相似，而与现代蒙古语则差距较大。东乡民族又处于我国西北汉语方言的包围之中，因此有明显受其影响的痕迹，东乡语几乎出现一种混合的倾向。"爱新觉罗·瀛生的《满语和汉语的互相影响》(1987)⑤ 认为"满汉接触开始早在明初已出现，满人入关后，满语和汉语的互相影响到此时发展至最高峰。应该说，汉语影响满语在先，满语影响汉语于后。所谓影响于后，即满语影响汉语的时代较晚，最早开始于满族人大量迁入辽沈的时期，高峰在满族人大举入关之初，后来其影响一直延续至清代前期。大量满族人进关，与汉族密切来往，不但汉语继续影响满语，满语也影响汉语，实为互相影响，绝非单方面的。"依米提·赛买提《汉语对维吾尔语语音的影响》(1993)⑥ 认为由于汉语借词大量进入到维吾尔语中，对其语言的发展产生了较大的影响，主要表现为对维语元音和谐律、音节结构、音节弱化的影响。佟加·庆夫《汉语对锡伯语的影响》(1997)⑦ 提到汉语对锡伯语的影

① 载《贵州民族研究》2018年第3期。
② 载《广西民族研究》2019年第6期。
③ 载《内蒙古大学学报》1982年第3-4期。
④ 载《民族语文》1994年第1期。
⑤ 载《满族研究》1987年第1期。
⑥ 载《语言与翻译》1993年第1期。
⑦ 载《语言与翻译》1997年第1期。

响，主要还是体现在锡伯语借用汉语词汇方面。在锡伯语的书面语和口语中，都有一定数量的汉语借词，它们不但在书写或说话时经常出现，而且成为锡伯语词汇规范中的一个重要内容。作者认为直接借用的汉语借词今后在锡伯语中还会增加，特别是自然科学类的专业性术语，为便于掌握知识，原则上只能直接借用，不能翻译过来用。

邓雪琴的《汉语对维吾尔语形成和发展的影响》（2017）① 总结了汉语对维吾尔语形成和发展的影响主要体现在音位系统和词汇上。其中，对音位系统的影响体现在元音、音节类型和语音组合规律上，对词汇的影响体现在构词方式和词义及词义演变上。

李圃的《北方方言复数词尾"们"与维吾尔语复数词尾 –lar/lɛr 用法对比 —— 北方汉语阿尔泰化又一例证》（2017）② 认为汉语北方方言复数词尾"们"同维吾尔语复数词尾 –lar/lɛr，在语义和功能上存在高度的对应关系，是由于北方汉语与阿尔泰语言在密切接触中深受影响所致。

2. 我国少数民族语言对汉语的影响

（1）现代汉语方言中的少数民族语言成分

王天佐的《试说汉语嘴头话的人称代词与彝语的关系》（1986）③ 介绍了属汉语西北官话的甘肃省甘谷县八里弯乡嘴头村方言 —— 嘴头话。嘴头话的人称代词与汉语普通话人称代词不同，但与藏缅语族语言的人称代词，尤其与彝语人称代词相近。这两种语言的人称代词具有同源的关系，作者认为"现代汉语嘴头话里的人称代词及其形态变化，显然应看成是古代藏缅系统的语言在当地汉话里保存下来的'底层'成分。"吴安其的《温州方言的壮侗语底层初探》（1986）④ 认为温州方言中，带有 ø、ɔ、i、a、uɔ、au、aŋ 韵的词汇并非全是古汉语词汇的直接继承，应该有部分是壮侗语的底层。李锦芳的《论壮侗语对粤语的影响》（1990）⑤ 谈到壮侗语的影响是造成粤语在汉语群方言中地位独特的重要因素，同时也说明少数民族语言对汉语的影响不仅仅在语言系统的词汇层面，也可能发生在相对稳定的语音和语法上。另一种则以底层的形式存留于汉语方言中。金美的《黔东南苗语侗语对汉语语音的影响》（1998）⑥ 结合黔东南史实，运用黔东南汉语方言和苗侗语的语音材料进行声母、韵母、声韵配合关系及声调等四个方面的综合对比，以较系统严密的论证和客观理性的阐释，导出了黔东南苗侗语对当地汉语方言具有深刻影响的结论。吴永谊

---

① 载《语文建设》2017年第11期。
② 载《语言与翻译》2017年第2期。
③ 载《民族语文》1986年第4期。
④ 载《民族语文》1986年第4期。
⑤ 载《贵州民族研究》1990年第4期。
⑥ 载《贵州民族研究》1998年第1期。

的《论榕江侗语对当地汉语的影响》(2011)[①] 提出汉语榕江话在很大程度上与附近的侗语有接触的关系，汉语榕江话从当地侗语中借入词汇的途径主要有两种，一种是借词，另一种是意译词。由于交际的需要，语言上产生了音变和音移、甚至在语法上都存在相同关系。李连进的《壮、汉语言接触引发的广西南宁市五塘平话古全浊声母音值变异》(2012)[②] 对广西南宁市五塘平话古全浊声母今音值的变异进行语言接触理论"干扰、匹配、回归"的分析，总结得出今五塘平话古全浊声母平上不送气、去入送气的声母演变一方面受到五塘平话的内部结构所制约和决定，一方面是通过极密切的壮、汉语言接触引发的变异。王文艺的《杂居地区布依语对汉语语法的影响——以四音格动词重叠词语的借用为例》(2014)[③] 探讨了杂居地区的布依族汉族人民相互频繁往来，汉语方言渐渐接受并乐于使用布依语中有着独特表现力的四音格动词重叠形式，加之布依族双语人将母语成分负迁移作用于双方语言传递带入当地汉语，久而久之自然产生了当地汉语借用布依语成分的情况。

吕嵩崧的《壮语"完毕"义语素的语法化及对广西汉语方言的影响》(2019)[④] 认为壮语拥有固有的和借自汉语"了"两个"完毕"义语素，因本义的区别，它们各自发生了语法化，功能差异较大，相互影响，产生了语言接触引发的语法化。具体表现在壮语从汉语借入的"完毕"义语素leːu4，演变出一系列功能后，这些功能又复制入汉语方言的"齐"和"完"，右江区粤语的"哂"，受壮语影响产生了连词功能，又被百色地方普通话复制到"了"上，使"了"也具有了连词的功能。这是同一功能 x 在不同的语言间线性推广的现象，即：A 语言→B 语言→C 。

（2）现代汉语北方方言中的阿尔泰语成分

李克郁在《青海汉语中的某些阿尔泰语言成分》(1987)[⑤] 认为青海话中夹杂着不少独特的语言成分，从它们赋予句子的种种语义色彩中不难窥见这些语言成分，是受阿尔泰语言的影响所致。李祥瑞《维吾尔语对新疆汉话的一些影响》(1988)[⑥] 认为"一方面，维语从汉语中吸取营养，在不断地丰富发展；另一方面，维语的许多成分，也在缓慢地渗入新疆的汉话。在具体的语境中，谈话的双方为了更加和谐地交流，往往习惯上向对方的表达习惯靠拢，从而形成独特语言现象。"席元麟《汉语青海方言和土族语的对比》(1989)[⑦] 通过两种语言词汇和语法的对比，汉语青海方言的这些语言成分不同于汉语普通话的特点，而与土族语言十分相近，尤其是数和格的范畴甚至完全一样。认为青海汉语方言的这些特点就是在历史发展的过程

---

① 载《贵州民族学院学报》2011年第2期。

② 载《广西师范学院学报》2012年第4期。

③ 载《中央民族大学学报》2014年第2期。

④ 载《方言》2019年第4期。

⑤ 载《民族语文》1987年第3期。

⑥ 载《语言与翻译》1988年第3期。

⑦ 载《青海民族研究》1989年第1期。

中受到各少数民族语言的影响而形成的。宋金兰《汉语助词"了""着"与阿尔泰诸语言的关系》(1991)① 对"了""着"与阿尔泰诸语中若干词尾的对比分析，认为"了""着"的产生和发展跟阿尔泰诸语对汉语的长期影响和渗透有关。赵杰《北京香山满语底层之透视》(1993)② 介绍了香山北京话中的满语固有词和满汉融合词，作者认为北京话底层有丰富的满语词，汉语北京话已不像其他南方汉语方言那样纯洁了。作为现代汉语普通话基础的北京话，实际上是汉语和阿尔泰诸语接触融合的产物，而最直接、最充分的融合是满汉语言的融合。黄锡惠《汉语东北方言中的满语影响》(1997)③ 认为"满语对北方汉语方言乃至对汉语普通话的影响，因语音、词汇及语法等多方面之渗透早，成为汉语方言的底层，满语不仅在汉语东北方言的形成过程中扮演了重要角色，而且对汉语普通话的丰富、发展做出了积极贡献。"陈宗振《试释李唐皇室以"哥"称父的原因及"哥""姐"等词与阿尔泰诸语言的关系》(2001)④ 认为汉语"兄、弟、姊、妹"是历史悠久的固有词，而"哥""姐"等词大约来自匈奴、鲜卑等古代北方"胡族"的语言，其原词义与汉语"兄""姊"不完全相同，即不限于称同辈；由于有与汉族不同的"还子制度""夫兄弟婚""收继婚"等家庭、婚姻制度和习俗，阿尔泰语中的"阿哥"(aqa、æke)"阿姐"(adʑi、edʒe)等词又可用于称父母，甚至祖父母。

3. 各少数民族语言之间的相互影响

陈乃雄的《五屯话初探》(1982)⑤ 描写了青海同仁县部分地区的土族语言，这种语言兼有汉语、藏语既部分阿尔泰语系的特点，认为"把五屯话的词汇、语音、语法联系起来通盘考虑，可以认为五屯话是一种长期以来受到藏语，或许还有过去与五屯同属一个千户所辖、彼此来往密切、人数多于五屯人而操保安语的土族居民的语言强烈影响的以汉语为基础发展变化而来，逐渐具有了独特的内部规律的语言。"刀世勋的《巴利语对傣语的影响》(1982)⑥ 说明傣族人民在与邻近的其他民族交往中，接受了小乘佛教，在梵文字母的基础上创造了自己的文字，同时为了译写经文，从巴利语中借入了大量的词语，甚至文字的拼写规则，但是这些借词由于是为了满足宗教的需求，如今在傣族口语中也逐渐稀少，口语与书面语的距离拉大。邢凯的《壮语对毛难语的影响 —— 兼谈语音影响的方式及其对历史比较的意义》(1993)⑦ 通过壮语和毛难语的比较研究，分析了在壮语的影响下，毛难语出现了声母增加、韵母复元音化、具体调值出现变化等情况。丁石庆的《哈萨克语对新

---

① 载《民族语文》1991年第6期。
② 载《中央民族学院学报》1993年第1期。
③ 载《语文研究》1997年第4期。
④ 载《语言研究》2001年第2期。
⑤ 载《民族语文》1982年第1期。
⑥ 载《民族语文》1982年第6期。
⑦ 载《民族语文》1993年第3期。

疆达斡尔语语音的影响》（1991）① 指出"达斡尔族同哈萨克族在广泛接触与交往过程中，哈萨克语及其文化从多方面影响了达斡尔族。在语言中，新疆达斡尔族大量借用哈萨克语词汇，并在此基础上，形成了普遍的双语现象，致使一些哈萨克语言特点或规则逐渐渗透并移植到新疆达斡尔语中来。"这种影响在语音上最为明显，如一部分后元音a、o的前化、长元音的短化、小舌音的产生、腭化辅音消失、重音后移、语调变化等。蒙凤姣的《壮语对瑶语布努土语的影响》（2017）② 比较广西巴马努努土语和云南富宁东努土语反身代词及动词"去"用法的不同之处，由此说明巴马努努土语受广西壮语接触影响显著。

（三）语言转用研究

中华人民共和国成立以来，我国少数民族的语言转用现象出现比较普遍，尤其是改革开放以后，许多少数民族语言转用的速度加剧，出现了许多新情况。在民族语言社会语言研究领域，一批相关的文章对此做了探讨。

1.语言转换的类型

戴庆厦、王远新的《论我国民族的语言转用问题》（1987）③ 把我国民族语言转用的类型依照不同的标准分为两大类，从转用的对象上分"民转汉""民转民""汉转民"；从转用的程度或范围分"整体转用""主体转用""局部转用"。指出促使语言转用的因素非常多，如分布的变迁、民族关系的变化、民族的融合等。根本原因是由于社会环境发生了较大的变化，使得人们感到使用原来的语言已不适应发展的需要，而必须转用一种新的语言来代替原有的语言。王远新的《论我国民族语言的转换及语言变异问题》（1988）④ 对操双语的民族语言的转换、变异问题做了探讨，把我国各民族的语言转换分为四个类型，即族际转换型、族内转换型、话题转换型、语体转换型，为了保密而转换语言、因不好表达或不好称呼转换语言、随顾客改变而转换叫卖语言、尊重对方而转换语言。敏春芳的《语言接触引发的语言演变 —— 东乡民族的语言转用》（2013）⑤ 认为从语言转用的程度或范围来看，语言转用分为：（1）整体转用型：一个民族全部转用另一民族的语言；（2）主体转用型：一个民族的主体（或大部分）转用另一种语言；（3）局部转用型：一个民族某个地区的全部或一部分人转用其他民族的语言，而其他地区则主要使用本族语或操双语。相比之下，族群内部处于杂居区、中心地带、城镇的人们更容易出现语言转用。

---

① 载《语言与翻译》1991年第4期。

② 载《民族语文》2017年第5期。

③ 载《语文建设》1987年第4期。

④ 载《贵州民族研究》1988年第4期。

⑤ 载《西北民族研究》2013年第4期。

2. 语言转用的原因及趋势

周国炎的《仡佬族的语言转用》(1992)[1] 对仡佬族语言转用类型和原因做了分析。指出：仡佬族语言转用的客观原因，除了家庭组成结构的变化（大量的汉族婚）导致仡佬族语言转用的原因之外，历史上"封建统治阶级对仡佬族人民进行残酷的封建统治，阶级剥削和民族压迫，尤其是在近代史上，清朝政府疯狂的政治迫害，致使仡佬族人民背井离乡，四处迁徙，形成了零星散居的局面，割离了仡佬族民族内部的联系。长期以来，散居在汉族中间的仡佬族，逐渐失去了包括语言在内的自己的民族特征。"

季永海的《满族转用汉语的历程与特点》(1993)[2] 论述了满语转用汉语的阶段性和层次性，认为"满族入关，由大聚居转化为小聚居，形成了与汉等民族大杂居的格局，在政治、经济、文化上血肉相连，从而加速了满族所用语言的变化。"洪苹的《杂居区无文字少数民族语言转用原因试析 —— 从一个达斡尔语家庭的语言转用说起》(1997)[3] 认为"杂居区无文字少数民族的语言使用特点主要受制于社会、经济、文化教育、民族意识、宗教活动、风俗习惯、语言态度以及是否属于跨境民族等八个方面的因素，从而逐渐导致了无文字少数民族语言使用范围的缩小和使用功能的减弱，使其在城镇中几乎丧失交际功能的作用。"何俊芳的《也论我国民族的语言转用问题》(1999)[4] 分析了我国语言状况，认为"尽管随着社会的发展，不同语言之间频繁的接触和激烈的竞争，使一直属于弱势的一些少数民族语言，特别是使用人口较少而又无文字的民族语言处于更加不利的地位，其中一些最终要实现语言的转用，但这并不意味着在较短时间内就会发生大面积的语言转用，在今后相当长的历史时期内，我国绝大多数少数民族仍将长期稳定地使用本民族语言或双语。"邓佑玲的《谈少数族群的语言转用和语言保持》(2003)[5] 认为"少数民族的语言与国家政治之间存在多种多样的关系，与之相适应的语言政策也各不相同。语言保持是立足于族群集团立场的一种语言政策。保持少数民族语言的关键是抑制第二语言使用范围的扩大，排除第二语言对母语语言系统的影响。国家语言保持政策的重点是提高少数民族语言的地位和威望，并使之深入每个国民的心中。"木乃热哈、沙志军的《仁和彝族语言转用及其教育》(2005)[6] 指出四川省攀枝花市仁和区操"理泼""诺苏""水田彝"三个彝族支系的彝族大多已转用汉语。转用原因除民族迁徙、融合，各民族相互杂居、通婚等因素外，还与该地区从18世纪中期就开始兴办私塾传播儒学以及中华人民共和国成立后政府大力发展义务教育有

---

① 载《贵州民族研究》1992年第4期。

② 载《民族语文》1993年第6期。

③ 载《满语研究》1997年第1期。

④ 载《民族研究》1999年第3期。

⑤ 载《中央民族大学学报》2003年第1期。

⑥ 载《民族教育研究》2005年第2期。

关。贾晞儒的《语言接触与语言转用 —— 以河南蒙古族语言转用的历史为个案》（2014）[①] 以河南蒙古族转用藏语文的历史事实为例，阐述产生语言转用的前提应具备以下几点认知：语言转用必须以某些文化的认同和接受为前提；语言的转用必须具有一定的物质基础和精神基础，而且具有局部性和渐进性的特点；精神信仰的"合罕为一"是语言转用的一个促进力量，但不是唯一的决定条件，生存的自然地理环境和社会发展需要才是决定性的因素。

（四）语言竞争与语言互补研究

21世纪，我国改革开放向纵深化发展，社会的急剧变化对少数民族经济文化的影响是深远的。在语言关系上，体现为语言接触扩大，语言竞争进一步加剧，语言互补的态势已经形成。学者们在这方面的研究认为：语言竞争是语言功能演变的必经阶段；语言互补是构建语言和谐的重要途径。

1. 语言竞争

戴庆厦的《语言竞争与语言和谐》（2006）[②] 认为"不同的语言共存于一个统一的社会中，由于语言功能的不一致，必然出现语言竞争。语言竞争是语言关系的产物，是调整语言适应社会需要的手段。语言竞争虽是语言演变的自然法则，但可以通过国家的语言政策、语言规划来协调。处理好的，就会出现语言和谐，不同的语言'各尽所能，各守其位'；处理不好的，就会激化语言矛盾，并导致民族矛盾。"张梅的《全球化时代多民族地区的语言竞争与语言和谐》（2011）[③] 认为在多民族国家或地区，语言竞争是必然的，只要处理得当，语言关系就会在竞争与和谐的有序轮回间健康发展。才甫丁·依沙克的《柯尔克孜语与维吾尔语在语言接触中的旧词新用现象》（2015）[④] 提出属于亲属语言的柯尔克孜语与维吾尔语在语言接触中产生了语言竞争现象，通过旧词新用的复活词语有助于再次纯洁维吾尔语。李宇明的《语言竞争试说》（2016）[⑤] 从语言结构、社会功能、使用者年龄、地理分布等四个维度来观察语言竞争，发现：最易形成语言矛盾的是外来词的译借方式、文字形体（字母表）及注音字母形体；当前中国的语言竞争最激烈也是语言矛盾最集中的领域是教育，其次是大众传媒和家庭；40岁以下是语言活跃期，也是语言竞争的活跃期；近百年来全球地理分布下语言竞争的主要领域在第二语言层面。

2. 语言互补

戴庆厦、袁焱的《互补和竞争：语言接触的杠杆 —— 以阿昌语的语言接触为

① 载《西部蒙古论坛》2014年第1期。

② 载《语言教学与研究》2006年第2期。

③ 载《中央民族大学学报》2011年第4期。

④ 载《中央民族大学学报》2015年增刊第42卷。

⑤ 载《外语教学与研究》2016年第2期。

例》（2002）① 以阿昌语的语言接触为例，说明"互补和竞争，是语言接触中支配语言运动的两个杠杆（或支点），它的运动使得语言在受外部影响中得以不断改善自己的功能和特点，借以通过矛盾的调整而保持相对的平衡，使语言能更好地适应社会的需要。"戴庆厦的《构建我国多民族语言和谐问题的几个理论问题》（2008）② 认为"语言互补存在两方面内容：一是使用功能互补，二是结构本体互补。二者的内容虽然不同，但存在相辅相成的密切关系。"并指出，语言互补是语言接触中的普遍自然现象；语言互补是解决语言矛盾、实现语言和谐的一个重要手段；功能互补能够解决社会交际能力不足的矛盾；语言本体要素互补能够解决语言表达能力不足的矛盾。赵江民的《新疆民汉语言的竞争、互补与和谐》（2008）③ 认为"新疆汉语自古以来就是民族杂居区，各民族的语言之间既存在着竞争，又和谐共处，语言使用情况复杂多样。汉语、维吾尔语等各民族语言在使用功能和范围方面互相竞争，但又各有分工，和谐共处于哈密的语言大环境中。"王远新的《构建民族地区双语和谐社会的思考》（2010）④ 建议对少数民族地区语言使用、语言教育政策及规划的建议的总原则应当是兼顾少数民族的眼前需要和长远利益，不宜"一刀切"，鼓励并保障母语与通用语并行使用，结合当地实际，兼顾不同群体的需求，兼顾少数民族精神文化和物质文化两方面的需求，有效协调民族认同与国家认同的关系。蒋颖、朱艳华的《耿马县景颇族和谐的多语生活 —— 语言和谐调查研究理论方法的个案剖析》（2010）⑤ 发现耿马景颇族普遍持有一种开放包容的语言态度，当地语言生活是一种和谐的多语生活，多数景颇族能够兼用汉语与多种少数民族语言，不同的语言功能互补、和谐共存。张梅的《全球化时代多民族地区的语言竞争与语言和谐》（2011）⑥ 认为语言和谐需要在语言发展中，各民族语言彼此兼容，互为补充，在语言使用上，各民族语言根据其功能大小，"各守其位，各司其职"，做到语言与人、社会、文化、民族的关系和谐。张鑫的《论绿春哈尼族和谐双语生活的特点及成因》（2013）⑦ 阐述绿春县哈尼族的语言生活的主要特征是"哈尼 —— 汉"双语和谐互补，这一特征符合国情，顺应时代发展，具有可持续性。李春风的《民族杂居区的语言和谐与生活变迁初探 —— 以云南省丽江玉龙县九河乡为例》（2014）⑧ 认为"在九河乡，各少数民族母语、汉语和区域优势语，呈现'各就各位'的使用特征，不同语言各司其职，发挥各自功能。该地区的语言关系和谐，不但需

---

① 载《语言文字应用》2002年第1期。

② 载《中央民族大学学报》2008年第2期。

③ 载《云南师范大学学报》2008年第6期。

④ 载《民族教育研究》2010年第5期。

⑤ 载《暨南学报》2010年第4期。

⑥ 载《中央民族大学学报》2011年第4期。

⑦ 载《民族翻译》2013年第4期。

⑧ 载《民族教育研究》2014年第2期。

要'两全其美'的发展模式，还需要依靠'各就各位、相互兼用'这两个核心元素的支撑与保障"。刘丽静的《论新中国广西各民族语言和谐的社会成因》（2015）[①]指出广西多语、多方言的生态环境保存良好，积极落实保障语言文字平等政策，促进各民族的语言和谐，为广西经济社会发展作贡献。蒋于花、陈晖的《多民族聚居地区语言协调发展研究 —— 以武陵山片区为例》（2015）[②] 对武陵山片区少数民族的语言面貌进行了调查，针对武陵山少数民族地区的语言协调发展中存在的问题，分析其原因，并提出完善各语言系统的内部、结构和机制、改善语言使用和变化的社会和文化环境、保护武陵山片区少数民族的语言互补和语言发展、提高语言规划、语言政策与语言教育的实施效果等十条对策。和智利的《论较少族群母语保护与语言和谐的关系 —— 以维西县汝柯村玛丽玛萨人为例》（2015）[③] 通过对普遍兼用两三种语言的玛丽玛萨人这一特少人口族群体语言生活的个案分析，得出结论"各种语言各就各位、各司其职和谐共存，充分发挥各语言的社会交际功能，和谐的多语生活是保存母语和母语发展的一个重要条件，语言和谐是语言保护的重要条件之一。"王洋、廖泽余的《新疆和谐语言生态构建研究》（2017）[④] 认为"新疆和谐语言生态构建离不开国家的语言文字政策的保证以及充分意识到不同语言的功能具有差异性，应通过语言互补而保持其和谐。"

（五）语言态度研究

中华人民共和国成立以来，少数民族的语言态度对其母语的保持及转用有很大的影响，许多专家除了对语言态度的概念进行界定之外，还对某一民族的语言态度做深入的个案分析。语言态度，有的学者曾经用"语言观念"。

1.语言态度的概念及特点

张伟《论双语人的语言态度及其影响》（1988）[⑤] 认为"语言态度是对语言的价值评价，对人们的语言行为有重要的影响。语言态度是由人的社会价值观决定的，而人的社会价值观又是多种社会因素综合作用的结果。因此，归根结底，语言态度是一种复杂的社会心理现象。我们只有从社会学、心理学、语言学等各个方面对人们的语言态度进行更加深入的研究，才能更好地落实党的民族语文政策、制订语言规划、发挥各民族的语言文字在四化建设中的作用。"王远新《论我国少数民族语言态度的几个问题》（1999）[⑥] 在阐述语言态度及其研究价值的基础上，认为我国少数民族语言人语言态度有共性特点：对本民族母语有浓厚的感情，对本民族的其他

---

① 载《学术论坛》2015年第6期。
② 载《贵州民族研究》2015年第6期。
③ 载《贵州民族研究》2015年第12期。
④ 载《石河子大学学报》2017年第5期。
⑤ 载《民族语文》1988年第1期。
⑥ 载《满语研究》1999年第1期。

支系语言、方言以及本民族使用的另一种语言有着明确的认同感；对学习和使用汉语文以及兼用汉语文持肯定态度，愿意主动付诸实践；对汉语汉文本身持认同态度，这是我国各少数民族语言人共同的语言态度。不同民族在语言态度开放程度上的差别：人口多的民族比人口较少的民族语言上更具有开放性；本族语文社会功能高的民族比本族语文功能低的民族语言态度更为保守；通婚现象普遍的民族比通婚不普遍的民族语言态度更为开放。以及同一民族由于分布特点、聚居程度、语言文字使用程度、文化程度、年龄等的不同也会形成语言人语言态度的差异。

2. 语言态度的个案研究

戴庆厦、张弭弘的《仫佬族的语言观念》（1990）①，戴庆厦、陈卫东的《论普米族的语言观念》（1993）② 对少数民族的语言态度做了较为全面的个案分析，认为有以下特点：第一、对本民族语有着浓厚的感情，对本民族的其他支系语言、方言以及本民族使用的另一种语言有着明确的认同感。第二、对学习和使用汉语文以及兼用汉语文持肯定态度，愿意主动学习。第三、对汉语汉文本身持肯定态度。第四、认为部分地区转用其他民族语言是客观实际的需要，属正常现象。第五、不要求创造统一的民族文字。贾晞儒的《试论新形势下海西蒙古族的语言观念》（1997）③ 指出改革开放以来，当地蒙古族人民的语言文化观念也在发生新的变化，表现为：（一）由单一的语言（母语）向双语、多语转化的趋时心理日益增强；（二）由消极维护母语的封闭心理，向积极吸收外来语词，丰富和发展本民族语言的开放心理转化；（三）由被动接触向主动交往的心理趋势转化。另外，王远新的《论裕固族的语言态度》（1999）④、王洋《新疆乌鲁木齐和吐鲁番地区维吾尔族语言态度探析》（2007）⑤，对不同的少数民族的语言态度进行了问卷调查分析。何丽、李秋杨、王雪梅的《和谐社会之语言和谐：云南省多民族地区语言使用、语言关系与语言态度研究 —— 昆明市沙朗白族乡个案分析》（2010）⑥ 调查沙朗白族内部语言态度发现：被调查者对普通话的认同程度最高，行为倾向也较明显，白语是绝大多数村民的民族语，本民族对其认同程度存在差异，总体而言，被调查者对其评价不如普通话和昆明话。白族老文字（老白文）在人们意识中的淡化是一大遗憾，但人们对于本民族新文字的推广持积极态度。王远新的《伊宁市郊多民族杂居村的语言生活 —— 英也尔乡六七段村的语言使用、语言态度调查》（2011）⑦ 对六七段村的语言生活进行调查，村内主要通行维吾尔语、地方普通话；其次是当地

① 载《中南民族学院学报》1990年第1期。

② 载《云南民族学院学报》1993年第4期。

③ 载《民族语文》1997年第1期。

④ 载《语言与翻译》1999年第2期。

⑤ 载《新疆大学学报》2007年第3期。

⑥ 载《西南民族大学学报》2010年第3期。

⑦ 载《民族翻译》2011年第2期。

汉语方言、哈萨克语，撒拉语和东乡语限于本民族内部使用。村内民众对普通话的各项评价最高，行为倾向最积极；对当地汉语方言社会地位评价低于维吾尔语，但对其实用功能评价高于维吾尔语。大部分村民对相关语言或方言的发展持积极希望态度。瞿继勇的《湘西地区苗族语言态度探析》（2012）① 认为湘西地区苗族整体而言对于苗语的态度是积极、正面的，母语的忠诚度较高。对苗语的认知、情感与行为倾向与整体语言态度呈显著正相关，湘西地区苗族语言态度中，情感因素要大于认知因素。苗族中的女性、年长者、与本族同住在乡村、父母持支持态度、苗语能力强的母语态度更积极，语言忠诚度更高。赵金灿、闫正锐、张钰芳的《白族语言使用现状及语言态度调查》（2012）② 对大理市、鹤庆县两地的语言使用进行抽样调查和统计，发现白族的语言态度开放：既认可母语的民族身份和情感功能也积极主动接受当地汉语方言、普通话，认为白汉双语功能互补，大多数人对"白汉双语教育"持积极态度，对"白汉双文教育"持消极态度。叶晓芬、范新干的《黔中地区布依语的语言态度分析——以黄果树风景名胜区布依语为例》（2015）③ 提出黔中布依语的语言能力与语言使用尽管是布依语认同较高，汉语认同较低，但在布依人看来，母语的社会地位与实用功效是远不及当地汉语方言和普通话的。尹小荣、李国芳的《锡伯族家庭语言态度的代际差异研究》（2019）④ 描述了锡伯族家庭的语言态度，微观上，父母的语言态度、教育期望和他们的双语意识等都会影响子女的态度；宏观上，随着中国城市化的推进，不同类型的家庭，需要因时因地做出不同的规划，以适应社会发展的潮流，采取动态、包容的语言观，拓宽和更新对双语和双言的认识。

3. 语言态度研究的方法论探讨

王远新的《语言调查中的语言态度问题》（1998）⑤ 总结了语言态度调查的内容、方法和重要价值，强调语言态度调查中的定性研究和定量研究相互结合的方法。认为语言态度的调查除了可以采用因素分析法之外，还应当从共时和历时的角度分析双语或多语社区的民族关系和语言关系，深入体察该社区语言人的整体社会心理特征，综合分析各种社会文化因素及其相关因素对语言人语言心理、语言行为的影响。

---

① 载《贵州民族研究》2012年第3期。
② 载《大理学院学报》2012年第8期。
③ 载《贵州民族研究》2015年第7期。
④ 载《语言战略研究》2019年第2期。
⑤ 载陈章太等编：《世纪之交的中国应用语言学研究——第二届全国语言文字应用学术研讨会论文集》，华语教学出版社，1999年。

三、语言活力研究

少数民族的语言活力研究是从语言功能的角度考察语言使用的生命力效度，是民族地区语言生态的综合反映。语言活力是一个综合指标，体现在语言的各个方面适应生态环境的强弱、语言交际能力的变化等，语言活力受语言生态环境影响，语言活力变化展现语言生态的现状。中华人民共和国成立以来，民族语言的活力问题一直受到学界的关注。黄行的《中国少数民族语言活力研究》（2000）比较系统地对我国55个少数民族的多种语言功能进行了探讨。

从研究的论文来看，学界对少数民族语言活力的探讨主要围绕语言生态、强势语言和弱势语言、语言功能衰变、语言濒危等几个问题展开。

（一）语言生态研究

孙玉梅的《语言生态环境论》（1993）① 指出"所谓语言生态环境，就是指影响语言特性发展，制约语言功能效应的社会因素和社会条件的动态集合体"，培育和净化民族语言的生态环境，对国际、社会和国家都有深刻意义，是全社会义不容辞的责任。张公瑾的《语言的生态环境》（2001）② 提出语言间的互补和共生构成了语言赖以生存的生态环境，实践中推行和发展双语教育是改善语言生态环境的一个必要步骤。世界上多种语言并存，这是一种人文生态环境，包括濒危语言同样具有不可替代的价值。姜瑾的《语言生态学研究面面观》（2009）③ 重点梳理国内外语言生态学研究历史与进展，认为语言生态研究主要任务有两大类：一是语言与环境的关系；二是语言多样化问题，该学科研究的焦点：（一）语言多样性、持续性及社会和谐；（二）保护濒危语言，语言多样性与生物多样性之间的关系是目前许多语言生态学研究者关注的重点，未来语言生态学的研究内容可从更微观处入手，如生态语音、生态文字等。冯广艺在《论语言生态与语言教育》（2011）④ 中表示：构建良好的语言生态环境和语言教育息息相关，树立正确与先进的语言教育观念、创设良好的语言教育环境、处理好外语教育和母语教育的关系以及强化双语教育有助于构建良好的语言生态环境。刘宝俊在《民族语言与文化生态》（1996）⑤ 中认为在当前席卷全球的现代化浪潮中，少数民族及其语言和文化面临危机和考验。人类文化的生态自净能力和生成能力正在逐渐衰退，现代社会应重视人类文化的生态保护，珍惜文化资源，建立"多元一体化"国家模式，开展双语教育，各民族在语言文化上保持多元平等，互相奉献和吸收，我们的文化生态才能保持平衡。崔军民的《语

---

① 载《理论探讨》1993年第6期。
② 载《民族语文》2001年第2期。
③ 载《苏州教育学院学报》2009年第2期。
④ 载《湖北师范学院学报》2011年第2期。
⑤ 载《中南民族学院学报》1996年第1期。

言文化的生态保护研究 —— 兼谈藏语言文化的生态保护》（2005）① 认为，生态语言系统动态平衡的目的是使语言实现良性循环，面临母语危机的藏语文可通过实行双语教育，实现语言和文化的良性循环。范俊军在《少数民族语言危机与语言人权问题》（2006）② 中表示"在当代，少数民族和族群语言快速濒危和消亡，世界语言多样性急剧减少，其根本原因不在语言本身，而是语言生态出现了危机。"他提出"维护少数民族语言人权""坚持语言平等"，并尽量获得"政策制定和立法层次上的认可"是保障少数民族语言人权，改善少数民族语言环境的有效方法。陆勇的《少数民族新创文字与语言生态》（2011）③ 从少数民族新创文字的使用角度提出，以家庭双语教育和学校双语教学为立足点，推广少数民族新创文字，是维护民族语言生态的重要举措。树立科学的语言生态观，有助于培育人们对少数民族新创文字情感和心理认同，缩小人们对少数民族新创文字的心理距离。少数民族新创文字的积极推广和使用，可以有效地促进其民族语言生态乃至全世界整个语言生态的和谐发展。许晋在《内蒙古莫力达瓦旗达斡尔语言生态的变迁与保护》（2015）④ 中提道：达斡尔语传承主要依靠家庭代际传播、社区社团交流等传统口耳相传的方式进行，一旦出现语言的断代，达斡尔语很容易消亡。因此，创制统一的达斡尔民族文字、扩大达斡尔语的使用场所和使用范围、开发达斡尔语教材，建设达斡尔"双语"教师队伍、培育达斡尔语言产业是保护达斡尔语语言生态的重要举措。寸红彬、张文娟的《云南濒危少数民族语言的生态环境》（2016）⑤ 通过对云南7种濒危少数民族语言做了调研和评估发现，导致云南部分少数民族语言濒临消亡的原因并不是单一的，而是历史、经济、自然和跨境民族等多种生态环境因素不断相互作用的结果。生态恶化是语言濒危甚至消亡的根源，由此引发了语言使用功能的退化。赵淑梅的《内蒙古地区俄罗斯族民族语言生态的历史演变及现状》（2016）⑥ 指出一种语言的维持或消失往往受到诸多因素的制约，其中最主要的原因是使用这种语言的人口数量减少。由于政治环境的限制、族际通婚、民族语言使用场合有限等因素使得额尔古纳地区俄罗斯族语言生态环境脆弱，俄语面临濒危。张静的《少数民族杂居区的语言生态环境及其保护》（2016）⑦ 针对少数民族杂居区语言生态环境中更多弱势民族语言发展濒危、民族语言使用规模缩小、民族语言教育不力的问题，认为"少数民族杂居区语言生态环境的保护需要从民众的认同、媒体、政策、教育等各方面的外部生态环境的改变着手。"

---

① 载《西北民族大学学报》2005年第2期。
② 载《贵州民族研究》2006年第2期。
③ 载《广西民族研究》2011年第1期。
④ 载《内蒙古大学学报》2015年第4期。
⑤ 载《学术探索》2016年第7期。
⑥ 载《贵州民族研究》2016年第8期。
⑦ 载《贵州民族研究》2016年第11期。

（二）强势语言和弱势语言研究

戴庆厦的《语言竞争与语言和谐》（2006）^① 对强势语言和弱势语言进行了定义，他认为"存在于同一社会的不同语言，由于各种内外原因（包括语言内部的或语言外部的，历史的或现时的），其功能是不一致的。有的语言，功能强些；有的语言，功能弱些。强弱的不同，使语言在使用中自然分为'强势语言'和'弱势语言'。"并指出，整体上，在中国，由于历史、文化、人口等的因素的差异，形成了汉语是强势语言而众多少数民族语言为弱势语言的格局。但强势语言和弱势语言又是相对的，在我国，就局部地区来说，使用人口较多、分布较广的少数民族语言，是强势语言；使用人口较少、分布较窄的少数民族语言，则是弱势语言。戴庆厦的《构建我国多民族语言和谐问题的几个理论问题》（2008）^② 提到"强势语言和弱势语言之间，既有统一的一面，又有矛盾的一面。矛盾的解决存在两种可能性：一是处理不当，就会激化矛盾，形成不可调和的对立；二是处理得当，就能化矛盾为和谐，我国强势语言和弱势语言的关系，是通过语言互补而保持其和谐的。"周国炎的《论弱势语言生存的基本要素》（2006）^③ 指出"语言是一种特殊的文化现象，对社会环境有着强烈的依附性，任何语言都要依附于特定的社会环境，拥有固定的人群，使用者内部有一定的认同感和共同的文化基础，语言社区要保存相对的稳定，没有大的社会动荡出现。此外，同一区域内不同的语言使用者群体之间要以尊重、理解的态度去对待对方的语言，这些环节共同构成了弱势语言赖以生存的基础，某一项的缺失，都必然会带来语言生存危机，并最终消失。"孙宏开的《关于濒危语言问题》（2001）^④ 认为"语言作为人们的交际和交流思想和传递信息的工具，一些弱势语言由于不能承担这种功能而陆续丧失其交际作用，被强势语言所替代，这是不依人们主观意志为转移的客观趋势。我们只有实施正确的语言规划，采取一定措施，延缓语言衰亡的速度，却不可能完全阻止一种弱势语言陆续消失的进程。这是因为语言既是一种社会现象，又是一种个人行为，使用不使用母语，个人有自主选择性，是一种权利。"龙海燕的《关于语言接触的几个点》（2011）^⑤ 探讨了强势语言和弱势语言的接触问题，提出强势语言和弱势语言发生接触，通过两个途径来实现融合：一个是语言替代，一个是语言渗透。语言替代必然经历过双语过渡阶段，最终强势语言局部或整体取代弱势语言，语言渗透导致两种语言结构上的趋同。

---

① 载《语言教学与研究》2006 年第 2 期。
② 载《中央民族大学学报》2008 年第 2 期。
③ 载《广西民族大学学报》2006 年第 5 期。
④ 载《语言教学与研究》2001 年第 1 期。
⑤ 载《贵州民族研究》2011 年第 3 期。

黄行的《论国家语言认同与民族语言认同》（2012）[1] 指出"一般来说，语言的认同功能会随着语言使用功能的衰退而有所加强，因此强势语言内部的认同并不明显。"因此，我国少数民族弱势语言的认同意识要强于强势语言。在语言的工具认同和文化认同意义上，我国国家通用语言和少数民族语言没有根本的冲突。在少数民族语言内部，语言的民族认同存在差异性。

陈保亚的《语势、家庭学习模式与语言传承 —— 从语言自然接触说起》（2013）[2] 从语势与自然接触、语势、语位与语言活力、对话状态与塔式结构、周围学习与家庭学习两种学习模式和语言传承的关系，语言传承的机制与法制几个角度论述汉语与少数民族语的不对等语势，在自然接触中，汉语是强势语言、语位高、言活力高、对话层级高，少数民族语言流失的根本原因在于汉语强大的语势。提出强势语言的学习采取周围学习模式，弱势语言的学习采取家庭学习模式。要完成语言传承，必须要有机制与法制的互动。

戴庆厦的《"科学保护各民族语言文字"研究的理论方法思考》（2014）[3] 认为"科学保护各民族语言文字"是我国新时期的语言国策，"科学保护"有利于民族发展、社会进步、民族和谐、民族团结、保存和发扬优秀的文化传统、是我国语文方针在新时期的新发展，"科学保护各民族语言文字"必须客观辩证看待强势语言和弱势语言的相对关系，原则上应是扶持弱者，对弱势语言要采取特殊的政策和措施加以保护。

（三）语言功能衰变研究

语言功能的衰变是语言活力的表现形式之一，功能衰变的语言活力有所下降，但还可以稳定地使用，不至于濒危。学界在这方面进行了一些论述，但对这种动态的衰变特征的描写还比较薄弱。

戴庆厦、田静的《濒危语言的语言活力 —— 仙仁土家语个案研究之二》（2003）[4] 认为"土家语是一种濒危语言，其特点主要是语言活力处于逐渐衰退之中，濒临消亡。仙仁乡保留了土家语衰退不同阶段的立体层次，从平面上反映了土家语走向濒危的历史轨迹。濒危语言研究应从社会历史条件和语言本体状态两方面进行。"戴庆厦、张景霓的《濒危语言与衰变语言 —— 毛南语语言活力的类型分析》（2006）[5] 认为"语言的功能衰退有层次之分，是逐步扩散的。语言功能的衰退存在中心区（也称核心区）和边缘区（也称非核心区）的差异。语言衰退往往是在杂居的边缘区先发生，然后逐步向聚居的中心区推进。如果中心地区也出现了衰

[1] 载《云南师范大学学报》2012年第3期。
[2] 载《北京大学学报》2013年第3期。
[3] 载《民族翻译》2014年第1期。
[4] 载《思想战线》2003年第5期。
[5] 载《中央民族大学学报》2006年第1期。

退，语言的整体功能就会随之动摇，衰退趋势就会转为濒危趋势，这个过程是一种质变。"

徐世璇的《论语言的接触性衰变 —— 以毕苏语的跟踪调查为例》（2003）[1] 在对长期与多种语言接触包围的毕苏语跟踪调查分析的基础上，论述其语言接触性衰变必将从语言使用和结构系统上的变化开始，具体体现在使用人数减少、使用者平均年龄升高、语言的使用范围缩小、语言的结构系统退化四个方面，作者认为一种语言只要发生了本质上的衰退性变异，这四方面的退化趋势必然是一致的。

陈文祥的《新疆伊犁地区东乡族语言状况调查》（2007）[2] 认为新疆东乡语是一种处在衰变状态的语言，在相当长的一个历史时期内它还会是新疆东乡族的交流工具之一，但随着汉语在该地区的地位的提高，影响的广泛，东乡语未来发展趋势不容乐观。

丁石庆、王国旭的《新疆塔城达斡尔族母语功能衰变层次及特点》（2010）[3] 通过调查数据与分析结果显示，在地区中处于相对弱势的地位的新疆塔城达斡尔族母语在社区、家庭、个体等各层面的使用表现出一定的不平衡性，但总体而言均呈衰变状态，具体表现在社区母语使用场合较为单一、家庭母语使用极度萎缩、个体母语使用频率与深度随年龄下降而递减。达斡尔语功能衰变已成不争之事实，而其衰变的原因则是多元的，既有语言本身的发展原因，也有社会与文化环境不断改变等方面的原因。

戴庆厦在《中国濒危语言研究的四个认识问题》（2015）[4] 中强调必须重视衰变语言保护的研究，表示"在濒危语言研究中必须区分濒危语言和衰变语言。中国少数民族语言近期出现的使用功能变化，大多不是语言濒危，而是程度不同的语言衰变。从总体上看，濒危语言不可挽救，其对策主要是抢救记录和延缓其消亡；而衰变语言则可以通过各种措施包括政策辅助等改变其衰变途径。衰变语言如果不采取保护措施，就有可能向濒危的方向发展，最后演变为无可挽回的濒危语言。在我国，衰变语言的数量远比濒危语言多，是语言学家必须重视研究的。"

（四）语言濒危研究

自20世纪70年代以来，濒危语言的现象成为国际语言学界关注的问题。21世纪以后，中国濒危语言的现象也随着经济、社会的深层变迁而逐渐凸现出来。徐世璇的《濒危语言研究》（2001年）是濒危语言研究的第一本理论专著，该书阐述了语言尤其是使用人数较少的小语言的重要价值，分析探讨语言濒危现象的特征、原因和过程，全面介绍语言学界和国际社会在濒危语言领域开展的研究工作。此后，

---

① 载《语言科学》2003年第5期。

② 载《兰州大学学报》2007年第4期。

③ 载《中央民族大学学报》2010年第6期。

④ 载《玉溪师范学院学报》2015年第1期。

濒危语言研究成为近段时间的研究热点，出现了许多研究论文，主要围绕濒危语言研究的重要性、学科建设、濒危原因、保护措施等方面展开。

孙宏开的《关于濒危语言问题》（2001）[①] 介绍了国际上有关濒危语言的讨论，提出濒危语言是全球性的问题，濒危语言问题是对文化多样性的一个严重的挑战。作者还论述了中国少数民族语言使用的情况，指出少数民族语言中部分弱势语言已经处在濒危状态。张公瑾《语言的生态环境》（2001）[②] 论述了语言的大规模消亡给人文生态环境造成的损害、给人类文明造成的损失。多语言共存是人类的一种幸运，只懂得自己母语的人眼界必然受到限制；而且没有众多语言的共存，几种强势语言也难以形成和发展。因此，人类不能因为自己的愚昧丢失手中最有价值的财富，对濒危语言应努力加以保护。他提出了推行双语教育的对策，认为形成一个平等使用各种语言的文化氛围，使各种语言经常有机会被使用，是保护濒危语言的重要措施。

在濒危语言研究的理论建设方面，戴庆厦、邓佑玲的《濒危语言研究中定性定位问题的初步思考》（2001）[③] 指出了濒危语言是语言学研究的重要组成部分，并对濒危语言的概念和定义作了探讨，认为濒危语言的判定应该是一个量化的多项综合指标体系，具体内容核心指标和参考指标。核心指标包括丧失母语人口的数量、母语使用者的年龄、母语使用能力；参考指标包括母语的使用范围、民族群体的语言观念。戴庆厦的《濒危语言研究在语言学中的地位》（2006）[④] 认为，"濒危语言研究是语言学研究的新领域，给语言功能研究带来了新课题，给语言结构研究提供了新角度，有独特的内容和方法。随着濒危语言研究的深入，语言学家将会更加关注濒危语言的研究，也将随之建立起适合于濒危语言研究的理论体系和方法论，使之成为语言学研究的一个新的分支学科 —— 濒危语言学。"孙宏开的《中国少数民族语言活力排序研究》（2006）[⑤] 把中国的少数民族语言分为6级：1）充满活力的语言；2）有活力的语言；3）活力降低、已经显露濒危特征的语言；4）活力不足，已经走向濒危的语言；5）活力很差，属濒危语言；6）无活力、已经没有交际功能的语言。李锦芳的《中国濒危语言认定及保护研究工作规范》（2015）[⑥] 根据联合国教科文组织对濒危语言界定的9个参考因素，结合我国国情，主要从"语言使用绝对人口数、代际传承、是否为识别民族主体语言"三个方面，具体将代际断裂程度分为1—4级，抢救记录保护分为6个优先等级，据此得出满语、普标语、拉基语等25种濒危语言建议名单以供学界及语文工作政府部门参考。进一步提出濒危语

---

① 载《语言教学与研究》2001年第1期。

② 载《民族语文》2001年第2期。

③ 载《中央民族大学学报》2001年第2期。

④ 载《长江学术》2006年第1期。

⑤ 载《广西民族大学学报》2006年第5期。

⑥ 载《广西大学学报》2015年第2期。

言保护研究的基本工作范畴、方法、技术规范，对未来濒危语言研究工作的展开与规范具有重大指导与现实意义。

关于濒危语言的保护研究，王远新的《广东博罗、增城畲族语言使用情况调查——保护濒危语言的重要途径》（2004）① 认为"少数民族特别是本族语使用人口稀少的民族，通常都对自己的母语有着深厚的感情和语言忠诚，在这种条件下，要保护一种濒危语言，首先这种语言的使用者应当拥有自己的聚居地，同时，这种语言应当成为家庭内部和本族聚居地的主要交际用语。"丁石庆的《论语言保持——以北方人口较少民族语言调查材料为例》（2008）② 认为语言保持是对语言濒危进行挽救和复兴的一种理论，人口较少民族的语言与文化保持模式具有重要的学术价值和现实意义。对语言保持的层次，作者认为应该从个体母语、家庭母语、社区母语三个方面，逐渐复兴普及。并对语言保持可能受到的以下影响进行了分析，即语言使用人口数量、密度等，传统经济生产生活方式，婚姻状况，母语观，文化观等。许娥的《少数民族濒危语言的保护研究》（2012）③ 一文"论述了少数民族濒危语言保护的重要性和必要性，阐明少数民族濒危语言的保护是一项极为庞大而又非常复杂的系统工程。仅仅依靠少数民族自身、语言学家都是很难实现的，必须从语言政策层面上进行语言地位规划、本体规划和习得规划，还必须要依靠全球的共同行动。"肖荣钦《"多元一体"格局下我国濒危语言的保护与对策》（2013）④ 提出"多元一体"格局下我国濒危语言保护的一些可行举措，包括：扩大濒危语言的使用场所，为濒危语言提供更广阔的发展空间；注重媒介的推广与宣传，引起人们对濒危语言的关注；适当的商业化，引导濒危语言走向大众文化领域；加强学校教育，夯实濒危语言保护的基础；重视语言与文化的联系，尝试建立语言博物馆；鼓励设立语言保护基金，颁布语言保护有关的条例。

濒危语言的方法探讨方面，孙宏开的《从语言的性质和功能看保护濒危预压的必要性和可能性》（2014）⑤ 从语言的性质和功能角度，讨论了语言保护的紧迫性。认为语言除了交际和交流思想的显性功能外，还有一些容易被忽视的隐性功能，而这些功能将会随着社会的发展和进步越来越凸显。目前需要建立一种机制保护、记录和传承濒危语言，以及国家或政府的投入、本民族的文化自我觉醒和专业人员的指导。黄行在《科学保护语言与国际化标准》（2014）⑥ 中指出"濒危语言抢救与保护是一个系统工程，涉及语言身份认定、语言濒危标准、语言保护的执行标准、语言调查保护操作规范、语言多媒体数据库开发等重要内容。当前需要在参考濒危语

---

① 载《中央民族大学学报》2004年第1期。

② 载《中南民族大学学报》2008年第4期。

③ 载《贵州民族研究》2012年第4期。

④ 载《广西民族研究》2013年第1期。

⑤ 载《民族翻译》2014年第2期。

⑥ 载《民族翻译》2014年第2期。

言认定的国际标准的前提下，根据中国的国情，开展濒危语言标准的调研、论证及制订工作。"薄文泽的《濒危语言保护中的分工与合作》（2014）①重点强调政府、专家和语言社区的配合与分工合作是濒危语言抢救和保护工作得以实施并获得成功的唯一手段。语言社区是语言保护工作的主体和主要实施者，但是从目前来看，民族地区社区还未充分发挥与其重要性相符的积极作用，一方面，这是社会发展过程中不可避免的现象，另一方面，也反映出整个社会对这一问题的重大价值还未形成共识。吴坤湖的《文化的传承与少数民族濒危语言的保护研究》（2016）②从保持文化的多元性和文化的传承角度呼吁应多关注建立少数民族濒危语言的保护机制，解决少数民族濒危语言保护工作中存在功利化取向、民族语言使用人数减少，以及现代科技手段的运用存在不足的现实困境。范俊军的《中国的濒危语言保存和保护》（2018）③重点对国家语保工程做基本评述，回顾过去语保工作的宝贵经验与不足之处，思考"后语保"时期的若干问题，据此提出后语保时代应充分认识我国语言濒危的现实，切实转向保存和保护的实践，以知识—交际模式记录和保存语料资源，以语言传承和传播为保护目标，开展有效的语言服务。

针对濒危语言的个案研究。钟进文的《西部裕固语的历史地位与使用现状》（2000）④、杨再彪的《语言接触与语音的不稳定性——蹬上苗语音位变体个案分析》（2004）⑤、刘辉强和尚云川的《拯救羌语支濒危语言——尔苏语、纳木依语、贵琼语、扎巴语资料记录和保存》（2006）⑥、高莉琴的《新疆濒危语言研究》（2006）⑦、宋伶俐的《川西民族走廊濒危语言概况》（2006）⑧、吴占柱的《黑龙江省柯尔克孜语处于濒危状态》（2007）⑨、罗自群的《论小语种的语言保护问题——以基诺语、怒苏语为例》（2008）⑩、孙宏开的《关于怒族语言使用活力的考察——兼谈语言传承和保护的机制》（2015）⑪、马永峰和马兆熙的《东乡语保护与研究思考》（2015）⑫、王文玲的《华锐藏语濒危成因及保护对策分析》（2016）⑬、王德和和Katia Chirkova（齐卡佳）的《中国濒危尔苏语言抢救保护与尔苏语拼音转写方案

① 载《民族翻译》2014年第4期。
② 载《贵州民族研究》2016年第10期。
③ 载《暨南学报》2018年第10期。
④ 载《西北民族学院学报》2000年第2期。
⑤ 载《中央民族大学学报》2004年第1期。
⑥ 载《西南民族大学学报》2006年第6期。
⑦ 载《语言与翻译》（汉文）2006年第3期。
⑧ 载《暨南学报》2006年第5期。
⑨ 载《黑龙江民族丛刊》2007年第3期。
⑩ 载《云南师范大学学报》2008年第4期。
⑪ 载《玉溪师范学院学报》2015年第1期。
⑫ 载《民族论坛》2015年第3期。
⑬ 载《北方民族大学学报》2016年第5期。

的创建》（2017）① 等报告描述了部分处于濒危的语言现状，呼吁从国家政府层面给予关注，加强濒危语言的规划和治理。

四、语言国情研究

近年来，语言国情的研究逐渐升温，并且取得了丰硕的成果，一批反映我国少数民族语言生活状况的著作面世。如由中国社会科学院民族学与人类学研究所和国家民族事务委员会文化宣传司主编，中国藏学出版社出版的《中国少数民族语言使用情况》（1994年）；戴庆厦主编，商务印书馆出版的"新时期中国少数民族语言使用情况研究丛书"：《云南蒙古族喀卓人语言使用现状及其演变》（2008年）、《基诺族语言使用现状及其演变》（2007年）、《阿昌族语言使用现状及其演变》（2008年）等；丁石庆主编《社区语言与家庭语言 —— 北京少数民族社区及家庭语言调查研究之一》（2007年）等。同时，这一时期在大量专题研究的基础上，反映语言国情研究的综合性理论的论文开始出现。此外，少数民族语言与语言资源保护、国家安全关系等研究成果开始丰富。

（一）语言国情的综合性探讨

国家安全是最重要国情之一。少数民族地区、边疆边境地区的安全对国家安全至关重要。语言国情的综合性讨论主要从国家安全角度入手，广泛探讨国家语言能力、语言策略、语言规划、语言资源等宏观层面与国家安全的关系，以及从微观层面具体说明我国语言文字规范、少数民族地区双语教育、国家语言和跨境语言与国家安全的关系。

戴庆厦的《语言关系与国家安全》（2010）② 用大量实例表明我国的语言关系基本上是和谐的，语言和谐保证了我国现代化建设得以顺利进行，也保障了国家的安全，但也有一些不和谐因素，应当引起高度关注。如，有的地区未能科学地处理好少数民族语言与国家通用语言的关系、处于弱势地位的少数民族语言出现衰变或濒危、有的地区的民族语文在社会生活中缺乏应有的重视，引起少数民族心态上的不平衡，以及少数民族语言资源未能得到充分利用。对此，戴先生提出和谐的语言关系必须在口头和实际上都落实"民族平等、语言平等、相互尊重与学习、从实际出发"的原则。要遵循语言的客观规律，按科学发展观办事，重视语言和国家安全的关系，提高防范意识。戴曼纯的《国家语言能力、语言规划与国家安全》（2011）③ 指出从国家安全角度看，语言规划既可预防冲突，也可激发矛盾，小族语言和外语

---

① 载《西南民族大学学报》2017年第4期。

② 载《云南师范大学学报》2010年第3期。

③ 载《语言文字应用》2011年第4期。

以不同的方式为国家安全服务，大力培养外语人才的同时，保护好小族语言资源并合理地开发利用，是提升国家语言能力的重要战略。王英杰的《语言规划与国家文化安全》（2013）① 认为语言安全是文化安全中最核心、最重要的安全之一，文化安全在一定意义上依赖于语言的科学管理与规划，应科学规划语言，维护国家文化安全。戴曼纯的《语言与国家安全：以苏联语言政策为例》（2015）② 以苏联不同时期的语言政策和规划为例，论述语言政策及规划与国家安全的关系，指出分裂型语言民族主义给多语言多民族国家带来政治危害，国家推行恰当的语言政策必须建立在维护国家安全稳定的基础之上，不能带有浪漫主义或理想主义色彩。寇福明的《语言安全界定之批判思考》（2016）③ 指出语言意识常与族群意识相关，族群（语言）意识与国家认同相连，这可能引发一系列与语言安全相关的政治问题。每一种民族语言都是一种独特的文化现象，从语言发展史上看，语言的消亡更多是由社会文化因素造成，如强势集团的政治、军事压迫，或者经济、技术和意识形态等侵蚀。因此少数民族语言文化既是维护国家"社会文化生态环境平衡"，保持社会和谐发展，促进国家安全的重要因素。李一如的《语言资源与国家安全战略》（2016）④ 分析了中国语言国情的特点和语言的分布情况，认为应该将中国丰富的语言资源适应于信息时代与科学技术发展的要求，顺应国家安全战略发展形势的需要，转化为国家安全战略的重要资源，体现其真正的战略价值和社会地位。张日培的《国家安全语言规划：总体国家安全观下的范式建构》（2018）⑤ 指出，国家安全语言规划应在总体国家安全观指导下立足"国家安全"、超越"语言安全"、坚持"高政治"认知、采取"低政治"策略，主动适应非传统安全观念下安全范式的转型，针对不同问题情境，科学建构相应的规划范式，包括认同范式、秩序范式、能力范式、区域治理范式和全球治理范式。张治国的《语言安全分类及中国情况分析》（2018）⑥ 根据国家语源把语言安全分为内源性语言安全（即语言安全源自本国语言）、外源性语言安全（即语言安全源自外语）和双源性语言安全。据此分析中国的语言安全情况为：内源性语言主要关注汉语、少数民族语言、方言以及语言关系安全；外源性语言关注外语的地位与习得规划安全；双源性语言应把握跨境语言的地位、本体和习得规划安全。曹秀玲、邓凤民的《在国家安全视阈下加强民族语言能力建设》（2019）⑦ 从国家安全的视角认为，民族语言能力建设是提升我国国家语言能力不可多得的天然资源和重要抓手，民汉双语人才具有不可替代的作用，建议在科学保护的基础

① 载《武陵学刊》2013年第4期。

② 载《语言政策与规划研究》2015年第1期。

③ 载《语言政策与规划研究》2015年第1期。

④ 载《广西师范学院学报》2016年第3期。

⑤ 载《新疆师范大学学报》2018年第6期。

⑥ 载《云南师范大学学报》2018年第3期。

⑦ 载《中国民族教育》2019年第1期。

上，对少数民族语言资源加以深度开发和利用。

　　戴庆厦的《论新时期我国少数民族的语言国情调查》（2008）[1] 从语言国情调查的概念、价值及历史发展等几方面论述了我国新时期少数民族语言国情调查的重要性；并对新时期民族语言国情的新特点，新时期民族语言国情调查的主要内容及新时期民族语言国情调查的要点等几个方面进行了分析。指出新时期民族语言的国情，主要有以下四个新的特点："1.新时期语言状况的变化比任何一个历史时期都快。2.不同语言的功能互补成为满足新时期语言交际需要的重要手段。3.一些语言或方言的功能出现不同程度的下降。4.新时期民族语言国情调查的紧迫性。"王远新的《我国少数民族语言文字立法的必要性》（2008）[2] 从基本国情、语言文字社会文化功能、少数民族基本权利、维护语言文化多样性、维护国家文化安全等多个角度论述少数民族语言文字立法的必要性，少数民族语言文字立法有助于解决文化渗透、文化安全和边境安全问题，维护我国国际形象在国际人权斗争中取得主动权、是民族文化认同的需要，进一步做好民族语文工作的保障。刘跃进的《国家安全体系中的语言文字问题》（2011）[3] 认为语言文字与国家安全的关系是多方面的，加强语言文字的安全建设是保障国家安全的重要手段。吴正彪的《民族语文翻译与国家文化安全》（2014）[4] 强调民族语文翻译要维护国家安全，做到有法必依，在内容上对民族团结、国家稳定有影响的言词要严加审核。黄德宽的《国家安全视域下的语言文字工作》（2014）[5] 认为语言文字对国家安全的影响是基础性、潜在性和长远性的。目前我国少数民族地区，国家通用语言文字与各民族语文教育的关系需要进行反思和改进，应适时启动制定"国家安全语言战略规划"，明确国家语委的职能和定位，加强对民族语文政策的研判和适时调整等。李旭练的《"跨境语言"多人谈——跨境语言与国家安全》（2018）[6] 认为处理跨境语言问题必须本着以邻为善、以邻为睦、以我为主的原则，切实提供实实在在的本民族语言文字服务，以增强边民对伟大祖国的向心力和凝聚力。

　　（二）语言国情的专题探讨

　　1. 语言使用情况研究

　　朴泰秀的《试谈黑龙江省朝鲜语使用现状及一些想法》（1990）[7] 对居住在黑龙江省的朝鲜族进行了语言使用调查，研究表明黑龙江朝鲜族语言使用特点有三方

---

[1]　载《云南师范大学学报》2008年第3期。

[2]　载《民族翻译》2008年第1期。

[3]　载《语言教学与研究》2011年第6期。

[4]　载《中国民族报》2014年第6版。

[5]　载《语言科学》2014年第1期。

[6]　载《语言战略研究》2018年第4期。

[7]　载《黑龙江民族丛刊》1990年第1期。

面：第一，从地区分布上看，不懂朝鲜语言文字、使用汉语的人口比例城镇比乡村高；朝鲜族人口稀少、居住比较分散的地方比朝鲜族人口较多、居住相对集中的地方高。第二，从年龄结构上看，年龄越小，不懂朝鲜语言文字，使用汉语言文字的比例越高。第三，从趋势上看，不懂朝鲜语言文字，使用汉语言文字的人数正向越来越多发展。

丁石庆的《新疆达斡尔族语言使用类型及相关因素分析》（1994）①把新疆达斡尔族语言的使用类型分为非转用型和转用型两类，并分别从单语、双语和多语三个方面进行梳理。认为造成新疆达斡尔语使用类型的原因主要是：居住格局、地理位置、民族关系、人口流动、年龄层次、民族意识等。另外，杨通银的《市场经济机制下的侗语文》（1995）②，沙马日体、马锦卫、曲比阿果的《凉山彝语应用与实效性研究》（2007）③，照日格图的《内蒙古蒙古语使用现状调查》（2007）④，丁石庆、刘宏宇的《莫旗达斡尔族聚居村落语言现状研究——哈力村语言调查实录》（2007）⑤等论文对新时期少数民族语言的使用情况做了分析。

木乃热哈、李晶的《甘洛彝族语言使用情况调查研究》（2009）⑥对甘洛彝族聚居区和杂居区彝语熟练程度进行了对比调研，指出基于人口优势的社会文化的同质性、民族认同、民族情感是甘洛彝语保持的关键因素。在杂居区或双语区，彝语和汉语在功能上有互补关系。语言的交替使用或混合使用必然带来借词现象。同时也指出不同居住区彝族不同年龄段被调查者，尤其是学生，对普通话的渴望程度很高。田静等的《彝汉杂居区彝族的语言生活：云南通海县里山乡彝族个案研究》（2009）⑦，郭卫东、胡炯梅的《影响新疆博州民族杂居区语言使用的成因分析》（2009）⑧，宝玉柱的《喀喇沁左翼蒙古族自治县蒙古族语言使用情况》（2009）⑨，蒋颖、朱艳华的《耿马县景颇族和谐的多语生活——语言和谐调查研究理论方法的个案剖析》（2010）⑩，乔翔、余金枝的《论四川省盐源县各民族的语言和谐》（2010）⑪，刘玉屏的《塔什库尔干塔吉克族语言使用与语言态度调查》（2010）⑫，许

① 载《语言与翻译》1994年第3期。
② 载《贵州民族研究》1995年第3期。
③ 载《西南民族大学学报》2007年第4期。
④ 载《满语研究》2007年第2期。
⑤ 载《中央民族大学学报》2007年第4期。
⑥ 载《中央民族大学学报》2009年第6期。
⑦ 载《西南民族大学学报》2009年第5期。
⑧ 载《新疆社会科学》2009年第5期。
⑨ 载《中央民族大学学报》2009年第6期。
⑩ 载《暨南学报》2010年第4期。
⑪ 载《中央民族大学学报》2010年第6期。
⑫ 载《西北民族研究》2010年第1期。

鲜明的《撒都群体语言使用现状的调查》（2011）①，班弨的《连南八排瑶语使用状况与语言接触情况》（2011）②，黄婧的《侗族语言使用现状及发展趋势》（2011）③，阮宝娣的《羌语濒危型村寨语言使用现状及成因分析》（2012）④，敏春芳的《语言接触引发的语言演变 —— 东乡民族的语言转用》（2013）⑤，赵淑梅的《内蒙古地区俄罗斯族民族语言生态的历史演变及现状》（2017）⑥，周珊的《中国塔吉克族语言使用现状研究》（2013）⑦，王远新的《"一寨两国"的语言生活 —— 云南省瑞丽市云井村村民语言使用和语言态度调查》（2017）⑧，叶晓芬的《黔中地区布依语的语言态度分析 —— 以黄果树风景名胜区布依语为例》（2015）⑨ 等论文对不同区域的少数民族语言使用做了调研分析，对社会经济深度转型时期的民族语言进行了综合评估，认为随着城镇化的进一步推进，少数民族语言使用表现出不同程度的弱化，民族文化保护意识正逐渐强烈，但语言和谐是各民族语言发展的主流。

2. 语言的发展趋势研究

程列的《关于藏语文如何适应现代社会之我见》（1997）⑩ 回顾了藏语文吸收外来词语以发展自己的语言的历史，对新时期的藏语文的发展充满了忧患，指出"藏语文的现状不容乐观，特别是不能适应现代社会高科技发展的形势需要，这是藏民族主人翁意识淡化的表现。"王华祥、田彬的《湘西苗语的现状及其发展趋势》（1996）⑪ 对湘西苗语的现状进行了描写，苗语的基本词汇基本稳定，但已不能完全满足现代社会的发展需要，所以在与汉语的接触和交融中将会扩大借贷的力度，同时也应在吸收汉语词时注意"苗化"，使其不对本族语的发展和变化产生较大的影响。陈其光的《苗瑶语词汇发展的一种方式》（2000）⑫ 对苗瑶语词汇发展的独特方式 —— 裂变进行了列举分析，认为这种裂变造成的外部原因是语言的密切接触，长期交往所形成的，具有不平衡性，同时裂变词本身还具有一定的文化内涵，如民族交往、词源、地理分布、文化扩散、词义的民族性和地域性。高泽强的《黎语的历史与未来走势》（2008）⑬ 认为千百年来，黎语在历史上曾是海南岛的强势语言，

---

① 载《暨南学报》2011 年第 2 期。
② 载《暨南学报》2011 年第 2 期。
③ 载《人民论坛》2011 年第 11 期。
④ 载《民族教育研究》2012 年第 5 期。
⑤ 载《西北民族研究》2013 年第 4 期。
⑥ 载《贵州民族研究》2016 年第 8 期。
⑦ 载《新疆师范大学学报》2013 年第 4 期。
⑧ 载《陕西师范大学学报》2017 年第 4 期。
⑨ 载《贵州民族研究》2015 年第 7 期。
⑩ 载《西藏研究》1997 年第 3 期。
⑪ 载《民族论坛》1996 年第 3 期。
⑫ 载《民族语文》2000 年第 3 期。
⑬ 载《广西民族研究》2008 年第 3 期。

中华人民共和国成立后，黎语的发展达到了全盛时期，但自20世纪50年代末开始，黎语逐渐走下坡路，至今已经显现全面萎缩和削弱趋势。丁石庆的《莫旗达斡尔族语言发展趋势预测》（2008）① 指出莫旗达斡尔语在结构上的发展将是：借词元音趋于稳定、借自汉语的辅音有的已经音位化，有的处于过渡状态，某些固有词逐渐淡出族人记忆，汉语借词的数量将进一步增大。达斡尔语在功能上的发展将是：母语型人群将极度萎缩，兼用型人群稳定发展，转用型人群大幅增加；母语在农村家庭和社区语言环境中的地位没有动摇，但潜存危机，汉语在城区和散居区的地位继续巩固和强化，其优势地位逐渐向农村社区延伸；城市化将增加达汉语言接触的范围及深度。太平武的《21世纪中国朝鲜语所面临的问题及其对策》（2000）② 认为21世纪，中国的社会发生了巨大变化，朝鲜族的语言也受到了一定的挑战。现在的朝鲜语正处在母语和汉语双语的时期。而另一些学者则持比较乐观的态度，李得春、金基石的《展望21世纪的中国朝鲜语》（2001）③ 从民族语文中心区域的作用和民族语文机构队伍的现状、民族语文政策，以及周边环境等四个方面看，在21世纪中国朝鲜语不但不会弱化，反而会越来越有利于其自身发展。

刘宏宇的《社会网络与达斡尔族语言的使用与保持 —— 以内蒙古自治区莫力达瓦达斡尔族自治旗为例》（2012）④ 中谈到"在城市化快速发展的今天，影响少数民族语言使用和变化的因素越来越多，社会网络作为城市化的一个结构复杂、变化显著、作用重大的系统，对研究民族语言和传统文化的保持有着不可替代的作用。"刘丽静的《城市化背景下广西民族语言生态平衡问题研究》（2014）⑤、郑颖琦的《城市化背景下少数民族语言使用功能研究》（2016）⑥、姜莉的《城市化背景下少数民族语言使用功能的变化》（2017）⑦、黄靖莉的《城镇化进程中促进民族语言生态平衡对策探究》（2017）⑧、迪力木拉提·尼亚孜的《内地大城市公共服务中使用少数民族语言调查研究 —— 以维吾尔语在内地大城市的使用为例》（2015）⑨ 等论文指出城镇化带来少数民族人口的变动和迁移，一方面为了适应城市社会他们需要学习普通话和当地语言，另一方面人口迁移带来了语言使用人群结构变化和语言代际断层现象，这都对我国少数民族语言生态平衡产生一定的冲击。维护少数民族语言生态平衡，不仅要加强普通话的推广，保证不同民族之间实现有效沟通和交流，消除

① 载《中央民族大学学报》2008年第5期。
② 载《民族教育研究》2000年第3期。
③ 载《延边大学学报》2001年第1期。
④ 载《中南民族大学学报》2012年第2期。
⑤ 载《广西社会科学》2014年第12期。
⑥ 载《贵州民族研究》2016年第6期。
⑦ 载《贵州民族研究》2017年第7期。
⑧ 载《贵州民族研究》2017年第3期。
⑨ 载《湖北民族学院学报》2015年第4期。

城镇化建设中劳动力转移的现实阻力，还要采取有效措施保护多样性的少数民族语言及地方方言，注重动态使用过程中的传承和保护。

3. 文字使用情况研究

周裕栋的《云南彝文的使用和传播》（1986）① 认为"云南有不少彝族使用过或使用着彝文。这些彝文有很多种，代表彝文发展的不同阶段，与彝族支系、方言、土语之间有着错综复杂的关系。它们目前的使用范围虽各有不同，但历史上都或多或少地留下了一些有价值的典籍，急待进行调查、收集和翻译。对今后如何规范彝文的问题可提供一些有益的经验和教训。"王正华的《拉祜语文字的应用与挑战》（2007）② 认为随着社会的发展，现行国内外拉祜语文字的缺陷和新时期拉祜族族际共同语的日趋形成，拉祜语文字的推广应用面临新的挑战。

曾晓武的《简析少数民族语言文字翻译出版中的合理使用》（2009）③ 指出少数民族语言文字翻译出版工作将有助于民族文字公益出版的良性发展，认为少数民族语言文字翻译出版工作不单涉及纸介质图书，在期刊、报纸、电子读物以及盲文出版物出版中也都存在合理使用范畴问题，要给予足够的重视。贺阳、肖应平的《青藏铁路语言文字使用分析》（2009）④ 描述了青藏铁路系统的语言文字使用情况，认为该地区的民族语言政策落实工作有待进一步加强，双语化程度将不断提高，普通话的推广获得有利条件。赵凤珠等《傣族聚居区城镇、村寨语言文字使用情况调查》（2010）⑤、刁小卫等《新疆锡伯语言文字使用的调查与思考》（2015）⑥、刘琳等《川南苗族语言文字使用的历史演变》（2018）⑦ 等论文认为少数民族文字正面临较为严峻的使用危机，使用人数急剧下降，使用场域不断萎缩，民族文字的保护意识仍未受到重视。

4. 语言使用的历史情况研究

滕绍缄的《明清两代满语满文使用情况考》（1986）⑧ 认为明清之际，满族、蒙古族等北方各族，实现了空前规模的迁徙。明代女真、八旗满洲和蒙古的南徙以及关内流民的大批北移，进一步造成了民族间的交错、杂居，为各个民族语言、文字的相互影响提供了便利条件。满族贵族统治阶级当政二百多年，致力于在全国维持其统治地位。入关的满族官民习用汉语汉文的风气波及东三省，满族故土亦逐渐放弃满语文。在将近三百年的时间内，满族人民已转用汉语文。胡增益的《新疆地区

---

① 载《民族研究》1986年第6期。

② 载《云南民族大学学报》2007年第2期。

③ 载《出版发行研究》2009年第3期。

④ 载《语言文字应用》2009年第1期。

⑤ 载《民族教育研究》2010年第3期。

⑥ 载《中南民族大学学报》2015年第3期。

⑦ 载《西南民族大学学报》2018年第4期。

⑧ 载《民族语文》1986年第2期。

满语文使用情况考略》（1995）[1] 认为新疆驻防和换防的满族官兵，加上到新疆任职的满族官员，流放发配到新疆的满族官吏以及到新疆谋生的满族人，使用满族文字的一千多锡伯族官兵共同构成了新疆使用满语文的基本部分。在锡伯族长期使用满语文的过程中，在语言中形成了一系列的特点，最终形成了锡伯语和锡伯文。满语文被锡伯语文所代替。

五、语言规划研究

中华人民共和国成立以来语言规划研究在民族语言的社会语言学研究领域中，始终占据着主导地位。主要包括宏观规划的理论探讨和专题研究两部分。

（一）语言规划通论研究

语言规划通论关注国家语言治理，研究主要包括国家总体层面的语言政策与语言规划、"一带一路"国际背景下的语言规划、少数民族地区的语言规划、边疆地区的语言规划、跨境语言的语言规划以及其他视角下的语言规划。

国家语言规划研究方面，王均《语言的发展和语言的规范化》（1979）[2] 指出"为了更好地交流，语言结构和功能会相互作用，创新和类推的现象是无法避免的，如何让语言的使用向有利于语言健康的方向发展，对语言进行规范化是一种有效的方法。"孙宏开的《我国开展语言规划工作的基本情况》（1989）[3] 介绍了中国语言规划工作的基本概况，指出我国少数民族语言规划具体包括的内容。道布的《中国的语言政策和语言规划》（1998）[4] 认为中国的语言政策和语言规划是从中国国情出发制定的，并对民族和语言的关系、双语人以及文字情况进行了具体分析，总结了关于汉语的政策和关于少数民族语言的政策。陈章太的《当代中国的语言规划》（2005）[5]，把中国少数民族语言规划大致分为立国建设阶段的少数民族语言规划和改革发展阶段的少数民族语言规划。毛春洲《语言政策与规划相关研究概况》（2010）[6] 对语言政策和规划的内涵、历史和国内外研究概况做了比较全面的论述，发现在中国少数民族语言政策与规划领域，专家学者涉足不够，尤其是中国边缘地区少数民族语言政策与规划方面极其欠缺，譬如海南黎族和苗族语言规划和政策方面的研究意识还不足。桑哲《新中国的语言规划及未来工作展望》（2011）[7] 从汉语

---

① 载《民族语文》1995年第6期。

② 载《延边大学学报》1979年第4期。

③ 载《青海民族学院学报》1989年第2期。

④ 载《民族研究》1998年第6期。

⑤ 载《语言文字应用》2005年第1期。

⑥ 载《人民论坛（中旬刊）》2010年第4期。

⑦ 载《语文研究》2011年第3期。

共同语规划的角度，分析了中华人民共和国成立以来语言规划所取得的主要成就及其原因，指出了存在的不足及其成因，并对未来的语言规划工作进行了展望。指出要充分重视语言规划的和谐性，应将语言规划上升到一个历史的和战略的高度，不断完善、调整我们的语言规划策略和运行机制。张浩明的《加强语言规划，提升语言能力》（2016）① 提出中国当前语言能力现状还不能完全适应国家、社会及个人发展的需要，表现在国家通用语的应用不高，民族语言、方言和外语能力挖掘不足，对此中国政府和社会各界已采取相应举措加以完善。文章呼吁当前需要从语言资源的角度来看待普通话、方言、民族语以及外来语，妥善处理语言主体性和语言多样化的关系，发挥语言在国家和平发展和走向世界进程中的作用。

"一带一路"国际背景下跨境语言规划研究方面，黄行、许峰的《我国与周边国家跨境语言的语言规划研究》（2014）② 通过具体跨境语言案例和数据分析，指出相比于我国周边国家，我国语言本体和地位规划方面，总体上处于劣势，应拓宽国际视野，重新审视和调整现行的民族语言功能规划，提高国家语言规划的国际战略。徐琳、胡宗锋的《"一带一路"建设视阈下语言规划之语言能力与服务》（2018）③ 提出实现"一带一路"建设的交流在于语言互通。由于国家的语言能力相对不足，语种及外语资源相对匮乏，应对"一带一路"建设的语言能力挑战，语言规划先行势在必行。"一带一路"语言规划应着眼于国家大局，从语言语种及功能、语言安全、语言传播等方面入手，做好"一带一路"建设语言服务的同时，适时调整、优化和完善国家的整体语言文字事业发展规划，进而全面增强国家的语言拥有能力。

少数民族语言规划方面，张晓传、唐子恒的《我国少数民族现代语言规划历程及当代发展策略》（2013）④ 回顾总结不同时期我国少数民族现代语言规划的重点，从民国时期集中于语言地位和语言教育到中华人民共和国成立后对我国少数民族语言的地位、主体、教育、声望形象等各方面进行细致的规划，提出当代少数民族语言规划应引入可持续发展理念。孙宏开的《中国少数民族语言规划百年议》（2015）⑤ 指出，从 20 世纪 30 年代开始中国少数民族语言规划经过拓荒阶段、黄金阶段、受干扰破坏阶段以及全面发展四个阶段，从中得出应制定适合于中国国情的民族语文政策等十条少数民族语言规划经验和教训。刘成萍的《少数民族双语教育研究述评 —— 基于语言问题观和资源观的视角》（2016）⑥ 发现从语言学和教育学层面进行少数民族双语教育研究的文献较多，而运用心理学和文化社会学作为理论

---

① 载《语言科学》2016 年第 4 期。

② 载《语言文字应用》2014 年第 2 期。

③ 载《西北大学学报》2018 年第 2 期。

④ 载《中央民族大学学报》2013 年第 5 期。

⑤ 载《青海民族研究》2015 年第 2 期。

⑥ 载《贵州民族研究》2016 年第 6 期。

依据来研究的较薄弱，语言不仅是"文化资源"，还是"经济资源"，此外，对语言作为权利取向的研究在民族地区具有探讨价值。要科学处理语言主体化与多样性的关系，在语言生态观的前提下做好语言规划。吴坤湖的《少数民族语言规划工作的历史变迁与当代发展》（2017）^① 通过梳理我国少数民族语言规划工作的历史变迁，指出社会变迁及发展背景下少数民族语言规划工作也面临着新的任务与价值导向，提出做好少数民族语言文字管理工作的政策措施与保障机制，在做好推广与普及新时期国家通用语言文字的同时，还要抢救和保护濒危少数民族语言文字、了解民族语言国情及做好跨境调查、健全民族语言文字规范标准建设及信息化工作。赵江民的《语言接触影响下的新疆语言规划调适》（2012）^② 认为语言规划不仅是新疆语言工作的重要内容，也是新疆民族工作的核心内容。新疆的语言规划必须依据语言接触影响下的新疆语言现状开展，因地制宜，落实坚持双向性双语发展方向，规范借入成分，实现民汉语言的规范化和标准化等工作。李海英、李现乐《边疆地区语言规划与国家安全研究构想 —— 以新疆地区为例》（2014）^③ 从语言战略的视角，以新疆为典例分析了边疆地区语言规划对维护国家安全的重要意义。作者认为边疆地区语言规划与国家安全研究，是通过对言语社区语言资源及语情调查与言语社区规划的理论分析，评估现行语言规划的"安全度"，体现了语言规划服务社会的实际作用和价值。

（二）语言规划专题研究

1. 词汇规范化研究

在藏缅语族方面，上官剑璧的《翻译工作者应重视藏语词汇规范化的问题》（1977）^④ 认为，"藏语词汇规范化的问题，是受社会历史发展和语言发展的客观规律所决定的，也是现阶段我国藏族地区社会主义革命和社会主义建设事业的迫切需要。中华人民共和国成立以来，各地的有关翻译出版机关及各个民族院校做了大量的有益的工作，藏语词汇的规范化取得了一定的进展。但也存在一些问题，如对某些意义相近的词汇，在翻译使用上没有加以严格的区分，也造成了一些混乱现象。另外，在翻译和应用科技方面的专门术语时，有些专门术语的译法并不统一。"周季文的《藏语新词术语的构成》（1981）^⑤ 指出藏语的合成词有两类，一类是由词根和词根合成的复合词，数量最多；另一类是词根和词缀合成的"派生词"，数量较少。藏语中新词术语的情况也是如此，复合词多，派生词少。乐曲的《对彝语中新

---

① 载《贵州民族研究》2017年第7期。
② 载《中南民族大学学报》2012年第6期。
③ 载《江汉学术》2014年第3期。
④ 载《青海民族学院学报》1977年第4期。
⑤ 载《民族语文》1981年第1期。

词术语处理的一点看法》（1981）① 对彝语中的新词术语普遍采用音译的做法表达了自己的看法，认为从语言与民族的关系，语音的发展特点，彝文的社会实践等方面来看，除人名、地名及专有名称外彝语新词术语的规范化应以意译为主。在苗瑶语族中，罗兴贵的《试谈苗语西部方言标准语的完善和发展》（1992）② 肯定了苗文改革以后给文化的传播和交流带来了飞跃，但在规范化方面也存在一些问题，作者从如何吸收土语、如何创制新词、如何吸收外来词三个方面进行了探讨，提出立足实践的意见和方案。姬安龙的《浅谈苗语借词的规范问题》（1993）③ 总结了苗文拼写汉语借词所体现出来的弊端，对苗语中的汉语借词的拼写原则及方法进行了探索，从声、韵、调三个方面对汉语借词的拼写提出了具体的规范要求。

在蒙古语族方面，吴俊峰的《蒙古语的新词术语》（1981）④ 指出"蒙古语在它的长期历史发展中，特别是中华人民共和国成立以来，一方面充实和发展了自己的构词手段，并以此创造了大量的新词术语；另一方面，从汉语和其他语言中吸收了自己所需要的借词，使蒙古语不断地得到丰富和发展。在蒙古语中用民族语言材料确切表达不了的新词术语，依据群众的语言实践，一般吸收汉语借词，较少吸收外语词。"芒·牧林的《蒙古语外来词读音和书写形式规范问题》（1983）⑤、《关于蒙古语外来词词汇规范问题》（1984）⑥ 认为，蒙古语外来词的读音和书写处理存在的问题不少，一词多形、一形多音、古今相别等现象比较突出。建议将外来词的特殊语音按照语音对应规律进行加工规范，将外来词的结构形式按照蒙古语正字法规则加工规范，按照蒙古语习惯法则进行加工规范。

在满–通古斯语族方面，佟加·庆夫的《现代锡伯语新词术语规范问题》（1992）⑦ 指出现代锡伯语发展到今天，过去那种单一的语言环境已被打破。吸收新的语汇是语言发展的必然，现代锡伯语新词术语主要为：政治词语、自然科学术语、社会用语、文学术语、机关团体称谓。这些新词术语中，多音节词语增多，取代了少音节的词。

突厥语族方面，史铸美的《对哈萨克语中新词术语的制定和使用的探讨》（1980）⑧ 认为在制定新词术语时，应该充分发挥哈萨克语固有词汇的作用和构词能力，正确地对待和使用新词术语，使外来词语更好地为丰富本民族语言服务，汉语借词是丰富哈萨克新词术语的重要手段，新词术语要在发展中不断完善。韩建业的

---

① 载《西南民族大学学报》1981年第3期。

② 载《贵州民族研究》1992年第4期。

③ 载《贵州民族研究》1993年第1期。

④ 载《民族语文》1981年第1期。

⑤ 载《内蒙古师范大学学报》1983年第1期。

⑥ 载《内蒙古师范大学学报》1984年第1期。

⑦ 载《语言与翻译》1992年第4期。

⑧ 载《新疆大学学报》1980年第4期。

《谈撒拉语的新词术语》（1982）① 认为撒拉语中的新词术语除利用本族语中原有语言材料和各种构词手段充实外，还可以通过吸收汉语借词来丰富，少部分是通过旧词赋新义的方式补充。新词的大量增加，充实和丰富了撒拉语词汇，提高了撒拉语的表达能力。另外，孟起的《维吾尔语新词术语的规范工作》（1981）②、刘珉的《维吾尔语新词术语规范断想》（1989）③ 等从不同的角度对维吾尔语的新词术语规范问题进行了分析。

在朝鲜语方面，李光林的《朝鲜语的名词术语规范化》（1981）④ 介绍了朝鲜语名词术语规范化的三个原则：对原有词，包括民族固有词和汉字词，原则上继续使用，不轻易更动；对新词术语，按朝鲜语构词法创制为原则，根据政治、经济、文化生活的需要和群众的语言实践，也可从汉语或其他民族的语言中适当吸收，采用混合、派生等方法造用新词；对难懂字词和外来语词，尽可能改用群众易懂的其他语词。新时期，就如何规范我国朝鲜语的新词术语的论文主要有沈希燮《我国朝鲜语中的新词》（1988）⑤、李亿哲《朝鲜语从汉语中吸收新词的原则和方法》（1990）⑥ 等。

2. 语法和语音规范化研究

韦达的《壮语使用中的语法规范问题》（1991）⑦ 认为壮语语法的规范，应本着普遍性、需要性、明确性和简洁性的原则，从词的顺序、词的附加成分、词的重叠、复数的表示法几方面进行规范。赵相如的《维吾尔语的音节结构和借词拼写法的关系》（1984）⑧ 认为"不论来自哪种语言的借词，都尽可能地按照维吾尔语本身的语音系统和维吾尔族人民群众口语中的实际读音拼写。根据这一原则，需要把外来语词在维吾尔族人民群众口语中的实际读音及其对当关系，系统、全面地整理出来，并在此基础上制订出一套切实有用的外来语拼写法规则。"

3. 文字规范化研究

马学良的《试论彝文"书同文"的问题》（1986）⑨ 提出"书同文"是对彝语众多方言土语的一种书面语的规范化，认为"我们整理彝文应在原有表形兼表意的形意文字的基础上，使其表音符号日益发展起来，这不但可以提高文字使用的效能，还可为逐步过渡到走世界拼音文字的道路做好准备。"陈士林《进一步提高彝

① 载《青海民族学院学报》1982年第1期。
② 载《民族语文》1981年第1期。
③ 载《语言与翻译》1989年第4期。
④ 载《民族语文》1981年第1期。
⑤ 载《民族语文》1988年第3期。
⑥ 载《民族语文》1990年第3期。
⑦ 载《中南民族大学学报》1991年第4期。
⑧ 载《民族语文》1984年第4期。
⑨ 载《中央民族大学学报》1986年第1期。

语词汇规范研究水平的几个基本问题》（1990）① 指出"目前彝语词汇规范方面仍然存在比较严峻的问题，随着规范彝文的推行，使喜德音、圣乍话日益普及，为凉山标准语的形成和发展准备了积极的条件，但在这方面的不规范现象仍然不少，并提出关于补充制订新词的范围和方法论原则的建议。"朱建新的《谈谈彝文的发展历史与未来的改革规范问题》（1991）②、潘正云的《完善＜彝文规范方案＞之我见》（1993）③、孔祥卿的《彝文规范的前景》（2004）④ 对现代彝文的发展和应用进行了分析。另外，王均的《壮文创制和修订中的若干问题》（1982）⑤ 归纳了壮语的特点，提出了规范壮文的若干问题和解决办法，有助于对壮文的推广和系统化的研究，作者认为："语言文字的规范化，必须从语言的调查入手，通过不同时期、不同地区大量的语言调查材料，研究在不同的说话环境、不同内容里，语言词汇和句法格式的发展演变，力求符合群众的口语现实和语言的发展趋势"。李德芳《二十世纪滇东北苗语方言区的苗文》（1981）⑥ 对柏格理苗文的产生和发展进行了资料的梳理，对柏格理苗文所起的正面的文化传播价值给予了相应的肯定，并指出了它的相关缺点。田深泥《关于苗文规范化的几个问题》（1992）⑦ 就苗文读音、书写、外来词、新老汉借词及其间的有关问题，深入谈到了苗语各语言要素的规范化的原则和方法。海路的《中国少数民族新创文字的语言规划及其实践》（2012）⑧ 指出尽管目前中国少数民族新创文字的使用和推行遇到了一定困难，但我国政府对少数民族新创文字语言规划的实践是值得充分肯定的，它为世界上其他国家和地区有语言无文字的民族创制和推行民族文字积累了宝贵的经验教训，具有深远的历史意义和重大的现实意义。赵蓉晖的《新时期"多元一体"语言政策的变化与发展 —— 基于国家语言文字工作规划的文本研究》（2016）⑨ 对我国语言文字工作规划纲要进行文本分析后发现，新时期的语言政策保持总体稳定，对语言多样性的包容不断增强，新中国的语言政策兼顾"一体"与"多元"，以"推广普通话"为主线，"尊重各民族及其语言"为前提。石琳的《精准扶贫视角下少数民族地区国家通用语言文字普及深化的策略》（2018）⑩ 根据语言实地调查，分析国家通用语言文字在少数民族地区的使用现状，指出推普工作还存在薄弱环节，少数民族地区普通话的普及工作还存在一些较为突出的问题，文章对少数民族地区国家通用语言文字普及深化提出了

---

① 载《民族语文》1990 年第 4 期。

② 载《西南民族学院学报》1991 年第 6 期。

③ 载《西南民族学院学报》1993 年第 2 期。

④ 载《中央民族大学学报》2004 年第 4 期。

⑤ 载《民族语文》1982 年第 5 期。

⑥ 载《贵州民族研究》1981 年第 2 期。

⑦ 载《中南民族学院学报》1992 年第 4 期。

⑧ 载《中央民族大学学报》2012 年第 1 期。

⑨ 载《语言文字应用》2016 年第 1 期。

⑩ 载《社会科学家》2018 年第 4 期。

新策略，以求发挥语言扶贫、文化扶贫和教育扶贫的作用。

第三节　研究经验及展望

总结中华人民共和国成立以来少数民族语言社会语言学研究，有以下几点经验值得借鉴：

一、紧跟时代步伐，研究现实社会中出现的社会语言学问题

傅懋勣在《民族语言研究需要进一步加强的三个方面》（1982）[①] 中明确地把加强民族语言的社会语言学研究作为将来语言研究的一个重要方面。他认为："我们要逐步通过调查研究，探索这个领域的各种专题，占有充分的资料，提出符合语言和社会实际的论点和理论。"在20世纪80年代和90年代，我国少数民族领域的社会语言学研究基本上是在语言的社会变体、语言关系、语言规划、语言态度、跨境语言框架下进行。21世纪以后，该领域除了深化原来的研究课题外，还增加了对濒危语言、语言国情、语言能力、语言安全、语言生态等课题的探讨。

二、注重应用研究，为少数民族工作需要服务

中国少数民族语言的社会语言学研究，从一开始为解决少数民族的历史文化、语言文字等问题展开。张公瑾《社会语言学与中国民族史研究》（1982）[②] 认为社会语言学将是中国民族史研究领域最具理论指导性和方法独创性的学科。戴庆厦《我国民族语文工作与社会语言学》（1987）[③] 指出社会语言学是民族语文工作者必备的一门工具，只有充分了解各少数民族的历史、社会、文化等基本状况，才能有针对性地开展民族语文工作。

三、强调团队合作，重视人才培养

高素质研究队伍的培养和建立，是该学科得到提升的重要保证。随着许多高校，特别是民族类院校都设有社会语言学的硕士、博士专业，多年来培养了大批能从事社会语言学研究的人才。

---

① 载《民族语文》1982年第4期。

② 载《中央民族大学学报》1982年第4期。

③ 载《民族语文》1987年第5期。

四、立足本土，又不失时机地引进相关理论

我国民族语言学界的社会语言学研究，立足本国丰富的语言资源，并不断对国外先进的社会语言学研究的理论和方法吸收和创新，取得了较好的效果。

展望未来，少数民族语言社会语言学研究将会在以下几个方面得到强化和发展：

（一）传统专题的研究将会更加深入，新的社会语言现象将受到关注

语言变异的研究仍然是研究的主体，跨境语言的研究范围将逐渐扩大，而语言濒危和语言保持的研究会得到进一步加强，语言国情和语言规划的研究也将会越来越受到重视，许多新的语言及语言变异情况还没有引起学界充分的重视。

（二）重视理论整合，定性定量分析相结合将会得到普遍使用

定量分析和定性分析相结合，是社会语言学发展的大趋势。重视田野调查，深入描写分析民族地区各种语言生活现象，为语言资源保护和语言治理提供参考将不断取得新成果。

（三）研究视角将进一步多元化

我国少数民族语言社会语言学研究研究范围广泛，随着理论的逐渐深化，学界对材料的充分占有，学者们将会从不同的角度切入，在一些交叉性的领域内做出新贡献。

总之，一门学科的成熟和完善需要几代学人不断地积累和创新，同时还要随时保持对该学科发展所具有的清醒的认识。作为一门新兴的交叉学科，少数民族语言社会语言学研究从起步之初就受到学界的支持和关注，70年来，这个学科取得了巨大的收获，未来还将进一步开花结果。

参考文献

[1]班弨、肖荣钦：《连南八排瑶语使用状况与语言接触情况》，《暨南学报》2011年第2期。

[2]薄文泽：《濒危语言保护中的分工与合作》，《民族翻译》2014年第4期。

[3]闭克朝：《壮语对横县平话的影响》，《中南民族大学学报》1991年第4期。

[4]才甫丁·依沙克：《柯尔克孜语与维吾尔语在语言接触中的旧词新用现象》，《中央民族大学学报》2015年增刊，第42卷。

[5]曹晓燕：《藏语敬语简论》，《西藏研究》1994年第3期。

[6]曹秀玲、邓凤民：《在国家安全视阈下加强民族语言能力建设》，《中国民族教育》2019年第1期。

[7]陈保亚:《语势、家庭学习模式与语言传承 —— 从语言自然接触说起》,《北京大学学报》2013年第3期。

[8]陈娥、次林央珍:《跨境民族语言和谐调查 —— 以缅甸金三角曼因寨布朗族为例》,《百色学院学报》2018年第3期。

[9]陈娥:《多语和谐与民族进步 —— 以昆罕大寨布朗族的双语和谐为例》,《贵州民族研究》2019年第5期。

[10]陈海宏、谭丽亚:《怒族良苏人语言转用的文化人类学思考》,《内蒙古民族大学学报》2019年第5期。

[11]陈建伟:《民族杂居区维吾尔族居民语言认同现状研究 —— 以上海为个案》,《喀什师范学院学报》2012年第1期。

[12]陈丽湘、杨媛媛:《澜沧拉祜族居民的语言态度及其影响因素分析》,《长春大学学报》2016年第11期。

[13]陈乃雄:《五屯话初探》,《民族语文》1982年第1期。

[14]陈文祥:《新疆伊犁地区东乡族语言状况调查》,《兰州大学学报》2007年第4期。

[15]陈宗振:《试释李唐皇室以"哥"称父的原因及"哥""姐"等词与阿尔泰诸语言的关系》,《语言研究》2001年第2期。

[16]程芳、关畅:《土著少数民族语言对汉语方言的影响及成因分析 —— 以吉林省辽源地区满语为例》,《三峡论坛》2013年第5期。

[17]崔军民:《语言文化的生态保护研究 —— 兼谈藏语言文化的生态保护》,《西北民族大学学报》2005年第2期。

[18]寸红彬和张文娟:《云南濒危少数民族语言的生态环境》,《学术探索》2016年第7期。

[19]戴曼纯:《国家语言能力、语言规划与国家安全》,《语言文字应用》2011年第4期。

[20]戴曼纯:《语言与国家安全:以苏联语言政策为例》,《语言政策与规划研究》2015年第1期。

[21]戴庆厦、邓佑玲:《濒危语言研究中定性定位问题的初步思考》,《中央民族大学学报》2001年第2期。

[22]戴庆厦、李春风:《语言和谐与边疆稳定 —— 云南省文山州都龙镇各民族语言关系的理论分析》,《中南民族大学学报》2017年第4期。

[23]戴庆厦、田静:《濒危语言的语言活力 —— 仙仁土家语个案研究之二》,《思想战线》2003年第5期。

[24]戴庆厦、王远新:《论我国民族的语言转用问题》,《语文建设》1987年第4期。

[25]戴庆厦、杨再彪、余金枝:《语言接触与语言演变 —— 小陂流苗语为例》,

《语言科学》2005年第4期。

[26]戴庆厦、张景霓:《濒危语言与衰变语言——毛南语语言活力的类型分析》,《中央民族大学学报》2006年第1期。

[27]戴庆厦:《"科学保护各民族语言文字"研究的理论方法思考》,《民族翻译》2014年第1期。

[28]戴庆厦:《多民族国家少数民族兼用通用语的趋势及国家策略——以中、泰、缅、老四国为例》,《黔南民族师范学院学报》2017年第2期。

[29]戴庆厦:《构建我国多民族语言和谐的几个理论问题》,《中央民族大学学报》2008年第2期。

[30]戴庆厦:《论新时期我国少数民族的语言国情调查》,《云南师范大学学报》2008年第3期。

[31]戴庆厦:《社会语言学教程》,中央民族学院出版社,1993年。

[32]戴庆厦:《我国民族语文工作与社会语言学》,《民族语文》1987年第5期。

[33]戴庆厦:《语言关系与国家安全》,《云南师范大学学报》2010年第3期。

[34]戴庆厦:《语言和民族》,中央民族大学出版社,1994年。

[35]戴庆厦:《语言竞争与语言和谐》,《语言教学与研究》2006年第2期。

[36]戴庆厦:《中国濒危语言研究的四个认识问题》,《玉溪师范学院学报》2015年第1期。

[37]戴庆厦主编:《跨境语言研究》,中央民族学院出版社,1993年。

[38]道布:《"抢救(或保护)濒危语言"之我见》,《语言战略研究》2018年第4期。

[39]道布:《中国的语言政策和语言规划》,《民族研究》1998年第6期。

[40]邓雪琴:《汉语对维吾尔语形成和发展的影响》,《语文建设》2017年第11期。

[41]邓佑玲:《民族文化传承的危机与挑战——土家语濒危现象研究》,民族出版社,2006年。

[42]邓佑玲:《谈少数族群的语言转用和语言保持》,《中央民族大学学报》2003年第1期。

[43]丁石庆、刘宏宇:《莫旗达斡尔族聚居村落语言现状研究——哈力村语言调查实录》,《中央民族大学学报》2007年第4期。

[44]丁石庆、王国旭:《新疆塔城达斡尔族母语功能衰变层次及特点》,《中央民族大学学报》2010年第6期。

[45]丁石庆:《哈萨克语对新疆达斡尔语语音的影响》,《语言与翻译》1991年第4期。

[46]丁石庆:《论语言保持——以北方人口较少民族语言调查材料为例》,《中南民族大学学报》2008年第4期。

[47]丁石庆:《新疆达斡尔族语言使用类型及相关因素分析》,《语言与翻译》1994年第3期。

[48]丁石庆主编:《社区语言与家庭语言 —— 北京少数民族社区及家庭语言调查研究之一》,民族出版社,2007年。

[49]董晓波:《法律领域的语言规划研究:问题与方法》,《外语教学理论与实践》2015年第4期。

[50]范俊军:《中国的濒危语言保存和保护》,《暨南学报》2018年第10期。

[51]范俊军:《少数民族语言危机与语言人权问题》,《贵州民族研究》2006年第2期。

[52]冯广艺:《论语言生态与语言教育》,《湖北师范学院学报》2011年第2期。

[53]冯广艺:《生态文明建设中的语言生态对策》,《贵州社会科学》2012年第6期。

[54]傅伟锋:《国家安全和社会和谐视角下我国的语言生态环境建设方略》,《文学教育》2017年第4期。

[55]高海洋:《国家安全视角下的中国语言战略研究刍议》,《琼州学院学报》2014年第4期。

[56]高莉琴:《新疆濒危语言研究》,《语言与翻译》2006年第3期。

[57]古丽扎尔·吾守尔:《维吾尔语的亲属称谓》,《民族语文》2003年第4期。

[58]海路:《中国少数民族新创文字的语言规划及其实践》,《中央民族大学学报》2012年第1期。

[59]韩蔚、许林:《从兼用语使用现状看澜沧县新芒良佤族的双语生活》,《黔南民族师范学院学报》2017年第2期。

[60]何俊芳:《也论我国民族的语言转用问题》,《民族研究》1999年第3期。

[61]何丽、李秋杨、王雪梅:《和谐社会之语言和谐:云南省多民族地区语言使用、语言关系与语言态度研究 —— 昆明市沙朗白族乡个案分析》,《西南民族大学学报》2010年第3期。

[62]和智利:《论较少族群母语保护与语言和谐的关系 —— 以维西县汝柯村玛丽玛萨人为例》,《贵州民族研究》2015年第12期。

[63]黄德宽:《国家安全视域下的语言文字工作》,《语言科学》2014年第1期。

[64]黄行、许峰:《我国与周边国家跨境语言的语言规划研究》,《语言文字应用》2014年第2期。

[65]黄行:《论国家语言认同与民族语言认同》,《云南师范大学学报》2012年第3期。

[66]黄行:《中国少数民族语言活力研究》,中央民族大学出版社,2000年。

[67]黄行:《科学保护语言与国际化标准》,《民族翻译》2014年第2期。

[68]黄静露:《基于壮、汉语言接触的壮语读书音声母系统研究 —— 以广西横

县为例》,《广西民族研究》2019年第6期。

[69] 黄锡惠:《汉语东北方言中的满语影响》,《语文研究》1997年第4期。

[70] 季红丽:《性别和年龄对毕苏语语言使用及转用的影响》,《红河学院学报》2015年第3期。

[71] 季永海:《满族转用汉语的历程与特点》,《民族语文》1993年第6期。

[72] 贾晞儒:《试论新形势下海西蒙古族的语言观念》,《民族语文》1997年第1期。

[73] 贾晞儒:《语言接触与语言转用 —— 以河南蒙古族语言转用的历史为个案》,《西部蒙古论坛》2014年第1期。

[74] 姜瑾:《语言生态学研究面面观》,《苏州教育学院学报》2009年第2期。

[75] 蒋颖、朱艳华:《耿马县景颇族和谐的多语生活 —— 语言和谐调查研究理论方法的个案剖析》,《暨南学报》2010年第4期。

[76] 蒋于花、陈晖:《多民族聚居地区语言协调发展研究 —— 以武陵山片区为例》,《贵州民族研究》2015年第6期。

[77] 金莉娜:《黑龙江省赫哲语的衰变过程及衰变原因》,《佳木斯大学社会科学学报》2016年第3期。

[78] 寇福明:《语言安全界定之批判思考》,《语言政策与规划研究》2015年第1期。

[79] 李春风:《民族杂居区的语言和谐与生活变迁初探 —— 以云南省丽江玉龙县九河乡为例》,《民族教育研究》2014年第2期。

[80] 李春梅:《论藏语康方言敬语》,《四川民族学院学报》2017年第6期。

[81] 李海英、李现乐:《边疆地区语言规划与国家安全研究构想 —— 以新疆地区为例》,《江汉学术》2014年第3期。

[82] 李海英、李现乐:《关于语言规划与国家战略：边疆地区语言规划与国家安全研究构想 —— 以新疆地区为例》,《江汉学术》2014年第3期。

[83] 李锦芳:《论壮侗语对粤语的影响》,《贵州民族研究》1990年第4期。

[84] 李锦芳:《中国濒危语言认定及保护研究工作规范》,《广西大学学报》2015年第2期。

[85] 李锦芳等:《西南地区濒危语言调查研究》,中央民族大学出版社,2006年。

[86] 李克郁:《青海汉语中的某些阿尔泰语言成分》,《民族语文》1987年第3期。

[87] 李连进:《壮、汉语言接触引发的广西南宁市五塘平话古全浊声母音值变异》,《广西师范学院学报》2012年第4期。

[88] 李圃:《北方方言复数词尾"们"与维吾尔语复数词尾 –lar/lɛr 用法对比 —— 北方汉语阿尔泰化又一例证》,《语言与翻译》2017年第2期。

[89] 李启群:《湘西州汉语与土家语、苗语的相互影响》,《方言》2002年第1期。

[90] 李祥瑞:《维吾尔语对新疆汉话的一些影响》,《语言与翻译》1988年第3期。

[91]李向农、魏阳阳:《汉语"和"类平比标记的兼用功能及在民族语言的扩散》,《汉语学报》2019年第1期。

[92]李旭练:《"跨境语言"多人谈 —— 跨境语言与国家安全》,《语言战略研究》2018年第4期。

[93]李亚竹、郭建新:《论海南黎族语言兼用的特点、功能和成因 —— 以海南省三亚市郎典村为例》,《湖北师范学院学报》2015年第1期。

[94]李一如:《语言资源与国家安全战略》,《广西师范学院学报》2016年第3期。

[95]李宇明:《语言竞争试说》,《外语教学与研究》2016年第2期。

[96]廉光虎:《十五世纪以前朝鲜语敬语表现形式的考察》,《民族语文》1998年第1期。

[97]刘宝俊:《民族语言与文化生态》,《中南民族学院学报》1996年第1期。

[98]刘成萍:《少数民族双语教育研究述评 —— 基于语言问题观和资源观的视角》,《贵州民族研究》2016年第6期。

[99]刘丽静:《论新中国广西各民族语言和谐的社会成因》,《学术论坛》2015年第6期。

[100]刘跃进:《国家安全体系中的语言文字问题》,《语言教学与研究》2011年第6期。

[101]龙海燕:《关于语言接触的几个点》,《贵州民族研究》2011年第3期。

[102]龙海燕:《贵阳市郊布依族语言使用情况及保护对策 —— 兼论濒危语言保护问题》,《贵州民族研究》2013年第3期。

[103]陆桂生:《试论壮语表达的丰富性》,《广西大学学报》1992年4期。

[104]陆勇:《少数民族新创文字与语言生态》,《广西民族研究》2011年第1期。

[105]罗兴贵:《论"蒙撒"苗语中量词的性别特征》,《贵州民族大学学报》2012年第5期。

[106]罗自群:《论小语种的语言保护问题 —— 以基诺语、怒苏语为例》,《云南师范大学学报》2008年第4期。

[107]吕嵩崧:《汉语对靖西壮语构词法的影响》,《广西民族大学学报》2013年第5期。

[108]吕嵩崧:《壮语"完毕"义语素的语法化及对广西汉语方言的影响》,《方言》2019年第4期。

[109]马林英:《凉山彝语亲属称谓性别意义探究》,《民族语文》2016年第4期。

[110]马学良、戴庆厦:《论"语言民族学"》,载戴庆厦著:《语言和民族》,中央民族大学出版社,1994年。

[111]马永峰、马兆熙:《东乡语保护与研究思考》,《民族论坛》2015年第3期。

[112]毛春洲:《语言政策与规划相关研究概况》,《人民论坛:中旬刊》2010年第4期。

[113]蒙凤姣：《壮语对瑶语布努土语的影响》，《民族语文》2017年第5期。

[114]敏春芳：《语言接触引发的语言演变——东乡民族的语言转用》，《西北民族研究》2013年第4期。

[115]南杰·隆英强：《国家安全与语言资源——从国家通用语言文字与藏汉双语及区域性方言对民族团结教育和国家事业发展方面的重要性谈起》，《中国图书评论》2019年第1期。

[116]尼玛普赤：《浅析汉、藏、英三语中的性别语言》，《西藏发展论坛》2018年第5期。

[117]瞿继勇：《湘西地区苗族语言态度探析》，《贵州民族研究》2012年第3期。

[118]桑哲：《新中国的语言规划及未来工作展望》，《语文研究》2011年第3期。

[119]沙吉旦木·艾则孜、布麦尔耶姆·艾克木：《维吾尔语女性语言与性别歧视分析》，《现代商贸工业》2018年第28期。

[120]沈海英、沈海梅：《社会性别的语言建构——基于云南三个少数民族社会的分析》，《云南民族大学学报》2013年第4期.

[121]师忠孝：《哈萨克语的切口》，《语言与翻译》1987年第2期。

[122]石琳：《精准扶贫视角下少数民族地区国家通用语言文字普及深化的策略》，《社会科学家》2018年第4期。

[123]苏婷：《浅析满语对东北方言与普通话的影响》，《南昌教育学院学报》2012年第6期。

[124]孙宏开：《从语言的性质和功能看保护濒危预压的必要性和可能性》，《民族翻译》2014年第2期。

[125]孙宏开：《关于濒危语言问题》，《语言教学与研究》2001年第1期。

[126]孙宏开：《关于怒族语言使用活力的考察——兼谈语言传承和保护的机制》，《玉溪师范学院学报》2015年第1期。

[127]孙宏开：《我国开展语言规划工作的基本情况》，《青海民族学院学报》1989年第2期。

[128]孙宏开：《中国少数民族语言规划百年议》，《青海民族研究》2015年第2期。

[129]孙宏开：《中国少数民族语言活力排序研究》，《广西民族大学学报》2006年第5期。

[130]孙肖：《维吾尔语亲属称谓的社会称呼法》，《中央民族大学学报》2001年第5期。

[131]孙叶林：《从语言接触看常宁塔山汉语对塔山勉语的影响》，《湖南师范大学社会科学学报》2011年第1期。

[132]孙玉梅：《语言生态环境论》，《理论探讨》1993年第6期。

[133]塔娜：《试论汉语对达斡尔语的影响》，《内蒙古大学学报》1982年第

3—4 期。

　　[134]覃晓航:《壮侗语性别词的来源和发展趋向》,《广西民族学院学报》1995年第2期。

　　[135]谭群瑛:《中越边境多族群语言兼用与壮语语言功能的变化研究》,《贵州民族研究》2015年第7期。

　　[136]田静:《藏缅语名词性别意义的表达方式》,《中央民族大学学报》2011年第4期。

　　[137]田静:《里山彝语名词的性别语义范畴》,《民族语文》2010年第2期。

　　[138]田静:《里山彝语性别词缀的来源与语法化》,《中央民族大学学报》2010年第6期。

　　[139]王春玲:《论语言接触对苗瑶语指示词的影响》,《贵州民族研究》2018年第3期。

　　[140]王德和、Katia Chirkova(齐卡佳):《中国濒危尔苏语言抢救保护与尔苏语拼音转写方案的创建》,《西南民族大学学报》2017年第4期。

　　[141]王国旭、胡亮节:《新平彝语腊鲁话的隐语分类及文化成因分析》,《贵州工程应用技术学院学报》2016年第6期。

　　[142]王佳佳、关红英、王婷、张积家:《鄂伦春族的语言使用现状调查及分析》,《贵阳学院学报》2019年第3期。

　　[143]王文玲:《华锐藏语濒危成因及保护对策分析》,《北方民族大学学报》2016年第5期。

　　[144]王文艺:《杂居地区布依语对汉语语法的影响 —— 以四音格动词重叠词语的借用为例》,《中央民族大学学报》2014年第2期。

　　[145]王小静、阎俊林:《汉壮接触与平话副词后置》,《钦州学院学报》2011年第5期。

　　[146]王洋、廖泽余:《新疆和谐语言生态构建研究》,《石河子大学学报》2017年第5期。

　　[147]王英杰:《语言规划与国家文化安全》,《武陵学刊》2013年第4期。

　　[148]王英远:《论性别区分在汉语壮语亲属称谓词里的表现》,《河池学院学报》2016年第1期。

　　[149]王英远:《壮语性别词缀的语法化现象研究》,《河池学院学报》2015年12月第6期。

　　[150]王远新:《构建民族地区双语和谐社会的思考》,《民族教育研究》2010年第5期。

　　[151]王远新:《我国少数民族语言文字立法的必要性》,《民族翻译》2008年第1期。

　　[152]王远新:《伊宁市郊多民族杂居村的语言生活 —— 英也尔乡六七段村的

语言使用、语言态度调查》,《民族翻译》2011年第2期。

[153]吴坤湖:《少数民族语言规划工作的历史变迁与当代发展》,《贵州民族研究》2017年第7期。

[154]吴坤湖:《文化的传承与少数民族濒危语言的保护研究》,《贵州民族研究》2016年第10期。

[155]吴曦:《哈萨克族语言态度及语言使用的相关性分析 —— 以木垒哈萨克自治县语言调查为例》,《淮海工学院学报》2012年第9期。

[156]吴永谊:《论榕江侗语对当地汉语的影响》,《贵州民族学院学报》2011年第2期。

[157]吴正彪:《民族语文翻译与国家文化安全》,《中国民族报》2014年第6版。

[158]肖荣钦:《"多元一体"格局下我国濒危语言的保护与对策》,《广西民族研究》2013年第1期。

[159]熊及第:《湘西南民族杂居区语言生态与保护》,《遵义师范学院学报》2018年第2期。

[160]徐琳、胡宗锋:《"一带一路"建设视阈下语言规划之语言能力与服务》,《西北大学学报》2018年第2期。

[161]徐世璇:《论语言的接触性衰变 —— 以毕苏语的跟踪调查为例》,《语言科学》2003年第5期。

[162]许娥:《少数民族濒危语言的保护研究》,《贵州民族研究》2012年第4期。

[163]许晋:《内蒙古莫力达瓦旗达斡尔语言生态的变迁与保护》,《内蒙古大学学报》2015年第4期。

[164]薛玉萍:《现代维吾尔语性别语言模式试析》,《喀什师范学院学报》2011年第2期。

[165]杨露、余金枝:《中越边城都龙镇跨境民族的语言和谐》,《贵州民族研究》2016年第12期。

[166]杨燕:《语言经济学研究述评及其对民族地区语言规划的启示 —— 以云南为例》,《贵州民族研究》2015年第12期。

[167]叶晓芬、范新干:《黔中地区布依语的语言态度分析 —— 以黄果树风景名胜区布依语为例》,《贵州民族研究》2015年第7期。

[168]尹小荣、李国芳:《锡伯族家庭语言态度的代际差异研究》,《语言战略研究》2019年第2期。

[169]于琴:《回族民间秘密语与族群认同 —— 以山东曹县回族"谈语"为例》,《湖北民族学院学报》2018年第6期。

[170]佘成林:《茶山人多语和谐的语言特点及其成因 —— 以云南省泸水县片马镇岗房村茶山人为例》,《殷都学刊》2010年第2期。

[171]余金枝:《中泰苗语的差异分析》,《当代语言学》2016年第2期。

[172]扎西草:《基于信息处理的藏语敬语词研究》,《西北民族大学学报（自然科学版）》2013年第4期。

[173]张公瑾:《语言的生态环境》,《民族语文》2001年第2期。

[174]张浩明:《加强语言规划，提升语言能力》,《语言科学》2016年第4期。

[175]张静:《少数民族杂居区的语言生态环境及其保护》,《贵州民族研究》2016年第11期。

[176]张梅:《全球化时代多民族地区的语言竞争与语言和谐》,《中央民族大学学报》2011年第4期。

[177]张日培:《国家安全语言规划：总体国家安全观下的范式建构》,《新疆师范大学学报》2018年第6期。

[178]张天伟:《语言政策与规划研究：路径与方法》,《外语电化教学》2016年第2期。

[179]张晓传、唐子恒:《我国少数民族现代语言规划历程及当代发展策略》,《中央民族大学学报》2013年第5期。

[180]张鑫:《论绿春哈尼族和谐双语生活的特点及成因》,《民族翻译》2013年第4期。

[181]张治国:《语言安全分类及中国情况分析》,《云南师范大学学报》2018年年第3期。

[182]赵江民:《语言接触影响下的新疆语言规划调适》,《中南民族大学学报》2012年第6期。

[183]赵金灿、闫正锐、张钰芳:《白族语言使用现状及语言态度调查》,《大理学院学报》2012年第8期。

[184]赵蓉晖:《新时期"多元一体"语言政策的变化与发展 —— 基于国家语言文字工作规划的文本研究》,《语言文字应用》2016年第1期。

[185]赵淑梅:《内蒙古地区俄罗斯族民族语言生态的历史演变及现状》,《贵州民族研究》2016年第8期。

[186]周庆生:《论东干语言传承》,《民族语文》2018年第2期。

第十二章 少数民族双语研究

第一节 70年来的基本历程

双语现象在我国的存在由来已久，但对双语现象进行调查研究则是20世纪50年代以后的事情。我国双语学科的建立大致经过了从萌芽到发展、从局部到系统、从感性认识到理论建设的发展历程。

有关少数民族双语学习的名称有"双语教学""双语教育""第二语言汉语教学"等。其概念内涵大致相同，只是侧重点有所不同。中华人民共和国成立之初，人们开始关注少数民族双语教学。当时，就出现了一些有关双语教学的论文，如周祖谟《教非汉族学生学习汉语的一些问题》（1953）、田世棣《教少数民族同志学习汉语文的几点体验》（1954）等文。

由于经济建设的需要，我国少数民族面临学习国家通用语的任务。各民族普遍认识到，民族要发展进步，必须学习汉语。所以这个时期出现了一些论述解决双语问题重要性的论文。如马学良在《应该重视"双语"问题的研究》（1981）[①]一文中认为，研究我国的双语问题无论在理论上还是实践上都有重要意义，是我国"四化"建设中必须研究解决的一个课题。首先，制定语言政策必须靠双语研究提供科学根据。其次，双语研究能为正确解决民族教育问题提供语言科学的论据。再次，双语问题不仅仅是个语言学问题，还与社会学、心理学、教育学以及政治、文化等都有密切关系。开展双语的研究，对这些学科的发展都有帮助。孙宏开在《试论我国的双语现象》（1983）[②]一文中认为，中华人民共和国成立后，随着社会主义现代化建设事业的需要，对操不同语言的人提出了新的要求，即除了使用自己的母语以外，更迫切需要学习掌握另一种或几种语言作为民族间或地区间彼此共同的交际工具。例如到少数民族地区工作的汉族干部，应逐步学习掌握当地的少数民族语言，到汉族或其他民族地区工作的少数民族同志，也需要不断掌握汉语和当地少数民族语言，民族聚居区、杂居区需要开展好双语教学，以提高教学质量，更快地培养四化建设人才等等。因此，双语问题的重要性越来越突出地显示出来。戴庆厦、赵益

[①] 载《中央民族学院学报》1981年第2期。

[②] 载《民族研究》1983年第6期。

真在《我国双语研究的现状及展望》（1989）① 一文中认为，我国的双语问题不仅与民族交流、民族团结相联系，而且还是一个直接关系到发展民族文化教育、建设"四化"的重大问题。

1979年5月，中国少数民族双语教学研究会的前身"全国民族院校汉语教学研究会"成立了。这标志着我国少数民族双语教学作为一个学科已开始萌芽。中国少数民族双语教学研究会是全国少数民族双语教学和科研工作者以及民族语文、民族教育工作者的群众性学术团体。30年来，这个研究会连续开展活动，至今已出版《汉语教学与研究》《汉语教学与研究（第二辑）》《中国少数民族双语研究论集》《双语教学研究专集》《双语教学与研究（第一、二、三、四辑）》等双语研究论集，学者们在论集中广泛探讨了双语教学的各种问题。

双语研究的进一步发展是20世纪80年代以后。从20世纪80年代起，为了适应语言教育的需要，人们根据不同地区、不同民族的具体情况，结合第二语言教学理论，对双语教学进行了研究。其中包括对语音、词汇、语法的教学和对听力、口语、阅读等的研究。在此期间，双语教学学科和双语教育作为一个学科正在酝酿建立。20世纪80年代，马学良、罗安源、但国干《关于少数民族学汉语和汉族学少数民族语言的问题》（1981）② 一文从学科建设的角度，就如何帮助少数民族学汉语和鼓励汉族学习少数民族语言的问题，提出"要重视民族院校的汉语教学与研究"，"统筹规划民族院校的汉语教材"，"认真提高民族院校汉语教师的水平"。

20个世纪90年代到21世纪初，学者们对理论建设的重视，大大促进了双语学科的形成。这时期，出现了一些双语理论探讨的论文，对我国双语教学和双语教育中的理论问题进行了研究。如滕星的《中国少数民族双语教育研究的对象、特点、内容与方法》（1996）③ 一文认为，中国少数民族双语教育的研究对象主要是指"研究中国少数民族正规教育（即学校教育）和非正规教育（即家庭教育与社会教育）中的民族语言、文化和汉语言、文化的双语、双文化教育的一般现象与规律。同时也兼顾两种或多种民族语言的双语、双文化教育"。同时提出，"中国少数民族双语教育这门学科兼有教育学、民族学、语言学三重性质，并与其他众多学科相联系，是一项在中国这一特殊地域进行的跨文化、跨学科的系统研究工程和一门具有综合性、交叉性的边缘学科。"戴庆厦等编著的《中国少数民族双语教育概论》（1997）④ 和盖兴之的《双语教育原理》（1997）⑤ 等都是对我国双语教育、教学理论进行系统研究和阐释的专著，内容涉及广泛，包括教学法、师资培养、教材建设等多方面

---

① 载《民族教育》1989年第3期。

② 载《中央民族学院学报》1981年第2期。

③ 载《民族教育研究》1996年第2期。

④ 辽宁民族出版社，1997年。

⑤ 云南教育出版社，1997年。

的内容。潘振宇的《关于对少数民族汉语教学学科建设的思考》(1993)[①] 一文认为对少数民族教学学科建设问题要做以下思考：1.要改善汉语教学状况，提高教学质量，根本措施是在各级民族师范院校及其他有关院校开设汉语教学师资专业，培养"汉民语兼通"的合格汉语师资，同时轮训在职教师，提高现有教师的素质。2.组织人力财力来编写教材、工具书和参考书以及相适应的课外读物。3.大力开展理论研究，用正确有力的理论来指导学科的提高与发展。杨德明在《少数民族汉语教学研究概论》(2007)[②] 一书中探讨了少数民族汉语教学研究相关基本概念、少数民族汉语教学研究准备过程、收集研究数据资料的方法、分析研究数据资料的方法、定性研究与定量研究等。这些论文和著作的出版，加深了少数民族汉语教学的理论基础，丰富了少数民族汉语教学学科的发展。

近十多年来，双语教育模式有了新的发展，更加多元化，但主要仍以双语教育一类模式、二类模式为代表继续开展双语教学活动，结合地域和民族特点探讨双语教学活动中存在的各类问题，如国家通用语教学、双语教师的培养、学前教育、各阶段教育、学科教育、教学模式、新的教学方法等问题。双语教学实施多年，学者们也开始反思双语教学的效果，并思考双语教学应该达到的目标。韩生辉、杨德明的《新疆少数民族双语教学多元目标论》[③] 结合新疆少数民族双语教学状况，提出新疆少数民族双语教学应该建立多元的教学目标，即语言目标、知识目标、思维目标、文化目标和社会目标等五个层面。我国各地双语使用情况有了新的变化，学者们继续追寻新的变化特点及其形成的原因。双语社会应该是什么样的，有什么样的标准，这也是人们思考的问题，戴庆厦《我国少数民族实现双语的两大指标》[④] 认为我国少数民族实现双语必须满足两大指标，一是语言指标，即语言习得指标，具体是母语是否得以传承，通用语是否掌握好。二是社会指标，即语言习得是否促进了语言关系的和谐，民族的团结。如果只完成前一指标，那只是狭义的双语指标，不是完全的双语指标。

随着少数民族教育的发展，一些学者也关注少数民族三语教育问题。结合人类学、教育学、语言学等多学科的双语教育理论探讨还在继续，但有待突破。

第二节　关于"双语"概念的研究

对少数民族双语的研究首先遇到的是怎样理解和运用"双语"概念。双语涉及如下一些术语："双语""双言现象""双语制""通用语""母语""第一语言""第

---

① 载《民族教育研究》1993年第2期。

② 新疆大学出版社，2007年。

③ 载《新疆教育学院学报》2013年第4期。

④ 载《贵州民族研究》2017年第12期。

二语言""双语人""双语教育""双语教学"等。学术界对这些概念的区分和界定还存在不同认识。

1. 双语

"双语"或"双语现象"是一个国际通用的语言学术语，英语为bilingualism，我国"双语"一词是由英文翻译而来的。针对我国的实际情况，我国学者对"双语"的概念主要有以下一些认识。

孙宏开《试论我国的双语现象》(1983)① 一文在阐述什么是"双语"现象时，认为"按最一般的解释，是指个人或某个语言集团在不同的场合交替使用两种或两种以上语言的情况。"之后，马学良、戴庆厦在《我国民族地区双语研究中的几个问题》(1984)② 一文中做了比较全面的分析："'双语'一词的出现，是由于世界上存在双语现象，所以这个词的含义必然是客观存在的反映。""双语的含义应从以下几方面去理解：(一)这种现象大多出现在多民族的国家里。…… 双语现象是适应多民族国家的需要而产生的。是为了解决不同民族之间的交流和联系而形成的，它的存在有利于民族的发展、社会的进步。(二)由于不同民族、不同地区所处的社会条件以及社会发展的情况不相同，双语现象的发展也不平衡。有的地方双语现象已遍及全民族或一个民族的大部；而有的地方可能只存在于一部分人中。所以，双语既指个人的双语，又指集体的双语。(三)双语是就语言使用的结果表现出的共同现象而言的，即指使用语言的状况。其形成原因可能多种多样，…… 但造成双语现象的主要原因则是民族接近和民族交流。双语的含义包括由于各种因素造成的语言使用状况，因而不能认为它含有同化的意味。(四)所谓'操双语者'，是指已具有熟练掌握两种或两种以上语言的能力的人。"

我国杂居地区的少数民族居民一般都会讲两种或三种语言；其中大多数民族人民都比较熟练地掌握了通用语，我国普遍存在双语或多语现象。鉴于这种情况，严学窘(1985)又提出"多语"的概念，认为"'双语现象'就是指一个国家或一个民族使用两种语言；使用两种语言以上的语言则叫作'多语现象'"。③

鉴于人们对双语的理解，马学良总结了较为成熟的认识，他在《论双语与双语教学》(1986)④ 一文中阐述道："对'双语'的含义的认识，国内外学者还不一致。如有人认为'个人或语言集团使用两种语言的现象'；'具有同等熟练使用两种语言的能力'，'在一个国家里，两种语言平等存在'。总之，大都认为双语是个人或集体使用两种以上语言的现象。"

此外，在对双语范围的具体认识上，存在一些差异。有人认为双语现象，既可指不同的语言，也可指不同的方言。如周耀文(1995)认为"双语现象是指在多民

---

① 载《民族研究》1983年第6期。

② 载《民族研究》1984年第4期。

③ 华中工学院出版社，1985年，第32页。

④ 载《民族语文》1986年第6期。

族的国家和地区里，不同民族人民在交往中交替使用两种或多种民族语言的言语现实（也包括同一民族人民交替使用不同方言）"①。有人认为双语也可指双语制度。如崔吉元在《开展多学科的朝鲜族双语问题研究》一文中认为，双语既指操两种语言，也可指双语制度、双语现象、双语问题。它是一种相对的概念，包括程度、功能、交替与干扰。并主张在研究一个民族的双语时，双语的定义应该是"个人或集团使用两种语言的现象"。

在分析以往对双语界定的基础上，瞿霭堂对双语现象问题进行了探讨，他在《双语和双语研究》（2000）② 一文中认为：双语现象包括双语行为，双语行为是指"使用双语进行交际的方式和过程。实际上，双语现象还包括另一个内容，即一般辞书和著作中所说的'具有同等熟练使用两种语言的能力'。"这样双语现象包括了双语能力和双语行为。之所以要将"能力"纳入双语研究的视线，"首先，因为'行为'是以'能力'为基础的，双语能力是双语行为实现的前提，双语交际进行的条件；其次，双语能力涉及作为双语研究主要内容的双语的获得、习得和运用；再次，'能力'的大小不仅涉及双语的行为，而且直接与语言的影响、语言的底层、语言的融合等研究相关。"因此，"无论单独将双语能力或双语行为视作双语现象都是不完整、不准确和不科学的。"

2. 双语现象与双语制

针对双语研究中混淆双语现象和双语制的情况，戴庆厦、赵益真在《我国双语研究的现状与展望》（1989）③ 一文中指出，双语现象和双语制是两个不同概念。"双语现象是一种语言使用现象，是就语言使用的结果表现出来的状态而言的；而双语制是一种语言制度，是语言使用的法规。""双语制是以普遍的双语现象为基础的，但它又为双语现象的自然发展创造了广泛的社会基础。"瞿霭堂在《双语和双语研究》（2000）一文中认为，"'双语现象'是指一种语言使用现象，而'双语制'则是指一种以法令形式规定的两种或多种语言平等或不平等使用的制度。可见，双语现象是一种语言问题，而双语制则是一个政治问题。"

3. 双语现象与双言现象

一些学者曾提出双言现象的概念，以区别于双语现象。如严学宭《双语教学和研究要在改革上下力气》（1986）④ 一文认为"双言现象"是指"某些人在不同的场合分别使用一种语言的两种或几种变体。也就是说存在于同一语言集团中的一种语言的两种变体（如标准语和地方方言，两种不同方言等）"。戴庆厦、赵益真在《我国双语研究的现状与展望》（1989）中谈到，双语现象和双言现象既有相同点又有不同点，"可以把双言现象从双语现象中分离出来研究，也可以放在双语现象内，

① 见《中国少数民族语文使用研究》，中国社会科学出版社，1995年。
② 载《民族语文》2000年第3期。
③ 载《民族教育》1989年第3期。
④ 载《中南民族学院学报》1986年第3期。

作为双语现象的变体来研究"。

但何俊芳在《中国少数民族双语研究历史与现实》（1998）① 一书中则认为把双言现象包括在双语现象之列是不妥当的。二者虽然都是一种社会现象，但双语现象是民族关系的重要组成部分，与民族问题密切相关。认为"双言现象虽然也涉及不同方言区人们的语言感情，但不涉及民族之间的关系，因此，它与双语现象是性质不同的语言使用现象。此外，一个方言区的人掌握另一种方言的难度也不同于掌握另一种语言"。

瞿霭堂从语言与方言不易区分的角度出发，在《双语和双语研究》② 一文中认为："语言与方言不易区分，因此双语现象中包括'双言现象'，即双方言现象，也就顺理成章。双语不同于双言，比如双语的差别大于双言，双语的获得难于双言，双语的功能异于双言，但双语与双言却有更多的共通之处，比如语言代码的转换、语言或方言获得的方式、过程和途径、两种语言或方言之间的影响、渗透和转换等等。特别是方言分歧大，情况复杂的地区或国家，双言现象的重要性往往不亚于双语现象。""就少数民族来说，同样也有'普通话'的问题，因为有些少数民族语言方言分歧大，有建立民族共同语的问题；有些民族以一个方言为基础创造了文字，其他方言区的人就要学习基础方言，如壮族；更有些民族创造了多种方言文字，如苗族和傣族，既有互相学习又有统一的问题。这些'双言'间的问题及其重要性，同样不亚于'双语'。因此，我们将双语和双言视作同一现象的不同层级、同一学科的相关分支、同一问题的不同方面，认为都是双语学科研究的内容和对象。"

4. 第一语言、第二语言、母语

第一语言与第二语言是按照人们学习语言的先后顺序来进行划分的，学术界对此意见比较一致。这是因为第一语言和第二语言是语言习得的自然顺序，是客观存在的，是看得见的，容易取得一致意见。刘珣在《对外汉语教育学引论》（2000）③ 一书中认为第一语言和第二语言是"人们按获得语言的先后顺序来区分的两个概念，第一语言是指人出生以后首先接触并获得的语言；第二语言指人们在获得第一语言以后再学习和使用的另一种语言"。

但对母语的认识则存在一些分歧，特别是在世界进入经济、信息一体化的新时期，母语的概念有了新的变化。戴庆厦、何俊芳在《论母语》（1997）④ 一文中认为"由于民族语、母亲的语言和第一语言的不吻合导致了母语概念的多义性，不明确性。"指出"母语概念是在婚姻家庭比较单纯、人们都操单语的情况下出现的，即父母都操同一种语言，所以确定母亲的语言（或本族语）为母语是可行的。但随着大量族际婚姻（民族混合家庭）的出现，双语多语的普及，一个家庭内的成员所习

---

① 中央民族大学出版社，1998年，第182页。

② 载《民族语文》2000年第3期。

③ 北京语言大学出版社，2007年。

④ 载《民族研究》1997年第2期。

得的第一种语言有可能已经不是母亲的语言或不是本族的语言时，母语的概念就出现了新的变化。"同时提出"对母语的概念应该区分两个不同的标准。一个是语言标准，另一个是心理标准。"从语言角度看，母语就是一个人从小习得的第一语言。从心理角度出发，是一个人从感情上确认哪种语言是自己的母语。如居住在城镇中的少数民族，从小先习得汉语，但出自对本族语的感情，认为自己的母语是本族语。吕必松《对外汉语教学概论（讲义）》（1999）[①] 一书认为，"人出生不久开始学习语言，多数人此时学习和习得的语言是本民族的语言，通常称为母语"。"母语是从亲属关系的角度命名的，一般指本民族的语言，相对于外国语或外族语"。有人认为母语和外语是相对的概念。刘珣在《对外汉语教育学引论》（2000）一书中认为，"母语和外语是按国家界限来区分的概念。母语是指本国、本民族的语言；外语是指外国的语言"。

5. 双语人

关于"双语人"的概念，讨论的焦点是对双语者掌握第二语言要达到什么样的程度才算是双语人。关于这一标准，人们的认识不很一致。有人认为既掌握母语又能用另一种语言流利地进行交流的人是双语者；有的则认为这个标准太高，只要是能初步使用另一种语言的就是双语者。戴庆厦、赵益真在《我国双语研究的现状与展望》（1989）中认为，"对双语熟练程度确立标准是有困难的，只要有一个统一的下限就可以，目前比较统一的认识是，下限应当是能初步使用另一种语言进行交际"。

虽然对双语人的标准很难确定，但有学者对双语人的理想标准进了探讨。盖兴之在《双语教育原理》（2002）[②] 一书中提出："由于双语人情况各异，为他们设立一个理想的标准也是需要的，它应当是：一个人除了他运用自如的第一语言外（含口语和书面语），对第二语言（含口语和书面语）也能达到同样流畅自如的程度，并能够在任何场合同样有效地使用其中任何一种语言。"

6 双语教育与双语教学

双语教育和双语教学是20世纪80年代以来双语学界经常使用的术语，但长期以来学界并没有把二者严格区分开来，很多场合二者所表达的含义是一致的。近些年来，无论是语言学界还是教育界都对"双语教育"和"双语教学"这对概念的内涵和外延进行了探讨和研究。现在人们认为他们二者是两个完全不同的概念。

关于双语教育，20世纪90年代初，孙若穷等（1990）[③] 认为"我国的双语教育是指民族学生进行汉语、少数民族语双语文教育。学习第二语言一般有两种目的，一是学习第二语言本身，如学习外国语言；二是通过掌握第二语言来学习其他课

---

① 国家教委对外汉语教师资格审查委员会办公室，1999年。

② 云南教育出版社，2002年。

③ 《中国少数民族教育概论》，劳动出版社，1990年。

程。我国的少数民族双语教育目的主要指后者，或者说，这两种目的是我国双语教育的两大步骤"。周庆生（1991）[1] 认为双语教育是"指多民族国家或地区实行的少数民族语言和主体民族语言这两种语言的教育"。这也是人们普遍接受的观点。之后，盖兴之（1992）对这一概念进行了更为具体的界定。他认为："我国的双语教育是指我国有自己民族语言文字的少数民族学生，在基础教育或义务教育阶段中享有本民族语文和汉语文两种语言文字的教育权利，因此在学校中并列实行本族语文和汉语文教学的教育体制。"[2]

关于双语教学，周庆生在《中国双语教育类型》（1991）[3] 一文中认为"'双语教学'是指少数民族语文和主体民族语文相结合的语文教学形式。"有的学者认为"双语教学是教育体制问题，指在少数民族学校里，有计划地开设少数民族语文和汉语文两种课程，以达到少数民族学生民、汉两种语言文字兼通，民、汉两种语言文字都得到发展的目的"[4]。有的学者认为是教学方法问题，因为少数民族群众和学生不懂汉语，在教学过程中教师使用当地少数民族的语言或文字对汉语文进行翻译讲解，使他们真正理解教学内容，尽快学会汉语文[5]。还有的认为双语教学是教学方法问题，也是教学体制。还有的认为应扩展"双语教学"的概念，或用"双语教育"这个在内涵和外延上都更为宽泛的术语代替"双语教学"等观点。

第三节　少数民族双语类型研究

我国少数民族双语状况错综复杂。各少数民族由于历史、经济、文化、人口分布格局、人口数量等诸因素的不同而呈现出不同的类型。中华人民共和国成立以来，一些专家学者对少数民族的双语类型进行了研究，提出了不同的划分角度和划分标准。

双语类型是对一个民族所有成员的双语状况进行的分类，我国少数民族双语类型呈现多元化的特点。形成不同类型的原因是多方面的。为此，人们从不同角度对此进行了分类。

1. 从少数民族兼用语言的不同来划分

20世纪80年代初，马学良、戴庆厦在《我国民族地区双语研究中的几个问题》（1984）[6] 中谈到我国双语的分类。认为我国如果从兼通什么语言来分，大致可分为

---

[1]　载《民族语文》1991年第3期。

[2]　见《双语教育原理》，云南教育出版社，2002。

[3]　载《民族语文》1991年第3期。

[4]　载《中国边政》第118期，台湾。

[5]　《汉语与少数民族语文关系研究》，载《中央民族学院学报》1990年增刊。

[6]　载《民族研究》1984年第4期。

四类：1."少数民族既熟悉本族语言又兼通汉语"。 2."少数民族既熟悉本族语言又兼通邻近另一少数民族语言"。 3."居住在少数民族地区的汉族既使用汉语又兼用少数民族语言"。 4."使用两种或两种以上语言的民族，一部分人兼通本族的另一种语言"。并且认为"我国民族地区这些双语类型的特点是由我国的民族分布以及民族历史发展关系决定的"。

2. 依据双语人口占总人口的比例划分

何俊芳在《中国少数民族双语研究历史与现实》（1998）[①] 一书中阐述了按双语人口比例对双语类型进行划分的状况：1."双语普遍型，即一个民族的双语人口占该民族总人口的50%或50%以上。"如鄂温克族属于双语普遍型。2."双语局部型，即双语人口占该民族总人口的比例介于15% ~ 50%之间的民族。"如土族。3."双语起步型，即双语发展处于初级阶段，双语人口占该民族总人口的比例不足15%。"如藏族、哈萨克族等。4."双语萎缩型，即双语发展到高峰期后多数人逐渐放弃本民族语，只掌握第二语言，成为单语者，只有少数人使用双语。"如赫哲族、满族等。

3. 从双语使用的熟练程度上划分

孙宏开在《试论我国的双语现象》（1983）[②] 一文中谈到了双语类型的划分，认为可分为：1."双语熟练型，即母语和第二语言同样熟练，如白族、羌族等，基本上是本民族语、汉语同样熟练。"2."母语熟练型，即母语比较熟练，第二语言熟练程度较差，这种情况比较普遍。我国多数少数民族或少数民族中的多数操双语者属于这一类情况。"3."第二语言熟练型，第二语言非常熟练，而自己的母语已经不能流利地使用。这种操双语者基本上有两种情况：一种是离开母语环境长期外出工作的少数民族同志，由于在外缺乏使用自己母语的机会，逐渐地第二语言的熟练程度超过了自己的母语。一种是有一些杂散居地区的少数民族或公路沿线、城镇附近的少数民族，特别是青少年，汉语或另一少数民族语言的熟练程度远远超过了自己的母语。"

4. 从是否掌握文字上划分

丁石庆在《双语类型及我国双语研究综析》（1993）[③] 一文中将双语分为3个类型。即：1."双语口语型，即仅会两种语言的口语形式的情况"。2.双语单文型，"指兼通两种语言的口语形式和其中一种语言的书面"。3.双语双文型，"指兼通两种语言的口语和书面文字形式的情况。这种类型的双语者以有文字少数民族中的知识分子为多见"。

---

① 中央民族大学出版社，1998年，第98~99页。

② 载《民族研究》1983年第6期。

③ 载《西南民族学院学报》1993年第3期。

5. 根据使用双语的人口结构划分

戴庆厦等在《中国少数民族双语教育概论》（1997）[①] 一书中谈到我国少数民族双语根据人口结构划分，可分为：1. 双语在部分成年男女中使用，主要在民族聚居区和一些比较闭塞的落后地区。2. 双语在所有成年男女中使用，主要存在于杂居区和散居区。3. 除部分人会讲民族语外，绝大部分人只会汉语。

此外，还有一些其他的分类形式。如：何俊芳《中国少数民族双语研究历史与现实》（1998）一书中对双语类型还做了以下分类：1. 从两个民族之间是否使用对方的语言可分为双向型双语和单向性双语。双向型双语指两个民族都操对方民族的语言。如云南红河州有的彝族兼用哈尼语，有的哈尼族兼用彝语。单向型双语是指一个民族兼用另一个民族的语言，而另一个民族不兼用这一民族的语言。如德宏州的德昂族大多兼用傣语，而傣族不兼用德昂语。2. 按照双语发展变化的趋向可分为稳定型双语和不稳定型双语。3. 按照掌握第二语言的方式，可分为自然型双语和人为型双语。自然双语指在与另一民族的直接交往中掌握了第二语言。人为双语，其第二语言是通过学校、老师、课本的教学过程而获得的。丁石庆《双语类型及我国双语研究综析》（1993）一文中还认为：1. 从掌握的语言种类上，可分为双语型、多语型。双语型指主要兼通两种语言的情况。这在我国的双语者中占多数，我国绝大多数的少数民族除使用母语外，还兼用汉语。多语型指兼通两种以上语言的情况。如广西境内的瑶族有许多人兼用瑶、壮、汉等语言。2. 从双语使用的时间上可分为历时型、共时型、断裂型。历时型指使用双语历史较长，而且有一定的历史延续性或承接性的情况。共时型指双语使用时间较短的情况。断裂型指历史上曾有一段时期使用双语，但由于诸种原因未沿袭下来，后来形成的双语现象与历史上的双语现象缺乏直接的承接关系的情况。3. 从双语使用功能上可分为并列型、互补型。并列型指两种语言在使用功能上无明显区别，在任何场合都可以使用其中的任意一种。互补型指两种语言有不同的使用功能，使用哪种语言取决于场合和社会环境。

第四节　少数民族双语特点及其成因研究

双语是一种社会现象，它的形成和发展受各种社会因素的制约。一般都从居住条件、民族关系、文化教育、民族心理、社会地位、社会生活需要、语言政策等方面探讨双语形成、发展的社会因素。20世纪80年代以来，对某个地区、某个点的双语现象的探讨占据了研究的主流，对这些地区或民族双语现象的研究，为我们呈现了我国双语状况的全貌，在此基础上对双语特点成因进行的深入分析，对认识双语发展的特点和规律具有重要意义。21世纪以来，随着国家通用语的普及，少数

---

① 辽宁民族出版社，1997年。

民族双语现状呈现出新的特点。

1. 个案研究

个案研究可以以点观面，是我们了解双语现状的窗口，不同时期都涌现出了关于双语现状的个案探讨。

张伟的《七百弄乡双语现象初探》（1987）[①] 从人口迁徙，民族交往，文化教育、语言感情、语言成见、职业要求、语言政策、家庭影响等8个方面论述了七百弄乡双语现象产生和发展的社会因素。戴庆厦、傅爱兰、刘菊黄的《新蒙乡双语调查报告》（1988）[②] 一文通过对新蒙乡家庭双语现象的考察，认为其双语现象具有两个特点，其一，"双语使用的普遍性。在新蒙乡，不分年龄、性别、职业、文化程度，人人都掌握双语；不管是在学校、乡政府、集市，还是在家里，处处都使用双语"。其二，"双语之间的渗透性。新蒙乡蒙古族双语的使用不是截然分开的，而是常常交替使用、互相渗透的。如在作诗、唱歌时常常是一段用汉语，一段用云南蒙古语"。宣德五的《我国朝鲜族双语使用情况浅析》（1989）[③] 一文认为"朝鲜族分布地区的人口多寡和居住状况（聚居、杂居、散居）对语言的使用有决定性的影响"。此外，年龄状况、性别、职业、家庭结构的变化、学校教育等都与双语使用和发展有很大关系。戴庆厦、王远新的《新疆伊宁市双语场的层次分析》（1991）[④] 认为"在一个多民族杂居的地区，双语人往往能交替使用几种不同的语言；而这几种语言之间又存在着系统的层次关系，构成一个相互制约的双语场。"伊宁地区民族内部双语场层次的不同特点，与职业、居民的新老、年龄、杂居程度、家庭的不同成员等因素有关。关辛秋的《朝鲜族双语现象成因论》（2001）[⑤] 一书从朝鲜族双语教育体制实施入手，深入分析朝鲜族双语现象的成因，认为制约朝鲜族双语形成的外部原因有："建立保护和发展朝鲜族语文教学的法律制度；最大限度地普及双语教育制下的基础教育；做好与双语教育发展相关的配套工程。制约朝鲜族双语形成的内部因素有：强烈的朝鲜民族意识；强劲的善存意识；对汉文化在思想深处的认同；开放的、有条件的双语并重观念和乐观进取的语言学习态度"。普忠良《西南村落双语研究》（2004）[⑥] 一书在实证个案研究的基础上，对我国西南地区多民族杂居村落的社会语言状况和族际语的使用情况进行探讨，认为在多民族杂居村落，语言的使用和交际有其不同的语言交际功能区域差别。不同民族语言间的交际在语言上并不存在地位上的差异和区别。"在杂居村落的语言转换过程中，语言间的代码转换不是以语言的功能和语言的交际地位来区分的，不同的语言在不同的村落语

---

① 载《中央民族学院学报》1987年第2期。

② 载《西南民族学院学报》1988年第2期。

③ 载《民族语文》1989年第5期。

④ 载《语言·社会·文化》，语文出版社，1991年。

⑤ 民族出版社，2001年。

⑥ 云南民族出版社，2004年。

言交际场合有其不同的交际功能"。从影响双语现象特点的因素来看，地理环境、经济生活的需要、是否重视教育和文化影响了双语的形成和发展。

最近几年，学者们逐步对我国少数民族的语言生活情况进行再调查，以了解少数民族语言使用状况及其演变，取得了阶段性的成果。如戴庆厦主编的《基诺族语言使用现状及其演变》(2007)① 是继戴庆厦、傅爱兰、刘菊黄《普及教育、开放经济是双语发展的重要因素》(1987)② 之后对基诺族语言进行的深入和全面的调查分析，他们认为基诺族的双语现象有下面几个特点：1.双语的普遍型，在基诺族地区，不分地域、年龄、性别差异和文化程度的高低，大都能自由使用双语。2.基诺族双语内部存在明显的层次性。"形成层次的因素之一是年龄差异。老、中、少掌握汉语和基诺语的程度不同。""形成层次的另一因素是文化水平的差异。文化水平高的，双语能力较强，反之亦然。"3.基诺族双语在使用功能和表达功能上有互补性。由于目的、场合、对象的不同，选择使用基诺语或汉语，二者具有互补性。"长期以来，特别是中华人民共和国成立以来，基诺语从汉语中吸收了大量的词汇丰富自己，扩充了基诺语的词汇，这样既增强了基诺语的表达能力，又有助于学习汉语。"4.普通话的普及性。"基诺族的双语有一个显著的特点是，他们不但能使用当地汉语方言，而且还普遍地能使用汉语普通话。"此书还认为，基诺族人全民双语制形成的原因包括社会发展、教育普及等外部因素，还包括民族内部语言态度的开放性和基诺语与汉语语言结构上的相似性等内部因素。戴庆厦主编的《云南蒙古族喀卓人语言使用现状及其演变》(2008)③ 一书认为"喀卓人虽然全民都兼用汉语，但汉语水平（特别是普通话水平）在不同性别、不同年龄、不同文化程度的人中存在差异，一般说来，男性汉语水平普遍高于女性。青少年汉语水平比中老年高。同一年龄段的人中，受教育较多的人汉语水平也较高，即汉语水平与年龄大小成反比，与受教育程度成正比。"喀卓人兼用汉语现象的成因可以从以下几个方面考虑：1.地理条件上，首先喀卓人处在汉语单语区的包围之中，其次，"便捷的交通条件，为喀卓人与其他民族的交往创造了有利的条件，也为喀卓人学习汉语提供了天然的地理条件和客观的内在需要。"2.经济因素上，"喀卓人从牧民到渔民，又从渔民到农民的经济模式的变更，伴随着一个双语人数不断增加，双语程度逐渐加深的过程。"3.社会因素上，婚姻观念的变化和媒体的普及，都促进了汉语普通话的学习。4.对汉文化的认同和开放的语言态度，使人们更多的兼用汉语。5.教育的发展，使喀卓人汉语水平不断提高。6.语言本身具有包容性，"喀卓语在其形成、发展、演变的过程中，不论是语音方面，还是词汇、语法方面都受到汉语的深刻影响。""喀卓语这种开放和包容的语言结构特点，决定了喀卓语的母语人更易于接受

① 商务印书馆，2007年。
② 载《民族团结》1987年第3期。
③ 商务印书馆，2008年。

汉语、学习汉语。"

少数民族语言生活是观察语言国情的一面镜子，学者们就不同民族、不同地域的少数民族语言生活展开调查，调查老中青三代语言使用差异，探讨语言使用中母语和通用语的关系，力图追寻新时期语言生活新特点。刘梅、齐敖包《丽江木碧湾村纳西族双语使用现状调查与分析》（2019）① 一文通过对云南丽江木碧湾纳西族村的调查发现，其语言依然传承并使用纳西族母语，但随着民族文化交流日益频繁，汉语兼用现象进一步加强，导致在一定程度上出现了母语衰退的现象，母语水平和兼用汉语水平出现代际差异。关于某一民族某一地区双语现状的考察还有很多，如马嵘《多民族聚居区回族双语使用情况调查研究 —— 以伊宁市为个案》（2012）、陈娥《多语和谐与民族进步 —— 以昆罕大寨布朗族的双语和谐为例》（2019）、罗兴贵《贵州少数民族地区双语和谐生态的构建》（2017）、张欢《汉蒙双语地区汉语通用语使用现状调查》（2018）等。

2. 特定人群、特殊现象双语使用情况

针对以往双语研究侧重民族、地区特点的情况，近30多年来，人们试图从不同的角度对双语现象进行剖析。如探讨双语教学背景下特定人群双语使用现状。有对学生群体进行关注的，如南成玉的《汉族中小学毕业的朝鲜族大学生双语使用情况探析》（1999）② 一文分析了延边大学汉族中小学毕业的朝鲜族学生的朝汉双语掌握情况和使用情况，发现"朝鲜族学生使用汉语的频率明显高于使用朝鲜语的频率，掌握朝鲜语的程度远远低于掌握汉语的程度"。再如，盛桂琴的《乌鲁木齐市哈萨克族学生使用汉语现状分析》（2004）③ 一文认为"哈萨克族学生根据不同的场合、不同的对象选择不同语言进行交际。校园语言民汉混用的比例高于母语和汉语，公共交际以汉语为主，家庭以母语为主，但根据不同的交际对象，被调查者在家中母语的使用率有所下降，民汉混用比例有所上升，尤其是兄弟姐妹间母语的使用率较低"。乌鲁木齐市哈萨克族学生汉语水平有较大提高的原因，除了双语教育的影响和双语教育的实施外，还有学生对汉语的认识更加深刻和全面，"他们认为掌握汉语是为了适应少数民族所处的语境和对使用汉语的要求，也是为了使个人的前程更加美好。这种动机使他们产生了强烈的学好汉语的要求，并促使他们努力提高自己的汉语水平"。夏玲玲、经典《双语教学背景下畲族青少年语言生活的新特点 —— 以广东省惠州市博罗县嶂背村为例》（2019）④ 指出广东省惠州市博罗县嶂背村畲语青少年语言生活出现新特点：畲族青少年母语能力整体降低；母语断层式发展趋势明显；第一语言习得与畲语习得存在"错序"现象；畲族青少年仍保持着较高的民族认同。值得肯定的是双语教学在濒危语言地区创造良好的语言生态环

---

① 载《玉溪师范学院学报》2019年第4期。

② 载《延边大学学报》1999年第1期。

③ 载《语言与翻译》2004年第2期。

④ 载《惠州学院学报》2019年第4期。

境、提高当地畲族青少年对母语的语言态度上起到积极的作用。

有对特殊双语现象进行观察的。如希日娜依·买苏提关注"民考汉"现象，《"民考汉"与双语现象》（2001）①一文认为大多数"民考汉"的汉语水平及能力相对于自己的民族语言来说要高，形成这种特殊双语现象的原因是：1."学校教育。'民考汉'是在自然习得的基础上，通过规范化的学校教育来实现的，因此他们的汉语水平及能力比母语要高出许多"。2."社会交际范围的影响。'民考汉'与本民族的密切交往是考上大学、走上社会或结婚以后的事，在这之前他们较多与汉语接触。大多数'民考汉'的朋友当中，'民考汉'和汉族占多数。'民考汉'互相交流时大多混合使用汉语和母语，其汉语成分多于母语，因此他们的汉语水平高于母语水平"。斯琴对城市少数民族知识分子家庭双语使用情况进行调查，其《城市化进程与双语变迁》（2004）②一文从城市化的视角观察双语的变迁，对中央民族大学少数民族知识分子家庭进行调查，认为"不同类型家庭的语言使用具有不同的特点，都存在着代沟现象，总的变化特点是母语能力减弱乃至不会母语，汉语和外语水平不断提高"。

第五节　少数民族双语的形成和发展

双语现象与社会生活条件密切相关。一个民族的人口数量、分布情况、社会结构，以及政治经济、文化教育、民族关系的特点和发展状况，都会影响到双语现象的形成和发展。但不同民族双语的形成和发展既有共性，又各有自己的特点。

马学良、戴庆厦从宏观上探讨了影响我国双语形成和发展的一些因素。在《我国民族地区双语研究中的几个问题》（1984）③一文中认为：在我国，双语的发展往往受以下因素的影响而出现不平衡状态。1."是聚居还是杂居。一般是杂居区比聚居区发展得快。大块聚居区同小块聚居区相比，一般是小块聚居区发展得快。"2."人口多少的不同。一般是人口少的发展较快。"3."文化程度的不同。一般是文化程度高的发展较快。"4."边疆和内地相比，一般是内地发展快些。"5."居住情况。一般是居住在城镇的比在农村的发展快。"6."社会发展情况。一般是社会发展较先进的发展快。此外，有无本族文字、经济形态（是牧区或农区，或是半农半牧）、母语特点（同第二语言是否相近）等，对双语的发展也会有一定的影响"。

学者们大多从具体的语言现象出发探讨双语形成和发展的相关问题。如：程方

---

①　载《语言与翻译》2001年第1期。

②　载《双语学研究》第二辑，民族出版社，2004年。

③　载《民族研究》1984年第4期。

的《京族双语制考察纪实》（1982）① 一文从空间、时间两方面来考察京族双语的进程，认为"京族地区双重语言制的空间发展过程是由市场（社会）→村寨→家庭发展的"。冯公达的《延边双语现象初探》（1983）② 一文认为"延边双语现象虽然产生于民族杂居和必然由此而引起的民族交往这种自然状态，但国家通过宪法规定的双语制则进一步强化了产生双语现象的社会基础，使它有可能突破自然状态，在发展过程中获得新的动力"。方晓华的《新疆的双语现象》（1989）③ 一文认为新疆各地双语现象的发展是不平衡的。"从地域上来看，南疆的单语人多一些，北疆的双语人多一些"。"从民族成分来看，人口少的锡伯族、蒙古族和乌孜别克族、塔塔尔族、俄罗斯族中操双语者多，这是因为其母语的使用范围窄，迫使他们必须掌握另一种通用语，以便在更大的社会里生活"。"从城市与农牧区来看，城市与交通沿线的城镇中，少数民族多数是双语人，而汉族则是单语人；在农村、牧区则相反，少数民族是单语人，汉族则是双语人"。"从职业来看，少数民族中的知识分子、县以上机关单位的干部以及商业、服务行业的人多数是双语人，少数民族聚居地区的农民、牧民及基层干部多数是单语人。"戴庆厦、段伶《怒江州的双语现象及其发展》（1990）④ 一文分析了怒江州的双语现象的三个特点："'民兼汉'型，分布最广，普遍型最大；其次是'民兼民'型，只出现在一部分地区。'民兼汉'型在城镇地区分布最广，而'民兼民'型和'汉兼民'型主要出现在村寨中"。关于怒江州双语未来的发展，提出了以下三个认识和建议：1."民兼汉型是双语发展的主要的类型，也是发展最快的一种双语类型"。2."积极发展少数民族语言文字，促进双语的发展"。3."提倡当地汉族努力学习少数民族语言，发展汉兼民型双语类型"。赵益真、林少锦《壮汉双语现象的形成和发展》（1990）⑤ 一文从语言传播的外延性、层次性、竞争性角度分析广西双语现象的形成和发展。认为"外延性，即语言呈波状向外扩散，逐渐扩大语言圈。在两个语言圈交叉或相切的地方，就会出现双语现象，而这种现象通常存在于较小语言圈的内侧。当汉语向外扩散时，广西在东部和北部的壮族地区首当其冲。由于汉族在政治、经济、文化上处于优势，与汉族毗邻的壮族就接受了汉语言文化，于是出现了壮汉双语现象，并不断得到发展，甚至有些地区出现了转用汉语的现象。""层序性，是指语言呈波状扩散时，在某些地区有多次重复的现象。早期传入的汉语和后期传入的汉语是有差别的。这样，就出现了不同的壮汉双语类型"。如"同是壮汉双语现象还可分为壮-平话、壮-西南官话等类型，其中后者是主要的。""竞争性，指两种语言相遇时有互相排斥的一面。它表现在双语人的语用选择和语言学习上"。如壮族积极学习汉

---

① 载《民族语文》1982年第6期。
② 载《东北师大学报》1983年第6期。
③ 载《语言与翻译》1989年第4期。
④ 载《中国少数民族双语研究论集》，民族出版社，1990年。
⑤ 载《中央民族学院学报》1990年第3期。

语，选择当地社会通用话——桂柳话。傅干吉的《初探安多藏区双语现状及其发展》（1999）① 一文认为安多藏区的双语发展趋势是：民语兼汉语型是双语发展的主要类型，也是发展最快的一种双语类型。而过去主要类型的"民语兼民语"型则退居第二位。

我国双语类型在历史演变过程中会出现类型的转换，一些学者对此进行了理论探讨。如：李锦芳的《西南地区双语类型及其历史转换》（2006）② 一文认为，"不少民族群体长期兼用母语以外的另一种语言，随着社会历史的变迁，他们又转向兼用另外一种语言，这种现象我们称为'双语类型转换'。"西南地区的双语类型由于移民、民族地区治理及西南边疆治理与开发、商贸发展、文化教育的发展、民族杂居、婚姻家庭组合、民族心理及语用观念等方面原因，大致有四种转换类型。1."民（母）-民1型→民（母）-民2型。"2."民-民型→民-民-汉型。"3."多次转换。"4."民民型→民汉型，这是最普遍的一种类型。"

第六节　少数民族双语教育类型研究

少数民族由于民族分布、语言文字使用等具有不同的特点，因而民族地区施行的双语教育类型也会随之不同。在对双语教育类型进行分类中，有的从全国双语教育角度进行分类，有的是从地区的范围进行分类，有的从共时探讨不同类型的特点，有的从历时探索双语教育类型的演变及转换。

1. 双语教学类型

采用什么样的双语教学类型，关系到双语教学的具体实施，与双语教学的效果息息相关。一个民族或地区成功的双语教学类型或模式，又为其他地区或民族提供积极的借鉴。双语教育模式或类型是由不同因素构成。冯惠昌的《关于双语教学研究的思考》（1997）③ 一文对构成不同双语教育类型的几个因素进行了分析。认为"所谓双语教学模式，是指实施双语教学的结构形式，其基本要素有四个：一是教学语言的选择；二是引入第二语言教育的时机；三是两种语言过渡衔接的形式和方法；四是对两种语言文字最终要达到的目标要求。"这些也是我们对双语教育分类要考虑的因素。我国各个民族的具体情况不一，双语教学的情况只可因地制宜、量体裁衣。学者们从不同的角度进行观察，对我国民族地区的双语教学类型作出了以下分类。

（1）按地理分布和办学形式划分

---

① 载《西北民族学院学报》1999年第2期。
② 载《广西民族大学学报》2006年第1期。
③ 载《内蒙古大学学报》1997年第2期。

　　严学宭在《中国对比语言学浅说》（1985）① 一书中率先提出民族地区"语文教学"方式有以下六种，分别为：延边式、内蒙古式、西藏式、新疆式、西南式、扫盲式。

　　（2）根据教学语言的使用情况划分

　　张伟的《浅谈双语教育的类型》（1987）② 把双语教育类型分为三种：1.单语教育计划。"这里所谓的单语教育是指对少数民族学生只用汉语一种语言进行教育。单语教育至今是我国南方民族地区的一种主要教育形式。"2.双语过渡计划。"即从少数民族语言的单语教育开始，然后通过两种语言并用的双语教育，最后进入多数民族语言（即民族共同语）的单语教育。"这就是一种典型的过渡计划。目前我国云南、贵州等省的双语教学大体属于这类计划。3.长期双语计划。"这种计划与过渡计划的最大区别就在于，虽然它在不同阶段上所使用的两种语言有所侧重，但是它在整个教育过程中（从初级到高级）始终保持着两种语言的教育。"我国的内蒙古自治区、新疆维吾尔自治区、延边朝鲜族自治州和西藏自治区的民族教育就是实行这种计划，从小学、中学到大学乃至研究生的课程都实行双语教学。

　　（3）根据双语教学计划划分

　　周庆生的《中国双语教育类型》（1991）③ 一文认为严学宭和张伟的分类方法存在两重标准的问题。根据双语教学计划的附加功能，将中国双语教学分为保存型、过渡型和权宜型三个大类，八个小类。保存型"旨在保存或保护本民族的语言和文化，使本民族学生不至于因为学会主体民族语言而失去或降低本民族语言的使用能力"。过渡型"其宗旨是在不懂汉语的少数民族儿童的家庭和主要使用汉语文教学的小学校之间架起一座桥梁，以便教学用语能够顺利地从民族语文过渡到汉语文。""一般情况下，小学一、二年级用民族语文对少数民族儿童进行启蒙教育；三、四年级当他们能够听懂汉话时，将汉语文和民族语文对照进行教学；五、六年级主要用汉语文讲授。"同时认为我国过渡型双语教学计划比较复杂，"至少可以细分出：三段式、两段式、倾斜式和辅助式4种变体。"权宜型，"又称反常型。违反少数民族儿童学习第二语言的规律，在小学启蒙阶段不讲授本民族语文，直接教汉语文，到小学中、高年级或小学毕业前两、三个月突击教一点民族语文拼写法，民族语文教学属扫盲性质。"

　　（4）根据我国语言文字的社会功能的实际情况划分

　　戴庆厦的《中国国情与双语教育》（1996）④ 一文将双语教育划分为：1.一贯制双语类型，"从小学、中学的教育活动的传播媒介以使用本民族文字为主过渡到大专院校某些学科以汉语文为主，或民族语文和汉语文双语并行。这种形式存在于我

---

① 华中工学院出版社，1985年。

② 载《贵州民族研究》1987年第3期。

③ 载《民族语文》1991年第3期。

④ 载《民族研究》1996年第1期。

国新疆、内蒙古、西藏和延边等地区。这一层次是民族语文在学校教育中使用范围最广的。"2.小学双语型,"从小学低年级教育活动媒介以民族语文为主过渡到高年级以汉语文为主。这种形式广泛存在于我国南方广大民族地区。"3.辅助双语型,"从小学低年级以母语辅助教学过渡到高年级完全以汉语为主。这种形式是指那些没有文字的民族语言。它采用民族语为汉语释义的方法进行教学。"

（5）从有无民族文字的角度进行划分

戴庆厦等的《中国少数民族双语教育概论》（1997）[①]一书认为,从有无民族文字的角度,我国双语教育可分为以下几种:1."双语单文型。这种类型是指少数民族学校中教学语言是民族语和汉语两种语言。语文课只开设汉语文课,用民族语辅助教学"。2."双语双文型。指少数民族学校教育使用民族语和汉语教学,同时还开设民族语文课和汉语文课"。

（6）根据授课用语划分

何俊芳的《中国少数民族双语研究的历史与现实》（1998）[②]一书根据民族地区双语教学的授课用语,划分为:1.民族语文授课加汉语文型。实行这种类型的民族学校中各年级的各门课程主要使用民族语文讲授,汉语文仅仅作为一门课程从小学二三年级或四年级开始教到小学或中学毕业。如蒙古族、藏族等民族学校。2.汉语文授课加授民族语文型。实行这种类型的民族学校中各年级的各门主要课程使用汉语文讲授,使用全国统编教材,民族语文仅仅作为一门课程从小学低年级到小学或中学毕业。3.民族语文汉语文混用型。学校的部分课程（主要是文科课程）使用民族语文讲授,部分课程（主要是理科课程）用汉语文讲授,民族语文和汉语文作为两门课程贯穿小学、中学各年级。4.汉语文授课民族语辅助型。学校的全部课程均用汉语文来讲授,但在教学过程不同程度地使用民族语言进行辅助教学,语文课也只开设汉语文课。

（7）根据教育层次的不同划分

盖兴之的《双语教育原理》（2002）[③]一书中把我国双语教育分为:1."普通双语教育,这是双语教育的正规形式。"这其中又可分为基础教育型和初等教育型。2."特殊双语教育,这是与普通双语教育相对而言的"。其中的公共课式是指"学校中全部课程均采用汉语统编教材,并以汉语为教学语言。学生从小生活在汉语环境并使用汉语,已不使用本民族语言。民族语文只是作为一门课,有的在小学开设,有的从小学开设到中学毕业。"此外还有分段式、工具式和扫盲式。3.辅助双语教育,"指用民族语言辅助汉文课程的教学,通行于没有民族文字的民族小学"。朱崇先的《双语现象与中国少数民族双语教育体制和教学模式》（2003）[④]一文对以

---

① 辽宁民族出版社,1997年。

② 中央民族大学出版社,1998年。

③ 云南教育出版社,2002年。

④ 载《民族教育研究》2003年第6期。

上分类做了补充，认为还有一种类型——高等专业双语教育类型，"是指高等院校少数民族语言文学专业，在同一班级的教学中既安排本民族语文课程，又安排汉语文课程及外国语课程的教学。"

（8）不同地区的双语教育类型

双语教学采用哪种模式，因地域因时间因民族而不同，各个民族和地区根据各自民族教育的特点，积极探索适合本民族的双语教育、教学类型。如方晓华的《新疆双语教育问题探索》（1998）[①] 一文中认为，20世纪90年代以前新疆双语教学情况可分为：1."民族语-汉语教学模式。这是新疆双语教育中最主要的模式，以民族语教学为主，所有的中小学课程全部用民族语讲授，教材也使用民族文字。""汉语作为第二语言学习的一门课程，从小学三年级起开始开设，直至高中毕业。汉语课作为一门主课，列入高考科目。"2."母语-另一民族语-汉语"。如"新疆的塔吉克族有本民族语言，但无文字，以维吾尔语作为学校的教学用语，使用维吾尔文教材，同时开设汉语课。"3."汉语-民族语。新疆大多数理、工、农、医科高等院校的专业教学多采用汉语教材、用汉语授课，只有部分专业课和一部分政治课用本民族语讲授。"20世纪90年代以后，新疆双语教育试点班的模式为："小学为第一阶段，以本民族语教学为主，各课程基本上用民文民语教授，同时强化汉语教学，让学生基本上掌握汉语。第二阶段为双语巩固提高阶段，文理科分别用民族语文和汉语文教学。与此同时，强化汉语教学，要求学生高中毕业时达到民汉兼通，可以直接参加汉语高考，上大学用汉语组织教学活动。"朱文旭、肖雪在《彝族地区双语教育类型现状研究》（2005）[②] 一文中提到，自四川《彝文规范试行方案》1980年经国务院批准进行推广普及工作，凉山州中、小学将双语教学实验总结为"母语起步，汉语过渡，双语并重"。凉山州摸索出一条基本符合凉山实际的双语教学路子，即"双语教学，两种模式，两次分流，四级规划，两次接轨，20年分二步走"。"两种模式"即："一类模式"是指学校的各种教学用语为彝语，并采用彝文教材，同时加授一门汉语文课。"二类模式"是指学校的各种教学用语为汉语，并采用全国统编汉语教材，同时加授一门彝语文课。王双成、王新兴《藏区双语教学模式探微》（2008）[③] 认为藏区双语教学存在的主要问题有双语教学模式随意、汉语教学不规范、双语师资、教材等问题，提出双语教学要"切合实际、因地制宜"。并为藏区高校双语教学模式提出如下建议：（1）"大插班、小分班"是非常适合于普通高校甚至是民族院校的双语教学模式。（2）采用灵活的形式，多级培养，将"预科—大专—本科""大插班—小分班—单独编班""普通—成人""师范—非师范"等多种形式有机地结合起来，根据生源的情况灵活地采用适合的培养方式。（3）文

① 载《民族语文》1998年第2期。

② 载《民族教育研究》2005年第5期。

③ 载《青海教育》2008年第11期。

理兼顾，齐头并进。

双语教学模式众多，从实施双语教学到如今已经经过几次转型。周庆生《论我国少数民族双语教学模式转型》（2014）[①]一文认为："20世纪90年代初，'双语教学'这个术语，正式写入我国政府颁发的面向全国的文件之中，逐渐取代了沿用三四十年的'民族语文教学'的提法。"这可谓是双语教学的第一次转型。第二次转型为："我国少数民族双语教学模式正在从过去的'自定式'向当下的'约定式'转型，即由原来的民族自治地方根据当地情况自主决定本地的双语教学模式，转变为'大力推进双语教学。全面开设汉语文课程，全面推广国家通用语言文字。尊重和保障少数民族使用本民族语言文字接受教育的权利'。"按照教育部门的习惯用法，现如今通行的双语教学模式包括北方片双语教学模式："一类模式（各门课用民族语讲授，另开一门汉语课）""二类模式（各门课用汉语讲授，另开一门民语课）""三类模式（部分课程用民语授课，部分课程用汉语授课）"，南方片双语教学模式："双语双文模式（在小学阶段，同时使用民汉两种语文教学）"和"双语单文模式（在学前班和小学低年级，以民族语辅助汉语文教学）"五种类型。

面对新时期新情况，很多学者提出因地制宜，提倡灵活尝试多种双语教育模式。有的把文化因素列入教学模式，如韦兰明《论壮族地区民族文化课程的建构——基于壮汉双语教育模式创新的思考》（2015）[②]一文描述了广西民族教育质量的现实困境，指出壮汉双语同步教学模式的特点和问题，提出了壮汉双语教育模式的创新：将壮族优秀文化纳入壮语文课程内容；以传承壮族文化为目的创建壮汉双语教学模式，建立多种壮汉双语教学模式实验，如：壮汉双语教育二类教学模式、壮族文化课程双语教学模式、普通高中选修课双语教学模式。在突出民族文化传承内容，大力开发民族语言文化资源，建立有效衔接的壮族地区民族文化课程体系的前提下，逐步建构壮族地区的民族文化课程。

各地根据自己的区域特点，对双语教育模式进行了更为细致的划分。塔娜《蒙古族不同地区中小学双语教学模式特征探析》（2019）[③]一文根据农牧区、蒙汉散杂区和城镇等不同语言环境和不同经济文化类型的实际情况，将内蒙古地区民族中小学校双语教学模式分为城镇双语教学模式、边境牧区双语教学模式和半农半牧散杂居地区双语教学模式三大类。城镇双语教学模式具有起步较早、以汉语教学为主、未实现体系化和系统化的特点；边境牧区双语教学模式具有国际性、分散性、封闭性的特点；半农半牧散杂居地区双语教学模式具有多民族性、多元性的特点。还有人就基础教育教学模式进行了总结，如蔡红《哈萨克族基础教育教学模式及特点分析》（2011）[④]详细分析了哈萨克族三种基础教育模式，分别为：1.民族语文主导式

[①]　载《新疆师范大学学报》2014年第2期。
[②]　载《广西民族研究》2015年第2期。
[③]　载《内蒙古师范大学学报》2019年第2期。
[④]　载《伊犁师范学院学报》2011年第3期。

（普通班教学模式）；2.民汉语文兼用式（双语教育普及模式）；3.汉语文主导式（双语教育目标模式）。

2. 双语教育体制类型

周耀文在《双语现象与双语教育》（1987）① 中把中国双语教育体制划分为七种类型，并将民族地区双语教育体制划分为四个层次："在新疆维吾尔自治区的维吾尔族地区和内蒙古自治区的蒙古族地区实行的从小学、中学以使用本民族文字课程为主过渡到大专院校以汉文为主，或民、汉双语文并行双轨制的高等层次"；"在吉林省延边朝鲜族自治州的朝鲜族地区和新疆伊犁哈萨克族地区实行的从小学、中学以本民族文字课程为主过渡到大专院校除个别系科外都使用汉语的中等层次"；"在我国西南地区的部分自治州、县实行的从小学低年级以民族语文为主过渡到小学高年级以汉语文为主的双语文教学体制为初等层次；正处于初等层次向中等层次或高等层次发展的层次"。

周庆生在《中国双语教育类型》（1991）一文中认为：根据一个地区双语教育体制的发展程度和民族语文进学校的数量，我国双语教育体制可分为：1.健全型。"健全型双语教育体制比较健全、完善，民族地区内所有的或绝大多数的民族中小学都实行双语文教学，一律采用保存型教学计划，讲授民族语文的学校数量基本可以满足本地区少数民族的需要。"如内蒙古自治区、吉林、辽宁和黑龙江省的蒙古族和朝鲜族。2.发展型。即"双语教育体制初步建立，有待进一步发展、完善，民族地区内一半以上或大多数小学已实行双语文教学，因缺少民族语文师资或其他原因，还有相当数量的民族中学或学科只用汉语文进行教学，双语教学计划采用保存型或过渡型，讲授民族语文的学校数量还不能完全满足本地区少数民族的需要"。如青海省和西藏自治区的藏族。3.试点型。即只是民族地区的个别点或少数学校建立了双语教学体制或进行双语文教学试验，双语文的学校、师资和民族语文教材数量等远远不能满足本地区的需要。如四川、云南和甘肃省的藏族和四川、贵州、云南省的彝族。

第七节　少数民族汉语教学研究

少数民族汉语教学是双语研究的重要组成部分。作为一种第二语言教学，教学理论的探讨、教学法的实施都是学者们关注的话题。在具体的教学过程中，如何传授语言要素、如何让学生掌握各语言技能，对此，教学一线的教师们一直孜孜探求。此外，与教学相关的语言测试和教材研究，与提高双语教学的水平有着很大的关系。

---

① 载《云南民族语文》1987年第3期。

一、学科性质研究

作为第二语言的汉语教学主要有两方面的对象，一是对国内少数民族的汉语教学，另一是对外国人的汉语教学。二者之间存在什么关系，其区别和联系是怎样的？学者们就这些问题进行了讨论。王廷杰的《谈对外、对内汉语教学之异同》（1996）① 一文提出了对外汉语和对内汉语在教学对象、教学目的、使用教材、教学内容的侧重点、教学方法等方面的不同。方晓华《对外汉语教学与对少数民族汉语教学》（1997）② 一文认为，对少数民族汉语教学与对外汉语教学是两种性质、特征不完全相同的第二语言教学。尽管它们的教学对象都是母语为非汉语者，但二者的区别为："对外汉语教学的对象是来自异国的已完全掌握母语的成年人；对少数民族汉语教学的对象是本国的尚未完全掌握母语的少数民族中小学生。不同的国别、不同的文化背景和汉语学习环境，不同的母语水平和语言学习习惯，特别是不同的汉语学习目的，个人的具体的学习和全民的常规学习等，形成两种汉语教学的不同性质和特征，以及不同的教学传统和风格"。当然，由于对外汉语教学和对少数民族汉语教学都是第二语言教学，在学科的基础理论、教学理论和教学法原则等方面大同小异，对外汉语教学的成果和经验对少数民族汉语教学可以借鉴；对少数民族汉语教学的经验和成果，对外汉语教学也可以借鉴，二者互相影响、互相促进，并共同为发展语言教学事业做出贡献。

二、语言学理论在教学中的应用研究

第二语言习得理论和语言学一些前沿理论对我国少数民族双语教学产生了重要影响，尤其在少数民族学生学汉语的教学中，学者们就如何用这些理论解决汉语教学中的实际问题进行了探讨。

1. 对比分析理论的应用研究

对比分析的语言学基础是结构主义语言学，它的心理学基础是行为主义心理学和迁移理论。对比分析用于少数民族第二语言教学，可以发现学生学习过程中的难点和教学应该注意的重点，也可反过来促进对目的语的研究。

张静的《维吾尔母语对汉语学习的负迁移作用》（1992）③ 一文认为："维吾尔语与汉语分属阿尔泰语系和汉藏语系，语言状况差异很大，因而汉语对维吾尔族学员是难度较大的一种第二语言。维吾尔族学员在学习汉语时，其母语的负迁移作用的干扰在语音、词汇、语法诸方面都有所反映"。如语音方面，"维吾尔语与汉语

---

① 载《第二语言（汉语）教学论集（第一集）》，民族出版社，1996年。
② 载《新疆师范大学学报》1997年第1期。
③ 载《语言与翻译》1992年第2期。

（普通话）语音体系差别很大，许多音近似而不相等，汉语语音系统中没有维吾尔语清浊辅音的对立，维吾尔族学员便常把汉语送气或不送气清声母发成浊音声母。"

　　2. 偏误分析理论的应用研究

　　刘珣认为偏误分析是对学习者在第二语言习得过程中所产生的偏误进行系统的分析，研究其来源，揭示学习者的中介语体系，从而了解第二语言习得的过程与规律①。自偏误分析理论传入我国，被广泛地应用于第二语言教学中，学者们纷纷用这种理论来解释少数民族汉语教学中存在的问题。

　　（1）语法偏误研究

　　卢治平《中介语理论与民族学生学习汉语语法偏误分析初探》（1995）② 一文借助于中介语理论对民族学生学习汉语的语法偏误进行了分析。认为学生作业的偏误来自语际负迁移、语内负迁移和教学诱发偏误三类。如语际负迁移，"维吾尔语中直陈判断系动词一般都省略，名词直接作谓语表示判断。学生以维吾尔语形式直接译成汉语，造成判断谓语'是'的遗漏。"

　　成燕燕等著的《哈萨克族汉语补语习得研究》（2003）③ 一书，从偏误语料中归纳出哈萨克族习得汉语补语存在的五大难点：一是哈萨克语没有补语，总以状语代替补语，如把"扫得干净"说成"很干净地扫"。二是趋向动词的引申义不相等，容易出错，如把"过上了幸福的生活"说成"过上来幸福的生活"。三是形容词后带"着、了、过"的结构，哈萨克族在使用时要把形容词转为动词，就把"花红了"说成"花变红了"。四是汉语复杂的述补结构，哈萨克族往往掌握不好，如把"爷爷说话说累了"说成"爷爷说话，累了"。五是哈萨克族习得汉语补语的难易顺序特点：最难的是程度补语和趋向补语。并进一步分析了偏误产生的原因，提出了对策意见。成燕燕另在《哈萨克族汉语"把字句"习得的偏误分析》④ 一文中，指出哈萨克族学生学习"把字句"的偏误主要表现在误用、泛化、遗漏、误代、"把"的介宾与动补搭配不当、"把"字介宾不定指性错误、错序、"把字句"和"非把字句"转换的偏误等方面。针对这些偏误，提出一些对策。认为"在对哈萨克族学生的汉语教学中，教师应采取一些策略，尽可能把语法形式体现的语义关系加以外化，让学生便于模仿、学习，并注意指导和帮助学生掌握复习的学习策略，使其语言知识从知识层次转化为技能层次，真正掌握'把字句'，运用自如。"李遐《维吾尔族学生汉语"被"字句习得偏误分析》（2006）⑤ 一文指出，"被"字句是维吾尔族学生汉语习得过程中出现偏误较多的句式。根据收集到的语料，认为"偏误主要有句式选用不当、谓语使用错误、与其他介词混用、与可能补语同现、'被'介

---

① 北京语言大学出版社，2007年。
② 载《语言与翻译》1995年第2期。
③ 民族出版社，2003年。
④ 载《语言与翻译》2006年第3期。
⑤ 载《语言与翻译》2006年第3期。

引的成分缺失、动词前附加成分位置不当等几类"。同时提出在教学过程中的对策，应该凸现'被'字句使用的语境；突出汉维语差异，确定重点和难点。

偏误分析理论应用于语法研究的文章还有很多，如刘培华的《对少数民族学生运用汉语介词错误的分析》（1996）[①]、胡英的《第二语言学习者使用虚词的偏误分析》（2003）[②]、成燕燕的《哈萨克族学生习得汉语存现句的偏误及对策》（2008）[③] 等。

（2）词汇偏误研究

成燕燕的《从哈萨克族习得汉语反义词的偏误反观汉语反义词的特点》（2007）[④] 一文认为：汉语反义词呈音节数对称形式、汉语深层隐性的语义关系对反义词的使用的制约作用、反义词的语义范围、使用频率具有不平衡性、反义词在义反基础上的趋同性、汉语反义词词义体现的民族性、反义系统的错综复杂性、汉语重意合的特点反映在反义语素构成的合成词中等汉语的特点，是造成哈萨克族学生学习反义词产生偏误的原因。

（3）语音偏误研究

周美妮、董广枫的《维吾尔族学生学习汉语语音的偏误纠正方法》（1993）[⑤] 一文分析了维吾尔族学生学汉语辅音、元音、声调易产生的错误，并提出了正音方法。指出"对维吾尔学生来说最难发的是阳平和上声调。"认为通过"'去＋阳'可以纠正阳平起点过高，升不上去的毛病。"刘岩等的《维吾尔族学生学习汉语声调偏误的实验研究》（2006）[⑥] 一文，从实验语音学角度对维吾尔族学生学汉语的声调进行偏误分析。可分为三类，具体为"把判断发音人声调的标准定为两个：首先是基频曲线正确与否；其次是听感上正确与否。只有这两个条件都正确才归入'完全正确'类。只要基频曲线不对便算错，我们称之为'完全错误'类。而基频曲线正确、听感上不正确的也不能算对。因为虽然基频数据能给出准确的声调曲线走势，但语言毕竟不是数据。第一语言学习中语感也是判断说话者口音轻重及可接受度的一个重要标准。这第三种情况，我们称之为'缺陷错误'类。"同时提出教学对策，如让学生熟悉汉语声带控制方式、以维吾尔语重音或韵律词边界调做参考进行声调对比讲解等。

此外，还有于丽的《新疆维吾尔族预科学生汉语语调偏误实验分析》（2007）[⑦] 等对少数民族学生学汉语语音方面的偏误进行了分析探讨。

[①] 载《语言与翻译》1996年第2期。

[②] 载《语言与翻译》2003年第1期。

[③] 载《语言与翻译》2008年第4期。

[④] 载《语言与翻译》2007年第1期。

[⑤] 载《语言与翻译》1993年第3期。

[⑥] 载《语言与翻译》2006年第2期。

[⑦] 载《语言与翻译》2007年第4期。

（4）语篇方面的偏误研究

近几年来，随着对语篇研究的重视，学者们也开始对少数民族学汉语过程中语篇方面存在的问题进行偏误分析。如吴若愚的《少数民族学生汉语篇章时间连接成分偏误分析》（2007）① 一文认为"在汉语叙述体篇章中，新疆少数民族学生对时间连接成分的使用容易出现以下几种偏误：时间连接成分的误用、缺失、冗余和贫乏等。造成以上偏误主要是由于学生母语的干扰、'下意识'的迁移、缺乏汉语语感、教师教学指导不足等原因。"姜轶群的《新疆少数民族学生汉语语篇衔接与连贯偏误分析》（2008）② 一文认为"在汉语叙述体语篇中，新疆少数民族学生的语篇衔接与连贯偏误包括人称代词的偏误、省略的偏误、关联词的偏误及语义不连贯等类型。"为纠正上述错误就要做到："将汉语语篇理论与课堂教学相结合""重视作业纠错，巩固学生的汉语语篇知识""课堂内外培养学生语篇语感"。

3. 语用学理论的应用研究

语用学研究特定情景中的特定话语，特别是研究在不同的语言交际环境中如何理解和运用语言。它是语言学的一个新领域。班振林的《浅谈语用学理论在汉语教学中的运用》（1999）③ 一文在语用学理论指导下，提出在教学总体方法方面"新的教学原则应完全改变过去那种老师讲、学生听，老师领、学生跟的局面，而是变成老师参加学生的交际活动，也就是说不再以教师为主，而是以学生为主。因为语言是学会的，不是教会的，教师的责任主要是教学生如何学。课堂应以学生为主，教师为辅，教师应为学生提供手段，起组织者和鼓动者的作用。"同时还要创造情景，进行教学；积极运用视听设备进行教学。

4. 元认知理论的应用

元认知理论是指人类对其自身认知活动的认识，即认知主体对自己的认知加工过程自我觉察、自我批评和自我调节。通常认为元认知应当包括元认知知识、元认知体验和元认知监控三个结构成分。王洋的《元认知理论在少数民族汉语教学中的运用》（2007）④ 一文认为元认知理论在少数民族汉语教学中应用要做到："激发少数民族学生的学习动机，提高其元认知意识。""优化汉语课堂教学，丰富少数民族学生元认知知识。""重视少数民族学生的情感因素，强化其元认知体验""汉语教师应不断改善评价体系，加强对少数民族学生的元认知监控"等。

5. 篇章分析理论应用

李建宏的《语篇分析教学在预科汉语精读课中的应用》（2008）⑤ 一文认为"传统的预科汉语精读课教学往往遵从由字、词开始，然后到句子，再进入到段落，直

---

① 载《语言与翻译》2007年第2期。

② 载《语言与翻译》2008年第2期。

③ 载《语言与翻译》1999年第1期。

④ 载《语言与翻译》2007年第1期。

⑤ 载《语言与翻译》2008年第3期。

至全文的教学顺序；而语篇教学的顺序则相反，首先从课文的整体出发，进而理解课文的内容、结构，然后才是对课文的字词句在语篇的基础上进行详尽地分析"。

6 语言习得理论的应用研究

人们运用语言习得理论探讨习得过程、习得与环境的关系等。吴瑞林等《新疆少数民族小学生学习过程调查 —— 表面过程与深层过程的作用差异》（2019）[1] 一文采用分层抽样方法在新疆维吾尔自治区六年级小学生中进行调查，运用结构方程模型，考察了学习过程（表面策略、表面动机、深层策略、深层动机）与汉语和数学成绩间的关系，以及不同学习过程对学业成绩作用机制的差异。结果显示，表面学习过程和深层学习过程在性别、教学模式和家庭社会经济地位对汉语和数学成绩的影响中起到中介作用。建议双语教学应注重培养和激发学生的深层学习过程，并针对不同性别、不同社会家庭经济地位的学生调整教育教学办法，以进一步促进教育公平，提升教学质量。

胡艳明、韩宇轩的《影响少数民族学生双语习得之环境因素探究》（2016）一文认为影响少数民族学生汉语学习的主要因素有教育体制、历史背景、社会文化、地理环境、语言因素、经济状况等。罗聿言、李鑫《论少数民族双语教学中语言环境的构建》（2015）[2] 认为少数民族双语教学的语言环境构建要注意精心设计好课堂语言环境；第二，加强教材语言环境建设；第三，开展虚拟语言环境的建设；第四，重视课外语言环境的建设。同时要注意语言环境构建的整体性和语言环境与学生的互动性。

三、教学法研究

在第二语言汉语教学中，教学法是决定教学成败的一个重要因素。教学中应根据民族状况、教学阶段、教学对象、教学环境、教学目的等因素，采用适合教学对象的教学法。教学法因语言教学内容涉及层面的不同而不同。

语言教学法流派众多。70年来，特别是20世纪以来，人们在找寻第二语言教学方法方面进行了深刻探索，形成了诸多第二语言教学法流派。学者们结合教学中的问题，探讨了教学法在少数民族学汉语过程中的具体应用。戴庆厦、成燕燕的《中国少数民族学生汉语教学的现状及问题》（1998）[3] 一文中介绍了我国少数民族汉语教学的主要做法和经验体会。在教学方法上采用的方法主要有翻译法、直接法、对比法、结构–功能法等，前三种教学法在民族地区使用较普遍。同时，少数民族汉语教学应当认清少数民族汉语教学的性质，要深入地开展教学实验，寻求适

---

① 载《民族教育研究》2019年第2期。

② 载《北京化工大学学报》2015年第3期。

③ 载《第二语言（汉语）教学论集》，民族出版社，1998年。

合本民族实际情况的教学目标及教学模式。

1. 直接法

郭翠霞、邬婉荣、孟大庚的《民族班汉语相对直接教学法初探》（1992）① 一文根据相对直接教学法理论的要求，提出了教学上的"转向"：（1）"汉语教学由单一的传统教学方式转向内容丰富、形式生动活泼的多样化教学方式和手段。"（2）"汉语教学从借助母语或媒介语翻译转向课堂上基本使用汉语讲课。不过在必要时，我们也并非完全排斥母语或媒介语，偶尔用之，起到画龙点睛的作用。"（3）"从反复精讲语法的理论知识转向少讲、粗讲语法概念，注重汉语基本技能和熟巧的训练"。（4）"从以教师讲授为主转向学生多练为主。"（5）从按部就班、随意性教学转向目标、要求明确的强化教学。

2. 对比法

汉语与少数民族语言的对比是少数民族汉语教学的基础。对比教学法被广泛运用于汉语教学的各个环节中。金花的《浅谈"比较法"在蒙古语授课学校汉语文教学中的作用》（1993）② 一文以内蒙古呼伦贝尔市为例，说明"比较法"在蒙古语授课学校汉语文教学中具有很大的作用。认为语言对比有利于学生理解和记忆。在分阶段的教学中，即从字、词、句到篇章的学习中，"比较法"的侧重点要灵活，有新意，激发学生学习热情。通过对比，可以增强学生的思维能力，使学生的学习达到捷足先登、事半功倍的效果。总之，比较法便于老师讲解，利于学生接受。

（1）对比在语音教学中的应用

对比教学法在语音教学中运用较广泛。如李万安的《维吾尔族学生学习汉语辅音的常见错误与正音》（1980）③ 一文，通过现代汉语和现代维吾尔语的语音系统的对比，分析了维吾尔族学生学习汉语辅音常见错误的原因，还对正音的方法进行了细致的说明。俞涵斌《东乡族学生学习汉语普通话的语音对应规律》（1981）④ 一文介绍了东乡语与汉语普通话的元音、辅音的对比情况，然后比较详细地分析了东乡族学生的汉语读音与汉语普通话声、韵母的对应规律。并提出了具体的纠正措施。张蓉兰的《利用拉祜西音节结构形式的变化帮助拉祜族学习汉语文》（1993）⑤ 一文就拉祜西和拉祜纳两方言的音节结构形式进行比较，指出"拉祜西方言由于汉语借词的比例较大，存在大量的复合元音，已经基本改变了拉祜语以单元音为主的语音特点，同时鼻音韵尾的出现以及存在与普通话相同或相近的调值，这些特点都成了这里群众学习汉语的有利条件"。鉴于拉祜西方言中存在着与拉祜纳方言不同的语音变化，虽然是同一民族，在同一地区，进行汉语教学时，应考虑其语言的差异

---

① 载《语言与翻译》1992年第3期。

② 载《民族教育研究》1993年第3期。

③ 载《喀什师范学院学报》1980年第2期。

④ 载《民族语言教学探讨资料》，西北民族学院研究所，1981年。

⑤ 载《云南民族语文》1993年第1期。

性，通过语言间的音系对比及语音对应规律，制定具体措施进行教学。

（2）对比在词汇教学中的应用

成燕燕的《谈高校对少数民族学生汉语词汇教学》（1998）[1] 一文，谈到词汇教学要注意与民族语词汇的对比分析。如"哈萨克语中没有介词，哈萨克族学生学习介词是难点。通过对比可以发现，汉语的介词与哈萨克语的后置词及格的用法有对应关系。在讲介词时，若能提早给学生指出这种对应关系，就会引导学生顺利地进行正迁移，从而了解介词的基本用法。"

（3）对比在语法教学中的应用

赵星华的《浅谈汉语语法教学》（1995）[2] 一文认为少数民族在学习汉语过程中总是不可避免地受到其母语的干扰，提出"这就需要我们对汉维两种语言进行对比，使学生从对比中找到汉语语法的规律，找出两种语言的共同点和不同点。"如语序问题，"汉、维语是两种不同的语言结构类型，汉语是孤立语，语序非常严格，很多语法关系都要通过语序来表达，而维语是有形态变化的粘着语，语序相对而言就不那么严格。"

（4）对比在文化教学中的应用

骆惠珍、万维强的《相异文化的语言碰撞及汉语教学启示》（1996）[3] 一文认为"汉维两个民族尽管存在着文化差异，但通过长期的语言接触和文化交流，在认识方面，出现了某些相同或相近的地方，因此两种语言中一部分词汇也存在着相同或相近的表达方式。"如汉维两个民族都把"心"与人类情感联系在一起。

随着第二语言教学中对语言交际能力的重视，人们开始探讨偏重于培养学生实际的言语交际能力的教学法在教学中的运用，以学生为中心，强调学习者主动性、积极性的调动。

3. 问答式教学法

华锦木的《从我区汉语教学中的偏差来谈问答式教学》（1999）[4] 一文提出了问答式教学的模式，即"学生课前预习生词、课文，教师上课时不领读课文后的词语，也不组织学生朗读，而是直接切入课文：教师先领读一遍课文，然后简要概述课文大意和主要内容，时间限定在5分钟以内，最后要求学生在15分钟内快速读完全篇课文，并要向教师提出两个问题，教师要当堂回答，时间限定在15分钟左右。问答结束后，开始进行问答练习，教师首先围绕整篇课文进行大范围的提问。问题须能反映出课文的大意。然后再围绕段落层次进行小范围的提问，问题须能反映出段落大意。问答结束后，教师开始串讲课文，串讲课文须先朗读，然后结合上下文语境精讲重点词句，组织学生上黑板或讲台进行组词造句、模仿造句、完成句子、

① 载《第二语言（汉语）教学论集（第三集）》，民族出版社，1998年。

② 载《语言与翻译》1995年第2期。

③ 载《语言与翻译》1996年第1期。

④ 载《语言与翻译》1999年第2期。

词义辨析、人物对话表演、事件情节描述等形式的练习。串讲结束后，教师要趁热打铁，安排六七名学生口头复述课文大意或主要内容，复述结束后要求全班学生把复述内容写到作业本上，字数限定在250字左右，学生可根据一名同学的复述内容进行扩展，也可根据两名同学不同侧面的复述写成两篇小短文。至此，一篇课文的整个教学过程就基本结束了。"同时提出"问答式教学遵循的原则 —— 问答领先，说写紧跟，精讲多练"。

4. 交际法

王琴霄的《汉语课堂教学的交际化初探》（1995）[①] 一文中认为，对少数民族学生进行汉语教学有必要把培养学生的交际能力作为教学目的，要尽量使课堂教学"交际化"。即"向学生传授了一定范围内的知识与规律之后，在此基础上对学生训练，使学生由消极的简单模仿达到自由自主地创造性地运用所学语言，从而达到交际目的"。

5. 整体教学法

王莹莹、张小刚的《整体教学法在少数民族双语教学中的运用》（2007）[②] 一文认为："在设计整体教学过程时，教师必须坚持自己的主导地位。教师要始终站在学生的地位，考虑学生学习的兴趣、需要和困难，揣摩学生的思维路线和记忆、学习方式。以课文教学为例，我们认为须遵循二项整体目标。即理解课文，掌握阅读技巧，部分语言结构和词汇。教师在设计整体教学过程时，不能仅仅只考虑将课文的内容和课文中所出现的词汇、词语和语法讲授清楚，而应该充分体现学生理解、记忆和掌握课文的心理特点与过程，培养交际性阅读的能力，实现阅读理解过程交际化，采用不同的阅读方式来实现不同的交际目的，通过阅读进行基础知识和词汇的教学。在设计整体教学过程时，教师必须发挥个人的创造性。教学过程是十分宽容的，教师应该从实际出发，自由确定教学过程，采用各种风格和行之有效的教学手段和方法，发挥个人的创造性，取得不同层次学生少数民族双语教学效果的整体提高。"

6. 任务型教学法

梁云的《任务型教学在少数民族成人汉语教学中的应用》（2007）[③] 一文根据成人学习的特点，将任务型教学与少数民族成人汉语学习结合在一起，提出了任务设计的教学法。认为"要明确总目标，在总目标下，每个教学中单元（即每一课）所要完成的任务都可以从总目标中细化出来。这样，每个单元所完成的任务就成为本单元中使用的语言。在确定这些目标之后，教师可以根据总目标来分析教材，确定每一课的任务目标。如针对汉语精读课（《汉语强化培训教程1》，新疆科学技术

---

① 载《民族教育研究》1995年第3期。

② 载《中共伊犁州委党校学报》2007年第3期。

③ 载《语言与翻译》2007年第2期。

出版社），首先要确定该课的总目标就是学员通过学习，在掌握了900个左右词汇与127个句式的基础上，听、说、读、写各方面都有所提高，达到HSK汉语水平考试3–5级。在这个目标下细分出每个单元即每一课的任务，如第一课就是在掌握了24个重点词语与4个句式的基础上，教师设计出'参加培训'、'参加学习'、'参加集体活动'等若干个交际情景，让学员通过词语与句式的操练，在模拟的情景中，真实地模仿，从而达到学会叙述'参加某一活动'的目的，听和说的能力都得到加强。"

7. 案例教学法

朗文选《案例教学在双语培训中的运用》（2010）[①] 一文针对小学数学专业术语的汉语表达问题，认为案例教学不失为一种好的培训方法。介绍了案例讲授法、案例讨论法、案例模拟法等几种常见的案例教学方法。选取案例应遵循典型性、现实性、难易适中性等几个基本原则。教师在案例教学中要把握好引导、总结等几个方面，最后用实例模拟案例教学过程。

我国少数民族语言特点各异，双语教师在教学中创制了一些适合不同少数民族特点的、具体的、带有民族特色的双语教学法，为我国少数民族的双语教学增添了光彩。戴庆厦等的《中国少数民族双语教育概论》（1997）[②] 一书对此做了系统介绍。主要有：

1. 白族"仿板式"教学法 [③]

云南剑川白族"仿板"式教学法是白族子弟学习汉语文最常用的方法，已经有数百年的历史。"仿板"即仿宋写字的小木板。具体的教学方法是：学生通过描写老师写在"仿板"上的课文，能够诵读课文。"凡老师教过的课文，都要求学生能背诵，并用白语回讲。"之后，老师开始让学生进行临摹，使其逐步过渡到抽去字帖，独立书写。另一个环节是诵读讲解。"每一篇新课文，老师先用白语讲解，讲解之后，老师用汉字白读的方法，反复领读，直到学生不仅能认清字形、读准字音、弄清字义，而且多数学生能用白语进行讲解。""三、四年级进入写作阶段。习作一般有两种方式，一是先由老师用白语讲述一件事，让学生用汉字记录下来，然后翻译成汉文。另一种是老师命题，讲清题目要求，学生独自组织成文，交老师批改。经过反复练习，学会用汉文写作。"

2. 傈僳族"倒述四段式"教学法 [④]

"倒述四段式"教学法的特点是："始终将学生的主观能动性摆在突出的位置，让学生去思考，去讨论，去表述，而老师只是起着提示和推动的作用。老师先把课文中出现的汉语生字生词板书在黑板上，旁边注出傈僳文的语义符号；倒述第一

---

① 载《新疆教育学院学报》2010年第2期。

② 辽宁民族出版社，1997年。

③ 载《云南民族语文》1988年第3期。

④ 载《云南民族语文》1990年第3期。

段：由学生用傈僳语解释汉语生词所对应的傈僳文的语义；倒述第二段：由学生或老师说出汉语的意思。倒述第三段：经过师生讨论发言，由学生或老师总结该词的汉语确切含义。倒述第四段：由学生或老师读出该汉语词的发音，从而进行汉语词汇学习的朗读、理解、记忆。"

3. 朝鲜族"五课型"教学法 [1]

"五课型"教学法是指"把一篇课文的整个教学过程分为五种课型：自学课 —— 字词课 —— 朗读课 —— 说写课 —— 作业课。"如："自学课即课前预习课，内容包括阅读课文、理解内容，分析段落，归纳中心，掌握生字和带生字的词语。找出形近字、多音字、多义字等"。

4. 傣族"合分合"教学法 [2]

"'合分合'是指小学双语文教学三个不同阶段。""第一段'分'。学前班儿童六岁入学，入学前先学一年傣文，兼学一些简单的汉语。""第二段'合'。第二年开始，系统地按教学大纲要求进行汉语文教学。""第三段'分'。进入小学中、高年级，傣汉文又实行分课教学。主攻汉语文，每周加设2节傣文，以便巩固提高"。

5. 湘西苗族小学"双语双文、四步转换"苗汉双语教学实验 [3]

"四步转换"具体指："第一步转换是培养学生对苗文一见即识，一呼而出，把母语口头语言转换成母语文字的能力。"这一阶段从学生入学开始到第一学年结束。"第二步转换是培养学生把直呼苗文字音的能力转换为直接呼汉语拼音音节的能力。这一阶段从二年级第一学期开始。""第三步转换是培养学生把阅读两种拼音的能力，转换成阅读汉字文章的能力。""第四步转换是培养学生把运用母语文字形成的读写能力，转换成汉语文的读写能力。"第三、四步转换在整个小学阶段完成。

6. 云南白族小学"先白后汉，白汉并重，以白带汉，白汉俱通"双语教学实验 [4]

先白后汉指的是"先教白语文，再教汉语文。""一年级上学期特别加强白语词转换到汉语口语的训练，用白文给汉字注音。""紧接着用注音识字的方法，逐步引入简单的汉字词。""二年级上学期的实验教学以字组词，连词组句为主，自然地导入汉语书面词句，进入正规汉文学习。"白汉并重阶段从二年级下学期开始到三年级下学期为止。以白带汉"指的是学生在两种语言文字相互转换的练习中，采用白汉文互译的方法，充分发挥白语文的作用，提高汉语文水平，并解决白语文与汉语文的衔接问题"，这一阶段在整个四年级和五年级上学期进行。白汉俱通是白汉双

---

① 载《汉语文教学与研究》(中学版)，东北朝鲜民族教育出版社，1991年。

② 载《云南民族语文》1993年第3期。

③ 载《云南民族语文》1993年第3期。

④ 剑川县教育局教研室、语委、西中小学：《从教学实践看双语教学的优越性 —— 西中小学白、汉双语教学实验班简介》，载《云南民族语文》1988年第1期；杨敏、奚寿鼎：《白族白、汉双语教学十六字方针实施初探》，载《民族教育研究》1995年第1期；剑川县教育局、民委、民语委：《剑川县白汉文'双语'教学实验班试行细则》，载《云南民族语文》1986年第2期。

语教学的目标。"在这一阶段（包括三个学期：五年级下，六年级全年）用5%的时间让学生进行白汉互译写作能力的训练，用5%的时间学习汉语文。"

7. 广西壮族小学"以壮为主，壮汉结合，以壮促汉，壮汉兼通"双语教学实验[①]

"以壮为主，壮汉结合，以壮促汉，壮汉兼通"实际操作是：一年级纯壮文教学，完成壮文声、韵、调和拼音方法，看图识字，学单词，造句。这一阶段的教学有的小学安排在学前班完成。二年级以壮文教学为主，兼学汉语拼音，学汉文单词和短句。从三年级起壮汉文课同步教学，增加壮、汉文阅读量，加强壮文作文，以壮促汉，提高汉文作文水平。

我国少数民族在20世纪80年代初期进行的一些双语教学实验，是一种广义上的教学法的探索。

四、语言要素教学研究

语言要素包括语音、词汇、语法、文字。在民汉双语教学过程中，学者们侧重不同角度，对不同的语言要素进行了研究。

1. 语音教学研究

有的通过调查总结出语音偏误规律。如田世棣的《关于维、哈族学生误读汉语普通话词语的调查研究》（1984）[②]一文，通过让维吾尔、哈萨克族学生读《汉语普通话三千常用词表》发现，读音混淆的词就有500多对，占三千常用表的三分之一，据此总结读错规律及原因。有的从实验语音学的分析方法对少数民族学汉语过程中的读音问题进行探讨。如杜秀丽的《哈萨克族人使用汉语单音节声调的声学实验分析》（2007）[③]一文通过实验分析得出如下结论："在哈萨克语的词语音调中，由重音引起的音高对立有两级：高和低；普通话中音高对立有二级：高、中、低。哈萨克语是有音调无声调语言，由于音调没有区别特征，本着经济省力的原则，不必和汉语一样，需要跨五度，因此，哈萨克族人在使用汉语声调的时候，音发得就比较低。在实际的语际交流中，因为汉语声调使用得不很准确也不太影响交际，人们就会形成一种发音模式，久而久之，相沿成习，不仅哈萨克族的汉语声调发得比较低，新疆汉语普通话的声调也比较低。这就是阴平调、阳平调的调域比较低的原因。普通话上声调的调值比较适中，虽然是一个降升调，哈萨克族人通过努力是可以掌握的。去声是一个降调，与哈萨克语的重音模式基本一致，因此，不论汉语声

---

① 张海英：《壮汉双语文教学初探》，载《云南民族语文》1994年第3期；吴超强：《论推行壮文对繁荣壮族文化教育的作用》，载《民族语文研究探索》，中国民族语言学会编，四川民族出版社，1992年；梁庭望：《壮文教育的兴起及其展望》，载《民族教育研究》1990年第3期；黄永和：《谈谈壮汉双语文同步教学》，载《广西民族教育》1995年第1期。

② 载《西北民族学院学报》1984年第3期。

③ 载《语言与翻译》2007年第1期。

调学得好还是学得差的哈萨克族人，在调型上都是正确的，区别只在于个别调域存在问题"。

2. 词汇教学研究

词汇教学中，掌握词汇量的多少直接关系着学生的阅读水平。汉语同义词的辨析、多义词的运用、词义的搭配、离合词的掌握等，都是学生们学习的重点和难点。如何使学生们更好地掌握更多的词汇，教师们结合自己的教学实践，提出了自己的观点及具体的教学方法。

靳尚怡的《对少数民族进行汉语词汇教学之我见》（1990）① 认为：教授少数民族学生学习汉语词汇，老师在讲解词汇时要讲解以下几个方面："讲解单词的语音和书法""构成方法和语法特点""单词的意义和用法"。在讲解词义的方法时可以运用如下手段："运用直观手段讲词""借助词的构造分析讲解词义""借助同义词讲词""利用反义词讲解词义""用下定义的方法讲解词义""利用上下文讲解词义"等。张咏梅的《重视当代汉语新词在双语教学中的运用》（1993）② 一文认为关于新词语的教学，第一从构词法入手，找出它们之间的共同点和不同点，结合新词产生的社会背景进行比较对学生教学。第二从辨析同义词入手。第三从词汇使用范围的变化入手。第四从惯用语的特点分析入手。张国云的《对维吾尔族预科学生的汉语离合词教学研究》（2007）③ 一文提出，新疆学生学习离合词的偏误类型包括：带宾语的偏误、重叠的偏误、插入疑问代词"什么"的偏误、带助词"着、了、过"的偏误、时量补语的偏误、"倒装"形式的偏误以及回避离合词产生的偏误等。并提出离合词的教学应把握以下几点：1."离合词的语法词汇化教学是指在教学实践中将具体的离合词作为词语进行教学，通过句型练习让学生了解、熟悉和掌握离合词。"2."离合词先'合'后'离'教学是指在离合词作为生词首次出现的时候首先让学生掌握它的词汇意义和作为词的语法功能，以后当相关语法点出现时，对已经教过的离合词进行新的扩展形式的教学，此时就要让学生牢固掌握离合词的扩展形式。"3."离合词有不同的类型，在汉语学习的中、高级阶段要对离合词进行归类教学。"有的就如何进行词汇教学进行宏观探讨，如徐梅《双语教学中的汉语词汇教学》（2011）④ 一文提出在汉语词汇教学过程中，可以采用如下策略："一、提高学生学习兴趣，激发学生学习汉语的积极性。二、采用多元化教学方法，培养学生自学能力。三、创设轻松的课堂氛围，争创自主学习的环境"。

3. 语法教学研究

蔡琎的《谈维吾尔族学生初学汉语语法》（1989）⑤ 一文认为，学生在学习语法

---

① 载《语言与翻译》1990年第3期。
② 载《中国民族教育》1993年第5期。
③ 载《语言与翻译》2007年第4期。
④ 载《新疆教育学院学报》2011年第2期。
⑤ 载《语言与翻译》1989年第4期。

时出现的几个带有普遍性的问题是：1.用助动词"了"比附维吾尔语动词过去时。2.副词"不"同"没有"混淆，产生错误的原因"在于维语否定式是用'动词词干+mɑ/mə+动词时态'表示，'mɑ/mə'只是具体表示否定的语法意义，而不具有表示时态的语法意义，而汉语中的'没有'和'不'与时间有关，又没有与维吾尔语时态相对应的形式"。3.介词"把"使用不当，认为产生错误的原因是"学生不明白使用'把'时动词所具备的条件，和'把'所包含的语法意义。"

汉语虚词教学、补语教学、量词教学等是语法教学的难点，学者们的研究推动了双语教学的发展。如张勇的《预科汉语虚词教学体会点滴》（1989）[①]一文认为汉语虚词教学需要注意以下几个问题：1."讲清虚词的基本用法"。2."注意辨析近义虚词。"3."把语法上有关联的一组词进行比较，以便学生理解。"王素梅《从汉语量词的形象性谈量词的用法及教学》（1996）[②]一文把量词的形象性分为"明确形象性、模糊形象性、替代形象性、一个量词多种形象性、多种量词一种形象性"五类。提出"量词的形象性是客观存在的，并有一定普遍规律性。利用这一点对其他民族学生进行教学时应根据前面所讲的量词形象性的五点，避易就难，如明确形象性数量大，但比较容易，就可一带而过，其他四点数量少，则应重点讲解，这样就能收到事半功倍的教学效果。"

根据语料库数据统计，研究双语教学中的语法学习存在的问题并提出建议。如耿红丽《基于语料库的双语学习者存现句使用情况分析》（2016）[③]一文基于双语学习者的作文语料库，对使用汉语存现句的情况进行了分析，认为"双语学习者在使用存现句时，整体上呈现出一种双语学习者使用最简单的句式来表达含义的趋势，如'有'字句和'着'字句。另外，还存在双语学习者在使用句式时两极分化的状况，即有些同学可以使用较为复杂并正确的形式，有些同学却连最简单的句式都存在问题。"针对上述问题，可以采取以下策略："第一，在双语学习者学习的过程中，教师应该多讲解一些语法方面的知识，使他们明白语法规则，从而减轻畏难心理。如，让他们明白形容词可以做哪些句法成分，副词可以做哪些句法成分，这样可以减少出错的概率；第二，教师在课堂上可以采用练习法，让学生多进行练习，所谓熟能生巧，只有多练才能更好地掌握汉语；第三，应针对不同层次的学生，制定不同的教学计划，这样才能有针对性地解决学生的困难；最后，尽量营造较好的汉语学习氛围，带动学生主动地去多说多练汉语。"

总体来讲，近些年来少数民族汉语教学中关于语法教学的研究并不多见，具体语法现象的研究热度在下降。

---

① 载《语言与翻译》1989年第1期。
② 载《语言与翻译》1996年第1期。
③ 载《新疆职业大学学报》2016年第3期。

4. 汉字教学研究

刘江涛的《少数民族预科生汉字偏误分析》（2005）① 一文指出了预科生认读、书写、使用汉字偏误表现。其中认读偏误表现为：误读同声旁其他汉字、误读形近字、误读多音字；书写偏误表现为：笔画偏误和结构偏误；使用汉字偏误表现为：形近字混用，同音、近音字混用，同音、近音且形近字混用。同时作者分析了产生偏误的原因并提出了对策。王芙菱的《新疆少数民族汉字教学现状及教学方法探究》（2006）② 一文认为新疆汉字教学处于滞后状态是由以下因素造成的：1."HSK（汉语水平考试）只重视汉语的交际能力，不重视汉字的读写能力。" 2."《汉语教学大纲》中对汉字教学没有统一的规定，而在实际教学中也没有重视汉字教学。" 3."信息技术提高了工作效率，但其负面效应是使一部分学生只会认字不会写字。" 4."从认知心理学来看，母语为拼音文字的学习者学习汉字有一定的困难。" 同时提出，在具体的汉字教学中要做到"由浅入深，循序渐进，先进行笔画教学和独体字教学；注意汉字字源的讲解，增加汉字学知识；分解汉字的字形，化繁为简，充分利用部件教学；加强字、词、句的联系，做到'字不离词，词不离句'。" 廖成红就影响我国侗族儿童的非汉字因素进行了考察。其《影响侗族儿童认读汉字的非汉字因素》（2007）③ 一文以 117 名初学汉字的侗族儿童为调查对象进行汉字认读调查。认为：侗族儿童的汉语水平和所受到的双语教学模式非常显著地影响他们的汉字认读，高汉语水平的侗族儿童的汉字认读规律更接近于汉族儿童，双语双文教学模式更有利于侗族儿童的汉字认读。

随着数字化教学的开展，人们也在探索汉字教学与数字教学的结合，探索多媒体时代汉字识字的各种问题。涂涛、李彭曦《少数民族地区双语教学新途径——藏区双语多媒体字源识字汉字教学研究》（2012）④ 一文从双语师资、汉语语言环境、适应性学习资源、信息化基础等几方面梳理了影响藏区少数民族双语教学效果的主要因素；进而根据藏区学生的特点及民族地区的教学环境，设计开发了基于多媒体字源识字系统的藏汉双语汉字教学软件，以探究提高少数民族地区双语教学效果的信息化促进新途径。此研究选点四川省阿坝州若尔盖县唐克九年一贯制学校进行汉语教学对比实验，辅以对实验参与者进行深入访谈和观察；对学生进行"一对一"五个环节（认读汉字、组词、连线、猜猜认认、读一读）的测试，实验结果表明："从学习者角度而言，基于多媒体字源识字系统的汉语识字教学，能有效改善藏族学生识记汉字的效果，提高学生学习汉语的兴趣；从教师的角度来说，运用多媒体字源识字软件，能够弥补教学资源不足的情况；同时也能拓宽教师的视野，增加教师的人文素养，为藏区教师提供有效的教学辅助。" 关于汉字字源识字法，张

---

① 载《语言与翻译》2005 年第 1 期。

② 载《语言与翻译》2006 年第 2 期。

③ 载《第五届双语学研讨会论文集》，广西民族出版社，2007 年。

④ 载《中国电化教育》2012 年第 3 期。

颖、王继青《汉字字源识字法在双语教学中的运用》（2016）① 一文也进行了探讨，认为：多媒体字源识字法是一套较成熟的双语教学系统，并对双语教学中运用多媒体字源识字法的可行性、必要性进行了探讨。

5. 文化教学研究

语言的文化因素教学是语言教学的重要组成部分，文化因素隐含在词汇系统、语法系统和语用系统之中，制约着语言的理解和使用。文化因素是语言中不可缺少的一部分，"应作为语言系统内部与语音、词汇、语法、汉字等分支系统具有同等地位的又一分支的知识系统而存在。"②

怎样运用和导入文化因素一直是学者们研究的课题。有的认为，要认识到汉文化知识的传授在教学中具有重要地位。如郑捷、邓浩的《汉文化与汉语教学》（1989）③ 认为不能忽视对汉语负载的汉文化知识的传授。在汉语教学中，需要注意讲授以下几个方面的汉文化知识：汉民族的"习俗文化"、汉民族的文化心理、汉民族的思维方式、汉民族历史文化、"汉字文化"。 成燕燕的《对哈萨克族学生汉语教学中的文化导入》（1996）④ 一文认为，导入文化时，想要达到语言学习和文化认同的一致性，还必须遵循层次性的原则，还要有针对性和选择性。文化导入没有统一的模式。朱迎华《谈预科汉语教学中的汉文化因素》（1997）⑤ 认为文化素质和语音、语法、词汇一样，是语言内部的一个独立的知识系统，它影响着语言的存在，制约着语言的运用。在汉语教学过程中，应将汉文化知识贯穿于语音、字词、语法和阅读各个环节中，或通过语言现象以不同的训练方式使汉文化知识融于语言形式中，或者以专门讲授的方式系统介绍和讲解，使学生学得轻松，记得实在。

近些年来，人们认识到双语教学中文化教学的重要性，认为文化教学直接影响双语教学效果，因此人们开始探讨双语教学中的跨文化因素。吕娜《民族学校双语教学的跨文化学习探析》（2018）⑥ 一文提出，双语教学中跨文化学习要把握几个要点：明确双语教学中跨文化学习的目的，处理好所跨文化之间的关系，尤其是要处理好双语教学中跨文化教学这一重要任务。双语教学中跨文化教学的策略首先从创造跨文化交流的双语教学环境入手，要采取科学的方法，培养民族学生跨文化的实效性和思维能力，从而达到跨文化交际的目的。易经、左雨露《少数民族双语教育中的文化适配策略探究》（2019）⑦ 认为目前的双语教育中普遍存在着文化冲突与文化失衡问题，需要识别并系统审视少数民族双语教育中文化要素，加强各要素直接

---

① 载《语文学刊》2016年第6期。

② 刘珣：《对外汉语教育学引论》，北京语言大学出版社，2007年，第131页。

③ 载《语言与翻译》1989年第2期。

④ 载《第二语言（汉语）教学论集（第一集）》，民族出版社，1996年。

⑤ 载《喀什师范学院学报》1997年第1期。

⑥ 载《黑龙江民族丛刊》2018年第4期。

⑦ 载《贵州民族研究》2019年第3期。

的配合与协调，并以文化回应为基础提升教学成效。诸如此类的研究还有王春辉《浅谈新疆少数民族双语教学中的文化教学》（2009）等。

五、言语技能教学研究

言语技能教学和语言要素教学是一个问题的两个方面，是从不同角度对汉语教学进行观照。在语言交际中，言语技能和语言要素总是紧密地结合在一起的，语言要素存在于言语技能当中。语言技能包括听、说、读、写的技能，人们获得不同言语技能的心理和生理过程也不完全相同，因此应该采用不同的训练方法。学者们针对如何提高汉语听、说、读、写的技能进行了一系列研究。

1. 听、说的教学研究

在听力方面，造成少数民族学生听汉语能力差的原因有很多，有母语和汉语语音体系相差较大造成的学生辨音的困难，也有教学等方面的原因。裔妍在《少数民族学生听汉语能力差的原因试析》（1991）① 一文中认为：影响民族学生提高汉语听力的原因，首先是语音体系的民族差异，其次是汉语教师的普通话不标准。莎妮亚·凯穆拜尔的《影响汉语听力的若干因素及解决办法》（1998）② 一文认为影响少数民族学生汉语听力的因素主要有："两种语言语义及文化差异的因素、习惯表达和背景知识引起的因素、逻辑推理能力的因素"，认为"在听力教学中培养学生的联想猜测能力及抓重点、跳障碍的能力是非常重要的。"并提出了解决办法，如"使课堂气氛轻松活跃、培养学生的判断和思考能力、培养学生跳跃障碍的能力、帮助学生提高记忆储存能力、加强教师的指导作用。"

在口语教学方面，丁文楼的《浅谈对维吾尔族学生的汉语口语教学》（1986）③ 一文认为在口语教学中，要注意以下几个方面：（1）讲练结合，以练为主。（2）分角色对话。（3）录音教学。（4）开展情景对话。（5）检查考试。同时还要做到：（1）不能忽视教材的作用。（2）始终注意纠正学生在语言技能训练中的错误，对发音、声调要求要严格。（3）要注意采用对比分析的方法，排除母语的干扰。

此后，有的学者提出提高口语教学的具体方法。如孙宪中《谈汉语教学中"说"的训练》（1991）④ 一文认为，做好"说"的练习必须做到：（1）循序渐进，一切练习活动都是在基本上熟悉、领会并掌握教材内容的基础上有计划、有目的、有组织地进行的。"说"的初期训练可以基本句型及以句型变换为主，逐步过渡到句群训练。（2）叙述形式：是要用自己的话把课文大意、段落大量概括出来。这就是一个思维、组织、加工和再创造的过程。（3）复述形式：包括同种语言复述和先翻译后

---

① 载《语言与翻译》1991年第3期。

② 载《语言与翻译》1998年第1期。

③ 载《中央民族学院学报》1986年第3期。

④ 载《语言与翻译》1991年第4期。

复述的方式。(4)问答形式。(5)讨论形式。葛勇《汉语口语课新探讨》(1995)① 一文从民族院校双语教学的角度探讨了如何开展汉语口语课的教学问题。认为搞好汉语口语课就要做到：1.狠抓句型练习。2.兴趣化教学。3.创造条件，尽可能提供语言背景。4.采取形式多样化的教学方式。5.组织课外语言实践活动。金世和的《汉语口语教学刍议》(1996)② 一文讨论了对新疆少数民族学生进行汉语口语教学的意义和作用、口语教学的内容、口语教学的方法等问题。包双喜的《浅谈蒙古族学生汉语口语能力的培养》(2000)③ 一文分析了提高口语的理论基础和具体操作方法。

在听说结合研究方面，闫丽萍的《汉语听力教学中将听和说有机地结合起来——对"听后模仿"听力训练法的一些思考》(1998)④ 一文，认为"听-模仿-复述"可以将听和说有机地结合起来。具体操作为，"第一步：课文中的听力内容一般是听两至三遍。先听一遍录音，在听的同时要求学生默念所听内容，有些学生还可以边听边默念，边看教材上的问题。第二步：学生听第二遍录音，听一句，跟着说一句。如果复述不出来或复述错了，可多跟说几遍，直至正确为止。跟说方式可以是全班同学一起复述，也可以是单个学生一个人复述，可灵活把握。"

如何提高双语教学中师生口语能力，探索口语教学新模式一直是人们关心的话题。人们试图从新的教学方法和教学理念中寻求突破。包英格《蒙古族大学生汉语口语能力提高与文化导入教学策略》(2015)⑤ 一文基于语言教学的规律和特点，依据语言磨蚀理论，从心理学和认知论入手，从影响民族大学生汉语口语教学效果的语言环境、教育教学方法、语言文化差异等因素出发，提出了通过基础知识教学、目的性训练、唤醒教学中的文化导入而提高学生汉语口语教学效果的策略。胡泽球《少数民族汉语口语教学策略探索——以浙江省对新疆阿克苏地区双语培训项目为例》(2019)⑥ 一文认为"汉语口语课堂教学应积极引入探究式教学理念，将情境教学法和任务教学法贯穿其中，让学员在特定现实情境中学习和运用语言，并给学员安排贴合实际情况的任务训练，以达到训练汉语思维能力的教学目的。"胡艳明《少数民族双语教师培训汉语口语教学模式探析》(2011)⑦ 提出将任务型教学引入少数民族双语教师培训汉语口语教学中，力图探索一条比较适合少数民族汉语口语教学的途径，以期为改善和提高汉语口语课堂教学效果拓展一条新思路。

---

① 载《语言与翻译》1995年第4期。

② 载《语言与翻译》1996年第2期。

③ 载《双语教学与研究（第四辑）》，中央民族大学出版社，2000年。

④ 载《语言与翻译》1998年第1期。

⑤ 载《内蒙古财经大学学报》2015年第4期。

⑥ 载《宁波教育学院学报》2019年第6期。

⑦ 载《新疆职业大学学报》2011年第2期。

2. 阅读教学研究

关于阅读教学，人们主要探讨如何提高学生的阅读速度和阅读能力。如张建新的《影响预科生汉语阅读的主要原因及教学对策》（1999）[①] 一文指出影响预科学生阅读理解能力的主要原因有："1.语言知识欠缺，知识面狭窄；2.没有良好的阅读习惯，阅读不得法；3.学生阅读范围狭窄，阅读量少；4.教学法滞后；5.阅读教材适用性差。"认为解决上述问题应该做到："精心选取阅读材料；阅读前进行阅读提示；弄清泛读与精读的联系和区别；注意阅读方法的指导；了解学生阅读过程，解决学生阅读中的问题；加强有针对性的阅读训练等。"骆惠珍、万维强的《图式理论与汉语阅读课教学》（2003）[②] 一文认为"图式理论对提高学生的汉语阅读能力起着关键的作用，因而汉语阅读课教学应着重于图式 —— 语言图式、内容图式和形式图式的建立和调用技能的培养。"提出阅读课教学中图示建立的方法："首先，语言图式是对词汇的掌握和语言结构的了解，所以在让学生阅读文章之前，要扫除疑难的字词句。""其次，采用对维汉两种语言所体现的文化背景知识进行对比的方式。—— 这种异质文化的比较，更能激活学生大脑中有关汉维文化差异的图式，以此引出与文章内容相关的背景知识，有助于学生目的语文化背景图式的建立。"刘忠民的《提高少数民族学生的汉语阅读能力之我见》（2004）[③] 一文提出培养学生"读"的能力的几种方法：1.概括大意法；2.问答法；3.猜测法；4.划线法；5.扩大课外阅读量和阅读范围。

人们利用心理学理论，利用生理反应呈现出的心理表现研究双语学习者阅读问题。许娜等《蒙古族双语者汉语阅读的眼动研究》（2017）[④] 一文采用眼动技术，选取蒙古族大学生为被试，以汉语篇章阅读为切入点，探讨蒙古族大学生在汉语阅读中篇章处理模式及眼动特征的内部差异。得出以下结论：说明文主题明确，对蒙古族双语者来说简单易懂、易掌握，而注重"形散神不散"的散文对蒙古族双语者来说，在阅读时较难把握中心，因此蒙古族双语者汉语散文的阅读水平低于汉语说明文。

六、少数民族汉语水平测试研究

少数民族汉语教学过程中，如何对学生的汉语水平进行科学的检测和鉴定，从民族地区实行的HSK汉语测试到MHK汉语测试的历程来看，人们一直在为此进行探索。

1984年对外汉语学界开始研制汉语水平考试（HSK），于1985年完成第一套

---

① 载《语言与翻译》1999年第4期。

② 载《语言与翻译》2003年第3期。

③ 载《语言与翻译》2004年第3期。

④ 载《西北民族大学学报》2017年第2期。

试题，经过十多年的努力，HSK已发展为世界上影响最大的汉语水平考试。鉴于民族地区汉语教学的成果缺乏标准考试的检测，学者们就这方面的问题进行了探讨。赵学会的《从HSK摸底分析看新疆民族中学的汉语教学》（1993）① 一文用中央民族大学预科部从1988年至1992年进行的四次HSK考试分析总结了新疆民族中学的汉语教学情况。针对汉语水平测试在民族地区缺失的情况，张卫国的《新疆少数民族汉语教学应尽快制定并实行水平测试》（1995）② 一文分析和讨论了在新疆少数民族汉语教学中制定和实行水平测试的问题，提出了在新疆研究制定并推行汉语水平考试的必要性和可行性。

HSK自1995年底开始在新疆推行，1996年正式在新疆开考。HSK在我国少数民族地区的推行，其作为一种测量手段，起到了衡量汉语水平和改革教育模式的作用，推动汉语教学的发展。为了适应HSK，有必要对原有的教学进行改革。王新建《也谈HSK与汉语教学》（1998）③ 一文讨论了HSK与新疆地区汉语教学的改革问题。提出"把'基础汉语'划分为'口语、听力课'，'精读课'和'阅读理解课'三部分，比例为20：60：20"。"增设'口语、听力'教学和'阅读理解'教学，加强'视听'教学"。"使口语、听力和阅读理解同步进行"。"将汉语教研室分为'精读，听力、口语，阅读'三个教研室。"

然而，HSK毕竟是为对外汉语所设计，运用到我国少数民族汉语教学必然会存在一些问题，如考试的语料不太适合国情或成人化。彭凤菊的《HSK存在的问题及在我区汉语教学中的应用策略》（1998）④ 一文认为HSK存在的问题主要有：没有"说"的能力测试；对汉字书写能力的测试比重过轻；题型不科学。认为"HSK虽对新疆地区的汉语教学有一定的积极作用，但由于它只是一种汉语水平测试方法，而且存在着明显的不足和欠缺，因此，不能用它来代替新疆地区现行的系统化汉语教学，更不能用它来否定新疆地区现行的汉语教学体系。"

为了弥补HSK在民族地区使用效果的不足，学者们为民族地区的汉语教学设计了一套完整的测试方法，即MHK，对此进行了一系列研究。中国少数民族汉语水平等级考试（以下简称"民族汉考"）是专门测试母语非汉语少数民族汉语学习者汉语水平的国家级标准化考试。2007年7月MHK在新疆推行，目前MHK考试推行的地区有北京、吉林、青海、四川、新疆、内蒙古。同时编写了《中国少数民族汉语水平等级考试大纲》等相关配套大纲。

在MHK推出的同时，学者们就MHK本身进行了相关研究。如武晓宇、徐静、赵玥的《民族汉考三级分界标准的探索与分析》（2003）⑤ 一文采用安哥夫方法试图

---

① 载《民族教育研究》1993年第2期。

② 载《语言与翻译》1995年第3期。

③ 载《语言与翻译》1998年第1期。

④ 载《语言与翻译》1998年第1期。

⑤ 载《汉语学习》2003年第5期。

对民族汉考（三级）的分界标准的确定问题做一初步探索。李桂梅的《MHK（四级）"听后写"题型设计理念及实测》（2005）^① 认为，MHK（四级）在题型设计上采用了"听后写"这种半主观性试题，其主要考虑有丰富考试题型、更真实地反映考生的汉语实际应用能力、体现语言测试由分立式向综合式发展的方向、降低题目猜测度等。对预测卷和正式卷的统计分析表明，"听后写"的平均难度与区分度均优于四选一的听力理解及阅读理解，与总分及其他分测验也有较高的相关，是汉语测试的较为理想的题型选择。李大东、张洁的《MHK（三级）的效度调查研究》（2006）^② 一文是对已经获得 MHK 三级合格证书的学生进行的一项效度调查研究。研究结果表明：MHK 的效度较高，能够较为准确地测量学生的汉语水平。获得 MHK 三级合格证书的少数民族学生，进入高等院校后，在生活与学习上没有语言困难，他们的实际语言表现与 MHK 三级证书的预测表现一致。

七、少数民族双语教材研究

20世纪80年代后，我国大规模地实施了双语教学，人们针对各民族的具体情况对汉语教材的编写进行了新的探索。于振江的《汉语基础课"双语"教材编写原则——汉藏"双语"教材编写初探》（1985）^③ 根据西北民族学院原预科西藏班学生的实际情况，制定了编写汉语基础课"双语"教材的四个原则。即：1.以语言教学为目的、使用汉语拼音字为书写汉语的工具，一年之内让学生们汉语会话基本过关。2.编写教材内容以学生平时接触的生活实际为主，让学生看得见、摸得着、说得出、记得住汉语词汇为准则。3.语言教学阶段要讲授汉语词条八千个左右、用汉语拼音字与藏文对照写出词、句子及简单的汉藏语法对比。并且在最后阶段介绍汉字偏旁、部首、笔画名称为汉文教学打好基础。4.编写教材不受文章体裁的限制、要求内容多样、活泼生动，要求注意词汇的循环出现，句子通顺，从易到难。付炜的《浅谈少数民族汉语教材编写中的几个问题》（1994）^④ 一文针对当前"汉语教材"存在的弊端，认为高校少数民族汉语教材的编写应该注意以下几个方面：第一，教材要具有科学性；第二，突出语言技能训练使之变为熟巧，应以培养语言学习者在听、说、读、写四个方面全面发展为目的。第三，教材要有针对性，要适应学生的实际水平。这里所说的实际的水平，是指每个学生在听、说、读、写四个方面所达到的水平。第四，重视"学以致用"的原则，要体现教材的实用性。第五，教材作为一种教学用书，其语言应是规范化的楷模。第六，语言基础课教材中语法点的安排，应围绕课文中的语法现象，使学习者由感性认识上升到理性认识。第七，课

---

① 载《汉语学习》2005年第5期。

② 载《汉语学习》2006年第3期。

③ 载《西北民族大学学报》1985年第2期。

④ 载《新疆师范大学学报》1994年第3期。

后的练习，要充分体现使语言学习者复习巩固所学的语言知识、提高熟巧的主导思想。

近些年来，人们对教材的研究更加细化，针对每种课型的教材进行了探讨。如张建新的《对新疆高校预科汉语阅读教材的分析及建议》（2008）①一文在分析新疆6种阅读教材的基础上，对新疆高校预科汉语阅读教材的篇幅、选材、编排、练习等发表了自己的意见。他认为："课文的篇幅要与教学进度相符，要有一定的弹性，应根据学生的水平和掌握的情况，上下有一定幅度。可增加补充阅读的材料，供汉语程度好的学生阅读。""应针对不同的汉语水平单独编写不同等级的教材，课文篇幅和难度应逐级加大。""选材时应考虑课文难度。根据不同的教学阶段控制每课的生词量，并注意重现率。尽量不要出现学生还没有学过的语法点。""不同文体和内容的课文要搭配合理，安排有序，既不能过于集中，也不能过于分散。最好在阅读前安排'导读'，对课文中出现的练习项目进行提示，以引起注意，同时也应对学习该课提出具体的要求。""题型要保持适度的使用率，还要不断创新。某种题型使用太频繁，容易降低学习者的兴趣，但题型低重复率也不利于发挥该题型的作用。"

随着双语教学的实施，人们越发意识到双语教材也是影响双语教学效果的重要因素，因此出现了一些关于双语教材问题的反思。有从大的方面反思教材存在的问题并提出解决方法的，如陈得军、张兴《新疆少数民族双语教学的教材问题分析》（2012）②一文描述了新疆少数民族双语教育教材体系现状，认为新疆少数民族双语教学的教材内容与少数民族学生的生活脱节、教材选择不能兼顾地方发展条件和学生发展的需要、教材品种单一、缺乏教材研究和评价四个主要问题。阿达来提《和谐社会视角下民汉双语教材的现状调查及思考》（2011）③一文，以甘肃省双语教育为例，调查分析了民汉双语教育中教材的现状，提出如下建议：在加强汉语教材建设的同时，也应该加强学生的母语或民族语教材的建设和使用；双语教材内容不仅要体现与全国的统一性，而且要体现地域性、民族性；建设双语教材的同时，开发和使用一定的三语（汉语、民族语、外语）教材；开发民汉双语多媒体及网络教材。

也有对具体民族双语教材编写提出建设性意见，如张霞《白汉双语教育及其教材建设》（2012）一文④，首先介绍了大理州剑川县西中小学和石龙小学双语教育开展情况，在此基础上介绍了剑川县白汉双语教材的编写类型，一类是西中小学白汉双语文教学教材，主要由白文方案和白族调、白族儿歌、白族民间寓言故事、传说、景物和人物介绍以及教师创作等少儿文学知识组成。教材将汉语文知识与白族传统文化知识有机结合起来，在促进学生两种语文知识水平共同提高的同时，也培养了学生的民族团结和爱国主义思想，陶冶了学生爱家乡、爱民族、爱民族优秀文

---

① 载《语言与翻译》2008年第1期。

② 载《语言与翻译》2012年第4期。

③ 载《延边教育学院学报》2011年第1期。

④ 载《大理学院学报》2012年第7期。

化的情趣，是非常实用的白汉双语文教学教材；二是石龙小学白汉双语教育项目教材，这是一套民族特色和地方特色突出的白文教材、教辅和教学方法、步骤、要求具体明确的教案，专门用于石龙小学学前班进行试验教学。目前共编写了83本白文教材，这些教材因地制宜，把当地的传统故事或学生身边经常发生的事件作为内容，使用通俗易懂的白族语言进行编写，同时配上生动有趣的图画，学生非常喜欢。该教材根据国外先进的教学经验，并结合剑川白族农村地区的教学实际而编写，是一套将国际教学理念和教学方法本土化、民族化后的乡土教材。三是云南省教育厅组织的统编白文教材，这套教材适应小学义务教育，以白汉对照的形式出版，既可作为开展白汉双语教学的普通小学的教科书，又可成为白文爱好人士学习白文的工具书。

还有对具体学科的民族双语教材建设提出建议的，如曹纯、付宝威《甘青川藏区民族学校数学教材刍议》（2009）[①] 一文指出甘青川藏区民族学校现行使用的数学课程教材多为"全译本"，存在脱离少数民族地区少年儿童的认知实际和生活实际、继续接受高等教育时会受到严重的限制、教材实际使用时间较滞后等缺点，因此需编写适用的数学教材。编写数学教材应坚持体现新课标理念的原则，使教材具有显著的时代性和明确的思想性；坚持符合民族地区实际的原则，使教材具有较好的适应性和鲜明的民族性。建议采用藏文字和汉文字同步对照的形式编写，改变学习汉语和学习学科知识"两张皮"的状况，为藏族少年儿童的持续发展打下良好基础。诸如此类的研究还有杨军《试论新疆维汉初中双语数学教材的编写思路》[②] 。

我们可以看到，人们对少数民族双语教材的关注逐渐增多，研究的领域开始扩展，不只关心语文教材，还关注了其他学科的教材问题。随着双语教育事业的发展，以及人们对少数民族双语教材的重视，关于少数民族双语教材的研究也会更加深入。

八、双语数字教学资源的新探索

随着互联网技术的发展和数字教学的发展，越来越多的学校顺应时代潮流开展数字教学，充分利用网络优势，尝试网络教学模式新探索。

网络教育会给少数民族双语教育带来诸多改变，人们就已经存在的网络教育反思民族双语教育信息化，为双语教育信息化出谋划策。如耿才华、拉格《现代教育技术背景下少数民族双语教育发展的思考》（2017）[③] 一文认为网络教育以资源利用最大化、学习方式灵活、教学形式个性化，以及高效率、低费用的特点，为提高双

---

① 载《数学教育学报》2009年第2期。
② 载《数学教育学报》2014年第2期。
③ 载《民族教育研究》2017年第4期。

语教育成效提供了良好的平台。利用现代教育技术的优势促进双语教育发展必须注重双语教育网络资源的建设，加大双语教育信息化理论体系的构建。严秀英、朴银姬《韩国网络教育对朝鲜族双语教育信息化的启示》（2017）[1]一文分析了朝鲜族基础阶段双语教育的研究现状，总结了韩国在教育中使用信息技术的情况，提出了以下建议：加强政府相关部门对双语教育的协调职能，营造网络学习环境，推进朝鲜族双语教育信息化的进程；启动朝汉双语教育网络项目工程，丰富教学资源建设，实现朝鲜族基础阶段双语教育的跨越式发展；构建教师网络培训系统，加强双语教育师资队伍建设，提高双语教师的信息素养和专业水平；创建丰富多彩的教育网站，转变网络教育"以教师为中心"的教学思想，鼓励学生进行自主学习，保证基础阶段每一个孩子的受教育权利。

　　有的直接为少数民族双语教育数字化、信息化提出自己的设计思路。如：杨改学、张炳林《少数民族双语教学信息化资源建设现状与发展》（2013）[2]一文提出少数民族信息化资源建设的5个思路：关注原创性资源的开发与生产、关注网络教学资源的设计与开发、关注再生资源的设计与开发、关注传递课堂资源形式的应用、关注民族教育微课程的设计与开发。王明、赵慧臣《少数民族双语教育的信息化教学设计研究》（2015）[3]认为少数民族双语教育的信息化教学实施策略包括：调研教学现状，分析民族双语教育信息化教学的不足；针对学生特征，进行少数民族双语教育的信息化教学设计；实施教学活动，收集教学问题；评价教学效果，完善少数民族双语教育的信息化教学设计。

　　还有的研究探索数字化与具体教学的结合。杨江平《Moodle在新疆少数民族双语教学中的应用》（2010）[4]一文中试图将Moodle这一网络教学平台引入新疆少数民族双语教学中，探索基于Moodle平台的新疆少数民族双语教学新模式。此外，还有李海港《达斡尔族小学生学习资源数字化利用的双语教学策略研究》（2013）、安富海《数字化藏汉双语课程资源库建设研究》（2015）等。

　　随着网络信息平台、数字媒体的发展，少数民族双语教学与数字信息化教育还有很多契合点，关于这方面的研究会更为精细。

第八节　少数民族双语教学现状研究

　　21世纪初，各层面大力推进双语教育政策的实施，各地就双语教学的开展情况展开了一系列调查研究，主要探讨当下涉及双语教学各方面存在的各种现实问

---

① 载《汉江师范学院学报》2017年第3期。

② 载《中国电化教育》2013年第8期。

③ 载《现代教育技术》2015年第10期。

④ 载《软件导刊·教育技术》2010年第7期。

题，如双语教学问题、双语教师问题、不同学科双语教学问题、双语教学的效果问题等。大部分研究以个案为典型，在现有问题的基础上提出对策和建议。

一、按所在区域探讨双语教学的现状

新疆、西藏、内蒙古、云南、贵州、广西、青海、甘肃、吉林等省、自治区是少数民族双语教学的主要阵地，各地就现阶段双语教学总体情况进行分析，找出问题，提出改进设想。

马戎《西藏社会发展与双语教育》（2011）[①] 回顾了西藏自治区在双语教学方面的发展阶段，并对双语教学模式现状、如何建立教学授课体系进行了探讨，指出当前西藏双语教育发展中存在的问题：教材问题；合格教师短缺问题；藏族民众对双语教育模式的看法与选择；学校的授课语言政策必须稳健和有持续性；双语教育发展有客观规律，不能与"政绩工程"挂钩。提出少数民族地区开展双语教育必须坚持的几个原则：1.要把宪法和国家相关法律放在最重要的位置。2.兼顾语言在继承传统文化和学习现代化知识两方面的功能。3.尊重语言发展和学习自然进程和民众的选择意愿，避免某种语言的强制推行。4.因地制宜，多种模式，切忌"一刀切。5.要把保证教学质量放在第一位，实事求是，稳步推进。6.推动汉语和少数民族之间的双向语言学习。7.学校具体教学语言模式的确定和实施，需要广泛征求意见，要有一定民意基础。8.在进行语言教学模式的转换时，要考虑到教师队伍的适应能力和妥善安置。

傅千吉《甘南地区藏汉双语教育存在的问题及其发展对策》（2018）[②] 一文分析了甘南地区双语教育的现状，指出甘南地区双语教育中存在的问题有：（一）双语教师数量不足，结构不合理，整体素质不高。（二）双语类学生升学渠道狭窄，人才培养模式单一。（三）教材建设难以满足需要，影响教育教学质量的提高。（四）信息化建设严重滞后，双语信息教育资源短缺。（五）办学条件仍然落后，不能满足现代化的教育教学需求。（六）双语教育观有待加强。并针对以上问题提出发展思路。

叶买西·尼亚孜《新疆少数民族双语教学中汉语教学的困境》（2014）[③] 一文论述了新疆少数民族双语教学中汉语教学的重要性及存在的困境，并对如何在教学中提高少数民族学生的汉语表达能力进行了探讨，提出了几点建议：克服少数民族学生开口表达汉语的心理障碍；创设汉语表达语境让学生感知汉语交际情景；运用直观教学手段强化民族学生汉语表达的培养；教学中运用多种方法训练和培养学生用

---

① 载《中国藏学》2011年第2期。

② 载《甘南高师学报》2018年第1期。

③ 载《兵团教育学院学报》2014年第2期。

汉语的思维习惯。

彭靖、范俊军《贵州少数民族州县双语教学历程、问题与对策》(2017)[①] 一文指出贵州省民族州县双语教学发展面临的主要问题有：双语教学观念和认识模糊，双语教学课程体系缺失，双语教学师资人才缺乏，双语教学经费捉襟见肘，双语教学教材短缺。提出贵州省民族州县双语教学发展的对策思考：正确认识双语教学的重要意义，加强双语教学的课程体系建设，建立健全师资培养机制，扩宽渠道，增加教育经费投入，编写具有民族特色的双语教材及辅助读物。

荷叶《内蒙古蒙汉双语教育若干问题研究》(2018)[②] 一文认为，内蒙古蒙汉双语教育存在的问题主要有：对双语教育政策法规认识和落实的偏差；教材编译脱离蒙汉双语教育的需求；教学模式和评价模式仍以应试为导向；蒙汉双语教育师资力量普遍薄弱。提升蒙汉双语教育的路径包括：完善法规建设、教材编译的本土化和民族化、采用多元化的教学和评价模式及全员与多元化培训蒙汉双语教师等。

就所在地区双语教学现状进行探讨的研究还有很多，如崔永鹏、艾买提《肃北蒙古族自治县汉语–蒙古语双语教育现状调查与思考》(2016)，韦筱毓、梁子兰《广西壮汉双语教学存在的问题及其对策》(2011)等。

二、按民族探讨双语教学现状

双语教学因民族、因地域呈现出不同的发展情况，学者们就不同民族在各地区的双语教学现状展开分析。

邢欣等《新疆锡伯族多语使用及双语教学现状的调查分析》(2014)[③] 一文对新疆锡伯族语言使用现状进行了调查分析，对锡伯族的学校选择策略、学校的双语教育模式、汉语的影响等方面进行了调查分析，提出锡伯族的多语使用策略和多语教育策略：(一)组织举办锡伯文培训班，以培训带传承；(二)采用多媒体教学，推广锡伯文新教学法；(三)积极开发锡伯文软件，将锡伯文保护纳入信息化建设轨道；(四)推进教材和学习资料的编写，完善双语继续教育模式。

曹建华、陈其斌《东乡族双语使用与教学的人类学调查与思考》(2011)[④] 一文回顾了东乡族语言使用及双语学习的现状，介绍了东乡族双语教学实践，指出东乡族双语教学实验的启示：首先，对于东乡族等有语言无文字的少数民族小学生低年级教学要确立以民族语辅助汉语教学的原则。其次，应该深化双语教育认识。最后，少数民族双语教学应得到国家社会的大力支持。

---

① 载《民族教育研究》2017年第2期。

② 载《民族高等教育研究》2018年第3期。

③ 载《双语教育研究》2014年第1期。

④ 载《青海民族研究》2011年第4期。

苗东霞、范晶媛《柯尔克孜族的文化传承与双语教学》(2010)① 一文借鉴近年来的双语教学理论,根据对柯尔克孜族语言使用现状的调查材料,对如何搞好该民族双语教学进行了初步探讨。认为构建和谐的双语教学模式,既有利于促进柯尔克孜族双语教学的发展,又有益于该民族优秀文化的传承。

张卫民、张敏《苗族地区苗汉双语教学坚守的意义、困境与突破 —— 以重庆市秀山县梅江镇民族小学为例》(2016)② 一文指出,在城镇化、现代化不断推进的今天,在族际语(汉语)稳居主流地位的大环境下,民族小学苗汉双语教学面临着苗族语言生态环境逐渐丧失、"教"与"学"积极性不高、自信心不足、师资力量薄弱、苗语教学力不从心、教材缺失及地方政府政策扶持缺位等诸多困境。其突破的路径有:学校、家庭和村寨应合力营造良好的苗语环境;建立专业性强的双语教师队伍;给予政策支持和资金投入,解决师生积极性不高和教材缺失等问题。

姜燕《民汉兼通:双语教学的目标与困境 —— 以云南省芒市 x 乡载瓦–汉双语教学为个案》(2018)③ 一文以芒市 x 乡载瓦–汉双语教学为个案,通过学生自评、教师测评说明云南省德宏州双语教学尚未实现"民汉兼通"的目标。究其原因,载瓦–汉双语教学面临民族语文师资短缺、双语教学类型不固定、民文课时不足、教材教辅匮乏、缺乏统一的评价机制等困境。实现双语教学目标需要合理培养和转化民族语文师资,固定教学类型,保证民文课时与教材供给,制定统一的评价机制。

诸如此类的文章还有何文贵的《拉祜族拉祜汉双语教育问题及对策分析 —— 以临沧市临翔区南美拉祜族乡为例》(2017)、莫军的《黔东南苗族地区开展苗汉双语教学探析》(2018)、倪明霞等《瑞丽市姐相乡小学的傣汉双语教育现状及思考》(2017)、曲别英子《多元文化视域下的彝汉双语教育发展路径探析》(2017)等。

此类研究就各民族具体双语教学情况展开调查,都遵循了呈现现状、指出问题、找出对策的思路,研究方法类似,但各民族情况不一,有些建议还是值得借鉴。

三、按不同教育阶段探讨双语教学现状

教育阶段分为学前、基础教育和高等教育三个阶段,人们就上述各教育阶段双语教学中存在的问题进行探讨。

---

① 载《黑龙江民族丛刊》2010年第4期。

② 载《湖南师范大学教育科学学报》2016年第6期。

③ 载《民族教育研究》2018年第1期。

（一）学前教育阶段双语现状探讨

有的对少数民族学前双语教育的必要性和总体情况进行探讨，如李瑞华《对我国少数民族学前双语教育几个理论问题的思考》（2016）[①] 一文阐述了少数民族学前双语教育的必要性，明确了开展少数民族学前双语教育的价值取向和双重任务，一是为少数民族儿童接受文化教育打下良好的语言基础，让少数民族儿童尽快地融入当代文化中。二是在其母语的基础上，进一步学习本民族语言与文化，为本民族的文化传承与发展打下良好基础。指出少数民族学前双语教育的目标层次有三，分别为教育目标、培养目标和教学目标。评价了当前我国少数民族地区幼儿园的教育实践中，双语教育模式主要有四种："民加汉"模式、"汉加民"模式、"淹没式"模式和"民汉并进式"模式。提出少数民族学前双语教育的实践路径：一、实行民汉合园、民汉合班，创造有利于同伴交流的双语环境；二、选择适宜的教育模式，使民汉双语教育保持大体平衡。

还有就各民族学前双语存在的问题进行探讨。如叁智卓玛《藏族学前双语教育困境及应对措施》（2019）[②] 一文认为藏族学前双语教育可以培育幼儿民族文化学习兴趣，使幼儿适应多元化社会的需要。但藏族学前双语教育的困境有师资力量不足、传统教育弊端的影响等。对此提出了一些应对措施，包括应意识到藏族学前双语教育开展的意义；灵活地运用教材；开展趣味性教育活动；运用多媒体教学；增强教师专业化能力等。

张慧聪《城市蒙古族儿童双语教育现状调查研究》（2016）[③] 一文以呼和浩特市为例，从语言态度的视角研究蒙古族儿童的双语教育，发现蒙古族儿童及其家长对蒙古语的语言态度及语言选择还是比较积极的，对蒙汉双语教育持积极赞同态度。

杨楠《少数民族地区学前班双语教学开展的困境与出路——以云南省S县拉祜族聚居地为例》（2019）[④] 认为当前双语教学存在着学前班教师拉祜语水平低，双语开展基础薄弱；双语作用认识不清，缺乏主动学习拉祜语意识；单一翻译式教学模式；外界环境对双语教学不支持，教师知行难以统一等困境。因此，需要重新认识"双语教学"开展的意义；合理建立双语教学的开展层次；改革外部环境等，进而为拉祜族学前班双语教学寻求出路。

王国宁等《困境与出路：新疆南疆地区学前双语教育质量提升探析》（2018）、邵明星《少数民族幼儿园民汉双语教学实施问题探讨》（2015）等文章也就学前双语教育问题进行研究。语言教学应抓住学生语言学习关键期，所以少数民族双语教学要从幼儿抓起，关于学前教育的研究也应逐渐深入。

①　载《青海师范大学学报》2016年第6期。

②　载《教育现代化》2019年第54期。

③　载《民族教育研究》2016年第6期。

④　载《普洱学院学报》2019年第5期。

（二）基础教育阶段双语现状探讨

汤玉梅《阿克苏地区小学阶段少数民族汉语教学的现状与分析》（2013）[①] 对阿克苏地区城乡小学中以少数民族语言授课为主的班级和双语班及农村双语幼儿园进行了调查，主要考察教师、学生、教材、设施、教学管理方面的特点和存在的问题，对提升师资水平、改进教材教法、完善教学评价机制进行了探讨。

林星、才让措《民族学生双语学习状况及态度调研——以青海藏族中小学生为例》（2017）[②] 通过调查得出以下几点认识：1.藏族中小学生的国家认同和民族认同感均很高；2.对藏汉双语的态度高于藏语或汉语单语；3.双语学习的愿望和动机明确，对学习和发展藏汉双语持积极肯定的态度；4.对目前学校的藏汉双语教学及教材使用状况的满意度随年级的增高有所降低；5.整体上，初中阶段双语态度均高于小学和高中。

买买提吐尔逊·阿布都拉《新疆少数民族高中双语班汉语教学存在的问题及对策研究》（2011）[③] 认为新疆少数民族高中双语班汉语教学虽有了较大的改观，但汉语教师的知识结构、汉语课程的设置、汉语第二课堂的开辟及汉语课改的推行等方面还亟须完善。提出新疆高中双语班汉语教学应对新课改的策略：（一）转变汉语教学理念，积极应对课改挑战；（二）加快校本培训的步伐，提高实施新课程的能力；（三）加强高中双语班汉语教材建设；（四）建立健全汉语课程改革中的教学评价体系。

徐赴斐《西藏中小学汉语教学存在的问题及对策——以西藏昌都市为例》（2017）、许多会《民丰县初级中学双语办学模式现状及对策》（2011）等文也就基础教育阶段双语教育现状进行了探讨。

（三）高等教育阶段双语现状探讨

崔静《新疆高校双语教学与少数民族预科汉语教育》（2012）[④] 就高校双语教学现状做了分析讨论。也有人对大学生双语教学态度做了调查研究，如宝音都仍等《蒙古族大学生对双语教学的态度研究》（2013）[⑤] 一文运用多阶段分层整群随机抽样方法对内蒙古农业大学经济管理学院376名蒙汉双语授课班开展教学和就业等方面的意愿和态度开展调查，并收集数据，进行统计学分析。研究结果表明，对蒙汉双语教学，70%学生持积极认可态度，但是对于它的知识获取和掌握以及保持文化的作用方面仍然存在明显的困惑和迷茫。

---

① 载《新疆教育学院学报》2013年第2期。
② 载《西北成人教育学院学报》2017年第4期。
③ 载《民族教育研究》2011年第3期。
④ 载《语言与翻译》2012年第2期。
⑤ 载《内蒙古农业大学学报》2013年第3期。

四、按不同科目探讨双语教学现状

学者们关注中小学阶段不同教育科目（数学、体育、化学、物理等）双语教学情况，针对具体的科目，提出存在的问题并试图给出合理的建议。

与语文相对的是数学，关于双语教学背景下数学科目的教学现状，不少学者提出自己的见解。范忠雄等《"一带一路"背景下藏区藏汉双语数学教育的现状、机遇和对策》（2018）①一文提出数学学科是理科各门课程的基础。通过大量的调查，了解到藏族地区数学教学的不足：中小学生数学学习效能不佳，考试（竞赛）成绩低；低成绩考入高一层次学段学习时，数学课（理科课程、专业课）学习困难，部分学生学业收效甚微。虽然在实施"双语"教育教学过程中，民众中或多或少地表现出思想意识和行动之间的矛盾、民族认同和现实之间的矛盾、内部机制和外在因素之间的矛盾，结合"一带一路"倡议与国家大力推行民汉双语教育的政策支持；应当从基础教育入手，通过提高教师教学能力，逐步克服和解决这些矛盾，进而促进教育的快速发展。

徐永琳、范忠雄《藏族地区藏汉双语数学教育现状与对策》（2011）②一文认为，双语数学教育在发展过程中存在的问题有：课程与教材缺乏多样性和实用性，持有合格证书的双语数学师资严重缺乏，教学方法陈旧落后，双语教育信息化建设滞后等。解决这些问题的对策有：加强双语数学教材建设；加快双语数学师资队伍建设；实现课程的多样化，增强课程的适应性；加快双语远程教育建设；制定数学双语教学的评价体系等。

郑敏、多杰才让《藏族理科双语教学的现状分析》（2012）③一文分析了青海省双语教学开展情况，认为对于民族中学的学生来说，采用藏汉双语教学要比采用单语教学效果好，教育质量和学生的成绩也有显著提高。对于汉语基础较差的牧区藏族中学生，采用一类教学模式优于二类教学模式。目前藏汉理科双语教学存在的问题有对藏汉双语教学的认识不统一，藏汉双语教学的师资不足，教学配套资源不足等。提出藏汉理科双语教学改革的对策及建议有：1.加大双语教学工作的宣传力度，使双语教学工作的重大意义深入人心；2.切实加大藏汉理科双语师资队伍建设力度，提高教师的业务水平；3.提高教材质量，完善教学资源；4.从实际出发，分类指导，因地制宜，建立多种类型的双语教育体制，不搞"一刀切"。

也有人关注到物理、化学等其他理科科目如何开展双语教学。如蒋莉、刘岚《对新疆少数民族双语教师培训中的初中物理专业汉语教学之探析》（2015）④指出初中物理专业汉语教学现状为：1.缺乏完整的课程教学指导性文件；2.缺乏合理的

---

① 载《民族高等教育研究》2018年第5期。
② 载《数学教育学报》2011年第4期。
③ 载《青海师范大学学报》2012年第4期。
④ 载《新疆教育学院学报》2015年第3期。

教学安排；3.缺乏体现语言教学特点的教材；4.缺乏具备语言教学技能的物理专业汉语教师；5.缺乏科学的课程考核方式。并提出如下构想：1.建立完善的教学大纲体系，编写科学合理的教材；2.合理取舍重组教学内容，调整教学计划；3.建设课程教学团队，提高教师授课能力；4.改进课程考核方式等。此外还有古丽娜·沙比提《哈族中学化学双语教学存在问题的对策》（2010）、胡红杏《化学藏汉双语教学现状调查及建议》（2017）等文也就此问题进行了探讨。

五、关于双语教师现状的研究

双语师资培训是双语教学的重要组成部分，很多学者对双语师资培训出谋划策，力图培养出合格双语教师。

双语教师的双语教学能力直接关系双语教学的效果，很多学者就双语教师的语言能力、教学能力、职业发展、生存现状等多方面的问题进行研究，以期在提高双语教师教学能力的前提下提高双语教学质量。

有对双语教师课堂语言及课堂语言语码转换进行分析的，如韩文琪、孙钰华《新疆少数民族双语教师课堂言语互动分析》（2017）[①] 一文运用弗兰德斯互动分析系统对乌鲁木齐市沙依巴克区少数民族中小学理科骨干教师不同理科科目的课程进行分析，了解到乌鲁木齐市少数民族中小学理科骨干教师专业发展现状，并对教师、学生和学校提出对策和建议。惠天罡《新疆维吾尔族双语课堂语码转换的类型、功能及影响因素》（2015）[②] 一文结合和田地区维吾尔族双语课堂教学中双语教师语码转换的现状，分析了维吾尔族双语课堂语码转换的类型：轮换式语码转换和插入式语码转换，并结合双语课堂教学的实际，分析了语码转换的功能及其主要影响因素，有：（一）国家、地区政策和学校规定；（二）学科、课程性质与特点；（三）教师的双语能力；（四）课堂教学需要；（五）教师的教学方法和教学手段；（六）教材及教辅材料；（七）学生的双语能力和学习态度。

有对不同民族地区双语教师各级教育机构双语教师现状进行分析的。如孙新格《藏汉双语教师培训实效性调查研究》（2013）[③] 对西藏拉萨地区双语教师培训进行实效性调查研究，对双语教师培训提出如下建议：1.加强政策支持，完善培训体系；2.改革培训内容与方法，力求培训取得实效；3.融入新的教学理念，提高培训质量；4.加大经费投入，确保长效机制。张绍波等《达斡尔族小学教师双语教学的动力归因实证研究》（2010）[④] 一文以达斡尔族聚居地区102名达斡尔族教师为对象，采用问卷、访谈法，从动机角度对影响达斡尔族教师双语教学效果的各种因素

---

① 载《民族高等教育研究》2017年第3期。

② 载《语言文字应用》2015年第4期。

③ 载《当代教育与文化》2013年第1期。

④ 载《黑龙江民族丛刊》2010年第4期。

进行研究。研究结果表明，影响达斡尔族教师双语教学工作的因素主要有三个，其中起最大作用的是自信心因素，其次是相关性因素，最后是成本因素。李洁等《从锡伯族教师语言态度看锡伯族双语教育体制》（2011）① 一文以锡伯族教师的语言态度为切入点，通过调查与分析，证明了锡伯族双语教育体制的合理性。调查表明，绝大多数锡伯族教师（大部分也是家长）对锡伯族学校实施锡汉双语教育持肯定态度。在文化大融合和社会转型时期，应该清楚地认识到锡伯语文的价值，积极地支持锡伯族学校的双语教育。侯汝艳等《加强双语教学师资力量，提升边疆双语教学质量 —— 基于对云南省边疆六个少数民族地州小学教师的调查》（2016）② 一文选取云南边疆6个少数民族地州的双语示范小学为对象展开调查，了解了教师教育教学观念、对实施双语教学的态度、教师参与双语教学培训的情况，结合文献资料进行分析总结，并对如何进一步完善双语教学提出建议。

也有对理科双语教师培训进行探讨的，如吴建琴等《两年制物理双语教师培训现状调查与分析 —— 以新疆师范大学2015春季双语班为例》（2017）③ 一文对参加新疆两年制物理双语培训班的少数民族教师的汉语水平、教师专业发展及教师对双语的认识情况等方面开展了调查，在对数据统计与分析的基础上发现，尽管学员经过培训，汉语水平和交际能力明显提高，但还应提高其汉语表达能力和授课能力，同时需加强双语教师对实施双语教学的信心，为此提出提高两年制汉语教师培训效果的对策与建议：加强汉语授课实践，创设情境，提高汉语表达能力的培训力度；转变学生对待双语教学的态度，融洽师生关系；深化双语教师的专业发展，提升双语物理教师的核心素养。

有综合探讨少数民族双语教师队伍建设问题的，如李适、栗洪武《民族地区少数民族学前双语教师队伍的困境与优化 —— 以新疆南疆地区为例》（2017）④ 认为当前南疆少数民族学前双语教师队伍主要存在着绝对数量短缺、结构不合理、专业化水平较低等问题。并提出如下加强南疆少数民族学前双语教师队伍建设的对策：重视职前培养，从源头上解决学前双语教师的质量问题；构建双语教师任职标准，提高双语教师准入门槛；完善双语教师的职后培训，提高培训的实效性；激发自主发展的内驱力，增强双语教师的专业发展意愿。康翠萍、余双双《少数民族双语教育教师队伍建设探析》（2018）⑤ 一文认为"从双语教育实践来看，师资总量不足、教师质量滑坡、教师培训实效性缺失等仍然是长期困扰少数民族地区双语教育的问题。通过对当前我国现有双语教育政策及教师队伍建设的历史考察和特点分析，提出双语教育教师队伍建设存在的问题及其政策局限性，建议在遵循普特结合、民族

---

① 载《语言与翻译》2011年第2期。

② 载《保山学院学报》2016年第4期。

③ 载《双语教育研究》2017年第3期。

④ 载《贵州民族研究》2017年第4期。

⑤ 载《中南民族大学学报》2018年第6期。

工作与民族教育结合等原则基础上，从双语教育教师培养与师资开发、教师任职资格、教师招募与激励机制以及师资培训考核标准等方面进行一系列有效改革。"

此外，还有孙万麟等《南疆村小少数民族双语教师教学能力现状的调查研究》（2016）、塔娜《试论牧区双语教师职业发展现实困境及其改进策略》（2017）、阿斯亚·艾尼、崔巍《新疆高校民族教师汉语授课日语能力的调查》（2011）、何永贤《延边地区朝鲜族幼儿教师双语教学胜任力研究》（2019）等文章，以上研究都从各个方面探讨民族双语教师的教学能力。

六、双语教学中关于母语教学的研究

长期以来，在少数民族双语教学过程中，绝大多数精力都放在了汉语教学上，很少有人关注双语教学中的母语教学，近些年来，人们逐渐关注双语教学中的母语教学。

杨卉紫《双语教学背景下的少数民族学校母语教学现状与分析 —— 以喀什市民族小学为例》（2015）[1] 一文对喀什市少数民族小学现行双语教育模式下不同层面的不同群体对母语语文教育的态度和看法，以及对母语语文在教学管理、课程设置、师资队伍建设、教材编写等方面开展调研，分析了目前双语教育模式下的母语文教学中存在的各种问题。提出加强民族小学母语文教学的对策及建议：1.考虑各校的实际情况设置教学模式；2.加强教学管理，提高少数民族母语文教学质量；3.重视少数民族母语文教师师资队伍建设；4.加强少数民族母语文教材及教辅用书建设。

朱艳华《我国少数民族语言传承模式探析》（2018）[2] 一文全面梳理了我国少数民族语言传承模式，将之分为基本模式和补充模式两类。基本模式包括家庭传承模式、社区传承模式，补充模式包括双语教学模式、宗教传习模式、媒体传播模式、培训班模式。

关于母语教学及使用状况的文章还有邢小龙《新疆蒙古族母语教学及其文化传承研究》（2013），何彦诚、吴俊芳《无文字少数民族青少年母语使用状况及其对推行双语教学的启示 —— 以茶洞语为例》（2014），王西维、薄守生《少数民族大学生母语使用现状及发展对策研究》（2017）等。

七、少数民族三语教学问题

少数民族学生在进行双语教学的同时，还面临着外语学习问题，很多学者关注

---

[1] 载《喀什师范学院学报》2015年第2期。

[2] 载《贵州民族研究》2018年第3期。

到少数民族学生三语学习问题。

刘杨《多语教育研究及其对少数民族母语传承的启示》（2019）[1]一文对国外多语教育研究进行回顾，分析国内少数民族多语教育研究的进展，提出这些研究对我国少数民族母语传承上的启示：第一，关注少数民族母语弱势型和少数民族母语濒危型学前儿童的多语教育问题。第二，关注多语教育中少数民族母语与国家通用语言、世界通用语言的和谐共生关系。

范彩霞《少数民族三语教育研究——以滇黔桂结合部少数民族三语教育为例》（2017）[2]一文指出，从近十年的研究来看，理论探讨和对国外的研究介绍较多，实证研究较少。在三语习得向多元化研究以及从理论向实证过渡的背景下，语言教学应慎重对待习得中正负迁移现象，深入研究L1、L2以及L3之间的复杂关系，扩展二语、三语学习研究对象，重视民族地区外语师资研究，并提出适合我国二语、三语教学的本土化措施。

还有人从语音角度探讨二语习得对三语习得的影响，如韦晓保、王文斌《维汉双语语音经验对维吾尔族儿童英语语音意识发展的预测作用》（2019）[3]该研究从三语学习的角度探讨了已有的维汉双语语音意识对维吾尔族儿童英语语音意识发展的影响。结果显示，对于较早学习英语的维吾尔族儿童，其英语语音意识的发展对母语语音依赖更大，但随着双语语音经验的增加，特别是二语学习的深入，母语语音在英语语音意识发展中的预测作用趋于式微，二语语音的预测作用则愈加突显。汉语声母意识一直是维吾尔族儿童英语语音意识发展的有效预测变量；汉语声调意识在维吾尔族儿童英语语音意识形成过程中有着重要的预测作用。可见，正字法和语音结构差异并不影响语音意识的跨语言迁移，结论进一步证实了三语语音习得中二语语音有着重要预测作用，语音意识是一种带有普遍性的语言认知机制。

有人尝试构建三语对比课程模块，如蒋瑜秀《新疆维吾尔族双语大学生三语对比课程模块建构探析》（2017）[4]一文以维吾尔语、汉语、英语为例，通过分析多语对比教学的必要性与可行性，提出了建立三语对比课程模块的构想，建议基于语言对比分析和模块化教学，从语言类型、语音、词汇、句法、语篇五个方面来构建三语对比模块，以此加强少数民族三语学习者对语言的多维认识，减少少数民族大学生英语学习中不同语言间的负迁移，促进三语的学习及教学效果。

更多的是探讨双语教学背景下的第三语言教学问题，如罗婷《新疆少数民族双语大学生的俄语学习障碍研究——以新疆农业大学科学技术学院为例》（2018），严若芳、李新娇《三语习得视域下的新疆少数民族大学生英语学习》（2016）等文。

贵州民族研究》2019年第2期。
师范学院学报》2017年第5期。
》2019年第3期。
2期。

八、关于双语教学的教学效果研究

双语教学的效果如何，有哪些测评标准，采用什么样的测评机制，这些都是双语教学开展之后需要考虑的问题，很多学者对这些问题提出了思考。

有的探讨双语教学评价体系问题。如赵江民、符冬梅《试论双语教学评价在新疆双语教育推进中的作用 —— 以新疆少数民族中小学双语教学现状为例》（2013）① 一文在论述新疆少数民族中小学双语教学现状的基础上，提出双语教学评价的意义，旨在提醒相关教育机构利用标准规范双语教学活动，增强双语教学效果。吴涛、买买提吐尔逊·阿布都拉《少数民族高中双语班汉语教学评价存在的问题及对策研究》（2011）② 一文指出，新疆高中双语班汉语教学评价工作存在的主要问题有：1.教学评价手段单一，教学评价主体单一。教学评价内容主要局限于学生学业成绩及同事、学生对教师教学的态度等方面，忽视了对学生综合素质的考查。2.教学评价可信度不高；3.教学评价落实力度不够。提出的建议有：1.正确认识教学评价，重视教学评价；2.注重评价手段与评价主体的多元化：他评与自评相结合，鼓励家长参与，邀请专家进课堂。3.形成性评价与终结性评价相结合：建立教师和学生档案。4.定性评价与定量评价相结合；5注重即时性评价。洪勇明《新疆少数民族双语教学评价自议》（2013）③ 一文结合教育评价，论述了新疆少数民族双语教学评价的定义、指标、模型、测量、权重、实施，旨在从宏观上建立双语教学评价体系。谢治菊《西南地区双语教育政策实施效果评估 —— 基于利益相关者的视角》（2019）④ 一文发现，教师从事双语教育的动机比较纯正，对双语教育政策的满意度和知晓度较高，对参与双语教育师资培训的目的、内容认识较好，认为在民族散居和杂居的西南地区开展民汉双语教育比较合理，能够将少数民族语言这一"拐杖"当成学生融入社会、平等交流的重要工具，但少数民族语言的"拐杖"作用还发挥得不够充分。为此，建议在强化和培训师资队伍的基础上，适当开发适合民族地区实际的双语课程，健全双语教育的激励机制，完善双语教育的制度规范。

有的探讨不同教学模式对双语教学的影响。如陶云等《不同教学模式对少数民族儿童汉语学习的影响 —— 以云南德宏州傣族儿童为例》（2017）⑤ 选取云南省德宏州傣族三、四、五年级不同教学模式（双语双文、双语单文、单语单文）学校的小学生，考察他们汉语语音识别、字形识别和语义理解能力的发展，探讨这些三种教学模式对傣族学生学习汉语的影响。通过科学实验的方法发现，傣族儿童汉语语音识别、字形识别以及语义理解的表现均受到不同教学模式的影响，且这种影响在

---

① 载《语言与翻译》2013年第4期。

② 载《新疆教育学院学报》2011年第4期。

③ 载《新疆大学学报》2013年第4期。

④ 载《中南民族大学学报》2019年第3期。

⑤ 载《云南师范大学学报》2017年第3期。

不同年级上的表现存在差异。但总体而言，双语双文的教学模式更有利于傣族儿童汉语的学习。为提高少数民族双语教学效果，作者提出如下建议：一，少数民族儿童汉语教学应重视母语即本民族语言的教育，积极倡导双语双文型和双语单文型的双语教学模式；二，针对不同年级学生开展汉语教育应各有侧重，顺应学生语言能力发展特点，选择相应的教学方式，重点突破；三，重视双语教学的师资培训，提高双语教师的综合素质，保证双语教学质量。

　　有的对双语教学中存在的问题进行反思。如杨浩强《对我国少数民族双语教学中几个问题的认识》(2011)① 谈到现如今双语教学中存在的问题，主要有教学中教学目标的定位问题、两种语言之间的关系问题、双语教师的专业素养问题、双语教材的选择和利用问题，以及教学评价价值取向问题等。认识清楚这几个问题，可以更好地开展双语教学。高翠珍《对新疆"双语"教育的思考》(2010)② 认为：新疆开展"双语"教育的现状为：基础教育"双语"教育蓬勃发展；成人"双语"教育起步早，呈均衡平稳发展；干部培训的"双语"教材不统一；新疆的"双语"教育研究、"双语"教育人才亟待重视。并提出如下建议：在基础教育中挖掘本土"双语"教材；打造新疆一流的"双语"师资队伍；因地制宜、科学筛选干部培训教材；充分运用现代科技手段，提高"双语"教学质量；在"双语"教学中逐渐渗透语言言语教学；遵从依法治教。蔡文伯、王雨疏《惯习与断裂：少数民族语境下的双语教育优化策略》(2017)③ 一文指出少数民族语境下新疆双语教学存在的问题：双语教育"被单语化"，双语教学师资力量薄弱，双语教育在家庭教育中实施困难。少数民族语境下推进新疆地区双语教育的建议有：1.汉语教学与少数民族语言教学相结合；2.建构相互衔接的双语教育；3.强化双语教育的文化功能。

　　有的对双语教学目的进行反思，人们从人类学视角重新审视双语教育的目的是什么？要达到怎样的效果？海路、刘倩《少数民族双语教育的双重性特征探析》(2019)④ 指出，《文化变迁与双语教育：凉山彝族社区教育人类学的田野工作与文本撰述》一书从认识论上给我们提供了关于少数民族双语教育双重性特征的启发和思考：1.少数民族双语教育的目标是传承民族文化与融入主流社会的统一；2.少数民族群体对双语教育的认识存在工具性和情感性两大视角；3.在少数民族双语教育实践中既要重视群体的文化传承，也要关注个人的发展需求。"多元文化整合教育"是实现少数民族双语教育中国家利益、民族利益和个体利益协调发展、共生共荣的重要理论视角。

　　有对双语教学实施的必要性进行再认识。如曲木铁西《对少数民族地区中小学

---

① 载《教育与教学研究》2011年第2期。

② 载《中共伊犁州委党校学报》2010年第2期。

③ 载《当代教育与文化》2017年第1期。

④ 载《民族高等教育研究》2019年第2期。

实施双语教学必要性的再认识》（2012）① 一文，通过双语教学多年来的经验得失，重新审视双语教学的必要性。他认为，从实际出发遵循客观规律是我国少数民族地区教育教学语言选择的科学依据，是党的实事求是思想路线在如何处理教学用语和少数民族学生语言实际等关系上的具体体现，是科学性和政策性的统一。

如今，双语教育开展已有 70 多年历史，很多专家都对双语教育的很多问题做了总结，并提出了新的展望。如丁文楼《对我国少数民族双语教育的几点思考》（2011）② 等文章。

参考文献

[1] 阿达来提：《和谐社会视角下民汉双语教材的现状调查及思考》，《延边教育学院学报》2011 年第 1 期。

[2] 阿斯亚·艾尼、崔巍：《新疆高校民族教师汉语授课日语能力的调查》，《新疆社会科学》2011 年第 4 期。

[3] 安富海：《数字化藏汉双语课程资源库建设研究》，《学术探索》2015 年第 10 期。

[4] 班振林：《浅谈语用学理论在汉语教学中的运用》，《语言与翻译》1999 年第 1 期。

[5] 包英格：《蒙古族大学生汉语口语能力提高与文化导入教学策略》，《内蒙古财经大学学报》2015 年第 4 期。

[6] 包双喜：《浅谈蒙古族学生汉语口语能力的培养》，《双语教学与研究（第四辑）》，中央民族大学出版社，2000 年。

[7] 宝音都仍等：《蒙古族大学生对双语教学的态度研究》，《内蒙古农业大学学报》2013 年第 3 期。

[8] 曹纯、付宝威：《甘青川藏区民族学校数学教材刍议》，《数学教育学报》2009 年第 2 期。

[9] 曹建华、陈其斌：《东乡族双语使用与教学的人类学调查与思考》，《青海民族研究》2011 年第 4 期。

[10] 蔡琏：《谈维吾尔族学生初学汉语语法》，《语言与翻译》1989 年第 4 期。

[11] 蔡红：《哈萨克族基础教育教学模式及特点分析》，《伊犁师范学院学报》2011 年第 3 期。

[12] 蔡文伯、王雨疏：《惯习与断裂：少数民族语境下的双语教育优化策略》，《当代教育与文化》2017 年第 1 期。

[13] 陈娥：《多语和谐与民族进步 —— 以昆罕大寨布朗族的双语和谐为例》，

---

① 载《中央民族大学学报》2012 年第 5 期。

② 载《新疆教育学院学报》2011 年第 1 期。

《贵州民族研究》2019年第5期。

[14] 陈得军、张兴:《新疆少数民族双语教学的教材问题分析》,《语言与翻译》2012年第4期。

[15] 成燕燕:《哈萨克族汉语"把字句"习得的偏误分析》,《语言与翻译》2006年第3期。

[16] 成燕燕:《哈萨克族学生习得汉语存现句的偏误及对策》,《语言与翻译》2008年第4期。

[17] 成燕燕:《谈高校对少数民族学生汉语词汇教学》,《第二语言(汉语)教学论集(第三集)》,民族出版社,1998年。

[18] 成燕燕:《从哈萨克族习得汉语反义词的偏误反观汉语反义词的特点》,《语言与翻译》2007年第1期。

[19] 成燕燕等:《哈萨克族汉语补语习得研究》,民族出版社,2003年。

[20] 成燕燕:《对哈萨克族学生汉语教学中的文化导入》,《第二语言(汉语)教学论集(第一集)》,民族出版社,1996年。

[21] 程方:《京族双语制考察纪实》,《民族语文》1982年第6期。

[22] 崔静:《新疆高校双语教学与少数民族预科汉语教育》,《语言与翻译》2012年第2期。

[23] 崔永鹏、艾买提:《肃北蒙古族自治县汉语 —— 蒙古语双语教育现状调查与思考》,《双语教育研究》2016年第4期。

[24] 戴庆厦、傅爱兰、刘菊黄:《新蒙乡双语调查报告》,《西南民族学院学报》1988年第2期。

[25] 戴庆厦、傅爱兰、刘菊黄:《普及教育、开放经济是双语发展的重要因素》,《民族团结》1987年第3期。

[26] 戴庆厦、成燕燕:《中国少数民族学生汉语教学的现状及问题》,《第二语言(汉语)教学论集》,民族出版社,1998年。

[27] 戴庆厦、段伶:《怒江州的双语现象及其发展》,《中国少数民族双语研究论集》,民族出版社,1990年。

[28] 戴庆厦、董艳:《中国国情与双语教育》,《民族研究》1996年第1期。

[29] 戴庆厦、何俊芳:《论母语》,《民族研究》1997年第2期。

[30] 戴庆厦、膝星、关辛秋、董艳:《中国少数民族双语教育概论》,辽宁民族出版社,1997年。

[31] 戴庆厦、王远新:《新疆伊宁市双语场的层次分析》,《语言·社会·文化》,语文出版社,1991年。

[32] 戴庆厦、赵益真:《我国双语研究的现状与展望》,《民族教育》1989年第3期。

[33] 戴庆厦:《我国少数民族实现双语的两大指标》,《贵州民族研究》2017年

第 12 期。

[34] 戴庆厦主编:《基诺族语言使用现状及其演变》,商务印书馆,2007 年。

[35] 戴庆厦主编:《云南蒙古族喀卓人语言使用现状及其演变》,商务印书馆,2008 年。

[36] 丁石庆:《双语类型及我国双语研究综析》,《西南民族学院学报》1993 年第 3 期。

[37] 丁文楼:《浅谈对维吾尔族学生的汉语口语教学》,《中央民族学院学报》1986 年第 3 期。

[38] 丁文楼:《对我国少数民族双语教育的几点思考》,《新疆教育学院学报》2011 年第 1 期。

[39] 杜秀丽:《哈萨克族人使用汉语单音节声调的声学实验分析》,《语言与翻译》2007 年第 1 期。

[40] 范彩霞:《少数民族三语教育研究 —— 以滇黔桂结合部少数民族三语教育为例》,《兴义民族师范学院学报》2017 年第 5 期。

[41] 范忠雄等:《"一带一路"背景下藏区藏汉双语数学教育的现状、机遇和对策》,《民族高等教育研究》2018 年第 5 期。

[42] 方晓华:《对外汉语教学与对少数民族汉语教学》,《新疆师范大学学报》1997 年第 1 期。

[43] 方晓华:《新疆双语教育问题探索》,《民族语文》1998 年第 2 期。

[44] 冯公达:《延边双语现象初探》,《东北师大学报》1983 年第 6 期。

[45] 冯惠昌:《关于双语教学研究的思考》,《内蒙古大学学报》1997 年第 2 期。

[46] 傅千吉:《甘南地区藏汉双语教育存在的问题及其发展对策》,《甘南高师学报》2018 年第 1 期。

[47] 傅炜:《浅谈少数民族汉语教材编写中的几个问题》,《新疆师范大学学报》1994 年第 3 期。

[48] 傅千吉:《初探安多藏区双语现状及其发展》,《西北民族学院学报》1999 年第 2 期。

[49] 盖兴之:《双语教育原理》,云南教育出版社,2002 年。

[50] 高翠珍:《对新疆"双语"教育的思考》,《中共伊犁州委党校学报》2010 年第 2 期。

[51] 葛勇:《汉语口语课新探讨》,《语言与翻译》1995 年第 4 期。

[52] 耿才华、拉格:《现代教育技术背景下少数民族双语教育发展的思考》,《民族教育研究》2017 年第 4 期。

[53] 耿红丽:《基于语料库的双语学习者存现句使用情况分析》,《新疆职业大学学报》2016 年第 3 期。

[54] 关辛秋:《朝鲜族双语现象成因论》,民族出版社,2001 年。

[55] 郭翠霞、邬婉荣、孟大庚:《民族班汉语相对直接教学法初探》,《语言与翻译》1992年第3期。

[56] 古丽娜·沙比提:《哈族中学化学双语教学存在问题的对策》,《化学教育》2010年第6期。

[57] 海路、刘倩:《少数民族双语教育的双重性特征探析》,《民族高等教育研究》2019年第2期。

[58] 韩文琪、孙钰华:《新疆少数民族双语教师课堂言语互动分析》,《民族高等教育研究》2017年第3期。

[59] 韩生辉、杨德明:《新疆少数民族双语教学多元目标论》,《新疆教育学院学报》2013年第4期。

[60] 何俊芳:《中国少数民族双语研究的历史与现实》,中央民族大学出版社,1998年。

[61] 何文贵:《拉祜族拉祜汉双语教育问题及对策分析 —— 以临沧市临翔区南美拉祜族乡为例》,《滇西科技师范学院学报》2017年第4期。

[62] 何永贤:《延边地区朝鲜族幼儿教师双语教学胜任力研究》,《东疆学刊》2019年第4期。

[63] 荷叶:《内蒙古蒙汉双语教育若干问题研究》,《民族高等教育研究》2018年第3期。

[64] 何彦诚、吴俊芳:《无文字少数民族青少年母语使用状况及其对推行双语教学的启示 —— 以茶洞语为例》,《广西师范大学学报》2014年第6期。

[65] 侯汝艳等:《加强双语教学师资力量,提升边疆双语教学质量 —— 基于对云南省边疆六个少数民族地州小学教师的调查》,《保山学院学报》2016年第4期。

[66] 洪勇明:《新疆少数民族双语教学评价自议》,《新疆大学学报》2013年第4期。

[67] 胡英:《第二语言学习者使用虚词的偏误分析》,《语言与翻译》2003年第1期。

[68] 华锦木:《从我区汉语教学中的偏差来谈问答式教学》,《语言与翻译》1999年第2期。

[69] 黄永和:《谈谈壮汉双语文同步教学》,《广西民族教育》1995年第1期。

[70] 胡红杏:《化学藏汉双语教学现状调查及建议》,《化学教育》2017年第19期。

[71] 胡艳明、韩宇轩:《影响少数民族学生双语习得之环境因素探究》,《新疆社会科学》2016年第3期。

[72] 胡艳明:《少数民族双语教师培训汉语口语教学模式探析》,《新疆职业大学学报》2011年第2期。

[73] 胡泽球:《少数民族汉语口语教学策略探索 —— 以浙江省对新疆阿克苏地

区双语培训项目为例》,《宁波教育学院学报》2019年第6期。

[74] 惠天罡:《新疆维吾尔族双语课堂语码转换的类型、功能及影响因素》,《语言文字应用》2015年第4期。

[75] 姜轶群:《新疆少数民族学生汉语语篇衔接与连贯偏误分析》,《语言与翻译》2008年第2期。

[76] 金花:《浅谈"比较法"在蒙古语授课学校汉语文教学中的作用》,《民族教育研究》1993年第3期。

[77] 金净、金永漫:《汉语文五课型教学法实验报告》,《汉语文教学与研究》(中学版)1991年第2期。

[78] 金世和:《汉语口语教学刍议》,《语言与翻译》1996年第2期。

[79] 靳尚怡:《对少数民族进行汉语词汇教学之我见》,《语言与翻译》1990年第3期。

[80] 经典:《双语教学背景下畲族青少年语言生活的新特点 —— 以广东省惠州市博罗县嶂背村为例》,《惠州学院学报》2019年第4期。

[81] 姜燕:《民汉兼通:双语教学的目标与困境 —— 以云南省芒市 x 乡载瓦一汉双语教学为个案》,《民族教育研究》2018年第1期。

[82] 蒋莉、刘岚:《对新疆少数民族双语教师培训中的初中物理专业汉语教学之探析》,《新疆教育学院学报》2015年第3期。

[83] 蒋瑜秀:《新疆维吾尔族双语大学生三语对比课程模块建构探析》,《双语教育研究》2017年第2期。

[84] 康翠萍、余双双:《少数民族双语教育教师队伍建设探析》,《中南民族大学学报》2018年第6期。

[85] 瞿霭堂:《双语和双语研究》,《民族语文》2000年第3期。

[86] 曲木铁西:《对少数民族地区中小学实施双语教学必要性的再认识》,《中央民族大学学报》2012年第5期。

[87] 朗文选:《案例教学在双语培训中的运用》,《新疆教育学院学报》2010年第2期。

[88] 李大东、张洁:《MHK(三级)的效度调查研究》,《汉语学习》2006年第3期。

[89] 李桂梅:《MHK(四级)"听后写"题型设计理念及实测》,《汉语学习》2005年第5期。

[90] 李海港:《达斡尔族小学生学习资源数字化利用的双语教学策略研究》,《数字化用户》2013年12期。

[91] 李建宏:《语篇分析教学在预科汉语精读课中的应用》,《语言与翻译》2008年第3期。

[92] 李洁等:《从锡伯族教师语言态度看锡伯族双语教育体制》,《语言与翻译》

2011年第2期。

[93] 李瑞华：《对我国少数民族学前双语教育几个理论问题的思考》，《青海师范大学学报》2016年第6期。

[94] 李万安：《维吾尔族学生学习汉语辅音的常见错误与正音》，《喀什师范学院学报》1980年第2期。

[95] 李锦芳：《西南地区双语类型及其历史转换》，《广西民族大学学报》2006年第1期。

[96] 李适、栗洪武：《民族地区少数民族学前双语教师队伍的困境与优化——以新疆南疆地区为例》，《贵州民族研究》2017年第4期。

[97] 李遐：《维吾尔族学生汉语"被"字句习得偏误分析》，《语言与翻译》2006年第3期。

[98] 梁庭望：《壮文教育的兴起及其展望》，《民族教育研究》1990年第3期。

[99] 梁云：《任务型教学在少数民族成人汉语教学中的应用》，《语言与翻译》2007年第2期。

[100] 林星、才让措：《民族学生双语学习状况及态度调研——以青海藏族中小学生为例》，《西北成人教育学院学报》2017年第4期。

[101] 刘江涛：《少数民族预科生汉字偏误分析》，《语言与翻译》2005年第1期。

[102] 廖成红：《影响侗族儿童认读汉字的非汉字因素》，《第五届双语学研讨会论文集》，广西民族出版社，2007年。

[103] 刘梅、齐敖包：《丽江木碧湾村纳西族双语使用现状调查与分析》，《玉溪师范学院学报》2019年第4期。

[104] 刘培华：《对少数民族学生运用汉语介词错误的分析》，《语言与翻译》1996年第2期。

[105] 刘珣：《对外汉语教育学引论》，北京语言大学出版社，2007年。

[106] 刘岩、李玲、倪娜、范丽君、陈华琴：《维吾尔族学生学习汉语声调偏误的实验研究》，《语言与翻译》2006年第2期。

[107] 刘杨：《多语教育研究及其对少数民族母语传承的启示》，《贵州民族研究》2019年第2期。

[108] 刘忠民：《提高少数民族学生的汉语阅读能力之我见》，《语言与翻译》2004年第3期。

[109] 卢治平：《中介语理论与民族学生学习汉语语法偏误分析初探》，《语言与翻译》1995年第2期。

[110] 吕必松：《对外汉语教学概论（讲义）》，国家教委对外汉语教师资格审查委员会办公室，1999年。

[111] 吕娜：《民族学校双语教学的跨文化学习探析》，《黑龙江民族丛刊》2018年第4期。

[112] 罗婷:《新疆少数民族双语大学生的俄语学习障碍研究 —— 以新疆农业大学科学技术学院为例》,《课程教育研究》2018 年第 34 期。

[113] 罗兴贵:《贵州少数民族地区双语和谐生态的构建》,《广西民族师范学院学报》2017 年第 2 期。

[114] 罗聿言、李鑫:《论少数民族双语教学中语言环境的构建》,《北京化工大学学报》2015 年第 3 期。

[115] 骆惠珍、万维强:《相异文化的语言碰撞及汉语教学启示》,《语言与翻译》1996 年第 1 期。

[116] 骆惠珍、万维强:《图式理论与汉语阅读课教学》,《语言与翻译》2003 年第 3 期。

[117] 马学良、罗安源、但国干:《关于少数民族学汉语和汉族学少数民族语言的问题》,《中央民族学院学报》1981 年第 2 期。

[118] 马学良、戴庆厦:《我国民族地区双语研究中的几个问题》,《民族研究》1984 年第 4 期。

[119] 马学良:《论双语与双语教学》,《民族语文》1986 年第 6 期。

[120] 马学良:《应该重视"双语"问题的研究》,《汉语学习》第 5 期, 1981 年。

[121] 马嵘:《多民族聚居区回族双语使用情况调查研究 —— 以伊宁市为个案》, 硕士论文, 2012 年。

[122] 马戎:《西藏社会发展与双语教育》,《中国藏学》2011 年第 2 期。

[123] 买买提、吐尔逊·阿布都拉:《新疆少数民族高中双语班汉语教学存在的问题及对策研究》,《民族教育研究》2011 年第 3 期。

[124] 苗东霞、范晶媛:《柯尔克孜族的文化传承与双语教学》,《黑龙江民族丛刊》2010 年第 4 期。

[125] 莫军:《黔东南苗族地区开展苗汉双语教学探析》,《凯里学院学报》2018 年第 4 期。

[126] 南成玉:《汉族中小学毕业的朝鲜族大学生双语使用情况探析》,《延边大学学报》1999 年第 1 期。

[127] 倪明霞等:《瑞丽市姐相乡小学的傣汉双语教育现状及思考》,《滇西科技师范学院学报》2017 年第 1 期。

[128] 彭靖、范俊军:《贵州少数民族州县双语教学历程、问题与对策》,《民族教育研究》2017 年第 2 期。

[129] 潘振宇:《关于对少数民族汉语教学学科建设的思考》,《民族教育研究》1993 年第 2 期。

[130] 彭凤菊:《HSK 存在的问题及在我区汉语教学中的应用策略》,《语言与翻译》1998 年第 1 期。

[131] 普忠良:《西南村落双语研究》, 云南民族出版社, 2004 年。

[132] 曲别英子：《多元文化视域下的彝汉双语教育发展路径探析》，《成都中医药大学学报》2017年第1期。

[133] 瞿霭堂：《双语和双语研究》，《民族语文》2000年第3期。

[134] 叁智卓玛：《藏族学前双语教育困境及应对措施》，《教育现代化》2019年第54期。

[135] 莎妮亚·凯穆拜尔：《影响汉语听力的若干因素及解决办法》，《语言与翻译》1998年第1期。

[136] 邵明星：《少数民族幼儿园民汉双语教学实施问题探讨》，《教育与教学研究》2015年第7期。

[137] 盛桂琴：《乌鲁木齐市哈萨克族学生使用汉语现状分析》，《语言与翻译》2004年第2期。

[138] 斯琴：《城市化进程与双语变迁》，《双语学研究》（第二辑），民族出版社，2004年。

[139] 孙宏开：《试论我国的双语现象》，《民族研究》1983年第6期。

[140] 孙若穷、滕星、王美蓉主编：《中国少数民族教育概论》，劳动出版社，1990年。

[141] 孙万麟等：《南疆村小少数民族双语教师教学能力现状的调查研究》，《教育教学论坛》2016年7月。

[142] 孙宪中：《谈汉语教学中"说"的训练》，《语言与翻译》1991年第4期。

[143] 孙新格：《藏汉双语教师培训实效性调查研究》，《当代教育与文化》2013年第1期。

[144] 塔娜：《蒙古族不同地区中小学双语教学模式特征探析》，《内蒙古师范大学学报》2019年第2期。

[145] 塔娜：《试论牧区双语教师职业发展现实困境及其改进策略》，《民族教育研究》2017年第2期。

[146] 汤玉梅：《阿克苏地区小学阶段少数民族汉语教学的现状与分析》，《新疆教育学院学报》2013年第2期。

[147] 陶云等：《不同教学模式对少数民族儿童汉语学习的影响——以云南德宏州傣族儿童为例》，《云南师范大学学报》2017年第3期。

[148] 滕星：《中国少数民族双语教育研究的对象、特点、内容与方法》，《民族教育研究》1996年第2期。

[149] 滕星：《文化变迁与双语教育：凉山彝族社区教育人类学的田野工作与文本撰述》，教育科学出版社，2001年。

[150] 田世棣：《关于维、哈族学生误读汉语普通话词语的调查研究》，《西北民族学院学报》1984年第3期。

[151] 田世棣：《教少数民族同志学习汉语文的几点体验》，《中国语文》1954年

1 月号。

[152] 涂涛、李彭曦:《少数民族地区双语教学新途径 —— 藏区双语多媒体字源识字汉字教学研究》,《中国电化教育》2012 年第 3 期。

[153] 韦兰明:《论壮族地区民族文化课程的建构 —— 基于壮汉双语教育模式创新的思考》,《广西民族研究》2015 年第 2 期。

[154] 韦晓保、王文斌:《维汉双语语音经验对维吾尔族儿童英语语音意识发展的预测作用》,《外语教育研究前沿》2019 年第 3 期。

[155] 韦筱毓、梁子兰:《广西壮汉双语教学存在的问题及其对策》,《教育与教学研究》2011 年第 2 期。

[156] 王春辉:《浅谈新疆少数民族双语教学中的文化教学》,《石河子大学学报》2009 年第 6 期。

[157] 王芙菱:《新疆少数民族汉字教学现状及教学方法探究》,《语言与翻译》2006 年第 2 期。

[158] 王国宁等:《困境与出路:新疆南疆地区学前双语教育质量提升探析》,《民族高等教育研究》2018 年第 1 期。

[159] 王明、赵慧臣:《少数民族双语教育的信息化教学设计研究》,《现代教育技术》2015 年第 10 期。

[160] 王琴霄:《汉语课堂教学的交际化初探》,《民族教育研究》1995 年第 3 期。

[161] 王素梅:《从汉语量词的形象性谈量词的用法及教学》,《语言与翻译》1996 年第 1 期。

[162] 王廷杰:《谈对外、对内汉语教学之异同》,《第二语言(汉语)教学论集(第一集)》,民族出版社,1996 年。

[163] 王西维、薄守生:《少数民族大学生母语使用现状及发展对策研究》,《贵州民族研究》2017 年第 2 期。

[164] 王新建:《也谈 HSK 与汉语教学》,《语言与翻译》1998 年第 1 期。

[165] 王双成、王新兴:《藏区双语教学模式探微》,《青海教育》2008 年第 11 期。

[166] 王洋:《元认知理论在少数民族汉语教学中的运用》,《语言与翻译》2007 年第 1 期。

[167] 王莹莹、张小刚:《整体教学法在少数民族双语教学中的运用》,《中共伊犁州委党校学报》2007 年第 3 期。

[168] 吴超强:《论推行壮文对繁荣壮族文化教育的作用》,中国民族语言学会编,《民族语文研究探索》,四川民族出版社,1992 年。

[169] 吴建琴等:《两年制物理双语教师培训现状调查与分析 —— 以新疆师范大学 2015 春季双语班为例》,《双语教育研究》2017 年第 3 期。

[170] 吴瑞林等:《新疆少数民族小学生学习过程调查 —— 表面过程与深层过

程的作用差异》,《民族教育研究》2019年第2期。

[171] 吴若愚:《少数民族学生汉语篇章时间连接成分偏误分析》,《语言与翻译》2007年第2期。

[172] 吴涛、买买提、吐尔逊·阿布都拉:《少数民族高中双语班汉语教学评价存在的问题及对策研究》,《新疆教育学院学报》2011年第4期。

[173] 武晓宇、徐静、赵玥:《民族汉考三级分界标准的探索与分析》,《汉语学习》2003年第5期。

[174] 希日娜依·买苏提:《"民考汉"与双语现象》,《语言与翻译》2001年第1期。

[175] 谢治菊:《西南地区双语教育政策实施效果评估 —— 基于利益相关者的视角》,《中南民族大学学报》2019年第3期。

[176] 邢小龙:《新疆蒙古族母语教学及其文化传承研究》,《新疆职业大学学报》2013年第2期。

[177] 邢欣等:《新疆锡伯族多语使用及双语教学现状的调查分析》,《双语教育研究》2014年第1期。

[178] 熊泰河:《推广傈汉双语文教学提高民族文化素质 —— 兼谈怒江州双语文教改试点教学法》,《云南民族语文》1990年第3期。

[179] 宣德五:《我国朝鲜族双语使用情况浅析》,《民族语文》1989年第5期。

[180] 徐梅:《双语教学中的汉语词汇教学》,《新疆教育学院学报》2011年第2期。

[181] 徐赴斐:《西藏中小学汉语教学存在的问题及对策 —— 以西藏昌都地区为例》,《西部素质教育》2017年第21期。

[182] 徐永琳、范忠雄:《藏族地区藏汉双语数学教育现状与对策》,《数学教育学报》2011年第4期。

[183] 许多会:《民丰县初级中学双语办学模式现状及对策》,《新疆教育学院学报》2011年第4期。

[184] 许娜等:《蒙古族双语者汉语阅读的眼动研究》,《西北民族大学学报》2017年第2期。

[185] 闫丽萍:《汉语听力教学中将听和说有机地结合起来 —— 对"听后模仿"听力训练法的一些思考》,《语言与翻译》1998年第1期。

[186] 严若芳、李新娇:《三语习得视域下的新疆少数民族大学生英语学习》,《兵团教育学院学报》2016年第6期。

[187] 严学宭:《中国对比语言学浅说》,华中工学院出版社,1985年。

[188] 严学宭:《双语教学和研究要在改革上下力气》,《中南民族学院学报》1986年第3期。

[189] 严秀英、朴银姬:《韩国网络教育对朝鲜族双语教育信息化的启示》,《汉

江师范学院学报》2017年第3期。

[190] 杨改学、张炳林:《少数民族双语教学信息化资源建设现状与发展》,《中国电化教育》2013年第8期。

[191] 杨德明:《少数民族汉语教学研究概论》,新疆大学出版社,2007年。

[192] 杨浩强:《对我国少数民族双语教学中几个问题的认识》,《教育与教学研究》2011年第2期。

[193] 杨卉紫:《双语教学背景下的少数民族学校母语教学现状与分析 —— 以喀什市民族小学为例》,《喀什师范学院学报》2015年第2期。

[194] 杨江平:《Moodle在新疆少数民族双语教学中的应用》,《软件导刊·教育技术》2010年第7期。

[195] 杨敏、奚寿鼎:《白族白、汉双语教学十六字方针实施初探》,《民族教育研究》1995年第1期。

[196] 杨楠:《少数民族地区学前班双语教学开展的困境与出路 —— 以云南省S县拉祜族聚居地为例》,《普洱学院学报》2019年第5期。

[197] 叶买西·尼亚孜:《新疆少数民族双语教学中汉语教学的困境》,《兵团教育学院学报》2014年第2期。

[198] 裔妍:《少数民族学生听汉语能力差的原因式析》,《语言与翻译》1991年第3期。

[199] 易经、左雨露:《少数民族双语教育中的文化适配策略探究》,《贵州民族研究》2019年第3期。

[200] 于丽:《新疆维吾尔族预科学生汉语语调偏误实验分析》,《语言与翻译》2007年第4期。

[201] 于振江:《汉语基础课"双语"教材编写原则 —— 汉藏"双语"教材编写初探》,《西北民族大学学报》1985年第2期。

[202] 俞涵斌:《东乡族学生学习汉语普通话的语音对应规律》,《民族语言教学探讨资料》,西北民族学院研究所,1981年。

[203] 张福孙:《剑川白族"双语教学"的由来及其发展趋势》,《云南民族语文》1988年第3期。

[204] 张国云:《对维吾尔族预科学生的汉语离合词教学研究》,《语言与翻译》2007年第4期。

[205] 张欢:《汉蒙双语地区汉语通用语使用现状调查》,《贵州民族研究》2018年第3期。

[206] 张慧聪:《城市蒙古族儿童双语教育现状调查研究》,《民族教育研究》2016年第6期。

[207] 张建新:《对新疆高校预科汉语阅读教材的分析及建议》,《语言与翻译》2008年第1期。

[208] 张建新:《影响预科生汉语阅读的主要原因及教学对策》,《语言与翻译》1999 年第 4 期。

[209] 张静:《维吾尔母语对汉语学习的负迁移作用》,《语言与翻译》1992 年第 2 期。

[210] 张蓉兰:《利用拉祜西音节结构形式的变化帮助拉祜族学习汉语文》,《云南民族语文》1993 年第 1 期。

[211] 张绍波等:《达斡尔族小学教师双语教学的动力归因实证研究》,《黑龙江民族丛刊》2010 年第 4 期。

[212] 张伟:《七百弄乡双语现象初探》,《中央民族学院学报》1987 年第 2 期。

[213] 张伟:《浅谈双语教育的类型》,《贵州民族研究》1987 年第 3 期。

[214] 张卫国:《新疆少数民族汉语教学应尽快制定并实行水平测试》,《语言与翻译》1995 年第 3 期。

[215] 张卫民、张敏:《苗族地区苗汉双语教学坚守的意义、困境与突破——以重庆市秀山县梅江镇民族小学为例》,《湖南师范大学教育科学学报》2016 年第 6 期。

[216] 张霞:《白汉双语教育及其教材建设》,《大理学院学报》2012 年第 7 期。

[217] 张颖、王继青:《汉字字源识字法在双语教学中的运用》,《语文学刊》2016 年第 6 期。

[218] 张咏梅:《重视当代汉语新词在双语教学中的运用》,《中国民族教育》1993 年第 5 期。

[219] 张勇:《预科汉语虚词教学体会点滴》,《语言与翻译》1989 年第 1 期。

[220] 赵江民、符冬梅:《试论双语教学评价在新疆双语教育推进中的作用 —— 以新疆少数民族中小学双语教学现状为例》,《语言与翻译》2013 年第 4 期。

[221] 赵星华:《浅谈汉语语法教学》,《语言与翻译》1995 年第 2 期。

[222] 赵学会:《从 HSK 摸底分析看新疆民族中学的汉语教学》,《民族教育研究》1993 年第 2 期。

[223] 赵益真、林少锦:《壮汉双语现象的形成和发展》,《中央民族学院学报》1990 年第 3 期。

[224] 郑捷、邓浩:《汉文化与汉语教学》,《语言与翻译》1989 年第 2 期。

[225] 郑敏、多杰才让:《藏族理科双语教学的现状分析》,《青海师范大学学报》2012 年第 4 期。

[226] 周安荣:《西双版纳州傣汉双语文教学初探》,《云南民族语文》1993 年第 3 期。

[227] 周纯禄:《"双语双文、四步转换"初探》,《中国民族教育论丛（二）》,中央民族学院出版社，1988 年。

[228] 周美妮、董广枫:《维吾尔族学生学习汉语语音的偏误纠正方法》,《语言

与翻译》1993年第3期。

[229] 周庆生:《中国双语教育类型》,《民族语文》1991年第3期。

[230] 周庆生:《论我国少数民族双语教学模式转型》,《新疆师范大学学报》2014年第2期。

[231] 周耀文:《双语现象与双语教育》,《云南民族语文》1987年第3期。

[232] 周耀文:《中国少数民族语文使用研究》,中国社会科学出版社,1995年。

[233] 周祖谟:《教非汉族学生学习汉语的一些问题》,《中国语文》1953年7月。

[234] 朱崇先:《双语现象与中国少数民族双语教育体制和教学模式》,《民族教育研究》2003年第6期。

[235] 朱文旭、肖雪:《彝族地区双语教育类型现状研究》,《民族教育研究》2005年第5期。

[236] 朱艳华:《我国少数民族语言传承模式探析》,《贵州民族研究》2018年第3期。

[237] 朱迎华:《谈预科汉语教学中的汉文化因素》,《喀什师范学院学报》1997年第1期。

五台山開創寺院的歷史與佛教傳入中國的時間一樣悠久，它也是中國諸多佛山中唯一記載於《佛經》裡面的名山。

　　五台山以特殊的冰緣地貌，為地質學家所重視；同時它也是著名的避暑勝地。農曆6、7月，全國各地大多驕陽炎炎，燥熱難耐，這裡卻氣候清涼，爽快宜人。

　　五台山保存有唐、宋、金、元、明、清各代的中國古建築及雕塑、壁畫等其歷史沿革完整，為中國文物的寶庫。

五台山概況——華北第 1 高峰

　　五台山總面積 2837 平方公里，繞周 250 公里。它東踞太行山，北瞻恆山，滹沱河從北部山麓發源，環流大半周轉而東去，再橫貫河北省境，匯入海河。五台山腹內有清水河流經其間，穿溝 100 多公里，南入滹沱河。

　　五台山由 5 座山峰環抱而成。唐・釋慧祥撰《古清涼傳》：「五台山，其中五山高聳，頂上並不生林木，事同積土，故謂之台也。」北魏・酈道元撰《水經注》：「其山五巒巍然，回（迴）出群山之上，故謂五峰。」

　　五峰之外稱台外，五峰之內稱為台內。台內以台懷鎮為中心。

　　東台望海峰，海拔 2795 公尺，頂若鰲脊，環周 1.5 公里，建有望海寺，為觀日出的最佳地點之 1。

　　南台錦繡峰，海拔 2485 公尺，為五峰中最低的，台頂若覆盂，環周 0.5 公里，建有普濟寺。《清涼山志》：「山峰聳峭，煙光凝翠，細草雜花，千

298

巒彌布，猶鋪錦然，故以名焉。」

西台掛月峰，海拔 2773 公尺，頂平廣，周圍 1 公里，建有法雷寺。由明月西沈時遠望墜於峰巔，有如懸鏡而得名。

北台葉斗峰，海拔 3061 公尺，為華北第 1 高峰，有「華北屋脊」之稱，其頂平廣，周圍 2 公里，建有靈應寺。歲積堅冰，夏仍飛雪，乃至萬年不化。台頂氣候險惡，風力常在 8 級以上，吹人落澗猶如風掃枯葉一般容易，所以自古以來，人們視北台為畏途。

中台翠岩峰，海拔 2894 公尺，為五台山第 2 高峰，頂上平廣，周圍 2.5 公里，其面積是五台山頂最大的一座，建有演教寺。

特殊的地質——冰緣地貌(Periglacial Landform)

在太古代（Archaeozoic era，距今 46 億至 25 億年）時，五台山是地球上最早露出水面的陸地之一。在 7000 萬年以前，五台山一帶還是一塊巨大的侵蝕平原（erosion plain，又稱為剝蝕平原）。此後，從地質年代講，便進入了「新生代」（Cenozoic era，距今 7000 萬年到現代）時期。中國在這個時期的地層主要是以「陸相沈積」(continental deposit)，這種運動被稱為「喜馬拉雅運動」(Himalayan movement)。在這強烈的地殼運動中，五台山地塊和恆山地塊隆起，中間地塊斷陷下落，形成今天的五台山、恆山和中間的滹沱河平原。「五台隆起」後，又經歷

由菩薩頂下望台懷鎮及清水河。五台山主要佛寺多集中於台懷鎮，遊客到五台山也多以台懷寺廟群做為主要旅遊重點。遠方的河流即穿過五台山中部的清水河，有 100 公里長。

由豆村往台懷鎮途中所見的羊群，羊群背後為雪山。五台山由於氣候寒冷，每年 4 月解凍，9 月積雪，是典型的冰緣地貌。

了千萬年的雨沖水刷，逐漸形成了峻嶺深谷，只有台頂的平原依然保持著原來的面貌。

公元 1913 年，德國人舒密特赫納，在五台山發現了冰緣地貌（又稱為凍土地貌）。冰緣地貌是第 4 紀冰川的遺跡。新生代分第 3 紀和第 4 紀。第 4 紀距今大約在 250 萬年前，此時期，在地球的高緯地區，發生了多次冰川作用(glaciation)。在這一時期人類的祖先誕生了。

冰緣地貌又稱為凍土地貌(cryomorphology)，指由多年凍土層中的凍融作用而產生的地貌。如石海、構造土、冰丘、冰椎、融凍泥流階地、熱融沈陷和高夷平台地等。冰緣原指冰川邊緣地區，現已泛指所有不被冰川覆蓋的氣候嚴寒地區，大致與多年凍土區相當。

五台山的地理緯度與北京相同，但是氣候條件卻與東北的大興安嶺差不多，據觀測，中台翠岩峰的年平均氣溫為 － 4.2℃，最低氣溫可達到 － 44.8℃。即使在盛夏，五台山佛教中心區的台懷鎮，最高氣溫也只有 27℃，早晚還必須穿棉衣。所以它一直保留著冰緣地貌。這是一種在華北比較少見的自然景觀。在中國能見到冰緣地貌的地方，還有東北北部山區（大興安嶺）、青藏高原及西北高山區一帶，面積約 215 萬平方公里。

五台山的中台頂布滿了許多淺水池，這些小池是一種冰緣地貌的自然景觀，稱為「熱融地貌」(thermokarst)。它是地下冰融化後，土層下陷而形成的。台頂周圍的緩坡上，有很多很多的小土包，土包上長滿厚密的矮草和各色小花，這些小丘地理學上的術語叫「凍脹丘」(pingo)，也是因地下冰的融化作用而形成的一種奇特的冰緣地貌。

山中氣候寒冷，每年 4 月解凍，9 月積雪，盛夏氣候涼爽，故又名清涼山。

五台山的地層主要是由片岩、大理岩、碧玉鐵質石英岩和石英岩組成，並有火山岩的噴發和基性岩脈的侵入，局部地區又受到花崗岩化作用，因而形成了複雜的混合岩。這些岩層的變質年代不晚於 20 億 5000 萬年前，也就是地質史上的元古代（Proterozoic era，又稱原生代，距今 25 億至 5.75 億年，介於寒武紀與太古代之間的時期），此時地球上只有藍藻和細菌的低級生物，魚也還沒有。

五台山地層，豐富完整。特別是前寒武系（Precambrian system，距今約 5.75 億至 46 億年）地層，發育典型，已經成為全中國大陸研究對比的重點地區。五台山境內的絕大部分地層組段，都是以本地區的山、水、村、鎮命名，充分顯示了其在地質學位置中的作用。

入山之路

五台山大部分屬五台縣境，一部分跨入繁峙縣、代縣和河北省的阜平縣。有「四關一門」與外界相通。北有華嚴嶺鴻門岩關，通繁峙縣境，由北京到五台山，可在繁峙車站下車，由北路入山。西有峨嶺關，通代縣接雁門關。東有長城嶺、龍泉關，通河北省阜平縣境，由曲陽再到定州；明代徐霞客及

清康熙、乾隆兩帝皆循此路線入山，惟因路面太差，由北京進山已少有人走此路。東南有牛道嶺關，通盂縣、陽泉。南有大關，實為地勢平坦的山隘大門，通向定襄縣和忻州市一帶；到太原的人，如到五台山，均由此路線入山。由太原到忻州走的是 108 國道，由忻州經定襄縣、河邊鎮再入五台縣東冶鎮、豆村進入五台山；路面近年來也整修得很好，是到五台山的主要道路。

長城嶺長城。即龍泉上關，距龍泉關（河北省）還有 10 公里。這裡是五台山（山西省）與阜平縣（河北省）的交界。明清時代由北京到五台山，多走定州—曲陽—阜平—長城嶺，再沿清水河到台懷鎮。

文殊菩薩的道場

五台山山靈水秀，為文殊菩薩的道場。《大華嚴經》云：「東北方有處，名清涼山，從昔以來，諸菩薩眾，於中止住。現有菩薩，名文殊師利，與其眷屬，諸菩薩眾，一萬人俱，常在其中而演說法。」

《寶藏陀羅尼經》也稱：「佛告金剛密迹主言：『我滅度後，於南贍部洲東北方，有國名大震那，其中有山，名曰五頂。文殊童子遊行居住，為諸眾生，於中說法。』」「大震那」，或「震旦國」，都是指中國。文殊師利，或曼殊室利，是梵語音譯，佛教大乘菩薩之一，有時稱文殊大士，有時稱文殊童子，都是指種種應化。

菩薩頂供奉的文殊菩薩。五台山各佛寺皆供奉有文殊菩薩。

五台山佛寺的建造

東漢明帝永平 10 年（公元 67 年），蔡愔及天竺高僧攝摩騰、竺法蘭以白馬馱載佛經到洛陽，因而建中國第 1 座佛寺——白馬寺，佛教傳入中國。永平 11 年（68 年）兩位高僧來到五台山，見 5 座臺頂圓繞的腹地臺懷（今台懷鎮），其山形地貌與釋迦牟尼佛修行的地方靈鷲山一模一樣，返回洛陽後就奏請漢明帝在五台山修建佛寺。漢明帝頒旨，在五台山修建大孚靈鷲寺，

大孚是弘信的意思。大孚靈鷲寺即今顯通寺的前身。

　　五台山佛寺從東漢、北魏、北齊、隋、唐、宋、金、元、明、清、民國
屢經修建，變化甚大。現存台內寺廟 39 座，有眾多的佛寺集中於台懷鎮或其
附近；台外寺廟 8 座。建築壯麗，雕刻精美，彩畫像遍及各寺。現就幾座具

有代表性的佛寺加以介紹：

顯通寺——五台山祖寺

大顯通寺現有建築為明、清兩代所修，殿堂約有 400 餘間，面積達 8 萬平方公尺，是五台山第一大禪處，也是五台山佛寺規模中最大的，它也是 10 大青廟之 1。寺名「大顯通寺」是明太祖重建時賜額的。

顯通寺中較珍貴的文物為銅殿、銅塔、大銅鐘及無量殿。銅殿為明萬曆年間（1573～1620 年）建，高丈餘，殿內四壁銅鑄小佛萬尊，中間台上還有大銅佛。

銅塔也是明萬曆年間建造的，原有 5 座，暗含五台之意，現存東西 2 座，高約 2 丈。

銅鐘懸於寺外鐘樓內，明代鑄造，據說重達 9999.5 斤。

無樑殿，面寬 7 間，重檐歇山頂，純磚結構。殿內主要供奉無量壽佛，銅鑄。

菩薩頂——10 大黃廟之首

菩薩頂在顯通寺北側靈鷲峰上，也是五台山 5 大禪處之 1，傳為文殊居處，又名真容院、文殊寺。創建於北魏，歷代均重修過。

明永樂以後，蒙藏教徒進駐五台，大喇嘛居菩薩頂，因此成了喇嘛廟之首。清康熙、乾隆 2 帝幾次朝拜五台山，也住在菩薩頂，並書匾題銘、撰寫碑文。現存建築為清代遺構。其形制、技法及雕刻藝術多參照皇宮官式制度營造，規模宏麗，布局嚴謹。

寺建於山頭，地勢較高，門前石階 108 級，石階上有牌坊 3 間，山門內有天王殿、鐘鼓樓、菩薩殿、大雄寶殿等主要建築，兩側有配殿，後部有禪院、圍廊，規模完整。

菩薩殿（文殊殿）重檐歇山頂，副階周匝。大雄寶殿單檐五脊，外有勾欄圍繞，全部建築均用三彩琉璃瓦覆蓋，歷經幾百個寒暑，色澤如新，其中以孔雀藍釉色最引人注目。寺內康熙御碑方座螭首，矗立在前院。乾隆御碑在東

顯通寺無樑殿

顯通寺銅殿（正中）及旁的銅塔，皆造於明萬曆年間。銅殿5公尺長、5公尺寬、通高8公尺，建築雖小，構件全用青銅鑄造。顯通寺銅塔，融喇嘛式、密簷式、樓閣式塔的特點於一身。

登菩薩頂之 108 階梯。牌坊之「靈峰勝境」為康熙帝御筆。

禪院碑亭內，用方形巨石雕成，碑高 6 公尺，每面寬 1 公尺，用漢、滿、蒙、藏 4 種立字鐫刻。

南禪寺——中國現存最早的木構建築

　　南禪寺在五台縣城西南 22 公里李家莊西側，離台懷鎮有 100 公里之遙，屬於台外寺院。大殿為唐建中 3 年（782 年）修建，距今已 1200 多年，因處於較偏遠的地方，逃過唐武宗毀天下佛寺的「會昌法難」。1954 年古建築學家梁思成教授發現其為中國現存最早的木構建築物。1974～1975 年按原貌翻修過。

　　南禪寺大殿 3 間見方，規模較小，殿內無柱，用通長四椽栿兩根架住。斗栱無補間鋪

304

南禪寺大殿。中國現存最早的木構建築物，始建於公元 782 年，至今已有 1200 多年。

作，屋頂舉折平緩，出檐深遠。比例優美勻稱，是典型唐代木建築風格。殿四周柱子大部分是圓的，但有 3 根方柱，可能為原物。古建築中採用方柱，只在敦煌壁畫中見到，實物為初次發現。

殿內有唐塑佛像 17 尊，形體、衣飾、手法和唐代敦煌塑像如出一轍。寺內小石塔、石獅也具唐代藝術風格。山門及東西配殿為清代所建。

菩薩頂真容院山門。菩薩頂為五台山黃廟之首。

佛光寺東大殿——唐代木構建築的代表作

佛光寺位於五台縣城東北 32 公里豆村的佛光山腰。寺院背東向西，院落寬敞，全寺有殿、堂、樓、閣等 120 餘間。創建於魏孝文帝間（471～499 年），香火鼎盛。

唐會昌 5 年（845 年）大滅佛教，全寺被毀，現存東大殿為唐大中 11 年（857 年）所建。大殿面闊 7 間，進深 4 間，單檐廡殿頂，斗栱雄大（斗栱全

菩薩頂大殿

高約為檐柱 2 分之 1），出檐深遠，顯得雄渾優美。柱、額、斗栱、門窗、牆壁全用土朱塗刷，不飾彩繪，格調樸實古雅。

佛光寺的建築結構、造型比例上反映了唐代木構建築的特色，在中國及世界建築史上占有重要地位。

寺內文殊殿為金天會 15 年（1137 年）建，面闊 7 間，進深 4 間。殿內為了節省空間及木材，採用減柱法，為金、元時代常用手法。

龍泉寺——石牌坊玲瓏剔透

龍泉寺位於五台山台懷鎮南 5 公里九龍崗山腰。創建於宋代，明、清至民國均曾重修，現存影壁、台級、牌坊和 3 座院落。影壁中間鑲嵌有 1 巨石雕刻——文殊菩薩騎著狻猊，其四周環繞著花卉人物，神情生動。向北登上 108 級台階即達山門，門前有漢白玉石獅 1 對，勾欄小拱橋 1 座，石牌坊 1 座，旗杆高聳於兩側，雕刻精美。

石牌坊精雕細琢，是最引人注目的，從基石、抱柱、額枋、斗栱到瓦頂、脊獸，無一不是巧奪天工。各構件上雕滿了人獸、花卉、流雲與山水等，玲瓏剔透，令人讚賞。

佛光寺東大殿。中國現存次早的木構建築物，反映出唐代建築的精華。

佛光寺文殊殿。金代建築。殿內為節省空間及木材，採用減柱法。

龍泉寺牌坊及山門。龍泉寺以石牌坊的雕刻玲瓏剔透著稱。

南山寺白塔

寺內 3 座院落橫向排列，相互串通，又各有山門，自成一格。

南山寺——雕刻最美

南山寺為祐國寺、極樂寺、善德堂的合稱，在台懷鎮南 3 公里山腰。元代元貞 2 年（1296 年）創建，明嘉靖 20 年（1541 年）重建，清代增修，將 3 寺合併，改稱今名。民國初年又予擴建，全部聯成一體。寺區背山面水，林蔭蔽日。寺依山勢建造，高低錯落，層迭有致，有亭臺樓閣、殿堂古塔 300 餘間。寺前坡道林蔭覆蓋，山門下築石磴 108 級，門前影壁磚雕細緻，門上鐘樓建築精巧。

寺內殿宇形式結構各具特色。各殿檐下坎牆或墀頭下肩上，裝置各種石雕人物、花卉、山水圖案，內容有神話傳說、戲劇人物、歷史故事等。各殿檐下，木雕圖案精緻，飾以彩繪貼金，更為富麗堂皇。

結語

五台山風光壯美，景色獨特，境內梵宇林立，文物遍布，自然與人文景觀，相互輝映，加上交通方便，實為一級的旅遊勝地。

〔參考資料〕

楊玉潭、周新玉、王學斌、方慶奇、劉俊賢：《五台山寺廟大觀》，山西人民出版社，1985 年。

程東、薛冬：《五台山》，燕山出版社，1993 年。

范堆相主編：《忻州地區宗教志》，山西人民出版社，1993 年。

廉考文：《五台山旅遊辭典》，團結出版社，1993 年。

《中國名勝辭典》，上海辭書出版社，1986 年第 2 版。

孫波主編：《佛教勝地五台山》，華藝出版社，1992 年。

建築師編輯部：《古建築遊覽指南》，中國建築工業出版社，1981 年。

本文原載《牛頓雜誌》171 期，1997 年 8 月號。

中國歷史旅遊文集

—建築・城市・考古・地理 訪查 17 年

著 作 者：謝敏聰　　　個人 E-mail：s7278ss@yahoo.com.tw
出 版 者：臺灣學生書局有限公司
發 行 人：盧保宏
發 行 所：臺灣學生書局有限公司
　　　　　臺北市和平東路一段一九八號
　　　　　郵政劃撥帳號：00024668
　　　　　電話：(02) 23634156
　　　　　傳真：(02) 23636334
　　　　　E-mail：student.book@msa.hinet.net
　　　　　http：//www.studentbooks.com.tw
登 記 證：局版北市業字第玖捌壹號
印 刷 所：辰皓國際出版製作有限公司
　　　　　臺北縣中和市中正路八八○號三樓之五
　　　　　電話：(02) 32342999
　　　　　傳真：(02) 32343053

定價：精裝新臺幣 1250 元
2005 年 10 月初版